印 顺 法 师 佛 学 著 作 系 列

初期大乘佛教之起源与开展

（上）

释印顺 著

中華書局

图书在版编目(CIP)数据

初期大乘佛教之起源与开展/释印顺著. —北京:中华书局,2011.10(2025.5重印)

(印顺法师佛学著作系列)

ISBN 978-7-101-08117-6

Ⅰ.初… Ⅱ.释… Ⅲ.大乘-佛教史-研究 Ⅳ.B949

中国版本图书馆CIP数据核字(2011)第153893号

书　　名	初期大乘佛教之起源与开展(全三册)
著　　者	释印顺
丛 书 名	印顺法师佛学著作系列
责任编辑	朱立峰
封面设计	毛　淳
责任印制	管　斌
出版发行	中华书局 (北京市丰台区太平桥西里38号　100073) http://www.zhbc.com.cn E-mail:zhbc@zhbc.com.cn
印　　刷	北京建宏印刷有限公司
版　　次	2011年10月第1版 2025年5月第2次印刷
规　　格	开本/880×1230毫米　1/32 印张38½　插页6　字数794千字
印　　数	2501-3000册
国际书号	ISBN 978-7-101-08117-6
定　　价	168.00元

“印顺法师佛学著作系列”出版说明

释印顺（1906—2005），当代佛学泰斗，博通三藏，著述宏富，对印度佛教、中国佛教的经典、制度、历史和思想作了全面深入的梳理、辨析与阐释，取得了一系列重要学术成果，成为汉语佛学研究的杰出典范。同时，他继承和发展了太虚法师的人生佛教思想，建立起自成一家之言的人间佛教思想体系，对二十世纪中叶以来汉传佛教的走向产生了深刻影响，受到佛教界和学术界的的高度重视。

经台湾印顺文教基金会授权，我局于 2009 年出版《印顺法师佛学著作全集》（23 卷），系统、全面地介绍了印顺法师的佛学研究成果和思想，受到学术界、佛教界的广泛欢迎。应读者要求，我局今推出“印顺法师佛学著作系列”，将印顺法师的佛学著作以单行本的形式逐一出版，以满足不同领域读者的研究和阅读需要。为方便学界引用，《全集》和“系列”所收各书页码完全一致。

“印顺法师佛学著作系列”的编辑出版以印顺文教基金会提供的台湾正闻出版社出版的印顺法师著作为底本，改繁体竖排为简体横排。以下就编辑原则、修订内容,以及与正闻版的区别等问题,略作说明。

编辑原则

编辑工作以尊重原著为第一原则,在此基础上作必要的编辑加工,以符合大陆的出版规范。

修订内容

由于原作是历年陆续出版的,各书编辑体例、编辑规范不一。我们对此作了适度统一,并订正了原版存在的一些疏漏讹误,主要包括以下几项:

1. 原书讹误的订正:

正闻版的一些疏漏之处,如引文、纪年换算、人名、书名等,本版经仔细核查后予以改正。

2. 标点符号的订正:

正闻版的标点符号使用不合大陆出版规范处甚多,本版作了较大幅度的订正。特别是正闻版对于各书中出现的经名、品名、书名、篇名,或以书名号标注,或以引号标注,或未加标注;本版则对书中出现的经名(有的书包括品名)、书名、篇名均以书名号标示,以方便读者。

3. 梵巴文词汇的删削订正:

正闻版各册(特别是专书部分)大都在人名、地名、名相术语后一再重复标出梵文或巴利文原文,不合同类学术著作惯例,且影响流畅阅读。本版对梵巴文标注作了适度删削,同时根据《望月佛教大辞典》、平川彰《佛教汉梵大辞典》、荻原云来《梵和大辞典》等工具书,订正了原版的某些拼写错误。

4. 原书注释中参见作者其他相关著作之处颇多，为方便读者查找核对，本版各书所有互相参见之处，均分别标出正闻版和本版两种页码。

5. 原书中有极少数文字不符合大陆通行的表述方式，征得著作权人同意，在不改变文义的前提下，略作删改。

印顺法师佛学著作对汉语佛学研究有极为深广的影响，同时在国际佛学界的影响也日益突出。我们希望"印顺法师佛学著作系列"的出版，有助于推进我国的佛教学以及相关学科的研究。

中华书局编辑部

二〇一一年三月

目　录

自 序

大乘佛法的渊源，大乘初期的开展情形，大乘是否佛说，在佛教发展史、思想史上，是一个互相关联的，根本而又重要的大问题！这一问题，近代佛教的研究者，还在初步探究的阶段。近代佛教学者不少，但费在巴利文、藏文、梵文圣典的心力太多了！而这一问题，巴利三藏所能提供的帮助，是微不足道的。梵文大乘经，保存下来的，虽说不少，然在数量众多的大乘经中，也显得残阙不全。藏文佛典，重于“秘密大乘佛教”；属于“大乘佛教”的圣典，在西元七世纪以后，才开始陆续翻译出来。这与现存的梵文大乘经一样，在长期流传中，受到后代思想的影响，都或多或少的有了些变化，不足以代表大乘初期的实态。对于这一问题，华文的大乘圣典，从后汉支娄迦谶(Lokarakṣa)，到西晋竺法护(Dharmarakṣa)，在西元二、三世纪译出的，数量不少的大乘经，是相当早的。再比对西元二、三世纪间，龙树(Nāgārjuna)论所引述的大乘经，对“初期大乘”(约自西元前五〇年，到西元二〇〇年)的多方面发展，成为当时的思想主流，是可以解答这一问题的主要依据。而且，声闻乘的经与律，华译所传，不是属于一派的；在印度大陆传出大乘的机运中，这些部派的经律，也更多地露出大乘佛法的端倪。所以,惟有重视华文圣典,研究华文圣典,对于印度佛教史上根本而又重要的大问题,才能渐渐地明白出来!

民国三十一年,我在《印度之佛教》中,对这些问题曾有过论述。我的修学历程,是从“三论”、“唯识”,进而研究到声闻的“阿毗达磨”。那时,我是着重论典的,所以在《印度之佛教》中,以大乘三系来说明大乘佛教;以龙树的“性空唯名论”,代表初期大乘。然不久就理解到,在佛法中,不论是声闻乘或大乘,都是先有经而后有论的。经是应机的,以修行为主的。对种种经典,经过整理、抉择、会通、解说,发展而成有系统的论义,论是以理解为主的。我们依论义去读经,可以得到通经的不少方便,然经典的传出与发展,不是研究论义所能了解的。龙树论义近于初期大乘经,然以龙树论代表初期大乘经,却是不妥当的。同时,从“佛法”而演进到“大乘佛法”的主要因素,在《印度之佛教》中,也没有好好地说明。我发现了这些缺失,所以没有再版流通,一直想重写而有所修正。由于近十年来的衰病,写作几乎停顿,现在本书脱稿,虽不免疏略,总算完成了多年来未了的心愿。

大乘——求成佛道的法门,从多方面传出,而向共同的目标而展开。从《阿含经》以来,佛弟子有了利根慧深的“法行人”、钝根慧浅的“信行人”——二类,所以大乘兴起,也有“信增上”与“智增上”的不同。重信的,信十方佛(菩萨)及净土,而有“忏罪法门”、“往生净土法门”等。重智慧的,重于“一切法本不生”,也就是“一切法本空”、“一切法本净”、“一切法本来寂静”

的深悟。大乘不是声闻乘那样，出发于无常（苦），经无我而入涅槃寂静，而是直入无生、寂静的，如“般若法门”、“文殊师利法门”等。直观一切法本不生（空、清净、寂静），所以“法法如涅槃”，奠定了大乘即世间而出世间，出世间而不离世间的根本原理。重信与重慧的二大法门，在互相的影响中。大乘是行菩萨道而成佛的，释尊菩萨时代的大行，愿在秽土成佛，利济多苦的众生，悲心深重，受到净土佛菩萨的无边赞叹！重悲的行人，也在大乘佛教出现：愿生人间的；愿生秽土（及无佛法处）的；念念为众生发心的；无量数劫在生死中，体悟无生而不愿证实际的。悲增上行，是大乘特有的。不过初期大乘的一般倾向，重于理想的十方净土，重于体悟；重悲的菩萨道，得不到充分的开展，而多表现于大菩萨的慈悲救济。

从“佛法”而发展到“大乘佛法”，主要的动力，是“佛涅槃以后，佛弟子对佛的永恒怀念”。佛弟子对佛的信敬与怀念，在事相上，发展为对佛的遗体、遗物、遗迹的崇敬，如舍利造塔等，种种庄严供养，使佛教界焕然一新；在意识上，从真诚的仰信中，传出了释尊过去生中的大行——“譬喻”与“本生”，出世成佛说法的“因缘”。希有的佛功德，慈悲的菩萨大行，是部派佛教所共传共信的。这些传说，与现实人间的佛——释尊，有些不协调，因而引出了理想的佛陀观，现在十方有佛与十方净土说，菩萨愿生恶趣说。这都出于大众部（Mahāsāṃghika），及分别说部（Vibhajyavādin），到达了大乘的边缘。从怀念佛而来的十方佛（菩萨），净土，菩萨大行，充满了信仰与理想的特性，成为大乘法门所不可缺的内容。

“大乘佛法”,是从“对佛的永恒怀念”而开显出来的。于十方佛前忏悔,发愿往生他方净土的重信菩萨行,明显地与此相关。悲愿行菩萨,愿在生死中悲济众生,及大菩萨的示现,也是由此而引发的。直体“一切法本不生”的重慧菩萨行,也有密切的关系。“空”、“无相”、“无愿”、“无起”、“无生”、“无所有”、“远离”、“清净”、“寂静”等,依《般若经》说,都是涅槃的增语。涅槃是超越于“有”、“无”,不落名相,不是世俗“名言”所可以表诠的。“空”与“寂静”等,也只烘云托月式的,从遮遣来暗示。释尊入涅槃后,不再济度众生了,这在“对佛所有的永恒怀念”中,一般人是不能满足的。重慧的菩萨行,与十方佛、净土等思想相呼应,开展出“一切法本不生”的体悟。“一切法本不生”,也就是“一切法本来寂静”,涅槃不离一切法,一切法如涅槃,然后超越有、无,不落名相的涅槃,无碍于生死世间的济度。所以“佛涅槃后,佛弟子对佛的永恒怀念”,为通晓从“佛法”而“大乘佛法”的总线索。

由于“对佛的怀念”,所以“念佛”、“见佛”,为初期大乘经所重视的问题。重慧的菩萨行,“无所念名为念佛”,“观佛如视虚空”,是胜义的真实观。重信的菩萨行,观佛的色身相好,见佛现前而理解为“唯心所现”,是世俗的胜解观(或称“假想观”)。这二大流,初期大乘经中,有的已互相融摄了。西元一世纪起,佛像大大地流行起来;观佛(或佛像)的色身相好,也日渐流行。“唯心所现”;(色身相好的)佛入自身,经“佛在我中,我在佛中”,而到达“我即是佛”。这对于后期大乘的“唯心”说,“如来藏”说;“秘密大乘佛教”的“天慢”,给以最重要的影响!

刚；“天慢”——我即是夜叉等天，与“我即是佛”，在意义上，是没有多大差别的。所以，“原始佛教”经“部派佛教”而开展为“大乘佛教”，“初期大乘”经“后期大乘”而演化为“秘密大乘佛教”，推动的主力，正是“佛涅槃以后，佛弟子对佛的永恒怀念”。在大乘兴起声中，佛像流行，念佛的着重于佛的色身相好，这才超情的念佛观，渐渐地类似世俗的念天，终于修风、修脉、修明点，着重于天色身的修验。这些，不在本书讨论之内；衰老的我，不可能对这些再作论究，只能点到为止，为佛教思想发展史的研究者，提供一主要的线索。

本书的写作时间，由于时作时辍，长达五年，未免太久了！心如代为校阅书中所有的引证——文字与出处，是否误失；蓝吉富居士，邀集同学——洪启嵩、温金柯、黄俊威、黄启霖，为本书作“索引”；性滢、心如、依道、慧润，代为负起洽商付印及校对的责任。本书能提早出版，应该向他们表示我的谢意！近三年来，有马来亚继净法师，香港本幻法师；及台湾黄陈宏德、许林环，菲律宾李贤志，香港梁果福、陈兆恩、胡时基、胡时升诸居士的乐施刊印费。愿以此功德，回向于菩提！

一九八〇年七月二十七日

印顺序于台中华雨精舍

凡　例

一、本书所引经名，如名为“佛说某某经”的，“佛说”二字，一概省略。

二、古译的经文，有的与后代译语不同，如支娄迦谶的译文中，“法身”是“法界”的异译，为了免读者的误会，写作“法身[界]”。凡本书旁加小字的，都是附注。不过，如小注在(　)号中的，是原注。

三、南传佛教，自称上座部，或分别说部。其实是上座部分出的分别说部，从分别说部所分出的“赤铜锞部”，今一律称之为“铜锞部”。南传的“律藏”，为了与其他部派“律藏”的分别，称之为《铜锞(部)律》。

四、本书引用藏经，如日本《大正新修大藏经》，今简称《大正》；《卍续藏经》，简称《续》，但所依据者，为中国佛教会之影印本。《缩刷大藏经》，简称《缩刷》。日本译的《南传大藏经》，简称《南传》。

五、本书所引《南传大藏经》，并译为中文，以便读者。

第一章 序 说

第一节 大乘所引起的问题

第一项 大乘非佛说论

西元前后，“发菩提心，修菩萨行，求成无上菩提”的菩萨行者，在印度佛教界出现；宣说“佛果庄严，菩萨大行”的经典，也流行起来。这一事实，对于“发出离心，修己利行，求成阿罗汉”的传统佛教界，是多少会引起反应的，有的不免采取了反对的态度。初期流行的《道行般若经》、《般舟三昧经》等，都透露了当时的情形，如说：

“是皆非佛所说，余外事耳。”①

“闻是三昧已，不乐不信。……相与语云：是语是何等说？是何从所得是语？是为自合会作是语耳，是经非佛

① 《道行般若波罗蜜经》卷六(大正八·四五五上)。

所说。"①

部分的传统佛教者，指斥这些菩萨行的经典，是"非佛所说"的。这些经典，称为"方广"(vaipulya)或"大方广"(或译为"大方等"mahāvaipulya)，菩萨行者也自称"大乘"(mahāyāna)。也许由于传统佛教的"大乘非佛说"，菩萨行者也就相对的，指传统佛教为小乘(hīnayāna)。这种相互指斥的情势，一直延续下来。传统的部派佛教，拥有传统的及寺院组织的优势，但在理论上、修持上，似乎缺少反对大乘佛法的真正力量，大乘终于在印度流行起来。

佛教的传入中国，开始译经，已是西元二世纪中，正是印度佛教"大小兼畅"的时代。大乘与小乘，同时传入中国；印度因大乘佛法流行而引起的论诤，也就传到了中国。如《出三藏记集》卷五《小乘迷学竺法度造异仪记》(大正五五·四〇下——四一上)说：

"元嘉中，外国商人竺婆勒，久停广州，每往来求利。于南康郡生儿，仍名南康，长易字金伽。后得入道，为昙摩耶舍弟子，改名法度。其人貌虽外国，实生汉土。天竺科轨，非其所谙。但性存矫异，欲以摄物，故执学小乘，云无十方佛，唯礼释迦而已。大乘经典，不听读诵。"

竺法度不听读诵大乘经，没有十方佛，僧祐说他"性存矫异"，"面行诡术"，是误会的。竺法度的主张与行仪，其实是受

① 《般舟三昧经》卷上(大正一三·九〇七上——中)。

到了锡兰(Siṃhala)佛教的影响。在罗什(Kumārajīva)来华以前,僧伽提婆(Saṃghadeva)在江东弘传"毗昙",也曾经反对大乘,如《弘明集》卷一二《范伯伦与生观二法师书》(大正五二·七八中)说:

"提婆始来,(慧)义、(慧)观之徒,……谓无生方等之经,皆是魔书。提婆末后说经,乃不登高座。"

佛教的传入中国,是大小同时的,所以传统的部派佛教,在中国没有能造成坚强的传统。加上小乘与中国民情也许不太适合,所以大乘一直在有利的情势下发展。南北朝时,虽有专弘"毗昙"与"成实"的,但在佛教界,已听不到反对大乘的声音了。从中国再传到越南、朝鲜、日本,更是专弘大乘佛法的时代,也就没有"大乘非佛说"的论诤。日本德川时代的富永仲基(西元一七一五——一七四六),著《出定后语》,唱"大乘非佛说"。那是学问的研究,与古代传统佛教的"大乘非佛说"论,意义并不相同。

第二项 大乘行者的见解

"大乘非佛说"的论诤,主要为大乘经典的从何而来。如大乘经的来历不明,不能证明为是佛所说,那就要被看作非佛法了。传统佛教的圣典,是三藏。经藏,是"五部"——四部"阿含"及"杂藏";律藏,是"经分别"与"犍度"等。这些,虽各部派所传的,组织与内容都有所出入,但一致认为:这是释迦牟尼佛所说的;经王舍城(Rājagṛha)的五百结集,毗舍离(Vaiśālī)的七百结集而来的。结集(saṃgīti)是等诵、合诵,是多数圣者所诵出,经共同审定,编成次第,而后展转传诵下来。在早期结集的传说中,没有听说过"大乘经",现在忽然广泛地流传出来,这是不能无疑的。这到底在哪里结集?由谁传承而来?这一问题,可说是出发于史实的探求。佛法是永恒的,"佛佛道同"的,但流传于世间的佛法,是由释尊的成佛、说法、摄僧而流传下来,这是历史的事实。大乘的传诵在人间,也不能不顾虑到这一历史的事实!如说不出结集者、传承者,那就不免要蒙上"大乘非佛说"的嫌疑。

大乘行者当然不能同意"大乘非佛说"。古人大抵从理论上,论证非有大乘——成佛的法门不可。或从超越常情——"佛不可思议"的信仰立场,说大乘法无量无数,多得难以想像,所以不在结集的"三藏"以内。不过也有注意到传诵人间的历史性,说到了结集与传承,如龙树(Nāgārjuna)《大智度论》卷一〇〇(大正二五·七五六中)说:

> "有人言:……佛灭度后,文殊尸利、弥勒诸大菩萨,亦将阿难集是摩诃衍。"

"摩诃衍"——大乘,主要是契经。在传统佛教中,"经"是阿难(Ānanda)所集出的,所以大乘者以为:大迦叶(Mahākāśyapa)与阿难所集出的,是"三藏"中的经;大乘经也是阿难所出,但是与文殊(Mañjuśrī)等共同集出的。这样,大乘经不在"三藏"之内,而"大乘藏"与"三藏"的集成,可说是同时存在了。《大乘庄严经论》提出了成立大乘的八项理由,第二项是:"同行者,声闻乘与大乘,非先非后,一时同行,汝云何知此大乘独非佛说?"①这是主张声闻乘法与大乘法是同时集出流行的。但在历史的见地上,这是不能为人所接受的。说得更具体的,如元魏菩提流支(Bodhiruci)所出的《金刚仙论》卷一(大正二五·八〇〇下——八〇一上)说:

"三种阿难,大小中乘,传持三乘法藏。"

"如来在铁围山外,不至余世界,二界中间,无量诸佛共集于彼,说佛话经讫,欲结集大乘法藏,复召集徒众,罗汉有八十亿那由他,菩萨众有无量无边恒河沙不可思议,皆集于彼。"

《金刚仙论》所传的结集说,与龙树所传的相近,却更指定了结集的地点。阿难有三位,各别地传持了三乘——大乘、中乘(缘觉乘)、小乘(声闻乘)的法藏。从大乘的见地说,阿难为菩萨示现;三阿难说,当然是言之有理。但在传统佛教者看来,传持不同的三乘法藏,而传持者恰好都名为阿难,未免过于巧合!而且,结集的地点,不在人间,而在二个世界的中间,也觉得难于信受。

三阿难分别集出传持说,中国佛教界普遍地加以引用,如智𫖮的《法华经文句》说:"正法念经明三阿难:阿难陀,此云欢喜,持小乘藏。阿难跋陀,此云欢喜贤,受持杂藏。阿难娑伽,此云欢喜海,持佛藏。阿含经有典藏阿难,持菩萨藏。"②贤首的《华

① 《大乘庄严经论》卷一(大正三一·五九一上)。
② 《妙法莲华经文句》卷一之上(大正三四·四上)。

严经探玄记》、澄观的《华严玄谈》，都有大致相近的引证①。《法华经文句》所引证的，是《正法念经》；《探玄记》所引用的，是《阿阇世王忏悔经》；《华严玄谈》引用《法集经》。这几部经，在汉译经典中，都没有三阿难的明确文证。可能是根据《金刚仙论》，及《正法念处经》（并没有全部译出）译者——般若流支（Prajñāruci）的传说。但总之，从历史的见地，问起大乘经在哪里结集，由谁传持下来的问题，古人虽有所说明，却不能说已有了满意的答复。

大乘经从部派佛教中流传出来，这是古人的又一传说。这一传说，受到大乘学者的重视。隋吉藏的《三论玄义》（大正四五·八下——九下）说：

> "至二百年中，从大众部又出三部。于时大众部因摩诃提婆移度住央崛多罗国，此国在王舍城北。此部将华严、般若等大乘经，杂三藏中说之。时人有信者，有不信者，故成二部。"
>
> "至二百年中，从大众部内又出一部，名多闻部。……其人具足诵浅深义，深义中有大乘义。"
>
> "三百年中，从正地部又出一部，名法护部。……自撰为五藏：三藏，如常；四、咒藏；五、菩萨藏。有信其所说者，故别成一部。"

据《三论玄义检幽集》，知道《三论玄义》所说，是依据真谛

---

① 《华严经探玄记》卷二（大正三五·一二六中）。《华严经疏钞玄谈》卷八（续八·三一五上）。

(Paramārtha)三藏所说①。真谛译出《部执异论》,并传有《部执异论疏》,说到部派的分裂与部派的宗义。《三论玄义》所说,就是依据《部执异论疏》的。据此说,大众部(Mahāsāṃghika)分出的部派,及上座部(Sthavira)分出的法护——法藏部(Dharmaguptaka)都传有部分的大乘经,这是真谛(西元五四六来华)带来的传说。

玄奘的《大唐西域记》,也有类似的传说,如卷九(大正五一·九二三上)说:

"阿难证果西行二十余里,有窣堵波,无忧王之所建也,大众部结集之处。诸学无学数百千人,不预大迦叶结集之众而来至此。……复集素呾缆藏、毗奈耶藏、阿毗达磨藏、杂集藏、禁咒藏:别为五藏。而此结集,凡圣同会,因而谓之大众部。"

玄奘所传的界外结集,当时就有五藏的结集。这一传说,显然与《增一阿含经》有关。西元三八四——三八五年时,昙摩难提(Dharmanandi)译出《增一阿含经》的《序品》(大正二·五五〇上——下)说:

"菩萨发意趣大乘,如来说此种种别,人尊说六度无极。……诸法甚深论空理,难明难了不可观,将来后进怀狐疑,此菩萨德不应弃。……方等大乘义玄邃,及诸契经为杂藏。"

---

① 《三论玄义检幽集》卷五(大正七〇·四五九中、四六〇下、四六五中)。

依经序，阿难的结集，是集为四藏的；方等大乘经，属于第四"杂藏"。其后，《增一阿含经》的释论——《分别功德论》，才别出而立第五"菩萨藏"。这是将大乘菩萨思想的根源，推论到最初的"界外结集"。不过这决非大众部的本义，现存大众部的《摩诃僧祇律》，没有说到大乘经的结集。而从经"序"的"将来后进怀狐疑"而论，《序品》的成立，正是为了结集中说到大乘法，怕人怀疑而别撰经序的。所以，大众部的大乘思想（六度等），起初含容在"杂藏"中①，其后发展而别立"菩萨藏"，表示了渊源于大众部而进展到大乘的历程。有人以为：大众部可信的文献，只有《摩诃僧祇律》与《大事》，如《增一阿含经序》的传说，真谛《部执异论疏》的传说，玄奘《西域记》的传说，不能用为历史的有力资料②。然这些来自印度的古代的共同传说，固然不能照着文字表面去了解，难道也没有存在于传说背后的事实因素，值得我们去考虑吗？

大乘佛法是否佛说的问题，在中国与日本等大乘教区，早已不成问题。到了近代，由于接触到南传佛教，"大乘非佛说"又一度兴起，大乘学者当然是不能同意的。起初，继承古代的传说，着重大乘佛法与部派思想的共通性，而作史的论究，如日本村上专井的《佛教统一论》，前田慧云的《大乘佛教史论》。这二位，都推想为大乘经是佛说。不过，大乘经在部派中，在部派前早已存在，如古人传说那样，到底不能为近代佛教史者所同意。

---

① 《四分律》所说的"杂藏"，也有"方等经"，如卷五四所说（大正二二·九六八中）。

② 平川彰《初期大乘佛教之研究》（二七——五八）。

大乘与部派，特别是大众部思想的共通性，受到一般学者的重视，解说为大乘从部派思想，特别是从大众部思想中发展而来。这样，大乘可说是"非佛说"而又"是佛法"了。与部派思想的关系，经学者们的论究，渐渐地更广更精。如宫本正尊博士，注意到说一切有部（Sarvāstivādin）的譬喻师（dārṣṭāntika）；水野弘元博士，论证大乘经与法藏部、化地部（Mahīśāsaka）间的关系等①。在渊源于部派佛教思想而外，或注意到大乘与印度奥义书（Upaniṣad）、西方基督教的关系②。无论是佛教内在的、外来的影响，都重于大乘佛教思想的渊源。平川彰博士的《初期大乘佛教之研究》，开辟一新的方向——"大乘教团的起源"，这是一个卓越的见解！他在佛与僧别体，佛塔非僧伽的所有物；及部派间不能共住交往，大乘当然也不能与部派佛教者共住；大乘经以十善为尸罗（戒）波罗蜜，十善为在家戒等理由，推想大乘与出家的部派佛教无关。大乘不出于出家的部派佛教，推想有非僧非俗的寺塔集团，以说明大乘教团的起源。果真这样，初起的大乘教团，倒与现代日本式的佛教相近。这一说，大概会受到日本佛教界欢迎的，也许这就是构想者的意识来源！不过，佛塔与出家的僧伽别体，佛塔非僧伽所有，是否就等于佛塔与在家人，或不僧不俗者一体？佛塔属于不僧不俗者的所有物？部派间真的不能交往吗？十善戒但属于在家吗？这些问题，应该作更多的研究！

---

① 平川彰《初期大乘佛教之研究》所引（一二——一六、三一——三二）。

② 平川彰《初期大乘佛教之研究》所引（一七——一八）。

第三项　解答问题的途径

“从佛法到大乘佛法”，或从教义渊源，或从教团起源，近代学者提供了多方面的宝贵意见。然论究这一问题，实在不容易！一、文献不足：由于印度文化的特性，不重历史，而大众部系的圣典又大都佚失；在史料方面，不够完整、明确，这是无法克服的。二、问题太广：论究这一问题，对“佛法”——“原始佛教”与“部派佛教”，初期的“大乘佛法”，非有所了解不可。可是这两方面，虽说史料不够完整，而内容却非常的丰富博杂，研究者不容易面面充实。三、研究者的意见：非佛弟子，本着神学、哲学的观念来研究，不容易得出正确的结论。佛弟子中，或是重视律制的，或是重视法义的，或是重视信仰的，或是重视在家的，每为个人固有的信仰与见解所左右，不能完整地、正确地处理这一问题。不容易研究的大问题，作者也未必能有更好的成绩！惟有尽自己所能地，勉力进行忠实的论究。本书的研究，将分为三部分：一、从传统佛教，理解大乘佛教兴起的共同倾向。二、初期大乘佛法，多方面的传出与发展。三、论初期大乘经的传宏，也就解答了大乘经是否佛说。

从“佛法”而演进到“大乘佛法”的过程中，有一项是可以看作根本原因的，那就是“佛般涅槃所引起的，佛弟子对于佛的永恒怀念”。释尊的入般涅槃（parinirvāṇa），依佛法来说，只是究竟，只是圆满，决没有丝毫悲哀与可悼念的成分。然而佛涅槃了，对佛教人间所引起的震动与哀思，却是令人难以想像的。阿难在佛涅槃时，就是极度悲哀的一人，如《长阿含经》卷四《游行

经》(大正一·二五中——下)说:

“阿难在佛后立,抚床悲泣,不能自胜,歔欷而言:如来灭度,何其驶哉!世尊灭度,何其疾哉!大法沦曀,何其速哉!群生长衰,世间眼灭。所以者何?我蒙佛恩,得在学地,所业未成,而佛灭度!”

这种悲感哀慕,在佛弟子中,并不因时间的过去而淡忘,反而会因时间的过去而增长,如《高僧法显传》(大正五一·八六〇下、八六三上)说:

“念昔世尊住此(祇园)二十五年。自伤生在边地,……今日乃见佛空处,怆然心悲。”

“法显到耆阇崛山,华香供养,然灯续明。慨然悲伤,抆泪而言:佛昔于此说首楞严,法显生不值佛,但见遗迹处所。”

佛为人类说法,多少人从佛而得到安宁,解脱自在,成为人类崇仰与向往的对象。虽然涅槃并不是消灭了,而在一般人来说,这是再也见不到了。于是感恩的心情,或为佛法着想,为众生着想,为自已没有解脱着想而引起的悲感,交织成对佛的怀念,永恒的怀念。这是佛涅槃以来,佛教人间的一般情形。

人类对佛的永恒怀念,从多方面表达出来。一、佛涅槃后,佛的遗体——舍利(śarīra),建塔来供奉;佛钵等遗物的供奉;佛所经历过的,特别是佛的诞生地,成佛的道场,转法轮与入涅槃的地方,凡与佛有特殊关系的,都建塔或纪念物,作为佛弟子巡礼的场所。这是事相的纪念,也有少数部派以为是没有多大意义的①,但从引发对佛的怀念,传布佛法来说,是有很大影响力的。这是佛教界普遍崇奉的纪念方式,虽是事相的纪念,也能激发"求佛"、"见佛",向往于佛陀的宗教信行。二、在寺塔庄严,敬念佛陀声中,释尊的一生事迹,传说赞扬,被称为佛出世间的"大事"、"因缘";更从这一生而传说到过去生中修行的事迹:这是"十二分教"中,"本生"、"譬喻"、"因缘"的主要内容。在这些广泛的传说中,菩萨的发心,无限的精进修行,誓愿力与忘我利他的行为,充分而清晰地描绘出一幅菩萨道的庄严历程。菩萨大行的宣扬,不只是信仰的,而是佛弟子现前修学的好榜样。佛的纪念,菩萨道的传说,是一切部派所共有的。三、在佛一生事迹的传说赞扬中,佛与比丘僧间的距离,渐渐地远了!本来,佛也是称为阿罗汉的,但"多闻圣弟子"(声闻)而得阿罗汉的,没有佛那样的究竟,渐渐被揭示出来,就是著名的大天(Mahādeva)"五事"。上座部各派,顾虑到释尊与比丘僧共同生活的事实,虽见解多少不同,而"佛在僧数",总还是僧伽的一员②。"佛在僧数,不在僧数",是部派间"异论"之一③。佛"不在僧数",只是大众部系,佛超越于比丘僧以外的意思。无比伟大的佛陀,在怀念与仰信心中,出现了究竟圆满常在的佛陀观。"佛身常在",弥补了佛般涅槃以来的心理上的空虚。到这,声

---

① 《异部宗轮论》说:化地部执"于窣堵波兴供养业,所获果少"(大正四九·一七上)。

② 平川彰《初期大乘佛教之研究》(六一一——六一五)。

③ 《成实论》卷二(大正三二·二五三下)。

闻的阿罗汉们，与佛的距离，真是太远了！佛陀常在，于是从圣道的实行中，求佛见佛，进入佛陀正觉的内容，也与阿罗汉们的证入，有了多少不同。这些信仰、传说、理想、(修行)，汇合起来，大乘法也就明朗地呈现出来。这都是根源于“佛般涅槃所引起的，对佛的永恒怀念”，可说是从“佛法”而演进到“大乘佛法”的一个总线索。

“佛般涅槃所引起的，佛弟子对佛的永恒怀念”，是在佛灭以后，“原始佛教”与“部派佛教”中间进行着的。释尊时代的教化，是因时、因地、因人的根性而说的，分化为法(dharma)与毗尼——律(vinaya)。结集所成的经“法”，有四大宗趣——“吉祥悦意”、“满足希求”、“对治犹疑”、“显扬真义”，成立为四部阿含。“毗尼”在发展过程中，有身清净、语清净、意清净、命清净——四种清净；下戒、中戒、上戒——戒具足；波罗提木叉律仪等三大类。所以无论是法的修证，戒的受持(行为轨范)，在部派佛教中，如有所偏重，都有引起差异的可能性。佛灭以后，佛教以出家的比丘众为中心。比丘们在僧团中，如法修行，摄化信众，随着个人的性格与爱好，从事不同的法务，比丘们有不同的名称，而且物以类聚，佛世已有了不同的集团倾向。比丘的类别很多，主要的有：“持法者”(dharmadhara 经师)，“持律者”(vinayadhara 律师)，“论法者”(dharmakathika 论师)，“呗嚯者”(bhāṇaka 读诵、说法者)，“瑜伽者”(yogādātṛ 禅师)。为了忆持集成的经法，及共同审定传来的是否佛法，成为“经师”(起初，从忆持而称为“多闻者”)。为了忆持戒律，熟悉制戒的因缘；及有关僧团的种种规制；主持如法的羯磨(会议)；对违犯律制的，分别犯轻或犯重，及应该怎样处分，成为“律师”。律师所持的律学，是极繁密的知识。遇到新问题，还要大法官那样的，根据律的意义而给以解说。“论师”是将佛应机设教的经法，予以整理、分别、抉择。推求“自相”、“共相”、“相摄”、“相应”、“因缘”等，将佛法安置在普遍的、条理的、系统的客观基础上，发展为阿毗达磨（abhidharma）。阿毗达磨本来是真理的现观，但在论阿毗达磨的发展中，成为思辨繁密的学问。律师与阿毗达磨论师，学风非常相近，只是处理的问题不同。论法者如倾向于通俗的教化，要使一般听众容易信受，所以依据简要的经法，与“譬喻”、“本生”、“因缘”等相结合。通俗的说法，与论阿毗达磨者，同源而异流，在北方就有持经的“譬喻者”。“呗嚯者”是以音声作佛事的，在大众集会时，主持诵经、赞偈、唱导等法事，比譬喻者更为通俗，影响佛教的发展极大！“瑜伽者”多数是阿兰若住的头陀行者，独住而专修禅慧的。在佛教分化中，上座部是重律的，“轻重等持”的，每分出一部，就有一部不同的“律藏”。对于法，分别抉择而成为“阿毗达磨藏”。律制与阿毗达磨论，都是谨严繁密，重于事相的分别。大众部是重法的；重于法的持行，重会通而不重分别。对于律，重根本而生活比较的“随宜”，“随宜”并不等于放逸，反而倾向于阿兰若行。佛弟子面对当时的部派佛教，却不断地回顾、眺望于佛陀：菩萨时代的修行，成佛，说法，早期摄化四众弟子所垂示的戒法。佛陀的永恒怀念者，会直觉得“法毗尼”，与分别精严的律制、阿毗达磨不同（初期大乘经，很少说到阿毗达磨与毗尼的波罗提木叉）。初期大乘的兴起，是重法的，简易的，重于慧悟而不重分别的。上追释尊的四清净行，或初期的“正语、正业、正命”的戒法；重视“四圣种”（四依），不重僧伽的规制。重慧的大乘，学风与大众系相近。此外，佛教中有“阿兰若比丘”、“（近）聚落比丘”。阿兰若比丘，多数是“瑜伽者”，或苦行头陀。近聚落比丘，寺塔与精舍毗连，大众共住，过着集团的生活。“经师”、“律师”、“论师”、“譬喻者”、“呗嚯者”，都住在这里。这里的塔寺庄严，大众共住。在家信众受归依的，受五戒或八关斋戒的，礼拜的，布施供养的，闻法的，诵经的，忏悔的，都依此而从事宗教的行为。经师、律师、论师，重于僧伽内部的教化；譬喻者与呗嚯者，重在对在家众的摄化。如重慧的读、诵、说法，重信的念佛、忏悔，就是在这里开展起来的。“佛涅槃所引起的，对佛的永恒怀念”，成立些新的事实、新的传说与理想，引出“大乘佛法”；但这是通过了佛教内部的不同倾向而开展，这要从不同部派，更要上探原始的经、律而理解出来。

“大乘佛法”，是新兴的边地佛法。释尊游化所到的地区，称为“中国”；中国以外的，名为“边地”。佛世的摩诃迦旃延（Mahākātyāyana）、富楼那（Pūrṇamaitrāyaṇīputra），已向阿槃提（Avanti）等边地弘法。阿育王（Aśoka）时代，东方是大众部，西方是上座部。西方的摩偷罗（Mathurā），在“中国”与“边地”的边沿。从这里而向西南发展的，以阿槃提为中心，成为分别说部（Vibhajyavādin）；向西北而传入罽宾（Kaśmīra）的，成为说一切有部（Sarvāstivāda）。阿育王以后，“中国”的政教衰落，而“边地”却兴盛起来。从东方的毗舍离、央伽（Aṅga）、上央伽（Aṅguttarāpa），而传向南方，到乌荼（Oḍra）、安达罗（Andhra）而大盛起来的，是大众部中大天所化导的一流。分别说部流行于阿槃提一带的，又分出化地部（Mahīśāsaka）、法藏部（Dharmagupta-ka）、饮光部（Kāśyapīya）。阿槃提一带，也是南方，与安达罗的大众系，沿瞿陀婆利河（Godāvarī）、吉私那河（Kristnā）而东西相通，思想上也有相同的倾向。说一切有部在罽宾区盛行，大众、化地、法藏、饮光部，也传到这里。部派复杂，而民族也是臾那（Yavana）、波罗婆（Pahlava）、赊迦（Śaka）杂处，民族与文化复杂而趋向于融和。"佛涅槃所引起的，对佛的永恒怀念"，在不同地区、不同民族文化中发展起来，大乘就是起源于南方，传入罽宾而大盛的。受到异族文化、异族宗教的影响，是势所难免的，但初期大乘，不是异文化、异信仰的移植，而是佛教自身的发展，所成新的适应、新的信仰。

"佛涅槃所引起的，对佛的永恒怀念"，为"佛法到大乘佛法"的原动力。对佛的永恒怀念，表现在塔寺等纪念，佛菩萨的传说与理想。虽各方面的程度不等，而确是佛教界所共同的。通过部派，不同的宏法事业，适应不同的民族文化，孕育出新的机运——"大乘佛法"。本书第二——八章，就是以"对佛的永恒怀念"为总线索，试答大乘佛法的渊源问题。

"大乘佛法"，传出了现在的十方佛，十方净土，无数的菩萨，佛与菩萨现在，所以"佛涅槃所引起的，对佛的永恒怀念"，形式上多少变了。然学习成佛的菩萨行，以成佛为最高理想，念佛，见佛，为菩萨的要行，所以"对佛的永恒怀念"（虽对释迦佛渐渐淡了），实质是没有太多不同的（念色相佛，见色相佛，更是"秘密大乘佛法"所重的）。大乘的兴起，为当时佛教界（程度不等)的一大趋势,复杂而倾向同一大理想——求成佛道。以根性而论,有重信的信行人,重智的法行人,更有以菩萨心为心而重悲的;性习不同,所以在大乘兴起的机运中,经典从多方面传出,部类是相当多的。大乘经的传出,起初是不会太长的。如有独到的中心论题,代表大乘思潮的重要内容,会受到尊重而特别发展起来,有的竟成为十万颂(三百二十万言)的大部。初期大乘经的传出,部类非常多,又是长短、浅深不一,要说明初期大乘的开展过程,非归纳为大类而分别说明不可。本书九——十四章,就是从"佛法"发展而来的,初期大乘经中,重要内容的分别解说。

一、佛法之序曲:从"部派佛教"而进入"大乘佛法",一定有些属于"部派佛教",却引向大乘,成为大乘教典,起着中介作用的圣典。日本学者所说的"先行大乘经",有些是属于这一类的。对"大乘佛法"来说,这是大乘的序曲,有先为论列的必要。

二、般若法门:继承部派佛教的六波罗蜜——菩萨行,而着重于悟入深义的般若波罗蜜;大乘菩萨行的特性,在《般若波罗蜜经》中,充分表达出来,成为大乘佛法的核心,影响了一切大乘经。《般若经》的部类不少,属于初期大乘的,如唐玄奘所译的,《大般若经》前五分(及同本异译的译典),及《金刚般若分》。大部经是次第集成的,从次第集成去了解,可分为"原始般若"、"下品般若"、"中品般若"、"上品般若",这四类也就是"般若法门"发展的历程。《般若经》的前五分,经过了长约二五〇(西元前五〇——西元二〇〇)年而完成。"般若法门",从少数慧悟的甚深法门,演化为大众也可以修学的法门;由开示而倾向于说明；由简要而倾向于完备；由菩萨的上求菩提，而着重到下化众生。特别是，以“缘起空”来表示般若的深义，发展为后代的“中观法门”。

三、净土法门：阿閦（Akṣobhya）净土与弥陀（Amitābha）净土——东方与西方二大净土，为初期大乘最著名的，当时大乘行者所向往的净土。阿閦佛土是重智的，与《般若经》等相关联；重信的阿弥陀净土，后来与《华严经》相结合。二大净土圣典的集成，约在西元一世纪初。二大净土，各有不同的特性，流行于大乘佛教界，大乘行者有不同的意见，反应于大乘经中，这可以从大乘经而得到正确的答案。

四、文殊师利法门：有梵天特性的文殊师利（Mañjuśrī），是甚深法界的阐发者，大乘信心（菩提心）的启发者，代表“信智一如”的要义，所以被称为“大智文殊”。文殊所宣说的——全部或部分的经典，在初期大乘中，部类非常多，流露出共同的特色：多为诸天（神）说，为他方菩萨说；对代表传统佛教的圣者，每给以责难或屈辱；重视“烦恼即菩提”，“欲为方便”的法门。“文殊法门”，依般若的空平等义，而有了独到的发展。在家的、神秘的、欲乐的、梵佛同化的后期佛教，“文殊法门”给以最有力的启发！

五、华严法门：《大方广佛华严经》大部的集成，比“上品般若”迟一些，含有后期大乘的成分。如经名所表示的，这是菩萨万行，庄严佛功德的圣典；“华藏”是“莲华藏庄严”，流露出“如来藏”的色彩。初期集出的菩萨行，如菩萨的“本业”——《净行品》，菩萨的行位——《十住品》，约与“下品般若”的集出相近。

“华严法门”的佛，是继承大众部的，超越的、理想的佛，名为毗卢遮那(Vairocana)。依此而说菩萨行，所以多说法身菩萨行；多在天上，为天菩萨(及他方菩萨)说；“世主”多数是夜叉(yakṣa)；《入法界品》的增译部分，也都是天(神)菩萨；金刚手(Vajrapāṇi)的地位极高；有帝释(Indra)特性的普贤(Samantabhadra)，比文殊还重要些。圆融无碍的法门，富于理想、神秘及艺术的气息。著名的《十地品》，受有北方论义的影响，所以条理严密，树立了“论经”的典型。

六、其他法门：初期大乘经，不属于前四类的还很多。如龙宫与鬼国说法，《法华》与《宝积经》，在佛典中有特殊地位的，给以分别的叙述。有些性质相同，而遍在大乘经中，如大乘的戒学、定学、慧学，随类归纳起来，可以了解初期大乘经对这些问题所有的特色。

“佛涅槃所引起的，对佛的永恒怀念”，在传统佛教中，多方面发展起来，促成“大乘佛法”的兴起；大乘的兴起，实为势所必至的，佛教界的共同趋向。初期大乘，约起于西元前五〇年，到西元二〇〇年后。多方面传出，发展，又互为影响，主要为佛功德、菩萨行的传布。那时，十方佛与菩萨现在，开拓了新境界，也满足了因佛涅槃而引起的怀念。大乘经从何而来，是否佛说，应该可以得到了结论。本书从佛教(宗教)的立场，从初期大乘经自身去寻求证据。初期大乘经法，到底是谁传出来的？是怎样传出来的？传出了，又由哪些人受持宏通？大乘法门出现于佛教界，渐渐流行起来，习惯于传统佛教的制度、仪式、信仰者，是不免要惊疑的，或引起毁谤与排斥的行为。在(部分)传统佛教的反对下，大乘行者采取什么态度、什么方法来应付，终于能一天天发扬广大起来？初期大乘经是这样的传出，受持宏通，依佛法说，大乘是佛说的；也就解答了初期大乘经，是佛说与非佛说的大问题。

第二节　初期大乘经

第一项　初期大乘与后期大乘

从“佛法”——“原始佛教”、“部派佛教”，而演进到“大乘佛法”，要说明这一演进的过程，当然要依据初期的大乘经。“大乘佛法”有初期与后期的差别，是学界所公认的。然初期与后期，到底依据什么标准而区别出来？佛教思想的演进，是多方面的，如《解深密经》卷二（大正一六·六九七上——中）说：

“初于一时，在婆罗痆斯仙人堕处施鹿林中，惟为发趣声闻乘者，以四谛相转正法轮。……在昔第二时中，惟为发趣修大乘者，依一切法皆无自性，无生无灭，本来寂静，自性涅槃，以隐密相转正法轮。……于今第三时中，普为发趣一切乘者，依一切法皆无自性，无生无灭，本来寂静，自性涅槃，无自性性，以显了相转正法轮。”①

① 《深密解脱经》卷二（大正一六·六七三下）。

这是著名的三时教说。瑜伽学者依据这一三时教说，决定地说：第二时教说一切法无自性空，是不了义的。第三时教依三性、三无性，说明遍计所执性是空，依他起、圆成实自性是有，才是了义。初时说四谛，是声闻法（代表原始与部派佛教）。大乘法中，初说一切无自性空，后来解说为"无其所无，有其所有"：这是大乘法分前期与后期的确证。一切经是佛说的，所以表示为世尊说法的三阶段。从佛经为不断结集而先后传出来说，这正是佛法次第演化过程的记录。

《究竟一乘宝性论》卷一引（《大集经陀罗尼自在王》）经（大正三一·八二二上）说：

> "诸佛如来……善知不净诸众生性，知已乃为说无常、苦、无我、不净，为惊怖彼乐世众生，令厌世间，入声闻法中。而佛如来不以为足，勤未休息，次为说空、无相、无愿，令彼众生少解如来所说法轮。而佛如来不以为足，勤未休息，次复为说不退法轮，次说清净波罗蜜行，谓不见三事，令众生入如来境界。"

这是又一型的三时教说。前二时说，与《解深密经》相同；第三"转不退法轮"，意义有些出入。第三时所说，昙无谶（Dharmarakṣa）所译《大方等大集经》作："复为说法，令其不退菩提之心，知三世法，成菩提道。"①竺法护（Dharmarakṣa）异译《大哀经》说："斑宣经道，三场清净，何（所?）谓佛界，而令众生

① 《大方等大集经》卷三（大正一三·二一下）。

来入其境。"①《解深密经》的第三时教，是对于第二时教——无自性空的不解、误解，而再作显了的说明。《陀罗尼自在王经》的第三时教，是对第二时教——空、无相、无愿，进一层地使人悟入"如来境界"（"佛界"），也就是入"如来性"（"佛性"）。第三时教的内容，略有不同。不过，《解深密经》于一切法无自性空，显示胜义无自性性——无自性所显的圆成实性；《陀罗尼自在王经》，经法空而进入清净的如来性：这都是不止于空而导入不空的。所以后期大乘，因部派的、区域的差别，有二大系不同，而在从"空"进入"不空"来说，却是一致的。

第二项　初期大乘经部类

在现存的大乘经中，哪些是初期的大乘经？近代学者，大抵依据中国早期译出的来推定。早期来中国传译大乘经的译师，主要有：后汉光和、中平年间（西元一七八——一八九）译经的支娄迦谶；吴黄武初（二二二——二二八）、建兴中（二五二——二五三）译经的支谦；晋泰始二年到永嘉二年（二六六——三〇七）传译的竺法护。早期译出的不多，但没有译出的，不一定还没有成立。而且，译出时代迟一些，可能内容还早些，如鸠摩罗什所译的，比起竺法护的译典，反而少一些后期的经典。鸠摩罗什所译的，代表他所宗所学的，与龙树论相近。龙树的《大智度论》，传说可以译成一千卷。《十住毗婆沙论》，只译出十地中的前二地，就有十七卷。这样的大部，可能多少有后人的补充，不

① 《大哀经》卷六（大正一三·四三九下）。

过这两部论所引的，也比竺法护所译的，少一些后期的经典。这两部论的成立，约在西元三世纪初；比竺法护译经的时代，约早五十年，竺法护就已译过龙树论了①。龙树《大智度论》、《十住毗婆沙论》所引的大乘经，今略加推考，以说明代表初期大乘的，西元三世纪初存在的大乘经。

1.《大般若经》：《大智度论》说："此中般若波罗蜜品，有二万二千偈；大般若品，有十万偈。"②论文说到了两部《般若经》：二万二千偈的，是《大智度论》所依据的经本，一般称之为《大品般若经》，与玄奘所译的《大般若经》第二会相当。十万偈的，与奘译《大般若经》初会相当。《论》又说："般若波罗蜜部党经卷，有多有少，有上中下：光赞、放光、道行。"③龙树说到了上、中、下三部，并列举经名。又说："如小品、放光、光赞"④，这也是三部说。罗什译的《小品般若经》，与汉支娄迦谶译的《道行般若经》同本；与奘译《大般若经》第五会相当。《放光般若经》二十卷，是西晋无罗叉译的。《光赞经》，现存残本十卷，西晋竺法护译。这二部是相同的，与奘译《大般若经》第二会相当，也属于"大品"类。《放光》与《光赞》，或作《光赞》与《放光》，加上《小品》——《道行》，就是上、中、下三部。所以《放光》与《光赞》，只是上来所说的十万偈本与二万二千偈本；指《放光》与《光赞》为上、中——二部，不过译者借用中国现有的经名而已。在造论

① 林屋友次郎《佛教及佛教史之研究》(二九一——三〇〇)。

② 《大智度论》卷一〇〇(大正二五·七五六上)。

③ 《大智度论》卷六七(大正二五·五二九中)。

④ 《大智度论》卷七九(大正二五·六二〇上)。

时,《般若经》已有三部;十万颂本也已经成立。

2.《不可思议解脱经》①:内容与《华严经·入法界品》相合,但沤舍那(Āsā)优婆夷为须达那(Sudhana,善财)所说数目②,现行本别立为《阿僧祇品》。

3.《十地经》,《渐备经》③:与《华严经》的《十地品》相当。《十住毗婆沙论》,就是《十地品》偈颂的广释。

4.《密迹经》,《密迹金刚经》④:与晋竺法护所译《密迹金刚力士经》同本,现编入《大宝积经》第三会。

5.《阿弥陀佛经》⑤:与汉支娄迦谶所译《无量清净平等觉经》同本。唐菩提流志(Bodhiruci)所译本,编入《大宝积经》第五会。

6.《宝顶经》⑥:"宝顶"是"宝积"的异译;龙树引用这部经处不少,与失译的《大宝积经》等同本。《宝顶经迦叶品》、《迦叶经》⑦,是这部经的四种沙门等部分。现编入《大宝积经》第四十三会的,题为《普明菩萨会》。

---

① 《大智度论》卷七三(大正二五·五七六下)。以下都引一文为例。

② 《大智度论》卷五(大正二五·九四中——九五中)。

③ 《大智度论》卷四九(大正二五·四一一上),又卷二九(大正二五·二七二上)。

④ 《大智度论》卷一(大正二五·五九上),又卷一〇(大正二五·一二七下——一二八上)。

⑤ 《大智度论》卷九(大正二五·一二七上)。

⑥ 《大智度论》卷二八(大正二五·二六六下)。

⑦ 《十住毗婆沙论》卷一七(大正二六·一一八下),又卷一六(大正二六·一一〇下)。

7.《无尽意经》,《阿差末经》,《无尽意菩萨问》①:与竺法护译的《阿差末菩萨经》同本。《论》上说:"宝顶经中和合佛法品中,无尽意菩萨于佛前,说六十五种尸罗波罗蜜分。"②可见这部经在古代,是属于《宝积经》的部类。宋智严共宝云所译《无尽意菩萨经》,现编入《大集经》第十二分。

8.《首楞严三昧经》③:古代一再翻译,现存鸠摩罗什所译的《首楞严三昧经》。

9.《毗摩罗诘经》④:吴支谦初译,题作《维摩诘经》。

10.《般舟三昧经》,《般舟经》⑤:内容与汉支娄迦谶所译的《般舟经》相合。

11.《法华经》⑥:与竺法护所译的《正法华经》相同。

12.《持心经》,《明网菩萨经》,《网明菩萨经》,《明网经》⑦:内容与竺法护译的《持心梵天所问经》相同。

13.《诸佛要集经》⑧:文殊不能起一女人的三昧,与竺法护所译《诸佛要集经》相合。

---

① 《大智度论》卷二七(大正二五·二五七中),又卷五三(大正二五·四四二上),又卷二〇(大正二五·二一一下)。

② 《十住毗婆沙论》卷一六(大正二六·一〇九下)。

③ 《大智度论》卷一〇(大正二五·一三四中)。

④ 《大智度论》卷九(大正二五·一二二上)。

⑤ 《大智度论》卷二九(大正二五·二七六上),又卷三三(大正二五·三〇六上)。

⑥ 《大智度论》卷七(大正二五·一〇九中)。

⑦ 《大智度论》卷八一(大正二五·六三一上),又卷二〇(大正二五·二一一中),又卷二二(大正二五·二二七中),又卷二八(大正二五·二六七上)。

⑧ 《大智度论》卷一〇(大正二五·一二八中)。

14.《华手经》①:“十方佛皆以华供养释迦文佛”,与鸠摩罗什所译《华手经》相合。

15.《三十三天品经》②:佛为目连(Mahāmaudgalyāyana)说:在十方恒河沙等无量世界,现种种国土化众生的,“彼诸佛等皆是我身”,与竺法护所译的《佛升忉利天为母说法经》相合。

16.《放钵经》③:弥勒(Maitreya)成佛时,文殊不知举足下足事,与支娄迦谶所译《阿阇世王经》相合。

17.《贤劫经》④:“八万四千诸波罗蜜”,与竺法护所译《贤劫(三昧)经》相合。

18.《德女经》⑤:佛为德女说缘起如幻,与竺法护所译《梵志女首意经》相合。

19.《毗那婆那王经》⑥:菩萨四无所畏,出于鸠摩罗什所译《自在王菩萨经》。

20·21.《龙王问经》,《龙王经》⑦:《论》上说:“阿那婆达多龙王,沙竭龙王等得菩萨道”;“娑伽度龙王十住菩萨,阿那婆达多龙王七住菩萨”⑧。应是竺法护所译的《海龙王经》、《弘道广显三昧经》——二经。

---

① 《大智度论》卷一〇(大正二五·一二九中)。
② 《大智度论》卷三二(大正二五·三〇二中——下)。
③ 《大智度论》卷三八(大正二五·三四〇下)。
④ 《大智度论》卷二九(大正二五·二七一上)。
⑤ 《大智度论》卷六(大正二五·一〇一下——一〇二上)。
⑥ 《大智度论》卷五(大正二五·一〇一上)。
⑦ 《大智度论》卷一〇〇(大正二五·七五六中),又卷五一(大正二五·四二四中)。
⑧ 《大智度论》卷三九(大正二五·三四四上),又卷四(大正二五·九二中)。

22.《净毗尼经》,《净毗尼》①:佛告迦叶(Mahākāśyapa),内容与竺法护所译《文殊师利净律经》相合。

23.《宝月童子所问经》②:念十方佛,与赵宋施护所译的《大乘宝月童子所问经》相合。

24.《三支经除罪业品》;"佛自说忏悔法";"佛自说劝请法";"随喜回向,此二事佛亦自说"③:所引文句,与梁僧伽婆罗(Samghavarman)所译《菩萨藏经》相合。

25.《如来智印经》④:佛说发菩提心的,有罪应堕落的,受报轻微,与宋失译的《智印经》相合。

26.《诸佛本起经》,《本起经》,《佛本起因缘经》,《菩萨本起经》⑤:"菩萨生人中,厌老病死,出家得阿耨多罗三藐三菩提",与汉竺大力共康孟详所译的《修行本起经》等为同类。

上来列举的二十六部大乘经,是龙树论所引用,而且明显地标举了经名。此外,还有引述经说,虽没有标出经名,而内容确实可考的,如:

27.《法镜经》:《十住毗婆沙论》,引"佛告郁伽罗"一大段;及头陀、阿练若法⑥,内容与汉安玄所译《法镜经》相合。异译

---

① 《十住毗婆沙论》卷二(大正二六·二八上),又卷一五(大正二六·一〇二中)。

② 《十住毗婆沙论》卷五(大正二六·四一中)。

③ 《十住毗婆沙论》卷六(大正二六·四七中),又卷五(大正二六·四五中——下),又卷五(大正二六·四六上),又卷五(大正二六·四六中——下)。

④ 《十住毗婆沙论》卷六(大正二六·四八下)。

⑤ 《大智度论》卷一〇〇(大正二五·七五六中),又卷四六(大正二五·三九四中),又卷三三(大正二五·三〇八上),又卷三八(大正二五·三四二上)。

⑥ 《十住毗婆沙论》卷七·八(大正二六·五七中——六三上),又卷一六(大正二六·一一一中——一一五上)。

本,传为曹魏康僧铠(Saṃghavarman)所译的《郁伽长者问经》,今编入《大宝积经》第十九会。

28.《诸法无行经》:“文殊师利本缘”——在过去生中,因为诽谤大乘深义,所以无量千万亿岁受地狱苦,但却因此而“世世得利根智慧”①。出于鸠摩罗什所译的《诸法无行经》。

29.《不必定入定入印经》:《大智度论》说:“有三种菩萨,利根心坚。未发心前,久来集无量福德智慧;是人遇佛,闻是大乘法,发阿耨多罗三藐三菩提心,即时行六波罗蜜,入菩萨位,得阿鞞跋致。”又说:“如远行,或有乘羊而去,或有乘马而去,或有神通去者。”②乘神通而去的,就是利根(三类人)。《不必定入定入印经》,与《论》说完全相合。《不必定入定入印经》,元魏瞿昙般若流支(Prajñāruci),初次译出。

30.《大树紧那罗王所问经》:大迦叶听了紧那罗王的琴声,竟不能自主地起舞③。这件事,《论》文一再说到,是出于《大树紧那罗王所问经》的。支娄迦谶初译的,名《伅真陀罗所问如来三昧经》。

31.《阿閦佛国经》:《般若经》说到阿閦佛(Akṣobhya),《大智度论》也说:“阿閦佛初发心时,行清净行,不休不息,乃至阿耨多罗三藐三菩提”④,是直引《阿閦佛国经》的。《阿閦佛国经》,汉支娄迦谶初译。

---

① 《大智度论》卷六(大正二五·一〇七上——一〇八上)。
② 《大智度论》卷三八(大正二五·三四二下)。
③ 《大智度论》卷一〇(大正二五·一三五下)。
④ 《大智度论》卷七九(大正二五·六一五中)。

32.《大方广佛华严经·华藏世界品》:《大智度论》说:"三千大千世界名一世界,一时起,一时灭;如是等十方如恒河沙等世界,是一佛世界。如是一佛世界数如恒河沙等世界,是一佛世界海。如是佛世界海数如十方恒河沙世界,是(一)佛世界种。如是世界种,十方无量。"①分世界为一佛世界、世界海、世界种,与"华藏世界"说相合。

33.《离垢施女经》:《十住毗婆沙论》引"大智经,毗摩罗达多女问中,佛因目揵连说"一段②,与竺法护所译《离垢施女经》相合。晋聂道真所译的,名《无垢施菩萨分别应辩经》,编入《大宝积经》第三十三会。

34.《持人菩萨经》:《大智度论》说"菩萨摩诃萨行四念处"一大段文③,与竺法护所译《持人菩萨经》"三十七品第九"相同。

龙树论引用的大乘经,有的举出了经名,也说到了内容,但还没有查出与汉译的哪部经相同,或是没有传译过来,如:

35.《决定王大乘经》:"称赞法师功德,及说法仪式";为阿难说多种四法。又"决定王经中,佛为阿难说阿练若比丘,应住四四法"④。

36.《净德经》:为"净德力士"说菩萨尸罗⑤。

---

① 《大智度论》卷五〇(大正二五·四一八下)。
② 《十住毗婆沙论》卷一五(大正二六·一〇二中)。
③ 《大智度论》卷一九(大正二五·二〇三中——二〇四上)。
④ 《十住毗婆沙论》卷七(大正二六·五三下——五四上),又卷一六(大正二六·一一四上——中)。
⑤ 《十住毗婆沙论》卷一七(大正二六·一一九中)。

37.《富楼那弥帝隶耶尼子经》:“佛语富楼那:若使三千大千世界劫烧若更生,我常在此(耆阇崛)山中住。一切众生以结使缠缚,不作见佛功德,以是故不见我。”①

上三类三十七部,是龙树论所引用,可以知道内容的大乘经。还有些内容不能明确知道的,如一、《云经》,二、《大云经》,三、《法云经》,“各各十万偈”②。其中《大云经》,可能就是北凉昙无谶所译的《大方等大云经》。《大云经》现存六卷,或作《大方等无想经》,是《大云经》的一部分。四、《六波罗蜜经》③,与吴康僧会所译的《六度集经》同类。五、《大悲经》④,不知与高齐那连提耶舍(Narendrayaśas)所译的《大悲经》是否相同?六、《方便经》,七、《弥勒问经》,八、《阿修罗王问经》,《断一切众生疑经》⑤:经题通泛,又没有说明内容,所以不能确定。此外有《助道经》⑥,是龙树《菩提资粮论》的本颂,不是大乘经。

汉、魏、吴、西晋所译的大乘经,对于译者,有的不免传闻失实。近代日本学者,有过不少的考证,但有些意见还不能一致。在本书中,不成重要问题,因为译者可能有问题,而属于古旧所译,却是不会错的。现在依《出三藏记集》所传的古译为主,来

---

① 《大智度论》卷三(大正二五·七九中)。

② 《大智度论》卷三三(大正二五·三〇八上),又卷四六(大正二五·三九四中),又卷一〇〇(大正二五·七五六中)。

③ 《大智度论》卷三三(大正二五·三〇八上),又卷四六(大正二五·三九四中)。

④ 《大智度论》卷一〇〇(大正二五·七五六中)。

⑤ 《大智度论》卷一〇〇(大正二五·七五六中),又卷四六(大正二五·三九四中)。

⑥ 《十住毗婆沙论》卷一(大正二六·二五中)。

看龙树所引用的大乘经①。汉、魏、吴所译的,相同的共十三部:《兜沙经》,《般若经》,《首楞严经》,《般舟三昧经》,《伅真陀罗经》,《阿阇世王经》,《宝积经》(《遗日摩尼宝经》),《阿闳佛国经》,《阿弥陀经》,《法镜经》,《本起经》,《维摩诘经》,《如来慧印经》。西晋竺法护更译出十五部:《贤劫经》,《正法华经》,《密迹经》,《持心经》,《十地经》(《渐备一切智德经》),《海龙王经》,《弘道广显三昧经》,《持人菩萨经》,《阿差末经》,《诸佛要集经》,《佛升忉利天为母说法经》,《离垢施女经》,《文殊师利净律经》,《梵志女首意经》,《舍利弗悔过经》(《菩萨藏经》初译本)。再加三秦译出的《华手经》,《自在王经》,《诸法无行经》,《罗摩伽经》(《不可思议经》的部分古译),总共三十二部。可以说,龙树引用的大乘经三十七部,除三部不能考定的以外,几乎都译过来了!

研究初期大乘佛教,本书以龙树所引用的为主要对象,然龙树论所引用的,不可能是初期大乘经的全部。从我国现存的译本看来,汉、魏、吴所译的大乘经,除去重复的,还有十四部:

1.《明度五十校计经》	二卷	汉安世高译②
2.《文殊问菩萨署经》	一卷	汉支娄迦谶译
3.《内藏百宝经》	一卷	汉支娄迦谶译
4.《成具光明定意经》	一卷	汉支曜译
5.《菩萨本业经》	一卷	以下均吴支谦译

① 以下经名有“佛说”的,一概省略。

② 本经现编入《大方等大集经》第十三分,或误作“高齐天竺三藏那连提耶舍译”。

6.《须赖经》① 一卷

7.《无量门微密持经》 一卷

8.《私呵昧经》 一卷

9.《差摩竭经》 一卷

10.《七女经》 一卷

11.《老女人经》 一卷

12.《孛经抄》 一卷

13.《龙施女经》 一卷

14.《月明菩萨经》 一卷

西晋竺法护所译的,法义与初期大乘相近,而龙树论没有引用的,共有三十五部,如:

1.《阿惟越致遮经》 四卷

2.《文殊师利严净经》 二卷

3.《文殊师利现宝藏经》 二卷

4.《等集众德三昧经》 三卷

5.《大净法门经》 一卷

6.《须真天子经》 二卷

7.《幻士仁贤经》 一卷

8.《魔逆经》 一卷

9.《济诸方等学经》 一卷

10.《德光太子经》 一卷

11.《决定总持经》 一卷

① 支谦译本已佚失。竺法护译有《须赖经》。

12.《五十缘身行经》 一卷
13.《须摩提菩萨经》 一卷
14.《方等泥洹经》 二卷
15.《大善权经》 二卷
16.《无言童子经》 一卷
17.《大方等顶王经》 一卷
18.《文殊师利悔过经》 一卷
19.《灭十方冥经》 一卷
20.《无思议孩童经》 一卷
21.《宝网童子经》 一卷
22.《顺权方便经》 二卷
23.《普门品经》 一卷
24.《如幻三昧经》 二卷
25.《弥勒本愿经》 一卷
26.《乳光经》 一卷
27.《心明经》 一卷
28.《无所希望经》 一卷
29.《独证自誓三昧经》 一卷
30.《无极宝三昧经》 一卷
31.《阿术达经》 一卷
32.《三品修行经》① 一卷

① 《出三藏记集》卷二:"三品修行经一卷(安公云:近人合大修行经)。"即现在《修行道地经》的后三品——《弟子(三品修行)品》、《缘觉品》、《菩萨品》,是论体。

33.《舍头谏太子二十八宿经》　一卷
34.《光世音大势至授决经》　一卷
35.《超日明三昧经》　二卷

东晋译出,而应归入初期大乘的,有:

1.《菩萨藏经》(《富楼那问》)　三卷　秦鸠摩罗什译
2.《金刚般若波罗蜜经》　一卷　秦鸠摩罗什译
3.《无量寿经》　一卷　秦鸠摩罗什译
4.《演道俗业经》　一卷　失译
5.《长者子辩意经》　一卷　失译
6.《内外六波罗蜜经》　一卷　失译
7.《菩萨道树三昧经》　一卷　失译
8.《黑氏梵志经》　一卷　失译
9.《菩萨逝经》　一卷　失译

上来总计,龙树论引大乘经三十七部;汉、魏、吴译的十四部;竺法护译的三十五部;罗什及失译的九部。在现存汉译的大乘经中,除去重译的,代表初期大乘经的,包括好多部短篇在内,也不过九十多部。附带要说到的,一、竺法护所译的,如《度世品经》、《等目菩萨所问经》、《如来兴显经》,都是大部《华严经》的一品。《大哀经》、《宝女所问经》、《宝髻经》,是《大集经》的一分。在《究竟一乘宝性论》中,引用了《大哀经》、《宝女经》、《如来兴显经》,以说明如来藏、佛性。与竺法护同时的法炬,译出了《大方等如来藏经》①,可见那个时代,后期大乘经已开始传

① 《出三藏记集》卷二(大正五五·九下——一〇上)。

来了。二、支谦曾译出《大般泥洹经》二卷，僧祐考订为："其支谦大般泥洹，与方等泥洹大同"；"方等泥洹经[竺法护、释法显]：右一经，二人异出"①。支谦的《大般泥洹》，是《方等泥洹经》的别译，所以《历代三宝纪》说："此略大本序分、哀叹品为二卷，后三纸小异耳"②，是不足信的！三、昙无谶译出的《大云经》，说到："如来常乐我净"，"一切众生皆有佛性"；"我涅槃后千二百年，南天竺地有大国王，名娑多婆呵那"；"如是众生乐见比丘"③：与龙树的时代相当。龙树论说到了《大云经》，似乎早了一点，可能是后人附入龙树论的。从后期大乘经的传来，可推见（南方）后期大乘经的兴起，约在西元二三〇——二五〇年顷。

① 《出三藏记集》卷二（大正五五·一四上），又卷二（大正五五·一五上）。

② 《历代三宝纪》卷五（大正四九·五七上）。

③ 《大方等无想经》卷一（大正一二·一〇八一上、一〇八二下），又卷五（大正一二·一〇九九下——一一〇〇中）。

第二章　佛陀遗体·遗物·遗迹之崇敬

第一节　佛陀遗体的崇敬

第一项　佛涅槃与舍利建塔

释尊的般涅槃，引起了佛弟子内心的无比怀念。在"佛法"演化为"大乘佛法"的过程中，这是一项主要的动力，有最深远的影响。佛弟子对于佛陀的怀念，是存在于内心的，将内心的思慕表现出来，也是多方面的，例如对佛陀遗体、遗物、遗迹的崇敬，就是怀念佛陀的具体表现。这是事相的崇敬，然崇敬佛陀所造成的现象，所引起的影响，的确是使佛教进入一崭新的境界，也就是不自觉地迈向大乘的领域。

高寿八十的释迦(Śākya)佛，在拘尸那(Kuśinagara)的娑罗双树下入涅槃，这是佛教的大事。记录佛入涅槃的，如《大般涅槃经》、《长阿含·游行经》、《杂事》的《大涅槃譬喻》、《增一阿含经》等①。这些,虽不等于当时的事实,但却是最古老的传说。佛的般涅槃(parinirvāṇa),是究竟的、圆满的解脱;也许唯有无著无碍的虚空,勉强地可以形容。从众苦的毕竟解脱来说,应该是了无遗憾的。然在一般佛弟子心目中,这是永别了!为自己,为众生,为了佛法的延续,一种纯洁的宗教情操,涌现于佛弟子的心中。佛法——人世间的光明,怎样才能延续?佛的遗体,又应该怎样处理?这是佛入涅槃所引起的急待解决的大事。关于佛法的延续,由摩诃迦叶(Mahākāśyapa)发起,在王舍城(Rājagṛha)举行结集大会。佛所开示的修证法门,名为"法";佛所制定的僧伽轨范,名为"律"。(经)"法"与"律"的结集,使佛法能一直流传下来。关于佛陀遗体的处理,如《长阿含经》卷三《游行经》(大正一·二〇上)说:

"佛灭度后,葬法云何?佛告阿难:汝且默然,思汝所业!诸清信士自乐为之。"

出家有出家目的,应该努力于解脱的实现;唯有修证,才是出家人的事业。至于佛陀遗体的安葬,那是在家人自会办理的。在当时,佛的法身(法与律),由出家众主持结集;色身,荼毗(jhāpeti)——火化以后,由在家众建塔供养。葬礼、建塔,是需要物资与金钱的,这当然是在家信众所应做的事。

佛陀的遗体,在娑罗双树下,受拘尸那么罗(Malla)族人的供养礼拜。到第七天,运到城东的天冠寺(Makuṭa-bandhana)。

① 叙述佛涅槃后分舍利建塔的,还有《佛般泥洹经》、《般泥洹经》、法显译《大般涅槃经》、《十诵律》卷六〇。

当时的葬礼非常隆重，称为"轮王葬法"。先以布、毡重重裹身，安放到灌了油的金（属）椁中，再以铁椁盖蔽，然后堆积香柴，用火来焚化（荼毗）。主持荼毗大典的，是摩诃迦叶。荼毗所遗留下来的舍利（śarīra），再建塔（stūpa）供养。佛陀遗体采用轮王葬法，不只是由于佛出于迦毗罗卫（Kapilavastu）的王族，从初期的圣典看来，一再以转轮王（Cakravarti-rāja）来比喻佛陀。轮王有三十二大人相，佛也有三十二相①。轮王以七宝平治天下，佛也以七宝化众生，七宝是七菩提分宝②。轮王的轮宝，在空中旋转时，一切都归顺降伏；佛说法使众生信服，所以称佛的说法为"转法轮"③。轮王的葬法，是隆重的荼毗建塔，佛也那样的荼毗建塔。我们知道，轮王以正法治世，使人类过着和平、繁荣的道德生活，是古代的理想政治；佛法化世，也是轮王那样的，又胜过轮王而得究竟解脱，称为"法王"。理想的完满实现，是轮王与法王并世，如弥勒成佛时那样④，政教都达到最理想的时代。初期佛教，确有以佛法化世，实现佛（释）化王国的崇高理念。这一倾向，也就近于大乘的精神。

拘尸那的末罗族人，对于佛的遗体，供养荼毗，所以对荼毗所留下的碎舍利，自觉有取得与供养的权利。传说：拘尸那在内，一共有八国的国王，都要求得到舍利，几乎引起了纷争。一

---

① 《长部》（三〇）《三十二相经》（南传八·一八三——二三四）。《中阿含经》卷一一《三十二相经》（大正一·四九三上——四九四中）。

② 《相应部·觉支相应》（南传一六上·二九五——二九六）。《杂阿含经》卷二七（大正二·一九四上）。《中阿含经》卷一一《七宝经》（大正一·四九三上）。

③ 《相应部·谛相应》（南传一六下·三三九——三四三）。《杂阿含经》卷一五（大正二·一〇三下——一〇四上）。

④ 《中阿含经》卷一三（大正一·五〇九下——五一一上）。

位“香姓”（或作“直性”、“烟”，Droṇa）婆罗门，出来协调和平，决定由八国公平地分取舍利，回国去建塔供养。八国的名称与种族，记录较完全的，如Ⅰ《长阿含·游行经》；Ⅱ《长部·大般涅槃经》；Ⅲ《根本说一切有部毗奈耶杂事》；Ⅳ《十诵律》①，对列如下：

Ⅰ	波婆国	遮罗颇国	罗摩伽国	毗留提国	迦维罗卫国	毗舍离国	摩竭国	拘尸国
	末罗	跋离	拘利	婆罗门	释种	离车	阿阇世王	末罗
Ⅱ	Pāvā	Allak-apa	Rāma-gāma	Veṭh-adīpa	Kapila-vatthu	Vaisālī	Mag-adha	Kusi-nārā
	Malla	Buli	Koli	Brāh-maṇa	Sakya	Licchavi	Ajāta-sattu	Malla
Ⅲ	波波邑	遮洛迦邑	阿罗摩处	吠率奴邑	劫比罗城	薜舍离	摩伽陀国	拘尸城
	壮士				释迦子	栗呫毗子	行雨大臣	壮士
Ⅳ	波婆国	遮勒国	罗摩聚落	毗瓮	迦维罗婆国	毗耶离国	摩伽陀国	拘尸城
	力士	刹帝利	拘楼罗	婆罗门	释子	梨昌	阿阇世	力士

八国平分舍利以外，香姓婆罗门取得了分配舍利的瓶，瓶里沾有舍利，回家乡去建立“瓶塔”。《西域记》说：瓶塔在战主国②，推定在恒河与Son河中间，首府在今Ghāgipur③。毕钵罗（Pipphalavana）聚落的Moliya族人，取得荼毗留下来的灰炭。据

① Ⅰ《长阿含经》卷四《游行经》（大正一·二九中——三〇上）。Ⅱ《长部》（一六）《大般涅槃经》（南传七·一五八——一六二）。Ⅲ《根本说一切有部毗奈耶杂事》卷三九（大正二四·四〇一下）。Ⅳ《十诵律》卷六〇（大正二三·四四六中）。

② 《大唐西域记》卷七（大正五一·九〇八上）。

③ 《望月佛教大辞典》（二九七六下）。

法显与玄奘所见,"炭塔"在罗摩(Rāma)聚落到拘尸那中途的树林中①。这样,就如《十诵律》卷六〇(大正二三·四四七上)所说:

"尔时,阎浮提中八舍利塔,第九瓶塔,第十炭塔。佛初般涅槃后起十塔,自是以后起无量塔。"②

分得舍利的国家,虽遮勒颇与毗留提的所在地不明,但从其他国家,可以推想出来。当时舍利的分得者,连瓶与灰炭的取得者,都是在东方的,都是古代毗提诃(Videha)王朝治下的民族。恒河中流以上的,连佛久住的舍卫城,也没有分得。对于佛陀,东方民族是有亲族感的,东方圣者的舍利,由东方人来供奉。供奉舍利塔,供奉的主体是舍利,是释迦佛的遗体。虽然当时分舍利与建塔的情形不能充分明了,但建塔供奉的风气,的确从此发达起来。佛陀在世时,如来为上首的僧伽佛教,由于佛的般涅槃,渐移转为(如来)塔寺为中心的佛教。

第二项　舍利·驮都·塔·支提

"舍利"(śarīra),或作设利罗。《玄应音义》意译为"身骨";

① 《高僧法显传》(大正五一·八六一下)。《大唐西域记》卷六(大正五一·九〇三上)。

② 当时的分取舍利,后代的异说不一:有分别灰塔与炭塔为二塔的,如《佛般泥洹经》(大正一·一七五下),《般泥洹经》(大正一·一九〇下)。有说人间供养七分,龙王供养一分,如《大般涅槃经》(南传七·一六二——一六三)。《大唐西域记》卷六说:"即作三分:一诸天,二龙众,三留人间八国重分。"(大正五一·九〇四下)又卷三说:乌仗那(Udyāna)上军王(Uttarasena)也分得一分(大正五一·八八四中)。

《慧苑音义》解为“身”;《慧琳音义》译为“体”①。舍利,实为人类死后遗体的通称。值得尊敬而建塔供养的,经说有四种人——如来、辟支佛、声闻、转轮王②。所以为了分别,应称为“如来舍利”、“佛舍利”等。人的身体,到了没有生机时,就称为舍利,如《长阿含经》卷四《游行经》(大正一·二七下)说:

> “办诸香花及众伎乐,速诣双树,供养舍利。竟一日已,以佛舍利置于床上。使末罗童子举床四角,擎持幡盖,烧香散华,伎乐供养。……诣高显处而阇维之。”

这里的舍利,是没有阇维(荼毗 jhāpita)以前的佛的遗体。经上又说:“积众名香,厚衣其上而阇维之。收拾舍利,于四衢道起立塔庙”;“今我宜往求舍利分,自于本土起塔供养”;“远来求请骨分,欲还本土起塔供养”③。这里的舍利,是荼毗以后的骨分。火化以前、火化以后的遗体,都是称为舍利的。舍利有全身与碎身的不同:“全身舍利”是没有经过火化,而保持不朽腐的遗形。传说天王佛是全身舍利;中国禅宗列祖(其他的也有),也每有色身不散的记录。释迦佛荼毗以后的舍利,是“碎身舍利”,泛指一切骨分。中国古代传说,佛舍利极其坚固,椎击也不会破坏的。后代的佛弟子,在火化以后,也常在灰聚中发现坚固的碎粒,这些坚固的碎粒,中国人也就称之为“舍利子”。

---

① 《一切经音义》卷二二(大正五四·四四八上),又卷二七(大正五四·四八三中)。

② 《长部》(一六)《大般涅槃经》(南传七·一二七)。《长阿含经》卷三《游行经》(大正一·二〇中)。

③ 《长阿含经》卷四《游行经》(大正一·二八中、二九中)。

佛舍利是佛的遗体，那么佛的爪、发、牙齿，如离开了身体，也就有遗体——身体遗余的意义，也就被称为舍利，受到信众的尊敬、供养。

“驮都”(dhātu)，一般译为“界”，与舍利有类似的意义。“界”的含义很多，应用也相当的广。如《阿毗达磨大毗婆沙论》卷七一(大正二七·三六七下)说：

> “界是何义？答：种族义是界义，段义、分义、片义、异相义、不相似义、分齐义是界义，种种因义是界义。声论者说：驰流故名界，任持故名界，长养故名界。”

在佛法中，如六界、十八界等，是有特性的不同质素，所以“界”有质素、因素、自性、类性的意义。如来舍利也称为如来驮都——“如来界”，起初应该是如来遗体所有的分分质素。如来舍利与如来驮都，一般是看作同样意义的。南传的《长部》注——Sumaṅgala-vilāsinī，以如来的遗体为舍利；荼毗而分散的，如珠、如金屑的是驮都。舍利与驮都，可以这样分别，而不一定要分别的，如舍利与驮都，可以联合为“舍利驮都”一词；《律摄》也说到“盗设利罗世尊驮都”①。又如八王分舍利，南传的《大般涅槃经》，也是称为舍利的。驮都有类性的意义，也应用到普遍的理性，如“法界”常住。这样，如来驮都——“如来界”(tathāgata-dhātu)，就与“如来性”(tathāgatatva)的意义相通；在“佛法”向“大乘佛法”的演化中，这个名词引起了重要的作用。

---

① 《根本萨婆多部律摄》卷二(大正二四·五三五中)。

"塔",是塔婆、窣堵波(stūpa)的略译。塔的意义,如道宣《关中创立戒坛图经》(大正四五·八〇九中)说:

"若依梵本,瘗佛骨所,名曰塔婆。……依如唐言:方坟冢也。古者墓而不坟,坟谓加土于其上也。如律中,如来知地下有迦叶佛舍利,以土增之,斯即塔婆之相。"

《四分律》与《五分律》,都说到地下有迦叶(Kāśyapa)佛古塔,佛与弟子用土加堆在地上,就成为大塔①。这样的塔,与坟的意义一样,可能是印度土葬的(坟)塔。但荼毗以后的舍利驮都,从八王分舍利起,经律都说"于四衢道中"造塔。塔是建筑物,并不只是土的堆积,这应与印度火葬后遗骨的葬式有关。古代都将佛的舍利放在瓶中或壶中,再供入建筑物内,这是与埋入地下不同的。这样的塔,也就与坟不同(可能形式上有点类似)。

说到塔的建造,就与"支提"有关。支提(caitya),或作制多、制底、枝提等。这是有关宗教的建筑物,古代传译,每每与塔混杂不分,如《长阿含经》卷一一《阿㝹夷经》(大正一·六六下)说:

"毗舍离有四石塔:东名忧园塔,南名象塔,西名多子塔,北名七聚塔。"

四塔的原语,是支提。又如《大般涅槃经》卷上(大正一·

---

① 《四分律》卷五二(大正二二·九五八中)。《弥沙塞部和醯五分律》卷二六(大正二二·一七二下)。

一九一中）说：

“告阿难言：此毗耶离，优陀延支提，瞿昙支提，庵罗支提，多子支提，娑罗支提，遮波罗支提，此等支提，甚可爱乐。”①

佛陀的时代，毗舍离早就有了这么多的支提，可以供出家人居住，所以支提是有关宗教的建筑物，与塔的性质不一样。等到佛的舍利建塔供养，塔也成为宗教性质的建筑物，塔也就可以称为支提了（根本说一切有部，都称塔为支提）。不过塔是供奉舍利驮都的，所以《摩诃僧祇律》说：“有舍利者名塔，无舍利者名枝提。”②这是大体的分别，不够精确！应该这样说：凡是建造的塔，也可以称为支提；但支提却不一定是塔，如一般神庙。

第三项　阿育王大兴塔寺

阿育王灌顶的时代，离佛灭已二世纪（或说百十六年，或说百六十年，或说二百十八年）了。佛法相当的发达，得到阿育王的信仰与护持，得到了更大的发展。北方传说：阿育王在优波毱多（Upagupta）的启导下，修造了八万四千塔，如《阿育王经》卷一（大正五〇·一三五上）说：

“时王生心欲广造佛塔，庄严四兵，往阿阇世王所起塔处，名头楼那。至已，令人坏塔，取佛舍利。如是次第，乃至

① 参阅《长部》（一六）《大般涅槃经》（南传七·九二）。

② 《摩诃僧祇律》卷三三（大正二二·四九八中）。

七塔，皆取舍利。复往一村，名曰罗摩，于此村中，复有一塔最初起者，复欲破之以取舍利。……时王思惟：此塔第一，是故龙王倍加守护，我于是塔，不得舍利。思惟既竟，还其本国。时阿育王作八万四千宝函，分布舍利，遍此函中。复作八万四千瓶，及诸幡盖，付与夜叉，令于一切大地，乃至大海，处处起塔。……阿育王起八万四千塔已，守护佛法。"①

阿育王塔所藏的舍利，是从八王舍利塔中取出来的。但只取了七处，罗摩聚落(Rāmagrāma)塔的舍利，没有取到。这是将过去集中在七处的舍利，分散供养。舍利放在宝函(《传》作"宝篋")中，然后送到各处去造塔供养。这一传说，南传也是有的，如《善见律毗婆沙》卷一(大正二四·六八一上)说：

"王所统领八万四千国王，敕诸国起八万四千大寺，起塔八万四千。"

塔，《一切善见律注序》作"制底"②。《岛史》与《大史》，但说"建立八万四千园"——精舍③。然南方传说：王子摩哂陀(Mahinda)出家，派去Tambapaṇṇi岛——锡兰传布佛法。摩哂陀等到了锡兰，就派沙弥修摩那(Sumana)，到印度及天上，取舍利到锡兰建塔供养，如《善见律毗婆沙》卷三(大正二四·六九〇上)说：

---

① 参阅《阿育王传》卷一(大正五〇·一〇二上)。
② 《一切善见律注序》注四七(南传六五·六二)。
③ 《岛史》(南传六〇·五〇)。《大史》(南传六〇·一八九)。

"修摩那……即取袈裟,执持钵器,飞腾虚空,须臾往到阎浮利地。……王即受取沙弥钵已,以涂香涂钵,即开七宝函,自取舍利满钵,白光犹如真珠,以授与沙弥。沙弥取已,复往天帝释宫。……沙弥问帝释:帝释有二舍利,一者右牙,留此;二者右缺盆骨,与我供养。帝释答言:善哉!……即取舍利授与修摩那。"

此事,《岛史》与《大史》,都有同样的记载①。当时锡兰的佛教,有分请舍利造塔的传说,其他地区,当然也可以发生同样的情形。阿育王时代的疆域,从发现的摩崖与石柱法敕,分布到全印度(除印度南端部分);所派的传教师,更北方到臾那(Yona)世界,南方到锡兰来看,统治区相当广大,佛法的宏传区更大。在阿育王时,造精舍,建舍利塔,成为一时风尚,至少是阿育王起着示范作用,佛教界普遍而急剧地发展起来。

育王造塔的传说,依《阿育王传》等传说,主要是分送舍利到各方去造塔。在阿育王的区域内,特别是与佛圣迹有关的地方,造塔,立石柱,是真实可信的。《大唐西域记》说到:室罗伐悉底(Śrāvastī)国,大城西北六十里,有迦叶波(Kāśyapa)佛窣堵波。劫比罗伐窣堵(Kapilavastu)国,城南五十里,有迦罗迦村驮(Krakucchanda)佛的窣堵波。舍利塔前,建石柱高三十余尺,上刻师子像。东北三十里,有迦诺迦牟尼(Kanakamuni)佛的窣堵波(每佛都有三窣堵波)。舍利塔前,石柱高二十余尺,上刻师

① 《岛史》(南传六〇·九八——一〇〇)。《大史》(南传六〇·二六四)。

子像。这些,都是阿育王造的①。法显所见的过去三佛塔,大体相同②。其中,为迦诺迦牟尼佛舍利塔所建的石柱,在西元一八九五年发现。石柱上刻:"天爱喜见王灌顶后十四年,再度增筑迦诺迦牟尼佛塔。灌顶过(二十)年,亲来供养(并建石柱)。"柱已经中断,上下合起来,共二丈五尺,与玄奘所记的相合。这可见传说阿育王为过去三佛建塔,确是事实。为过去佛建塔立柱,那为释迦佛建塔、立石柱,更是当然的事。如鹿野苑(Ṛṣipatana-mṛgadāva)、腊伐尼(岚毗尼 Lumbinī)等处,《西域记》都说无忧王造窣堵波,立石柱③。今鹿野苑转法轮处,已于西元一九〇四年发现石柱。岚毗尼——佛的诞生处,石柱也于西元一八九六年发现④。塔虽都已毁了,而所存的石柱,都与玄奘所见的相合。所以阿育王为佛广建舍利塔的传说,应该是事实可信的,只是数量不见得是八万四千,八万四千原只形容众多而已。

阿育王时,已有过去佛塔,可见为佛造舍利塔,事实早已存在,阿育王只是造塔运动的推动者。过去,造塔的理由是:"于四衢道,起立塔庙,表刹悬缯,使诸行人皆见佛塔,思慕如来法王道化,生获福利,死得上天。"⑤在四衢道立塔,很有近代在交通要道立铜像纪念的意味。八王分得的舍利,或是王族,或是地方人士立塔,都是为公众所瞻仰的。但到了阿育王时,"八万四千

---

① 《大唐西域记》卷六(大正五一·九〇〇下、九〇一中)。

② 《高僧法显传》(大正五一·八六一上)。

③ 《大唐西域记》卷七(大正五一·九〇五中),又卷六(大正五一·九〇二中)。

④ 上来石柱的发现,并依《阿育王刻文》目次(南传六五·八——九)。

⑤ 《长阿含经》卷三《游行经》(大正一·二〇中)。参阅《长部》(一六)《大般涅槃经》(南传七·一二七)。

大寺,起塔八万四千",塔不一定在寺内,但与寺院紧密地联结在一起。我们知道,在造佛像风气没有普遍以前,舍利塔是等于寺院中(大雄宝殿内)佛像的地位,为信佛者瞻仰礼拜的中心。佛法发展中,形成了归依佛、法、僧——三宝的佛教;三宝是信仰的对象。然在一般人的心中,多少有重于如来的倾向。如五根,以对如来及如来的教法不疑为信根①,这是特重于如来(及如来的教法)了。《长阿含经》卷七《弊宿经》(大正一·四六下)说:

> "我今信受归依迦叶。迦叶报言:汝勿归我,如我所归无上尊者,汝当归依。……今闻迦叶言:如来灭度,今即归依灭度如来及法、众僧。"

汉译《长阿含经》,特点出"世尊灭度未久","归依灭度如来"②,表示了归依的与过去不同。如来涅槃了,在佛法的深入者,这是不成问题的。但在一般人的宗教情感中,不免有空虚的感觉。佛法与神教不一样,佛不是神,不是神那样的威灵显赫,神秘地存在于天上。佛入涅槃了,涅槃决不是没有,但只是"寂然不动",不可想像为神秘的存在,对人类还起什么作用。这在类似一般宗教信仰的情感中,法与僧现在,佛却是过去了。所以对佛的遗体——舍利,作为供养礼拜,启发清净信心的具体对象,可说是顺应一般宗教情感的需要而自然发展起来的。阿育

---

①《相应部·根相应》(南传一六下·五二——五三)。《杂阿含经》卷二六,作"于如来所起信心";"于如来发菩提心所得净信心,是名信根"(大正二·一八四上)。

② 同本异译的《中阿含经》卷一六《蜱肆王经》,《长部》(二三)《弊宿经》,没有"灭度"字样。

王时代,将舍利送到各处,让每一地方的佛教,有佛的遗体——舍利,可以供养礼拜,如佛在世时那样的成为信仰中心,三宝具足。《根本说一切有部毗奈耶》卷二三(大正二三·七五三上)说:

“令洗手已,悉与香花,教其右旋,供养制底,歌咏赞叹。既供养已,……皆致敬已,当前而坐,为听法故。……随其意乐而为说法。”

信众到寺院里来,教他敬佛——供养制底、礼僧、听法,成为化导信众,归敬三宝的具体行仪。这是舍利塔普遍造立的实际意义。

第四项　塔的建筑与供养

佛舍利塔的建筑,在佛教界,是不分地区与部派的。经过长时期的演化,塔形成为多姿多彩的。塔的形态,依律部所传,已有部派的色彩,但还可以了解出原始的形态。《摩诃僧祇律》卷三三(大正二二·四九七下)说:

“下基四方,周匝栏楯。圆起二重,方牙四出(‘塔身’)。上施槃盖;长表轮相。”

《僧祇律》所传的佛塔,是“塔基”、“塔身”、“槃盖”、“轮相”——四部分组成的。《根本说一切有部毗奈耶杂事》卷一八(大正二四·二九一下)说:

“佛言:应可用砖,两重作基。次安塔身。上安覆钵,随意高下。上置平头，高一二尺，方二三尺，准量大小。中竖轮竿，次著相轮；其相轮重数，或一二三四，乃至十三。次安宝瓶。”

说一切有部所传的佛塔，是“塔基”、“塔身”、“覆钵”、“平头”、“轮竿与相轮”、“宝瓶”——六部分组成的，比大众部的要复杂些。《善见律毗婆沙》卷三（大正二四·六九一上）说：

“当先起基，与象顶等。……塔形云何？摩哂陀答言：犹如积稻聚。王答：善哉！于塔基上起一小塔。”

这是南方的古老传说，当时仅分“塔基”与“塔”（身）二部分。所起的“小塔”，《一切善见律注序》与《大史》，都说与王的膝骨一样高，并且是用砖造成的①。塔（身）是塔的主体，如稻谷堆一般，那不可能是圆锥形，而是半圆的覆钵形。依《杂事》说，在“塔身”与“平头”间，加一“覆钵”，那是塔身的形态虽已经变了（《僧祇律》是圆形的二层建筑），还没有忘记旧有的覆钵形。“覆钵”上有长方形的“平头”，那是作为塔盖用的（《僧祇律》名为“槃盖”）。约“塔身”说，原与加土成坟的形态相同。现存Sāñci大塔，犍陀罗（Gandhāra）的Manikyala塔，塔身都作覆钵形，与锡兰的古说相合。从“塔基”到“平头”，是塔；“轮竿”以上，是标记，如基督徒在墓上加十字架一样。“轮竿”直上（后来有一柱的、三柱的、多柱的不同），中有“相轮”。Sāñci大塔是三

① 《一切善见律注序》（南传六五·一〇九——一一〇）。《大史》（南传六〇·二六六）。

轮，Manikyala 塔是二轮。塔上的“相轮”，起初可能没有一定，后来北方才依证果的高低而分别多少，如《根本说一切有部毗奈耶杂事》卷一八（大正二四・二九一下）说：

> “若为如来造窣睹波者，应可如前具足而作。若为独觉，勿安宝瓶。若阿罗汉，相轮四重；不还至三；一来应二；预流应一。凡夫善人，但可平头，无有轮盖。”①

“相轮”的或多或少，是说一切有部的规制。上端安“宝瓶”，《僧祇律》等都没有说到。大概最初用瓶分佛的舍利，所以用瓶来作佛舍利塔的标识。其实，塔在早期是没有标识的，标识就是塔旁建立的崇高石柱。从《大唐西域记》所见，传为阿育王所造的塔，塔旁大都是有石柱的。塔与柱合起来等于中国的“封”（墓）与（标）“识”了。

《五分律》说，塔有三类：“露塔、屋塔、无壁塔”②。《四分律》也说“塔露地”与“屋覆”；《毗尼摩得勒伽》，说“偷婆”、“偷婆舍”二类③。“无壁塔”可说是“屋塔”的一类，不过没有墙壁而已④。塔，不外乎“露塔”与“屋塔”二类：“露塔”是塔上没有覆蔽的，“屋塔”是舍利塔供在屋内的。从后代发展的塔型来看，也只此二类。一、从“露塔”而发展成的：古传“塔基”与象一

---

① 《根本萨婆多部律摄》卷七（大正二四・五六九上）。

② 《弥沙塞部和醯五分律》卷二六（大正二二・一七三上）。

③ 《四分律》卷五二（大正二二・九五六下）。《萨婆多部毗尼摩得勒伽》卷六（大正二三・五九九上）。

④ 《十诵律》卷四八（大正二三・三五一下——三五二上），卷五六（四一五下），都说到“塔”、“龛塔”、“柱塔”——三类。龛塔，是石窟中的塔。柱塔，是石柱形的，是石柱的塔婆化。建造得又多又高的，还是第一类塔。

样高,要上去,必须安上层级。这样的露塔,在向高向大的发展中,如缅甸的Soolay塔,泰国的Ayuthia塔,在覆钵形(也有多少变化)的塔身下,一层层的塔基,是"塔基"层次的增多。平头以上,作圆锥形。南方锡兰、缅、泰的塔式,是属于这一类型的。二、从"屋塔"而发展成的:"塔身"作房屋形、楼阁形(北方乌仗那的瞢揭厘,就是稻谷楼阁的意义),于是三重、五重、七重、九重、十一重、十三重的塔,特别在北印度、中国、日本等地发达起来。这样的塔,可说受到相轮(一至十三)的影响;当然上面还有相轮。而原有覆钵形的塔身,作为覆钵形而安在塔身与相轮的中间。这种屋(楼阁)塔,层次一多,又成为"露塔"了。

造塔的趋势,是又高又大又多,到了使人惊异的程度。塔的向高大发展,是可以理解的。塔要建在"高显处"、"四衢道中"、"四衢道侧",主要是为了使人见了,于如来"生恋慕心",启发信心。古代在塔旁建立高高的石柱,也就是为了引起人的注意。但与膝骨一样高的塔身,如建在山上,远望是看不到的。如建在平地,为房屋、树木所障隔,也就不容易发见。在"四衢道侧",与出家众的住处不相应,而且也难免烦杂与不能清净。塔在僧众住处的旁边(或中间)建立,就不能不向高发展了。塔高了,塔身与塔基自然要比例的增大。总之,塔是向高向广大发展了。现在留存的古塔,在北方,如犍陀罗地方的Darmarajka,Manikyala,Takti-Bahi,Ali Masjid塔,都是西元前后到二三世纪的建筑,规模都很大。在南方,西元前一世纪中,锡兰毗多伽摩尼(Vaṭṭagāmanī)王所建的无畏山(Abhayagiri)塔,塔基直径约三百六十尺，塔身直径约二百七十尺。法显说塔高四十丈①。更高大的，西元二世纪中，迦腻色迦（Kaniṣka）王所造大塔，晋法显所见的是："高四十余丈，……阎浮提塔，唯此为上。"②北魏惠生所见的，已是"凡十三级，……去地七百尺"了③。当然最高大的，还要推西元六世纪初所建，洛阳的永宁寺大塔了，如《洛阳伽蓝记》卷一（大正五一·一〇〇〇上）说：

"有九层浮图一所，架木为之，举高九十丈。有刹复高十丈，合去地一千尺。去京师百里，已遥见之。"

塔的越高越大，除新建大塔而外，多数是在旧塔上加盖新塔，如阿育王增建迦诺迦牟尼佛塔那样。现存的 Sāñci 大塔，也是在古塔上增建所成的。锡兰传说：Mahiyangaṇa 塔，起初是小型的青玉塔。舍利弗（Sāriputra）的弟子沙罗浮（Sarabhū），取佛的颈骨，纳入塔中，再建十二肘高的石塔，覆在上面。天爱帝须（Devānaṃpiya-Tissa）王子 Uddhacūlābhaya，更增建为三十肘高。到度他伽摩尼（Duṭṭhagāmaṇi）王，更作八十肘高的大塔，盖在上面④：这是不断加建加高的实例。迦腻色迦王大塔，也是这样的，如《大唐西域记》卷二（大正五一·八七九下——八八〇上）说：

"（王）见有牧牛小竖，于林树间，作小窣堵波，其高三

① 古塔的高大，见《望月佛教大辞典》（三八三四上）。

② 《高僧法显传》（大正五一·八五八中）。

③ 《洛阳伽蓝记》卷五（大正五一·一〇二一中）。

④ 《大史》（南传六〇·一五四——一五五）。

尺。……周小窣堵波处，建石窣堵波，欲以功力，弥覆其上。随其数量，恒出三尺。若是增高，逾四百尺。基址所峙，周一里半。层基五级，高一百五十尺，方乃得覆小窣堵波。王因嘉庆，复于其上更起二十五层金铜相轮。……营建才讫，见小窣堵波在大基东南隅下，傍出其半。王心不平，便即掷弃，遂住窣堵波第二级下石基中半现。复于本处更出小窣堵波。"

这一传说，法显、惠生等都有传述，近于神话。然以事实推论，也只是在原有小塔上作大塔，为了使人见到旧有小塔，所以将小塔露出一些。这是越建越高，越建越大的趋势。建塔是声闻部派佛教的特色，大乘佛法也继承了下来。说到塔的多少，北方还不如南方。在南方，不但塔很多，如缅甸 Mandalay 附近的四百五十塔，成为塔的世界。Pegu 的 Shwemauddu 大金塔的基坛上，有数十小塔。Java 的 Borobudur 塔周围，有七十二塔。或是塔群，或是多数小塔来庄严大塔。塔不但高大，而且众多。建造舍利塔所形成的无数建筑，代表了那时佛教的形式化与艺术化的倾向。

高大的舍利塔，建筑材料主要为砖、石、木；形式为圆、方或八角。塔基、塔身、平头、覆钵、轮竿与相轮、金瓶——塔的结构，自身就是一项庄严的供养。再加上精工的雕刻，形形式式的绘画①。《僧祇律》说"金薄覆上"②，就是大金塔那样的作法，金光

① 《十诵律》卷四八说，唯"除男女和合像"，其他的都可以画（大正二三·三五一下）。

② 《摩诃僧祇律》卷三三（大正二二·四九八上）。

闪闪,庄严中增加了尊贵的气息。信众们平日(或节日)对于塔的供养,有香与华鬘;珠鬘、璎珞、幢幡、伞盖、灯明、饮食。或以伎乐歌颂来供养,那是在诚敬中带有欢乐的成分了。依《僧祇律》,中央是大塔,四面作龛,龛是供佛像的。在塔的四面,作种种的园林、水池,四面再建支提。大众部的塔园,不仅是建筑庄严,而又园林化①。塔在一般人的心目中,是尊敬的、庄严的,又是艺术化的,越来越接近大乘的风格。不过,塔在印度,始终是宗教的信敬对象,还不会如中国那样的佛塔,部分发展为点缀风景,"登临眺望";或者神秘化为镇压风水(或妖怪)的东西。

建塔供奉舍利,舍利也还是要放在容器内的,如《四分律》卷五二(大正二二·九五七上)说:

> "云何安舍利?应安金塔中,若银塔,若宝塔,若杂宝塔,若以缯绵裹,若以钵肆酖岚婆衣,若以头头罗衣裹。"

金塔、银塔等,不是高大的塔,而是安放舍利的容器,所以说以衣(与布同)裹。古来有安放舍利的舍利瓶,其实也就是塔。小型的舍利瓶(塔),也可以供在屋内(发展为"屋塔")。安放舍利的容器,近代都作大塔的模型,但古代的形态是不一的。如西元一八九八年,法人 W. C. Peppe 在尼泊尔(Nepāla)南境,发掘 Piprāvā 古坟,发现高六寸、径四寸的蜡石壶。壶内藏着骨片(舍利),刻着"佛陀世尊的舍利龛,释迦族人供奉"字样。这可能为八王分舍利,释迦族供奉(可能供在室内)的塔型。又如西

① 《摩诃僧祇律》卷三三(大正二二·四九八上——下)。

元二六五年(或作二八二年),中国鄮县所发见的,传说为阿育王塔,高一尺四寸,径七寸。从所刻的本生来说,应该是西元前后的舍利塔。小型的舍利塔,或藏在大塔里,或供在室内。供在室内的舍利,如属于头骨或牙齿,更受到信众的尊重,或举行定期的大法会来供养。北印度那揭罗曷(Nagarahāra)的佛骨、佛齿,是受到非常尊敬供养的,如《高僧法显传》(大正五一·八五八下)说:

"那竭国界醯罗城城中,有佛顶骨精舍,尽以金薄七宝校饰。国王敬重顶骨,虑人抄夺,乃取国中豪姓八人,人持一印,印封守护。清晨,……出佛顶骨,置精舍外高座,上以七宝圆砧,砧下琉璃锺覆,上皆珠玑校饰。骨黄白色,方圆四寸,其上隆起。……以华香供养,供养已,次第顶戴而去。从东门入,西门出。……日日如是,初无懈倦。供养都讫,乃还顶骨于精舍中,有七宝解脱塔,或开或闭,高五尺许以盛之。……(那竭)城中亦有佛齿塔,供养如顶骨法。"

佛顶骨与佛齿,都藏在五尺许的塔内,受到全国上下的尊敬,日日都迎到城中去受供养。这是西元五世纪初的情形。到了六世纪初,惠生们所见的,又多了"佛发"①。到玄奘时代,佛齿虽不见了,仅剩供佛齿的台,却又多了佛髑髅与佛牙,如《大唐西域记》卷二(大正五一·八七九上——中)说:

"第二阁中,有七宝小窣堵波,置如来顶骨,骨周一尺

① 《洛阳伽蓝记》卷五(大正五一·一〇二一下)。

二寸,发孔分明,其色黄白。……又有七宝小窣堵波,以贮如来髑髅骨,状如荷叶,色同顶骨。……又有七宝小窣堵波,有如来眼睛,睛大如奈,光明清澈,皦映中外。……观礼之徒,相继不绝。”

玄奘的时代,不是迎入城内供养,而是供在寺内。不但瞻礼要钱,又附加了一些占卜的俗习,这是北印度著名的佛顶骨。在南方,锡兰的佛牙,也非常著名,如《高僧法显传》(大正五一·八六五上——中)说:

“城中又起佛齿精舍,皆七宝作。……佛齿常以三月中出之。……王便夹道两边,作菩萨五百身已来种种变现(本生)。……如是形像,皆采画庄挍,状若生人。然后佛齿乃出,中道而行。随路供养,到无畏精舍佛堂上,道俗云集,烧香然灯,种种法事,昼夜不息。满九十日,乃还城内精舍。”

佛骨与佛牙,或是每天迎出,受人供养礼拜;或是每年举行九十天的大法会。古人对佛舍利的尊敬,到了无以复加的程度!

造舍利塔,尊敬供养,是不分南北、不分部派的。那种庄严供养,在印度本土,已经不只是在家信众的事,而是出家众在中主持推动的。《四分律》在受戒终了时,对新戒比丘这样说:“汝当善受教法,应当劝化作福治塔!”①劝人修治舍利塔,竟成为出家众的重要任务!其实供养三宝——作福,也不只是在家信众

① 《四分律》卷三五(大正二二·八一六上)。

的事,如《根本说一切有部毗奈耶》卷四(大正二三·六四二中)说:

> “时诸苾刍,既闻斯说,多行乞匃,于佛法僧广兴供养,时佛教法渐更增广。”

“于三宝中广修供养”,包含了兴造寺院,建立塔婆(塑造佛像)。这些是能启发世人信心的,使佛法更兴盛流行起来,也就以此为弘扬佛法的方便。舍利越来越多,舍利塔也越多越大,这该是一项重要理由吧!

第五项　佛塔与僧伽的关系

佛舍利的供奉,起初是八王分舍利,在“四衢道中”造塔。造塔是需要物资与经费的,所以是在家信众的事。然佛(Buddha)为僧伽(saṃgha)的上首,法(dharma)的宣说者;三宝为佛教的全体,所以舍利造塔,并非与僧众对立,脱离关系,必然要相互关联的。在阿育王时,达到“起八万四千大寺,起塔八万四千”①,有僧众住处就有舍利塔的传说。塔是供奉舍利——佛的遗体,为佛涅槃后代表佛的存在。北方传说,阿育王造塔,是优波毱多所劝导的。南方传说,锡兰的舍利造塔,是摩哂陀所教导的;由沙弥修摩那从印度请去的。在西元前三世纪,阿育王的舍利建塔运动中,舍利塔决不是与出家僧众无关的。塔,少数是独立的建筑,专供佛弟子的瞻仰礼拜,是没有人住的,旁边也没有

① 《善见律毗婆沙》卷一(大正二四·六八一上)。

僧院。但绝大多数部派时代的佛塔,都是与僧众有关的,有僧众住处就有佛塔。所以,在部派佛教中,“三宝别体”,佛塔地与僧地,佛物与僧物,虽严格地区别,而佛塔与僧伽——出家比丘(比丘尼)众,不但关系密切,佛塔反而是从属于僧伽的。这是部派佛教时代的历史事实,试从三点来说明。

一、塔地与僧地,是联合在一起的:如《摩诃僧祇律》卷三三(大正二二·四九八上)说:

> “起僧伽蓝时,先规度好地作塔处。塔不得在南,不得在西,应在东,应在北。不得僧地侵佛地,佛地不得侵僧地。……应在西若南作僧坊。……塔应在高显处。”

比丘们要建僧坊时,在准备建筑的地上,先划定一块好地作塔,其余的就是僧地。经过大众的羯磨结界,塔地与僧地,就这样地分别出来。其实塔地与僧地,原本是一整体(塔地,可说是经大众同意,奉献给佛的),所以塔与僧众住处的基地,虽是各别的,却是相连的。有僧坊就有塔,这是大众部的制度。僧坊与塔相连接,可说是印度大陆各部派所同的,如化地部的《弥沙塞部和醯五分律》卷二七(大正二二·一七九上)说:

> “比丘欲至僧坊,……入已,应一处坐,小息。应问旧比丘:何者是上座房?知处已,应往礼拜问讯共语。若日早,应礼塔,礼塔已,次第礼诸上座。”

客比丘新来的,应该礼问上座。如时间还早,那应该先礼塔,然后礼上座。塔在僧坊旁边,这是可以推想而知的。法藏部的《四分律》，说得更明白些，如说：

“客比丘欲入寺内，应知有佛塔，若声闻塔，若上座。……开门时，……应右绕塔而过。彼至寺内，……彼先应礼佛塔，复礼声闻塔，四上座随次礼。”①

“若比丘尼，知有比丘僧伽蓝，不白而入门，波逸提。……不犯者，若先不知，若无比丘而入，若礼拜佛塔、声闻塔。”②

这都说明了：进门后，先要经过塔，然后到寺内。僧伽蓝(saṃghārāma)似乎已成了寺院的通称，不只是僧坊，而是门内有塔的。这大概塔在大院内；进到僧众住处(vihāra)——僧坊，又是别院。这种情形，说一切有部也完全相同，如《根本说一切有部毗奈耶》③说：

“自执香炉，引诸僧众，出绕制底，还归住处。……整理衣服，缓步从容，口诵伽他，旋行制底，便入寺内。”

“汝等于此寺中，颇请苾刍为引导人，指授房舍及塔庙不？……若人以真金，日施百千两，不如暂入寺，诚心一礼塔。……此是如来所居香殿。……次至余房而告之曰：此是上座阿若憍陈如所住之房。”

“于此地中，与僧伽造寺：此处与佛世尊而作香殿；此

① 《四分律》卷四九(大正二二·九三〇下——九三一中)。

② 《四分律》卷二九(大正二二·七六七上)。

③ 《根本说一切有部毗奈耶》卷八(大正二三·六六六中——下)，卷一一(大正二三·六八二上——中)，卷一二(大正二三·六九〇下)。

处作门楼，此处作温室，……此作看病堂。”

“香殿”是佛所住处，涅槃后，就是塔、佛殿。信众到寺里来，先教他绕佛塔（制底），然后进寺去。《根本说一切有部苾刍尼毗奈耶》说：“早起巡礼佛塔，便入寺中。”①塔与僧众住处相连，为印度大陆部派佛教所一致的。

二、塔在僧坊旁边（或在中央），僧伽及僧中“知僧事”的，有供养与为塔服劳的义务：《大比丘三千威仪》，说到“扫塔上”与“扫塔下”的应知事项②。在布萨日，比丘也应将塔打扫清洁，如《十诵律》卷二二（大正二三·一六〇上）说：

“有一住处，一比丘布萨时，是比丘应扫塔，扫布萨处。”

还有，知僧事的每日要到塔烧香，如《根本说一切有部毗奈耶》卷八（大正二三·六六五下）说：

“天明，屏灯树，开寺门，扫洒房庭。……窣堵波处，烧香普熏。”

比丘们对于塔的供养，扫地、烧香、旋绕、礼拜而外，也可用华鬘供养。《毗尼母经》及饮光部，许可比丘们自己作华鬘来供养，如卷五（大正二四·八二八中）说：

“花鬘璎珞……比丘若为佛供养，若为佛塔，……不

---

① 《根本说一切有部苾刍尼毗奈耶》卷五（大正二三·九二九下）。

② 《大比丘三千威仪》卷下（大正二四·九二三中）。

犯。……迦叶惟说曰:若为佛,不为余众生,得作,不犯。"

一般来说,比丘是不可以作伎乐的,但根本说一切有部律也方便地许可,如《根本说一切有部目得迦》卷八(大正二四·四四六上)说:

"苾刍颇得鸣鼓乐不?佛言:不合,唯除设会供养。"

比丘们可以自己造塔,说一切有部说得最明确,如说①:

"诸比丘作新佛图,担土、持泥墼砖草等。"

"又苾刍……或为设利罗造塔。"

"知空僧坊常住比丘,应巡行僧坊:先修治塔,次作四方僧事。"

为佛作塔,不只是说一切有部的主张,而是各部派所共的,那就是佛与比丘们,为迦叶佛作塔的故事②。这与佛涅槃时,以造塔为在家信众的事,似乎矛盾,但这是事实的发展趋向:在舍利造塔运动中,塔与僧坊相连,造塔也由僧众负责——自己劳作,或劝化信众来建造。《四分律》告诉受戒比丘"应当劝化作福治塔"③,说一切有部也说"苾刍应可劝化助造"④。出家众对

① 《十诵律》卷一六(大正二三·一一〇中)。《根本说一切有部毗奈耶安居事》(大正二三·一〇四三上)。《十诵律》卷三四(大正二三·二四九下)。

② 《摩诃僧祇律》卷三三(大正二二·四九七中——四九八下)。《弥沙塞部和醯五分律》卷二六(大正二二·一七二下——一七三上)。《四分律》卷五二(大正二二·九五八中)。

③ 《四分律》卷三五(大正二二·八一六上)。

④ 《根本说一切有部目得迦》卷八(大正二四·四四五下)。

于佛塔修造与供养的热心，为一存在的事实。在 Bharhut 与 Sāñci 佛塔，发现铭文中供养者的人名，比丘、比丘尼的人数与在家信众，约为二与三之比①。《四分律》一再说："或营僧事，或营塔事"；"或有僧事，或塔寺事"②。《根有律》也每说："为营僧务，或为窣睹波事。"③塔事，是知事僧所经营的。

三、塔与塔物的守护，是出家僧众的责任：《四分律》卷二一（大正二二·七一〇中——下）说：

> "不得在佛塔中止宿，除为守护故。……不得藏财物置佛塔中，除为坚牢。"

佛舍利塔是信敬礼拜供养的支提，不是住人的地方。出家众应住在僧坊里，不许在佛塔中宿（这不可误解为：塔是在家或非僧非俗者所住的）；不过为了守护，（一人或少数）是可以住的。这如中国的大雄宝殿那样，大殿是供佛的，但为了守护，也有在佛殿的边角，辟一香灯寮的。塔物与僧物，律中是严格区别的；特别是供养塔的金银珍宝，是僧众所不能用的。但舍利塔并不能自己管理与经营，在佛塔进入塔与僧坊相连时代，僧众热心于造塔供养，这责任就是僧众的责任。如《摩诃僧祇律》卷三三（大正二二·四九八下——四九九上）说：

> "若塔物、僧物难起者，当云何？佛言：若外贼弱者，

① 见平川彰《初期大乘佛教之研究》所引（六二四）。

② 《四分律》卷一八（大正二二·六八七中），卷一九（大正二二·六九二下）。

③ 《根本说一切有部毗奈耶》卷三四（大正二三·八一五上），又卷三六（大正二三·八二三中）。

应从王求无畏。……贼强者，应密遣信往贼主所求索无畏。……若贼是邪见，不信佛法者，不可归趣者，不可便舍物去。应使可信人，藏佛物、僧物。……若贼来急不得藏者，佛物应庄严佛像；僧坐具应敷，安置种种饮食，令贼见相。当使年少比丘在屏处，伺看。贼至时见供养具，若起慈心作是问：有比丘不？莫畏，可来出。尔时，年少比丘应看。若贼卒至不得藏物者，应言一切行无常。作是语已，舍去。”

“难起”，是贼难，或是股匪，或是异民族的入侵。到了当地政权不能保障安全的程度，对塔物（佛物）与僧物，应采取应变的措施。责任属于僧伽，可见塔物是由僧伽管理的。在北印度发现的 Kharoṣṭī（驴唇）文字的碑文，有关奉献佛塔而有明文可见的，或说“说一切有部领纳”，或说“大众部领纳”。舍利塔由部派佛教接受，是西元前后北印度佛教界的事实①。《十诵律》卷五六（大正二三·四一五下）说：

“毗舍离诸估客，用塔物翻转得利供养塔。是人求利故欲到远处，持此物与比丘言：长老！是塔物汝当出息，令得利供养塔。比丘言：佛未听我等出塔物，得利供养塔。以是事白佛，佛言：听僧坊净人，若优婆塞，出息塔物得供养塔。是名塔物无尽。”

舍利塔，佛教初期是由在家信众建造的。供养塔的财物，如

---

① 详见平川彰《初期大乘佛教之研究》（六六三——六七一）。

有多余的，就由在家人存放生息，作为修治供养塔的费用。上面所引的文字，说明了舍利塔由在家众而移归出家众的过程。七百结集的主要问题，是毗舍离比丘的受取金银，在当时是认为非法的。在佛教的发达中，舍利塔越来越庄严，供养也越来越丰厚，无论是金银珍宝，以及作为货币流通的金钱，僧众都为塔为僧而接受了。受取金银财物生息的，也由毗舍离比丘开始①。这一制度，终于为佛教全体所接受；锡兰也同样是寺库中珍宝多得不计其数②。然僧众可以为塔、为僧（甚至为自己）接受金银，却不准手捉，而要由净人或优婆塞，代为分别（塔物与僧物，不能混杂）存取，代为经理生息。净人是"寺家人"，古代是属于僧伽的，如北魏的僧祇户那样。可信优婆塞，是僧众所认可的，认为是尊敬三宝，深信因果，不会盗取、欺诳的。所以由净人与优婆塞经营，并非属于净人与优婆塞所有，只是代理，服从僧伽的意旨而办事的。大乘佛法从部派佛教中发展出来，要从阿育王以后的部派佛教的发展去理解，不宜依据早期情况（塔物由在家人经营），及误解比丘不得在塔中住宿，而想像为从僧伽以外，非僧非俗的佛塔集团中出来。这一段，应与平川彰博士《初期大乘佛教之研究》③，作对比的观察。

第六项　舍利塔引起的问题

佛弟子将佛陀的遗体——舍利，驮都，造塔供养，适应信众

---

① 《根本说一切有部毗奈耶》卷二二（大正二三·七四三上）。

② 《高僧法显传》（大正五一·八六五上）。

③ 平川彰《初期大乘佛教之研究》（六六一——六七四）。

的要求而普遍发达起来。舍利塔的普遍修造，引起的问题极多，这里说到几点：

一、供养舍利塔功德的大小：《长部》（一六）《大般涅槃经》说：供养佛舍利塔，"生善趣天界"①。《游行经》说："生获福利，死得上天。"②部派佛教，大抵依据经说，确认造塔、供养塔是有功德的。有功德，所以出家、在家弟子，都热心于造塔供养。然对于得果的大小，部派间却有不同的意见，如《异部宗轮论》（大正四九·一六上——一七上）说：

"制多山部、西山住部、北山住部，如是三部本宗同义……于窣堵波兴供养业，不得大果。"

"其化地部……末宗异义……于窣堵波兴供养业，所获果少。"

"其法藏部……于窣堵波兴供养业，获广大果。"

"不得大果"，就是"所获果少"。但大与小的差别，是什么呢？说一切有部以为，"为佛舍利起窣堵波，……能生梵福"③；梵福是非常广大的福业，一劫生于天上。然生在（人间）天上，对解脱生死来说，就不免小小了。法藏部的《四分律》卷三一（大正二二·七八五下）说：

"学菩萨道，能供养爪发者，必成无上道。以佛眼观天下，无不入无余涅槃界而般涅槃。"

① 《长部》（一六）《大般涅槃经》（南传七·一二七）。
② 《长阿含经》卷三《游行经》（大正一·二〇中）。
③ 《阿毗达磨大毗婆沙论》卷八二（大正二七·四二五下）。

供养佛的遗体,“必成无上道”,那真是“广大果”了!然在法藏部的《佛本行集经》,只说“以佛眼观彼等众生,无一众生各在佛边而不皆得证涅槃者”①。法藏部的本义,应该是造塔供养,(未来)能得涅槃果,这比起生天说,当然是广大了。在大乘佛法兴起中,才演化为“必成无上道”。对于造塔、供养塔,法藏部是极力推动的一派。然一般部派(除大空派),大都热心于造塔供养,不外乎为了生天。出家众应勤求解脱,但现生不一定能解脱;在没有解脱以前,往来人间天上,不正是出家者的希望吗?

二、舍利的神奇与灵感:舍利的造塔供养,本为对佛诚敬与怀念的表示。然用香、花、璎珞、幢幡、伞盖、饮食、伎乐歌舞——这样的广大供养,形成一时风气,难怪有人要说:“世尊贪欲、嗔恚、愚痴已除,用是塔(庄严……歌舞伎乐)为?”②这种造塔而广大供养,显然与世俗的宗教相同,不免失去造塔供养的本意。这样的宗教行为,会注意到舍利,引发神奇与灵感的信仰,如《善见律毗婆沙》卷三(大正二四·六九一上中)说:

> “舍利即从象顶,上升虚空,高七多罗树。现种种神变,五色玄黄。或时出水,或时出火,或复俱出。……取舍利安置塔中,大地六种震动。”

舍利初到锡兰建塔,舍利现起了种种的神力变化③。直到玄奘时,还这样说:“南去僧伽罗国,二万余里。静夜遥望,见彼

---

① 《佛本行集经》卷三二(大正三·八〇三上——中)。

② 《摩诃僧祇律》卷三三(大正二二·四九八上——下)。

③ 《岛史》(南传六〇·一〇〇)。《大史》(南传六〇·二六六——二六七)。《一切善见律注序》(南传六五·一一〇)。

国佛牙窣堵波上宝珠光明,离然如明炬之悬烛也。"①南方佛教国家,佛塔非常兴盛,是不无理由的。在北方,同样的传有神变的现象。《大唐西域记》中所见的佛窣堵波,有的是"时烛光明";有的是"殊香异音";有的是"殊光异色,朝变夕改";有的是"疾病之人,求请多愈",佛弟子都注意到这些上来了。《高僧传》卷一(大正五〇·三二五中——下)说:

> "遗骨舍利,神曜无方!……乃共洁斋静室,以铜瓶加几,烧香礼请。……忽闻瓶中铿然有声,(康僧)会自往视,果获舍利。……五色光炎,照耀瓶上。……(孙)权大嗟服,即为建塔,以始有佛寺,故号建初寺,因名其地为佛陀里。"

这是西元三世纪,康僧会诚感舍利的传说。隋文帝时,曾建造了一百十一所舍利塔,同一天奉安舍利,都有放光等瑞应②。可见舍利造塔供养,已完全世俗宗教化了。

三、法舍利窣堵波:造舍利塔,广修供养的风气,对大乘佛法来说,接近了一步;如约佛法说,也许是质的开始衰落。然舍利造塔,也还有引向高一层的作用。舍利是佛的遗体,是佛生身的遗余。佛依生身而得大觉,并由此而广化众生。怀念佛的恩德,所以为生身舍利造塔,并修种种的供养。然佛的所以被称为佛,不是色身,而是法身。由于佛的正觉,体悟正法,所以称之为佛,

---

① 《大唐西域记》卷一〇(大正五一·九二八下)。

② 《广弘明集》卷一七(大正五二·二一三中——二二一上)。《法苑珠林》卷四〇(大正五三·六〇一下——六〇四中)。

这才是真正的佛陀。佛的生身，火化而留下的身分，称为舍利。佛的法身，证入无余般涅槃界，而遗留在世间的佛法，不正是法身的舍利吗？一般人为“生身舍利”造塔，而为“法身舍利”造塔的，大概是在学问僧中发展出来的。这二类舍利，如《浴佛功德经》所说：“身骨舍利”，“法颂舍利”①。法——经典的书写，是西元前一世纪，但短篇或一四句偈的书写，当然要早些。“诸法从缘起，如来说此因，彼法（因缘）尽，是大沙门说”：这是著名的缘起（pratītyasamutpāda）法颂。从前马胜（Aśvajit）比丘，为舍利弗说这首偈，舍利弗听了就证悟；这首“缘起法颂”，代表了佛法的根本内容。为法（身）舍利造塔的，是将经藏在塔内；而多数是写一首“缘起法颂”，藏在塔内，所以称为“法颂舍利”。从佛的灵骨崇拜，而到尊敬佛的教法，不能不说是高出一层。但受到造塔功德的鼓励，及造塔不问大小，功德都是一样②，当然越多越好。法身舍利塔的供养，后来也成为纯信仰的，如《大唐西域记》卷九（大正五一·九二〇上）说：

> “印度之法，香末为泥，作小窣堵波，高五六寸，书写经文以置其中，谓之法舍利也。……（胜军）三十年间，凡作七拘胝[唐言亿]法舍利窣堵波；每满一拘胝，建大窣堵波而总置中，盛修供养。”

法舍利窣堵波的造作，越多功德越大。玄奘所亲近的，唯识学权威胜军（Jayasena）论师，就是广造法舍利窣堵波的大师。

---

① 《浴佛功德经》（大正一六·八〇〇上）。

② 《阿毗达磨大毗婆沙论》卷八二（大正二七·四二六上）。

这与经典崇敬有关，由于经典书写而发达起来。

四、舍利塔与龙王：八王分舍利的古老传说，是《长部》（一六）《大般涅槃经》。本来没有说到龙王，但《大般涅槃经》末了附记（南传七·一六二——一六三）说：

“具眼者舍利八斛，七斛由阎浮提（人）供养。最胜者其余之一斛，由罗摩村龙王供养。”

此说，《长阿含经》等是没有的，也与八王分舍利说矛盾。依据这一附录，人间只分到了七分；罗摩村（Rāmagrāma）那一分，为龙王所得，这是传说的演变了。关于罗摩村龙王供养舍利的话，北方也有传说，如《阿育王传》卷一（大正五〇·一〇二上）说：

“复到罗摩聚落海龙王所，欲取舍利。龙王即出，请王入宫，王便下船入于龙宫。龙白王言：唯愿留此舍利，听我供养，慎莫取去！王见龙王恭敬供养，倍加人间，遂即留置而不持去。”

《阿育王经》、《高僧法显传》、《大唐西域记》，所说都大致相同①。阿育王只取到了七分舍利，罗摩村的舍利，却没有取到。同本异译的《杂阿含经》说：“王从龙索舍利供养，龙即与之。”②那是八分舍利，都被育王取去了。这该是南传人间供养

① 《阿育王经》卷二（大正五〇·一三五上）。《高僧法显传》（大正五一·八六一中）。《大唐西域记》卷六（大正五一·九〇二中——下）。

② 《杂阿含经》卷二三（大正二·一六五上）。

七分的来源吧！在这一传说里，舍利塔与龙王有了关系，但还是罗摩村的舍利塔，不过受到龙王的守护供养而已。取得龙王舍利，另有一类似的传说，如失译的《杂譬喻经》卷上（大正四·五〇三中）说：

> "有一龙王……得佛一分舍利，昼夜供养，独不降首于阿育王。……（王）于是修立塔寺，广请众僧，数数不息。欲自试功德，便作一金龙，作一王身，着秤两头，秤其轻重。始作功德，并秤二像，龙重王轻。后复秤之，轻重衡平。复作功德，后王秤日重，龙秤日轻。王知功德日多，兴兵往讨。未至道半，龙王大小奉迎首伏，所得佛一分舍利者，献阿育王。"

这一传说，与《阿育王譬喻经》（即《阿育龙调伏譬喻》，Aśoka-nāga-vinīya-avadāna）大同。起初，龙王是不肯奉献舍利（譬喻作"珍宝"）的，阿育王大作功德，从龙王与王像的轻重中，知道王的功德胜过了龙王，龙王这才被降伏了，献出那一分舍利。这是终于取得了龙王舍利的新传说。还有另一传说，见《释迦谱》所引的《（大）阿育王经》：阿阇世（Ajātaśatru）王当时分得了佛舍利与一口佛髭（髭?），佛髭为难头和龙王取去。龙王在须弥山下，起水精琉璃塔供养。阿育王要得到这一分，"欲缚取龙王"。龙王在阿育王睡眠时，将王宫移到龙宫来。育王见到了高大的水精塔，龙王告诉他：将来佛法灭尽，佛的经书与衣钵，都要藏在这塔里；阿育王也就不想取这分舍利了①。这一传说，龙王所供养

① 《释迦谱》卷四引《阿育王经》（大正五〇·七六上）。

的舍利塔，在龙宫，不在八王所分舍利之内，阿育王也没有取得。阿育王、龙、舍利塔，结合在一起，极可能从阿育王造舍利塔而来。类似的传说，南方的《岛史》说到：阿育王得天龙的拥护，奉事四佛，寿长一劫的龙王 Mahākāla，奉上黄金的锁带①。《大史》与《一切善见律注序》，并且说：龙王承阿育王的意旨，自变为佛陀——三十二相、八十种好，无边光辉的容貌②。《善见律毗婆沙》卷一（大正二四·六八〇上）说：

> "王作金锁，遗锁海龙王将来。此海龙王寿命一劫，曾见过去四佛。……海龙王受教，即现神力，自变己身为如来形像，种种功德庄严微妙，有三十二大人之相，八十种好。"

《善见律毗婆沙》，是《一切善见律注》的汉译，西元五世纪末译出。"金锁锁海龙王"，似乎与现存巴利文本不合，但如想到《杂譬喻经》的"欲缚取龙王"，及《龙调伏譬喻》的金龙像，这可能是传说的歧异了。

龙王、舍利塔的结合，传说是神话式的，变化很大。骨身舍利代表了佛的色身，法颂舍利代表了佛的法身（法）：塔内所藏的舍利，是法（经书）与佛。龙在佛教中，每有降龙的传说。龙是暴戾的，佛法能降伏他，调柔他。经中每用来比喻大阿罗汉的功德："心调柔软，摩诃那伽（意译作'犹如大龙'）。"人类的心，如暴戾刚强的龙一样。依佛法修持，调伏清净，也就与调伏了的

---

① 《岛史》（南传六〇·四二）。

② 《大史》（南传六〇·一八一——一八二）。《一切善见律注序》（南传六五·五六——五七）。

大龙（大龙，也是大阿罗汉的赞叹词）一样。将这联合起来，心如龙，龙宫有舍利塔，只是没有被降伏，所以不肯呈上舍利。这就是：心本清净，有法有佛，只是没有调柔，所以不能见法见佛。如心调柔了，就能见佛见法，也与龙王调伏，愿意献上舍利一样。《龙调伏譬喻》，是龙被降伏了而奉上舍利。"金锁锁龙王"，是龙王被降伏而变现佛身。这不是从浅显的譬喻里，表示深一层的意义吗？龙王与舍利塔的传说，一直留传在大乘佛教中。龙树入龙宫，从龙王那里得经一箱[①]；龙树入龙宫，得到了一个塔[②]：不都是舍利塔与龙的譬喻吗？

第二节　佛陀遗物与遗迹的崇敬

第一项　遗物的崇敬

佛涅槃后，不但佛的遗体——舍利，受到佛弟子的尊敬供养，佛的遗物，与佛有特殊关系的地点——圣迹，也受到尊敬供养，表示对佛的无比怀念。遗物，是佛的日常用具，可说是佛的"手泽存焉"。佛的遗迹，如菩提场等圣地，也就成为巡礼供养的道场。《迦陵诫王菩提树供养本生》，说到三种支提：sārīrika 是舍利；pāribhogika 是日常的用具；uddesika 是与圣迹相当的建筑的纪念物[③]。这三类，就是佛弟子为了敬念佛而有的三类支提。

---

① 《龙树菩萨传》（大正五〇·一八六上）。
② 《法苑珠林》卷三八引《西域志》（大正五三·五八九上）。
③ 《本生》（南传三四·一五四——一七二）。

佛涅槃了,佛的日常用具,就为人尊敬供养而流传在各地。锡兰佛教界的传说,遗物的分散情形,附载在《佛种姓经》末①:

Gandhāra(犍陀罗)Kāliṅga(迦陵伽)	佛齿
Kusa(拘沙)	佛钵·杖·衣服·内衣
Kapilavastu(迦毗罗卫)	敷具
Pāṭaliputra(华氏城)	水碗·带
Campā(瞻波)	浴衣
Kośalā(拘萨罗)	白毫
Brahmā(梵天)	袈裟
Avanti(阿槃提)	座具·敷具
Mithilā(弥缔罗)	火燧石
Videha(毗提诃)	漉水布
Indaraṭṭ ha(印度罗吒)	刀·针箱
Aparanta(阿波兰多)	余物

这里面的佛齿与白毫,是佛的遗体。所说的佛钵、杖、衣,在Kusa,即贵霜(Kuṣāṇa)——大月氏王朝所辖地区。关于佛的遗物,《大唐西域记》也说到②:

缚喝	佛澡罐·扫帚
健陀罗	佛钵
那揭罗曷	佛锡杖·佛僧伽黎

① 《佛种姓经》(南传四一·三六一——三六二)。

② 《大唐西域记》卷一(大正五一·八七二下),又卷二(大正五一·八七九上——下)。

佛的衣、钵、锡杖,《法显传》也所说相合①。健陀罗与那揭罗曷,都是贵霜王朝治地,所以与锡兰的传说一致。这可见佛遗物的所在地,多数是有事实根据的。锡兰传说而知道 Kusa,可见《佛种姓经》的成立是很迟的了。《法显传》说:竭叉有佛的唾壶②。与法显同时的智猛,也在"奇沙国见佛文石唾壶"③。竭叉即奇沙,约在 Wakhan 谷附近。这是中国僧侣西行所见到的遗物。佛的遗物,散布在各地,受到尊敬,大致情形如此。

佛的遗物中,佛钵受到了最隆重的敬奉。《法显传》说:"可容二斗许。杂色而黑多,四际分明。厚可二分,莹澈光泽。"④《高僧传·智猛传》说:"见佛钵光色紫绀,四际尽然。"⑤佛钵是青黑而带有紫色的。所说的"四际分明","四际尽然",是传说佛成道而初受供养时,四天王各各奉上石钵。佛将四钵合成一钵,在钵的边沿上,仍留下明显的四层痕迹。四天王奉钵,是佛教界共有的古老传说。据《法显传》说:"佛钵本在毗舍离,今在犍陀卫。"⑥佛钵从东方的毗舍离,传到北方的犍陀卫(即健陀罗),是贵霜王迦腻色迦时代,西元二世纪的事⑦。西元五世纪初,法显去印度时,佛钵就在北方。但古来传说佛钵的所在地,

---

① 《高僧法显传》(大正五一·八五八中——八五九上)。

② 《高僧法显传》(大正五一·八五七下)。

③ 《出三藏记集》卷一五(大正五五·一一三中)。

④ 《高僧法显传》(大正五一·八五八中——下)。

⑤ 《高僧传》卷三(大正五〇·三四三中)。

⑥ 《高僧法显传》(大正五一·八六五下)。

⑦ 东国王亡失佛钵,见《佛灭度后棺敛葬送经》(大正一二·一一一四下)。月氏国王伐中天竺,取得佛钵,见《马鸣菩萨传》(大正五〇·一八三下);《付法藏因缘传》卷五(大正五〇·三一五中)。

极不一致。或作"弗楼沙",即犍陀罗王都布路沙布逻(Puruṣa-pura)①。或说在罽宾②,罽宾是犍陀罗一带的通称。或说大月氏③,就是贵霜王朝。所以虽所说不一,其实是同一地区。惟有鸠摩罗什在沙勒顶戴佛钵④,与其他的传说不合。这可能印度就有此歧说,如《德护长者经》卷下(大正一四·八四九中)说:

> "我钵当至沙勒国,从尔次第至大隋国。"

佛法由东南而到北印度,可能由此引出,预言佛钵也要经西域来中国。这一佛钵移动来中国的预言,也见于《法显传》(大正五一·八六五下)说:

> "法显在此(师子)国,闻天竺道人于高座上诵经云:佛钵本在毗舍离,今在犍陀卫。竟若干百年,当复至西月氏国。若干百年,当至于阗国。住若干百年,当至屈茨国。若干百年,当复来到汉地。"

这是大同小异的传说。其中,从毗舍离到犍陀罗,是事实。到沙勒,或说于阗、中国,是没有成为事实的预言。在西元五世纪末,寐吱曷罗俱逻(Mihirakula)王侵入北印度,佛钵被破碎了,碎钵又传入波剌斯⑤,以后就失去了踪迹。从佛钵的预言,可见

---

① 《高僧法显传》(大正五一·八五八下)。《大唐西域记》卷二(大正五一·八七九中)。

② 《高僧传》卷三(大正五〇·三四三中、三三八下)。

③ 《水经注》引竺法维说。

④ 《高僧传》卷二(大正五〇·三三〇中)。

⑤ 《莲华面经》卷下(大正一二·一〇七五下——一〇七六上)。《大唐西域记》卷二(大正五一·八七九下),又卷一一(大正五一·九三八上)。

佛钵在佛教界受到的尊重。

第二项　遗迹的崇敬与巡礼

佛在世时,每年安居终了,各方的比丘们都来见佛。佛涅槃了,就无佛可见,这是佛弟子所最感怅惘无依的。为了这,《长阿含经》卷四《游行经》,说到巡礼佛的圣迹,如(大正一·二六上)说:

> "佛告阿难:汝勿忧也!诸族姓子常有四念,何等四?一曰:念佛生处,欢喜欲见,忆念不忘,生恋慕心。二曰:念佛初得道处,欢喜欲见,忆念不忘,生恋慕心。三曰:念佛转法轮处,欢喜欲见,忆念不忘,生恋慕心。四曰:念佛般泥洹处,欢喜欲见,忆念不忘,生恋慕心。阿难!我般泥洹后,族姓男女,念佛生时功德如是,佛得道时神力如是,转法轮时度人如是,临灭度时遗法如是。各诣其处,游行礼敬诸塔寺已,死皆生天,除得道者。"

四处巡礼,出于念佛——系念佛的功德、遗法。思慕见佛,而发生巡礼佛的四大圣地——生处、成佛处、转法轮处、入涅槃处。亲临这些圣地,忆念佛当时的种种功德,就恍如见佛一样。《长部》的《大般涅槃经》也这样说,并说"信心比丘、比丘尼、优婆塞、优婆夷"——四众弟子都去巡礼[①]。四大圣地有寺塔(应是支提),《大唐西域记》也说此四地都有窣堵波。阿育王曾亲

① 《长部》(一六)《大般涅槃经》(南传七·一二五)。

临巡礼，可见巡礼圣地，早已成为风气。不过阿育王广建塔寺，又亲身巡礼，促使巡礼圣地的风气格外兴盛起来。

不知什么时候开始，佛教界有了八大圣地说。综合为八大圣地，可能并不太早，但各别的传说，也是早已有之。赵宋译《八大灵塔名号经》（大正三二·七七三上）说：

> "第一、迦毗罗城龙弥儞园，是佛生处。第二、摩伽陀国泥连河边菩提树下，佛证道果处。第三、迦尸国波罗奈城，转大法轮处。第四、舍卫国祇陀园，现大神通处。第五、（桑迦尸国）曲女城，从忉利天下降处。第六、王舍城，声闻分别佛为化度处。第七、广严城灵塔，思念寿量处。第八、拘尸那城娑罗林内大双树间，入涅槃处。如是八大灵塔。"①

八大圣地中，一、二、三、八——四处，就是上面所说的四大圣地。第四，佛在舍卫城，七日中现大神通，降伏六师外道。第五，佛在忉利天，为母说法。三个月后，从忉利天下降"桑迦尸"（Sāṃkāśya）。法显与玄奘，都曾见到当地的遗迹；但玄奘作劫比他国（Kapitha）。第七，广严城，即毗舍离，佛在遮波罗塔（Cāpāla Caitya）边舍寿，宣告三月后入涅槃。第六，佛在"王舍城声闻分别佛为化度处"，极可能是佛成道以后，度三迦叶，与千比丘来王舍城，频婆沙罗王（Bimbisāra）迎佛处。当时，佛年青而郁毗罗迦叶（Uruvilvā-Kāśyapa）年长，所以一般人不知到底谁是师

---

① 《根本说一切有部毗奈耶杂事》卷三八（大正二四·三九九上），义净的附注，即八大圣地。

长，谁是弟子。佛命优毗罗迦叶现神通，并自说为什么舍弃事火而归信佛，于是大家知道他是弟子（声闻即听闻声教的弟子）。说法化度的情形，见《频鞞娑逻王迎佛经》①。增出的四处，都有神通与预言的成分。这都是佛教界传说的盛事，特别是大现神通与从天下降的故事。这八大圣地，都是佛弟子巡礼的主要地区。

四大圣地、八大圣地，只是佛陀遗迹中最重要的。佛游化于恒河两岸，到处留传下佛的圣迹。从《法显传》、《大唐西域记》所见，特别是东南方的伽耶（Gayā）、王舍城、华氏城、毗舍离一带；西北方的舍卫城、迦毗罗城（Kapilavastu）一带，到处是圣迹充满。巡礼的到达这里，就仿佛与当年的佛陀相触对，而满足了内心的思慕，也更激发起崇敬的情感。对佛教的延续与发展，是有重要作用的！在佛教发展到北天竺，也就传出了佛游北方的事迹，《根本说一切有部毗奈耶药事》卷九（大正二四·四〇上——四一下）说到：

积集聚落调伏觉力药叉

泥德勒迦聚落调伏法力药叉

信度河边调伏舡师及鹿叠药叉

仙人住处调伏杖灌仙人

无稻芉龙王宫调伏无稻芉龙王

足炉聚落调伏仙人及不发作药叉

① 《中阿含经》卷一一《频鞞娑逻王迎佛经》（大正一·四九七中——四九八下）。

犍陀聚落调伏女药叉

稻谷楼阁城化胜军王母

乃(及?)理逸多城调伏陶师

绿莎城调伏步多药叉

护积城调伏牧牛人及苏遮龙王

增喜城化天有王,调伏栴荼黎七子并护池药叉

增喜城侧降龙留影,调伏二女药叉

军底城调伏军底女药叉

佛教流行到南方,锡兰也传出了佛三次来游的故事,如《大史》第一章说:

佛成道九月,佛抵今摩醯央伽那塔处化药叉

成道后五年,到龙岛教化大腹龙与小腹龙

成道后八年,往迦梨耶,升须摩那峰,留下足迹

南方与北方的传说,与恒河两岸的圣迹,性质不同。如佛去北天竺,是与金刚手药叉(Vajrapāṇi)乘空而往的①。去锡兰,也是乘神通而往来的。这虽与事实不同,但在佛弟子的信仰中,没有多大分别;如佛影洞等,同样受到巡礼者的崇敬。

第三项　供养与法会

佛的遗物、遗迹、遗体,一样地受到佛教四众的崇敬供养。供养遗体、遗物、遗迹的风气,也适用于佛的大弟子,及后代的大师

① 《根本说一切有部毗奈耶药事》卷九(大正一四·四〇上)。

们。如毗舍离有阿难的半身窣堵波——塔①;梵衍那(Bāmiyān)有商诺迦缚娑(Śāṇaka-vāsa)的铁钵与袈裟②。大弟子与后代大师,也留下不少遗迹,受到后人的敬礼。这些,都成为印度、印度以外的佛弟子,一心向往瞻礼的对象。在这三类中,遗体中的佛牙,遗物中的佛钵,遗迹中菩提场的菩提树,最受信众的尊敬。佛钵在犍陀罗时,“起浮图高三十丈,七层,钵处第二层,金络络锁悬钵”③。《法显传》也说:“此处起塔。……日将中,众僧则出钵,与白衣等种种供养,然后中食。至暮烧香时,复尔。”④玄奘时已失去佛钵,仅留有“故基”,不再见虔诚供养的盛况。成佛处的菩提树,象征佛的成道,所以受到非常的尊敬。《阿育王传》说:阿育王“于菩提塔其心最重,所以者何?佛于此处成正觉故”⑤。菩提树象征着佛道,所以传说凡摧残佛教的,要剪伐菩提树,而诚信佛法的,就要尽力地加以保护,使菩提树滋长不息⑥。佛法传入锡兰,菩提树也分了一枝到锡兰。当时迎请分植的情形,传说中达到了空前的盛况,其后又分枝遍植到锡兰各地⑦。晋法显所见的,无畏山寺(Abhayagirivihāra)佛殿侧的菩提树,“高可二十丈”⑧。菩提树——毕钵罗树(pippala),是适宜

---

① 《大唐西域记》卷七(大正五一·九〇九上)。

② 《大唐西域记》卷一(大正五一·八七三中)。

③ 《水经注》引竺法维说。

④ 《高僧法显传》(大正五一·八五八中)。

⑤ 《阿育王传》卷二(大正五〇·一〇四下)。《阿育王经》卷三(大正五〇·一三九上——中)。

⑥ 《大唐西域记》卷八(大正五一·九一五下)。

⑦ 如《大史》(南传六〇·二六九——二七九)等所载。

⑧ 《高僧法显传》(大正五一·八六五上)。

热带的植物,所以传入北方的佛教,没有分植菩提树的传说。

遗体、遗物、遗迹的崇敬供养,建塔或支提而外,就是香、花、幡、幢、灯明、伎乐的供养。对于佛的怀念追慕,一方面,从当地人的尊敬,发展为各方弟子的远来巡礼;一方面,佛牙、佛钵、菩提树等,从日常的受人供养礼拜,发展为定期的集会供养。如《大唐西域记》卷八(大正五一·九一五下)说:

> "每至如来涅槃之日,……诸国君王,异方法俗,数千万众,不召而集(于菩提树处)。香水、香乳,以溉、以洗。于是奏音乐,列香花,灯炬继日,竞修供养。"

菩提场的菩提树,每年一日,形成佛的涅槃大会。又如锡兰的佛牙,每年曾举行三月的大会①。摩诃菩提僧伽蓝(Mahābodhi-saṅghārāma)的佛骨及肉舍利,"每岁至如来大神变月满之日,出示众人"。大神变月满,是"印度十二月三十日,当此正月十五日"②。定期的崇敬供养,形成佛教的节日——纪念大会。《摩诃僧祇律》一再说到大会,如卷三三(大正二二·四九四上)说:

> "若佛生日大会,菩提大会,转法轮大会,五年大会,作种种伎乐供养佛。"

大会供养,有一定的节日,也与佛的重要史实有关。逢到那一天,一般寺院当然也可以举行,而在有关佛史的地区,如生日

① 《高僧法显传》(大正五一·八六五中)。
② 《大唐西域记》卷八(大正五一·九一八中)。

大会与岚毗尼，菩提大会与菩提场，转法轮与波罗奈(Vārāṇasī)，古代有过隆重的法会供养。《僧祇律》一再说到大会，说到"阿难大会，罗睺罗大会"①，却没有涅槃会，这意义是值得思考的！《僧祇律》说"五年大会"，说一切有部也有，更有六年大会与二月大会，如说②：

1."若有般阇婆瑟会[五岁会也]，若有沙婆婆瑟会[六岁会也]，若二月会，若入舍会。"

2."佛听我作般阇于瑟会者善！是事白佛，佛言：听作般阇于瑟会。佛听我作六年会者善！是事白佛，佛言：听作。佛听我正月十六日乃至二月十五日作会者善！是事白佛，佛言：听作。"

3."世尊为菩萨时，经于几岁而除顶髻？佛言：五岁。我今欲作五岁大会！佛言：应作。世尊！菩萨于几岁时重立顶髻？佛言：六岁。余如前说。世尊！我欲为作赡部影像，作佛陀大会！佛言：应作。"

比对这三则，般阇婆(或作"于")瑟吒(pañcavārṣikamaha)是五年大会。沙婆婆(或作"于")瑟吒(ṣaḍvārṣikamaha)，是六年大会。正月十六日至二月十五日会，可推见为"二月会"；可能是神变月会，比《西域记》说迟一月，或是译者换算印度历为汉历所引起的歧异。"入舍会"是民间始住房屋的节会。五年

① 《摩诃僧祇律》卷二八(大正二二·四五四中)，又卷四〇(大正二二·五四六下)。

② 1.《十诵律》卷五(大正二三·三三下)。2.《十诵律》卷四八(大正二三·三五二中)。3.《根本说一切有部尼陀那》卷五(大正二四·四三五上)。

大会，本为世俗旧有的，五年举行一次的无遮大会；佛教结合于释尊当年的五岁而剃除顶髻，化为佛教的顶髻大会，这也是《僧祇律》所说到的。这与神变月大会一样，都是佛教适应民俗而形成的法会。佛的生日大会，菩提大会，转法轮大会，(涅槃大会，)以及神变月会，五年大会，都是为了佛，对佛"忆念不忘，生恋慕心"而表现出来。

第三节　佛教的新境界

第一项　微妙庄严的佛地

佛法进入部派时代，传诵的经法、戒律，还是早期结集传来的，而只是多少增减不同；论究的阿毗达磨，辨析精严，而论究的项目，也还是根据于固有的教法。法与律的延续，代表固有的佛法。然从佛教的一般情况来说，已演进到新的阶段，也就是与释尊在世时(及涅槃不久)的佛教，有了重要的变化。佛法的教化，是实际活动于现实社会的，不只是修持者内心的证验。如从这一观点来说，那么部派时代的佛教，无论是教界的实际活动，信佛奉佛者的宗教意识，不能不认为已进入新的境界。

释尊最初说法，揭示了不苦不乐的中道，作为佛法的生活准则①。然在事实上，佛与弟子们，出家的生活方式，衣、食、住等，都过着简朴清苦、一心为道的生活。以释尊自己来说，从出家、

① 《相应部·谛相应》(南传一六下·三三九——三四〇)。《中阿含经》卷五六《罗摩经》(大正一·七七七下)。

苦行、菩提树下成佛、转法轮，都生活在山林旷野。直到涅槃，也还是在娑罗林的双树间。佛所化度的出家众，起初是住在树下，露地的；穿的是粪扫衣（垃圾堆里捡出来的），如《五分律》①说：

“从今，诸比丘欲着家衣，听受，然少欲知足着粪扫衣，我所赞叹。”

“告诸比丘：从今听诸比丘受房舍施。……长者知佛听已，……即以其日造六十房舍。”

比丘们的生活，从粪扫衣而接受信众布施的衣（布料，布值）——“家衣”或作“居士衣”。从住在树下、岩洞、冢间等，进而住入居士建立的僧房。这二则，各部律都大致相同。佛与比丘众受精舍（vihāra）的布施，可能最初是祇树给孤独园（Jetavanânāthapiṇḍada-ārāma），所以给孤独长者（Anāthapiṇḍada）受到佛教的高度称颂。到佛晚年，僧众或住精舍，生活也丰富起来，这是提婆达多（Devadatta）反对这一趋势，宣说“五法是道”的实际意义。虽然这样，比丘们的衣、钵、食、住，还是相当清苦的。惟有理解当时社会经济的实况，波罗提木叉（Prātimokṣa）对衣、钵、住处的俭朴规定，才能正确理解出来。释尊的中道行，乐于诱人为善，而不是标榜苦行的，所以佛世也就接受大富长者的乐施——祇园、东园（Pubbārāma）等高大的建筑。

佛涅槃后，佛教的建筑迅速发达起来。一、佛教开展了，出家的多起来，促成了宏大壮丽的僧寺的建筑。竹林精舍

① 《弥沙塞部和醯五分律》卷二〇（大正二二·一三四中），又卷二五（大正二二·一六六中——下）。

(Veṇuvana)、祇园而外，如华氏城的鸡园寺(Kukkuṭārāma)、罽宾区的大林寺(Mahāvana-saṃghārāma)、密林寺(Tamasāvana)，都是著名的大寺。《法显传》所记的祇洹(大正五一·八六〇中——八六一上)是：

"精舍东向开门，门户两边有二石柱：左柱上作轮形，右柱上作牛形。精舍左右，池流清净，树林尚茂，众华异色，蔚然可观。……祇洹精舍本有七层，诸国王人民竞兴供养。……精舍当中央，佛住此处最久。说法度人、经行、坐处、亦尽起塔，皆有名字。……绕祇洹精舍，有十八僧伽蓝。"

祇园大八十顷。《五分律》说：给孤独长者当时的建筑，有经行处、讲堂、温室、食堂、厨房、浴室，及诸房舍①。再经后代扩建，及诸大弟子塔②，成为佛教最负盛名的大寺。二、为了对佛的思慕恋念，尊敬佛的遗体、遗物及遗迹，多数是建塔供养。在佛教发展中，佛塔与僧院相结合。虽塔物与僧物，分别极严格，但佛塔与僧院的结合，三宝具足，成为一整体，受僧伽的管理。塔的高大，僧院的宏伟，附近又圣迹很多，所以知名的大道场，都与附近的塔院毗连；"寺塔相望"，形成了佛教的圣区。《大唐西域记》卷八(大正五一·九一五中)，叙述菩提场一带说：

"前正觉山西南行，十四五里，至菩提树。周垣垒砖，

① 《弥沙塞部和醯五分律》卷二五(大正二二·一六七中)。
② 《阿育王经》卷二(大正五〇·一三八上——一三九上)。

崇峻险固。……正门东辟，对尼连禅河。南门接大花(龙?)池。西厄险固。北门通大伽蓝。壖垣内地，圣迹相邻，或窣堵波，或复精舍，并赡部洲诸国君王、大臣、豪族，钦承遗教，建以记焉。"

据现存而可以考见的，西元前三世纪起，又有石窟的建设。如毗提舍(Vediśā)石窟，那私迦(Nāsik)石窟。举世闻名的阿折达(Ajanta)石窟，也从西元前二世纪起，开始建筑起来。壮丽宏伟的建筑，与圣迹及园林综合的佛教区，成为信众崇敬供养的中心。这些圣地，比对一般民间，真有超出尘世的净域的感觉!

佛与出家弟子，过着少欲知足的生活。所受的布施，是每日一次的乞食，及三衣、钵、具等少数日常用品。出家，是舍弃所有的一切财物而来出家的。出家的沙弥(śrāmaṇeraka)，也不得香、华鬘着身，不得歌舞及观听，不得手捉金银珍宝。部派佛教时代，出家弟子大体还过着这样的律生活。但对于佛——遗体、遗物与遗迹，不但建高大的塔，更以香、华鬘、璎珞、幡盖、伎乐——音乐、舞蹈、戏剧，也以金、银、珍宝供养。佛在世，不接受这些，而涅槃以后，怎么反而拿这些来供养呢?《摩诃僧祇律》卷三三(大正二二·四九八下)说：

"若如来在世，若泥洹后，一切花、香、伎乐，种种衣服、饮食，尽得供养。为饶益世间，令一切众生长夜得安乐故。"

依《僧祇律》，花、香、伎乐，如来在世也是受的，但这没有可信的证据。让一般信众这样的供养，为了利益众生，启发信心，增长布施功德,也可说是理由之一。然我以为,这是采用民间祭祖宗、祭天神的方式,用来供养佛塔的。部派佛教的佛陀观,是有现实的、理想的二派。然这样的供养佛塔(遗体、遗物、遗迹),却是佛教界所共同的。至少,一般社会的佛陀观,香、花、伎乐等供养,多少有点神(神佛不分)的意识了。又佛塔等供养,接受金、银、珍宝的供养与庄饰,佛教(塔与僧院)也富裕起来。《法显传》说:"岭东六国,诸王所有上价宝物,多作供养,人用者少。"师子国(Siṃhala)的"佛齿精舍,皆七宝作。……众僧库藏,多有珍宝"①。《大唐西域记》也说:迦毕试国(Kapiśa)"此伽蓝多藏珍宝","其中多藏杂宝"②。与佛世的佛教,是怎样的不同!固有的林园生活,接近自然,有和谐宁谧的幽美。由于佛塔与僧院的发达,与建筑、雕刻、图画、伎乐——音乐、歌舞等艺术相融合。在敬虔、严肃的环境中,露出富丽堂皇的尊贵气息。"微妙庄严"的佛教地区,表现出新境界,佛教无疑已进入一新的阶段。

第二项 新宗教意识的滋长

佛法是宗教。佛与圣弟子在定慧修证中,引发超越一般的能力,就是"过人法"——神通。神通的究竟内容,我虽没有自身的证验,但相信是确有的。可是,佛以说法、教诫化众生,一般说是不用神通的。"为白衣现神通",是被严格限制的。如没有"过人法",虚诳惑众,更是犯了僧团的重戒——大妄语,要被逐

① 《高僧法显传》(大正五一·八五七下、八六五上)。
② 《大唐西域记》卷一(大正五一·八七四上)。

出僧团,失去出家资格的。确认有神通,而不以神通度众(除特殊机缘)。在人生德行的基础上,定慧修证,以达身心自在解脱的境地;脱落神教的迷妄信行,是佛法的最卓越处!当然,在习惯于神教意识的一般信众,对佛存有神奇的想法,应该是事实所难免的。

在现实的人间佛陀的立场,佛入涅槃,是不再存在这世间了。涅槃,不能说没有,也不能说是有。不是语言思想所可知可议的涅槃,只能说世间虚妄的众苦永灭,却不许构想为怎样的神秘的存在(存在就是"有")。所以佛涅槃了,不再出现于生死的世间,也不会再现神通。佛陀观虽有两派,然实际活动于人间的部派佛教,对佛的遗体、遗物、遗迹的崇敬,没有太多的差别。佛虽涅槃了,而对佛的遗体、遗物、遗迹,都传出了神奇的事迹。佛的遗体——舍利建塔,有放光、动地等灵异现象,本章第一节已经说到了。遗物中的佛钵(pātra),仅是佛所使用的食器,却也神妙异常,如《法显传》(大正五一·八五八下)说:

"贫人以少华投中便满;有大富者,欲以多华供养,正复百千万斛,终不能满。"

《高僧传》也说到①:

"什进到沙勒国,顶戴佛钵。心自念言钵形甚大,何其轻耶?即重不可胜。失声下之。"

---

① 1.《高僧传》卷二(大正五〇·三三〇中)。2. 卷三(大正五〇·三四三中)。

"(智)猛香华供养,顶戴发愿:钵若有应,能轻能重。既而转重,力遂不堪。及下案时,复不觉重。"

佛钵在当时,有轻重因人而异的传说,所以供人顶戴。佛钵的轻重不定,正与阿育王寺的舍利一样,色彩是因人而所见不同的。遗迹中的菩提树,更神奇了,如《大唐西域记》卷八(大正五一·九一五下)说:

"无忧王之初嗣位也,信受邪道,毁佛遗迹,兴发兵徒,躬临剪伐,根茎枝叶,分寸斩截。次西数十步而积聚焉,令事火婆罗门烧以祠天。烟焰未静,忽生两树,猛火之中,茂叶含翠,因而谓之灰菩提树。无忧王睹异悔过,以香乳溉余根。洎乎将旦,树生如本。"

"近设赏迦王者,信受外道,毁嫉佛法。坏僧伽蓝,伐菩提树。掘至泉水,不尽根柢。乃纵火焚烧,以甘蔗汁沃之,欲其燋烂,绝灭遗萌。数月后,摩揭陀国补剌拿伐摩王……以数千牛搆乳而溉,经夜树生,其高丈余。"

菩提树怎么也不会死,竟然会从火中生长起来!又在阿育王时,菩提树分了一枝,移植到锡兰。《岛史》、《大史》[①]都有详细记载,今节引《善见律毗婆沙》卷三(大正二四·六九二中——六九三中),略见菩提树神奇的大概:

"是时树枝,自然从本而断,落金盆中。……时菩提树

① 《岛史》(南传六〇·一〇九——一一一)。《大史》(南传六〇·二六九——二八〇)。

> 上升虚空,停住七日。……七日竟,树复放光明。……菩提树布叶结实,璎珞树身,从虚空而下入金盆。……于(师子国)王门屋地种,始放树,树即上升虚空,高八十肘。即出六色光,照师子国皆悉周遍,上至梵天。……日没后,从虚空,似娄彗星宿而下至地,地皆大动。"

移植菩提树所发生的神变,据说是佛在世时的遗敕①。佛钵、菩提树,有这样的神奇,不问到底有多少事实成分,而确是佛教界普遍的信仰传说。传说的神奇现象,无论佛教学者怎样的解说,而一般人的心中,必然会对钵与菩提树——物体,产生神奇的感觉与信仰。而且,这也不只是舍利、钵、菩提树,遗物与遗迹而有神奇传说与信仰的,在古人的传记中,还真是不少呢!

《大唐西域记》,是西元七世纪中,玄奘在印度所见所闻的报告。有关佛的遗体、遗物、遗迹的神奇,叙述了不少;民间对此具体的物体,引起的灵感信仰也不少。最多的,或是饮水,或是沐浴,或是绕塔,或是祈求,或是香油涂佛像,传说疾病"多蒙除差"的,在十则以上。华氏城与伽耶城都有"圣水","若有饮濯,罪垢消灭"②。圣水能消业障,与世俗的"福水"③,有什么不同?这些物体有不定现象,依此而引起占卜行为,也在佛教中流行起来,如《大唐西域记》说:

> 醯罗城(Haḍḍa)佛顶骨:"欲知善恶相者,香末和泥,以

① 《善见律毗婆沙》卷三(大正二四·六九一下——六九二上)。

② 《大唐西域记》卷八(大正五一·九一二上)。

③ 《大唐西域记》卷四(大正五一·八九一中)。

印顶骨，随其福感，其文焕然。”①

乌仗那(Udyāna)龙泉大磐石：“如来足所履迹，随人福力，量有短长。”②

波罗痆斯(Vārāṇasī)大石柱：“殷勤祈请，影见众像，善恶之相，时有见者。”③

菩提场佛经行处：“此圣迹基，表人命之修短也。先发诚愿，后乃度量，随寿修短，数有增减。”④

上三则是占相，从相而知是善恶，也就是从占卜而知是福还是祸。后一则是占卜寿命的长短。治病、消罪业、知祸福与寿命长短，这不是解脱的宗教，也不是修福生天的宗教，而是祈求现世福乐的宗教。现世福乐，是人所希求的，但不依人生正行去得到，而想从灵奇的水、土、占卜去达成，显然与低级的巫术相融合。这在佛法中，是一项新的，类似神教的新意识。这种类似神教的新意境，是从佛陀遗体、遗物、遗迹的崇敬而来的。在部派佛教时代，还不会那么泛滥，但的确已在日渐滋长中了。

忆念思慕释尊，表现为遗体、遗物、遗迹的崇敬供养。启发信心，修集布施功德，是生天的法门。这一普及社会的佛教，促成佛教的非常发展，对佛教是有重大贡献的！但庄严微妙的佛教区，灵感占卜的行为也在佛教内滋长，形成了佛教的新境界。这一信仰的、福德的、通俗化的佛教，对于大乘佛法的兴起，给予最深刻的影响。

---

① 《大唐西域记》卷二(大正五一·八七九中)。
② 《大唐西域记》卷三(大正五一·八八二下)。
③ 《大唐西域记》卷七(大正五一·九〇五中)。
④ 《大唐西域记》卷八(大正五一·九一六中——下)。

第三章　本生·譬喻·因缘之流传

第一节　与佛菩萨有关的圣典

第一项　九（十二）分教的次第成立

菩萨发心、修行、成佛，是大乘法的主要内容。“本生”（jātaka）、“譬喻”（avadāna）、“因缘”（nidāna），这三部圣典，就是大乘思想的主要来源。

佛法的早期圣典，不外乎法与毗尼。法是义理的，定慧修证的；毗尼是戒律的，僧团的制度。原始结集的“法”的内容，说一切有部为四部“阿含”（āgama）；四“阿含”以外，别有“杂藏”。铜鍱部（Tāmraśāṭīya）分五部，在与四“阿含”相当的《相应部》、《中部》、《长部》、《增支部》以外，还有《小部》。Khuddaka 是小、杂碎的意义，与说一切有部的“杂藏”相当。这一部分，或属于“法”——经藏，或编集在经藏以外，固然是部派不同，也有重要的意义在内。如依四“阿含经”及“律藏”，对大乘思想的渊源不能充分明了。如依佛法的另一分类，九分教或十二分教（或译

“十二部经”），十二分教中“本生”、“譬喻”、“因缘”等部，理解其意义与成立过程，对大乘思想的渊源，相信会容易明白得多！

九分教是：修多罗（sūtra）、祇夜（geya）、记说（vyākaraṇa）、伽陀（gāthā）、优陀那（udāna）、本事（itivṛttaka，P. ityuttaka，或译为如是语）、本生、方广（vaipulya，P. vedalla，或译为有明）、未曾有法（adbhuta-dharma）。再加上譬喻、因缘、论议（upadeśa），就成十二分教。九分教与十二分教，名目与先后次第，九分与十二分的关系，古今来有很多异说。这里不加论述，只依我研究的结论，作简略的说明①。

释尊入涅槃后，弟子们为了佛法的住持不失，发起结集，即王舍城结集。当时是法与律分别的结集，而内容都分为二部：“修多罗”、“祇夜”。法义方面，有关蕴、处、缘起等法，随类编集，名为“相应”。为了忆持便利，文体非常精简，依文体——长行散说而名为“修多罗”（经）。这些集成的经，十事编为一偈，以便于诵持。这些结集偈，也依文体而名为“祇夜”。其后，又编集通俗化的偈颂（八众诵），附入结集偈，通名为“祇夜”。这是原始集法的二大部。律制方面，也分为二部分：佛制的成文法——学处（śikṣāpada），随类编集，称为波罗提木叉（prātimokṣa）的，是“修多罗”。有关僧伽规制，如受戒、布萨等项目，集为“随顺法偈”，是律部的“祇夜”，为后代摩得勒伽（mātṛkā）及犍度（khandha）部的根源。这是原始结集的内容，为后代结集者论定

① 详见拙著《原始佛教圣典之集成》第八章至十二章。

是否佛法的准绳。

佛法在开展中。偈颂方面,不断地传出,有些是边地佛教所传来的。依性质,或名“优陀那”——自说,或名“伽陀”。起初,这些都曾总称为“祇夜”,后来传出的多了,才分别地成为不同的二部。长行方面,或是新的传出;或是弟子们对固有教义的分别、问答;或是为了适应一般在家弟子所作的教化。这些“弟子所说”、“如来所说”,名为“记说”。记说,形式是分别与问答;内容着重在对于深隐的事相与义理,所作显了的、明确的决定说。上来的“修多罗”、“祇夜”、“记说”——三分,综合起来,就与《杂阿含经》——《相应部》的内容相当。上来五种分教,是依文体而分别的,成立比较早。不久,又有不同的分教传出。法义方面,或依增一法而编集佛说,没有说明是为谁说的,在哪里说的,而只是佛为比丘说,名为“本事”(或作“如是语”)。或继承“记说”的风格,作更广的分别、更广的问答,也重于深义的阐扬,名为“方广”(或作“有明”)。此外,还有有关过去生中的事。或“自昔展转传来,不显说人、谈所、说事”的①,也名为“本事”。本事或译作无本起,就是不知道在哪里说,为谁说,而只是传说过去如此。又有为了说明现在,举出过去生中,曾有过类似的事情。最后结论说:过去的某某,就是释尊自己或弟子们。这样的宣说过去生中事,名为“本生”。“本事”与“本生”,都是有关于过去生的事。又有佛与大弟子,所有特殊的、希有的功德,名为“甚希有事”。后四分,是依内容而分别的。“本事”、“本生”、

① 《阿毗达磨顺正理论》卷四四(大正二九·五九五上)。

"甚希有事",都是些事实的传说。

佛灭一世纪,圣典已综合为"九分教"。九分教,不只是文体与性质的分别,在当时是确有不同部类的。应该是第二结集的事吧!原始的"修多罗"、"祇夜"、"记说"——三分,已集为《相应部》。三分的后起部分,及"本事"、"方广"等,分别地编为《中部》、《长部》、《增支部》。"祇夜",被解说为重颂;"优陀那"与"伽陀"等偈颂,极大多数没有被编集进去。律制方面,"波罗提木叉经"有了分别解说,与"记说"的地位相当。"摩得勒伽"成立了,但还没有进一步的分类编集,成为犍度等别部。律典的集成,比经典要迟些。在当时,有九分教的部类,但还没有"譬喻"、"因缘"、"论议"。这不是说没有这样性质的经典,而是还没有集成不同的部类。如《长部》的 Mahāpadānasuttanta——《大譬喻经》,就是"譬喻"。汉译《长阿含经》作《大本经》,而经上说:"此是诸佛本末因缘。……佛说此大因缘经"①,那是"譬喻"(本末)而又是"因缘"了。铜鍱部是但立九分教的,但《小部》中有《譬喻》集;在《本生》前有《因缘》;《义释》就是"论议"。其实早期的"论议",如 Mahāpadesana,已被编入《增支部》了②。所以在九分教以上,加"譬喻"等三分,成为十二分教,并非新起的,而只是部派间分类的不同。后三分中,"譬喻"与"因缘",都是传说的事实。

---

① 《长阿含经》卷一《大本经》(大正一·一〇下)。

② 《增支部·四集》(南传一八·二九三——二九七)。

第二项　本事·本生·譬喻·因缘

十二分教中叙事的部分——“本事”(itivṛttaka)、“本生”(jātaka)、“譬喻”(avadāna)、“因缘”(nidāna),都与佛及菩萨道有关,“本生”与“譬喻”的关系更大。

“本事”:叙事而称为“本事”的,是“自昔展转传来”的过去事。如《阿毗达磨大毗婆沙论》卷一二六(大正二七·六六〇上)说:

> “本事云何?谓诸经中宣说前际所见闻事。如说:过去有大王都,名有香茅,王名善见。过去有佛,名毗钵尸,为诸弟子说如是法。过去有佛,名……迦叶波,为诸弟子说如是法。如是等。”

《大毗婆沙论》所说的过去事,有二类:一、印度国族的古代传说:以香茅城(Kuśāvatī)善见王(Sudarśana)为例,那么黎努(Reṇa)与大典尊(Mahāgovinda)①,坚固念王(Dṛḍhanemi)②,摩诃毗祇多王(Mahāvijita)③,释迦族(Śakya)与黑族(Kaṇhāyana)④,大天王(Mahādeva)与尼弥王(Nimi)⑤等,都应该是“本事”。二、过去佛事:所举毗婆尸佛(Vipaśyin)等七佛为弟子说

---

① 《长部》(一九)《大典尊经》(南传七·二四四——二六八)。

② 《长部》(二六)《转轮圣王师子吼经》(南传八·七四——八〇)。

③ 《长部》(五)《究罗檀头经》(南传六·一九七——二〇九)。

④ 《长部》(三)《阿摩昼经》(南传六·一三七——一三九、一四二——一四四)。

⑤ 《中部》(八三)《大天榛林经》(南传一一上·一〇〇——一〇八)。

法，与《大般涅槃经》所说，七佛为弟子说戒经，名伊帝目多迦（即本事）相合[①]。以此为例，那么尸弃佛（Sikhi）弟子事[②]，羯句忖那佛（Krakucchanda）弟子事[③]，都应该是"本事"。"本事"，本为印度民族传说的佛教化，扩展为更远的过去佛事。

"本生"：音译为阇多伽、阇陀等。《成实论》说："阇陀伽者，因现在事说过去事。"[④]《阿毗达磨大毗婆沙论》卷一二六（大正二七·六六〇上）说：

> "本生云何？谓诸经中，宣说过去所经生事，如熊、鹿等诸本生经。如佛因提婆达多，说五百本生事等。"

"本生"与"本事"的差别，在"依现在事起诸言论，要由过去事言论究竟"[⑤]。从现在事说到过去事，又归结到过去的某某，就是现在释尊自己或弟子。"律部"所传的本生，通于佛及弟子，或善或恶。"经部"所传的过去事——传说的印度先贤或民间故事，一部分被指为释尊的前生。如大典尊，"我其时为大典尊婆罗门"[⑥]。大善见王（Mahāsudarśana），"我忆六度埋舍利于此。而（善见）王住转轮王法，……第七埋舍利于此。如来（今者）第八埋舍利于此"[⑦]。《中部·陶师经》说："尔时青年 Jotipāla，

---

① 《大般涅槃经》卷一五（大正一二·四五一下——四五二上）。
② 《相应部·梵天相应》（南传一二·二六三——二六六）。
③ 《中部》（五〇）《魔诃责经》（南传一〇·七四——八一）。
④ 《成实论》卷一（大正三二·二四五上）。
⑤ 《阿毗达磨顺正理论》卷四四（大正二九·五九五上）。
⑥ 《长部》（一九）《大典尊经》（南传七·二六八）。
⑦ 《长部》（七）《大善见王经》（南传七·二〇一）。

即是我也。"[1]《相应部》说:"我于前生,为刹帝利灌顶王。"[2]这都是指传说的过去事,为释尊的"本生"。"本事"而化为"本生"的倾向,汉译的《中阿含经》极为普遍。如大天王[3]、顶生王(Māndhātṛ)[4]、随蓝长者(Velāma)[5]、阿兰那长者(Araka)[6]、善眼大师(Sunetra)[7]等,都说"即是我也",成为释尊的本生。"本事"而转化为"本生",起初是为了说明:先贤虽功德胜妙,而终于过去(不究竟);现在成佛,才得究竟的解脱。融摄印度的先贤盛德,引归到出世的究竟解脱。也就因此,先贤的盛德——世间的善业,成为佛过去生中的因行,菩萨道就由此而引发出来。此外,律师所传的佛(释尊)的本生,虽也有王、臣、长者、婆罗门,而平民、鬼神、旁生——鹿、象、鸟等,也成为释尊的前生:这是印度民间传说的佛化。释尊的"本生",越传越多,南方锡兰所传的,《小部》有《本生》集,共五四七则。我国所传的,如康僧会译的《六度集经》、支谦译的《菩萨本缘经》、竺法护译的《生经》。但究竟有多少本生,没有确定的传说。

"譬喻":是梵语阿波陀那的意译。依《大毗婆沙论》所引——《长譬喻》、《大譬喻》、《大涅槃譬喻》[8],或解说"譬喻"的原始意义,是光辉的事迹,这是大致可信的。然而,"譬喻"在北

---

① 《中部》(八一)《陶师经》(南传一一上·七二)。
② 《相应部·蕴相应》(南传一四·二二六)。
③ 《中阿含经》卷一四(大正一·五一五上)。
④ 《中阿含经》卷一一(大正一·四九五下)。
⑤ 《中阿含经》卷三九(大正一·六七八上)。
⑥ 《中阿含经》卷四〇(大正一·六八四上)。
⑦ 《中阿含经》卷二(大正一·四二九中)。
⑧ 《阿毗达磨大毗婆沙论》卷一二六(大正二七·六六〇上)。

方,通于佛及弟子,也通于善恶。这些“譬喻”,又与业报因缘相结合;“譬喻”与“因缘”的部类,有些是不容易分别的。如《大譬喻经》,或作《大因缘经》,就是一例。与“因缘”结合的“譬喻”,在当时的通俗弘法,引用来作为事理的证明,所以或译为“譬喻”、“证喻”。《大智度论》提到“菩萨譬喻”①,这是与佛菩萨思想有关的。考铜锞部所传,《小部》有《譬喻》集,都是偈颂,分《佛譬喻》、《辟支佛譬喻》、《长老譬喻》、《长老尼譬喻》。《佛譬喻》为佛自说的,赞美诸佛国土的庄严;末后举十波罗蜜多,也就是菩萨的大行②。《辟支佛譬喻》③,是阿难说的。《长老譬喻》五四七人④,《长老尼譬喻》四〇人⑤,这是声闻圣者,自己说在往昔生中,见佛或辟支佛等,怎样的布施、修行。从此,多生中受人天的福报,最后于释尊的佛法中出家,得究竟的解脱。据此来观察说一切有部的传说,在《根有律药事》中,虽次第略有紊乱,而确有内容相同的部分。《药事》这一部分,可分二大章:一、佛说往昔生中,求无上正觉的广大因行。又分二段:先是长行,从顶生王到陶轮师止⑥。次是偈颂,与《小部》的《佛譬喻》相当⑦。接着,有毡遮(Ciñcā)外道女带盂谤佛一节⑧,是长行,

① 《大智度论》卷三三(大正二五·三〇七中)。

② 《譬喻·佛譬喻》(南传二六·一——一〇)。

③ 《譬喻·辟支佛譬喻》(南传二六·一二——二七)。

④ 《譬喻·长老譬喻》(南传二六·二八——二七·三五四)。

⑤ 《譬喻·长老尼譬喻》(南传二七·三五七——五一四)。

⑥ 《根本说一切有部毗奈耶药事》卷一二——一五(大正二四·五六中——七三下)。

⑦ 《根本说一切有部毗奈耶药事》卷一五(大正二四·七三下——七五下)。

⑧ 《根本说一切有部毗奈耶药事》卷一六(大正二四·七六上——中)。

与上下文都不相连接。就文义而论,这是错简,应属于末后一段。二、佛与五百弟子到无热池(Anavatapta),自说本起因缘。先说舍利弗与目犍连神通的胜劣①。次由大迦叶等自说本业,共三十五人,都是偈颂②,与《小部·譬喻》的《长老譬喻》,为同一原型的不同传承。末后,佛自说往昔的罪业,现受金枪、马麦等报③。"菩萨阿波陀那",就是佛说往昔的菩萨因行部分,这是菩萨思想的重要渊源。

"因缘":一般地说,佛的说法与制戒,都是有因缘的——为谁说法,为谁制戒。然原始结集,但直述法义与戒条,说法与制戒的因缘,是在传授时说明而流传下来的。这样的因缘,是没有特殊部类的。有些偈颂(说法),不知道是怎样说的,于是有因缘。如"义品因缘",即汉译《义足经》的长行。如《小部·波罗衍那品》(《彼岸道品》),在正说一六章以前,有"序偈"④;《小部·那罗迦经》,也有"序偈"⑤。这是说法——偈颂的"因缘"。律部中,分别说部系(Vibhajya-vadin)中,迦叶维师(Kāśyapīya)称佛传为《佛往因缘》;尼沙塞师(Mahīśāsaka)称为《毗尼藏根本》⑥。分别说部系的佛传,是渊源于律藏而别组织的。《铜鍱律》从释尊成佛说起,度五比丘,摄化出家众,"善来受具","三归受具"。度三迦叶,舍利弗、目犍连,在王舍城制立白四羯磨

① 《根本说一切有部毗奈耶药事》卷一六(大正二四·七六下——七八上)。
② 《根本说一切有部毗奈耶药事》卷一六——一八(大正二四·七八上——九四上)。
③ 《根本说一切有部毗奈耶药事》卷一八(大正二四·九四上——九七上)。
④ 《小部·经集·彼岸道品》(南传二四·三七〇——三八六)。
⑤ 《小部·经集·大品》(南传二四·二五八——二六三)。
⑥ 《佛本行集经》卷六〇(大正三·九三二上)。

的“十众受具”①。《五分律》从释迦族迁移到雪山下说起②;《四分律》从劫初众所举王说起,都说到“十众受具”止③。这是建立僧伽的“因缘”。说一切有部律,着重于破僧的“因缘”。从(众许王或)佛诞生说起,到迦毗罗度释种及提婆达多止,为后来破僧的“因缘”④。所以《根有律破僧事》,前九卷就是佛传。大众部的佛传,名为“大事”,也从律藏中别出。这样,佛的传记,是出于律的(建僧或破僧)“因缘”,而发展编集所成的。南传《小部》的《本生》,前有“因缘”,分“远因缘”、“次远因缘”、“近因缘”。从然灯佛(Dīpaṃkara)时受记说起,到成佛,转法轮,回祖国化度,成立祇园(Jetavana)止⑤。在祇园说“本生”,所以这是本生的“因缘”。律中的“因缘”,与“本生因缘”,都是佛的传记。在佛传中,发现佛陀超越世间的伟大。

第三项　传说——印度民族德行的精华

十二分教中,与佛菩萨有关部分,现在可以考见的圣典,上面已约略说到。然古代部派众多,不同部派的圣典,不曾保存下来的当然很多。所以依此仅有的资料,不能充分理解大乘思想的形成过程,只能说发现其渊源而已。

“本事”、“本生”、“譬喻”、“因缘”,有关释尊过去生中的事

---

① 《铜锞律·大品》(南传三·一——九九)。

② 《弥沙塞部和醯五分律》卷一五——一六(大正二二·一〇一上——一一一中)。

③ 《四分律》卷三一——三三(大正二二·七七九上——七九九下)。

④ 《根本说一切有部毗奈耶破僧事》卷一——一〇(大正二四·九九上——一四七中)。

⑤ 《本生·因缘》(南传二八·一——二〇三)。

迹,多少是可以相通的。过去生中事——"本事",如解说为释尊的过去事,那"本事"就成为"本生"了。"譬喻"是贤圣的光辉事迹;属于释尊的"譬喻",从过去到现在,都是"譬喻"。释尊过去生中的"譬喻",就与"本生"、"本事"相通。"因缘"的含义极广,约某人某事说,就与"譬喻"没有多大的差别。如"因缘"而说到释尊过去生中事,也就与"本事"、"本生"的内容相通。在后代,这些都是用来作为通俗教化的资料,或称为"譬喻",或称为"因缘",都是一样的。所以日本编集的《大正藏》泛称这些为"本缘部",倒是个适当的名词!

第二结集时,经部已集成四"阿含";当时的"本事"、"本生"、"譬喻",已编集在内。律部已集成"经分别"(suttavibhaṅga);"犍度"(khandha)的母体——"摩得勒伽"(mātṛkā),也已部分集录,里面也有少数"譬喻"与"本生"。此后,有关释尊的"本事"(又"本生"化了)、"本生"、"譬喻",更多地流传出来。后来传出的《根本说一切有部毗奈耶》,曾广泛地编集进去。《大智度论》卷一〇〇(大正二五·七五六下)说:

> "毗尼……有二分:一者,摩偷罗国毗尼,含阿波陀那、本生,有八十部。二者,罽宾国毗尼,除却本生、阿波陀那,但取要用,作十部。"

说一切有部有二部律,就是《十诵律》与《根本说一切有部毗奈耶》。《根有律》包含了很多的阿波陀那("譬喻")与"本生",《十诵律》却少得多。如《根有律》的"菩萨譬喻",《十诵律》就没有。《十诵律》近于早期的说一切有部律;早于《根有律》,而不是从《根有律》节略出来的。"本生"、"譬喻",铜鍱部集在《小部》中。但觉音(Buddhaghoṣa)的 Samaṅgalavilāsinī(《长部》注《吉祥悦意》)说:长部师(Dīghabhāṇaka)的《小部》,是没有《譬喻》、《佛种姓》、《行藏》的①。《佛种姓》(Buddhavaṃśa)是过去佛史。《行藏》(Cariyā-piṭaka)是叙述菩萨的大行,这都是佛与菩萨的事。《十诵律》没有,长部师不集在《小部》内,可见成立要迟一些。早期的集在经、律以内,后起的或编在律中,或编在经——《小部》中,或散在经、律以外。散在经、律以外,不是没有这些"本生"、"譬喻"、"因缘",而是没有取得与经、律的同等地位,因为这只是传说如此。《萨婆多毗尼毗婆沙》卷一(大正二三·五〇九中)说:

> "凡是本生、因缘,不可依也。此中说者,非是修多罗,非是毗尼,不可以定义。"

《阿毗达磨大毗婆沙论》卷一八三(大正二七·九一六中)也说:

> "然灯佛本事,当云何通?答:此不必须通。所以者何?此非素怛缆、毗奈耶、阿毗达磨所说,但是传说;诸传所说,或然不然。"

释尊前生,遇到然灯如来,蒙授记未来作佛,号释迦牟尼(Śākyamuni),这是部派间公认的"本生"。但这是传说,传说是可能误传的,所以说"或然(或)不然"。说一切有部以为:这类

① Samaṅgalavilāsinī I. p. 15.

“本生”、“譬喻”、“因缘”，是传说，所以不在三藏以内（然灯佛“本生”，《四分律》摄在律内）。传说是可能误传的，所以不能引用为佛法的定量（准绳）。从“本生”、“譬喻”等的传说性来说，说一切有部的见地，是富有理性而不是轻率地信赖传说。

在现有的圣典中，这些传说——“本事”、“本生”、“譬喻”、“因缘”，都叙述得明白：在哪里说，为什么人说。其实，这是假设的，并非实际如此。如《根本说一切有部毗奈耶杂事》卷二五（大正二四·三二八下）说：

> “当来之世，人多健忘，念力寡少，不知世尊于何方域城邑聚落，说何经典？……若说昔日因缘之事，当说何处？应云婆罗痆斯，王名梵授，长者名相续，邬波斯迦名长净：随时称说。”

“昔日因缘之事”，就是过去生中事。这些传说，虽传说中可能有误，但当时都推为佛说的。在婆罗痆斯（Vārāṇasī）说，为梵授王（Brahmadatta）等说，都是假设的。婆罗痆斯，在释尊以前，早就是印度的宗教圣地；梵授王是传说中的印度名王。所以说过去因缘事，不妨说在婆罗痆斯，为梵授王等说。这如不知制戒因缘，说是六群比丘，或其中一人，总是不会不合的一样。所以这些人名、地名，都是假设的代表人物，不能就此以为是真实的。关于过去生中的传说，说一切有部保留下这些意见，比起其他部派，的确是高明一着！有关释尊过去生中的传说，自佛涅槃后，特别是第二结集（佛灭一世纪）后，更多地传说出来。这是过去事，在佛教徒的心目中，除了释尊，还有谁能知道呢？虽然来历不明，传说也不一定正确，不一定一致，但不能不承认是佛说：这是部派佛教的一般意见。释尊在世时，弟子们只是承受佛的教诲而努力修学。释尊的现生事——诞生、出家、修行、成佛、转法轮、入涅槃，当然会传说于人间。过去生中事，大概是不会去多考虑的。但是涅槃以后，由于诚挚的怀念恋慕，在佛陀遗体、遗物、遗迹的崇敬供养中，释尊的崇高伟大超越于一般声闻弟子，渐深深地感觉出来。传说阿育王时，大天的唱道五事，一部分正是佛与声闻平等说的批判①。佛是无师自悟的，智慧与能力，一切都不是弟子们可及的。为什么呢？在生死流转相续的信念，因果的原理下，惟有释尊在过去生中累积功德，胜过弟子们，所以成佛而究竟解脱时，才会优钵昙花那样的偶然出现，超过弟子们所有的功德。佛的功德胜过声闻弟子，佛在前生的修行也胜过声闻弟子，这也是各部派所公认的。佛教界存有这样的共同心理，于是不自觉地传出了释尊过去生中的修行事迹，可敬可颂、可歌可泣的伟大行为。这里面，或是印度古代的名王、名臣、婆罗门、出家仙人等所有的“至德盛业”；或是印度民间传说的平民、鬼神、鸟兽的故事，表示出难能可贵的德行（也许是从神话来的；可能还有波斯、希腊等成分）。这些而传说为释尊过去生中的大行，等于综集了印度民族德行、民族精神的心髓，通过佛法的理念，而表现为崇高完美的德行。惟有这样的完人，才能成为超越世间一切众生的佛，成为圆满究竟的佛。所以这些传说，是佛教界共同意识的表现，表达出成佛应有的伟大因

①　五事中的“无知”、“犹豫”，说明声闻圣者的烦恼不尽，即表示佛的超胜。

行。这样的伟大因行,不只是个人的解脱,是遍及世间,世间的一切善行,都是佛法。

第二节　菩萨道的形成

第一项　菩萨的意义

菩萨道的成立,无疑为依据释尊过去生中的修行,出于“本生”等传说。但到底在什么情况下,成立“菩萨”(bodhi-sattva)一名?菩萨的名称,又成立于什么时代?这都是值得论究的。

在过去,菩萨是声闻三藏所有的名词,所以想定是释尊所说。然经近代的研究,“菩萨”这个名词,显然是后起的。铜锞部的《相应部》,在说到过去七佛,观缘起而成佛时,都这么说:“世尊应正等觉,未成正觉菩萨时”①,说到了菩萨。与此相当的《杂阿含经》,但作“佛未成正觉时”,缺少“菩萨”字样②。又如《中阿含经》的《长寿王本起经》、《天经》、《念经》、《罗摩经》,都只说“我本未(得)觉无上正真(或作“尽”)道(或作“觉”)时”③,而《中部》等却都加入“菩萨”一词④。汉译《长阿含经》

① 《相应部·缘起相应》(南传一三·六——一五)。

② 《杂阿含经》卷一五(大正二·一〇一上——中)。

③ 《中阿含经》卷一七《长寿王本起经》(大正一·五三六下),卷一八《天经》(大正一·五三九中),卷二五《念经》(大正一·五八九上),卷五六《罗摩经》(大正一·七七六上)。

④ 《中部》(一二八)《随烦恼经》(南传一一下·二〇〇)。《增支部·八集》(南传二一·二四一)。《中部》(一九)《双考经》(南传九·二〇六)。《中部》(二六)《圣求经》(南传九·二九四)。

的《大本经》，说到毗婆尸成佛以前，称为菩萨①，与《长部》相合。汉译《长阿含经》，是法藏部的诵本，法藏部与铜锞部，是同出于分别说部的。汉译的《杂阿含经》与《中阿含经》，是说一切有部诵本。可见《阿含》原文，本来是没有"菩萨"的；说一切有部本还保存原型，而分别说部各派的诵本（还有属于大众部末派的《增一阿含经》），都以当时传说的"菩萨"加入《阿含经》了。未成佛以前，如释尊的诞生、出家……，一般佛传都称之为"菩萨诞生"、"菩萨出家"。然今发现 Bharhut 佛塔，栏楯上所有的雕刻中，有释尊从兜率天（Tuṣita）下降，入母胎；及离家以后，自己割去发髻，为三十三天（Trāyastriṃśa）所接去供养的图像。铭文作"世尊入胎"、"世尊之髻祭"。Bharhut 塔的这部分雕刻，为西元前二世纪作品；在西元前二世纪，对于成佛以前的释尊，没有称之为菩萨，正与《杂阿含经》等所说相合②。

在传说中，有弥勒及释迦授记作佛的事，一般都称之为菩萨。在经、律中，弥勒成佛的事，约与过去佛的思想同时。《中阿含经》的《说本经》，首先说到阿那律陀（Aniruddha）的本起。次说：未来人寿八万岁时，这个世界，"极大富乐，多有人民，村邑相近"。那时，有名为螺（Śaṅkha）的作转轮王；弥勒佛出世，广度众生。当时，尊者阿夷哆（Ajita）发愿作转轮王，尊者弥勒发愿成佛③。南传的《中部》，没有与《说本经》相当的。但在《长部》的《转轮圣王师子吼经》，说到未来人寿八万岁时，有儴

① 《长阿含经》卷一《大本经》（大正一·三下）。

② 干潟龙祥《本生经类思想史之研究》（六六——六七）。

③ 《中阿含经》卷一三《说本经》（大正一·五〇九下——五一〇下）。

伽(螺)作转轮王,弥勒成佛①,主体部分与《说本经》相同。《长阿含经》的《转轮圣王修行经》②,与《长部》说一致。弥勒成佛,是"譬喻"(本末),本只说明未来有佛出世,与一般的授记作佛,文体不同。《说本经》增入了阿夷哆与弥勒发愿,及佛的许可,使其近于授记作佛的体例,但也不完全相同。弥勒成佛,被编入《阿含经》,是相当古老的"譬喻",但没有说到菩萨一词。释尊授记作佛,传说为然灯佛时。当时,释尊是一位婆罗门青年,名字因传说而不同:或名弥却(云·云雷——Megha)③,或名善慧(Sumati)④,或名无垢光⑤。青年以"五华献佛","布发掩泥",求成佛道,得到然灯佛给予未来世中成佛的记别。这一传说,有蒙佛授记、决定成佛的特殊意义,所以为多种大乘经所引用。这是各部派公认的传说,但没有编入《阿含经》;也只有法藏部的《四分律》,才编入律部⑥。《四分律》说到弥却菩萨,也说到定光(未成佛前)菩萨、弥勒菩萨。但这是后起的"本生",不能证明"菩萨"因此事而得名。

上座部系所传的论典都说到了菩萨,如说一切有部(论师系)的根本论——《阿毗达磨发智论》卷一八(大正二六·一〇一八上)说:

---

① 《长部》(二六)《转轮圣王师子吼经》(南传八·九二——九四)。

② 《长阿含经》卷六《转轮圣王修行经》(大正一·四一下——四二中)。

③ 《四分律》卷三一(大正二二·七八四上——七八五下)。《增一阿含经》卷一一(大正二·五九七中——五九九下)。《佛本行集经》卷三(大正三·六六五上——六六六中)。

④ 《过去现在因果经》卷一(大正三·六二〇下)。

⑤ 《修行本起经》(大正三·四六一下)。

⑥ 《四分律》卷三一(大正二二·七七九中——七八六下)。

“齐何名菩萨？答：齐能造作增长相异熟业。得何名菩萨？答：得相异熟业。”

《舍利弗阿毗昙论》卷八（大正二八·五八五上——中）说：

“云何菩萨人？若人三十二相成就；不从他闻，不受他教，不请他说，不听他法，自思、自觉、自观，于一切法知见无碍；当得自力自在、豪尊胜贵自在，当得知见无上正觉，当成就如来十力、四无所畏，成就大慈，转于法轮：是名菩萨人。”

《舍利弗阿毗昙论》，属于印度本土的分别说部，“菩萨人”，出于该论的《人品》。南传（锡兰的分别说部）的《论事》，也说到菩萨①。属于上座部系的论书，都有菩萨，而对“菩萨”的地位，同样地说到成就（三十二大人）相。依说一切有部，那是三大阿僧劫修行圆满，百劫修相好的阶段。上座部系的菩萨，地位是相当高的。依论典所见，菩萨名称的成立，不可能迟于西元前二世纪的。

佛法进入部派时代，在发展中呈现的事象，有值得注意的：一、佛法，着重于初转法轮的四谛说。四谛是佛法纲宗：苦与集，是生死苦迫的因果事实；灭是苦集的息灭；道是灭苦集的道。在四谛中，佛法只是解脱生死苦而归于涅槃的寂灭。佛弟子在佛法中修行，以解脱生死、证入涅槃为最高理想。或说声闻乘修四

① 《论事》（南传五七·三六三——三七一）。

谛法①,也只是这一普遍事实的叙述。二、在佛陀遗体、遗物、遗迹的崇奉中,佛的崇高伟大,被强力地宣扬起来。佛与弟子间的差别,也被深深地发觉出来。发现《阿含经》中,佛以求成"无上菩提"——阿耨多罗三藐三菩提(anuttara-samyak-saṃbodhi)为目的;与声闻弟子们以涅槃为理想,似乎有些不同。本来,声闻弟子证果时,经上也说"得须陀洹,不堕恶趣法,决定正向三菩提"("正觉")②。决定趣向三菩提,不正是声闻弟子的目标吗?如佛于波罗奈转法轮:法轮是佛心中的菩提,在弟子心中显现出来,从此至彼,所以比喻为转法轮。佛与声闻弟子所证的正法,是没有差别的。然在佛教界,一般以"前蕴灭,后蕴不复生",证入涅槃为目的;菩提,似乎只是达成理想的工具一样。在这普遍的情形下,形成了这样的差别:佛以成无上菩提为目的,声闻弟子以证入涅槃为目的。三、部派分化过程中,释尊过去生中的事,或"本生",或"譬喻",更多更广地传布开来,为当时佛教界所公认。佛在过去生中的修行,与声闻弟子不一样。释尊在过去生中,流转于无量无数的生死中,称之为声闻(śrāvaka)、辟支佛(pratyeka-buddha),都不适当。这么多的广大修行,多生累劫,总不能没有名称。佛是以求成无上菩提为理想的,所以称为菩萨(bodhi-sattva),就是勇于求成(无上)菩提的人。这一名称,迅速为当时佛教界所公认。这一名称,约成立于西元前二〇〇年前后。由于解说不一,引起上座部论师们的反应,作出以"成就

① 《妙法莲华经》卷一(大正九·三下)。

② 《杂阿含经》卷三〇(大正二·二一五下)。《相应部·预流相应》(南传一六下·二四五)。

相异熟业”为菩萨的论定。上座部各派的意见相同，所以其时间不会太迟。至于 Bharhut 塔上的铭刻，仍作“世尊入胎”、“世尊髻之祭”，而不用菩萨名称，只是沿用《阿含经》以来的语法，不足以证明当时佛教界还没有菩萨一词。

菩萨，是菩提萨埵的简称，菩提与萨埵的缀合语。菩提与萨埵缀合所成的菩萨，他的意义是什么？在佛教的发展中，由于菩萨思想的演变，所以为菩萨所下的定义，也有不同的解说。菩提(bodhi)，意译为“觉”，但这里应该是“无上菩提”。如常说的“发菩提心”，就是“发阿耨多罗三藐三菩提心”。菩提是佛菩提、无上菩提的简称，否则泛言觉悟，与声闻菩提就没有分别了。菩(提)萨(埵)的意义，《初期大乘佛教之研究》引述 Har Dayal 所著书所说——菩萨的七种意义；及西藏所传，菩萨为勇于求菩提的人①。今依佛教所传来说：萨埵(sattva)是佛教的熟悉用语，意译为“有情”——有情识或有情爱的生命。菩萨是求(无上)菩提的有情，这是多数学者所同意的。依古代“本生”与“譬喻”所传的菩萨，也只是求无上菩提的有情。然求菩提的萨埵，萨埵内含的意义，恰好表示了有情对于(无上)菩提的态度。初期大乘经的《小品般若经》，解说“摩诃(大)萨埵”为“大有情众最为上首”，萨埵还是有情的意义。《大品般若经》，更以“坚固金刚喻心定不退坏”，“胜心大心”，“决定不倾动心”，“真利乐心”，“爱法、乐法、欣法、憙法”——五义，解说于“大有情众当为上首”的意义②。所举的五义，不是别的，正是有情的特性。生

---

① 平川彰《初期大乘佛教之研究》(一八一——一八二)。

② 《大般若波罗蜜多经》卷四一一(大正七·六〇上——六一上)。

死流转中的有情,表现生命力的情意,是坚强的、旺盛的。是情,所以对生命是爱、乐、欣、憙的。释尊在成佛不久,由于感到有情的“爱阿赖耶,乐阿赖耶,欣阿赖耶,憙阿赖耶”,不容易解脱,而有想入涅槃的传说①。但这种情意,如改变方向,对人,就是“真利乐心”;对正法——无上菩提,就是“爱法、乐法、欣法、憙法”心。菩萨,只是将有情固有的那种坚定、爱著的情意特性,用于无上菩提,因而菩萨在生死流转中,为了无上菩提,是那样的坚强,那样的爱好,那样的精进!H氏七义中,第六,萨埵是“附著”义;第七,是“力义”;西藏传说为“勇心”义,都与《般若经》所说相合。所以,菩萨是爱乐无上菩提,精进欲求的有情。如泛说菩提为觉,萨埵为有情(名词),就失去菩萨所有的无数生死中勤求菩提的特性。

第二项 菩萨修行的阶位

成佛以前,为了求得无上菩提,久修大行的,名为菩萨。菩萨过去生中的久远修行,功德展转增上,这是当然的事。对无量本生②所传说的释尊过去生中的修行,古人渐渐地分别前后,而菩萨的修行阶位,也就逐渐地显示出来,这是大乘菩萨行位说的渊源。

属于法藏部的《佛本行集经》,说菩萨有“四种微妙性行”。属于说出世部的《大事》,也说到“四行”。法藏部出于分别说

---

① 《成唯识论》卷三引经(大正三一·一五上)。此经语本出律部,编入《增一阿含》。

② 《七万七千本生诸经》,见《付法藏因缘传》卷二(大正五〇·三〇四下)。

部,说出世部出于大众部,部派的系统不同,而所说却相近。可能是:说出世部的教区,在梵衍那(Bāmiyān)①,即今 Ghorband 河与 Indu 河上流,梵衍那溪谷山地②;法藏部盛行于罽宾,化区相近,所以有共同的传说。"四行"是③:

《佛本行集经》	《大事》
自性行	自性行(prakṛti-caryā)
愿性行	愿行(praṇidhāna-caryā)
顺性行	顺行(anuloma-caryā)
转性行	不退行(anivartana-caryā)

依《佛本行集经》,一、"自性行":在没有发愿成佛以前,"本性已来,贤良质直,顺父母教,信敬沙门及婆罗门,善知家内尊卑亲疏,知已恭敬承事无失。具足十善,复更广行其余善业",这是菩萨种姓。虽没有发心,也不一定见佛,却已成就了重道德、重宗教,又能多做慈善事业的性格。这是生成了的菩萨种姓,也可能是从积集善根,成就这样的菩萨法器。二、"愿性行":是发愿希求无上菩提。三、"顺性行":是随顺本愿,修六波罗蜜多成就的阶段。四、"转性行":依《大事》是"不退转行",就是供养然灯佛,蒙佛授记阶段。《佛本行集经》说:"如我供养然灯世尊,依彼因缘,读诵则知。"这是说,供养然灯佛,蒙佛授记的事,读诵然灯佛授记"因缘",就可以明白。然灯佛授记,正是不退

① 《大唐西域记》卷一(大正五一·八七三中)。
② 《望月佛教大辞典》(四六七四)。
③ 《佛本行集经》卷一(大正三·六五六下)。《大事》(Mahāvastu) vol. I. pp. 1. 46–63.

转位。所以《佛本行集经》与《大事》,所说的意义相同;《佛本行集经》的“转性行”,应该是“不退转性”的讹脱。四性行,明确地分别出菩萨的行位——种性位、发心位、随顺修行位、不退转位。后三位,与《小品般若经》说相合。

释尊过去生中的修行,或依修行的时劫,逢见的如来,分别菩萨道的进修阶位。不过各部派的意见是异说纷纭的。一、法藏部的《佛本行集经》,从“身值三十亿佛,皆同一号,号释迦如来”起,到“善思如来”止①,应该是“自性行”位。从“示诲幢如来,……初发道心”②,是“愿性行”位。“我念往昔无量无边阿僧祇劫”,有帝释幢如来;这样的佛佛相承,到胜上如来,“我身悉皆供养承事”③,是“顺性行”位。见然灯佛授记;再“过于阿僧祇劫,当得作佛”④,是“不退转性”位。然灯佛以来,从一切胜佛到迦叶佛,共十四佛⑤。二、说一切有部说,发心以来,是经三大阿僧祇劫,又百大劫成佛的,如《阿毗达磨大毗婆沙论》卷一七七——一七八(大正二七·八九一中——八九二下)说:

> “过去久远,人寿百岁时,有佛名释迦牟尼,出现于世。……时有陶师,名曰广炽,……愿我未来当得作佛。……发是愿后,乃至逢事宝髻如来,是名初劫阿僧企耶满。从此以后,乃至逢事然灯如来,是名第二劫阿僧企耶满。复从此

---

① 《佛本行集经》卷一(大正三·六五五下——六五六中)。
② 《佛本行集经》卷一(大正三·六五六中)。
③ 《佛本行集经》卷一——二(大正三·六五七上——六五九中)。
④ 《佛本行集经》卷四(大正三·六六八中)。
⑤ 《佛本行集经》卷四(大正三·六六九上——六七二上)。

后，乃至逢事胜观（即毗婆尸）如来，是名第三劫阿僧企耶满。此后复经九十一劫，修妙相业，至逢事迦叶波佛时，方得圆满。”

“初劫阿僧企耶，逢事七万五千佛，最初名释迦牟尼，最后名宝髻。第二劫阿僧企耶，逢事七万六千佛，最初即宝髻，最后名然灯。第三劫阿僧企耶，逢事七万七千佛，最初即然灯，最后名胜观。于修相异熟业九十一劫中，逢事六佛，最初即胜观，最后名迦叶波。当知此依释迦菩萨说。”

《根本说一切有部毗奈耶药事》，传说的三阿僧企耶劫中逢事诸佛，与论师说有些不同。《药事》的长行与偈颂，也小有出入，如长行的宝髻佛（与论师同），偈颂作帝释幢佛[①]。这可见对于菩萨行的传说，意见是多么纷纭！说一切有部所传，然灯佛以后，又过一阿僧祇劫，与《佛本行集经》说相合。三、铜鍱部所传，如《佛种姓经》说：从然灯佛授记，到迦叶佛，经历了“四阿僧祇又十万劫”。授记以前，没有留下传说。从然灯佛起，逢事二十四佛，才圆满成佛[②]。四、说出世部的《大事》说：自性行时期，释尊过去逢 Aparājitadhvaja 佛。愿行时期，逢过去的释迦牟尼（Śākyamuni）佛而发心，与说一切有部说相合。顺行时期，逢 Samitāvin 佛。不退行时期，见然灯佛而得授记[③]。依上来四说，可见部派间对释尊过去生中，所经时劫，所逢见的佛，传说是不

① 《根本说一切有部毗奈耶药事》卷一五（大正二四·七三中、七四上——七五上）。

② 《佛种姓经》（南传四一·二一九以下）。

③ 《大事》（Mahāvastu） vol. I. pp. 1. 46 – 63.

完全一致的。修行三大阿僧祇劫成佛,是说一切有部的传说(可能与大众部相同),为后代北方的论师所通用,其实并不一定。所以《大智度论》这样说:“佛言无量阿僧祇劫作功德,欲度众生,何以故言三阿僧祇劫?三阿僧祇劫有量有限。”①无量阿僧祇劫,《佛本行集经》也有此说②,不一定是大乘者的创说。又梁译《摄大乘论释》说:“有五种人,于三阿僧祇劫修行圆满;或七阿僧祇劫;或三十三阿僧祇劫。”③后二说,是梁译所独有的。《论》说七阿僧祇劫,是“余部别执”,“别部执”④,也应该是部派的异说。

菩萨修行的阶位,大乘立有种种行位。部派佛教中,也有“十地”说。如《修行本起经》说:“积德无限,累劫勤苦,通十地行,在一生补处。”⑤《太子瑞应本起经》(可能属化地部)说:“修道德,学佛意,通十地行,在一生补处。”⑥《过去现在因果经》说:“功行满足,位登十地,在一生补处。”⑦这些不明部派的佛传,都说到了十地。《佛本行集经》在所说“一百八法明门”中,也说“从一地至一地智”⑧。十地说似乎为各部派所采用,虽然内容不一定相同。现存说出世部的《大事》,有明确的十地说,十

① 《大智度论》卷四(大正二五·九二中)。

② 《佛本行集经》卷一(大正三·六五七上)。

③ 《摄大乘论释》卷一一(大正三一·二二九中)。

④ 《摄大乘论释》卷一一(大正三一·二三〇上——下)。

⑤ 《修行本起经》卷上(大正三·四六三上)。

⑥ 《太子瑞应本起经》卷上(大正三·四七三中)。

⑦ 《过去现在因果经》卷一(大正三·六二三上)。

⑧ 《佛本行集经》卷六(大正三·六八二中)。

地是①：

初“难登地”(durārohā)

二“结合地”(baddhamānā)

三“华庄严地”(puṣpamaṇḍita)

四“明辉地”(rucirā)

五“广心地”(cittavistarā)

六“妙相具足地”(rūpavati)

七“难胜地”(durjayā)

八“生诞因缘地”(janmanideśa)

九“王子位地”(yauvarājyatā)

十“灌顶地”(abhiṣeka)

《大事》的十地说：初地是凡夫而自觉发心的阶位。第七地是不退转地。第八生诞因缘，第九王子，第十灌顶，这是以世间正法化世的轮王，比拟以出世法化世的佛。轮王诞生，经王子，也就是太子位，然后灌顶。灌顶，是印度国王登位的仪式，灌了顶就成为(国)轮王。十地的生诞因缘，是成佛的因缘圆满，决定要诞生了。王子位，是从兜率天下降，出胎，直到菩提树下坐。灌顶位，就是成佛。这一十地说，与大乘“发心”等“十住(地)”说，及“欢喜”等“十地”说，都有类似的地方，特别是十住说。第七不退住，第八童真住，第九法王子住，第十灌顶住——这四住，与《大事》的(七——十)后四地，无论是名称、意义，都非常相近。初发心住，也与初难登地相当。《大事》十地与大乘的十住

① 《大事》(Mahāvastu) vol. I. p. 76.

说,有着非常亲密的关系。欢喜等十地,虽名称不同,然第五难胜地(sudurjayā),与《大事》的第七难胜地(durjayā)相近;第十法云地,经说十方诸佛放光,为菩萨灌顶①,也保存最后灌顶的古义。部派的十地说,彼此不一定相合,但依《大事》的十地说,也足以看出与大乘菩萨行位的关系。

第三项　菩萨行——波罗蜜多

释尊过去生中的修行,虽各部派的分类不一致,而都是称之为波罗蜜多(或简译为"波罗蜜")的。波罗蜜多(pāramitā),意译为"度"、"到彼岸"。《大智度论》说:"于事成办,亦名到彼岸。"附注说:"天竺俗法,凡造事成办,皆言到彼岸。"②在一般习用语言中,波罗蜜多有"究竟"、"完成"的意义。如《中部·不断经》,称赞舍利弗,于戒、定、慧、解脱,能得自在,得究竟③;得究竟就是pāramipatto的意译。所以,波罗蜜多是可用于果位的。这是修行所成就的,从此到彼的实践道,也就名为波罗蜜多,是"因得果名"。这是能到达究竟的,成为菩萨行的通称。

菩萨的波罗蜜多行,在分类方面,也是各部的意见不一,如《阿毗达磨大毗婆沙论》卷一七八(大正二七·八九二上——中)说:

> "如说菩萨经三劫阿僧企耶,修四波罗蜜多而得圆满,谓施波罗蜜多,戒波罗蜜多,精进波罗蜜多,般若波罗蜜

① 《大方广佛华严经》卷二七(大正九·五七二中)。

② 《大智度论》卷一二(大正二五·一四五中)。

③ 《中部》(一一一)《不断经》(南传一一下·七)。

多。……外国师说：有六波罗蜜多，谓于前四，加忍、静虑。迦湿弥罗国诸论师言：后二波罗蜜多，即前四所摄。……复有别说六波罗蜜多，谓于前四，加闻及忍。”

迦湿弥罗（Kaśmīra）论师，是说一切有部的毗婆沙师（Vibhāṣā），立四波罗蜜多——施、戒、精进、般若。“外国师”，在名称上看来，是迦湿弥罗以外的外国师。然依《大毗婆沙论》所见，在思想上，外国师与“西方师”，“犍陀罗师”，大致相近①。所以外国师是泛称古代罽宾区的佛教。外国师立六波罗蜜多——施、戒、忍、精进、静虑、般若。在部派中，流行于罽宾的法藏部的《佛本行集经》，梵衍那（Bāmiyān）说出世部《大事》的《多佛品》，不明部派的《修行本起经》，都说到六波罗蜜多②。《根本说一切有部毗奈耶药事》说：“修行满六波罗蜜”③，是根本说一切有部的律师说。《增一阿含经·序品》说：“人尊说六度无极”④，传说为大众部说。六波罗蜜多，是多数部派所通用的，所以大乘佛法兴起，也立六波罗蜜多。另一派的六波罗蜜多说，是：施、戒、闻、忍、精进、般若。菩萨波罗蜜多行，不立禅（静虑）波罗蜜多，与迦湿弥罗论师相同，这是值得注意的。

铜鍱部所传：觉音引《佛种姓》颂，立十波罗蜜多：施、戒、出离、智慧、精进、忍、真谛、决定、慈、舍⑤。然《小部》的《譬喻》

① 拙著《说一切有部为主的论书与论师之研究》第七章第一节第一项。

② 《佛本行集经》卷一（大正三·六五六下）。《大事》（Mahāvastu）Ⅲ. p. 26。《修行本起经》卷上（大正三·四六三上）。

③ 《根本说一切有部毗奈耶药事》卷一五（大正二四·七五下）。

④ 《增一阿含经》卷一（大正二·五五〇上）。

⑤ 《本生·因缘物语》（南传二八·三五——五〇、九五——九七）。

中,《佛譬喻》与之相当的,为六九——七二颂,似乎没有说到智慧。文中的“无上之悟”,是波罗蜜多圆满的果证,不属于因行。颂中说:“行真谛加持,真谛波罗蜜满足。”①加持(adhiṣṭhāna),即“真谛决定”——“决定”的异译。依此文,加持(决定)是否可以离真谛而别立呢?《所行藏》分三段——施、戒、出离等,在出离段中,说到了出离、决定、真实、慈悲、舍——七波罗蜜。但在摄颂中,又说到忍波罗蜜,与十波罗蜜不相符合②。铜锞部古义,到底立几波罗蜜多,似乎并没有明确的定论。因此想到,《佛譬喻》初颂说“三十波罗蜜多满”③。“三十”,不知是什么意义!也许是初说三波罗蜜多,其后又成立十波罗蜜多。后人综合地说“三十波罗蜜多”,安在《佛譬喻》的最初吧!铜锞部所传波罗蜜多,有“真谛加持”,这是与“谛语”有关的。或有智,或没有智,同样的都没有禅定,与迦湿弥罗论师相合。

释尊过去生中事——“本生”与“譬喻”的内容,加以选择分类,被称为波罗蜜多的,或四、或六、或八、或十。波罗蜜多的名数虽有不同,而都是出于传说中的“本生”或“譬喻”。依释尊所行的而一般化,成为一切菩萨所共行的波罗蜜多。铜锞部所传(八波罗蜜),本没有般若波罗蜜多,这是很有意义的。因为般若是证悟的,如菩萨而有智慧,那就要证入实际了。所以无上菩提是果证,而不是波罗蜜多行。但在罽宾区的佛教,一般都公认般若为波罗蜜多。在释尊过去所行事,哪些是般若波罗蜜多呢?

① 《譬喻·佛譬喻》(南传二六·一〇)。

② 《所行藏》(南传四一·三六三以下)。

③ 《譬喻·佛譬喻》(南传二六·一)。

《大毗婆沙论》说："菩萨名瞿频陀，精求菩提，聪慧第一，论难无敌，世共称仰。"[①]瞿频陀(Govinda)是《长阿含经》的大典尊[②]。而《根有律药事》又别说："皆由口业真实语，昔名药物大臣时，牛出梵志共论义，当满般若波罗蜜。"[③]《根有律》所说，是大药的故事[④]。这二事，都只是世俗的聪敏，与体悟的般若不同。除六波罗蜜多一系外，佛教界多数不立禅波罗蜜多。康僧会所译的《六度集经》，举"禅度无极"九章。"得禅法"、"比丘得禅"、"菩萨得禅"——三章，都是说明的，没有本生或譬喻。"太子得禅"三章，佛得禅，都是释尊最后生事。"常悲菩萨本生"，是引用《般若经》的，解说为释尊本生，也与经说不合。这样，"禅度无极"九章，只有"那赖梵志本生"，可说是过去生中所行。在释尊的"本生"与"譬喻"中，当然有修禅的，但禅定带有独善的隐遁风格，不能表现菩萨求无上道的精神。所以部派佛教所传说的菩萨，是不重禅定的。在声闻学者看来，菩萨是"不修禅定，不断烦恼"的[⑤]。《小品般若经》也说：菩萨不入深定[⑥]，因为入深定，有退转声闻果的可能。部派佛教所传的(原始的)菩萨，或不重般若，或不重禅定。天台宗称之为"事六度菩萨"，是很适当的名称！那时代传说的菩萨，的确是从事实的实践中去修菩萨行的！

---

① 《阿毗达磨大毗婆沙论》卷一七八(大正二七·八九二中)。

② 《长阿含经》卷五《典尊经》(大正一·三一中——三四上)。《长部》(七)《大典尊经》，同。

③ 《根本说一切有部毗奈耶药事》卷一五(大正二四·七五下)。

④ 《根本说一切有部毗奈耶杂事》卷二七·二八所说。

⑤ 《佛说观弥勒菩萨上生兜率陀天经》(大正一四·四一八下)。

⑥ 《小品般若波罗蜜经》卷七(大正八·五六八下)。

波罗蜜多,最通遍流传的,是六波罗蜜多。在大乘佛法兴起时,有《六波罗蜜经》①,大约与《六度集经》为同性质的教典。从释尊的"本生"与"譬喻"中,选择多少事,约六波罗蜜而编为六类,作为大乘行者,实行六波罗蜜多——菩萨道的模范,为最早的大乘经之一。

第四项　菩萨的身份

过去生中,释尊还在生死流转中。经久远的时间,一生又一生的修行,到底那时以什么身份来修菩萨道呢?在北方,释尊的"本生"与"譬喻",没有留下完整的编集。南传的铜鍱部,集成了释尊的《本生》五四七则。依《本生》而分别每一本生的主人——释尊前生的身份,就可以明白修菩萨道者的不同身份。《大乘佛教成立论序说》,附有本生菩萨不同身份的调查表,今简略地引录如下②:

"天神":大梵天[四则]·帝释[二〇]·树神[二一]·伤枯树住神[一]·Nimba树住神[一]·瘤树住神[一]·管状草住神[一]·海神[三]·空住神[一]·天王[三]·天子[六]·天神[六]·Kinnara[一]

"宗教师":苦行者[六〇]·游行者[四]·邪命者[一]·出家人[二]·教团师[一三]·教师[一八]·弟子[二]·婆罗门教师[二]·婆罗门[一七]·司祭[一五]·贤

① 《佛说阿弥陀三耶三佛萨楼佛檀过度人道经》卷下(大正一二·三〇九下)。《遗日摩尼宝经》(大正一二·一八九下)。

② 山田龙城《大乘佛教成立论序说》(一五九——一六〇)。

者[二六]

“王臣”:王[五七]·Narinda[一]·王子[一八]·王甥[一]·塞迦授王[一]·大臣[二七]·司法官[一]

“平民”:长者[二三]·资产者[二]·家产者[二]·地主[一]·商人[四]·队商[七]·谷物商[二]·识马者[一]·理发师[一]·大工[一]·陶工[一]·锻冶工[一]·农夫[二]·石工[一]·医师[一]·象师[一]·役者之子[一]·歌手[一]·鼓手[一]·吹贝者[一]·番人[一]·估价者[一]·旃陀罗[五]·盗[二]·诈欺师[一]·队商女所生子[一]·婆罗门与夜叉所生子[一]·弟子[一]

“旁生”:猿王[八]·猿[二]·鹿[九]·狮子[一〇]·Kuraṅgamiga[二]·象主[三]·象[一]·豺[二]·龙象[七]·象[一]·马[二]·骏马[二]·牛[四]·水牛[一]·犬[一]·兔[一]·豚[一]·Mūsika[二]

鸟[六]·白鹅[六]·Suka[六]·鸠[六]·Vaṭṭakā[四]·Lāpa[一]·Gijjha[四]·孔雀[三]·赤鹅[二]·Tittira[二]·Kāka[二]·Suva[二]·金翅鸟[二]·金鹅[二]·白鸟[一]·角鸟[一]·水鸟[一]·Rukkhakoṭṭhasakuṇa[一]·Kuṇāla[一]

Godha[三]·青蛙[一]·鱼[三]

从上表所见的本生的主人翁,可了解当时印度文明的特性。宗教师占三分之一弱,苦行者共六〇人,这是印度宗教界的反映。婆罗门不多。人类以外,天神(树神等是鬼趣)在民间信仰中,与人类有密切关系。旁生——鸟兽等故事,还生动地保有古代的传说。如依文字形式的叙述而论,修菩萨道的,可以是人,可以是鬼神,也可以是禽兽。人们(出家众在内)由于对释尊的无限崇敬,探发释尊过去生中的大行,而产生这些(人、天神、鸟兽)"本生"与"譬喻",成为普及一般的通俗佛教。传统的僧伽佛教,传承了古型的经、律,及深究的阿毗达磨。如贯彻"诸传所说,或然不然"①的方针,从本生的寓意去阐明菩萨大行,相信大乘佛法的开展会更平实些。但在一般佛教的传说下,通俗弘化的"譬喻师"们,也引用"本生"故事来作为教化的题材。僧团失去指导解说的力量,受一般通俗化的影响,反而作为事实去接受这些传说(鸟兽等)。对于未来兴起的大乘菩萨,有着深切的影响。如《华严经·入法界品》所见的善知识,就有:

菩萨[六]

大天[一]·地神[一]·夜天[八]·圆满天[一]

比丘[五]·比丘尼[一]·仙人[一]·外道[一]·婆罗门[二]·王[二]·医师[一]·船师[一]·长者[一一]·优婆夷[四]·童子[四]·童女[三]·女[二]

天(神)菩萨占有重大成分。没有旁生菩萨,到底是时代进步了。

"本生"、"譬喻"中的菩萨,每出在没有佛法的时代,所以不一定有信佛的形式。外道、仙人,也可以是菩萨,这是本生所明白显示的。菩萨是难得的、伟大的,经常是个人,所以菩萨的风格,多少带有个人的、自由的倾向,没有传统佛教过着集体生活

---

① 《阿毗达磨大毗婆沙论》卷一八三(大正二七·九一六中)。

的特性。这些,对于大乘佛法,都会给以一定程度的影响。

第五项　平实的与理想的菩萨

崇仰释尊的伟大,引发了释尊过去生大行的思想,以“本生”、“譬喻”、“因缘”的形式,在佛教界流传出来。这虽是一般(在家与出家)佛教的传说,但很快地受到部派间的普遍承认。展转传说,虽不知在哪里说,为谁说,而都承认为佛说。这些释尊过去生中的大行,为各部派所容认,就不能只是传说了。论法者、阿毗达磨者,当然要加以论究,纳入自宗的法义体系。于是确定菩萨的修行项目——波罗蜜多有几种;从发愿到成佛,经过多少时间、多少阶位。而最重要的,菩萨是异生(pṛthagjana)——凡夫,还是也有圣者。在部派中,有两派的见解不同,如《异部宗轮论》(大正四九·一六上——下)说:

> “说一切有部本宗同义:……应言菩萨犹是异生。诸结未断,若未已入正性离生,于异生地未名超越。”
>
> “其雪山部本宗同义:谓诸菩萨犹是异生。”

说一切有部、雪山部,还有铜锞部,以为一直到菩提树下坐的菩萨,还是异生。为什么是异生?在菩萨的“本生”中,或是树神等鬼趣,或是鸟兽等旁生趣,圣者是不会生在这恶趣中的。而且,现实的释迦菩萨,曾娶妃、生子。出家后,去从外道修学,修了六年的长期苦行。在菩提树下,还起贪、恚、痴——三不善寻,可见没有断烦恼,不是圣者模样。所以菩萨一定是异生,直到一念顿证无上菩提,才成为大圣佛陀。这是上座部系的菩萨观。

大众部方面，如《论事》所传安达罗派（Andhraka）的见解①说：

“菩萨于迦叶佛之教语入决定。”

“菩萨因自在欲行，行堕处，入母胎，从异师修他难行苦行。”

安达罗派，是王山（Rājagirika）、义成（Siddhattha）、东山住（Pūrvaśaila）、西山住（Aparaśaila）——四部的总称，是大众部在南印度分出的部派。这四派都以为：释尊过去听迦叶佛的教说而入“决定”（nyāma）。《论事》评破菩萨听迦叶佛说法而证入的见解；入决定就是证入“离生”，如那时入决定，释尊那时就应该是圣者了！案达罗派以为菩萨是有圣者的，所以说：“菩萨因自在欲行……难行苦行。”行堕处，是在恶趣的鬼神、旁生中。从异师修难行苦行，就是释迦菩萨所行的。菩萨的入恶趣、入母胎、从外道修行，不是烦恼或恶业所使，而是圣者的“自在欲行”——随自己的愿欲而行的。这与《异部宗轮论》的大众部等说相合，如《论》（大正四九·一五下）说：

“一切菩萨入母胎中，皆不执受羯剌蓝、頞部昙、闭尸、键南为自体。一切菩萨入母胎时，作白象形。一切菩萨出母胎时，皆从右胁生。一切菩萨不起欲想、恚想、害想。菩萨为欲饶益有情，……随意能往。”

前四事，是最后身菩萨。一切末后身菩萨，虽然入母胎，但

① 《论事》（南传五七·三六六——三七一，又五八·四三五——四三七）。

不以父母精血等为自体。从右胁生，说明菩萨身的清净。菩萨不会起三恶想。从外道去修学，修苦行，都不是无知邪见，而是自愿这么行。菩萨的生在鬼神或旁生趣，那是随愿力——“自在欲行”而生，不是为业力所牵引的。上来两种不同的菩萨观，上座部系是以现实的释迦菩萨为本，而论及传说中的本行菩萨。大众部系，是以“本生”、“譬喻”中的鬼神（天）及旁生菩萨为主，推论为随愿力生，充满了神秘的理想的特性。

大德法救（Bhadanta-Dharmatrāta），是说一切有部的“持经譬喻者”。《出曜经》序，称之为“法救菩萨”①。继承法救学风的，为《尊婆须蜜菩萨所集论》的作者——婆须蜜（Vasumitra）菩萨。法救比《发智论》主要迟一些，约在西元前一、二世纪间②。法救是持经譬喻者，为说一切有部四大师之一，对菩萨的观念，却与大众部系的见解相近，如《尊婆须蜜菩萨所集论》卷八（大正二八·七七九下）说：

> “尊昙摩多罗（法救）作是说：（菩萨堕恶道者），此诽谤语。菩萨方便，不堕恶趣。菩萨发意以来，求坐道场，从此以来，不入泥犁，不入畜生、饿鬼，下生贫穷处裸跣中。何以故？修行智慧，不可沮坏。复次，菩萨发意，逮三不退转法：勇猛、好施、智慧，遂增益顺从，是故菩萨当知不堕恶法。”

法救的意见，菩萨从发心以来，就不会堕入三恶趣，所以如说菩萨堕三恶趣，那是对于菩萨的诽谤。为什么能不堕恶趣？

---

① 《出曜经》卷一（大正四·六〇九中）。

② 拙作《说一切有部为主的论书与论师之研究》第六章第一节第五项。

这是由于菩萨的"智慧(般若)不可沮坏"。正如《杂阿含经》所说:"假使有世间,正见增上者,虽复百千生,终不堕恶趣。"①"本生"中,或说菩萨是鬼神,或说是鸟兽,这不是堕入,而是"菩萨方便",菩萨入圣位以后的方便示现。这与安达罗派举"六牙白象本生",说是菩萨"自在欲行",是同一意义。《大智度论》也举"六牙白象本生"(及"鸟、猴、象本生")说:"当知此象非畜生行报,阿罗汉法中都无此心,当知此为法身菩萨。"②法身菩萨的方便示现,生于恶趣,是渊源于大众部系,及北方的"持经譬喻师"的。法救非常重视般若的力用,如说:菩萨"欲广修般罗若故,于灭尽定心不乐入。……此说菩萨未入圣位"③。菩萨在凡夫位,重般若而不重深定(等到功德成就,定慧均等——第七地,就进入不退转的圣位),为菩萨修行六波罗蜜多,而以般若为摄导者的明证。这才能三大阿僧祇劫,或无量无数劫,长在生死流转中,修佛道,度众生。如依上座部论师们的见地,重视业力而不重般若与愿力的超胜,时常忧虑堕落,那谁能历劫修习菩萨道呢!

第三节 佛陀观的开展

第一项 三世佛与十方佛

在"传说"中,菩萨思想的发达,以释尊过去的"本生"为主。

---

① 《杂阿含经》卷二八(大正二·二〇四下)。
② 《大智度论》卷一二(大正二五·一四六下)。
③ 《阿毗达磨大毗婆沙论》卷一五三(大正二七·七八〇上)。

有关佛陀思想的开展,主要是"譬喻"与"因缘"。如七佛事是"大譬喻"——《大本经》。释尊的涅槃故事,是"涅槃譬喻"①。弥勒未来成佛,是《中阿含经》的《说本经》。南传也有《佛譬喻》。从"毗尼"中发展出来的佛传,如《修行本起经》、《太子瑞应本起经》,本起(或"本"或"本末")正是因缘的意译。所以与佛有关的问题,主要属于十二分教的"譬喻"与"因缘"。

有关佛陀思想的开展与演化,还应从释尊说起。释尊是现实人间的,历史上真实存在的佛。佛教不是神教,佛不是唯一的神,而是修行成就的、究竟圆满大觉者的尊称。所以佛不是唯一的,而必然是众多的(达到人人可以成佛的结论)。在释尊成佛以前,早已有过多佛出世了,这是佛法的共同信念。佛是究竟圆满的,到了"无欠无余",不可能再增一些或减少一些(可以减少些,就不圆满)的境地,所以"佛佛道同","佛佛平等";在解说上,也许说得多少不同,而到底是佛佛平等,没有优劣的。在觉悟的意义上,也是一样,释尊观缘起而成等正觉,释尊以前的六佛——共七佛,都是观缘起而成等正觉的②。与释尊同样的七佛:毗婆尸(Vipaśya)、尸弃(Sikhi)、毗舍浮(Viśvabhū)、拘楼孙(Krakucchanda)、拘那含牟尼(Kanakamuni)、迦叶(Kāsyapa)及释迦牟尼(Śākyamuni)譬喻,在第二结集,集成四阿含经时,早已成立,而被编集于《长阿含经》。七佛说的成立极早,西元一八九五年,在Niglīva村南方,发现阿育王所建的石柱,铭文说:"天

---

① 拙作《原始佛教圣典之集成》(六〇一,本版四八八——四八九)。

② 《杂阿含经》卷一五(大正二·一〇一上——下)。《相应部·因缘相应》(南传一三·六——一五)。

爱喜见王灌顶十四年后，拘那含牟尼塔再度增建。灌顶二十年后，亲来供养。"[①]这证实了过去佛说的成立，确乎是非常早的。七佛说，是早期的共有传说。法藏部的《佛本行集经》，传说十四佛[②]；铜鍱部的《佛种姓经》，传说过去二十四佛[③]，是七佛说的倍倍增加。过去佛，有更多的在佛教界传说开来。

以前有过去佛，以后就有未来佛。未来弥勒成佛，也在第二结集前成立。说一切有部编入《中阿含经》[④]，分别说系编入《长阿含经》[⑤]。弥勒是释尊时代从南方来的青年，见于《义品》、《波罗延品》，这是相当早的偈颂集。第一结集时，虽没有编入"修多罗"与"祇夜"，但在"记说"部分，已引述而加以解说，这是依《杂阿含经》而可以明白的[⑥]。在《波罗延品》中，帝须弥勒(Tissa-metteyya)与阿耆多(Ajita)，是二人；汉译《杂阿含经》也相同。《中阿含经》的《说本经》，叙述弥勒成佛时，同时说到阿耆多作轮王[⑦]，也是不同的二人。但在大乘法中，弥勒是姓，阿逸多是名，只是一人，与上座部的传说不合，可能为大众部的传说。未来弥勒佛的出现，只是前佛与后佛——佛佛相续的说明。由于释尊入涅槃，不再与世间相关，仅有佛的法与舍利留在世间

① 《望月佛教大辞典》(六九三下)。

② 《佛本行集经》卷四(大正三·六七〇下——六七二上)。

③ 《佛种姓经》(南传四一·二一九以下)。

④ 《中阿含经》卷一三《说本经》(大正一·五〇九下——五一一中)。

⑤ 《长阿含经》卷六《转轮圣王修行经》(大正一·四一下——四二上)。《长部》(二六)《转轮圣王师子吼经》(南传八·九三)。

⑥ 《杂阿含经》卷一四(大正二·九五中)。《相应部·因缘相应》(南传一三·六七——七一)。又《杂阿含经》卷四三(大正二·三一〇中)。《增支部·六集》(南传二〇·一五八——一六一)。

⑦ 《中阿含经》卷一三《说本经》(大正一·五〇九下——五一〇下)。

济度众生。对于怀念释尊所引起的空虚感,在一般信者,是不容易克服的。所以释尊时代的弥勒,未来在这个世界成佛,而现在上生在兜率天,虽然远了些,到底是现在的,在同一世界的,还可能与信众们相关。部分修学佛法的,于法义不能决了,就有上升兜率天问弥勒的传说。在中国,释道安发愿上生兜率见弥勒①,就是依当时上升兜率问弥勒的信念而来。这一信仰的传来,是吴支谦(西元二二二——二五三)所译的《惟日杂难经》。和须蜜菩萨与罗汉问答,罗汉不能答,就入定上升兜率问弥勒②。这一信仰,相信是部派时代就存在的(大乘经每称誉兜率天)。西元五世纪,还传来上升兜率问弥勒的传说,如③:

> "佛驮跋陀罗……暂至兜率,致敬弥勒。"
>
> "罗汉……乃为(智)严入定,往兜率宫谘弥勒。"
>
> "罽宾……达摩曾入定往兜率天,从弥勒受菩萨戒。"

西元四世纪,传说无著(Asaṅga)上升兜率问弥勒,传出《瑜伽师地论》,也是这一信仰。现在兜率天的弥勒菩萨,多少弥补了佛(弥勒是未来佛)与信众间的关切。但见弥勒菩萨,主要是法义的问答。能适应一般信众的,如沮渠京声所译的《佛说观弥勒菩萨上生兜率陀天经》。以归依、持戒、布施作福,称名的行法,求生兜率天上,可以从弥勒佛听法修行。将来弥勒下生,也随佛来生人间,成为易行道的一门。

---

① 《高僧传》卷五(大正五〇·三五三中——下)。

② 《惟日杂难经》(大正一七·六〇八下)。

③ 1.《高僧传》卷二(大正五〇·三三四下)。2.《高僧传》卷三(大正五〇·三三九下)。3.《高僧传》卷一一(大正五〇·三九九上)。

三世佛，不论传出过去的佛有多少，对固有的佛法，不会引起什么异议。但现在的十方世界有佛出世——多佛同时出世说，在佛教界所引起的影响是出乎意想以外了。《中阿含经》卷四七《多界经》(大正一·七二三下——七二四上)说：

“若世中有二如来者，终无是处。”

二佛不能同时，是肯定的，不可能有例外的决定。《中部》与《增支部》，也有相同的说明①。上座部系的论师们，继承这一明确的教说，以为释迦佛出世(其他的也一样)时，是没有第二佛的。然在大众部中，却有不同的意见。《论事》评斥“十方世界有佛”说，觉音解说为大众部的执见②。大众部系的十方现在有佛说，今检得：

说出世部：东方有 Mṛgapatiskandha、Siṃhahanu、Lokaguru、Jñānadvaja、Sundara 佛。南方有 Anihata、Cārunetra 佛。西方有 Ambara 佛。北方有 Pūrṇacandra 佛③。

大众部：“青眼如来等，为化菩萨故，在光音天。”④

大众部(末派)：“东方七恒河沙佛土，有佛名奇光如来至真等正觉，出现彼土。”⑤

他方佛现在，是大众部系说。法藏部的《佛本行集经》，还

---

① 《中部》(一一五)《多界经》(南传一一下·六二)。《增支部·一集》(南传一七·四〇)。

② 《论事》(南传五八·四一二——四一三)。

③ 《大事》(Mahāvastu) vol. I. p. 121-123.

④ 《入大乘论》卷下(大正三二·四六上)。

⑤ 《增一阿含经》卷二九(大正二·七一〇上)。

是先佛后佛相续，没有说多佛同时，但后来可能已转化为十方世界多佛并出的信仰者，如《入大乘论》卷下（大正三二·四三下——四四上）说：

“昙无毱多亦说是偈：……上下诸世尊，方面及四维，法身与舍利，敬礼诸佛塔。东方及北方，在世两足尊，厥名曰难胜，彼佛所说偈。”

昙摩毱多（Dharmagupta）就是法藏。东北方有“难胜佛”，现在在世，不知难胜佛所说的偈颂，是什么。铜锳部所传《譬喻》中的《佛譬喻》，也有十方界多佛并出的思想，如（南传二六·九——一一）说：

“此世有十方界，方方无有边际；任何方面佛土，不可得以数知。”（六四）

“多数佛与罗汉，遍集而来（此土）。我敬礼与归命，彼佛及与罗汉。诸佛难可思议，佛法思议叵及。是净信者之果，难思议中之最！”（七六——七七）

“本生”与“譬喻”的传出，似乎释尊过去生中，始终在这一世界修行；见到过去的多数佛，也始终在这一世界。于是“一切诸部论师皆说：一切诸佛皆从阎浮提出”①。或说“一切诸牟尼，成道必伽耶；亦同迦尸国，而转正法轮”②；所以有“四处（成佛处、转法轮处、降伏外道处、从天下降处）常定”的传说。不但同

① 《入大乘论》卷下（大正三二·四七上）。
② 《佛所行赞》卷三（大正四·二九上）。

时没有二佛，先佛后佛都出于阎浮提（Jambudvīpa）——印度。这是注意此土而忽略了其他的世界。从《大智度论》及《入大乘论》，依声闻法而批评“二佛不并”说的，主要为：一、十方世界无量无数，是《杂阿含经》所说的①。十方世界中都有众生，众生都有烦恼，都有生老病死，为什么其他世界没有佛出世？二、《大智度论》卷九，引《长阿含经》（大正二五·一二六上）说：

“过去未来今诸佛，一切我皆稽首礼。如是我今归命佛，亦如恭敬三世尊。”

这一经偈，暗示了释迦佛以外，还有现在佛。有无量世界，无量众生，应该有同时出现于无量世界的佛。至于《多界经》说同时没有二佛，那是这一佛土不可能有二佛同时，并非其他佛土也没有。《多界经》也说：没有二轮王同时，也只是约一世界说而已。同时多佛说兴起，佛教界的思想，可说焕然一新！无量世界有无量佛现在，那些因释尊入涅槃而感到无依的信者，可以生其他佛土去。菩萨修菩萨道，也可以往来其他世界，不再限定于这个世界了。多佛，就有多菩萨。一佛一世界，不是排外的，所以菩萨们如有神力，也就可以来往于十方世界。佛世界扩大到无限，引起佛菩萨们的相互交流。于是，十方世界的，无数的佛与菩萨的名字，迅速传布出来，佛法就进入大乘佛法的时代。

第二项　现实佛与理想佛

“世尊灭度，何其疾哉！大法沦翳，何其速哉！群生长衰，

① 《杂阿含经》卷三四（大正二·二四二上）。

世间眼灭!”①这是佛灭度时,比丘们内心的感伤。比丘们觉得,从此“无所覆护,失所(依)恃”,如孤儿的失去父母一样。为佛法,为众生,为自己,都有说不出的感伤,因为佛入涅槃,不再与世间发生关涉了。佛教极大多数的个人,都有失去“覆护”、“依怙”的感伤。这一内心的感伤,是异常深刻的。为了这,“法身不灭”,“法身常在”,就被明显地提示出来。“法身不灭”与“法身常在”有三类不同的意义,而都可说是符合佛法的。

一、佛涅槃后,火化佛的生身,收取舍利,造塔,这是在家弟子的事。出家弟子,由大迦叶倡议,在王舍城举行结集大会,结集佛说的经法与戒律,使僧团和合,佛法能延续下来。结集的经法与戒律,就称之为法身,如《增一阿含经》卷一(大正二·五四九下)说:

> “释师出世寿极短,肉体虽逝法身在。当令法本不断绝,阿难勿辞时说法。”

“法本”,就是修多罗——经(或是“法波利耶夜”)。经法的结集宏传,就是释尊的法身长在。这一“法身长在”的思想,不是后起的,如《长部》(一六)《大般涅槃经》(南传七·一四二)说:

> “阿难!我所说法、律,我灭后,是汝等师。”

阿难感到了失去大师(佛)的悲哀,所以佛安慰他:我所教

① 《长阿含经》卷四《游行经》(大正一·二七中)。《长部》(一六)《大般涅槃经》(南传七·一四八)。

你们的法与律,就是你们的大师。只要依律行事,依法修行,不等于佛的在世教导吗?以佛的舍利为生身,经与律为法身,等于面见大师,有所依止,有所禀承。但重律的律师,却专在戒律方面说,如《根本说一切有部毗奈耶杂事》卷三八(大正二四·三九八下——三九九上)说:

"汝等苾刍!我涅槃后,作如是念:我于今日无有大师。汝等不应起如是见!我令汝等每于半月说波罗底木叉,当知此则是汝大师,是汝依处,若我住世,无有异也。"

《佛所行赞》,《佛垂般涅槃略说教诫经》,都说波罗提木叉——戒经,是汝大师①,与《杂事》相合。这是尊重佛的经法与戒律,看作佛的法身;如心与法、律相应,也可说与佛同在了。

二、佛的大弟子舍利弗,在故乡入涅槃了。舍利弗的弟子纯陀(Cunda)沙弥(或译作均提、均头),处理好了后事,带着舍利弗的舍利(遗骨)、衣钵,来王舍城见佛。阿难听到了舍利弗入涅槃的消息,心里非常苦恼。那时,佛安慰阿难说:"阿难!彼舍利弗持所受戒身涅槃耶?定身、慧身、解脱身、解脱知见身涅槃耶?阿难白佛言:不也!世尊!"②戒身、定身、慧身、解脱身、解脱知见身,"身"是 khandha——犍度,"聚"的意思。但在后来,khandha 都被写作 skandha——"蕴",如八犍度被称为八蕴。戒身等五身,就是"五蕴"。众生的有漏五蕴,是色、受、想、行、

① 《佛所行赞》卷五(大正四·四七下——四八上)。《佛垂般涅槃略说教诫经》(大正一二·一一一〇下)。

② 《杂阿含经》卷二四(大正二·一七六下)。《相应部·念处相应》(南传一六上·三八五)。

识，这是必朽的，终于要无常灭去的。圣者所有的无漏五蕴——戒、定、慧、解脱、解脱知见，并不因涅槃而就消灭了，这是无漏身，也名"五分法身"。古代佛弟子的念佛，就是系念这五分法身，这才是真正的佛。没有成佛以前，有三十二相好的色身，但并没有称之为佛。所以不应该在色相上说佛，而要在究竟的无漏五蕴功德上说（不过，五分法身是通于阿罗汉的）。如归依佛，佛虽已入涅槃，仍旧是众生的归依处，就是约究竟无漏功德说的。《发智论》的释论，《阿毗达磨大毗婆沙论》卷三四（大正二七·一七七上）说：

> "今显此身父母生长，是有漏法，非所归依。所归依者，谓佛无学成菩提法，即是法身。"

有漏身与无漏所成菩提法，《杂心论》也称之为生身与法身①。这样，佛的无漏功德法身，永远地成为人类的归依处。五蕴法身并不因涅槃而消失，这是"法身不灭"、"法身常在"的又一说。

三、传说：佛上忉利天，为生母说法，在天上住了三个月。等到决定日期，从天上下来，各地的佛弟子，都来见佛礼佛，这是一次盛大的集会。那时，须菩提（Subhūti）（译为善业、善现）想：我要去见佛吗？观一切法无常、无我、空，是佛所希望弟子修证的，我为什么不依佛所教而修证呢！于是须菩提深观法相，证得了道果。另一位名叫莲华色（Utpalavarṇā）的比丘尼，抢着挤到前

① 《杂阿毗昙心论》卷一〇（大正二八·九五三上）。

面去见佛。佛以为须菩提先见佛礼佛,如《大智度论》卷一一(大正二五·一三七上)说:

> “(须菩提)念言:佛常说:若人以智慧眼观佛法身,则为见佛中最。……作是观时,即得道证。”
>
> “佛告比丘尼:非汝初礼,须菩提最初礼我。所以者何?须菩提观诸法空,是为见佛法身。”

这一传说,相当的早,《义品》的因缘已说到了①。《大唐西域记》也记载此事说:“汝非初见。夫善现者观诸法空,是见法身。”②《增一阿含经》卷二八(大正二·七〇七下——七〇八上)说:

> “若欲礼佛者,过去及当来,现在及诸佛,当计于无我(无常、空,例此)。”
>
> “善业以先礼,最初无过者,空无解脱门,此是礼佛义。若欲礼佛者,当来及过去,当观空无法,此名礼佛义。”

证见法性空寂,称为见佛、礼佛,意义是深刻的!佛之所以为佛,是由于证得了法性空寂,也就是佛的法身。这样,如佛弟子经修行而达到同样的境地,就是体见了佛所见的,佛之所以成佛的。这不但可以说见佛法身,也可说“得法身”③。见佛法身,是经修行而达成的,所以《佛垂般涅槃略说教诫经》(大正一

① 《义足经》卷下(大正四·一八四下——一八六下)。
② 《大唐西域记》卷四(大正五一·八九三中)。
③ 《大乘大义章》卷上(续九六·五下)。

二·一一一二中)说:

> “诸弟子展转行之,则是如来法身常在而不灭也。”

法身是自觉的境地。“法身常在而不灭”,是由于弟子们的修行。有修行的,就会有证得的;有证得的,法身就呈现弟子的自觉中,也就是出现于人间。有多数人修证,那法身就常在人间而不灭了。这样的见佛法身,虽限于少数的圣者,却有策励修行的作用。

体见法性空为佛法身,只限于少数圣者。经、戒(波罗提木叉)为佛法身,虽通于僧伽内部,却与一般信众缺乏密切的关系。无漏五蕴为佛法身,可以为众生的归依处,但佛已入涅槃,佛的五分法身,还是与世间没有关涉。所以上来三说——生身外别立法身,对僧团内的青年初学,社会的一般信者,怀念佛陀,内心的依赖感,是不易满足的。于是在佛陀遗体、遗物、遗迹的崇奉中,“本生”、“譬喻”、“因缘”的传说中,引起另一类型的佛身常在说。这一思想,在佛法的论议中,表现为佛生身的有漏或无漏,如《异部宗轮论》(大正四九·一五中)说:

> “大众部、一说部、说出世部、鸡胤部本宗同义者,谓四部同说:诸佛世尊皆是出世,一切如来无有漏法。”

这一论题,《大毗婆沙论》有较明确的叙述,如卷一七三(大正二七·八七一下——八七二中)说:

> “分别论者及大众部师,执佛生身是无漏法。……如契经说:如来生世、住世、出现世间,不为世法所染。彼依此

故，说佛生身是无漏法。又彼说言：佛一切烦恼并习气皆永断故，云何生身当是有漏！”

（说一切有部：）“云何知佛生身是有漏法？……不为世（间八）法之所染污；非谓生身是无漏故，说为不染。……虽自身中诸漏永断，而能增长他身漏故，又从先时诸漏生故，说为有漏。”

佛的无漏功德，是出世的，名为法身（说一切有部等说），这是没有异议的。佛的生身——三十二相身，大众部及分别说部，以为是无漏的；说一切有部等以为是有漏的：这是诤论所在。佛是出世的、无漏的，这是经上说的。等到进入精密的论义，佛的法身与生身被分别出来，以为生身是有漏的，这才与大众部不加分别的通俗说不合了。“无漏”原只是没有烦恼的意义，并不过分的神奇。如法藏部说：“阿罗汉身皆是无漏”①；“今于双树间，灭我无漏身”②。法藏部是从分别说部分出的，他以为不但佛身是无漏，阿罗汉身也是无漏的。其后经部譬喻师说：“非有情数，离过身中所有色等，名无漏法”；“依训词门，谓与漏俱，名为有漏”③。譬喻师所引的教证，与《毗婆沙论》的大众部说一样。他们以为，无漏，只是没有烦恼的意思。这可以推见，佛身出世，佛身无漏，起初只是通俗的一般解说。但在“本生”、“譬喻”、“因缘”，有关佛与菩萨的传说兴起，引起了种种问题，于是大众部系，在佛身出世、无漏的原则下，发挥了新的佛身常在说。

---

① 《异部宗轮论》（大正四九·一七上）。
② 《长阿含经》卷三《游行经》（大正一·二〇下）。
③ 《阿毗达磨顺正理论》卷一（大正二九·三三一上、三三二上）。

要理解这一论题,应先了解说一切有部的“佛生身是有漏”说。说一切有部以为:佛的生身,是父母所生的。在没有成佛以前,是这个身体,成佛以后,也还是这个:这是有漏所感生的有漏身。佛的色身,与一般人一样,要饮食,也有大小便,也要睡眠。佛曾有背痛、头痛、腹泻等病,也曾经服药。佛的身体,也曾受伤出血。年老了,皮也皱了,最后也要为无常所坏。所以,佛之所以为佛,是无漏五蕴的法身。色身,不过依之而得无上菩提罢了。生前虽有神通,但神通力也不及无常力大①。《增一阿含经》说:“我今亦是人数。”②佛是人,是出现于历史的,现实人间的佛。这一人间的佛陀,在“本生”、“譬喻”、“因缘”的传说中,有的就所见不同。这里面,有的是感到理论不合,有的是不能满足信仰的需要。理论不合是:因缘业报,是佛法的重要原理。佛在过去生中,无量无数生中修集功德,那应该有圆满的报身才是。可是人间的佛,还有很多的不圆满事。如佛久劫不杀生,应该寿命极长,怎么只有八十岁？这点,似乎早就受到注意,所以有“舍命”说③。不用拳足刀杖去伤害人,应得无病报,怎么佛会有头痛、背痛呢？布施可以得财富,佛在无量生中布施一切,怎么会没有人布施,弄得“空钵而回”？又如佛过去生中,与人无诤,一直是慈悲关护,与众生结成无量善缘,怎么成了佛,还有怨敌的毁谤破坏？过去无量生中修菩萨大行,是不应受报如此的!

---

① 《阿毗达磨大毗婆沙论》卷三〇(大正二七·一五六上——中)。

② 《增一阿含经》卷一八(大正二·六三七中)。

③ 《长阿含经》卷二《游行经》(大正一·一五下)。《长部》(一六)《大般涅槃经》(南传七·七五——七六)。

不圆满的事,经与律所说极多,古人曾结合重要的为"九种报"。说一切有部解说为过去的业力所感①,但一般信者是不能赞同的。这就不能不怀疑,如《大智度论》卷九(大正二五·一二一下)说:

"佛世世修诸苦行,无量无数,头目髓脑常施众生,岂唯国财妻子而已。一切种种戒、种种忍、种种精进、种种禅定,及无比清净、不可坏、不可尽智慧,世世修行已具足满,此果力故,得不可称量殊特威神。以是故言:因缘大故,果报亦大。问曰:若佛神力无量,威德巍巍不可称说,何以故受九罪报?一者,梵志女孙陀利谤(佛),五百阿罗汉亦被谤;二者,梅遮婆罗门女,系木盂作腹谤佛;三者,提婆达推山压佛,伤足大指;四者,迸木刺脚;五者,毗楼璃王兴兵杀诸释子,佛时头痛;六者,受阿耆达多婆罗门请而食马麦;七者,冷风动故脊痛;八者,六年苦行;九者,入婆罗门聚落,乞食不得,空钵而还。复有冬至前后八夜,寒风破竹,索三衣御寒;又复患热,阿难在后扇佛。……何以故受诸罪报?"

《大智度论》是大乘论。《论》中所说"受诸罪报"的疑问,是依据"本生"、"譬喻"而来的。过去生中的无量修行,大因缘应该得大果报,对于这一理论上的矛盾,《大智度论》提出了二身说——法性生身与父母生身。法性生身是真实,父母生身是方便,这样地会通了这一矛盾。如佛的空钵而回及有病服药,解

---

① 《根本说一切有部毗奈耶药事》卷一八(大正二四·九四上——九七上)。

说为“是为方便,非实受罪”①。“方便”的意思是:为了未来的比丘着想,所以这样地方便示现。《摩诃僧祇律》卷三一(大正二二·四八一上)说:

> “耆旧童子往至佛所,头面礼足,白佛言:世尊!闻世尊不和,可服下药。世尊虽不须,为众生故,愿受此药。使来世众生开视法明,病者受药,施者得福。”

大众部是佛身出世无漏的。对于佛的生病服药,解说为“为众生故”,与《大智度论》所说相合。所以《大智度论》对于受罪疑问的解说,实际是渊源于大众部的见解。方便,即暗示了真实的佛是并不如此的。

怀念佛陀,而不能满足宗教上的情感,青年大众们,在不自觉中,引出佛身常在的信仰,如《异部宗轮论》(大正四九·一五中——下)说:

> “诸佛世尊皆是出世,一切如来无有漏法。”
>
> “诸如来语皆转法轮,佛以一音说一切法;世尊所说无不如义。”
>
> “如来色身实无边际,如来威力亦无边际,诸佛寿量亦无边际。”
>
> “佛化有情,令生净信,无厌足心;佛无睡梦;如来答问不待思惟;佛一切时不说名等,常在定故,然诸有情谓说名等,欢喜踊跃。”

---

① 《大智度论》卷九(大正二五·一二二上)。

“一刹那心了一切法,一刹那心相应般若知一切法。”

种种论义,这里不加论列,只举出几点。“寿量无边际”,是佛身常在的根本论题。“色身无边际”,是佛的无所不在。“威力无边际”,是佛的无所不能。“一刹那心了一切法,一刹那心相应般若知一切法”,是佛的无所不知。“佛化有情无厌足心”,是佛一直在关怀众生,无休止地能济度有缘的众生。无所不在、无所不能、无所不知,而又永恒常在的佛,这样的关怀众生,利益众生,就足以满足信众宗教情感上的需求。我从佛法得来的理解,神只是人类无限意欲的绝对化。人类的生命意欲,在任何情况下,是无限延扩而不得满足的。对于自己,如相貌、健康(无病)、寿命、财富、眷属——人与人的和谐满意、知识、能力、权位,都有更好的要求,更圆满的要求。“做了皇帝想成仙”,就是这一意欲的表现。但自我的无限欲求,在相对的现实界是永不能满足的。触对外界,无限虚空与光明等,不能明了而感到神秘,于是自我的意欲不断地影射出去,想像为神。神是随人类的进步而进步,发展到最高神,那神就是永恒的;无所不在,无所不知,无所不能。绝对的权力,主宰着一切,关怀着人类的命运。自我意欲的绝对化,想像为绝对的神。直觉得人——自己有神的一分神性,于是不能在自己身上得到满足的,企图从对神的信仰与神的救济中实现出来。一般的宗教要求,似乎在这样的情形下得到了满足。所以,大众部系的理想佛,是将人类固有的宗教意识,表现于佛法中。可说是一般宗教意识的神性,经佛法的净化,而表现为佛的德性。这真是“人同此心,心同此理”;也应该是,无始以来,人类为无明(愚昧)所蔽,所表现出的生命意欲的愚痴相。总之,这样的佛陀,不但一般宗教意识充实了;“本生”、“譬喻”、“因缘”中的佛与菩萨,与现实人间佛的不调和,也可以解释会通了。不过理想的佛陀,虽说是神的佛化,而到底经过了佛法净化。一、佛是修行所成的(以后发展到本来是佛,就是进一步的神化);二、佛不会惩罚人,唯有慈悲;三、修行成佛,佛佛平等,不是神教那样,虽永生于神的世界,而始终是被治的,比神低一级。以理想的佛陀为理想,而誓愿修学成就,就进入大乘的领域。

现实人间的佛陀,是重视早期的经、律。理想的佛陀,是重视晚起的“本生”、“譬喻”、“因缘”,主要是偈颂。在原始结集中,祇夜本为一切偈颂的通称①。第二结集时,“本生”、“譬喻”、“因缘”而被编入《阿含经》的,都是长行(或含有偈颂)。当时的偈颂,祇夜作为“八众诵”的别名,而称其他的为优陀那、伽陀。除少数编入《阿含经》外,多数没有被选取,而流传在外。后起的“本生”、“譬喻”、“因缘”,依铜鍱部所传来说,多数是偈颂。如《长老偈经》、《长老尼偈经》、《譬喻经》、《佛种姓经》,都是偈颂。《本生经》的核心,也是偈颂(巴利文),以锡兰文的长行来解说。“本生”、“譬喻”、“因缘”是“传说”,大抵因通俗宣教而盛行起来。展转传说,传说是容易变化的,愈传愈多。不知是谁为谁说(推尊为佛说),代表了一般佛教的群众倾向。偈颂是创作,是各部各派的文学家,取传说或赞佛法僧而创作的。文学优美的,被传诵而流传下来。大众部及分别论者所说,“诸佛

① 拙作《原始佛教圣典之集成》(五二〇——五二一,本版四二二——四二四)。

世尊皆是出世"，"佛身无漏"，都是依偈颂而说的。佛在世间而不著世间，出于《杂阿含经》；铜锞部编入《增支部》①。佛身无漏，出于《中阿含经》的《世间经》；铜锞部编入《增支部》②。又如大众部及分别论者说如来常在定，依《中阿含经》的《龙象经》，是优陀夷赞佛的"龙相应颂"；铜锞部也编入《增支部》③。依说一切有部系，祇夜（偈颂的通称）是不了义的，《杂阿含经》有明确的说明④。因为偈颂是诗歌，为音韵及字数所限，不能条理分明地作严密的说理，总是简要的、概括的；偈颂是不适宜于叙说法相的。而且，偈颂是文艺的，文艺是长于直觉，多少有点夸张，因为这才能引起人的同感。偈颂是不能依照文字表面来解说的，如《诗》说"靡有孑遗"，决不能解说为殷人都死完了。诗歌是不宜依文解义的，所以判为不了义。说一切有部对于当时的偈颂采取了批判的立场，如《阿毗达磨大毗婆沙论》⑤说：

"此不必须通，以非素怛缆、毗奈耶、阿毗达磨所说，但是造制文颂。夫造文颂，或增或减，不必如义。"

"诸赞佛颂，言多过实，如分别论者赞说世尊心常在定。……又赞说佛恒不睡眠。……如彼赞佛，实不及言。"

---

① 《杂阿含经》卷四（大正二·二八中）。《增支部·四集》（南传一八·七〇）。

② 《中阿含经》卷三四《世间经》（大正一·六四五中）。《增支部·四集》（南传一八·四三）。

③ 《中阿含经》卷二九《龙象经》（大正一·六〇八下）。《增支部·六集》（南传二〇·九〇）。

④ 拙作《原始佛教圣典之集成》（五二〇——五二一，本版四二二——四二四）。

⑤ 《阿毗达磨大毗婆沙论》卷一七二（大正二七·八六六中），又卷七九（大正二七·四一〇中），又卷六九（大正二七·三五八中）。

"达罗达多是文颂者,言多过实,故不须通。"

文颂是"言多过实",也就是"实不及言",夸张的成分多,所说不一定与内容相合的,所以是不了义的。但大众部及分别说者,意见不同。如在结集中,铜鍱部的经藏,立为五部;以偈颂为主的《小(杂)部》,与其他四部有同等的地位。大众部、化地部、法藏部,虽称四部为"四阿含",称《小部》为"杂藏",但同样的属于经藏①,这都表示了对偈颂的尊重。说一切有部的经藏,只是"四阿含经"。这些偈颂,或称为"杂藏"而流传于三藏以外,在理论上,与"诸传所说,或然不然"的传说一样,是不能作为佛法之定量的。大众部等说"世尊所说,无不如义"②,这是以一切佛说为了义;传为佛说的偈颂,是可以依照文字表面来解说的。于是,无所不在、无所不知、无所不能——这些超现实的佛陀观,适应一般宗教意识的需要,在文颂者的歌颂下,渐渐地形成。

① 拙作《原始佛教圣典之集成》(四六七——四七〇,本版三七八——三八一)。

② 《异部宗轮论》(大正四九·一五中)。

第四章　律制与教内对立之倾向

第一节　依法摄僧的律制

第一项　僧制的原则与理想

释尊遗体、遗物、遗迹的崇敬,“本生”、“譬喻”、“因缘”的流传,这些促成“大乘佛法”兴起的因素,是活动于“佛法”——“原始佛教”及“部派佛教”中的。原始的、部派的佛教——“佛法”的固有内容,内部固有的问题,对于“大乘佛法”的兴起,当然有其密切与重要的关系,应该给以审慎的注意!这里,先从代表“原始佛教”的(一部分)“律”说起。

释尊的成正觉、转法轮,只是“法”的现证与开示,“法”是佛法的一切。释尊是出家的,说法化导人类,就有“随佛出家”的。随佛出家的人多了,不能没有组织,所以“依法摄僧”而有僧伽的制度。“依法摄僧”,是说组合僧众的一切制度,是依于法的;依于法而立的僧制,有助于法的修证,有助于佛法的增长广大。这样的僧伽,僧伽制度,不只是有关于身心的修证,而是有关大众的,存在于人间的宗教组织。说到摄僧的制度,内容不一,而主要是团体的制度。一、有些出家修行者,有不道德的行为,或追求过分的经济生活,这不但障碍个人的法的修证,也障碍了僧伽的和合清净,所以制立学处(śikṣāpada,旧译为戒)。一条一条的学处,集成波罗提木叉,是出家者所应该守护不犯的。二、为了佛法的推行于人间,成立受"具足法"(upasaṃpanna-dharma),"布萨法"(poṣadha-dharma),"安居法"(varṣika-dharma),"自恣法"(pravāraṇā-dharma),"迦绨那衣法"(kaṭhina-dharma)等,僧伽特有的制度。三、寺院成立了,出家的多了,就有种种僧事,僧伽诤事的处理法。四、同属于佛法的出家者,要求行为(仪法)方面的合式与统一,如行、住、坐、卧,穿衣、行路、乞食、受用饮食等规制。这一切,由于出家僧伽的日渐广大,越来越多,也越增加其重要性。这些法制,称之为"律",达到与"法"对举并立的地位。梵语 vinaya,音译为毗尼或毗奈耶,意译为"律"或"调伏"。经中常见到法与律对举,如"法律";"法毗奈耶";"是法是毗尼,非法非毗尼"等。法与律,起初是同一内容的两面。"法"——圣道的修证,一定是离罪恶,离缚著而身心调伏的("断烦恼毗尼"是毗尼的本义),所以又称为"毗尼"。所以我曾比喻为:法如光明的显发,毗尼如阴暗的消除,二者本是不相离的。等到僧伽的日渐发展,无论是个人的身心活动,或僧伽的自他共住,如有不和乐、不清净的,就与"法"不相应而有碍于修证。如以法制来轨范身心,消除不和乐不清净的因素,自能"法随法行"而向于正法。所以这些僧伽规制,有了与"法"同等的重要性。古人说毗尼有五:"毗尼者,凡有五义:一、忏悔;二、随顺;三、灭;四、断;五、舍。"①"忏悔",是犯了或轻或重的过失,作如法的忏悔,是约波罗提木叉学处说的。"随顺",是遵照僧伽的规制——受戒、安居等,依法而作。这二类,又名"犯毗尼"。"灭",是对僧伽的诤事,依法处理灭除,就是"现前毗尼"等七毗尼。"断",是对烦恼的对治伏灭,又名为"断烦恼毗尼"。"舍",是对治僧残的"不作舍"与"见舍"。从古说看来,毗尼是个人的思想或行为错误的调伏,不遵从僧伽规制或自他斗诤的调伏。毗尼是依于法而流出的规制,终于形成与法相对的重要部分。

法与律的分化,起于释尊在世的时代。分化而对举的法与律,明显的有着不同的特性:法是教说的,律是制立的;法重于个人的修证,律重于大众的和乐清净;法重于内心的德性,律重于身语的轨范;法是自律的、德化的,律是他律的、法治的。从修行解脱来说,律是不必要的;如释尊的修证,只是法而已。然从佛法的久住人间来说,律是有其特殊的必要性。《僧祇律》、《铜鍱律》、《五分律》、《四分律》等,都有同样的传说②:释尊告诉舍利弗:过去的毗婆尸、尸弃、毗舍浮——三佛的梵行不久住;拘楼孙、拘那含牟尼、迦叶——三佛的梵行久住。原因在:专心于厌离,专心于现证,没有广为弟子说法,不为弟子制立学处,不立说波罗提木叉;这样,佛与大弟子涅槃了,不同族姓的弟子们,梵行就会迅速地散灭,不能久住。反之,如为弟子广说经法,为弟子

① 《毗尼母经》卷七(大正二四·八四二上)。

② 《摩诃僧祇律》卷一(大正二二·二二七中)。《铜鍱律·经分别》(南传一·一一——一四)。《弥沙塞部和醯五分律》卷一(大正二二·一中——下)。《四分律》卷一(大正二二·五六九上——下)。

们制立学处，立说波罗提木叉；那么佛与大弟子去世了，不同族姓的弟子们，梵行还能长久存在，这是传说制戒的因缘。"正法久住"或"梵行久住"，为释尊说法度生的崇高理想。要实现这一伟大理想，就非制立学处，说波罗提木叉不可。律中说："有十事利益，故诸佛如来为诸弟子制戒，立说波罗提木叉。"①十利的内容，各律微有出入，而都以"正法久住"或"梵行久住"为最高理想，今略为叙述。十种义利，可归纳为六项：一、和合义：《僧祇律》与《十诵律》，立"摄僧"、"极摄僧"二句；《四分律》等合为一句。和合僧伽，成为僧伽和集凝合的主力，就是学处与说波罗提木叉。正如国家的集成，成为亿万民众向心力的，是宪法与公布的法律一样。二、安乐义：《僧祇律》立"僧安乐"句；《四分律》等别立"喜"与"乐"为二句；《五分律》缺。大众依学处而住，就能大众喜乐。《根本说一切有部毗奈耶杂事》说："令他欢喜，爱念敬重，共相亲附，和合摄受，无诸违诤，一心同事，如水乳合。"②这充分说明了，和合才能安乐，安乐才能和合；而这都是依学处及说波罗提木叉而后能达成的。三、清净义：在和乐的僧伽中，如有不知惭愧而违犯的，以僧伽的威力，依学处所制的而予以处分，使其出罪而还复清净。有惭愧而向道精进的，在大众中，也能身心安乐地修行。僧伽如大冶洪炉，废铁也好，铁砂也好，都冶炼为纯净的精钢。这如社团的分子健全，风纪整肃一

---

① 《摩诃僧祇律》卷一（大正二二·二二八下）。《铜鍱律·经分别》（南传一·三二）。《弥沙塞部和醯五分律》卷一（大正二二·三中——下）。《四分律》卷一（大正二二·五七〇下）。《十诵律》卷一（大正二三·一下）。《根本说一切有部毗奈耶》卷一（大正二三·六二九中）。

② 《根本说一切有部毗奈耶杂事》卷三五（大正二四·三八四上）。

样。四、外化义：这样的和乐清净的僧团，自然能引人发生信心，增长信心，佛法能更普及到社会去。五、内证义：在这样和乐清净的僧伽中，比丘们更能精进修行，得到离烦恼而解脱的圣证。六、究极理想义：如来“依法摄僧”，以“正法久住”或“梵行久住”为理想。唯有和乐清净的僧团，才能外化而信仰普遍，内证而贤圣不绝。“正法久住”的大理想，才能实现在人间。释尊救世的大悲愿，依原始佛教说，佛法不能依赖佛与弟子们个人的修证，而唯有依于和乐清净的僧伽。这是制律的意义所在，毗奈耶的价值所在，显出了佛的大悲愿与大智慧！

第二项　律典的集成与异议

释尊在世时，法与毗奈耶已经分化了；在结集时，就结集为法（经）与毗奈耶（律）二部。结集（saṃgīti）是经和合大众的共同审定，确定是佛说、是佛制的；将一定的文句，编成部类次第而便于传诵。为什么要结集？释尊涅槃以后，不同地区、不同族姓的出家者，对于广大的法义与律制，怎样才能保持统一，是出家弟子们当前的唯一大事。这就需要结集，法与律才有一定的准绳。传说王舍城举行第一次结集大会，应该是合理而可信的。当时，由耆年摩诃迦叶领导；律由优波离（Upāli）主持集出，法由阿难主持集出，成为佛教界公认的原始结集。

优波离结集的“律”，主要是称为“戒经”的“波罗提木叉”。出家弟子有了什么不合法，释尊就制立“学处”（结戒），有一定的文句；弟子们传诵忆持，再犯了就要接受处分。这是渐次制立的，在佛的晚年，有“百五十余”戒的传说，如《阿毗达磨大毗婆

沙论》卷四六(大正二七·二三八上)说:

> “佛栗氏子,如来在世,于佛法出家,是时已制过百五十学处,……说别解脱戒经。”

制戒百五十余的经文,出于《增支部·三集》①。《瑜伽师地论》也说:“依五犯聚及出五犯聚,说过一百五十学处。”②一百五十余学处,是依所犯的轻重次第而分为五部,就是波罗夷(pārājika)、僧伽婆尸沙(saṃghâvaśeṣā)、波逸提(pāyattika)、波罗提提舍尼(pratideśanīya)、众学(sambahula-śaikṣa)。波逸提中,含有尼萨耆波逸提(niḥsargikā-pāyattika)及波逸提——二类。这是戒经的原始组织。优波离结集时,应有所补充、考订,可能为一百九十一戒,即四波罗夷,十三僧伽婆尸沙,三十尼萨耆波逸提,九十二波逸提,四波罗提舍尼,五十众学法。到佛灭百年(一世纪),在毗舍离举行第二次结集时,二不定法(aniyatā)——前三部的补充条款,七灭诤法(adhikaraṇaśamathā)——僧伽处理诤事的办法,应已附入戒经,而成为二百零二戒(或综合而减少二戒)③。这是原始结集的重点所在!学处的文句简短,被称为经(修多罗,sūtra)。此外,在原始结集的律典中,还有称为“随顺法偈”,不违反于戒法的偈颂。当结集时,僧团内所有的规制,如“受戒”、“安居”、“布萨”等制度;衣、食、住等规定;犯罪者的处分办法,都是不成文法,而日常实行于

---

① 《增支部·三集》(南传一七·三七七、三七九——三八四)。

② 《瑜伽师地论》卷八五(大正三〇·七七二下)。

③ 参看拙作《原始佛教圣典之集成》(一四四——一四九、一七七——一七九,本版一二一——一二六、一四七——一四九)。

僧团之内。对于这些,古人随事类而标立项目,将一项一项的事(包括僧事名称的定义),编成偈颂(这是律的"祇夜")。这些"随顺法偈",为戒经以外,一切僧伽制度的纲目,称为摩得勒伽(mātṛkā),意义为"母"、"本母"。依此标目而略作解说,成为广律中,称为"犍度"(khandhaka)、"事"(vastu)、"法"(dharma)部分的根源①。

第二结集(佛灭一世纪内)到部派分化时,"波罗提木叉经"已有了"分别"(称为"经分别",或"波罗提木叉分别",或"毗尼分别"):对一条条的戒,分别制戒的因缘,分别戒经的文句,分别犯与不犯。其主要部分,为各部广律所公认。那时,"法随顺偈",已有了部分的类集。后来重律的部派,更进一步地类集、整编,成为各种"犍度"(或称为"法",或称为"事")。

律的结集,是必要的,但在原始结集时,比丘们传说有不同的意见。在大会上,阿难传达释尊的遗命:"小小戒可舍"②,引起了摩诃迦叶、优波离等的呵斥。依《十诵律》等传说,不是说舍就舍,而是"若僧一心和合筹量,放舍微细戒"③。小小戒,主要是有关衣、食、住、药等生活细节。这些规制,与当时的社会文化、经济生活有关。如时地变了,文化与经济生活不同了,那么由僧众来共同筹商、决议,舍去不适用的(也应该增些新的规

---

① 参看拙作《原始佛教圣典之集成》(二八七——二九二,本版二三五——二四〇)。

② 《摩诃僧祇律》卷三二(大正二二·四九二下)。《铜鍱律·小品》(南传四·四三〇——四三一)。《弥沙塞部和醯五分律》卷三〇(大正二二·一九一中)。《四分律》卷五四(大正二二·九六七中)。《十诵律》卷六〇(大正二三·四四九中)。《根本说一切有部毗奈耶杂事》卷三九(大正二四·四〇五中)。

③ 《十诵律》卷六〇(大正二三·四四九中)。《毗尼母经》卷四(大正二四·八一八中)。

制)，实在是释尊最明智的抉择。但在重视小小戒的长老，如优波离等，却以为这是破坏戒法，便于为非作恶。结果，大迦叶出来中止讨论，决定为："若佛所不制，不应妄制；若已制，不得有违。如佛所教，应谨学之！"①从此，僧制被看作"放之四海而皆准，推之百世而可行"的永恒不变的常法。但实际上不能不有所变动，大抵增加些可以通融的规定，不过非说是"佛说"不可。部派分化了，律制也多少不同了，都自以为佛制，使人无所适从。优波离所代表的重律系，发展为上座部，对戒律是"轻重等持"的。重视律制是对的，但一成不变而难以适应，对律制是未必有利的！此外，重法的发展为大众部，起初虽接受结集的律制，但态度大为通融，如《摩诃僧祇律》卷三二(大正二二·四九二上)说：

> "五净法，如法如律随喜，不如法律者应遮。何等五？一、制限净；二、方法净；三、戒行净；四、长老净；五、风俗净。"

"净"，是没有过失而可以受持的。大众部所传的"五净"，意义不完全明了。但"戒行净"与"长老净"，是哪一位戒行清净的，哪一位长老，他们曾这样持，大家也就可以这样持。这多少以佛弟子的行为为轨范，而不一定是出于佛制了。"方法净"是国土净，显然是因地制宜。从大众部分出的鸡胤部(Kaukuli-

① 《弥沙塞部和醯五分律》卷三〇(大正二二·一九一下)。上座系诸律都相同。

ka)，"随宜覆身，随宜饮食，随宜住处，疾断烦恼"①。将一切衣、食、住等制度，一切随宜，不重小小戒而达到漠视"依法摄僧"的精神。初期大乘佛教者，不外乎继承这一学风而达到顶点，所以初期大乘佛教的极端者，不免于呵毁戒法的嫌疑！

第二节　教内对立的倾向

第一项　出家与在家

释尊是出家的。释尊教化的弟子，随佛出家的极多。"依法摄僧"而成出家的僧伽，出家的过着共同的集体生活，所以出家人所组成的僧伽，是有组织的生活共同体。在当时，在家弟子是没有组织的，与出家人不同。在佛法的扩展与延续上，出家者是主要的推动者。出家者的佛教僧团，代表着佛教（然佛教是不限于出家的）。出家者过着乞求的生活，乞求的对象，是不限于信佛的，但在家佛弟子，有尊重供给出家佛弟子的义务。这一事实，形成了出家僧众是宗教师，重于法施；而在家者为信众，重于财施的相对形态。世间缘起法是有相对性的，相对的可以互助相成，也可以对立而分化。释尊以后，在僧制确立，在家弟子尊敬供养出家众的情况下，在家与出家者的差别，明显地表现出来。

依律制而成的出家僧，受在家弟子的尊敬、礼拜、供养，僧众

① 《三论玄义》（大正四五·九上）。

有了优越的地位。在家与出家,归依三宝的理想是一致的,在修证上有什么差别吗?一般说,在家者不能得究竟的阿罗汉(arhat)。这是说,在修证上,出家者也是胜过在家者的,出家者有着优越性。然北道派(Uttarāpathaka)以为:在家者也可以成阿罗汉,与出家者平等平等。北道派的见解,是引证经律的。如族姓子耶舍(Yaśa),居士郁低迦(Uttika),婆罗门青年斯特(Setu),都是以在家身而得阿罗汉,可见阿罗汉不限于出家,应有在家阿罗汉①。《论事》(铜锞部论)引述北道派的见解,而加以责难。《论事》以为:在家身是可以得阿罗汉的,但阿罗汉没有在家生活的恋著,所以不可能再过在家的生活。《弥兰王问》依此而有所解说,如"在家得阿罗汉果,不出二途:即日出家,或般涅槃"②。这是说,得了阿罗汉果,不可能再过在家的生活,所以不是出家,就是涅槃(死)。这一解说,也是依据事实的。族姓子耶舍,在家身得到阿罗汉,不愿再过在家的生活,当天就从佛出家,这是"即日出家"说,出于律部③。外道须跋陀罗(Subhadra)是佛的最后弟子,听法就得了阿罗汉,知道释尊快要入涅槃,他就先涅槃了,这是般涅槃说,如《游行经》等说④。依原始佛教的经、律来说,《弥兰王问》所说,是正确的。北道派与《弥兰王问》,都是根据事实而说。吴支谦(西元二二二——二五三)所

① 《论事》(南传五七·三四二——三四四)。

② 《弥兰王问经》(南传五九下·四三)。

③ 《铜锞律·大品》(南传三·三〇——三二)。《弥沙塞部和醯五分律》卷一五(大正二二·一〇五中)。《四分律》卷三二(大正二二·七八九下——七九〇上)。《根本说一切有部毗奈耶破僧事》卷六(大正二四·一二九中)。

④ 《长阿含经》卷四《游行经》(大正一·二五中)。《根本说一切有部毗奈耶杂事》卷三八(大正二四·三九七上)。

译的《惟日杂难经》,说到“人有居家得阿罗汉、阿那含、斯陀含、须陀洹者”①。在家阿罗汉说,很早就传来中国了,不知与北道派有没有关系!北道派,或说出于上座部,或说属于大众部;或说在北方,或说在频陀耶山(Vindhaya)北。这一派的宗义,与案达罗派相同的不少,也许是出于大众部的。北道派的见解,可能是:某一地区的在家佛弟子,在精进修行中,自觉不下于出家者,不能同意出家者优越的旧说。这才发见在家者得阿罗汉果的事实,而作出在家阿罗汉的结论。然在古代的佛教环境中,得阿罗汉而停留于在家生活——夫妇聚居,从事家业、声色的享受,是没有传说的事实可证明的。北道派的“在家阿罗汉”说,引起近代学者的注意,特别是“在家佛教”的信仰者。《在家阿罗汉论》引述原始佛教的圣典,企图说明在家解脱与出家的究竟解脱(阿罗汉)一致②。但所引文证,未必能达成这一目的(除非以为正法的现证,一得即究竟无余,没有根性差别,没有四果的次第深入)!

在家与出家者,在佛教中的地位是怎样的呢?释尊是出家者;出家者成立僧伽,受到在家者的尊敬,是不容怀疑的。然“僧伽”这一名词,在律制中,是出家者集团,有“现前僧”、“四方僧”等。然在经法中,僧伽的含义,就有些出入,如《杂阿含经》卷三三(大正二·二三八上)说:

“世尊弟子,善向、正向、直向、诚向,行随顺法,有向须

① 《惟日杂难经》(大正一七·六〇五上)。

② 藤田宏达《在家阿罗汉论》(《结诚教授颂寿纪念佛教思想史论集》六三——六六)。

陀洹、得须陀洹、向斯陀含、得斯陀含、向阿那含、得阿那含、向阿罗汉、得阿罗汉：此是四双八辈贤圣，是名世尊弟子僧。净戒具足、三昧具足、智慧具足、解脱具足、解脱知见具足；所应奉迎、承事、供养，为良福田。"①

在律制中，僧伽是出家集团。只要出家受具足戒，就成为僧伽一分子，受在家弟子的尊敬供养。然在经法中，有"三念"、"六念"法门。其中"念僧"，僧是四双八辈贤圣僧，是念成就戒、定、慧、解脱、解脱智见的无漏功德者。如出家而没有达到"向须陀洹"，就不在所念以内。反而在家弟子，如达到"向须陀洹"，虽没有到达究竟解脱，也是念僧所摄，所以古有"胜义僧"的解说。换言之，在世俗的律制中，出了家就有崇高的地位，而在实质上，在家贤圣胜过了凡庸的出家者。这是法义与律制间的异义。如归依三宝，一般说是"归比丘僧"②。其实，比丘是归依的证明者，依现前的比丘而归依于一切贤圣僧。但在世俗律制的过分强化中，似乎就是归依凡圣的出家者了。

(一分)在家的佛弟子，在原始佛教中，与僧伽的关系相当密切。波罗提木叉戒经中，有"二不定法"，是各部律所一致的③。二不定的情形，非常特殊，与其他所制的学处不同，是戒律的补充条款。"二不定"与淫事有关，如可以信赖的优婆夷(upâsikā)，见比丘与女人在"屏处坐"，或单独地显露处坐。知

---

① 《杂阿含经》卷二〇(大正二·一四五中)。《增支部·六集》(南传二〇·一一)。

② 《杂阿含经》卷四七(大正二·三四〇中)。

③ 如《弥沙塞部和醯五分律》卷四(大正二二·二二下——二三上)。

道这是不合法的，但所犯的罪不定，可能是轻的，可能是重的。“可信优婆夷”可以向僧众举发，僧众采信优婆夷的证辞，应对犯比丘诘问、处分。“可信优婆夷”，是“见四真谛，不为（自）身、不为（他）人、不为利而作妄语”的①，是见谛的圣者。这是僧伽得到在家弟子的助力，以维护僧伽的清净（健全）。“可信优婆夷”，是成立这一制度的当时情形，“可信优婆塞”（upâsaka），当然也是这样的。而且，这是与淫事有关的，如杀、盗、大妄语，可信的在家弟子发现了，难道就不可以举发吗？这是原始僧团得到在家者的助力，以维护僧伽清净的实例。

上座部系是重律的学派，大众部系是重法的。上座部强化出家众的优越性，达到“僧事僧决”，与在家佛弟子无关的立场。如出家众内部发生诤执，造成对立，破坏了僧伽的和合，或可能破坏僧伽的和合。上座部系统的律部，都由僧伽自行设法来和合灭诤，不让在家佛弟子顾问。《十诵律》说到，“依恃官，恃白衣”（在家者）②，为诤事难灭的原因，当然不会让在家佛弟子来协助。但大众部的见解恰好相反，如《摩诃僧祇律》卷一二（大正二二·三二八上）说：

“当求大德比丘共灭此事。若无大德比丘者，当求多闻比丘。若无多闻者，当求阿练若比丘。”

“若无阿练若比丘者，当求大势力优婆塞。彼诤比丘见优婆塞已，心生惭愧，诤事易灭。若复无此优婆塞者，当

---

① 《弥沙塞部和醯五分律》卷四（大正二二·二三上）。
② 《十诵律》卷四九（大正二三·三六二上）。

求于王,若大臣有势力者。彼诤比丘见此豪势,心生敬畏,诤事易灭。"

诤事,最好是僧伽自己解决。否则,就求大势力的优婆塞,或求助于国王与大臣。这与《十诵律》所说,恰好相反。制度是有利必有弊的,很难说哪一种办法更好。然《僧祇律》所说,应该是僧团的早期情形。传说目犍连子帝须(Moggaliputta Tissa),得阿育王而息灭诤事,不正证明《僧祇律》所说吗①?僧团的清净,要取得可信赖的在家弟子的助力。僧伽发生诤事,也要得在家佛弟子的助力。早期的出家大众与在家弟子的关系是非常亲和的。又如比丘,如不合理地得罪在家佛弟子,律制应作"发喜羯磨"(或作"下意羯磨","遮不至白衣家羯磨")②,就是僧伽的意旨,要比丘去向在家者忏谢。出家者是应该尊敬的,可信赖的优婆塞、优婆夷,也相当的受到尊重。自出家优越性的一再强化,原始佛教那种四众融和的精神,渐渐地消失了!与此对应而起的"在家阿罗汉论",相信是属于大众部系的。等到大乘兴起,菩萨每以在家身份而出现,并表示胜过了(声闻)出家者,可说就是这种思想进一步的发展。

---

① 参考龙口明生《对僧伽内部抗争在家者之态度》(《印度学佛教学研究》二二卷二号九四五——九四八)。

② 《铜鍱律·小品》(南传四·二二——三〇)。《弥沙塞部和醯五分律》卷二四(大正二二·一六三中——一六四上)。《四分律》卷四四(大正二二·八九二中——八九三下)。《摩诃僧祇律》卷二四(大正二二·四二五上——四二六中)。《十诵律》卷三一(大正二三·二二四中——二二五上)。

第二项　男众与女众

出家众组成的僧伽，男的名"比丘僧"（bhikṣu-saṃgha），女的名"比丘尼僧"（bhikṣuṇī-saṃgha）。比丘与比丘尼，是分别组合的，所以佛教有"二部僧"。信佛的在家男众，名"优婆塞"，女的名"优婆夷"。出家二众，在家二众，合为"四众弟子"。佛法是平等的，然在律制中，女众并不能得到平等的地位。女人出家，经律一致地说①：释尊的姨母摩诃波阇波提（Mahāprajāpatī），与众多的释种女子，到处追随如来，求佛准予出家，没有得到释尊的许可。阿难代为向释尊请求，准许女人出家；让女众能证得第四果，是一项重要理由。释尊终于答允了，佛教才有了比丘尼。这一事情，在释尊涅槃不久，王舍城举行结集大会，引起了问题。摩诃迦叶指责阿难，求佛度女人出家，是阿难的过失。当时阿难是不认为有过失的，但为了僧伽的和合，不愿引起纠纷，而向大众表示忏悔。这件事是不寻常的！在古代男家长制的社会里，女人多少会受到轻视。有了女众出家，与比丘众是不可能没有接触的，增加了比丘僧的困扰。也许释尊为此而多加考虑吧！但头陀与持律的长老们，将发生的问题一切归咎于女众出家，为此而责备阿难。在结集法会中，提出这一问题，可理解上座们对比丘尼的态度，更可以理解比丘尼地位低

---

① 《中阿含经》卷二八《瞿昙弥经》（大正一·六〇五上——六〇七中）。《增支部·八集》（南传二一·一九四——二〇二）。《铜鍱律·小品》（南传四·三七八——三八二）。《摩诃僧祇律》卷三〇（大正二二·四七一上）。《弥沙塞部和醯五分律》卷二九（大正二二·一八五中）。《四分律》卷四八（大正二二·九二二下）。《十诵律》卷四〇（大正二三·二九〇下）。

落的重要原因。

在摩诃波阇波提出家的传说中，摩诃波阇波提以奉行八尊法(aṭṭha-garudhammā)为条件，所以有摩诃波阇波提以八尊法得戒的传说；但大众部与正量部所传的不同①。八尊法，是比丘尼尊重比丘僧的八项规定。研究起来，八尊法之一的“犯尊法，于两众行半月摩那埵”，是违犯“尊法”的处分条款。“尊法”的原则，是尊重比丘僧。“八尊法”中有四项规定，是各部律所一致的，如：

1. 于两众中受具足。

2. 半月从比丘僧请教诫·问布萨。

3. 不得无比丘住处住(安居)。

4. 安居已，于两众行自恣。

比丘尼平日虽过着自治的修道生活，但某些重要事项，却非依比丘僧不可。如一、女众出家，在比丘尼僧中受具足戒，还要“即日”到比丘僧中去受戒，所以称为“二部受戒”。这是说，女众出家受戒，要经过比丘僧的重行审核，才能完成出家受戒手续。如发现不合法，就可以否决，受戒不成就。二、律制：半月半月布萨说戒，比丘尼不但在比丘尼僧中布萨，还要派人到比丘僧中去，“请教诫”，“问布萨”。请教诫，是请求比丘僧，推选比丘到比丘尼处，说法教诫。问布萨，是自己布萨清净了，还要向比丘僧报告：比丘尼如法清净。三、律制：每年要三月安居。比丘尼安居，一定要住在附近有比丘的地方，才能请求教诫。四、安

① 拙作《原始佛教圣典之集成》(四〇七，本版三三二)。

居结束了，律制要举行“自恣”。“自恣”是自己请求别人，尽量举发自己的过失，这才能依法忏悔，得到清净。比丘尼在比丘尼僧中“自恣”；第二天，一定要到比丘僧中，举行“自恣”，请求比丘僧指示纠正。这四项，是“尊法”的具体措施。一般比丘尼，总不免知识低、感情重、组织力差（这是古代的一般情形）。要她们遵行律制，过着集团生活，如法清净，是有点困难的。所以制定“尊法”，尊重比丘僧，接受比丘僧的教育与监护。在比丘僧来说，这是为了比丘尼僧的和乐清净，而负起道义上的监护义务。如比丘尼独行其是，故意不受比丘僧的摄导，就是“犯尊法”，处分是相当重的！“八尊法”的另三则是“受具百岁，应迎礼新受具比丘”，“不得呵骂比丘”，“不得（举）说比丘罪”。这是礼貌上的尊敬。总之，“八尊法”源于比丘尼的“尊法”——尊重比丘僧。是将尊重比丘僧的事例（前四则）、礼貌上的尊敬，及旧有的“犯尊法”的处分法，合组为“八尊法”。但这么一来，八项都是“尊法”，犯了都应该“半月于两众行摩那埵”，那就未免过分苛刻（事实上窒碍难行，后来都作为“波逸提”罪）！从释尊涅槃后，摩诃迦叶等上座比丘对比丘尼出家所持的厌恶情绪，可以想见从“尊法”而集成“八尊法”的目的。“尊法”已不是对比丘尼应有的监护（是否如法）与教育，而成为对比丘尼的严加管理，造成比丘对比丘尼的权威①。

上座们对比丘尼的严加管制，从比丘尼的“戒经”——波罗提木叉中，也可以体会出来。比丘的“戒经”，是原始结集所论

---

① 关于八尊（敬）法，如拙作《原始佛教圣典之集成》第六章第一节第二项所说。

定的。虽经长期的传诵、部派的分化，而“众学法”以外的戒条，还是大致相同。比丘尼的“戒经”，情形大为不同，如《摩诃僧祇律》，尼戒共二七七戒；尼众的不共戒，仅一〇七戒。《五分律》共三七九戒，不共戒达一七五戒①。依正量部所传而论，比丘尼不共戒九九，那总数不过二五四戒②。各部的出入，是那么大！原来比丘尼律，是比丘持律者所集成的。因各部派对尼众的态度不同，繁简也大大不同。总之，释尊涅槃后，上座比丘领导下的佛教，对比丘尼加严约束，是明显的事。释尊在世，出家的女众也是人才济济。如“持律第一”钵吒左啰(Paṭacārā)，“说法第一”达摩提那(Dharmadinnā，或译作法乐)③等。达摩提那的论究法义，编入《中阿含经》④，成为原始佛教的圣典之一。自受到比丘僧的严格管制，逐渐消沉了。结果，以上座部自居的赤铜锞部，就是流传于锡兰、缅甸、泰国等佛教，比丘尼早已绝迹了！

经与律，都是比丘众结集的。说到有关淫欲的过失，每极力地丑化女人。又经中说：女人有五碍(五种不可能)：佛、轮王、梵王、魔、帝释，是女人所不能，而唯是男人所可能做的⑤。这些，在一般女众的心理中，会引起深刻的自卑感，自愿处于低下的地位。女人在现实社会中的不平等，是释尊所要考虑的。结

① 拙作《原始佛教圣典之集成》(四一四，本版三三六)。

② 同书(四二八)。

③ 《增支部·一集》(南传一七·三六)。《增一阿含经》卷三(大正二·五五九上)。

④ 《中阿含经》卷五八《法乐比丘尼经》(大正一·七八八上——七九〇中)。《中部》(四四)《有明小经》(南传一〇·二二——三〇)。

⑤ 《中阿含经》卷二八《瞿昙弥经》(大正一·六〇七中)。《增支部·一集》(南传一七·四〇——四一)。

果,制立"尊法":比丘尼尊重比丘僧,而比丘负起监护与教育的义务。这是启发而诱导向上,不是轻视与压制的。女众可以出家,只因在佛法的修证中,与比丘(男)众是没有什么差别的。有一位美貌的青年,对苏摩(Soma)比丘尼说:圣人所安住的境界,不是女人的智慧所能得的。苏摩尼对他说:"心入于正受,女形复何为!智或(疑"慧")若生已,逮得无上法。"①女性对于佛法的修证,有什么障碍呢!这是佛世比丘尼的见地。在大乘法中,以女人身份与上座比丘们论究男女平等的胜义,可说是释尊时代精神的复活!

第三项　耆年与少壮

佛教僧团中,不问种姓的尊卑、年龄的大小,也不依学问与修证的高低为次第,而以先出家受具足的为上座(Sthavira),受到后出家者的尊敬。如《摩诃僧祇律》卷二七(大正二二·四四六上)说:

> "先出家(受具)者,应受礼、起迎、合掌、低头、恭敬。先出家者,应作上座:应先受请、先坐、先取水、先受食。"②

僧众出外时,先出家(受具)的上座,总是走在前面,坐高位,先受供养。在平时,也受到后出家者的恭敬礼拜。所以出家

---

① 《杂阿含经》卷四五(大正二·三二六中)。《别译杂阿含经》卷一二(大正二·四五四上)。《相应部·比丘尼相应》(南传一二·二二〇——二二一)。

② 参看《铜鍱律·小品》(南传四·二四六——二四八)。《弥沙塞部和醯五分律》卷一七(大正二二·一二一上)。《四分律》卷五〇(大正二二·九三九下——九四〇上)。《十诵律》卷三四(大正二三·二四二中——下)。

受具时,一定要记住年月日时,以便分别彼此间的先后次第。从受具起,到了每年的自恣日,增加一岁,称为“受岁”。一年一年的岁数,就是一般所说的“戒腊”。这是佛教敬老(依受具年龄)制度,于是产生上座制。起初,只是在种种集会中,先出家的为上座,所以有第一上座、第二上座等名称。后来依年资来分别,或说“十夏”以上为上座①;或说二十腊以上的称为上座②。上座、第一上座等,总是耆年大德,受到僧团内部的尊敬。

传说七百结集时的代表们,都是年龄极高的。锡兰所传的“五师”,也都是老上座。可见佛灭以后,佛教由上座们领导;上座们的意见,也受到一般的尊重。但依律所制,不只是“尊上座”,也是“重僧伽”。所以如有了异议,而需要取决多数时,上座们到底是少数,不免要减色了!在部派分裂时,重上座的长老派,就名为上座部;多数的就称为大众部。如《阿毗达磨大毗婆沙论》卷九九(大正二七·五一一下)说:

> “贤圣朋内,耆年虽多而僧数少;大天朋内,耆年虽少而众数多。……遂分二部:一上座部,二大众部。”

《舍利弗问经》(大正二四·九〇〇中)也说:

> “学旧(律)者多,从以为名,为摩诃僧祇也。学新者少而是上座,从上座为名,为他俾罗也。”

《大毗婆沙论》是上座部系,《舍利弗问经》是大众部系,虽

---

① 《南海寄归内法传》卷三(大正五四·二二〇上)。

② 《毗尼母经》卷六(大正二四·八三五上)。

所说的事由不同,而对二部立名却有共同性,那就是:上座部以上座为主,是少数;大众部"耆年虽少而众数多",无疑是中座、下座们的多数。所以二部分立时,大众部为多数的少壮,上座部为少数的耆年。这一差别,是近代学者所能同意的。佛教一向在上座们的指导下,而现在多数的少壮者起来,分庭抗礼,这确是佛教史上的大事。说起来,上座们是有长处的。老成持重,重传承,多经验,使佛教在安定中成长。不过过于保守,对新环境的适应力不免差一些。少壮者的见解,可能是错误,或者不够成熟,但纯真而富于活力,容易适应新的境遇。上座们重事相,少壮者富于想像。从缘起的世间来说,应该是各有所长,也各有所短的。

中国旧传律分五部说。五部是:摩诃僧祇,昙无屈多迦(Dharmaguptaka)、萨婆多(Sarvāstivādin)、迦叶维(Kaśyapiya)、弥沙塞(Mahīśāsaka)。这是《舍利弗问经》与《大比丘三千威仪》所说的①。《大唐西域记》也说乌仗那(Udyāna)有此五部②,可见是曾经流行在北方的部派。五部,在三大系中,是大众、说一切有及分别说部所分出的三部。《舍利弗问经》以为:"摩诃僧祇,其味纯正;其余部中,如被添(水的)甘露。"③这是大众部的立场。此外,有另一五部说,如《大方等大集经》卷二二《虚空目分》(大正一三·一五九上——中)说:

① 《舍利弗问经》(大正二四·九〇〇下)。《大比丘三千威仪》(大正二四·九二五下——九二六上)。

② 《大唐西域记》卷三(大正五一·八八二中)。

③ 《舍利弗问经》(大正二四·九〇〇下)。

昙摩毱多，萨婆帝婆，迦叶毗，弥沙塞，婆蹉富罗。“我涅槃后，我诸弟子，受持如来十二部经，读诵书写，广博遍览五部经书，是故名为摩诃僧祇。善男子！如是五部虽各别异，而皆不妨诸佛法界及大涅槃。”

婆蹉富罗（Vātsīputrīya），是犊子部。五部是各别异说的；摩诃僧祇“广博遍览五部经书”，在五部以外，能含容五部，正是大乘的特色。鸠摩罗什所译的《佛藏经》，也有类似的说明，如卷中（大正一五·七九〇上——中）说：

> “一味僧宝，分为五部。……斗事：五分事，念念灭事，一切有事，有我事，有所得事。……尔时，世间年少比丘，多有利根，……喜乐难问推求佛法第一实义。”
>
> “尔时，增上慢者，魔所迷惑，但求活命；实是凡夫，自称罗汉。”

五部，都是斗诤事。其中，“五分”是化地部的《五分律》；“说一切有”是萨婆多部；“有我”是犊子部。经中所说五部（五事），大致与《大集经》说相合。而“年少利根”，“推求第一实义”的，是五部以外的，与摩诃僧祇部相当。不过在大乘兴起时，年少利根的是“人众既少，势力亦弱”的少数。大乘，在传统的部派佛教（多数）中，大众部内的年少利根者宏传出来。大乘佛教的兴起，情形是复杂的，但少分推求实义的年少比丘，应该是重要的一流。大乘经中，菩萨以童子、童女身份而说法的，不在少数。如《华严经·入法界品》，文殊师利童子（Mañjuśrīkumārabhūta）教化善财（Sudhana）童子。舍利弗的弟子六千人，受文殊教化而入大乘的,"皆新出家"①。这表示了,佛教在发展中,青年与大乘有关,而耆年代表了传统的部派佛教。

第四项　阿兰若比丘与（近）聚落比丘

在律制发展中,出家的比丘(以比丘为主来说),有"阿兰若比丘"、"聚落比丘"二大类。阿兰若(araṇya),是没有喧嚣烦杂的闲静处:是多人共住——村、邑、城市以外的旷野。印度宗教,自《奥义书》以来,婆罗门晚年修行的地方,就是"阿兰若处",所以被称为阿兰若者(araṇyaka)。佛教的出家者,起初也是以阿兰若为住处的。后来,佛教界规定为:阿兰若处,离村落五百弓②。总之,是听不到人畜嚣音的地方。聚落(grāma),就是村落。印度古代的聚落,是四周围绕着垣墙、篱栅、水沟的(当然有例外)③。《善见律毗婆沙》说:"有市故名聚落,……无市名为村。"④这是分为二类:有市镇的叫聚落,没有市镇的叫村。不过现在所要说的"聚落",是广义的,代表村落、市镇、城邑,一切多人共住的地方。

试从"四圣种"(catvāra-ārya-vaṃśā)说起。四圣种是:随所得衣服喜足;随所得饮食喜足;随所得房舍喜足;欲断乐断,欲修

① 《大方广佛华严经》卷四五(大正九·六八六下)。

② 《铜鍱律·大分别》(南传一·七五)。《摩诃僧祇律》卷一一(大正二二·三二三中)。《四分律》卷一〇(大正二二·六三二下)。《十诵律》卷八(大正二三·五七中)。《根本说一切有部毗奈耶》卷二四(大正二三·七五六下)。

③ 《摩诃僧祇律》卷三(大正二二·二四四上)。

④ 《善见律毗婆沙》卷一七(大正二四·七九四中)。

乐修①。依着这四项去实行，就能成为圣者的种姓，所以称为"圣种"。前三项，是衣、食、住——日常必需的物质生活。出家人应该随所能得到的，心里欢喜满足，不失望，不贪求多量、精美与舒适。第四"欲断乐断，欲修乐修"，是为道的精诚。断不善法，修善法；或断五取蕴，修得涅槃，出家人为此而愿欲、爱好，精进于圣道的实行。这四项，是出家人对维持生存的物资，及实现解脱的修断，应有的根本观念。惟有这样，才能达成出家的崇高志愿。

律制又有"四依"（catvāra-nissayā），是受具足时所受的，内容为②：

粪扫衣（paṃsukūla）

常乞食（piṇḍa-pātika）

树下住（rukkha-mūlika）

陈弃药（pūtimuttabhesajja）

"四依"，其实就是"四圣种"，《僧祇律》说："依此四圣种，当随顺学！"③称四依为四圣种，足以说明四依是依四圣种而转化来的。《长部》的《等诵（结集）经》，立四圣种，而《长阿含》的

① 《长部》（三三）《等诵经》（南传八·三〇四）。《增支部·四集》（南传一八·五〇——五一）。《中阿含经》卷二一《说处经》（大正一·五六三中——下）。

② 《铜鍱律·大品》（南传三·一六三——一六四）。《弥沙塞部和醯五分律》卷一七（大正二二·一二〇中）。《四分律》卷三五（大正二二·八一五下——八一六上）。《摩诃僧祇律》卷二三（大正二二·四一三下——四一五上）。《十诵律》卷二一（大正二三·一五六下）。《增支部·四集》，作四沙门支（南传一八·四八——四九）。

③ 《摩诃僧祇律》卷二三（大正二二·四一五上）。

《众集经》,就称第四为“病瘦医药”①。所以,“四依”是除去第四圣种,而改为“陈弃药”,作为出家者不能再简朴的生活标准。其中“粪扫衣”,是别人不要而丢弃的旧布,可能是破烂的。在垃圾(即粪扫)中、路边、冢间,捡些世人所遗弃了的旧布,洗干净了,再缝成整幅,着在身上(印度人的服式,就是这样的)。粪扫衣,是从衣服的来源得名的。其后,释尊制定“三衣”,那是为了保护体温的必要,认为有了三件衣服就够了,所以有“但三衣”的名目。三衣(各有名称),一般称之为“袈裟”(kaṣāya),是杂染色的意思。三衣制成田畦形,用长短不等形的布,缝合而成。杂染色与田块形,保持了原始粪扫衣的特征。外道所穿的草叶衣、树皮衣、马尾衣,或一丝不挂的天衣,是释尊所禁止的。“常乞食”,是每天的饮食,要从每天的乞化中得来(不准食隔宿食,有适应热带地区的卫生意义),不准自己营生。摩诃迦叶(Mahākāśyapa)②或摩诃迦罗(Mahākāla),曾捡拾遗弃的食品充饥,为释尊所呵斥③。“树下坐”,是坐卧处,不住房舍而在野外的大树下住。“陈弃药”,各部律的解说不一。总之,能治病就可以,不求药品的新鲜、高贵。这一生活准绳,大抵是释尊早年所实行的。释尊离了家,穿着沙门穿过的袈裟;饮食都从乞食而来。坐卧都在林野,如在菩提树下成佛;成佛以后,七七日都在树下住。释尊是这样,早期比丘们的住处,也大致是这样。受了

---

① 《长阿含经》卷八《众集经》(大正一·五一上)。

② 《弥沙塞部和醯五分律》卷七(大正二二·五三上)。

③ 《十诵律》卷一三(大正二三·九五下)。《根本说一切有部毗奈耶》卷三六(大正二三·八二五上——八二六下)。

竹园(Kalandaka-veṇuvana)以后,还是住在园中的树下。进一层说,这是当时沙门的一般生活情况,释尊只是随顺习俗而已。不过,当时的极端苦行者,或穿树皮衣、草叶衣,或者裸体。不乞食而只捡些根果,或被遗弃的祭品充饥。有的服气、饮水,也有食秽的。夏天暴露在太阳下,冬天卧在冰上;或睡在荆棘上、砂砾上。病了不服药。这些极端的苦行,为释尊所不取;无论怎样精苦,以能维持身心的正常为原则。

"四依",在释尊时代,是有悠久普遍性的,为一般沙门的生活方式。释尊适应世俗,起初也大致相近,只是不采取那些极端的苦行。释尊在世,释尊涅槃以后,佛教的出家众羡慕这种生活方式的,着实不少,被称为"头陀行"(dhūta-guṇa)。"头陀",是修治身心,陶练烦恼的意思(或译作"抖擞")。在原始的经律中,本没有"十二头陀"说。如《杂阿含经》说到:波利耶(Pātheyya)聚落比丘,修"阿练若行、粪扫衣、乞食"①,也只是衣、食、住——三类。大迦叶所赞叹的,也只是这三类②。但与此相当的《相应部》,就加上"但三衣",成为四头陀行了③。后起的《增一阿含经》,就说到十二支④。总之,起初是三支,后来有四支、八支、九支、十二支、十三支、十六支等异说⑤。这里,且

① 《杂阿含经》卷三三(大正二·二四〇中)。《别译杂阿含经》卷一六(大正二·四八五下)。

② 《杂阿含经》卷四一(大正二·三〇一下)。《别译杂阿含经》卷六(大正二·四一六中)。

③ 《相应部·无始相应》(南传一三·二七四)。又《迦叶相应》(南传一三·二九七)。

④ 《增一阿含经》卷五(大正二·五六九下——五七〇上)。

⑤ 早岛镜正《初期佛教之社会生活》(七八——八二)。

依“十二头陀行”①说。十二支,还只是三类:

“衣”:粪扫衣·但三衣

“食”:常乞食·次第乞食·受一食法·节量食·中后不饮浆

“住”:阿兰若处住·冢间住·树下住·露地坐·但坐不卧

衣服方面:“粪扫衣”而外,更受佛制的“但三衣”,不得有多余的衣服。饮食方面:“常乞食”,还要“次第乞”,不能为了贫富,为了信不信佛法,不按次第而作选择性的乞食,名为“平等乞食”。“受一食法”,每天只日中一餐(有的改作“一坐食”)。“节量食”,应该节省些,不能吃得过饱。如尽量大吃,那“一食”制就毫无意义了。“中后不饮浆”:浆,主要是果汁(要没有酒色酒味的才是浆),石蜜(冰糖)也可以作浆②。“日中”以后,不得饮用一切浆,只许可饮水(唐代禅者,许可饮茶)。坐卧处方面:“阿兰若处住”,是住在没有嚣杂声音的林野。“冢间”是墓地,尸骨狼藉,是适于修习不净观的地方。“树下住”,是最一般的。“露地坐”,不在檐下、树下。但冢间、树下等住处,是平时的,在“安居”期中,也容许住在有覆盖的地方,因为是雨季。“但坐不卧”,就是“胁不着席”。不是没有睡(人是不能不睡的),而只是没有躺下来睡,不会昏睡,容易警觉。这一支,在其他的传说中是没有的。

依古代沙门生活而来的,严格持行的,是“头陀行”。释尊“依法摄僧”,渐渐地制定“律仪行”。律中所制的,在衣、食、住的生活方式上,与头陀行有相当大的差别。律制是适应多方面,

① 《十二头陀经》(大正一七·七二〇下)。

② 《摩诃僧祇律》卷二九,立十四种浆(大正二二·四六四中)。

而有较大伸缩性的。如“衣服”:在来源方面,捡拾得来的粪扫衣之外,释尊许可受用 gṛhapati-cīvara。这个字,《僧祇律》与日本译的南传“律藏”,译为“居士衣”①;《五分律》译作“家(主)衣”②;《十诵律》译作“居士施衣”③;《四分律》作“檀越施衣”④——这是接受在家信者布施的衣。在家人所布施的,虽品质有高低,而总是新的,颜色也会好些。布施的是布(或是布值),制成三衣,虽加上染色,比起粪扫衣来,那要整洁多了!在数量方面,不只是“但三衣”(比丘尼五衣),也允许有“长衣”(atireka-cīvara),长衣是超过应有的(三衣)标准以上的多余的衣服。古代经济是不宽裕的,比丘们的衣服得来不易。如意外的破坏了,遗失了,水没、火烧,急着要求得衣服,并不容易,所以容许有“长衣”。但三衣以外的“长衣”,是不能保有“十日”以上的。在“十日”以前,可以行“净施”。就是将“长衣”布施给另一比丘,那位比丘接受了,随即交还他保管使用。“净施”,是以布施的方式,许可持有。如超过了“十日”,没有净施,那就犯“舍堕”罪。衣服要舍给僧伽(归公),还要在僧中忏悔;不过僧伽多数会将衣交还他保管使用。这种制度,“舍”而并没有舍掉,“施”也没有施出去,似乎有点虚伪。然依律制的意义,超过标准以上的衣服,在法理上,没有所有权,只有保管使用权。在事实上,凡是“长衣”,必须公开地让别人知道,不准许偷偷地私

---

① 《铜鍱律·大品》(南传三·四九〇——四九一)。《摩诃僧祇律》卷八(大正二二·二九二中)。

② 《弥沙塞部和醯五分律》卷二〇(大正二二·一三四中)。

③ 《十诵律》卷二七(大正二三·一九四下)。

④ 《四分律》卷四〇(大正二二·八五四下)。

蓄。运用这一制度，在“少欲知足”的僧团里，不得已而保有“长衣”，也不好意思太多的蓄积了！“饮食”，各部“戒经”的“波逸提”中，制有饮食戒十一条①，可说够严格的，但也有方便。平时，如没有吃饱，可以作“残食法”而再吃。在“日中一食”前，也可以受用“早食”。在迦絺那衣(kaṭhina)没有舍的期间，可以应信者的请求而吃了再吃(“处处食”)，也可以受别众请食。不过，过了中午不食，不吃隔宿的饭食，在印度是始终奉行的。

说到“住处”，由于律制有(姑且通俗地称为)寺院的建立，渐演化为寺院中心的佛教，对初期佛教的生活方式来说，有了大幅度的变化。比丘们早期的“坐卧处”，如《五分律》说：“阿练若处、山岩、树下、露地、冢间，是我住处。”②依古代的习俗，也有住神祠——支提耶(caitya)的，也有住简陋小屋的。如“盗戒”的因缘中，说到檀尼迦(Dhanikā)一再建筑草舍，却都被牧牛人拆走了。舍牢浮伽(Śarabhaṇga)用碎苇来作苇屋③。印度的气候炎热，古代修行者，都住在这些地方。等到雨季来了，才住到有覆盖的地方。这种佛教比丘们的早期生活，在佛法的开展中，渐渐演进到寺院住的生活。寺院住、僧中住的生活渐渐盛行，“头陀行”者就相对地减少了。后来，阿练若比丘都是住在小屋中的；树下住者，住在房屋外的树下；露地坐者，坐在屋外或屋内庭院的露地：与早期的“头陀行”，也大大不同了。通俗所称的寺

---

① 拙作《原始佛教圣典之集成》(一六二——一六三，本版一三六)。

② 《弥沙塞部和醯五分律》卷二五(大正二二·一六六中)。参考《铜锞律·小品》(南传四·二二五)。《四分律》卷五〇(大正二二·九三六下)。《十诵律》卷三四(大正二三·二四三上)。

③ 《小部·长老偈经》(南传二五·二〇七)。

院，原语为僧伽蓝（saṃghārāma）、毗诃罗（vihāra）。阿蓝摩（ārāma），译为“园”，有游乐处的意思。本来是私人的园林，在园林中建筑房屋，作为僧众的住处，所以称为“僧伽蓝”。“精舍”，音译为毗诃罗，是游履——住处。在后来，习惯上是大寺院的称呼。僧伽蓝与精舍，实质上没有多大差别，可能是建筑在园林中，或不在园林中而已。比丘们住在树下、露地，虽说专心修道，“置死生于度外”，但并不是理想的。如暴露在日光下、风雨中，受到蚊、蛇、恶兽的侵害。如住在房屋内，不是更好吗？古代人类，正就是这样进化而来的。比丘们所住的房屋，传说最初接受房屋的布施，是王舍城的一位长者，建了六十僧坊（或精舍）①，这应该是小型的（一人一间）。依“戒经”所说，比丘为了个人居住而乞化的，或是有施主要建大房（精舍），都是许可的。但要经过僧伽的同意；如为自己乞求作房屋，那是不能太大的。依律制，四人以上，称为“僧伽”。僧伽蓝与大型精舍的建立，应该与社会的经济繁荣、出家众的增多有关。从经律中所见到的，如舍卫城东的东园鹿子母堂（Pūrvârāma-mṛgāramātṛ-prāsāda），是富商毗舍佉鹿子母（Viśākhā-mṛgāramātṛ）所建的；城内有波斯匿王（Prasenajit）的王园（Rājakārāma）；城南有须达多（Sudatta）长者布施的祇树给孤独园。拘睒弥（Kauśāmbī）有瞿史罗（Ghosiḷa）长者所施的瞿史罗园（Ghosiḷârāma）。王舍城有频婆娑罗王所施的竹园。这些佛世的大寺院，都是得到国王、大富长者的支持。出家众多了，有随从释尊修习的需要，于是出现了大寺院。

---

① 《弥沙塞部和醯五分律》卷二五（大正二二·一六六中）。参考《铜鍱律·小品》（南传四·二二五）。《四分律》卷五〇（大正二二·九三六下）。《十诵律》卷三四（大正二三·二四三上）。

这可能以祇园为最早、最有名，传说舍利弗是当时建筑的指导者①。自从有了寺院，住在寺院的比丘，对树下、冢间、露地，虽还是经常到那些地方去修行，但是住在寺院，不能说是树下住、露地坐、冢间住的“头陀行”了。有了多数人共住的寺院，住在里面，不再是原来的独住（ekavihārin），而是在大众（僧伽）中住。有了多数人共住，就有种种事，于是“知僧事”的僧职，也由大众推选而产生出来。起初，还保持“安居”以后，到各处去游行，不得长期定住一地的习俗。但有了僧寺、僧物（公物），要有人在寺管理，不能离去，渐渐地成为“常住比丘”。对于新来的，称为“旧（住）比丘”。寺院成立了，逢到布萨的日子，及“安居”终了，信众们都来听法、受戒、布施，形成定期的法会。依律而住的比丘们，过着寺院的集体生活，使佛法更广大地开展起来。为了实现“正法久住”的理想，以寺院为佛教中心，是更契合于释尊的精神，不过寺院制成立，多数人住在一起，制度越来越重要。如偏重制度，会有形式上发展而品质反而低落的可能。在大乘佛法兴起中，对偏重形式的比丘们，很有一些批评。但印度大乘佛法的兴盛，还是不能不依赖律制的寺院。

佛教初期，沿用当时的一般生活方式，并无严格标准。如“日中一食”，是后来才制定的，贤护（Bhadrapāla）比丘因此而好久没有来见佛②。如额鞞（Aśvajit）与分那婆（Punarvasu）在吉罗

---

① 《十诵律》卷三四（大正二三·二四四中）。

② 《中部》（六五）《跋陀利经》（南传一〇·二四〇——二四一）。《中阿含经》卷五一《跋陀和利经》（大正一·七四六中——七四七上）。《增一阿含经》卷四七（大正二·八〇〇中——八〇一中）。《摩诃僧祇律》卷一七（大正二二·三五九中——下）。《毗尼母经》卷二（大正二四·八〇八中）。

(Kiṭāgiri)的作风,与一般的沙门行,严重地不合①。释尊是顺应一般的需要而次第地成立制度,但不是绝对的,而有宽容的适应性。等到寺院成立了,大众都过着共住的生活,于是渐形成"阿兰若比丘"、"聚落比丘"——二类。这是发展所成,因地区与时代的先后而并不完全相同,这不过大体的分类而已。说到聚落与阿兰若,律中有二类解说。一是世俗的分别:如"盗戒"所说的"聚落"与"空闲处"——"阿兰若",或以聚落的墙栅等为界,墙栅以内是"聚落",墙栅以外就是"空闲处"②。或分为三:墙栅等以内,是"聚落"。从墙栅(没有墙栅的是门口)投一块石头出去,从"聚落"到石头所能到达的地方,是"聚落界",或译作"聚落势分"、"聚落所行处"。投石(或说"一箭")所能及的地方,多也不过十丈吧!也就是聚落四周约十丈以外,是"空闲处"③。二是佛教制度的解说:"聚落"(城邑),离城邑聚落五百弓(这五百弓是没有人住的)以外,名为"阿兰若住处"④;阿兰若住处,是比丘们所住的地方。离聚落五百弓,一弓约六、七尺长,五百弓约二里(或二里多些)。这也是三分的:聚落,中间

---

① 《铜鍱律·大分别》(南传一·三〇二——三〇四)。《弥沙塞部和醯五分律》卷三(大正二二·二一下)。《四分律》卷五(大正二二·五九六下)。《十诵律》卷四(大正二三·二六中)。《根本说一切有部毗奈耶》卷一五(大正二三·七〇五上)。

② 《四分律》卷一(大正二二·五七三中)。《根本说一切有部毗奈耶》卷二(大正二三·六三七上)。

③ 《铜鍱律·大分别》(南传一·七五)。《弥沙塞部和醯五分律》卷一(大正二二·六上)。《摩诃僧祇律》卷三(大正二二·二四四上)。

④ 《铜鍱律·大分别》(南传一·七五)。《摩诃僧祇律》卷一一(大正二二·三二三中)。《四分律》卷一〇(大正二二·六三二下)。《十诵律》卷八(大正二三·五七中)。《根本说一切有部毗奈耶》卷二四(大正二三·七五六下)。

五百弓,阿兰若住处。离聚落五百弓,听不到聚落中的大鼓声,或大牛的吼声,才是阿兰若处。依"戒经","非时入聚落",是不许可的,可见比丘们不是住在聚落中,而是住在阿兰若处的。依这个意义,无论是个人住,二、三人住,或四人(十人,数十人,数百人,数千人)以上共住的,都可说是住阿兰若处;不过四人以上,在僧伽蓝中住,称为僧伽蓝比丘。

比丘们的住处,渐渐地变好。从"阿兰若住处",移向"近聚落住处",更向"聚落中"住。这一情形,《十诵律》、《摩诃僧祇律》、《五分律》,表示得非常明白。说一切有部的《十诵律》"毗尼诵",是律的摩得勒伽,说到"阿兰若法","阿兰若上座法";"近聚落住法","近聚落住上座法"①。与"毗尼诵"相当的《萨婆多部毗尼摩得勒伽》,作"阿练若比丘","阿练若上座";"聚落","聚落中上座"②。一作"近聚落住",一作"聚落中",可看作从"近聚落住"发展到"聚落中"住的过程。《五分律》也说到:"阿练若处比丘","有诸比丘近聚落住"③。"近聚落住",就是住在"聚落"与"阿兰若处"的中间地带——五百弓地方。这里没有人住,随俗也可说是"阿兰若处"(空闲处),其实是聚落边缘,也就是"聚落界","聚落势分"。寺院在"聚落中",如《十诵律》与《摩诃僧祇律》所说的,应该比"近聚落住"的迟一些。如《清净道论》说:"阿兰若"比丘,到"近聚落住处"(gāmanta)来

① 《十诵律》卷五七(大正二三·四一九下——四二〇上)。

② 《萨婆多部毗尼摩得勒伽》卷六(大正二三·六〇二中)。

③ 《弥沙塞部和醯五分律》卷五(大正二二·三二上),又卷二七(大正二二·一八〇中)。

听法①。与《清净道论》相当的《解脱道论》，就作“聚落住”②。律制的阿兰若比丘，以专精修行为主，至少要远离城邑聚落五百弓以外。等到寺院兴起，多数比丘共住的僧伽蓝与精舍(大寺)，即使在阿兰若处，或保持宁静的传统，但人多事多，到底与阿兰若处住的原义不同。而且，佛教产生了“净人”制，“净人”是为寺院、僧伽、上座们服务的。如《十诵律》说：“去竹园不远，立作净人聚落。”③竹园本在城外，但现在是在聚落边缘了。随着人口增加，城市扩大，本来在阿兰若处的寺院，转化为“近聚落住”与“聚落中”的，当然不少。这样，就形成了少数的、个人修行的“阿兰若比丘”，与多数的、大众共住(近聚落住与聚落中寺院中住)的“聚落比丘”——二大类。

阿兰若比丘，如果是初期那样的“头陀行”——粪扫衣、常乞食、树下住，一无所有，那真是“无事处”了！但后代的阿兰若比丘，也大都住在小屋中，穿着“居士施衣”——新而整洁的“三衣”，还留些食品，这就有受到盗贼恐怖的可能。“戒经”中，有“阿兰若过六夜离衣学处”，“阿兰若住处外受食学处”，都与贼寇有关。所以律制“阿兰若比丘法”，要预备水、火、食品，知道时间与方向，以免盗贼来需索而遭到伤害④。阿兰若比丘与聚落比丘，可说各有所长，也各有所短，如《摩诃僧祇律》卷三五

① 《清净道论》(南传六二·一四四)。

② 《解脱道论》卷二(大正三二·四〇四下)。

③ 《十诵律》卷三四(大正二三·二五一上)。

④ 《铜鍱律·小品》(略)(南传四·三三一——三三二)。《弥沙塞部和醯五分律》卷二七(大正二二·一七九下——一八〇上)。《十诵律》卷四一(大正二三·三〇〇下——三〇一上)。《根本说一切有部毗奈耶杂事》卷三四(大正二四·三七七下——三七八上)。《萨婆多部毗尼摩得勒伽》卷六(大正二三·六〇二中)。

(大正二二·五一〇上——中)说：

"阿练若比丘，不应轻聚落中比丘言：汝必利舌头少味而在此住！应赞：汝聚落中住，说法教化，为法作护，覆荫我等！聚落比丘不应轻阿练若比丘言：汝在阿练若处住，希望名利！獐鹿禽兽亦在阿练若处住；汝在阿练若处，从朝竟日，正可数岁数月耳！应赞言：汝远聚落，在阿练若处，闲静思惟，上业所崇！此是难行之处，能于此住而息心意！"

二类比丘的风格不同，可以从轻毁与赞叹中了解出来。阿兰若比丘，从好处说，这是专精禅思，值得尊崇与赞叹的。但有些阿兰若比丘，不能专心修行，有名无实，不过为了"希望名利"(一般人总是尊敬这类修行人的)，禽兽不也是住在阿兰若处！聚落比丘，从短处说，这里人事多，只是吃得好些。从好处说，接近民众，为民众说法、授戒，护持正法。经师、律师、论师，都是在聚落(寺院)中住；阿兰若比丘，也要仰仗聚落比丘呢！如《解脱道论》卷二(大正三二·四〇六中)说：

"云何无事处(阿兰若处)方便？或为受戒、忏罪、问法、布萨、自恣、自病、看疾、问经疑处：如是等缘，方便住聚落，不失无事处。"

住在阿兰若处的比丘，如要忏罪、听法、布萨、养病，都不能不依赖聚落比丘的教导与照顾，佛教到底是以大寺院为中心了。阿兰若比丘与聚落比丘，是各有长处的，如能相互同情而合作，那是很理想的。但由于作风不一致，不免引起误会，或者互相毁谤。《摩诃僧祇律》曾说到:一、某处的阿兰若比丘,与聚落比丘“同一利养”(“摄食界”)——信众的饮食供养,大家共同受用。但在阿兰若比丘没有来以前,聚落比丘就先吃了。于是阿兰若比丘一早来,把饮食都拿走了,这就引起了纷诤①。二、弗绨虏是一位阿兰若比丘,到聚落住处来布萨。弗绨虏十四日来,聚落比丘说:我们是十五日布萨。等到十五日再来,聚落比丘却提前布萨了。这样的情形,“二十年中,初不得布萨”,还要说弗绨虏“叛布萨”②。从这些事例,可见阿兰若比丘与聚落比丘,因住处不同、风格不同,引起了相互的对立。在大乘佛法兴起中,阿兰若比丘与聚落比丘的对立,正是一项非常重要的事实。

第五项　出家布萨与在家布萨

佛教有布萨的制度,每半月一次,集合大众来诵说波罗提木叉戒经。这种制度,渊源是很古老的。依《吠陀》(Veda),在新月祭(darśamāsa)、满月祭(paurṇamāsa)的前夜,祭主断食而住于清净戒行,名为 upāvasatha(优波婆沙,就是布萨)。释尊时代,印度的一般宗教,都有于“月八日、十四日、十五日”举行布萨的习惯,释尊适应这一般的宗教活动,也就成立了布萨制③。信众定期来集会,比丘要为信众们说法。律典没有说到信众们来参

① 《摩诃僧祇律》卷三五(大正二二·五〇九下——五一〇上)。

② 《摩诃僧祇律》卷三〇(大正二二·四六九中——下)。

③ 《铜鍱律·大品》(南传三·一八〇——一八一)。《弥沙塞部和醯五分律》卷一八(大正二二·一二一中)。《四分律》卷三五(大正二二·八一六下)。《摩诃僧祇律》卷二七(大正二二·四四六下)。《十诵律》卷二二(大正二三·一五八上)。《大智度论》卷一三(大正二五·一五九中——一六〇中)。

加布萨，还做些什么，这因为律是出家众的制度，所以将在家布萨的事略去了。

布萨制，在出家的僧众方面，起初是"偈布萨"，后来才以说波罗提木叉为布萨，如《善见律毗婆沙》卷五（大正二四·七〇八上）说：

"释迦牟尼佛，从菩提树下二十年中，皆说教授波罗提木叉。复一时于，……语诸比丘：我从今以后，我不作布萨，我不说教授波罗提木叉，汝辈自说。……从此至今，声闻弟子说威德波罗提木叉。"

"教授波罗提木叉"（ovādapātimokkha），就是略说教诫偈。由于制立学处，后来发展为"威德波罗提木叉"（āṇāpātimokhha）。"教授波罗提木叉"，如偈说："善护于口言，自净其志意，身莫作诸恶，此三业道净；能得如是行，是大仙人道。"①"偈布萨"是道德的、策励的；而"威德波罗提木叉"，如所制立的学处（戒条），是法律的、强制的，以僧团的法律来约束，引导比丘们趣向解脱。到后代，布萨着重于诵说"波罗提木叉戒经"，这不是布萨的主要意义；布萨的真意义，是实现比丘们的清净。所以在诵波罗提木叉以前，如没有来参加的，要"与清净"，向僧伽表示自己是清净的，没有犯过失。来参加集会的，在诵波罗提木叉以前，如《四分戒本》（大正二二·一〇一五中）说：

"诸大德！我今欲说波罗提木叉戒，汝等谛听！善思

① 《四分僧戒本》（大正二二·一〇三〇中）。

念之！若自知有犯者，即应自忏悔。不犯者默然，默然者，知诸大德清净。若有他问者，亦如是答。如是比丘在众中，乃至三问。忆念有罪而不忏悔者，得故妄语罪。故妄语者，佛说障道法。若彼比丘忆念有罪欲求清净者，应忏悔，忏悔得安乐。”

在说波罗提木叉戒以前，要这样的三次问清净。在正说波罗提木叉的进行中，每诵完一类戒，就向大众三次发问，“是中清净否”？不断地警策大众，要大众反省自己，发露自己的过失。在佛法中，唯有无私无隐地发露自己的过失，才能出离罪恶，还复清净；不受罪过的障碍，而能修行圣道，趣入解脱。所以布萨说波罗提木叉，成为教育僧众、净化僧众的好方法。对于个人的修行，僧伽的和合清净，有着重大的意义！如忘了“清净”的真义，而只是形式地熟诵一遍，那就难免僧团的变质了①！

“布萨”的意义，玄奘作“长养”，义净作“长养净”。《根本萨婆多部律摄》解说为：“长养善法，持自心故。……增长善法，净除不善。”与《毗尼母经》的“断名布萨，……清净名布萨”②，大意相同。远离不善，使内心的净法增长，就是布萨。所以说：“由此能长养，自他善净心，是故薄伽梵，说此名长养。”③律典说到在家信众来布萨，我以为：如《四分戒本》所说的偈布萨，在家

① 有关僧众的布萨，可参阅拙作《原始佛教圣典之集成》(一〇五——一二五，本版八九——一〇七)。

② 《根本萨婆多部律摄》卷一(大正二四·五二九上)。《毗尼母经》卷三(大正二四·八一四中)。

③ 《阿毗达磨俱舍论》卷一四(大正二九·七五中)。

信众不也是一样的适合吗？大众集会，比丘们说法、说偈，策励大众，起初是可能通于在家、出家的。等到布萨制分化了，在一月二次的布萨日，在家众来听法、布施，但不能参加出家者的诵戒布萨。“月八日、十四日、十五日”——六斋日（还有“神足月”），信众们来集会布萨，就以从古传来的过中不食，参入部分的出家行，合为八支，作为在家弟子的布萨。所以说：“八戒斋者，是过去现在诸佛如来，为在家人制出家法。”①八支斋，梵语 aṣṭâṅga-samanvāgatôpavāsa，意译为“八支成就布萨”，古译“八关斋”。“洗心曰斋”，以“斋”来译长养净心的“布萨”，可说是很合适的。“八支”，见于《小部》的《经集》，但没有说受持的时间②。在四阿含中，见于《杂阿含经》的“八众诵”、《中阿含经》的《持斋经》、《增一阿含经》③。“八支”的次第与分合，传说略有出入，但内容都是：离杀生，离盗取，离淫，离妄语，离饮酒，离非时食，离高广大床，离涂饰香鬘及歌舞观听。“八支”与“沙弥十戒”相比，只缺少“不捉持金银”一戒。“八支布萨”，如《增支部·八集》（南传二一·一五一）说：

“圣弟子如是思择：诸阿罗汉，乃至命终，断杀生，离杀生，弃杖弃刀；有耻，具悲，于一切众生哀愍而住。今我亦今

---

① 《受十善戒经》（大正二四·一〇二三下）。

② 《小部·经集·昙弥迦经》（南传二四·一四三——一四六）。

③ 《杂阿含经》卷四〇（大正二·二九五下——二九六上），又卷五〇（大正二·三六四上）。《相应部·夜叉相应》（南传一二·三六三——三六四）。《中阿含经》卷五五《持斋经》（大正一·七七〇中——七七一上）。《增支部·八集》（南传二一·一四一——一七三）。《增一阿含经》卷一六（大正二·六二四中——六二六上），又卷三八（大正二·七五六下——七五七上）。

日今夜，断杀生，离杀生，弃杖弃刀；有耻，具悲，于一切众生哀愍而住。”

“八支布萨”，每一支都是这样的，以阿罗汉（出家者）为模范，自己在一日一夜中，修学阿罗汉的戒法（所以说“为在家人制出家戒”）。这是在家的佛弟子，不能出家而深深地敬慕出家法。所以在一般在家的“三归”、“五戒”以外，制立“八支布萨”，使在家众能过一日一夜的身心清净生活。对在家戒来说，这是精进的加行！

“八关斋”，或称“八戒”，“近住律仪”，是戒法之一，戒是需要授受的。《大毗婆沙论》说：“问：近住（优波婆沙的又一意译）律仪，从谁应受？答：从七众受皆得，非余。所以者何？若无尽寿戒者，则不堪任为戒师故。”①依论文，似乎七众弟子——出家五众、在家二众，谁都可以传授八关斋戒。这到底是什么意义？《增一阿含经》说到了授受的情形，如说：

“善男子、善女人，于八日、十四日、十五日，往诣沙门、若长老比丘所，自称名字，从朝至暮，如阿罗汉持心不移。”②

“若有善男子、善女人，于月十四、十五日，说戒持斋时，到四部众中，当作是语：我今斋日，欲持八关斋法，唯愿尊者当与我说之！是时四部之众，当教与说八关斋法。”③

---

① 《阿毗达磨大毗婆沙论》卷一二四（大正二七·六四七中）。

② 《增一阿含经》卷三八（大正二·七五六下）。

③ 《增一阿含经》卷一六（大正二·六二五上——中）。

布萨日,到“沙门若长老比丘所”,或“到四部众中”,事实是一样的。在家弟子受八关斋戒,是在在家二众、出家二众——“四部众”(即“七众”)中举行的;但教说戒的,是“比丘”、“尊者”。例如出家众受戒,虽由戒师(三人)举行传授,而实“戒从大众得”(应该是大众部义),戒是在(戒)坛诸师授与的。在家人受八关斋戒,也是一样。虽由“比丘”、“尊者”教说,而在“四众”(七众)中举行,也就是从四部众得来的。在会的四部众,一定是受过尽形寿戒的(五戒,也是尽形寿受持)。《大毗婆沙论》所说的“从七众受皆得”,就是这个意义。假使不在布萨日,不在大众中,可以从一位在家弟子受,那就不能说是布萨,也不能说以阿罗汉为模范了!(西元四世纪作的)《成实论》说:“若无人时,但心念口言:我持八戒。”[1]这与大乘戒所说的“千里无师”,可以自誓受戒一样。

受八关斋,以一日一夜受持为准。上午(也许可下午后开始)受戒,到第二天天明结束。现在南方佛教区,布萨日,在家弟子早上到寺院来,从比丘受八关斋,在寺院里听法、坐禅,称为“精进日”[2]。住在寺院中受持,所以八关斋也被解说为“近住戒”。形式上,近阿罗汉而住,也就是近寺院的出家人而住,修学部分的出家行。对于受持的时间,部派间有不同的意见,如《成实论》卷八(大正三二·三〇三下)说:

“有人言:此法但斋(齐?)一日一夜。是事不然!随受

---

① 《成实论》卷八(大正三二·三〇三下)。

② 平川彰《原始佛教之研究》(四二三)。

多少戒，或可半日乃至一月，有何咎耶？”

《大毗婆沙论》曾否定日间或夜间（即“半日”）受，及一日一夜以上的受持①，就是《成实论》一流的主张。然依律意或事实来说，一日一夜以上的受持，应该是可能的。在家人为家业所累，不可能长期受持，所以制定为六斋日的一日一夜戒。如年在四十以上，或儿女大了，家业的负累也轻了，为什么不能作半月、一月以上的受持呢？而且，六斋日以外，还有“神足月”，或称“年三斋”，一年的三个月内持斋，这应该不是一日一夜戒了。西元一九五七年，我出席泰国的佛元二千五百年庆典，住在泰国的寺院里。在我所住的附近房屋，住有好几位妇女，每天为我们预备早餐。我问陈明德居士：泰国寺院的规律谨严，为什么也住有妇女？他说：是州府来受八关斋戒的。我没有进一步地探问，如真的从远处的各州府来，不可能只受一日一夜戒的（也许是每日受的）。而且大会期间（七天），她们都始终住在寺里。所以依事实说，或是年三斋，或是长期受八关斋，都可能长住在寺院中，近僧而住。这是俗人而近于寺僧的，是敬慕出家行，而仍处于在家地位的。如果说佛教中有“不僧不俗”者，这倒是事实的存在。

受戒与忏悔，是不能分离的。“忏”是忏摩（kṣama）的略称，是请求“容忍”、“容恕”的意思。“悔”是deśanā（提舍那）的意译，原义为“说”。佛法中，如犯了过失（除极轻的“自责心”就得），非陈说自己的过失，是不能回复清净的。所以出家人犯了

① 《阿毗达磨大毗婆沙论》卷一二四（大正二七·六四七中——下）。

过失,要向僧众,或一比丘,请求容忍(忏),并陈说(承认)自己的过失(悔),一般通称为"忏悔"。在受八关斋时,依《增一阿含经》:先教说"忏悔",次教说"受(八)戒",末后教说"发愿",与《大智度论》所说的相同①。受戒以前的忏悔,是在四众中进行的。如受持而犯了呢?出家人有一定的忏悔法,称为"作法忏"。现存的经律,没有明确地说到在家戒犯了应怎样忏悔。受八关斋的,或男或女,在四众或比丘前说罪,怕也是不适宜的。《四辈经》说:"朝暮烧香然灯,稽首三尊,悔过十方,恭敬四辈。"②个人向佛(塔、佛像)忏悔,可能是从在家受戒者的忏悔而发展起来的。

第六项　佛法专门化与呗嚯者

佛教中,早就有了"学有专长"的专才,而且是同类相聚的。如《相应部·界相应》,说到了"说法者"(dharma-kathika)满慈子(Pūrṇa-maitrāyaṇīputra),"多闻者"(bahussutta)阿难,"持律者"(vinayadhara)优波离等③。《增一阿含经》也说到各人的"第一"④。阿难"侍佛二十五年",听闻而忆持不忘的教法极多,所以称"多闻第一"。满慈子长于教化(演说、阐扬),所以是"说法第一"。优波离是律的结集者,"持律第一"。在原始结集时,优

① 《增一阿含经》卷一六(大正二·六二五中——下)。《大智度论》卷一三(大正二五·一五九中——一六〇上)。

② 《四辈经》(大正一七·七〇五下)。

③ 《相应部·界相应》(南传一三·二二九——二三〇)。《杂阿含经》卷一六(大正二·一一五上——中)。

④ 《增支部·一集》(南传一七·三四——三五)。《增一阿含经》卷三(大正二·五五七下——五五八上)。

波离结集律,阿难结集法。结集的法,要忆持诵习;对新传来的教法,要依原始结集的“相应修多罗”为准绳,来共同审核编集,所以有了“持法者”(dharmadhara)。结集了的律,要忆持不忘;还要依“波罗提木叉”为准绳,而对僧团沿习而来的规制,加以决定编集,仍旧称为“持律者”。“持法者”与“持律者”,是传持佛教圣典者的二大流。其后,从“持法者”(也从“说法者”)分出“持母者”(mātrkādhara),或“持阿毗达磨者”(abhidharmadhara),与前“持法者”、“持律者”,就是传持三藏者的不同名称。在重法的经典中,一直是沿用这样的名称。如《中部·牧牛者大经》,列举“多闻”、“传阿含”(āgatāgama)、“持法”、“持律”、“持母”——五类①。“多闻”是阿难以来的名称。“传阿含”是《阿含经》成立了,《阿含经》所有古说的传承者。“持法”、“持律”、“持母”,就是三藏的传持者。这五类,《增支部》曾一再地说到②。在汉译中,《杂阿含经》作“修多罗、毗尼、阿毗昙”③。《中阿含经》也有“知经、持律、持母者”④,都只说到持三藏者。

在律典中,也许律典的完成迟一些,所以出现了更多的专门人才。弘法人才,除多闻者、说法者以外,还有 suttantika、bhāṇaka。现在列举《铜鍱律》所见的如下⑤:

---

① 《中部》三三《牧牛者大经》(南传九·三八五)。

② 《增支部·三集》(南传一七·一九〇)。《四集》(南传一八·二五九)。《四集》(南传一八·二九七)。《五集》(南传一九·二五〇——二五二)。《六集》(南传二〇·一一一——一一二)。

③ 《杂阿含经》卷四七(大正二·三四三上)。

④ 《中阿含经》卷五二《周那经》(大正一·七五五上)。

⑤ 塚本启祥《初期佛教教团史之研究》广引(三八七——三九六)。

《经分别》①	《自恣犍度》②	《经分别》③
suttantika	suttantika	suttantika
vinayadharā	vinayadharā	vinayadharā
dhammakathikā	dhammakathikā	dhammakathikā
jhayina		
	bhaṇantehi	bhāṇaka
		bahussuta

Suttantika,或译“诵经者”,“精通经者”,应是“四阿含”或“五部”的诵持者。vinayadhara 是“持律者”。dhammakathikā 是满慈子以来,演说与宣扬法化者的名称。jhāyin 是“坐禅者”。bahussuta 是阿难以来,多习经法(不一定属于一部)的“多闻者”。bhāṇaka,日译作“善说法者”。在“自恣犍度”中,有 bhikhūhi dhammaṃ bhaṇantehi,译作“比丘等说法”。bhaṇantehi 与 bhāṇaka,显然地属于同一类。日译为“善说法”与“说法”,似乎还不能表达这一名称的含义!

这可以从一位比丘说起。罗婆那婆提(Lakuṇṭaka-bhadriya),“婆提”或译“跋提”,意译为“贤”、“善和”。婆提是一位矮小而又丑陋的,所以称为“侏儒婆提”。人虽然矮小丑陋,不受人尊重,但证得阿罗汉,又生成美妙的音声。《增支部》称之为“妙音者”;《增一阿含经》作“音响清彻,声至梵天”④。《十诵律》卷三

① 《铜鍱律·经分别》(南传一·二六八)。

② 《铜鍱律·大品》(南传三·二九八)。

③ 《铜鍱律·经分别》(南传二·一〇七)。

④ 《增支部·一集》(南传一七·三四)。《增一阿含经》卷三(大正二·五五八上)。

七(大正二三・二六九下)说：

> “有比丘名跋提，于呗中第一。是比丘声好，白佛言：世尊！愿听我作声呗！佛言：听汝作声呗。呗有五利益：身体不疲，不忘所忆，心不疲劳，声音不坏，语言易解。”

《摩诃僧祇律》没有说到跋提，却另有一位比丘尼，如卷三六(大正二二・五一八下——五一九上)说：

> “此比丘尼有好清声，善能赞呗。有优婆塞请去，呗已，心大欢喜，即施与大张好氎。……(佛问：)汝实作世间歌颂耶？答言：我不知世间歌颂。”

跋提与某比丘尼，都是天赋的妙音，不需要学习，自然优美动听。这就是“声呗”、“呗赞”。从所说的“声音不坏”、“语言易解”，可知初期的“声呗”是近于自然的吟咏，没有过分的抑扬顿挫，可能近于诗的朗诵，只是音声优美而已。“呗”在《五分律》、《四分律》中，译为“呗嚧”；“呗嚧”不正是 bhāṇaka 的对音吗！“呗”与歌唱，是有分别的，佛法是不许歌唱的。《十诵律》容许“声呗”，却说“不应歌，……歌有五过失”①。《五分律》不许“作歌咏声说法”②，但可以“说法经呗”③。《四分律》容许“歌咏声说法”，但不许“过差歌咏声说法”④。《杂事》说：“不应作吟咏声诵诸经法。……然有二事作吟咏声：一谓赞大师德，二

---

① 《十诵律》卷三七(大正二三・二六九下)。
② 《弥沙塞部和醯五分律》卷一八(大正二二・一二一下)。
③ 《弥沙塞部和醯五分律》卷二六(大正二二・一七六中)。
④ 《四分律》卷三五(大正二二・八一七上)。

谓诵三启经。"①虽然是可以的,还是"不应歌咏引声而诵经法"②。如"引声"诵经,就与婆罗门的阐陀(chandas)声诵经相同了。说一切有部似乎比较宽容些,所以说:"若方国言音须引声者,作时无犯。"③如上来所引述,可见以美妙的音声来诵经、赞颂、说法,跋提与某比丘尼,是生来的美音,自然合律动听,近于吟咏而不过分的抑扬。部派所容许的"声呗",大抵相近,但经过了人为的练习。说一切有部,也许更接近音乐了。我在泰国,听见多数比丘的集体诵经,音声庄重和雅,有一定的(经过学习的)抑扬顿挫,但不会过分,这是符合古代声呗诵经的原则。但"声呗"无论是诵经、赞颂、说法,都是"听请一人",而不许"同声合呗"④,以免形成歌唱的气氛。

bhāṇaka——呗嚯者,为佛教的专才之一,而且"呗嚯呗嚯共"同⑤,也成为一类。在汉译的各部律中,都说到了"呗";《铜锞律》也有,不过被日译为"善说法"而已。静谷正雄著的《初期大乘佛教之成立过程》说到:bhārhut 佛塔,创建于西元前二世纪,发现创建者的碑铭不少。其中称为 bhāṇaka 的,当地的共四人,外地来的共二人;而当地的四人中,一人又是 navakamika——工程营造的督导者。同时代兴建的 sāñcī 塔,有 bhāṇaka

① 《根本说一切有部毗奈耶杂事》卷四(大正二四·二二三中)。

② 《根本说一切有部毗奈耶杂事》卷六(大正二四·二三二下)。

③ 《根本说一切有部毗奈耶杂事》卷六(大正二四·二三二下)。《根本萨婆多部律摄》卷九(大正二四·五七五中)。

④ 《弥沙塞部和醯五分律》卷一八(大正二二·一二一中)。《四分律》卷三五(大正二二·八一七上)。

⑤ 《弥沙塞部和醯五分律》卷三(大正二二·一五中)。《四分律》卷三(大正二二·五八七中)。

二人。西元一世纪兴建的，kārle 的支提耶（caitya）洞窟，也有 bhāṇaka 一人，是属于法上部（Dharmôttarīya）的。呗暱者对古代佛塔的兴建，是相当热心的。说出世部的《大事》，也提到 bhāṇaka，明显的与音乐有关①。各部派都传有“呗暱”者，他们的特长，是近于吟咏的音声。声呗的应用极广，诵经、赞颂、说法，都可以应用声呗，所以解说为“赞偈”或“说法”，都是不完全的解说。在佛法倾向于宗教仪式的发展中，呗暱是有重要意义的。如在布萨日，安居开始或终了自恣日，及释尊的纪念大会，寺院与佛塔的落成等，信众们来集会、布施，呗暱者都负有重要的任务，这可以从中国早期佛教而理解出来。《高僧传》有“经师”、“唱导”二科。“经师”末论说：“天竺方俗，凡是歌咏法言，皆称为呗。至于此土，咏经则称为转读，歌赞则号为梵呗。”②这就是诵经与赞颂二类。“唱导”末论说：“唱导者，盖以宣唱法理，开导众心也。……至中宵疲极，事资启悟，乃别请宿德，升座说法。……夫唱导所贵，其事四焉，谓声、辩、才、博。非声则无以警众。……至若响韵钟鼓，则四众惊心，声之为用也。”③“唱导”——说法（不是经论的解说）也还是着重声音的，所以唐代所译的《杂事》说：善和比丘“于弟子中，唱导（呗的意译）之师，说为第一”④。《律释》也说：“若方言，若国法，随时吟咏为唱导者，斯亦无犯。”⑤唱导是声呗的说法；转读是声呗的诵经；梵呗

---

① 静谷正雄《初期大乘佛教之成立过程》（一八——一九）。

② 《高僧传》卷一三（大正五〇·四一五中）。

③ 《高僧传》卷一三（大正五〇·四一七下）。

④ 《根本说一切有部毗奈耶杂事》卷四（大正二四·二二三上）。

⑤ 《根本萨婆多部律摄》卷九（大正二四·五七五中）。

是声呗的赞颂，都是声呗的不同应用而别立名称。在中国古代，都是个人吟咏作呗的。近代中国的法事，多数是合诵合唱，只有忏仪中的“梵呗”、“表白”，由一个人宣白，虽引声多了些，还保有声呗的古意。

第五章　法之施设与发展趋势

第一节　法与结集

第一项　法与方便施设

佛法，传说八万四千法门，在这无量法门中，到底佛法的心要是什么？也就是佛法之所以为佛法的是什么？依原始结集的圣典来说，佛法的心要就是“法”。释尊自觉自证而解脱的，是法；以悲愿方便而为众生宣说开示的，也称为“法”。“法”——达磨（dharma）是众生的归依处，是佛引导人类趣向的理想与目标。自觉自证的内容，不是一般所能说明的、思辨的，而要从实行中去体现的。为了化导众生，不能没有名字，释尊就用印度固有的术语——达磨来代表。从释尊的开示安立来看，“法”是以圣道为中心而显示出来的。圣道是能证能得的道，主要是八正道，所以说“正见是法，乃至……正定是法”①。八正道为什么称

① 《杂阿含经》卷二八（大正二·二〇二下）。《增支部·十集》（南传二二下·一七三、一七五、一八二）。

为法？法从字根 dhṛ 而来，有“持”——任持不失的意义。八正道是一切圣者所必由的，解脱的不二圣道，不变不失，所以称之为法。依圣道的修习成就，一定能体现甚深的解脱。表示这一意义，如《杂阿含经》卷一二举譬喻（大正二·八〇下——八一上）说：

“我时作是念：我得古仙人道，古仙人径，古仙人道迹。古仙人从此迹去，我今随去。譬如有人游于旷野，披荒觅路，忽遇故道，古人行处，彼则随行。渐渐前进，见故城邑，古王宫殿，园观浴池，林木清净。彼作是念：我今当往，白王令知。……王即往彼，止住其中，丰乐安隐，人民炽盛。”

“今我如是得古仙人道，古仙人径，古仙人迹，古仙人去处，我得随去，谓八圣道。……我从彼道，见老病死、老病死集、老病死灭、老病死灭道迹；……行、行集、行灭、行灭道迹。我于此法，自知自觉，成等正觉。为……在家出家，彼诸四众，闻法正向信乐知法善，梵行增广，多所饶益，开示显发。”①

依古道而发见古王宫殿的譬喻，足以说明“法”是以圣道为中心而实现（发见）出来的。圣道的先导者，是正见，也就是慧②，如经上说：“如是五根，慧为其首，以摄持故。”③“于如是诸

① 《相应部·因缘相应》（南传一三·一五四——一五五）。

② “慧”，在七菩提分中名“择法觉支”；八正道中名“正见”、“正思惟”；五根、五力中名“慧根”、“慧力”；四神足中为“观神足”；四念住中，念住就是“念慧”。

③ 《杂阿含经》卷二六（大正二·一八三中——一八五上）。《相应部·根相应》（南传一六下·五六——五七）。

觉分中,慧根最胜。"①慧——正见在圣道中,如堂阁的栋柱一样,是一切道品的支柱。《故王都譬喻经》所说,正见所见的,是四谛与缘起的综合说。一般说,缘起是先后的,圣谛是并列的,其实意义相通。缘起(pratītya-samutpāda),因(hetu),缘(pratyaya),因缘(nidāna),这些术语,无非显示一项法则,就是有与无,生起与灭,杂染与清净,都不是自然的、偶然的,而是有所依待的。如生死相续,是有因缘的,如发见其因缘而予以改变,那生死就可以不起了。无论是缘起说,四谛说,都从察果知因中得来。缘起是"中道"的缘起,经上一再说:"离此二边,处于中道而说法,所谓此有故彼有,此起故彼起;……此无故彼无,此灭故彼灭。"此有故彼有,此生(起)故彼生;此无故彼无,此灭故彼灭,是缘起的定律。无明缘行,行缘识,……生缘老病死,是缘起相生的序列。无明灭则行灭,行灭则识灭,……生灭则老死灭,是缘起还灭的次第。在圣道的正见观察下,发见缘起法;从因生果,又因灭而果灭。因果的起灭是无常的(无常的所以是苦。凡是无常、苦的,就非我、非我所),生起是必归于灭的。这样的圣道修习,从有因法必归于灭,达到诸行不起——寂灭的觉证。缘起法的悟入,有必然的历程,所以释尊为须深(Susīma)说:"且自先知法住,后知涅槃。"②知缘起法,有无、生灭的依缘性,观无常苦非我,是法住智;因灭果灭而证入寂灭,是涅槃智。这二智的悟入,都是甚深的。释尊有不愿说法的传说,就因为缘起与寂灭的

① 《相应部·根相应》(南传一六下·五六)。

② 《杂阿含经》卷一四(大正二·九七中)。《相应部·因缘相应》(南传一三·一八〇)。

甚深。《杂阿含经》就这样说:“此甚深处,所谓缘起。倍复甚深难见,所谓一切取离、爱尽、无欲、寂灭、涅槃。如此二法,谓有为、无为。”①四谛说也应该是这样的:正见苦果的由集因而来,集能感果;如苦的集因灭而不起了,就能灭一切苦:这是法住智。这是要以慧为根本的圣道修习而实证的;依道的修习,就能知苦、断集而证入于寂灭,就是知涅槃。

圣道所正见的缘起与圣谛,都称为法。缘起而被称为法的,如《杂阿含经》卷一二(大正二·八四中)说:

> “我今当说因缘(缘起)法及缘生法。……若佛出世,若未出世,此(缘起)法常住、法住、法界,彼如来自觉知,成等正觉,为人演说、开示、显发。……此等(缘生)诸法,法住、法定(原文作‘空’)、法如、法尔、法不离如、法不异如、审谛真实不颠倒。”②

这一经文,非常著名,虽所传与译文略有不同,而主要为了说明:缘起法与缘生法,是本来如此的,与佛的出世不出世无关;释尊也只是以圣道觉证,为众生宣说而已。法住、法界等,是形容“法”的意义。《瑜伽师地论》译作“法性”、“法住”、“法定”、“法如性”、“如性非不如性”、“实性”、“谛性”、“真性”、“无倒性非颠倒性”③。“法”是自然而然的,“性自尔故”,所以叫“法性”。法是安住的,确立而不可改的,所以叫“法住”。法是普遍

---

① 《杂阿含经》卷一二(大正二·八三下)。

② 《相应部·因缘相应》(南传一三·三六——三七)。

③ 《瑜伽师地论》卷九三(大正三〇·八三三上)。

如此的，所以叫“法界”。法是安定不变动的，所以叫“法定”。法是这样这样而没有变异的，所以叫“法如”。“如”是 tathātā 的意译，或译作“真如”。“法不离如、法不异如”，就是“非不如性”（avitathātā）、“不变异性”（ananyathātā）的异译，是反复说明法的如如不变。“审谛真实不颠倒”，与《瑜伽论》的“实性”、“谛性”、“真性”、“无倒性非颠倒性”相近。法——缘起（与缘生）有这样的含义，当然是“法”了。圣谛也有这样的意义，如《杂阿含经》卷一六（大正二·一一〇下）说：

“世尊所说四圣谛，……如如，不离如，不异如，真实审谛不颠倒，是圣所谛。”①

缘起与圣谛，意义相通，都是圣道所体见的“法”。由于圣道的现见而证入于寂灭，这是众生所归依的（法），也是一切圣者所共同趣入的。这是约“所”——所见所证说；如约“能”——能见能证说，就是八正道等道品，或三增上学、五法蕴。经上说：佛真弟子，“法法成就，戒成就、三昧成就、智慧成就、解脱成就、解脱见慧成就”②。阿罗汉有这样的五众——五分法身，佛也有此五法众。在这无漏法中，慧是根本的，所以初入谛理的，称为“知法入法”，“得净法眼”；或广说为“生眼、智、明、觉”③。这就是“得三菩提”（正觉）；在如来，就是“成阿耨多罗三藐三菩提”（无上正等觉）。

---

① 《相应部·谛相应》（南传一六下·三五三、三六一）。

② 《增一阿含经》卷一二（大正二·六〇三上）。

③ 《杂阿含经》卷一五（大正二·一〇三下）。《相应部·谛相应》（南传一六下·三四一——三四五）。

"圣谛"与"缘起",都是从因果关系的观察中,趣向于寂灭的。其他"蕴"、"处"、"界"等法门,都只是这一根本事实的说明。缘起说的序列是①:

> "无明缘行,行缘识,识缘名色,名色缘六处,六处缘触,触缘受,受缘爱,爱缘取,取缘有,有缘生,生缘老、病、死、忧、悲、苦、恼;如是如是,纯大苦聚集。"

生了,就有老、病、死;在生老病死——一生中,不离忧悲苦恼,被称为"纯大苦聚"。苦聚,就是苦蕴(duḥkhaskandhāḥ)。众生的一切,佛分别为"五取蕴",就是不离于(忧悲苦恼)苦的当体;这是缘起说、四谛说观察的起点。如"苦谛"的分别解说,虽分别为生苦、老苦、病苦、死苦、爱别离苦、怨嗔会苦、求不得苦,又总略地说"五取蕴苦"②。对此现实人生的不圆满,如不能知道是苦的,恋著而不能离,是不能趣向于圣智自觉的,所以应该先"知苦"。为什么会大苦蕴集?察果知因而推究起来,如《杂阿含经》卷一二(大正二·七九上)说:

> "若于结所系法,随生味著,顾念心缚则爱生;爱缘取,取缘有,有缘生,生缘老、病、……纯大苦聚集。"③

这可称为五支缘起说。因味著(与受相当)而有爱;有了

---

① 缘起说不限定为十二支,十二支说得详备些,所以为一般所通用。

② 《中阿含经》卷七《象迹喻经》(大正一·四六四中——下)。《中部》(二八)《象迹喻大经》,作"生苦、老苦、病苦、死苦、愁悲苦忧恼苦、求不得苦:略说五取蕴苦"(南传九·三二九)。

③ 《相应部·因缘相应》(南传一三·一三〇)。

爱，就次第引生，终于"纯大苦聚集"。这就是四谛中，五取蕴为苦谛，爱为集谛的具体说明。对自我与环境，为什么会味著、顾缚而起爱呢？缘起说有进一步的说明，可称为十支缘起说①，内容为：

识→名色→六处→触→受→爱→取→有→生→老病死等

这一序列，经中有二类说明。一、推求爱的因缘，到达认识的主体——识，是认识论的阐明。识是六识；名色是所认识的，与六境相当；六处是六根；触是六触；受是六受；爱是六爱。经中的"六处"法门，是以六处为中心，而分别说明这些。"二因缘（根与境）生识"②；"名色缘识生，识缘名色生"；"如三芦立于空地，展转相依而得竖立"③。可见识是不能自起自有的，所以不可想像有绝对的主观。二、推求爱的因缘，到达一期生命最先的结生识，是生理学的阐明。识是结生的识，名色是胎中有精神活动的肉体。这二者，也同样是"名色缘识，识缘名色"④。十支缘起说，为了说明爱的因缘，推求到识；这或是认识的开始，或是一期生命自体的开始，都已充分说明了，所以《杂阿含经》卷一二（大正二·八〇中——下）说：

---

① 或合六处与触，曰"六触处"，为九支说。

② 《杂阿含经》卷八（大正二·五四上）。《相应部·六处相应》（南传一五·一一一）。

③ 《杂阿含经》卷一二（大正二·八一中）。《相应部·因缘相应》（南传一三·一六六）。

④ 《中阿含经》卷二四《大因经》（大正一·五七九下）。《长阿含经》卷一〇《大缘方便经》（大正一·六一中）。《长部》（一五）《大因缘经》（南传七·一三——一四）。《佛说大生义经》（大正一·八四五中）。

“何法有故老死有？何法缘故老死有？即正思惟，生如实无间等生，……识有故名色有，识缘故有名色有。我作是思惟时，齐识而还，不能过彼。”①

缘起的观察，到达“识”，已不能再进一步，不妨到此为止。但缘起的说明，是多方面的，如《杂阿含经》卷一二（大正二·八三下——八四上）说：

“愚痴无闻凡夫，无明覆，爱缘系，得此识身。内有此识身，外有名色，此二因缘生触。此六触入所触，愚痴无闻凡夫，苦乐受觉因起种种。云何为六？眼触入处，耳、鼻、舌、身、意触入处。”②

在识、名色、触入处、受以前，提出了无明与爱。经上又说：“众生无始生死，无明所（覆）盖，爱系其颈，长夜生死轮转，不知苦之本际。”③从无限生死来说，无明的覆蔽，爱的系著，确是生死主因。解脱生死，也唯有从离无明与离爱去达到。我以为，十二缘起支，是受此说影响的。在缘起支中，爱已序列在受与取的中间，所以以行——身口意行（与爱俱的身语意行）来代替爱，成为十二支说。说到“此识身”以前，是三世因果说。以三世因果说缘起，应该是合于当时解脱生死的时代思想的。缘起的说

① 《相应部·因缘相应》（南传一三·一五——一五二）。

② 《杂阿含经》卷一二（大正二·八三下——八四上）。《相应部·因缘相应》（南传一三·三四——三五）。

③ 《杂阿含经》卷三三（大正二·二四〇中）。与此相同的经，《相应部》集为“无始相应”。

明是多种多样的,但主要是以"此有故彼有,此生故彼生"为原则,阐明生死苦蕴的因缘,也就是苦与集的说明。

缘起是"此有故彼有,此生故彼生",为世间一切法现起的普遍法则。有与生起,都依于因缘,所以生死苦蕴是可以解脱的,因为缘起又必然归于"此无故彼无,此灭故彼灭"的。能探求到生死苦蕴集的原因,"断集"就可以解脱了。在这缘起观中,有的必归于无,生起的必归于灭,没有永恒的、究竟自在(由)的,所以说是苦。苦由无常而来,所以说:"以一切行无常故,一切诸行变易法故,说诸所有受悉皆是苦。"①当时的印度宗教界,大都以为现实身心中有"自我"存在。我是主宰;是常住的,喜乐的,自在的。释尊指出:是无常,是苦,那当然不会是我;没有我,也就没有我所了。常、乐、我我所,是众生的著(执著又爱著)处,因而生死无边;如能通达无常(苦)、无我(我所),就能断集(无明与爱)而得到解脱,如《杂阿含经》卷一(大正二·二上)说:

> "色(受想行识)无常,无常即苦,苦即非我,非我者亦非我所。如是观者,名真实正观。……如是观者,厌于色,厌受想行识;厌故不乐(而离欲),不乐故得解脱。"②

观无常(苦)、无我(我所),能得解脱,是不二的正观。经上或简要地说:"无常想者,能建立无我想。圣弟子住无我想,心

① 《杂阿含经》卷一七(大正二·一二一上)。
② 《相应部·蕴相应》(南传一四·三三——三五)。

离我慢,顺得涅槃。"①这就是"三法印"。观无常、无我而能得解脱,原只是缘起法的本性如此,如说:

"眼(耳鼻等)空:常恒不变易法空,(我)我所空。所以者何? 此性自尔。"②

"空诸行:常恒住不变易法空,无我我所。"③

一切法性是空的;因为是空的,所以无常——常恒不变易法空,无我——我我所空。法性自空,只因为一切法是缘起的,所以说:"贤圣出世空相应缘起。"④依空相应缘起,观无常、无我而趣入涅槃(观无常入无愿解脱门,观无我入空解脱门,向涅槃入无相解脱门),是释尊立教的心要。能正观(正见、正思惟、如实观等)的,是"慧",是道的主体,更由其他的戒、定等助成。

上来对于"法"的要义的叙述,相信对于大乘空相应经的理解,是有帮助的。不过约释尊的自证(法),实在是无可说明的。释尊也只能依悟入的方便,适应众生所能了解,所能修习的,方便宣说,以引导人的证入而已。

第二项　法的部类集成

法的结集部类,有九分教(或译九部经)说,九分是:"修多罗","祇夜","记说","伽陀","优陀那","本事","本生","方广","甚希有法"。又有集九分教成四"阿含"说,四"阿含"是:

---

① 《杂阿含经》卷一〇(大正二·七一上)。

② 《杂阿含经》卷九(大正二·五六中)。

③ 《杂阿含经》卷一一(大正二·七二下)。

④ 《杂阿含经》卷一二(大正二·八三下)。

《杂》,《中》,《长》,《增一》(或作《增支》)。传说在五百结集时就结集完成了,其实是多次结集所成的。原来释尊在世时,随机说法,并没有记录,仅由出家弟子们记忆在心里。为了忆持的方便,将所听到的法,精练为简短的文句,展转地互相传授学习。直到释尊入灭,还不曾有过次第部类的编集。另外有些偈颂,容易记忆,广泛地流传在佛教(出家与在家)界。所以佛世的法(经),是在弟子们忆持传诵中的。原始五百结集时,法的结集,仅是最根本的,与现存《杂阿含经》的一部分相当。四阿含的结集,有一古老的传说,如《瑜伽师地论》卷八五(大正三〇·七七二下——七七三上)说:

> "事契经者,谓四阿笈摩。……即彼一切事相应教,间厕鸠集,是故说名杂阿笈摩。"
>
> "即彼相应教,复以余相处中而说,是故说名中阿笈摩。即彼相应教,更以余相广长而说,是故说名长阿笈摩。即彼相应教,更以一二三等渐增分(支)数道理而说,是故说名增一阿笈摩。"
>
> "如是四种,师弟展转传来于今,由此道理,是故说名四阿笈摩——是名事契经。"

阿含(āgama),或译作阿笈摩,是"传来"的意思。依《瑜伽论》,师弟间传来的经法,是"事相应教";将事相应教结集起来,就是《杂阿含经》(或译"相应阿含")。而《中》、《长》、《增一》或《增支》——三阿含,实质还是"事相应教",不过文段的长短、编集的方式不同。这是确认"事相应教"为法(释尊所说)的根本。什么是"事相应教"?《瑜伽论》说:"诸佛语言,九事所摄。"九事是:"五取蕴"、"十二处"、"十二缘起缘生"、"四食"、"四圣谛"、"无量界"、"佛及弟子"、"菩提分法"、"八众"①。《瑜伽论·摄事分》与《根本说一切有部毗奈耶杂事》所说②,也大致相合。依《瑜伽论》"事契经"的"摩呾理迦"(本母),知道九事中的"佛及弟子"、"八众",还不是"事相应教"的根本,根本只是"蕴"、"处"、"缘起"、"食"、"圣谛"、"界"、"菩提分"。在汉译《杂阿含经》中,凡二十一卷(缺了二卷,应有二十三卷)③。比对铜鍱部的《相应部》,就是"蕴相应"、"处相应"、"受相应"、"因缘相应"、"界相应"、"念住相应"、"正勤相应"、"神足相应"、"根相应"、"力相应"、"觉支相应"、"道支相应"、"入出息相应"、"预流相应"、"谛相应"——十五相应④。原始结集,是以事类相从(相应)而分类,所以名为"事相应教"。"事相应"的文体,精练简短,当时称为"修多罗"。一直到后代,"修多罗相应",还是"佛语具三相"的第一相。修多罗相应教集成(审定、编次)后,为了便于忆诵,"录十经为一偈",就是世俗偈颂而不碍佛法的"祇夜"。"修多罗"与"祇夜",就是王舍城原始结集的经法。

离原始结集不太久的时间,称为"记说"或"记别"的经法,又被结集出来。"记说"的体裁,是"问答"与"分别"。《阿毗达

① 《瑜伽师地论》卷三(大正三〇·二九四上)。

② 《瑜伽师地论》卷八五(大正三〇·七七二下)。《根本说一切有部毗奈耶杂事》卷三九(大正二四·四〇七中)。

③ 拙作《原始佛教圣典之集成》(六六六——六六七,本版五三八——五三九)。

④ 拙作《原始佛教圣典之集成》(六八六——六八九,本版五五二——五五四)。

磨大毗婆沙论》着重于问答体，如(大正二七·六五九下——六六〇上)说：

> “记说云何？谓诸经中，诸弟子问，如来记说；或如来问，弟子记说；或弟子问，弟子记说。化诸天等，问记亦然。若诸经中四种问记，若记所证所生处等。”

“记说”，是明显决了的说明。依《大毗婆沙论》，凡有三类：如来记说，弟子记说，诸天记说。诸天记说，是偈颂(又编入部分偈颂)，与《杂阿含经》的“八众诵”、《相应部》的“有偈品”相当。因为是偈颂，所以也称为“祇夜”。弟子记说与如来记说，就是“九事”中的“佛及弟子”(也称为如来所说、弟子所说)。弟子所说，是弟子与弟子间的分别问答，或弟子为信众说。如来所说，不专为出家解脱者说，重在普化人间。这二部分，都编入《杂阿含经》(或《相应部》)。“记说”的内容极广，或自记说，或为他记说。甚深的证得；未来业报生处，未来佛的记说，都是“对于深秘的事理，所作明显决了”的说明①。“修多罗”、“祇夜”、“记说”，这三部分的综合，与现存的《杂阿含经》(或名《相应部》)相当，为一切经法的根本。我在《原始佛教圣典之集成》中，对《杂阿含经》的内容，曾有过精密的分析考察②。

与“记说”同时，已有偈颂的编集。以偈颂说法的，称为“伽陀”。有感而发的感兴偈，名为“优陀那”。这二类，仅有少分被编入“事相应教”。从修多罗到优陀那，共五分教，成立比较早，

① 拙作《原始佛教圣典之集成》(五二九——五三三，本版四三一——四三七)。

② 拙作《原始佛教圣典之集成》第九章。

主要是约文体的不同而分部的。到了七百结集前夕(佛灭百年内),佛教界已有更多的经法结集出来,主要的有四部:一、“本事”:这是“自昔展转传来,不显说人、谈所、说事”的①。为什么说?为什么事说?在哪里说?三者都不明白,所以这是“无本起”的一类。佛教界传述得不同,或是古代的事情,如《大毗婆沙论》说②。或是以增一法编次,长行以后又有重颂(后代以为是“祇夜”),如《本事经》③。内容虽不同,而都是“不显说人、谈所、说事”的。二、“本生”:主要为释尊过去生中的事迹。释尊在说到当前的人事时,说到了过去的某人某事,然后归结说:过去的某人,就是我。这样的本生,也可通于佛弟子,但重在释尊的前生。三、“未曾有法”:这是赞述三宝的希有功德。如如来的四未曾有法,诸未曾有法,僧伽如大海的八未曾有法。佛弟子中,如阿难的四未曾有法,诸未曾有法;薄拘罗(Bakkula)的未曾有法;郁伽(Ugra)长者的八未曾有法;手(Hastaka)长者的八未曾有法;难陀母(Nandamātṛ)的七未曾有法④。后来,被用作神通、奇事的意思。四、“方广”:本来,“记说”为“分别”与“问答”体,显了而明确地记说深秘的事理。“方广”的体裁与性质,可说与“记说”大致相同。但到那个时候,“广分别”与“广问答”,文段广长而义理深远的经法,取得了“方广”的新名目,成为又一分教⑤。在佛法的开展中,这是最极重要的部分!

---

① 《阿毗达磨顺正理论》卷四四(大正二九·五九五上)。

② 《阿毗达磨大毗婆沙论》卷一二六(大正二七·六六〇上)。

③ 玄奘所译《本事经》,与铜鍱部所传《小部》的《如是语》,为同一类型经本。

④ 拙作《原始佛教圣典之集成》第八章第四节第四项。

⑤ 拙作《原始佛教圣典之集成》第八章第四节第三项。

四阿含经，为一切部派所公认，极可能是七百结集时所完成的。那时，修多罗等九分教，都已有了，所以有集九分教为四阿含的传说。"修多罗"、"祇夜"、"记说"——三部，早已集成《杂阿含》。以此原始的相应修多罗为本，再编入其他的各分教，分别编成《中》、《长》、《增一》——三部，成为四部阿含。以《杂阿含经》——"一切事相应契经"为本的意义，如"四大广说"所说①。当时，各方面提供的经法极多，有的说是"从佛"听来的；有的说是从"众僧"听来的；有的说是从"多比丘"听来的；有的说是从"一比丘"听来的。从不同传说而来的经法，要大众共同来审核，不能轻率地采用或否认。审核的方法，是"依经、依律、依法"，就是"修多罗相应，不越毗尼，不违法相"的三大原则。依《长部》，只是"与修多罗相应，与毗尼相合"②。这是以原始结集的经、律为准绳，来审核判决传来的教法。"四大广说"，在上座部系的"摩得勒伽"（本母）中，是附于"七百结集"以后的③，可论断为七百结集时的结集方针。"四部阿含"，代表部派未分以前的原始佛教，但现存的"四部阿含"，都已染上了部派

① 《增支部·四集》（南传一八·二九三——二九七）。《增一阿含经》卷二〇（大正二·六五二中——六五三上）。《毗尼母经》卷四（大正二四·八一九下——八二〇中）。《长部》（一六）《大般涅槃经》（南传七·九九——一〇二）。《长阿含经》卷三《游行经》（大正一·一七中——一八上）。《十诵律》卷五六（大正二三·四一四上——中）。《萨婆多部毗尼摩得勒伽》卷六（大正二三·五九七下——五九八上）。《根本说一切有部毗奈耶杂事》卷三七（大正二四·三八九中——三九〇中）。

② 《长部》（一六）《大般涅槃经》（南传七·一〇二）。

③ 《十诵律》卷五六（大正二三·四一四上）。《萨婆多部毗尼摩得勒伽》卷六（大正二三·五九七下——五九八上）。《毗尼母经》卷四（大正二四·八一九下——八二〇上）。

佛教的色彩。在部派分化形成时,或是风格相同,思想相近,或是同一地区,内部都有教法传出,经一部分僧伽所共同审定,而编入"阿含经"中。如汉译的《杂阿含经》、《中阿含经》,是说一切有部的诵本。说一切有部的特殊教义,都可以从这二部中发见。而赤铜鍱部所传的,与之相当的《相应部》、《中部》,就缺少符合说一切有部义的契经(当然,赤铜鍱部也有增多的)。这说明了部派的分立,也就是四阿含诵本内容的增损。虽然说有了增损,但这是展转传来,代表多数人的意见,而不是凭个人臆造的。十八部派的分化完成,约在西元前一〇〇年前后。

部派分立了,经典还是不断地流传出来。如"本生"、"譬喻"、"因缘"、"论议",虽在七百结集以前就有了,但以后还不断地传出,所以有的部派将九分教扩大组合为十二分教——加上"譬喻"、"因缘"、"论议"。

"一切事相应教",是四部阿含的根本。分别地编集为四部,这四部有什么不同的意趣?觉音著有"四部"的注释,从注释的书名,可以发见"四部阿含"的特色。四部注释是:

长部注:Sumaṅgalavilāsinī(吉祥悦意)

中部注:Papañca-sūdanī(破斥犹豫)

增支部注:Manoratha-pūraṇī(满足希求)

相应部注:Saratthapakāsinī(显扬真义)

龙树有"四悉檀"说,如《大智度论》卷一(大正二五·五九中)说:

"有四种悉檀:一者,世界悉檀;二者,各各为人悉檀;三者,对治悉檀;四者,第一义悉檀。四悉檀中,总摄一切十二部经,八万四千法藏,皆是实,无相违背。”

“悉檀”,梵语 siddhānta,意译为成就、宗、理。四种悉檀,是四种宗旨、四种理趣。四悉檀可以“总摄一切十二部经(有的部派,作九分教),八万四千法藏”。龙树以四悉檀判摄一切佛法,到底根据什么?说破了,这是依于“四阿含”的四大宗趣。以四悉檀与觉音的四论相对比,就可以明白出来。如:一、“吉祥悦意”,是《长阿含》、“世界悉檀”。《长阿含》中的《阇尼沙经》、《大典尊经》、《大会经》、《帝释所问经》、《阿吒曩胝经》等,是通俗的适应天神(印度神教)信仰的佛法。思想上,《长阿含》破斥了新兴的六师外道;而在信仰上,融摄了印度民间固有的神教。诸天大集,降伏恶魔;如《阿吒曩胝经》,就被看作有“守护”的德用。二、“破斥犹豫”,是《中阿含》、“对治悉檀”。《中阿含》的分别抉择法义,“净除二十一种结”等,正是对治犹疑法门。又如“淫欲不障道”、“心识常住”等邪见,明确地予以破斥,才能断邪疑而起正信。三、“满足希求”,是《增一(或作“增支”)阿含》、“各各为人悉檀”。适应不同的根性,使人生善植福,这是一般教化,满足一般的希求。四、“显扬真义”,是《杂阿含经》、“第一义悉檀”。龙树的四悉檀,觉音的四论,完全相合,这一定有古老的传承为依据的。还有,《萨婆多毗尼毗婆沙》说:“为诸天世人随时说法,集为《增一》,是劝化人所习。为利根众生说诸深义,名《中阿含》,是学问者所习。说种种禅法,是《杂阿含》,是坐禅人所习。破诸外道,是《长阿含》。”①这一“四阿含”

---

① 《萨婆多毗尼毗婆沙》卷一(大正二三·五〇三下——五〇四上)。

的分别，与觉音、龙树所说，大体相合，这是说一切有部的传说。说一切有部重视《中阿含经》的分别法义，所以说是学问者所习的深义。坐禅人深观法相，更亲切地体现深法（佛世，着重于此），所以说《杂阿含》是坐禅人所习；与显了第一义的意趣，也并无不合。从此三说去观察，“四部阿含”的宗趣是明白可见的。“四部阿含”的根本，是《杂阿含经》，依此四大宗趣去观察时，应该是：“相应修多罗”是“显了真义”；“八众”（诸天记说·祇夜）是“吉祥悦意”；“弟子所说”是“破斥犹豫”；“如来所说”是“满足希求”。佛法的四大宗趣，成立非常早；四部阿含就是依此而分别集成的。对此四大宗趣，如能明确了解，权实分明，那么“佛法皆是实，不相违背”。否则，以方便为真实，颠倒曲解，就难免要迷失佛法宗本了！

第二节　中、长、增一的不同适应

第一项　《中阿含经》

佛法的原始结集，与《杂阿含经》——《相应部》的一部分内容相当。由于“如来记说”、“弟子记说”、“诸天记说”的应机不同，编入《杂阿含经》，《杂阿含经》已有了不同的适应性。依《杂阿含经》为本，顺着三类“记说”的倾向，更广地集成《中》、《长》、《增一》——三部，虽主体相同，而更明确地表现出各部的独到适应。这是约各部的着重点而说的。

《中阿含经》继承“弟子所说”的特性，重视出家众——僧伽，每说到有关毗奈耶的部分。如《瞿默目犍连经》说：佛涅槃后，佛没有预先指定继承人，比丘们也没有公推谁继承佛的地位。佛法是“依法不依人”，比丘们只是依法而住——受持学处，按时举行布萨，互相教诫策励，依法忏悔出罪，就能达成僧伽的清净和合。如比丘有：多闻、善知识、乐住远离、乐燕坐、知足、正念、精进、智慧、漏尽——佛说的十可尊敬法，“则共爱敬、尊重、供养、宗奉、礼事于彼比丘”①，佛法就这样地延续下来。如僧伽有了诤论，要合法地除灭，佛法才不致于衰落，如《周那经》所说的“六诤根”、（“四诤事”、）“七灭诤法”与“六慰劳（六和敬）法”②。这两部经，表达了当时僧伽佛教的特色。此外，如长老比丘应该教导初学的③；应该教诫比丘尼④；教诲阿练若比丘⑤。在布施中，施僧的功德最大⑥；三净肉的意义⑦。对于僧尼习近的⑧；不受一坐

① 《中阿含经》卷三六《瞿默目犍连经》（大正一·六五四下——六五五上）。《中部》（一〇八）《瞿默目犍连经》，十法作：具戒、多闻、知足、四禅、六通成就（南传一一上·三六四——三六六）。

② 《中部》（一〇四）《舍弥村经》（南传一一上·三一九——三二七）。《中阿含经》卷五二《周那经》（大正一·七五三下——七五五下）。

③ 《中部》（六七）《车头聚落经》（南传一〇·二六八——二七二）。《中阿含经》缺，见《增一阿含经》卷四一（大正二·七七〇下——七七一下）。

④ 《中部》（一四六）《教难陀迦经》（南传一一下·三八六——三九九）。《中阿含经》缺，见《杂阿含经》卷一一（大正二·七三下——七五下）。

⑤ 《中部》（六九）《瞿尼师经》（南传一〇·二八八——二九五）。《中阿含经》卷六《瞿尼师经》（大正一·四五四下——四五六上）。

⑥ 《中部》（一四二）《施分别经》（南传一一下·三五六——三六四）。《中阿含经》卷四七《瞿昙弥经》（大正一·七二一下——七二三上）。

⑦ 《中部》（五五）《耆婆迦经》（南传一〇·一三一——一三六）。

⑧ 《中部》（二一）《锯喻经》（南传九·二二三——二二六）。《中阿含经》卷五〇《牟犁破群那经》（大正一·七四四上——七四六中）。

食的①;过中食的②;非时乞食的③;犯戾语(不受教诫)的④;不舍恶见,如说淫欲不障道的⑤,心识常住的⑥;尤其是犯戒不悔,娆乱僧众的,要予以严厉的制裁⑦。至于叙事而文段与律部相当的,如释尊少年受欲的《柔软经》⑧;从二仙修学、成佛、度五比丘的《罗摩经》⑨;初化王舍城的《频鞞娑逻王迎佛经》⑩;种种希有的《未曾有法经》⑪;因拘舍弥比丘诤论而说的《长寿王经》⑫;女众最初出家的《瞿昙弥经》⑬;因比丘不清净,释尊不再说戒的

---

① 《中部》(六五)《跋陀利经》(南传一〇·二三九——二五四)。《中阿含经》卷五一《跋陀和利经》(大正一·七四六中——七四七中)。

② 《中部》(七〇)《枳吒山邑经》(南传一〇·二九五——三〇〇)。《中阿含经》卷五一《阿湿贝经》(大正一·七四九下——七五〇中)。

③ 《中部》(六六)《鹑喻经》(南传一〇·二五四——二五八)。《中阿含经》卷五〇《加楼乌陀夷经》(大正一·七四〇下——七四二上)。

④ 《中部》(一五)《思量经》(南传九·一六〇——一七七)。《中阿含经》卷二三《比丘请经》(大正一·五七一下——五七二下)。

⑤ 《中部》(二二)《蛇喻经》(南传九·二三七——二四四)。《中阿含经》卷五四《阿梨吒经》(大正一·七六三中——七六四下)。

⑥ 《中部》(三八)《爱尽大经》(南传九·四四五——四四九)。《中阿含经》卷五四《嗏帝经》(大正一·七六六下——七六七下)。

⑦ 《中部》(一五)《思量经》(南传九·一六〇——一七七)。《中阿含经》卷二三《比丘请经》(大正一·五七一下——五七二下)。

⑧ 《中阿含经》卷二九《柔软经》(大正一·六〇七下——六〇八上)。《增支部·三集》(南传一七·二三四——二三七)。

⑨ 《中部》(二六)《圣求经》(南传九·二九〇——三一三)。《中阿含经》卷五六《罗摩经》(大正一·七七五下——七七八下)。

⑩ 《中阿含经》卷一一《频鞞娑逻王迎佛经》(大正一·四九七中——四九八下)。

⑪ 《中部》(一二三)《希有未曾有法经》(南传一一下·一三九——一四八)。《中阿含经》卷八《未曾有法经》(大正一·四六九下——四七一下)。

⑫ 《中部》(一二八)《随烦恼经》(南传一一下·一九一——二〇七)。《中阿含经》卷一七《长寿王经》(大正一·五三二下——五三九中)。

⑬ 《中阿含经》卷二八《瞿昙弥经》(大正一·六〇五上——六〇七中)。《增支部·八集》(南传二一·一九四——二〇二)。

《瞻波经》①等。《中阿含经》与律治的、僧伽的佛教精神相呼应,表示了《中部》的重要倾向。

"法义分别",是《中含》的又一重点所在。现存汉译的《中阿含经》,是说一切有部所传的;南传的《中部》,属赤铜鍱部。在《中阿含经》的二二二经,《中部》的一五二经中,相同的仅有九八经。主要是由于二部的编集不同,《中阿含经》的大部分——七五经,南传却编到《增支部》去了②。现以二部共同的来说:《中部》有《分别品》(一二经),《中阿含经》也有《根本分别品》(一〇经),相同的有九经,仅缺《一夜贤者经》;其他的《施分别经》、《谛分别经》,也都在《中阿含经》中,这可说是二部最一致的部分。"分别"的内容是多方面的,有属于偈颂的显了解说,如(一三一)《一夜贤者经》③,(一三二)《阿难一夜贤者经》,(一三三)《大迦旃延一夜贤者经》,(一三四)《卢夷强耆一夜贤者经》。有属于业的分别,如(一三五)《小业分别经》,(一三六)《大业分别经》。(一三八)《总说分别经》,是禅定的分别。如(一三七)《六处分别经》,(一三九)《无诤分别经》,(一四〇)《界分别经》,(一四一)《谛分别经》,(一四二)《施分别经》,都可以从经名而知道分别的内容。依此分别的不同内容去观察时,如(一二二)《空大经》,有内空、外空、内外空、不动的次第修习。(一〇五)《善星经》,(一〇六)《不动利益经》,说到

① 《中阿含经》卷九《瞻波经》(大正一·四七八中——四七九下)。《增支部·八集》(南传二一·七〇——七九)。

② 拙作《原始佛教圣典之集成》(七〇七——七一七,本版五六九——五七七)。

③ 此下依《中部》经说。凡《中阿含经》所独有的,别为标出。

不动、无所有处、非想非非想处的进修次第。(五二)《八城人经》,(六四)《摩罗迦大经》,说到"十一甘露门"。(一一一)《不断经》,说舍利弗修习九次第定。《中阿含经》的(一七六)《行禅经》,(一七七)《说经》,都广叙四禅、四无色定的修习——退、住、升进、得解脱的差别。这些,都有关于禅定的分别(还有其他经文,这里只略举其要)。无诤分别,也就是空的分别。须菩提是无诤行者,如《中阿含经》卷四三《拘楼瘦无诤经》(与《无诤分别经》相当)(大正一·七〇三下)说:

> "须菩提族姓子,以无诤道,于后知法如法。知法如真实,须菩提说偈,此行真实空,舍此住止息。"

无诤与空行有关,如(一二一)《空小经》,(一二二)《空大经》,(一五一)《乞食清净经》(说一切有部编在《杂阿含经》),都阐明空行的实践意义。如(五六)《优波离经》,(一〇一)《天臂经》,(一二九)《贤愚经》;《中部》所独有的(五七)《狗行者经》;《中阿含经》的(一二)《恕破经》,(一八)《师子经》:都是有关业的分别,而又多数与尼犍弟子有关。《中阿含经》立"业相应品"(一一——二〇经),南传多数编入《增支部》。这些业的分别,为后代"业"论的重要依据。又如(二八)《象迹喻大经》,是谛的分别,而其实是(苦谛的)五取蕴的分别。《中阿含经》(九九)《大因经》,是缘起的分别,但南传编在《长部》中。(一一五)《多界经》,是界、处、缘起、处非处的善巧分别。这些法的分别,一部分明显是佛弟子的分别,无疑地是《中部》的重心所在。

“法”与“毗奈耶”（发展为“阿毗达磨”与“阿毗毗奈耶”），为原始佛教的两大部门。法与律分化了，所论究的对象完全不同，但却是彼此呼应的。当时佛教界所用的方法论，最重要的就是分别（vibhajya）。结集的教法，是有关身心定慧的修证，教制是有关自他身语的清净，都需要从分别中得到明确无疑的理解。分别，不只是分析的，也是明辨抉择的。如舍利弗答大拘絺罗（Mahākauṣṭhila）问的（四三）《毗陀罗大经》，法授（Dharmadinnā）比丘尼答毗舍佉（Viśākhā）问的（四四）《毗陀罗小经》，非常接近阿毗达磨。舍利弗说：入灭定而不得究竟智的，死后生意生天，优陀夷（Udāyin）一再地反对这一意见①。质多罗象首（Citra-Hastirohaputra）在大家论阿毗达磨中间，不断地插入自己的问难，受到大拘絺罗的呵责②。这二则《中阿含经》文，南传编入《增支部》；但《中部》（一〇三）《如何经》，也明白说到“论阿毗达磨”③。这表示了以“分别”为论宗的阿毗达磨，已在初步的开展中。分别不只是蕴、处、界、缘起、谛、业、禅、道品——“法”需要分别，与法相应的毗奈耶，也需要分别。如“戒经”的解说，《铜鍱律》称为“经分别”；其中，比丘的名“大分别”，比丘尼的名“比丘尼波罗提木叉分别”。《摩诃僧祇律》作“波罗提木叉分别”。《根本说一切有部毗奈耶》，藏译的名“毗尼分别”，“比丘

---

① 《中阿含经》卷五《成就戒经》（大正一·四四九下——四五〇下）。《增支部·五集》（南传一九·二六八——二七二）。

② 《中阿含经》卷二〇《支离弥梨经》（大正一·五五七下——五五九中）。《增支部·六集》（南传二〇·一五一——一五二）。

③ 《中部》（一〇三）《如何经》（南传一一上·三一一）。

尼毗尼分别”[1]:这可见“分别”是治律的重要方法。“戒经”的“文句分别”,“犯相分别”,是戒经解说的主要内容,都采用不厌其繁的辨析法。阿毗达磨的发展,类集不同主题而称之为犍度,如《八犍度论》;《尊婆须蜜菩萨所集论》,也是分为十四犍度的。在律典方面,戒经以外的制度,也类集为一聚一聚的,《铜锞律》与《四分律》,是称为犍度的。总之,分别法义、分类、纂集,是阿毗达磨与(阿毗)毗奈耶所共同的。这一倾向发展起来,佛法就成为明确的、条理严密的。从部派佛教看来,凡是重律的,就是重阿毗达磨的(也有程度的不同)。重法的大众部,虽传说有论书,而竟没有一部传译过来,至少可以说明大众部是不重阿毗达磨的。律藏方面,也只有根本的《摩诃僧祇律》,分出的支派,即使有些出入,而大体还是这一部律。大众部是重法的,不会重视那种严密分析的学风。《中》、《长》、《增一》的集成,在七百结集时代。那时,以“分别”来论法、治律的学风,在佛教中是主要的一流。《中部》的集成,显著地表达了这一倾向。明确、决定,就是被称为“对治犹豫”的特征。对初期大乘经来说,与《中阿含经》的关系,是并不密切的。

第二项　《长阿含经》

《长阿含经》(《长部》)是破斥外道的[2],但重在适应印度的神教要求,而表彰佛的超越、崇高、伟大。佛弟子信佛敬佛尊崇佛,是当然的。在《中部》中,或说如来是等正觉者(法是善说,

---

① 拙作《原始佛教圣典之集成》(一八五——一八七,本版一五三——一五五)。
② 《萨婆多毗尼毗婆沙》卷一(大正二三·五〇四上)。

僧伽是正行者),是从知见清净,离贪寂静中理解出来①。或见如来四众弟子的梵行成满,而表示对三宝的尊敬②。波斯匿王见众弟子的终身修行梵行;比丘们和合无诤,身心喜悦健康;肃静地听法,没有弟子而敢驳难世尊的;即使还俗,也只有责怪自己;尊敬如来,胜过了对于国王的尊敬。从弟子们的言行中,理解到佛是真正的等正觉者:这是赞佛的最佳范例③!或有见佛的相好具足,而对佛表示敬意④。这一类的赞叹,是依佛法的特质而赞叹的。但在《长阿含经》中,赞佛的方式是适应世俗的。如佛的弟子善宿(Sunakṣatra),认为佛没有现神通,没有说明世界的起源,不能满足他的宗教要求⑤。在一向流行神教的印度,因此而不能信佛,应该是有这种人的。佛法的特色,就是不用神通神变、记心神变(知人心中的想念),而以"教诫神变"化众生⑥,这正是佛的伟大!但世俗的神教信仰者不能接受,于是佛法有了新的方便来适应他们。一、以"记说"来表示神通:"记说"未来事,就是预言。如预记裸形者伽罗楼(Kaḷārāmaṭṭaka)

---

①《中部》(四七)《思察经》(南传一〇·四九——五三)。《中阿含经》卷四八《求解经》(大正一·七三一中——七三二上)。

②《中部》(七三)《婆蹉衢多大经》(南传一〇·三二五——三二七)。《杂阿含经》卷三四(大正二·二四六中——二四七上)。

③《中部》(八九)《法庄严经》(南传一一上·一六〇——一六六)。《中阿含经》卷五九《法庄严经》(大正一·七九五中——七九七中)。

④《中部》(九一)《梵摩经》(南传一一上·一七九——一九一)。《中阿含经》卷四一《梵摩经》(大正一·六八五上——六八八下)。

⑤《长部》(二四)《波梨经》(南传八·三——四)。《长阿含经》卷一一《阿㝹夷经》(大正一·六六上——六六中)。

⑥《长部》(一一)《坚固经》(南传六·三〇二——三〇五)。《长阿含经》卷一六《坚固经》(大正一·一〇一下——一〇二上)。

的犯戒而死；裸形者究罗帝（Korakṣata）七天以后会腹胀而死，生在起尸鬼中。婆罗门波梨子（Pathikaputra），自己说有神通，预言他不敢来见佛①。释尊预记华氏城未来的繁荣②；预记弥勒的当来成佛③。如记说过去事，那就是《长部》（一九）《大典尊经》，（一七）《大善见王经》，（一四）《大本经》，（二七）《起世因本经》等。二、以神境通来表示神通：或在虚空中往来④；或"右手接散陀那（Sandhāna）居士置掌中，乘虚而归"⑤；或以神力渡过恒河⑥；或使"因陀罗窟自然广博，无所障碍"，能容纳无数天人⑦；或使脚俱多河（Krakuṣṭha）的浊水变为清净⑧；佛涅槃后，伸出双足，让大迦叶礼足⑨。在《长部》中，神通的事很多，梵天（Mahābrahmā）也现神通⑩。"沙门婆罗门以无数方便现无量神

① 《长部》（二四）《波梨经》（南传八·八——三四）。《长阿含经》卷一一《阿㝹夷经》（大正一·六六下——六九上）。

② 《长部》（一六）《大般涅槃经》（南传七·五〇）。《长阿含经》卷二《游行经》（大正一·一二下）。

③ 《长部》（二六）《转轮圣王师子吼经》（南传八·九三）。《长阿含经》卷六《转轮圣王修行经》（大正一·四一下——四二上）。

④ 《长部》（二四）《波梨经》（南传八·三四）。《长阿含经》卷一一《阿㝹夷经》（大正一·六九上）。又《长部》（二五）《优昙婆逻师子吼经》（南传八·七二）。

⑤ 《长阿含经》卷八《散陀那经》（大正一·四九中）。《中阿含经》卷二六《优昙婆逻经》（大正一·五九五下）。

⑥ 《长部》（一六）《大般涅槃经》（南传七·五三）。《长阿含经》卷二《游行经》（大正一·一二下）。

⑦ 《长阿含经》卷一〇《释提桓因问经》（大正一·六三中）。《长部》（二一）《帝释所问经》（南传七·三〇六——三〇七）。

⑧ 《长部》（一六）《大般涅槃经》（南传七·一〇七——一〇八）。《长阿含经》卷三《游行经》说：使浊水清净，是雪山鬼神的神力（大正一·一九下）。

⑨ 《长阿含经》卷四《游行经》（大正一·二八下）。

⑩ 《长部》（一八）《阇尼沙经》（南传七·二一八——二二〇）。《长阿含经》卷五《阇尼沙经》（大正一·三五中——三六上）。

足，皆由四神足起"①，四神足是依定而发神通的修法。神通原是印度一般所信仰的，《长部》的重视神通，引发了两项重要的信仰。一、"神通延寿"：如《长阿含经》卷二《游行经》（大正一·一五中）说：

"诸有修四神足，多修习行，常念不忘，在意所欲，可得不死一劫有余。"②

修四神足的，能延长寿命到一劫或一劫以上，所以阿罗汉入边际定的，能延长寿命③。后来的四大声闻、十六阿罗汉长住世间的传说，由此而流传起来（也可以与修定的长生不老说相结合）。修四神足是可以住寿一劫以上的，启发了佛寿不止八十岁的信仰。二、"普入八众"：如《长阿含经》卷三《游行经》（大正一·一六中）说：

"佛告阿难：世有八众。何谓八？一曰刹利众，二曰婆罗门众，三曰居士众，四曰沙门众，五曰四天王众，六曰忉利天众，七曰魔众，八曰梵天众。"

"我自忆念，昔者往来，与刹利众坐起言语，不可称数。以精进定力，在所能现。彼有好色，我色胜彼。彼有妙声，我声胜彼。彼辞我退，我不辞彼。彼所能说，我亦能说；彼所不能，我亦能说。阿难！我广为说法，示教利喜已，即于

① 《长部》（一八）《阇尼沙经》（南传七·二二一）。《长阿含经》卷五《阇尼沙经》（大正一·三六上）。

② 《长部》（一六）《大般涅槃经》相同（南传七·七一）。

③ 《阿毗达磨发智论》卷一二（大正二六·九八一上）。

彼没,彼不知我是天是人。如是至梵天众,往反无数,广为说法,而莫知我谁。"①

"八众"——人四众、天四众,源出《杂阿含经》的"八众诵"。人中,婆罗门教说四姓阶级,佛法不承认首陀罗(śūdra)为贱民,以没有私蓄的出家者——沙门(śramaṇa)来替代。天四众是:梵、魔(māra)、三十三天、四大王众天,四王天统摄八部鬼神。八众,统括了人与神的一切。依经说,佛不知多少次地到八众中去,就是"现种种身",而所现的身,都比一般的要高明。与他们坐起言谈,就是"说种种法",当然比他们说得更高妙。这样的往来谈论,他们竟不知道是谁。佛的神通变现,不但可以变现为种种天身、人身,而也暗示了一项意见:在刹利、婆罗门、居士——在家人中,沙门——通于佛教及外道的出家人中,梵天、魔天、帝释、四大天王、龙、夜叉等鬼神中,都可能有佛的化身在内,当然我们并不知道有没有。化身,原是印度神教的一种信仰,在佛法中渐渐流行,将在大乘佛法中兴盛起来。

世界的起源,是神教——婆罗门教及东方沙门团的重要论题,但这是佛所不加说明的——"无记"(avyakṛta)。世界的来源,个体生命的来源,还有未来的归宿,《杂阿含经》总合这些问题为"十四无记"。在着重身心修证的,于佛法有所悟入的,这些当然没有戏论的必要。但在一般神教者,及重于仰信的佛教者,是不能满足的,如善宿及鬘童子(Māluṅkyāputra),就是这类

① 《长部》(一六)《大般涅槃经》(南传七·七八——七九)。《中部》(一二)《师子吼大经》(南传九·一一八)。

的人。关于世界起源，《波梨经》举出了印度的古代传说：梵（自在）天创造说；耽著戏乐（或译“戏忘”）说，意乱（或译“意愤”）说，无因缘说①。过去起源，未来归宿，印度的宗教家、唯物论的顺世派（Lokāyata），提出各式各样的见解。将这些异说条理而组织起来的，有《中部》（一〇二）《五三经》。关于未来的，是“死后有想”、“死后无想”、“死后非想非非想”、“死后断灭”、“现法涅槃”等五大类。过去的，是“常无常”等四句，“边无边”等四句，“一想异想”四句，“有苦有乐”四句（这部经，说一切有部应该是属于《长阿含经》的）②。《长部》的（一）《梵网经》与（二九）《清净经》，也条理而叙述了这些异见③。其中，关于过去的“常无常”论、“边无边”论、“无因缘”论，都解说为出于禅定的经验或推理。禅定中见到某一境界，而就此论断为“常无常”等。这可说事出有因，只是论断的错误。解说他而又破斥他，显出了佛的崇高伟大！关于起源，还有《长部》（二七）《起世因本经》，《长阿含经》译名《小缘经》。对于这一世界的初成，以及社会发展过程，有所说明。这主要是说明刹帝利种姓，是比婆罗门种姓更早的。常童子（Sanatkumāra）——梵天说：“人类种姓中，刹帝利殊胜；明行具足者，人天中最胜。”这一颂，本出于“八众诵”的“梵天相应”④，代表东方的观念，王族（政治）胜过

---

① 《长部》（二四）《波梨经》（南传八·三六——四三）。《长阿含经》卷一一《阿㝹夷经》（大正一·六九上——六九下）。

② 《中部》（一〇二）《五三经》（南传一一上·二九七——三〇四）。

③ 拙作《原始佛教圣典之集成》（七四四——七四五，本版六〇一——六〇二）。

④ 《相应部·梵天相应》（南传一二·二六〇）。《杂阿含经》卷四四（大正二·三二二下）。

了婆罗门(宗教)。佛法是种姓平等论的,但对婆罗门自以为高贵的妄执,就以社会发展说,刹帝利早于婆罗门的见解来否定他。《长部》(三)《阿摩昼经》,也采用同一论法,并说明释迦族的来源①。后来,综合《起世因本经》、《阿摩昼经》的所说,而更扩大地结集出来,就是《长阿含经》末后的《世记经》。

《长部》是以婆罗门(沙门)——印度宗教为对象,佛法透过天神的信仰而表示出来。印度传统的宗教,重行仪是祭祀的,重理智是解脱的宗教。婆罗门的牺牲祭,佛法从来就不表赞同。在《长部》中,从祭祀的神教,而引导到人生道德的宗教。如(三一)《教授尸伽罗越经》中,善生(Śingālaka)奉行父祖传来的礼拜六方。佛教他,离十四种罪恶,然后礼拜六方,六方是:东方父母,南方师长,西方妻子,北方朋友,下方佣仆,上方婆罗门、沙门(宗教师)。人与父母、师长等,各有相互应尽的义务(中国称为"敦伦尽分");尽人伦应尽的义务(也可说责任),才能得生天的果报。又(五)《究罗檀头经》,对重视祭祀的婆罗门,教他不要杀伤牛羊,也不可为了祭祀而加重仆役的劳作,只要用酥、油等来祭祀。这样,"少烦杂,少伤害,比之牺牲祭,功德更多"②。还有比这更好的祭祀,那是时常供养祖先,供养僧众,三归、五戒。不否定神教的名目,却改变他的内容,佛是温和的革新者。重智的宗教,引出世间起源、死后情形、涅槃等问题,条理而列举异见,批评或加以融摄,引上佛法的真解脱道。着重于适应印度的

① 《长部》(三)《阿摩昼经》(南传六·一三七——一三八)。《长阿含经》卷一三《阿摩昼经》(大正一·八二下——八三中)。

② 《长部》(五)《究罗檀头经》(南传六·二一〇)。

神教，所以《长部》与天神的关系，非常密切。如（一六）《大般涅槃经》，佛将涅槃时，娑罗林四周十二由旬内，充满了大力诸天①。（一八）《阇尼沙经》，（一九）《大典尊经》，都说到三十三天，四天王集会，大梵天来，示现种种的变化，而这都是天神传说出来的。（二一）《帝释所问经》，帝释与五髻（Pañcaśikha）来见佛。《杂阿含经·八众诵》，有四位净居天来赞佛的短篇②，《长部》扩编而成鬼神大集会的（二〇）《大会经》。（三二）《阿吒曩胝经》，是毗沙门（Vaiśravaṇa）天王为了降伏恶神，说护持佛弟子的护咒。天神的礼佛、赞佛、护持佛弟子，"八众诵"已经如此了，但《长部》着重到这方面，无意中增加了过去所没有的内容。

《长部》所有的独到内容，可以略举四点。

一、佛法的出家众是禁欲的；在家人受了八关斋戒，也要离淫欲，不许歌舞与观听歌舞。佛对遮罗周罗那罗（Talapuṭa Naṭa）聚落主说："歌舞戏笑作种种伎"，能引起人的贪嗔痴缚，不是生天的善业③。原始佛教是"非乐"（与墨子的意境相近）的，推重朴质无华的生活。但《长部》（一六）《大般涅槃经》中，末罗（Malla）族人以"舞踊、歌谣、奏乐"等，供养释尊的遗体④。《长部》（二一）《帝释所问经》，帝释的乐神五髻，弹琉璃琴，作歌来

① 《长部》（一六）《大般涅槃经》（南传七·一二二）。《长阿含经》卷三《游行经》（大正一·二一上）。

② 《相应部·诸天相应》（南传一二·三六——三七）。《杂阿含经》卷四四（大正二·三二三上——三二三中）。

③ 《相应部·聚落主相应》（南传一六上·四——五）。《杂阿含经》卷三二（大正二·二二七上——二二七中）。

④ 《长部》（一六）《大般涅槃经》（南传七·一五二）。《长阿含经》卷四《游行经》（大正一·二八上）。

娱乐释尊。五髻所唱的歌，是综合了男女的恋爱，三宝的敬爱；以男女间的恋爱，来比拟对三宝的敬爱。五髻曾见到犍闼婆（gandharva）王耽迷楼（Stumburu）的女儿——跋陀（Bhadda），一见钟情，念念不忘。五髻将自己对跋陀的爱念，对三宝的敬爱，结合而作出这首歌。这样的歌曲，竟然得到了佛的赞美①！严肃的、朴实无华的佛法，渐渐地引入了世俗的欢乐气氛。

二、出家人住在阿兰若处，如知见不正确，意念不清净，修行没有方便，都会引起妄想、幻觉；或犯下重大的过失；或见神见鬼，弄到失心发狂；或身心引发种种疾病，如《治禅病秘要法》所说那样②。《长部》（三二）《阿吒曩胝经》，毗沙门天王，因为比丘们修行时受到邪恶鬼神的娆乱，所以说阿吒曩胝（Āṭānaṭiya）的护经（Rakkha）。护经是列举护法的大力鬼神，如修行人诵习这部护经，就能镇伏邪恶的鬼神，而得到了平安。这是印度旧有的，他力与咒术的引入佛法。《长阿含经》是法藏部的诵本；法藏部立"禁咒藏"，是重咒术的部派。《长部》的《大会经》，只是列举敬信三宝的鬼神名字，而《长阿含经》的《大会经》，就作"结咒曰"③。因为诵念护法鬼神的名字，会得到善神的护持，与诵咒的作用一样。

三、婆罗门，或译梵志，原语作 Brahmaṇa，是四种姓之一。

---

① 《长部》（二一）《帝释所问经》（南传七·二九八——三〇六）。《长阿含经》卷一〇《释提桓因问经》（大正一·六二下——六三上）。《帝释所问经》（大正一·二四六中——二四七上）。《中阿含经》卷三三《释问经》（大正一·六三三上——下）。

② 《治禅病秘要法》（大正一五·三三三上以下）。

③ 《长阿含经》卷一二《大会经》（大正一·八〇上——八一中）。

婆罗门是印度的祭师族，有晚年住到森林中，或游行各处的，又被称为沙门。但在释尊时代，婆罗门是传统宗教的婆罗门，沙门是东方新兴的各沙门团。释尊及出家的佛弟子也是沙门，但与外道沙门不同；也不妨称为婆罗门，但不是以种姓为标准的婆罗门。可以说，释尊（阿罗汉们）才是真正的沙门、真正的婆罗门。所以经上说"沙门"、"沙门义"，"婆罗门法"、"婆罗门义"[①]，都是依佛而说的。《杂阿含经·八众诵》，诸天每称佛为婆罗门，如赞佛说："久见婆罗门，逮得般涅槃，一切怖已过，永超世恩爱。"[②]此外，在《梵书》、《奥义书》中，人格神 brahman，是世界的创造者，人类之父，一般译为"梵天"。而作为万有实体的 brahman，一般译作"梵"。其实是同一名词，只是作为宗教的神，宗教哲学的理体，有些不同而已。佛的出世说法，是否定婆罗门教的神学——《奥义书》的梵，而在适应一般信仰中，容忍梵天的存在，不过这是生死众生，请佛说法者，护持佛法的神。但在《长部》中，流露了不同的意义，如（二七）《起世因本经》（南传八·一〇三）说：

"法身与梵身，法体与梵体，此是如来名号。"

同本异译的《长阿含经·小缘经》说："大梵名者，即如来号。"[③]《中阿含经·婆罗婆堂经》说："彼梵天者，是说如来无所

---

① 《相应部·道相应》（南传一六上·一八〇——一八二）。《杂阿含经》卷二八·二九（大正二·二〇五中——下）。

② 如《杂阿含经》卷四八（大正二·三五〇下）。

③ 《长阿含经》卷六《小缘经》（大正一·三七中）。

著等正觉。梵是如来，冷是如来，无烦无热、不离如者是如来”①。梵天就是如来，多少有点梵（神）佛的语意不明。就以《长部》的文句来说，法身与梵身，法体与梵体，都是如来的名号，这至少表示了“法”与“梵”是同义词。梵，是《奥义书》所说的万有本体；解脱是小我的契合于梵。法，是释尊用来表示佛所证觉的内容，证悟是“知法入法”。佛教所觉证的“法”，难道就是婆罗门教所证入的“梵”吗？“梵”与“法”，作为同义词用的，还有《长部》（一）《梵网经》末所说：此经名“梵网”、“法网”②。《长阿含经》译作“梵动”、“法动”③。又如“转法轮”，是佛法中特有的术语，而又可以称为“转梵轮”。“梵轮”的名称，是与“十力”、“四无所畏”有关的，表彰佛的超越与伟大④。推崇佛的崇高，为什么要称“法轮”为“梵轮”？那应该是为了适应婆罗门文化。“法”与“梵”作为同一意义来使用，当然是为了摄化婆罗门而施设的方便。但作为同一内容，佛法与婆罗门神学的实质差别性，将会迷糊起来！还有，《长部》（二六）《转轮圣王师子吼经》（南传八·七三、九四）说：

> “自洲，自归依，勿他归依！法洲，法归依，勿他归依！”⑤

---

① 《中阿含经》卷三九《婆罗婆堂经》（大正一·六七四上）。

② 《长部》（一）《梵网经》（南传六·六八）。

③ 《长阿含经》卷一四《梵动经》（大正一·九四上）。

④ 《中部》（一二）《师子吼大经》（南传九·一一三——一一七）。《杂阿含经》卷二六（大正二·一八六下——一八七上）。《增支部·四集》（南传一八·一五）。《增一阿含经》卷一九（大正二·六四五中——下）。

⑤ 《长阿含经》卷六《转轮圣王修行经》（大正一·三九上）。

《长部》的《大般涅槃经》也这样说①。自归依的“自”，巴利语作 attan，梵语作 ātman，就是“我”。虽然，“自依止”可以解说为，依自己的精进修行。但在《奥义书》中，ātman——我，是与梵同体，而被作为生命实体的。自依止与法依止，不正是“我”与“法”，也可作为同义词吗？如将法身与梵身、法体与梵体、法网与梵网、法轮与梵轮、我依止与法依止、梵是如来，综合起来看，佛法与梵我合化的倾向当时已经存在，而被集入《长阿含》中；这对佛法的理论体系，将有难以估计的不良影响！

四、上面说过的普入八众，说明了佛现人天种种身，暗示了种种人天中，都有佛化现的可能。在家与出家，佛与鬼神，佛与魔，都变得迷离莫辨了。总之，到了七百结集时代，部分倾向于适化婆罗门的经典，主要编入《长部》中。虽然是破斥外道的，但一般人会由于天神、护咒、歌乐，而感到“吉祥悦意”。如不能确认为“世间悉檀”——适应神教世间的方便说，那么神化的阴影，不免要在佛法中扩大起来。

第三项 《增一阿含经》

汉译《增一阿含经》，全部四百七十二经。译者当时是全凭记忆，没有梵本，所以前后杂乱，而且是有缺佚的②。经文所引的“因缘”、“譬喻”极多，又有大乘思想，难以推想为古典的原

① 《长部》(一六)《大般涅槃经》(南传七·六八——六九)。《长阿含经》卷二《游行经》(大正一·一五中)。

② 拙作《原始佛教圣典之集成》(七五七——七六〇，本版六〇六——六〇九)。

形。铜鍱部所传的《增支部》,“增支部共九千五百五十七经”①。近代学者省掉了(推演)一部分,还有二千经以上②,与《增一阿含经》不成比例。不同部派所传的圣典,竟有这样的差异!“增”、“中”、“长”——三部的集成,虽略有先后,而都代表了七百结集时代的佛教。那个时代,僧伽佛教已成为主流,所以《中部》与《增支部》,与律制有关的,都集入了一部分。《增一阿含经序》说:“诸学士撰此(中与增一)二阿含,其中往往有律语。”③铜鍱部是重律的学派,所以律制被集入的也就更多。“阿毗达磨”的论风已渐渐兴起,“数法”更受到重视。分别为多少类,或统摄为多少类,是容易将问题弄明白的。本经或约法说,或从人说。如铜鍱部的《人施设论》、《舍利弗阿毗昙》的“人品”,内容都是取材于这部经的。“多闻”,也成为修学佛法的重要项目。本经是依《如是语》(《本事经》)为依据,而远源于《杂阿含经》的“如来记说”。“如来记说”特重于信——四证净;念——三念、四念、五念、六念;布施;戒行——十善、十不善;慈心,导入出世的解脱④。《增支部》多举法数分别,对不善而说善,使人向善向解脱。古人说:“为诸天世人随时说法,集为增一,是劝化人所习。”⑤教化是一般的教化,使人信解。这是“各各为人悉檀”,古人称为“为人生善悉檀”,表示了本经的特性。

现在举二则——“如来记说”的经文,以说明《增支部》所有

① 《增支部·十一集》末(南传二二下·三五二)。

② 拙作《原始佛教圣典之集成》(七六〇,本版六〇九——六一〇)。

③ 《增一阿含经》经序(大正二·五四九上)。

④ 拙作《原始佛教圣典之集成》第十章第三节第二、三项。

⑤ 《萨婆多毗尼毗婆沙》卷一(大正二三·五〇三下)。

的重要意义。一、《杂阿含经》有炼金的比喻,《大正藏》编号一二四六、一二四七;在《增支部》中,合为一经①。(一二四六)经上说:炼金师,先除去小石、粗砂;次洗去细砂、黑土;再除去金色的砂;加以熔炼,还没有轻软、光泽、屈伸如意;最后熔炼成轻软、光泽、屈伸如意的纯金。这比喻"修增上心"的,先除三恶业;次除三恶寻;再去三细寻;再去善法寻;最后心极光净,三摩地寂静微妙,得六通自在。在这炼金喻中,金矿的金质,本来是纯净的,只是掺杂了些杂质。炼金,就是除去附着于金的杂质,显出金的本质,轻软、光泽、屈伸如意。依譬喻来解说,修心而达到清净微妙、六通自在,也只是心本性的显现。杂染心由修治而清净,《增支部·三集》(七〇经),与《中阿含经·持斋经》同本,说到修"如来随念"、"法随念"、"僧随念"、"戒随念"、"天随念",心断杂染而得清净,举了"洗头"、"洗身"、"洗衣"、"拂去镜面灰尘"、"炼金"——五喻②。这一思想,《增支部》大大地发展。"一集"第三品、一经起,到第六品、二经止,都以"修心"为主题。心的修、修显、修多所作;心的调、守、护、防;心的谬向与正向;心的杂染与清净;以水来比喻心的浊与不浊;以栴檀来比喻修心的调柔堪用;心的容易回转;心的极光净为客随烦恼所杂染,离客随烦恼而心得解脱。末了,如《六品》(一、二经)(南传一七·一五)说:

---

① 《杂阿含经》卷四七(大正二·三四一中——三四二上)。《增支部·三集》(南传一七·四一六——四二四)。

② 《增支部·三集》(南传一七·三三六——三四二)。《中阿含经》卷五五《持斋经》(大正一·七七一上——七七二中)。

"比丘！心极光净，为客随烦恼所杂染。无闻异生不能如实解故，无闻异生无有修心。"

"比丘！心极光净，与客随烦恼（离）脱。有闻圣弟子能如实解故，有闻圣弟子有修心。"

这一经文，大体与《舍利弗阿毗昙论·心品》所说相同①。依此说，心虽为客尘烦恼所染污，而心却是与客尘烦恼相离的，也就是"心性本净"的。《增支部》没有说"本性"，但说"心极光净"，而意义完全一样。"三学"中，定学名"增上心学"（adhicitta-śikṣa），定与心有特殊意义。在定学中，除杂染而得内心清净；依此才能发慧、发神通。现证解脱是要如实智慧的，然在当时形成的修道次第，都是依戒而修禅定，得四禅，然后说"具三明"，或说"具六通"，或说"漏尽解脱"②。传说释尊的成正等觉，也是先得四禅，然后发三明的。至于怎样的如实观，引发现证（阿毗三昧耶），在这次第中，并没有明显地说到。似乎得了四禅，心清净，就可以现证解脱似的。那个时代，重慧解的倾向于阿毗达磨的分别，重行的倾向于禅定的"修心"。离染心，得净心，依衣、镜、水、金等比喻，引出了"心本光净"的思想，成为《增支部》的特色。不过这一经说，大众部与分别说部系经是有的，说一切有部经却没有，所以引起义理的论诤。"心性本净"，有一点是明确的，就是从"心"学的世间譬喻而来。另一点是，《增支部》对不善而说善，在诱人类向善的意义上，心净说是有

① 《舍利弗阿毗昙论》卷二七（大正二八·六九七中）。

② 拙作《原始佛教圣典之集成》（七三八——七三九，本版五九五——五九七）。

价值的！如《成实论》卷三（大正三二·二五八中）说：

"心性非是本净，客尘故不净。但佛为众生谓心常在，故说客尘所染则心不净。又佛为懈怠众生，若闻心本不净，便谓性不可改，则不发净心，故说本净。"

《成实论》约"为人生善"说"本净"，在修学的实践上，是很有意义的。《增支部》心本光净的思想，在部派中、大乘佛法中，有着最深远的影响！

二、《杂阿含经》"如来记说"，《佛化诜陀迦旃延（Sandha-kātyāyana-gotra）经》，说"真实禅"与"强梁禅"，是以已调伏的良马、没有调伏的劣马，比喻深禅与世俗禅①。诜陀，或译删陀、蹰陀、散他。与诜陀迦旃延氏有关的教授，传下来的仅有二则。另一则是佛为诜陀说：离有离无的正见——观世间缘起的集与灭，而不落有无的中道②。车匿（Chanda）知道了无常、苦、无我、涅槃寂灭，而不能领受"一切行空寂、不可得、爱尽、离欲、涅槃"，阿难为他说《化迦旃延经》离二边而不落有无的缘起中道，这才证知了正法③。这是非常著名的教授！龙树《中论》，曾引此经以明离有无的中道④。这一教授，《相应部》没有集录，编在《增

① 《杂阿含经》卷三三（大正二·二三五下——二三六上）。《别译杂阿含经》卷八（大正二·四三〇下——四三一上）。

② 《杂阿含经》卷一二（大正二·八五下——八六上）。《相应部·因缘相应》（南传一三·二四——二五）。

③ 《杂阿含经》卷一〇（大正二·六六中——六七上）。《相应部·蕴相应》（南传一四·二〇七——二一二）。

④ 《中论》卷三（大正三〇·二〇中）。

支部·十一集》第十经①。这部经,在当时流行极广。如《增支部·十集》的六、七经;"十一集"的七——一〇经,一九——二二经:一共十经,都与诜陀经说的内容相关。在《中部》,是第一《根本法门经》与《中阿含经》(一〇六)《想经》相同。这一教授而被称为"根本波梨耶夜"(Mūlaparyāya),可见在法门中的重要性。同一内容而已演化为十余经,然足以代表原形的,还是《诜陀迦旃延经》。《瑜伽师地论·菩萨地·真实义品》,引这部经来证明离言法性,文句也相同。现在摘录《杂阿含经》卷三三(大正二·二三六上——中)所说:

"如是丈夫,不念贪欲缠,住于出离,如实知,不以贪欲缠而求正受。亦不(念)嗔恚、睡眠、掉悔、疑缠,……不以疑缠而求正受。"

"如是诜陀!比丘如是禅者,不依地修禅,不依水、火、风、空、识、无所有、非想非非想而修禅;不依此世,不依他世,非日(非)月,非见、闻、觉、识,非得、非求,非随觉、非随观而修禅。诜陀!比丘如是修禅者,诸天主、伊湿波罗、波阇波提,恭敬合掌,稽首作礼而说偈言:南无大士夫,南无士之上!以我不能知,依何而禅定!"

"佛告跋迦利:比丘于地想能伏地想,于水、火、风……若觉、若观,悉伏彼想。跋迦利!比丘如是禅者,不依地、水、火、风,乃至不依觉、观而修禅。"

① 《增支部·十一集》(南传二二下·二九四——二九八)。

经中先说明，要离贪欲等五盖，不可以五盖来求正受（三昧）。修禅要先离五盖，是佛法中修禅的一般定律。次说修禅者应不依一切而修禅；如不依一切而修，那就印度的大神，天主（Indra）是帝释天，伊湿波罗（Īśvara）是自在天（梵天异名），波阇波提（Prajāpati）是生主，都不能知道"依何而禅定"。原来一般的禅定，必有所依缘的禅境，所以有他心通的诸天，能知禅者的心境。现在一无所依，这就不是诸天世俗心境所能知道了。接着，佛为跋迦利（Bhakalī，《增支部》作诜陀）说明：不依一切而修，是于一切想而伏（"除遣"）一切想。依一切法离一切想，就是无所依的深禅。经中所说不依的一切，也就是一般的禅法。地、水、火、风，依此四大而修的，如地、水、火、风——四种遍处；如观身四大的不净，如"持息念"的依风而修。空、识，也是遍处。空（无边处）、识（无边处）、无所有处、非想非非想处，是四无色定。此世、他世、日、月：一般世俗禅定，或依此世界，或依其他世界，或依日轮，或依月轮而修。这都是有依有想的世俗定，与《楞伽经》所说的"愚夫所行禅"："譬如日月形，钵头摩深险（莲华海），如虚空火烬，修行者观察。如是种种相，外道道通禅"①相合。见、闻、觉、识（知），是六根识。在禅法中，有依根识的直观而修的。得与求，是有所求、有所得，甚深禅是无求无得而修的。随觉、随观，觉观即新译的寻、伺。依世俗定说，二禅以上，没有寻、伺。约三界虚妄说，三界都是寻、伺所行。这所说的一切，都不依止，离一切想的深禅，与大乘所说，般若现证时能所

① 《楞伽阿跋多罗宝经》卷二（大正一六·四九二上——中）。

双忘,没有所缘缘影像相,是没有什么不同的。

无所依禅,在当时,在后代部派中,当然会有不同的解说与修法。现存的汉译圣典中,就有附有解说的。如《别译杂阿含经》,或推论为饮光部的诵本。关于佛为诜陀迦栴延所说,与《杂阿含经》相同;为薄迦梨所说一段,略有增附,如经卷八(大正二·四三一上)说:

> "佛告薄迦梨:若有比丘深修禅定,观彼大地悉皆虚伪,都不见有真实地相。水、火、风种,……亦复如是,皆悉虚伪,无有实法。但以假号因缘和合,有种种名。观斯空寂,不见有法及以非法。"

所说不是经文不同,而是附入了解说。为什么不依一切?为什么除一切相(在心就是想)?因为这一切都是虚妄无实的,只是因缘和合的假名。"不见有法及以非法",就是不取有相与无相。从因缘而有的,假名无实;深观一切空寂,所以离有离无。这是以佛为诜陀所说的——离有无的缘起中道观,解说这不依一切、离一切相的深禅。拿诜陀法门来解说诜陀法门,这应该是最恰当的了!还有《阿毗达磨俱舍论》,引有该经的偈颂,如卷二九(大正二九·一五四中)说:

> "世尊于杂阿笈摩中为婆罗门婆拕梨说:婆拕梨谛听!能解诸结法,谓依心故染,亦依心故净。我实无我性,颠倒故执有。无有情无我,唯有有因法,谓十二有支,所摄蕴处界;审思此一切,无补特伽罗。既观内是空,观外空亦尔,能修空观者,亦(二?)都不可得。"

《俱舍论》所引的，跋迦利比丘，成为婆拕梨婆罗门。《别译杂阿含经》也有偈颂，但内容大为不同。《俱舍论》所引的经颂，广说无我，并依空观，观内空、外空（出《中部》的《小空经》、《大空经》）。内外都不可得，是离一切想、无所依的一种解说。有因缘而没有我，"法有我无"，符合说一切有部的见解。这虽也说到空观，但与《别译杂阿含经》的法空说，意义不同。《增支部》所集的十经，除（十一集第十经）"诜陀"经，与《杂阿含经》一致外，也都提出了解说，或是佛说，或是舍利弗说的。提出的解说是：不起一切想，是以"有想"为方便的。这是说，修得这一深定，并非不起想所能达成，而先要依"有想"为方便，才能获得这样的深定。"有想"是：

> "阿难！此比丘如是想：此寂静，此殊妙，谓一切行寂止，一切依定弃，爱尽，离贪，灭尽，涅槃。阿难！如是比丘，获得如是三昧，谓于地无地想……无意所寻伺想，而有想。"①

> "我于有灭涅槃，有灭涅槃，或想生，或想灭。譬如火燃，或焰生，或焰灭。……时我想有灭涅槃，有灭涅槃。"②

这可说是以涅槃为观想的。第一则，与说一切有部灭谛四行相："灭"、"静"、"妙"、"离"相近。涅槃是这样的微妙甚深，没有地水火风等一切想相，所以除遣一切想，获得与涅槃相契应的深定。不依一切而修定，伏一切想，是要以涅槃无相观为方便

① 《增支部·十一集》（南传二二下·二九一）。
② 《增支部·十集》（南传二二上·二〇九——二一〇）。

的。第二则是：修者要想"有灭涅槃，有灭涅槃"。"有"是生死，生死的止息灭尽是涅槃。"有灭涅槃"的观想，如火焰一样，想生，想灭。想生想灭，生灭不住，如想灭而不生，就契入无相的深定。法藏部等见灭谛得道①，"无相三摩地能入正性离生"②，依此经说而论，是相当正确的！

与《中部·根本法门经》相当的，是《中阿含经》的《想经》与异译《佛说乐想经》③。《中阿含经》卷二六《想经》(大正一·五九六中——五九六下)说：

> "若有沙门，梵志，于地有地想，地即是神，地是神所，神是地所。彼计地即是神已，便不知地。……彼于一切有一切想，一切即是神，一切是神所，神是一切所。彼计一切即是神已，便不知一切。"
>
> "若有沙门，梵志，于地则知地，地非是神，地非神所，神非地所。……彼于一切则知一切，一切非是神，一切非神所，神非一切所。彼不计一切即是神已，彼便知一切。"
>
> "我于地则知地，地非是神。……我不计一切即是神已，我便知一切。"

依《想经》所说，不论什么法，如于法有法想，那就是神，不离神与神所。神，是"我"的古译。想，表示是世俗的认识。依名言相，取总相、一合相的是"想"。如以为确实如此，那是不能

① 《杂阿毗昙心论》卷一一(大正二八·九六二上)。
② 《阿毗达磨大毗婆沙论》卷一八五(大正二七·九二七下)。
③ 《佛说乐想经》(大正一·八五一上——中)。

真知一切法的。我与我所，随世俗的一合相而起。如依“蕴”来说，那“地即是神”，是即蕴计我。“地是神所，神是地所”，是离蕴计我。无我无我所，就是于一切法无想的意思。于一切法无我我所的，能如实知一切法。这一解说，是顺于说一切有部的。末了，佛又以自己（“我”）的无我我所，能知一切法为证明。《想经》分为三类，但在《中部·根本法门经》中，是分为四类的（南传九·一——六）：

无闻凡夫——想·思惟

有　学——知·思惟

阿 罗 汉——知·不思惟……贪嗔痴灭尽

如　来——知·不思惟……知有缘生，生缘老死；一切渴爱灭·离染·灭·舍·弃

依这部经说，凡夫是于法起想，依想而起思惟。有学没有取相想，所以能知，但还有思惟。阿罗汉与如来，如实知一切法，不但不起想，也不依思惟而知。阿罗汉与如来，是真能知一切法的。在认识上，分别了凡夫、有学、无学圣者的差别。《增一阿含经》九法中，也有这“一切诸法之本”法门，与《根本法门经》同本，但也只分为三类：凡夫、圣者、如来①。《根本法门》所说的一切法，与《诜陀经》大同。在四无色前，加大梵天、果实天等。没有“此世、他世、日、月”，而有“一、多、一切”，那是一想、异想、种种想。求与得与“涅槃”相当。这是从不依一切、无一切想的分别而来。

① 《增一阿含经》卷四〇（大正二·七六六上——中）。

第三节　信心与戒行的施设

第一项　戒学的三阶段

《中》、《长》、《增一》集成的时代，对于修学的历程，主要是三学——"戒"、"定"（或作"心"）、"慧"的进修次第。经中对于戒学，有三类不同的说明。我在《原始佛教圣典之集成》中，曾加以列举①，现在更作进一层的说明。戒学的三类是：一、"戒成就"：如《中部》（五三）《有学经》，（一〇七）《算数家目犍连经》，（一二五）《调御地经》。所说"戒成就"的内容是"善护波罗提木叉律仪，轨则圆满，所行圆满，于微小罪见大怖畏，受学学处"②。《中阿含经》没有《有学经》；而《调御地经》与《算数目犍连经》，与"戒成就"相当的是"当护身及命清净，当护口意及命清净"③。二、"四清净"：如《中部》（三九）《马邑大经》；《中阿含经》（一四四）《算数目犍连经》，（一九八）《调御地经》。四清净是：身行清净，语行清净，意行清净，命行清净。清净是"仰向（公开的）发露，善护无缺"的意思④。三、"戒具足"：如"中部"（五一）《迦尼达拉经》，（七六）《萨尼达迦经》，（三八）《爱尽经》，（一一二）《六净经》；《中阿含经》（一八七）《说智经》（与

① 拙作《原始佛教圣典之集成》（七三八——七三九，本版五九五——五九七）。

② 依玄奘的译语。

③ 《中阿含经》卷五二《调御地经》（大正一·七五八上——中），卷三五《算数目犍连经》（大正一·六五二中）。

④ 《中阿含经》卷四八《马邑经》（大正一·七二四下）。

《六净经》同本)，(八〇)《迦絺那经》。《增支部》的《优波离经》，也相同①。所说的"戒具足"，依《六净经》叙述如下②：

1. 离身三不善业、语四不善业

2. 离植种、伐树

3. 离非时食，离歌舞观听，离香华鬘庄严，离高广大床，离受金银

4. 离受生谷类，离受生肉

5. 离受妇女、童女，离受奴婢，离受羊、鸡、豚、象、牛、马，离受田、地

6. 离使命奔走

7. 离买卖，离伪秤、伪斗、伪货币

8. 离贿赂、虚伪、骗诈、欺瞒，离割截、殴打、系缚、埋伏、掠夺、暴行

"戒具足"的内容，与《长部》(一)《梵网经》的"小戒"相合③。《长部》自(一)《梵网经》到(一三)《三明经》，经中都有"戒"的说明，而《梵网经》又分为"小戒"、"中戒"、"大戒"——三类。"中戒"是离植种伐树，过多的贮蓄，歌舞戏乐，赌博，过分的贵重精美，闲谈，诤论法律，奔走使命，占相禁厌。"大戒"是远离对解脱无益的学问，特别是宗教巫术的种种迷信。《长阿含经》与《长部》的相同部分，共十经，只有《阿摩昼经》详细叙

① 《增支部·十集》(南传二二下·一二三——一二四)。

② 《中部》(一一二)《六净经》(南传一一下·一四——一五)。

③ 《长部》(一)《梵网经》(南传六·四——七)。

述了戒法①,其他的虽说到而都简略了。属于法藏部的《四分律》,以迦旃延(Mahākātyāyana)不受慰禅国(Ujjayainī)忧陀延王(Udyāna)的不如法的布施为因缘,"为诸比丘说大小持戒犍度"②,大体与《长部》的《沙门果经》相同。拿"小戒"来说,《长阿含经》与《四分律》,比起《长部》,没有(4)离生谷与生肉,也没有(2)植种伐树;但在离身语七不善业下,却增列了"离饮酒"。属于说一切有部的《中阿含经》,与法藏部所传相合,但又缺离诈欺、隐瞒等。在上面所见的经典中,"戒成就"、"四清净"、"戒具足"——三类,是对"戒"的不同叙述,而又都是出家者的"戒"。但后来,这三类渐渐被结合起来。如《中阿含经》的《迦绨那经》,先说"受比丘学,修行禁戒,守护从解脱,又复善摄威仪礼节,见纤介罪常怀畏怖,受持学戒";接着说离杀生等身语不善业等③。这是"戒成就"与"戒具足"的结合。又如《长部》(二)《沙门果经》说:"出家,善护波罗提木叉律仪,住持戒,精勤正行,见小罪而怖畏,受学学处。清净身业、语业具足,命(生活)行清净具足。"什么是"戒具足"?这才列举身语七不善业等④。这是"戒成就"、"四清净","戒具足"的大联合。然在《长阿含经》的《阿摩昼经》,《四分律》的"大小持戒犍度",都只是"戒具足"。可见《长部》所说的,本来只是"戒具足",而后来又加上"戒成就"与"四清净"。大概认为"意清净"不属"戒"

① 《长阿含经》卷一三《阿摩昼经》(大正一·八三下——八四下)。
② 《四分律》卷五三(大正二二·九六二中——九六三下)。
③ 《中阿含经》卷一九《迦绨那经》(大正一·五五二中——五五三下)。
④ 《长部》(二)《沙门果经》(南传六·九五)。

法，所以把“意清净”省去了！

对于出家者的“戒”，经中用三类不同的文句来叙述，这三类有什么不同呢？1.“戒成就”的内容，是“守护波罗提木叉，……受学学处”，是约比丘（比丘尼）律仪说的①。学处、波罗提木叉，都是“律藏”所说比丘所应受学的戒法。这是“持律者”所集的戒律，是先“受戒”而后持行的。2.“戒具足”的意义不同，没有说学处、波罗提木叉，而列举远离身语七不善业等。《中部》所说的“戒具足”，就是《长部·梵网经》所说的“小戒”。《长部》以（沙门）婆罗门为化导对象，所以增列一些出家者所应离的——过多的贮蓄，过分的精美，赌博、嬉戏等；以及婆罗门教所说，无关于解脱的种种学问——明（vidyā）。依根本部分（“小戒”）来说：远离杀、盗、淫、妄、酒，就是在家优婆塞的“五戒”。五戒加离非时食，离香华鬘严身，离歌舞观听，离高广大床，就是“八关斋戒”。再远离受持金银，就是沙弥“十戒”。这是没有制立学处（“结戒”）以前，比丘们所奉行的“戒”。在当时一般沙门的行为轨范中，佛弟子自动实行的合理行为。所以都说“远离”，而没有说“不许”。受八关斋戒的优婆塞们，都是这样想：阿罗汉这样的离杀生，我也要这样的一日一夜离杀生……。可见远离身语的不善业，是当时比丘的行为准则；这就是“八正道”中的“戒”。佛初期开示的“中道行”，就是八正道。八正道中有“正语”、“正业”、“正命”，内容就与“戒具足”（小戒）相当，如《中部》（一一七）《大四十经》，《中阿含经》（一八九）《圣道

---

① 《瑜伽师地论》卷二二（大正三〇·四〇二上——中）。

经》。《中阿含经》卷四九《圣道经》(大正一·七三六上——中)说:

> “云何正语？离妄言、两舌、粗言、绮语,是谓正语。”
>
> “云何正业？离杀、不与取、邪淫,是谓正业。”
>
> “云何正命？若不求无满意,不以若干种畜生之咒,不邪命存活;彼如法求衣被,……如法求饮食、床榻、汤药,诸生活具,则以法也,是谓正命。”

《大四十经》以“欺骗、饶说、占相、骗诈、求利”为邪命①,更与“小戒”相合。“正语”、“正业”、“正命”,是佛弟子初期“戒具足”的主要内容。后来,佛制立“受具足”,制立“学处”,制立“波罗提木叉”,于是圣者们初期的“戒”行,渐演化为出家而没有受具足的沙弥们所奉行的戒法。扼要地说,在成立“受戒”制以前,圣者们所奉行的,是八正道中的戒行。“持律者”重视受戒、持戒——僧伽纪律的戒法;而“持法者”——重法的经师们,对初期圣者们的戒行,依旧传诵结集下来,存着无限的尊重与景仰!3. 四清净,是身行清净、语行清净、意行清净、命行清净。身清净、语清净、意清净——三清净,也名三妙行。内容是:身清净——离杀、不与取、淫;语清净——离妄语、两舌、恶口、绮语;意清净——无贪、无嗔、正见②。三清净就是十善;四清净是十善加正命,比“戒具足”增多了无贪、无嗔、正见——意清净。虽

① 《中部》(一一七)《大四十经》(南传一一下·七八)。

② 《增支部·十集》(南传二二下·二一三——二一五)。《杂阿含经》卷三七(一〇三九经)相近(大正二·二七一下——二七二上)。

然,身语七善被称为“圣戒”①,无贪、无嗔、正见,是七善的因缘②,可说意三善(净行)是身语善行的动力。但佛法所说的“戒”,不只是身语的行为,更是内在的清净。在修道的历程中,列举四种清净,意清净不能不说是属于“戒”的。

“戒”是什么意义?依中国文字说,戒是“儆戒无虞”(《尚书·大禹谟》);“戒慎恐惧”(《大学》);“必敬必戒”(《孟子》);“戒之在色”、“戒之在斗”、“戒之在得”(《论语》);以兵备警戒叫“戒严”:都是戒慎、警戒的意思。以“戒”字来翻译梵语,主要有二:一、学(śikṣa)、学处(śikṣāpada),古来都译为“戒”。如初戒的“戒羸”、“不舍戒”,原文为“学羸”、“不舍学”。如“众学法”,原语是种种的应当“学”;犯了也称为“越学法”。这些学法,是二百五十戒(学处)的一部分。制立学处,古译为“结戒”;学处是学而有条文可资遵循的。学而不许违犯的,古译为“戒”,于是戒有“戒除”、“戒绝”的意义了。“学”被译为戒,所以佛法的三增上学,也被译为“三戒:无上戒戒、无上意戒、无上智戒”了③。三增上学与“学处”(戒)的关系,如《杂阿含经》卷二九(大正二·二一二下)说:

> “尊者跋耆子……白佛言:世尊!佛说过二(应作‘一’)百五十戒,令族姓子随次半月来,说波罗提木叉修多罗,……我不堪能随学而学。佛告跋耆子:汝堪能随时学三

① 《杂阿含经》卷三七(大正二·二七三中——下)。
② 《杂阿含经》卷三七(大正二·二七四中)。
③ 《佛说鼻奈耶》卷一(大正二四·八五一中)。

学不？跋耆子白佛言：堪能。”①

当时，制立的学处（戒），已超过了一百五十戒。跋耆子（Vṛjiputra）觉得太烦琐，自己学不了。佛说：那么简要些，能学三种学——戒吗？在这一经文中，发见学处的过于法律化、形式化，为某些学者所不满。如大迦叶问：“何因何缘，世尊先为诸声闻少制戒，时多有比丘心乐习学？今多为声闻制戒，而诸比丘少乐习学？”②制戒（学处）少，比丘修学而证入的多；现在制戒多了，修习证入的反而少。这一事实，与跋耆子的意见是相通的。佛说的“戒”，应重视启发人的乐于修习，而不能只依赖规制来约束。学与学处而被译为“戒”的，流散而众多，所以归纳为三学。

三学中的“戒”学，原语尸罗（śīla），尸罗是译为“戒”的又一类。尸罗译为“戒”，原义如《大智度论》卷一三（大正二五·一五三中）说：

> “尸罗，此言性善。好行善道，不自放逸，是名尸罗。或受戒行善，或不受戒行善，皆名尸罗。”

《大毗婆沙论》与《菩提资粮论》，各列举了尸罗的十种意义③。有些是依譬喻说的，重要而相同的有：

---

① 《增支部·三集》（南传一七·三七八）。

② 《杂阿含经》卷三二（大正二·二二六中——下）。《相应部·迦叶相应》（南传一三·三二七）。

③ 《阿毗达磨大毗婆沙论》卷四四（大正二七·二三〇上）。《菩提资粮论》卷一（大正三二·五二〇上——中）。

《大毗婆沙论》	《菩提资粮论》
1. 清凉义	3. 清凉义
2. 安眠义	4. 安隐义 · 5. 安静义
3. 数习义	1. 习近义 · 2. 本性义

《菩提资粮论》说："尸罗者，谓习近也，此是体相。又本性义，如世间有乐戒、苦戒等。""习近"，就是《大毗婆沙论》的"数习"。不断地这样行，就会"习以成性"，所以说"本性"。这是通于善恶，也通于苦乐的。现在约"善"说，不断地行（习）善，成为善的习性，这就是尸罗。这种善的习性，"好行善法"，是乐于为善，有向善行善的推动作用。"不放逸"，是"于所断修防修为性"①。对于应断除的不善，能防护不作；应修的善法，能够去行。所以《增一阿含经》说"无放逸行，所谓护心也"（约防恶说）②。尸罗是善的习性，所以说"此言性善"，是戒的体相。有力地防护过失，修习善法，成为为善的主动力。尸罗，可说是人类生而就有的（过去数习所成），又因不断地为善而力量增强。所以不论有佛出世——"受戒"的，或没有佛出世，或佛出世而不知道——"不受戒"的，都是有尸罗——戒善的。"十善道为旧戒。……十善，有佛无佛常有"③，就是这个意义。尸罗是不必受的，是自觉的，出于同情，出于理性，觉得应该这样去做。经中所说远离身语的七支善法，就是这样，例如：

---

① 《成唯识论》卷六（大正三一 · 三〇中）。
② 《增一阿含经》卷四（大正二 · 五六三下）。
③ 《大智度论》卷四六（大正二五 · 三九五下）。

"断杀生，离杀生，弃刀杖，惭愧，慈悲，利益哀愍一切众生。"①

"若有欲杀我者，我不喜。我若所不喜，他亦如是，云何杀彼！作是觉已，受不杀生，不乐杀生。"②

意净行的无贪、无嗔、正见，也是这样，如说："无贪，不贪他财物；属他物，不应属我。无嗔，无怒心，于有情无怨、无害、无恼、安乐。"③正见是对世间（出世间）法的正确了解。总之，尸罗——"戒"是善性，有防恶向善的力量。"戒"是通于没有佛法时，或不知佛法的人，这是十善是戒的主要意义。

十善是尸罗——"戒"，通于有佛法及没有佛法的时代。如十善化世的轮王，多数出于没有佛法的时代。十善分为身、口、意三类，正是印度旧有的道德项目④。释尊肯认十善是"戒"，而以戒、定、慧三学的"八正道"为中道行。初期的"戒具足"，近于"礼"，依一般沙门行，而选择更合理的为戒——"正语、正业、正命"。然佛法所说的尸罗，与一般泛泛的善行，应该是多少不同的。要习性所成的善性，有"好行善法，不自放逸"的力量，才显出尸罗——戒的特性。生来就"性自仁贤"，是少数人；一般人却生来为习所成的恶性所蒙蔽，所掺杂，都不免要为善而缺乏力量。一般人的奉行十善，都是或经父母、师友的启发，或是宗教，

① 《增支部·十集》（南传二二下·二一三）。

② 《杂阿含经》卷三七（大正二·二七三中）。《相应部·预流相应》（南传一六下·二三六）。

③ 《增支部·十集》（南传二二下·二一四）。

④ 平川彰《初期大乘佛教之研究》所引（一五六）。

或从自身的处事中发觉出来。内心经一度的感动、激发，于是性善力大大增强，具有防护过失、勇于为善的力量，这才是佛法所说的尸罗。所以戒是内在的，更需要外缘的助力。释尊重视自他展转的增上力，知道集团的力用，所以“依法摄僧”，制立学处、律仪。一般说：律仪与学处，是外来的约束，而戒（尸罗）是自觉的、内发的，似乎矛盾，而其实也不尽然。尸罗，要依外缘助力，发生防恶、行善的作用；而制立的律仪，正是外缘的助力。如受具足戒的，依自己恳笃的誓愿力，僧伽（十师）威力的加护，在一白三羯磨的作法下，诱发善性的增强，也就是一般所说的“得戒”。律仪（saṃvara）是“护”，正是尸罗作用的一面，所以律仪都称为戒。后代律师们，多少忽视了戒的通于“有佛无佛”；忽视了性善的得缘力而熏发，偏重于戒的从“受”而得[①]，于是问题发生了。如成立“受具足”制度以前，佛弟子出家而证果的不少，又怎能成就戒善呢？于是成立了“善来得”、“见谛得”等名词。重于“受”，重于学处及制度的约束，终于形式化而忽视性善的尸罗。受戒，除了团体制度外，着重于激发与增强性善的力量，这非受戒者为法的真诚不可。等到佛教发展了，利养多了，出家者的出离心淡了，为道的真诚也少了；受戒的不一定能发戒，受了戒也不一定能持，也许根本没有想到受持。凭一点外来的约束，维持僧团体制，比丘们的戒功德，从哪里去生起增长呢！

《中》、《长》、《增一》所传的三类戒法，可说是佛教戒法的三个阶段。第三阶段是：由于出家弟子的众多，不能没有僧伽和

---

① 《增支部》也偏重受学学处的戒。

合(团体)的纪律;部分行为不正不善的,不能不制定规律来禁约。“依法摄僧”而制立律仪戒,就是“戒成就”。定型的文句为:“善护波罗提木叉,……受学学处”。第二阶段是:释尊起初摄化弟子,还没有制立学处、制说波罗提木叉、制受具足的时代。那时佛弟子奉行的戒法,就是“戒具足”——八正道中的正语、正业、正命。定型的文句,如《长部》(一)《梵网经》所说的“小戒”。第一阶段是:释尊从出家、修行、成佛、转法轮以前的“四种清净”——身清净、语清净、意清净、命清净。“四种清净”可通于一般(在家)的十善行;“戒具足”可通于一般沙门的正行;“戒成就”是佛教有了自己的制度、禁约。佛教出家戒法的发展,有此三阶段。初期的“四种清净”(十善及命清净),与第二期八正道中的正语、正业、正命,是一贯相通的(四清净中的意清净,在八正道中,就是正见、正思惟、正念、正定等)。由于十善是通于一般的,所以被看作人天善法。八正道是出离解脱的正道,所以说是出世的无漏功德。其实,十善与八正道是相通的。如《中部》(一一七)《大四十经》,对正见、正思惟、正语、正业、正命,都分为有漏福分、无漏圣道二类①。而《杂阿含经》,以为八正道都有世俗有漏有取、出世无漏无取二类②。世俗的、有漏的福分善,也就是人天善法。十善——戒,作为人天善法的,经说固然不少,然也有通于出世的。如《杂阿含经》说:十善是

---

① 《中部》(一一七)《大四十经》(南传一一下·七三——七九)。

② 《杂阿含经》卷二八(大正二·二〇三上——二〇四上、二〇四下——二〇五上)。

“出法”,(度)“彼岸法”,“真实法”①。《增支部》说:十善是“圣法”②,“无漏法”③,“圣道”④,“应现证”⑤。在《杂阿含经》与《增支部》中,对十善与八正道(《增支部》加正智、正解脱为“十无学法”),是以同样的意趣与语句来说明的⑥。十善通于无漏圣法,是圣典所明确表示的,所以《杂阿含经》卷三七(大正二·二七三上)说:

> “离杀生乃至正见,十善业迹因缘故,……欲求刹利大姓家,婆罗门大姓家,居士大姓家,悉得往生。……若复欲求生四王、三十三天,乃至他化自在天,悉得往生。所以者何?以法行、正行故,行净戒者,其心所愿,悉自然得。若复如是法行、正行者,欲求生梵天,……乃至阿伽尼吒,亦复如是。所以者何?以彼持戒清净,心离欲故。若复欲求离欲恶不善法,有觉有观,乃至第四禅具足住。……欲求慈悲喜舍,空入处……非想非非想入处。……欲求断三结,得须陀洹、斯陀含、阿那含,……漏尽智(阿罗汉),皆悉得。所以者何?以法行、正行故,持戒、离欲,所愿必得。”

《中部》(四一)《萨罗村婆罗门经》,大致相同⑦。十善是

① 《杂阿含经》卷三七(大正二·二七四下——二七五上)。
② 《增支部·十集》(南传二二下·二二二)。
③ 《增支部·十集》(南传二二下·二二五——二二六)。
④ 《增支部·十集》(南传二二下·二三〇)。
⑤ 《增支部·十集》(南传二二下·二三六——二三七)。
⑥ 《杂阿含经》卷二八(大正二·二〇二下——二〇四下),又卷三七(大正二·二七四下——二七六上)。《增支部·十集》(南传二二下·一四六——二三六)。
⑦ 《中部》(四一)《萨罗村婆罗门经》(南传一〇·七——八)。

“正行”、“法行”，是“净戒”，是生人中大家，诸天，得四禅以上的定（及果），得四果的因缘。十善净戒，是戒——尸罗的正体，是戒的通相；其他一切戒善，不过依此而随机施设。所以《大智度论》说：“十善为总相戒。……说十善道，则摄一切戒。”①

从原始佛教的三类戒学，可以结论为：“四清净”——十善与命清净，是戒（尸罗）学的根本。释尊出家修行的生活，就是这样的戒。十善是固有的，而释尊更重视“命清净”。反对欲行与苦行，而表示中道的生活态度，也包括了（通于在家的）如法的经济生活。“戒具足”——正语、正业、正命，是从教化五比丘起，开示八正道的戒学内容；这也是在家所共行的。上二类，律家称之为“化教”。“戒成就”，由于一分出家者的行为不清净，释尊特地制立学处，制威德波罗提木叉，就是“制教”。到这，出家与在家戒，才严格地区别出来。佛教的戒学，曾经历这三个阶段。七百结集——集成四阿含时，虽是僧伽律制的时代，但比丘们的早期生活——阿兰若处、八正道，与释尊修行时代的出家轨范（十善加命清净），还在流传而没有忘却，所以“持法者”就各别地结集下来。平川彰博士《初期大乘佛教之研究》，见“初期大乘佛教的戒学”，十善为尸波罗蜜多，离邪淫而不说离淫，因而重视初期大乘佛教的在家意义②。在家在大乘佛教中，是有重要地位的。然十善戒的“离邪淫”，约通于在家（并不只是在家）说；如《圣道经》说正业为“离杀、不与取、邪淫”③，难道可说

---

① 《大智度论》卷四六（大正二五·三九五中）。

② 平川彰《初期大乘佛教之研究》（四二二——四九二）。

③ 《中阿含经》卷四九《圣道经》（大正一·七三六上）。

八正道的戒学局限于在家戒吗？十善为菩萨戒，应该注意十善的原始意义。戒律，自大迦叶强制地决定"若佛所不制，不应妄制；若已制，不得有违"①，流于形式的、繁琐的制度。重法的大众部系，是不能完全同意的。如鸡胤部一切"随宜"，等于舍弃了律制。因为"随宜住处"，不用"结界"，那佛教的一切轨则都无法推行了。重法学派不满"制教"，而向往"制教"以前的——正语、正业、正命为戒，或身清净、语清净、意清净、命清净为戒，就与十善为戒的大乘戒学相通。不满论师的繁琐名相，不满律师的繁琐制度，上追释尊的修证与早期的生活典范，为大乘佛教兴起的重要一着。如忽略这一意义，而强调在家者在初期大乘的主导地位，是与初期大乘经不合的！

第二项　信在佛法中的意义

"信"(śraddhā)，在"佛法"——根本佛法中，是没有重要性的。因为传统的、神的教说，才要求人对他的信仰。释尊从自觉而得解脱，应机说法，是诱发、引导，使听者也能有所觉悟，得到解脱，这是证知而不是信仰。所以佛说修持的圣道，如八正道、七菩提分、四念住、四神足、四正断，都没有信的地位；一向是以"戒、定、慧"为道体的。如舍利弗见到了马胜比丘，听他所说的"因缘偈"，就有所悟入，这里面是用不着信的。这一意义，表示得最明确的，如《杂阿含经》卷二一(大正二·一五二下)说：

"尼犍若提子语质多罗长者言：汝信沙门瞿昙得无觉

---

① 《弥沙塞部和醯五分律》卷三〇(大正二二·一九一下)。

无观三昧耶？质多罗长者答言：我不以信故来也。……质多罗长者语尼犍若提子：我已……常住此三昧，有如是智，何用信世尊为？”①

质多罗长者不是信仰瞿昙（Gautama）沙门——释尊有“无觉无观三昧”（即“无寻无伺三摩提”），而是自己证知了无觉无观三昧，能够常住在这样的三昧中。对长者来说，这不是信仰，信仰是没有用的。这充分表示了佛法的特性。

佛法重自证而不重信仰，但在佛法广大地传扬起来，出家弟子多了，也得到了国王、长者们的护持。那时的宗教界、社会大众，希求解脱，或希求现生与来生的福乐，饥渴似的仰望着释尊，希望从释尊而有所满足。这种对佛的敬仰、爱乐心，与一般宗教的信心，是有共同性的。“信”终于成为道品的内容，在精进、念、定、慧之上，加“信”而名为“五根”、“五力”。起先，这是对佛的信心，如说：

> “圣弟子于如来所，起信心，根本坚固，诸天、魔、梵、沙门、婆罗门，及诸世间法所不能坏，是名信根。”
>
> “若圣弟子于如来（发）菩提心所得净信心，是名信根。”②

信，是对如来生起的净信心，确信是“应供、等正觉、……天

① 《相应部·质多相应》（南传一五·四五三——四五五）。

② 《杂阿含经》卷二六（大正二·一八二中、一八三下——一八四上、一八六上）。《相应部·根相应》（南传一六下·一二）。

人师、佛、世尊"。优婆塞的"信具足",也是"于如来所正信为本"①。信佛,进而信佛所说的法,如《相应部·根相应》(南传一六下·五二)说:

"若圣弟子,于如来一向信是如来,于如来之教说无疑。"

由信佛、信佛所说法,进一步而尊重恭敬僧伽②。信佛、法、僧的三归依,应该是与僧制的成立相关的。经中有但说归依佛的,如:

"我是尼俱陀梵志,今者自归,礼世尊足。"③

"梵志从座起,……向佛所住处,合掌赞叹:南无南无佛、世尊、如来、应供、等正觉。"④

《五分律》说到:"诸比丘一语授戒言:汝归依佛。又有比丘二语授戒言:汝归依佛、归依法。又有比丘三语授戒言:汝归依佛、归依法、归依僧。"⑤这些记录,各部律虽并不一致,但从归依佛,归依佛、法,进而归依佛、法、僧,初期佛教的进展过程,是应该可以采信的。

归依三宝,是对佛、法、僧的信(愿)心。佛教应用"信"为修

---

① 《杂阿含经》卷三三(大正二·二三六中)。《相应部·预流相应》(南传一六下·二九九)。

② 《相应部·根相应》(南传一六下·六五)。

③ 《长阿含经》卷八《散陀那经》(大正一·四九中)。

④ 《杂阿含经》卷二〇(大正二·一四一下)。

⑤ 《弥沙塞部和醯五分律》卷一六(大正二二·一一一中)。

持方法，忆念而不忘失，称为"佛随念"、"法随念"、"僧随念"，简称"念佛"、"念法"、"念僧"。信念三宝不忘，到达"信"的不坏不动，名为"佛证净"、"法证净"、"僧证净"。念佛、法、僧，是这样的①：

"圣弟子以如是相，随念诸佛，谓此世尊是：如来、阿罗汉、正等觉、明行圆满、善逝、世间解、无上丈夫、调御士、天人师、佛、薄伽梵。"

"圣弟子以如是相，随念正法，谓佛正法：善说、现见、无热、应时、引导、近观、智者内证。"

"圣弟子以如是相，随念于僧，谓佛弟子：具足妙行、质直行、如理行、法随法行、和敬行、随法行。于此僧中，有……四双八只补特伽罗。佛弟子众，戒具足、定具足、慧具足、解脱具足、解脱智见具足。应请、应屈、应恭敬、无上福田，世所应供。"

佛、法、僧证净，就是依此随念而得不坏的净信。起先，只是归依三宝，三随念，三证净——"三种稣息处"②。"随念"与"证净"有相同的关系，如三随念加戒，成四念，或作四证净③。三法（证净）成就，还是四法（证净）成就？佛弟子间曾有过异议，但

---

① 依玄奘译文，如《阿毗达磨法蕴足论》卷二（大正二六·四六〇上——中、四六二上、四六三上）。

② 《杂阿含经》卷四一（大正二·二九八上）。《相应部·预流相应》，作"四种稣息处"（南传一六下·三二一）。

③ 四随念，见《杂阿含经》卷三〇（大正二·二一六中——下）。《相应部·预流相应》作四证净（南传一六下·二九五——二九六）。

决定为"于佛不坏净，于法不坏净，于僧不坏净，圣(所爱)戒成就"①。多数经文，只说"圣所爱戒成就"，没有说"圣戒证净"。如《法蕴论》与《集异门论》解说四证净，也只说"圣所爱戒成就"，而没有解说"证净"，如佛、法、僧证净那样。所以，三证净是信心的不坏不动，而圣所爱戒是佛弟子所有的净戒②。但到后来，佛、法、僧、戒，都称之为证净，也就是从随念戒而得证净了。

"信"有一般宗教的信仰意味，也就有类似一般宗教的作用。在这方面，"随念"与"证净"，大致是相通的，现在也就总合来说。为什么要修"三随念"、"四证净"？一、对于病者，主要是在家患病者的教导法，使病者依"随念"、"证净"而不致陷于忧苦，因为死了会生天的③。二、在旷野，在树下、空舍，"有诸恐怖心惊毛竖"，可依三随念而除去恐怖④。三、听说佛要离去了，见不到佛了，心里惆怅不安，也可以念佛、法、僧⑤。依念佛，念佛、法、僧，四证净，而不会忧苦恐怖不安，经中曾举一比喻，如《杂阿含经》卷三五(大正二·二五四下——二五五上)说：

---

① 《杂阿含经》卷三三(大正二·二三九中——下)。《相应部·预流相应》(南传一六下·二六二——二六六)。

② 《阿毗达磨集异门足论》卷六(大正二六·三九三下)。《阿毗达磨法蕴足论》卷三(大正二六·四六四下)。

③ 《杂阿含经》卷三七(大正二·二六九中——二七〇下)，又卷四一(大正二·二九八上、二九九中——下)。《相应部·预流相应》(南传一六下·二二三——二二六、二七七——二八五、三一九——三二三)。

④ 《杂阿含经》卷三五(大正二·二五五上、二五四下)。《相应部·帝释相应》(南传一二·三八二——三八六)。

⑤ 《杂阿含经》卷三三(大正二·二三八中——下)。《增支部·十一集》(南传二二下·三〇三——三〇八)。

> “天帝释告诸天众：汝等与阿须伦共斗战之时，生恐怖者，当念我幢，名摧伏幢。念彼幢时，恐怖得除。……如是诸商人：汝等于旷野中有恐怖者，当念如来事、法事、僧事。”①

这是从印度宗教神话而来的比喻。世间上，确有这一类的作用，如军队望见了主将的军旗，会勇敢作战。如军旗倒下（或拔去）而看不到了，就会惊慌而崩溃下来。念佛，念佛、法、僧，会感觉威德无比的力量，支持自己。一般宗教的神力加被，就是这样。所以信的应用于修行，意味着“自力不由他”的智证的佛法，一部分向他力的方向转化。

说一切有部的正义，“四证净”是证智相应的。《集异门论》说“诸预流者，成就此四”②，所以是无漏的。然在《杂阿含经》、《相应部》中，称此四为“四天道”③；是“福德润泽、善法润泽、安乐食”④；依文义来说，不一定是无漏的。由于一部分人传说为无漏的，所以《瑜伽论》解说天道为“第一义清净诸天”⑤。如依经文，显然是通于有漏的，如《杂阿含经》卷三〇（大正二·二一七下——二一八上）说：

> “若圣弟子，于佛不坏净成就，而不上求，……心不得

---

① 《相应部·帝释相应》（南传一二·三八二——三八六）。

② 《阿毗达磨集异门足论》卷六（大正二六·三九三下）。

③ 《杂阿含经》卷三〇（大正二·二一六上——二一七上）。《相应部·预流相应》（南传一六下·二九五——二九六）。

④ 《杂阿含经》卷三〇（大正二·二一四下——二一五上），又卷四一（大正二·二九九上——中）。《相应部·预流相应》（南传一六下·二九二——二九四）。

⑤ 《瑜伽师地论》卷九八（大正三〇·八六八上）。

定者，是圣弟子名为放逸。于法、僧不坏净，圣戒成就，亦如是说。如是难提！若圣弟子，成就于佛不坏净，其心不起知足想，……若圣弟子心定者，名不放逸。法、僧不坏净，圣戒成就，亦如是说。"①

经说分为二类：如成就这四者，不再进求，"心不得定，诸法不显现"，那是放逸者。如能更精进地修行，"心得定；心得定故，诸法显现"，就是不放逸者。这可见，成就这四者，还是没有得定，没有发慧的。不过进一层的修习，可以达到得定发慧，就是无漏的预流（或以上）果。放逸的一类，这四者是成就的，但决不是无漏的。又如《杂阿含经》卷四一（大正二·二九八下）说：

"有四须陀洹分。何等为四？谓于佛不坏净，于法、僧不坏净，圣戒成就，是名须陀洹分。"②

这四法是须陀洹——预流分，是趣入预流的支分、条件，并不等于预流果。与经说"亲近善男子，听正法，内正思惟，法次法向"，是须陀洹支分一样③。《相应部·预流相应》（南传一六下·二八六——二八八）说：

"若圣弟子，于五怖畏怨仇止息；四预流支成就；以慧善观善通达圣理，能自记说：我于地狱灭尽，畜生灭尽，饿鬼

① 《相应部·预流相应》（南传一六下·三〇二——三〇四）。
② 《相应部·预流相应》（南传一六下·二五三——二五四、二八七）。
③ 《杂阿含经》卷四一（大正二·二九八下）。《相应部·预流相应》（南传一六下·三一四）。

趣灭尽,得须陀洹,不堕恶趣法,决定趣向三菩提。"①

成就这四者,可能会放逸停顿下来;要以慧通达圣理,能进而得定发慧,才能得预流果。不过成就了这四者,不但于三宝得坚固不坏的信心,又成就圣戒,所以不会再堕三恶道,一定能得预流果。原始佛教为一般人说法,修四不坏净,可免除堕落恶道的恐怖,一定往生天上,能成就圣果(与大乘佛法以念佛法门,往生净土,决定不退无上菩提,意趣相同);并非说得了四预流支,就是预流果了。后代解说为与证智相应的净信,称为"证净"(avetya-prasāda),应该不是原始佛教的本意。《阿毗达磨大毗婆沙论》卷一〇三(大正二七·五三四下)说:

"胁尊者曰:此应名不坏净。言不坏者,不为不信及诸恶戒所破坏故。净谓清净,信是心之清净相故,戒是大种清净相故。"

胁(Parśva)尊者是禅师、经师,好简略而不作不必要的推求②。依他说:这不是"证净"而是"不坏净"。"不坏净"梵语为abhedya-p.,与"证净"的语音相近。依"不坏净"说,只是信心的坚固不坏,与"信根"的定义相合,也与"信根"的地位(至少是内凡位)相当。在部派佛教中,信根的意义,也是有异说的。如"分别论者执信等五根唯是无漏"③,而说一切有系是通于有漏

① 《杂阿含经》卷三〇(大正二·二一六上)。

② 拙作《说一切有部为主的论书与论师之研究》(三一七——三一九,本版二七三——二七六)。

③ 《阿毗达磨大毗婆沙论》卷二(大正二七·七下)。

的。约“信”心所而论，部派间也意见不一。如说一切有部、赤铜锞部，以为信是善心所。《成实论》以为：信是通于三性的；“是不善信，亦是净相”①。因迷信而引起内心的宁定、澄净，在宗教界是普遍的事实；但由于从错谬而引起，所以迷信是不善的。《舍利弗阿毗昙论》立“顺信”与“信”为二法：“顺信”是善性的；“信”是通于三性的②。在一般的“信”（śraddhā）以外，又别立纯善的“顺信”，不知原语是什么。《法华经》的信，是 bhakti，不知是否与“顺信”相同？总之，将“信”引入佛法中，由于与一般宗教的类似性，在说明上，不免引起佛教界意见的纷歧！

修学而趣入预流果的方便，经说有二类：一、“亲近善友，多闻正法，如理思惟，法随法行”为四预流支，约四谛说证入，是重于智证的方便。二、“于佛不坏净，于法不坏净，于僧不坏净，成就圣戒”为四预流支，是以信戒为基，引入定慧的方便；证入名得“四证净”。这二者，一是重慧的，是随法行人，是利根；一是重信的，是随信行人，是钝根。这是适应根机不同，方便不同，如证入圣果，都是有信与智慧，而且是以智慧而悟入的。如《杂阿含经》说：

> “于此六（处）法，观察忍，名为信行。……若此诸法，增上观察忍，名为法行。”③
>
> “若于此（五蕴）法，以智慧思惟、观察、分别忍，是名随信行。……若于此法，增上智慧思惟、观察、忍，是名随

---

① 《成实论》卷六（大正三二・二八八上）。

② 《舍利弗阿毗昙论》卷一（大正二八・五二六下、五三〇下）。

③ 《杂阿含经》卷三一（大正二・二二四中——下）。

法行。”①

或依信佛、法、僧说，如《杂阿含经》卷三三（大正二·二四〇上——中）说：

“圣弟子信于佛言说清净，信法、信僧言说清净，于五法增上智慧、审谛堪忍，谓信、精进、念、定、慧，是名圣弟子不堕恶趣，乃至随法行。”

“圣弟子信于佛言说清净，信法、信僧言说清净，（乃至）五法少慧、审谛堪忍，谓信、精进、念、定、慧，是名圣弟子不堕恶趣，乃至随信行。”②

原始佛教中，虽有此二流，而依“五根”来统一了信与慧；只是重信与重慧，少慧与增上慧的不同。将“信”引入佛法，摄受那些信行人，而终于要导入智慧的观察分别忍，才符合佛法的正义。近代学者，发见“于佛证净，于法证净，于僧证净，圣（所爱）戒成就：不堕恶趣，決定向三菩提”，似乎与观四谛理而悟入不同，因而夸大地重视起来。有的解说为：四证净是为在家人说的。其实，四不坏净是适合为一般在家人说的，而不是专为在家人说的。这二类，不是出家的与在家的差别，而是正常道与方便道；为少数利根与多数钝根；为睿智与少慧的不同。信，在释尊涅槃后，将在一般人心中更重要起来。

① 《杂阿含经》卷三（大正二·一六上）。

② 《相应部·预流相应》（南传一六下·二七一——二七四）。

第六章　部派分化与大乘

第一节　部派分化的过程

第一项　部派分化的前奏

佛入灭后，佛教渐渐地分化，终于成为部派的佛教。部派佛教流行到西元前后，大乘佛法又流行起来。大乘佛法的兴起，到底出于部派的僧团内部，或在家信众，或兼而有之？这虽然要作进一步的研究才能确定，但大乘从部派佛教的化区中出现，受到部派佛教的影响，是不容怀疑的事实。古代传说，大众部及大众部分出的部派，上座部分出的法藏部，都与大乘经有关。这虽不能依传说而作为定论，但在传说的背后，含有多少事实的可能性，应该是值得重视的！

佛教部派的显著分立，约在西元前三〇〇年前后。然佛教部派的分化倾向，可说是由来已久。从佛陀晚年，到部派分化前夕，一直都有分化的倾向，有重大事件可记的，就有三次：

一、释族比丘中心运动：我在《论提婆达多之破僧》中指出：

佛陀晚年,提婆达多要求比丘僧的领导权(“索众”);由于没有达到目的,企图创立新教(“破法轮僧”)事件,含有释族比丘与诸方比丘间的对立意义①。提婆达多是佛的堂弟,出于释迦族。提婆达多的四位伴党,都是“释种出家”②。“律藏”中有名的“六群比丘”,据律师们的传说,释尊制立学处,几乎都由于这几位犯戒而引起的。《僧祇律》说“六群比丘共破僧”③。而这六位,不是释种,就是与释种有着密切的关系,如《萨婆多毗尼毗婆沙》卷四(大正二三·五二六上)说:

“五人是释种子王种:难途、跋难途、马宿、满宿、阐那。一是婆罗门种,迦留陀夷。”

六人中,难陀(难途,Nanda)、跋难陀(Upananda)是弟兄,律中传说为贪求无厌的比丘。阿湿鞞(马宿,Aśvaka)、不那婆娑(满宿,Punabbasuka),在律中是“行恶行,污他家”的(依中国佛教说,是富有人情味的),也是善于说法论议的比丘④。阐那(或译车匿,Chanda)是释尊王子时代的侍从,在律中是一位“恶口”比丘。迦留陀夷(或作优陀夷,Kalodāyin, Udāyin),是释尊王子时代的侍友,在律中是被说为淫心深重的比丘。佛世的比丘尼,以释迦族及释迦近族的拘梨(Koliya)、摩罗(Malla)、梨车(Licchavi)族女为多⑤。女众更重视亲族及乡土的情谊,《十诵律》

① 《论提婆达多之破僧》(《海潮音》卷四五·十一、十二月号)。
② 《根本说一切有部毗奈耶破僧事》卷九(大正二四·一四五中)。
③ 《摩诃僧祇律》卷二六(大正二二·四四三上)。
④ 《萨婆多毗尼毗婆沙》卷四(大正二三·五二六上)。
⑤ 《摩诃僧祇律》卷三九(大正二二·五三五下)。

就称之为“助调达比丘尼”。总之，释种的比丘、比丘尼，在提婆达多“索众”时，多数是拥护提婆达多的。

在“六群比丘”中，举二位来说明。“恶口”阐那，到底是怎样的恶口？如《弥沙塞部和醯五分律》卷三（大正二二·二一中）说：

> “大德！汝等不应教我，我应教汝。何以故？圣师法王是我之主，法出于我，无豫大德。譬如大风吹诸草秽，并聚一处。诸大德等，种种姓，种种家，种种国出家，亦复如是，云何而欲教诫于我！”

《善见律》译为：“佛是我家佛，法亦是我家法，是故我应教诸长老，长老不应反教我。”①阐那的意思是：佛出于释迦族，法是释迦佛说的，所以应由我们释种比丘来摄导教化大家（僧众）。这不正是释种比丘、比丘尼，拥护提婆达多向佛“索众”的意趣吗？另一位是迦留陀夷（优陀夷），虽在律藏中极不如法，但确是一位杰出的比丘。他出家不久，就证得阿罗汉果②；是波斯匿王妃末利（Mallikā）夫人的门师③；曾教化舍卫城近千家的夫妇证果④；作赞叹佛陀的《龙相应颂》，说佛是“龙一切时定”⑤；又是一位

---

① 《善见律毗婆沙》卷一三（大正二四·七六九下）。

② 《善见律毗婆沙》卷一七（大正二四·七九〇下）。

③ 《十诵律》卷一八（大正二三·一二五上）。

④ 《十诵律》卷一七（大正二三·一二一下）。

⑤ 《中阿含经》卷二九《龙象经》（大正一·六〇八中——下）。《增支部·六集》（南传二〇·八九——九一）。

参与阿毗达磨论辩的大师①。这样的人物，竟然也被数为“六群比丘”之一②！释族比丘、比丘尼，的确拥护提婆达多，但提婆达多因为达不到目的，要破僧叛教，那就未必能得到释族比丘的支持了。佛教是没有教权的，如《游行经》所说：“如来不言我持于众，我摄于众，岂当于众有教令乎？”③在一般看来，佛是僧众的领导者，而不知佛对大众的教化，是义务而不是权利。佛只是以“法”来感召大众，策励大众，为真理与自由的现证而精进。提婆达多争取领导权，违反了出家与为法教化的意义，难怪要受到佛的呵斥了。从争取领导权来说，当然是不对的。如从佛出于释种，佛法含有释种文化的特性来说，那么释种比丘自觉更理会得佛法的真精神，释族比丘中心的运动，也许有多少意义的。这次释族比丘中心运动的失败，使释种的比丘、比丘尼们，在律师们的传述中，绝大多数成为违法乱纪被呵责的对象。

二、王舍城结集的歧见：提婆达多破僧，是在佛陀晚年。不几年，阿难随侍佛陀到拘尸那，佛就在这里涅槃了。大迦叶得到了佛入涅槃的消息，与五百比丘，从王舍城赶来，主持佛的荼毗大典，并立即发起在王舍城举行结集。这次结集，大迦叶为上座，优波离结集律，阿难结集法。但在结集过程中，显露出僧伽内部的严重歧见，如大迦叶对阿难的一连串指责；大迦叶领导的

---

① 《中阿含经》卷五《成就戒经》（大正一·四四九下——四五〇上）。《增支部·五集》（南传一九·二六八——二七〇）。

② 六群比丘，南传毗奈耶作 Assaji，Punabbasu，Paṇḍuka，Lohitaka，Mettiya，Bhummaja。前二人，即马宿与满宿；中二人，即有部律的黄、赤比丘；后二人即慈地比丘兄弟。

③ 《长阿含经》卷二《游行经》（大正一·一五上）。《长部》（一六）《大般涅槃经》（南传七·六七）。

结集，与富兰那长老间的异议。大迦叶与阿难间的问题，我在《阿难过在何处》①文中，有详细的论述。以律典为主的传记，大同小异地说到：大迦叶选定五百比丘结集法藏，阿难几乎被拒斥在外。在结集过程中，大迦叶对阿难举发一连串的过失。阿难不承认自己有罪，但为了尊敬僧伽，顾全团体，愿意向大众忏悔。阿难受到大迦叶的指责，载于有关结集的传记，各派所传，略有出入。归纳起来，有三类：有关戒律问题，有关女众问题，有关侍佛不周问题，主要是前二类。

阿难被责的起因，是阿难在结集大会上传达佛的遗命："小小戒可舍"。什么是小小戒？由于阿难没有问佛，所以大众的意见纷纭。大迦叶出来中止讨论，决定为："若佛所不制，不应妄制；若已制，不得有违。如佛所教，应谨学之。"②为了这，大迦叶指责阿难，为什么不问佛，犯突吉罗（恶作，duṣkṛta）。阿难的传达佛说，比较各家广律，有二类不同的句法。1. 如《僧祇律》说："我当为诸比丘舍细微戒。"③《四分律》说："自今已去，为诸比丘舍杂碎戒。"④《根有律杂事》说："所有小随小戒，我于此中欲有放舍，令苾刍僧伽得安乐住。"⑤这似乎为了比丘们得安乐住，而无条件地放弃了小小戒法。在现存的律典中，不受持小小戒，是被看作非法的。如大迦叶在来拘尸那的途中，听到跋难陀

① 拙作《阿难过在何处》（《海潮音》卷四六·一、二月号）。

② 《弥沙塞部和醯五分律》卷三〇（大正二二·一九一下）。上座系诸律，均同。

③ 《摩诃僧祇律》卷三二（大正二二·四九二中）。

④ 《四分律》卷五四（大正二二·九六七中）。

⑤ 《根本说一切有部毗奈耶杂事》卷三九（大正二四·四〇五中）。

说："彼长老（指佛）常言：应行是，不应行是，应学是，不应学是。我等于今始脱此苦，任意所为，无复拘碍。"①"无复拘碍"，不就是舍小小戒得安乐住吗？大迦叶反对这种意见，才决定发起结集。又如轻呵毗尼戒（学处）说："用是杂碎戒为？半月说戒时，令诸比丘疑悔热恼，忧愁不乐。"②这是说，这些杂碎戒使人忧愁苦恼，这与舍小小戒，令僧安乐，是同一意思。2. 另一类是这样说的，如《十诵律》说："我般涅槃后，若僧一心和合筹量，放舍微细戒。"③南传《铜鍱律》及《长部·大般涅槃经》说："我灭后，僧伽若欲舍小小戒者，可舍。"④《毗尼母经》说："吾灭度后，应集众僧舍微细戒。"⑤这不是随便放弃，说舍就舍，而是要僧伽的共同议决，对于某些戒，在适应时地情况下议决放舍。戒律中多数有关衣、食、行、住、医、药的制度，是因时、因地、因人，为了僧伽清净和乐、社会信敬而制立的。如时代不同，环境不同，有些戒条就必须修改。佛住世时，对于亲自制定的学处（戒），或是一制、再制，或是制了又开，开了又制；因为不这样，就不免窒碍难行。佛是一切智者，深深理会这些意义，所以将"小小戒可舍"的重任交给僧伽，以便在时地机宜的必要下，僧伽可集议处理，以免佛教的窒碍难行。阿难传述佛的遗命，是属于后一类的。但在头陀（苦行）第一大迦叶，持律第一优波离他们，认为舍小

① 《弥沙塞部和醯五分律》卷三〇（大正二二·一九〇中）。

② 《十诵律》卷一〇（大正二三·七四中）。

③ 《十诵律》卷六〇（大正二三·四四九中）。

④ 《铜鍱律·小品》（南传四·四三〇）。《长部》（一六）《大般涅槃经》（南传七·一四二）。

⑤ 《毗尼母经》卷三（大正二四·八一八中）。

小戒就是破坏戒法，便于个人的为非作恶（第一类看法）。这才违反佛陀的遗命，而作出“若佛所不制，不应妄制；若已制，不得有违”的硬性决定。佛所制戒，本是适应通变而活泼泼的，但从此成为固定了的、僵化了的规制，成为佛教的最大困扰（如今日中国，形式上受戒，而对某些规制，明知是行不通的，不能受持的，但还是奉行古规，非受不可）！

阿难与女众有关的过失，主要是阿难求佛度女众出家。佛的姨母摩诃波阇波提与众多的释种女，到处追随如来，求佛出家而不蒙允许。阿难见了，起了同情心，于是代为请求。据“比丘尼犍度”及阿难自己的分辩，理由是：摩诃波阇波提抚养如来，恩深如生母一样；女众如出家，一样的能证初果到四果。这两点理由，是经律所一致的。阿难求佛准许女众出家，到底有什么过失呢？主要是由于女众出家，会使佛法早衰。佛陀晚年，比丘们没有早年的清净，大有制戒越多，比丘们道念越低落的现象①。大概佛法发展了，名闻利养易得，动机不纯的出家多了，造成僧多品杂的现象。由于女众出家，僧伽内部增加了不少问题，头陀与持律的长老们，将这一切归咎于女众出家，推究责任而责备阿难。女众出家，从乞求而来的经济生活，比比丘众要艰苦得多。往来，住宿，教化，由于免受强暴等理由，问题也比男众多。尤其是女众的爱念重，心胸狭隘，体力弱，古代社会积习所成的情形，无可避免地会增加僧伽的困难。在重男轻女的当时社会，佛是不能不郑重考虑的。但问题应谋求解决，在佛陀慈悲平等普济

---

① 《杂阿含经》卷三二（大正二·二二六下）。《相应部·迦叶相应》（南传一三·三二七）。

精神下,终于同意阿难的请求,准予女众出家,得到了修道解脱的平等机会。“女众出家,正法减少五百年”,如作为头陀苦行与持律者,见到僧伽品质渐杂,而归咎于女众出家,那是可以理解的。但女众出家,虽是阿难请求,却是佛所允可的。这是二十年(?)前的事了,大迦叶当时为什么不说?现在佛入涅槃,不到几个月,怎么就清算陈年旧账呢?问题是并不这么简单的。大迦叶出身于豪富的名族,生性为一女性的厌恶者。虽曾经结婚,而过着有名无实的夫妇关系,后来就出家了。他与佛教的尼众,关系十分不良好,被尼众们称为“外道”①;被轻视为“小小比丘”②;说他的说法,“如贩针儿于针师家卖”(等于说“圣人门前卖字”)③。大迦叶与尼众的关系,一向不良好,在这结集法会上,就因阿难传佛遗命“小小戒可舍”,而不免将多年来的不平,一齐向阿难责怪一番。

还有几项过失,是怪阿难“侍奉无状”。阿难没有请佛住世,佛要水喝而阿难没有供给,阿难足踏佛衣。这包含了一个问题:佛入涅槃,圣者们不免惆怅,多少会嫌怪阿难的侍奉不周:佛就这样早入涅槃了吗?佛不应该这样就涅槃了的!总是阿难侍奉不周。这如父母老死了,弟兄姊妹们每每因延医、服药的见解不同,而引起家庭的不愉快一样。

五百结集会上,大迦叶与阿难的问题,论戒律,阿难是“律

① 《杂阿含经》卷四一(大正二·三〇三上)。《相应部·迦叶相应》(南传一三·三二〇)。《十诵律》卷四〇(大正二三·二九一上)。

② 《十诵律》卷一二(大正二三·八五中)。

③ 《杂阿含经》卷四一(大正二·三〇二中)。《相应部·迦叶相应》(南传一三·三一六)。

重根本”的，小小戒是随时机而可以商议修改的；大迦叶（与优波离）是“轻重等持”的，舍小小戒，被看作破坏戒法。这就是“多闻第一”的重法系，“头陀第一”、“持律第一”的重律系的对立。论女众，阿难代表修道解脱的男女平等观；大迦叶等所代表的，是传统的重男轻女的立场。在这些问题上，阿难始终站在佛的一边。从大迦叶起初不要阿难参加结集来说，怕还是受到释族比丘中心运动的影响！

五百结集终了，富兰那长老率领五百比丘，从南山来，对大迦叶主持的结集，提出了异议，如《铜鍱律·小品》（南传四·四三三）说：

> “君等结集法律，甚善！然我亲从佛闻，亦应受持。”

这是说，富兰那长老所亲闻的佛说，也要受持流通了。《五分律》举出富兰那自己的意见：“我亲从佛闻：内宿，内熟，自熟，自持食从人受，自取果食，就池水受，无净人净果除核食之。……我忍余事，于此七条，不能行之。”①依《五分律》说：“内宿”是寺院内藏宿饮食；“内熟”是在寺院内煮饮食；“自熟”是比丘们自己煮；“自持食从人受”，是自己伸手受食，不必从人受（依优波离律，要从别人手授或口授才可以吃）；“自取果食”，“就池水受”（藕等），都是自己动手；“无净人净果除核食”，是得到果实，没有净人，自己除掉果实，就可以吃了。这都是有关饮食的规制，依优波离所集律，是禁止的，但富兰那长老统率的

---

① 《弥沙塞部和醯五分律》卷三〇（大正二二·一九一下——一九二上）。

比丘众却认为是可以的。富兰那长老的主张，不正是小小戒可舍吗？对专在生活小节上着眼的优波离律，持有不同意见的，似乎并不少呢！

三、东西方的严重对立：在阿难弟子的时代——“佛灭百年”（佛灭一世纪内），佛教界发生东西双方的争论，有毗舍离的七百结集。详情可检拙作《论毗舍离七百结集》①。问题是为了“十事非法”。耶舍伽乾陀子（Yasa-kākāṇḍakaputta），见到毗舍离跋耆（Vajjī）族比丘，以铜钵向信众乞取金钱（这是主要的诤端），耶舍指斥为非法，因此被跋耆比丘驱摈出去。耶舍到西方去，到处宣传跋耆比丘的非法，邀集同志，准备来东方公论。跋耆比丘知道了，也多方去宣传，争取同情。后来西方来了七百位比丘，在毗舍离集会。采取代表制，由东西双方各推出代表四人，进行论决。结果，跋耆比丘乞取金钱（等十）事，被裁定为非法。

王舍城结集以来，大体上和合一味，尊重僧伽的意思。尊敬大迦叶；说到律，推重优波离；说到法，推重阿难，成为一般公认的佛教。从传记看来，阿难与优波离弟子，向西方宏化，建树了西方摩偷罗（Madhurā）为重心的佛教。在东方，摩竭陀（Magadha）的首都已从王舍城移到华氏城，与恒河北岸相距五由旬的毗舍离遥遥相对，为东方佛教的重心。阿难一向多随佛住在舍卫城，晚年经常以王舍城、华氏城、毗舍离为游化区。等到阿难入灭，他的遗体分为两半，为华氏城与毗舍离所供养②。阿难

① 拙作《论毗舍离七百结集》（《海潮音》卷四六·六、七月号）。

② 《根本说一切有部毗奈耶杂事》卷四〇（大正二四·四一〇下——四一一上）。

晚年的宏化，对东方佛教，无疑会给以深远的影响。当时支持耶舍的，有波利耶（Pātheyya）比丘，摩偷罗、阿槃提、达䞋那（Dakṣiṇā）比丘。有力量的支持者，是摩偷罗的三菩陀（Sambhūta，即商那和修 Sāṇavāsi），萨寒若 Sahajati 的离婆多（Revata）。这是摩偷罗为中心，恒河上流及西南（达䞋那即南方）的比丘。其中波利耶比丘六十人，都是头陀行者，是这次诤论的中坚分子。或说波利耶在东方，论理应属于西方，可能就是《西域记》所说的波理夜呾啰（Paryātra）。东方以毗舍离为重心，跋耆族比丘为东方系的主流。东方比丘向外宣说，争取各地僧伽的同情支持，其理由是①：

> "诸佛皆出东方国土。波夷那比丘是如法说者，波利比丘是非法说者。"
>
> "波夷那、波梨二国比丘共诤。世尊出在波夷那国，善哉大德！当助波夷那比丘。"
>
> "诸佛皆出东方，长老上座莫与毗耶离中国比丘斗诤。"

东方比丘所持的理由，着重于地域文化。波利耶、摩偷罗、阿槃提、达䞋那，一向是佛教的"边地"（pratyanta janapada）。边国比丘不能正确理解佛的意趣，所以论佛法，应依东方比丘的意见。佛在世时代的迦毗罗卫（Kapilavastu），属于憍萨罗（Kośalā），不妨说佛出憍萨罗。佛是释种，与东方的跋耆、波夷那，有什么

① 1.《铜鍱部·小品》（南传四·四五二）。2.《四分律》卷五四（大正二二·九七〇中）。3.《十诵律》卷六〇（大正二三·四五二中）。

种族的关系，而说“世尊出在波夷那”呢？佛被称为释迦牟尼（Śākyamuṇi），意义为释迦族的圣者。阿难被称为“毗提诃牟尼”（Videhamuṇi）①，即毗提诃的圣者，毗提诃（Videha）为东方的古王朝。毗提诃王朝解体，恒河南岸成立摩竭陀王国，传说国王也是毗提诃族②。恒河北岸的毗提诃族，分散为跋耆、摩罗等族。《长阿含》的《种德经》、《究罗檀头经》，有六族奉佛的传说，六族是：释迦、俱利、冥宁、跋耆、末罗、酥摩③。释迦为佛的本族。俱利（Koliya）与释迦族关系最密切：首府天臂城（Devadaha），《杂阿含经》就称为“释氏天现聚落”④。冥宁，《长阿含·阿㝹夷经》，说到“冥宁国阿㝹夷土”⑤；《四分律》作“弥尼搜国阿奴夷界”⑥；《五分律》作“弥那邑阿㝹林”⑦。冥宁的原语，似为 Mina，但巴利语作 Malla（摩罗）。六族中别有摩罗，冥宁似为摩罗的音转，从摩罗分出的一支。冥宁的阿㝹夷（Anupriyā），是佛出家时，打发阐那回去的地方，在蓝摩（Rāmagāma）东南境。从此向东，就是拘尸那（Kuśinagara）、波波（Pāvā，或作波夷那 Pacina）等摩罗族。跋耆为摩罗东南的大族，

① 《杂阿含经》卷四一（大正二·三〇二中——三〇三上）。《相应部·迦叶相应》（南传一三·三一六、三二〇）。

② 《普曜经》卷一（大正三·四八五中）。《方广大庄严经》卷一（大正三·五四二上）。

③ 《长阿含经》卷一五《种德经》（大正一·九五上）。《长阿含经》卷一五《究罗檀头经》（大正一·九八上）。

④ 《杂阿含经》卷五（大正二·三三中）。《相应部·蕴相应》（南传一四·七）。

⑤ 《长阿含经》卷一一《阿㝹夷经》（大正一·六六上）。

⑥ 《四分律》卷四（大正二二·五九〇中）。

⑦ 《弥沙塞部和醯五分律》卷三（大正二二·一六下）。

《西域记》说：由毗舍离“东北行五百余里，至弗栗恃国。”①弗栗恃为跋耆梵语 Vraja 的对译。弗栗恃“周四千余里”，西北去尼泊尔千四五百里；“东西长，南北狭”，约从今 Purnes 北部迤西一带，古称央掘多罗（上央伽，Aṅguttarēpa）。酥摩为《大典尊经》的七国之一，巴利语作 Sovira，即喜马拉耶山区民族。这六族，从释迦到酥摩，都在恒河以北，沿喜马拉耶山麓而分布的民族。这东方各族，实为广义的释迦同族。理解恒河北岸沿喜马拉耶山麓分布的民族，与释迦族为近族，那么“世尊出在波夷那”，阿难称“毗提诃牟尼”，都不觉得希奇了。东方比丘以佛法的正统自居，“世尊出在波夷那，善哉大德，当助波夷那比丘”，这不是与佛世阐那所说“佛是我家佛，法是我家法”的意境相同吗？这次争论的“十事非法”，也都是有关经济生活。除金银戒外，尽是些饮食小节。跋耆比丘容许这些，正是“小小戒可舍”的立场。从史的发展来看，释迦族，东方各族比丘为重心的佛教，虽一再被压制——提婆达多失败、阿难被责罚、跋耆比丘被判为非法，而始终在发展中。以阿难为代表来说，这是尊重大众（僧伽）的（见阿难答雨势大臣问）；重法的；律重根本的；尊重女性的；少欲知足而非头陀苦行的；慈悲心重而广为人间教化的。这一学风，东方系自觉得是吻合佛意的。毗舍离七百结集（西方系的结集），代表大迦叶、优波离重律传统的西方系获得了又一次胜利，不断地向西（南、北）发展。但东方比丘们，不久将再度起来，表示其佛法的立场。

---

① 《大唐西域记》卷七（大正五一·九〇九下、九一〇上——中）。

第二项 部派分裂的谱系

佛教的部派分裂,起初分为大众部与上座部,以后又一再分化,成为十八部,这是一致的古老传说。但所说的十八部,还是包括根本二部在内,还是在根本二部以外,就有不同的异说。分为十八部的谱系,各部派所传说的,名称与次第先后,也有不少的出入,如《南海寄归内法传》卷一(大正五四·二〇五中)说:

> "部执所传,多有同异,且依现事,言其十八。……其间离分出没,部别名字,事非一致,如余所论。"

塚本启祥所著《初期佛教教团史之研究》,广引"分派的系谱",共十八说①;推论"部派分立的本末关系"②,极为详细。依众多异说而加以研究,有关十八部的分立,主要的不过四说。一、上座部所传;二、大众部所传;三、正量部所传。这三说,出于清辨(Bhavya)的《异部精释》。四、铜锞部所传。此外,还有说一切有部所传,与上座部所传的大致相同。

一、铜锞部所传:如《岛史》、《大史》等所说,即塚书的 A. 说。分派的系统,为:

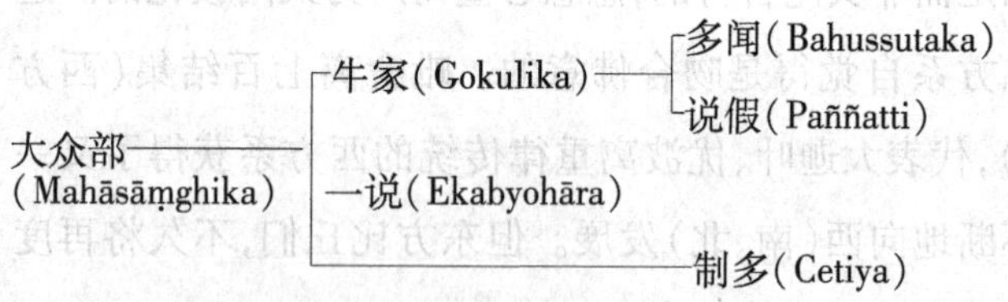

① 塚本启祥《初期佛教教团史之研究》(四一四——四三六)。

② 塚本启祥《初期佛教教团史之研究》(四三七——四四九)。

依《大史》说：分成十八部以后，印度方面，又分出雪山部(Hemavata)、王山部(Rājagiriya)、义成部(Siddhattha)、东山部(Pubbaseliya)、西山部(Aparaseliya)、金刚部(Vājiriya，即西王山Apararājagirika)——六部。锡兰方面，从大寺(Mahāvihāra)又出法喜部(Dhammaruci，即无畏山部 Abhayagiri)，及海部(Sāgaliya，即祇园寺部 Jetavanīvihāra)——二部①，但这些是不在十八部以内的。塚书的 B. C. 二说，也是这一系所传的，依 Kathāvatthu 及 Nikāyasaṃgraha 二书，叙述十八部以外的学派。

二、《异部宗轮论》所说，是说一切有部的传说。这部书，在我国有鸠摩罗什译的《十八部论》，真谛译的《部执异论》，玄奘译的《异部宗轮论》，及西藏的译本——四本，即塚书的 E. F. G. H. ——四说。虽有小异，但大致相合，其分化谱系，依《异部宗轮论》说，是：

① 《大史》(南传六〇·一七五、又三七八、四一五)。

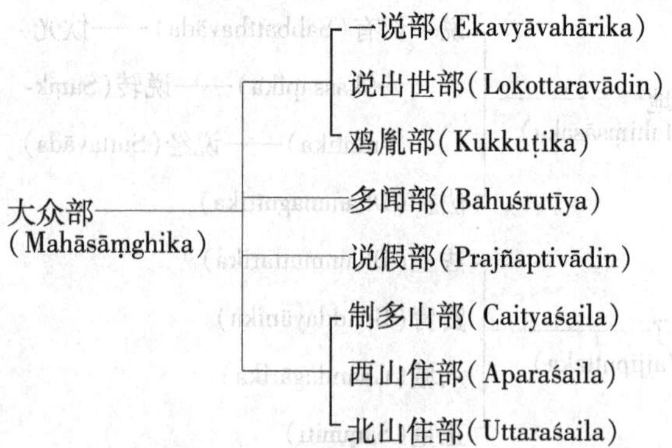

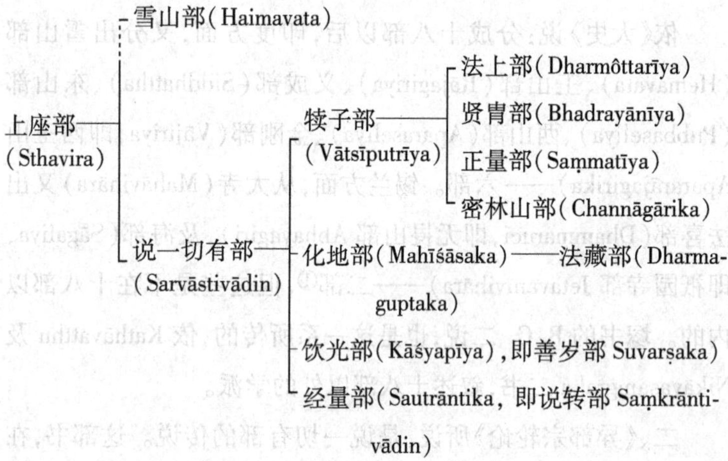

四本不同的是：从犊子部分出的，《十八部论》的六城部(Saṇṇagārika)，其他三本作密林山部。大众部分化到制多山部，以下四本出入不一，如：

《十八部论》：	支提加	佛婆罗	郁多罗施罗
《部执异论》：	支提山		北山
《异部宗轮论》：	制多山	西山住	北山住
西藏译本：	制多山	西山住	北山住

《十八部论》的佛婆罗部（Pūrvaśaila），即东山住部。《部执异论》仅二部，其他的三本为三部。还有，传为东晋（或作西晋）失译的《舍利弗问经》，及《文殊师利问经》所介绍的部派说，即塚书的 I. J. ——二说。《舍利弗问经》是大众部经，《文殊师利问经》是大乘经，但所用的部派系列，都是说一切有部所传的。有部（论师）在北印度的大发展，他的部派传说，为北方佛教界所普遍采用。《文殊师利问经》所说：多闻部下有只底舸、东山、西山，与《十八部论》相合。《舍利弗问经》作：摩诃提婆部、质多罗部、末多利部，大抵与真谛译本相同而略有误解。罗什于西元三八〇年代离龟兹，四〇一年来长安；加上《舍利弗问经》的传述，可见这属于说一切有部的传说，在西元四世纪后半已传遍西域。所以多拉那他（Tāranātha）《印度佛教史》，说本书的作者世友（Vasumitra），是世亲（Vasubandhu）以后的，为世亲《俱舍论》作注释的世友所造①，是不可能的。应认定为西方系的阿毗达磨论师，《品类足论》等的作者世友所造。

另有上座部所传（与说一切有部说相近）：大众部次第分裂为八部，上座部次第分裂为十部。叙述了从二部而分十八部，但先后次第的经过不详。其系谱为：

大众部（Mahāsāṃghika）
- 大众部（Mahāsāṃghika）
- 一说部（Ekavyāvahārika）
- 说出世部（Lokottaravādin）
- 多闻部（Bahuśrutīya）
- 说假部（Prajñaptivādin）

① Tāranātha《印度佛教史》（寺本婉雅日译本一一四、二四六）。

大众部(Mahāsāṃghika)
- 制多山部(Caityaśaila)
- 东山部(Pūrvaśaila)
- 西山部(Aparaśaila)

上座部(Sthavira)
- 上座部(Sthavira)又名雪山部 Haimavata
- 说一切有部(Sarvāstivādin)又名分别说部(Vibhajyavādin)又名说因部(Hetuvādin)又名 Muruṇṭaka
- 犊子部(Vātsīputrīya)
- 法上部(Dharmôttarīya)
- 贤胄部(Bhadrayānīya)
- 一切所贵部(Saṃmatīya)又名不可弃部(Avantaka)又名 Kurukula
- 化地部(Mahīśāsaka)
- 法藏部(Dharmaguptaka)
- 善岁部(Suvarṣaka)又名饮光部(Kāśyapīya)
- (无)上部(Uttarīya)又名说转部(Saṃkrāntivādin)

上座部所传,审细地考察起来,与说一切有部——《异部宗轮论》的传说相近。不同的是:大众部系中省去鸡胤部,上座部系中缺少密林山部,本末恰合十八部。这一传说,与《十八部论》特别相近:如制多、东山、西山——三部;无上部又名说转部,与《十八部论》的"因大师欝多罗,名僧伽兰多"①,都可说完全相合。此外,如上座部又名雪山部;说一切有部又名说因部;饮光部又名善岁部:都与说一切有部所传相合。所以这一传说,并没有独异的传说。只是省去两部,符合古代传说的十八部。

① 《十八部论》(大正四九·一八中)

将传说中的其他部名，如分别说部及 Muruṇṭaka 部，作为说一切有的别名；不可弃部及 Kurukula，作为正量部（一切所贵部）的别名，都是不对的。不可弃部，依《文殊师利问经》，应是化地部的异名。而 Kurukula 一名，与鸡胤部的原语 Kukkuli 相近，而鸡胤部正是这一传说所没有的。这一说，为塚书的 L. 说。

三、大众部所传：这是塚书的 M. 说。大众部所传的是：大众分为三部：上座部、大众部、分别说部——三部，然后再分裂，其系谱是：

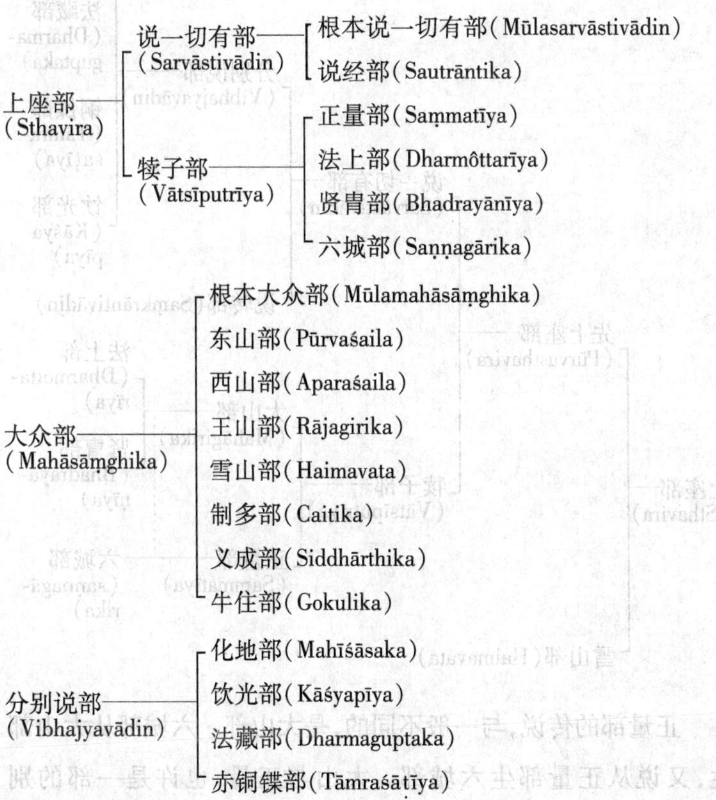

四、一切所贵——正量部所传：为塜书的 D. 说。其分派的系谱，是：

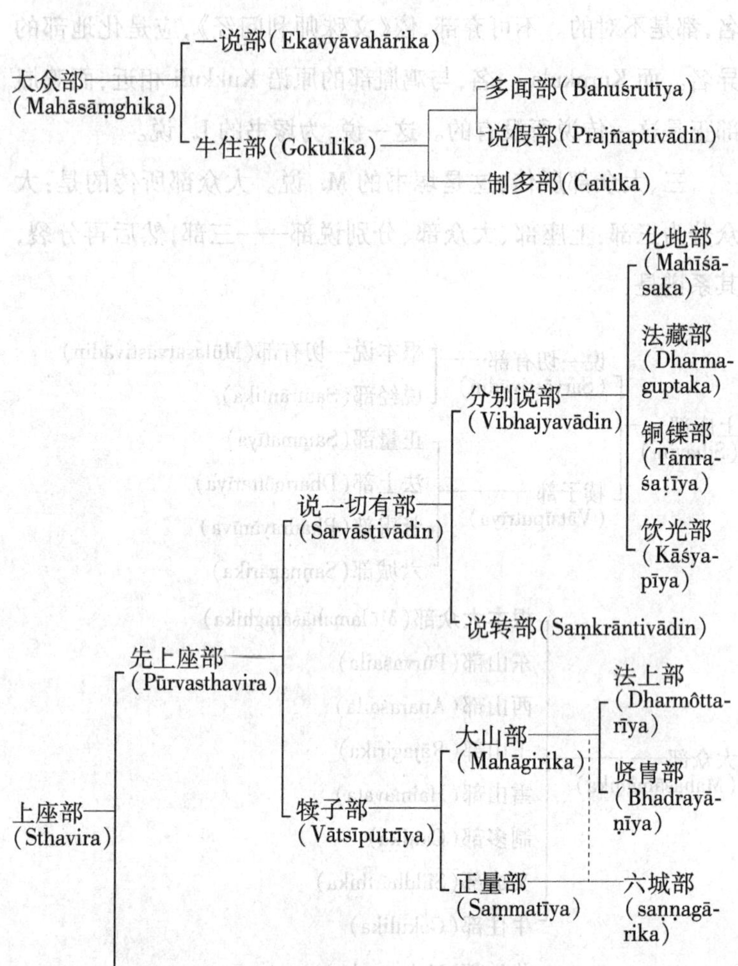

正量部的传说，与一般不同的，是大山部。六城部从大山部生，又说从正量部生六城部。大山与正量，也许是一部的别

名吧！

上面四派的传说，就是佛教中最重要的，自称"根本"的上座（其实是铜锞部）、大众、说一切有、正量部的传说。虽所说的不相同，但都代表了自己一派的传说。塚书还有六说，那是后起的。在中国，有"律分五部"说，所以《出三藏记集》有从五部而派生为十八部说。在印度，西元六、七世纪，四大部派盛行，如《南海寄归内法传》卷一（大正五四·二〇五上——中）说：

"诸部流派，生起不同，西国相承，大纲唯四。"

"一阿离耶莫诃僧祇尼迦耶，唐云圣大众部，分出七部。……二阿离耶悉他陛攞尼迦耶，唐云圣上座部，分出三部。……三阿离耶慕攞萨婆悉底婆拖尼迦耶，唐云圣根本说一切有部，分出四部。……四阿离耶三蜜栗底尼迦耶，唐云圣正量部，分出四部。……部执所传，多有同异，且依现事，言其十八。"

《南海寄归传》作者义净，在印度所得的，是根本说一切有部所传的四大派说。"且依现事，言其十八"，是约当时现有的部派而说，并非十八部的早期意义。塚书的 K. 说，即《南海寄归传》说；还有 O. P. Q. ，共四说，都是晚期的，从四大派分出十八部的传说。研考起来，如一、从上座部出三部——大寺、无畏山、祇园寺派，是锡兰佛教的分化；依锡兰早期传说，这是不在十八部以内的。二、正量部从犊子部分出，即使说犊子本部衰落，正量部取得这一系的正统地位，也不能说从正量部生犊子部。

这些晚起的四大派说，都以正量部为根本，未免本末颠倒！三、O. 说以铜鍱、分别说，属说一切有部，而不知这就是四根本派中上座部的别名。以多闻部为从说一切有部生，是与古说不合的。Q. 说以多闻部从正量部生，以分别说为大众部所分出，都不合古说。这些后期的四大派说，都是后代学者，依当时现存的及传说中的部派，任意分配，没有可信据的价值！至于"律分五部"，是当时北方盛行的律部，并非为了说明十八部。所以《出三藏记集》所传——塚书的 K. 说，也只是中国学者的想像编定。还有塚书的 R. 说，即多拉那他所传三说（原出《异部精释》）的第三说，多少变化了些，减去大山部，而另出雪山部为大派。这也是受了四大派说的影响，参考说一切有部所传，以雪山部代上座部，合成四大派：说一切有部、大众部、正量部、雪山部。从上来的简略研究，可见依四大部派为根本的部派传说，都出于后代的推论编排，与早期的传说不合，可以不加论究。有关部派分立的系谱，应依四大派所传的来进行研究。

第三项　部派本末分立的推定

部派分化的次第与先后，传说中虽有很大的出入，然比较四大派的不同传说，仍有相当的共同性。对于不同的部分，如推究其不同的原因，为什么会所说不同，相信对部派分化的研究是有帮助的。部派分化的经过，可以因而得到更近于事实的论定。要论究部派的次第分化，首先要确定二部、三部、四部——部派的大纲，如下：

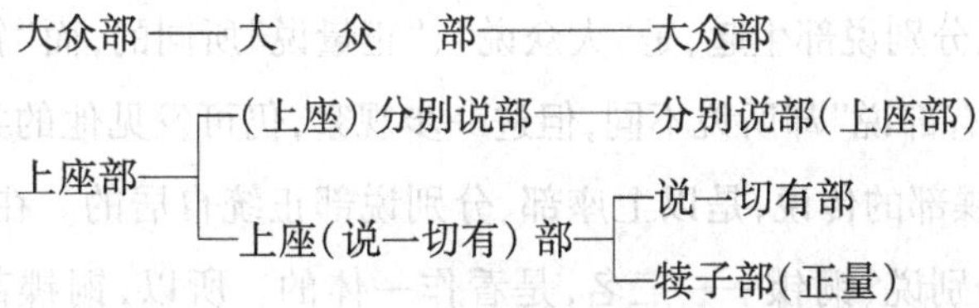

佛法先分为大众部与上座部,是佛教界一致的传说。大众部传说:诸大众分为三部:上座部、分别说部、大众部。这一传说,是上座部中又分二部:一、被称为上座的分别说部;一、分别说部分离了以后的(先)上座部,就是说一切有部的前身。等到先上座部分为说一切有部与犊子部,就成为四部,合于后代的四大部说。不过起先是犊子部,后由正量部取得正统的地位;而分别说部,由赤铜锞部代表,以上座部正宗自居。这一次第分化的部派大纲,就是古传二部、三部、四部的大系。

四大部派的传说——"大众说"("大众部传说"的简称,以下同例)、"铜锞说"、"有部说"、"正量说",所传的部派生起次第,不是没有共同性,而只是有些出入。为什么传说不同?研究起来,主要是传说者高抬自己的部派,使成为最早的,或非常早的。这种"自尊己宗"的心理因素,是传说不同的主要原因。先论上座部系的分派:1. 法上部,贤胄部,正量部,密林山部或六城部——四部,是从犊子部生起的;这是"铜锞说"、"大众说"、"有部说"——三传所同的。"正量说"也是从犊子部生,只是将正量部(己宗)的地位,提高到法上、贤胄、密林山部以上,无非表示在犊子部系中,正量部是主流而已。这是正量部自己的传说,如将"自尊己宗"心理祛除,那么从犊子部生起正量等四部,成为教界一致的定论。2. 化地部、法藏部、饮光部、铜锞部——

四部,从分别说部生起,是"大众说"、"正量说"所同的,而"铜鍱说"与"有部说"却所说不同,但进一步观察,仍可发见他的共同性。铜鍱部的传说,是以上座部、分别说部正统自居的。在他,上座、分别说、铜鍱——三名,是看作一体的。所以,铜鍱部所说是:

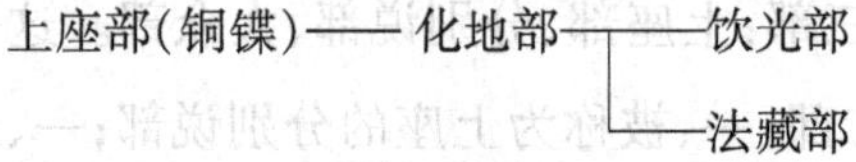

上座部(铜鍱)—— 化地部 ┬─ 饮光部
　　　　　　　　　　　　　└─ 法藏部

四部同属一系,只是在生起先后上,自以为就是上座部,最根本的。这一理由,也可以解说"有部说":

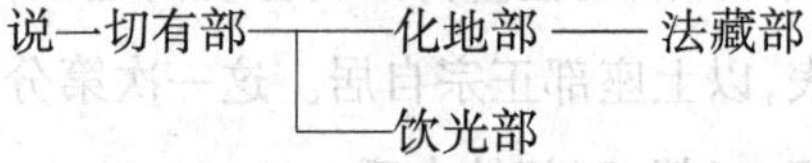

说一切有部 ┬─ 化地部 —— 法藏部
　　　　　　└─ 饮光部

化地、饮光、法藏,都从说一切有部生;有部自以为上座部的正统,所以等于说从上座部生。"有部说"没有铜鍱部,大抵是说一切有部发展在北方,对于远在锡兰的铜鍱部,关系不多,没有看作十八部之一。化地、法藏、饮光等三部,"铜鍱说"从上座部生,"有部说"从说一切有部生,其实不同的,只是那一点"自尊己宗"而已。3. 铜鍱部自以为就是上座部,所以说上座部系的派别,都是从上座部——从自己根本部生起的。说一切有部恰好相反,认为根本上座部已衰变成雪山部,说一切有部取得上座正统的地位,于是乎一切都从说一切有部生了。"正量说"大体与"有部说"相同,只是使犊子部的地位提高到与说一切有部平等。4. "分别说",为解通上座部系统的关键所在。阿育王时代,"分别说"已经存在,如目犍连子帝须以为佛法是

"分别说者"①。传说由摩哂陀传入锡兰的,属于这一系。但在印度,"分别说者"还是同样存在的。《大毗婆沙论》有"分别论者"——毗婆阇婆提,就是"分别说者"。在说一切有部,分别论者被引申为一切不正分别的意义。然《大毗婆沙论》的分别论者,主要为化地部、饮光部等,如拙作《说一切有部为主的论书与论师之研究》所说②。如法藏部,《部执异论》说:"此部自说:勿伽罗是我大师。"③《舍利弗问经》说:"目犍罗优波提舍,起昙无屈多迦部。"④这可见法藏部与铜鍱部一样,是推目犍连(子帝须)为祖的。所以"分别说"为古代三大部之一;传入锡兰的是铜鍱部,印度以化地部为主流,又生起法藏部与饮光部。这都是"分别说者",不能说从说一切有部生,也不会从铜鍱部生。四部从分别说部生,分别说从上座部分出,这就是大众部的传说。对上座部的分派,大众部身在局外,所以反能叙述得客观些。

5. 说转部(Saṃkrāntivādin)与经量部(Sautrāntika),或说经部(Sūtravādin),"有部说"是看作同一的;"铜鍱说"与《舍利弗问经》,看作不同的二部。依《异部宗轮论》所叙的宗义,"谓说诸蕴有从前世转至后世,立说转名"⑤,是说转而并不是经量。经量部成立比较迟,要在十八部内得一地位,于是或解说为说转就是经量部,或以为从说转部生起经量部。论上座部的早期部派,应该只是说转部。

---

① 《一切善见律注序》(南传六五·七七)。

② 拙作《说一切有部为主的论书与论师之研究》第九章第一节。

③ 《部执异论》(大正四九·二〇中)。

④ 《舍利弗问经》(大正二四·九〇〇下)。

⑤ 《异部宗轮论》(大正四九·一七中)。

说到大众部的分裂,上座部三派——“铜鍱说”、“有部说”、“正量说”,都大致相近。不同的是:大众部初分,“有部说”是一说部、说出世部、鸡胤部——三部。“铜鍱说”与“正量说”,缺说出世部,都只二部。其次,又分出多闻部、说假部,“有部说”从大众部生起,“铜鍱说”与“正量说”,从鸡胤部分出。末了,“有部说”从大众部又出三部(或二部):制多山、东山、西山。而“铜鍱说”与“正量说”,但说分出制多山。这只是东山、西山等,是否在十八部以内,而属于大众部末派,传说还是一致的。所以上座部各系所传的大众部分派,大体相同,只是多一部或少两部而已。对大众部的分派,上座部各派,身在局外,叙述要客观些,所以大致相同。大众部自己的传说,大众部分成八部:根本大众部、东山部、西山部、王山、雪山、制多山、义成、鸡胤。根本大众部,是后起的名称。没有一说部、说出世部、多闻部、说假部,反而列举铜鍱部所传的后起的部派。可见有关大众部的分派,“大众说”是依后期存在于南方的部派而说。这样,上座部的分派,以大众说最妥当。大众部的分派,反而以上座部三派的传说为好。这就是身居局外,没有“自尊己宗”的心理因素,所以说得更近于实际。这样,佛法分为二部、三部、四部,而分出更多的部派;十八部只是早期的某一阶段。确定十八部是谁,是不容易的,这里只就大纲分派,加以推定而已。

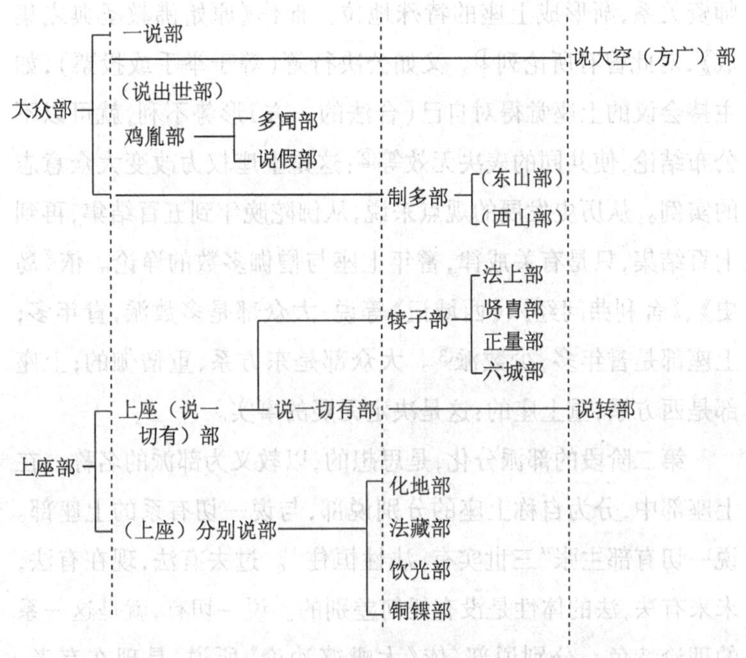

从部派分裂的系谱中，理会出部派分裂的四阶段，每一阶段的意义不同。第一阶段，分为大众与上座二部，主要是僧伽内部有关戒律的问题。佛教僧团的原则是：僧伽事，由僧伽共同决定；上座受到尊敬，但对僧事没有决定权。尊上座，重僧伽，是佛教僧团的特色。然在佛教的流传中，耆年上座建立起上座的权威，上座的影响力胜过了僧伽多数的意志，引起僧伽与上座们的对立，就是二部分离的真正意义。例如受具足戒，依《摩诃僧祇律》，和上（upādhyāya）——受戒者的师长，对要求受戒的弟子，只负推介于僧伽及将来教导的责任。是否准予受戒，由僧伽（十师）共同审定通过，承认为僧伽的一员。这是重僧伽的实例。上座系的律部，和上为十师中的一人，地位重要，这才强化师资关系，渐形成上座的特殊地位。拙作《原始佛教圣典之集成》，对此曾有所论列①。又如公决行筹（等于举手或投票），如主持会议的上座觉得对自己（合法的一方）形势不利，就可以不公布结论，使共同的表决无效等②：这是上座权力改变大众意志的实例。从历史发展的观点来说，从佛陀晚年到五百结集，再到七百结集，只是有关戒律，耆年上座与僧伽多数的诤论。依《岛史》、《舍利弗问经》、《西域记》等说：大众部是多数派，青年多；上座部是耆年多，少数派③。大众部是东方系，重僧伽的；上座部是西方系，重上座的：这是决定无疑的事实。

第二阶段的部派分化，是思想的，以教义为部派的名称。在上座部中，分为自称上座的分别说部，与说一切有系的上座部。说一切有部主张“三世实有，法性恒住”。过去有法，现在有法，未来有法，法的体性是没有任何差别的。说一切有，就是这一系的理论特色。分别说部，依《大毗婆沙论》所说，是现在有者。认为佛说过去有与未来有，是说过去已发生过的，未来可能生起的。过去“曾有”，未来“当有”，是假有，与现在有的实有，性质不同。这就是“二世无”派。说一切有与分别说，理论上尖锐地对立；部派都是依教理得名的。大众部方面，也是这样。初分出一说部、说出世部、鸡胤部。一说与说出世，依教义的特色立名，

---

① 拙作《原始佛教圣典之集成》（三八六——三八八，本版三一七——三一九）。

② 《铜鍱律·小品》说秘密、窃语行筹（南传四·一五三）。不公布行筹结果，如《弥沙塞部和醯五分律》卷二三（大正二二·一五四下——一五五上）。《四分律》卷四七（大正二二·九一九上——中）。

③ 《岛史》（南传六〇·三四）。《舍利弗问经》（大正二四·九〇〇中）。《大唐西域记》卷九（大正五一·九二三上）。

是明显可知的。鸡胤部,或依 Gokulika 而译为牛住(或牛家)部,或依 Kukkuṭika 或 Kaukūtika 而译为鸡胤部。《十八部论》作窟居部,《部执异论》作灰山住部。这都是原语因传说(区域方言)而多少变化,所以引起不同的解说。这些不同名称,似乎因地点或人而得名。《望月佛教大辞典》(页八三五中)说:

"巴利语 kukkuṭa,乃藁或草等火灰之义。"

《望月佛教大辞典》,在说明译作灰山住部的"灰",也不无意义。然这一部的名称,确就是依此教义得名的,如《论事》二、八(南传五七·二七四)说:

"执一切行煻煨,余烬之热灰,如鸡胤部。"

"煻煨",就是藁草等烧成的热灰。原语 kukkuṭa,显然与部名一致,而只是些微的音变。依这一部的见解:经上说六根、六尘、六识、六触、六受炽然,为贪嗔痴火,生老病死所烧然,所以一切行(生灭有为法)都是火烧一样的使人热恼苦迫。如热灰(煻煨)一样,虽没有火,但接触不得,触到了是会被灼伤的。依一切行是煻煨——热灰的理论而成部,所以名 kukkuṭa。传说为牛住、鸡胤、灰山,都是语音变化而引起的异说。其次,大众部又分出多闻部与说假部。说假部是说施设的意思①,当然依教义得名。多闻部的古代解说,以为他"所闻过先所闻"②,比从前要广

① "说假部",真谛译作"分别说部",但与毗婆阇婆提的"分别说"截然不同,不可误作一部。

② 《三论玄义检幽集》卷五引《部执论疏》(大正七〇·四六一上)。

博得多。我以为,这不是本来的意义,如《异部宗轮论》(大正四九·一六上)说:

“其多闻部本宗同义,谓佛五音是出世教:一、无常,二、苦,三、空,四、无我,五、涅槃寂静:此五能引出离道故。”

佛法说“多闻”,决不是一般广博的学问,如《杂阿含经》卷一(大正二·五下)说:

“若闻色,是生厌、离欲、灭尽、寂静法,是名多闻。如是闻受想行识,是生厌、离欲、灭尽、寂静法,是名多闻。”

多闻,是能于色等生厌离等,引向解脱的。五音是出世法,与《杂阿含经》义有关,多闻部是依此而名为多闻的。在这第二阶段,上座与大众部的再分派,都标揭一家独到的教义,作为自部的名称。

第三阶段分出部派的名称,如大众部分出的制多山、东山、西山等部,都依地区、寺院为名。这是佛教进入一新阶段,以某山某寺而形成部派中心。在上座部中,分别说部传入锡兰的,名赤铜鍱部,赤铜鍱是锡兰的地名。后分为大寺、无畏山、祇园寺部,也都是依某山某寺为根本道场而得名。分别说部在印度的,分出化地部、饮光部、法藏部,传说依开创这一部派的人而得名。在说一切有部中,分出犊子部,犊子部又分出法上部、贤胄部、正量部、密林山部(即六城部)。犊子、法上、贤胄、正量,都依创立部派者得名;密林山依地得名。佛教中主要的思想对立,在第二阶段，多数已明白表露出来。到第三阶段，独到的见解不是没有，而大多是枝末问题。依《异部宗轮论》，从犊子部分出四部，只为了一偈的解说不同。分宗立派而没有特出的教义，那只有区域的、寺院的，师资授受的，依地名、山名、人名为部名了。

第四阶段的部派分化，是说转部。依《异部宗轮论》，说转部从说一切有部中分出："说诸蕴有从前世转至后世，立说转名。"立胜义我，圣道现在①，这也是依教义立名的。分出的时代，《异部宗轮论》作（佛灭）"四百年初"。依阿育王于佛灭百十六年即位说来推算，约为西元前九〇年。从西元前二〇〇年以来，成立的部派，大抵依地名、人名为部名；到说转部兴起，表示其独到的见解，成为十八部的殿军。西元前一世纪初，说转部兴起于北方，展开了说"有"的新机运。兴起于南方的方广部（Vetullaka）——大空说部（Mahāsuññatāvādin），展开了"一切空"说，也是成立于西元前一世纪的。大乘佛法也在这气运中兴起，部派佛教渐移入大乘佛教的时代。

部派分裂的年代，虽有种种传说，由于佛灭年代的传说不同，难以作精确的考定。铜鍱部传说：佛灭百年后，在第二百年中，从上座部分出十七部，总为十八部②。依铜鍱部说，阿育王登位于佛灭二百十八年，那么十八部的分裂，在阿育王以前。阿育王时，大天去摩醯沙曼陀罗（Mahisamaṇḍala）布教，为制多山部等的来源，所以阿育王以前，十八部分裂完成的传说，是难以使人信受的。说一切有部的传说：佛灭百十六年，阿育王登位，

---

① 《异部宗轮论》（大正四九·一七中）。
② 《岛史》（南传六〇·三五）。《大史》（南传六〇·一七四——一七五）。

引起二部的分裂。大众部的一再分裂，在佛灭二百年内。上座部到佛灭三百年，才一再分裂；佛灭四百年初，才分裂完成。以根本二部的分裂，为由于"五事"——思想的争执，是不合事实的。阿育王时，目犍连子帝须、大天、摩阐提（Madhyāntika）同时。大天是大众东方系，目犍连子帝须（由摩偷罗向西南）与摩阐提（由摩偷罗向西北），是上座西方系。所以阿育王时代，实是大众、分别说、说一切有——三系分立的时代。王都在华氏城，是东方的化区。目犍连子帝须系，因阿育王母家的关系，受到尊敬，但多少要与东方系合作。末阐提与优波毱多，虽传说受到尊敬，但一定不及东方系及目犍连子帝须系。传说那时的圣贤僧，被迫而去迦湿弥罗，及对大天的诽毁①，都可以看出那时的说一切有系在东方并不得意。《十八部论》与藏译本，说到那时的僧伽破散为三，也许是暗示了这一消息。当时，"分别说者"、"说一切有者"的对立已经存在。大众部中以思想为标帜而分立的一说、说出世部等，也一定早已成立。因为那时大天的向南方传道，是后来大众部末派分立的根源。传说摩哂陀那时到锡兰，在西元前二三二年，结集三藏（称为第四结集）②，这就是铜锞部形成的时代；与印度制多山部等的成立，时间大致相近。所以，依阿育王灌顶为西元前二七一年（姑取此说）来推算，佛教的根本分裂（第一阶段），必在西元前三〇〇年前。西元前二七〇年左右，进入部派分裂的第二阶段。上座部已有分别说及说一切有的分化；大众部已有一说、说出世部等的分立。

---

① 《大毗婆沙论》卷九九（大正二七·五一一下）。

② 净海《南传佛教史》（一九）。

西元前二三〇年左右，进入部派分裂的第三阶段。西元前一〇〇年前后，十八部全部成立。当然，这一推算，只是约计而已。

第二节　部派佛教与大乘

第一项　部派异义集

在原始“佛法”与“大乘佛法”之间，部派佛教有发展中的中介地位，意义相当重大！说到部派佛教，一般每以上座部系的各种阿毗达磨论为代表，但这只是片面的。部派佛教依寺院而活动，出家众依戒律而住。对于戒律，部派间在态度上是有根本不同的。从《摩诃僧祇律》，多少看出大众部方面的特色。对于法，上座部各派，传下多少阿毗达磨论，而大众部起初是以九部经为阿毗达磨的①。虽后代的传说，大众部也有阿毗达磨论，却一部也没有传译过来，这是值得注意的问题。没有大众部的论书可研究，使我们对于部派佛教知识的片面性，不容易突破，可说是最大的遗憾！龙树《大智度论》，在毗昙以外，说到蜫勒(Karaṇḍa)，如说：

> “摩诃迦旃延，佛在时解佛语，作蜫勒，乃至今行于南天竺。……蜫勒广比诸事，以类相从，非阿毗昙。”②

---

① 《摩诃僧祇律》卷一四（大正二二·三四〇下），又卷三四（大正二二·五〇一下），又卷三九（大正二二·五三六中）。

② 《大智度论》卷二（大正二五·七〇上——中）。

“蜫勒……三十八万四千言。若人入蜫勒门，论议则无穷。其中有随相门，对治门等种种诸门。……若入蜫勒门，则堕有无中。”①

蜫勒的体裁，与阿毗达磨不同。真谛所传的分别说部，即说假部，传说是大迦旃延所创立的宗派，所以蜫勒有属于说假部论书的可能。

对于部派的异义，现有三部论书，提供了较多的资料。一、《论事》：是铜鍱部七部阿毗达磨之一，传说是目犍连子帝须所作。全书二十三品，二百一十六章，每章都引述别部的宗义，然后依自宗而加以破斥。破斥的部派，有犊子部，正量部，说一切有部，饮光部，化地部，贤胄部。大众部，鸡胤部。东山部，西山部，王山部，义成部，这四部又合称安达罗派。此外，还有说大空部，说因部，北道部（Uttarāpathaka）。北道部，可能就是说一切有部所传的北山部（Uttaraśaila）。《论事》对大众部，特别是大众部末派——安达罗派四部，被破斥的异义最多，大概是《论事》成立于南方的关系。目犍连子帝须时，不可能有这么多的大众末派。传说摩哂陀在锡兰结集三藏——西元前二三二年，可能创作此论。自宗的见解，从目犍连子帝须传来，也就说是目犍连子帝须所作。不过那时不可能那么完备，南传第五结集时（西元前四三——一七），以巴利文记录圣典，又有所补充吧！这部书，对大众部及安达罗派的见解，提供了很多的资料。

二、说一切有部所传的《异部宗轮论》，有异译《十八部论》、

---

① 《大智度论》卷一八（大正二五·一九二中、一九四中）。

《部执异论》及藏译本。这部论,首先说到部派分裂经过,然后列举各部的宗义。这是说一切有部的,但只是叙列而没有破斥。所举的说一切有部宗义极为精要,与有部的阿毗达磨论义完全相合。所说的说转部(Saṃkrāntivādin)宗义,是说转而不是经部(Sautrāntika),所以这是阿毗达磨论义大体完成,经部没有兴起时代的作品。传说为世友所造,应与阿毗达磨大论师,《品类论》的作者为同一人①。

三、《阿毗达磨大毗婆沙论》,唐玄奘译,二百卷。别有异译本:《阿毗昙毗婆沙论》六十卷,《鞞婆沙论》十四卷。传说是迦腻色迦王时,五百罗汉所撰。这是《发智论》的释论,是那时的迦湿弥罗论师,广集各家的解说而加以论定;迦湿弥罗论师的论义,这才取得说一切有部正统的地位。这部论,批评大众部系的不多,而对上座部的别部,特别是印度的"分别说部",以"分别论者"为名,而给以广泛的破斥。在说一切有部中,以大德法救、觉天为主的"持经譬喻者",也加以破斥。持经譬喻者的思想,实代表说一切有系的早期思想(经师系)。犊子部与说一切有部相近,"所立义宗,虽多分同而有少异。……彼如是等若六若七,与此不同,余多相似"②。犊子部与说一切有部,是从(三世一切有)同一系中分化出来的。所以,《大毗婆沙论》使我们了解铜鍱部以外,上座部各系思想在西元一世纪的实况。

---

① 参阅拙作《说一切有部为主的论书与论师之研究》(二七四——二七五,本版二三六——二三七)。

② 《阿毗达磨大毗婆沙论》卷二(大正二七·八中)。

第二项　部派发展中的大乘倾向

部派佛教,要从次第发展形成中去了解。早期分出的大众部,上座部,分别说部,说一切有部,决不能以后来发展完成的部派思想,误解为最初就是那样的。如从大众部分出的多闻部,“余所执多同说一切有部”①。从上座分别说部分出的法藏部,“余义多同大众部执”②。《论事》所叙述的宗义,也有这种情形,如大众部分出的安达罗派,说“一切法有,三世各住自位”;“过去未来有成就”③,恰与说一切有部的宗义相合。这类情形,岂不希奇!所以部派思想要从发展中去了解。如最初分为大众与上座二部,主要是戒律问题,重僧伽与尊上座的对立。思想方面,当然也各有特色,但容有众多的不同,而还没有在见解上对立。以极重要的思想——“三世有”与“现在有”来说,大众部系中,有三世有说;上座部系(如分别说系)也有现在有说。可见在二部初分时,决还没有以三世有或现在有作为自部的宗义。我从说一切有部的研究中④,知道犊子部与说一切有部,同从“说一切有”系中分出。说一切有部的经师与论师系的差别很大,但都不妨是说一切有部。等到论师系成为正宗,经师系转而采取现在有说,渐发展成为经部。经部从说一切有部分出,但决不从论师阵营中分出。这样,说一切有部的古义,决不能以《婆

---

① 《异部宗轮论》(大正四九·一六上)。

② 《异部宗轮论》(大正四九·一七上)。

③ 《论事》(南传五七·二一二——二一九、五八·一三七——一四〇)。

④ 拙作《说一切有部为主的论书与论师之研究》(四四九——四五二,本版三八二——三八五)。

沙》正义来解说。这种从发展中完成,也因发展而分裂的情形,在大众部、上座分别说部中,也一定存在的。所以,如以铜鍱部完成了的宗义,作为(上座)分别说部的本义,那不但错误,也无法理解与印度分别说系的关系。部派思想,不能违反思想发展的规律。思想总是"由微而著","由浑而划",逐渐分化而又互相影响的。由于部派思想的发展与演化,时间久了,有些部派竟不知它出于某部。如雪山部,说一切有部以为,这是衰落了的先上座部,所以"余所执多同说一切有部",却承认"五事"为如法①。铜鍱部传说,这是大众部末派,他也确与东山部的宗义相近。总之,对部派佛教的理解,应有从发展中形成的认识。

部派成立,就有不同的见解,所以成为部派间思想的对立与诤论。无论什么论诤,都是根据圣典,或进一步的辨析而来。在部派佛教中,可说异义无边,据《成实论》,有"十论"是佛教界主要的诤论所在,如卷二(大正三二·二五三下)说:

"于三藏中多诸异论,但人多喜起诤论者,所谓二世有,二世无;一切有,一切无;中阴有,中阴无;四谛次第得,一时得;有退,无退;使与心相应,心不相应;心性本净,性本不净;已受报业或有,或无;佛在僧数,不在僧数;有人,无人。"

部派的异义无边,从引起(初期)大乘佛法的意义来说,有几项重要的见解是值得一提的。

---

① 《异部宗轮论》(大正四九·一六下)。

1. 与“佛身有漏”相对的“佛身无漏”说，如说：

“大众部、一说部、说出世部、鸡胤部……同说：诸佛世尊皆是出世，一切如来无有漏法。”①

“有执佛生身是无漏，如大众部。彼作是说：经言：如来生在世间，长在世间，若行、若住，不为世法之所染污，由此故知如来生身亦是无漏。”②

在部派佛教中，对佛生身有不同的见解：大众部是超越常情的佛身观，佛的生身是出世的、无漏的；上座部是现实人间的佛身观，佛是老比丘身，生身是有漏的。如承认佛法的宗教性，那么在弟子们的心目中，佛陀的超越性，相信佛世就已存在了的。《摩诃僧祇律》卷三一（大正二二·四八一上）说：

“耆旧童子，往至佛所，头面礼足，白佛言：世尊！闻世尊不和，可服下药。世尊虽不须，为众生故愿受此药！使来世众生开视法明，病者受药，施者得福。”

耆旧即耆婆（Jīvaka），为佛治病，是各部广律所共有的。大众部律却说：“世尊虽不须，为众生故愿受此药。”这是说，佛并不需要服药，只是为未来比丘们有病服药立个榜样。这表示了佛不用服药，当然也没有病，只是“方便示现”而已，这是佛身无漏的具体事例。《论事》一五·六（南传五八·二七四）说：

---

① 《异部宗轮论》（大正四九·一五中）。

② 《阿毗达磨大毗婆沙论》卷四四（大正二七·二二九上），又卷七六（大正二七·三九一下——三九二上），又卷一七三（大正二七·八七一下）。

“有执出世间法老死非世间法，如大众部。”

佛的老死，不属世间法，正是佛身无漏的见解。这一根本见地，如阐明起来，那就是：“佛以一音说一切法，世尊所说无不如义。如来色身实无边际，如来威力亦无边际，诸佛寿量亦无边际……。”①只是这些，并不等于大乘法，但大乘的佛陀观，正就是这样。这是大众部特出的见解，与上座部对立起来。《大毗婆沙论》卷四四、七六，只说“大众部执”，而卷一七三，却作“分别论者及大众部师，执佛生身是无漏法”②。分别说部中，也有与大众部取同一见解的，如法藏部本《长阿含经》卷三《游行经》（大正一·二〇下）说：

“今于双树间，灭我无漏身。”

法藏部的《四分律》，说到耆婆童子为佛治病③；《四分律》与法藏部的佛传——《佛本行集经》，说到佛初成道，腹内患风④，都没有“方便”的表示。法藏部的佛身无漏说是后起的，可能迟到大乘兴起的时代。

2. 对“一切有”的“一切无”说：三藏圣典中，说有、说空，都是有所据的。但宣说一切无（空），不能不说是非常的见解。《成实论·一切有无品》，对一切有与一切无，所说都不分明。

---

① 《异部宗轮论》（大正四九·一五中——下）。

② 《阿毗达磨大毗婆沙论》卷一七三（大正二七·八七一下）。

③ 《四分律》卷四〇（大正二二·八五三中）。

④ 《四分律》卷三一（大正二二·七八六上）。《佛本行集经》卷三二（大正三·八〇三中）。

这是三藏中的“十论”之一,应该是部派佛教的一项见解。《大智度论》卷一(大正二五·六一上)说:

“更有佛法中方广道人言:一切法不生不灭,空无所有,譬如兔角龟毛常无。”

佛法中的方广道人(道人是比丘的旧译),说一切法无,为龙树所破斥的,应是铜鍱部所传的方广部(Vetullaka),也称说大空部。《论事》一七·六——一〇;一八·一——二,说到大空部执。《顺正理论》说“都无论者,说一切法都无自性,皆似空花”①,可能也是这一学派。称为方广部,与九分教中的“方广”(vaipulya,vetulla)有关。大乘佛法兴起,经典都名为“方广”(或译方等,vaipulya)。“一切无”者在说一切法不生不灭的深义上,无疑已到达大乘法的边缘。

3. 对“心性不净”的“心性本净”说:心性本净,《大毗婆沙论》说是“分别论者”②。《异部宗轮论》说:大众等四部,同说“心性本净,客尘烦恼之所杂染,说为不净”③。在铜鍱部的《增支部·一集》中,说到心极光净性④。印度分别说者所传的《舍利弗阿毗昙论》卷二七(大正二八·六九七中)说:

“心性清净,为客尘染。凡夫未闻故,不能如实知见,亦无修心。圣人闻故,如实知见,亦有修心。心性清净,离

① 《阿毗达磨顺正理论》卷五一(大正二九·六三〇下)。
② 《阿毗达磨大毗婆沙论》卷二七(大正二七·一四〇中)。
③ 《异部宗轮论》(大正四九·一五下)。
④ 《增支部·一集》(南传一七·一四——一五)。

客尘垢。凡夫未闻故,不能如实知见,亦无修心。圣人闻故,能如实知见,亦有修心。”

论文与《增支部》经说相同。在部派中,大众部、上座部中的分别说部各派,是说心性本净的。上座部中的说一切有部(犊子部应与说一切有相同),反对心性本净说,如《阿毗达磨顺正理论》卷七二(大正二九·七三三中)说:

“所引(心性本净)至教,与理相违,故应此文定非真说。……若抱愚信,不敢非拨言此非经,应知此经违正理故,非了义说。”

依此论文,可见说一切有部不承认“心性本净”是佛说的。如不敢说它不是佛说,那就要说这是不了义教,不能依文解义的。《成实论》主也以为是不了义说,但觉得对于懈怠众生,倒不无鼓励的作用①。心性本净说,在后期大乘法中,是无比重要的教义。其实早见于《增支部》,在大众部、分别说部中,不断发扬起来。

4. 对“次第见谛”的“一念见谛”说:苦、集、灭、道——四圣谛,是圣者如实知见的真理。经上或说“见苦、集、灭、道”,或说“见苦,断集,证灭,修道”,这是引起不同修法的根源。说一切有系是次第见(四)谛的,如说一切有部十六心见谛,犊子部系十二心见谛,经部室利逻多(Śrīrāta)八心见谛,都属于渐见系统。见谛要从见苦谛开始,所以是“见苦得道”的。一心见谛

① 《成实论》卷三(大正三二·二五八中)。

说,传有明确说明的,如真谛译《四谛论》卷一(大正三二·三七八上、三七九上)说:

> “若见无为法寂离生灭,四义一时成。异此无为寂静,是名苦谛。由除此故,无为法寂静,是名集谛。无为法即是灭谛。能观此寂静,及见无为,即是道谛。以是义故,四相虽别,得一时观。”
>
> “我说一时见四谛:一时离(苦),一时除(集),一时得(灭),一时修(道)。故说余谛,非为无用。……复次,四中随知一已,即通余谛,如知一粒,则通余粒。”

《四谛论》所说,是引“分别部说”。分别部,依真谛译《部执异论》,与玄奘所译说假部(Prajñaptivādin)相当。说假部说一时见四谛,其实是见灭谛无为寂静离生灭。见灭就是离苦、断集、修道,所以说一时见四谛。法藏部所说相近,如《阿毗达磨大毗婆沙论》卷一八五(大正二七·九二七下)说:

> “有说:唯无相三摩地,能入正性离生,如达摩毱多部说。彼说以无相三摩地,于涅槃起寂静作意,入正性离生。”

法藏部与说假部,见无为寂静入道,也就是“见灭得道”。分别说部系的化地部,如《异部宗轮论》(大正四九·一六下)说:

> “于四圣谛一时现观,见苦谛时能见诸谛,要已见者能如是见。”

这是于四谛一时现观(abhisamaya),一念顿入的。不过要先见苦谛,见苦谛才能顿见诸谛。这是一心见道,而又是见苦得道的折衷派。大众部等四部同说:"以一刹那现观边智,遍知四谛诸相差别。"①"若地有现观边诸世俗智,此地即有世第一法。"②大众部是在现观见谛以前的世第一法(laukikâgra-dharma)位,能一心观四谛,但这还是现观以前的世俗智。由此引入现观。以意推测,也应是见灭谛无为。铜锞部的修证次第,在"行道智见清净"时,以无常、苦、无我,起三解脱门。而转入"智见清净",也就是圣道现前,是无相、不起、离、灭,以"涅槃所缘"而入的③,也是见灭得道。在这二系中,大众部及上座部系分别说部各派,都一心见道。灭——涅槃空寂的契入,虽修道次第方便不同,而"见灭得道",与大乘佛法的"无生忍",实是血脉相通的。

5. 与"五识无离染"相对的"五识有离染"说:这一问题,有关修行的方法,意义非常重要!依《异部宗轮论》,有三说不同④,如:

眼等五识身,有染有离染——大众部等四部,及化地部说

眼等五识身,有染无离染——说一切有部说

五识无染,亦非离染——犊子部说

染是染污,这里指烦恼说。有染,是与染污(可能)相应的。离染,不是没有染污,而是有对治烦恼的能力,能使烦恼远离

① 《异部宗轮论》(大正四九·一五下)。

② 《阿毗达磨大毗婆沙论》卷三(大正二七·一四上)。

③ 《清净道论》(南传六四·四三一)。

④ 《异部宗轮论》(大正四九·一五下、一六中——下)。

(伏或断)的。佛法以离恶行善为本,但要远离烦恼,非修道——定慧不可。在六识中,意识是有染污的,也是能离染污的;意识修习定慧(道),是古代佛教所公认,所以没有说到。但论到眼、耳、鼻、舌、身等五识,就有三派不同。犊子部以为:五识能直接了知色等五尘,没有嗔、爱等烦恼。引起烦恼,是第六意识的事。修道离染,当然也是意识。依犊子部"五识无染无离染"说,人的起烦恼造业而受生死,离烦恼而得解脱,与五识无关。说一切有部以为:五识是能与染污相应的,但五识没有离染的作用,并举出"但取自相,唯无分别"的理由,以说明不能离染。离烦恼要修共相作意,如无常、无我等,五识却只能取自相。离烦恼要由分别抉择,而五识仅有自性分别,没有随念与计度分别。所以离染只是第六意识中事,修道要从意识中用功。大众部与化地部以为:五识有染,也有离染的能力。《论事》第十品三、四——二章,说大众部"修道者有五识","五识有善恶"(即染与离染)①,就是这一问题。如说一切有部,修道——定慧始终是意识的功用。所以定中意识,没有见色、闻声等作用。精勤修道,纯属静的修行。定力、慧力深了,在行、住、坐、卧中受定力的余势影响,宁静自在,但还是散心。所以五识不能离染,决定了静的修道生活。可是大众部、化地部等不同了,五识有离染作用,在见色、闻声时,眼识等能不取著相,不起烦恼,进而远离烦恼。这样,修道不但在五识的见闻时进行,"在等引位有发语言"②,定中也能说话,这不是语默、动静都可以修道吗?《异部

① 《论事》(南传五八·一四六——一五二)。

② 《异部宗轮论》(大正四九·一五下)。

宗轮论》(大正四九·一五下)说:

"四部同说……道因声起;苦能引道,苦言能助。"

这是传说大天"五事"中的"道因声故起"。传说:大天夜晚一再说"苦哉!苦哉!"弟子问起,大天说:"谓诸圣道,若不至诚称苦召命,终不现起,故我昨夜数唱苦哉。"①内心精诚地口唱"苦哉",因耳听"苦哉"的声音,能够引起圣道。这是音声佛事,与口到、耳到、心到的念佛一样。大天的"道因声故起",只是应用这一原则。五识有离染,也就可在见色、闻声、嗅香、尝味、觉触时修道。所以五识有离染,是修行方法上的理论原则。"苦言引道",是五识修道的实施方法。这一方法,在大乘佛法中,多方面予以应用。连中国禅宗的修行特色,也可从这一原则而理会出来。

部派佛教的异义极多,只就上举的五项来说,"佛身无漏","一切无","心性本净","一心见道","五识有离染",在信仰上、理论上、修证的方法上,都看出与大乘佛法间的类同性。这是大众部及上座分别说部系的,所以这些部派的分化发展,等于佛教倾向于大乘的发展。上面说到,佛陀晚年,佛教内部就有分化倾向。佛涅槃后,五百结集与七百结集时,都有重僧伽、不重小小戒的倾向,终于发展而成立大众部。大众部受到阿难Ānanda在东方化导的影响,阿难是重僧伽、小小戒可舍、多闻、重福德(愿供养佛而不证阿罗汉)、不轻视女性的(西方系受到

---

① 《阿毗达磨大毗婆沙论》卷九九(大正二七·五一一中)。

舍利弗阿毗达磨学风的影响)。大众部在东方盛行,又移到南方。印度的分别说系,起初的化区在西南,与大众部系有较深的关系。这一东方系的佛教,在发展中,成为大乘佛法兴起的主流,这是不可忽视的事实!

第三项　声闻身而菩萨心的大德

从部派佛教而演进到大乘佛教,在过渡期间,一定有些"内秘菩萨行,外现声闻身"的人物,但史料非常的缺乏。释尊时代,佛教有丰富的史料传说下来;阿育王时代,也还留下多少,以后就不同了。重经法的大众部系,也许是重于理想的关系,可说没有留下什么人与事的记录可以供我们探索,这真是最大的遗憾!流传于北方的说一切有部等,偶然留下些声闻行者而有大乘倾向的传说,从部派演进到大乘佛教的中介人物,由此而可以想像到多少。

说一切有部说到"五事恶见",如《十八部论》(大正四九·一八上)说:

> "时有比丘,一名能,二名因缘,三名多闻,说有五处以教众生。所谓:从他饶益、无知、疑、由观察、言说得道,此是佛(教),从(此)始生二部。"

《十八部论》的异译《部执异论》说:"四大众,共说外道所立五种因缘。"①《异部宗轮论》说:"四众共议",由于大天的"五

① 《部执异论》(大正四九·二〇上)。

事"①,与《大毗婆沙论》说相合②。《部执异论》与《异部宗轮论》,又说到"二百年满",因外道大天宣说大众部的"五种异执",又分出支提山部(Caityaśaila)等。《十八部论》也说到"摩诃提婆外道"③。依锡兰传说,大天是阿育王时,分化到摩醯沙漫陀罗的大德,支提山(或译制多山)部等,就是这一系所成立。大天分化到南方,引起五事的论诤,是极有可能的。南方所传《论事》说:东山住部执"阿罗汉有无知","阿罗汉有疑","阿罗汉有他令入","道由苦言引得"④。东山住部与西山住部同执"阿罗汉他所与令不净"⑤。铜鍱部所传,与《异部宗轮论》等,"二百年满",外道大天的论诤五事,可说是相合的。

关于五事论诤,与说一切有部有亲密关系的(犊子部所出的)正量部,也有类似的传说,如清辨的《异部精释》(Tāranātha《印度佛教史》日译本八七——八八、三七六——三七七)说:

> "世尊无余涅槃后,百三十七年,难陀王与摩诃钵土摩王,于波吒梨城集诸圣众。……天魔化为跋陀罗比丘,持恶见,……宣扬根本五事,僧伽起大诤论。上座龙与坚意等多闻,宣扬根本五事,分裂为二部。"

正量部与说一切有部相同,以为根本二部的分立,与"五

① 《异部宗轮论》(大正四九·一五上)。

② 《阿毗达磨大毗婆沙论》卷九九(大正二七·五一〇下——五一二上)。

③ 《异部宗轮论》(大正四九·一五中)。《十八部论》(大正四九·一八上)。《部执异论》(大正四九·二〇中)。

④ 《论事》(南传五七·二三一——二五九、二六八)。

⑤ 《论事》(南传五七·二二一——二三〇)。

事"有关。正量部所说,"上座龙(Nāga)、坚意(Sthitamati)等多闻",不就是龙("能"是龙字草书的误写)、因缘、多闻——三比丘众的不同传说吗?当时的波吒梨城(Paṭaliputra)王,正量部作难陀王(Nanda)、摩诃钵土摩王(Mahāpadma),与说一切有部所传的阿育王不同。然《大毗婆沙论》确也只泛说"波吒梨城",没有定说国王是谁。这一传说,可能是与阿育王无关的。五事诤论,大天是宣扬者,而不是创说者。大天是阿育王时代的东方大师,与上座说一切有系(说一切有与犊子部的母体)可能曾有过什么不愉快,所以说一切有部说他犯三逆罪,将根本二部的分裂归咎于大天的五事,这才与支提山部的大天不合,分化为舶主儿大天、外道大天的二人说。

大天综合五事为一组,前四事主要是说明声闻阿罗汉的不完善。《三论玄义检幽集》卷五,引真谛《部执异论疏》(大正七〇·四五六中——下)说:

> "大天所说五事,亦有虚实,故共思择。一者、魔王天女实能以不净染罗汉衣。二者、罗汉不断习气,不具一切智,即为无明所覆。三者、须陀洹人于三解脱门无不自证,乃无复疑,于余事中犹有疑惑。四者、钝根初果不定自知得与不得,问善知识,得须陀洹有若为事相。知识为说有不坏净,……因更自观察,自审知得。"

真谛所传,大天五事是有虚有实的。确实有这种情形,是实;"若不如此,说者即名为虚"。如魔女能污阿罗汉的衣服,是真实说;但大天是颠倒失念而梦中失精,那就是虚假说。真谛所传,承认大天五事是正确的,但又维持毁谤大天的传说。大天所说,依说一切有部来说,也应该是正确的。如《阿毗达磨藏显宗论》卷一(大正二九·七七九上)说:

“声闻独觉虽灭诸冥,以染无知毕竟断故;非一切种(冥灭),阙能永灭不染无知殊胜智故。”

“染污无知”是声闻罗汉所能灭的;但“不染污无知”,阿罗汉不能断,而是佛所断的。这就是大乘法中,佛菩萨所断的,见修所断烦恼以外的“无明住地”,这不就是五事中的“无知”吗?大抵佛灭以后,成为上座中心的佛教,阿罗汉是无学圣者,受到非常的尊敬。到那时,比对佛的究竟圆满,发现解脱生死的阿罗汉,还有习气“无知”,还有种种不圆满。综合为五事而举扬出来,与传统无保留的赞叹尊敬,不免引起了诤论。由于阿罗汉不究竟、不圆满的宣扬,使人更仰慕佛陀,归向于佛陀。五事的宣扬者——大天,是引导佛教向大乘法演进的大师,所以《分别功德论》隐约地说:“唯大天一人是大士,其余皆是小节。”①

大众部系的鸡胤部,是非常精进的部派,如《三论玄义》(大正四五·九上)说:

“其执毗昙是实教,经律为权说,故彼引经偈云:随宜覆身,随宜饮食,随宜住处,疾断烦恼。随宜覆身者,有三衣佛亦许,无三衣佛亦许。随宜饮食者,时食佛亦许,非时食亦许。随宜住处者,结界住亦许,不结界亦许。疾断烦恼

---

① 《分别功德论》卷一(大正二五·三二下)。

者,佛意但令疾断烦恼。此部甚精进,过余人也。"

衣、食、住,鸡胤部是随机所宜的,这是在僧伽制度外,注意到佛世比丘的早期生活——没有三衣,没有结界等制度。大众部是重法的,也就是重定慧修证的;不重律制而专精修行的鸡胤部,正是这一学风。《三论玄义》是依据《部执异论疏》的;《三论玄义检幽集》又引述了一偈:"出家为说法,聪敏必憍慢,须舍为说法,正理正修行。"①鸡胤部不重律制,又不重为人说法,而专心于修证。依律制的意趣,不立说戒等制度,不广为人说法,专心修证,是不能使佛法久住的②。鸡胤部的见解,违反了重僧伽的声闻法。不重僧团与教化,精苦修行,初期大乘经传述的出家菩萨,多数就是这样的。

《部执异论疏》所传的鸡胤部,也有误会处,如说"执毗昙是实教,经律是权说"。毗昙——阿毗达磨,一般是解说为经、律以外的论藏。"毗昙是实说",也就联想到"经律是权说"。不知大众部但立"经"与"律"二部;"九部修多罗,是名阿毗昙"③。阿毗昙是"无比法"、"大法"、"上法"④,是对佛说九分教的赞叹。所以鸡胤部重毗昙,正就是重视九部修多罗(经),不过重于修证,不重视宣化而已。

---

① 《三论玄义检幽集》卷五(大正七〇·四五九下)。

② 《铜鍱律·经分别·大分别》(南传一·一一——一四)。《弥沙塞部和醯五分律》卷一(大正二二·一中——下)。《四分律》卷一(大正二二·五六九上——下)。《摩诃僧祇律》卷一(大正二二·二二七中)。

③ 《摩诃僧祇律》卷一四(大正二二·三四〇下)。又卷三四(大正二二·五〇一下)。又卷三九(大正二二·五三六中)。

④ 《分别功德论》卷一(大正二五·三二上)。

说一切有部，不只是论师，也有“持经譬喻者”一流。我在《说一切有部为主的论书与论师之研究》，曾广为论究。在中国古代的传说中，声闻而又被称为菩萨的，如法救（Dharmatrāta）、婆须蜜（Vasumitra）、马鸣（Aśvaghoṣa）、僧伽罗叉（Saṃgharakṣa）等，审细地研考起来，都是说一切有部中，持经譬喻师一流。持经譬喻者，是勤修禅观的，重于通俗教化的——广引譬喻，多用偈颂来宏法。其中，一、慈世子，应就是《大毗婆沙论》的慈授子（Maitreya-datta-putra）；世是受字草书的误脱。《论》上说：慈授子初生时，就说“结有二部”。堕在地狱中，也会说法度众。不可思议的传说，完全是菩萨的风范。慈授子是优波掘多（Upagupta）与迦旃延尼子（Kātyāyanīputra）间的大师，约为西元前二世纪人①。二、法救，在《大毗婆沙论》中，被称为“大德”，为说一切有部四大师之一，犍陀罗人，有关于菩萨的理论，约出于西元前二世纪末②。三、婆须蜜（译为世友）是《尊婆须蜜菩萨所集论》的作者，继承法救的学统，就是《问论》的作者。传说婆须蜜是法救的外甥，为继弥勒而作佛的师子月如来③，约出于西元前一世纪。上面三位，都是西元前的大师。四、马鸣，被称为菩萨，是东晋以来的定论。马鸣是一位文艺大师，通俗而富有感化力，也是著名的禅师④。五、僧伽罗叉是大禅师，《修行道地经》颂的作者。传说僧伽罗叉是贤劫第八佛——柔仁佛⑤。马鸣与僧伽

---

① 拙作《说一切有部为主的论书与论师之研究》（一一二——一一三，本版九六——九七）。

② 拙作《说一切有部为主的论书与论师之研究》第六章第一节。

③ 拙作《说一切有部为主的论书与论师之研究》第八章第二节。

④ 拙作《说一切有部为主的论书与论师之研究》第七章第二节第三项。

⑤ 拙作《说一切有部为主的论书与论师之研究》第八章第三节。

罗叉,约为西元一、二世纪间人。此外,六、在婆须蜜与僧伽罗叉间,有弥多罗尸利(或误作"刀利"、"力利"),意译为慈吉祥,是贤劫第七佛——光焰佛。依传说,是龙树以前的,约为西元一世纪人①。七、祁婆迦(Jīvaka)比丘,是商那和修的弟子(或译作时缚迦、耆婆迦)。《大悲经》说:"于未来世北天竺国,当有比丘,名祁婆迦。……深信具足,安住大乘。……是比丘见我舍利、形像、塔庙有破坏者,庄校修治。……命终生于西方,过亿百千诸佛世界无量寿国。"这虽是后代大乘者所集出,但至少在传说中,是有大乘倾向的②。

被称为菩萨的,大多数是禅师。鸠摩罗什译出禅法,如《出三藏记集》卷九《关中出禅经序》(大正五五·六五上——中)说:

"蒙抄撰众家禅要,得此三卷。……其中五门,是婆须蜜、僧伽罗叉、沤波崛、僧伽斯那、勒比丘、马鸣、罗陀,禅要之中抄集之所出也。……初观淫恚痴相及其三门,皆僧伽罗叉之所撰也。"

序中的沤波崛,就是优波掘多。勒比丘是胁尊者,传说是马鸣的师长。"胁尊者言:此中般若,说名方广,事用大故。"③胁尊者的时代,《般若经》已流行北方,以般若为十二分教的方广,显然是容认大乘的。胁尊者尊重佛说,不作不必要的分别,学风爱

① 拙作《说一切有部为主的论书与论师之研究》(三九六——三九七,本版三四〇)。

② 拙作《说一切有部为主的论书与论师之研究》(一〇四——一〇五,本版八九——九〇)。

③ 《阿毗达磨大毗婆沙论》卷一二六(大正二七·六六〇上)。

好简略，与初期大乘的精神相近①。僧伽斯那（Saṃghasena），是《三法度论》的注释者，属于犊子部系。他著有《痴华鬘》、《百句譬喻经》、《撰集百缘经》。有禅集，有赞美菩萨大行的通俗譬喻文学，与马鸣等风格相同，时代也约与马鸣同时②。罗陀是鸠摩罗陀（Kumārarāta），传说中也称之为菩萨，就是说一切有部持经譬喻师，独立而成为经部的本师。出世年代，要迟一些。以上虽有稍迟的，但从西元前二世纪到西元一世纪，说一切有部的持经譬喻师，内重禅观，外重教化，以声闻比丘的身份，与大乘兴起的机运相关联，被称为菩萨。作为北方部派佛教演进到大乘佛教的中介者，应该是没有问题的。如说一切有部与法藏部，以说戒的功德回向，"施一切众生，皆共成佛道"了③。可惜北方的大众部及分别说部没有留下资料。如有的话，相信比说一切有部譬喻师，会有更多的大乘菩萨的气息。

这里值得特别说到的，是西元以前的大德法救关于菩萨的论议。关于菩萨入灭尽定，阿毗达磨论者以为：菩萨是异生，没有无漏慧，所以不能入；有以为菩萨遍学一切法，所以能入。法救的见地，如《大毗婆沙论》卷一五三（大正二七·七八〇上）说：

"菩萨不能入灭尽定：以诸菩萨虽伏我见，不怖边际灭，不起深坑想，而欲广修般罗若故，于灭尽定心不乐入，匆

① 拙作《说一切有部为主的论书与论师之研究》（三一八——三二〇，本版二七四——二七六）。

② 拙作《说一切有部为主的论书与论师之研究》第九章第三节第二项。

③ 《四分律比丘戒本》（大正二二·一〇二三上）。《根本说一切有部戒经》（大正二四·五〇八上）。

令般若有断有碍，故虽有能而不现入。此说菩萨未入圣位。”

法救以为：对于止息自利的灭尽定，菩萨不是不能入，而是为了广修般若而不愿意入。这是为了佛道而广修般若，不求自利的止息（灭尽定）；重视般若的修学，深合于大乘菩萨道的精神。又关于菩萨的不入恶趣，阿毗达磨论者以为：三阿僧祇劫修行中，有堕入恶趣的可能，要到修相好业，才决定不堕①。大众部等以为：菩萨乘愿往生恶趣②。大德法救的意见，如《尊婆须蜜菩萨所集论》卷八（大正二八·七七九下）说：

“尊昙摩多罗作是说：（菩萨入恶道），此诽谤语，菩萨方便不堕恶趣。菩萨发意以来，求坐道场，从此以来，不入泥犁，不入畜生、饿鬼，不生贫穷处裸跣中。何以故？修行智慧，不可沮坏。复次，菩萨发意，逮三不退转法——勇猛，好施，智慧，遂增益顺从，是故菩萨当知不堕恶法。”

依法救（昙摩多罗是法救的音译）说：菩萨从初发心以来，就不堕三恶趣，不堕贫穷与裸跣处（落后的野人）。这由于得三种不退，主要是智慧的不可沮坏。法救对菩萨道的般若那样的尊重，应有一番深切的体会。三不退，是人类所以为人的，胜过天上的三种特胜的不退。智慧、好施、勇猛，与智、仁、勇相合；好施正是利他德行的实践。在泛论不堕恶趣时，“大德（法救）说

① 《阿毗达磨大毗婆沙论》卷一七六（大正二七·八八七上）。
② 《异部宗轮论》（大正四九·一五下）。

曰:要无漏慧觉知缘起,方于恶趣得非择灭,离圣道不能越诸恶趣故"①。毗婆沙师责难他:"菩萨九十一劫不堕恶趣,岂由以无漏慧觉知缘起!"不知在法救的见地,菩萨不是九十一劫不堕恶趣,而是从发心以来就不入恶趣。菩萨的智慧(好施与勇猛)不退,对于灭尽定,能入而不愿意入;对于恶趣,菩萨没有得非择灭,可能堕入而不会入。这都是与声闻不同的,是凡夫而有超越声闻圣者的力量,真是希有难得!菩萨是凡夫,一直到菩提树下,还起三种恶寻,但如滴水的落在热铁上一样,立刻就被伏除,菩萨真是不放逸者②!大德法救所阐明的菩萨道,属于上座部系。菩萨是凡夫,特重般若,充分表达了人间菩萨的真面目。这是早在西元前二世纪末,已弘传在印度西北了。

第三节　部派间的交往

第一项　律藏所说的别部与异住

《初期大乘佛教之研究》,在"律藏所见大乘教团与部派佛教之关系"(页六七五——六九八),论到部派与部派间,是不能共住的,以"异住"(nānāsaṃvāsaka)为别部的意思。如部派与部派不能交往共住,那菩萨也当然不能与部派教团共住了;大乘就不可能从部派佛教中发展出来。该书主张:依寺塔而住,依经营寺塔经济而生活的在家人——"第三佛教的存在"(页六四

① 《阿毗达磨大毗婆沙论》卷三二(大正二七·一六五上)。
② 《阿毗达磨大毗婆沙论》卷四四(大正二七·二二七中)。

八——六四九)，大乘教团有由此而发展出来的可能性。作者的构想，大乘是从“不僧不俗”的第三者而来的。以作者的广博知识，对汉译经律的熟悉，而作出这样的结论，是令人深感意外的！在家人在大乘佛教中的地位，是毫无可疑的。然为了证明菩萨教团的属于在家，而引用部派间的不可能共住，是不能成立的，因为部派与部派间不能共住的一切文证，都是脆弱而不能成立的。律藏所说的“异住”、“不共住”，这类名词的意义，有作一解说的必要。

《摩诃僧祇律》说到二类不同的“异住”。一、提婆达多破僧，名为“异住”[①]。这不但是僧团的破坏，而且是叛教，与佛教相对抗，这与部派的分立是不同的。二、瞻波比丘的分为二部[②]。上座部系律，也说到瞻波比丘的非法羯磨等；但分为二部，信众应平等供养，是拘睒弥比丘的事。因犯与不犯的论诤而分部，《铜鍱律》等说犯者认罪而回复僧伽的和合。“异住”就是破僧，定义及处分，如《摩诃僧祇律》卷二六(大正二二·四四一上)说：

“一住处，共一界，别众布萨，别自恣，别作僧事，是名破僧。……是破僧伴党，尽寿不应共语、共住、共食；不共佛法僧；不共布萨、安居、自恣；不共羯磨。”

律制的原则，在同一界内、同一住处，是不得别众——分为二众而各别布萨的；别众布萨、别众自恣，就是破僧。这是“异

① 《摩诃僧祇律》卷二六(大正二二·四四三上)。

② 《摩诃僧祇律》卷二六(大正二二·四四〇中——四四一上)。

住”的一类，为佛制所严禁的。但破僧比丘（异住比丘），还是受具足戒的，不犯根本，不失比丘的资格，所以信众们还应该一样地布施他们。假如有诤论，意见不合，到界外去，另外“结界”而举行布萨，就不犯破僧。破僧罪很重，所以这样的破僧“异住”，佛教界是很少有的，与部派佛教的自成部派，性质也并不相同。

《铜鍱律·大品》，在说明布萨日可否到别处去，有“同住比丘”，“异住比丘”①。《十诵律》与之相当的，作“彼间比丘不共住”，“彼比丘清净共住”②。同住与异住，不共住与清净共住，是什么意义？律藏的意义，可以从比较而明白出来。“异住”与“不共住”，《五分律》意义相当的，作“往斗诤比丘住处布萨，往破僧比丘住处布萨”③。这可见布萨日不可往的，并非别的部派。布萨日应在界内布萨说戒，如到界外的清净比丘处，也是可以的。如那边比丘是破僧比丘或正在斗诤中，那是不可以去的。不过，“除僧事、急事”。斗诤的与破僧的异住比丘，并没有失去比丘身份，所以遇到“僧事、急事”，还不妨到那边去。这怎么可以解说为不同的部派，部派与部派间不可往来呢！

“共住”、“同住”、“异住”、“不共住”，在律藏中是各有定义的。佛在制波罗夷时说：“波罗夷，不应共住”，或简作“不共住”。不共住的意义是④：

---

① 《铜鍱律·大品》（南传三·二三九——二四〇）。

② 《十诵律》卷二二（大正二三·一六三下——一六四下）。

③ 《弥沙塞部和醯五分律》卷一八（大正二二·一二八中）。

④ 《铜鍱律》（南传一·四四）。《弥沙塞部和醯五分律》卷一（大正二二·四下）。《四分律》卷一（大正二二·五七一下）。《十诵律》卷一（大正二三·二下）。《根本说一切有部毗奈耶》卷一（大正二三·六三〇下）。

《铜鍱律》："不应共住者，同一羯磨，同一说戒，共修学，名为共住。彼不得与共，故说不应共住。"

《五分律》："不共住者，如先白衣时，不得与比丘共一学……不与比丘共一羯磨……不与比丘共一说戒……是名不共住。"

《四分律》："云何名不共住？有二共住：同一羯磨，同一说戒。不得于是二事中住，故名不共住。"

《十诵律》："不共住者，不得共作比丘法，所谓白羯磨、白二羯磨、白四羯磨、布萨、自恣，不得入十四人数。"

《根有律》："不共住者，谓此犯人，不得与诸苾刍而作共住，若褒洒陀；若随意事；若单白、白二、白四羯磨；若众有事，应差十二种人，此非差限；若法、若食，不共受用。是应摈弃，由此名为不应共住。"

"共住"(saṃvasana)的意义极明白，比丘受了具足戒，成为僧伽的一员，过着共同的生活，有同一布萨、同一说戒、同一羯磨的权利。犯了波罗夷，失去比丘身份，不再能过共同的僧伽生活，所以名为不应共住——不共住。如上面所说破僧比丘等"异住比丘"，《十诵律》也译为"不共住"。这也是"尽寿不应共语、共住、共食；不共佛、法、僧(即不共修学)；不共布萨、安居、自恣；不共羯磨"①。但这类"异住比丘"，没有失去比丘身份，而只是褫夺终身的共住生活权。还有一类，《十诵律》也译为"不共住"；《铜鍱律》也称为异住，相反的称为同(共)住。这有三

① 《摩诃僧祇律》卷二六(大正二二·四四一上)。

类:一、“不见罪举罪(或译“不见摈”),二、不忏罪举罪(或译“不作摈”),三、恶邪见不舍举罪(或译“恶邪不除摈”)。《铜鍱律·小品》说到不见罪举罪(余二例)时(南传四·三一)说:

“僧伽为阐陀比丘作不见罪举罪羯磨,僧伽不共住。”

这一类的不共住,也是“异住比丘”,所受的处分,如《十诵律》卷三一,不作摈的行法(大正二三·二二五下)说:

“诸比丘不共汝作羯磨,不共汝住于僧事中,若白羯磨、白二羯磨、白四羯磨、布萨、自恣,不得入十四人数。”

“得不见摈比丘行法者:不应与他受大戒,不应受他依止,不应畜沙弥,不应受教诫比丘尼羯磨,若先受不应教诫。不应重犯罪,不应作相似罪,不应作过是罪。不应呵羯磨,不应呵羯磨人。不应受清净比丘起礼迎送,供养衣钵、卧具、洗脚、拭脚、脚机,若无病不应受他按摩。心悔折伏柔软。佛言:若不如是法行者,尽形不得离是羯磨。”

第一类犯波罗夷的,是失去比丘身份,终身不得共住。第二类犯破僧的,不失比丘身份,终身不得共住。这第三类——不见罪等三种人,被僧伽羯磨后,当然还是比丘,但无定期地褫夺共住权。如能“心悔折伏柔软”,得到僧伽的同意,为他解除羯磨,就恢复清净共住比丘的身份。所以,依后二类“异住比丘”,而解说为不同部派不能共住,是完全的误解了!“异住比丘”是不失比丘资格的,所以如能够如法而说,年岁又长(依受戒时间计算),虽是“异住”,为了重法,清净比丘也还是可以向他礼拜的。

《铜鍱律·小品》,三种人应礼中的"异住"①,就是这后二类的异住,不是别的部派。

形式上,律都是佛所制的。佛世并没有部派;拘睒弥分为二部,多少有点分部的意义,但又和合了。等到部派佛教时代,部派间的关系,律藏中没有明显的论列。如以"异住"为别部,那是不会正确的。在汉译律藏中,可解说为别部派的,仅有一二,如《十诵律》卷五六(大正二三·四一六中)说:

> "有五因缘舍依止:……四、舍此部到异部中。"

"异部",可能是别的部派。依此而论:受具足戒比丘,五年内是要受依止的,如没有长成而需要监护人一样。从某部派出家,应受某部派的依止监护。如到别部派去,那当然就失去了依止。比对他律,没有这样的规定,可能是说一切有部为了加强部派性而作的新规定。又如《四分律》卷三六(大正二二·八二二上)说:

> "到病比丘所受清净已,……若入外道众,若入别部众,……不成与清净。"

"若入别部众",也可能是别的部派。比丘受了病比丘的清净,应该向界内的僧伽报告。如没有这样做,不问为了什么,到别的部派中去(当然在界外),那就没有完成取得"与清净"的责任,当然就不成与清净。上面二则,该书都解说为:"布萨日,比

---

① 《铜鍱律·小品》(南传四·二四八)。

丘入别部众,即失比丘资格。"①律文非常明白,这是"舍依止","不成与清净",不能解说为失去比丘资格的。还有一则,如《弥沙塞部和醯五分律》卷二四(大正二二·一六一下)说:

"时诸比丘,以余法余律作羯磨。……佛言:不成羯磨。"

《铜鍱律·小品》与此相当的,作:"违法作羯磨,不成羯磨。违律作羯磨,不成羯磨。违师教作羯磨,不成羯磨。"②可见"余法余律",只是违法违律、非法非律作羯磨的意思。不过,《五分律》译作《余法余律》,可能意味着不同部派的羯磨法。各部派各有成规传统,中间变乱,应该是各派所不许的。这带有部派意味的律文,并不能证明部派间的不能交往、不能共住。

第二项　部派间共住的原理与事实

大乘佛教兴起以前,部派间的关系,缺乏足够的资料来说明。但律藏中拘睒弥比丘的诤论分部,与瞻波比丘的非法羯磨,可作为分部的处理原则。依律本说:拘睒弥比丘的论诤分部,起因是小事,代表了律师与法师间的诤论。律师方面,为了小事,对被认为有犯者,作了"不见罪举罪"羯磨。那人自认为无罪,于是向各方控诉,得到不少比丘的支持,因此诤论而分成二部;一在界内,一在界外,分别地举行布萨。后来,法师自己见罪,而

---

① 平川彰《初期大乘佛教之研究》(六七九)。

② 《铜鍱律·大品》(南传三·五五一——五五二)。

解除了举羯磨,这是律师所传的①。瞻波比丘,是多数的客比丘,嫌旧住比丘的招待不好。旧住比丘不承认有罪,客比丘也为他作了举羯磨。这也会引起诤论;后来客比丘自知非法,举羯磨也就宣布无效②。斗诤而引起僧众破散,总不免掺杂些感情成分,所以原则来说,是法与非法,应该分明,而在事实上,决不能强行。对诤论中的双方,佛对被举比丘说:有罪呢,应该承认。无论如何,不可因自己的关系而引起破僧,应当容忍。(阿难在五百结集中所表现的:"我于是中不见罪相,敬信大德,今当悔过"③,是一好榜样!)小小事,向大德僧忏悔,也没有什么;大众和合,才是首要的大事。佛对举他的比丘说:要别人自己承认,不可勉强。如觉得这样做了,会引起诤论,引起破僧,那就要容忍,不宜作举罪羯磨。佛只是劝告的,因为佛与僧伽,不是权力机构。僧事要取决于多数,如多数人有异议,即使是非法的,也不能强制执行。佛向双方劝告,可是诤论中的拘睒弥比丘,谁也不听佛的教导,不肯反省,佛就离开了他们。依佛的意见,既然合不来,在一起要斗诤,那么分为两部,也是好事。当时的拘睒弥比丘,一在界内布萨,一在界外布萨,佛都赞许为合法。绝对

---

① 《摩诃僧祇律》卷一三(大正二二·三三三下——三三四下)。《弥沙塞部和醯五分律》卷二四(大正二二·一五八下——一六一上)。《四分律》卷四三(大正二二·八七九中——八八五上)。《十诵律》卷三〇(大正二三·二一四上——二一七下)。《铜鍱律·大品》(南传三·五八七——六二一)。

② 《摩诃僧祇律》卷二六(大正二二·四四二上——四四二下、四三八下)。《弥沙塞部和醯五分律》卷二四(大正二二·一六一上——一六三中)。《四分律》卷四四(大正二二·八八五上——八八九上)。《十诵律》卷三〇(大正二三·二一八上——二二一上)。《铜鍱律·大品》(南传三·五四四——五七九)。

③ 《弥沙塞部和醯五分律》卷三〇(大正二二·一九一中)。

不可以的，是在同一界内而分别布萨，因为这将一直诤论下去。拘睒弥比丘，双方都自以为是，时常诤论，引起当地人士的不满，双方这才分别到舍卫城见佛。对这些斗诤破僧比丘，佛指示舍卫城的比丘：对斗诤分破的比丘，应该分别地给他们座卧处（住处），不让他们住在一起（免诤论）。对于衣食，要平等地分给他们。佛指示舍卫城的信众，对斗诤分破的双方，要平等地布施，也要去听他们说法，凡是说得如法的，要欢喜信受，这是《铜鍱律·大品·拘睒弥犍度》所说的①。斗诤破僧比丘，都自以为是对的，谁是谁非，在家众怎么知道！就是其他（如舍卫城）比丘，也不能先入为主地判断谁是谁非，也还要平等对待。《弥沙塞部和醯五分律》卷二四（大正二二·一六〇下）说：

> “汝（信众）当听彼二众语，若如法如律如佛所教者，受其教诫。至于敬待供养，悉应平等。所以者何？譬如真金，断为二段，不得有异。”
>
> “斗诤比丘已入，我当云何为敷卧具？佛言：应与边房；若不足者，与中房。不得令彼上座无有住处。”

与《铜鍱律》少少不同的。是斗诤比丘的住处，是边房或中房（《四分律》同）。《十诵律》说到：“应与一切二部僧饮食。”不问斗诤的谁是谁非，但对于不能如法说的，“不应尊重供养赞叹；不应教诵经法，答所问疑，不应从受读诵经法，从问所疑；不应与衣、钵、户钩、时药、时分药、尽形药”。不过一般信众，未必

① 《铜鍱律·大品》（南传三·六一五——六一六）。

能分别如法说、非法说,大概还是同样地布施。斗诤比丘如法和合,那当然不用说了。如分破了不和合,但住处不同,即使是"异部众",久了也会各自发展而延续下去。《摩诃僧祇律》卷二六(大正二二·四四一上)这样说:

"若于中布施,故名良福田。于中受具足,故名善受具足。"

在比丘,可能分为异部,但信众平等布施,不是属于哪一部派的。别部众可以作如法羯磨,也可以为人受具足戒,佛教一样的可以延续下去。所以僧伽破散,是不理想的,但不在同一界内作布萨,对别部异众,不是不可容忍的。古代的部派佛教,起初应有过诤论。但分裂为十八部,主要还是地区的、语言的各别发展,不一定都有互相斗诤的事实。在这点上,印度大陆的部派佛教,继承原始的容忍精神,称十八部为"异部",异部只是不同的部派。法与律,都可能有批判,自以为最好的,但谁也承认别部派的合法性,是佛法。锡兰的铜鍱部,律藏所说的,虽还是一样,而在教团的传统上,自以为就是原始结集传来的上座部正宗,而称其余的十七部为"异师"①。这种精神,可能与岛国的民情有关。

佛教在发展中,寺院为佛教的活动中心,与分裂的部派相关联,而成为寺院中心的部派佛教。依律制说:僧伽有四人成僧,五人成僧,十人成僧,二十人及二十人以上成僧,似乎僧伽是小

① 《岛史》(南传六〇·三五)。

单位。其实，这是“现前僧伽”（sammukībhhūta-saṃgha）。为空间所局限，不可能使全体比丘和合在一处，而产生一定区域内的和合共住，同一布萨，同一说戒，而过着共同生活。然僧伽不只是这样的，依律制，如受具足戒的，成为僧伽一员，不只是加入当前界内的僧伽（现前僧），而是成为全体僧伽的一员。全体的僧伽，称为“四方僧伽”（cātuddisa），所以受具足戒的，无论到哪里，在半月半月布萨的日子，都要与所在地的比丘们和合，同一布萨说戒。由于寺院财产规定属于全体——从现在到未来，都属于僧伽全体，不许分配，称为“四方僧物”。僧——四方僧，不为当前的时空所限，而有永久性与普遍性，成为佛法住世、佛教延续的实体。因此律制的共住，不限于当前界内的少数比丘，而是到处可与比丘（到处都是现前僧）们共住。依此律制的原则，僧伽分破，分破而不失比丘资格的，“譬如真金，断为二段，不得有异”。彼此分部而住，各别布萨，只是为了减去无谓的诤论，而不是失去共住的资格。在部派佛教时代，斗争而分裂的事实，早已随时间而过去。不同部派的比丘，如说不能在别部的寺院中共住，这是难以理解的。有了部派分别，当然以住在自部寺院为主，但因事外出，没有不能与别部共住的理由。在“布萨不可往”中，为了“僧事、急事”，虽然是“异住比丘”，也一样的可以去那里布萨①，这是最明白的文证。或以为各部派的波罗提木叉经，戒条有多少，处罚也有轻重出入，所以在别部中不能和合共住。这理由也不能成立，如说一切有部，有《十诵律》、《根本说

① 《十诵律》卷二二（大正二三·一六四上——中）。《铜鍱律·大品》（南传三·二三九）。

一切有部毗奈耶》,戒经的条文有多少,处分也有出入,然并不因此而成为二部,因此而不能互相往来,这是事实证明。布萨与自恣犍度,说到旧比丘与客比丘的关系,可引用为别部派往来的原则。客比丘少数,或人数相等,都要顺从旧比丘。如布萨日,十四或者十五,旧比丘总有自己的成规,客比丘应顺从旧住比丘。如客比丘人数很多,可与旧比丘洽商,或出界外去布萨。可见少数的客比丘,是应该尊重、随顺旧比丘的。何况受具足戒,不是受某部派的具足戒。波罗提木叉经原本只是一种,不同也只是传诵演化而来,并非两种不同的戒法。为了参学,为了宏化,为了瞻礼圣迹,为了游方观化,二三人出去,到别部寺院,当然"入境问俗","客随主便"。如自以为是,把别部看成异端,那只有安住自部的寺院,免得出去生闲气了。

旧比丘与客比丘,本是寺院中旧住的与新来的,但在寺院(与部派)佛教的发展中,形成主与客的不同地位。原始的律制,每年三月安居,九月游行。但安居制逐渐演变,留住寺院的时间延长为四个月,更演进到八个月①,安住寺院的时间就长了。寺院大了,布施多了,有田园,有净人,有房屋、床卧具,以及种种物品。这需要人管理、经营、支配,僧伽中的"知僧事"——职僧也多了。职僧是经住众共同羯磨而选出来的,在职的期限内,不可能离去,要常住寺内。定居期的延长,寺院经济的发达,旧比丘会形成寺院的常住比丘。寺院属于部派,这些知僧事的,自然会由自部的旧住者来担任。四方僧物是不许分配的(可以

① 佐藤密雄《原始佛教教团之研究》(五五八——五六〇)。

使用)，所有权属于僧伽。但经营、管理、分配等权，属于旧住比丘，久了就形成寺院的主体人。印度出土的铭文中，记载布施物的，有“某某部四方僧伽领受”字样①。四方僧伽，又属于特定的部派，可说是矛盾的！四方僧哪里有部派的差别？然在部派时代，属于部派的四方僧物，是事实上的存在，僧制是因时因事而有的。如四方僧与现前僧外，律中又有安居僧。三月内，多少比丘定住在一处。到安居终了，信众为安居僧而布施，平等分给安居者。临时来的比丘，虽是现前僧，却无权享受为安居者的施物。所以在部派初分，严重对立时期，少数比丘到别部寺院去，除现前僧物外，待遇是不可能与旧住比丘完全相同的。西元七世纪后期，义净到西方去，那是大乘佛教时代。部派是存在的，但论诤对立的时代早已过去，旧住比丘(主人)与客比丘的差别，也多少不同了。如《大唐西域求法高僧传》卷下(大正五一·九中)说：

“西国，主人稍难得也。若其得(成为)主，则众事皆同如也。为客，但食而已。”

主人与客人的待遇是不平等的。要怎样才能成为主人？如《南海寄归内法传》卷二(大正五四·二一三下)说：

“多闻大德，或可一藏精研，众(僧)给上房，亦与净人，供使讲说。寻常放免僧事，出多乘舆，鞍畜不骑。又见客僧创来入寺，于五日内，和众与其好食，冀令解息，后乃常僧

① 平川彰《初期大乘佛教之研究》所引(六五六——六六六)。

（原作僧常）。若是好人，和僧请住，准其夏岁（长住），卧具是资。无学识，则一体常僧。具多闻，乃准前安置，名挂僧籍，同旧住人矣。”

这里有二类不同（大善知识例外）：一、和僧：就是旧住人。如有多闻的好人来，虽是客比丘，也可与旧住比丘一样。二、常僧：如客僧来而无学识的，受五天与旧僧一样的待遇，以后就过常僧的生活。这就是主人与客人。旧住比丘的良好待遇，应该是四方僧物中可分的部分，如《南海寄归内法传》卷四（大正五四·二三〇下）说：

“现今西方所有诸寺，苾刍衣服，多出常住僧（物）。或是田园之余，或是树果之利，年年分与，以充衣直。”

田园与果树，都是四方僧物，不许分配。但田园果木的产物，提出多少来分给常住的旧僧；这是客比丘所没有份的。寺院内住众的分为二类，中国禅寺也有同样情形。常住的职僧，以及在禅堂参学的，每年分二期，期头都记载入册；非特殊事故，不能中途进退。另有挂单的，住在“上客堂”，时间可久可暂，来去自由。这不是常住上的人，一期终了，也没有单银（及傢钱）。名为“上客”，其实待遇差多了。分为旧僧与客僧二类，在法显时代（西元三九九——）也大致相同，如《高僧法显传》（大正五一·八五七上——八五九中）说：

“偽夷（即焉耆）国僧亦有四千余人，皆小乘学，法则齐整。秦土沙门至彼，都不预其僧例。……偽夷国人，不修礼仪,遇客甚薄。”

“乌苌国……皆小乘学。若有客比丘到,悉供养三日。三日过已,乃令自求所安。”

“毗荼,佛法兴盛,兼大小乘学。见秦道人往,乃大怜愍,作是言:如何边地人能知出家为道,远求佛法!悉供给所须,待之如法。”

“摩头罗……众僧住止房舍、床蓐、饮食、衣服,都无缺乏,处处皆尔。众僧常以作功德为业,及诵经坐禅。客僧往到,旧僧迎逆,……房舍卧具,种种如法。”

乌苌(Udyāna)与摩头罗(Madhurā)的待遇客僧,是一般的正常现象。傿夷国(Agni)根本不接待中国去的比丘,而毗荼国(疑是钵伐多国,Parvata)特别厚待中国的客比丘,可见各地的情形并不一致。早一些而可考见的,诃黎跋摩(Harivarman)是西元三、四世纪间的大德①,本是说一切有部出家的,但意见不合,就与“僧祇部僧”共住②。然诃黎跋摩所作的《成实论》,并不是大众部的论义。在西元一世纪中期,印度犊子部法喜上座的弟子们,到锡兰的无畏山寺,到上座部道场,而能受到寺众的欢迎③,这是部派不同而共住的又一事实。

从上面的论述,无论是共同布萨说戒,或物资的分配,部派时代的寺院是不会拒绝客比丘的。布萨与安居等,客比丘要顺

① 拙作《说一切有部为主的论书与论师之研究》(五七四,本版四八五——四八六)。

② 《出三藏记集》卷一一《诃黎跋摩传》(大正五五·七九上)。

③ W. Rahula, *History of Buddhism in Ceylon*, p. 84 – 86.

从旧住比丘,不能说是违犯戒律。物资的待遇,客比丘要差一些,那是短期往来,不能与常住的旧僧相比,是事实所必然的。如临时来会,不能均分安居施一样。部派时代的情形,虽不能充分明了,然依据早期的律制、后期的僧制,及部派佛教的少数事实,也可以推论出大概的情形。所以对部派时代的佛教界,设想为彼此间的交往不可能,无疑是一项严重的误解!

第七章　边地佛教之发展

第一节　佛教的向外发展

第一项　佛教中国与边地

佛教广大流行起来，在佛化的区域内，首先出现了佛教中国与边国的分别。大迦旃延游化到阿槃提，教化亿耳出家，因为当地的出家人少，得不到十师而延迟了受具足戒的时间。受戒后，亿耳到舍卫城来见佛，佛才方便地制定：边地可依五师受具足戒。从此，佛教有了中国与边地的分别。依佛教的定义，佛陀在世游化到的区域，是“中国”；佛不曾到达，没有佛法或佛法经弟子们传来的区域，是“边地”。婆罗门教旧有中国的名称，是婆罗门教的教化中心区；佛教也就以佛的游化区为中国——佛教的文化中心区，并由此而向外延申出去。佛教中国的界限，出于律典而略有不同①：

---

①《铜鍱律·大品》（南传三·三四八——三四九）。《十诵律》卷二五（大正二三·一八一下——一八二上）。《根本说一切有部毗奈耶皮革事》卷上（大正二三·一〇五三上）。《四分律》卷三九（大正二二·八四六上）。又 Divyâvadāna 所说，与《皮革事》大同。

	《铜鍱律·大品》	《十诵律》	《根有律皮革事》	《四分律》
东	Kajaṅgala mahāsālā 以外	伽郎婆(娑?)罗聚落	奔荼林奔荼水	白木调国
东南	Sallavatī nadī			
南	Setakaṇṇika nigama	白木聚落	摄伐罗佛底水	静善塔
西	Thūṇa Brāhmaṇagāma	住婆罗门聚落	邬波窣吐奴婆罗门村	一师梨仙人种山
北	Usīraddhajapaddata	优尸罗山不远蒲泉萨罗树	嗢尸罗山	柱
东北		竹河		

比较不同的传说,《十诵律》与《铜鍱律》最相近,只是《铜鍱律》多一东南方,《十诵律》多一东北方。东方的 Kajaṅgala,即《大唐西域记》的羯朱嗢祇罗国,在瞻波以东四百余里,推定为现在的 Rājmahāl,地在恒河右岸。《根有律皮革事》作"奔荼水奔荼林",那显然是越过恒河,到达《西域记》所说的"奔那伐弹那"(Puṇḍavardhana),或译分那婆陀那(见《阿育王经》)了。西方的"住婆罗门聚落",推定为现在的 Sthāneśvara,即《西域记》所说的萨他泥湿伐罗国,地在摩偷罗附近。传说佛没有入摩偷罗城,因为摩偷罗城有五种过失:地不平正,多尘,狗凶猛,夜叉暴恶,乞食难得①,所以摩偷罗在中国边缘以外。北方的优尸罗山,推定为现在 Hardwar 以北的 Usra-giri 山。南方的地点不明。

① 《增支部·五集》(南传一九·三五六)。《根本说一切有部毗奈耶药事》卷九(大正二四·四一下)。

这是近代研究所得的一般结论①,大致可信。但佛教中国的南方,经中佛与舍利弗、阿难、富兰那等,都有从南山(Dakṣi-ṇāgiri)到王舍城的记录②。南山不会远在阿槃提,应在王舍城以南,远也不会越过赤道线。《原始佛教圣典之成立史研究》,对"佛陀教化及其地区",从经律中所说的游历路线、圣典所载的说法处所、成道后安居的地点,归纳出佛陀游化的地区,大致与佛教中国相合③。赤沼智善《原始佛教之研究》,所说佛陀游化往来路线:如从舍卫城出发,经沙祇(Sāketa)、阿荼脾(Āḷavī)而到拘睒弥。从此向东,经波罗奈到王舍城。王舍城北上,经巴连聚落(Pāṭaligāma)——后来的华氏城,渡河到毗舍离。向北经波婆、拘尸那,转西到迦毗罗城,再进又回到了舍卫城④。这一主要的游行圈,从王舍城到舍卫城,东西两大重镇,包括当时的主要化区。从王舍城向东,到瞻波,更东到羯朱嗢祇罗。从王舍城向南,到南山。从拘睒弥(或舍卫城)向西,到摩偷罗附近,或向西北到拘留(Kuru),那是现在的 Delhi 一带。佛陀游化的地区,是恒河流域,主要是中下流域。佛教以这一地区为中心,而向外扩展开来。

在佛陀的游化区域中,东方摩竭陀的王舍城,西方拘萨罗的舍卫城,是佛化的两大重镇。佛法不一定在都市;依后代的佛教史所见,佛教的力量源泉并不在都市。但文化高,经济繁荣地

---

① 前田惠学《原始佛教圣典之成立史研究》所引(九〇——九二)。
② 赤沼智善《印度佛教固有名词辞典》(一四二)。
③ 前田惠学《原始佛教圣典之成立史研究》(五五——八八)。
④ 赤沼智善《原始佛教之研究》(三九一、四四三)。

区,尤其是政治重心的都市,对教化的开展来说,到底是非常重要的。佛教中国的向外开展,北是喜马拉耶山区,南是南山,在当时是文化经济的落后地区,离政治中心又远,所以向南北发展是不容易的。向东,渡过恒河是奔那伐弹那;再向东又是大河,那是远从西藏方面流来的布拉马普特拉河(Brahmaputra)。大河障隔,那边的文化经济都落后,所以佛教向东发展的,是沿恒河而下到海口;再沿海岸向南,或乘船到海外。东、南、北,受到环境的限制,所以佛教的向外发展,重心放在向西——恒河上流而推进。释尊时代,就有大迦旃延的开化阿槃提,富楼那的教化西方输卢那(输那西方,Sunāparantaka),积极地向西方边地推进了。

在佛教向西开展中,出现了中国与边国、边地佛教与中国佛教对抗的事实。据释尊四十五年安居的传说,在成佛二十年以后,一直都在舍卫城安居(末年在毗舍离)①。传说阿难侍佛二十五年②。这可以理解出:在释尊教化的后半期,定居舍卫城的时间多,而早期宏化东方的王舍城,反而少去了。恒河南岸(东方)的"摩竭、鸯伽二国人,皆信乐苦行"③,这也许是提婆达多的"五法是道"、摩诃迦叶的"头陀行"受到相当推重的原因!佛多住舍卫城,舍利弗与大目犍连成为协助教化的"双贤弟子"④,被

① 《僧伽罗刹所集经》卷下(大正四·一四四中)。前田惠学《原始佛教圣典之成立史研究》所引南传资料(七〇——七二)。

② 《中阿含经》卷八《侍者经》(大正一·四七三上)。

③ 《弥沙塞部和醯五分律》卷二五(大正二二·一六四中)。

④ 双贤弟子,见《铜鍱律·大品》(南传三·七七)。《弥沙塞部和醯五分律》卷一六(大正二二·一一〇中)。《四分律》卷三三(大正二二·七九九上)。《根本说一切有部毗奈耶出家事》卷二(大正二三·一〇二八上)。

称为众比丘的生母与养母①。舍利弗与大目犍连的学风,是与阿毗达磨密切相关的②。到了佛入涅槃,王舍城举行结集:大迦叶是上座,阿难集出“经”,优波离集出“律”,成为佛教界公认的大德。后来,阿难留在华氏城与毗舍离宏法;而重律的,却与西方(论法)系融合而向西发展。东方是重法(经)的,西方是重律而又重阿毗达磨的,两大系逐渐形成。佛灭百年(一世纪中),为了毗舍离跋耆比丘的受取金银,引起西方与东方的大诤论。当时舍卫国佛教已失去领导地位,西方系的中心已移到摩偷罗。三菩陀——商那和修在摩偷罗教化;西方的支持者,波利耶比丘,阿槃提、达䞋比丘。当时的论诤,跋耆比丘宣说:“一切诸佛皆出东方,长老上座莫与毗耶离中国比丘斗诤!”③这是东方与西方,也是中国与边地佛教的抗争,而胜利属于边地的西方。胜负的关键,在拘舍弥的离婆多。商那和修他们想获得他的支持,远远地来访问他,他听见就先走了。一直追踪到萨寒若(Sahajāti),离婆多为他们的热诚所感动,加入了西方阵营④。从他起初一直走避来说,显然并不想参预双方的争执。在地理上,拘睒弥是佛教中国的西部,可说在东西之间。国名跋蹉(Vatsa, P. Vaṃsa),即“犊(子)”。佛教发展到七百结集时代,由于佛教的分头发展,区域辽远,师承不同,分化的情势已逐渐表露出来。如华氏城、毗舍离一带的东方系,是大众部的前身。

---

① 《中部》(一四一)《谛分别经》(南传一一下·三五〇)。《中阿含经》卷七“分别四谛经”(大正一·四六七中)。

② 拙作《说一切有部为主的论书与论师之研究》(五六——五九,本版四八——五一)。

③ 《十诵律》卷六〇(大正二三·四五二中)。

④ 拙作《论毗舍离七百结集》(《海潮音》四六卷六、七月号)。

跋蹉的拘睒弥一带，后来的犊子部，就依此而发展出来。摩偷罗是西方，由摩偷罗而南下的，阿槃提、达䞋比丘，是分别说部的前身。摩偷罗与拘睒弥，有过长时期的融合；其后由摩偷罗而向西北发展，成为说一切有部，犊子部也就分离了。这一形势，就是佛教破散为三众或四众的实际意义①。边地佛教的发展，为重法与重律——部派分化的重要原因。

第二项　阿育王与佛教的隆盛

阿育王时代，佛教在相当发展的基础上，因阿育王的诚信佛法，印度佛教进入了世界佛教的时代。在佛教史上，这是最珍贵的一页！阿育王灌顶于西元前二七一年（姑依此说）。灌顶第九年，征服羯馁伽。由于深感战争的残酷，加深了佛法的信仰。阿育王曾巡礼佛的圣迹；修建佛舍利塔；派正法大臣去邻邦；推派佛教大德去各方宏布佛法：这都是可信赖的事迹。在佛教史中，这是重要的环节，对当时及未来分化的意义，应该多加注意！不幸的是佛教自身，南方锡兰所传的《岛史》、《大史》、《善见律》等；与北方罽宾所传的《阿育王传》（《阿育王譬喻》）②，《大唐西域记》等，所说几乎完全不同。二十多年前，我为此曾写过《佛灭纪年抉择谈》，作比较的研究。以现在看来，写得并不理想，但重要的观念，还自觉得不错。如说：

---

① 破为三众，如《十八部论》（大正四九·一八上）。破为四众，如《部执异论》（大正四九·二〇上），《异部宗轮论》（大正四九·一五上）。

② 《阿育王传》七卷，西晋安法钦译；《阿育王经》十卷，梁僧伽婆罗译；《杂阿含经》卷二三、二五，均先后同本异译。又部分与 Divyāvadāna 相同。

"育王及优波毱多的并世护法,为本传(《阿育王传》)中心。阿育王——王统部分:一、如来授育王记;二、育王以前的王统;三、育王的光大佛教事业;四、育王卒;五、育王以后的王统,与弗沙蜜多罗的毁法。关于优波毱多——法统部分:一、如来授优波毱多记;二、毱多以前的法系;三、毱多的弘法事业;四、毱多付法入灭;五、未来三恶王毁法,与拘舍弥法灭的预言。"①

"罽宾所传的阿育王传,是譬喻集。罽宾学者……纂集的主要事情,是阿育王的护法史,西方上座系传法的情况,并非为了(宣扬)罽宾的佛教而编集。锡兰所传……的目的:一、将王舍城第一结集,毗舍离第二结集,华氏城第三结集(这是主要目的),以为结集的重要人物,都是自宗的师承,以表示铜鍱部——锡兰佛教的正统性。二、育王因兄子泥瞿陀出家而信佛;王弟帝须以分别说者的昙无德为师;王子摩哂陀以分别说者的帝须为师;锡兰佛教由阿育王儿女传去;锡兰的菩提树,是阿育王命女儿送去。分别说系,阿育王家,锡兰佛教——三者的密切结合,是《善见律》等编辑的主要目的。……所以从作者的心境说,罽宾所传比锡兰所传,要客观得多!"②

北方传说的中心人物,是优波毱多,住摩偷罗优楼漫荼山(Urumaṇḍa)的那罗跋利寺(Naṭabhatikā)。因东方上座鸡头摩

① 《佛教史地考论》(一一五,本版七五)。

② 《佛教史地考论》(一八三——一八四,本版一二二——一二三)。

寺(Kukkuṭārāma)耶舍(Yaśa)的推荐,受阿育王的迎请到华氏城;毱多教王修塔,并巡礼圣迹。南传的中心人物,是目犍连子帝须,华氏城人。育王的儿子摩哂陀,从目犍连子帝须出家。帝须知道华氏城佛教要发生诤论,避到(摩偷罗的)阿烋恒伽山(Ahogaṅga)去。后受阿育王的迎请(迎请方式,与优波毱多一样),到华氏城息灭诤论,举行了第三结集,并推派大德到各方去传教。这里面,特别是迎请一事,完全相同,所以或推想为目犍连子帝须与优波毱多为同一人,只是南北的传说不同①。这是未必如此的!阿育王礼敬的大德,哪里只是一人?不过佛教各系,以自宗传承的大德传说为育王迎请的唯一人而已!如南传所表示的,分别说者、阿育王家、锡兰佛教紧紧地联结在一起,以表示其正统性;如超越宗派的立场,是难以信受的。传说的目犍连子帝须,日本学者举出《舍利弗问经》的话,而推定为就是优波毱多②。经上这样(大正二四·九〇〇下)说:

“目揵罗优波提舍,起昙无屈多迦部。”

昙无屈多迦(Dharmaguptaka),就是法藏(或译法护)部。在《部执异论》中,作“此部自说勿伽罗是我大师”③。目犍连子帝须,自称“分别说者”,法藏部正是分别说所分出的。勿伽罗——目犍连是我大师,实指佛陀时代的大目犍连。《舍利弗

① 木村泰贤、干潟龙祥《结集史分派考》(日本《国译大藏经》论部一三卷,《异部宗轮论》附录二二)。

② 木村泰贤、干潟龙祥《结集史分派考》(日本《国译大藏经》论部一三卷,《异部宗轮论》附录四四——四五)。

③ 《部执异论》(大正四九·二〇中)。

问经》的“目犍罗优波提舍”，优波提舍（Upatiṣya）是舍利弗的名字，所以目犍罗优波提舍，就是大目犍连与舍利弗——阿毗达磨论师。法藏部远推这二位为宗祖；法藏部所传的论，与《舍利弗阿毗昙论》相近。这么说来，分别说者所宗的“目犍罗优波提舍”，被传说为目犍连弗（子）帝须，是很有可能的。不过，我以为当时的确有一位叫帝须的大德，如《大悲经》卷二（大正一二·九五四上）说：

> “摩偷罗城优楼蔓茶山，有僧伽蓝，名那驰迦。于彼当有比丘，名毗提奢，有大神通，具大威力，正智得道，多闻无畏。持修多罗，持毗尼，持摩多罗迦。于诸梵行，示教利喜，说法不倦。”

“毗提奢”比丘，在《大悲经》中，与优波毱多等并列，是一位了不起的大德。南传作帝须的，如阿育王弟帝须，北传作“毗多输柯”，或意译为“尽忧”。所以这位“毗提奢”（毗提输），可能就是南传的帝须。这位毗提奢，与传说的“目犍连优波提舍”相混合，而演化为目犍连子帝须。传说目犍连子帝须是梵天帝须的转生，也许暗示这一意义吧！

传为阿育王的儿子，传法到锡兰的摩哂陀，在北传典籍，特别是《阿育王传》，竟没有说到。唯有《分别功德论》，说到摩呻提到师子国兴隆佛法，但以摩呻提为阿难的弟子①。唐玄奘在南印度，访问从锡兰来的大德，说摩醯因陀罗（Mahindra）是阿育

① 《分别功德论》卷二（大正二五·三七中）。

王弟①。印度大陆佛教界对传法去锡兰的摩哂陀，是这样的生疏！法显从师子国回来，也没有传来摩哂陀的故事。玄奘说到的摩醯因陀罗，实在是锡兰神山的名字，如烈维（Sylvain Lévi）《正法念处经阎浮提洲地志勘校录》（冯承钧译商务本二一、六五）说：

> 经："过罗刹渚，有一大山，名摩醯陀。……于阎浮提六斋之日，四天王天住此山上，观阎浮提……。如是四天王于摩醯陀罗山，观阎浮提。"
>
> 考校："摩醯因陀罗山，必为锡兰岛中央之高峰，今名亚当峰者是。据史颂［乙丙本］：猴使贺奴末（Hanumat），置跳板于摩醯因陀罗山上，由大陆一跃而至楞迦。此山在《古事集》中，原为 Bhāratavarṣa 七山系之一，即今自 Orissa 达 Gondvana 诸山也。"

摩醯陀、摩醯陀罗、摩醯因陀罗，显然从因陀罗（Indra）得名。因陀罗是印度的大神，即佛教的帝释（Śakradevānāṃ indra）。山名大因陀罗，是四王天在此观察人间善恶，而报告帝释的大山。在罗摩（Rāma）故事中，猴使从大陆此山一跃而到楞伽（Laṅkā）。后来，锡兰传说的佛游锡兰而留足迹说，摩哂陀飞腾虚空而入锡兰说，都受到这一神话的影响。摩醯因陀罗——摩哂陀，应为从印度传入锡兰的因陀罗的人化。摩醯因陀罗——从印度传来的神与山，受到锡兰人的尊敬。佛教从印度传入锡兰，

① 《大唐西域记》卷一一（大正五一·九三四上）。

也就传说为摩醯因陀罗传来的了。将佛教传入锡兰的“摩醯因陀罗”，与摩醯因陀罗山（及神），是那样的巧合！这可能与目犍连子帝须一样，当时确有一位叫帝须的分别说者，但名字是经过传说演变的。摩哂陀这一名字，是神话化的；但将佛法传入锡兰的，是帝须弟子的比丘，应该是有的，也许名字与摩醯因陀罗有点类似。

依古代传记，近代发现的阿育王石刻铭，经学者的研究，对阿育王时代疆域的广大，为佛教——正法的热诚，已有充分的、明确的知识。在当时的佛教界，有诤论与破僧的事实，如Sārnāth 法敕、Kosambi 法敕、Sāñcī 法敕，都有所说到，这近于南传华氏城沙汰贼住比丘的传说。大抵是佛教隆盛了，供养丰裕了，就有外道混入佛教僧团中来。然在佛教自身，阿育王所希望的，当然是僧伽的和合与健全；但在不同区域，不同布萨，而对佛法有些不同的意见，也是不可避免的。南方传说：摩哂陀以目犍连子帝须为和尚，摩诃提婆（大天，Mahādeva）为阿阇黎，出家而受十戒；以摩阐提（Majjhantika，Madhyāntika）为阿阇黎而受具足戒①。目犍连子帝须是分别说部，大天为大众部，摩阐提为说一切有部，摩哂陀都从之出家受戒，所以或怀疑当时有否部派的存在。部派的分化，多数是区域性的，师承不同的，经一时期的发展而形成，决非弟兄分居或国家分裂那样。以中国佛教为例：慧可、慧思、慧布，是同时人。慧布与慧可、慧思相见，谈得非常投机。但在宗派上，慧可是禅宗二祖，慧思是天台宗，慧布是三论

---

①《岛史》（南传六〇·五四）。《大史》（大正六〇·一九二）。《一切善见律注序》（南传六五·六六）。《善见律毗婆沙》卷二（大正二四·六八二上）。

宗。在宗派形成时，都会向上追溯，将与自己有关的祖德，列入自宗。在当时，虽有多少不同，却不一定对立得难以和合。不同部系的三位，都是摩哂陀的师长，应从大一统的时代、佛教大体和合的意义去理解。

七百结集时代，有东方毗舍离系，西方摩偷罗系，而西南的阿槃提、达嚫地方，佛教已相当隆盛。到阿育王时，大天、摩阐提、目犍连子帝须，正是这三方面的代表。东方华氏城，是孔雀（Maurya）王朝的政治中心；这里的佛教（东方系），力量是不容忽视的。阿育王时代的大天，就是这一系的大师。阿育王早年，曾出镇优禅尼（Ujjayainī），这是阿槃提古国的首府。阿育王在这里，娶了卑提写（Vedisa）的女郎提毗（Devī），生了摩哂陀与女儿僧伽蜜多（名字都不像在家本名）。阿育王以优禅尼的力量而得到王位；妻儿都生长在这里（阿育王登位，住华氏城，但提毗一直住在故乡，似乎是王妃而不受宠幸的）；儿女都从这里的佛教——分别说系出家。这里的佛教，与王家多少沾有关系，所以是当时佛教有力的一系。不过到华氏城来，对于东方的佛教，是不能不容忍而合作的。摩阐提是说一切有部，以传教到罽宾而受到重视。在《阿育王传》优波毱多的法统中，原是没有摩阐提的；大概由于传教罽宾的关系，传说为阿难弟子而附在传内①。优波毱多出于摩偷罗（西方）系统，虽有受阿育王尊敬的传述，但不是唯一的受尊敬者。从当时的情形来说，分别说系（西南系）与东方系的大天合作得很好，而摩偷罗系的处境却并

---

① 拙作《佛灭纪年抉择谈》（《佛教史地考论》一五四，本版一〇二——一〇三）。

不理想。可举二点来说：一、分别说——“毗婆阇婆提”，本是阿毗达磨论“法归分别”的特征。但在说一切有部的论书，如《大毗婆沙论》等，对“分别论者”而自称“应理论者”，以“分别论者”为一切不正恶邪分别的别名。那样的敌视“分别论者”，应有使说一切有者感到痛心的事实。二、大天：《大毗婆沙论》说他犯三逆罪，说五事是佛教①。《阿育王传》晋译也说：南天竺有一男子，犯三逆罪而出家，读诵三藏，徒众很多。他来访问优波毱多，优波毱多竟不与他说话②。《异部宗轮论》说：阿育王时，因诤大天五事而分为二部。分化到南方的制多部，因贼住大天，重诤五事而分派③。说一切有部对大天的深恶痛绝，可以想像出来。《阿毗达磨大毗婆沙论》卷九九（大正二七·五一〇下——五一二上）说：

> “大天……造第三无间业已，……遂往鸡园僧伽蓝所，……出家。”
>
> “大天聪慧，出家未久，便能诵持三藏文义，言词清巧，善能化导，波吒梨城无不归仰。王闻，召请数入内宫，恭敬供养而请说法。”
>
> “大天升座说戒，彼便自诵所造伽他（五事）。……于是竟夜斗诤纷然，乃至终朝朋党转盛。……王遂令僧两朋别住，贤圣朋内，耆年虽多而僧数少；大天朋内，耆年虽少而众数多。王遂从多，依大天众，诃伏余众。”

---

① 《阿毗达磨大毗婆沙论》卷九九（大正二七·五一〇下——五一一中）。

② 《阿育王传》卷五（大正五〇·一二〇下）。

③ 《异部宗轮论》（大正四九·一五上、一五中）。

"时诸贤圣,知众乖违,便舍鸡园,欲往他处。……王闻既嗔,便敕臣曰:宜皆引至殑伽河边,载以破船,中流坠溺,即验斯辈是圣是凡。臣奉王言,便将验试。时诸贤圣,各起神通,犹如雁王,陵虚而往。……乘空西北而去……迦湿弥罗。"

《大毗婆沙论》与《异部宗轮论》相同,"波吒梨(华氏)王",显然的就是阿育王。《大毗婆沙论》是说一切有部中的阿毗达磨论者,与《阿育王传》——持经譬喻者所说,略有不同。依《大毗婆沙论》说,阿育王时的摩偷罗学系,有受到贬抑的迹象。《大毗婆沙论》说:鸡园寺诤论不息,王派大臣用破船去沉没他们(说一切有者)。南方传说:阿育王寺(即鸡园寺)大众诤论,王命大臣去劝令息诤,因诤论不息而杀死了好多比丘①。将这两点结合起来,当时的诤论中,国王偏袒某一方,极可能是存在的事实。从说一切有部的敌视分别论者,丑化大天,可以想见分别说系与大众系的联合,而摩偷罗(说一切有系)系被贬抑的事实②。说一切有部(犊子部从此分出,所以传说相近)将二部的根本分裂,归于犯三逆罪的大天五事,只是将大天到制多山而再分派的事实,提前(因而分化为两大天)以强调大天的罪恶而已。南传将阿育王寺的诤论归咎于贼住比丘,也只是部分的事实。《初期佛教教团史之研究》,推定阿育王时代,分别说与说

---

① 《大史》(南传六〇·一九五)。《一切善见律注序》(南传六五·六九)。《善见律毗婆沙》卷二(大正二四·六八二中)。

② 参阅拙作《佛灭纪年抉择谈》(《佛教史地考论》一四五——一四六,本版九六——九七)。

一切有者相对抗①，是非常正确的，但更应注意分别说系与大众系的联合。惟有这样，大陆分别说系——化地部、法藏部等的思想，与大众部系相接近，也可以得到更好的理解。当时的分别说者，还不能以传入锡兰的深闭固拒的大寺派为代表。因此，南传的华氏城第三结集与上二次的结集不同，不过是分别说部形成中的自部结集（与现在锡兰所传的三藏，也还有相当的距离）。

阿育王时传道师的派遣，可以理解当时及以后的佛教情形。去各方传教的，是②：

摩阐提（Majjhantika）	罽宾（Kaśmīra）犍陀罗（Gandhāra）
摩诃提婆（Mahādeva）	摩醯娑漫陀罗（Mahisamaṇḍala）
勒弃多（Rakkhita）	婆那婆私（Vanavāsī）
臾那人昙无德（Yonaka Dhammarakkhita）	阿波兰多迦（Aparántaka）
摩诃昙无德（Mahādhammarakkhita）	摩诃勒吒（Mahārāṣṭra）
摩诃勒弃多（Mahārakkhīta）	臾那世界（Yonaloka）
末示摩（Majjhima）等四人	雪山边（Himavantapadeśa）
须那（Soṇa）与郁多罗（Uttara）	金地（Suvaṇṇabhūmi）
摩哂陀（Mahinda）等五人	师子国（Laṅkādīpa）（楞伽岛）

传教所到的地方，有些虽经近代学者的研考，也还不能决定在哪里③，今择取一说。摩阐提所到的，北传只是罽宾。古代的罽宾，不是迦湿弥罗（如下第三节说）。南传作迦湿弥罗与犍陀

① 塚本启祥《初期佛教教团史之研究》（二五九——二六一）。

② 《大史》（南传六〇·二三〇——二三四）。《一切善见律注序》（南传六五·八〇——八六）。《善见律毗婆沙》卷二（大正二四·六八四下——六八七上）。

③ 前田惠学《原始佛教圣典成立史之研究》（一六四——一六七）。

罗,那是符合后代的称呼。摩醯沙漫陀罗,应为安达罗(Andhra)地方。大天为大众部,传说大天住制多山而更分部派,可依此而推定。婆那婆私,大概在今南印度的 North Kanara 地方。《华严经》善财南参,有住林国(Vanavāsin),可能就是此地。阿波兰多迦,可能与佛世富楼那传教的输屡那(Sunāparanta)相同,推定为今孟买(Bomhay)以北的 Sopārā,与北面的 Koṅkan 地方。摩诃勒吒,在今瞿陀婆利河(Godāvarī)上流,孟买东北的 Marāṭha 地方。雪山边应是尼泊尔一带。臾那世界,指印度西北,叙利亚(Syria)人所住的阿富汗(Afghanistan)地方。金地,很难确定在哪里,或说就是缅甸(Brahma-deśa)。楞伽岛,是现在的锡兰。从这传教的区域,看出区域的辽远,已超出阿育王统治的领域。在这些地名与人名中,发现几点可注意的事:一、当时的印度佛教,与臾那人已有相当深的关系。不但阿育王时的传教者,要传到臾那世界,而臾那人达磨勒弃多、摩诃达摩勒弃多,已经在佛法中出家,并取得领导一方的地位。摩诃达磨勒弃多,还是阿育王弟帝须的和尚。可见在印度的臾那人,信佛的一定不在少数。二、在传教的九人中,竟有四位名勒弃多的:勒弃多(护),摩诃勒弃多(大护),达磨勒弃多(法护),摩诃达磨勒弃多(大法护)。四位中,二位是臾那人。传教的地点,都在西部(阿波兰多迦、摩诃勒吒)、西北(臾那世界)、西南(婆那婆私)。西南佛教中心的优禅尼,是西方——南北交通的要道。这里近西海岸,与西方臾那人间,文化、经济有较多接触的地方。三、西海岸的饿鬼说,有特殊的意义。如(大众部说)从富楼那,或(上座部说)从大迦旃延出家的亿耳在海岸见种种饿鬼①。舍利弗弟子僧护,入海经饿鬼界,知道饿鬼的种种业报。这些饿鬼,都是比丘、比丘尼等犯戒所得的业报②。饿鬼说,与僧制有关,有警策出家人守护戒律的意义。僧护,就是僧伽勒弃多。在《相应部》、《杂阿含经》(弟子所说部分)中,说到大目犍连见到种种饿鬼,因勒叉那的发问而传述出来,也都是出家者犯禁戒的业报③。勒叉那与勒弃多,虽语音小异,而解说为"护",却是一样的④。所以,西方沿海地区传说的饿鬼,起初与重律的勒弃多有关,是非常明白的。中国传说,目连救母,是饿鬼的济度;而在南传,却是济度舍利弗的母亲⑤。舍利弗与目犍连,是佛的"双贤弟子",是阿毗达磨者的根源;而沿海有关僧制的饿鬼传说,也与这二位的学系有关。法藏部自称"目犍连是我大师",而《舍利弗问经》作:"目犍罗优波提舍,起昙无屈多迦。"⑥南方所传的达磨勒弃多、摩诃达磨勒弃多,《善见律毗婆沙》竟译为昙无德、大昙无德⑦。昙无德是达磨毱多,就是法藏或法护,毱多也是"护"的意思。《善见律毗婆沙》的译者僧伽跋陀罗,是"众圣点记"的传来者,为分别说部的律师。在他,是肯认阿育王时的达磨勒弃多,就是昙无德——法藏部部主;法藏部也确是分别说部的一派。阿育王时的西南系,是有力的分别说

① 《根本说一切有部毗奈耶皮革事》(大正二三·一〇五〇上——一〇五一上)。《十诵律》卷二五(大正二三·一七九上——一八〇中)。

② 《因缘僧护经》(大正一七·五六五下——五七二中)。

③ 《相应部·勒叉那相应》(南传一三·三七七——三八七)。《杂阿含经》卷一九(大正二·一三五上——一三九上)。

④ 《翻梵语》卷二(大正五四·九九五中)。

⑤ 《小部·饿鬼事经》(南传二五·二〇——二一)。

⑥ 《舍利弗问经》(大正二四·九〇〇下)。

⑦ 《善见律毗婆沙》卷二(大正二四·六八四下)。

部。与臾那人，有关戒律的饿鬼说有关，这是值得留意的事！

第二节　政局动乱中的佛教

第一项　政局的动乱

阿育王时代（约为西元前二七一——二三二），是孔雀王朝的盛世，也是佛教从印度佛教而进入世界佛教的时代。阿育王去世，南、北、东、西——各地方的政局（可能阿育王晚年）开始变动，终于政治中心华氏城，也被破灭。佛教在政局变乱，民族与文化的复杂环境中，也就部派的分化加速，渐渐地迈向大乘佛法的时代。

阿育王的后人，平庸而又都在位不久，经四代而到毗黎诃陀罗多（Bṛhadratha）王，在西元前一八五年前后，为当时的军事统帅弗沙蜜多罗（Puṣyamitra）所杀，创立熏伽（Suṅga）王朝。那时的印度，早已四分五裂，熏伽王朝的统治区，主要为恒河流域。当时从北而来的希腊军队，曾侵入恒河流域的摩偷罗、沙祇多、阿瑜陀，连华氏城也受到威胁。幸亏弗沙蜜多罗王的抗战，终于击退了希腊的入侵者，保持了恒河流域的安全。西元前一八〇年，弗沙蜜多罗举行马祭，弗王孙婆苏蜜多罗（Vasumitra），率领护卫祭马的军队，远达印度河两岸，击败希腊的军队。佛教传说，弗王的破坏佛教，到达北印的奢伽罗（Śākala，今 Sialkot）①。

---

① 弗王破法因缘，出《阿育王传》卷三（大正五〇·一一一上、中），并同本异译的《阿育王经》卷五、《杂阿含经》卷二五等。

熏伽王朝与地方政权，在动乱不安定的状态中，中央政权无疑是衰落了。政权延续了十代，一百余年，到西元前七三年，在内忧外患中，为大臣婆须提婆（Vasudeva）所篡立，新成立甘婆（Kaṇvas）王朝。但摩竭陀华氏城中心的政权，越来越衰弱，终于在西元前二八年，为南方案达罗部队所灭亡。中印度摩竭陀中心的王朝灭亡了，释尊游化的区域，不是受到外族所统治，就是陷于地方政权的据地分立状态。一直到西元四世纪初，旃陀罗笈多一世（Candragupta Ⅰ）时代，中印度才再度统一。

孔雀王朝衰落，地方的政权开始异动。东南有质多（Cheta）王朝与娑多婆诃（Sātavāhana）王朝的兴起。一、质多王朝，在今奥里萨（Orissa）到瞿陀婆利河（Godāvarī）一带。据哈提贡发（Hāthī-Gumphā）铭文，质多王朝的佉罗毗罗（Khāravela），与熏伽王朝的弗沙蜜多罗王同时。佉王为一代的雄主，在即位第八年，击溃了王舍城的军队。十二年，兵抵恒河，战胜摩竭陀的Prihaspatimitra（即弗沙蜜多罗）王；并侵入案达罗。佉王为质多王朝的第三代，可见质多朝的兴起，早在阿育王死后不久。以后的情形不详，大概是为案达罗所灭的。二、案达罗的崛起：阿育王死后，案达罗族即宣告独立。该族的发祥地，在瞿陀婆利及讫利史那（Krishṇa）的两河之间。《大唐西域记》所记的驮那羯磔迦（Dhānya-kaṭaka），也叫"大案达罗"，曾为案达罗的旧都所在地。早在西元前三、四世纪间，叙利亚的使臣梅伽替尼（Megasthenes），驻节华氏城，就知道南方案达罗族的强盛——市府三十，步兵十万，骑兵二千，象（军）千头；但那时的案达罗，是服属于孔雀王朝的。阿育王死后，案达罗族的悉摩迦王（Simuka，即娑多迦 Sindhuka)，宣告独立，在第三代娑多迦尼(Srīsātākarṇi)王时，Vīdisā 及 Ujjain(邬阇衍那)，都属于案达罗，领土横跨全印。王朝的势力向北伸展，在西元二八年，灭亡了摩竭陀的甘婆王朝。案达罗族一直在兴盛中，但西方的土地落入了塞迦族(Saka)的叉诃罗多(Kshaharāta)王朝手中。西元二世纪初，娑多婆诃王朝二十三代，名瞿昙弥子娑多迦尼(Gautamīputra Śriśātākarṇi)王，从叉诃罗王朝手中，夺回苏剌佗(Surāṣṭra)、那私迦(Nāsik)、浦那(Pune)等地方。据那私迦铭文，瞿昙弥子自称铲除叉诃罗多人，恢复了娑多婆诃人的光荣。但其子婆悉须题子(Vāsishthīputra Pulumāvi)时，又一再为叉诃罗多族所败。到了西元三世纪初，国势衰落下来，约亡于西元二三〇年前后。

在印度西北方面，有称为臾那(Yona，Yavana)的希腊人，称为波罗婆(Pahlava)的波斯人，塞迦(Sakas)人，称为贵霜(Kuṣāṇa)的月氏人，一波又一波的，从西北方侵入印度，形成长期的动乱局面。试分别略述于下：

一、臾那人，是印度称呼住于印度西北的希腊人。希腊名王亚历山大，征服了波斯，又进而占领了阿富汗斯坦(Afghanistan)、大夏(Bactria)、喀布尔(高附 Kabul)河流域。在西元前三二七年，侵入印度。西元前三二五年凯旋，不久就死了。伟大的希腊帝国，也就瓦解了。东方波斯、阿富汗、大夏、高附一带地方，由塞琉卡斯(Seleucos)统治。西元前三〇五年前后，塞琉卡斯王与孔雀王朝的旃陀罗笈多作战，以和平结束，将今俾路芝斯坦(Baluchistan)、阿富汗斯坦，让于孔雀王朝，而退居兴都库斯山脉(Hindu Kush)以西，双方维持了长期的友好关系。到西元前三世纪中叶，大夏的总督提奥多图二世（Diodotos Ⅱ），脱离了本国而独立。但在西元前二三〇年前后，大夏又为犹赛德摩（Euthydemos）所篡夺。犹赛德摩的势力，似曾达到阿拉科西亚（Arachosia）、阿富汗地方。西元前一七五年前后，大夏又为犹克拉提底（Eucratides）所篡夺。这样，犹克拉提底王家，占有大夏、高附、犍陀罗与呾叉始罗（Takṣaśila），而犹赛德摩王家，深入印度以奢伽罗（Śākala）为首府，而统治旁遮普（Panjāb）。这二家，都侵入印度。其中，犹赛德摩王家的提弥特罗（Demetrius），即位于西元前一九〇年前后，占领了喀布尔，达到旁遮普。其后有弥难陀王（Menander），就是熏迦王朝弗沙蜜多罗时，希腊人侵入中印度，直到华氏城的名王。从亚历山大以来，希腊人与希腊文化，不断地侵入印度，而以犹赛德摩王家（约成立于西元前二二〇，延续到前一世纪中）引起的影响最大！

二、安息人与塞迦人：波斯人，印度称之为波罗婆（Pahlava）。西元前六世纪，波斯的阿肯弥尼（Achaemenids）王朝，居鲁斯（Cyrus）、大流斯（Darius）王，曾占有大夏、窣利（Sogdiana），并侵入印度，征服了犍陀罗。等到亚历山大东征，波斯王朝崩溃，成为被统治者。西元前二四八年前后，波斯的民族英雄安尔萨息（Arsakes），反抗希腊（及其文化）的统治，重建波斯人的王国，这就是中国史书中的安息。塞迦（Sakas）人，在波斯的居鲁斯王时，已出现于历史上。凡波斯人称之为塞迦的，叙利亚——希腊人称之为 Skythen。内容的部族不一，从兴都库斯山区、沩水（Oxus）——阿姆河，到药杀水（Yaxartes）——锡尔河那边，泛称游牧的边夷民族。原始的塞迦人住地，我以为在兴都库斯山区；

以后被作为东北边夷民族的通称。这如中国史书的“胡”，本指北方的匈奴，其后“东胡”、“西域胡人”被用来泛称边夷民族一样。这留在下一节去研究。波斯（安息）人与塞迦人是不同的，但时常混杂在一起。塞迦人是强悍而勇于战斗的民族，每参加波斯与希腊人的部队。塞迦人曾编入居鲁斯王的第十五营区；而叙利亚王安都卡斯三世（Antiochus Ⅲ），于西元前二〇九年讨伐大夏时，也曾得到塞迦人的援助。当安息王朝成立不久，弥提黎达斯（Mithradates）王，得塞迦人的援助，战胜了叙利亚的塞琉卡斯二世）（Seleucus Ⅱ）。但在西元前一二八、一二三年，塞迦人又一再与安息人作战，而杀死安息的国王。不过大致来说，塞迦是服属于安息，与安息人有更多的关系。西元前一〇〇年前后，在拥戴安息王的名义下，安息人与塞迦人纷纷侵入印度。安息人与塞迦人，都有牧伯（Kahatrapa）制，联合（混合）侵入，似乎并没有统一的组合。从发展方向，大略分为二系：1. 向西北印度发展的，有安息人，也有塞迦人。有名的茂斯王（Meues），即牟伽王（Moga）、阿吉斯（Azes）、乌头发尔（Undopherros），或作贡头发尔（Gondopharos），都是。占领的地区，介于高附河流域与旁遮普东部；犍陀罗、呾叉始罗，也都在其中。西方或称之为印度安息人，而在中国，就是“塞种王罽宾”的事实。《汉书·西域传》说：

“武帝始通罽宾。（罽宾）自以绝远，汉兵不能至，其王乌头劳，数剽杀汉使。乌头劳死，子代立。……汉使关都尉文忠，与容屈王子阴末赴，共合谋攻罽宾，杀其王，立阴末赴为罽宾王。”

《汉书》的乌头劳，显然即西方所传 Undopherros 的对音。近代人研究货币，以为 Undopherros，约为西元二〇——四〇年时在位。然《汉书》所记的乌头劳，为汉元帝时代（西元前四八——三三）。《汉书》的当时记录，是值得信赖的。印度西北的安息（塞迦）政权，后来为月氏所灭。2. 沿印度河下流（印度河口留有塞迦岛的遗迹）而南下的，以塞迦人为主。摩偷罗著名的"师子柱头"，雕成波斯式两狮相背的柱头。石柱上刻着摩偷罗牧伯的世系，有大牧伯罗宙拉（Rājula）的名字，这是西元前一世纪中的塞迦族。更向南发展的，有属于塞迦的叉诃罗多族，以那私迦为首府，占有沿海地区——马尔瓦（Malwa）、苏剌陀等。为案达罗王瞿昙弥子所击破的，就是这一族。另有以邬阇衍那为首府的牧伯，有名的卢头陀摩（Rudradāman），约在位于西元一二〇——一五五年，《大庄严论经》称之为"释伽（罗）王"①。这些向南方发展的，以塞迦族为主，而含有安息人、希腊人在内。所以瞿昙弥子击败叉诃罗多人，而说灭塞迦人、臾那人与波罗婆人。此南方的塞迦族的政权，一直延续到西元四世纪中。希腊人、安息人、塞迦人的侵入印度，也见于《阿育王传》②，如说：

> "未来之世，当有三恶王。……南方有王名释拘，……西方有王名曰钵罗，……北方有王名阎无那。"

---

① 《大庄严论经》卷一五（大正四·三四三中）。参阅拙作《释伽罗王卢头陀摩》（《佛教史地考论》四〇九，本版二六九）。

② 《阿育王传》卷七（大正五〇·一二六下）。并见同本异译《阿育王经》等。参考拙作《佛灭纪年抉择谈》、《西北印度之教难》（《佛教史地考论》一一七——一一八、二八七——二九二，本版七七、一八八——一九二）。

南方的释拘，即向南发展的塞迦。西方的钵罗，即在高附河流域，犍陀罗一带的波罗婆（安息，其中也有塞迦）。阎无那即臾那。这一三方的动乱局势，约迟到西元前一世纪末（五〇——一）。最迟些，月氏人接着东来，希腊人的统治就完全消失了。

三、月氏人：在汉初，月氏人住在中国西部的"敦煌祁连间"。后来，为匈奴的冒顿单于、老上单于所攻破，月氏才向西迁移到伊犁地方。约在西元前一四〇顷，又被乌孙所击破，月氏又向南避到沩水——阿姆河上流，定居下来，伸张势力到河南，灭亡了大夏。西元前一二九年前后，张骞到月氏，那时的月氏王庭，还在沩水以北，大夏还保有国家规模。月氏有五部翕侯，其中贵霜翕侯，在西元前后统一了五部翕侯，大大地强盛起来。贵霜的丘就却（Kujūla，即 Kadphises Ⅰ），向南发展而占领了兴都库斯山以南，阿富汗南部，高附与坎达哈尔（Kandhar），并向西攻击安息。继任者叫阎膏珍（Wīma Kadphises），攻入印度，占有旁遮普、犍陀罗一带。这二位的时代，在西元一世纪。继之而起的，是著名的迦腻色迦王，约在西元二世纪上半，囊括了北印度，以富楼沙富罗（Puruṣapura）为首都，势力远达中印度与西印度。佛教传说，迦王曾征服了华氏城①。迦王的时代，大乘佛教已非常兴盛了。

西北印度及阿富汗斯坦、大夏、窣利一带，在原住民的基础上，经希腊人、安息人、塞迦人、月氏人的一再侵入，居留与发展，为多民族复杂与合作的区域。长期的动乱，对于这一区域的佛

---

①《付法藏因缘传》卷五（大正五〇·三一五中）。

教，留下深远的影响！自阿育王去世以来，东、南、西、北——各民族的动乱，主要是依据《剑桥印度史》《古代印度》(*Ancient India*)的第二章到五章①，并参考《中央亚细亚的文化》、《东南印度诸国之研究》、《印度通史》②，而作上来简略的叙述。

第二项　边地佛教在政局动乱中成长

阿育王以后，印度开始了全面的动乱。佛教在政局动乱中，不免会遭遇困境，有中印度与西北印度的法难传说。中印度的法难，是熏伽王朝弗沙蜜多罗的破法。《阿育王传》说到弗沙蜜多罗"杀害众僧，毁坏僧房"，并侵害到北印度的舍伽罗(Śākala)③。《舍利弗问经》也有此传说④。法显的《摩诃僧祇律私记》，也说到中天竺恶王的破法，"诸沙门避之四奔，三藏比丘星离"⑤。这一传说，或不免言过其实，但弗沙蜜多罗举行婆罗门教的马祭，在当时流行的宗教中，从孔雀王朝的特重佛教而转移为重视固有的婆罗门教，应该是可信的事实。失去了王权的支持，佛教从类似国教的地位而下降，会有被压抑与歧视的感觉，并多少有被压迫的事实。依《舍利弗问经》所说，"坏诸寺塔八百余所"，恒河中流——中国佛教的衰落，也许就是边地佛教

① 民国三二、三三年间，有人带了《古代印度》译稿(似乎是国立编译馆译的)到四川北碚汉藏教理院来。我当时摘录一部分，为今所依据。

② 羽田亨著《中央亚细亚的文化》。高桑驹吉著《东南印度诸国之研究》。周祥光著《印度通史》。

③ 《阿育王传》卷三(大正五〇·一一一中)。又见《阿育王经》卷五(大正五〇·一四九上——中)。《杂阿含经》卷二五(大正二·一八一中——下)。

④ 《舍利弗问经》(大正二四·九〇〇上——中)。

⑤ 《摩诃僧祇律》卷四〇(大正二二·五四八中)。

越来越兴盛的原因之一。

西北印度的法难，就是臾那人、安息人、塞迦人的先后侵入。《阿育王传》卷六（大正五〇·一二六下）说：

> "未来之世，当有三恶王出。……扰害百姓，破坏佛法。……南方有王名释拘，……西方有王名曰钵罗，……北方有王名阎无那，亦将十万眷属，破坏僧坊塔寺，杀诸道人。"

"道人"，这里指比丘说。从西北方来的异民族，对于印度的佛教——塔寺及比丘，起初是不会尊重保护的。在战争过程中，寺塔僧众的受到损害，可说是势所难免。直到西元二世纪初，案达罗王朝的瞿昙弥子（Gautamīputra Sriśātākarṇi），击破塞迦族的叉诃罗多人 Kshaharāta，自称为印度宗教的保护者；特别尊重婆罗门教，对佛教也相当尊崇。这可以推见塞迦族在西印度，对婆罗门教及佛教都曾有过某种程度的伤害。中印度衰落，西北印度异族的不断侵入，在佛教受到损害时，不免泛起了佛法末日将临的感觉。这所以《阿育王传》中，叙述了三恶王的破坏佛法，接着说到拘舍弥法灭的预言。在律典中，拘舍弥是僧伽首先诤论分部的地方，看作佛法衰危的主要原因。面对三恶王的侵扰，佛教内部派别的纷歧，于是结合了"满千年已，佛法欲灭"的"正法千年"说，拘舍弥诤论说，三恶王入侵说，作出拘舍弥法灭的预言，以勉励佛弟子的护持佛法。

阿育王以后，佛教在政局的动乱中，与边远地区的异民族相接触，渐渐地受到他们的信仰与尊敬，这与大乘佛教的兴起是有深切意义的,这可以从部派的分化发展去说明。阿育王时代,根本二部是已经存在了。上座部以摩偷罗为重心,分出了分别说、说一切有二系。大众部是以东方的毗舍离为中心,虽当时也许还没有明显的再分化的部派对立,然与分别说、说一切有同样的,以教义的特色为名的,如一说部、说出世部、说一切行如灰聚的鸡胤部,相信在思想上已经分化了。这三部,据真谛的《部执论疏》说:"大众部并度(疑是"广"字)行央掘多罗国。此国在王舍城北。此部引华严、涅槃、胜鬘、维摩、金光明、般若等诸大乘经。"①央掘多罗(Aṅguttarāpa),即上央伽,在央伽(Aṅga)的北方,恒河的那边,与《大唐西域记》所传的弗栗恃国相当②。弗栗恃(Vṛji)即跋耆,跋耆族从毗舍离而向东分布。在这一区域的佛教,传说含有大乘经,或信或者不信,因而引起三部的分化。在阿育王时代,这是不可能的。如解说为大乘学者,意会到大乘思想的兴起,是由此流衍出来的,所以作出这样的传说,那就是不无理由了。此后,大众部分出的多闻部,真谛传说为还在央掘多罗。有关多闻部的铭文,在案达罗的 Nāgārjunikoṇḍa 及西北印度的 Pālāṭū Dherī 发现,流行在这里,是西元后二、三世纪的事③。又分出说假部,与大迦旃延有关;大迦旃延与阿槃提有关。大众部分出的学派,流行在南方而有重要意义的,是阿育王时的大天,传教到摩醯沙漫陀罗而分出的部派。依《异部宗轮论》说:大天住制多山,成为制多山部。从制多山部分出东山住

① 见《三论玄义检幽集》卷五(大正七〇·四五九中)。

② 《大唐西域记》卷七(大正五一·九一〇上)。

③ 塚本启祥《初期佛教教团史之研究》(四六三)。

部、西山住部①。《大唐西域记》卷一〇（大正五一·九三〇下）说：

"驮那羯磔迦国，……（王）城东据山，有弗婆势罗[唐言东山]僧伽蓝。城西据山，有阿伐罗势罗[唐言西山]僧伽蓝。"

驮那羯磔迦的东山与西山僧伽蓝，无疑为古代东山住与西山住二部的根本道场。据《东南印度诸国之研究》推定：驮那羯磔迦王城，为 Amarāvatī。今 Amarāvatī Tope，为古代的东山寺；而西面（实际是西西北）的 Dhāraṇi kōta 古城，为西山寺的遗址②。《论事》所传的案达罗学派，即王山、义成、西山、东山——四部。这四部，被称为案达罗学派。有关四部的铭文，及制多山部的，都在案达罗 Amarāvatī 一带发现③。可以推见这四部，是随案达罗王国的兴起而盛行的。根本大众部，在案达罗王朝下，也非常兴盛，从案达罗东方，到西方那私迦，都有铭文可以证实④。大众部也还向西北流行，西元前一世纪起，有关大众部的铭文，在摩偷罗发现⑤。《摩诃僧祇律》特地说到摩偷罗的众多精舍⑥，也可以知道大众部在这里的流行。其后，传向北印度，有犍陀罗地方的铭刻⑦。玄奘也说到：迦湿弥罗、乌仗那有大众部。

① 《异部宗轮论》（大正四九·一五中）。
② 高桑驹吉《东南印度诸国之研究》（一六五——一六六）。
③ 塚本启祥《初期佛教教团史之研究》（四六三——四七七）。
④ 塚本启祥《初期佛教教团史之研究》（四五八——四六二）。
⑤ 塚本启祥《初期佛教教团史之研究》（四五三——四五四）。
⑥ 《摩诃僧祇律》卷八（大正二二·二九五上——下）。
⑦ 塚本启祥《初期佛教教团史之研究》（四五五——四五七）。

而大众部分出的说出世部，流行于西北的梵衍那（Bāmiyān）①。大众部传到西北，是西元以后，特别是贵霜王朝的时代。大众部虽也分化到西北，而主要是从东方（沿海岸）而传入南方——案达罗。从东方而向南方的中途，乌荼（古代属羯馂迦）是值得重视的地方。在玄奘的时代——西元七世纪初，乌荼是“僧徒万余人，并皆习学大乘法教”②。乌荼的补涩波祇（Puṣpagiri）僧伽蓝，推定为今 Puri 州的 Kondgiri 或 Udayagiri。这里的峒窟很多，有早在西元前二世纪开凿的。这里发现的 Hāthi Gumphā 铭刻，就记载着羯馂迦国（Kali ṅ ga）质多（Cheta）王朝佉罗毗罗（Khāravela）的勋业③。

上座分别说系，以阿槃提为重镇，发展分化而成四部。其中，铜鍱部是南传于锡兰的，就是现代所称的南传佛教。在印度本土，分成三部：一、化地部——弥沙塞（Mahīśāsaka），从来解说为“正地”、“教地”、“化地”，是创立部派者的名字。然近人研究，认为这是流行于西印度莫醯（或作莫诃 Mahī）河地方的学派，所以名为 Mahīśāsaka④。二、法藏部，也可译为法护部。阿育王时的臾那人达摩勒弃多（Yonoka Dhammarakkhita），也是“法护”的意义。《善见律毗婆沙》，将达摩勒弃多译作昙无德，那是认为这就是“法藏”了。达摩勒弃多传教于阿波兰多迦 Aparāntaka，可能与佛世富楼那传教所到的西方相近，推定为今

---

① 《大唐西域记》卷三“乌仗那”（大正五一·八八二中）、“迦湿弥罗”（大正五一·八八八上），卷一“梵衍那”（大正五一·八七三中）。

② 《大唐西域记》卷一〇（大正五一·九二八中）。

③ 高桑驹吉《东南印度诸国之研究》（一八）。

④ 李世杰《印度部派佛教哲学史》（一九三）。

孟买以北的 Sopārā，与北面的 Koṅkan 地方。这二部的早期教区，从分别说系由阿槃提而向南来说，分化在这里，倒是相当合适的。三、饮光部（迦叶遗 Kāśyapīya）：阿育王派遣的传教师中，有迦叶族的末示摩（Majjhima）等，到雪山边（Himavantapadeśa）。在 Sānchī 的塔里，发现有传教于雪山的，迦叶族末示摩等的舍利铭刻。传教到雪山，而舍利却在邬阇衍（Ujjayinī）附近的 Sānchī 发现，可说（生前或死后）回到了分别说的故乡。这可能就是分别说所分出的饮光部的来源！铜鍱部自称上座部，而《异部宗轮论》说：先上座部又转名为雪山部①，也许与传教到雪山边有关。总之，这都是属于上座分别说系的。依《异部宗轮论》，知道化地部与法藏部的教义大都与大众部相同。然依《论事》所说，那应该是与大众部所分出的案达罗学派相近（也可能与大众部的晚期说相同）。大众部与分别说部，阿育王时代，分化而都还简朴。到案达罗王朝兴起，从东到西，横跨全印度。分别说向南分化的化地与法藏，都在案达罗的政权下。化地、法藏部与案达罗学派相近，应该是与此有关的。《大唐西域记》说到西印度的阿折罗（Ācāra）罗汉，所造的寺塔，也横跨东西，如说②：

“案达罗国……瓶耆罗城侧不远，有大伽蓝，重阁层台。……伽蓝前有石窣堵波，高数百尺，并阿折罗［唐言所行］阿罗汉之所建也。”

---

① 《异部宗轮论》（大正四九·一五中）。

② 《大唐西域记》卷一〇（大正五一·九三〇上），卷一一（大正五一·九三五上、九三六中）。

“摩诃剌侘国……东境有大山，……爰有伽蓝，基于幽谷。高堂邃宇，疏崖枕峰。重阁层台，背岩面壑，阿折罗[唐言所行]阿罗汉所建。罗汉，西印度人也。……精舍四周，雕镂石壁。”

“伐腊毗国，……去城不远，有大伽蓝，阿折罗阿罗汉之所建立。”

案达罗的瓶耆罗城(Veṅgipura)，推定为今 Kristhnā 州 Ellore 市北八英里的 Pedda Vegi①。摩诃剌侘(Mahārāṣtra)的阿折罗伽蓝，就是现存著名的 Ajanta(与阿折罗音相近)窟，在今 Nizam 州。伐腊毗(Valabhī)在今 Kathiawer 半岛的东岸。三处的距离那么远，而都有阿折罗阿罗汉建造寺窟的记录。虽阿折罗罗汉的事迹不明，但至少说明了这一广大地区佛教的共同性。Ajanta 石窟的建造，最早的在西元前二世纪②。大众部分化南方，深深影响了大陆的分别说系。在大乘兴起的意义上，是应该特别重视的！化地部等离开了本土，流入北方，应是以后的事。

上座说一切有系，是七百结集中的西方系，从拘舍弥、摩偷罗，而向西北发展的。后分二大系，留在拘舍弥一带的，是犊子部。从犊子部又分出四部：法上部、贤胄部、正量部、密林山部(南传作六城部)。在流行中，正量部盛行，取代了犊子部的地位，自称根本正量部。铜鍱部的传说，由于东方跋耆子(Vajjiputtaka)的非法，分出了大众部；而属于上座系的犊子部，也写作

---

① 高桑驹吉《东南印度诸国之研究》(一四八)。
② 《望月佛教大辞典》(二九)。

Vajjiputtaka。跋耆子与犊子部的语音一致，使我们感到非常的困惑！玄奘的时代，代犊子部而盛行的正量部，化区非常广大。如鞞索迦（Viśoka）、室罗伐悉帝（Śrāvastī）、劫比罗伐窣堵（Kapilavastu）、婆罗痆斯（Vārāṇasī）、阿耶穆佉（Ayamukha）、劫比他（Kapitha）、垩醯掣呾罗（Ahicchatra）。这都是以犊子国（Vatsa）拘舍弥为中心，而流行于恒河、阎浮那河（Yamunā）中上流域。摩偷罗出土的铭文，也有属于正量部的①。正量部更西南进入分别说系的故乡——摩腊婆（Mālava）、伐腊毗。在西印度那私迦等，发现与法上部、贤胄部有关的铭文②，这是与案达罗王朝势力下，大众部与大陆的分别说系有关涉的。正量部并深入西北沿海区，如信度（Sindh）、阿点婆翅罗（Audumbatira）、臂多势罗（Pitāśilā）、阿軬荼（Avaṇḍa）。犊子系分化的事迹，极不分明。犊子部是属于上座说一切有系，而保持简朴学风的一流。犊子部学习《舍利弗阿毗昙》，被称为"犊子毗昙"③，与分别说系的法藏部等相近，不像南方铜鍱部、北方说一切有部那样的论义繁广。犊子系的戒律，是比丘具足戒二百戒④，为现在所知的戒律中最古朴的。犊子部立不可说（anabhilāpya）的我，倾向于形而上的实体，与大众部的重于理性相近。犊子系简易而倾向形而上的学风，也许是铜鍱者所厌恶的（我国也有称之为附佛法外道的），所以因语音的近似而呼之为跋耆子吧！正量

① 塚本启祥《初期佛教教团史之研究》（四八三）。

② 塚本启祥《初期佛教教团史之研究》（四八四——四八六）。

③ 《大智度论》卷二（大正二五·七〇上）。

④ 拙作《原始佛教圣典之集成》所考定（一七四——一七九，本版一四五——一四九）。

部发展的广大形势，不知是什么时候形成的。大抵是阿育王以后，大众系向南，分别说系向西南，说一切有系向西北；在中印度王权衰落，南北地方政权动乱中，犊子系保持原有教区，扩展而几乎取得恒河、阎浮那河中流以上的大部分地区，并伸向东、西南与西北——印度河下流地区。在西方，大抵是塞迦族向南发展的地区。这样的解说，与事实该不会有太大的出入吧！

上座说一切有系，从摩偷罗而向西北发展的，是说一切有部，又从说一切有部分出说转部。说一切有部立假名我，说转部立胜义我，犊子系立不可说我，都有类似的地方①。佛法向西北印传布，应该是很早的。自亚历山大王侵入印度，臾那人与希腊文化，与印度的关系密切起来。阿育王派遣的传教师中，有臾那人达摩勒弃多，那时的臾那人，不但信佛，而且有出家的，并为僧伽的大德了。阿育王派遣正法大臣去希腊五国，佛法开始深入西方。革新犹太教的耶稣，有禁欲色彩，或者说是受到印度佛法的影响。多马福音说耶稣听说阿字的妙义，那是更不用说了，但这是以后的事。依佛教传说：七百结集时代的商那和修，阿育王时的优波笈多，都游化到西北印；提多迦（Dhītika）到了吐火罗（大夏 Tho-kor）②。阿育王时，摩田提（Medhyantika）的游化罽宾，更是当时的一件大事。从此，印度西北成为说一切有部的化区。西元前二世纪中，犹赛德摩（Euthydemus）王家的弥难陀王（Menander，Milinda），与龙军（Nāgasena）比丘问答佛法，表示信

① 参考拙作《性空学探源》（一七一——一七九，本版一一八——一二四）。

② 参考拙作《说一切有部为主的论书与论师之研究》第三章第二节第一项。

受。撰集当时的问答,如南传的《弥兰王问》,北传的《那先比丘经》,这是臾那王家信佛的大事。摩偷罗狮头石柱铭文,说到塞迦王家建塔奉佛舍利,施与说一切有部,这是西元前一世纪的事①。佛法——说一切有部,受到从西北而来的异民族的信仰,到西元二世纪大月氏的迦腻色迦王而达到极盛。说一切有部的论师中,如世友(Vasumitra)、妙音(Ghoṣa),在阿毗达磨论师中,属于犍陀罗及以西的"西方师"。如世友是摩卢(Maru),今属苏联的 Merv 人;妙音是吐火罗人。说一切有部正统的迦湿弥罗师,是东方系。以犍陀罗、(及以后发展到)迦湿弥罗为中心,向西北发展,到达吐火罗、安息(波斯)、康居等地。特别是吐火罗的缚喝(Balkh),古称"小王舍城"。玄奘所见,"僧徒三千余人,普皆习学小乘法教"。圣贤的塔基,共一千多所②,可想见过去佛教兴盛的情形。这是深受希腊文化,又受月氏人所治化的地区,实在是从犍陀罗而传向西方的小乘——说一切有部的重镇。西域(《汉书》所谓北道)的阿耆尼、龟兹、跋禄迦、佉沙——疏勒、乌铩、朅盘陀,崇信说一切有部教法的,都由吐火罗(缚喝)一线而来。说一切有部的西方师,还不能说是与大乘相近的。说一切有部中,原有持经者、譬喻师,如法救(Dharmatrāta)是睹货罗人;觉天(Buddhadeva)可能为摩偷罗人;世友——《尊婆须蜜菩萨所集论》的作者,都是。古代的持经譬喻师,如法救、世友、弥多路尸利(Mitraśrī)、僧伽罗刹(Saṃgharakṣa),在中国都是被尊称为菩萨的;思想简易而近于大乘。在民族复杂的西北

① 塚本启祥《初期佛教教团史之研究》(四八八——四八九)。

② 《大唐西域记》卷一(大正五一·八七二下)。

印度,持经譬喻者近于大乘,而与北方大乘有更多关系的,应该是塞迦族地区的佛教。

上面所说,阿育王以来,适应边区民族而展开的佛教,除极少数的,如铜锞部的大寺派、说一切有部的迦湿弥罗师,都有大乘的倾向。其中,佛教从东而向南的,有乌荼、案达罗民族;从西而向北的,有奥那、塞迦民族:大乘在这里兴盛起来。

第三节　塞迦族与佛教

第一项　北印度的塞迦族

北印度的塞迦人,除政治而外,与佛教结成深切的关系,而有塞种与释迦族同种的传说,如唐颜师古注《汉书》说:

> "(塞种)即所谓释种者也,亦语有轻重耳。"(《西域传》)
>
> "西域国名,即佛经所谓释种者。塞、释声相近,本一姓耳。"(《张骞传》)

颜师古的解说,并非臆说,而是根据佛教的传说。《大唐西域记》卷六(大正五一·九〇〇下——九〇一下)说:

> "劫比罗伐窣堵国……诛释西南,有四小窣堵波,四释种拒军处。……毗卢释迦嗣位之后,追复先辱,便兴甲兵,至此屯军。释种四人,躬耕畎亩,便即抗拒,兵寇退散。……四人被逐,北趣雪山:一为乌仗那国王,一为梵衍

那国王,一为呬摩呾罗国王,一为商弥国王。奕世传业,苗裔不绝。"

玄奘从印度得来的传说:释迦佛在世时,毗卢释迦王(Virūḍhaka),或译为毗流(琉)璃王(Vaiḍūrya),诛灭释种时,有释种四人,抗拒敌兵,后来流散到北方,成为北印度四国的先人。四国是:乌仗那(Udyāna)、梵衍那(Bāmiyān)、呬摩呾罗(Hematāla)、商弥(Śamī)。《西域记》虽没有说到"塞种",但这四国的地域,正与古代"塞种王罽宾",及西方史书所记的Sakas相当。这一塞迦即释迦的传说,佛教中也有二说:

一、释种四人四国说,这是《大唐西域记》所传的。《西域记》说到,"呬摩呾罗国……王释种也"①;"商弥国……其王释种也"②,而特别重视乌仗那与释迦族的关系,如卷三(大正五一·八八二中——八八四上)说:

"乌仗那……有窣堵波,高六十余尺,上军王之所建也。昔如来之将寂灭,告诸大众:我涅槃后,乌仗那国上军王,宜与舍利之分。"

"昔毗卢释迦王前伐诸释,四人拒军者,宗亲摈逐,各事分飞。其一释种……(与龙女结婚)……受龙指诲,便往行献乌仗那王,躬举其氎,释种执其袂而刺之。……咸惧神武,推尊大位。……释种既没,其子嗣位,是为嗢呾罗犀那王[唐言上军]。"

① 《大唐西域记》卷一二(大正五一·九四〇中)。
② 《大唐西域记》卷一二(大正五一·九四一中)。

“上军王嗣位之后，其母丧明。如来伏阿波逻罗龙还也，从空下其宫中。上军王适从游猎，如来因为其母略说法要，遇圣闻法，遂得复明。如来问曰：汝子，我之族也。”

嗢呾罗犀那(Uttarasena)，即上军王。佛化上军王母，《说一切有部毗奈耶药事》①也有说到。四国中特别重视乌仗那，是很有意义的，这正是“塞种王罽宾”的地方。

二、释种一人一国说：如《说一切有部毗奈耶杂事》卷八(大正二四·二四〇上——下)说：

“有一释种，名曰闪婆，住于外邑，捡挍农作。闻彼恶生(即毗卢释迦)亲领四兵，至劫比罗，欲诛释种。……乃严兵众，来袭恶生，仓卒横击，即便大败。……闪婆释子，心欲入城，……既不容入，请还家口，众出与之。……佛以慈悲，持自发爪，授与闪婆。……往婆具荼国，……共立为主，号为闪婆国。闪婆立后，遂乃敬造大窣堵波，安置如来发爪以申供养，即号其塔为闪婆窣堵波。”

《增一阿含经》卷二六(大正二·六九一下)说：

“有释童子，年向十五，名曰奢(或作‘舍’)摩。闻流离王今在门外，……独与流离王共斗。是时，奢摩童子多杀害兵众。……奢摩童子即出国去，更不入迦毗罗越。”

奢摩(Śama)或闪婆(Śambha)，就是《西域记》释种四国中

---

① 《根本说一切有部毗奈耶药事》卷九(大正二四·四〇下)。

的商弥。在西方史书中,塞迦人中的Śam,是卓越的勇士。这一人一国说,也有独特的意义。乌仗那与商弥相邻,据《八十四成就者传》说:乌仗那分为二国,其中一国名 Sambhala[①],也就是商弥——闪婆。所以这一传说,早期也许只是奢摩一人,后依实际的情形,作成释种四人四国说吧!这一传说,是不能早于塞迦人进入印度以前的。我们知道,佛法是主张民族平等的。但在佛法的开展中,佛陀晚年,就有以释族比丘为领导中心的运动。七百结集时代,有东方的释迦同族联结成东方中国,与西方边地比丘抗衡的事实。汉译《长阿含经》,也有"释种、俱利、冥宁、跋耆、末罗、酥摩"——六族奉佛的传说[②]。以释迦佛的宗教文化为中心,企图造成一文化族,所以"四姓为沙门,皆称释种"[③];在家佛弟子而见谛的,也称为释。"释迦",被作为佛教(通于在家)集团的标帜。这一运动,当时并没有太大的成功。在佛法进入印度西北,发现 Sakas 人与释迦的音声相近,有意无意地看作释迦族的后裔。释迦与塞迦的特殊关系,在西元前一世纪起渐渐形成。不只是佛教的传说,塞迦人也应有同感,引以为荣。释迦与塞迦是否同族,为另一问题,而以塞迦为释迦族,在北印度佛教的发展上,实有不可忽视的意义!

被称为释种四国的所在地,近代学者研究的结论,细微处虽有异说,大体都所说相近。乌仗那国,或作乌苌、乌长,在苏婆伐窣堵河(Subhavastu),今苏婆河(Swāt)两岸。首府为曹揭

① 日译《印度密教学序说》(五六)。

② 《长阿含经》卷一五(大正一·九五上、九八上)。

③ 《高僧传》卷五(大正五〇·三五三上)。

厘(Maṅgali),即今苏婆河左岸的Mangalaor。从瞢揭厘向东北行,到达丽罗川(Dāraīl),今达拉特地方(Dardistan),是乌仗那的古都(《高僧法显传》作"陀历")。《高僧法显传》的宿呵多(Svāta),在苏婆伐窣堵与印度河的两河间——Bunir溪谷间。在《西域记》中,也是属于乌仗那的。商弥国,如慧超《往五天竺国传》(大正五一·九七七下)说:

> "从乌长国东北入山,十五日程,至拘卫国,彼自呼云奢摩褐罗阇国。……衣着言音,与乌长国相似。"

商弥即奢摩(褐罗阇,译为"王")。拘卫,《唐书》作俱位,《悟空入竺记》作拘纬,这是与乌苌国"衣着言音"都相同的国家。商弥的地位,《西域记》说:在波谜罗川(Pamirs),即Wakhan山谷的西南七百余里。《洛阳伽蓝记》卷五(大正五一·一〇一九下)说:

> "十一月中旬,入赊弥国。此国渐出葱岭,……峻路危道,人马仅通,一直一道。从钵卢勒国,向乌场国:铁锁为桥,悬虚为渡,下不见底,旁无挽捉,倏忽之间,投躯万仞。"

葱岭包括帕米尔全部(八帕及Wakhan),赊弥——商弥是Wakhan西南的山国。文中的钵卢勒(Palolo),为当时的小勃律,在今Gilgit一带。从此地到乌仗那,就要经过悬度。《唐书》也说:俱位国在大雪山勃律河北①。古代从乌仗那到商弥,是先经陀历而后西向的,所以《往五天竺国传》说"从乌场国东北入

① 《唐书·西域列传》。

山”。商弥国的所在地，为喀布尔（Kabul）河支流 Kunar 河的上流，Chitral 地方。这里近 Wakhan 谷，所以《杂事》说闪婆童子到婆具荼成立闪婆国，婆具荼应即 Wakhan 的对译。《根本说一切有部毗奈耶》也说到这一地区：大迦多演那（Mahākātyāyana）与绀颜童子（Syāmāka），到滥波（Lampāka）；又到一小国，绀颜童子留此为王；大迦多演那“从此复往步迦拿国”；然后路过雪岭，回到中国①。步迦拿也就是 Wakhan。绀颜童子所住的小国——沙摩，就是商弥，这是佛教的又一传说，商弥是在 Wakhan 附近的。梵衍那国（Bāmiyān），在大雪山中，依《唐书·西域列传》，考定为今 Ghorband 河上流的（Bāmiyan）山谷间②。呬摩呾罗国，在旧睹货罗（Tukhāra）境内，钵铎创那（Badakshan，即佛敌沙、蒲持山）西二百里地方，已在大雪山边下。总之，传说的释种四国，都在兴都库斯（大雪山）山区。

《汉书》说到“塞王南君罽宾”，在论究“南君罽宾”的塞王是否从北方来以前，先应确定罽宾的所在地。在中国史书中，罽宾的名义是纷歧的。白鸟库吉的《罽宾国考》，考定汉代的罽宾，是以犍陀罗为中心，喀布尔河流域，并 Gilgit 河流域。今从佛教的古说来加以证实。编于西元前的晋译《阿育王传》卷二（大正五〇·一〇五上）说：

“居住罽宾：昼夜无畏、摩诃婆那、离越诸圣。”

罽宾，梁译《阿育王经》作“于罽宾处”，可见罽宾为总名，离

---

① 《根本说一切有部毗奈耶》卷四六（大正二三·八八一上——中）。
② 《望月佛教大辞典》（四六七四）。

越等都在罽宾区内。“昼夜无畏”，梵语为 tamasāvana，意思为暗林。暗林本为森林地的通名，但这里所说的，是北印度有名的圣地。《大庄严经论》说：弗羯罗卫（Puṣkarāvatī）画师，从石室国回家，路见昼暗山作大会，就将所得的三十两金供僧①。《大智度论》与《杂宝藏经》也有这一故事。弗羯罗卫，《智度论》作弗迦罗，即《西域记》的布色羯罗伐底，在犍陀罗。石室，即怛叉始罗（Takṣaśila）。从石室回弗羯罗卫，中途经过昼暗林，这必在犍陀罗东部。“摩诃婆那”（Mahāvana），即大林，这是非常著名的圣地。《西域记》说：瞢揭厘城南二百里，有大林僧伽蓝②。《大庄严经论探源》，考为在今印度河西岸，阿多克城（Attock）北。“离越”（Revata），或作离越多、隶跋陀、颉离伐多，及理逸多。《药事》所说的及理逸多，在稻谷楼阁城（即瞢揭厘）与佛影洞——那竭罗喝（Nagarahāra）的中途，还在苏婆河（Swāt）流域。被称为罽宾的三大圣地，就是苏婆河流域，犍陀罗地方。还有，降伏阿波罗（Apalāla）——无稻芊龙王，也可以证明。南传《岛史》说：摩阐提（Majjhantika）传教于犍陀罗，降伏龙王③。《善见律注序》与《大史》说：降伏犍陀罗、迦湿弥罗的 Aravāla（阿逻婆罗）龙王④，这是西元四、五世纪编集的。然在北方的传说，降伏阿波逻龙王的，在乌仗那，如《大唐西域记》卷三（大正五一・八八二中——下）说：

---

① 《大庄严论经》卷四（大正四・二七九上——中）。

② 《大唐西域记》卷三（大正五一・八八三上）。

③ 《岛史》（南传六〇・五八）。

④ 《大史》（南传六〇・二三一）。《一切善见律注序》（南传六五・八〇——八一）。

"瞢揭厘城东北行，二百五六十里，入大山，至阿波逻罗龙泉，即苏婆伐窣堵河之源也。……释迦如来……降神至此，欲化暴龙。执金刚神杵击山崖，龙王震惧，乃出归依。"

降伏阿波罗龙王，《阿育王传》说在乌苌；《大智度论》说在月氏国；《药事》泛说"往北天竺，调伏阿钵罗龙王"①，都没有说是迦湿弥罗。而迦湿弥罗所降伏的龙王，如《根本说一切有部毗奈耶药事》卷九（大正二四·四〇下）说：

"此迦湿弥罗国境，我灭度后百年中，当有苾刍弟子，彼苾刍当调伏虎噜荼毒龙。"

迦湿弥罗的虎噜荼龙，《杂事》作忽弄龙。可见原始传说的降伏阿钵罗龙，无论是佛或摩阐提，都在包括乌仗那的犍陀罗地区，就是罽宾。等到迦湿弥罗佛法渐兴，也推为摩阐提所开化的，也传有降伏恶龙的传说。于是北方才别说迦湿弥罗的忽弄龙，南传也在犍陀罗以外，补入迦湿弥罗。不知摩阐提的开化罽宾，是乌仗那在内的犍陀罗地区。又如南方传说，当时罽宾（迦湿弥罗）的夜叉槃度（Pañcika），与女夜叉诃黎帝耶（Hārītī）及五百子，也归依了佛。然北方《根有律杂事》，正说诃黎底药叉女，是犍陀罗药叉半支迦（即"槃度"）的妻子。佛教古传的罽宾，是乌仗那在内的犍陀罗地区，没有怀疑的余地。

---

① 《阿育王传》卷一（大正五〇·一〇二中）。《大智度论》卷九（大正二五·一二六中）。《根本说一切有部毗奈耶药事》卷九（大正二四·四〇上）。

乌仗那、商弥等释种，佛教传说是释种被破灭时流散出来的。然在西元前六世纪，强悍勇武的塞迦人，对波斯的抗争、服属，而出现于历史的记录。西元前四世纪的希腊史家太史阿斯(Ktesias)传说了塞迦；而大流士(Darius)王的碑文，都一再说到塞迦，这里节录《西域研究》的解说①：

"据波斯古史，Sam 王家，起源悠久。……经时稍久，遂成 Zal 之父，而成路司登(Rousten)祖先特有之名。……此一族之人，在波斯史上最有名者，当为路司登，波斯人以此王为理想的英雄。……在路司登之子中，有费拉莫斯(Fer-Amorz Ferasmor)一名者。相传有名之居鲁士(Cyrus)，攻伐 Zawoul 地方时，此地 Sam 王族，毅然抗之，费拉莫斯被生擒，后遭赦，乃与其父路司登等，共从居鲁士经略诸国，建立大功。按此事不仅见于费多塞之 Shah-naméh，且西元前约四百年顷之希腊史家太史阿斯亦传之，而将 Fer-Amorz 写作 Amorges，显系 Sacae 之王子也。"

"在 Behistun 之大流士碑文中，Sacia 记于 Bactria、Sogdiana、Gandaria 之次，Sattagydia 之前；而 Persepolis 碑文则记此地于 Sattagydia、Arachosia、India 之次，Mecia 之前；Nakhah-i-Rustam 碑文，则记此地于 Zarangia、Arachosia、Sattagydia、India 之次。其中 Bactrsa、Sogdiana、Gandaria、Zarangia、Arachosia、India 等，毋须说明，而 Sattagydia 应在 Cabul 河上流地方，而 Mecia(Mycia)者，殆即今 Mckran 之遗

---

① 藤田丰八《论释迦、塞、赭羯、纠军》，编入《西域研究》(杨炼译，商务本)。

名。……西元前第五六世纪时，Sacae之所在。……要之，谓西元前五六世纪时，印度西北地方，居有Sacae之民族者，不得一概斥其说也。”

塞迦族中的奢摩王家，大体在今Kunar河流域。白鸟库吉以为：大流士王时代的塞迦（奢摩），在Wakhan，钵铎创那（今Faizabad）为中心，南达Citral河上流，北抵Surkh-āb河流域，为居住于Oxus河上流的骑马民族①。这大概是从塞迦为良好的骑兵，而北方也还有塞迦，所以这样推定的！上面曾说到：乌仗那与商弥，有本为一国（同族别支）的传说；而乌仗那的故都，又在陀历地方。所以（奢摩王家）塞迦族的住地，应在Wakhan以南，兴都库斯山北部，今Chitarat、Gitrit地区。民族是向南移动的，发展到苏婆河流域；而佛教文化，却经Wakhan而传向东方。斯特雷朋（Strabon）说：西元前一六〇年顷，Bactria（大夏）为从北方来的Asii、Pasiani、Tochari、Sakarauli部队所灭亡。其中Tochari，就是吐火罗——月氏人；Sakarauli就是塞迦人。这与《汉书》所说：月氏侵夺塞种故地，塞种向南流窜；月氏为乌孙所攻，于是南下到沩水（Oxus）流域，再占领大夏的传说，大致相合。塞迦人，不但是奢摩王家，在沩水以北，药杀水（Yaxartes）以北的塞迦人，在西元前五、四世纪，都与波斯王朝有过长期的从属关系，受到波斯文化的影响。所以在塞种受到月氏的攻击时，向南经Bactria而到阿拉科西亚（《汉书》称为乌弋山离），与波斯人合作或冲突。一部分向印度侵入；那时北印度奢摩王家的住

---

① 白鸟库吉《塞民族考》（编入《西域史研究》上，四八二）。

地,成为大月氏双靡翕侯的治区,在被迫下,与达丽罗川一带的同族——乌仗那,一起南下,进入Swāt河流域,会合从西而来的塞族,取代希腊人而成为高附河流域、旁遮普一带的塞迦王朝。对于从北而来的塞迦人,与《汉书》所说的"塞王南君罽宾",学者间的意见纷纭。我想,忽略北印度的(乌仗那与)奢摩王家,或忽略从北而来的塞迦人,都是不会适合的。

第二项　罽宾(塞族)与北方大乘佛教

西元前二世纪中,臾那人弥难陀王信仰佛法,北印度的佛法,在异民族中能逐渐地适应起来。接着,塞迦人取代了臾那人的政权。西元前一二〇年后,塞迦的茂斯(Maues,或写作Mogo)王,也有信佛的传说。高附(Kabul)河下流、苏婆河流域的佛法,在佛法倾向大乘的机运中,北印度罽宾中心的佛教,有了卓越的贡献。特别是对大乘佛法的传入东方,有着特殊的关系。

本生谈(阇多迦,jātaka),是释迦佛过去生中的事迹。本生与大乘思想间的关联,是近代学者所公认的。起源于"佛教中国"——恒河流域,所以多数传说在迦尸;也有说雪山,但或指喜马拉耶山说,起源是很早的,现存中印度Bhārhut古塔的玉垣,有西元前二世纪的浮雕本生;西南Sānchī大塔门浮雕的本生,有属于西元前一世纪的①。佛法传入北印度,本生谈,有些是大乘特有的本生,在罽宾区流行起来。为了满足信者的希望,都一一地指定为在这里,在那里,成为圣迹,为后代佛弟子巡礼

① 干潟龙祥《阇陀迦概观》(五三、五六)。

瞻仰的圣迹。西元前后的情形,虽然不能明了,但从流传下来,为中国游方僧所亲身经历的,都集中于古代的罽宾地区。今依《大唐西域记》(卷二、卷三),摘列如下:

那揭罗曷	买花献佛布发掩泥见佛受记
健陀罗	千生舍眼
	商莫迦孝亲
	苏达拏太子施象施男女
乌仗那	闻半偈舍身
	忍辱仙人被割身体
	析骨写经
	尸毗王代鸽
	化蟒疗疾
	孔雀王啄石出泉
	慈力王刺血饲五药叉
呾叉始罗	月光王千生施头
僧诃补罗	萨埵王子投身饲虎

本生的圣迹,都在罽宾(不是迦湿弥罗)区,而乌仗那的最多。如舍眼、舍头、闻法轻身,都表现了大乘的特性。在这些圣迹中,这里想提到二则:一、儒童——游学的青年,布发掩泥,见燃灯佛授记,为各派共有的本生。在菩萨修行历程中,这是重要关键。在北方,被指定为那竭罗曷(Nagarahāra),在高附河下流,今 Jalālābad 地方(南传没有买花献佛,地名为 Rammaka),表示了这里菩萨法的重要。二、商莫迦(Śyāmaka, P. Śyāma, Sāma)披着鹿皮,在山中采鹿乳来供养盲目的父母,被游猎的国王误射了一

箭。感动了天帝,不但箭疮平复,父母的双目也重见光明。这是大孝感天的故事。商莫迦的原语,与“奢摩”可说相同。而且,在(释种四人四国的)《大唐西域记》中,佛去乌仗那时,上军王游猎去了。佛为上军王的盲目老母说法,盲母也重见了光明①。在这个故事中,释种或Śyāma,童子,游猎,(父)母的盲目重明:故事的主要因素,大体一致。所以商莫迦本生影射的事实,是塞迦族的Sāma。塞族在北印度——罽宾区,对佛法的影响是非常明显的!

北印度佛教的隆盛,一般都重视犍陀罗。当然,在希腊人、波斯与塞迦人、月氏人,先后进入北印度,尤其是月氏的贵霜王朝以布路沙布逻为首都,促成北方大乘的非常隆盛,犍陀罗是有其重要性的。然在北方大乘勃兴的机运中,我以为乌仗那占有更重要的地位。从流传下来的事实,可以推想而知。如《北魏僧惠生使西域记》(大正五一·八六七上)说:

> “乌场国……国王菜食长斋,晨夜礼佛。”

惠生是神龟元年出发,正光二年(西元五一八——五二一)回来的。所见的乌场国王,分明是大乘行者。玄奘去印度(西元六二七——六四五),所见乌仗那佛教的情形,如《大唐西域记》卷三(大正五一·八八二中)说:

> “崇重佛法,敬信大乘。夹苏婆伐窣堵河,旧有一千四百伽蓝,多已荒芜;昔僧徒一万八千,今渐减少。并学大乘,

---

① 《大唐西域记》卷三(大正五一·八八四上)。

寂定为业。善诵其文，未究深义。戒行清洁，特闲禁咒。律仪传训，有五部焉。”

从西元五世纪末起，因嚈哒的侵入印度，寐吱曷罗俱逻（Mihirakula）王破坏北印的佛法①，北印度佛教普遍地衰落下来。如玄奘所见的情形，真是萧条已极②。但那时的乌仗那佛教，还勉强地在维持。再迟一些，慧超所见的乌长，还是“足寺足僧，僧稍多于俗人也。专行大乘法也”③。这是纯粹的大乘教区。乌仗那的戒律谨严，而所奉行的，是五部通行（义净所见也如此），这正是兼容并蓄的大乘精神。《大集经》说“如是五部虽各别异，而皆不妨诸佛法界及大涅槃”④，不正是这一事实的说明吗？但《高僧法显传》（大正五一·八五八上）说：

“乌苌国，是正北天竺也。……凡有五百僧伽蓝，皆小乘学。”

法显去印度，在隆安三年到义熙十年⑤，比惠生西行只早一百年，怎么“皆小乘学”，与“专学大乘”完全不同呢？然《法显传》没有说到迦湿弥罗，所说的五百僧伽蓝，实是迦湿弥罗佛教的传说。如《西域记》说：“迦湿弥罗国，……立五百僧伽蓝。”⑥

---

① 《大唐西域记》卷四（大正五一·八八八中——八八九中）。《付法藏因缘传》卷六（大正五〇·三二一下）。《莲华面经》卷下（大正一二·一〇七五下）。

② 参阅拙作《北印度之教难》（《佛教史地考论》三一五——三一八，本版二〇七——二〇九）。

③ 慧超《往五天竺国传》（大正五一·九七七下）。

④ 《大方等大集经》卷二二（大正一三·一五九中）。

⑤ 岑仲勉《佛游天竺记考释》（六——七）。

⑥ 《大唐西域记》卷三（大正五一·八八六中）。

乌仗那为纯大乘区，虽然小乘与大乘的流行有复杂的原因，但与区域性、民族性，也应该是多少有关的。

从地区来说：犍陀罗是平地。但叉始罗在内的犍陀罗，一向是北印度的文化学术中心。这里的文化发达，经济繁荣，有都市文明的特征。从《西域记》看来，小乘与大乘论师几乎都集中在这里，这是论义发达的佛教区①。乌仗那在犍陀罗北面，进入山陵地区。《西域记》说是"并学大乘，寂定为业。善诵其文，未究深义"②，与犍陀罗的学风，截然不同。重信仰，重修证，乌仗那是着重持诵与禅定地区。原来这里是特别适宜于修习禅观的地方，如《阿育王传》卷五（大正五〇·一二〇中）说：

"佛记罽宾国，坐禅无诸妨难，床敷卧具最为第一，凉冷少病。"

《大智度论》对这北方雪山区的适宜修行，也有所解说③。《洛阳伽蓝记》卷二（大正五一·一〇〇五中——下）说：

"讲经者，心怀彼我，以骄凌物，比丘中第一粗行。今唯试坐禅、诵经，不问讲经。……自此以后，京邑比丘，悉皆禅诵，不复以讲经为意。"

以坐禅、诵经为修行，轻视讲说经义，正与乌仗那的学风一样。玄奘说他"未究深义"，那因为玄奘是论师型；玄奘的观点，

---

① 缚喝为大夏的文化中心，被称小王舍城，也多出论师。"大雪山北作论诸师，唯此伽蓝，美业不替"（大正五一·八七二下），与犍陀罗的论义中心，情形相同。

② 《大唐西域记》卷三（大正五一·八八二中）。

③ 《大智度论》卷六七（大正二五·五三一中）。

是论师的观点。我们知道，佛法是“从证出教”的，“先经后论”的。释迦佛是这样的，阿毗达磨[1]、中观、瑜伽，都是从修证而发展出来的；中国的台、贤、禅宗，也都是如此。印度佛法，在大乘机运成熟时，推动而勃兴的力量，在北印度，就是乌仗那。从此而发展出来，引起犍陀罗佛教的隆盛，但犍陀罗又倾向于大乘理论化。乌仗那东南的乌剌尸（Uraśā，今 Hazara）；怛叉始罗，今 Taxila（在山陵边沿）；僧诃补罗（Saṃpura，今 Jhelum 地方的 Ketās），山区的佛教，都“并学大乘”。乌仗那以西，山区的滥波（Lampura，今 Lamgan）；迦毕试（Kāpiśa，今 Kabul 地方），都是大乘教区。可见北印度的大乘教区，是以乌仗那山陵地带为中心，而向东西山地延伸的。向南而进入平地，就是重于教义的犍陀罗佛教。如从民族来说，乌仗那、梵衍那，是释种（塞迦）。梵衍那信奉小乘的说出世部，此部有菩萨十地说，境内也有观音（Avalokiteśvara）菩萨像，这是近于大乘，曾经流行大乘的地方。西南 Helmand 流域的漕矩吒（Jāguḍa），就是塞迦人所住而被称 Sakasthāna 的地方，也是“僧徒万余人，并皆习学大乘法教”[2]。塞迦人曾经住过的，或当时还是塞种人的地区，都是大乘盛行，所以“塞王南君罽宾”，对北方大乘的隆盛是有着深切的关系。

现在要从一类似神话的传说说起：《穆天子传》（顾惕生校本）卷二说：

---

① 阿毗达磨的意义，为“现法”，是无漏慧的现观、现证，起初是以修行为主的。

② 《大唐西域记》卷一二（大正五一·九三九中）。

“天子北升于春山之上，以望四野，曰：春山，是唯天下之高山也！……春山之泽，清水出泉，温和无风，飞鸟百兽之所饮食，先王所谓县圃。”

周穆王十四年（西元前九八八），登春山，对春山作了这样的称叹！春山，后代又写作钟山、葱岭。《西域记》解说为：“多出葱，故谓葱岭。”又以“山崖葱翠，遂以名焉”①。其实，春、钟、葱，都是同一语音的不同写出。在我国文字中，崇、嵩、崧，古代是音义相通的；还有“高耸入云”的耸，都与春音相通。《诗·大雅》说：“崧高维岳，峻极于天。”春、崧，只是高入云际的形容词。葱岭，西人称为帕米尔（Pamir）高原，有“世界屋脊”的称誉，这所以名为春山——“天下之高山”。春山现分八帕，在山与山间，有湖，有平地，虽没有高大树木，但青草、湖水、鸟兽是有的，可说是天然的幽静的园地。从平地来说，“实半天矣”。高在云天以上，似乎悬在半空，所以称为“县圃”。“先王”，当然是周人的先王——轩辕氏族的黄帝了。这一传说，在西亚巴比伦，曾模拟县圃而造出著名的悬空花园（Hanging Gardens）。上面说到，乌仗那与商弥是同族，起初都在大雪山北部。只要越过婆罗犀罗（Baroghil）大岭，就到了被称为“县圃”的帕米尔。所以这一传说，也因乌仗那的向南移动而移动。乌仗那是什么意义，《大唐西域记》附注说：“唐言苑，昔轮王之苑囿也。”②乌仗那是“昔轮王之苑囿”，春山是“先王之所谓县圃”，是多么类似！在乌仗

---

① 《大唐西域记》卷一二（大正五一·九四〇上）。

② 《大唐西域记》卷二（大正五一·八八二上）。

那的西邻,有一佛教化了的传说,如《根本说一切有部毗奈耶》卷四六(大正二三·八八一上)说:

"绀颜童子执法(师?)衣角,腾空而去。……绀颜童子执师衣角,悬身而去。时人遥见,皆悉唱言:滥波底,滥波底[是悬挂义]!其所经过方国之处,因号滥波。"

绀颜童子,就是Śyāmāka——奢摩童子。奢摩执着师长——迦多演那(Mahākātyāyana)的衣角,悬空而飞过这里,这里就名为滥波。滥波在乌仗那西边,如联合起来,滥波乌仗那,不正是先王之所谓"县圃"吗?县圃与滥波、乌仗那有关,与塞迦的奢摩王家有关。这是传说,但暗示了葱岭高原与商弥、乌仗那、滥波间的关系。

从葱岭的"县圃",见到与南方塞迦、商弥、乌仗那、滥波的关系;从葱岭向东,也见到与于阗的关系。如《翻梵语》说:"于阗,应云优地耶那。"①优地耶那即乌仗那的对音。县(悬)是悬空;梵语乌仗那,也有"飞去"的意义,而这是于阗特有的传说,如《大唐西域记》卷一二(大正五一·九四三上——九四五中)说:

"瞿萨旦那国……王城南十余里,有大伽蓝。……忽见空中佛像下降。"

"王城西南十余里,有地迦婆缚那伽蓝,中有夹纻立佛像,本从屈支国而来至此。……夜分之后,像忽自至。"

---

① 《翻梵语》卷八(大正五四·一〇三六中)。

"媲摩城,有雕檀立佛像,高二丈余。……闻之土俗曰:……佛去世后,自彼凌空,至此国北曷劳落迦城中。……东趣此国,止媲摩城;其人才至,其像亦来。"

瞿萨旦那(Kustana)即于阗的梵语。在于阗境内,竟有佛像凌空飞来的传说三处,这是与悬空飞行的传说有关的。还有,于阗古称迦逻沙摩,昙无竭《外国传》作迦罗奢末(Kara syama)①。沙摩或奢末,都就是奢摩的异译。塞迦的奢摩王家,是 Kho 族。而于阗或写作 Khostan 或 Khotan,意思应为 Kho 族住地(Kho 地)。于阗有飞来的传说,与奢摩及 Kho 族的名称相关。这使我们想起另一传说:《于阗国悬记》说:阿育王子,来到于阗,阿育王的大臣也来到。双方交战,后和解而成立于阗国②。《大唐西域记》的早期传说是:育王谪迁部分豪族,来到于阗,恰遇从东方迁移来的。战争的结果,东方胜利而并合了西来的,成立国家③。于阗人的相貌,"不甚胡"④,可能为东方(氏)与西来的混合民族。部分人是从西方来的,从上来传说来研判,这可能是塞族。据考古者所发现,于阗语属于波斯语系,受有印度语的影响。H. Lüders 称之为Śaka Language。塞迦人与波斯王朝有长期的关系;于阗语属于波斯语系,足以证明于阗人中有部分塞迦族的推定。而且,于阗人的相貌"不甚胡",也可以说明是东方

① 岑仲勉《佛游天竺记考释》(二四)。《大方等大集经》卷四五(大正一三·二九四下)。

② 《望月佛教大辞典》(二二二上)。

③ 《大唐西域记》卷一二(大正五一·九四三上——中)。

④ 《梁书·西夷传》。

(氏)与西来的混合民族。

西域的佛法,是从北印度传来的。犍陀罗也有大乘,但小乘的论风极盛。犍陀罗与迦湿弥罗的小乘,向西传布到 Bactria——"小王舍城"(更西到波斯),再东经 Wakhan。传向西域的路线,是西北向的,经塔什库尔干(Tush-kurghan)而到佉沙(Kash)。然后向东发展,成为小乘为主的教区。在这一交通线上,与 Kash 氏族有关。唐代有朅师,在今 Citral 河上流,地位在商弥西南。Citral 河也名 Kashkar 河。从此到 Wakhan,有 Karapanja;到塔什库尔干,有朅啰槃陀(即 Karapanja 的音变),国王为"葛沙氏"。再向东北,就是佉沙。佉沙,慧超《传》作迦师祇离;慧琳《一切经音义》作迦师结黎,也就是 Kashgar。从北印度到佉沙,都留下同一氏族居留的地名。佉沙国人"文身绿睛";在 Wakhan 中的达摩悉铁帝国(Dharmasthiti),"眼多碧绿"。这一民族是由西方而东来的。大乘佛法的东来,主要是从乌仗那、商弥而到 Wakhan。一直向东行(不一定经过塔什库尔干),经昆仑山区(Karakoram)东行,或经叶城(Karghalik)到叶尔羌(Yarkand),即法显所到的子合,玄奘所说的斫句迦。或经皮山(Guma),或从于阗南山,才抵达于阗,成为以大乘为主的教区。大乘的向东传布,与乌仗那、商弥地区,也与这地区的民族——塞族有关,也就留下优地耶那、奢摩等名称。这里,不想作古代交通要道的考证,但要指出的,汉代的子合,"治呼犍谷",显然还在 Wakhan 谷东端。可能由于大月氏的迫逐,与同族(依耐、无雷)东移到平地,所以晋代以后所见的子合,都在旧莎车(叶尔羌)境内了。法显从当时的子合,"南行四日,至葱岭山，到于麾国安居”①。于麾，《魏书》作“权于摩”。“权于”而读为“于”，等于 Khostan 而读为于阗。我以为，这是于麾而不是（权）于摩。《山海经》“海内东经”说：

“国在流沙中者，埻端，璽㬇，在昆仑墟东南。”

埻端，是于阗；璽㬇，是权于摩（麾）。法显从子合南行，经四日而入葱岭（这里指昆仑山），一定是经叶城南来，由青坪 Kok Yor进山。英人扬哈斯班、俄人库才甫斯基游历所见，从此入山，在叶尔羌河上流，现在 Raskam 地方，有水流与平地，草原与生着灌木的平地。法显所到的于麾，可能在此，然后“山行二十五日到竭叉”。奢摩王家（乌仗那出于此族）的国名，是拘卫，或作俱位、拘纬；原语为 Ghour，不正是权于摩（麾）、璽㬇的对音吗？大乘佛教（及古代的塞族）是由此山地而来的。西夜族的子合，在 Wakhan 谷，是纯大乘区。子合的大乘传说，多少类似神奇，甚至方位不明。这是大乘法经子合而来，形成传说；等到子合东移到平地，传说就有点想像了②。总之，大乘佛法与塞

---

① 《高僧法显传》（大正五一·八五七下）。

② 子合，即遮居迦、斫句迦，为一大乘教区。藏有众多的大乘教典，出于隋阇那崛多（Jñānagupta）的传说。《历代三宝纪》卷一二；《续高僧传》卷二《阇那崛多传》；《开元释教录》卷七，都有相同的记录。玄奘《大唐西域记》卷一二，所说大同。但所说“国南境有大山，……此国中大乘经典，部数尤多，佛法至处，莫斯为盛也！十万颂为部者，凡有十数”（大正五一·九四三上），也只是传闻。《西域记》作（斫句迦）“国南”；《法苑珠林》卷三〇作“于阗国南二千里”；而《历代三宝纪》等作“于阗东南”，地点都不明确。这似乎与《龙树菩萨传》的“遂入雪山，山中有塔，塔中有一老比丘，以摩诃衍经典与之”（大正五〇·一八四中），意趣相同。子合在 Wakhan 谷东端，“西南与乌秅接”，乌秅就是乌苌。这些地区都是大乘教法的渊源地。

族——乌仗那、商弥有缘;由乌仗那、商弥而传入西域,也传到与塞族有关的地区——于阗。

大乘在南方兴起,是与案达罗族有关。佛法向边区发展,边区民族的佛化,对大乘佛法的勃兴,是一项不容忽视的因素。

印 顺 法 师 佛 学 著 作 系 列

初期大乘佛教之起源与开展

（中）

释印顺 著

中華書局

第八章　宗教意识之新适应

第一节　佛菩萨的仰信

第一项　十方佛菩萨的出现

大乘佛法的兴起，与十方现在的多佛多菩萨，是不可分的。起初，由于释尊的入灭，佛弟子出于崇信怀念的心情，传出有关释尊的"本生"、"譬喻"、"因缘"。到后来，十方现在佛的信仰流行起来，因而又传出了有关十方现在佛的"本生"、"譬喻"与"因缘"。十方现在的佛与菩萨（大都是大菩萨），成为佛弟子的信仰，引起修学菩萨道的热诚，大乘法就开始流行。十方现在佛与菩萨的名字，从来都知道，这是"表德"的。虽然佛佛平等（菩萨还在修学阶段，所以有差别），但在适应众生的机宜上，可以表现为不同的特性。所以佛菩萨有不同的"本生"、"譬喻"与"因缘"，也有不同的名字。这是表示佛与菩萨特有的胜德，菩萨修行的独到法门，也表示了利益众生所特有的方便。以初期的大乘经而论，现在（或过去）佛与菩萨的名字，过去发心、修行、授记的传说，是非常多的。但有的只偶然一见，有的却有许多经说到他的往昔因缘与现在的化度众生。如阿弥陀佛、文殊师利、观世音菩萨，为家喻户晓的佛菩萨，大乘信者的信仰对象，与偶然一见的到底不同，这应有传说上的渊源，或特殊的适应性。如文殊菩萨，在大众部，早就有了文殊的信仰①。虽现有的资料不充分，对初期大乘的重要佛菩萨不一定能有确定的结论，但基于深远的传说，适合一般宗教的需要，才能成为众所共知的佛菩萨，是可以确信无疑的。

起初，大乘经说到了十方现在的佛与菩萨，而这一世界的说（大乘）法主，还是释迦牟尼；参与说法及问答者，还是原始佛教的圣者们。如《般若经》是须菩提等声闻圣者，及弥勒、帝释；《大阿弥陀经》是阿难、阿逸多（Ajita，即弥勒）；《舍利弗悔过经》是舍利弗等。其后，文殊（传说在南方或东方来）、维摩诘（Vimalakīrti）等，成为此土的助佛扬化的菩萨；此土也有贤护（Bhadrapāla）等菩萨出现，那是大乘佛法相当隆盛，大乘行者已卓然有成了！

著名的佛与菩萨，应有深远的传说渊源。到底渊源于什么？或推论为受到西方神话的影响；或从印度固有的宗教文化去探求；或从佛教自身去摸索，每每能言之成理。我的理解与信念：大乘佛法到底是佛法的；大乘初期的佛菩萨，主要是依佛法自身的理念或传说而开展，适应印度神教的文化而与印度文化相关涉。佛法流行于印度西北方的，也可能与西方的传说相融合。

① 《舍利弗问经》（大正二四·九〇二下）。

初期大乘的佛与菩萨,主要是依佛教自身的发展而表现出来,所以大乘法中著名的佛菩萨,即使受到印度神教或西方的影响,到底与神教的并不相同。这里,试论几位著名的佛菩萨,作研究大乘佛教者的参考。

第二项 文殊师利·普贤·毗卢遮那

文殊师利(Mañjuśrī),或译为曼殊室利、濡首、妙吉祥。三曼陀跋陀罗(Samantabhadra),或译为普贤、遍吉。文殊、普贤——二大菩萨,与毗卢遮那佛(Vairocana),被称为"华严三圣"。一佛与二大菩萨,是怎样的出现于佛教界,而被传说、称颂与信奉呢?首先,大智文殊、大行普贤——二菩萨,是毗卢遮那佛(旧译作"卢舍那佛")的二大胁侍,与原始佛教中,智慧第一舍利弗、神通第一大目犍连是释迦佛的"胁侍",似乎有共同处。我曾依据这一线索加以研究,并以《文殊与普贤》为题,发表于《海潮音》①。研究的结论是:释尊的人间弟子,有左右二大弟子——舍利弗与大目犍连,这是众所共知的。而在佛教的传说中,还有天上弟子,梵王与帝释,也成为左右的二大弟子。天上的二大弟子,如《增一阿含经》卷二八(大正二·七〇七下)说:

> "世尊……诣中道。是时梵天在如来右,处银道侧;释提桓因在(左)水精道侧。"

---

① 《海潮音》(三十四卷、六月号)。

世尊在中间，梵王与帝释在左右，从忉利天下来的传说，如《根本说一切有部毗奈耶杂事》、《高僧法显传》、《大唐西域记》等，都有同样的记载①。又如释尊到满富（Pūrṇavardhana）长者家去，也是梵王侍右，帝释侍左的②。人间二大弟子，融合于天上的二大弟子，表现为毗卢遮那佛的二大弟子——文殊与普贤。

人间二大弟子，与文殊、普贤的类似性，除二大弟子与大智、大行外，有师、象的传说。文殊乘青师，普贤乘白象③，为中国佛教的普遍传说。这一传说，与人间二大弟子是有关的。舍利弗与师子的传说，如《杂阿含经》说：舍利弗自称"正使世尊一日一夜，乃至七夜，异句异味问斯义者，我亦悉能乃至七夜，异句异味而解说"。这一自记，引起比丘们的讥嫌，说他"于大众中一向师子吼言"④。又有比丘说舍利弗轻慢，舍利弗就"在佛前而师子吼"，自己毫无轻慢的意思⑤。目犍连与白象的传说，出于《毗奈耶》⑥，《发智论》曾引述而加以解说："尊者大目乾连言：具寿！我自忆住无所有处定，闻曼陀枳尼池侧，有众多龙象哮吼等声。"⑦这一传说，曾引起了部派间的论诤：听见了声音才出定，

① 《根本说一切有部毗奈耶杂事》卷二九（大正二四·三四七上）。《高僧法显传》（大正五一·八五九下）。《大唐西域记》卷四（大正五一·八九三上——中）。

② 《增一阿含经》卷二二（大正二·六六三下）。

③ 《陀罗尼集经》卷一（大正一八·七九〇上——中）。

④ 《杂阿含经》卷一四（大正二·九五下）。《中阿含经》卷五《智经》（大正一·四五二上——中）。《相应部·因缘相应》（南传一三·七九——八一）。

⑤ 《中阿含经》卷五《师子吼经》（大正一·四五二下）。《增一阿含经》卷三〇（大正二·七一二下）。《增支部·九集》（南传二二上·三四）。

⑥ 《根本说一切有部毗奈耶》卷一〇（大正二三·六八〇上——中）。

⑦ 《阿毗达磨发智论》卷一九（大正二六·一〇二一下——一〇二二上）。

还是出了定才听见声音？目乾连不但曾因听见龙象哮吼，引起佛弟子间的疑难，随佛去满富城时，目乾连也是化一只六牙白象，坐着从空中飞去①。二大弟子与师、象的关系，还有《阿毗达磨大毗婆沙论》卷一六二（大正二七·八二一中）所说：

> “舍利子般涅槃时，入师子奋迅等至。大目揵连般涅槃时，入香象嚬呻等至。”

等至——三摩钵底，为圣者圣慧所依止的深定。舍利弗与大目犍连二位，依止这师子奋迅、香象嚬呻定而入涅槃，文殊与普贤二大士，也就坐着师、象而出现人间了。

文殊与舍利弗的关系，还有三点：一、文殊被称为“法王子”，这虽是大菩萨共有的尊称，但在文殊，可说是私名化的。原来法王子，也是舍利弗特有的光荣，如《杂阿含经》说：“佛告舍利弗：……汝今如是为我长子，邻受灌顶而未灌顶，住于仪法（学佛威仪位），我所应转法轮，汝亦随转。”②舍利弗为法王长子，与大乘的“文殊师利法王子”，明显的有着共同性。二、舍利弗是摩竭陀的那罗（Nāla，Nālanda）聚落人，文殊也有同一传说：“此文殊师利，有大慈悲，生于此国多罗聚落，……于我所出家学道。”③三、《中阿含经》卷七《分别四谛经》（大正一·四六七中）说：

---

① 《增一阿含经》卷二二（大正二·六六三中）。

② 《杂阿含经》卷四五（大正二·三三〇上——中）。《相应部·婆耆沙长老相应》（南传一二·三三〇）。

③ 《佛说文殊师利般涅槃经》（大正一四·四八〇下）。

"舍梨子比丘,能以正见为导御也。目乾连比丘,能令立于最上真际,谓究竟漏尽。舍梨子比丘生诸梵行,犹如生母;目连比丘长养诸梵行,犹如养母。"①

舍利弗在教化方面,能使比丘们得正见——得佛法的慧命,如生母一样。正见,是正确的见,不是知识,是深刻的体认,成为自己决定不坏的证信。文殊师利宣扬大乘法,与舍利弗的"以正见为导御"性质相同,如《放钵经》(大正一五·四五一上)说:

"今我得(成)佛,……皆文殊师利之恩,本是我师。前过去无央数诸佛,皆是文殊师利弟子;当来者亦是其威神恩力所致。譬如世间小儿有父母,文殊者佛道中父母也。"

诸佛为文殊的弟子,文殊如父母一样,这不是与舍利弗能生比丘梵行,如生母一样吗?而且,舍利弗教人得正见,入佛法;目犍连护育长养,使比丘们究竟解脱:这是声闻道的始终次第,二大弟子各有其独到的教化。在《入法界品》中,善财童子(Sudhanaśreṣṭhi-dāraka)从文殊发菩提心,此后参学修行,末了见普贤菩萨,入普贤行愿而圆满。二大士所引导的,菩萨道的始终历程,不也是有其同样意义吗!

释尊天上的二大弟子——梵王与帝释,与文殊、普贤二大菩萨的关系,更为明显。梵王或梵天王,经中所说的,地位不完全一

---

① 《增一阿含经》卷一九(大正二·六四三中)。《中部》(一四一)《谛分别经》(南传一一下·三五〇)。

致。或说“娑婆世界主梵天王”[①]，那是与色究竟天（Akaniṣṭha）相等。或泛说梵天王，是初禅大梵天王。梵天王的示现色相，如《阿毗达磨大毗婆沙论》卷一二九（大正二七·六七〇下）说：

“尊者马胜遂发诚心，愿大梵王于此众现！应时大梵即放光明，使自化身为童子像，首分五顶，形貌端严，在梵众中，随光而现。”

《毗婆沙论》所引述的，是《长阿含经》的《坚固经》；分别说部所传的《长部》，只说“梵王忽然出现”[②]。《大典尊经》与《阇尼沙经》，都说到梵王出现的形相：“有大光现……时梵天王即化为童子，五角髻”[③]；南传略说“常童形梵天”[④]。说偈赞叹释尊的常童子（Sanaṃkumāra）[⑤]，就是这位梵天的化相（《大智度论》称之为“鸠摩罗天”[⑥]）。这使我们想到，文殊是被称为童子的。在文殊像中，虽有一髻的、没有髻的，但五髻是最一般的。五髻文殊相，岂非就是梵王示现的色相？据说印度的文字由梵王诵出，所以称为梵语。在大乘法中，有阿字为初的四十二字

① 《杂阿含经》卷四四（大正二·三二二下）。《相应部·念处相应》（南传一六上·三九四）。

② 《长阿含经》卷一六《坚固经》（大正一·一〇二中）。《长部》（一一）《坚固经》（南传六·三一一）。

③ 《长阿含经》卷五《典尊经》（大正一·三二中）。《长阿含经》卷五《阇尼沙经》（大正一·三五中）。

④ 《长部》（一九）《大典尊经》（南传七·二三九）。《长部》（一八）《阇尼沙经》（南传七·二一七）。

⑤ 《长阿含经》卷六《小缘经》（大正一·三九上）。《长阿含经》卷一三《阿摩昼经》（大正一·八三中）。

⑥ 《大智度论》卷二（大正二五·七三上）。

门;字母最初的五字——阿、啰、跛、者、曩,就是文殊师利的根本咒①。《文殊师利问经》,也有关于字母的解说②。大乘经中,平等法性的阐扬者,主要的是文殊师利。这与吠檀多(Vedânta)哲学也有类似处。总之,文殊师利与常童子,是大有关系的。

关于普贤与帝释,首先注意到的,是普贤坐的六牙白象与帝释坐的六牙白象恰好一致。普贤坐的六牙白象,如《法华经》的《普贤菩萨劝发品》,及《观普贤菩萨经》,有详备的叙述,这当然经过了大乘的表现。帝释坐的六牙白象,如《长阿含经》卷二〇《世记经》(大正一·一三二上)说:

> “帝释复念伊罗钵龙王。……龙王即自变身,出三十三头,一一头有六牙,一一牙有七浴池,一一浴池有七大莲花,(一一莲花)有百一叶,一一花叶有七玉女,鼓乐弦歌,抃舞其上。时彼龙王作此化已,诣帝释前,于一面立。时释提桓因着众宝饰,璎珞其身,坐伊罗钵龙王第一顶上。”

nāga——那伽,印度人是指龙说的,或是指象说的,所以古人或泛译为“龙象”。伊罗钵(Airāvaṇa)龙王的化身,就是六牙象王。帝释所坐与普贤所坐的,是怎样的恰合!

帝释,佛教说是住在须弥山(Sumeru)上,为地居的天、龙、夜叉们的统摄者,有多神的特性。《阿毗达磨大毗婆沙论》卷一三三(大正二七·六九一下——六九二上)说:

---

① 如《金刚顶经瑜伽文殊师利菩萨法》(大正二〇·七〇五上)。

② 《文殊师利问经》卷上(大正一四·四九八上)。

“苏迷卢顶,是三十三天住处。……山顶四角,各有一峰。……有药叉神,名金刚手,于中止住,守护诸天。于山顶中,有城名善见,……是天帝释所都大城。城有千门,严饰壮丽。门有五百青衣药叉,……防守城门。”

依《大毗婆沙论》等说:金刚手并非帝释,而是住在须弥山顶的一位药叉(夜叉)。夜叉很多,都是可以称为金刚手或执金刚的。初期经律中,那位特别护持释尊的夜叉,或称金刚力士,也是执金刚神之一。帝释自身,其实也是夜叉,所以《论》引《帝释问经》说:“此药叉天,于长夜中其心质直。”①帝释的夫人舍脂(Śacī),也被称为夜叉,如《毗婆沙论》说:“天帝释亦爱设支青衣药叉。”②帝释本为《吠陀》(Veda)中的因陀罗天(Indra),手执金刚杵,而被称为金刚手。从佛教传说来看,帝释是天龙八部,特别是夜叉群的王。帝释这一特色,被菩萨化而成为后期密法的住持者。普贤菩萨在密典中,就是金刚手、执金刚与金刚萨埵(Vajra-sattva)。密法的说处,也主要在须弥山。其实,推重普贤菩萨的《华严经》,如《世主妙严品》、《入法界品》,天神而是菩萨的,已非常的多。普贤菩萨的特性,是深受帝释影响的!

梵王为主,融摄舍利弗的德性,形成文殊师利。帝释为主,融摄大目犍连的德性③,成为普贤。人间、天上的二大胁侍,成为二大菩萨;二大胁侍间的释迦佛,就成为毗卢遮那。毗卢遮

---

① 《阿毗达磨大毗婆沙论》卷一(大正二七·二下)。

② 《阿毗达磨大毗婆沙论》卷二七(大正二七·一三九中)。

③ 大目犍连神通第一,传说上天宫、见饿鬼等事很多,是一位与鬼神关系最深的圣者。

那，或译作卢舍那。《华严经》说："或称悉达，……或称释迦牟尼，……或称卢舍那，或称瞿昙，或称大沙门。"①可见人间的释迦，与功德圆满的毗卢遮那，只是一佛，与他方同时的多佛不同。在印度教中，毗卢遮那是光辉、光照的意思，所以或译为"遍照"。如《杂阿含经》说："破坏诸暗冥，光明照虚空，今毗卢遮那，清净光明显。"②这是日轮的特性，所以或译 Mahāvairocana 为"大日"。毗卢遮那是象征太阳的，也是渊源于太阳神话的名称。然在佛教自身的发展上，功德究竟圆满所显的毗卢遮那佛，与色究竟天相当。《大乘入楞伽经》说："色界究竟天，离欲得菩提。"③《华严经》说：第十地——受灌顶成佛的菩萨，"住是地，多作摩醯首罗天王"④。《十地经论》卷一（大正二六·一二五下）说：

"现报利益，受佛位故。后报利益，摩醯首罗智处生故。"

摩醯首罗（Maheśvara），是"大自在"的意义。虽然《入大乘论》说"是净居自在，非世间自在"⑤，但十地菩萨生于色究竟天上，摩醯首罗智处（如兜率天上别有兜率净土），然后究竟成佛，"最后生处"到底与摩醯首罗天相当，这是色相最究竟圆满的地方。在这里究竟成佛，人间成佛的意义消失了！总之，华严三

① 《大方广佛华严经》卷四（大正九·四一九上）。
② 《杂阿含经》卷二二（大正二·一五五上）。
③ 《大乘入楞伽经》卷七（大正一六·六三八上）。
④ 《大方广佛华严经》卷二七（大正九·五七四下）。
⑤ 《入大乘论》卷下（大正三二·四六中）。

圣，仿佛世间的帝释、梵天、大自在天，而又超越帝释、梵天、大自在天。一佛二菩萨，仍依固有经律中的帝释、梵王而形成，与印度神教的三天——大自在天、毗湿奴天（Viṣṇu）、梵天的体系不同。

第三项　阿閦·阿弥陀·大目

再来说初期大乘经中，占有重要地位的三位佛陀。

一、阿閦佛（Akṣobhya），是他方佛之一，在初期大乘佛法中有极重要的地位。从阿閦佛的因位发愿及实现净土的特征，可以明白地看到释尊时代一位圣者的形象。阿閦佛的本愿与净土有什么特色？据《阿閦佛国经》说：从前，东方有阿毗罗提（Abhirati，甚可爱乐的意思）国土，大目（或译广目）如来出世，说菩萨六波罗蜜。那时有一位比丘，愿意修学菩萨行。大目如来对他说："学诸菩萨道者甚亦难。所以者何？菩萨于一切人民，及蜎飞蠕动之类，不得有嗔恚。"①这位比丘听了，当下就发真实誓言说②：

> "我从今以往，发无上正真道意。……当令无谀谄，所语至诚，所言无异。唯！天中天！我发是萨芸若意，审如是愿为无上正真道者，若于一切人民、蜎飞蠕动之类，起是嗔恚，……乃至成最正觉，我为欺是诸佛世尊！"

这位比丘立下不起嗔恚的誓愿，所以大家就"名之为阿

① 《阿閦佛国经》卷上（大正一一·七五二上）。

② 《阿閦佛国经》卷上（大正一一·七五二上）。

閦”，阿閦是无嗔恚、无忿怒的意思，也可解说为不为嗔恚所动，所以或译为“不动”。阿閦菩萨所发的大愿当然还多，而不起嗔恚——于一切众生起慈悲心，是菩萨道的根本愿，所以立名为阿閦。在阿閦菩萨的誓愿中，有一项非常突出的誓愿是：“世间母人有诸恶露。我成最正觉时，我佛刹中母人有诸恶露者，我为欺是诸佛世尊。”①等到成佛时，“阿閦佛刹女人，妊身产时，身不疲极，意不念疲极，但念安隐。亦无有苦，其女人一切亦无有诸苦，亦无有臭处恶露。舍利弗！是为阿閦如来昔时愿所致”②。阿閦菩萨发愿修行，以无嗔恚为本，而注意到女人痛苦的解除。大乘佛法兴起时，显然不满于女人所受的不幸、不平等。所以初期的大乘经，每发愿来生脱离女身，或现生转女成男③。这似乎不满女人的遭受，而引起了厌恶自卑感，然而阿閦菩萨的意愿却大不相同。何必转为男人？只要解免女人身体及生产所有的苦痛，女人还是女人，在世间，论修证，有什么不如男子呢！

阿閦菩萨的愿行，与释尊时代的鸯掘摩（Aṅguli-māla）非常类似。鸯掘摩本是一位好杀害人的恶贼，受到释尊的感化，放下刀杖而出家，修证得阿罗汉果。因为他曾经是恶贼，伤害很多人，所以出去乞食，每每被人咒骂或加以伤害，可是他一点也不起嗔心。一次，鸯掘摩出去乞食，见到妇人难产的痛苦，生起了“有情实苦”的同情。回来告诉释尊，释尊要他去以真实誓言，解除产妇的苦痛。如《中部》（八六）《鸯掘摩经》（南传一一

---

① 《阿閦佛国经》卷上（大正一一·七五三上）。
② 《阿閦佛国经》卷上（大正一一·七五六中）。
③ 平川彰《初期大乘佛教之研究》广叙（二六二——二八二）。

上・一三九)说:

"妇人!我得圣生以来,不故意夺生类命。若是真实语者,汝平安,得平安生产!"

鸯掘摩的真实誓言——从佛法新生以来,不曾故意伤害众生的生命。就这样,妊妇得到了平安。这与阿闳菩萨的真实誓愿,"妊身产时,……无有诸苦",可说完全一致。鸯掘摩曾作偈(南传一一上・一四一)说:

"我先杀害者,今称不害者。我今名真实,我不害于人。"

阿闳菩萨发愿,从此名为"阿闳";鸯掘摩出家成圣,从此名为"不害"。阿闳与不害(Ahiṁsā),梵语虽不同,而意义是相近的。舍去从前的名字,得一新名字,鸯掘摩与阿闳也是同样的。阿闳的愿行与净土,是从不起一念嗔恚伤害心而来。释尊的感化鸯掘摩,真可说"放下屠刀,立地成佛",这是佛教最著名的故事。佛使他不再起残杀伤害心,又结合了用真实誓言救济产难的故事①,更加动人,传布也更普遍。这是人间的普遍愿望,而表现在鸯掘摩身上。这种人类的共同愿望,深化而具体表现出来,就成为大乘经中阿闳菩萨与阿闳净土的特征。

二、初期大乘的著名佛土,东方阿闳佛土外,要推西方的阿弥陀佛土。阿弥陀佛出现的时代,要比阿闳佛迟些。在大乘佛教中,阿弥陀有重要的地位,研究的人非常多。阿弥陀佛的出

① 《杂阿含经》卷三八所载教化鸯掘摩事,与南传大致相同,但没有誓言救济产难的事(大正二・二八一上——中)。

现,有人从外来的影响去探索。我以为,先应从阿弥陀佛的发愿去理解,正如从阿闳佛发愿的故事去了解一样。阿弥陀佛发愿,成就净土以及往生的经典,以大本《阿弥陀经》为主。这又有多种译本,大要可分二十四愿本、四十八愿本,以二十四愿本为古本。今依古本《阿弥陀三耶三佛萨楼佛檀过度人道经》(异译名《无量清净平等觉经》)说:过去有楼夷亘罗(Lokeśvara-rāja)——世自在王佛出世说法,那时的大国王(轮王)发心出家,名昙无迦(Dharmâkara)——法藏(或译"法积")比丘。法藏比丘发成佛的愿,他的根本意愿,如《经》卷上(大正一二·三〇〇下——三〇一上)说:

> "令我后作佛时,于八方上下诸无央数佛中最尊。……都胜诸佛国。"

法藏比丘的愿望,是在十方佛土中,自己的净土最胜最妙;在十方无央数佛中,阿弥陀佛第一。愿力的特征,是胜过一切佛,胜过一切净土。《大阿弥陀经》以为,"前世宿命求道,为菩萨时所愿功德,各自有大小。至其然后作佛时,各自得之,是故令光明转不同等。诸佛威神同等耳,自在意所欲作为,不豫计"①。这是主张佛的威神(应包括定、慧、神通)是平等的,都不用寻思分别,自然无功用地成办一切佛事,但光明等是随因中的愿力而大小不同的。这一见解,近于安达罗派,如《论事》(南传五八·四一一)说:

---

① 《佛说阿弥陀三耶三佛萨楼佛檀过度人道经》卷上(大正一二·三〇二下)。

"诸佛身、寿量、光明不同,有胜有劣。"

佛的身量、寿量、光明,随因中的愿力而不同。法藏比丘就在这一思想下,要成为最第一的。阿弥陀佛的光明,经中用一千多字来说明他的超胜一切,如《经》卷上(大正一二·三〇二中——三〇三上)说:

"阿弥陀佛光明,最尊、第一、无比,诸佛光明皆所不及也。……诸佛光明中之极明也!……诸佛中之王也!"

阿弥陀佛,是无量佛中的最上佛——"诸佛中之王"。他的发愿成就净土,也是这样。法藏比丘"选择二百一十亿佛国",采取这么多的佛国为参考,选择这些佛土的优胜处,综集为自己净土的蓝图。这是以无量佛土的胜妙,集成阿弥陀佛的须摩提(Sukhāvatī)国土,无量佛土中最清净的佛土。"胜过一切,唯我第一"的雄心大愿,是阿弥陀佛的根本特性。

法藏比丘发愿,成立一最妙的国土,以净土来化度众生。这一理念,要以他方无量佛、无量佛土为前提,所以法藏比丘——阿弥陀佛本生,不可能太早,约出现于大乘兴起以后。起初,在菩萨历劫修行的思想下,传出无量"本生"与"譬喻",都是释尊过去生中的事迹。菩萨所亲近的佛,从七佛而向前推,成立十四佛、二十四佛——佛佛的次第相续;佛的身量、光明与寿量,是各各不同的。自从大众部传出十方佛说,同时有多佛出世,于是又有他方佛、他方佛土的传出。传说是从多方面传出的,在不同的传出者,都觉得这一佛土与佛,比起现实人间的佛土,是极其胜妙的。但在多数佛与多数佛土的彼此对比下,发现了他方诸佛的身量、寿量、光明是彼此差别不同的。佛土的清净庄严，传说的也并不相同。传说中的差别情况，就是安达罗派佛身有优劣的思想根源。进入大乘时代，他方佛土的清净庄严，继承传说，也就差别不同。对于这一差别现象，或者基于"佛佛平等"的一贯理念，认为究竟的佛与佛土是不可能差别的，佛身与佛土的差别，不过为了适应众生的根机（应化）而已。如来最不可思议，如《密迹金刚力士经》所说。或者觉得，现有（传说中）的佛与佛土有胜劣差别，都还不够理想、圆满，于是要发愿成就，胜过一切佛，胜过一切佛土，出现了阿弥陀佛本生——法藏比丘故事。依现在看来，法藏比丘所成的佛土，并不太高妙。如净土中有声闻与辟支①；虽说佛寿命无量，而终于入般涅槃，由观世音继位作佛②。但在当时，应该是最高妙的了。这是基于现在十方佛的差别（所以不可能是最早的），而引发出成为"诸佛中之王也"——最究竟、最圆满的大愿望。如从适应印度宗教文化的观点来说，阿弥陀佛本生——法藏比丘发愿，成就净土，化度一切众生，是深受拜一神教的影响；在精神上，与"佛佛平等"说不同。

阿弥陀佛与太阳神话是不无关系的（受到了波斯文化的影响）③。以印度而论，印度是有太阳神话的。象征太阳光明遍照的毗卢遮那，是印度宗教固有的名词，大乘佛教引用为究竟圆满

① 《佛说阿弥陀三耶三佛萨楼佛檀过度人道经》卷上（大正一二·三〇二上）。

② 《佛说阿弥陀三耶三佛萨楼佛檀过度人道经》卷上（大正一二·三〇九上）。

③ 矢吹庆辉《阿弥陀佛之研究》所引（四七——五二）。

佛的德名。佛是觉者,圣者的正觉现前,称为"眼生、智生、慧生、明生、光明生";汉译作"生眼、智、明、觉"①。明与光明,象征圣者的证智,是"原始佛教"所说的。象征佛的慧光普照,而有身光遍照的传说。原来印度的神——天(deva),也是从天上的光明而来的,所以光明的天、光明的佛,在佛法适应神教的意义上,有了融合的倾向。在光明中,应推太阳为第一,如《阿弥陀三耶三佛萨楼佛檀过度人道经》卷下(大正一二·三一六中——下)说:

"西向拜,当日所没处,为弥陀佛作礼,以头脑着地言:南无阿弥陀三耶三佛檀!"

阿弥陀在西方,所以向落日处礼拜。到傍晚,西方的晚霞是多么美丽!等到日落,此地是一片黑暗,想像中的彼土却是无限光明。比对现实世间的苦难,激发出崇仰彼土,极乐世界的福乐,而求生彼土。在这种宗教思想中,从神话而来的太阳,被融摄于无量光明的阿弥陀佛。阿弥陀的意义是"无量";古本说"阿弥陀三耶三佛",是"无量等正觉者";别译本作"无量清净平等觉",可见阿弥陀是略称。本经提到落日,以一千多字来叙赞阿弥陀佛的光明,古本是着重无量光的。无量光(Amitābha,Amitāyus),是阿弥陀佛的全名。在赞叹阿弥陀佛的光明中,《大乘无量寿庄严经》有"无垢清净光";《无量寿经》立阿弥陀佛十

① 《相应部·谛相应》(南传一六下·三四一)。《杂阿含经》卷一五(大正二·一〇四上)。

二名,有"清净光佛"①。光的原语为 ābhā,清净的原语,或作ś ubha,可能由于音声的相近,所以古人译"无量光"为"无量清净"。起初是"无量光",后来多数写作 Amitāyus——无量寿,是适应人类生命意欲的无限性,如"长生"、"永生"一样。总之,阿弥陀佛及其净土,是面对他方佛与佛土的种种差别,与拜一神教的思想相呼应,而出现诸佛之雄、最完善国土的愿望。以日光的照明彼土,反显此土的苦难,而引发往生的救济思想:这是阿弥陀佛本生——法藏比丘发愿的真实意义。阿弥陀佛国土的传布,引起佛教界的不同反应,于是有更多的阿弥陀佛本生的传出,表示对阿弥陀佛净土的见解。

三、阿閦佛土与阿弥陀佛土,为初期大乘的东西二大净土。一经传布出来,必然要引起教界的反应,于是有更多的本生传说出来。《贤劫经》说:过去,使众无忧悦音王,护持无限量法音法师。无限量法音法师,是阿弥陀佛前身;使众无忧悦音王,是阿閦佛的前身②。这是阿弥陀为师,而阿閦为弟子了。《决定总持经》说:过去的月施国王,从辩积法师听法。辩积是阿閦佛前身,月施是阿弥陀佛前身③。这是阿閦为师,阿弥陀为弟子了。东西净土的二佛,有相互为师弟的关系。上面说到,《阿閦佛国经》说当时阿閦菩萨是从大目如来听法而发愿的。《阿弥陀经》说法藏比丘从世自在王佛发心,而《贤劫经》说:净福报众音王

① 《大乘无量寿庄严经》卷中(大正一二·三二一下)。《无量寿经》卷上(大正一二·二七〇上——中)。

② 《贤劫经》卷一(大正一四·一〇中——下)。

③ 《决定总持经》(大正一七·七七二中)。《谤佛经》(大正一七·八七六中)。

子,从无量德辩幢英变音法师听法。净福报众音王子是阿弥陀佛前身,无量德辩幢英变音法师是大目如来前身①。阿弥陀佛也以大目如来为师,与阿閦佛一样。这一本生,是从互相为师弟的关系,进一步而达到了共同的根源。"大目",唐译《不动如来会》作"广目"。大目或广目的原语,虽没有确定,但可推定为卢遮那。毗(vi)是"最高显"的,卢遮(舍)那(Rocana)是"广眼藏"的意思②,广眼就是广目或大目。阿閦与阿弥陀都出于大目,可说都是毗卢遮那所流出的。毗卢遮那如日轮的遍照,那么东方净土的阿閦佛,象征日出东方。阿閦住于无嗔恚心而不动,是菩提心。菩提心为本,起一切菩萨行,如日轮从东方升起,光照大地,能成办一切事业。阿弥陀佛土如日落西方,彼土——那边的光明无量。从日出到日没,又从日没到日出,所以阿閦佛与阿弥陀佛有互为师弟的意义。二佛都出于大目如来,那是以释尊究竟的佛德为本,方便设化,出现东西净土。古代的本生话,是直觉到这些意义,而表示于本生话中的。

第四项　观　世　音

观世音(Avalokitêśvara),或译为观自在,是以大悲救济苦难著名的菩萨。观世音的来源,或以为基于波斯的女性水神Anāhita;或以为是希腊的阿波罗(Apolla)神,与印度湿婆(自在Śvara)神的混合。然从佛教的立场来说,这不外乎释尊大悲救世的世俗适应。试从观世音所住的圣地说起。观世音所住的圣

---

① 《贤劫经》卷一(大正一四·七中)。"大目",依"宫本"。

② 《望月佛教大辞典》(四三六八中)。

地，梵语为 Potala 或 Potalaka，汉译作补陀洛、补陀洛迦等。传说在南印度，如《大方广佛华严经》卷六八（大正一〇·三六六下）说：

“于此南方，有山名补怛洛迦，彼有菩萨，名观自在。……见其西面岩谷之中，……观自在菩萨于金刚宝石上，结跏趺坐。”

晋译《华严经》所说相同，但作“光明山”①。《大唐西域记》卷一〇（大正五一·九三二上）也说：

“秣剌耶山东，有布呾洛迦山。山径危险，岩谷敧倾。山顶有池，其水澄镜。……池侧有石天宫，观自在菩萨往来游舍。其有愿见菩萨者，不顾生命，厉水登山，忘其艰险；能达之者，盖亦寡矣！”

观世音菩萨的圣地，深山险谷，是那样不容易到达。圣地到底在哪里？考论者也没有确定的结论。然在佛教所传，古代确有名为补多洛或补多罗迦的，这应该就是观世音菩萨圣地的来源。传说古代的王统，开始于摩诃三摩多（Mahāsammata），年寿是无量的（不可以年代计的）。其后，先后有王统成立，并说到所住的城名。大天王（Mahādeva）王统以后，有姓瞿昙（Gautama）的善生王（Sujāta），以后有甘蔗种（Ikṣvāku），都住在补多罗城，就是释迦族的来源。这一传说的谱系虽不完全统一，但在传

① 《大方广佛华严经》卷五一（大正九·七一八上）。

说的王统住地中有补多罗，却是一致的，今列举不同的传说如下①：

Ⅰ富多罗……又布多罗…………善生补多罗…………甘蔗补多勒迦

Ⅱ布多罗迦…又补多罗迦………瞿昙补多落迦………甘蔗补多落迦

Ⅲ逋多罗……又逋多罗…………瞿昙逋多罗…………甘蔗逋多罗

Ⅳ逋多罗……又逋多罗…………瞿昙逋多罗…………甘蔗逋多罗

Ⅴ褒多那……毗褒多那…………大茅草王褒多那……甘蔗

Ⅵ Pakula

传说的名称不统一，主要为方言的变化。如Ⅵ说是铜鍱部所传，作 Pakula。Ⅴ说是法藏部所传，"褒怛那"的原语，应与铜鍱部所传《典尊经》的七国七城中，Assaka 国的 Potana 相合。Ⅰ、Ⅱ说（Ⅲ、Ⅳ可能也是）是说一切有部所传。译名不统一，但可断定是 Potala 或 Potalaka。传说的十大王统中，有阿波——阿湿波（Aśvaka），或作阿叶摩（Aśvama），也就是七国中的 Assaka；首府与传说中的褒怛那、补多罗相当。阿湿波的补多落迦，与观

① Ⅰ《根本说一切有部毗奈耶破僧事》卷一（大正二四·一〇一中——一〇三中）。Ⅱ《众许摩诃帝经》卷一·二（大正三·九三四中——九三六下）。Ⅲ《起世经》卷一〇（大正一·三六三中——三六四上）。Ⅳ《起世因本经》卷一〇（大正一·四一八中——四一九上）。Ⅴ《佛本行集经》卷五（大正三·六七三上——六七四上）。Ⅵ《岛史》（南传六〇·一九）。

世音的圣地完全相合。

《长阿含经》的《典尊经》，传说以瞻波为中心的七国七城，其中有阿婆（阿湿波国）的布和（褒怛那），是东方的古老传说①。在释尊时代，仅有央伽的瞻波城、迦尸的波罗奈，是佛所经常游化的地区，其他的古代城市，不是已经毁废，就是湮没而地点不明。如迦陵伽（Kaliṅga）的檀特补罗（Dantapura），已因仙人的"意愤"而毁灭。毗提诃（Videha）的弥绨罗（Mithilā），已经衰落。阿槃提的首城——摩醯沙底（Māhisattī），已移转到优禅尼（Ujjayinī）。苏尾啰（Sovīra）的劳鹿迦（Roruka），传说纷歧。《杂事》译为"胜音城"，此地与大迦旃延有关，应在阿槃提，但《杂事》却传说在西北。胜音城人，用土来撒大迦旃延，因而城为沙土所掩没②。后来，劳鹿迦又传说在于阗，也是为沙土所掩没的③。年代太久远了，古城不知所在，就成为神话的地区。阿湿波，铜锞部传写为 Assaka，首都名 Potali（即 Potala），解说为在瞿陀婆利（Godhāvarī）河岸。《望月佛教大辞典》也许觉得太在南方，所以推定在摩偷罗与优禅尼之间④。其实，阿湿波是在东方的。《正法念处经》说到东方地区，有毗提醯河与安输摩河。又说：桥萨罗（Kośalā）属有六国：桥萨罗、鸯伽、毗提醯、安输、迦尸、金蒲罗⑤。金蒲罗所在不明，其余的都在恒曲以东的东方。

① 《长阿含经》卷五《典尊经》（大正一·三三上）。《佛说大坚固婆罗门缘起经》卷下（大正一·二一〇下）。《长部》（一九）《大典尊经》（南传七·二四九）。

② 《根本说一切有部毗奈耶》卷四六（大正二三·八八〇下）。

③ 《大唐西域记》卷一二（大正五一·九四五中）。

④ 《望月佛教大辞典》（二四一八上——中）。

⑤ 《正法念处经》卷六七（大正一七·四〇〇中）。

安输摩与安输，就是阿湿波（或译阿叶摩）。又释尊的时代，确有名为阿湿波的，如《中阿含经》卷四八《马邑经》（大正一·七二四下、七二五下）说：

“佛游鸯骑国，与大比丘众俱，往至马邑，住马林寺。”①

Aśvapura——马邑，为Aśva与pura的结合语，就是阿湿波邑。佛世是属于央伽的，与《正法念处经》的东方相合。阿湿波的Potala，虽不能确指，而属于东方是可以确定的。央伽的东方，现有阿萨密（Assam），与阿叶摩、安输摩的语音相近。古代的地名，年代久了，不免传说纷歧，或与神话相结合，如迦陵伽的檀特补罗，苏尾啰的劳鹿迦。所以古代阿湿波的补多罗、补多落迦，传说为观世音菩萨的圣地——补怛洛迦，传说到南方或他方，是非常可能的。

《法华经》说，观世音菩萨“应以何身而得度者，即现何身而为说法”②。现种种身，说种种法，传为观世音救世的方便。或以为是受了印度教毗湿奴的影响，这是可能的，但受影响最早的，是《长阿含经》（世间悉檀）所说的释尊。如《长阿含经》卷三《游行经》（大正一·一六中——下）说：

“阿难！世有八众。何谓八？一曰刹利众，二曰婆罗门众，三曰居士众，四曰沙门众；五曰四天王众，六曰忉利天众，七曰魔众，八曰梵天众。我自忆念，昔者往来，与刹利众

① 《中部》（三九）《马邑大经》（南传九·四六九），又（四〇）《马邑小经》（南传九·四八六）。

② 《妙法莲华经》卷七（大正九·五七上——中）。

坐起言语，不可称数。以精进定力，在所能现。彼有好色，我色胜彼。彼有妙声，我声胜彼。……阿难！我广为说法，示教利喜已，即于彼没，彼不知我是天是人。如是至梵天众，往反无数，广为说法，而莫知我谁。……如是微妙希有之法，阿难！甚奇甚特，未曾有也！”

八众，是人四众、天四众，赅括了佛所教化的一切。佛以神力到他们那里去。“在所能现”，就是在什么众中，能现什么身，可是色相与声音比他们还胜一着。等到离去，他们并不知道是佛，不知道是谁。这不是“应以何身而得度者，即现何身而为说法”吗？不过观世音三十二现身，比八众要分类详细些，但总不出人天八众以外。所以观世音菩萨救世的方便——“应以何身而得度者，即现何身而为说法”，是继承通俗教化中释尊的“普入八众”而来的。

“大悲”，是观世音菩萨的特德，被称为“大悲观世音”。在早期佛教中，大悲是佛所有的不共功德。十力、四无所畏、大悲、三不护，总为佛十八不共法。在凡夫与声闻圣者，只能说“悲”，不能说是“大悲”。佛的大悲是怎样的呢？如《根本说一切有部毗奈耶杂事》卷二（大正二四·二一一中）说：

“世尊法尔于一切时观察众生，无不闻见，无不知者。恒起大悲，饶益一切。……昼夜六时，常以佛眼观诸世间，于善根处，谁增谁减？谁遭苦厄？谁向恶趣？谁陷欲泥？谁能受化？作何方便拔济令出！”

《大乘庄严经论》卷一三（大正三一·六六一上）说：

“昼夜六时观，一切众生界；大悲具足故，利益我顶礼。”

佛的大悲，是六时——一切时中观察世间众生的：谁的善根成熟？谁遭到了苦难？于是用方便来救济。“大悲观世（间众生）”的，是佛的不共功德。普入八众、现身说法的，也是佛的甚希有法。所以大乘的观世音菩萨，现身说法，大悲救苦，与佛完全相同。观世音菩萨，是在佛教通俗化中，继承释尊大悲观世的精神而成的。以释迦族的故乡——补怛洛迦为圣地，也许与渊源于释尊救世说有关。

观世音（Avalokitêśvara），或译观自在（Avalokitêśvara），梵音有些微不同。玄应（西元七世纪）《一切经音义》卷五（望月大辞典八〇一上）说：

“旧译观世音，或言光世音，并讹。又寻天竺多罗叶本，皆云舍婆罗，则译为自在。雪山以来经本，皆云娑婆罗，则译为音。当以舍、娑两声相近，遂致讹失。”

玄应以为：译为观自在，是正确的；译为观世音，是讹传的。然从所说的天竺本，雪山以来——北方本的不同而论，显然是方言的不同。《华严经》的《入法界品》是从南方来的，译为观自在。早期大乘——盛行于北方的，如《阿弥陀经》、《法华经》等，作观世音。观世音菩萨的信仰，到底先起于南方，还是北方？起初是舍婆罗，还是娑婆罗呢？这是不能以后代的梵本来决定的。《法华经》说：“若有无量百千万亿众生受诸苦恼，闻是观世音菩萨，一心称名，观世音菩萨即时观其音声，皆得解脱。”①“观其音

① 《妙法莲华经》卷七（大正九·五六下）。

声”，正是观世音的确切训释。《杂事》说如来大悲，“于一切时观察众生，无不闻见”①；“闻见”，也含有观其音声的意思。所以，观世音菩萨的大悲救苦，如确定为从释尊大悲，于一切时观察世间众生而来，那么观世音才是原始的本意呢！

第二节　净土的仰信

第一项　未来弥勒净土

十方现在的他方净土，是大乘的重要部分。释尊当时的印度，摩竭陀与跋耆，摩竭陀与憍萨罗，都曾发生战争。释迦族就在释尊晚年，被憍萨罗所灭。律中每说到当时的饥荒与疫病。这个世界，多苦多难，是并不理想的。面对这个多苦多难的世界，而引发向往美好世界的理想，是应该的，也是一切人类所共有的。佛法的根本意趣，是“心恼故众生恼，心净故众生净”②：重视自己理智与道德的完成。到了大乘法，进一步地说：“随其心净，则佛土净。”③在佛法普及声中，佛弟子不只要求众生自身的清净，更注意到环境的清净。净土思想的原始意义，是充满人间现实性的。未来弥勒佛——慈氏时代的国土，如《阿毗达磨大毗婆沙论》卷一七八（大正二七·八九三下——八九四

① 《根本说一切有部毗奈耶杂事》卷二（大正二四·二一一中）。

② 《杂阿含经》卷一〇（大正二·六九下）。《相应部·蕴相应》（南传一四·二三七）。

③ 《维摩诘所说经》卷上（大正一四·五三八下）。

上)说:

"于未来世人寿八万岁时,此赡部洲,其地宽广,人民炽盛,安隐丰乐。村邑城廓,鸡鸣相接。女人年五百岁,尔乃行嫁。彼时诸人,身虽胜妙,然有三患:一者,大小便利;二者,寒热饥渴;三者,贪淫老病。有转轮王,名曰饷佉,威伏四方,如法化世。……极大海际,地平如掌,无有比(坎?)坑砂砾毒刺。人皆和睦,慈心相向。兵戈不用,以正自守。……时有佛出世,名曰慈氏,……如我今者十号具足。……为有情宣说正法,开示初善中善后善,文义巧妙,纯一圆满,清白梵行。为诸人天正开梵行,令广修学。"

《论》文是引《中阿含经·说本经》的①。轮王是以正法——五戒、十善的德化来化导人民,使世间过着长寿、繁荣、欢乐、和平的生活。佛教一向推重轮王政治,在这样的时代,又有佛出世,用出世的正法来化导人间。理想的政治与完善的宗教并行,这是现实人间最理想不过的了!释尊与弥勒佛同样是佛而世间的苦乐不同,这是什么原因呢?《佛本行集经》卷一(大正三·六五六中——下)说:

"时弥勒菩萨,身作转轮圣王。……见彼(善思)如来,具足三十二大人相,八十种好,及声闻众,佛刹庄严,寿命岁数(八万岁),即发道心,自口称言:希有世尊!愿我当来得

① 《中阿含经》卷一三《说本经》(大正一·五〇九下——五一〇上)。参阅《长阿含经》卷六《转轮圣王修行经》(大正一·四一下——四二上),《长部》(二六)《转轮圣王师子吼经》(南传八·九二——九三)。

作于佛，十号具足，还如今日善思如来！……愿我当来为多众生作诸利益，施与安乐，怜愍一切天人世间。”

“我（释尊自称）于彼（示诲幢）佛国土之中，作转轮圣王，名曰牢弓，初发道心。……发广大誓愿：于当来得作佛时，有诸众生。……无一法行，唯行贪欲嗔恚愚痴，具足十恶。唯造杂业，无一善事。愿我于彼世界之中，当得阿耨多罗三藐三菩提！怜愍彼等诸众生故，说法教化，作多利益，救护众生，慈悲拔济，令离诸苦，安置乐中。……诸佛如来有是苦行希有之事，为诸众生！”

释尊的生在秽恶时代，是出于悲悯众生的愿力，愿意在秽土成佛，救护众生脱离一切苦：这是重在“悲能拔苦”的精神。弥勒是立愿生在“佛刹庄严、寿命无数”的世界，重在慈（弥勒，译为“慈”）的“施与安乐”。至于成佛（智证）度众生，是没有不同的，这是法藏部的见解。说一切有部以为：“慈氏菩萨多自饶益，少饶益他；释迦菩萨多饶益他，少自饶益。”①释尊与弥勒因行的对比，释尊是更富于大悲为众生的精神。所以弥勒的最初发心，比释迦早了四十余劫②，而成佛却落在释尊以后。这显得大悲苦行的菩萨道，胜过了为“庄严佛刹、寿命无数”而发心修行。这一分别，就是后代集出的《弥勒菩萨所问（会）经》所说，“弥勒菩萨于过去世修菩萨行，常乐摄取佛国，庄严佛国。我

① 《阿毗达磨大毗婆沙论》卷一七七（大正二七·八九〇下）。

② 《佛本行集经》卷一（大正三·六五六中）。

(释尊)于往昔修菩萨行,常乐摄取众生,庄严众生"①:开示了信愿的净土菩萨行、悲济的秽土菩萨行——二大流。弥勒的净土成佛,本为政治与宗教、世间正法与出世间正法的同时进行,为佛弟子所有的未来愿望。中国佛教徒于每年元旦(传说为弥勒诞),举行祝弥勒诞生的法会,虽已忘了原义,但还保有古老的传统。由于推究为什么一在秽土成佛,一在净土成佛,而充分表达了(原始的)释尊大悲救世的精神,反而净土成佛是为了"庄严佛刹,寿命无数",与一般宗教意识合流。所以,现实世间轮王政治的理想被忽视,才发展为大乘的净土法门。

第二项　地上与天国的乐土

佛教原始的净土思想,是政治和平、佛法昌明的综合,是佛化的人间净土的实现。结集于《中阿含》及《长阿含经》(《长部》),可见实现人间净土的崇高理想,从流传到结集,是相当古老的。但发展而形成的大乘净土,倾向于他方净土,这是受到了一般的神教意识的影响。不论中外,都有乐土的传说。古代乐土的传说,可分为地上的与天上的,如基督教所传的乐园与天国,佛教所传的,也有这两方面。

佛教所传的地上乐土,名为郁多罗拘卢(Uttara-kuru)。拘卢是阿利安人的一族,所住地也就名为拘卢,在现今德里(Dehli)以北一带。这里曾发生过大战,古战场被称为"福地"②。郁多罗

---

① 《大宝积经》卷一一一《弥勒菩萨所问会》(大正一一・六二九下)。《弥勒菩萨所问本愿经》(大正一二・一八八中)。

② 《大唐西域记》卷四(大正五一・八九〇下——八九一上)。

是上，也就是北方，所以郁多罗拘卢，是北拘卢，也是上拘卢。拘卢是婆罗门教发扬成长的中心，印度人以此为中心，而向往北方的最上的拘卢，最福乐的地区。传说中，郁多罗拘卢是四大部洲之一，已成为神话地区。但传说是有事实背景的，依地理去考察，应该是印度北方的山地。阿利安族所住过的故乡，原始的古朴平静的山地生活，在怀念中成为理想的乐土。北拘卢的传说与向往，相当的古老，早在佛教以前就有了。《梵书》(Brāhmaṇa)已经说到；到佛教，《长阿含经》、《楼炭经》、《起世经》、《起世因本经》、《立世阿毗昙论》、《正法念处经》，都有详细的说明①。《长阿含经》卷一八《世记经》(大正一·一一七下)说：

> "欝单曰天下，多有诸山。其彼山侧，有诸园观浴池，生众杂花。树木清凉，花果丰茂。无数众鸟，相和而鸣。又其山中，多众流水，其水洋顺，无有卒暴，众花覆上，泛泛徐流。夹岸两边，多众树木，枝条柔弱，花果繁炽。地生软草，槃萦右旋，色如孔翠，香如婆师，软若天衣。其地柔软，以足蹈地，地凹四寸，举足还复。地平如掌，无有高下。"

北拘卢是多山地区，《正法念处经》说：北洲有十大山，人都住在山中②。山岭重叠，多山而又说"地平如掌"，可能是崇山中

---

① 《长阿含经》卷一八《世记经》(大正一·一一七下——一一九中)。《大楼炭经》卷一(大正一·二七九下——二八一上)。《起世经》卷一·二(大正一·三一四上——三一七上)。《起世因本经》卷一·二(大正一·三六九上——三七二中)。《立世阿毗昙论》卷二(大正三二·一八〇中)。《正法念处经》卷六四(大正一七·三七九中——下)，又卷六八——七〇(大正一七·四〇六上——四一三中)。

② 《正法念处经》卷六八(大正一七·四〇六中)。

的高原。北洲人的肤色是同一的，表示平等而没有阶级。印度的阶级制——种姓（varṇa），就是“色”，种姓起初是从肤色的差别而来的。北洲没有国王，也就没有政治组织。没有家庭夫妇关系，男女间自由好合，儿女也不属于父母。人吃的是树果，自然粳米——野生的谷类。没有房屋，所以住在“密叶重布，水滴不下”的大树下。衣服是从树上生的，大概是树皮、草叶，掩蔽前后而已。人都活一千岁，没有夭折。死了也不会哭泣，也不用埋葬，自然有大鸟来衔去。这是美化了的，为鹰类啄食而消失的原始葬式（印度人称为天葬）。没有阶级，没有政治，没有家庭；衣、食、住、死，都是极原始的生活方式。这应该面对自然的灾变，要与兽类斗争，为生活而艰苦的时代。但这些都忘了，值得回忆而向往的，是那种自由平等的生活，没有人祸——为人所逼害、欺凌、压迫与屈辱的生活。多少美化了的原始生活，应该有事实因素在内的。佛教的传说，自然的自由生活，加上气候温和，风雨适时，没有兽类的侵扰。而且，北洲中有园、观、门、船、浴池。“七重砖叠，七重板砌，七重栏楯，七重铃网，七重多罗行树”，又都是七（或说“四”）宝所成的，到处是音乐、鸟鸣、香气。自然与庄严园林相结合，是佛教的传说。北洲是乐土，没有我我所，没有系属，死了生天。但这里不可能有佛法，所以被称为八难（没有听法的机会）之一。北拘卢洲的传说，一般学者以为是阿利安人移住印度，对祖先乡土的追慕①。不过这也是一般人所有的观念，如《旧约》的乐园生活，起初连遮蔽前后都还不会。

① 《望月佛教大辞典》（二二〇上）。

中国也会想起"葛天氏之民,无怀氏之民"。这都是人类进入文明,人与人争的人祸越来越严重,而唤起对原始生活的追慕。

净土思想的又一来源,是天——天国、天堂,天是一般的共有的宗教信仰。佛教所说的天,是继承印度神教而作进一步的发展。"天、魔、梵",是旧有的神世界的层次。天(deva),佛教是六欲天;最高处是魔(māra);超过魔的境界,就是梵(brahmā)。在《奥义书》中,梵是究竟的、神秘的大实在,为一切的根元。梵的神格化,就是梵天。佛教以为:梵天还在生死中,并依四禅次第,安立四禅十八天(或十七,或十六,或二十二)。以上,依唯心观次第,成立四无色天。天是高低不等的,欲界天的第一四大王天(Caturmahārājaka),第二忉利天(Trāyastriṃśa),是多神的;忉利天王释提桓因(帝释),是这个多神王国的大王。六欲天都是有男有女的;到了梵天,就没有女人。天、魔、梵,都有政治组织形态,所以有天王、天子、天女等。初禅分为大梵天(Mahābrahmā)、梵辅天(Brahma-purohita)、梵众天(Brahma-pāriṣadya),也就是王、臣、人民——三类。大梵天是"独梵",是唯一的,自称宇宙人类的创造者,与基督教的一神相近。二禅以上,天是独往独来的,带有遗世的独善意味,反应了印度专修瑜伽的遁世的宗教。在这些天中,佛教形容其清净庄严的,主要是忉利天。天国的微妙庄严,与北拘卢洲不同。北洲的传说来源,是人类追慕原始的自然生活,而天国是反应了人间的政治组合。天神,对人类有赐福或降祸的主管意义,所以这些天神,也称为"世主"。人类明里受到王、臣,以及下层吏役的治理,暗中又受到高低不等的天神治理,人间的政治形态与天国的形态有一定的对应性。多神王国的大王——帝释与四天王天,正如中国古代的王与四岳一样。大一统的专制帝王,"天无二日",正与天上的大统治者唯一神相合。佛教推重北拘卢洲式的自然、平等与自由,对有政治组织意义的天国并不欣赏。如《正法念处经》卷六九(大正一七・四〇八上)说:

"欝单越人,无有宫宅,无我所心,是故无畏。……命终之时,一切上生,是故无畏。四天王天则不如是。"

以忉利天为例,天国是不平等的。衣服、饮食等非常精美,但彼此间有差别;寿长,可能会夭折;这里有战争的恐怖;有从属关系,所以也就有占有的意识。对死亡,有怖畏,也有堕落的可能。在物质享受方面,天国胜过了北洲,而在天与天——人事关系上,却远不及北洲那种"无我我所,无有守护"的幸福。不过天国也有它的好处,如七宝庄严,衣食自然,只是更精美,更能随心所欲。天国是化生的;所以死了没有尸骸①,也就比北洲更清净了。然天国的特胜,是光明无比,如《起世因本经》卷七(大正一・四〇〇上——中)说:

"人间萤火之明,则不如彼灯火之明。……月宫殿明,又不及日宫殿光明。其日宫殿照耀光明,又不及彼四天王天墙壁宫殿身璎珞明。四天王天诸有光明,则又不及三十三天所有光明。……其魔身天比梵身天,则又不及。……

① 《正法念处经》卷六九(大正一七・四〇八上)。《起世经》卷七(大正一・三四四中)。

若天世界，及诸魔、梵，沙门、婆罗门人等，世间所有光明，欲比如来阿罗诃三藐三佛陀光明，百千万亿恒河沙数不可为比。”

天国受到人间的影响，所以忉利天有高大的善见城（Sudarśananagara）、善法堂（Sudharma-sabhā）。虽说这是毗首羯磨天（Viśvakarman）变化所造，到底表示了自然与工艺的综合，这是后代净土美的原则。特别是善法堂，是帝释与诸天集会，讲道论理的地方①。这里有文明——智慧与道德的气息，所以传说的忉利天上有归依三宝的，帝释还是得了初果的圣者，这是北拘卢洲所万万不及的！所以大乘经说到他方净土，每说如忉利天上②。不过这里的物质享受太好了，所以即使听到正法，也会迅速遗忘，绝大多数沉溺于五欲追求之中。在这庄严光明的天国中，如没有五欲的贪著，没有战争，没有不平等与怖畏，如加上佛菩萨经常说法，那就是佛教理想的净土了。

天国有政治意味，如六欲天还有战争③，所以天国的清净庄严，不如北拘卢洲的自然与幸福。但天国仍为净土思想的重要渊源，这不只是天国的清净微妙，而是发现了天国的特殊清净区，那是弥勒的兜率天。兜率是欲界的第四天。释尊成佛以前，在兜率天，从天降生人间成佛。未来成佛的弥勒，也住在兜率天，将来也从兜率天下降成佛。弥勒成佛的人间净土，是希望的，还在未来，而弥勒所住的兜率天却是现在的，又同属于欲界，

① 《立世阿毗昙论》卷二（大正三二·一八四上——一八五中）。
② 《望月佛教大辞典》引述（三九二二上）。
③ 《起世经》卷八（大正一·三五二中——三五三中）。

论地区也不算太远。一生所系的菩萨,生在兜率天,当然与一般的凡夫天不同。兜率天的弥勒菩萨住处,有清净庄严的福乐,又有菩萨说法,真是两全其美,成为佛弟子心目中仰望的地方。西元前一〇一——七七年在位的锡兰王——度他伽摩尼(Duṭṭhagāmaṇī)在临终时,发愿生兜率天,见弥勒菩萨①。西元前二世纪,已有上生兜率见弥勒的信仰,这是可以确定的。《小品般若波罗蜜经》说:不离般若的菩萨,是从哪里生到人间来的?有的"人中命终,还生人中";有从他方世界生到此间来的;也有"于兜率天上,闻弥勒菩萨说般若波罗蜜,问其中事,于彼命终,来生此间"②。特别说到兜率天,正因为兜率天有弥勒菩萨说法。弥勒在兜率天说法,是发愿往生兜率天的主要原因。兜率天在一切天中,受到了特别的重视。大乘经说到成佛时的国土清净,有的就说与兜率天一样③,这可见兜率天信仰的普遍。推重兜率天,不是兜率天的一般,而是有弥勒菩萨说法的地区。《佛本行集经》说:一生所系的菩萨,在兜率天的高幢宫,为诸天说"一百八法明门";《普曜经》也有此说④。后代所称的弥勒内院,也就是兜率天上一生所系菩萨所住的清净区。兜率天上弥勒净土的信仰,是部派佛教时代就有了的。在大乘的他方净土兴起后,仍

---

① 《大史》(南传六〇·三六八)。《岛史》(南传六〇·一三二)。

② 《小品般若波罗蜜经》卷五(大正八·五六〇上)。

③ 《大宝积经》卷一二《密迹金刚力士会》(大正一一·六八中)。《佛说海龙王经》卷二(大正一五·一四〇中)。《大方等大集经》卷一六《虚空藏菩萨品》(大正一三·一〇八中)。

④ 《佛本行集经》卷六(大正三·六八〇中——六八二中)。《普曜经》卷一(大正三·四八七上——下)。《方广大庄严经》卷一(大正三·五四四上——五四五上)。

留下上升兜率见弥勒的信仰，所以玄奘说："西方道俗，并作弥勒业，为同欲界，其行易成。"①等到十方佛说兴起，于是他方佛土，有北拘卢洲式的自然、天国式的清净庄严、兜率天宫式的（佛）菩萨说法，成为一般大乘行者所仰望的净土。

《长阿含经》（二）《游行经》，说到大善见王（Mahāsudarśana）的王都非常庄严，与净土相似。所以有的以为：大善见王都的庄严形相，是净土思想的渊源。大善见王都，又由三十三天来的妙匠天——毗首羯磨，造一座非常庄严的善法殿②。大善见王的故事，南传把他分离出来，成为独立的《大善见王经》，编为《长部》的一七经。我以为，这是天国庄严的人间化。在《吠陀》中，因陀罗住在善见城；因陀罗就是佛教的帝释。依佛教传说，帝释为三十三天主，中央大城名为善见城，也有善法堂。善法堂，《杂阿含经》"八众诵"已经说到了③。三十三天、善见城、善法堂的庄严，如《长阿含经》（二〇）《世记经》等说④。这可见善见城与善法堂的庄严，是印度神教的固有传说，而为佛弟子化作人间故都的传说。大善见与善法殿，不正是天国旧有的名称吗？所以，这只是天国庄严的变形。

① 《诸经要集》卷一（大正五四·六下）。

② 《长阿含经》卷三《游行经》（大正一·二三上）。《长部》（一七）《大善见王经》（南传七·一七八）。

③ 《杂阿含经》卷四〇（大正二·二九五下）。《增支部·三集》（南传一七·二三一）。

④ 《长阿含经》卷二〇《世记经》（大正一·一三一上——一三二中）。《大楼炭经》卷四（大正一·二九四上——二九五下）。《起世经》卷六（大正一·三四一上——三四二中）。《起世因本经》卷六·七（大正一·三九六上——三九八中）。

第三节　神秘力护持的仰信

第一项　音声的神秘力

人类的语声,能说明事理,更有感动人心的力量,古人对之是有神秘感的;特别是巫师、先知们的语言。中国文的"言"字,甲骨文作𠷎、𫩏也是有神圣意义的。语言的神秘感,使人欢喜听吉祥话,而忌讳某些语言,这是古人共有的感觉与信仰。佛法流传久了,或本没有神秘感而也神秘化了;印度一般的——语言的神秘性,也融合到佛法中。自从大天立"道因声故起"①,以为语言的音声有引发圣道的力量,语声才发展为修道的方法。这些语言的神秘性,语声的修道法,都在大乘佛法中充分发挥出来。

佛法中有"咒愿":咒,在中国文字中,与"祝"字相通,所以咒愿是语言的祝愿。《五分律》说:"佛言:应作齐限说法。说法竟,应咒愿。"②《十诵律》说:"僧饱满食已,摄钵,洗手,咒愿。咒愿已,从上座次第(却地敷)而出。"③佛教的僧制,是渐次形成的。布萨日,信众们都来了,所以制定要为信众说法。其后又制定,说法终了,要为信众们咒愿。如应请到施主家去应供,饮食终了,也要为施主咒愿。在咒愿以前,又多少为施主作简要的说

———

① 《异部宗轮论》(大正四九·二五上)。

② 《弥沙塞部和醯五分律》卷一八(大正二二·一二一下)。

③ 《十诵律》卷三八(大正二三·二七二中)。

法。《僧祇律》说:“僧上座应知前人为何等施,当为应时咒愿。”①信众们请僧应供,大都是有所为的,所以应随施主的意愿,而作“应时”——适合时宜的祝愿。《僧祇律》列举丧亡、生子、新舍落成、商人远行、结婚、出家人布施——六事,并不同的祝愿词。生子的咒愿文,如《摩诃僧祇律》卷三四(大正二二·五〇〇中——下)说:

> “僮子归依佛,……七世大圣尊。譬如人父母,慈念于其子,举世之乐具,皆悉欲令得,令子受诸福,复倍胜于彼。室家诸眷属,受乐亦无极!”

咒愿,只是随事而说吉祥的愿词,满足布施者的情感,本没有神秘的意义,与中国佛教法事终了所作的回向颂相近。

咒愿而外,在受请应供时,还有说“特欹拏伽陀”,及唱“三钵啰佉多”的制度。特欹拏(伽陀),或作铎欹拏、达嚫、大嚫、檀嚫、达嚫等,都是 dakṣiṇā 的音译,义净意译为“清净”(伽他)。《四分律》卷四九(大正二二·九三五下)说:

> “应为檀越说达嚫,乃至为说一偈:若为利故施,此利必当得。若为乐故施,后必得快乐!”

《根本说一切有部尼陀那》卷一(大正二四·四一六上)说:

> “诸苾刍闻是语已,即皆各说清净伽他曰:所为布施者,必获其义利。若为乐故施,后必得安乐。菩萨之福报,

---

① 《摩诃僧祇律》卷三四(大正二二·五〇〇中)。

无尽若虚空，施获如是果，增长无休息。”

《尼陀那》的第一颂，与《四分律》说相合。这是受施主供养以后的赞颂，所以依发音类似的dana（施），而解说达赚为布施。然义净却译为“清净”，清净是如法而没有过失的意思，所以这是赞叹如法布施的功德。说达赚，也就是受供后说法。说法不一定是歌颂，但传说佛也听许歌咏声说法①。如《四分律》的达赚，不只是赞叹布施，而是“若檀越欲闻说布施……，应为檀越赞叹布施；赞叹檀越；赞叹佛法僧”②。可见达赚是受供后的赞叹偈，从布施而赞叹三宝，后代用来代替说法的。

咒愿与特欹拏颂，没有神秘意味，而唱“三钵啰佉多”（saṃprāpta），却有点神秘化。如《根本说一切有部目得迦》卷八（大正二四·四四五中）说：

“一人于上座前，唱三钵罗佉多。由是力故，于饮食内诸毒皆除。”

注：“三钵罗佉多，译为正至；或为时至；或是密语神咒，能除毒故。昔云僧跋者，讹也。”

三钵啰佉多，古译作僧跋。唱三钵啰佉多，而饮食中的毒性都消除了，这是传说尸利仇多（Śrīgupta）的故事。尸利仇多（或译申日、德护）在饮食中放了毒药，然后请佛与僧众去应供。《目得迦》以为唱了“三钵啰佉多”，毒就没有了，所以义净注为

① 《四分律》卷三五（大正二二·八一七上）。
② 《四分律》卷四九（大正二二·九三五下——九三六上）。

“或是密语神咒,能解毒故”。然同属说一切有部的《十诵律》卷六一却这样(大正二三·四六四下)说:

“佛如是咒愿:淫欲、嗔恚、愚痴,是世界中毒。佛有实法,除一切毒;解除舍已,一切诸佛无毒。以是实语故,毒皆得除。……未唱等供,不得食。”

依《十诵律》,消除饭食中毒质,是由于实语,与唱三钵啰佉多无关。《十诵律》的意见,与《增一阿含经》、《月光童子经》、《申日儿本经》、《德护长者经》所说相合①。《十诵律》所说的“等供”,是三钵啰佉多的意译。《佛说梵摩难国王经》(大正一四·七九四中)说:

“夫欲施者,皆当平心,不问大小。佛于是令阿难,临饭说僧跋。僧跋者,众僧饭皆悉平等。”

“僧跋”是众僧饭皆悉平等,正与“等供”的意义相合。佛教的制度,多数比丘在一处受供,是不问年老年少,有没有学德,相识或不相识,应该平等心布施供养,比丘们也应该平等心受供养。所以在开始饭食时,唱“三钵啰佉多”,唤起大家的平等用心。这句话,同时也就成了一种号令。多数比丘在一处受供,坐定了以后,钵中放好了饭食。为了保持秩序,不致参差杂乱,所以要有一指令,才一致地开始取食。于是“三钵啰佉多”,在唤

---

① 《增一阿含经》卷四一(大正二·七七五上)。《月光童子经》(大正一四·八一七中)《申日儿本经》(大正一四·八二〇上)。《德护长者经》卷下(大正一四·八四八下)。

起供养者与受供者的等心而外，又附有开始取食的意义。一听到唱“三钵啰佉多”，就开始取食；时间流传得久了，似乎这就是开始取食的指令。于是乎或解说为“时至”、“正至”、“善至”。为什么要唱“三钵啰佉多”的原意，一般是模糊了，而只是习惯了的流传下来。有的与消毒的故事相结合，而解说为“由是力故，诸毒皆除”，“三钵啰佉多”也就被误解为秘密神咒了。咒愿，说达嚫，唱僧跋，主要为受供前后的颂赞。

谛语（satyavacana，saccakiriyā），或译为实语。这是真诚不虚妄的誓言，与一般的发誓相近。谛语，是印度一般人所深信的。从种种谛语的传说来看，谛语是：说谛语的人，必要备有良好的功德，才能从真诚不虚妄的誓言中，发出神奇的力量，实现誓言的目的。不只是内心的想念，还要口里说出来，语言也就有了一分神秘的意味，所以谛语也称为真实加持（satyādhiṣṭhāna，saccādhitthāna）。起初，佛法是没有谛语的，但在世俗信仰的适应下，渐渐地掺杂进来。如《中部》的《鸯掘摩经》，佛命鸯掘摩罗以“从圣法中新生以来，不曾忆念杀生”的谛语，使产妇脱离了难产的灾厄，得到了平安①。汉译《杂阿含经》的同一事实，就没有谛语救产难部分②。如《十诵律》等所传，佛以“佛（或作三宝）没有贪、嗔、痴三毒”的谛语，消除了饮食中的毒素③。《法句义释》（Dhammapada Aṭṭhakathā）有同一故事，却没有除毒的谛

① 《中部》（八六）《鸯掘摩经》（南传一一上・一三九）。

② 《杂阿含经》卷三八（大正二・二八〇下——二八一中）。

③ 《十诵律》卷六一（大正二三・四六四下）。又上页注①所引。

语①。这可见谛语的出现于佛教圣典,是后起的。到了部派时代,谛语的信仰非常普遍。所以在当时传出的"本生"中,释尊前生的谛语故事相当的多。依本生而归纳出来的菩萨德行——波罗蜜多,铜锞部也就有了谛语加持。谛语所引起的作用,以治病或恢复身体健全为最多。如尸毗王割肉救鸽本生,"时菩萨作实誓愿:我割肉血流,不嗔不恼,一心不闷以求佛道者,我身当即平复如故!即出语时,身复如本"②。如睒(Śyāma)为毒箭所射,也由于谛语而康复③。《小品般若经》说:"以此实语力故,此城郭火,今当灭尽。"④那谛语更有改变自然的力量。凡称为谛语或实语的,主要是由于谛语者的功德力,但也可能是得到鬼神的协助。如《小品经》所说的谛语灭火,或是本身没有灭火的力量,而由"非人"来助成。睒本生中,也是得到帝释神力的加持。在所说的谛语中,可能有神力在护助,就近于咒语,所以《十诵律》称谛语为"咒愿"⑤。大乘佛法初兴,谛语还相当流行。但不久,就为佛与菩萨的神力、密咒的神力所取而代之了!

语言音声的神秘性,从古以来,就有人信仰的。在印度,或称为 mantra,或称为 vidya, vijjā,或称为 dhāraṇi,说起来浅深不一,而与神秘的语言有关,却是一致的。在中国,都可以译为咒。严格地说,佛法是彻底否定了的,出家人是禁止的。如《长阿含经》卷一四《梵动经》(大正一·八九下)说:

---

① 《法句义释》(一·四三四)。
② 《大智度论》卷四(大正二五·八八下)。
③ 《六度集经》卷五(大正三·二四下——二五上)。
④ 《小品般若波罗蜜经》卷七(大正八·五七〇上)。
⑤ 《十诵律》卷六一(大正二三·四六四下)。

> "如余沙门、婆罗门,食他信施,行遮道法,邪命自活:或为人咒病,或诵恶咒,或诵善咒,……沙门瞿昙无如此事。"
>
> "如余沙门、婆罗门,食他信施,行遮道法,邪命自活:或咒水火,或为鬼咒,或诵刹利咒,或诵象咒,或支节咒,或安宅符咒,或火烧、鼠啮能为解咒,……沙门瞿昙无如此事。"

神秘的迷信行为,佛教出家众是不许学习的。南传的《沙门果经》、《梵网经》,都有同样的叙述①。似乎这是禁止邪命自活,如没有因此而得到经济的报酬,或者就不妨的。然《梵网经》等称之为"无益而徒劳的明咒",是否定明咒之神效的。《中阿含经》卷四七《多界经》(大正一·七二四上)说:

> "若见谛人,生极苦、甚重苦,不可爱、不可乐、不可思、不可念,乃至断命。舍离此内,更从外求,或有沙门、梵志,或持一句咒,二句、三句、四句、多句、百千句咒,令脱我苦……者,终无是处。若凡夫人,舍离此内,更从外求,……必有是处。"

依说一切有部所传的《多界经》,即使痛苦到极点,可能有死亡的危险,真正通达真谛的圣者,是不会为了生命,到外教那里去学习神咒。可见这些"徒劳无益的明咒",只是愚痴凡夫所有的信仰——迷信。

---

① 《长部》(二)《沙门果经》(南传六·一〇一),又(一)《梵网经》(南传六·一一)。

咒语的引入佛法中，治蛇毒咒该是最早的了。《杂阿含经》说：优波先那（Upasena）为毒蛇所伤而死，临死而面色如常，没有什么变异。因此，佛为比丘们说防治毒蛇的咒语，如卷九（大正二·六一上——中）说：

"即为舍利弗而说偈言：

常慈念于彼　坚固赖吒罗　慈伊罗槃那　尸婆弗多罗
钦婆罗上马　亦慈迦拘吒　及彼黑瞿昙　难陀跋难陀
慈悲于无足　及以二足者　四足与多足　亦悉起慈悲
慈悲于诸龙　依于水陆者　慈一切众生　有畏及无畏
安乐于一切　亦离烦恼生　欲令一切贤　一切莫生恶
常住蛇头岩　众恶不来集　凶害恶毒蛇　能害众生命
如此真谛言　无上大师说　我今诵习此　大师真实语
一切诸恶毒　不能害我身"

"贪欲嗔恚痴　世间之三毒　如此三恶毒　永除名佛宝
法宝灭众毒　僧宝亦无余　破坏凶恶毒　摄受护善人
佛破一切毒　汝蛇毒今破"

"故说是咒术章句，所谓：坞·耽婆隶·耽婆隶·耽陆·波婆耽陆·奈渧肃·奈渧·枳跋渧·文那移·三摩移·檀谛尼罗枳施·婆罗拘闭·坞隶·坞娱隶·悉波诃。"

《根有律》与《杂阿含经》所说相同①。所说的偈颂——伽

① 《根本说一切有部毗奈耶》卷六（大正二三·六五七上——中）。

陀,是谛语、实语。又分为二:初七颂半,是佛的慈心护念八大龙王,及一切众生的谛语。慈心,是不受毒害的,所以慈心谛语,能使蛇等不能伤害。次二颂半,是佛、法、僧没有烦恼毒的谛语,与除灭尸利仇多饭食中毒素的谛语相同,所以伽陀是防治蛇伤的谛语。次说"咒术章句",《根有律》作"禁咒",原文可能为mantra,这才是咒语。《相应部》与《杂阿含经》相当的部分,但说优波先那受蛇伤而死,没有伽陀,也没有咒语①。《铜鍱律》中,有比丘为毒蛇所伤,所以佛说"自护咒"(attaparittaṃ)②。初说四颂,与《杂阿含经》的前五颂相同,仅四大龙王。次说"佛无量,法无量,僧无量,匍行的蛇蝎等有量",近于除毒的谛语。自护咒,只是谛语而已。《四分律》说:"自护慈念咒:毗楼勒叉慈……慈念诸龙王,乾闼婆,罗刹娑,今我作慈心,除灭诸毒恶,从是得平复。断毒,灭毒,除毒,南无婆伽婆。"③也是慈心的谛语。从这里可以看出:优波先那为毒蛇所伤而死,面色如常,编入《相应部·六处相应》(《杂阿含经》同),原是没有伽陀与咒语的。律师们开始以谛语防治毒蛇;根本说一切有部的律师们,才在防护谛语下,附入世俗治毒蛇的咒语。以后,又附入《杂阿含经》中。

世俗咒术的引入佛法,不外乎受到印度习俗的影响。印度自《阿闼婆吠陀》(Atharva Veda)以来,称为mantra的咒语非常流行。咒语的神效,被一般传说为事实。对于修道,佛法以为咒术是无益的;也不许僧众利用咒术来获取生活(邪命),但咒术

① 《相应部·六处相应》(南传一五·六四——六六)。
② 《铜鍱律·小品》(南传四·一六八——一七〇)。
③ 《四分律》卷四二(大正二二·八七一上)。

的效力，在一般是公认的，所以在部派佛教中，容受咒术的程度虽浅深不等，而承认咒术的效力却是一致的。世俗有以咒术杀生的信仰，现在的各部广律，也要考虑到咒术杀害生命所犯罪过的轻重。如《铜鍱律》说：以咒术除鬼害而杀鬼①。《五分律》说“随心遣诸鬼神杀”②。《四分律》说“咒药与，令胎堕”③。《僧祇律》说“毗陀罗咒”杀④。《十诵律》说“作毗陀罗杀，半毗陀罗杀，断命”。毗陀罗是“召鬼咒尸令起”，即起尸咒法。半毗陀罗是“召鬼咒铁人令起”。断命是“心念口说读咒术”的种种法⑤。《根本说一切有部毗奈耶》的“起尸杀”、“起半尸”杀、“咒杀”，与《十诵律》相同，但起半尸的方法不同⑥。总之，各部派都承认咒术有杀害生命的力量。印度在热带，毒蛇特别多；每年为毒蛇所伤害的人，数目很大。一直到现在，还有一批以咒蛇为职业的。出家人多住于山林，正是毒蛇出没地区，既承认咒术的力量，那么为了保护自己，引用世俗防治毒蛇的咒术，也就不觉得离奇了！僧团内，准许学习治蛇毒咒，那其他治病的咒法，当然也是许可了。如《四分律》卷三〇（大正二二·七七五上）说：

> “若学咒腹中虫病，若治宿食不消；若学书、学诵，若学世论为伏外道故；若学咒（除）毒：为自护，不以为活命，无犯。”

---

① 《铜鍱律·经分别》（南传一·一三九）。
② 《弥沙塞部和醯五分律》卷二（大正二二·八中）。
③ 《四分律》卷五六（大正二二·九八一上）。
④ 《摩诃僧祇律》卷四（大正二二·二五六上）。
⑤ 《十诵律》卷二（大正二三·九中——下）。
⑥ 《根本说一切有部毗奈耶》卷七（大正二三·六六二上）。

《根本说一切有部尼陀那》,有治痔病的咒①。女人总容易信仰这些咒术,所以对比丘尼有禁止学咒的规定②。原则地说,凡与自护——自己治病无关的,一切咒都不许学、不许教,但说一切有部的晚期律——《根本说一切有部律》,咒术是相当严重地侵入了佛教。邬陀夷(Kaḷudāyin)化作医师,咒诵,称三宝名号,"众病皆除"③。还有偷盗伏藏的咒法:作曼陀罗,钉朅地罗木,系上五色的丝线,然后炉内烧火,"口诵禁咒"④。这虽是犯戒的,被禁止的,但可见有人这么做。法与(Dharmadinnā)比丘尼教军人围城取胜的法术,如《根本说一切有部毗奈耶》卷二三(大正二三·七五三下)说:

> "围彼城郭,即于其夜,通宵诵(三启)经,称天等名而为咒愿。愿以此福,资及梵天此世界主,帝释天王,并四护世,及十八种大药叉王,般支迦药叉大将,执杖神王所有眷属,难陀、邬波难陀大龙王等。……并设祭食,供养天神。"

诵经,供养天神,求神力的护助,与大乘的诵《金光明经》、《仁王护国般若经》,原则是没有差别的。《药事》说:广严城(Vaiśāli)的疫病严重,请佛去驱除疫鬼。佛到了那雉迦(Nāḍakantha),命阿难陀到广严城去说咒,驱逐邪鬼。佛到了广严

① 《根本说一切有部尼陀那》卷二(大正二四·四二〇中——下)。

② 《铜鍱律·比丘尼分别》(南传二·四九三)。《四分律》卷二七(大正二二·七五四上)等。《根本说一切有部苾刍尼毗奈耶》卷一九(大正二三·一〇一二中——下)。

③ 《根本说一切有部毗奈耶》卷四三(大正二三·八六一中)。

④ 《根本说一切有部毗奈耶》卷三(大正二三·六三九上)。

城,为了怜悯众生又说咒①。根本说一切有部,对于治病、驱鬼、求战争的胜利,显然是常用咒术的。

咒语,语音自身的神秘作用,或因咒力而得到鬼神的护助,或凭咒力来遣使鬼神;咒的神秘力,与鬼神力是相结合的。在佛法中,起初是谛语——真诚不虚妄的誓言,是佛力、法力、僧力——三宝的威力,修行者的功德力,也能得龙天的护助。谛语与三宝威力相结合,论性质,与咒术是类似的。所以《十诵律》称说谛语为"咒愿";《四分律》等称谛语为"护咒"。咒——音声的神秘力,终于经谛语的联络,为部派佛教所容受,甚至成为佛法的一部分。如陈真谛传说:《四分律》所属的法藏部,在三藏以外,别立"咒藏"②。虽印度都是信仰咒术的,而有些地区,神咒的信仰特强。在印度北方,是乌仗那,如《大唐西域记》卷三(大正五一·八八二中)说:

> "乌仗那国……好学而不功,禁咒为艺业。……戒行清洁,特闲禁咒。"

乌仗那是古代的罽宾地区。在家人有以禁咒为职业的;出家也于禁咒有特长。这是法藏部、说一切有部流行的地区,也是北方大乘兴起的重镇。在南方,有达罗鼻荼(Drāviḍa),如《一切经音义》卷二三(大正五四·四五一中)说:

> "达利鼻荼,……其国在南印度境,此翻为销融。谓此

---

① 《根本说一切有部毗奈耶药事》卷六(大正二四·二七中——下)。

② 《三论玄义检幽集》卷六(大正七〇·四六五中)。

国人生无妄语,出言成咒。若邻国侵迫,但共咒之,令其灭亡,如火销膏也。"

达罗鼻荼,本为南印度民族的通称。《大唐西域记》有达罗毗荼国,以建志补罗(Kāñcipura)为首都,区域极广。达罗毗荼族的语言,名达罗毗荼语(鬼语),与梵语(天语)不同,在阿利安族的印度人听起来,非常难懂。加上达罗毗荼族的神咒(语言即神咒)信仰,成为难以理解的语音,所以《瑜伽师地论》说:"非辩声者,于义难了种种音声,谓达罗弭荼种种明咒。"①达罗毗荼,唐译《华严》就译作"咒药"。这里的弥伽(Megha)医师,说"轮字庄严光经","成就所言不虚法门,分别了知"一切"语言秘密"②,也与密咒有关。达罗毗荼的守护神,是夜叉,因阿利安族侵入印度,夜叉的神格下降。夜叉有迅速隐密的意义,传说有地夜叉、虚空夜叉、飞行夜叉三类③。夜叉的语言,正是达罗毗荼语那样的难于了解。《大智度论》卷五四(大正二五·四四八上)说:

"此诸夜叉,语言浮伪,情趣妖谄。诸天贱之,不以在意,是故不解其言。"

达罗毗荼明咒的难解,就是夜叉语的难解。大乘佛法中陀

① 《瑜伽师地论》卷三七(大正三〇·四九四中)。

② 《大方广佛华严经》卷四六(大正九·六九二下——六九三中)。《大方广佛华严经》卷六二、六三(大正一〇·三三七中——三三八中)。《大方广佛华严经》卷五(大正一〇·六八四上——六八五中)。

③ 《大智度论》卷一二(大正二五·一五二下)。

罗尼咒的发展，与夜叉是有密切关系的。《华严经》的《入法界品》，起于南方，就有弥伽医师的语言法门，及四十二字母。容受咒术的部派佛教，将因与明咒有关的南北两大区域，发展为重视陀罗尼咒的大乘法门。

第二项　契经的神秘化

佛说的法——经，只是语言，由弟子忆持，集成一定的文句而传诵下来。经法是佛所开示的，说明了如实悟解与实践真理的修行方法。法的内容，是不共世间的、希有的，一切佛弟子所应尊敬的。但传诵于人间的法，如没有切实去理解，如实地去修持，到底不过是名句文身而已。佛弟子尊敬法，也尊重表诠法的名句文身，久久而引起神秘感。一则是：日常应用的三归文、五戒文，以及咒愿、说达嚫所用的赞叹三宝、赞叹布施、赞叹持戒或忏悔等偈颂，已成为吟咏声的赞颂，能引起听者的欢喜心。一则是：信众的要求，不一定是解脱，求来生幸福以外，还有现生安乐的要求。于是乎诵持这些章句偈颂，被形容为能消灾、召吉祥、治病，有世俗的现生利益了。如《根本说一切有部毗奈耶》卷五〇（大正二三·九〇三中）说：

> "若有人来乞钵水时，应净洗钵，置清净水。诵阿利沙伽他，咒之三遍，授与彼人。或洗或饮，能除万病。"
>
> 注："阿利沙伽他者，谓是佛所说颂，出圣教中。若读诵时，有大威力。但是余处令诵伽他者，皆此类也。即如河池井处洗浴饮水之时，或暂于树下偃息取凉而去，或止客舍，或入神堂，蹈曼荼罗，践佛塔影，或时己影障蔽尊容，或

大众散时,或入城聚落,或晨朝日暮礼拜尊仪,或每食罢时,或洒扫塔庙:诸如此事,其类实繁,皆须口诵伽他,奉行获福。"

阿利沙伽他,是圣教中佛说的伽他。依义净的附注,可见当时的出家人,常在"口诵伽他",相信"有大威力","奉行获福",也就是信仰"口诵伽他"有加持的力量。《根有律》本文,是诵阿利沙伽他,可以治万病。又如"每食了时,说铎欱挐伽他,称彼二龙王名字,为作咒愿,令舍恶道生善趣中"①。这与中国的超荐功德相近。还有,"诵三启经"(三启就是三段落:初,赞叹三宝;中,诵经;末,回向咒愿),能获得战事的胜利②;能使树神移到别处去③。诵经与口诵伽他,可以消灾,得吉祥,有世俗的种种利益,与咒术是没有什么差别的了。这虽只是根本说一切有部的律藏所传,但在印度的其他部派,相信会有共同信仰,或是程度之差而已。

念诵经文、伽陀,可以消灾、召吉祥的信仰,也存在于锡兰、缅甸、泰国等南传佛教国。如《小部》中有名为《小诵》的,内有九部:《三归文》,《十戒文》,《三十二身分》,《问沙弥文》,《吉祥经》,《三宝经》,《户外经》,《伏藏经》,《慈悲经》。这九部中,除去《户外经》与《伏藏经》,其他七部,受到锡兰佛教的尊重。如有疾病、死亡、新屋落成等事,就读诵这些 Parittaṃ 式的

① 《根本说一切有部毗奈耶》卷四四(大正二三·八六七下)。
② 《根本说一切有部毗奈耶》卷二三(大正二三·七五三下——七五四上)。
③ 《根本说一切有部毗奈耶》卷二七(大正二三·七七六上)。

护经，认为有降邪祈福的功效①。又《长部》三二《阿吒囊胝经》(Āṭānāṭiya-sutta)，汉译的《长阿含经》中缺。这部经名为“护”(rakkha)，是毗沙门天王所奉献于佛的。经中说四大天王属下的乾闼婆(gandhabba)、鸠槃荼(kumbhâṇḍa)、龙(nāga)、夜叉(yakṣa)，对佛有信心，愿意护持比丘、比丘尼、优婆塞、优婆夷——四众弟子，以免为邪恶而没有信心的乾闼婆、鸠槃荼、龙、夜叉等所侵扰。这是龙天等的自动护持，但也存有依赖善神护持的力量。泰国皇家，在每年正月初一日，请僧众诵持《阿吒囊胝护经》，为国家祝福。诵经祝福的宗教意义，与北方佛教是没有实质差别的。

经与律，起初都是口诵忆持而传授下来的。律中说到“书信”，文字而用笔写出，佛世已经有了。阿育王时代的石刻、铭文，都是书写而刻下的。然佛教的圣典，宁可口口相传，而并没有书写下来。这是受到印度宗教文学的影响，如《吠陀》，直到近代，才录下而出版。佛教圣典的文字记录，情形也是这样。虽然已经书写记录，口传的风气还是很盛行。法显去印度，在西元五世纪初，而法显说：“法显本求戒律，而北天竺诸国，皆师师口传，无本可写。”②与法显同时的佛陀耶舍(Buddhayaśas)，译出《四分律》与《长阿含经》，都是诵出的③。昙摩难提(Dharmanandi)在西元三八四年，译“增一、中阿含”，也是先经“写

① 《小部·小诵》(南传二三·一)。

② 《高僧法显传》(大正五一·八六四中)。

③ 《出三藏记集》卷九(大正五五·六三下)，又卷一四(大正五五·一〇二下)。

出”，然后传译的①。声闻佛教的“三藏”或“四藏”，什么时候用书写记录，一向缺乏明确的记载。惟锡兰传说：在毗多伽摩尼王（Vaṭṭagāmaṇī）时，锡兰因多年战争而造成大饥荒。西元前四三——二九年间，比丘们感到佛教前途的艰险，忧虑忆持而口传的三藏会遗忘，所以在中部的摩多利（Mātale）地方，集会于阿卢精舍（Aluvihāra），将三藏及注释书写在贝叶上，以便保存②。这虽是局部地区的记录，但佛教界声气相通，印度本土的书写圣典，是不会距离太远的。写定圣典的主要理由，一、为了战争扰乱，而忧虑忆持传授的可能遗失；锡兰的书写三藏，就是为了这个。中印度的熏伽王朝，西元前七三年灭亡。代之而起的甘婆王朝，又在西元前二八年灭亡。而西北方，西元前一七五年左右，臾那人的犹克拉提底王家兴起，占有犍陀罗与呾叉始罗；而先来的犹赛德谟王家，统治了旁遮普，后来更伸张势力到中印度。西元前一〇〇年左右，塞迦人与波罗婆人又侵入北印度。“三恶王……扰害百姓，破坏佛教。……破坏僧坊塔寺，杀诸道人。”③在印度，西元前一〇〇年起，是一个苦难的时代。佛法在苦难中，使佛教界震动，引起了正法灭亡的预言④。为了保存圣典而用书写记录，极可能是在那个时代。二、多氏的《印度佛教史》，关于圣典的书写记录，一再说到与部派的争执有关⑤。该书以为在《大毗婆沙论》编集时代，当然是不对的。但部派的分

① 《出三藏记集》卷一三（大正五五·九九中）。

② 《岛史》（南传六〇·一三四）。《大史》（南传六〇·三七八）。

③ 《阿育王传》卷六（大正五〇·一二六下）。

④ 《阿育王传》卷六（大正五〇·一二六下）。

⑤ Tāranātha《印度佛教史》（日译本一〇二、一〇五）。

化、对立、争执，各派为了自部所传圣典的确定（部派的某些见地不同，是由于所传的圣典内容多少不同，文句也有出入）而记录下来，也是极可能的。锡兰书写三藏的会议，自称为"第五结集"，重行整理或改编，确定为现存形态的铜锞部圣典，应该就是这个时候。所以《论事》评破的内容，包括了大空部等。十八部的分化完成，约为西元前一〇〇年顷。彼此对立，互相争论，时局又异常混乱，促成了书写三藏的运动。圣典的书写，因部派而先后不同，大抵都在西元前一世纪中。大乘的兴起，正就是这一时代，也就说到圣典的书写记录了。

佛法的修学，从听闻而来，所以称弟子为"多闻圣弟子"，称为"声闻"。论到法的修学，就是："亲近善友，多闻熏习，如理思惟，法随法行"——四预流支。除去亲近善友，就是闻、思、修的三慧次第。说得详尽一些，如《增支部》所说①：

倾听·持法·观义·法随法行

多闻·能持·言能通利·以意观察·以见善通达

听法·受持法·观察法义·法随法行·语言成就·教示开导

以意观察——观义，就是如理思惟。以见善通达，是法随法行。在闻与思间，加上持法，是听了能忆持不忘。言善通利，是流利的讽诵文句，也就是语言成就。教示开导，是为了利他而说法。综括法义修习的过程，不过六项。自从圣典的书写流行，法义的学习也增加了项目。经大乘的《般若经》的倡导，一般大乘

① 《增支部·十集》（南传二二下·二〇、一一六——一一七、五七）。

经都说写经的功德，瑜伽家综合《般若经》所说的为十事，名“十种法行”，如《辩中边论》卷下（大正三一·四七四中）说：

“于此大乘有十法行：一、书写；二、供养；三、施他；四、若他诵读，专心谛听；五、自披读；六、受持；七、正为他开演文义；八、讽诵；九、思惟；十、修习。”

书写，是写经。供养，是将写成的经卷，供在高处，而用香、花等庄严来供养。施他，是将经卷布施给别人。自披读，是依照经本来读。这四事，都因书写的兴起而成立。本来只是谛听、受持、讽诵；讽诵是为了文句的流利熟习（即言能通利），现在列在为他演说以下，也就有了为他讽诵的意义。《般若经》对书写、供养、施他、读、诵的功德，给以非常高的称叹，书写的经卷与读诵，也就神秘化了。

部派佛教盛行佛塔与支提的崇奉供养，是重于信仰的。大乘兴起时，经卷书写的风气流行，《般若经》就极力赞扬读、诵、受持、书写、供养（般若）经典的功德。经典因此而流行普遍，对于佛教的发展是大有功德的。赞扬读、诵、受持、书写、供养的功德，使一般人从信心而进求智慧，在佛法中，这应该说是高人一着的！但《般若经》所称叹的功德，为了适应世人的需要，而也说到现世的世俗功德。如《小品般若波罗蜜经》的《塔品》与《明咒品》，说到读、诵、受持的现世功德，书写、供养经卷的现世功德，主要有①：

① 《小品般若波罗蜜经》卷二（大正八·五四一下——五四五上）。

不横死·在在处处无有恐怖·犯官事官事即灭·父母知识所爱敬·身体健康

不说无益语·不起烦恼·不能毁乱佛法·说法无有畏难

这些现世功德,由于诸天来护持,诸佛护持《般若经》。经上并有当时因默诵般若波罗蜜,使魔军与外道们退去的实验。《经》卷二(大正八·五四二中、五四三中)说:

"般若波罗蜜,是大咒术,无上咒术。"

"般若波罗蜜是大明咒,般若波罗蜜是无上咒,般若波罗蜜是无等等咒。"

读、诵、受持、书写、供养,而有这样的现世功德,确与一般咒术的作用相同,而且是更高更妙的咒术。在甚深悟证的另一面,有那样通俗的明咒作用。《般若经》在北方的大发展,诵经、供养功德,应该是一项重要的原因。传说:众香城(Gandhavatī)的宝台上,"有四宝函,以真金鍱书般若波罗蜜,置是函中"①供养。《历代三宝纪》卷一二(大正四九·一〇三上)说:

"崛多三藏口每说云:于阗东南二千余里,有遮拘迦国。……王宫自有摩诃般若、大集、华严——三部大经,并十万偈。王躬受持,亲执键钥,转读则开,香华供养。"

"此国东南二十余里,有山甚险。其内安置大集、华严、方等、宝积、楞伽、方广、舍利弗陀罗尼、华聚陀罗尼、都

① 《小品般若波罗蜜经》卷一〇(大正八·五八三中)。

萨罗藏、摩诃般若、八部般若、大云经等，凡十二部，皆十万偈。国法相传，防护守视。”

大乘佛教区，供养经典的风气，是那样的尊重！供养经卷的功德，不是护咒式的，有点近于护符了！为了摄引善男子、善女人学习大乘法义，特地赞扬读、诵、供养的功德。但供养而过分尊重，“转读”而已，平时束之高阁，对于诱引修学智慧的本意，反而受到障蔽了！

第三项 神力加护

神，高级的是诸天，低级的是夜叉、龙等。印度宗教所信仰的神，释尊采取了“存而不敬”的态度；神是有的，但在出家的僧团中，是不准奉事供养天神的。如《根本萨婆多部律摄》卷一〇（大正二四·五八三上）说：

“若至天神祠庙之处，诵佛伽他，弹指而进；苾刍不应供养天神。”

《根本说一切有部尼陀那》说：不应该敬事天神，也不应该毁坏神像[①]。佛不否认这些神鬼的存在，但以为：这些神鬼都在生死流转中，是可怜悯的，还应该受佛的教化，趣向解脱。于是传说梵王请佛说法，四大天王奉钵。梵王得不还果，帝释得预流果，都是佛的弟子，成为佛的两大胁侍。这是佛教对鬼神的态度，也就是对印度固有宗教的态度，容忍传统而进行温和的诱导

---

① 《根本说一切有部尼陀那》卷三（大正二四·四二五中）。

改革。夜叉与龙,有些是有善心,尊敬佛法的。有些是暴恶的,如以人为牺牲等,所以有降伏恶夜叉、降伏毒龙的种种传说(佛法传到哪里,就有降伏哪里的毒龙、暴恶夜叉的传说)。总之,对佛法有善意的,邪恶而受到降伏教化的,都成为佛教的护法神,至少也不会来障碍。在《杂阿含经》的"八众诵"中,诸天每于夜晚来见佛(或比丘),有的礼拜,有的赞叹,也有的为了问法。如《长部》的《阿吒曩胝经》,是毗沙门天王所说:四大天王及其统属的鬼神,愿意护持佛的四众弟子。神鬼自动地来见佛听法,发愿护持佛法,佛弟子没有尊敬他、希求他,是初期佛教对鬼神的立场。但是,既容忍世俗神鬼的存在,传说中神鬼所有限度内的神力,也就不能否认了。这些神鬼的力量,在热心护法中表现出来。经中常说:金刚手常在佛身旁,监视与佛问难的人,不许他说妄语。又有金毗罗(Kumbhīra)夜叉,击破提婆达多推下的大石,这才没有压伤佛①。特别是在"本生"中,帝释的神力更显得活跃,如能使睒的箭伤平复②,下雨将树林的大火灭息③。佛的出家弟子,不许供养天神,而在家的信佛弟子,却是容许的。如《根本说一切有部尼陀那》卷三(大正二四·四二五中)说:

"世尊为摩揭陀国大臣婆罗门,名曰行雨,略宣法要。说伽他曰:若正信丈夫,供养诸天众,能顺大师教,诸佛所称扬。"

① 《十诵律》卷三六(大正二三·二六〇上)。
② 《六度集经》卷五(大正三·二四下——二五上)。
③ 《大智度论》卷一六(大正二五·一七八下——一七九上)。

“供养诸天众”，是“为俗人密意而说”，虽不是佛教的本意，而在事实上，容许在家的佛教徒信佛而又供养天神。供天是随俗的方便，向解脱是信佛的真义。这样的适应世俗而弘扬佛教，与《般若经》的重般若悟证，而又称扬读、诵、供养的现世功德，是同一作风。但在佛法通俗化，在家信佛的重要起来，对天神的尊敬态度，是多少会影响教团的。希望天神护持的事，终于在佛教中出现。法与比丘尼教人，“通宵诵经，称天等名而为咒愿”①。这是以诵经的功德，回向给诸天，称呼天的名字，也就是呼吁天神，祈求天的护助。以诵经功德来咒愿，等于送礼物而请求援助：部派佛教后期，与初期佛教的精神，显然是不同了！诵经咒愿，是变相的供养。佛教自身要请他护助，这些护法大神在佛教中的地位慢慢地高起来。大乘佛法兴起，知名的护法大神渐渐都成为菩萨了。一直发展下去，这些护法大神，有些竟是佛的化身，成为在家、出家佛教徒的崇拜对象，到达天佛合一的阶段。

佛教适应世俗，尊重供养天神，以求得天神的护持，是与咒愿、诵经相结合的。论到佛教自身，佛与大阿罗汉在世时，当然有不思议力的加护。如杀人无厌的鸯掘魔罗，经佛三言两语，就使他放下刀剑，从事修道的生活②。失去儿子而疯狂了的裸妇，见了佛，就会倏地清明过来③。践踏一切的醉象，见佛而被降

① 《根本说一切有部毗奈耶》卷二三（大正二三·七五三下——七五四上）。

② 《杂阿含经》卷三八（大正二·二八〇下——二八一中）。《中部》（八六）《鸯掘摩经》（南传一一上·一三一——一三四）。

③ 《杂阿含经》卷四四（大正二·三一七中）。

伏①。这都有出于内心的超常力量;降龙(蛇)伏虎的传说,是有事实的(但以理被投入狮栏内,也同样的没有受伤)。威德力的加持虽浅深不等,但在宗教界,是应该信认其有的。这种威德力的加持,佛与大阿罗汉入了涅槃,即不再现起;传说佛也只有加持舍利,能起放光等现象,为后世崇敬与作福的对象。已入涅槃的佛与大阿罗汉,在声闻佛教中,不再说什么神力加持,所以对佛没有神教式的祈求感应,而只是如法修行。原始佛教的缺少迷信成分,这是一重要的原因。但发展中的佛教,阿育王以后,遭遇的困难很多。早年提倡的一代大师制(锡兰与说一切有部,都有五师相承的传说),因部派分化而不再存在。国王护法,是难得正信的。已入涅槃的圣者,又不可能再有加护力。祈求护持的需要,引出了罗汉不入涅槃,护持佛法的传说。不入涅槃的,有:一、宾头卢颇罗堕(Piṇḍola-bhāradvāja),简称宾头卢:在白衣人前现神通,为佛所呵斥处罚:"我今摈汝,终身不得般泥洹,不得住阎浮提。……宾头卢于拘耶尼而作佛事。"②《分别功德论》但说现神通③;《四分律》与《法句释》,但说现神通被呵责④;《十诵律》只说摈去瞿耶尼(Avaragodānīya)⑤。而《佛说三摩竭经》末,就有宾头卢现通被责,"若当留住后,须弥勒佛出,乃般泥洹去耳"⑥的传说。《杂阿含经》(《阿育王传》误编于经

---

① 《增一阿含经》卷九(大正二·五九〇下)。
② 《鼻奈耶》卷六(大正二四·八七七下——八七八上)。
③ 《分别功德论》卷四(大正二五·四三中)。
④ 《四分律》卷五一(大正二二·九四六下)。《法句义释》(三·二〇一)。
⑤ 《十诵律》卷三七(大正二三·二六九上——中)。
⑥ 《佛说三摩竭经》(大正二·八四五上)。

内)说:阿育王广请供养,宾头卢与无量阿罗汉来应供。并说到现神通被责:"常在于世,不得取涅槃,护持我正法"的故事,与《三摩竭经》说相同①。宾头卢没有入涅槃,受请应供,一直传说下来,而有《请宾头卢法》的集出。这只是现神通被呵斥的故事,由于神力护持佛法的要求,而演化为不入涅槃的。二、君徒钵叹,或作君头钵汉(Kuṇḍadhāna):在弗沙蜜多罗毁坏佛法时,"君徒钵叹阿罗汉及佛所嘱累流通人",使王的库藏空竭,减少僧众的被杀害②,这是大众部的传说。三、罗睺罗(Rāhula):《西域记》有罗睺罗不入涅槃,为护正法的传说③。大阿罗汉为了护持正法,不入涅槃的传说,综合为四大声闻说,如《舍利弗问经》(大正二四·九〇二上——中)说:

> "佛告天帝释及四天大王云:我不久灭度,汝等各于方土,护持我法。我去世后,摩诃迦叶、宾头卢、君徒般叹、罗睺罗——四大比丘,住不泥洹,流通我法。佛言:但像教之时,信根微薄,虽发信心,不能坚固。……汝(等)为证信,随事厚薄,为现佛像、僧像,若空中言,若作光明,乃至梦想,令其坚固。弥勒下生,听汝泥洹。"

文字说得非常明白!像法中的信众,正信渐渐不容易坚固了,所以要借重神秘现象——见佛像,见光明,听见空中的声音,或梦中见佛相等,才能维系对佛教的信心。这惟有仰仗天神,及

① 《杂阿含经》卷二三(大正二·一六九中——一七〇上)。
② 《舍利弗问经》(大正二四·九〇〇中)。
③ 《大唐西域记》卷六(大正五一·九〇五上)。

不入涅槃的阿罗汉的护持。这样的信心,依赖于神秘感的信心,与一般神教更接近了!

四大比丘,就是四大声闻,也见于《佛说弥勒下生经》①。其后,四大比丘更发展为十六阿罗汉,如《大阿罗汉难提蜜多罗所说法住记》所说。难提蜜多罗(Nandimitra),传说为佛灭八百年,执师子国(Siṃhala)的大阿罗汉。所说的论典,与锡兰所传的相合,可见这是曾经流行于锡兰的传说。《记》中说:"以无上法,付嘱十六大阿罗汉,并眷属等,令其护持,使不灭没。及敕其身,与诸施主作真福田,令彼施者得大果报。"②用意与四大比丘不入涅槃说相同,而更注意于受施主的供养,这就是宾头卢阿罗汉的应供说。《入大乘论》也说到十六大阿罗汉,又说"余经中亦说有九十九亿大阿罗汉,皆于佛前取筹,护法住寿"③。阿罗汉现在不灭,护持佛法,在部派佛教中非常流行。阿罗汉虽然不入涅槃,但也没有在僧团里,而只是隐秘的神力护持。等到十方佛菩萨的信仰流行,也是神秘地护念众生。阿罗汉与佛菩萨,说起来是大有差别的,但在祈求护持者的意识中,所差也不会太多的。

---

① 《佛说弥勒下生经》(大正一四·四二二中)。

② 《大阿罗汉难提蜜多罗所说法住记》(大正四九·一三上)。

③ 《入大乘论》卷上(大正三二·三九中)。

第九章　大乘经之序曲

第一节　部派佛教所传

第一项　本生·甚希有法·譬喻·因缘·方广

从佛法到大乘佛法，从声闻三藏到大乘藏，在演进过程中，有些中介性质的圣典。这些圣典，有的属于部派佛教，却流露出大乘的特征；有的属于原始大乘。这些圣典，可说是大乘佛教的序曲。

部派佛教的圣典，"九分教"或"十二分教"中，如"本生"、"甚希有法"、"譬喻"、"因缘"、"方广"，其中一部分，就是大乘的胎藏、萌芽。"本生"：经中举印度民族的先贤德业，而说"即是我也"。律中从当前的事缘，说到过去生中早已如此，再归结说：过去的某某，就是现在的某人。律中所说的"本生"，通于佛及弟子，是或善或恶的①。早期的"本生"，已编入原始的经律。

① 参阅拙作《原始佛教圣典之集成》（五五九——五六一，本版四五四——四五六）。

部派分化以后,"本生"不断地发展,着重于释尊的前生,传出了更多的菩萨因行。叙述的形式,采取律家的三段式(当前事缘,过去情形,归结到现在)。如铜锞部所传,《小部》(一〇)《本生》,共五四七则;吴康僧会译出的《六度集经》;西晋竺法护所译的《生经》;传为支谦所译,僧伽斯那所集的《菩萨本缘经》等。这些"本生",多数是部派时代所传出的。"甚希有法":编入"阿含经"的,是赞说三宝的希有胜德。在部派的发展中,重于如来的希有功德。如《大智度论》说:"如佛现种种神力,众生怪未曾有。"①《大般涅槃经》举如来初生,自行七步;猕猴奉蜜等②。《长阿含经》的《游行经》等,已着重表扬佛的神力希有。释尊诞生的奇迹,是各部派所大同的,出于佛传,约与涅槃时的神力希有等同时。"譬喻":梵语阿波陀那,本为光辉的伟大行业。如铜锞部所传的《小部》(一三)《譬喻》,全部分《佛譬喻》、《辟支佛譬喻》、《长老譬喻》、《长老尼譬喻》,都是圣者光辉的行为。《佛譬喻》中说,"三十波罗蜜满"③。说一切有部有"菩萨阿波陀那",如《根本说一切有部毗奈耶药事》卷一二到一五,共四卷,佛说往昔生中,求无上正觉的广大因行。文有二大段:先是长行,从顶生王起,到陶轮师止;次是偈颂,与《小部》的《佛譬喻》相当④。在佛法通俗化中,引阿波陀那为例来证明,所以"譬喻"成为"与世间相似柔软浅语"⑤,而带有举例的比喻意味。

---

① 《大智度论》卷三三(大正二五·三〇八上)。
② 《大般涅槃经》卷一五(大正一二·四五二上)。
③ 《小部·譬喻》(南传二六·一)。
④ 参阅拙作《原始佛教圣典之集成》(六〇四——六〇五,本版四九二——四九四)。
⑤ 《大智度论》卷三三(大正二五·三〇七中)。

"因缘":是制戒的因缘,说法的因缘,本来也是不限于佛的。但制戒与说法,释尊是根本,所以在部派佛教中,从释尊的成佛、说法、制戒,向前叙述到佛的诞生、出家、修行,或更前地叙述佛的发心、修行、授记,成为"因缘"中最重要的部分。"本生"、"甚希有法"、"譬喻"、"因缘",都是事迹的传说。起初都不限于佛,而在部派佛教时代,都着重于佛。在流传中,这四部的事迹是可以相通的。如佛的传记是"因缘",也称为"譬喻"——"本起"①:如后汉竺大力共康孟详译出的《修行本起经》,支谦所译的《佛说太子瑞应本起经》,西晋聂道真所译的《异出菩萨本起经》。其中的希奇事,就是"甚希有法"。如追叙过去,归结到现在,就成为"本生"。关于释尊这部分事迹,是悠久、广大而希有的。从原始佛教到部派佛教所传出来的,无疑是启发大乘、孕育大乘佛法的重要因素。

"方广":"九分教"之一的"方广",从"记说"的发展而来。"记说"的体裁,是问答、分别;内容是"所证、所生",深秘而不显了的事理。佛法是解脱的宗教,在解脱宗教中,有太多的深秘而不显了的事理,要有明显决了的说明。"记说"就是"对于深秘隐密的事理,所作明显决了(无疑)的说明",如佛与弟子证得的"记说",甚深法义(主要是缘起、寂灭)的"记说",三世业报的"记说",未来与过去佛的"记说"。这不是"世论",不是学问、辩论,而是肯定地表达深秘的事理,使听者当下断疑,转迷启悟的。充满宗教感化力的"记说",在信众心目中,富有神秘感,如

① 《长阿含经》(一)《大本经》,经文自说为"大因缘"。"本起"与"因缘"相通,随各部派的取意而别。

适应一般宗教的"诸天记说",或说了而"一千世界震动"①。在文体上,"记说"的问答与分别还很简略,等到文段长起来,成为广问答与广分别,就别立为"方广",而"记说"渐被用于"众生九道中受记,所谓三乘道、六趣道"②,更进而专重于菩萨的授记作佛了。广问答与广分别,体裁与风格略有不同,所以部派佛教中,传出了"毗陀罗"(vedalla,译为"有明")与"毗佛略"(vaipulya,译为"方广")——二类。广问答的"毗陀罗",是法义的问答集,性质是说明的、了解的,学风与阿毗达磨相近。"毗佛略"是广分别体,阐述种种甚深的法义,破斥、超越世间的种种妄执,归结于甚深寂灭的智证。然广问答体,在汉译经中,也归结于寂灭,如《法乐比丘尼经》说:"君欲问无穷事,然君问事,不能得穷我边也。涅槃者,无对也。"③《杂阿含经》也说:"摩诃拘绨罗!汝何为逐!汝终不能究竟诸论,得其边际。若圣弟子断除无明而生明,何须更求!"④广问答也是广分别那样的,从分别到无分别,引向深广无际、超越绝对的证境(所以一般但立"方广"一分)。这是充满宗教意味,富有感化力的,以智证寂灭为究极的圣典⑤。这样的圣典,初期的多被编入《长阿含经》与《中阿含经》。部派佛教所传出的,如法藏部的《四分律》卷五四(大正二二·九六八中)说:

---

① 参阅拙作《原始佛教圣典之集成》(五二四——五三三,本版四二六——四三七)。

② 《大智度论》卷三三(大正二五·三〇六下——三〇七上)。

③ 《中阿含经》卷五八《法乐比丘尼经》(大正一·七九〇上)。

④ 《杂阿含经》卷一四(大正二·九五中)。此经又编为《中阿含经》的《大拘绨罗经》,《中部》的《正见经》。

⑤ 参阅拙作《原始佛教圣典之集成》第八章第四节第三项。

“如是生经，本经，善因缘经，方等经，未曾有经，譬喻经，优婆提舍经，句义经，法句经，波罗延经，杂难经，圣偈经：如是集为杂藏。”

“杂藏”，是“经藏”以外的。法藏部说“杂藏”中有“方等经”，也就是说，在“四阿含经”以外，别有“方等（即方广）经”的存在。《毗尼母经》说：“从修妒路乃至优婆提舍，如是诸经与杂藏相应者，总为杂藏。”①《毗尼母经》所说，与《四分律》相近，“杂藏”中也是别有“方广”部类的。四阿含经以外的“方广”，虽不能确切地知道是什么，但性质与“九分教”中的“方广”相同，是可以确定的。《四分律》说：“有比丘诵六十种经，如梵动经。”②说一切有部与之相当的，《十诵律》举“多识多知诸大经”十八种③；《根有律》举《幻网》等“大经”④。这些都是被称为“方广”的，所以《四分律》所说“六十种经”，可能有些是没有编入“阿含经”的“方广”。又《增一阿含经》卷一“序”（大正二·五五〇上——下）说：

“菩萨发意趣大乘，如来说此种种别，人尊说六度无极。……诸法甚深论空理，难明难了不可观。……彼有牢信不狐疑，集此诸法为一分。……方等大乘义玄邃，及诸契经为杂藏。”

① 《毗尼母经》卷四（大正二四·八一八上）。
② 《四分律》卷三七（大正二二·八三三中）。
③ 《十诵律》卷二四（大正二三·一七四中）。
④ 《根本说一切有部毗奈耶》卷七（大正二三·六六二上）。

《增一阿含经·序》,在说明了结集三藏,经藏分为四部分以后,又作了如上的说明。"集此诸法为一分"——"杂藏",就是菩萨发心、六度、甚深空义等;"方等大乘"就在这"杂藏"中。经序所说,与《四分律》、《毗尼母经》所说相同。总之,部派佛教中的某些部派,"杂藏"中是有"方等经"的。《论事》一七·一八·二三章中,提到说大空宗的方广部,应该是属于大众部系的。称为"方广"、"大空",正与龙树论所说,"佛法中方广道人言:一切法不生不灭,空无所有,譬如兔角龟毛常无"①相合。部派佛教中,有(阿含以外的)称为"方广"的圣典,有以"方广"为名的部派。大乘经兴起,多数称为"方广"(或译"方等")、"大方广"(或译"大方等"),与部派佛教的"方广经"、"方广部",有不容怀疑的密切关系。大乘方广经的传布,主要是继承这"决了深秘事理"的"方广"而来。

第二项　三藏以外的部派圣典

经二大结集所集成的部类,是佛教界公认的。此后一再分化,成立种种部派。凡经一次分化,都各自对圣典作一番审定与改编。经、律的彼此差别,代表了部派间的实质对立。部派分立后,圣典还在不断地传诵、集出,但没有编入固有的经、律中去,因为经、律已凝定而被(自部所)公认了。没有编入"经"、"律"、("论")——三藏的,就属于"杂藏"或"小部"。这类圣典,现在依据可以考见的,说到一部分。如《入大乘论》卷上(大

① 《大智度论》卷一(大正二五·六一上——中)。

正三二·三六下)说:

> “舍头罗经、胎经、谏王、本生、辟支佛因缘,如是八万四千法藏,尊者阿难从佛受持者,如是一切皆有非佛语过!”

《入大乘论》说到的这几部,是声闻学者(某些部派)所承认是佛说的,却不属于三藏。其中,1.《舍头(谏)罗经》:在汉译大藏(《大正藏》“密教部”四)中,有吴支谦与竺律炎共译的《摩登伽经》三卷;西晋竺法护译的《舍头谏太子二十八宿经》(或名《虎耳意经》)一卷,是同一部类的别诵本。摩登伽女以咒术惑乱阿难的故事,《大毗婆沙论》也曾经说到①。现有安世高译的《佛说摩邓女经》一卷,东晋失译的《佛说摩登女解形中六事经》一卷(《大正藏》“经集部”一),就是摩登伽女惑乱阿难的因缘。《舍头罗经》(Śardūlakarṇâvadāna),是在摩登伽女惑乱阿难的事缘上,说过去生事,阐述种族平等外,编入咒语、二十八宿、占卜星宿、时分长短等。据《十诵律》说:“阿兰若比丘……应善知道径,善知日数,善知夜,善知夜分,善知星宿;读诵星宿经。”近聚落住比丘,也要知道这些②。《星宿经》是世俗的星宿历数,比丘们为了实用而学习,终于集成《舍头罗经》。这可能是说一切有部诵本;或是同在北方的,法藏部“咒藏”的一部。2.《胎经》:在大藏经中,有二部:《佛为阿难说处胎经》,唐菩提流志译,编入《大宝积经》第十三会。唐义净所译的《佛为难陀说出家入胎

---

① 《阿毗达磨大毗婆沙论》卷一八(大正二七·九〇中)。

② 《十诵律》卷五七(大正二三·四一九下——四二〇上)。

经》，二卷，编入《大宝积经》第十四会。这二部的主体相同，说明胎儿的生长过程，并“四种入胎”的差别。义净所译的，与难陀“贪欲譬喻”相结合，并说难陀过去生中的因缘，与《根本说一切有部毗奈耶杂事》（卷一一——一二）所说相同。3.《谏王》：大藏经有刘宋沮渠京声所译的《佛说谏王经》，一卷。异译本有唐玄奘译的《如来示教胜军王经》，赵宋施护译的《佛说胜军王所问经》（《大正藏》编入“经集部”一）。4.“本生”：即各部派所传的本生谈。5.《辟支佛因缘》：传说的辟支佛因缘，出三藏以外而是佛所说的，藏经中（《大正藏》“本缘部”下）有传说为支谦所译的《撰集百缘经》（卷三）《授记辟支佛品》，所说的辟支佛因缘，共十事。又有秦失译的《辟支佛因缘论》二卷，都是“昔从先师相传闻”①，展转传说而来的。

说一切有部的论书中，发现有《集法经》、《筏第遮经》、《正法灭经》。《集法经》如《阿毗达磨显宗论》卷一（大正二九·七七八中——下）说：

> “又见集法契经中言：于我法中，当有异说。……诸如是等差别诤论，各述所执，数越多千。师弟相承，度百千众，为诸道俗解说称扬。我佛法中，于未来世，当有如是诤论不同。为利为名，恶说恶受，不证法实，颠倒显示。”

这是部派纷争极盛的时代，作为佛的预记而编入《集法经》中。这是说一切有部的《集法经》；现存《结集三藏及杂藏传》，

---

① 《辟支佛因缘论》卷上（大正三二·四七三中）。

《迦叶结经》(编入《大正藏》"史传部"一);《大智度论》所说的《集法经》①,都属于这一类,依原始五百结集的传说,而更为增广的编集。《筏第遮经》:是天神授与的②。《正法灭经》,《大正藏》"史传部"有失译的《迦丁比丘说当来变经》——长行;西晋失译的《佛使比丘迦旃延说法没尽偈百二十章》——偈颂。这两部是同本异译,叙述末世比丘的衰乱,导致拘睒弥的法灭,策励比丘们精进修行。这是佛使迦旃延(Kātyāyāna)说的,"如佛所说"③。说一切有部的《正法灭经》,可能就是这一部。藏经中还有失译的《法灭尽经》一卷;竺法护所译的《当来变经》一卷(《大正藏》编入"涅槃部"),也是同性质的经典,但这两部已是大乘部类。《法灭尽经》更说到:"首楞严(三昧)经、般舟三昧,先化灭去,十二部经寻后复灭。"④这些,都由于末世(西元前后)的政治混乱,僧伽衰敝,忧虑法灭,而用来策励比丘们精进的。"末法"思想,由此而增强起来。

《瑜伽师地论》中,抉择声闻的伽陀,有"胜义伽陀"、"意趣义伽陀"、"体义伽陀"三类⑤。"意趣义伽陀"五一颂,是大梵天王请问而佛说的⑥。这部伽陀集,不知道名称,也没有相同的译本。"胜义伽陀"中,"染污意恒时,诸惑俱生灭,若解脱诸惑,非

① 《大智度论》卷二(大正二五·六七上)。
② 《阿毗达磨顺正理论》卷一五(大正二九·四一六中)。
③ 《迦丁比丘说当来变经》(大正四八·七上)。
④ 《法灭尽经》(大正一二·一一一九中)。
⑤ 《瑜伽师地论》卷一六(大正三〇·三六三上)。
⑥ 《瑜伽师地论》卷一六(大正三〇·三六五下——三六七上)。

先亦非后”颂①,依《成唯识论》说,出于《解脱经》②。这部《解脱经》,是不在三藏以内的。《瑜伽师地论》所引声闻伽陀,是说一切有部,或持经者所诵的。

南传铜鍱部所传的巴利语圣典,一般看作原始佛教圣典,其实有些部类的集成也是很迟的。如《小部》的《譬喻》,分四部,《佛譬喻》共七七偈。首先问譬喻多少,三十波罗蜜,归依(一——二颂)。次叙述“诸佛国”土的庄严清净(三——一七);佛与辟支佛、诸弟子,在佛国中受用法乐(一八——三〇)。再举佛土的庄严——花香、池莲、鸟音、灯光、舞伎(三一——四二);诸天来问生天的善业,修种种的天供养;倾听法音,得到果证(四三——六八);十波罗蜜满足,得无上的觉悟(六九——七二)。末了举“诸佛教”,而归结于三宝的不可思议(七三——七七颂)。从初问“佛譬喻有几”,“三十波罗蜜满”,及末后举十波罗蜜来说,《佛譬喻》的初形,是以佛的往昔修行为主的,但现存的《佛譬喻》,却成为清净佛土的庄严。《小部》的《佛种姓》,是释迦佛往昔的史传。序分名《宝珠经行处品》:佛以宝珠化作空中的经行处,诸天云集,五百比丘也来了。宝珠经行处的化现,为了说明释尊的广大功德——“四阿僧祇”以来,决意志求佛道,修行十波罗蜜的场所。这与《佛譬喻》的佛土庄严,意趣相同。《佛譬喻》的“诸佛土”,如《华严经》的佛土庄严;《佛种姓》的化作空中经行处,如《大集经》的空中化作“宝坊”一样。依觉音的《长部注》说:长部师所传的《小部》,是没有《譬喻》与《佛

① 《瑜伽师地论》卷一六(大正三〇·三六四上)。

② 《成唯识论》卷五(大正三一·二四下)。

种姓》的[1]。可见这二部是后起的,与大乘思想相呼应的作品。

此外,如《舍利弗问经》,是大众部的,说到了文殊师利[2]。《入大乘论》说:"僧祇中说:青眼如来等,为化菩萨故,在光音天,与诸声闻众,无量百千亿那由他劫住。"[3]这又是大众部的另一圣典。元魏瞿昙般若流支所译的《正法念处经》,七〇卷,是说一切有部与正量部所推重的。经中的天鸟,都说法警觉天众;"鹅王菩萨"、"鹅王善时菩萨"为诸天说法[4],更类似大乘经说。《法住经》,《入大乘论》曾提到它的内容:"尊者宾头卢,尊者罗睺罗,如是等十六人诸大声闻"[5],住世而护持佛法。唐玄奘译的《大阿罗汉难提密多罗所说法住记》,是依据《法住经》的。依所说的内容,与锡兰佛教,容认大乘的部派有关[6]。

依上来(二项)所说,可见部派佛教中,出三藏以外的部类,而集出又迟一些的,着实不少。这些,或是大乘(佛菩萨)思想的孕育者,或是与大乘思潮相契应的,或已有了大乘的特征。那些保持声闻圣典形式的,也是融摄了当时的世俗学术,如天文历数(如《舍头罗经》)、胎儿生育过程(如《处胎经》)、国王治道(如《谏王经》),与部分大乘经的通俗、普及的倾向相合。现在依据的资料虽是不完整的,但倾向于大乘的机运,已隐约地显露

---

① Sumaṅgalavilāsinī(I. P. 15)。

② 《舍利弗问经》(大正二四·九〇二下)。

③ 《入大乘论》卷下(大正三二·四六上)。

④ 《正法念处经》卷四六(大正一七·二七一上),又卷五二(大正一七·三〇六中)。

⑤ 《入大乘论》卷上(大正三二·三九中)。

⑥ 本项,依拙作《原始佛教圣典之集成》第十二章第二节"不断传出的部派佛教圣典",略为补充而成。

出来。这不是某一部派，而是佛教界的共同倾向，所以说：大乘佛法的兴起，代表了那个时代佛教界的共同心声。

第三项　声闻藏·辟支佛藏·菩萨藏

"声闻"(śrāvaka)，是"多闻圣弟子"，从佛听闻声教而修证的，所以称为声闻，与"弟子"的意义相近。佛与声闻，是师与弟子的关系。佛在成佛以前，经长期的修行，称为"菩萨"(bodhisattva)，菩萨是立志求菩提的众生。在声闻与菩萨间，有称为"独觉"的圣者。这三类行人，合称为"三乘"，这是部派佛教所公认的。Pratyeka-buddha，音译为辟支迦佛、辟支佛，意译为"独觉"(或译作"各佛")，是各自独悟的意思。或梵音小异，读为Pratītyaka-buddha，意译为"缘觉"。佛教有"独觉"一类，与大迦叶是不无关系的，如《杂阿含经》卷四一(大正二·三〇一下)说：

> "世尊告摩诃迦叶言：汝今已老，年耆根熟。粪扫衣重，我衣轻好。汝今可住僧中，着居士坏色轻衣！迦叶白佛言：世尊！我已长夜习阿练若，赞叹阿练若；(长夜习粪扫衣、乞食，赞叹)粪扫衣、乞食。"①

迦叶年纪老大了，释尊觉得不用着粗重的粪扫衣，住阿兰若。劝他回到僧伽中来，着轻好一些的居士施衣。但大迦叶拒绝了佛的好意，因为"长夜"以来，这样的生活方式已经习惯了，

---

①　《相应部·迦叶相应》(南传一三·二九七)。

"云何可舍"！此经，在《增一阿含经》卷五（大正二·五七〇中）这样说：

> "世尊告曰：迦叶！汝今年高长大，志衰朽弊，汝今可舍乞食乃至诸头陀行，亦可受诸长者请，并受衣裳。迦叶对曰：我今不从如来教，所以然者，若如来不成无上正真道者，我则成辟支佛。然彼辟支佛，尽行阿练若，……行头陀。如今不敢舍本所习，更学余行。"

依经说，住阿兰若等头陀行，是辟支佛所行的。上面曾说到，释尊出家修行，以及初期的佛弟子，都是住阿兰若，着粪扫衣，常乞食的。这是当时一般沙门的生活方式。释尊"依法摄僧"，重视僧伽的集体生活；采取不苦不乐的中道行，使更多的人能依法修证。所以释尊劝大迦叶住到僧伽中来，不妨着居士施衣，正是释尊建立僧伽的精意所在。大迦叶习惯了当时一般的沙门生活，独住阿兰若处，不愿意住在僧中，暗示了大迦叶与释尊在精神上的差距。大迦叶是相当自豪的，特别是发起主持了结集大会，成为（佛涅槃后的）佛教权威，所以有佛请迦叶坐，分迦叶半座，受佛粪扫衣，是世尊法子，成就六神通（有佛那样的广大胜妙功德）①；在佛弟子中，迦叶是不同于一般弟子的。《增一阿含经》称大迦叶所行的，是"辟支佛所行"。除生活方式外，辟支佛的特性，大迦叶的确是具备的。一、无师自悟："若如来不成无上正真道者，我则成辟支佛。"因为释尊出世成佛，所

① 《杂阿含经》卷四一（大正二·三〇二中——三〇三下）。《相应部·迦叶相应》，缺佛请迦叶坐与分半座事（南传一三·三一七——三二四）。

以才现弟子身,而其实是自己能觉证的。二、不说法教化:佛劝大迦叶为大众说法,迦叶不愿意说:“今诸比丘难可为说法;若说法者,当有比丘不忍不喜。”①三、现神通:如《分别功德论》说:“夫辟支佛法,不说法教化,专以神足感动,三昧变现。大迦叶虽复罗汉取证,本识犹存。”②大迦叶的风格,就是辟支佛的风格,这是《杂阿含经》所暗示,《增一阿含经》与《分别功德论》所明说的。《杂阿含经》的“记说”部分,一般分为“如来记说”与“弟子记说”,或“佛品”与“声闻品”。而《瑜伽师地论·声闻地》,分为“声闻乘相应语”、“独觉乘相应语”、“如来乘相应语”③。这是将“如来记说”中,有关摩诃迦叶的十一经,别立为独觉乘的相应教④。大迦叶与辟支佛——独觉有关,在北方是被公认了的。

“辟支佛”的名称,在佛教中是不太迟的。《中部》(一一六)《仙吞经》,与《增一阿含经·力品》第七经相当,说到:王舍城五山中,惟有 Isigili——仙人山,名称是从来不变的。山中常有五百辟支佛住,并说辟支佛的名字⑤。《增一阿含经》卷三二(大正二·七二三中)说偈:

---

① 《杂阿含经》卷四一(大正二·三〇〇下——三〇一上)。《相应部·迦叶相应》(南传一三·二九九——三〇八)。

② 《分别功德论》卷上(大正二五·三〇下)。

③ 《瑜伽师地论》卷二五(大正三〇·四一八中)。

④ 《大正藏》编号一一三六——一一四四;九〇五·九〇六经。《相应部·迦叶相应》。

⑤ 《中部》(一一六)《仙吞经》(南传一一下·六六——七二)。《增一阿含经》卷三二(大正二·七二三上——下)。

"诸佛未出时,此处贤圣居;自悟辟支佛,恒居此山中。
此名仙人山,辟支佛所居;仙人及罗汉,终无空缺时。"

仙人山,与波罗奈的仙人堕处(Ṛsipatana)一样,在释尊成佛以前,就是隐遁仙人们的住处。传说的古代仙人,也就是印度旧有的沙门。古佛、古胜者、古仙人,是印度一般所公认的,所以耆那教(Jaina)立二十三胜者,佛教有七佛(南传二十四佛,与耆那教更相近);十大仙人、五百仙人,也为佛教所传说。传说中的古仙人,就是住仙人山或仙人堕处(或译"仙人住处")的。仙人的生活方式,与释尊弟子们的初期生活没有太多的差别。释尊重视律制的集体生活,僧伽中心的佛教发展起来,成为声闻(出家)弟子的行仪。僧伽中心的声闻行,与大迦叶所代表的阿兰若头陀行,显然的不同。大迦叶的风格,与无师自悟的古仙人相近,渐被认为辟支佛一流。

声闻、辟支佛、佛(菩萨)——三乘圣者,都有传说的事迹。佛的事迹,如诞生以来,及末后的《涅槃譬喻》;过去生中修行的事迹,就是"本生"与"譬喻"。声闻弟子的宿世因缘,如西晋竺法护所译的《佛五百弟子自说本起经》(《大正藏》"本缘部"下)。佛弟子自说本起,共二十九人。这一譬喻集,与《根有律药事》所说:佛与五百弟子,在阿耨达池自说本起因缘相当;弟子自说的,共三十五人。《僧祇律》也说到《阿耨达池经》[1]。这是早期的《长老譬喻》;现存《小部·譬喻》中的《长老譬喻》,共

① 《佛五百弟子自说本起经》(大正四·一九〇上——二〇二上)。《摩诃僧祇律》卷一三(大正二二·三三七上)。

五四七人，是后来大大地补写了。由于佛世不可能有辟支佛，辟支根性的大迦叶，也成为佛的声闻弟子，所以佛世没有辟支佛因缘。但过去世中辟支佛的因缘，传出的也不少，如传说为支谦所译的《撰集百缘经》卷三《授记辟支佛品》。《增一阿含经》也有爱念辟支佛、善目辟支佛等事缘①。大众部所传，“杂藏”中有“辟支佛、阿罗汉自说本行因缘”②。既有三乘圣者的事缘，也应有三乘法门。声闻弟子是闻佛声教而修证的，所传的教法，如《阿含经》，内容非常丰富。辟支佛呢?《僧祇律》说到《缘觉经》③。铜鍱部所传，《小部·譬喻》中，有《辟支佛譬喻》，共五八偈，是佛为阿难说的。然依体裁，这是不能称为譬喻的。自九偈到四九偈——四一偈，实与《经集·蛇品》的《犀角经》大体相合，每偈都以“应如犀角独游行”为结。说一切有部所传，名为《麟(角喻)颂》④。说出世部的《大事》，也有类似的一二偈⑤。这里虽有共传的古偈在内，但起初是可通于佛及声闻弟子的。如一一·一二偈，与《中阿含经·长寿王本起经》、《中部》(一二八)《随烦恼经》、《四分律》“拘睒弥犍度”偈相同⑥，只是犀角与象的不同而已。在三乘的传说中，取古传的《犀角经》，附以说明辟支佛的偈颂，编为《辟支佛譬喻》。总之，辟支佛也有《缘觉

① 《增一阿含经》卷三二(大正二·七二七上——中、七二四上)。

② 《摩诃僧祇律》卷三二(大正二二·四九一下)。

③ 《摩诃僧祇律》卷一三(大正二二·三三七上)。

④ 《阿毗达磨大毗婆沙论》卷一二六(大正二七·六六〇上)。

⑤ 水野弘元《经集·犀角经》注(南传二四·二五)。

⑥ 《中部》(一二八)《随烦恼经》(南传一一下·一九五)。《铜鍱律·大品》(南传三·九〇七)。《四分律》卷四三(大正二二·八八二下)。《中阿含经》卷一七《长寿王本起经》(大正一·五二五下)。

经》与辟支佛偈了。如来往昔修菩萨行，也应该有菩萨法门，这就是“菩萨藏”。《四分律》立“杂藏”，“杂藏”中有“本生经”、“方等经”①。依真谛所传，法藏（护）部立五藏：“四、咒藏；五、菩萨本因即名菩萨藏。”②这是将有关菩萨的“本生”等，从“杂藏”中分离出来，独立为菩萨藏。菩萨本生等，大众部也是编入“杂藏”的。依《分别功德论》，也别立为“菩萨藏”了③。但这是释迦菩萨历劫修行的事缘，以此为（后人可以修学的）菩萨法门，当然是不能满足的。到底过去佛为菩萨说些什么？有什么菩萨法门流传下来？于是铜鍱部立“佛譬喻”，有清净“诸佛国”说④；说出世部《大事》，有“十地”说⑤；法藏部等，有“百八法明门”说⑥。说一切有部也传说：“佛一时与慈氏菩萨论世俗谛，舍利子等诸大声闻，莫能解了。”⑦声闻弟子可以不知不解，但不能说没有。于是声闻藏、辟支佛藏以外的菩萨藏，大大流传起来。这不是少数人的事，是佛教界普遍的希求。所以大乘经出现，虽有人反对，而不断地传出，数量竟是那么庞大！这正是适应时机需要的最好说明。菩萨藏——大乘经的出现，对当时的佛教界来说，真是势所必至，理所当然！

---

① 《四分律》卷五四（大正二二・九六八中）。

② 《三论玄义检幽集》卷六（大正七〇・四六五中）。

③ 《分别功德论》卷一（大正二五・三二中）。

④ 《小部・譬喻》（南传二六・一——一〇）。

⑤ 《大事》十地，如山田龙城《大乘佛教成立论序说》所引（二六八）。

⑥ 《佛本行集经》卷六（大正三・六八〇下——六八二中）。《方广大庄严经》卷一（大正三・五四四中——五四五上）。《普曜经》卷一，误作“八百”（大正三・四八七上——下）。

⑦ 《阿毗达磨大毗婆沙论》卷一五一（大正二七・七七二上）。

第二节　大乘佛教所传

第一项　原始大乘与最古大乘

在大乘经出现中，哪些大乘经最先出现？平川彰《初期大乘佛教之研究》，提出了"最古的大乘经"。以原始《般若经》与《阿閦佛国经》，及《般舟三昧经》与《大阿弥陀经》为二系，即般若法门与东方阿閦净土，西方阿弥陀净土与念佛的般舟三昧。次从古译大乘经中所见的大乘经，推定为"先行大乘"。如《大阿弥陀经》所说的《道智大经》、《六波罗蜜经》；《遗日摩尼宝经》所说的《六波罗蜜经》、《菩萨藏经》、《佛诸品》；其他古译经所说的《三品经》、《菩萨藏经》、《六波罗蜜经》。所以，《道智大经》、《六波罗蜜经》、《菩萨藏经》、《三品经》、《诸佛品》，是比较早出的大乘经①。博士的意见，着重于译出的先后。所说的二系及先行大乘，大体上是这样说的。

静谷正雄所著《初期大乘佛教之成立过程》，分"原始大乘"与"初期大乘"。举《大阿弥陀经》、《阿閦佛国经》、《舍利弗悔过经》、《阿难四事经》、《月明菩萨经》、《龙施女经》、《七女经》、《老女人经》、《菩萨行五十缘身经》、《梵志女首意经》、《佛说心明经》、《太子和（私？）休经》、《金刚般若波罗蜜经》——十三部为"原始大乘经"。他以为，"本书分小品（般若）以前的原始大

① 平川彰《初期大乘佛教之研究》（九八——一三三）。

乘，小品（般若）以后的初期大乘"①；也就是，"初期大乘佛教，（有）未受般若思想影响的原始大乘，般若以后的初期大乘二阶段"②。这二阶段的时代，推定为③：

	原始大乘	初期大乘
萌芽期	纪元前一〇〇———	纪元后五〇——一〇〇
发达期	纪元后一——一〇〇	纪元后一〇〇——二五〇

"原始大乘"是未受般若思想影响的，所以"原始大乘"的教义是④：

"原始大乘的教义，详细分别来说，以成佛为理想，四无量心，实践六波罗蜜。重誓愿，阿弥陀佛等他方佛的信仰。重佛塔供养，说若干三昧，安立菩萨阶位，礼佛忏悔法等。"

重视塔寺与信愿的大乘，是一般的通俗的信行大乘；以此为原始，以法行的智证大乘为后起，是我们所不敢苟同的。在"初期大乘"中，列有《如来兴显经》、《大哀经》，似乎也没有考虑到"初期大乘"与"后期大乘"的区别。

关于大乘经出现的先后，有几点是应该注意的。一、"法"是在先的，无论是信仰、行仪、修行方法、深义的证悟，传说的、传

① 静谷正雄《初期大乘佛教之成立过程》（二九六）。
② 静谷正雄《初期大乘佛教之成立过程》（二九三）。
③ 静谷正雄《初期大乘佛教之成立过程》（二七四）。
④ 静谷正雄《初期大乘佛教之成立过程》（四八）。

布的、传授的，都是先有“法”的存在，孕育成熟而集出来的。一种信仰、仪制、修行的教授，不是凭个人编写而有，总是比经典的集出为早的。二、《华严》、《般若》、《涅槃》、《大集》、《法华》等大经，固然有先集出的、续集的、补充的，或重新组合等过程，不能以一概全而说古说今。就是不太长的经典，也可能有过变化、补充的；这大体可依经文的体裁，或前后关联而论证出来。三、大乘佛经的出现，是多方面的。以人来说，重信的，重智的，重悲的；重理想的，不忘现实的；住阿兰若的，住寺院的；阐扬深义的，通俗教化的；出家的，在家的；重法的，重律的：因各人所重不同，领受佛法也就差别。在大乘佛教孕育成熟而涌现时，这也是“百川竞注”，从不同的立场而倾向于大乘，化合于大乘，成为大乘佛教的一个侧面。而这又相互影响，相互对立，相互融摄，而形成大乘佛教的全体。如忽略这些，任何考据、推论，都不可能表达“初期大乘佛教”成立的全貌。

在佛教的发展中，是从部派佛教演进到大乘佛教，但在大乘兴起后，部派佛教所有的教典或传说，也可能受影响，染上大乘色彩，或改化为大乘的经典。如《四分律比丘戒本》说：“我今说戒经，所说诸功德，施一切众生，皆共成佛道。”①《根本说一切有部戒经》也说：“我已说戒经，众僧长净[布萨]竟，福利诸有情，皆共成佛道。”②发愿回向，众生同成佛道，是大乘的立场。声闻部派的“戒本”，怎么会回向佛道呢？说一切有部的旧律——《十诵比丘波罗提木叉戒本》说：“惭愧得具足，能得无为道，已说戒

① 《四分律比丘戒本》（大正二二·一〇二三上）。
② 《根本说一切有部戒经》（大正二四·五〇八上）。

经竟,僧一心布萨。"[①]《十诵律》本,是愿大众得无为(涅槃)道的;其他部派的戒本,也是这样。可见《四分律》与《根本说一切有部戒经》,是受到大乘的影响而有所修改了!又如尸利掘多(Śrīgupta),或音译"申日",意译为"德护"等)请佛应供,设火坑毒饭来害佛的故事,《十诵律》、《根本说一切有部尼陀那目得迦》、《增一阿含经》、南传的《法句义释》,都说到这件事[②],这是部派佛教固有的传说。现存汉译经中,如晋竺法护所译《月光菩萨经》,传为竺法护译的《申日经》,宋求那跋陀罗(Guṇabhadra)所译《申日儿本经》[③],叙事虽大致相同,却多了"申日"子月光(Candapabha),月光劝父——申日,切不可害佛。经说月光"慈悲愍世,……欲度众生";"先世宿命,……志在大乘";"过(去)世宿命学佛道"[④],是菩萨模样,但经义还是部派的旧传说。到了隋那连提耶舍(Narendrayaśas)所译《德护长者经》[⑤],赞月光童子菩萨的种种功德,已成为大乘经。月光童子菩萨末世护法的传说,对中国佛教的影响很大。传为支谦所译的《月明菩萨经》,说到"申日有子,字栴罗法[汉言月明],有清洁

---

① 《十诵比丘波罗提木叉戒本》(大正二三·四七九上)。

② 《十诵律》卷六一(大正二三·四六四中——下)。《根本说一切有部尼陀那目得迦》卷七·八(大正二四·四四三中——四四五中)。《增一阿含经》卷四一(大正二·七七三下——七七五中)。《法句释》,见《印度佛教固有名词辞典》(六二一)。

③ 《月光童子经》(大正一四·八一五上以下)。《申日经》(大正一四·八一七下以下)。《申日儿本经》(大正一四·八一九下以下)。

④ 《月光童子经》(大正一四·八一六上)。《申日经》(大正一四·八一八中)。《申日儿本经》(大正一四·八一九下)。

⑤ 《德护长者经》(大正一四·八四〇中以下)。

之行"①。不说申日害佛事，专为月光童子说菩萨行，也是大乘经，与高齐那连提耶舍所译的《月灯三昧经》有关②，但《月灯三昧经》连篇偈颂，文字极为繁衍。申日及月光童子的传说，是在大乘开展中，部派旧传说的大乘化。受大乘影响而演化的例子不在少数，如竺法护所译的《心明经》，梵志妇饭汁施佛，佛为梵志说尼拘陀树子的譬喻，故事见《根有律药事》③。《律》说：佛为梵志妇受辟支佛记，梵志闻佛说四谛而悟入。《心明经》说："解深妙法，如幻、如化、如水中月、影、响、野马，却三十劫当得作佛"；梵志也因佛说四谛而得悟④，这是部派所传故事而大乘化的一例。如支谦所译的《老女人经》（异译有宋失译的《老母经》，求那跋陀罗所译《老母女六英经》）：佛为老母说深法——来无所从，去无所至。这位老女人，是佛过去生中的生母；为授记——往生阿弥陀佛国，将来成佛⑤。老女人是佛过去的生母，也出于《根有律药事》，但老母是闻四谛法，得预流果⑥。又如支谦所译的《七女经》：佛因婆罗门的七位女儿，说到过去迦叶佛时，机惟尼王的七女事，为七女授记作佛⑦。七女事，与南传《本

---

① 《月明菩萨经》（大正三·四一一上）。注说"汉言"，本经可能不是支谦译的。《申日经》也说："申日有子，名栴罗法（汉言月光）"（大正一四·八一八中），可能与《月明菩萨经》出于同一人所译。

② 《月灯三昧经》卷八（大正一五·五九九下——六〇〇下）。

③ 《根本说一切有部毗奈耶药事》卷八（大正二四·三六上——三七上）。

④ 《心明经》（大正一四·九四二下）。

⑤ 《老女人经》（大正一四·九一一下——九一二中）。

⑥ 《根本说一切有部毗奈耶药事》卷一〇（大正二四·四四中）。

⑦ 《七女经》（大正一四·九〇七下——九〇九中）。

生》、《长老尼譬喻》所说相关①。七女是Kiki(梵语Krki)王女,Kiki王是迦叶佛的护持供养者。部派所传,七女是今七大比丘尼(阿罗汉)的夙世事,而《七女经》的七女,转化为发菩提心,将来成佛了。这类篇幅不太长的经典,是在大乘开展中,部派所传故事的大乘化,不是大乘佛教的先声。本书所要注意的,是部派佛教内容的大乘倾向,引发大乘,大乘佛法开展的历程。

第二项 《六度集》——重慈悲

初期大乘经中所见的,被称为"先行大乘"的,试为分别的检讨。

《大阿弥陀经》、《平等觉经》,说到《六波罗蜜经》。《遗日摩尼宝经》及异译本,在"乐求经法"中,都有《六波罗蜜》。《佛说太子和(私?)休经》,与异译《佛说太子刷护经》,也说到《六波罗蜜经》。《月灯三昧经》说到"六波罗蜜"梵本作ṣaṭ-pāramitā-saṃgīti。saṃgīti,一般译作"结集"或"集",所以是《六波罗蜜集》。这确是古代流行,早于大乘经,而被看作大乘经的圣典。在汉译的经典中,吴康僧会(西元二五一年)译出的《六度集》,或名《六度集经》,与大乘经所见的《六波罗蜜经》、《六波罗蜜集》相合。这部经,共八卷,以六度分类:布施度无极二十六事,持戒度无极十五事,忍辱度无极十三事,精进度无极十九事,禅度无极九事,明度无极九事,合共九十一事。然禅度初说(七

① 《小部·本生》(南传三九·二六五)。《小部·长老尼譬喻》(南传二七·四〇五——四四六)。

四),“禅度无极者云何”一事,是禅度的解说①;如除去这一事,全集实为九十事。所说的菩萨六度大行,都出于“本生”,惟有禅度所说,体例有些不合。如(七五——七六)“昔者比丘”下,是比丘们修禅的一般情形,却以“菩萨禅度无极一心如是”作结②。(七七——七九)三事,是释尊成佛以前的入禅故事。(八〇)事,出于《长阿含经》的《游行经》③,也是释尊的现生事。(八一)是《般若经》常悲(常啼,Sadāprarudita)菩萨事;但说“众祐自说为菩萨时,名曰常悲”④,作为释尊的“本生”,与《般若经》不合。(八二)事是释尊的“本生”。禅度的体例,与其他五度不同,又加入《般若经》常啼菩萨的求法故事。《六度集经》以外,《出三藏记集·新集续撰失译杂经录》中,有当时有本可据的《本行六波罗蜜经》一卷⑤;又《六波罗蜜经》一卷,《六度六十行经》一卷⑥,极可能是《六度集经》同性质的圣典。《六度六十行经》,应该是六十事的译本。六度,本从“本生”的内容分类而来。选择部分的“本生”谈,随类编集,称为“六度集”。或作“应六波罗蜜经”⑦,应是相应(saṃyukta),正是随类纂集的意思。这虽是部派佛教所传的,但是菩萨修行的模范,受到佛教界的尊重(古代每用为通俗教化的材料)。大乘菩萨道,依此而开展出来(在流传中,受到大乘佛教的影响)。

---

① 《六度集经》卷七(大正三·三九上——中)。
② 《六度集经》卷七(大正三·三九下——四一上)。
③ 《长阿含经》卷三《游行经》(大正一·一九上——下)。
④ 《六度集经》卷七(大正三·四三上)。
⑤ 《出三藏记集》卷四(大正五五·二九下)。
⑥ 《出三藏记集》卷四(大正五五·三六中)。
⑦ 《大宝积经》卷七七《富楼那会》(大正一一·四四一中)。

六度，是从释尊菩萨时代的大行而类集所成的，所以充满人间的现实意味。禅度而属于"本生"的，仅有（八二）一事，可见菩萨道是不重禅定的。依《六度集经》对六度的解说，可见菩萨道是重于悲行的，如《六度集经》①说：

"布施度无极者，厥则云何？慈育人物，悲愍群邪，喜贤成度，护济众生。……布施众生，饥者食之，渴者饮之，寒衣、热凉，疾济以药。车马舟舆，众宝名珍，妻子、国土，索即惠之。"

"忍辱度无极者，厥则云何？……众生所以有亡国、破家、危身、灭族，生有斯患，死有三（恶）道之辜，皆由不能怀忍行慈，使其然矣。菩萨觉之，即自誓曰：吾宁就汤火之酷，菹醢之患，终不恚毒加于众生。……自觉之后，世世行慈。"

"精进度无极者，厥则云何？精存道奥，进之无怠。……若夫济众生之路，前有汤火之难，刃毒之害，投躬危命，喜济众艰。"

布施、忍辱、精进，充满了对众生的悲心悲行。布施度利济众生（并不重供养三宝），共二十六事，占全经百分之二十九，可见悲济众生的重要！大乘经说"菩萨但从大悲生，不从余善生"，说明了悲济在菩萨道中的地位。最足以表现大乘慈悲精神的，是释尊。释尊"本生"的重于悲济，如《六度集经》所说。

① 《六度集经》卷一（大正三·一上），又卷五（大正三·二四上——中），又卷六（大正三·三二上）。

释尊立愿在秽土成佛，所以从净土来听法的，都赞叹释尊的慈悲，在秽土修行的功德。如《持世经》说："我常长夜庄严如是愿，如是精进忍辱行：为苦恼众生无救护者，无依止者，多堕恶道者，我于尔时（在五浊恶世）当成佛道，利益无量阿僧祇众生。"①在秽土修行，在秽土成佛度众生，如释尊那样，正是悲增上菩萨的楷模！

第三项　《道智大经》——重智慧

阿弥陀佛在西方净土中，为大众宣讲《六波罗蜜经》、《道智大经》，是《阿弥陀三耶三佛萨楼佛檀过度人道经》（简称《大阿弥陀经》）、《无量清净平等觉经》所说的。这二部经的译者，学者间虽有异说，但总是与支娄迦谶及支谦有关的。在《大阿弥陀经》中，有《道智大经》的名字，可见《道智大经》的传出，是比《大阿弥陀经》更早的。但在汉译的藏经中，没有《道智大经》，所以《道智大经》的部类与性质，不容易论定。《初期大乘佛教之研究》，以为"道智"的原语，明显的是"悟的智慧"②，这大概是不会错的。这是"先行大乘"，属于智慧的古典，有探究的必要。经的名称——《道智大经》，富有传统的古典意味。在《中部》中，有《毗陀罗大经》、《毗陀罗小经》；《空大经》、《空小经》（汉译为《大空经》、《小空经》）；《苦蕴大经》、《苦蕴小经》；《牛角娑罗林大经》、《牛角娑罗林小经》等。如有两部经，是同一地区，或所说的内容相近，就分别为"大经"与"小经"。依古代的

① 《持世经》卷一（大正一四·六四四下）。

② 平川彰《初期大乘佛教之研究》（一二一）。

习惯用法，从《道智大经》的名称，可以推见还有《道智小经》的存在。

道智的“道”，依古代译语，或是 mārga，这是道路（方法）的道；或是 bodhi——“菩提”的意译。译菩提为道，所以译菩提心为“道意”，译得菩提为“得道”等。然古译的“道”，至少还有另一原语，如支谶所译《道行般若波罗蜜经》、《道行品》的“道”。《道行品》的各种译本的译语如下：

《道行品》——《道行般若波罗蜜经》

《行品》————《大明度经》

《道行品》———《摩诃般若波罗蜜钞经》

《初品》————《小品般若波罗蜜经》

《妙行品》————《大般若经》第四分

《了知行相品》——《佛说佛母出生三法藏般若波罗蜜多经》

《行品》————《佛说佛母宝德藏般若波罗蜜多经》

《道行品》，《小品般若经》作《初品》，可说没有将品名译出。其他的各本，分为二类：一、《行品》。二、《道行品》、《妙行品》、《了知行相品》为一类；在“行”上，还有“道”、“妙”、“了知”一词。《佛母出生三法藏般若波罗蜜多经》，与《大般若经》第四分，及梵本《八千颂般若》——aṣṭasāhasrikāprajñāpāramitā 相当。《八千颂般若》第一品，作 sarvākarajñāta caryā parivarta，应译为“一切相智（性）行品”。这可见“了知行相品”的“了知”，是“一切（相）智”的对译。“一切智”（sarvajñā），是部派佛教固有的术语①，孳生流

① 《尊婆须蜜菩萨所集论》卷九（大正二八·七九五下——七九六上）。《阿毗达磨大毗婆沙论》卷一五（大正二七·七四上）。

演而分为四名："一切智"，"一切相智"（sarvâkarajñā），"一切种智"（sarvathajñāna），"一切智智"（sarvajña-jñāna），这四名可说是同一内容。这是圣者的究竟智；《大毗婆沙论》的正义，是佛智①。《大般若经》后分，虽以一切智为声闻、辟支佛智②，但在《道行般若经》——《小品》中，菩萨修学般若，是以"萨婆若"（一切智）、"萨婆若智"（一切智智）为理想的。"一切（相）智"与无上菩提的内容相同，所以支谶所译《道行般若经》，就译"一切（相）智行品"为"道行品"了。支谶，正是说到《道智大经》的《大阿弥陀经》的译者③。

进一步说，原始《般若经》的名称，可能是："一切（相）智"是全经的总名；行（或"相"）是对其他而立的品名。因为"一切智"与"行"，是有区别而可以分离的。如《般若经》的释论——《现观庄严论》，是印度晚期的作品。传说该论依古本八千颂本，分全论（也就是全经）为八章，第一章名 sarvākarajñata（"一切相智性"），包括了《道行品》全部在内，没有说"行"。现存二万五千颂梵本（Pañcaviṃśatisāhasrikā-prajñāpāramita），与《大般若经》第二分相当，分二十四品，初品名 Sarvākārajñatādhikāraḥ Subhūti Parivartaḥ，虽只包括一小部分，还是先标"一切（相）智"。所以"一切（相）智"是全经的名称，"行"是对后而立的品名。如上列《道行般若经》系的各本，有的但说《行品》。而

① 《阿毗达磨大毗婆沙论》卷一五（大正二七·七四上）。

② 《摩诃般若波罗蜜经》卷二一（大正八·三七五中）。

③ 一般作此说，然我以为支谶所译的，是称为《阿弥陀三耶三佛萨楼佛檀过度人道经》的那本《大阿弥陀经》。

《大品》(《大般若经》前三分)系的各本,也有《行品》,如唐译初分(一〇)《般若行相品》;二分(九)《行相品》;《放光般若经》(九)《行品》;《光赞经》(九)《行品》;《摩诃般若波罗蜜经》(一〇)《相行品》;"行"都指其中的一部分。《道行般若经》从《道行品》得名;《道行品》实为《一切相智行品》的古译。"道"是"一切(相)智",与"行"是有区别的。支谶译"一切(相)智"为"道",那么在他所译的《大阿弥陀经》中,说到《道智大经》,推断为"一切(相)智经",是原始《般若经》——《道行品》部分,是极有可能了。

《道行品》是《道行般若经》的原始部分,古代是先出而流传的,名为《道行经》。《出三藏记集》载:"道行经一卷。右一部,凡一卷,汉桓帝时天竺沙门竺朔佛赍胡本至中夏,到灵帝时,于洛阳译出。"①这一卷本的《道行经》,就是《道行般若经》的《道行品》。道"安公为之注",现附在《大明度经》卷一。梶芳光运博士,对《般若经》各种异本作详密的对比检讨,论断为:《道行般若经》——《小品般若》先出;《道行经》中《道行品》(一部分),是原始的《般若经》②。《初期大乘佛教之成立过程》,没有注意在《大阿弥陀经》成立以前,已有重智的《道智大经》;也不重视近代学者的研究成果——《道行般若经》的先后集出,《道行品》最先出的事实,竟以《小品般若经》为初期大乘,不是原始大乘,也就是迟于《大阿弥陀经》。该书所说原始大乘与初期大

① 《出三藏记集》卷二(大正五五·六中)。
② 梶芳光运《原始般若经之研究》(五五九——六五六)。

乘的区别①,有些是我们所不能同意的。现在且依该书所举的理由,来检讨《道行品》(古《道行经》)是否属于后起的。

1. 原始般若——《道行(品)经》,没有佛塔信仰,没有批评佛塔信仰,也没有说“经卷供养”。这是般若法门,在深智悟入的原始阶段,还没有开展为摄化大众的法门。

2.《道行品》说到了“摩诃衍”——大乘(mahāyāna),但这是后起的、增补的(如下一章说),不能因此而论证《道行经》为迟于《大阿弥陀经》的。

3. “空”(śūnya)、“无生法忍”(anutpattika-dharma-kṣānti),是《小品般若经》所说的。但在《道行品》中,说“不可得”、“如虚空”(ākāśa),而没有说“空”。说一切法“无所生”、“无生”,没有说“无生法忍”。

4. “僧那僧涅”——“弘誓庄严”(saṃnāha-saṃnaddha),早见于部派佛教《大事》所说;《道行品》说到“僧那僧涅”,不能证明为迟出。

5. “回向”(pariṇāma),《道行品》没有说。

6. “法师”(dharma-bhāṇaka),《道行品》没有说,那是重在深修,而还没有用作普化人间的方便,与没有说“经卷供养”一样。

7. “声闻”,是《小品般若经》所说的,但《道行品》也说“阿罗汉法”,与《大阿弥陀经》一致。

8. “六波罗蜜”,是部派佛教所成立的。在六波罗蜜中,菩

---

① 静谷正雄《初期大乘佛教之成立过程》(四七——四九、六〇——六四)。

萨特重于般若波罗蜜(prajñāpāramitā),说一切有部的大德法救,已经这样说了①。一般通俗的教化,泛说六度;利根深智的,阐扬般若。这哪里能用六度与般若度,来分别经典成立的先后?

9.《道行(品)经》,没有说"发菩提心",而说"心不当念是菩萨"②。其他的译本,如《小品般若波罗蜜经》作"不念是菩萨心"③;《摩诃般若波罗蜜钞经》作"其心不当自念我是菩萨"④;《大般若经》第五分作"不执著是菩萨心"⑤;《佛母出生三法藏般若波罗蜜多经》作"不应生心我如是学"⑥。这都是"不自念是菩萨"、"不自念是菩萨心"的意思。说"菩萨心"而没有说"菩提心",与《大阿弥陀经》一致,《大明度经》作"不当念是我知道意"⑦;《大般若经》第四分作"菩提心"⑧,那是受到了《般若经》后来的影响。《道行品》的原本,显然是"菩萨心"。

依上来的分辨,可见《般若经》的原始部分——《道行(品)经》,虽重在智证,与重信的不同,多了"僧那僧涅"、"如虚空喻",但在术语上,至少与《大阿弥陀经》同样的早出。何况《道行(品)经》还可能就是《道智大经》呢!所以,《初期大乘佛教之成立过程》,泛说《小品般若经》为初期大乘,不是原始大乘,论断是不免轻率了的!初期大乘的西方净土说,不一定如某些

① 《阿毗达磨大毗婆沙论》卷一五三(大正二七·七八〇上)。
② 《道行般若波罗蜜经》卷一(大正八·四二五下)。
③ 《小品般若波罗蜜经》卷一(大正八·五三七中)。
④ 《摩诃般若波罗蜜钞经》卷一(大正八·五〇八下)。
⑤ 《大般若波罗蜜多经》卷五五六(大正七·八六六上)。
⑥ 《佛母出生三法藏般若波罗蜜多经》卷一(大正八·五八七中)。
⑦ 《大明度经》卷一(大正八·四七八下)。
⑧ 《大般若波罗蜜多经》卷五三八(大正七·七六三下)。

祖师、学者所说的。阿弥陀佛成就庄严的净土，用为摄化的方便；环境优异，来生者容易成就——不退菩提。然要得解脱，成就佛道，如说但凭信愿，不用深慧，那是非佛法的！岂不见阿弥陀佛在净土中，宣说《道智大经》？小本《阿弥陀经》，也是“五根、五力、七菩提分，八圣道分”——法音宣流吗？

第四项　《三品经》——重仰信

佛法根源于释尊的正觉，所以佛法是以觉悟为核心、根本的。从“佛法”而发展到“大乘佛法”，代表法性深悟的，最先出现的是《道智大经》——“原始般若”。依“佛涅槃后对佛的永恒怀念”为原动力，引发佛与菩萨圣德的崇敬。释尊的菩萨大行，依“本生”而集成的，是《六度集经》，显示了菩萨的悲行。对于佛的信敬向往，开展出现在十方有佛、有国土的信仰，这是重信的。这个世界有佛出世，而我们却没有生在佛世；十方佛现在，而我们（不能生在净土）又见不到佛。“生不见佛”，在向往仰信中，直觉得自己的罪业深重，所以“十方佛现在”的信仰，与忏悔罪业说有关。《大正藏》“经集部”一，《千佛因缘经》以下，近三十部经，说“佛名”而都说到灭罪。念佛礼佛而忏除业障的，首先出现于佛教界的是《三品经》，代表原始重信的法门。

汉安玄所译的《法镜经》说：“昼三夜亦三，以诵三品经事；一切前世所施行恶，以自首悔，改往修来。”①《法镜经》的异译，竺法护所译《郁迦罗越问菩萨行经》，也说《三品经》②。《大宝

① 《法镜经》（大正一二·一八下）。

② 《郁迦罗越问菩萨行经》（大正一二·二六下）。

积经》(一九)《郁伽长者会》,作“修行三分,诵三分法”①。西藏译的《郁伽长者会》,作“三蕴法门”②。此外,竺法护所译的《离垢施女经》,作诵习“三品诸佛经典”,“昼夜奉行三品法”③。异译本,瞿昙般若流支译的《得无垢女经》,作“三聚法门”④。《大宝积经》(三三)《无垢施菩萨应辩会》,作“三阴经”⑤。依藏译,可见《三品经》的原名,是《三蕴法门》(triskandhaka-dharmaparyāya),《初期大乘佛教之研究》,推定为“先行大乘”经⑥。《三品经》的内容,是“忏悔”、“随喜”、“劝请”。与《三品经》内容相当的,现存有:

《舍利弗悔过经》 一卷 汉安世高译?

《菩萨藏经》 一卷 梁僧伽婆罗译

《大乘三聚忏悔经》 一卷 隋阇那崛多共笈多等译

《圣大乘灭业障经》 西藏智友等译

汉译的三部经,《大正藏》编入“律部”三。《初期大乘佛教之成立过程》,对此有详细的论述。大意说:《舍利弗悔过经》,是三品法门的初型,分“忏悔”、“随喜”、“劝请”——三聚,没有说“理忏”,论断为成立于《小品般若经》以前。其他三部,分“忏悔”及“三聚”——“随喜功德聚”、“劝请功德聚”、“回向功德聚”;“忏悔”中说罪业随心,空不可得的“理忏”:是受到了《小

① 《大宝积经》(一九)《郁伽长者会》(大正一一·四七五下)。

② 《影印北京版西藏大藏经》卷二三(二六五)。

③ 《离垢施女经》(大正一二·九五下)。

④ 《得无垢施女经》(大正一二·一〇五上)。

⑤ 《大宝积经》(三三)《无垢施菩萨应辩会》(大正一一·五六二中)。

⑥ 平川彰《初期大乘佛教之研究》(一二四——一二七)。但以《私呵昧经》所说的《三箧经》为《三品经》,似乎不确!

品般若经》的影响①。现存的《舍利弗悔过经》,是以忏悔业障为主的,而不限于"忏悔"。后三部,分作二部分:"具足当净一切诸法诸障碍业,当得值遇一切善法成就具足"②;也就是分为灭除业障——止恶,成就善法——生善。在分类的意义上,当然是后出的更为完善。

《初期大乘佛教之成立过程》,引竺法护所译的《弥勒菩萨所问本愿经》说:"我悔一切过,劝助(随喜的旧译)众道德,归命礼诸佛,令得无上慧";及异译《大宝积经》(四二)《弥勒菩萨所问会》也没有说到"劝请",所以推论为:在三品行以前,有"忏悔"、"随喜"二品行的可能③。这一推论,是非常正确的!其实,在二品行以前,还有原始的"忏悔行"阶段。

《舍利弗悔过经》发端说:"若有善男子、善女人,意欲求佛道,若前世为恶,当何用悔之乎?"④求成佛道,但为罪业所障碍,不容易成就,所以请说忏悔业障法门。这一说经的主要因缘,其他三部经是完全相同的。《舍利弗悔过经》末后说:"其供养天下阿罗汉、辟支佛千岁,不如持悔过经,昼夜各三过读一日,其得福胜供养天下阿罗汉、辟支佛,百倍千倍万倍亿倍。"⑤现存的《舍利弗悔过经》,虽已编入"随喜"、"劝请",而末了的校量功德,还只说《悔过经》,与最初起问相呼应。如将"随喜"、"劝请"部分略去,不是始终一贯的悔过法门吗?《菩萨藏经》说:

---

① 静谷正雄《初期大乘佛教之成立过程》(一一八——一三二)。
② 《大乘三聚忏悔经》(大正二四·一〇九五中)。
③ 静谷正雄《初期大乘佛教之成立过程》(一三七——一三八)。
④ 《舍利弗悔过经》(大正二四·一〇九〇上)。
⑤ 《舍利弗悔过经》(大正二四·一〇九一中)。

"此经名灭业障碍,汝当受持!亦名菩萨藏,汝当受持!亦名断一切疑,如是受持!"①虽说了三个经名,但"灭业障碍"(与"悔过"相同)是主名;其他的"菩萨藏"、"断一切众生疑",是一部分大乘经的通称,如《富楼那经》、《华手经》等②。西藏所译的,直称为《大乘灭业障经》。所以,"忏悔业障",是这部经的原始根本部分。

这部经——"忏悔业障"成立的前提,是十方诸佛现在的信仰;业障极其深重而可以忏悔的信仰。佛法中,"有罪当忏悔,忏悔则安乐",在僧伽中,只是忏悔现在所违犯的,以免障碍圣道的修行。忏悔是心生悔意,承认错误,接受僧伽的处分(一般称为"作法忏")。如说:"沙门释子有灭罪法。……若人造重罪,修善以灭除;彼能照世间,如月出云翳。"③这是通于在家众的灭罪法。"修善以灭除",就是善业力大了,善业成熟感果而恶业不受报了。所以忏悔无始以来的业障(后来演变为忏悔无始以来的"三障"——烦恼障、业障、报障)法门,是原始佛法所没有的。而大乘的忏悔法,却是忏悔无始以来的一切恶业。业——罪业,经律师(论师)的论究,业力是愈来愈重了!现有《犯戒罪报轻重经》说:"犯众学戒,如四天王天寿五百岁堕泥犁中,于人间数九百千岁。"④一念悔心就可以悔除的"众学戒",竟

① 《菩萨藏经》(大正二四·一〇八九下)。

② 《大宝积经》(一七)《富楼那会》(大正一一·四五〇上)。《华手经》卷一〇(大正一六·二〇八下)。

③ 《阿毗达磨大毗婆沙论》卷九九(大正二七·五一一上)。

④ 《犯戒罪报轻重经》(大正二四·九一〇中)。又《目连问戒律中五百轻重事》(大正二四·九七二中)。

然罪恶重到这样！罪业深重，可以使人反省悔改；但业力过重，也会使人失望，失去向上修道的勇气。一般说，业有“定业”与“不定业”，但说一切有部的譬喻师说：“一切业皆可转故，乃至无间业亦可令转。”①大乘忏悔法，五无间等定业是可以悔除的，与譬喻师的思想相通。

出家众的忏悔，一向在僧伽中推行。在家弟子应怎样忏悔呢？在家弟子受八关斋戒的，依《增一阿含经》，是在四部众中，由教授师教他忏悔。忏悔的词句，如十恶业，依贪嗔痴造，或由豪族、恶知识而造。不识佛、不识法，造破僧等逆罪②，与《舍利弗悔过经》的前部分相合。在出家众为首的四部众中，还是部派佛教传统。《法镜经》（大正一二·一八下）说：

> “居家修道者，……时世无佛，无见经者，不与圣众相遭遇，是以当稽首十方诸佛。……诵三品经事，一切前世所施行恶，以自首悔，改往修来。”

忏悔，是要向佛及（圣）僧前举行的。但释尊已涅槃了，塔寺的舍利或像设，只是象征而已。佛入涅槃，是究竟寂灭，是不再顾问什么的。《法镜经》所说的“时世无佛”、“不与圣众（僧）相遭遇”，正说明了忏悔的缺乏佛与圣僧的证明。在一般“四部众”中举行，对某些人是不能满足的（特别是不满僧制的）。在业力极重，可以忏悔而需要忏悔的要求下，十方诸佛现在的信仰，使忏悔开展出新的方式。《舍利弗悔过经》说：“所以从十方

---

① 《阿毗达磨大毗婆沙论》卷一一四（大正二七·五九三中）。

② 《增一阿含经》卷一六（大正二·六二五中）。

诸佛求哀者何？佛能洞视彻听，不敢于佛前欺；某等有过恶，不敢覆藏。”①现在十方诸佛，虽是没有看见的，但在信心中，与神教信仰的神，同样是存在的。比之涅槃了的佛仅有舍利、形像，要具体得多。于是向塔寺、僧众（四部众）求忏悔的，转向十方诸佛礼拜忏悔了。

向十方佛礼拜“忏悔”，是原始部分。加上“随喜”，就成为二品行了。在佛法中，“随喜”是通于善恶的，如说：“手自杀生，教人令杀，赞叹杀生，见人杀生心随欢喜。……如铁枪投水，身坏命终，下生恶趣泥犁中。”反之，“不杀生，教人不杀，口常赞叹不杀功德，见不杀者心随欢喜。……如铁锋钻空，身坏命终，上生天上”②。“随喜”，是对别人所作的而起同情心；是从身口的行为而推究到内心。《舍利弗悔过经》在说明随喜后，接着说：“某等诸所得福，皆布施天下十方人民、父母；蜎飞蠕动之类，两足之类，四足之类，多足之类，皆令得佛福德。”③以自己的福德，布施一切众生，“皆令得佛”。依经下文所说：“所得福德，皆集聚合会，以持好心施与天下十方”④；“布施”就是“持好心施与”，为回向（pariṇāma）的古译。《舍利弗悔过经》，随喜与回向相连，是以随喜福德回向一切众生同成佛道的。随喜与回向相关联，与《小品般若经》相同。所以忏悔、随喜（回向）二品行的成立，约与《小品般若经》之《佐助品》、《回向品》成立的时代相

① 《舍利弗悔过经》（大正二四·一〇九〇中）。

② 《杂阿含经》卷三七（大正二·二七五下）。《增支部·十集》（南传二二下·二七〇——二七一）。

③ 《舍利弗悔过经》（大正二四·一〇九〇下——一〇九一上）。

④ 《舍利弗悔过经》（大正二四·一〇九一上）。

近。虽然《舍利弗悔过经》是通俗的事相的行法,《小品般若经》是深智的“无相随回”,然随喜与回向相关联,正是那个时代的意见。这一行法,与深智的般若法门相联合,也与重信的忏罪法门相联合。《弥勒菩萨所问经》虽传出迟一些,却保存了二品行的古义。

劝请——请佛住世、请佛转法轮,从梵天王请转法轮、阿难不请佛住世而佛入涅槃的传说而来。劝请而成为大乘行者的行法,可能是由于:西元前后,北方的政局混乱,佛法也不免受到些破坏。于是末法思想、法灭的思想兴起了。佛弟子对此土佛法失去了信心,信仰与护法的热诚转而寄望于他方世界的现在诸佛,希望他方的佛法兴盛,普利众生(自已也愿意到他方去)。劝请十方诸佛,佛法长存,与忏悔、随喜相合而成为三品修行。到这时,“灭业障法门”,被称为“三聚法门”了。这三品修行,都是礼拜十方诸佛的,日三时、夜三时——六时修行的。灭除业障,本来是为了求佛道。但那时,大乘初兴,是三乘共学的,所以说:“若有善男子、善女人,欲求阿罗汉道者,欲求辟支佛道者,欲求佛道者,欲知去来之事者,常……叉手礼拜十方,自在所向,当悔过言……”①忏悔是三乘共学的,而随喜、回向,或随喜、劝请然后说回向,只是为了佛道。回向都是在末后的,所以形成了忏悔、随喜、劝请、回向——四法行。在安玄(西元一六八——一八八)所译的《法镜经》中,已说到《三品经》,可见西元二世纪初,《三品经》——“三聚法门”已经成立了。这是大乘法中最通

① 《舍利弗悔过经》(大正二四·一〇九〇上)。

俗最一般的行法,许多大乘经都说到这样的行法。但说到原始的、先行的大乘,那是礼拜十方诸佛的"忏悔(灭业障)法门"。这一部分,比《阿弥陀佛经》等都要早些,约与《道智大经》的时代相近。

第五项　《佛本起经》

《佛本起经》,是与《六度集经》一样,出于部派佛教,而为"大乘佛法"的前奏,所以也附在这里来说。《大智度论》说:

"广经者,名摩诃衍,所谓般若波罗蜜经,六波罗蜜经,华手经,法华经,佛本起因缘经……。"

"本起经,断一切众生疑经,华手经,法华经,……六波罗蜜经,摩诃般若波罗蜜经,……皆名摩诃衍。"①

《智度论》所列举的大乘经,《六波罗蜜经》以外,提到了《本起经》或《佛本起因缘经》。"本起"是阿波陀那——譬喻;"因缘"是 nidana 的意译。"本起"与"因缘",本来是十二分教的二分,但在北方,"本起"(譬喻)与"因缘"相互关涉,可以通称,所以《大智度论》就称之为《佛本起因缘经》。这里所说的"佛本起因缘",是佛的"本起因缘",也就是佛传,但只是佛传的一部分。属于佛传的,汉译有很多不同的本子,如:

《修行本起经》	二卷	汉竺大力共康孟详译
《太子瑞应本起经》	二卷	吴支谦译

① 《大智度论》卷三三(大正二五·三〇八上)。又卷四六(大正二五·三九四中)。

《异出菩萨本起经》	一卷	晋聂道真译
《中本起经》	二卷	汉昙果共康孟详译
《过去现在因果经》	四卷	刘宋求那跋陀罗译
《佛说普曜经》	八卷	晋竺法护译
《方广大庄严经》	一二卷	唐地婆诃罗译
《根本说一切有部毗奈耶破僧事》	前九卷	唐义净译
《众许摩诃帝经》	一三卷	赵宋法贤译
《佛本行集经》	六〇卷	隋阇那崛多译

这些佛传,前四部都称为"本起"。此外,还有说出世部的梵本《大事》(Mahāvastu-avadāna),与铜鍱部《小部》的《因缘谈》(Nidānakathā)。据《佛本行集经》末说:"当何名此经?答曰:摩诃僧祇师名为大事;萨婆多师名此经为大庄严;迦叶维师名为佛往因缘;昙无德师名为释迦牟尼佛本行;尼沙塞师名为毗尼藏根本。"①尼沙塞(Mahīśāsaka)——化地部的佛传,是名为《毗尼藏根本》的;"根本"是依处,也有"因缘"的意义。梵本《大事》开端说:"(佛教)中国圣大众部中,说出世部所诵毗尼大事。"大众部中说出世部的佛传,名为《大事》,与《佛本行集经》所说相合。《毗尼大事》,与化地部的《毗尼藏根本》,都说明了佛传与"毗尼"——"律藏"的关系;佛传是依"律藏"所说,补充而单独编集出来的。有关释尊成佛、度众出家的事迹,"律藏"中说到的有二处:一、《铜鍱律》的《大品·大犍度》,《五分律》的"受戒法",

---

① 《佛本行集经》卷六〇(大正三·九三二上)。

《四分律》的“受戒犍度”，从如来（或从种族、诞生、出家、修行）成佛说起，到度舍利弗等出家止，为成立“十众受具”制的因缘①。二、《铜鍱律》的《小品·破僧犍度》，《四分律》与《五分律》的“破僧违谏戒”，说到释尊回迦毗罗，度释种提婆达多等出家，这是“破僧”的因缘②。叙述释尊的成佛、度众出家，是为了说明成立僧伽，或破坏僧伽的因缘，所以称为“因缘”、“本起”的佛传，都只说到化度舍利弗等，或化度释种就结束了。依据这一点去考察，如一、《根本说一切有部毗奈耶破僧事》的前九卷，与《众许摩诃帝经》，是同本异译。这是根本说一切有部的佛传，叙述到化度释种为止（接着就说破僧）。依《佛本行集经》说：萨婆多——说一切有部的佛传，是名为《大庄严》的。《佛说普曜经》与《方广大庄严经》是同本异译，虽已大乘化了，但所叙佛传，直从菩萨在兜率天“四事观察”说起，到化度释种为止，与根本说一切有部的佛传，还是一致的。《中本起经》（约西元二〇〇——二二〇年译）上卷，从定光佛（然灯 Dīpaṃkara）授记起，回迦毗罗度释种止；五比丘中有十力迦叶（Daśabala-kāśyapa），与《十诵律》相同，这是说一切有部初期的佛传。二、《过去现在因果经》（西元四五〇顷译），从然灯佛授记起，到度舍利弗、目犍连、大迦叶止。又《异出菩萨本起经》（西元三〇〇顷

①《铜鍱律·大品》（南传三·一——七九）。《弥沙塞部和醯五分律》卷一五·一六（大正二二·一〇一上——一一〇下）。《四分律》卷三一——三三（大正二二·七七九上——七九九中）。

②《铜鍱律·小品》（南传四·二七八——二八三）。《四分律》卷四（大正二二·五九〇中——五九一下）。《弥沙塞部和醯五分律》卷三（大正二二·一六下——一七中）。

译)、《太子瑞应本起经》,也从然灯佛授记说起,到化三迦叶止。《五分律》说:“如瑞应本起中说”①;现存的《太子瑞应本起经》,可能是化地部的佛传。《佛本行集经》说:“迦叶维师名为佛往因缘”与“过去(现在)因果经”,也可能是同名异译。这几部佛传,都说到度舍利弗等而止。在律藏中,接着就是成立“十众受具”,所以这几部都是成立僧制的因缘。渊源于“律藏”的佛传,本只是建僧因缘、破僧因缘,但佛传当然也可以作为其他的因缘。如竺大力与康孟详共译的《修行本起经》,从然灯佛授记起,到化二贾客止,这可说是“转法轮”的因缘。铜鍱部《小部》的《本生》前,有《因缘谈》:从然灯佛授记,到菩萨天寿将尽,为“远因缘”。从兜率降生到成佛,为“次远因缘”。从七七日受用法乐,到祇园精舍的建立,是“近因缘”:这是说“本生”的因缘②。如《中本起经》,下注“次名四部僧始起”。全部说到三月食马麦而止;依“律藏”,这是“制戒”的因缘。如《佛本行集经》,当然是属于法藏部的佛传,但成立比较迟,受到说一切有部的影响,也以化度释种为止,与《四分律》的古说不合。《大事》也分为三编:初从然灯佛授记,到护明(Jyotipāla)菩萨受记;次从生兜率天,到菩提树下成佛;后从初转法轮,到化度诸比丘止③,与《佛本行集经》相近。总之,现存的佛传,称为“大事”、“因缘”(本起)、“本行”、“大庄严”,都只说到初期化度诸比丘的事迹;这是为了说明建僧、破僧、说法、制戒、说本生的因缘而

① 《弥沙塞部和醯五分律》卷一五(大正二二·一〇二下)。
② 《小部·本生》(南传二八·一——二〇四)。
③ 《望月佛教大辞典》所述(四七五一中——四七五二中)。

叙述出来的。

渊源于"律藏"的各部佛传——《本起经》，可说继承了《长阿含经》的意趣，极力宣扬释尊的崇高伟大，传有太多的"甚希有法"。如从右胁出生；生下来向四方各行七步，宣说"天上天下，唯我独尊"，都表显了释尊超越常人的特性。姑不论这些引起一般信仰的部分，就是修行上，也有了原始佛教——"经"、"律"、("论")藏所没有的新内容，如《修行本起经》①说：

"便逮清净不起法忍。"

"于九十一劫，修道德，学佛意，行六度无极。……累劫勤苦，通十地行，在一生补处。"

"廓然大悟，得无上正真道，为最正觉。得佛十八法，有十神力，四无所畏。"

"不起法忍"，是无生法忍。"学佛意"，是发菩提心。"六度"是菩萨修行的法门；"十地"是菩萨修学的历程。"一生补处"，是生在兜率天，再一生就要成佛了。"佛十八法"，是十八佛不共法。这些，都是"三藏"所没有的新内容。《太子瑞应本起经》、《过去现在因果经》(缺"佛十八法")，都是这样说的。在《佛本行集经》、《佛说普曜经》、《方广大庄严经》中，说到菩萨在兜率天上为天子们说"百八法明门"，依《方广大庄严经》卷一(大正三·五四四中——五四五上)所说，列举如下：

信·净心·喜·爱乐

① 《修行本起经》卷上(大正三·四六二中、四六三上)，又卷下(大正三·四七一下——四七二上)。

身戒・语戒・意戒

念佛・念法・念僧・念施・念戒・念天

慈・悲・喜・舍

无常・苦・无我・寂灭

惭・愧・谛・实

法行・三归・知所作・解所作

自知・知众生・知法・知时

破坏憍慢・无障碍心・不恨・胜解

不净观・不嗔・无痴

求法・乐法・多闻・方便

遍知名色・拔除因见・断贪嗔

妙巧・界性平等・不取・无生忍

[四]念住・[四]正勤・[四]如意足・[五]根・[五]力・[七]觉支・[八]正道

菩提心・大意乐・增上意乐・方便正行

[六]波罗蜜・方便善巧・四摄事

成熟众生・受持正法

福德资粮・智慧资粮・奢摩他・毗钵舍那

无碍解・抉择・陀罗尼・辩才

顺法忍・无生法忍・不退转地・诸地增进・灌顶

上来列举的,意义都很明白。只有"妙巧"等四句,意思是:"妙巧"是蕴善巧,遍知苦;"界性平等",是断一切集;"不取",是六处不取著,修行正道;"无生忍"是证入寂灭:这四句是约四谛(也是蕴、界、处、灭)说的。"诸地增进",别译作"从一地至一地”，就是“十地”。在这百八法门中，“菩提心”以前，是共三乘法；以下是独菩萨法。百八法门中，说到了“菩提心”、“六波罗蜜”、“方便善巧”、“无生法忍”、“陀罗尼”、“诸地”、“灌顶”；《大事》说到了“十地”。这些大乘重要的内容，都出现于佛传中，无怪乎《大智度论》要以《佛本起经》为大乘经了！比较地说，说一切有部与铜锞部的佛传，虽极力表彰佛的伟大，但还少些大乘的气息。然说一切有部说四波罗蜜①，铜锞部说十波罗蜜圆满而成佛②，波罗蜜的项目，部派间虽多少不同，而波罗蜜为成佛的因行，已成为一切部派共同的信仰。

《佛本起因缘》——佛传，是依于“律藏”，经补充而集成的。《六度集》与《佛本起》，成为部派佛教到大乘佛教的中介。这是部派佛教所集出，却含有新的内容。在《佛本起》中，释尊过去世，为然灯佛所授记，当来成释迦牟尼佛。这是各部“律藏”所没有的，《四分律》却例外③。说一切有部也有然灯佛授记的传说（是一切部派所公认的），却没有编入“三藏”，如《阿毗达磨大毗婆沙论》卷一八三（大正二七·九一六中）说：

> “然灯佛本事，当云何通？……答：此不必须通，所以者何？此非素怛缆、毗奈耶、阿毗达磨所说，但是传说；诸传所说，或然不然。”

然灯佛授记，是传说（属于“杂藏”），是不必尽然的。与说

---

① 《阿毗达磨大毗婆沙论》卷一七八（大正二七·八九二上）。

② 《小部·本生》（南传二八·九五——一〇〇）。

③ 《四分律》卷三一（大正二二·七八二上——七八五下）。

一切有部有关的佛传，如《众许摩诃帝经》、《佛说普曜经》等，也就没有编入然灯佛授记的事。然在大众部、分别说系中，然灯佛授记对于释尊的历劫修行，是一关键性大事。因为确认然灯佛授记时，菩萨“得无生法忍”，然后“菩萨为欲饶益有情，愿生恶趣、随意能往”①；大菩萨的神通示现、普度众生，都有了理论的根据。菩萨的种种本生，分别前后，才有发心、修行，不退转（得无生忍）、菩萨最后身的行位安立；有“从一地至一地”的“十地”说的成立②。如“陀罗尼”，《大智度论》说：“声闻法中何以无是陀罗尼名，但大乘（法）中有？”③可见声闻三藏是没有陀罗尼的，可说陀罗尼是独菩萨法。然《智度论》又说：“阿毗昙法，陀罗尼义如是。”④可见部派佛教中也有说陀罗尼的，并且以阿毗昙的法门分别，分别陀罗尼。属于法藏部的《佛本行集经》，的确已说到陀罗尼了。佛传，可能经过再补充，但这是部派佛教，主要是大众部与分别说部的新内容，引发了“大乘佛法”的开展。

第六项　菩萨藏经与佛诸品

如上文所说的，《六波罗蜜经》、《道智大经》、《三品经》以外，还有《菩萨藏经》，也见于《离垢施女经》、《遗日摩尼宝经》、《月灯三昧经》等⑤。“菩萨藏”，的确是先行的大乘，法藏部已

① 《异部宗轮论》（大正四九·一五下）。

② 《普曜经》卷一（大正三·四八七下），译作“从住至住法门，至阿惟颜（灌顶）”，所说与“十住”说相合。

③ 《大智度论》卷二八（大正二五·二六九中）。

④ 《大智度论》卷五（大正二五·九五下）。

⑤ 《离垢施女经》（大正一二·九五下）。《遗日摩尼宝经》（大正一二·一八九下）。《月灯三昧经》卷七（大正一五·五九八上）。

立"菩萨本因即名菩萨藏"①;大众部也立"菩萨藏",如《分别功德论》所说②。依法藏部,"菩萨藏"是菩萨的本因——"本生"之类;依《分别功德论》,"菩萨藏"中是有"方等大乘"的。部派佛教的"菩萨藏",是有关菩萨事的总集。在大乘经中,"菩萨藏"是一分大乘经的通称;然依《遗日摩尼宝经》等,"菩萨藏"也是一部经的别名,但部类无法确定。在汉译的大乘经中,称为《菩萨藏经》的,有:

《菩萨藏经》	一卷	梁僧伽婆罗译
《菩萨藏经》	三卷	秦鸠摩罗什译
《大菩萨藏经》	二〇卷	唐玄奘译
《大乘菩萨藏正法经》	四〇卷	赵宋法护等译

这四部经中,僧伽婆罗所译的《菩萨藏经》,是《大乘三聚忏悔经》的异译。依《离垢施女经》,"菩萨藏"与"三品法"并列。而僧伽婆罗译本,以"三品法门"为"菩萨藏经",是通称的"菩萨藏",而不是一部的专称,与别有《菩萨藏经》不合。鸠摩罗什所译的《菩萨藏经》,就是编入《大宝积经》(一七)的《富楼那会》。经说持戒、头陀、忍辱、精进、智慧;智慧中说一切法空,明多闻求法的重要。这是初期大乘经,不是"先行大乘"。后二部,是同本异译。这部《大菩萨藏经》,第一"开化长者品",说明出家的解脱法门。从第二品以下,是《密迹金刚力士经》、《陀罗尼自在王经》、《无尽意经》、《诸法无行经》等编集所成,这是可以比对而知的。这是后期大乘的纂集,所以部帙庞大,与初期大乘经所

① 《三论玄义检幽集》卷六(大正七〇·四六五中)。
② 《分别功德论》卷一(大正二五·三二中)。

说的《菩萨藏经》，当然是不同了。总之，初期所传的《菩萨藏经》，还不能确切地知道是哪一部。

《遗日摩尼宝经》说："六波罗蜜，及菩萨毗罗（藏）经，及佛诸品。"①"佛诸品"，异译都缺。或以为："佛诸品"是"佛语品"的误写。然《离垢施女经》说："诵习三品诸佛经。"②《大智度论》说："菩萨礼佛有三品。"③"三品法"是与十方诸佛有关的，所以"佛诸品"，可能为"诸佛三品经"的旧译。

原始的先行的大乘经，依上来的研考，主要为：重悲的《六度集经》；重智的《道智大经》——"原始般若"；重信的《三品经》——礼十方诸佛的"忏悔法门"。在大乘机运成熟声中，分头传出、奏起了大乘的序曲，一步步地进入"大乘佛法"的时代。

① 《遗日摩尼宝经》（大正一二·一八九下）。
② 《离垢施女经》（大正一二·九五下）。
③ 《大智度论》卷六一（大正二五·四九五中）。

第十章　般若波罗蜜法门

第一节《般若经》的部类

第一项　《般若经》部类的次第集成

般若波罗蜜(prajñāpāramitā)①,为六波罗蜜——六度之一。在菩萨修学的菩提道中,般若波罗蜜有主导的地位,所以般若波罗蜜是遍在一切大乘经的,可说是大乘法门所不可缺少的主要部分。在大乘经中,有特重般若波罗蜜,以般若波罗蜜为中心而集成圣典;这部分圣典,也就取得了《般若波罗蜜经》的专称,成为大乘经中重要的一大类——"般若部"。《般若经》的部类,着实不少!这些般若部类,在佛教史上所见到的,是在不断的增多中,从二部、三部、四部、八部到(唐玄奘译出的)十六部;以后还有称为《般若经》的传译出来。大概地说,《般若经》的集出,是从"大乘佛法"兴起,一直到"秘密大乘佛法"传布的时代。当

① 般若波罗蜜,新译作般若波罗蜜多。意译为"智度"、"明度"、"慧度"、"慧到彼岸"。波罗蜜旧译为"度",古译作"度无极"。

然，最受人重视的《般若经》，是属于“大乘佛法”时代的，尤其是代表初期大乘佛法（西元前一世纪中，到西元二世纪末）的部分。为了说明代表初期大乘的《般若经》，所以叙述《般若经》在佛教史上次第增多的情形，也就可以推定代表初期大乘的《般若经》。

一、“二部”：在中国佛教史上，《般若经》的传译与传说，应该是从“一部”到“二部”。不过最初传译过来的时候，只有这一部，不知道还有其他的《般若经》，也就没有引起《般若经》的部类问题。《般若经》最早传译过来的，是汉灵帝光和二年（西元一七九）译出的《道行般若经》，十卷，三十章（品），或名《摩诃般若波罗蜜经》①。到了魏甘露五年（西元二六〇年），已从传说中知道有两部《般若经》了，如《出三藏记集》卷一三《朱士行传》（大正五五·九七上——中）说：

> “士行尝于洛阳讲小品，往往不通。每叹此经大乘之要，而译理不尽。誓志捐身，远迎大品。遂于魏甘露五年，发迹雍州，西渡流沙。既至于阗，果写得正品梵书，胡本九十章（品），六十万余言。遣弟子不如檀，晋言法饶，凡十人，送经胡本还洛阳。……送至陈留仓垣水南寺。河南居士竺叔兰，善解方言，译出（为）放光经二十卷。”

朱士行在洛阳所讲的“小品”，就是《道行般若经》。这部经，古人评为“道行颇有首尾隐者，古贤论之，往往有滞”②。士

---

① 依《出三藏记集》卷二（大正五五·六中）。

② 道安《道行经序》，见《出三藏记集》卷七（大正五五·四七中）。

行知道有广本的《般若经》，所以到于阗去访求的。等到晋元康五年（西元二九五年），竺叔兰译出了《放光般若经》①，与《道行般若经》相对，古人就称之为“大品”与“小品”。这二部，有着共同的部分，古人是相信从《大品》抄出《小品》的，如道安（西元三一二——三八五）《道行经序》说：“佛泥曰后，外国高士抄九十章为道行品。”②支道林（西元三一四——三六六）《大小品对比要抄序》说：“先学共传云：佛去世后，从大品之中抄出小品。”③“大品”与“小品”的名称，一直传下来。鸠摩罗什所译的《摩诃般若波罗蜜经》，二十七（或二十四）卷本，称为《新大品经》；十卷本称为《新小品经》④。《大品》与《小品》，也就是《般若经》的广本与略本。

二、“三部”·“四部”：鸠摩罗什来华的时代（西元四〇一——四一五顷），中国佛教界知道了《般若经》有三部，如《大智度论》（西元四〇二——四〇五译出）卷六七（大正二五·五二九中）说：

> “般若波罗蜜部党经卷，有多有少，有上中下——光赞、放光、道行。”

《智度论》所说的《般若经》，有上中下，也就是《光赞般若》、《放光般若》、《道行般若》。《智度论》又说到：“如小品、放

① 凉州方面，竺法护在晋太康七年（西元二八六），也译出了与《放光经》同本的《光赞经》。

② 《出三藏记集》卷七（大正五五·四七中）。

③ 《出三藏记集》卷八（大正五五·五五中）。

④ 《出三藏记集》卷二（大正五五·一〇下）。

光、光赞等般若波罗蜜，经卷章句有限有量，般若波罗蜜义无量。”①这与上文所引的，内容完全相合，只是顺序颠倒了一下。《光赞》、《放光》以外的《小品》，就是《道行经》。汉译的《光赞》，现存十卷，是残本。但古代有一传说：“光赞有五百卷，此土零落，唯有十卷。”②《光赞》五百卷说，可能是十万颂《般若》的古老传说。《大智度论》卷一〇〇(大正二五·七五六上)说：

“此中般若波罗蜜品，有二万二千偈；大般若品有十万偈。”

十万偈的《般若经》，是三品中的上品，《大智度论》是称之为《光赞》的。《大智度论》是《般若经》的注释，所依的经本——“二万二千偈”，就是鸠摩罗什所译的《新大品经》，与竺叔兰所译的《放光般若》、竺法护所译的《光赞》残本，都是三品中的中品。三部般若，是在二部——《大品》、《小品》以外，更多了一部十万偈本。龙树造《大智度论》，在西元三世纪初，当时印度已有了三部《般若经》；但传说来中国，已是五世纪初了。不过，如采取“光赞五百卷”说，那么竺法护译出《光赞》的时候(西元二八六)，中国佛教界可能已听说过“三部般若”了。

“四部”说，见于僧睿的《小品经序》(大正八·五三七上)：

“斯经正文，凡有四种，是佛异时适化广略之说也。其多者，云有十万偈；少者六百偈。此之大品，乃是天竺之中

① 《大智度论》卷七九(大正二五·六二〇上)。

② 吉藏《金刚般若疏》卷一(大正三三·八六中)。

品也。随宜之言,复何必计其多少!”

僧睿本来是道安的弟子,后来成为罗什的门人。罗什译《新小品经》七卷(现在分作十卷),是弘始十年(西元四〇八)。僧睿为《小品》作序,说到了《般若经》有四部,就是在三部外,加一部六百偈本。吉藏的《金刚般若疏》卷一(大正三三·八六中)说:

“有人云:当以金刚足前三部以为四也。然金刚止有三百许偈,睿公云少则六百偈,故知未必用金刚足之。”

《金刚般若》也是罗什当时译出的,三部以外加《金刚般若》,合成四部,是极有可能的,只是偈数少一些。

三、“八部”:北魏永平元年(西元五〇八),菩提留支(Bodhiruci)到中国来,译出了《金刚般若波罗蜜经》一卷,《金刚般若波罗蜜经论》三卷。这部论是世亲(Vasubandhu)所造的,留支又依据世亲的论释,造《金刚仙论》十卷。《金刚仙论》有“八部般若”,也就是菩提留支传说的般若部类,如《论》卷一(大正二五·七九八上)说:

“八部般若,以十种义释对治十。其第一部十万偈(大品是);第二部二万五千偈(放光是);第三部一万八千偈(光赞是);第四部八千偈(道行是);第五部四千偈(小品是);第六部二千五百偈(天王问是);第七部六百偈(文殊是);第八部三百偈(即此金刚般若是)。”

《论》文中的小字,是后人所附加的,是为了推定“八部般若”的实体而下的注说。所以有关“八部般若”，后人的传说都相近，而确指是什么经，如《金刚仙论》所说、智者《金刚般若经疏》所说①、吉藏《金刚般若疏》所说②、圆测《解深密经疏》所说③，彼此的异说就相当多了。其实，“八部般若”的前七部，偈颂多少与次第，都与《大般若经》十六会中的前七会相合。第八部三百偈的，是十六会中《能断金刚分》第九。以“八部般若”比对《大般若经》的前十会，缺第八《那伽室利分》、第十《理趣般若分》。《理趣般若分》与“秘密大乘”有关；在西元六世纪初，大概还没有成立。《那伽室利分》与旧译《濡首菩萨无上清净分卫经》相当，但旧译没有称为《般若经》，古人也没有看作般若部类。这部经而被编为般若部类，在印度也许是以后的事。

四、“十六会”：唐贞观十九年（西元六四五），玄奘从印度回国。显庆五年（西元六六〇），开始翻译《摩诃般若波罗蜜多经》——《大般若经》，全部梵本二十万颂，分十六会，译成六百卷，内容如下：

初会	十万颂	四百卷		新译
二会	二万五千颂	七八卷		重译
三会	一万八千颂	五九卷		新译
四会	八千颂	一八卷		新译
五会	四千颂	一〇卷		重译
六会	二千五百颂	八卷	最胜天王分	重译

① 智顗《金刚般若经疏》（大正三三·七六上）。

② 吉藏《金刚般若疏》卷一（大正三三·八六下）。

③ 圆测《解深密经疏》卷五（续三四·四一二上）。

七会	八百颂	二卷	曼殊室利分	重译
八会	四百颂	一卷	那伽室利分	重译
九会	三百颂	一卷	能断金刚分	重译
十会	三百颂	一卷	般若理趣分	新译
十一会	二千颂	五卷	布施波罗蜜多分	新译
十二会	二千颂	五卷	净戒波罗蜜多分	新译
十三会	四百颂	一卷	安忍波罗蜜多分	新译
十四会	四百颂	一卷	精进波罗蜜多分	新译
十五会	八百颂	二卷	静虑波罗蜜多分	新译
十六会	二千五百颂	八卷	般若波罗蜜多分	新译

玄奘所译的《大般若经》十六会，可以分为三大类。前五分是第一类：前三分虽广略悬殊，然内容都与古说的“大品”相同。四分与五分，是古说的“小品”类。这二类，文段与内容，都有共同的部分，是同一原本的分化。中（六——一〇）五分为第二类：这是彼此不同的五部经；玄奘以前，曾译出前四部（六——九），只有《般若理趣分》是新译。这部与“秘密大乘”有关的《般若理趣分》，过去虽没有传译，以后却不断地传译出来。经典的集出，有时代的前后，这是最可以证明的了。后六分为第三类：这是从般若法门的立场，将六波罗蜜多分别地集出来。

传说于中国的般若部类，是从（一部）二部、三部、四部、八部，到十六部，表示了《般若经》在不断的发展中。如从中国译经史上去看，首先是略本、广本，然后是《濡首般若》、《金刚般若》、《文殊般若》、《胜天王般若》，到唐代才译出《理趣般若》等，反映了印度《般若经》传出的次第。

第二项　现存的般若部类

《般若经》传布而被保存下来的,主要是华文译本,还有藏文译本,及部分梵本。这里略加叙述,以为论究初期大乘中《般若经》成立与发展的依据。

一、"下品般若"(依《大智度论》三部说,称为"下中上"):这是中国古代所传的"小品"类。现存的华文译本,共有七部:

1.《道行般若经》
十卷　后汉支(娄迦)谶译

2.《大明度经》
六卷　吴支谦译

3.《摩诃般若波罗蜜钞经》
五卷　前秦昙摩蜱共竺佛念译?

4.《小品摩诃般若波罗蜜经》
十卷　后秦鸠摩罗什译

5.《大般若波罗蜜多经》第四分
十八卷　唐玄奘译

6.《大般若波罗蜜多经》第五分
十卷　唐玄奘译

7.《佛说佛母出生三法藏般若波罗蜜多经》
二十五卷　宋施护译

"下品"类七部中,1.《道行般若经》,汉灵帝光和二年(西元一七九)译出,是华文中最古译出的《般若经》。然现存经录最早的《出三藏记集》,存有矛盾的记载。在支谶译的十卷本外,又说竺朔佛在灵帝时译出的《道行经》一卷，道安"为之序注"①。这是支谶的为十卷本，竺朔佛（或作竺佛朔）的为一卷本。然道安的《道行经序》说："外国高士抄（大品）九十章为道行品；桓、灵之世，朔佛赍诣京师，译为汉文。"又《道行经后记》说："光和二年十月八日，河南洛阳孟元士口受（原作"授"），天竺菩萨竺朔佛，时传言者——译（者）月支菩萨支谶。"②似乎十卷本是二人的合译。道安为一卷的《道行经》作"序注"；现存支谦的《大明度经》的《道行品》附有注说，应该就是道安注。但这是依据《大明度经》而作注，与支谶的十卷本不合。现仅存十卷本，一般作为支谶译。这部《道行般若经》，以下简称为"汉译本"。

2.《大明度经》，《出三藏记集》作"明度经，四卷，或云大明度无极经"③。这部经的译者，经录中有不少的异说④。然音译少，文字又简要，与支谦译的特性相合，简称"吴译本"。

3.《摩诃般若波罗蜜钞经》，题作"符秦天竺沙门昙摩蜱共竺佛念译"。译出的经过，如《出三藏记集》卷八《摩诃钵罗若波罗蜜经抄序》（大正五五·五二中）说：

"建元十八年正，车师前部王名弥第来朝。其国师字鸠摩罗跋提献胡大品一部，四百二牒，言二十千首卢。首卢三十二字，胡人数经法也。即审数之，凡十七千二百六十首

① 《出三藏记集》卷二（大正五五·六中）。

② 《出三藏记集》卷七（大正五五·四七中——下）。

③ 《出三藏记集》卷二（大正五五·七上）。

④ 参阅梶芳光运《原始般若经之研究》（六二——七六）。

卢,残二十七字,都并五十五万二千四百七十五字。天竺沙门昙摩蜱执本,佛护为译,对而捡之,慧进笔受。与放光、光赞同者,无所更出也。其二经译人所漏者,随其失处,称而正焉。其义异不知孰是者,辄并而两存之,往往为训其下。凡四卷,其一纸二纸异者,出别为一卷,合五卷也。"

《出三藏记集》卷二《新集经论录》(大正五五·一〇中)说:

"摩诃钵罗若波罗蜜经抄,五卷,……晋简文帝时,天竺沙门昙摩蜱,执胡大品本,竺佛念译出。"

《摩诃般若波罗蜜经抄》五卷,译者虽有佛护与竺佛念的异说,但都是昙摩蜱执"胡大品"本。现存的《摩诃般若波罗蜜钞经》,内容是"小品",显然与"执胡大品"说不合,所以《开元释教录》怀疑道安所说,而说"或恐寻之未审也"①。鸠摩罗跋提(Kumārabuddhi)所献的梵本,"四百二牒","凡十七千二百六十首卢,残二十七字",道安说得那样的精确,是不可能错误的。依道安的《抄序》,这是抄出,而不是全部翻译。昙摩蜱等依"大品"二万颂的梵本,对勘《放光》与《光赞》。如相同的,就不再译了。如二经有漏失的,就译出来。如文义不同而不能确定的,就"两存"——在旧译以外,再出新译,又往往加以注释。《摩诃般若波罗蜜经抄》,并不是《大品》的全部翻译,而只是"经抄",也就是一则一则的"校勘记",所以只有四卷或五卷。这部"经抄",早已佚失了。现存而名为《摩诃般若波罗蜜钞经》的,内容

① 《开元释教录》卷四(大正五五·五一一上)。

是“小品”。隋法经等撰的《众经目录》说：竺法护曾译出“新道行经十卷，一名新小品经，或七卷”①。《原始般若经之研究》依铃木博士说，推定现存的《摩诃般若波罗蜜钞经》为东晋竺法护所译②。现存的《摩诃般若波罗蜜钞经》，不但是“小品”类，而且还是残本。文字采用“汉译本”的很多，以“汉译本”来对比，在《钞经》卷三《清净品》、卷四《本无品》中间，缺少了《叹品》、《持品》、《觉品》、《照明品》、《不可计品》、《譬喻品》、《分别品》——七品。在卷五《释提桓因品》以下，又缺了《贡高品》、《学品》、《守行品》、《强弱品》、《累教品》、《不可尽品》、《随品》、《萨陀波仑品》、《昙无竭品》、《嘱累品》——十品。共缺少十七品，约五卷。所以现存的《钞经》五卷本，可以确定地推为竺法护所译。不知为了什么，也许是“五卷”的关系，竟被误传为昙摩蜱等所出的“经抄”！现存的《摩诃般若波罗蜜钞经》，是竺法护所译的，以下简称“晋译本”。

4.《摩诃般若波罗蜜经》，或作《小品般若波罗蜜经》，十卷，是姚秦弘始十年（西元四〇八），鸠摩罗什所译的，今简称为“秦译本”。

5.《大般若波罗蜜多经》第四分（从五三八卷起，五五五卷止），共十八卷。

6.《大般若波罗蜜多经》第五分（从五五六卷起，五六五卷止，共十卷。这是唐玄奘所译的《大般若经》中，与《小品》相同的；十六分中的第四与第五分。今简称为“唐译四分本”，“唐译

① 隋《众经目录》卷一（大正五五·一一九中）。

② 梶芳光运《原始般若经之研究》（八三——八七）。

五分本"。

7.《佛说佛母出生三法藏般若波罗蜜多经》,二十五卷,施护(Dānapāla)译,约译出于宋太平兴国七年(西元九八二)以后,简称"宋译本"。

在这华文的七种译本外,属于"小品"《般若经》的藏译本,也有两部:1. 胜友(Jinamitra)所译的一万颂本:Ḥphags-pa Śes-rab-kyi pha rol-tu phyin-pa khri-pa zhes-bya-ba theg-pa chen-poḥi mdo。2. 释迦军(Śākhyasena)、智成就(Jñānasiddhi)等所译的八千颂本:Ḥphags-pa Śes-rab-kyi pha rol-tu phyin-pa brgyad-stoṅ-pa zhes-bya-ba theg-pa chen-poḥi mdo。梵本方面,有尼泊尔所传的八千颂本:Aṣṭasāhasrikāprajñāpāramitā,实数为八千一百九十颂①。

如将华文译本七部,藏文译本二部,及梵文本一部,而比对同异②,那么可以分为二类:华文的"唐译四分本"、"宋译本"及"梵文本"为一类。"唐译四分本",二十九品,如增入略去的《常啼品》、《法涌品》、《嘱累品》,共三十二品,与"宋译本"及"梵文本"相合。"汉译本"、"吴译本"、"晋译本"、"秦译本",及"唐译五分本",虽品数略有参差,而文义相近。藏文本二译,从颂数来说,似乎是"唐译四分本"的不同译出。《至元法宝勘同总录》,以为藏译的一万颂本,同于"唐译四分本";八千颂本同于"唐译五分本"③,怕未必正确!"唐译五分本",译成十卷,不可能有八千颂的。

---

① 见梶芳光运《原始般若经之研究》(九九——一〇〇)。

② 各种本子,都不能完全相合,但可以从主要的不同来比对。

③ 《至元法宝勘同总录》卷一(缩刷藏结·四五)。

二、“中品般若”：属于“中品”的《般若经》，华文译出的共五部。1.《光赞般若波罗蜜经》：如《出三藏记集》卷七，道安所作的《合放光光赞略解序》（大正五五·四八上）说：

“光赞，护公执胡本，聂承远笔受。……寝逸凉土九十一年，几至泯灭，乃达此邦也。斯经既残不具。……会慧常、进行、慧辩等，将如天竺，路经凉州，写而因焉。展转秦雍，以晋泰元元年五月二十四日，乃达襄阳。”

《光赞般若经》，是竺法护于太康七年（西元二八六）译出的，但当时没有流通，几乎佚失了。后来在凉州发现，才抄写“送达襄阳，付沙门道安”。不但已经过了九十一年，而现存十卷二十七品（失去了三分之二），已是残本。这部残本，今简称为“光赞本”。

2.《放光般若波罗蜜经》：这是朱士行在于阗求来的，译成二十卷，九十品。传译的经过，如《出三藏记集》卷七《放光经后记》（大正五五·四七下）说：

“朱士行……西至于阗国，写得正品梵书，胡本九十章，六十万余言。以太康三年，遣弟子弗如檀，晋字法饶，送经胡本至洛阳。住三年，复至许昌。二年后，至陈留界仓垣水南寺。以元康元年五月十五日，众贤者共集议，晋书正写。时执胡本者，于阗沙门无叉罗；优婆塞竺叔兰口传（译）；祝太玄、周玄明共笔受。……至其年十二月二十四日，写都讫。……至太安二年十一月十五日，沙门竺法寂来至仓垣水北寺，求经本。写时，捡取现品五部，并胡本，与竺叔兰更共考校书写,永安元年四月二日讫。"

太康三年(西元二八二),经本送到了洛阳;元康元年(西元二九一),才在仓垣水南寺译出;到永安元年(西元三〇四),才校成定本。梵本"六十万余言",约一万九千颂,今简称为"放光本"。

3.《摩诃般若波罗蜜经》:姚秦弘始五年(西元四〇四),鸠摩罗什在长安逍遥园译,今作三十卷。依《大智度论》,梵本为二万二千颂,今简称为"大品本"。

4.《大般若波罗蜜多经》第二分:玄奘从显庆五年起,到龙朔三年(西元六六〇——六六三),译成《大般若波罗蜜多经》全部,分十六分,共六百卷。其中第二分,从四〇一卷起,四七八卷止,共七八卷,今简称为"唐译二分本"。

5.《大般若波罗蜜多经》第三分:从四七九卷起,五三七卷止,共五九卷,简称"唐译三分本"。

属于"中品"类的藏文译本,也有二部:1. Śes-rab-kyi-pha-rol-tu-phyin-pa stoṅ-phrag-ñi-śu-lṅa-pa,依《至元法宝勘同总录》,与"唐译二分本"相同①。2. Ḥphags-pa śes-rab-kyi-pha-rol-tu-phyin-pa khri-brgyad-sotṅ-pa shes-bya-ba theg-pa chen-poḥi mdo,依《至元法宝勘同总录》,与"唐译三分本"相同②。

属于"中品"般若的梵本,现存 Pañcavimśatisāhasrikaprajñāpāramitā,即二万五千颂般若,与"唐译二分本"相当。

---

① 《至元法宝勘同总录》卷一(缩刷藏结·四五)。

② 《至元法宝勘同总录》卷一(缩刷藏结·四五)。

三、“上品般若”：玄奘所译《大般若波罗蜜多经》初分，译为四百卷，就是传说中的“十万颂”本。依《贞元新定释教目录》，梵本实为十三万二千六百颂①，今简称“唐译初分本”。藏文所译的《十万颂般若》，题为：Śes-rab-kyi-pha-rol-tu-phyin-pa stoṅ-phrag-brgya-pa，依《至元法宝勘同总录》，与“唐译初分本”相同②。现存梵本的《十万颂般若》（Śatasāhasrikāprajñāpāramitā），依《八千颂般若》梵本刊行者 R. Mitra 所见，梵本分为四部分：第一部分为二万六千九百六十八颂，第二部分为三万五千二百五十九颂，第三部分为二万四千八百颂，第四部分为二万六千六百五十颂；四部分共有十一万三千六百七十七颂③。

四、“金刚般若”：这是《般若经》流通最盛的一部。译为华文的，共六部：1. 姚秦鸠摩罗什译。2. 魏菩提留支于永平二年（西元五〇九）译。3. 陈真谛于壬午年（西元五六二）译。这三部，都名为《金刚般若波罗蜜经》，各一卷。4. 隋达磨笈多（Dharmagupta）于开皇十年（西元五九〇）译，名《金刚能断般若波罗蜜经》，一卷。5. 唐玄奘于贞观二十二年（西元六四八）译，名《能断金刚般若波罗蜜多经》，一卷；编入《大般若经》五七七卷，即第九分《能断金刚分》。6. 唐（武后时）长安三年（西元七〇三），义净于西明寺译出，名《能断金刚般若波罗蜜多经》，一卷。华译本而外，有西藏译本。其中德格版，与菩提留支，尤其是真谛的译本相合。而北京版所收的，却与达摩笈多，尤其是

---

① 《贞元新定释教目录》卷二〇（大正五五·九一〇中）。

② 《至元法宝勘同总录》卷一（缩刷藏结·四五）。

③ 见梶芳光运《原始般若经之研究》（一二七——一二八）。

玄奘译本相近。本经也存有梵本。斯坦因(A. Stein)在敦煌千佛洞发现有于阗译本①。依华译本而论,菩提留支译本,真谛译本,达磨笈多译本,玄奘译本,义净译本——五部,都属于瑜伽系所传,与无著(Asaṅga)、世亲(Vasubandhu)的《金刚经论释》有关。

五、"那伽室利般若":唐译《大般若经》卷五七六,第八"那伽室利分"一卷。在中国译经史上,这部经的译出很早,如《出三藏记集》卷四《新集续撰失译杂经录》(大正五五·二一下)说:

> "濡首菩萨无上清净分卫经,二卷(一名决了诸法如幻化三昧经)。"

失译而"未见经文"的,又有"濡首菩萨经,二卷",注:"疑即是濡首菩萨分卫经"②。这部只听说经名,而没有见到经文的,僧祐推断为就是《濡首菩萨无上清净分卫经》。隋法经的《众经目录》,只有一本,"宋沙门释翔公于南海译"③。《历代三宝纪》却分作二部:一部是后汉严佛调译④;一部是"宋世,不显年,未详何帝译。群录直注云:沙门翔公于南海郡出"⑤。《历代三宝纪》的二部说,当然不足信;传为宋代的翔公译,也未必可信。从《濡首菩萨无上清净分卫经》的译语来说,虽相当的流畅明

① 《望月佛教大辞典》(一三四七中——下)。
② 《出三藏记集》卷四(大正五五·三二上)。
③ 隋《众经目录》卷一(大正五五·一一五中)。
④ 《历代三宝纪》卷四(大正四九·五四上)。
⑤ 《历代三宝纪》卷一〇(大正四九·九三下)。

白，但译如是我闻为“闻如是”，文殊师利为“濡首”，紧那罗为“真陀罗”，无生法忍为“无所从生法乐之忍”等，有晋代（罗什以前）译品的特征，不可能是宋译。也许因为这样，《历代三宝纪》才有严佛调译的臆说。这是东晋，近于罗什时代的“失译”。在古代，这部经是没有作为“般若部”的。这是初期的大乘经，思想近于般若，而并非以般若为主题的。在菩提留支传说“八部般若”时代，这部经还没有被编入《大般若经》系统。

六、“文殊般若”：本经的华文译本有三：1. 梁天监五年（西元五〇六），曼陀罗仙（Mandra）译，名《文殊师利所说摩诃般若波罗蜜经》，或作《文殊般若波罗蜜经》，二卷。2. 梁僧伽婆罗（Saṃghavarman）译，名《文殊师利所说般若波罗蜜经》，一卷。僧伽婆罗起初参预曼陀罗仙的译场；在曼陀罗仙去世后，又依据曼陀罗仙的梵本，再为译出。3. 唐玄奘译《大般若波罗蜜多经》（卷五七四·五七五）第七分——《曼殊室利分》。曼陀罗仙本，“初文无十重光，后文有一行三昧”；僧伽婆罗本，“初文有十重光，后文无一行三昧”①。玄奘译本，与曼陀罗仙本相合。曼陀罗仙的译本，被编入《大宝积经》第四六会。这部经，也有藏译本与梵本。“文殊般若”是以“般若波罗蜜”为主题，成为一部独立的经典。但特别重视“众生界”、“我界”、“如来界”、“佛界”、“法界”、“不思议界”，流露了后期大乘佛法的特色。不过还在演进过程中，没有到达“如来藏”（或“如来界”）、“佛性”（佛界）

---

① 《开元释教录》卷一一（大正五五·五八三中——下）。

说的阶段。

七、“胜天王般若”：“天王问般若”，菩提留支所传的“八部般若”，已经说到。到了陈天嘉六年（西元五六五），月婆首那（Upaśūnya）才译为华文，名《胜天王般若波罗蜜经》。这部经的梵本，是于阗沙门求那跋陀（Guṇabhadra），在梁太清二年（西元五四八）带到建业来的①。全部十六品，分为七卷。《胜天王般若》与唐玄奘所译《大般若波罗蜜多经》的第六分相当；唐译为八卷（五六六卷起，五七三卷止），十七品②。

《胜天王般若波罗蜜经》与两部经有关，可说是两部经（与另一部经）的辑集所成，这两部就是《宝云经》与《无上依经》。《宝云经》，先后共有四译：1.《宝云经》，七卷，梁天监二年后（西元五〇三——），曼陀罗仙译。2.《大乘宝云经》，七卷，梁曼陀罗仙共僧伽婆罗译③。3.《宝雨经》，十卷，唐达磨流支（Dharmaruci）译④。4.《佛说除盖障菩萨所问经》，二十卷，赵宋施护等译。这四部是同本异译，经中说到：除盖障菩萨从东方世界来，提出了一百零几个问题，从“云何菩萨具足于施”，到“云何菩萨速成阿耨多罗三藐三菩提”。佛对每一问题，都以“十法”来解

① 《大唐内典录》卷五（大正五五·二七四上）。

② “天王问般若”的实际情形，古人不明白，所以异说很多。如吉藏的《金刚般若疏》，以为“天王问般若大本不来”，而说“须真天子问般若”等三部，“并出其中”（大正三三·八六中——下）。而在《大品经游意》中，更加《文殊师利问般若》、《思益梵志问般若》，共为五部（续三八·七下）。

③ 此依《大正藏》说。然《开元释教录》以前，没有二人共译的记录。自《历代三宝纪》以来，却有《大乘宝云经》八卷，是陈须菩提（Subhūti）所译，但已经佚失。

④ 依《大周刊定众经目录》卷四，作“大周长寿二年（西元六九三），三藏梵摩于佛授记寺译”（大正五五·三九六中）。

答，体裁与《华严经》相近。末了，诸天赞叹供养，叙述伽耶山神长寿（或作"不死"）天女事；最后赞叹结劝受持。其中不同的是：《大乘宝云经》末，缺少了长寿天女一段，反多了《宝积品》。《宝积品》的内容，与《古宝积经》（《大宝积经》的《普明菩萨会》）相同，这是将《古宝积经》为品，而附在这部经的末后。《宝雨经》在佛从顶上放光后，插入月光天子事。佛预记说："汝于此赡部洲东北方摩诃支那国，位居阿鞞跋致。实是菩萨，故现女身，为自在主（王），经于多岁，正法治化。"①译经是武则天皇帝大周长寿二年；女王授记，本来是南印度②，译者适逢女主称帝，也就编在《宝雨经》里，从南印度转化为东北的大中国了。再说《无上依经》，二卷，是梁真谛绍泰三年（西元五五七）译出的，全经分七品：《校量功德品》、《如来界品》、《菩提品》、《如来功德品》、《如来事品》、《赞叹品》、《嘱累品》。《校量功德品》本来是一部独立的经典，与失译的《未曾有经》、玄奘译的《甚希有经》，为同本异译；内容为称赞供养佛舍利、造塔的功德。佛的舍利，也称为"佛驮都"、"如来驮都"。驮都（dhātu），译为界，所以佛舍利是被称为"佛界"或"如来界"的。也就因为这样，从佛舍利的"如来界"，说到与"如来藏"同意义的"如来界"。《无上依经》的《如来界品》，说如来界（在众生位），也名"众生界"的体性。《菩提品》说明依如来界，修行而得菩提。说佛果的种种功德，依佛功德而起种种的业用。从《如来

---

①　《宝雨经》卷一（大正一六·二八四中）。

②　佛为净光天女授记，未来在南天竺作女王事，出《大方等大云经》（又名《无想经》）卷六（大正一二·一一〇七上——中）。

界品》到《如来事(业)品》,对如来藏说作了系统的有条理的叙述。

依《宝云经》及《无上依经》,来比对《胜天王般若波罗蜜经》(十六品),内容的相同,是这样的:1.《胜天王般若波罗蜜经》的《通达品》:先序说东方离障菩萨(即除盖障菩萨)等十方菩萨来集,次答依般若而修的十波罗蜜。2.《显相品》:从"如地"到"能作法师,善巧说法"。3.《法界品》:先答"通达法界"、"远离众相",到"知邪正路"。在"远离众相"下,《胜天王般若》多了一段"时众得益"。4.《念处品》:从"心正不乱",到"如来威神之力"。上来四品,与《宝云经》相合[①]。5.《法性品》:从品初到"行般若波罗蜜,通达如是甚深法性"[②],与《无上依经》的《如来界品》相合,如说[③]:

> "在诸众生阴界入中,无始相续所不能染法性体净。一切心识不能缘起,诸余觉观不能分别,邪念思惟亦不能缘。法离邪念,无明不起,是故不从十二缘生,名为无相;则非作法,无生无灭,无边无尽,自相常住。"
>
> "一切众生,有阴界入,胜相种类,内外所现,无始时节相续流来,法尔所得至明妙善。此处,若心意识不能缘起,觉观分别不能缘起,不正思惟不能缘起。若与不正思惟相

① 从《宝云经》卷一到卷六中(大正一六·二三五下)止。

② 《胜天王般若波罗蜜经》卷三(大正八·七〇〇下——七〇二下)。

③ 《胜天王般若波罗蜜经》卷三(大正八·七〇〇下)。《无上依经》卷上(大正一六·四六九中)。

离，是法不起无明；若不起无明，是法非十二有分起缘；若非十二有分起缘，是法无相。若无相者，是法非所作，无生无灭，无减无尽，是常是恒是寂是住。"

《法性品》后段，从"通达世谛"，到"修如是行，得阿耨多罗三藐三菩提"①，又是《宝云经》中的解答问题。接着，诸天赞叹供养，到赞叹受持——《法性品》终了，也都与《宝云经》相合。6.《胜天王般若波罗蜜经》的《平等品》，7.《现相品》，8.《无所得品》，9.《证劝品》，10.《述德品》，11.《现化品》，12.《陀罗尼品》，13.《劝诫品》——八品，是辑集另一部大乘经。文中提到了舍利弗、须真胝天子、善思惟童子、文殊师利等，在现存的华译大乘经中，应该是可以比对出来的。14.《二行品》：这又是《无上依经》。《无上依经·菩提品》十义，与《二行品》的"五者作事，六者相摄，七者行处，八者常住，九者不共，十者不可思惟"部分，及《如来功德品》的大部分相当（八十种好止）。15.《赞叹品》：赞叹的偈颂，与《无上依经》的《赞叹品》相合。16.《付嘱品》："受持此修多罗有十种法"，与《无上依经》的《嘱累品》相合。从上来的比对，《胜天王般若波罗蜜经》，是纂集了《宝云经》、《无上依经》，及另一部大乘经而成的。属于后期大乘，明白可见！

八、"理趣般若"：与"般若理趣"有关的经典，有好几部，古人或说是同本，或说是别本②。其实，可以分为三类：第一类是：

① 《胜天王般若波罗蜜经》卷三（大正八·七〇二下——七〇五中）。

② 梶芳光运《原始般若经之研究》（一七五——一七九）。

1. 唐玄奘译《大般若波罗蜜多经》(卷五七八)《第十般若理趣分》。2. 唐菩提流志于长寿二年(西元六九三)译,名《实相般若波罗蜜经》,一卷。3. 唐不空(西元七六三——七七一)译,名《大乐金刚不空真实三昧耶经》,三卷;《贞元录》作《般若理趣释》①。这三部大同,惟玄奘译,末后多神咒三种;而菩提流志与不空所译的,在每段都附有"字义"。第二类是:4. 唐金刚智(Vajra-bodhi)译,名《金刚顶瑜伽理趣般若经》,一卷。5. 赵宋施护(西元九八二——)译,名《遍照般若波罗蜜经》,一卷。这二部,大体与《大般若经》的《理趣分》相同,但后段又多说了"二十五甚深般若波罗蜜多理趣秘密法门",也就是二十五种真言。第三类是:6. 赵宋法贤(西元? ——一〇〇一)译《最上根本大乐金刚不空三昧大教王经》,七卷,二十五分。从初分到十四分初"圆证此大乐金刚不空三昧根本一切如来般若波罗蜜多法门"止②,大体与唐译《理趣分》相合,不过在每一分段,加入了"入曼陀罗法仪"。从此以下,都是金刚手宣说的种种修持法仪。《大般若波罗蜜多经》中的《般若理趣分》,是属于"秘密大乘"的。如说:"大乐金刚不空神咒":"谓大贪等最胜成就,令大菩萨大乐最胜成就;大乐最胜成就,令大菩萨一切如来大觉最胜成就"③。这不是明显的,从大贪得大乐,从大乐而成佛吗?应用《般若经》义,而建立大乐为根本的秘密乘。依此而作实际修持,经第二类,到达第三类的"最上根本大乐金刚

① 《贞元新定释教录》卷一五(大正五五·八八〇上)。

② 《最上根本大乐金刚不空三昧大教王经》卷三(大正八·七九七下)。

③ 《大般若波罗蜜多经》卷五七八(大正七·九九〇中)。

不空三昧"法门。

九、六分波罗蜜多：玄奘所译《大般若波罗蜜多经》，从十一到十六分，名《布施波罗蜜多分》、《净戒》、《安忍》、《精进》、《静虑》、《般若波罗蜜多分》。六波罗蜜多，分别地集成六部。《布施分》五卷，《净戒分》五卷，《安忍分》一卷，《精进分》一卷，《静虑分》二卷，《般若分》八卷：六部共二二卷（五七九卷起，六〇〇卷止）。六分中的《般若波罗蜜多分》，有藏文译本，也有梵文本①。这部《般若波罗蜜多分》，在印度曾受到重视。如唐波罗颇迦罗蜜多罗（Prabhākaramitra），在贞观六年（西元六三二）译出的《般若灯论》，是清辩（Bhāvaviveka）所著的《中观》释论。在这部论中，每品末都引经以证明论义，几乎每品都引佛为极勇猛菩萨说，就是出于这部《般若波罗蜜多分》的。

一〇、"般若心经"：在《般若经》中，这是民间传诵最盛的短篇。译为华文的也最多，现在存有七种。1.《摩诃般若波罗蜜大明咒经》，推定为姚秦鸠摩罗什（西元四〇一——）译。2.《般若波罗蜜多心经》，唐玄奘于贞观二三年（西元六四九）译。3.《普遍智藏般若波罗蜜多心经》，唐开元二六年（西元七三八），法月（Dharmacandra）译。4.《般若波罗蜜多心经》，唐贞元六年（西元七九〇），般若（Prajñā）等译。5.《般若波罗蜜多心经》，唐大中十三年（西元八五九），智慧轮（Prajñācakra）译。6.《般若波罗蜜多心经》，唐大中年间（西元八四七——八五九）法成译，这是近代从敦煌石室所发现的。7.《佛说圣佛母

① 梶芳光运《原始般若经之研究》（一八二——一八三）。

般若波罗蜜多经》，宋太宗时（西元九八二——）施护译。此外，也有藏文译本与梵本；中国并传有玄奘直译梵音的《般若心经》。

华文的不同译本，主体都是相近的。罗什与玄奘的译本，没有“序”与“流通”，但西元八世纪以下的译本，都具备了序、正、流通——三分。般若、智慧轮、法成、施护译本，序与流通都相同；惟有法月译本的序分，多了观自在菩萨请说一节。古人以为这部经“出大品经”①。其实，这部经以“中品般若”的经文为核心，而附合于世俗信仰的。“舍利弗！……无智亦无得”，出于“大品本”的《习应品》②。“般若波罗蜜是大明咒，无上明咒，无等等明咒”，出于“大品本”的《劝持品》③。以“中品般若”经文为核心，标“观世音菩萨”，说“度一切苦厄”，“能除一切苦”，以贯通观音菩萨救济苦难的信仰。“大明咒”等，《般若经》是赞叹般若力用的，现在就“即说咒曰”。这是在“中品般若”成立以后，适应世俗，转化般若而与世俗神秘仰信合流的经典。

一一、其他部类：被编入“般若部”的，还有几种：

1.《仁王护国般若波罗蜜经》，二卷，西元五世纪初，流传于中国。传说为罗什所译，是可疑的④。唐永泰元年（西元七六五），不空（Amoghavajra）译出《仁王护国般若波罗蜜多经》，二

① 隋《众经目录》卷二（大正五五·一二三中）。

② 《摩诃般若波罗蜜经》卷一（大正八·二二三上）。

③ 《摩诃般若波罗蜜经》卷九（大正八·二八六中）。

④ 隋《众经目录》卷二（大正五五·一二六中）。

卷，文义相近，只是多了护国消灾的陀罗尼咒①。

2.《了义般若波罗蜜多经》短篇，宋施护（西元九八二——）译。前分是“中品般若”，佛告舍利弗，菩萨“应当修习般若波罗蜜”的一部分。后分“应当断除十种疑惑”②，是瑜伽学者对般若法门的扼要解说。

3.《五十颂圣般若波罗蜜经》，短篇，宋施护（西元九八二——）译，略摄“中品般若”“般若广说三乘”法门的大义。

4.《开觉自性般若波罗蜜多经》，五卷，惟净（西元一〇〇九——一〇二一）译。经上说“三性”：“色无性、假性、实性，受想行识无性、假性、实性。”③又《经》卷一（大正八·八五五中）说：

> “若有人言：如佛所说，色（等）无自性，不生不灭，本来寂静，自性涅槃。作是说者，彼于一切法即无和合，亦无乐欲。随其言说，作是知解，我说彼是外中之外，愚夫异生邪见分位。”

依这部经说，如照着佛说的话，以为色等无自性，不生不灭，那就是“外中之外，愚夫异生邪见分位”。一定要说：色等法是有的，才能“于彼色中有断有知”，“于大乐行而能随转”④。这不但随顺有宗的见解，而更是引入秘密乘的“大乐行”。

---

① 《仁王护国般若波罗蜜多经》卷下（大正八·八四三下——八四四上）。
② 《了义般若波罗蜜多经》（大正八·八四五中——下）。
③ 《开觉自性般若波罗蜜多经》卷一（大正八·八五四下）。
④ 《开觉自性般若波罗蜜多经》卷一（大正八·八五五下）。

5. 宋天息灾(西元九八二——)译的《佛母小字般若波罗蜜多经》;6. 天息灾译的《观想佛母般若波罗蜜多菩萨经》;7. 施护译的《帝释般若波罗蜜多经》。这三部都是短篇,都含有秘密真言。那个时代,印度佛教都受到"秘密大乘"的影响了。

上面所叙述的十一大类中,代表初期大乘法的,是"下品"、"中品"、"上品",及《能断金刚分》。本论将依此初期大乘的《般若经》,来论究初期大乘法门的主流。

第二节　原始般若

第一项　原始般若的论定

从上节的叙述中,可见古传的二部——"小品"与"大品",三部——"上品"、"中品"、"下品",与玄奘所译《大般若波罗蜜多经》的前五分相当,占全经的百分之九十四,实为《般若经》的主要部分。《大般若经》的前五分(也就是古传的三部或二部),从十万颂到四千颂,文字的广略,距离是相当远的,然在内容上,彼此却有一部分是共同的。共同的一致部分,在论究《般若经》的集出过程,推定《般若经》的原始部分,都是值得重视的!二部、三部、五分间,到底哪些是存有共同部分?现在依"中品般若"的"放光本","下品般若"的"汉译本",对比如下:

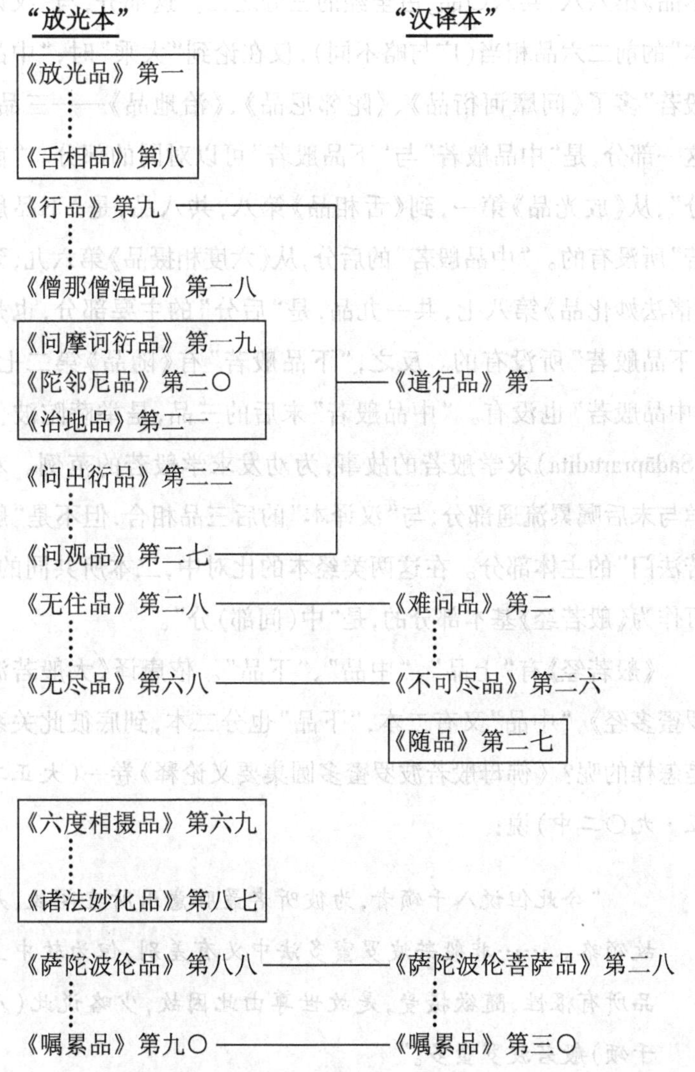

依“中品般若”的“放光本”说，全经可分为三部分：“前分”、“中分”、“后分”。“中(间部)分”，从《行品》第九，到《无

尽品》第六八,共六〇品,占全经的三分之二。这部分,与“汉译本”的前二六品相当(广与略不同),仅在论到“大乘”时,“中品般若”多了《问摩诃衍品》、《陀邻尼品》、《治地品》——三品。这一部分,是“中品般若”与“下品般若”可以对同的部分。“前分”,从《放光品》第一,到《舌相品》第八,共八品,是“下品般若”所没有的。“中品般若”的后分,从《六度相摄品》第六九,到《诸法妙化品》第八七,共一九品,是“后分”的主要部分,也是“下品般若”所没有的。反之,“下品般若”有《随品》第二七,“中品般若”也没有。“中品般若”末后的三品,是举萨陀波伦(Sadāprarudita)求学般若的故事,为劝发求学般若的范例。劝学与末后嘱累流通部分,与“汉译本”的后三品相合,但不是“般若法门”的主体部分。在这两类经本的比对中,二本所共同的,可作为《般若经》基本部分的,是“中(间部)分”。

《般若经》有“上品”、“中品”、“下品”。依唐译《大般若波罗蜜多经》,“中品”又有二本,“下品”也分二本,到底彼此关系是怎样的呢?《佛母般若波罗蜜多圆集要义论释》卷一(大正二五·九〇二中)说:

> “今此但说八千颂者,为彼听者最胜意乐所宜闻故,是故颂略。……非般若波罗蜜多法中义有差别,但为软中上品所有根性,随欲摄受,是故世尊由此因故,少略说此(八千颂)般若波罗蜜多。”

《般若经》的“上品”、“中品”与“下品”,偈颂的增多或减少,都是世尊为了适应听众的根性。这样,“上品”、“中品”、“下品”,《大般若经》的前五分,都是佛应机所作不同的宣说。在中国,如圆测的《大般若经》第二分序说:“疑繁而诲自广,悟初而访逾笃。所以重指鹫阿,再扣龙象。”①第四分序说:“恐野马之情未戢,故灵鹫之谈复敞。”②“重”、“再”、“复”,都表示了说而再说。“上品”、“中品”、“下品”,《大般若经》的前五分,都是佛的说而又说,这是古代最一般的解说。

中国古代有一项传说,“下品”(古称“小品”)是从“中品”(古称“大品”)抄略(节录)出来的,如《出三藏记集》卷七,道安的《道行经序》(大正五五·四七中)说:

> “佛泥曰后,外国高士抄(“大品”)九十章为道行品。……然经既抄撮合成章指,……颇有首尾隐者。古贤论之,往往有滞。……假无放光(“大品”),何由解斯经乎!”

支道林所作的《大小品对比要抄序》也说:“盖闻出小品者,道士也。……尝闻先学共传云:佛去世后,从大品之中抄出小品。”③“高士”、“道士”,都指出家的比丘。《小品》不是佛的再说,而是后人从《大品》中抄出来的。抄出时,多少变化而自成部类,所以道安也就直称之为“外国高明者撰也”④。《小品》从《大品》中抄出的传说,可能是比较二本而得的结论。“汉译本”“颇有首尾隐者”,经文的起承段落,有些不分明,而《大品》却没

① 《大般若波罗蜜多经》卷四〇一(大正七·一上)。
② 《大般若波罗蜜多经》卷五三八(大正七·七六三上)。
③ 《出三藏记集》卷八(大正五五·五五中)。
④ 《出三藏记集》卷八(大正五五·三九下)。

有这种首尾、段落不明的情形,所以道安说:“假无放光,何由解斯经乎!”道安是推重《大品》的。支道林对比了《大品》与《小品》,发现了种种不同,如《出三藏记集》卷八《大小品对比要抄序》(大正五五·五六上——中)说:

“或小品之所具,大品所不载;大品之所备,小品之所阙。”

“小品引宗,时有诸异:或辞倒事同而不乖旨归;或取其初要,废其后致;或筌次事宗,倒其首尾;或散在群品,略撮玄要。”

支道林是主张“教非一途,应物无方”的,《大品》与《小品》,都有独到的适应性。然而“小品”到底是依据“大品”而抄出来的,所以说:“先哲出经,以胡为本;小品虽抄,以大为宗。推胡可以明理,征大可以验小。”①也就因此,对那些“未见大品,而欲寄怀小品,率意造义”的中国学者,给以批评。这是与道安一样,要依据《大品》来通释《小品》的,可说是从《大品》抄出《小品》的必然结论。

近代日本的部分学者,继承了从《大品》抄出《小品》的传说,作更细密的研究,更扩充而论到《大般若经》的前五分,如渡边海旭的《大般若经概观》,干潟龙祥的《般若经之诸问题》。盐见彻堂的《关于般若经之原形》,以为先抄出《小品》的初品,其次抄出以下的各品。并推究先在经典,是与“小品”初品相当

① 《出三藏记集》卷八(大正五五·五六中)。

的,如"大品本"的《三假品》到《无生品》部分①。凡继承从《大品》抄出《小品》的,对《小品》的法数简略,首尾不分明,为了书写流传不方便而抄出"小品"等理由,大抵与支道林所说的相近。

近代研究而可为一般学者所容认的,应该是先有《小品》而后扩展为《大品》说。日本椎尾辨匡的《摩诃般若波罗蜜经解题》,《佛教经典概说》,以为由《大般若经》的第四分——《小品》,渐次增广为《大品》;第六分以下,《金刚般若分》与《大品》同时,最迟的是《般若理趣分》。铃木忠宗的《关于般若经之原形》,也以为先有《小品》,并推论为近于"唐译第五分"②。梶芳光运的《原始般若经之研究》,以广泛的比较,而推定《小品》为在先的。并考定《般若经》的发展体系为③:

原始般若经→道行经系统→放光经系统→初会系统

文殊问般若经————→第八会

金刚般若经————→第九会

在二部、三部、五分中,推定为:从"原始般若"而《道行般若》——"下品";从《道行般若》而《放光般若》——"中品";更从《放光般若》而发展为"初会"般若——"上品"。这一《般若经》的发展过程,我完全同意这一明确的论定。

从"下品"中推究出"原始般若",对般若法门特质的理解,发展的趋向,是非常必要的!椎尾辨匡以为"须菩提品最古",

① 见梶芳光运《原始般若经之研究》所述(二四八——二五三)。
② 见梶芳光运《原始般若经之研究》(二四九——二五二)。
③ 梶芳光运《原始般若经之研究》(六六〇)。

盐见彻堂也说：先抄出《小品》的初品；以这部分的“大品”为先在经典①。梶芳光运列举各本，以《道行经·道行品》（及各本与之相当）的一部分——从“佛在罗阅祇”起，佛赞须菩提“菩萨作是学，为学般若波罗蜜也”止，为“原始般若经”②。所说虽有些出入，但从《道行品》（或与之相当的“大品”）去推求“原始般若”，仍可说是一致的看法。以下，以“秦译本”（《小品》）为代表，参考其他经本，而加以论述。采用鸠摩罗什译本取其文字比较畅达些。

第二项　原始的般若法门

说到“原始般若”法门，当然是从现存的《般若经》——“下品般若”中抉择出来的。但佛法的编集成经本，决不能想像为一般的“创作”。佛法是先有法门，经展转传授，然后编集出来；法门的传授，是比经典的集出更早存在的。以“原始般若”来说，这是深彻的体悟——般若的悟入无生。这是开示悟入的教授，初学者是不容易信解持行的。在少数利根佛弟子的展转传授中，当时流行的菩萨思想中，被确认为菩萨的般若波罗蜜，不会再退转（不退二乘）的法门。法门的传授，是不限于一人的；经过多方面的传授持行，到编集出来，那时可能已有大同小异的不同传述，集出者有将之综合为一部的必要。集出以后，有疑难的，附入些解说；有关的法义，也会增补进去：文段也就渐渐地增

① 梶芳光运《原始般若经之研究》所引（二五三）。

② 梶芳光运《原始般若经之研究》（五五九——五九二）。所举“原始般若经”部分，为《道行般若经》卷一的一部分（大正八·四二五下——四二七上）。

广起来。这样的综合、释疑、增补，在文字的衔接上，都可能留下些痕迹①，再经过文字的润饰，才成为完整的经篇。“原始般若”如此，“下品般若”、“中品般若”、“上品般若”也如此；这也可说是经典集成的一般情形。对于“原始般若”，我也是从这样的观点，去研考“下品般若”的初品。现在依据“秦译本”，试为简要的分段，列举出来，分作高低排列，以便明显地看出“原始般若”的初形。

(一)序文[一]。

佛告须菩提：为诸菩萨说所应成就般若波罗蜜[二]。

须菩提答舍利弗：诸佛弟子敢有所说，不违法相，皆是佛力[三]。

(二)须菩提白佛：我不见不得菩萨，不见不得般若波罗蜜，当教何等菩萨般若波罗蜜？若闻此说，不惊不怖，是名教菩萨般若波罗蜜[一]。

菩萨行般若时，应如是学：不念是菩萨心。是心非心，心相本净，不坏不分别。若闻是说，不惊不怖，当知是菩萨不离般若波罗蜜[二]。

(欲学声闻、辟支佛、菩萨地者，应学般若波罗蜜；般若波罗蜜中，广说菩萨所应学法)②。

(三)须菩提白佛：我不得不见菩萨，当教何等菩萨般若波罗蜜？不得菩萨法来去，而与作字言是菩萨，我则疑

① 道安说“小品”“颇有首尾隐者”，就由于此。

② 这一段，与前后文不相衔接，推定为增补部分。

悔！菩萨字无决定、无住处，是字无所有故。若闻是不惊不怖，当知是菩萨住不退转地，住无所住[一]。

菩萨行般若时，不应色①中住。若住色，为作色行；若行作法，则不能受般若、习般若、具足般若波罗蜜，不能成就萨婆若。色无受想，无受则非色；般若亦无受。如是行，名诸法无受三昧，一切声闻辟支佛所不能坏。是三昧不可以相得，……以得诸法实相故得解脱；得解脱已，于诸法中，乃至涅槃，亦无取无舍。是名菩萨般若波罗蜜，不受色等。未具佛十力、四无所畏、十八不共法，终不中道而般涅槃[二]。

菩萨行般若时，应如是思惟：若法不可得，是般若波罗蜜耶？思惟此而不惊不怖，当知是菩萨不离般若波罗蜜[三]。

答舍利弗：是法皆离，性相亦离。如是学，能成就萨婆若。一切法无生无成故，如是行者，则近萨婆若[四]。

（四）须菩提告舍利弗：菩萨若行色行、生色行、灭色行、坏色行、空色行，我行是行：是行相，是菩萨未善知方便。若不行色，乃至不行色空，是名行般若波罗蜜。不念行，不念不行、行不行、非行非不行，是名行般若波罗蜜。一切法无受故，是名菩萨诸法无受三昧，一切声闻辟支佛所不能坏。行是三昧，疾得阿耨多罗三藐三菩提[一]。

菩萨行是三昧，不念不分别是三昧，当入、今入、已入，是菩萨从诸佛得受三菩提记。是三昧不可示，三昧性无所

---

① “下品般若”都约五蕴说。“色”如此，“受想行识”也如此。这里以“色”代表五蕴，下文也都是这样。

有故[二]。

佛赞须菩提：我说汝于无诤三昧人中最为第一，如我所说！菩萨应如是学，是名学般若波罗蜜[三]。

(1)佛答舍利弗：菩萨如是学，于法实无所学，不如凡夫所著。菩萨如是学，亦不学萨婆若，亦名学萨婆若，成就萨婆若。

(2)佛答须菩提：菩萨学阿耨多罗三藐三菩提，当如幻人学[一]。

菩萨恶知识；菩萨善知识[二]。

菩萨[三]。

摩诃萨[四]①。

(五)须菩提白佛：我不得过去未来现在世菩萨。色无边故；当知菩萨亦无边。一切处、时、种，菩萨不可得，当教何等菩萨般若波罗蜜[一]？

菩萨者但有名字。如我毕竟不生，一切法性亦如是。此中何等是色不著不生！色是菩萨不可得，不可得亦不可得，一切处、时、种，菩萨不可得，当教何法入般若波罗蜜[二]？

菩萨但有名字。如我毕竟不生，法性亦如是。此中何等是色不著不生！诸法性如是，是性亦不生，不生亦不生，我今当教不生法入般若波罗蜜耶？离不生法，不可得菩萨行阿耨多罗三藐三菩提。若闻此说不惊不怖，当知是菩萨行般若波罗蜜[三]。

---

① 佛答须菩提一大段，体裁与前后不同。"摩诃萨"部分，广说"大乘"，一般都以为是后起的。

菩萨随行般若时,作是观诸法,即不受色。何以故?色无生无灭即非色,无生无灭,无二无别。若说色,即是无二法[四]。

(六)须菩提答舍利弗:我不欲菩萨有难行。(于众生生易想、乐想、父母想、子想、我所想,则能利益无量阿僧祇众生。)如我,一切处、时、种不可得,于内外法应生如是想。若菩萨以如是心行,亦名难行[一]。

菩萨实无生。菩萨无生,菩萨法亦无生;萨婆若无生,萨婆若法亦无生;凡夫无生,凡夫法亦无生。我不欲令无生法有所得,无生法不可得故[二]。

诸法无生,所言无生乐说亦无生[三]。

舍利弗赞须菩提:汝于说法人中最为第一!随所问皆能答故。须菩提说:随所问能答,是般若波罗蜜力。若菩萨闻是说,不疑不悔,当知是菩萨行是行,不离是念[四]。

众生无性故,离故,不可得故,当知是念亦无性、离、不可得。我欲令菩萨以是念行般若波罗蜜[五]。

依此"下品般若""初品"的分段,不难看出《般若经》的原形。般若是体悟的修证法门,不是义理的叙述或解说,这是对般若的一项必要认识!从(一)经序——通序去看,"秦译本"等大体与"中品"相合,只是广略的不同。但古译的"汉译本"、"吴译本",却特别说到"月十五日说戒时"①。这是最古的译本,是值

① 《道行般若波罗蜜经》卷一(大正八·四二五下)。《大明度经》卷一,文异而意义相同(大正八·四七八中)。

得重视的。古代的佛教界，在布萨说戒夜，大众集合“论法”。如《中部》的《满月大经》、《满月小经》，都这样说①：

> “尔时，布萨日十五满月之夜，世尊为比丘众围绕，于空地坐。”

佛法是以修证为主的。在这大众集合问难中，传授下来，也发扬起来。依《般若经》序，月十五日说戒时，大众集合。世尊命须菩提，为菩萨说所应该修学成就的般若波罗蜜。须菩提宣说；容易引起疑问的，由舍利弗发问，须菩提答释。这是古代传说须菩提说般若，与古代的“论法”情形相合。重视这一意义，那么在初品的四、五段中间，佛为舍利弗说，为须菩提说——大段经文，与序文的命须菩提说不合。而且，须菩提所说，是启发的、反诘的、修证的；而佛说部分，却是说明的、因名定义的。所以，将佛说的大段除开，其余的文体与内容，都可说一致，这就是“原始般若”部分。

须菩提，是被称赞为：“无诤三昧人中最为第一”。“无诤”(araṇya)，就是阿兰若。从形迹说，这是初期野处的阿兰若行，而不是近聚落住(与聚落住)的律仪行。从实质说，无诤行是远离一切戏论、远离一切诤执的寂灭。《中阿含经》卷四三《拘楼瘦无诤经》(大正一·七〇三下)说：

> “须菩提族姓子，以无诤道于后知法如法。”

① 《中部》(一〇九)《满月大经》(南传一一上·三七〇)。《中部》(一一〇)《满月小经》(南传一一上·三七八)。

"知法如真实，须菩提说偈，此行真实空，舍此住止息。"①

无诤行，经说是"无苦无烦无热无忧戚"的中道正行，是"真实不虚妄，与义相应"的正行。在所说"随国俗法，莫是莫非"中，说明了语言随方俗的不定性，不应固执而起诤论②。《般若经》中，须菩提说的般若，是"不见菩萨，不得菩萨，亦不见不得般若波罗蜜"③。"菩萨字无决定无住处，所以者何？是字无所有故。"④"菩萨者但有名字。"⑤这与无诤行的名字不定性，显然是有关系的。《三论玄义检幽集》卷五（大正七〇·四五九中——下）说：

"真谛云：此部执世出世法悉是假名，故言一切法无有实体；同是一名，名即是说，故言一说部。"

有关一说部的宗义，吉藏、法藏、窥基都采用真谛的传说。一说部的名义，或以为不是这样解说的。一说部的宗义，没有更多的证明，但西元六世纪真谛的时代，印度的一说部，是有这样宗义的。"诸法但名无实"，与原始般若是相符的。这一被认为菩萨般若波罗蜜的教授，可能与一说部有关。

---

① 《中部》（一三九）《无诤分别经》，是同一经典，说到须菩提，但缺偈颂（南传一一下·三三二）。

② 《中阿含经》卷四三《拘楼瘦无诤经》（大正一·七〇三上）。

③ 《小品般若波罗蜜经》卷一（大正八·五三七中）。

④ 《小品般若波罗蜜经》卷一（大正八·五三七下）。

⑤ 《小品般若波罗蜜经》卷一（大正八·五三九中）。然在"宋译本"（大正八·五九一上），"唐译五分本"等（大正七·八六九上），菩萨与般若，都但有名字。

在“下品般若”初品的三、四段，说到了大同小异的二种“三昧”，如《小品般若波罗蜜经》卷一（大正八·五三七下、五三八上）说：

> “菩萨应如是学行般若波罗蜜，是名菩萨诸法无受三昧，广大无量无定，一切声闻辟支佛所不能坏。”
>
> “是名行般若波罗蜜，所以者何？一切法无受故，是名菩萨诸法无受三昧，广大无量无定，一切声闻辟支佛所不能坏。”

“秦译本”与“宋译本”、“汉译本”，二种“三昧”的译语相同。“唐译四分本”，分别为“于一切法无摄受定”，“于一切法无取执定”。在梵本中，确有 sarvadharmāparigṛhīta-samādhi 与 sarvadharmānupādāna-samādhi 的差别，然“摄受”与“取执”（古译也作“受”）的意义是相近的。经文三段说：“若住色中，为作色行。……若行作法，则不能（摄）受般若波罗蜜。……若色无受，则非色……是名菩萨诸法无（摄）受三昧。”这是以不住一切法，不摄受一切法，名为“诸法无受三昧”的。四段说：“若行色……行，为行相。……菩萨不行色，不行色生，不行色灭，不行色坏，不行色空。”进一步说：“不念（我）行般若波罗蜜，不念不行，不念行不行，亦不念非行非不行。……是名菩萨诸法无受（执取）三昧。”这是以不取著一切法相立名的。这二种“三昧”，实为同一教授的不同传诵，由集经者纂集在一起的，并认为这都就是般若波罗蜜。“不住色（等五蕴）”，“不作行”，“不取著”，“不摄受”，是继承原始佛法的，是佛法固有的术语①。但这样的“诸法无受三昧”,解说为菩萨修习相应了,就不会退转而堕入二乘,所以这是“不共二乘”,菩萨独有的般若波罗蜜。这里想说到的,一、菩萨的般若波罗蜜,就是“诸法无受三昧”,但自般若法门兴起后,极力推重般若,不再提起这“无受三昧”了！从大乘经所见到的,以三昧为经名,以三昧为主题的经典,是非常多的。在部分的大乘三昧经中,推重阿兰若行,甚至说非阿兰若行不能成佛。大乘三昧,与阿兰若行的关系很深。般若法门也从阿兰若行中来,所以传说为(无诤三昧第一)须菩提说般若。等到大乘盛行,大乘三昧都传为菩萨们所修习传出了。二、“无受三昧”——般若波罗蜜,是菩萨行,不共二乘的。但般若的宣说者,是声闻弟子须菩提。须菩提自已说:“佛诸弟子敢有所说,皆是佛力。所以者何?佛所说法,于中学者能证诸法相。证已,有所言说,皆与法相不相违背,以法相力故。”②依须菩提所说,佛弟子依佛所说法而修学,是能证得诸“法相”的,证了以后,能与“法相”不相违的。所以说“皆是佛力”,“以法相力故”。“佛力”,《大智度论》解说为:“我(弟子自称)等虽有智慧眼,不值佛法,则无所见。……佛亦如是,若不以智慧灯照我等者,则无所见。”③原始般若的“佛力”说,与一般的他力加持不同;须菩提是自证而后随顺“法相”说的。在三段的“无受三昧”中,并举先尼(Śreṇika Parivrājaka)梵志的证入为例。菩萨特有的般若波罗蜜,似乎与声闻弟子有共通的部分。

---

①　如《杂阿含经》卷二(大正二·九上、一一上)等说。

②　《小品般若波罗蜜经》卷一(大正八·五三七中)。

③　《大智度论》卷四一(大正二五·三五七下)。

在二段的第三小节下，也插入了劝三乘共学般若一段。般若波罗蜜，到底是"但教菩萨"，还是"通教三乘"，成为教学上一个微妙的问题！

佛命须菩提为菩萨说般若波罗蜜，须菩提没有与菩萨们问答，而只是对佛说。须菩提所说的话，在圣典中是另成一格的。须菩提并不说菩萨应该这样修般若，反而以否定怀疑的语句，去表达所应学应成就的般若。如说："我不见菩萨，不得菩萨，亦不见不得般若波罗蜜，当教何等般若波罗蜜？"(二)"若法不可得，是般若波罗蜜耶？"(三)"如是一切处、一切时、一切种，菩萨不可得，当教何等菩萨般若波罗蜜？""当教何法入般若波罗蜜？""我今当教不生法人般若波罗蜜耶！"(五)菩萨与般若，都但有名言，没有实法，所以没有受教的人(菩萨)，也没有所教的法(般若)。这似乎与佛唱反调，而其实是能这样了达的，"不惊不怖、不没不退"，正是菩萨所应修学成就的般若波罗蜜。这样的发明问答，古人称为"以遮为显"。又如所说的"诸法无受三昧"，是"不应色中住"(三)；"不行色"等，"不念行"不行等(四)。不住一切，不念一切(也"不念是菩萨心")(二)，与佛化诜陀迦旃延的"真实禅"——不依一切而修禅相合①。第五段中，以"我"为例，说一切法(自性)性也这样。法性不生，不生也不生，这是不受(取)一切的不生不灭、无二无别的"无二法"。"无生"、"不二法"，是绝对的，超越差别、生灭的。第六段，因舍利弗的疑难，阐明不可取、不可得中，是无所谓难行与易行的；菩

① 《杂阿含经》卷三三(大正二·二三五下——二三六上)。

萨、萨婆若(佛)、凡夫,都是无生的;一切无生,就是说无生的语文,也是无生的。末了,以"无性"、"离"、"不可得",说菩萨与众生平等:菩萨是应该这样的行般若波罗蜜。在《初品》中,将佛为舍利弗说、为须菩提说大段经文除开,就显出"原始般若"的一贯特征。从菩萨与般若,开示无可教、无可入;不应住、不应念,引入"无生"的深悟。

般若法门,是继承"原始佛教"而有所发展的。在上面"部派佛教分化与大乘"中,说到"次第见谛"派,是渐入的,先见苦谛——无常、苦、空、无我的;"一念见谛"派,是顿入的,直见灭谛——寂灭无相的。"部派佛教"虽有渐入、顿入的流派,但在未见道以前,总是先以无常、苦、无我(或加"不净")为观门,起厌、离心而向于灭。厌离生死,趣向寂灭,厌离的情绪很浓厚。如《初品》第四段中,菩萨不行色,不行色生、色灭,不行色坏、色空:般若法门是不观生灭无常及空的。经上说:"不坏色故观色无常……;不作如是观者,是名行相似般若波罗蜜。"①"不坏"是不变异的意思,般若法门是从色等如如不异——不生不灭去观无常的②。这是渊源于原始佛教,接近"一心见谛",而是少数深悟者,直观一切法不可得、不生灭而悟入的。

"秦译本"初品,有三处说到"法相"一词,如说③:

> "能证诸法相。证已,有所言说,皆与法相不相违背,以法相力故。"

---

① 《小品般若波罗蜜经》卷三(大正八·五四六下)。
② 《维摩诘所说经》说:"不生不灭是无常",与"不坏色故观色无常"义相合。
③ 《小品般若波罗蜜经》卷一(大正八·五三七中、下、五三九上)。

“以得诸法实相故。”

“诸法相尔。”

鸠摩罗什所译的“法相”、“法实相”,“唐译本”与“宋译本”,作“诸法性”、“诸法实性”;“吴译本”作“法意”,原语为Dharmāta①。“以得诸法实相故”,“唐译本”作“以真法性为定量故”②;般若法门是以“法性”为准量的。一切法性是这样的,所以不必从世俗所见的生灭着手,而直接地从“法性”——不生不灭、无二无别、无取无著而顿入。这是少数利根深智者所能趣入的,被认为菩萨的般若波罗蜜,不共二乘,因菩萨思想的流行而渐渐发扬起来。

第三节 下品般若

第一项 般若的传宏

在《般若经》——三部(五分)的次第集成中,由于“原始般若”的流通传布,首先编集成部的,是“下品般若”,也就是中国旧传的“小品”。“下品般若”的“汉译本”共三十品,“秦译本”为二十九品。“秦译本”《见阿閦佛国品》第二十五,末后说:“说

① 鸠摩罗什所译的“法相”,新译作“法性”。而罗什所译为“法性”的,或是“法自性”(dharma-svabhāva),或是“法界”(dharmādhātu)的异译。译名不同,不可误作一义!

② 《大般若波罗蜜多经》卷五三八(第四分)(大正七·七六四下),又卷五五六(第五分)(大正七·八六六下)。

是法时，诸比丘众，一切大会天人阿修罗，皆大欢喜。"①这表示经文已经结束了。"汉译本"与"吴译本"虽没有这几句，但研究起来，这是"下品般若"古形的残留。如在《见阿闳佛国品》以前，是《嘱累品》第二十四（古本是不分品的），而二十九品又是《嘱累品》。"汉译本"没有这几句，而也有二次的嘱累，与"秦译本"相同。嘱累了又嘱累，在"下品般若"是毫无理由的。原来"中品般若"中，嘱累了以后，再广说菩萨的"方便道"，然后又嘱累而结束。两次嘱累，在"中品般若"是合理的，所以"下品般若"，起初是到此"皆大欢喜"而结束了，后四品是受了"中品般若"的影响而增补的。现在，先依前二十五品，理解"般若法门"的发展与宏扬。

"原始般若"是深彻悟入的法门，一般人所难以接受了解的，所以《初品》一再地说，"若闻此说，不惊、不怖、不没、不退"，是"不离般若波罗蜜行"的，"住不退转地"的，"已从诸佛得受阿耨多罗三藐三菩提记"的。这样的深法，是少数人所能得的，如《小品般若波罗蜜经》卷二（大正八·五四二下）说：

> "阎浮提少所人于佛得不坏信，乃至能发阿耨多罗三藐三菩提心，行菩萨道者，亦复转少。憍尸迦！无量无边阿僧祇众生发阿耨多罗三藐三菩提心，于中若一若二住阿毗跋致（不退转）地。"

"众生多行菩提，……少有菩萨能得阿毗跋致记者"②，也是

① 《小品般若波罗蜜经》卷九（大正八·五七九中）。
② 《小品般若波罗蜜经》卷七（大正八·五六九下）。

同一意义。经上又说："般若波罗蜜甚深，难解难知，以是义故，我欲默然而不说法。"①这是以释尊成佛不久，不想说法的故事，作为般若波罗蜜甚深的证明。然而，佛不想说法而终于说了！佛法流传开来，修学者的根性不一，钝根浅智也来修学了。同样的，"原始般若"的集成传布，起初是少数人事，而终于普及起来。般若法门继承佛法智证的特质，也就继承了"亲近善友，多闻正法，如理作意，法随法行"——闻思修为方便。所以不但要安住、修习、相应、不离般若，也要思惟、观察，及听闻、读、诵、受持。恰好那时的圣典，开始书写流传，所以般若法门，赞扬经卷的书写、供养经卷及布施经卷的功德。(三)《塔品》，(四)《明咒品》，(五)《舍利品》，充分表示了，对于"法"——般若波罗蜜的尊重供养，代替了"佛"——舍利塔的尊重供养。这是般若深悟法门所展开的通于浅易普及的方便。这一方便，与《法华经·法师品》所说的一样②。"法师"(dharma-bhāṇaka)，与通俗教化，音声佛事的"呗嚯者"(bhāṇaka)有关。"呗嚯者"着重读、诵、解说经法，名为"法师"。在大乘通俗教化中，为在家出家者的通称。

"善男子"、"善女人"，是"般若法门"所摄化诱导的，信受修行般若波罗蜜的一般大众③。甚深的"般若波罗蜜法门"，要

---

① 《小品般若波罗蜜经》卷六(大正八·五六二中)。

② 《妙法莲华经》卷四(大正九·三〇下——三一下)。

③ "善男子"，《阿含经》的本义，与我国的"世家子"相近。在佛教的发展中，转化为信受佛法者的通称。"善男子、善女人"，也就是一般所说的善男信女。在部派佛教中，大众部与法藏部称发愿受具足戒者为"善男子、善女人"，见平川彰《初期大乘佛教之研究》(二四五——二五九)。

劝发一般人来信受，实在是不容易的！所以除了适应当时写经的风气，以读、(背)诵、书写、供养经卷为方便，更广说现世功德，以适应一般的宗教要求。如《小品般若波罗蜜经》卷二(大正八·五四二中)说：

> “般若波罗蜜是大咒术，无上咒术。善男子善女人学此咒术，不自念恶，不念他恶，不两念恶。学是咒术，得阿耨多罗三藐三菩提，得萨婆若智，能观一切众生心。”

“咒术”(vidyā)，或译为“明咒”。般若波罗蜜有不思议的威力，能成佛道、度众生，而现世更有不横死，不恐怖，没有疾病，不犯官非，不受鬼神恶魔的娆乱；经中有诵持般若波罗蜜，能退外道、恶魔的实验①。般若甚深法门的广大流行，是得力于消灾免难等世俗宗教事仪的结合。这些世俗悉檀，在《阿含经》中，大都表现为(一般宗教所崇敬的)梵、释、天子们的赞叹、护持或问答。“下品般若”也是这样，帝释是“难问者”②，有着重要的地位。而诸天、天子、天女，更不断地出入于般若法会，一再表示其赞叹与护持的真诚。读、诵、书写、供养，有不思议的功德，激发学习者的信心。相反的，对般若法门而不信的、怀疑的、诽毁的，罪恶比“五逆”要重得多③。过去世听闻而舍去的，今世也会听闻而舍去④。今世的信与不信，问义或不问义，疑悔或不疑不

---

① 《小品般若波罗蜜经》卷二(大正八·五四三下——五四四上)。
② 《小品般若波罗蜜经》卷四(大正八·五五二下)。
③ 《小品般若波罗蜜经》卷三(大正八·五五〇下——五五一中)。
④ 《小品般若波罗蜜经》卷三(大正八·五五〇下)。

悔，都由于过去世的惯习①，所以应该听闻、问义、"信解不疑不悔不难"。以因果、业报的观念，诱导善男子善女人的诚信修学。

弥勒菩萨，是公认的未来佛；弥勒成佛时，也是说般若波罗蜜的。弥勒是在净土成佛的；弥勒往昔行菩萨道时，"但以善权方便安乐之行，得致无上正真之道"。善巧方便的安乐行，就是忏悔、随喜、回向，如说："我悔一切过，劝助（'随喜'的旧译）众道德，归命礼诸佛，令得无上慧。"②适应佛教界的弥勒信仰，"下品般若"立《回向品》，由弥勒菩萨说"随喜回向"③。弥勒所说的"随喜回向"，是无相的"随喜回向"，也就是与般若波罗蜜相应的；般若法门容摄了方便安乐行。

以读、诵、书写、供养经卷为方便，随喜功德而回向佛道为方便，适应一般社会大众，"原始般若"从传统佛教中出来，急剧地发展起来。在"下品般若"集成时，般若法门已流行于印度的北方，如《小品般若波罗蜜经》卷四（大正八·五五五上——中）说：

> "如来灭后，是般若波罗蜜当流布南方，从南方流布西方，从西方流布北方。舍利弗！我法盛时，无有灭相。……后五百岁时，般若波罗蜜当广流布北方。"

般若是兴起于南方的，后来流行于北方④，是与事实相合

① 《小品般若波罗蜜经》卷五（大正八·五六〇上）。

② 《弥勒菩萨所问本愿经》（大正一二·一八八下）。

③ 《小品般若波罗蜜经》卷三（大正八·五四七下——五四九下）。

④ "唐译本"作：兴起于东南方，次第经南、西南、西、西北、北方，而到达"东北方"，如《大般若波罗蜜多经》（四分）卷五四六（大正七·八〇八中——下）。这是后代的修正说，"东北方"意味着中国。

的。北方,是乌仗那、犍陀罗为主的罽宾区。说到南方,"吴译本"作"释氏国"①;《阿育王传》也说"南方有王名释拘"②。南方的"释拘",是赊迦族(Sakas)而建国于南方的,以那私迦(Nāsik)为首府,占有沿海地区。邬阇衍那(Ujjayinī)为首府的牧伯,《大庄严论经》也称之为"释伽罗王"③。这一地区的佛教,以分别说系为主,与案达罗地方的大众部系呼吸相通。"原始般若"是从南方教区中兴起的;等到"下品般若"的集成,却在北方。那时,北方的般若法门,已大大地流行了。上来,依"下品般若"所说,看出甚深般若普及教化的情形。

"下品般若"的经文,用纯粹的散文写出,散文的表示意义比偈颂要明确得多。全经以"五阴"为观境,与《阿含经》的"蕴相应"相合,佛是多依"五阴"来开示的。"般若法门"不是"阿毗达磨",不用到处列举"蕴处界"的。为了说明意义,"般若法门"少谈理论而多用譬喻,每连举多种譬喻来表示,这正是普及弘传所必要的。如受持般若功德,举摩醯(《塔品》),道场(《明咒品》),善法堂、奉事国王、宝珠等譬喻(《舍利品》)。久行菩萨而临近受记的,如梦见坐道场、近城邑聚落、近大海、华叶将生、女人将产不久——五喻(《不可思议品》)。舍般若波罗蜜而取余(二乘)经的,如狗不从主人而反从作务者乞食、舍象观象迹、舍大海而求牛迹水、舍帝释殿而取法日月宫殿、舍轮王而取小王、舍百味食而反食六十日饭、舍无价宝珠而取水精——七喻

① 《大明度经》卷三(大正八·四九〇上)。
② 《阿育王传》卷六(大正五〇·一二六下)。
③ 《大庄严论经》卷一五(大正四·三四三中)。

(《魔事品》)。诸佛护持般若,如诸子的护念生母(《小如品》)。不得般若波罗蜜方便,是会堕落二乘的,如船破而不取板木浮囊、持坏瓶取水、船没有庄治就推着水中、老病者远行——四喻(《船喻品》)。不为般若所护而证实际的,如大鸟的翅膀没有长成,就从高处飞下来一样(《大如品》)。思惟般若的功德极多,如忆念女人,念念不忘一样(《深功德品》)。善根增长,能得菩提,如前焰后焰烧炷一样(《深功德品》)。菩萨观空而能够不证,如勇健者率众脱险、鸟飞虚空、射箭不落——三喻(《恒伽提婆品》)。行般若波罗蜜,不念不分别,如虚空、幻所化人、影、如来、如来所化人、机关木人——六喻(《称扬菩萨品》)。幻所化与虚空,更是到处引用为譬喻的。"下品般若"是重经法的,多用譬喻说法的,与"持经譬喻者"的风格相近。我以为,以通俗譬喻而表达深义的,是"持经譬喻者"。可能各部派内都有这一类人,不过北方说一切有部的经师特别兴盛,有明确的传说罢了。

第二项　般若的次第深入

"原始般若"中说:"不离般若波罗蜜行","住不退转地","一切声闻、辟支佛所不能坏","能成就萨婆若","近萨婆若","从诸佛受阿耨多罗三藐三菩提"(记),"行般若波罗蜜"①。这是着重不退转菩萨的,所以说:"是深般若波罗蜜,应于阿毗跋致菩萨前说,是人闻是,不疑不悔。"②但般若的普遍流行人间,

① 以上均见《小品般若波罗蜜经·初品》。
② 《小品般若波罗蜜经》卷四(大正八·五五四上)。

信受般若波罗蜜的，不只是不退转菩萨。邻近般若现证不退的，是久行菩萨，如《小品般若波罗蜜经》说①：

1.“若菩萨摩诃萨，能信解深般若波罗蜜，当知是菩萨如阿毗跋致。何以故？世尊！若人于过去世不久行深般若波罗蜜，则不能信解。”

2.“般若波罗蜜如是，谁能信解？须菩提！若久行菩萨道者。”

3.“若未受记菩萨，得闻深般若波罗蜜，当知是菩萨久发大乘心，近于受记，不久必得受记。”

4.“如是法者，谁能信解？须菩提！若菩萨于先佛所久修道行，成就善根，乃能信解。”

“久行菩萨”，是久发菩提心，于诸佛所久远修行、多植善根的菩萨，这是能信解修行深般若波罗蜜的。进一步说，新学菩萨诚然不容易信解般若波罗蜜，但也不是不可能的，如《小品般若波罗蜜经》说②：

1.“新发意菩萨闻是说者，将无惊怖退没耶？佛告须菩提：若新发意菩萨随恶知识，则惊怖退没；若随善知识，闻是说者则不惊怖退没。”

2.“弥勒言：须菩提！如是回向法，不应于新发意菩萨

① 1.《小品般若波罗蜜经》卷四（大正八·五五三下）。2. 卷四（大正八·五五四下）。3. 卷四（大正八·五五四上）。4. 卷六（大正八·五六一下）。

② 1.《小品般若波罗蜜经》卷一（大正八·五三八下）。2. 卷三（大正八·五四八上）。

前说。所以者何？是人所有信乐恭敬净心，皆当灭失。须菩提！如是回向法，应于阿毗跋致菩萨前说。若与善知识相随者说，是人闻是不惊不怖不没不退。”①

初学者修学般若波罗蜜，“善知识”是必要的。如有善知识的教导，初学者也可能信解般若波罗蜜的。善知识以外，善男子善女人来听闻、读、诵、书写、供养、如说而行的，还能得诸天的护持②，诸佛的护持③，所以能不受恶魔的娆乱。这样，深彻的般若波罗蜜法门，不退转菩萨、久行菩萨、初学，都可以修学了。般若法门就这样的广大流行起来！这是“下品般若”所说到的。

在“般若法门”流行中，传统佛教的声闻弟子能否信解般若法门呢？“原始般若”的兴起，与传统的佛教，关系极深！“原始般若”的宣说者、发问者，是无诤行第一须菩提、智慧第一舍利弗。“下品般若”（及“原始般若”增补部分）中，更有多闻第一阿难，论议第一摩诃迦旃延，说法第一富楼那（Pūrṇamaitrayaṇīputra），辩才第一大拘绨罗。声闻弟子能为菩萨说般若波罗蜜，般若波罗蜜是嘱累阿难的。佛对阿难说：“阿难！……若以六波罗蜜为菩萨说，汝为弟子，功德具足，我则喜悦！”④这表示了般若法门是渊源于声闻佛教的。般若法门兴起流行时，传统的声闻弟子，部分是信受般若的。虽然自己还是声闻行者，却能容受般若，随喜

---

① 文中所说“新发意”，异译本作“新学”。

② 《小品般若波罗蜜经》卷四（大正八·五五二下）。

③ 《小品般若波罗蜜经》卷五（大正八·五五七中）。

④ 《小品般若波罗蜜经》卷八（大正八·五七八上——中）。

赞扬般若，真如《法华经》所说那样：“内秘菩萨行，外现是声闻。”[①]但维护传统而拒斥般若法门，加以毁谤的，也不在少数，这在经中是称之为魔事的，如说[②]：

1.“恶魔诡诳诸人，作是言：此非真般若波罗蜜。”

2.“汝若受阿惟越致记者，即受地狱记！”

3.“作沙门[③]，至菩萨所，作是言：……汝所闻者，非佛所说，皆是文饰庄校之辞。我所说经，真是佛语。”

行般若波罗蜜的菩萨，尊重声闻圣者，认为声闻圣者的悟证不离菩萨无生忍[④]，与菩萨有着相同的一分。所以说到般若波罗蜜的信受者，在菩萨以外，提到了“具足正见者”与“满愿阿罗汉”[⑤]。“具足正见者”，是已见圣谛的（须陀洹初果以上）。四果圣者不离菩萨的无生忍，当然能信解般若波罗蜜了。这也表示了，不信般若波罗蜜的，决不是圣者，或是（自以为然的）增上慢人，或是恶魔所化，受恶魔所惑的人。菩萨行六波罗蜜，是一般所能承认的。但说到般若波罗蜜，传统的声闻行者就以声闻的观智为般若波罗蜜，所以经上说“诸比丘说相似般若波罗

---

① 《妙法莲华经》卷四（大正九·二八上）。

② 1.《小品般若波罗蜜经》卷五（大正八·五五七中）。2. 卷六（大正八·五六四中）。3. 卷六（大正八·五六四中）。

③ 《道行般若波罗蜜经》卷六（大正八·四五四下），“沙门”作“作其师被服”，是披袈裟的出家者。

④ 《小品般若波罗蜜经》卷一（大正八·五四〇下）。

⑤ 《小品般若波罗蜜经》卷一（大正八·五四〇下），又卷五（大正八·五五八中）。

蜜"①。有些菩萨行者，重视声闻经，想在声闻经法中求佛道，如《小品般若波罗蜜经》卷五(大正八·五五六上)说：

"譬如有狗舍主所与食分，反从作务者索。如是须菩提！当来世或有菩萨，舍深般若波罗蜜，反取余声闻、辟支佛经(求萨婆若)，菩萨当知是为魔事。"

经中广举譬喻，形容弃般若法门而取声闻经者的无知。对于传统佛教，采取了尊重又贬抑的立场，这不但维护了般若法门，也有诱导声闻修学般若法门的意义。诱导声闻修学最显著的例子，如《小品般若波罗蜜经》卷一(大正八·五四〇上)说：

"若诸天子未发阿耨多罗三藐三菩提心者，今应当发！若人已入正位，则不堪任发阿耨多罗三藐三菩提心。何以故？已于生死作障隔故。是人若发阿耨多罗三藐三菩提心，我亦随喜，终不断其功德。所以者何？上人应求上法。"

"入正位"，是"入正性离生"的旧译。"入正位"，声闻行者就得"须陀洹"(初果)，最多不过七番生死，一定要入无余涅槃。这样，就不能长在生死中修菩萨行，所以说"已于生死作障隔"。如只有七番生死，就不可能发求成佛道的大心，所以说"不堪任"。这是依佛教界公认的教理说。经上又说，如"入正位"的能发大菩提心，求成佛道，也是随喜赞叹的，因为上人——声闻圣者，是应该进一步地求更上的成佛法门。说声闻圣者不可能

---

① 《小品般若波罗蜜经》卷三(大正八·五四六下)。

发心，又鼓励他们发心修菩萨道，这是不否定部派佛教的教义，而暗示了声闻圣者回心的可能。特别是《大如品》，依“如”——真如(tathatā)而泯“三乘人”与“一(菩萨)乘人”的差别，消融了二乘与菩萨的对立①。

发阿耨多罗三藐三菩提心，求成佛道的，是菩萨。依《恭敬菩萨品》说，有菩萨而不知不见般若波罗蜜的②。这或是“离般若波罗蜜，无方便行檀”等；或是偏重仰信的；或修般若波罗蜜，轻视别人，以为不配修学这甚深法门；或自以为“不退转者”，轻慢其他的菩萨；或以为我是“远离行”者，也就是“阿兰若行”者，而轻视“聚落住”的。“原始般若”是推重“远离行”的，或者不免拘泥形迹，而不知真“远离行”在乎内心(《阿含经》义)。“下品般若”成立时，大乘佛教内部就有这些情形。这可能引起诤执，应该保持菩萨与菩萨间的和合无诤，如《小品般若波罗蜜经》卷八(大正八·五七三下——五七四上)说：

> “菩萨与菩萨共住，其法云何？佛言：相视当如佛，想是我大师。同载一乘，共一道行。如彼所学，我亦应学。彼若杂行，非我所学；若彼清净学，应萨婆若念，我亦应学。”

菩萨道，依“本生谈”而类别为六波罗蜜，是初期大乘所公认的。“原始般若”专提甚深般若波罗蜜，不说布施等波罗蜜，在“般若法门”的开展中，首先引起了问题，如《小品般若波罗蜜经》卷二(大正八·五四四上、五四五下)说：

---

① 《小品般若波罗蜜经》卷六(大正八·五六三下)。
② 《小品般若波罗蜜经》卷八(大正八·五七三中)。

“世尊不赞说檀波罗蜜名，不赞说尸罗波罗蜜、羼提波罗蜜、毗梨耶波罗蜜、禅波罗蜜名！何以故但赞说般若波罗蜜？”

“世尊！菩萨但行般若波罗蜜，不行余波罗蜜耶！”

这是专说般若波罗蜜所引起的疑问。对于这一问题，“下品般若”解说为：不是佛但赞般若，也不是菩萨不行前五波罗蜜，而是在六波罗蜜中，般若波罗蜜有摄导的大用。因为离去了般若波罗蜜，布施等不能趣入一切智海，也就不成其为波罗蜜。所以，般若如引导者，布施等如盲人①；般若如大地，布施等如种子的生长②。般若为菩萨行的上首，因为布施等如百花异色，般若如归于同一阴影③；也就是在深悟中，布施等都归于无二无别。在成佛的甚深证悟中，般若波罗蜜是根本的、究竟的。在佛法中，般若（慧）本来有摄持一切功德的特性，如《杂阿含经》卷二六（大正二・一八三中）说：

“譬如堂阁众材，栋为其首，皆依于栋，以摄持故。如是五根，慧为其首，以摄持故。”④

般若——慧能摄持一切功德，是佛法的根本立场，所以“原始般若”的专提般若波罗蜜，不是说菩萨不需要修学布施等，而只是以般若波罗蜜为先要。这样，“下品般若”提到了布施等六

① 《小品般若波罗蜜经》卷三（大正八・五五〇上）。
② 《小品般若波罗蜜经》卷二（大正八・五四四中）。
③ 《小品般若波罗蜜经》卷二（大正八・五四五下）。
④ 《相应部・根相应》（南传一六下・五七）。

波罗蜜,末了说:"行般若波罗蜜时,则具足诸波罗蜜。"①到"中品般若",更到处说六波罗蜜,说六波罗蜜的互相具足了。

般若波罗蜜,是不再退为二乘的成佛法门。成就佛的萨婆若(一切智),是理想的究极实现;而"住不退转地",是修学般若波罗蜜的当前标的。"原始般若"如此,"下品般若"虽广说听闻、读、诵、书写、供养等方便,而重点也还是"不退转"。经中举然灯佛授记的本生②,并广说不退转菩萨的相貌。《阿惟越致相品》(第十六)所说的不退转菩萨,都是现实人间的修学菩萨道者。《恒伽提婆品》末,须菩提又问:"云何知是阿毗跋致?"佛又说了一些阿毗跋致菩萨的相貌③。不退转菩萨是不受恶魔所诳惑的,受惑的就不是不退转者,所以在说不退转菩萨时,一再说到:1. 不受恶魔所诳惑的④。2. 自以为不退转菩萨,其实是受魔所诳惑的⑤。3. 受魔所恼乱的⑥。这里面有类似的,可能为不同传布的综合纂集。说到"不退转",原义是不退转为二乘的,"下品般若"引用了种种的譬喻来说明。"若不为般若波罗蜜所护,于二地中当堕一处,若声闻地,若辟支佛地。""为般若波罗蜜方便所护故,当知是菩萨不中道退转。"⑦这是以般若波罗蜜为方便("上品般若"每说"无所得为方便");般若波罗蜜

---

① 《小品般若波罗蜜经》卷九(大正八·五七九上)。
② 《小品般若波罗蜜经》卷二(大正八·五四一下)。
③ 《小品般若波罗蜜经》卷七(大正八·五六九下——五七〇上)。
④ 《小品般若波罗蜜经》卷六(大正八·五六四中——五六五上)。
⑤ 《小品般若波罗蜜经》卷七(大正八·五七〇中——五七一中)。
⑥ 《小品般若波罗蜜经》卷八(大正八·五七三中——下)。
⑦ 《小品般若波罗蜜经》卷五(大正八·五六〇上——中)。

“但属菩萨”①，信解不离般若波罗蜜，是不退转为二乘的根本方便。二乘不是也有般若——慧吗？这是不同的，如《小品般若波罗蜜经》卷七（大正八·五六七中）说：

“菩萨云何为坏诸相？世尊！是菩萨不如是学：我行菩萨道，于是身断诸相。若断是诸相，未具足佛道，当作声闻。世尊！是菩萨大方便力，知是诸相，过而不取无相。”

坏相而趣入无相，就是二乘的证入。菩萨虽然不取一切相，但不坏（断、灭）诸相，所以不取相而也不取无相，这是般若波罗蜜的大方便力！空、无相、无作——无愿三昧，声闻所修习而趣入解脱的，菩萨也修习而能不证入，如《小品般若波罗蜜经》卷七（大正八·五六八下、五六九上——中）说：

“菩萨具足观空，本已生心，但观空而不证空。我当学空，今是学时，非是证时。不深摄心系于缘中。……何以故？是菩萨有大智慧深善根故。”

“若菩萨生如是心，我不应舍一切众生，应当度之，即入空三昧解脱门，无相、无作三昧解脱门。是时菩萨不中道证实际，何以故？是菩萨为方便所护故。……菩萨如是念一切众生，以是心及先方便力故，观深法相，若空、若无相、无作、无起、无生、无所有。”

菩萨的般若波罗蜜，这里是以“悲愿”来说明与二乘不同。一是“先方便力”，就是菩萨的愿力。现在是学习修行阶位，“观

① 《大智度论》卷四五（大正二五·三七一上）。

空而不证空”。因为不愿证空，所以不深入禅定，这是般若波罗蜜不退转的大方便。二是悲愿不舍众生。这样的悲愿——方便所护，在菩萨功德没有圆满时，不致于证实际而堕落二乘地。“下品般若”明确表示了这一意义，注意到菩萨的“悲愿方便”。然主要的，还是般若波罗蜜大方便力。因为，“虽于恒河沙劫布施、持戒、忍辱、精进、禅定，发大心，大愿受无量事，欲得阿耨多罗三藐三菩提，而不为般若波罗蜜方便所护故，则堕声闻、辟支佛地”①。菩萨的悲愿方便，要不离般若波罗蜜才得！

说到般若波罗蜜行，“原始般若”只是说：不见、不得、不念、不作行、不取、不摄受，体悟“无生”、“无二数”。“无生”、“无二”等，是形容“法相”——“法性”的，是般若波罗蜜现观的内容。在“下品般若”中，还是一再说到“法相”；为了表示“如来”的自证，“如”（tathatā）被举扬出来，如《小品般若波罗蜜经》卷五（大正八·五五八中）说：

> “五阴如即是世间如，五阴如即是一切法如。一切法如即是须陀洹果如，……即是如来如。是诸如皆是一如，无二无别，无尽无量。如是须菩提！如来因般若波罗蜜得是如相。如是须菩提！般若波罗蜜示诸佛世间，能生诸佛。诸佛知世间如，如实得是如故，名为如来。……是如无尽，佛如实说无尽。”

般若波罗蜜能显示世间——五阴的“如”相；“如”是无二、

---

① 《小品般若波罗蜜经》卷六（大正八·五六三上）。

无分别，无尽无量的。证得了“如”，就成佛了，所以名为“如来”。《大如品》又说：“诸天子！随如行故，须菩提随如来生。”历举“如”的“不来不去”；“常不坏，不分别”；“无障碍处”；“不异诸法，是如无非如时，常是如”；“非过去，非未来，非现在”等，而总结说：“菩萨以是如，得阿耨多罗三藐三菩提，名为如来。”①般若波罗蜜所证的，还有“实际”（bhūta-koṭi）一词，是真实究竟处的意思。如证入法性，到达最究竟处，名为“实际”。在《般若经》中，大都用来称二乘的证入涅槃。菩萨在修学中，是以证“实际”为戒惧的。因为证入涅槃，就退堕二乘地，不能再成佛了。但到了菩萨的德行圆满，也名为证实际，如说：“成就阿耨多罗三藐三菩提时，乃证第一实际。”②法相——“法性”，“如”，“实际”，是般若波罗蜜所现观的，一切法常恒不变异的真相。“法相”、“如”，《阿含经》中仅偶尔一见；“实际”似乎是部派佛教所成立的术语③。这是约理境说的，如约般若波罗蜜现观而得究竟解脱说，就是“原始佛教”以来所称说的“涅槃”。《小品般若波罗蜜经》说④：

1.“是法甚深！……诸法以空为相，以无相、无作、无起、无生、无灭、无依为相。……是诸相，非人，非非人所作。……有佛无佛，常住不异，诸相常住故。如来得是诸相

---

① 《小品般若波罗蜜经》卷六（大正八·五六二中——下）。

② 《小品般若波罗蜜经》卷七（大正八·五六九上）。

③ 三藏中没有说到“实际”，见《大智度论》卷三二（大正二五·二九八中）。

④ 《小品般若波罗蜜经》1. 卷五（大正八·五五八中——下）。2. 卷六（大正八·五六一中）。3. 卷七（大正八·五六六上）。4. 卷七（大正八·五六六下）。5. 卷七（大正八·五六九中）。

已,名为如来。”

2.“寂灭、微妙、如实、不颠倒、涅槃。”

3.“甚深相者,即是空义,即是无相、无作、无起、无生、无灭、无所有(宋译作‘无性’)、无染、寂灭、远离、涅槃义。”

4.“如来所说无尽、无量、空、无相、无作、无起、无生、无灭、无所有、无染、涅槃,但以名字方便故说。须菩提言:希有世尊!诸法实相不可得说而今说之!”

5.“观深法相:若空、若无相、无作、无起、无生、无所有。”

经中所说的“甚深法相”,各译本虽略有增减、出入,但大意都是一致的。“深法相”、“诸法实相”、“甚深相”、“法相”,“得是诸相已名为如来”,与上来所说的“法相”、“如”,显然是同一的。在所说的“相”中,无生、无灭、无染、无所有、无依、寂灭、微妙、远离,都是表示“涅槃”的。《杂阿含经》列举了“无为、难见……无所有、涅槃”等二十名①。《相应部·无为相应》,列举了“无为、终极……归依、到彼岸”等三十三名②。说一切有部所说的,灭谛四行相:(寂)灭、静、(微)妙、(远)离,也不出于此。空、无相、无作(即“无愿”)名三解脱门,是由此而能趣入涅槃的。甚深法——涅槃,原是不能用什么相来表示的,但到底方便表示了。三三昧是解脱门,依空、无相、无作观而能趣入涅槃的,那也不妨以空、无相、无作,来方便表示涅槃了。将空、无相、无

① 《杂阿含经》卷三一(大正二·二二四中)。
② 《相应部·无为相应》(南传一六上·八二——九七)。

作来表示“甚深法”（这是佛法僧的“法”，转法轮的“法”），般若法门也就与空义相关，这是般若法门中“空”思想非常发达的原因。

《原始般若经之研究》，作成《般若经》的科判。第二编“实相品”，与“下品般若”的前二十五品”（“汉译本”为二十六品）大致相当。“实相品”又分为七章：“须菩提品”、“天王品”、“种姓品”、“新发意菩萨品”、“久发意菩萨品”、“不退转菩萨品”、“总摄品”。“下品般若”的集成，是有先后浅深意义的。该书所分判的“新发意菩萨品”、“久发意菩萨品”、“不退转菩萨品”，就是依据经中所说菩萨阶位而安立的。如《小品般若波罗蜜经》卷八（大正八·五七五上）说：

> “若人于初发心菩萨随喜，若于行六波罗蜜，若于阿毗跋致，若于一生补处随喜，是人为得几所福德？”

菩萨分初发心，行六波罗蜜，不退转，一生补处——四阶位，是大乘初期最通用的阶位说，为多数大乘经所采用①。在《般若经》中，这四种阶位的名称，各译本略有出入，今对列如下：

一、初发心·初发意·新发意

二、行六波罗蜜·随次第上·久修习·久发心

三、阿鞞跋致·阿惟越致·不退转

四、一生补处·阿惟颜·一生所系

“下品般若”所说的菩萨阶位，还有其他的分类，如《佐助

① 见平川彰《初期大乘佛教之研究》所列举（二九九——三〇〇）。

品》分为三类："发阿耨多罗三藐三菩提心"、"阿毗跋致"、"疾得阿耨多罗三藐三菩提"①。《恭敬菩萨品》有另一四阶位说②，各本名义略有出入，今对列各译本的译语如下：

一、学阿耨多罗三藐三菩提心·初发意·发阿耨多罗三藐三菩提心·发大菩提心

二、如说行·如理修行·修菩萨行

三、随学般若波罗蜜·随般若波罗蜜教·随明度教·修习般若波罗蜜相应行·学般若波罗蜜多于般若波罗蜜多方便善巧

四、阿鞞跋致·阿惟越致·不退转

这一阶位说，各译本的出入很大。"汉译本"与"吴译本"，仅有三阶位，缺第二"如说行"，与《佐助品》的三阶位相合③。"放光本"也是三阶，但说"行菩萨道学般若波罗蜜者"④，那是合二、三位为一位了。"唐译四分本"第三位为"学般若波罗蜜多"，"于般若波罗蜜多方便善巧"⑤，似乎分为二位。这一类四阶位的第三位，"随学般若波罗蜜"，"随般若波罗蜜教"，"修习般若波罗蜜相应行"，"于般若波罗蜜多方便善巧"，不就是第一类四阶位的第二，"行六波罗蜜"，"随次第上"的"久修习"、"久发心"——久行菩萨吗？这可见第二类的四阶位，是在(前一类四阶位)"初发心"与"修习般若波罗蜜相应"中间，别立"如说

① 《小品般若波罗蜜经》卷三(大正八·五四七上——中)。

② 《小品般若波罗蜜经》卷八(大正八·五七四中)。

③ 《道行般若波罗蜜经》卷八(大正八·四六五上)。《大明度经》卷五(大正八·五〇一上)。

④ 《放光般若波罗蜜经》卷一四(大正八·一〇〇下——一〇一上)。

⑤ 《大般若波罗蜜多经》(四分)卷五五三(大正七·八四七中)。

行”、“修菩萨行”阶段,也就是与般若波罗蜜还(没有修,或)没有相应的阶段,这是应该明确分别的问题!

经说学般若波罗蜜,应亲近善知识,“汉译本”与“吴译本”说到了“阿阇浮菩萨”①。与此相当的,“唐译初分本”、“唐译二分本”作“初业”;“宋译本”作“初学”;“放光本”、“大品本”、“唐译三分本”、“四分本”、“五分本”,都作新学,原语为adikarmika,而“秦译本”却译作“新发意”。“中品般若”的“放光本”说:深般若波罗蜜,“不当于新学菩萨前说”②。这里的“新学”,“唐译初分本”、“二分本”、“三分本”,也译为“新学”,而“大品本”也译作“新发意”。在说到随喜回向时,“汉译本”与“吴译本”说到“新学”③,“放光本”及“唐译本”也作“新学”,而“秦译本”、“大品本”(及“宋译本”)都译为“新发意”。依上来对勘,可见鸠摩罗什所译的“秦译本”与“大品本”,都把“新学”误译作“新发意”了。“新学”、“初学”或“初业”,原语为adikarmika,与十住中的“治地”住,原语相同。那么,《般若经》所说的“初发心”;“如说行”或“修菩萨行”、“新学”;“随学般若波罗蜜相应行”——三阶,与十住说的“发心住”、“治地住”、“(相)应行住”,次第完全相合。再加“不退转”、“阿惟颜”,名目也与十住说相合。在“下品般若”中,“新发意”与“新学”是不同的,所以《原始般若经之研究》分“实相品”为七章,以第四

① 《道行般若波罗蜜经》卷五(大正八·四五二中)。《大明度经》卷四(大正八·四九三上)。

② 《放光般若波罗蜜经》卷一〇(大正八·七〇上)。

③ 《道行般若波罗蜜经》卷三(大正八·四三八中)。《大明度经》卷二(大正八·四八六中)。

为“新发意菩萨位”，而不知是“新学”，这是应加以修正的。该书在“新发意菩萨”前，立“天王品”、“种姓品”二章。不知道所立的“天王品”——《释提桓因品》，开始就说：“未发阿耨多罗三藐三菩提心者，今应当发！……是人若发阿耨多罗三藐三菩提心，我亦随喜，终不断其功德。”①称赞须菩提所说的般若波罗蜜深妙，难信难解，正是激劝大众发菩提心。所立“种姓品”，佛在在家出家、人天大众前，诱导一般人从听闻、读、诵、书写、供养、如说行中，修学般若波罗蜜，正是新学菩萨的行相。该书称第七章为“总摄品”，也是误解的！经义虽次第渐深，而听众还是人天大众，所以经文始终保有诱导修学的特性，有提到前阶位的地方。被称为“总摄品”部分，主要应该是不退转菩萨所应学的，如《小品般若波罗蜜经》说②：

1.“若菩萨欲得阿耨多罗三藐三菩提，应当亲近善知识。……菩萨欲自深智明了，不随他语，不信他法；若欲断一切众生疑，应当学是般若波罗蜜！”

2.“若菩萨随般若婆罗蜜所教行者，是菩萨不断一切种智，是菩萨近阿耨多罗三藐三菩提，是菩萨必坐道场，是菩萨拯济没溺生死众生。……若菩萨如是学时，四天王持四钵至其所，……我等当奉此四钵。”

3.“如是学者，名为学萨婆若。学萨婆若，为学般若波

---

① 《小品般若波罗蜜经》卷一（大正八·五四〇上）。

② 《小品般若波罗蜜经》1. 卷八（大正八·五七一中——下）。2. 卷八（大正八·五七三上）。3. 卷八（大正八·五七四上）。4. 卷八（大正八·五七四下）。5. 卷九（大正八·五七八中）。6. 卷九（大正八·五七八下——五七九上）。

罗蜜,学佛十力、四无所畏、十八不共法。须菩提!菩萨如是学者,则到诸学彼岸。……魔若魔民不能降伏;……疾得阿毗跋致,……疾坐道场;……学自行处,……学救护法,……学大慈大悲,……学三转十二相法轮,……学度众生……学不断佛种,……学开甘露门。"

4."若菩萨欲得阿耨多罗三藐三菩提,欲于一切众生中为无上者,欲为一切众生作救护,欲得具足佛法,欲得佛所行处,欲得佛所游戏,欲得佛师子吼,欲得三千大千世界大会讲法,当学般若波罗蜜!"

5."若菩萨欲到一切法彼岸,当学般若波罗蜜!"

6."菩萨坐道场时,如是观十二因缘,离于二边,是为菩萨不共之法。……菩萨欲得阿耨多罗三藐三菩提,当如是行般若波罗蜜!……菩萨行般若波罗蜜时,则具足诸波罗蜜,亦能具足方便力。……诸有所作,生便能知。……如十方诸佛所得诸法相,我亦当得。"

从上面所引的文证,可见被称为"总摄品"——《深心求菩提品》后半起,是以得佛的功德,学习佛的自行化他为目标的。所以"下品般若"前二十五品的大科,应该是这样的:《初品》是"原始般若",是"直示般若"深法的。第二品以下,是由浅而深的"渐学般若",可以约菩萨四阶位说(二种四阶位的综合,含有五阶位),说明由浅而深的修学历程,列表如下:

直示般若——————————《初品》

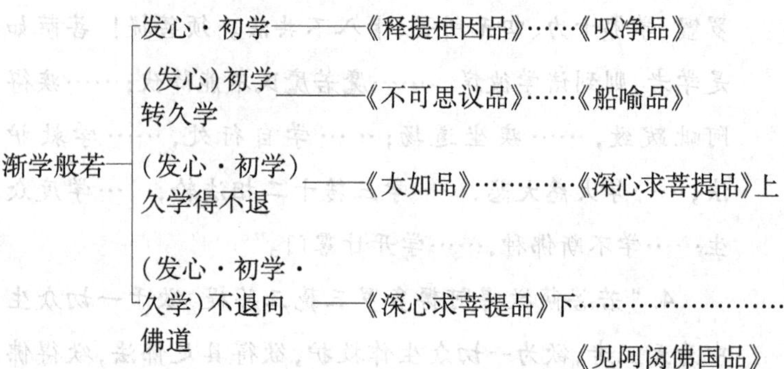

"原始般若"是专提般若波罗蜜的,着重于不退转(为二乘)菩萨的深悟无生。法门的流行传布,不退转以下的,是久学、新学、初发心。对于发心、新学,着重于听闻、读、诵、受持、问义、思惟,加上书写、供养、施他;以校量功德,毁谤的罪过,来启导、坚定信众的学习。不退转以上的,是学佛功德,成佛度众生。在菩萨的菩提道中,般若成为彻始彻终的法门。法门的随机适应,或浅或深,终于综合而集成"下品般若"(当时没有上中下的分别)。从"原始般若"来看,"下品般若"的发展趋势,不但普及初学,由浅及深,又从般若波罗蜜而论到六波罗蜜。对不退转菩萨的无生深悟,明确地指示为涅槃的体悟(不是证入)。声闻的果证,是不离菩萨无生法忍的①。以空等三解脱门来表示般若深法,终于说到了"一切法空"②。原始佛教的菩提分——根、力、觉分、道分,也提到了③。观缘起如虚空无尽的菩萨不共中道妙

① 《小品般若波罗蜜经》卷一(大正八·五四〇下)。

② 《小品般若波罗蜜经》卷五(大正八·五五八下),又卷六(大正八·五六三中),又卷七(大正八·五六六下)。

③ 《小品般若波罗蜜经》卷七(大正八·五六六中、五六九中)。

观，也明白地说出来①。所以般若法门不是别的，是原始佛教；但不限于声闻所觉知的，而是更深彻的，由菩萨（无生法忍所悟为核心）而成佛的"佛无上智、大智、自然智、一切智、如来智"②。

"原始般若"向更广的初学、更深的佛道而展开，终于集成"下品般若"。经典的集成，应该是经多方面发展，而后综合集出的。古人说：般若"非一日一坐说"③。如受持的功德，不退菩萨的相貌，都说了又说，可解说为不同传授的综集。"原始般若"的集出，约为西元前五〇年（法门弘传，应该更早些已经存在）。"下品般若"前二十五品，可能经多次集出而完成。从发展到完成，约为西元前五〇年到西元五〇年左右。集出完成的时代，般若在北方已相当的流行；书写经卷及供养，已蔚成风气了！

第三项　下品的增补部分

依"秦译本"，到《见阿閦佛国品》第二十五，"下品般若"已经圆满了。但现行本，以下还有四品，成立的时代要迟些。四品可分为二类：《随知品》第二十六，是"下品般若"的附属部分；末后三品，是从"中品般若"移来的。这里，分别地给以说明。

1.《随知品》（第二十六），品名与"宋译本"相同；"汉译本"与"吴译本"作《随品》；"唐译四分本"作《随顺品》④。依梵文

① 《小品般若波罗蜜经》卷九（大正八·五七八下）。

② 《小品般若波罗蜜经》卷八（大正八·五七二下）。

③ 《大智度论》卷四〇（大正二五·三五六上）。

④ 《佛母宝德藏般若波罗蜜经》，译为《聚集品》。

《八千颂般若》，品名为anugama。anu-是“随顺”、“次第”的意思；gama有“去”、“到达”等意思。所以anugama是“随顺行”、“随顺趣入”、“随顺悟入”的意义。《道行般若经》有“随次第上菩萨”①，应该就是Anugama菩萨的意译。这一品的内容，是“中品般若”所没有的，“唐译五分本”（“下品般若”中文句最简的）也没有，所以可解说为：这是后出的，在“中品般若”发展成立时，“下品般若”还没有这一品。《随知品》的内容，说明了“随顺般若波罗蜜行”。在“汉译本”中，一再说“菩萨随般若波罗蜜教”，这样的与般若波罗蜜相应，才是菩萨的般若波罗蜜。“下品般若”（前二十五品）文段长了一些，适宜于一般的教化，而对于随法修行（随念、随观、随入）者，需要的却是简易的行法。《随知品》，可能是适应随顺观行者的需要而集成的。“下品般若”的传持者，把它附在后面，就成为“下品般若”的一品。正如“戒经”的传持者，将处理僧事的七项法规——“七毗尼”，附在“戒经”后面，也就成为“戒经”的一部分一样。《随知品》说明“一切法（或‘五阴’）无分别”、“一切法无坏（变异）”、“一切法但假名”等行法，但包含了一些“下品般若”（前二十五品）所没有的内容。“如大海”、“如虚空”、“如日照”、“如师子吼”、“如须弥山庄严”、“如地”、“如水”、“如火”、“如风”、“如空”。这些比喻，如《古宝积经》的称赞菩萨功德②，《宝云经》所说的菩萨行中③，都有部分相同的。大乘经序分，用这些来赞叹菩萨功德

---

① 《道行般若波罗蜜经》卷八（大正八·四六五下）。

② 《大宝积经》卷一一二《普明菩萨会》（大正一一·六三三上——中）。

③ 《宝云经》卷二·三（大正一六·二一九下——二二二中）。

的，更是不在少数。《随知品》用这些比喻来说明菩萨随般若波罗蜜行，应该受到了当时大乘经的影响。

2.《萨陀波仑品》（第二十七）、《昙无竭品》（第二十八）、《嘱累品》（第二十九）："唐译二分本"没有这三品，那是玄奘简略了；中国古译的"小品"、"大品"，"藏文本"，"梵文本"，都是有这三品的。前二品是专精求得般若波罗蜜的故事，《嘱累品》只是附带的总结而已。现存的"下品般若"都有此三品，但研究起来，可以断定本来是属于"中品般若"所集出的，理由是：一、"秦译本"说："已得陀罗尼，诸神通力"①；"汉译本"、"吴译本"、"宋译本"，都提到了"陀罗尼"。在"下品般若"（前二十五品）中，没有说到"陀罗尼"；"陀罗尼"为大乘法门，出于"中品"，所以这是与"中品般若"相符合的。二、萨陀波仑（Sadāprarudita）一心想见到昙无竭（Dharmodgata）菩萨，"入诸三昧门"②；听了昙无竭说法，得了"六百万三昧"③。经中列举种种"三昧"的名字，与"中品般若"相同，而与"下品般若"（前二十五品）的体例不合。三、"秦译本"在前二十五品中，有四处说到佛的功德：十力、四无所畏、十八不共佛法——合为一聚④；或作力、无所畏、法⑤；清净力、清净无畏（或增清净佛法）⑥："下品般若"大都是

---

① 《小品般若波罗蜜经》卷一〇（大正八·五八二上）。

② 《小品般若波罗蜜经》卷一〇（大正八·五八一中——下）。

③ 《小品般若波罗蜜经》卷一〇（大正八·五八六上——中）。

④ 《小品般若波罗蜜经》卷四（大正八·五五四下），又卷八（大正八·五七四上）。

⑤ 《小品般若波罗蜜经》卷九（大正八·五七七中）。

⑥ 《小品般若波罗蜜经》卷八（大正八·五七四中）。

一致的①。但《萨陀波仑品》说："大慈大悲大喜大舍、十力、四无所畏、四无碍智、十八不共法"②，却与"中品般若"相合。这样，推论这部分原属于"中品般若"，是可以采信的。可能由于求法故事的感动人心有助于"般若法门"的宏通，所以"下品般若"的传持者，也就采用而附在经末。

还有更重要的理由，足以证明为是属于"中品般若"的。佛法的修学者，通于在家、出家。释尊是出家的，随佛出家而成为佛教主体的，是出家的。出家的生活，没有男女间的淫欲，也没有资财的物欲。在家人虽同样地修行证果，而一般说来，不及出家人的专精容易；对于在家生活存有厌患的情绪，以出家为修行的理想典型③。"原始般若"是从阿兰若(无诤)行，修得于一切法无所取执三昧而流传出来的，所以在"下品般若"中，教化四众及善男子、善女人，使转化为受持奉行般若波罗蜜的菩萨，而仍保有佛教传统的观念，也就是对在家生活存有厌患的情绪，如说④：

> "在家者与妇人相见，心不乐憙，常怀恐怖。与妇人交接，念之(言?)：恶露臭处不净洁，非我法也。尽我寿命，不复与相近，当脱是恶露中去。譬如有人行大荒泽中，畏盗贼，心念言：我当何时脱出是厄道中去。当弃远是淫泆，畏

---

① 《大般若波罗蜜多经》卷五五二，"唐译四分本"，作"十力、四无所畏、四无碍解、大慈大悲大喜大舍、十八佛不共法"(大正七·八四六中)。是"下品般若"，却与"中品般若"相同。

② 《小品般若波罗蜜经》卷一〇(大正八·五八二下)。

③ 《小品般若波罗蜜经》卷六说："乐佛法中而得出家。"(大正八·五六五中)

④ 《道行般若波罗蜜经》卷六(大正八·四五五中)。《小品般若波罗蜜经》卷六(大正八·五六五上)。

惧如行大荒泽中。亦不说其人恶,何以故?诸世间皆欲使安隐故也。……是皆深般若波罗蜜威神力!"

"是菩萨若在居家,不染著诸欲。所受诸欲,心生厌离,常怀怖畏。譬如险道多诸贼难,虽有所食,厌离怖畏,心不自安,但念何时过此险道!阿惟越致菩萨,虽在家居,所受诸欲,皆见过恶。心不贪惜,不以邪命非法自活,宁失身命,不侵于人。何以故?菩萨在家应安乐众生,虽复在家,而能成就如是功德。何以故?得般若波罗蜜力故。"

这是"汉译本"与"秦译本"的古译,与唐译不同。在家不退转菩萨,对于"欲",存有很深的厌患情绪,所以受欲而不会贪著;一心希望,最好能不再过那种爱欲的生活。"汉译本"("吴译本"、"晋译本"相同)着重于男女的爱欲,"秦译本"("宋译本"同)是通于男女及财物欲的。在家菩萨对于"欲"的态度,古译的"下品般若"与原始佛教的精神相合。"中品般若"的意趣显然的有了不同,如《大般若波罗蜜多经》(初分)卷三二七(大正六·六七三下——六七四上)说:

"现处居家,方便善巧,虽现摄受五欲乐具,而于其中不生染著,皆为济给诸有情故。……现处居家,以神通力或大愿力,摄受珍财。……虽现处居家而常修梵行,终不受用诸妙欲境。虽现摄受种种珍财,而于其中不起染著。"

其他"中品"类各本,都与这"初分"——"上品般若"的意义一样。依经说:"方便善巧"、"现处居家"、"现摄受五欲",可见在家菩萨的摄受五欲是"方便示现"的;是神通力,是大愿力。

总之，不退转菩萨而“现处居家”，是方便现化的。虽也说到“常修梵行”，而对于在家生活的厌患情绪，却完全没有了！“下品般若”所说的在家不退转菩萨，是真实的在家者，是人类修学般若波罗蜜，到达不退转于阿耨多罗三藐三菩提的地位①。引导在家的修学般若，向不退转位而前进。不是“中品般若”那样，以理想的“法身大士”为不退转，着重在表扬其化度众生的方便善巧。萨陀波仑的求法故事，正表显了“中品般若”的精神。如萨陀波仑为在家的青年，与一位长者女，一同去求般若②。当然古代的某些地区，男女生活自由，不能以“男女授受不亲”及出家生活来衡量的。当时的说法师，是昙无竭菩萨。“与六万八千婇女，五欲具足，共相娱乐”；又接受萨陀波仑供养的“五百女人”，“五百乘车”的宝庄严具：这是一位受欲的在家菩萨。当萨陀波仑发心求法时，空中有声音指导他，说到③：

“恶魔或时为说法者作诸因缘，令受好妙色声香味触，说法者以方便力故受是五欲。汝于此中莫生不净之心！应作念言：我不知方便之力，法师或为利益众生令种善根故，受用是法，诸菩萨者无所障碍。”

这是弟子对说法师应有的态度。如说法师受用微妙的五

---

① “唐译四分本”，“唐译五分本”，虽还保有对“欲”的厌患情绪，但说：“为有情故，虽处居家，而于其中不生贪著；虽现受欲而常厌怖。……甚深般若波罗蜜多方便善巧力所持故”（大正七·九〇二上），与“方便”的思想相结合。

② 《佛母出生三法藏般若波罗蜜经》卷二四，作“共乘一车”（大正八·六七二中）。

③ 《小品般若波罗蜜经》卷一〇（大正八·五八〇中）。

欲,那是菩萨的方便,菩萨是于一切法无著无碍的。不能见说法师的受用五欲而生起不清净心,应该恭敬供养,追随法师!萨陀波仑的求法故事,是在家人从在家的说法师修学。经中所说的受用五欲,也应该是方便善巧了。萨陀波仑求法故事,虽是现存的下中上——三部般若所共有的,但"方便受欲"的事缘,是与"中品般若"的精神相合的。"法身大士"那样的"方便",如一般化而成为在家的修学典型,那佛教精神无可避免地要大为改观!这一意境,与文殊师利法门相呼应。在第十二章,还要论到大乘佛教的新倾向。

第四节　中品般若

"中品般若",古人称为"大品"。上面说到,"中品般若"是三部分所成立的。依"大品本"全部九十品,分为三分如下:

前分——《序品》第一…………《舌相品》第六

中分——《三假品》第七………《累教品》第六六

后分——《无尽品》第六七……《嘱累品》第九○

先说"后分":大概地说,"中分"是与"下品般若"相当的。"后分"共二十四品,其中二十一品(末后三品,是流通分),是上承"下品般若"而发展所成的。"下品"的《见阿閦佛品》中,佛示现神力,使大众都见到阿閦佛土众会,然后劝学,赞叹般若波罗蜜。须菩提问"般若无尽",佛说:菩萨坐道场,观十二因缘如虚空那样的不可尽,是不共二乘的菩萨中道观,与"中品般若"《无尽品》的内容相当。接着,如("下品")《小品般若波罗蜜

经》卷九(大正八·五七九上——中)说:

"菩萨行般若波罗蜜时,则具足诸波罗蜜,亦能具足方便力。是菩萨行般若波罗蜜,诸有所作,生便能知。"①

"菩萨欲得方便力者,当学般若波罗蜜,当修般若波罗蜜。须菩提!若菩萨行般若波罗蜜,生般若波罗蜜时,应念……如十方诸佛所得诸法相,我亦当得。"

"菩萨为诸佛所念者,不生余处,必当至于阿耨多罗三藐三菩提。是菩萨终不堕三恶道,当生好处,不离诸佛。"

如上所引的,《见阿閦佛品》末段,与"中品般若"的《六度相摄品》(第六八)、《方便品》(第六九)的内容次第,都是相合的。《三慧品》(第七○)说:"菩萨摩诃萨云何行般若波罗蜜?云何生般若波罗蜜?云何修般若波罗蜜?"②"行"、"生"、"修",也出于《见阿閦佛品》。《三慧品》阐明了般若,说到三乘的(三)智断,及般若的名义。所以《无尽品》、《六度相摄品》、《方便品》、《三慧品》——四品,都是依《见阿閦佛品》而成的广本。《见阿閦佛品》到此为止,"下品般若"也就圆满了,而"中品般若",却依般若而有的"方便力",开展出以下的十七品。《大智度论》称这部分为"方便道"③;"中品般若"的"后分",的确是处处说到"方便之力"的。"下品般若"是"般若道",重于般若的无所取著,悟入如如法性;"中品般若"的"后分",是"方便道",重于方

① "诸有所作,生便能知",依各译本,是恶魔而有所作(娆乱)的,一开始就能知道,不受惑乱的意思

② 《摩诃般若波罗蜜经》卷二一(大正八·三七三上)。

③ 《大智度论》卷一○○(大正二五·七五四中——下)。

便的化他；自行、化他而重于不违实相的施设。《道树品》（第七一）以下的内容，主要是：

一、发阿耨多罗三藐三菩提心，念一切种智（《道树品》第七一）；为阿耨多罗三藐三菩提而行菩萨行（《菩萨行品》第七二）；应萨婆若念，得方便而行（《种善根品》第七三）。

二、菩萨遍学诸道——声闻道、辟支佛道、佛道而超出二乘（《遍学品》第七四）；于诸法无所有中，次第行、次第学、次第道（《三次第行品》第七五）；行般若，一念具足万行（《一念品》第七六，《六喻品》第七七）。

三、住报得五神通，到十方土，以六度、布施、四摄，摄化众生（《四摄品》第七八）。

四、善达法相，于名相虚妄分别中拔出众生（《善达品》第七九）。不坏实际，立众生于实际中（《实际品》第八〇）。

五、以方便力具足菩萨道，成就众生（《具足品》第八一）；大誓庄严，净佛国土（《净佛国品》第八二）。

六、于佛道中毕定。以神通波罗蜜，现生恶道，化度众生（《毕定品》第八三）。

七、行菩萨道，得阿耨多罗三藐三菩提。为众生说四谛、实谛（《差别品》第八四）。

八、诸法性无业无报，无道无果，不垢不净（《七譬品》第八五）。诸法平等相（《平等品》第八六）。一切如幻化，涅槃如幻化（《如化品》第八七）。

“中品般若”的“后分”，比对“下品般若”，重点与意趣，都有明显的差别。如：一、“下品般若”是一般人修学的般若法门，所以从读、诵、书写、供养等说起。阿惟越致(不退转)菩萨,也绝大多数是人间修行者的模样。一再说到:不退转为二乘,不堕二地的方便;种种修学的障碍——“魔事”;菩萨与声闻的关系。“中品般若”的“后分”,泛说“听闻”,而读、诵、书写、供养等都不见了,菩萨都是深行的菩萨。二、“下品般若”说:“阿惟越致菩萨,……常乐欲生他方清净佛国,随意自在;其所生处,常得供养诸佛。”①恒伽天女受记以后,也“命终之后,从一佛土,至一佛土,常修梵行,……不离诸佛”②。这是说受记不退转的菩萨,常生他方净土,常修梵行,常见佛、供养佛:说明不退菩萨的向上增进——自利行。“中品般若”的“后分”,《四摄品》(第七八)以下所说的六度、四摄、报得神通、现身恶道、成就众生、严净佛土,都是不退菩萨(法身大士)的利益众生。所以说:“是菩萨从初发意已来,……不为余事故求阿耨多罗三藐三菩提,但为一切众生故。”③前七品(《道树品》……《六喻品》)所说发心、修行,得善知识(不离佛菩萨)、供养诸佛、增益善根,虽可说是自利行,但也是“为众生故求阿耨多罗三藐三菩提;渐渐行六波罗蜜,得一切种智,成佛树,以叶华果实益众生”④。般若法门当然立足于无所得行,而救度众生的悲心,“后分”显然的着重起来。三、从“下品般若”看来,般若是不容易持行的。“无量无边阿僧祇众生,发阿耨多罗三藐三菩提心,于中若一若二住阿毗跋致

① 《小品般若波罗蜜经》卷六(大正八·五六五中)。
② 《小品般若波罗蜜经》卷七(大正八·五六八中)。
③ 《摩诃般若波罗蜜经》卷二六(大正八·四一四中)。
④ 《摩诃般若波罗蜜经》卷二二(大正八·三七七上)。

地"①,不退菩萨是那样的难得！但("中品")《摩诃般若波罗蜜经》卷二一(大正八·三七二上)说:

> "是门,利根菩萨摩诃萨所入！佛言:钝根菩萨亦可入;是门,中根菩萨、散心菩萨亦可入是门。是门无碍,若菩萨摩诃萨一心学者,皆入是门。"②

般若法门,是三根普被的,也不论行位高低的。经上到处说"菩萨初发意已来",初发意就是这样学的。学般若法门,决定成佛,所以说:"初发意菩萨亦毕定,阿惟越致菩萨亦毕定,后身菩萨亦毕定。"③初发心以来,决定成佛,这与"下品般若"的难得不退,是多么不同！这一不同,从佛教发展史去理解,"下品般若"反应了般若法门初行,得般若深悟的极少。"中品般若"的"后分",反应了般若法门大流行,般若成为当代佛法思潮的主流。正如禅宗在中国,达摩时代,与马祖、石头时代的不同情况。四、"下品般若"是开示的、启发的、诱导的,而"中品般若"的"后分",却是叙述的、说明的。特别是,在般若自证的无戏论处、平等性中,一切都不可施设;有情不可得,法也不可得。没有业报,没有道果,没有迷悟,没有垢净,没有修证,没有名相;佛与佛法也不可说。一切归于法性平等,那为什么要说法?为什么有生死业报?为什么要发心,要度众生,要成佛?在"后分"中,说到哪里,就疑问到哪里,解释到哪里。一层层的问答,问题始终是

---

① 《小品般若波罗蜜经》卷二(大正八·五四二下)。

② "唐译初分本"、"唐译三分本",与"大品本"一致,般若是三根都可以趣入的。但"唐译二分本"、"放光本",局限为利根所入。

③ 《摩诃般若波罗蜜经》卷二六(大正八·四〇九中)。

一样的。“后分”提出了二谛说①，到处说“以世谛故，非第一义”，二谛说是解开这一矛盾的方法。这一（世俗）名相虚妄分别，不能契入“正法”，而又非以名相分别来开示不可的大矛盾，“下品般若”也略有答复，如说：“如是学者能成就萨婆若，所以者何？一切法无生无成就故。”“菩萨如是学，亦不学萨婆若；如是学，亦名学萨婆若。”②“下品般若”的矛盾论法，“中品般若”以“二谛”来作更明白的解释；但二谛只是假设，二谛“如”是没有差别可得的③。

再说“前分”：“前分”共有六品。第六《舌相品》，是“中分”的序分。同一原本的“下品般若”，没有这一部分，所以是集成“中品般若”时，增入这一部分，表示“中分”与“前分”间的不同。这样，“前分”只有五品。第一《序品》，是全经的序分，也是“前分”的序分。“前分”五品，可分为序起、正说、结赞——三分，内容如下：

序起	放光现瑞，十方菩萨来集	《序品》第一
	列举菩萨法，劝学般若波罗蜜	《序品》第一
	得诸天敬奉与护持	《奉钵品》第二
正说	行般若波罗蜜，超胜二乘	《奉钵品》第二
	习应般若波罗蜜，是空相应	《习应品》第三
	般若相应菩萨，何处来生，往生何处	《往生品》第四
结赞	听众得益受记	《叹度品》第五
	大众称叹般若	《叹度品》第五

① 《摩诃般若波罗蜜经》卷二二（大正八·三七八下）。

② 《小品般若波罗蜜经》卷一（大正八·五三八上——中）。

③ 《摩诃般若波罗蜜经》卷二二（大正八·三七八下）。

"前分",佛为舍利弗说。经文的重点是:首先说:"菩萨摩诃萨,欲以一切种智知一切法,当习行般若波罗蜜。"①一切种智是佛智,佛智要从菩萨修习广大的功德中来,而这都非学般若不可。般若能摄受广大功德行,不只是"下品般若"那样地摄导五度。这段经文的末了,如《摩诃般若波罗蜜经》卷一(大正八·二一九上)说:

> "欲以道慧具足道种慧,当习行般若波罗蜜;欲以道种慧具足一切智……;欲以一切智具足一切种智……;欲以一切种智断烦恼习,当习行般若波罗蜜!"

道慧与道种慧,是菩萨的智慧;一切智与(能断烦恼习的)一切种智,是佛的智慧②。佛菩萨的智慧,都从习行般若中来。声闻辟支佛的智慧,比起菩萨的般若波罗蜜来,如萤火与日光一样,简直是不成比例的③!般若波罗蜜,是"住空无相无作法,能过一切声闻辟支佛地,住阿惟越致地,净于佛道"④。所以,般若相应是"习应七空"⑤;"诸相应中,般若波罗蜜相应为最第一。……菩萨摩诃萨行般若波罗蜜相应,所谓空无相无作";

---

① 《摩诃般若波罗蜜经》卷一(大正八·二一八下)。

② 道慧、道种慧,一切智、一切种智,各译本的出入很大。"放光本"但举"菩萨慧"与"萨云若"(大正八·二下);"光赞本"举"道慧","欲晓了慧具足充备诸通慧","了一切得近蠲除尘劳"(大正八·一四九中)。虽古译本不完全相合,但"菩萨""道慧"在前,却是一致的。这与"后分"的"三智"——一切智、道种智、一切种智的次第不同。"唐译三分本",列举一切智智;一切智、道种智、一切相智、一切有情心行相智。"唐译初分本"、"二分本",更加一切相微智。唐译本显然与古本不合。

③ 《摩诃般若波罗蜜经》卷一(大正八·二二一下——二二二中)。

④ 《摩诃般若波罗蜜经》卷一(大正八·二二二中)。

⑤ 《摩诃般若波罗蜜经》卷一(大正八·二二二下)。

“是空相应，名为第一相应”①；“菩萨摩诃萨，于诸相应中为最第一相应，所谓空相应”②。菩萨行般若波罗蜜时，不见一切，不为一切，不念一切，而能生大慈大悲，不堕二乘地的，就是“空相应行”。般若波罗蜜与空的一致性，“前分”明确地揭示出来。

在《往生品》中，行般若波罗蜜相应的，举他方、兜率天、人间——三处来，与“下品般若”《相无相品》所说相合③。说到“与般若波罗蜜相应，从此间终，当生何处”时，广说修菩萨行人的不同行相，共四十四类。这不但是“下品般若”所未说，也是“中品般若”“后分”所没有的。这表示了当时佛教界所知道的菩萨，无论是事实的、论理的、传说的，有那么多的不同类型。《序品》说到了华积世界，文殊与善住意（Susthitamati）菩萨④，当时大乘经的数量，传出的应该不少了！

与“下品般若”相当的，是“中分”。有次第与内容的共同性，所以可互相比对，而了解“中分”是怎样的成为别本。“中分”的文字比“下品般若”要多出三倍以上，到底增广些什么？

一、内容的增广：主要是《问乘品》（第十九）、《广乘品》（第二十）、《发趣品》（第二十一），占“中分”全部的百分之七。“下品般若”说到：“菩萨发大庄严，乘大乘故，是名摩诃萨。”对于“大乘”，只说：“大乘者无有量，无分数故。”大乘是虚空一般的

① 《摩诃般若波罗蜜经》卷一（大正八·二二四下）。

② 《摩诃般若波罗蜜经》卷一（大正八·二二五上）。

③ 《摩诃般若波罗蜜经》卷二（大正八·二二五上——中）。《小品般若波罗蜜经》卷五（大正八·五六〇上）

④ 《摩诃般若波罗蜜经》卷一（大正八·二一八下）。

容受一切众生;没有来处、去处、住处;三世平等①。“中品般若”的“中分”,从大乘是菩萨行的见地,列举了大乘的内容:

1. 六波罗蜜·十八空·百八三昧

2. 四念处·四正勤·四如意分·五根·五力·七觉分·八圣道分·(空无相无作)三三昧·十一智·三(无漏)根·(有觉有观等)三三昧·十念·四禅·四无量心·四无色定·八背舍·九次第定

3. 十力·四无所畏·四无阂智·十八不共法

4. 四十二字门

这四类中,1. 是菩萨法。2. 是共二乘法。菩萨是遍学一切的,所以三十七道品等,也是大乘法的一分。不过每一法门,都说是“以不可得故”,表示为与般若不可得相应的行门。3. 是佛的功德。4. 字门是陀罗尼。在“中品般若”(及“上品般若”)中,字门每每是列在最后的。字门的自成一类,表示了字义本是世间学,被融摄而属于大乘的。在初期大乘中,字门陀罗尼是比较后起的。“中分”在说明了“何为大乘”以后,又说到“大乘发趣”,就是“从一地至一地”,叙述了“十地”的行法。这是“中分”所增广的部分,其他片段的增入,如“阿毗跋致相貌”、“魔事”等,都有部分的增广。

二、解释经义的增广:“下品般若”的深义部分,是简要深奥的。在“下品般若”的传诵中,有解释的必要,就有解释的传出。“中品般若”的集成者,以解释为佛说、须菩提说而编集进去。

---

① 《小品般若波罗蜜经》卷一(大正八·五三九上)。

如《三假品》(第七),须菩提说:“世尊所说菩萨、菩萨字,何等法名菩萨?世尊!我等不见是法名菩萨,云何教菩萨般若波罗蜜?”①在“下品般若”中,这是须菩提奉佛的慈命,以反诘法,为菩萨说般若波罗蜜。所以接着说:“若菩萨闻作是说,不惊不怖不没不退,如所说行,是名教菩萨般若波罗蜜。”②“中品般若”“中分”,也是佛命须菩提说般若,而对于须菩提的反问说法,可能解说为向佛发问,于是佛说了一大段文字,也只是说明了菩萨、菩萨名的假名施设,所以不得不见菩萨;不见一切法,所以能不惊不怖。我们如注意佛命须菩提说般若,那么“中分”却是佛为须菩提说般若,上下文不相应。所以,这不是从“中品”抄出“下品”,而是将解释部分,作为佛说而有所补充,文义也就多少变化。又如《十无品》(第二十五),须菩提白佛:菩萨三际不可得等,与“下品般若”的文义相同(次第小变化)③。但在“中分”中,舍利弗依须菩提所说的,提出了十个问题,须菩提一一地给以解释。这些都是将解释集入而增广的实例。“下品般若”深义的解释,在“中分”是到处可见的。

三、法数的增多:“下品般若”是以五蕴为所观境的。在行法中,以般若为主,略说到其他五度。共世间行——四禅、四无量、四无色定、五神通;共二乘行——三十七道品、三三昧,都已提到。果法中,声闻的四向、四果,辟支佛,五(无漏)聚;佛的十

① 《摩诃般若波罗蜜经》卷二(大正八·二三〇下)。

② 《小品般若波罗蜜经》卷一(大正八·五三七中)。

③ 《摩诃般若波罗蜜经》卷七(大正八·二六七上——中)。《小品般若波罗蜜经》卷一(大正八·五三九中)。

力、四无所畏、十八不共法，也都说到了。但菩萨是遍学一切道——声闻道、辟支佛道、佛道的，遍知一切法的。所以说明行法，如《问乘品》、《广乘品》，包含了二乘的共行。论所观的境，包括了一切的人与法。“法”是阴、处、界、缘起、谛等，二乘与菩萨行，佛的功德；“人”是凡夫、声闻的四向、四果，辟支佛、菩萨、佛的智证：这一切都是所应知的。这样，“下品般若”的简略，在“中品般若”中，扩展为法数繁多，又一一地叙述而成为详备。依“中品般若”来说，增列的法数，主要是部派所传的《阿含经》说。以萨婆多部为主的，北方的阿毗达磨论义，已有部分的被采录。如“前分”的劝学般若，说到“四缘”与“十一智”①。因缘说是佛法所共的，因缘的内容，或分为二十四缘，或分为十缘，或作四缘，各部派是不同的。“十一智”是：法智、比智、他心智、世智、苦智、集智、灭智、道智、尽智、无生智、如实智。如实智是佛的智慧；前十智是二乘的，为萨婆多部所立。又如“唐译二分本”，说十六行相：“无常想、苦想、无我想、空想，集想、因想、生想、缘想，灭想、静想、妙想、离想，道想、如想、行想、出想。”②又如以无记法为“无记身业、口业、意业，无记四大，无记五阴、十二入、十八界，无记报，是名无记法”③，也是阿毗达磨义。又如“一切法——善法、不善法，……共法、不共法”的分别④；“世间

---

① 《摩诃般若波罗蜜经》卷一（大正八·二一九下、二一九上）。

② 《大般若波罗蜜多经》（二分）卷四六五（大正七·三五二上）。《摩诃般若波罗蜜经》卷二二（大正八·三八三上）。

③ 《摩诃般若波罗蜜经》卷四（大正八·二四二下）。

④ 《摩诃般若波罗蜜经》卷四（大正八·二四二下——二四三中）。

法施”与“出世法施”的分别①;“名”与“相”内容的分别②:都是阿毗达磨式的。虽然是契经的体裁,阿毗达磨的分别抉择,还没有太多的引用,但经文的解说多了,答复疑问的多了,不免多少有了重论议、重说明的倾向。

“中品般若”的三部分,是在“下品般若”的流行中,依“下品般若”而各为不同的开展,终于形成了不同的三部分。后来,极可能是“中分”的传诵者,综合三部分及常啼菩萨求法故事,而集成“中品般若”全部。三部分是各别成立的,成立也是多少有先后的,这里且约“空”义来说明。一般地说,“空”是般若法门中最重要的。其实,“原始般若”并没有说到“空”。“下品般若”的《释提桓因品》(第二品),才说“以空法住般若波罗蜜”③。《相无相品》(第十三品)、《大如品》(第十五品)说“诸法以空(无相无作)为相”;这才极力阐明“一切法空”,“有所说法,皆为空故”④。这是“下品般若”各译本所共同的,但还没有将种种空组合起来。在“中品般若”——三部分的各别成立中,“前分”应该是先成立的。“前分”到处说“空”,又综合为“七空”,如《摩诃般若波罗蜜经》卷一(大正八·二二二下——二二三上)说:

“菩萨摩诃萨行般若波罗蜜,习应七空,所谓性空、自相空、诸法空、无所得空、无法空、有法空、无法有法空,是名

① 《摩诃般若波罗蜜经》卷二四(大正八·三九四中——三九六中)。
② 《摩诃般若波罗蜜经》卷二四(大正八·三九八中——下)。
③ 《小品般若波罗蜜经》卷一(大正八·五四〇中)。
④ 《小品般若波罗蜜经》卷六(大正八·五六二中)。

与般若波罗蜜相应。”

“七空”,其他译本没有列举名目,也许会有不同的解说,但组合种种“空”为一类——“七空”,确是“中品般若”各译本所一致的①。“光赞本”八、九——二卷,不断地提到“七空”,并列举“七空”的名目为“内空、外空、(所)有空、无(所有)空、近空、远空、真空”②。“光赞本”所说的,虽与“大品本”不合,但也是“七空”的组合为一类。内容不明的“七空”说,在当时是曾经相当流传的。其次成立的是“后分”;“后分”各品中,处处说到种种“空”,又综合为“十四空”,如《摩诃般若波罗蜜经》卷二〇(大正八·三六七中)说:

> “菩萨住般若波罗蜜,内空、内空不可得,外空、外空不可得,内外空、内外空不可得,空空、空空不可得,乃至一切法空、一切法空不可得:菩萨住是十四空中。”③

“中品般若”的异译本,“放光本”、“唐译三分本”、“唐译二分本”,都一致地说到了,以“一切法空”为最后的“十四空”④;

---

① 《放光般若波罗蜜经》卷一(大正八·五下)。《光赞般若波罗蜜经》卷一(大正八·一五三中)。《大般若波罗蜜多经》(二分)卷四〇三(大正七·一三下)。《大般若波罗蜜多经》(三分)卷四八〇(大正七·四三五中)。

② 《光赞般若波罗蜜经》卷八(大正八·一九九中、二〇三上),又卷九(大正八·二〇四下)。

③ 《摩诃般若波罗蜜经》说到“十四空”的,还有卷二二(大正八·三八七中);卷一二(大正八·三〇七下);卷二五(大正八·四〇三下、四〇五中)。前二则与《大般若波罗蜜多经》相同。

④ 《放光般若波罗蜜经》卷一五(大正八·一〇八中)。《大般若波罗蜜多经》(二分)卷四五九(大正七·三二〇中)。《大般若波罗蜜多经》(三分)卷五二三(大正七·六八二中)。

“十四空”是“七空”的一倍。传说弥勒所造的《辩中边论》,先说以“一切法空”为末后的“十四空”,次说“无性空”、“无性自性空”,共为“十六空”①。从“十四空”而增广为“十六空”,“十六空”不正是“唐译三分本”所说的吗?“十六空”出于“中分”的“大乘相”中②,可说是“中分”所成立的。“中分”的“十六空”,“唐译二分本”增列为“十八空”③。“放光本”、“大品本”,也说“十八空”④;“光赞本”也是“十八空”说⑤。到了“上品般若”,更增广为“二十空”了。“空”的综合增多,由“七空”而“十四空”、“十六空”、“十八空”、“二十空”,明显地表示出《般若经》成立的先后。以“中品般若”而论,“前分”为“七空”说,“后分”为“十四空”说,“中分”为“十六空”(后又增列为“十八空”)说。确定了“十六空”(或“十八空”)说,于是集成“中品般若”时,综合三部分及流通分中,到处都插入“十六空”(或“十八空”)了。好在“中品”的各译本,保存了“七空”、“十四空”的古说(在“上品般若”中,已被改写统一而不见了),使我们能清楚地看出“中品般若”集成的过程。

① 《辩中边论》卷上(大正三一·四六六上——中)。《中边分别论》卷上(大正三一·四五二下——四五三上)。

② 《大般若波罗蜜多经》(三分)卷四八八(大正七·四八〇中)。

③ 《大般若波罗蜜多经》(二分)卷四〇三(大正七·一三上),又卷四一三(大正七·七三上——下)。

④ 《摩诃般若波罗蜜经》卷一(大正八·二二二中),又卷五(大正八·二五〇中),《放光般若波罗蜜经》卷三(大正八·一九上),又卷四(大正八·二三中)。

⑤ 《光赞般若波罗蜜经》卷一(大正八·一五四下),又卷六(大正八·一八九中——一九〇上)。

第五节　上品般若

“上品般若”，是传说的“十万颂本”，与唐译《般若波罗蜜多经》的“初分”相当。在文段次第上，“上品般若”与“中品般若”是大体一致的。“唐译初分本”，共四百卷。在数量上，比“中品般若”的“唐译二分本”（七八卷），多了五倍；比“唐译三分本”（五九卷），几乎多了七倍。到底多了些什么？法数虽也增加一些，而主要增多的，是每一法的反复叙述；问与答，都不厌其繁地一一叙述。最特出的，如色净、果净、我净、“一切智净”的说明。在“二分本”中，《大正藏》本仅二页零；“三分本”仅有一页；而“初分本”（“上品”）却是从一八三卷起，到二八四卷止，共一百零二卷，五二八页，占了全经的四分之一。在适应印度的部分根性，“上品般若”推演到这样的冗长，在爱好简易的中国人看来，真是不可思议！

“上品般若”的推演集成，是在初期大乘向后期演进的过程中，所以在“上品般若”——“初分”中，有了后期大乘的特征。如：

一、“实有菩萨”：“唐译初分本”、“二分本”、“三分本”，有“实有菩萨”说，经中的文句是一致的，如《大般若波罗蜜多经》（初分）卷四（大正五·一七中——下）说：

“舍利子！菩萨摩诃萨修行般若波罗蜜多时，应如是观：实有菩萨。不见有菩萨，不见菩萨名；不见般若波罗蜜多，不见般若波罗蜜多名；不见行，不见不行。何以故？舍利子！菩萨自性空，菩萨名空。所以者何？色自性空；不由空故;色空非色;色不离空,空不离色,色即是空,空即是色。受、想、行、识自性空;不由空故;受、想、行、识空非受、想、行、识;受、想、行、识不离空,空不离受、想、行、识,受、想、行、识即是空,空即是受、想、行、识。何以故?舍利子!此但有名谓为菩提,此但有名谓为萨埵,此但有名谓为菩提萨埵,此但有名谓之为空,此但有名谓之为色、受、想、行、识。如是自性,无生无灭,无染无净。菩萨摩诃萨如是行般若波罗蜜多,不见生,不见灭,不见染,不见净。何以故?但假立客名,别别于法而起分别。假立客名,随起言说。如如言说,如是如是生起执著。菩萨摩诃萨修行般若波罗蜜多时,于如是等一切不见;由不见故,不生执著。"①

这一段经文,瑜伽者是作为《般若》全经要义去理解的。无著的《摄大乘论》立十种分别,第十名"散动分别","散动分别"又有十种,如《论》卷中(大正三一·一四〇上)说:

"散动分别,谓诸菩萨十种分别:一、无相散动,二、有相散动,三、增益散动,四、损减散动,五、一性散动,六、异性散动,七、自性散动,八、差别散动,九、如名取义散动,十、如义取名散动。为对治此十种散动,一切般若波罗蜜多中说无分别智。如是所治、能治,应知具摄般若波罗蜜多义。"②

① 《大般若波罗蜜多经》(二分)卷四〇二(大正七·一一中——下),又(三分)卷四八〇(大正七·四三三中)。

② 各种译本,大意相同,这里依唐玄奘的译本。又无著《大乘阿毗达磨集论》卷七,也有此"十种散乱分别"(大正三一·六九二下)。

十种“散动分别”,是所对治的执著;能对治“散动分别”的,是般若——“无分别智”。在世亲与无性(Asvabhāva)的《摄大乘论释》中,都是依据上面所引的经文,而分别地解说为对治十种散动分别,圆满地总摄般若波罗蜜多的要义。《金刚仙论》与《佛母般若波罗蜜多圆集要义论》,也都说到《般若经》的对治十种“散动分别”①。般若能对治一切分别执著,当然是没有问题的,问题在经初的“实有菩萨”一句。“实有菩萨”,与经说的“但有假名谓之菩提萨埵”,直觉得有点不调和。到底什么是“实有菩萨”?世亲《摄大乘论释》说:“言实有者,显示菩萨实有空体。空即是体,故名空体。”②无性的“论释”也说:“谓实有空为菩萨体。”③原来瑜伽学者,是以“空”为“空所显性”,圆成实(空)性是真实有的。实有空(性)为菩萨体,为“如来藏”、“大我”说的一种解说。如传为无著所造的《大乘庄严经论》卷三(大正三一·六〇三下、六〇四下)说:

> “第一无我,谓清净如。彼清净如,即是诸佛我自性。……由佛此我最得清净,是故号佛以为大我。”
>
> “一切众生,一切诸佛,等无差别,故名为如。……得清净如以为自性,故名如来。以是义故,可说一切众生名为如来藏。”

一切众生,一切菩萨,一切诸佛,平等无差别,名为真如。真

---

① 《金刚仙论》卷一(大正二五·七九八上——下)。《佛母般若波罗蜜多圆集要义论》(大正二五·九一三上)。

② 《摄大乘论(世亲)释》卷四(大正三一·三四二下)。

③ 《摄大乘论(无性)释》卷四(大正三一·四〇五中)。

如是佛的我自性——最清净自性,所以佛称为大我。在众生位,就是“众生界”、“如来藏”;在菩萨位,是“菩萨界”、“菩萨实有空体”。以清净空性为菩萨体,这是不能说没有的。如以为没有,那就是“无相散动”;为了对治这种妄执分别,所以佛说“实有菩萨”:这是瑜伽学者对于《般若经》义的解说。

“实有菩萨”,虽“唐译初分本”、“二分本”、“三分本”,同样的这样说,但不能不使人感到可疑。考中国古代传译的“中品般若”,如“放光本”、“光赞本”、“大品本”——《大智度论》所依的二万二千颂本,与上来引经相当的,文义大致相同,而唯一不同的,是没有“实有菩萨”一句。略引如下①:

1.“佛告舍利弗:菩萨行般若波罗蜜者,不见有菩萨,亦不见字;亦不见般若波罗蜜;悉无所见,亦不见不行者。何以故?菩萨空,字亦空……”

2.“佛告舍利弗:菩萨摩诃萨行般若波罗蜜,不见菩萨,亦不见菩萨字;亦不见般若波罗蜜;亦不见行般若波罗蜜字,亦不见非行。所以者何?菩萨之字自然空……”

3.“佛告舍利弗:菩萨摩诃萨行般若波罗蜜时,不见菩萨,不见菩萨字;不见般若波罗蜜;亦不见我行般若波罗蜜,亦不见我不行般若波罗蜜。何以故?菩萨,菩萨字性空……”

“放光本”、“光赞本”、“大品本”,是与“唐译二分本”、“三

① 1.《放光般若波罗蜜经》卷一(大正八·四下)。2.《光赞般若波罗蜜经》卷一(大正八·一五二上)。3.《摩诃般若波罗蜜经》卷一(大正八·二二一中)。

分本"相当的。同样是"中品般若",在西元三——五世纪译出的,没有"实有菩萨"句,而七世纪译出的却有了。从此可以推定为:当"中品般若"集成时,是没有"实有菩萨"的,也就是还没有附入"真我"说。极可能是从"中品"而推衍为"上品般若"时,增入了"实有菩萨"一句,如《大乘阿毗达磨杂集论》卷一四(大正三一·七六四中)说:

"如是十种分别,依般若波罗蜜多初分宣说。"

安慧(Sthiramati)是西元五世纪人。在他糅释造成《杂集论》的时候,"十种分别"还只是依《般若经·初分》宣说,所以特地提到依据《初分》。《初分》所说,比"二分本"等"中品般若",多了"实有菩萨"一句,为瑜伽学者"十种散乱分别"所依。在梵本的长期流传中,玄奘所传的"二分本"(梵本),也已受影响而补上这一句——"实有菩萨"了。

《摄大乘论》、《集(大乘)论》,依《般若经·初分》而立对治十种散动,瑜伽学者虽一直沿用下来,然对"实有菩萨"的解说,却并不一致。如陈那(Diṅnāga)的《佛母般若波罗蜜多圆集要义论》(大正二五·九一三上)说:

"若有菩萨有,此无相分别,散乱止息师,说彼世俗蕴。"

依《释论》说:菩萨有,是对治"无相分别散乱"的。"令了知有此蕴故,除遣无相分别散乱。如是所说意者,世尊悲愍新发意菩萨等,是故为说世俗诸蕴(为菩萨有)。使令了知,为除断见;

止彼无相分别,非说实性。"①《佛母般若波罗蜜多圆集要义论》,是依《八千颂般若》(与"唐译四分本"相当)造的。《八千颂般若》没有"实有菩萨"的文句,所以约依世俗五蕴而说有"菩萨及帝释天主"等。这是除初学者的断见,说"有菩萨",不是约"实性"说的;陈那论与《摄大乘论》的解说不同。依《金刚般若》而造的《金刚仙论》,又别立一说,如《论》卷一(大正二五・七九八上)说:

> "一者,无物相障:如般若中说:有为无为一切诸法,乃至涅槃空。众生不解,起于断见,谓一切法无。此障对治,佛告须菩提:有菩萨摩诃萨,行檀波罗蜜,乃至般若波罗蜜。"

对治一切法无——"无相散动",说世俗中我法是有的。《金刚仙论》与陈那论的意见相近,都没有采用"实有菩萨空体"说。这固然由于《八千颂般若》("下品"类)与《金刚般若》没有"实有菩萨"的明文;也由于瑜伽学的发展,如陈那、护法(Dharmapāla)、玄奘(所传《成唯识论》),都是尽量避免"似我真如"的②。"下品般若"没有,《金刚般若》没有,古译的"中品般若"也没有,"实有菩萨"决定是"上品般若"所增入的。

二、"五种所知海岸":第六地菩萨,应圆满六波罗蜜多,波

① 《佛母般若波罗蜜多圆集要义释论》卷二(大正二五・九〇五中)。

② 清辩《大乘掌珍论》卷下,责瑜伽师的"真如虽离言说而是实有",为"似我真如"(大正三〇・二七五上)。

罗蜜多(pāramitā)是"到彼岸"的意思。"上品般若"说到这里,接着又说到"五种所知海岸",如《大般若波罗蜜多经》("初分")卷五四(大正五·三〇六中)说:

"住此六波罗蜜多,佛及二乘能度五种所知海岸。何等为五?一者过去,二者未来,三者现在,四者无为,五者不可说。"

"五种所知海岸","唐译三分本"作"所知彼岸"①,"二分本"次第小小不同,"不可说"在三世与无为的中间②。唐译本的"五种所知",是与犊子部的"五法藏"说相符合的。如《成实论》卷三(大正三二·二六〇下)说:

"汝(指犊子部)法中说:可知法者,谓五法藏:过去、未来、现在、无为及不可说;我在第五法中。"

"可知法",就是五种所知的"所知"。《俱舍论》说:"彼所许三世、无为及不可说——五种尔焰"③,尔焰(jñeya)就是"所知"的音译。犊子部的"五种所知"中,三世与无为法,是一切部派所共通的,特色在"不可说"。犊子部以为:"我"是非有为(三世法)非无为的,是不可说(为有为或无为)的实体。龙树《十住毗婆沙论》卷一〇(大正二六·七三下、七五中——下)说:

① 《大般若波罗蜜多经》(三分)卷四九〇(大正七·四九四上)。
② 《大般若波罗蜜多经》(二分)卷四一六(大正七·八六上)。
③ 《阿毗达磨俱舍论》卷二九(大正二九·一五三中)。

> “诸佛住是三昧，悉能通达过去、现在、未来、过出三世（即无为）、不可说——五藏所摄法，是故名一切处不阂。”
>
> “凡一切法有五法藏，所谓过去法、未来法、现在法、出三世法、不可说法，唯佛如实遍知是法。”

龙树引用了“五法藏”，唐译的“上品般若”、“中品般若”也都说到了“五种所知”，但在中国古代传译的“中品般若”，如“放光本”、“光赞本”、“大品本”——龙树《大智度论》的所依本，都只说六地应圆满六波罗蜜，而没有说“能度五种所知海岸”。可见“中品般若”（与“唐译二分本”相当）成立时，还没有“五种所知”说。龙树引用“五法藏”，也知道有“十万颂本”，所以可推论为这是“十万颂本”（“初分本”）所增入的。“五种所知”中的“不可说”，是真实我，所以增入“五种所知”，与加入“实有菩萨”，是同一理路。将“五法藏”中的“不可说”引入《般若经》中，当然可以解说为离言说的如如法性。但这是犊子部著名的学说，“不可说”是“不可说我”，使人无意中将离言说的如法性，与作为流转、还灭的主体——真我相结合。“五种所知”没有明说真我，而是暗暗地播下真我说的种子，使般若法门渐渐地与真我说合流。

三、“常乐我净真实功德”：“唐译初分本”——《大般若波罗蜜多经》卷三三二（大正六·七〇一下）说：

> “为诸有情说无倒法，谓说生死无常、无乐、无我、无净，唯有涅槃寂静微妙，具足种种常乐我净真实功德。”

"唐译二分本"、"三分本",也这样说①。但中国古译的"放光本"、"大品本",却只说生死的无常、苦、无我、不净②。生死是"无常苦无我不净",涅槃是"常乐我净",这是《大般涅槃经》等真常大乘的主要思想。《般若经》说如化,生死、涅槃都如化;说清净,生死、涅槃都清净;一切法如,一切法不生:《般若经》所开示的,是般若的不二法门。唐译"中品般若"说"生死无常苦无我不净,涅槃常乐我净",而这是古代译本所没有的。"我",原是《奥义书》以来,印度宗教文化的主流。佛法的特义,是"缘起无我"。但缘起无我,众生怎能生死延续而不断?圣者解脱而证入涅槃,又是怎样?由于解说这一问题,部派佛教中,传出了犊子部的"不可说我"、说转部的"胜义我"。真我,是印度一般所容易接受的。在般若法门流行中,世俗的真我说,也渐渐地渗入了。"实有菩萨"说,"五种所知"的"不可说"说,"常乐我净"的"大我"说,附入《般若经》中,用意是一样的。"中品般若"的古译本没有,而与之相当的"唐译二分本"、"三分本"却有了。"上品般若"集成时,将犊子部的真我说编入经中,可能与集经者的环境(中印度)、部派有关。久之,在"中品般若"梵本流传中,也被添糅进去。"上品般若"所增入的,如极喜等"十地"说,及流传中后来附入的"三性"说(西藏本有"三性"说),还有不少可以论究的,这里只能简略了。

---

① 《大般若波罗蜜多经》(二分)卷四五二(大正七·二八一下),又(三分)卷五一七(大正七·六四七中——下)。

② 《放光般若波罗蜜经》卷一四(大正八·九五上)。《摩诃般若波罗蜜经》卷一八(大正八·三五一上)。

《般若经》的次第集成，虽没有精确的年代，但可作大略的推断。

原始般若	西元前五〇年
下品般若除《随知品》、《常啼品》等四品	西元五〇年
中品般若	西元一五〇年
上品般若	西元二〇〇年

这是各部集成所不能再迟的年代。“原始般若”，出于阿兰若行者的深悟，被认为菩萨的般若波罗蜜。经典集出的时代，离十八部的成立，应该是不太远的，今定为西元前五〇年。“下品般若”的集出，般若法门已到达北方。菩萨行虽相当的流行，但深悟般若的，还并不太多。所以说：“北方虽多有菩萨，能读听受般若波罗蜜，少能诵利、修习行者。”①“无量无边阿僧祇众生，发阿耨多罗三藐三菩提心，于中若一若二住阿鞞跋致地。”②般若的普及流行，是以听闻、读、诵、书写、供养、施他为方便的。推定“下品般若”，约在西元五〇年集出，离“原始般若”的集出，约一百年。“中品般若”的集出，是各别发展而又综集起来的，大概也要一百年。“中品般若”说：“初发意菩萨亦毕定，阿惟越致菩萨亦毕定，后身菩萨亦毕定”③，大有一发大心，决定成佛的意义。菩萨是有高低浅深的，但“于诸法无所有性中，次第行、次第学、次第道；以是次第行、次第学、次第道，得阿耨多罗三藐三

① 《小品般若波罗蜜经》卷四（大正八·五五五中）。
② 《小品般若波罗蜜经》卷二（大正八·五四二下）。
③ 《摩诃般若波罗蜜经》卷二六（大正八·四〇九中）。

菩提"①。菩萨从发心到究竟,都不能没有"诸法无所有性"——般若的胜解与悟入。读、诵、书写等,在"下品般若"中,是初学的方便诱导,而在"中品般若"中,"是般若波罗蜜,若听、受持、亲近、读、诵、为他说、正忆念,不离萨婆若心"②。"唐译二分本"作:"不离一切智智心,以无所得而为方便,于此般若波罗蜜多,恭敬听闻。受持、读、诵、精勤修学,如理思惟。"③"不离萨婆若心"、"不离一切智智心",或译作"应萨婆若念"、"一切智智相应作意"。读诵等,都要以"不离萨婆若心"(菩提心)及"无所得为方便"为前提,不再只是通俗普及的方便。般若法门在北方已是非常的盛行,无所得为方便,已为修学般若的前提。如《常啼品》所见的众香城——犍陀罗,已成为弘扬般若,为外方参学者向往的地区。《往生品》种种菩萨的不同,也反应了般若、大乘法门的隆盛。从"中品般若"到"上品般若",只是文字的推演,是比较容易的。经中提到欢喜等"十地","五法藏"(含有"不可说我");龙树的《大智度论》、《十住毗婆沙论》也提到了,也知道"十万颂般若"。龙树为西元二、三世纪间人;假定于三世纪初造论,那么"上品般若"的集成,是不能迟于西元二〇〇年了。

---

① 《摩诃般若波罗蜜经》卷二三(大正八·三八四中)。

② 《摩诃般若波罗蜜经》卷八(大正八·二八〇上)。

③ 《大般若波罗蜜多经》(二分)卷四二七(大正七·一四六中)。

第六节　般若法义略论

第一项　菩萨行位

菩萨修行的行位次第，上面曾说到，"下品般若"的菩萨位，有"发阿耨多罗三藐三菩提心"、"阿毗跋致"、"疾得阿耨多罗三藐三菩提"——三位说①。"中品般若""后分"也说到，"初发意"、"入法位"、"向佛道"②，及"初发意"、"阿毗跋致"、"后身"③。梵本《八千颂般若》，也立此三位④。发心菩萨、不退菩萨、最后身菩萨，是般若法门最初所发见的菩萨行位。

"下品般若"中，有二类不同的四位说。一、"初发心"、"行六波罗蜜"、"阿毗跋致"、"一生补处"（或作"阿惟颜"）⑤。二、"学阿耨多罗三藐三菩提心"、"如说行"、"随学般若波罗蜜"、"阿毗跋致"⑥。这二类不同的四位说，如综合起来，就有五位：

初发心

如说行

随学般若（即六）波罗蜜（或作"修习般若相应行"）

阿毗跋致

---

① 《小品般若波罗蜜经》卷三（大正八·五四七中）。

② 《摩诃般若波罗蜜经》卷二二（大正八·三七七下）。

③ 《摩诃般若波罗蜜经》卷二六（大正八·四〇九中）。

④ 平川彰《初期大乘佛教之研究》所引（二八八）。

⑤ 《小品般若波罗蜜经》卷八（大正八·五七五上）。

⑥ 《小品般若波罗蜜经》卷八（大正八·五七四中）。

一生补处(阿惟颜)

"下品般若"的菩萨行位,与初期大乘经所通用的"十住"说,非常类似。"十住"是:发心住、治地(初业)住、(修行)应行住、生贵住、方便具足住、正心住、不退住、童真住、法王子住、灌顶住。《阿含经》中,多以轮王比拟佛,"十住"就是以王子来比拟菩萨的。明白可见的,如"生贵"是诞生王家;"方便具足"是少年的学习书与伎术;("不退"是成年;)"童真"是成年而还没有结婚的童真阶段;"王子"是登上王太子位,成为王国继承人;"灌顶"是依印度习俗,经灌顶仪式,举行登位典礼;典礼终了,就是国王了。这比拟从"生贵住"的"生在佛家,种姓清净"①,到经"灌顶住"而成佛。"下品般若"的菩萨行位,是与"十住"说相近的。如初发心,是"发心住"。如说行,与阿閦浮菩萨的地位相当,或译作"新学"、"初业",原文 ādikarmika,是发趣修学般若(或"六")波罗蜜者②;是十住第二"治地"住。"随学般若",或译作"修习般若相应行",与第三"应行"住合。阿毗跋致,是第七"不退"住。"一生补处","汉译本"、"放光本"作"阿惟颜"③,是"灌顶"住。"唐译四分本"、"五分本",说到"从一菩萨地,趣一菩萨地"④;"安住菩萨初地乃至十地"⑤。但古译本,都没有这从一地到一地的思想。"下品般若"集成时,十地住说

---

① 《菩萨璎珞本业经》卷下(大正二四·一〇一七中)。

② 平川彰《初期大乘佛教之研究》(二九〇——二九四)。

③ 《道行般若波罗蜜经》卷八(大正八·四六五下)。《放光般若波罗蜜经》卷一五(大正八·一〇二上)。

④ 《大般若波罗蜜多经》(四分)卷五三八(大正七·七六七中),又(五分)卷五五六(大正七·八六八下)。

⑤ 《大般若波罗蜜多经》(四分)卷五四一(大正七·七八五上)。

在形成过程中，还没有完成。依据"下品般若"，是可以这样论定的。

"中品般若"的《发趣品》，说到"从一地至一地"，叙述从初地到十地的行法，但没有说一一地的名字。末了，如《摩诃般若波罗蜜经》卷六（大正八·二五九下）说：

> "菩萨摩诃萨，住是十地中，以方便力故，行六波罗蜜，行四念处乃至十八不共法，过干慧地、性地、八人地、见地、薄地、离欲地、已作地、辟支佛地、菩萨地；过是九地，住于佛地。"

"干慧地"……"佛地"，被称为"三乘共十地"，是综合三乘圣贤的行证为十地的。菩萨的十地修行，能超过二乘地，能经历"菩萨地"，而住于究竟的"佛地"。那么"干慧"等十地，当然不是菩萨发趣大乘所经历的菩萨行位。这样，"中品般若"所说的十地，到底是"发心"等十住，还是"欢喜"等十地？有一点是先要注意的！依后代，"十住"（daśavihāra）与"十地"（daśabhūmi）的梵语不同，是不会含混不明的。但在菩萨行位发展之初，"十住"与"十地"，可能渊源于同一原语——可能是"住地"。如"十住"，或译作"十住地"、"十地住"；十地，罗什还译作"十住"。"中品般若"的"十地"，"光赞本"译作"十道地"，又说"第一住"、"第二住"等①。住与地的不分明，困扰了古代的中国佛教。到《仁王护国般若经》，才给以分别："入理般若名为住，住

① 《光赞般若波罗蜜经》卷七（大正八·一九六中——下）。

生德行名为地。”①所以“中品般若”所说的,没有名字的“十地”说,是“十住”还是“十地”,应作审慎的思择!

“中品般若”的“十地”,实为“十住”说。竺佛念所译的《十住断结经》,前四卷是十住说,也名为十地,如说:“十住菩萨于十地中而净其行。”②十住的名字,该经虽译得不完备,然如③:

1.“生贵菩萨于四住中而净其地。”

2.“阿毗婆帝(不退)菩萨于七住地而净其行。”

3.“童真所修……第八菩萨之道。”

“生贵”、“不退”、“童真”,名称与次第,显然的与“十住”说相合。《十住断结经》所说的十住行法,与“中品般若”所说的十地行,内容也大体是一致的,试对列前三地如下:

《般若经》:

初地行十事:深心坚固·于一切众生等心·布施·亲近善知识·求法·常出家·爱乐佛身·演出法教·破憍慢·实语

二地念八法:戒清净·知恩报恩·住忍辱力·受欢喜·不舍一切众生·入大悲心·信师恭敬谘受·勤求诸波罗蜜

---

① 《仁王护国般若波罗蜜经》卷上(大正八·八二七中)。《菩萨璎珞本业经》卷下,也有类似的说明(大正二四·一〇一七中——下)。

② 《十住断结经》卷四(大正一〇·九九四上)。

③ 《十住断结经》1. 卷一(大正一〇·九七三上)。2. 卷二(大正一〇·九七八上)。3. 卷三(大正一〇·九八五中)。

三地行五法：多学问无厌足·净法施不自高·净佛国土不自高·受世间无量勤苦不以为厌·住惭愧处①

《十住断结经》：

初住：发心建立志愿·普及众生·施·与善者周接·说法·出家·求佛成道·分流法教·灭贡高·谛语②

二住：念净其戒·识其恩重·勤行忍辱·常怀喜悦·行大慈悲·孝顺师长·笃信三宝崇习妙慧③

三住：多学问义无厌足·分流法施谦下于人·修治国土亦不贡高·初发心行者令无有断·观诸众生说喜悦法④

"中品般若"的"十地"说，与《十住断结经》"十住"的内容相同，可见"中品般若"是属于"十住"说的。又如"中品般若"，除了继承"下品般若"所传的十住名目——发心、初业、相应、不退、灌顶，还说到"童真"与"法王子"，如《摩诃般若波罗蜜经》⑤说：

1."欲生菩萨家，欲得童真地，欲得不离诸佛，当学般若波罗蜜！"

2."菩萨住法王子地，满足诸愿，常不离诸佛。"

"童真地"(kumārabhūmi)以前，说"生菩萨家"，也就是生在

---

① 《摩诃般若波罗蜜经》卷六(大正八·二五六下——二五七上)。
② 《十住断结经》卷一(大正一〇·九六七上——中)。
③ 《十住断结经》卷一(大正一〇·九六八上)。
④ 《十住断结经》卷一(大正一〇·九六九上)。
⑤ 《摩诃般若波罗蜜经》1. 卷一(大正八·二一九中)。2. 卷二一(大正八·三七二中)。

佛家(buddhakula),与十住的第四"生贵住"相当。"童真地"以下的"不离诸佛",依上面所引的经文,就是"法王子住"(yauvarājya)。"童真"与"王子",都是十住的名目。"中品般若"的"十地"说,是继承"下品般若"发展而来;与"十住"说相符合,是确实而不容怀疑的!

"中品般若"的"十地"说,经文只泛说"初地"、"二地"等,而没有明说十地的名目。但"唐译初分本"——"上品般若",却明确地说:"住初极喜地时,应善修治如是十种胜业";"住第二离垢地时,应于八法思惟修习,速令圆满"①。一地一地都说出了名字,于是《般若经》的菩萨行位,被解说为:极喜地、离垢地、发光地、焰慧地、极难胜地、现前地、远行地、不动地、善慧地、法云地,与《十地经》所说的十地一样了。"上品般若"到处列举极喜等十地,净观("干慧"的异译)等十地——二类十地②;"唐译三分本",是与"初分本"相同的③。"唐译二分本",虽也偶有二类十地的叙列④,或但说极喜等十地⑤,次数不如"初分本"、"三分本"那么多。然在"中品般若"的古译本,没有二类十地的叙列,也没有极喜地等名字。龙树《大智度论》所依据的二万二千

① 《大般若波罗蜜多经》(初分)卷五三(大正五·三〇三中)。

② 如《大般若波罗蜜多经》(初分)卷五六(大正五·三一六上、三一八中——下)

③ 如《大般若波罗蜜多经》(三分)卷四九二(大正七·五〇二中、五〇四下——五〇五上)。

④ 《大般若波罗蜜多经》(二分)卷四二二(大正七·一一九上),卷四四二(大正七·二二六下),卷四五四(大正七·二九二上)。

⑤ 《大般若波罗蜜多经》(二分)卷四六九(大正七·三七五中),卷四七二(大正七·三九三上)。

颂本,也没有说到。所以,这是"上品般若"集成时,《十地经》已成立流传,也就取极喜等十地,解说没有名目的十地。"中品般若"的"唐译二分本"、"三分本",有二类十地与极喜等名字,是受了"上品般若"不等程度的影响。从此但见极喜等二类十地说,而实属于"十住"说的古义,却被忽略了!

龙树《大智度论》这样①说:

"此中是何等十地?答曰:地有二种:一者但菩萨地,二者共地。共地者,所谓干慧地乃至佛地。但菩萨地者,欢喜地、离垢地、有光地、增曜地、难胜地、现在地、深入地、不动地、善相地、法云地,此地相如十地经中广说。"

"当知(十地)如佛者,菩萨坐如是树下,入第十地,名为法云地。……十方诸佛庆其功勋,皆放眉间光,从菩萨顶入。"

龙树依"中品般若"造论,而解说十地,却是依据"上品般若"的,所以说"如十地经广说"。解说第十地时,指为"法云地",并以《十地经·法云地》的内容来解说。《般若经》的十地,龙树是确信为欢喜等十地的。总之,"下品般若"的菩萨行位,还在"十住"的成立过程中。"中品般若"成立"十地"行法,是"十住"说,但没有一一地叙列名字。到"上品般若",以十地为极喜等十地,于是菩萨行位的般若古义,渐隐没而不明了!

"中品般若"叙述了没有名字的"十地",又举干慧地、性地、

---

① 《大智度论》卷四九(大正二五·四一一上——中)。《大智度论》卷五〇(大正二五·四一九中——下)。

八人地、见地、薄地、离欲地、已作地、辟支佛地、菩萨地、佛地。称为“共地”的十地，是从阿毗达磨者叙述修证者而来的①。《舍利弗阿毗昙论》与《人施设论》，立“种性人”②。《论事》有“第八人”③。见（谛）地、薄地、离欲地，是妙音、迦旃延尼子所说过的④。《毗尼母经》说到：白骨观地（白业观）、性地、八人地、见谛地、薄地、离欲地、已作地，及无师自觉、成就六度（菩萨）⑤。后二者虽没有称为地，然与“般若经”的共十地相合。“干慧地”，或译“净观地”（śukla-vidarśanā-bhūmi），《毗尼母经》作“白业观”、“白骨观”，是修不净观而得白骨净观。共十地是部派佛教的行位，而被组入《般若经》的。依《大智度论》，共十地可作二种解释：一、从“干慧地”到“已作地”，是声闻；及辟支佛、菩萨、佛，就合于“上品般若”的声闻地、辟支佛地、菩萨地、如来地——四地说⑥。二、从“干慧地”到“已作地”，也可用来解说菩萨修行成佛的过程⑦。依《般若经》文，共十地应以四地说为主，表示了菩萨的胜过二乘。如经上⑧说：

1.“性法乃至辟支佛法；初地乃至十地；一切智、道种

---

① 以下引述，并见平川彰《初期大乘佛教之研究》（三九〇——四〇〇）。

② 《舍利弗阿毗昙论》卷八（大正二八·五八四下）。《人施设论》（南传四七·三七六）。

③ 《论事》（南传五七·三一四——三一八）。

④ 《阿毗达磨大毗婆沙论》卷二八（大正二七·一四七中——下）。

⑤ 《毗尼母经》卷一（大正二四·八〇一中），参看卷八（大正二四·八五〇中）。

⑥ 《大般若波罗蜜多经》（初分）卷三六（大正五·二〇二下）。

⑦ 《大智度论》卷七五（大正二五·五八五下——五八六上）。

⑧ 1.《摩诃般若波罗蜜经》卷七（大正八·二六八下）。2.《放光般若波罗蜜经》卷五（大正八·三四下）。3.《光赞般若波罗蜜经》卷九（大正八·二〇六上）。

智、一切种智。”

2.“须陀洹法至罗汉法；十住；道法、萨云若。”

3.“种性诸法，阿罗汉法，辟支佛法；怛萨阿竭、菩萨法；十住事法；萨芸若慧及诸道慧。”

“唐译本”约二类十地说，(3.)“光赞本”近于“唐译本”。依“放光本”及“大品本”，“十地”或说“十住”，正与共十地中的“菩萨地”相当；所以共十地中的“菩萨地”，就是《般若经》中没有名字的十地(十住)。“中品般若”一再引用共十地①，表示了菩萨的超过了二乘，也有含容二乘的意味。从菩萨的立场说：二乘的智与断，都是菩萨无生法忍的少分②。那么从“八人地”到“辟支佛地”，是菩萨而共二乘的；辟支佛以上，是不共二乘的——七住以上的菩萨。“八人地”以前的“干慧地”、“性地”，可依《智度论》的解说。一再引述共三乘的十地，表示大乘法是超胜二乘而又含容二乘的；也说明了，大乘般若的流通，面对传统的部派佛教，有加以贯摄的必要。

第二项　空　性

空(空性，śūnyatā)，可说是般若法门的特色。在般若法门的发扬中，或以为说空是究竟了义；或以为说空是不了义，而说空所显性，成为后期大乘的二大流。然在“原始般若”中，并没

---

① 《摩诃般若波罗蜜经》卷六(大正八·二六一上、二六二上、二六三上)，卷一七(大正八·三四六中)，卷二二(大正八·三七七下、三八一中)，卷二三(大正八·三八九上)。

② 《小品般若波罗蜜经》卷一(大正八·五四〇下)。

有说到“空”。到底在什么意义下，“空”在般若法门中重要起来，终于成为般若法门的主要特色。依“原始般若”来说：菩萨是人，般若波罗蜜是法，这二者（代表了我与法的一切）都“不可得”、“不可见”。在般若的修学中，“不应住”、“不应念”、“不行相”、“不分别”。为什么“不可得”……“不分别”？因为有所念、有所住、有所行相、有所分别，就与般若波罗蜜不相应，不能成就萨婆若。所以不相应、不能成就，只因为“是法皆离自性，性相亦离”；“如是诸法无所有故”①。“我法毕竟不生”②。“离”、“无所有”、“不生”以外，《小品般若波罗蜜经》卷一（大正八·五四〇上）又说到：

> “众生无性故，当知念亦无性；众生离故，念亦离；众生不可得故，念亦不可得。”

一切（我）法是这样的：“离”，“无所有”，“无性”，“不可得”，“无生”，“作是思惟观”察，那就“若色（等）无受则非色”；“色无生即非色”③，能悟入“无生无灭，无二无别……即是无二法”④。这就是“无生”与“不二”法门，也就是“法相”（dharmatā）、“诸法实相”。“以得诸法实相故得解脱；得解脱已，于诸法中无取无舍，乃至涅槃亦无取无舍。”⑤般若与萨婆若，是这样的修学而达成的。

---

① 《小品般若波罗蜜经》卷一（大正八·五三八上、中）。

② 《小品般若波罗蜜经》卷一（大正八·五三九中）。

③ 《小品般若波罗蜜经》卷一（大正八·五三七下、五三九中）。

④ 《小品般若波罗蜜经》卷一（大正八·五三九中）。

⑤ 《小品般若波罗蜜经》卷一（大正八·五三七下）。

从下、中、上品般若看来，“原始般若”所说的“离”、“无性”、“无所有”、“无生”等，都是“空”义。如《小品般若波罗蜜经》卷六（大正八·五六二中）说：

“须菩提白佛言：世尊！是法随顺一切法。何以故？世尊！是法无障碍处，无障碍相如虚空。世尊！是法无生，一切法不可得故。世尊！是法无处，一切处不可得故。”

“尔时，欲色界诸天子白佛言：世尊！长老须菩提为随佛生，有所说法，皆为空故。”

“皆为空故”，“宋译本”作“皆悉空故”；“大品本”作“皆与空合”；“唐译本”作“一切皆与空相应故”①。须菩提说：法是无碍如虚空的，无生的，无处所的；而天子们称赞他，所说的都与“空”相契合。可见须菩提的无碍、无生、无处，都是表达“空”义的。又《小品般若波罗蜜经》卷九（大正八·五七七上——中）说：

“释提桓因语须菩提：如所说者，皆因于空而无所碍，譬如仰射虚空，箭去无碍。”

“（佛告）憍尸迦：须菩提所说，皆因于空。须菩提尚不能得般若波罗蜜，何况行般若波罗蜜者！尚不得阿耨多罗三藐三菩提，何况得阿耨多罗三藐三菩提者！尚不得萨婆若，何况得萨婆若者！尚不得如，何况得如者！尚不得无

---

① 《佛母出生三法藏般若波罗蜜多经》卷一五（大正八·六三八中）。《摩诃般若波罗蜜经》卷一六（大正八·三三五中）。如《大般若波罗蜜多经》（五分）卷五六一（大正七·八九八下）。

生,何况得无生者!……憍尸迦!须菩提常乐远离,乐无所得行。"

"皆因于空",是一切依空而说的意思。"空"是不得人与法、因与果、智与如,"空"是一切都无所得。这里对须菩提的赞叹,正与经初赞须菩提,"无诤三昧最为第一",前后呼应。须菩提说空,如《小品般若波罗蜜经》卷一(大正八·五四〇中)说:

"以空法住般若波罗蜜。"

依经下文说:不应住色等;不应住色等的常无常、苦乐、净不净、我无我、空不空。"空法"是不住一切法的,也不住空与不空的。这可见"空法"的内涵,不是与不空相对待的空,而是不住于一切(不住,也非不住)的。从上来所说,可见"空"是般若行,是脱落一切取相妄执,脱落一切名言戏论的假名,并非从肯定的立场,去说明一切皆空的理论。

在说明"下品般若"时,曾经指出:般若表示自证的内容,是称为"法相"(唐译"法性")、"如"、"实际"(应该还有"法性",唐译"法界")的,而这就是涅槃。以"空"、"无相"、"无作"来表示涅槃,于是空义日渐发展起来。"离"(远离)、"灭"(寂静、寂灭)、"净"(无染)、"无所有"、"无生",本来都是原始佛教固有的术语,用来表示涅槃的。"下品般若"将这些术语,与"空、无相、无作(无愿)"结合起来,如《小品般若波罗蜜经》卷七(大正八·五六六上)说:

"甚深相者,即是空义,即是无相、无作、无起(唐译或作‘无造作’)、无生、无灭、无所有、无染、寂灭、远离、涅槃义。”

依“唐译本”,末后一句,是“种种增语,皆显涅槃为甚深义”①:可见“空、无相”等,都是表显涅槃深义的。到了“中品般若”,更与“如”、“法性”、“实际”等相结合。如上面所引的《小品》经文,在“大品本”中就是:“深奥处者,空是其义,无相、无作、无起、无生、无染、寂灭、离、如、法性、实际、涅槃。”②“中品般若”进展到:“空、无相、无作”;“无生、无染、寂灭、离”;“如、法性、实际”——三类名字,作为同一的自证内容。《大般若波罗蜜多经》(二分)卷四六九(大正七·三七五中)说:

“诸空等智者,谓菩萨摩诃萨,内空乃至无性自性空智,及真如乃至不思议界智,是名诸空等智。”③

空智与真如等智,合为同一类来说明,与所说深奥义的内容一致。这三类名字,“寂灭、远离”等,约离一切妄执,离一切戏论说。“如、法性”等,约没有变异性、差别性说;佛出世也好,不出世也好,“法”是那样“法尔常住”的。“空、无相”等,约三三昧所显发说,但并不是因观察而成为“空、无相、无作”的。在《般若经》中,由于这三类名义的统一,而表现为悟理、修行、得果的无二无别。

---

① 《大般若波罗蜜多经》(二分)卷四四九(大正七·二六九上)。

② 《摩诃般若波罗蜜经》卷一七(大正八·三四四上)。

③ “大品本”、“放光本”,都没有这一段。这可能是“上品般若”(初分)所说,而影响第二分的。

“空”、“无相”、“无作”，被看作表示涅槃的同义词，也可说是《杂阿含经》的深义①。然在《般若经》，“空”的广泛应用，决不是“无相、无作”所可及的。为什么如此？理由可从原始的《阿含经》（部派佛教与大乘，都是继承这一法脉而流出的）中得到说明。“空、无相、无作”，或“无量、空、无相、无所有”，《阿含经》中被集成为一类，而“空”却早已受到尊重，如《杂阿含经》②说：

1.“眼（等）空，常恒不变易法空，我所空。所以者何？此性自尔。”③

2.“诸行如幻如炎，刹那时顷尽朽，不实来、实去。是故比丘于空诸行，……常恒住不变易法空，无我我所。”

3.“眼（等）生时无有来处，灭时无有去处。如是眼不实而生，生已尽灭，有业报而无作者，此阴灭已，异阴相续，除俗数法，……俗数法者，谓此有故彼有，此起故彼起，……是名第一义空法经。”

4.“如来所说修多罗，甚深明照，空相应随顺缘起法。”④

---

① 质多长者说：无量、无所有、空、无相三昧，可以作不同的解说。如依贪嗔痴永灭，“空于贪，空于恚痴，空常住不变易，空非我非我所”的“无诤”法说，意义完全一样。见《杂阿含经》卷二一（大正二·一四九下——一五〇上），《相应部·质多相应》（南传一五·四五二——四五三）。

② 1.《杂阿含经》卷九（大正二·五六中）。2.《杂阿含经》卷一一（大正二·七二下）。3.《杂阿含经》卷一三（大正二·九二下）。4.《杂阿含经》卷四七（大正二·三四五中）。

③ 《相应部·六处相应》（南传一五·八七——八八）。

④ 《相应部·譬喻相应》（南传一三·三九五）。

这是萨婆多部所传的。2. 是《抚掌喻经》,3. 是《胜义空经》,是南传巴利圣典所没有的。萨婆多部是“三世实有论”者,但对于有为(诸行、缘起法)的如幻如焰,即生即灭,“来无所从,去无所至”的缘起法,是称之为“胜义空”、“空相应”的。虽有他自宗的解说,但到底表示了发扬空义,重视“空”的倾向。又《中阿含经》的《大空经》,依禅观的进修次第,成立“内空”、“外空”、“内外空”①。《小空经》佛说“我多行空”②,大乘学者确认为“菩萨行位,多修空住”的教证③。《中阿含经》虽倾向于阿毗达磨式的分别抉择,然在佛法修证中,表现了“空”的优越性。在部派佛教中,上座部系以外,案达罗派立“空性是行蕴所摄”;以为涅槃空(无相、无愿)与“诸行空”(无我)为二,诸行空是行蕴所摄的④。这是理解到经中所说的缘起空与涅槃空。缘起与涅槃寂灭,也就是“有为法”与“无为法”,佛是称之为甚深、最极甚深的⑤。案达罗学派注意到行空与涅槃空,同有空义,而还不能发见内在的统一性。当时的方广部,说一切法空无。部派佛教界,是相当重视空义的。般若法门的传诵者,在“空、无相、无作”中,当然也特重“空”而予以发挥了!

“下品般若”,依各译本所共同的来说:“空”的广泛应用,是

① 《中阿含经》卷四九《大空经》(大正一·七三八下——七三九上)。《中部》(一二二)《空大经》(南传一一下·一二九——一三一)。

② 《中阿含经》卷四九《小空经》(大正一·七三七上)。《中部》(一二一)《空小经》(南传一一下·一一九)。

③ 《瑜伽师地论》卷九〇(大正三〇·八一三上)。

④ 《论事》(南传五八·三六五)。

⑤ 《杂阿含经》卷一二(大正二·八三下)。

与表示涅槃深义的名字联合应用,如"无生"、"空"、"寂灭"①;"空"、"离"、"净"、"寂灭"②;"空"、"无所依"③;"离"、"空"④。一方面,又单独应用,一再宣说"一切法空"⑤,"皆因于空"⑥。但所说的"一切法空"(或译为"诸法空"),在"下品般若"中,是总说一切法,与"一切法无生"、"一切法寂灭"、"一切法离相"一样,还不是"空"的一种别名。在"中品般若"、"上品般若"的长期发展中,由于"空"的广泛应用,渐成立"空"的不同名称,又把这些"空"组合起来。上面说过,在般若法门的开展中,有"七空"、"十四空"、"十六空"、"十八空"、"二十空"的种种组合。"七空"的名目,是有异说的,这里先对列"十四空"、"十六空"、"十八空"、"二十空"于下⑦:

十四空	十六空	十八空	二十空
内空 外空	内空 外空	内空 外空	内空 外空

① 《小品般若波罗蜜经》卷九(大正八·五七六下)。

② 《小品般若波罗蜜经》卷五(大正八·五五九上)。

③ 《小品般若波罗蜜经》卷五(大正八·五五八下)。

④ 《小品般若波罗蜜经》卷八(大正八·五七一下)。

⑤ 《小品般若波罗蜜经》卷六(大正八·五六一下),又卷七(大正八·五六六下),又卷九(大正八·五七六中、五七七上)。

⑥ 《小品般若波罗蜜经》卷九(大正八·五七七中)。

⑦ 十四空,如《大般若波罗蜜多经》(二分)卷四三六(大正七·一九五中——下);《摩诃般若波罗蜜经》卷一二(大正八·三〇七下)。也有以"一切法空"为末后的,如《摩诃般若波罗蜜经》卷二〇(大正八·三六七中);《大般若波罗蜜多经》(二分)卷四五九(大正七·三二〇中)。十六空,如《大般若波罗蜜多经》(三分)卷四八八(大正七·四八〇中)。十八空,如《大般若波罗蜜多经》(二分)卷四一三(大正七·七三上);《摩诃般若波罗蜜多经》卷五(大正八·二五〇中)。二十空,如《大般若波罗蜜多经》(初分)卷三(大正五·一三中)。

内外空	内外空	内外空	内外空
空空	空空	空空	空空
大空	大空	大空	大空
胜义空	胜义空	胜义空	胜义空
有为空	有为空	有为空	有为空
无为空	无为空	无为空	无为空
毕竟空	毕竟空	毕竟空	毕竟空
无际空	无际空	无际空	无际空
散空			散空
		散无散空	
	无散空		无变异空
本性空	本性空	本性空	本性空
			自相空
自共相空	相空	自共相空	
			共相空
一切法空	一切法空	一切法空	一切法空
		不可得空	不可得空
	无性空	无性空	无性空
		自性空	自性空
	无性自性空	无性自性空	无性自性空

说明种种空的成立与组合，首先要说明的是：由于般若法门的遍学一切，所以融摄了传统佛教的内容（给以新的解说）。据现在所知道的，《舍利弗阿毗昙论》已成立了“六空：内空、外空、内外空、空空、大空、第一义空”①。六种空的名目与次第，与《般若经》的前六空，完全一致。《大毗婆沙论》引《施设论》，说十种

① 《舍利弗阿毗昙论》卷一六（大正二八·六三三上）。

空:“内空、外空、内外空、有为空、无为空、无边际空、本性空、无所行空、胜义空、空空”①,与《般若经》的前十二空相同,只少了“大空”与“毕竟空”。所以“空”的组合,罗列了种种名目,其中十一空(十种空加“大空”),都是部派佛教依据《阿含经》而成立的。《般若经》所有“空”的组合,是在部派佛教所说的种种空的基础上,加上般若家特有的“空”义。“唐译二分本”,立“散无散空”与“自共相空”。依“大品本”,是译为“散空”与“自相空”的。“散空”,依《杂阿含经》,佛为罗陀(Rādha)所说,于五蕴当“散坏消灭”而立的②。《般若经》处处说“自相空故”;“十六空”作“相空”(可通于自相共相)。所以“散空”与“自相空”,是初期的本义。般若法门所特有的(没有见到是部派佛教所说),在“十四空”中,只是“毕竟空”、“自相空”、“一切法空”。“十六空”更加“无性空”与“无性自性空”;“十八空”更加“不可得空”与“自性空”。然“一切法空”与“不可得空”都是泛说,可以看作《般若经》所立而有深义的,是“毕竟空”、“自相空”、“无性空”、“自性空”、“无性自性空”。不过“本性空”与“无始空”,尤其是“本性空”,虽依《阿含经》说而立,却是“中品般若”所重视的。

“本性空”(prakṛti-śūnyatā),“大品本”译为“性空”,是依《杂阿含经》“诸行空……性自尔故”而立的。“本性空”③,是说

① 《阿毗达磨大毗婆沙论》卷一〇四(大正二七·五四〇上);又卷八,引十种空,“无所行空”作“散坏空”(大正二七·三七上)。

② 《杂阿含经》卷六(大正二·四〇上)。

③ 数论(Sāṃkhya)所立二十五谛的第一,通常译作“自性”的,也就是 prakṛti,有不变异的本质意义。

“空”是“本来常尔”的。《般若经》到处说“本性空故”，虽在“十四空”……“二十空”中，“本性空”只是“空”的一种，而其实，《般若经》的“空”，是以“本性空”为基础的。如《摩诃衍品》说：“眼、眼空……意、意空，非常非灭故。何以故？性自尔，是名内空。……无法有法空，非常非灭故。何以故？性自尔，是名无法有法空。”①每一空都说“性自尔”，也就都是本来空的。与“本性空”相近的，有“自相空”与“自性空”。“自相空”（svalakṣaṇa-śūnyatā）或作“相空”；“自相”与“共相”，是阿毗达磨论者的主要论题。属于一法而不通于其他的，名“自相”，“自相”是一一法的特性（包括独特的状态与作用）。凭了“自相”，才确定有法的存在；如推求而没有“自相”，那就是假法了。如一般所说的“七十五法”，都是依“自相”的推究而成立的。《般若经》到处说“自相空故”；一一法的特相，只是因缘和合所成，并非实有“自相”的存在。“自相”不可得，也就不能依“相”而推定实法的存在了。“自性空”（svabhāva-śūnyatā），“大品本”作“有法空”。bhāva是有，sva是自，所以这是“自有”的。《大智度论》说：“诸法因缘和合生故有法，有法无故，名有法空。”②“有法”——“自性”，一般人以为，从因缘和合而有的法，是自体存在的，所以这是“有”而又是“自有”的。《阿毗达磨大毗婆沙论》卷六（大正二七·二九下）说：

“如说自性，我、物、自体、相、分、本性亦尔。”

① 《摩诃般若波罗蜜经》卷五（大正八·二五〇中——下）。
② 《大智度论》卷三一（大正二五·二九六上）。

萨婆多部学者，对这些名字，是看作同义词的。所以“本性空”的“本性”、“自性空”的“自性”、“自相空”的“自相”，是有相同意义而可以通用的；这三种空也就有相通的意义。“自相”为一切阿毗达磨者，上座部论师所重的；“自性”是萨婆多部所重的。“中品般若”在“本性空”的基石上，立“自相空”与“自性空”，显然有针对部派佛教的用意。尤其是“十四空”与“十六空”中还没有“自性空”，“十八空”与“二十空”才成立而加以应用，可推定“中品般若”成立以后，为了适应北方“自性有”的佛教，而作出新的适应。

“本性空”与“自相空”，“中品般若”有广泛的应用，此外还有“毕竟空”(atyanta-śūnyatā)与“无始空”(anavarāgra-śūnyatā)，及“无性空”(abhāva-śūnyatā)与“无性自性空”(abhāva-svabhāva-śūnyatā)。“毕竟空”是《般若经》所常说的。《四摄品》一再说“毕竟空”与“无始空”——二空①；《叹净品》说到“自性空”、“自相空”、“毕竟空”与“无始空”②。“毕竟空”，是究竟的、彻底的空；菩萨安住空法中，是没有一些些非空的。“无始空”，唐译本作“无际空”，源于《阿含经》说“众生无始以来，本际不可得”，没有生死的前际。没有最初的前际，也就没有最后的后际；没有前后际，也就没有中际，因而演化为“无际空”，表示“空”的超越时间相。“无性空”与“无性自性空”，“十六空”中已经有了。“无性”，“大品本”作“无法”；依梵语，是“非有”、“无有”的意思。“十八空”(及“二十空”)的末后三空，《摩诃般

① 《摩诃般若波罗蜜经》卷二四(大正八·三九二中——三九七中)。

② 《摩诃般若波罗蜜经》卷一二(大正八·三〇七上——中)。

若波罗蜜经》卷五(大正八·二五〇下)说：

> “何等为无法空？若法无,是亦空。……何等为有法空？有法名诸法和合中有自性相；是有法空。……何等为无法有法空？诸法中无法,诸法和合中有自性相；是无法、有法空。”

“唐译二分本”的解说,也与“大品本”一致。这样,“无法空”(唐译“无性空”),是说“非有”——无法是空的。“有法空”(唐译“自性空”),是说有自性法是空的。“无法有法空”(唐译“无性自性空”),是合说有法与无法,都是不可得的。与“内空”、“外空”外,别说“内外空”的意义一样。“唐译本”每说“一切法皆以无性而为自性”①,暗示了“无性自性”的意义。然唐译的“以无性而为自性”,在“大品本”中是译为“一切法性无所有”；“信解诸法无所有性”②；“诸法无所有”③；“一切法性无所有”等④。“唐译本”是随顺后代瑜伽者所说,如《辩中边论》说：“此无性空,非无自性,空以无性为自性故,名无性自性空。”⑤这是遮遣我法的“损减执”,显示空性的不是没有。

“原始般若”只提出了“但有名字”,也就是“一切法但假施设”。从一切法的但名无实,悟入一切法不可得、无生、无二无

---

① 如《大般若波罗蜜多经》(二分)卷四六六(大正七·三五八上——中),又卷四六七(大正七·三六三中)。

② 《摩诃般若波罗蜜经》卷二三(大正八·三八六中、三八五中)。

③ 《摩诃般若波罗蜜经》卷二五(大正八·四〇四下)。

④ 《摩诃般若波罗蜜经》卷三(大正八·二三七下)。

⑤ 《辩中边论》卷上(大正三一·四六六中)。

别。这是重于体悟，而不是重于说明的。然"但名无实"，到底是阐明"空"的主要理由。在般若法门的发展中，"中品般若"有了较明确的解说，如说："名字是因缘和合作法，但分别忆想假名说。"①"皆和合故有，是亦不生不灭，但以世间名字故说。是名字，不在内，不在外，不在中间。"②说明一切（如菩萨，般若，名字）但假施设，所以结劝说："菩萨摩诃萨行般若波罗蜜，名假施设，受假施设，法假施设，如是应当学！"③"唐译三分本"、"唐译二分本"，但立"名假"（如菩萨），"法假"（如般若）④。"唐译初分本"作"名假、法假、及教授假"⑤，这是说"名假"、"法假"，都是方便善巧施设的。"大品本"作"法假"、"受假"、"名假"——三假。假施设，原语波罗聂提（prajñapti），也可译为假名。"大品本"立三假，是针对部派佛教的。"名假"，名字施设是假立的。"受假"，或译"取施设"（upādāna-prajñāpti），如众生，如树木，都是复合体，没有实法，称为"假有"。这二类假施设，是一般部派佛教所能信受的（犊子系不承认"受假"）。法是色、心等——蕴、处、界所摄的法；在部派佛教中，这是寻求"自相"而成立的。或者说：蕴、处、界都是"实法有"，如萨婆多部；或者说：蕴是假的，处与界是实有的，如《俱舍论》；或者说：处也是假的，唯有界是真实有的，如经部。虽然说得不完全相同，而终归

① 《摩诃般若波罗蜜经》卷一（大正八·二二一下）。

② 《摩诃般若波罗蜜经》卷二（大正八·二三〇下——二三一上）。

③ 《摩诃般若波罗蜜经》卷二（大正八·二三一上）。

④ 《大般若波罗蜜多经》（三分）卷四八二（大正七·四四八上）。《大般若波罗蜜多经》（二分）卷四〇六（大正七·三二中——下）。

⑤ 《大般若波罗蜜多经》（初分）卷一一（大正五·五八中）。

是有实法——法是实有的。现在般若法门说：一般所立的实法，也是假施设的，名为“法假”。到这，一切都是假施设的，都是假名而没有实性的，都是不可得空的。假施设的——假名，是与因缘和合及妄想执著相关联的。假施设，因缘和合而有，所以是无实的、无常的、无我我所的。一般人不能了解这是假施设的，所以迷著实有，取相妄执，试略引经说如下①：

1.“诸法无所有，如是有；如是无所有，是事不知，名为无明。”

2.“虚妄忆想分别，和合名字等有，一切无常、破坏相、无法。”

3.“但诸法诸法共相因缘，润益增长，分别校计，是中无我无我所。”

4.“因缘起法，从妄想生，非实。……空无坚固，虚诳不实。”

5.“分别筹量破坏一切法，乃至微尘，是中不得坚实。以是义故，名般若波罗蜜。”

不知道一切法是但名无所有而妄执的，是无明，无明正是生死不息的，十二因缘的第一支。佛说：“是因缘法甚深！”因果缘起，不但可以依因缘而了解一切法，也可依因缘法而悟入本性空寂。《小品般若波罗蜜经》卷七曾举譬喻来说明（大正八·五六

① 《摩诃般若波罗蜜经》1. 卷三（大正八·二三八下）。2. 卷六（大正八·二六一中）。3. 卷七（大正八·二七三下）。4. 卷一七（大正八·三四五中）。5. 卷二一（大正八·三七六中）。

七上——中)说:

"须菩提于意云何?如然灯时,为初焰烧炷,为后焰烧?世尊!非初焰烧,亦不离初焰;非后焰烧,亦不离后焰。须菩提于意云何?是炷燃不?世尊!是炷实燃。"

火焰烧炷的譬喻,表示了世出世间的,一切前后关联的因果现象,哪一法也不是,却也没有离去哪一法。在因缘和合的"不即不离"的情况下,一切世出世法,都这样的成立。不是哪一法所能成,所以是没有实性的。又如说:"无缘则无业,无缘思不生;有缘则有业,有缘则思生。若心行于见闻觉知法中,有心受垢(杂染),有心受净。"①《阿含经》以来的业报,染净因果,都但名无实而这样成立的。《摩诃般若波罗蜜经》卷二〇(大正八·三六四中——下)说:

"痴(即无明)空不可尽故,……老死忧悲苦恼空不可尽故,菩萨般若波罗蜜应生。……如是十二因缘,是独菩萨法,能除诸边颠倒,坐道场时,应如是观,当得一切种智。……菩萨摩诃萨观十二因缘时,不见法无因缘生,不见法常不灭,不见法有我……,不见法无常,不见法苦,不见法无我,不见法寂灭非寂灭。……如是须菩提!一切法不可得故,是为应般若波罗蜜行。"

菩萨观因缘是空的,不可得的,能除二边颠倒的中道。"空相应缘起法",在般若法门中,显然的使缘起甚深,与寂灭涅槃

---

① 《小品般若波罗蜜经》卷七(大正八·五六七下)。

更甚深，统一起来，但“般若法门”是重于第一义谛的。后来龙树的《中观论》以此为根本论题，依《阿含经》，依缘起的中道说法，给以严密的思（惟抉）择，成为通贯三乘，大乘佛教的主流之一。

一切法本性是空的，一切法与空的关系，如《摩诃般若波罗蜜经》①说：

> 1.“空中无色，无受、想、行、识。离色亦无空，离受、想、行、识亦无空。色即是空，空即是色；受、想、行、识即是空，空即是（受想行）识。……诸法实性，无生无灭，无垢无净故。”

> 2.“色空中无有色，受、想、行、识空中无有（受、想、行）识。舍利弗！色空故无恼坏相，……识空故无觉相。何以故？舍利弗！色不异空，空不异色；色即是空，空即是色；受、想、行、识亦如是。舍利弗！是诸法空相，不生不灭，不垢不净，不增不减。是空法非过去、非未来、非现在。是故空中无色，无受、想、行、识，……无佛亦无佛道。”

这二段经文，大同小异，《般若经》是从观五阴（蕴）——色、受、想、行、识起，次第广观一切法的。以“色”为例，“空”中是没有色的。如色是恼坏相（或作“变碍相”），色空所以没有恼患相。色与空的关系，被说为“不异”（不离）、“即是”。色不是离空的，空也不离色；进一层说，色就是空，空也就是色。一般解说

① 1.《摩诃般若波罗蜜经》卷一（大正八·二二一中——下）。2.《摩诃般若波罗蜜经》卷二（大正八·二二三上）。

为“即色即空”的圆融论，其实这是为了说明色与空的关系，从色空而悟入“空相”（“空性”、“实性”）。“空相”是不生不灭、不垢不净、不增不减的，所以“空相”中是没有色，甚至佛与佛道也不可得。“唐译二分本”作“色自性空，不由空故，色空非色。色不离空，空不离色；色即是空，空即是色”等①。“色自性空，不由空故”，是“本性空”，不是因为空的观察而成为空的。“色空非色”，是般若的要义所在。色是空的，色空就不是色，与“色无受则非色”、“色无生即非色”②的意义一样。所以经文的意义是：色是性空的，“空”不是离色以外别有空，而是色的当体是空；空是色的本性，所以“空”是不离色而即色的。从一般分别了知的色等法，悟入色等本性空，“空”是没有色等虚妄相的；一切法空相，无二无别，无著无碍。般若是引入绝对无戏论的自证，不是玄学式的圆融论。

“色即是空，色空非色”，以这两句为例来说，“色”是一切法，“空”与“无相、无作、无生、远离、寂灭”等，都是表显涅槃的。然佛的自证内容，是不能以名字来说，以心心所来了知的。为了化度众生，不能不说，说了就落于世俗相对的“二”法，如对生死说涅槃，对有为说无为，对虚妄说真实，对有所得说无所得。佛是这样说的，佛弟子也这样的传诵结集下来，为后代法相分别所依据。然佛的自证内容，也就是要弟子证得的，不是言说那样的（“二”）。般若法门着眼于自证，指出佛所说的，一切但是名字的方便施设（假）。立二谛来说明，“世谛故说，非最第一义，最

① 《大般若波罗蜜多经》（二分）卷四〇二（大正七·一一下）。
② 《小品般若波罗蜜经》卷一（大正八·五三七下、五三九中）。

第一义过一切语言论议音声"①;二谛表示了佛说法的方便——古人称为"教二谛"。从文字言说来说,"色"与"空"都是名字,都是"二"。但佛说"空",是从色(自)相不可得,而引向超越名相的,所以"空亦不可得"②。"远离有为性相,令得无为性相,无为性相即是空。……菩萨远离一切法相,用是空故一切法空。"③"空"是表示超脱名相的,所以没有空相,离一切法相(想)的。如取空相,就落于对待的"二",不合佛说的意趣了。从色相不可得而说色空,空不是与色相对的(也不是与色相融的),而是"色空非色"而无二无别的。经中一再指明,从相对而引向不二的平等,如《摩诃般若波罗蜜经》④说:

1."是有为性、无为性,是二法不合不散,无色无形无对,一相,所谓无相。佛亦以世谛故说,非以第一义。……是诸有为法、无为法平等相,即是第一义。"

2."诸有二者,是有所得;无有二者,是无所得。……不从有所得中无所得,不从无所得中无所得。须菩提!有所得无所得平等,是名无所得。"

从相对而引向超越绝对,离名相分别而自证,就是"无二"、"平等"、"一相",这是不可施设而但可自证的(其实,自证——能证、所证、证者,也是不可施设的)。这就是佛说"涅槃"、"菩

① 《摩诃般若波罗蜜经》卷二六(大正八·四一三下)。

② 《摩诃般若波罗蜜经》卷二六(大正八·四〇七下)。

③ 《摩诃般若波罗蜜经》卷二六(大正八·四一五下)。

④ 《摩诃般若波罗蜜经》1. 卷二六(大正八·四一五中)。2. 卷二一(大正八·三七三下——三七四上)。

提"、"无为"、"空"的意义，所以说："是名第一义，亦名性空，亦名诸佛道"；"毕竟空即是涅槃"①。以种种方便，勘破"但名无实"，"虚妄忆想"，而契入绝对超越的境地，是《般若经》义，也是"空"的意义所在。

般若空义，发展于北方萨婆多部的教区，所以在世俗的方便施设中，也就与萨婆多部的法义有了某种程度的结合，如《小品般若波罗蜜经》卷七（大正八·五六七中）说：

> "须菩提于意云何？若心已灭，是心更生不？不也，世尊！"
>
> "须菩提于意云何？若心生，是灭相不？世尊！是灭相。"
>
> "须菩提于意云何？是灭相法当灭不？不也，世尊！"
>
> "须菩提于意云何？亦如是住，如如住不？世尊！亦如是住，如如住。"
>
> "须菩提！若如是住、如如住者，即是常耶？不也，世尊！"

前心与后心，是不能（同时）俱有的，怎么能前后的善根增长，圆成阿耨多罗三藐三菩提呢？佛举如灯烧炷的譬喻，以不即不离的因缘义来说明。然后引起了这一段问答：心已灭了，是不能再生起的。心生起了，就是灭相，生是刹那顷尽灭的。灭相

---

① 《摩诃般若波罗蜜经》卷二五（大正八·四〇三上、四〇一中）。

法，却是不灭的①。灭相是不灭的，所以问，那就"真如"那样的住吗？是"真如"那样的住，却不是常住的。这一"生灭"说，与萨婆多部的三世实有说相合。"三世诸法，……体实恒有，无增无减；但依作用，说有说无。"②"如是诸法经三世位，虽得三（过去、未来、现在）名而体无别。"③有为法是实有自性的，灭入过去，只是与灭相相应，而不是没有了。所以虽有三世的差别，而法体实在是没有别异的。那不是"真如"那样吗？确乎是"真如"那样的，无来无去，无增无减，却不是"真如"那样的常住。依萨婆多部，有自体而存在于时间中的，只能称为"恒"，不能说是常住的④。《般若经》所说的生灭，与萨婆多部相合。"如"是没有变异的意思，部派佛教的解说，不完全一致，所以《智度论》有"下如"、"中如"、"上如"的解说⑤。又说："如诸法未生时，生时亦如是；生已过去，现在亦如是。诸法三世平等，是名为如。"⑥三世有，体性没有别异，也可说是"如"。体性无别的三世有法，法法无自性空，就是"上如"。般若与萨婆多思想的结合，

---

① 《摩诃般若波罗蜜钞经》卷四（大正八·五三〇上）；《佛母出生三法藏般若波罗蜜多经》卷一七（大正八·六四六中）；《放光般若波罗蜜经》卷一三（大正八·九一中）；《摩诃般若波罗蜜经》卷一七（大正八·三四六中）：都与"秦译本"（小品）相同。但《道行般若波罗蜜经》卷六（大正八·四五七上——中）；《大明度经》卷四（大正八·四九六中）；《大般若波罗蜜多经》（五分）卷五六二（大正七·九〇四下），及前四分，都作"决定当灭"，意义相反。

② 《阿毗达磨大毗婆沙论》卷七六（大正二七·三九五下——三九六上）。

③ 《阿毗达磨大毗婆沙论》卷七七（大正二七·三九六中）。

④ 僧肇《物不迁论》，所说动而常静的道理，与萨婆多部说相合。但以即动而静为常，不合萨婆多部说，也与《般若经》义不合。

⑤ 《大智度论》卷三二（大正二五·二九八下）。

⑥ 《大智度论》卷三二（大正二五·二九八中）。

实有说与性空说的统一,是般若法门发展于北方的适应。后代的龙树、月称(Candrakīrti)——中观者,在世俗边,都随顺萨婆多部,正是继承这一学风而来。

"虚空"譬喻,"下品般若"已大大的应用;或但用虚空喻,或与幻所化人、影、机关木人等同用①。"中品般若"集合为十喻:"如幻、如焰、如水中月、如虚空、如响、如揵闼婆城、如梦、如影、如镜中像、如化。"②在"唐译本"中,"虚空"被改为"空华"。因为瑜伽学者,以空华比喻依他起性,虚空譬喻圆成实性,十喻是幻、化等为一类,所以不能说如虚空,而修正为空华了。然《般若经》古义,没有这样的严格区别。以虚空比喻说法的无碍③;比喻无众生可度而度众生④;比喻般若的"随事能作而无分别"⑤;虚空是与幻所化人、影等为同类的。现在所要说的,是"虚空"对一切法"空"所给予的影响。虚空(ākāśa)、空(śūnya),(śūnyatā),梵语是完全不同的;但在意象上,有引发一切法空说的可能。依萨婆多部:"极微"(paramāṇu)是最细色,小到不能小的物质单位,再细就要近于空虚了,所以称为邻虚尘。"空界"(ākāśa-dhātu)是"邻碍色",物质与物质间的空隙形态,"如墙壁间空,……往来处空,指间等空"⑥。此外,立"虚空"无为,如《阿毗达磨大毗婆沙论》卷七五(大正二七·三八八中——

---

① 《小品般若波罗蜜经》卷九(大正八·五七五下——五七六上)。

② 《摩诃般若波罗蜜经》卷一(大正八·二一七上)。

③ 《小品般若波罗蜜经》卷九(大正八·五七七中)。

④ 《小品般若波罗蜜经》卷九(大正八·五七六上——中)。

⑤ 《小品般若波罗蜜经》卷九(大正八·五七五下——五七六上)。

⑥ 《阿毗达磨大毗婆沙论》卷七五(大正二七·三八八中)。

下)说:

> “虚空非色……无见……无对……无漏……无为。……若无虚空,一切有物应无容处。……若无虚空,应一切处皆有障碍。”

色(物质)是质碍的,有往来聚散的。色极微,虽说是无质碍的,却是积集而成为质碍的因素。空界是邻近质碍而显现的,色的特性——质碍,可说微乎其微。虚空无为,是无障碍相,不生不灭的。这是从空界,进一步而论究到无障碍相的绝对空间。不属于物质,而为物质存在活动的依处,所以说:“虚空无障无碍,色于中行。”①《般若经》所说的虚空,也是无为的②;虚空的无碍,是比喻的重点之一,如说“是法无障碍处,无障碍相如虚空”;“虚空波罗蜜是般若波罗蜜,诸法无障碍故”③。一切法空(无相、般若、涅槃、无上菩提、如、法性等)的无碍相,不正是虚空那样的无碍吗?虚空无为是非色、无见、无对,“中品般若”每说“无色、无形(即‘无见’)、无对,一相所谓无相”,也与虚空无为相近。这不是说般若空义等于虚空无为,而是说从虚空无为的譬喻中,体会出一切法空相。虚空无为没有作用,却为物质的存在活动作依处;同样的,“空”是不可施设的,而一切色、心——因缘生法,都依空而有可能。《中论》说:“以有空义故,

---

① 《阿毗达磨大毗婆沙论》卷七五(大正二七·三八八下)。

② 《小品般若波罗蜜经》卷五(大正八·五五八下)。

③ 《小品般若波罗蜜经》卷六(大正八·五六二中),又卷四(大正八·五五三下)。

一切法得成”①,是以有虚空而色法得成的进一步的体会。

第三项　法性·陀罗尼·佛

“法”,是代表佛的自证,也是佛弟子所趣向修证的,所以是“归依处”。《般若经》说:佛所以默然而想不说法②;佛所依止与恭敬供养的③,都是法,也就是般若。形容法的,是“法相”(唐译“法性”)、“法性”(唐译“法界”)、法“如”相等,这都是《阿含经》以来所说的。“下品般若”,分别地说“法相”、“如”、“法界”、“实际”,是佛与弟子所依、所住、所证的,“非佛作亦非余人作”的常法。然在说明上,倾向于所住、所证的理法,渐渐地名词化。“中品般若”以来,“如、法性、实际”,被组集为一类。“唐译三分本”组集十名为一组:“真如、法界、法性、不虚妄性、不变异性、平等性、离生性、法定、法住、实际”④;“唐译二分本”(及“初分本”),更增“虚空界、不思议界”,共十二名⑤。同一内容而有这么多名字,当然随着名字而各有不同的意义。“中品般若”(“前分”)劝学般若波罗蜜,“大品本”列举了“诸法如、法性、实际”——三名,与“放光本”、“光赞本”一致⑥。将“下品般若”所散说的集在一起,实为《般若经》最初的集合。即使是“唐译初分本”,保留这一组集形式的,也不在少数。如《法施品》

---

① 《中论》卷四(大正三〇·三三上)。

② 《小品般若波罗蜜经》卷六(大正八·五六二中)。

③ 《小品般若波罗蜜经》卷五(大正八·五五八下)。

④ 《大般若波罗蜜多经》(三分)卷四七九(大正七·四三〇下)。

⑤ 《大般若波罗蜜多经》(二分)卷四〇二(大正七·八下)。

⑥ 《摩诃般若波罗蜜经》卷一(大正八·二一九下)。《放光般若波罗蜜经》卷一(大正八·三中)。《光赞般若波罗蜜经》卷一(大正八·一五〇上)。

中,"不应以二相观",说到"法"、"如"、"实际"①;《方便品》说"知一切法略广相",说到"如"、"法性"、"实际","不合不散"②;《三慧品》说:"诸法如、法性、实际,皆入般若波罗蜜中"③;《四摄品》说:"如、法性、实际不可转故"④,这都是"中品"、"上品"各译本所一致的。《等学品》说:"一切法、如、法性、实际常住故",不但"放光本","唐译初分本"也是一致的⑤;但"唐译二分本"与"三分本",却改成十二异名了。这可以证明,"大品本"等首列"如、法性、实际",是初期组合的原形,以后就更广地组集起来。依"大品本","法相"(唐译"法性")、"法住"、"法位"(唐译"法定")、"不思议性"(界),集合为一类的,也已到处可见。但集成十名或十二名,实为"中品般若"集成以后的再组合。

"如"、"法性"等,是"空"、"无相"、"无生"、"胜义"、"涅槃"的异名,表显佛的自证内容,但在说明上,有所证理法的倾向(涅槃是果法,空与观行有关)。《般若经》着眼于佛及弟子的自证,所以某些问题,言说与思惟所不容易理解的,就以佛及阿罗汉的自证来解答。以"法性"等为证量,在"唐译本"中(以

---

① 《摩诃般若波罗蜜经》卷一〇(大正八·二九四下)。《放光般若波罗蜜经》卷八(大正八·五五上)。《大般若波罗蜜多经》(初分)卷一三五(大正五·七三六下——七三七上),又(二分)卷四三一(大正七·一六八上——中),又(三分)卷五〇四(大正七·五六七中——下)。

② 《摩诃般若波罗蜜经》卷二一(大正八·三七一下)。

③ 《摩诃般若波罗蜜经》卷二一(大正八·三七六中)。

④ 《摩诃般若波罗蜜经》卷二四(大正八·三九七中)。

⑤ 《摩诃般若波罗蜜经》卷一九(大正八·三五八中)。《放光般若波罗蜜经》卷一四(大正八·一〇一中)。《大般若波罗蜜多经》(初分)卷三四一(大正六·七五二上)。

“二分本”为例),充分地表达出来,如说①:

1.“以法住性为定量故。”

2.“诸法法性而为定量。”

3.“皆以真如为定量故。”

4.“但以实际为量故。”

“唐译五分本”也说:“以真法性为定量故。”②量(pramāṇa)是准确的知识;定量是正确的、决定无疑的准量,值得信任的。《般若经》所说,非一般所能信解,那是因为圣者自证所表示的,不是一般世俗知识所能够理解!但依圣者自证真如、法性而说,是决定可信的!

“下品般若”适应世俗的明咒信仰,以明咒来比喻般若。称赞持诵般若能得现身与后世的功德,引导善男子、善女人来修学般若。与明咒有类似意义的陀罗尼(dhāraṇī),出现于“中品般若”。“中品般若”说到“五百陀罗尼门”③,可以想见当时的佛教界,陀罗尼法门是相当盛行的。陀罗尼是“摄持”的意思,古人每译为“总持”。陀罗尼法门的特色,如《摩诃般若波罗蜜经》卷一七(大正八·三四三下)说:

---

① 《大般若波罗蜜多经》(二分)1. 卷四六〇(大正七·三二七上)。2. 卷四六二(大正七·三三六中)。3. 卷四六三(大正七·三四〇中)。4. 卷四七三(大正七·三九四中)。

② 《大般若波罗蜜多经》(五分)卷五五六(大正七·八六六下)。

③ 《摩诃般若波罗蜜经》卷二三(大正八·三九〇中)。《大般若波罗蜜多经》(初分)卷三七八(大正六·九五二上),又(二分)卷四六七(大正七·三六五上),又(三分)卷五二九(大正七·七一七中)。

“闻佛说法，不疑不悔，闻已受持，终不忘失。何以故？得陀罗尼故。须菩提言：世尊！得何等陀罗尼？……佛告须菩提：菩萨得闻持等陀罗尼故①，佛说诸经，不忘不失，不疑不悔。”

得陀罗尼，能闻已受持不忘，也能得辩才无碍，如说②：

1.“从诸佛闻法，舍身受身，乃至阿耨多罗三藐三菩提，终不忘失，是菩萨常得诸陀罗尼。”

2.“是菩萨闻持诵利，心观了达，了达故得陀罗尼；得陀罗尼故，能起无碍智；起无碍智故，所生处乃至萨婆若，终不忘失。”

3.“学是陀罗尼，诸菩萨得一切乐说辩才。”

4.“陀罗尼门，……得强识念，得惭愧，得坚固心，得经旨趣，得智慧，得乐说无碍。”

印度人不重书写，却重于背诵，一向养成坚强的记忆力。大乘佛经流行，数量越来越多，部帙也越来越大，诵持不失的忆念力也就越来越重要了。依《般若经》说，陀罗尼不只是诵持文字，也要“心观了达”，“得经旨趣”。义理通达了，记忆力会更坚固持久。诵习多了，也会贯通义理，所以能辩说无碍。在陀罗尼

---

① 《大般若波罗蜜多经》(三分)卷五一五(大正七·六三四中)，与“大品本”同。但“二分本”卷四四九(大正七·二六八中)、“初分本”卷三二七(大正六·六七七上——中)，作“海印陀罗尼”、“莲华众藏陀罗尼”等。“莲华众藏陀罗尼”等，出《大集经·陀罗尼自在王品》与《宝女品》。

② 《摩诃般若波罗蜜经》1. 卷二五(大正八·四〇二上)。2. 卷二二(大正八·三七九下)。3. 卷二〇(大正八·三六四上)。4. 卷五(大正八·二五六中)。

中,最根本的是四十二字门,成为大乘的重要法门。诵持一切佛法,都依文字语言而施设,所以四十二字义,有了根本的、重要的地位,如《大智度论》卷四八(大正二五·四〇八中)说:

> "诸陀罗尼法,皆从分别字语生,四十二字是一切字根本。因字有语,因语有名,因名有义。菩萨若闻字,因字乃至能了其义。"

四十二字,"初阿(a)后荼(ḍha),中有四十"①。"字"是字母(也叫"文"),印度的文字——名句文,是依音声而施设的。从发音的字母而有语言,所以说"因字有语"。字母与字母的缀合,成为名,名就有了意义。名与名相结合,就成为句了。依《大智度论》,四十二字是拼音的字母。《四分律》卷一一(大正二二·六三九上)说:

> "字义者,二人共诵,不前不后,阿罗波遮那。"

"阿罗波遮那",正是四十二字的前五字。律制比丘与没有受戒的人,是不许同时发声诵经的,因而说到同诵的,有"句义非句义,句味非句味,字义非字义"。这就是句、名(味)、文(字)——三类,可见这确是古代字母的一种。现在的印度,没有四十二字母的拼音文字,然可以决定的,这是古代南印度的一类方言。《大智度论》说:"若闻荼字,即知诸法无热相。南天竺荼阇他,秦言不热。""若闻他(ṭha)字,即知诸法无住处。南天竺他那,秦言处。""若闻拏(ṇa)字,即知一切法及众生,不来不

---

① 《大智度论》卷四八(大正二五·四〇八中)。

去，不坐不卧，不立不起，众生空法空故。南天竺拿，秦言不。"①对字义的解说，引用南天竺音来解说，可见《般若经》的四十二字门，所有的解说，是与南印度方言有关的。《华严经·入法界品》，遍友（Viśvāmitra）童子唱四十二字母，以"四十二般若波罗蜜门为首，入无量无数般若波罗蜜门"②。称四十二字为般若波罗蜜门，显然受到了"中品般若"字门陀罗尼的影响。咒术出名的达罗毗荼（Dramiḍapaṭṭana，晋译为"咒药"），有一位弥伽医师，说《轮字庄严光经》，"成就所言不虚法门，分别了知……一切语言"③，是一位精通文字、算数、医、卜、星、相的大士。《入法界品》是南方集出的，说到了四十二字，与文字语言法门。《四分律》为法藏部律，法藏部出于分别说部。法藏部的早期教区，在今孟买以北的 Sopārā，及北面的 Koṅkaṇ 地方。法藏部的教区在（西）南方，也传说这一字母。所以四十二字母起于南方，而被引用于"中品般若"，是极可能的。

四十二字（母），是一切字的根本。字母是依人类的发音而成立的。最初是喉音——"阿"，再经颚、颊、舌、齿、唇，而有种种语音。可说一切语音、一切字母，是依"阿"为根源的，是从"阿"而分流出来的。喉音的"阿"，还没有什么意义；什么意义也不是，所以被看作否定的——"无"、"不"。般若法门，认为一切但是假名施设，而假名是不能离开文字的。一切文字的本源——"阿"，象征着什么也不是，超越文字的绝对——"无生"、

---

① 《大智度论》卷四八（大正二五·四〇八中、四〇九上）。

② 《大方广佛华严经》卷七六（大正一〇·四一八下）。

③ 《大方广佛华严经》卷四六（大正九·六九三中）。

“无二”、“无相”、“空”。一切文字名句，都不离“阿”，也就不离“无”、“不”。所以般若引用四十二字母，不但可以通晓一切文字，而重要在从一切文字而通达超越名言的自证。如“荼”是热的意义，听到了“荼”，就了悟是“不热”的。这样，什么都趣向于“空”，不离于“如”。所以经上说：“善学四十二字已，能善说字法；善说字法已，善说无字法。”①《般若经》的字门陀罗尼，“若闻、若受、若诵、若读、若持、若为他说，如是知当得二十功德”②。二十功德中，“得强识念”，“乐说无碍”，更能善巧地分别了知一切法门。字门的功德，没有说到消灾障等神咒的效用。虽然由于四十二字是一切文字根本，为后来一切明咒所依据，但《般若经》义，还只是用为通达实相的方便。

佛，在经典的形式中，是法会的法主。在大乘经的内容中，佛是菩萨修行的究极理想。部派佛教与大乘佛教，都有不同的佛陀观，《般若经》所显示的佛，是怎样的？“下品般若”说到他方佛土，特别提到阿閦佛土的宝相（Ratnaketu）、香象（Gandhahastin）菩萨③，大众见到了阿閦佛土与众会的清净④。现在有十方佛，是《般若经》所确认的。“下品般若”说：“以佛神力，得见千佛”⑤；“中品般若”作十方“各千佛现”⑥。虽多少不同，而都表示了“佛佛道同”。在《般若经》中，佛是印度释迦佛那样的，

① 《摩诃般若披罗蜜经》卷二四（大正八·三九六中）。
② 《摩诃般若波罗蜜经》卷五（大正八·二五六中）。
③ 《小品般若波罗蜜经》卷九（大正八·五七六下、五七九中）。
④ 《小品般若波罗蜜经》卷九（大正八·五七八中）。
⑤ 《小品般若波罗蜜经》卷四（大正八·五五二下）。
⑥ 《摩诃般若波罗蜜经》卷一二（大正八·三一〇上）。

是人间父母所生身，经出家修行而成佛的。如《小品般若波罗蜜经》卷二（大正八·五四二中——下）说：

“如来因是身，得萨婆若智，成阿耨多罗三藐三菩提。是身，萨婆若所依止故，我灭度后，舍利得供养。”

佛灭度以后，造塔供养佛的舍利，是部派佛教的事实。舍利是父母所生的遗体；这一身体，曾经是萨婆若——一切智所依止，依身体而得萨婆若，成佛，所以遗体也受到人们的恭敬供养。这表示了，佛是依父母所生身而成就的；究竟成佛的，就是这样的人身。念佛法门，“中品般若”说：“无忆故，是为念佛”；“无所念，是为念佛”①，那是从现观第一义说。如约世俗假名说，以五阴为佛；以三十二相、金色身、丈光、八十随形好——色身为佛；以戒品、定品、慧品、解脱品、解脱知见品——五分法身为佛；以十力、四无所畏、四无碍智、十八不共法、大慈大悲——功德法身为佛；以因缘法（见缘起即见法，见法即见佛）为佛②。依名字施设，世间所称为佛的，与上座部系，现实人间的佛，并没有不同。经中说到成佛前，“处胎成就，家成就，所生成就，姓成就，眷属成就，出生成就，出家成就，庄严佛树成就”③，也与释尊的从处胎到成佛一致④。在《道行品》中，“汉译本”是“月十五日说戒

---

① 《摩诃般若波罗蜜经》卷二三（大正八·三八五下）。

② 《摩诃般若波罗蜜经》卷二三（大正八·三八五中——下）。

③ 《摩诃般若波罗蜜经》卷六（大正八·二五七下）。

④ 庄严菩提树，如《佛本行集经》卷二七（大正三·七七七中——七七九上）；《普曜经》卷五（大正三·五一五上——五一六下）。

时"①,是(佛为)僧伽(上首)的佛教。"秦译本"称赞阿罗汉功德,"唯除阿难"②,表示为释尊住世的时代。参与问答的,须菩提等阿罗汉外,是释提桓因、诸天与弥勒,都是四阿含中的圣者。《摩诃般若波罗蜜经》卷一(大正八·二一七中、二一七下——二一八上)说:

"尔时,世尊自敷师子座,结跏趺坐,直身系念在前,入三昧王三昧,一切三昧悉入其中。是时,世尊从三昧安详而起。"

"尔时,世尊在师子座上坐,于三千大千国土中,其德特尊,光明色像,威德巍巍,遍至十方如恒河沙等诸佛国土。譬如须弥山王,光色殊特,众山无能及者。尔时,世尊以常身示此三千大千国土一切众生。"

"中品般若"的佛,似乎殊胜得多,然释尊敷坐,入三昧,又出三昧,与释尊平常的生活相合。然后放光、动地,现种种神通。那时的释尊,"于大千国土中,其德特尊"。天台家称之为"胜应身"、"尊特身"。一佛所化的国土,是一三千大千世界。于大千界中其德特尊,是以娑婆世界的释迦佛(化三千国土)为本的。所以使大千国土一切众生见到的,还是释尊的"常身"——佛教界共传的,三十二相、丈光相的丈六金身。神通所示现的,无论是怎样的难以思议,终究不离释迦的常身。《般若经》重于现证,佛是寂灭、无相而不可思议的;然从世俗施设说,还是现实人

① 《道行般若波罗蜜经》卷一(大正八·四二五下)。

② 《小品般若波罗蜜经》卷一(大正八·五三七上)。

间的佛。

第七节　《金刚般若波罗蜜经》

《金刚般若》,汉译的先后共有六本。这里,依鸠摩罗什所译的《金刚般若波罗蜜经》为主①,因为是现存最早的译本。《初期大乘佛教之成立过程》,推定《金刚般若》为"原始大乘经"②。《金刚般若》的成立是相当早的,但不可能那样的早。般若法门的主流,无疑的是《大般若波罗蜜多经》的前五分。如上面所说的,般若从"原始般若",而演进为"下品般若"、"中品般若"、"上品般若";这不但是般若法门的开展过程,也可以表示初期大乘的发展情形。从这一观点来说,《金刚般若》中,足以代表早期的,有:一、以佛的入城、乞食、饭食、敷座而坐为序起,与"下品般若"的"汉译本","月十五日说戒时"③一样,充分表示了佛在人间的平常生活。二、《金刚般若》着重在"无相"(离相)法门,如说:"凡所有相,皆是虚妄,若见诸相非相,则见如来。""无复我相、人相、众生相、寿者相,无法相,亦无非法相。""离一切诸相,则名诸佛。""于一切相,应如是知,如是见,如是信解,不生法相。""不取于相,如如不动。""无相",与"原始般若"的"无受三昧","是三昧不可以相得"("唐译五分本"),称之为"离相门"一样。般若与"空",本没有必然的关系,"空"是

① 《金刚般若波罗蜜经》(大正八·七四八下——七五二中)。

② 静谷正雄《初期大乘佛教之成立过程》(二〇七——二〇八)。

③ 《道行般若波罗蜜经》卷一(大正八·四二五下)。

在般若发展中重要起来的。《金刚般若》说“无相”而没有说“空”,可说保持了“原始般若”的古风。三、《金刚般若》的菩萨行,着重在“无我”,如说:“若菩萨有我相、人相、众生相、寿者相,即非菩萨。”“其有众生,得闻是经,信解受持,是人则为第一希有!何以故?此人无我相、人相、众生相、寿者相。”“实无有法名为菩萨,是故佛说一切法无我、无人、无众生、无寿者。”“若菩萨通达无我法者,如来说名真是菩萨。”“若复有人知一切法无我,得成于忍,此菩萨胜前菩萨所得功德。”在习惯于大乘我法二空、小乘我空的学者,对于菩萨行而着重“无我”,可能会感到相当的难解。《中论》的《观法品》,由无我我所,悟入“寂灭无戏论”,如说:“灭我我所著故,得一切法空无我慧,名为入。”①印度古传的般若法门,是以“无我”悟入实相的。“原始般若”并举菩萨与般若,阐明菩萨与般若的不可得。菩萨(我)与般若(法)的不可得(空),原理是完全一样的。《金刚般若》着重“无我”,也说“无法相,亦无非法相”,不是但说“无我”的。般若渊源于传统佛教的深观,《金刚般若》保持了“原始般若”的特色。不过依其他方面来考察,《金刚般若》与“中品般若”的成立,大约是同一时代。所以《金刚般若》的特重“无我”,可能是为了适应诱导多说无我的传统佛教。

《金刚般若》有早期的成分,但决不是早期集成的。赞叹持经——听闻、受持、书写、读、诵、为他人说的功德,一层层的校量,与“下品般若”相近。但《金刚般若》说佛有五眼,菩萨庄严

---

① 《中论》卷三(大正三〇·二三下)。

国土,都出于"中品般若"。全经分为二大段,也与"中品般若"的两次嘱累一样。尤其是《金刚般若》说:"譬如有人身如须弥山王,于意云何?是身为大不";"譬如人身长大"。"大身",出于"中品般若"的序分:"于三千大千国土中,其德特尊,光明色像,威德巍巍。……譬如须弥山王,光色殊特,众山无能及者。"①《金刚般若》的"大身",与菩萨的"受记"、"庄严国土",及"受记"、"度众生"、"庄严国土"为一类,应该是菩萨的"大身"。一般所说的法身大士,有证得法性所起的大身。"下品般若"所说的不退菩萨相貌,是修得不退的人间身。仅有得"心清净、身清净",没有"凡夫身中八万户虫"②,是无漏身,也不是大身。般若的原义,菩萨行重于自行。"中品般若"的不退菩萨,得"报得波罗蜜"、"报得五神通","成就众生","庄严国土",重于利他行。《金刚般若》着重菩萨的"受记"、"度众生"、"庄严国土",与"中品般若"(不退菩萨以上)的重利他行相合。还有,"原始般若"以来,着重自证的内容,"以法性为定量",是一般所不能信解,不免要惊怖疑畏的。"中品般若"所以到处以二谛来解说;一切教说,不是第一义,第一义是不可施设的,一切但是世俗施设的假名。《金刚般若》说:"所言一切法者,即非一切法,是故名一切法。"这样形式的三句,《金刚般若》多有这样的语句。第一句举法——所听闻的,所见到的,所修学的,所成就的;第二句约第一义说"即非",第三句是世俗的假名。《金刚般若》的三句,相信是"中品般若"的二谛说,经简练而成为公式化的。

① 《摩诃般若波罗蜜经》卷一(大正八·二一七下——二一八上)。
② 《小品般若波罗蜜经》卷六(大正八·五六四中)。

从这些看来,《金刚般若》的成立,最早也是"中品般若"集成的时代。

从"原始般若"到"上品般若",有一贯的重心,那就是着重菩萨行,菩萨行以般若波罗蜜为主。由于菩萨的遍学一切道,所以从般若而六波罗蜜,而万行同归。菩萨是如实知一切法的,所以从阴而入、界、谛、缘起,有为无为法;从菩萨行而共世间行,共二乘行;从菩萨忍而三乘果智。《金刚般若》是为"发阿耨多罗三藐三菩提心"者说(或译作"发趣菩萨乘者"),也是菩萨行,但重在大菩萨行,更着重在佛的体认。如说:"若见诸相非相,则见如来";"离一切诸相,则名诸佛"——佛是离一切相的。"不可以身相见如来";"不可以三十二相得见如来";"如来不应以具足色身见";"如来不应以具足诸相见";"不应以三十二相观如来";"若以色见我,以音声求我,是人行邪道,不能见如来"——佛是不能于色声相中见的。"如来者,无所从来,亦无所去"——佛是不能从威仪中见的。佛是说法者,其实是"无有定法如来可说";"如来无所说";"若人言:如来有所说法,即为谤佛"。佛是度众生者,其实"实无众生如来度者"。如来有五眼,能知一切众生心,而其实"诸心皆为非心,是名为心"。《金刚般若》着重在如来,这是教化众生的,也是菩萨所趣向的。舍利造塔供养,是对佛的信敬怀念;以舍利塔象征佛,是传统佛教的一般事实。从"下品"到"上品般若",是重"法"的,所以比较起来,宁可取《般若经》而不取舍利塔。《金刚般若》却说:"随说是经乃至四句偈等,当知此处,一切世间天人阿修罗皆应供养,如佛塔庙。""在在处处若有此经,一切世间天人阿修罗所应供养，当知此处则为是塔，皆应恭敬作礼围绕，以诸华香而散其处。"《金刚般若》以为经典与佛塔一样，是重法而又重佛（塔）的一流（与《法华经》相同）。在部派佛教中，法藏部说："以无相三摩地，于涅槃起寂静作意，入正性离生"①；"于窣堵波兴供养业，获广大果"②。《金刚般若》的特性，与法藏部是非常接近的。

① 《阿毗达磨大毗婆沙论》卷一八五（大正二七·九二七下）。
② 《异部宗轮论》（大正四九·一七上）。

第十一章　净土与念佛法门

第一节　东西二大净土

第一项　阿弥陀佛极乐净土

大乘佛法的兴起，与净土念佛法门有密切的关系。原则地说，大乘是不离念佛与往生净土的。在初期大乘佛法兴起声中，西方阿弥陀佛净土，东方阿閦佛净土，也流传起来。赞扬阿弥陀佛净土的经典有三部，可简称为《大（阿弥陀）经》、《小（阿弥陀）经》、《观（无量寿佛）经》。《大经》是弥陀净土的根本经，华文译本，现存有五种：

《阿弥陀三耶三佛萨楼佛檀过度人道经》	二卷	吴支谦译
《无量清净平等觉经》	四卷	后汉支娄迦谶译
《无量寿经》	二卷	曹魏康僧铠译
《大宝积经·无量寿如来会》	二卷	唐菩提留志译
《大乘无量寿庄严经》	三卷	赵宋法贤译

五种译本的译者，唐译本与宋译本，是明确而没有问题的；前三部的译者，有不少的异说。梁僧祐（天监一七年，西元五一八卒）的《出三藏记集》，误以《大经》与《小经》为同本异译，所以分别地叙述了六部。然《大经》的古译本，当时存在而保留下来的，实际上只有两部——支谦译的《阿弥陀（三耶三佛萨楼佛檀过度人道）经》，竺法护译的《无量清净平等觉经》①。隋开皇（十四年，西元五九四）《众经目录》共列六部，除已经佚失的三部外，《大经》古译本共三部②：

《无量清净平等觉经》	二卷	魏白延译
《阿弥陀经》	二卷	吴支谦译
《无量寿经》	二卷	晋竺法护译

开皇《众经目录》所说，支谦所译的，与《出三藏记集》相同。《无量清净平等觉经》，改为白延译；而竺法护所译的，却是另一部《无量寿经》（这两部，《出三藏记集》是作为一部的）。隋仁寿（二年，西元六〇二）《众经目录》，唐静泰（龙朔三年，西元六六三）《众经目录》，唐道宣（龙朔四年，西元六六四）《大唐内典录》，都是这样的三部——支谦、白延、竺法护所译③。

隋开皇十七年（西元五九七），费长房撰成《历代三宝纪》，所载的《大经》古译，一共有八部。周（天册万岁元年——西元六九五）明佺等所撰的《大周刊定目录》，对于《大经》古译本，完

① 《出三藏记集》卷二（大正五五·六下、七下）。

② 《众经目录》卷一（大正五五·一一九中）。

③ 《众经目录》卷二（大正五五·一五八下）。《众经目录》卷二（大正五五·一九一中）。《大唐内典录》卷六（大正五五·二八九下——二九〇上）。

全依据《历代三宝纪》。然偶尔注明，某经有多少纸（页），所以知道当时实际存在（注明纸数）的，只有三部，与《众经目录》等相同的三部①。《大经》古译而注明多少纸的，初见于静泰的《众经目录》②；《大周刊定目录》有二说③，今对列如下：

	《静泰录》	《大周录》卷三	《大周录》卷十三
《无量清净平等觉经》白延译	六十纸	七十纸	三十六纸
《阿弥陀经》支谦译	五十三纸	五十三纸	五十三纸
《无量寿经》竺法护译	三十九纸	四十六纸	三十六纸

依《大正藏》古译三部（每页分三栏）来计算：支谦译的《阿弥陀经》，共五十四栏，是五十三纸本，这是译者与页数，始终传说一致的。《无量清净平等觉经》，《大正藏》六十二栏，就是静泰所传的六十纸本。《无量寿经》四十一栏，与静泰所传的三十九纸本大致相合。古代的一纸，约合《大正藏》1.03 栏。《大周刊定目录》所传的二说，自相矛盾，应该是传写错了。隋唐间的《大经》古译，就是这三部。由于纸数的记录，使我们能有明确的认定。

唐开元十八年（西元七三〇），智升撰《开元释教录》，当时存在的《大经》古译本，也是上面所说的三部，但译者有了变动。《阿弥陀经》，仍旧是支谦所译。旧传白延所译的《无量清净平

① 《大周刊定目录》卷三（大正五五·三八九上——中）。

② 《众经目录》卷二（大正五五·一九一中）。

③ 《大周刊定目录》卷三（大正五五·三八九上——中），又卷一三（大正五五·四六二中）。

等觉经》,改为后汉支娄迦谶译①;而竺法护所译的《无量寿经》,却改为魏康僧铠译②。《开元释教录》改定的理由何在?原来,《阿弥陀经》的译出最早。《无量清净平等觉经》的文段、文句、二十四愿,大都采用《阿弥陀经》而略加修正;并补充"叹佛偈"与"礼觐偈";增加法会四众的名字;改音译部分为意译。这两部关系密切,自成一类。《无量寿经》是四十八愿本,与唐译本相合,叙述阿弥陀佛、极乐国土的依正庄严,文体较整齐,不像古译二本那样的冗长。但古译二本的"五大善",及乞丐与国王譬喻,都保留着,似乎是二十四愿本与四十八愿本的过渡期间的经本。古代,一致以《阿弥陀经》为支谦所译,所以《无量清净平等觉经》的译者,增加了推定上的困难。如依《出三藏记集》,是竺法护所译,比对竺法护的其他译典,不可能是一人所译的。如依《众经目录》,改为白延所译,然白延与支谦同时,可能还早些。白延在魏地,支谦在吴地,白延采用支谦译而略加修改,是很难想像的。不满意古代传说,所以《开元释教录》改定为支娄迦谶译。然支谶在前,支谦在后,支谦依据支谶的译本,反而改用音译,不合常情,也不合支谦的译例。传说一直在变动中,显然是没有确切的史实可据。我以为,如否定古代一致的传说,以《阿弥陀(三耶三佛萨楼佛檀过度人道)经》为支娄迦谶译,《无量清净平等觉经》为支谦译;支谦是传承支谶所学的,译文少用音译,也许是最合理的推定!

《小(阿弥陀)经》的译本,现存二部:一、《阿弥陀经》(也名

① 《开元释教录》卷一(大正五五·四七八下)。
② 《开元释教录》卷一(大正五五·四八六下)。

《无量寿经》），一卷，姚秦弘始四年（西元四〇二）鸠摩罗什译。二、《称赞净土佛摄受经》，一卷，唐永徽元年（西元六五〇）玄奘译。这是《大经》的略本，虽没有“二十四愿”与“三辈往生”，然叙述极乐国土的依正庄严，劝念佛往生，简要而有力，为一般持诵的要典。《观（无量寿佛）经》，一卷，宋元嘉年间（西元四二四——四五一），畺良耶舍（Kālayaśas）译，立十六观，九品往生，是观相念佛的要典。

依阿弥陀净土的根本圣典——古本《阿弥陀经》，全经的内容是：佛因阿难的启问，称叹阿难；称叹佛如优钵昙花那样，是难得相遇的。

佛说：过去提想罗竭（Dīpaṃkara 然灯）佛以前三十四佛，名楼夷亘罗（Lokeśvara-rāja 世自在王）。那时的大国王出家，名昙摩迦（Dharmākara 法藏）的问佛：自己“求佛为菩萨道”，希望成佛的时候，能于十方无数佛中，最尊，智慧勇猛；顶中光明普照；国土七宝庄严；十方无数的佛国，都听见我的名字；听见名字的诸天人民，来生我国的，都成为菩萨、阿罗汉（这是阿弥陀净土的根本意义）！佛赞叹他，只要精进不已，一定能满足心愿的。于是佛为昙摩迦说了二百一十亿国土的情况。昙摩迦选择而集成二十四愿；从此奉行六波罗蜜，精进愿求，终于成为阿弥陀佛，实现了当初的愿望——上来是阿弥陀佛的因行。

佛对阿难说：阿弥陀佛顶的光明，是十方诸佛所不及的。凡见佛光明的，莫不慈心欢喜，不起贪嗔痴，不作不善事，恶趣的忧苦也停止了。阿弥陀佛的光明，受到十方佛、菩萨、罗汉的称赞。如称赞佛光明的，往生阿弥陀佛国，就受到菩萨、罗汉们的尊敬

(阿阇世王太子与五百长者子来了,听了二十四愿,就发愿成佛。这一段,《无量寿经》等都没有)。

阿弥陀成佛以来,已经十小劫。国名须摩提(Sumati,Sukhāmati,Sukhāvatī),在千万亿佛国外的西方。国土是七宝所成的平地,没有山、海、江河。没有三恶趣、鬼神,都是菩萨、阿罗汉,寿命无量劫。饮食自然,与第六天一样。没有妇女,女人往生的,都化作男子。菩萨、阿罗汉们,能互相见闻。同一种类,面目端正,同一(金)色。心中但念道德;说正事,说佛法,不说他人的罪过。互相敬爱,互相教诫。没有贪嗔痴,没有念妇女的邪意,能知道自己过去世的宿命——上来总说佛与佛国的庄严。

阿弥陀佛的讲堂、精舍、楼观,菩萨、阿罗汉的住宅,都是七宝所成的。到处有七宝的浴池;池水香洁,有人间天上所没有的香花。池水缓缓地流,发出五音声。凡往生阿弥陀佛国的,都在宝池的莲花中化生;面貌端严,如以第六天王来相比,如丑陋的乞丐与端严的国王一样(论到善恶业报)。讲堂、住宅、浴池,到处是一重重、一行行的七宝树,发出的五音声,也胜过第六天的音乐。

佛与菩萨、罗汉入浴时,池水会随意上下。出了浴池,坐在莲花上,微风舒适的吹着。宝树作五音声;宝花散落身上,落地就消失了。菩萨、阿罗汉们,想听经、听音乐、闻花香的,都随各人的心意。浴罢,在地上或虚空,讲(读?)经的,诵经的,说经的,受经的……坐禅的,经行的,都能得须陀洹道……阿罗汉道,或得阿惟越致(不退)。

菩萨们要供养十方佛,无数人追随而去。到了他方佛国,礼佛供养,供品是随意化现的。菩萨们坐着,听佛说经。诸天次第地下来,供养菩萨、阿罗汉。到处供养完毕,在"日未中时",就回来见阿弥陀佛。饮食时,自然有七宝几、七宝钵,钵中有百味饮食,香美无比,大家平等地受用。

阿弥陀佛说经时,菩萨、罗汉与诸天人民都来了;十方如恒河沙数佛国,也遣无数的菩萨来集会。佛说《道智大经》,风吹宝树作五音声;宝花覆在虚空;诸天持花、香、衣、音乐来供养。听经的都随分得益,得须陀洹……阿罗汉,得阿惟越致。菩萨与罗汉,诵经说法,智慧的勇健精进,如师子王,胜过十方佛国的菩萨、阿罗汉——以上说明佛国的依正庄严。

佛答阿逸(Ajita 弥勒)菩萨:阿弥陀佛国的阿罗汉,般泥洹的无数,新来得道的也无数,如大海水,流出流入,始终是那样的不增不减。在十方佛国中,阿弥陀佛国最大最好,那是佛在行菩萨道时,大愿精进修德所成的。

菩萨、阿罗汉的七宝住宅,在地上,或在空中,多高多大,能随自己的意愿。也有不得自在的,那是由于慈心、精进、功德的不足。衣食都是平等的。佛国的讲堂住宅,胜过了第六天上。菩萨与阿罗汉,能见能知三世十方的事。顶有圆光,所照的有大有小。佛国的两大菩萨:盖楼亘(Avalokitêśvara 观世音)、摩诃那钵(Mahāsthāmaprāpta 大势至),顶中的光明,照他方千须弥山佛国。善男子、善女人,如有危急恐怖的,归命这两位菩萨,都能得解脱。

阿弥陀佛顶的光明极大,连日月星辰都不见了,所以没有时劫,是永久的无限光明。佛国也不会败坏。佛的寿命无量,因为要度脱十方天人，往生佛国，得解脱或成佛。佛的恩德无穷，说法也难以数量；佛的寿量，是谁也不能数知的。将来阿弥陀佛入泥洹了，观世音菩萨作佛；观世音泥洹了，大势至菩萨作佛。智慧、福德、寿命，都与阿弥陀佛一样——以上说明阿罗汉的无数，佛光、佛国与佛寿的无量。

佛对阿逸菩萨说：往生阿弥陀佛国的，有三辈：最上辈的，修六波罗蜜，出家，不犯经戒，慈心精进，离爱欲，不嗔怒，斋戒清净而诚愿往生的，常念不断绝，现生能见阿弥陀佛、菩萨与阿罗汉；临命终时，佛菩萨等来迎，往生佛国。在宝池莲花中化生，得阿惟越致，住处与阿弥陀佛相近。中辈人，不能出家，但能布施持戒，供养寺塔，不爱不嗔，慈心清净，斋戒清净而愿生佛国。能一日一夜念不断绝，现生在梦中见佛，临终化佛来迎，往生佛国，智慧勇猛。下辈人，不知道布施，供养寺塔，但也能不爱不嗔，慈心精进，斋戒清净而愿生佛国。能十日十夜念不断绝的，命终往生，也智慧勇猛。中下辈人，如中途疑悔不信的，命终时以阿弥陀佛的威力，生在边地疑城。五百岁后，才能出城，久久才能见佛，渐渐地开悟。

(上辈)阿惟越致菩萨！皆当作佛。如愿生他方佛国的，也不会堕恶趣，一定成佛。(下辈)想往生的，应该修十善行，信佛法，作善事，十日十夜不断绝，往生阿弥陀佛国。(中辈)虽不能出家，能不念家事，不与妇女同床，断爱欲而一心斋戒清净，一日一夜不断绝的，命终可以往生。往生佛国的，都生在七宝莲花上，自知宿命。

佛国的菩萨、阿罗汉们，都一心行道，没有罪恶，终于趣入泥洹。佛国这样的清净美好，为什么要恋著世间，不肯作善为道？生死是不能相代的，千亿万岁在生死中，实在可怜！如信佛说而行善的，是佛的小弟（子）。学经戒（法与律）的，是佛的弟子。出家为佛作比丘的，是佛的子孙[佛子]。大家应该发愿修行，求生阿弥陀佛国！

阿逸赞佛的慈悲、恩德；听见阿弥陀佛名号的，都欢喜开解。佛说：是的！如于佛有慈心的，就应当念佛。生死那样的苦恼，世间事不过须臾。往生阿弥陀佛国的，不再有罪恶、忧苦，得永久的安乐。求往生的，切不可疑悔不信，因此而生在疑城——以上明三辈往生，劝人念佛往生。

佛对阿逸说：要制心正意，身不作恶。十方佛国，都自然行善，容易教化。我在这苦世间成佛，为的要使大家离五恶，修行五（戒）善，得福德而入泥洹。世间的苦恼，都由于五恶。大家要摄持根门，奉行六度。对于（释迦佛的）经法，能慈心专一，斋戒清净一日一夜的，胜过在阿弥陀佛国行善百年。作善十日十夜的，胜过在他方佛国行善千年。我在这苦世间成佛，慈心教导，人人行道，自然天下太平。将来佛去世了，作善的少了，五恶又要盛起来。大家总要持佛的经法，展转教化——以上说明释迦佛出于恶世，以五戒度人的意义。

佛教阿难，向西方，为阿弥陀佛作礼，并说："南无阿弥陀三耶三佛檀。"阿弥陀佛放光，无数世界大震动；法会大众，都见到阿弥陀佛与七宝国土。那时，一切苦难都停止了。

佛说：十四世界及无数国土的菩萨，都往生阿弥陀佛国。宿德深厚的，才能听见阿弥陀佛的名声；狐疑不信的，是从恶道中来的。佛将经嘱累大众；将来经法灭绝时，此经留住百年，利益众生。

从大本《阿弥陀经》来看，阿弥陀佛净土，在初期大乘的净土思想中，是富有特色的。法藏比丘立二十四愿（或四十八愿），成立一完善的净土，作为救济众生，来生净土者修道的道场。在选择二百十亿国土，结成二十四愿以前，弥陀净土的根本特性早已在佛前表示出来，如《阿弥陀（三耶三佛萨楼佛檀过度人道）经》卷上（大正一二·三〇〇下——三〇一上）说：

“令我后作佛时，于八方上下诸无央数佛中最尊，智慧勇猛。头中光明，如佛光明所焰照无极。所居国土，自然七宝，极自软好。令我后作佛时，教授名字，皆闻八方上下无央数佛国，莫不闻知我名字者。诸无央数天人民及蜎飞蠕动之类，诸来生我国者，悉皆令作菩萨、阿罗汉无央数，都胜诸佛国。”①

经中所说的二十四愿，或四十八愿，都不外乎这一根本意愿的具体组合。阿弥陀佛的光明，胜过一切佛。佛的光明、名闻（称），为十方无数佛国所称誉，为十方诸天人民称叹，所以发愿往生：这是第二十四愿②。阿弥陀佛的特胜，从佛的光明、名闻而表达出来。佛的光明遍照，使一切众生的苦迫得到解除，在释

---

① 《阿弥陀经》是长行，《无量清净平等觉经》卷一（大正一二·二八〇下）、《无量寿经》卷上（大正一二·二六七中），都是颂文，大意相同。《大宝积经》卷一七《无量寿如来会》（大正一一·九六上），《大乘无量寿庄严经》卷上（大正一二·三一八下），颂意稍略。

② 《无量清净平等觉经》第十三愿，《无量寿经》第十二愿。

尊入胎、出胎、成佛的因缘中，部派佛教有不同程度的放光传说①。阿弥陀净土，是重视光明的利益众生，而予以高度的赞扬②。胜过一切佛，是阿弥陀佛的根本愿，所以第十七愿说："令我洞视（天眼通）、彻听（天耳通）、飞行（神足通），十倍胜于诸佛。"十八愿说："令我智慧说经行道，十倍于诸佛。"③也许这过于特出，不大适合"佛佛平等"的原则，所以这二愿，其他译本都删略了。根本意愿中的国土七宝所成，是第三愿，《无量清净平等觉经》没有这一愿。在净土本愿思想的发展中，着重于来生净土者的功德。净土思想的重点，不止是理想的自然环境，而在乎净土中的德行与进修，圣贤间和平的向道。所以"三辈往生"，是弥陀净土的，怎样往生净土的重要问题。

"三辈往生"，古译本都有明确的说明。在《阿弥陀经》中，与"三辈往生"有关的，共有四处：一、"三辈往生"；二、"二十四愿"的五、六、七——三愿；三、"三辈往生"段后，重说三类往生，为一补充说明；四、佛小弟、弟子、子孙——三类④。依《阿弥陀经》所说，往生阿弥陀佛国的，虽有不等程度的三类，然有共同的条件。如"慈心精进"、"不当嗔怒"、"斋戒清净"；而"念欲往生阿弥陀佛国"——愿欲往生的一心念，是往生者所必不可缺

① 如《佛本行集经》："入胎"，卷七（大正三·六八二下）；"出胎"，卷七（大正三·六八六下）；"成佛"，卷三〇（大正三·七九五下——七九六上）。

② "唐译本"与"宋译本"，重于"无量寿"，对"无量光明"的憧憬，多少衰退些。

③ 《阿弥陀三耶三佛萨楼佛檀过度人道经》卷上（大正一二·三〇二上）。

④ 《阿弥陀三耶三佛萨楼佛檀过度人道经》一、卷下（大正一二·三〇九下——三一一上）。二、卷上（大正一二·三〇一中——下）。三、卷下（大正一二·三一一上——中）。四、卷下（大正一二·三一二下）。

的。在这些共同的基础上，如出家，作菩萨道，奉行六波罗蜜，断爱欲（“不与女人交通”）而常念至心不断绝的，是上辈，佛的子孙[佛子]。生到阿弥陀佛国，就作阿惟越致——不退转菩萨，有三十二相、八十种好。如不能出家的，能受持经戒，布施沙门，供养寺塔，就是能在三宝中广作福德的。一日一夜中，断爱欲（不念世事，不与女人同床）而常念不断绝的，是中辈，佛的弟子。依第六愿说：“来生我国作菩萨”，但其他三处，都没有明说是菩萨。如不能出家，又不能在三宝中广作福德，这是由于“前世作恶”，应该忏悔；奉行十善；在十日十夜中，断爱欲而常念不断绝的，是下辈，佛的小弟（子）。依《阿弥陀经》所说，往生的必备条件，是慈心、不嗔、斋戒与断爱欲——一日一夜……或尽形寿，一心念愿求生阿弥陀佛国。而出家行六波罗蜜的，是上辈、菩萨；广修福德的，是中辈；不修福德的，只能是下辈。这是推重出家与断爱欲，也是重视福德的。《无量清净平等觉经》所说的“三辈往生”，也是这样的；但在二十四愿中，仅有十八愿的“作菩萨道”，与十九愿的“前世为恶”，缺中辈人①。

魏译《无量寿经》的十八、十九、二十——三愿，与“三辈往生”相当。仅十九愿说“发菩提心”，与《阿弥陀经》相合。经说：“至心信乐，欲生我国”；“至心发愿，欲生我国”；“至心回向，欲生我国”，也是一心念愿生阿弥陀佛国的意思②。但在正说“三辈往生”，却有了重大的修改。如上辈“发菩提心，一向专念无量寿佛”；中辈是“发无上菩提之心，一向专念无量寿佛”；下辈

① 《无量清净平等觉经》卷一（大正一二·二八一下）。

② 《无量寿经》卷上（大正一二·二六八上——中）。

是“发无上菩提之心，一向专意，乃至十念念无量寿佛。……乃至一念念于彼佛”①。三辈都说发菩提心，有倾向于纯一大乘的迹象。上辈与中辈，都是一向专念，而下辈是“乃至十念”，“乃至一念”，往生的条件大大地放宽了。“念”，也是专念无量寿佛，不再是念生阿弥陀佛国。《无量寿如来会》，与《无量寿经》相合，是四十八愿的修正本。《大乘无量寿经》，是三十六愿本。与三辈相当的愿文，是十三、十五愿，都是“悉皆令得阿耨多罗三藐三菩提”②。与“三辈往生”相当的，也都是“不退转于阿耨多罗三藐三菩提”③。四十八愿本，对于往生阿弥陀佛国的，倾向于纯一大乘，然经中所说无量数的阿罗汉从何而来，并没有交待。三十六愿本才明确地说：“所有众生，令生我刹，虽住声闻、缘觉之位，往百千俱胝那由他宝刹之内，遍作佛事，悉皆令得阿耨多罗三藐三菩提”④；“圆满昔所愿，一切皆成佛”⑤。一切众生同归于一乘，从四十八愿本而演进为三十六愿本，露出了后期大乘的特色。

依《阿弥陀经》，中辈与下辈往生的，是一日一夜或十日十夜念不断绝的。如“后复中悔，心中狐疑不信”：不信善恶业报、不信阿弥陀佛、不信往生，这样的人，如“续念不绝，暂信暂不信”的，临终见佛的化相，一念悔过，还是可以往生的，但生在佛国的边界（四十八愿本等，称为“胎生”）。在城中虽快乐自在，

---

① 《无量寿经》卷下（大正一二·二七二中——下）。

② 《大乘无量寿庄严经》卷上（大正一二·三一九下）。

③ 《大乘无量寿庄严经》卷中（大正一二·三二三中——下）。

④ 《大乘无量寿庄严经》卷上（大正一二·三一九中）。

⑤ 《大乘无量寿庄严经》卷中（大正一二·三二一上）。

却不得见佛、听经,也不能见比丘僧。要五百年以后,才能出城来,慢慢地见佛听法。疑信参半而生于边国,说一切有部有此传说,《阿弥陀经》引为"中悔"者的住处。经上说:"佛亦不使尔身行所作自然得之,皆心自趣向道。""其人本宿命求道时,心口各异,言念无诚信,狐疑佛经,复不信向之,当自然入恶道中。阿弥陀佛哀愍,威神引之去耳。"①"中悔不信",是应该堕恶道的。但依佛的慈悲威力,使他生在边地。阿弥陀佛对恶人的他力接引,在这里已充分表现出来了!

第二项　阿閦佛妙喜净土

阿閦佛净土的经典,华译而现存的,有:一、后汉支娄迦谶,西元一七八——一八九)译的"阿閦佛国经",二卷。二、唐菩提流志 Bodhiruci,西元七〇五——七一三)所译,编为《大宝积经》第六《不动如来会》,二卷。这二部是同本别译,译出的时间,距离了五百多年,但内容的出入不大。汉译的分为五品,唐译的作六品;就是汉译的第五《佛泥洹品》,唐译分为《涅槃功德品》、《往生因缘品》。汉译的末后部分,显然是残缺不全,唐译是完整的。这部经在长期流传中,没有太多的变化——随时代而演化,所以在初期大乘思想中,能充分而明确地表示出早期的经义。

这部经的内容概要是:舍利弗请佛开示"如昔诸菩萨摩诃萨,所愿及行,明照并僧那",以作未来求菩萨道者的修学楷模。

① 《阿弥陀三耶三佛萨楼佛檀过度人道经》卷下(大正一二·三一〇中)。

佛说:过去,东方有阿比罗提(Abhirati,译为妙喜)世界,大目(Vairocana)如来出世,为菩萨说六波罗蜜行。菩萨行是难学的,因为对一切众生,不能起嗔恚。那时,有比丘对大目如来发愿:"我从今以往,发无上正真道意",一直到成佛,不起嗔恚;不起声闻缘觉心;不起贪欲,(嗔恚,)睡眠,众想[掉举],犹豫狐疑、悔(以上是五盖);不杀生,偷盗,非梵行,妄语,骂詈[两舌],恶口,绮语,(贪欲,嗔恚,)邪见(以上是十恶)①。这位比丘这样的"大僧那僧涅"(mahā-saṃnāha-saṃnaddha,意译为着大铠甲),由于不再起嗔恚,所以被称为阿闳菩萨。

阿闳菩萨又发愿:所行的不离一切智愿;一切智相应;生生出家;常修头陀行;无碍辩才说法;常住三威仪——行、立、坐;不念根本罪及妄语等世俗言说;不笑而为女人说法;不躁动说法,见菩萨生大师想;不供养异道,在坐听法;财施法施时,对人不生分别心;见罪人受刑,一定要舍身命去救助。当时,大目如来为阿闳菩萨证明,能这样发愿修行的,一定成佛。阿闳菩萨又发愿,将来的佛国中,四众弟子没有罪恶;出家菩萨没有梦遗;女人没有不净。那时,大目如来为阿闳菩萨授记,将来在妙喜世界成佛,名阿闳如来。

佛对舍利弗说:阿闳菩萨受记时,如放光、动地等瑞相,都与释尊成佛的情况一样。阿闳菩萨发愿以来,他的"僧那僧涅",是一般菩萨所不及的,手足头目,什么都能施舍;身体没有病痛;世世梵行;从一佛刹到一佛刹,供养、听法、修波罗蜜行;并以所

① 汉译本,"悔"盖在十不善内;唐译本,"疑"盖与十不善合为一段。似乎梵本传写,有点杂乱。

有的善根回向，愿成佛时，佛国中的菩萨都能这样的修行——以上《发意受慧品》。

阿闳如来成佛时，放光、动地；一切众生都不食不饮，身心不疲倦，互相爱敬而欢乐；天上与人间，都没有欲念；合掌向着如来，见到了如来；天魔不作障碍，诸天散花；阿闳佛的光明，映蔽了大千世界的一切：这是阿闳佛本愿所感得的。

阿闳佛国土非常庄严：高大的七宝菩提树，微风吹出和雅的音声。没有三恶道。大地平正，没有山谷瓦砾，柔软而随足高低。没有风寒（热）气——三病，没有恶色丑陋。贪嗔痴都微薄。没有牢狱拘闭。没有异道。树上有自然香美的饮食，随意受用。住处七宝所成，浴池有八功德水。女人胜过女宝多多。床座是七宝的，饮食与天上的一样。没有国王，但有阿闳佛为法王。没有淫欲。女人没有女人的过失；怀孕与生产，没有苦痛。没有商贾，农作。自然音乐，没有淫声。这都是阿闳佛本愿所感得的。

阿闳佛的光明普照。佛的足下，常有千叶莲花。佛所化的三千大千世界，以七宝的金色莲花为庄严——以上《佛刹善快品》。

阿闳佛国中，证阿罗汉、得八解脱的声闻弟子非常多，多数是一下就证阿罗汉的；如次第证得阿罗汉果，那是懈怠人了。佛国的声闻，一定现生得阿罗汉，成就阿罗汉的功德。佛国也有三道宝阶，人间与天上可以互相往来。人的福乐与天上相同，但人间有佛出世说法，比天国好多了！佛说法的音声，听法的弟子，遍满三千大千世界。（弟子们衣食自然，没有求衣钵、作衣等事。没有罪恶，所以不说罪，也不用授戒。弟子们离欲、慢，少欲知足，乐独住①。）弟子们住三威仪——行、立、坐而听法。涅槃后自然化去，没有剩余。弟子们很少不具足四无碍解及四神足的——以上《弟子学成品》。

阿闵佛国有无数的菩萨，（多数是）出家的受持佛法，或到他方去听法、问义。如往生阿闵佛刹的，决定住于（声闻、缘觉）佛地，得阿惟越致。出家菩萨都不住精舍；出家与在家的菩萨，都受持佛法，死了再生，也不会忘失。如要在一生中见无数佛，种无数善根，为无数大众说法，就应当发愿，求生阿闵佛国。此地的出家菩萨，万万不及阿闵佛国的菩萨。如生在阿闵佛国，就得阿惟越致，因为恶魔不会娆乱，而且信奉佛法。以满大千界的七宝布施，愿生阿闵佛国，如炼金而制成庄严具一样。生在佛国的菩萨，都是“一行”——“如来行”。如王城坚固，不畏强敌的侵夺；远走边国的，不怕债主的逼迫。求菩萨道而愿生阿闵佛国的，也不会受恶魔的娆乱。

佛知道舍利弗的意念，就现神力，使大众见到阿闵佛国众会的庄严。舍利弗说：阿闵佛国的诸天人民，没有胜劣的差别，充满了欢乐。佛在大众中说法，如大海那样，一望无涯的没有边际；听众都身心寂静不动。以大千界七宝布施，求生阿闵佛国，能得阿惟越致，如拿着国王的书印，出使到他国一样。生阿闵佛国的，与此间的须陀洹相等，不会再堕恶道，决定向于正觉。佛说：生阿闵佛国的菩萨摩诃萨，与此间的受记菩萨、坐树下菩萨

① 没有罪恶以下，唐译本缺。

相等。(阿难问须菩提:见阿闳佛国众会吗?须菩提教阿难向上看,但见虚空寂静。须菩提说:观阿闳佛国众会,应当是这样的[①]!)为什么相等?法界平等,所以说相等——以上《诸菩萨学成品》。

阿闳佛涅槃那一天,化身遍大千界说法;为香象菩萨授记作佛,名金色莲花;国土、众会,与阿闳佛国相同。阿闳佛涅槃时,现种种瑞相。凡生阿闳佛国的,都能得授记,得阿惟越致。凡听闻阿闳佛功德法门的,不属于魔。应求阿闳佛本愿,生阿闳佛国,“读诵百八法门”[②],受持一切微妙法门。阿闳佛涅槃时,自身出火阇维,金色的舍利,有吉祥相(卍)。大众为佛起七宝塔,以金色莲花作供养。往生阿闳佛国的菩萨,命终时见(成佛的)种种瑞相。阿闳佛的正法,住世百千劫。因为少有听法的,说法的也就远离了,精进的人少了,佛法也就渐渐地灭尽——以上是阿闳佛的涅槃功德。

愿生阿闳佛国的,要学阿闳佛往昔的大愿;行六波罗蜜,善根回向无上菩提。愿见阿闳佛的光明,见阿闳佛国的无数声闻;无数菩萨,与他们共同修学。愿见具大慈悲的;求菩提而出家(沙门)的;不起二乘心的;“谛住于空”的;常念佛法僧名号的。能这样,就能往生阿闳佛国,何况与波罗蜜相应,善根回向愿生阿闳佛国呢!愿生阿闳佛国的,应念十方佛,佛所说法,佛弟子众。修“三随念”,善根回向无上菩提的,能随愿生一切佛国;如回向阿闳佛国,就能够往生。

---

① 这一段似乎是补入的,因为除去这一段,前后文恰好衔接。

② 唐译“诵百八法门”,汉译作“八百门”,以唐译为正。

阿闳佛国的功德庄严，是一切佛国所没有的，所以菩萨应发愿摄取佛国的庄严，起增上乐欲心而往生。愿摄取清净佛国的，应该学阿闳菩萨摄取庄严佛国的德行。释尊有无数声闻弟子，但比阿闳佛国，简直少到不足比拟。弥勒及未来贤劫的诸佛，所有的声闻弟子，也万万不及。阿闳佛国的阿罗汉，比大千界的星宿还要多。阿闳佛国的，十方世界的菩萨、声闻，对于阿闳佛国功德法门，受持读诵通利的，非常的多，都能生阿闳佛国。阿闳佛护念这些人，所以临终不受恶魔的娆乱，不会退转，也不受水火毒刀等危害。阿闳佛远远地护念他们，如日轮的远照，天眼、天耳通的远见远闻一样。

佛护念付嘱菩萨摩诃萨，菩萨受此功德法门，为无量众生宣说。求声闻而能受持的，就能得阿罗汉。菩萨及阿惟越致，优先得到这阿闳佛功德法门。薄福德的，虽以满阎浮提的七宝布施，也求不到这一法门。菩萨能听闻的，一定成无上菩提。这部阿闳佛功德法门，受持者应该读诵通利，广为他人宣说。即使是远方，或是"白衣家"，为了说法，为了读诵、书写、供养，都应该前去，尽力地求得这阿闳佛功德法门①——以上《佛般泥洹品》。

法门的流通世间，是如来的威神力，也由于帝释、四王天等的护持。如国内有雨雹等灾害，应专念阿闳佛名号。菩萨要现身证无上菩提，就要学阿闳佛往昔所修的愿行。诸天听了，都赞叹归命，散花供养。佛知道帝释的心念，就现神力，使大众见阿闳佛国与众会的庄严。佛劝大众发愿往生阿闳佛国——以上

① 以下，汉译本缺。

《往生因缘品》。

从《阿閦佛国经》看来，阿閦佛净土法门，也是劝人发愿往生的。但在《阿閦佛国经》卷上，叙述国土庄严时，有这样的话(大正一一·七五六上)：

> "有异比丘，闻说彼佛刹之功德，即于中起淫欲意，前白佛言：天中天！我愿欲往生彼佛刹！佛便告其比丘言：痴人！汝不得生彼佛刹。所以者何？不以立淫欲乱意著，得生彼佛刹；用余善行法清净行，得生彼佛刹。"

"淫欲意"，"淫欲乱意著"，唐译作"心生贪著"、"爱著之心"①。净土，是不能以爱著心(贪图净土的庄严享受)往生的；要修善行，清净梵行，才能往生。这是重在德行，不是偏重信愿的。所以舍利弗最初启请，就是要知道过去菩萨摩诃萨的"所愿及行，明照并僧那"。从大愿与净行，为正法而精进中，得来的净土庄严，可作为菩萨发心修学的模范；生在净土的，也是大好的修行道场。经中在叙述了佛的泥洹功德以后，说出了往生阿閦佛国的因缘，如：

1. 发愿学阿閦佛往昔的愿行。
2. 行六波罗蜜，善根回向，愿生阿閦佛国。
3. 愿当来见阿閦佛的光明而成大觉。
4. 愿见阿閦佛国的声闻众。
5. 愿见阿閦佛国的菩萨众，与菩萨们一同修学。

---

① 《大宝积经》卷一九《不动如来会》(大正一一·一〇五下)。

6. 愿见具大慈悲的，求菩提而出家的，舍离二乘心的，谛住于空的，念佛念法念僧的菩萨。

7. 念十方佛法僧——“三随念”，回向无上菩提。

前二者，足以表示阿閦净土法门的特质。次三则，愿当来生在阿閦佛土，见佛光、声闻与菩萨，主要是与菩萨共学。后二则是遍通的，愿见大菩萨，及念十方三宝，回向菩提。这是能随愿往生十方净土的，如回向阿閦佛土，当然也可以往生。总之，往生阿閦（及一切）净土的因缘，是清净的愿行。

修学阿閦佛功德法门的，有菩萨，也有声闻。但唐译这样说：“若声闻乘人，闻此功德法门，受持读诵，为无上菩提及真如相应故，精勤修习。彼于后生当得成就，或于二生补处，或复三生，终不超过当成正觉。”①这是声闻回心而趣入佛道了，与汉译本不同。经典在流传中，会多少受到后代思潮影响的。

阿閦菩萨当时的誓愿，是世世作沙门。世世着补衲衣［粪扫衣］，（但）三法衣，常行分卫［乞食］，常在树下坐，常经行、坐、住（不卧）——头陀行②。这是典型的头陀行。经中一再劝人，要学阿閦菩萨的愿行。等到大愿成就，实现为妙喜世界。在妙喜净土中，“诸菩萨摩诃萨，在家者止高楼上；出家为道者，不在舍止”③。出家菩萨不住七宝的精舍，正是树下坐（露地坐）——头陀的生活形态。理想的出家菩萨，不是近聚落住，在寺院中过着

---

① 《大宝积经》卷二〇《不动如来会》（大正一一·一一一下）。

② 《阿閦佛国经》卷上（大正一一·七五二中）。《大宝积经》卷一九《不动如来会》，作十二头陀行（大正一一·一〇二中——下）。

③ 《阿閦佛国经》卷下（大正一一·七五八中）。《大宝积经》卷二〇《不动如来会》，作“在家者少，出家者多”（大正一一·一〇七中）。

集体生活，而是阿兰若处，头陀行的比丘。阿閦佛净土中的声闻弟子，汉译本说①：

1. 众弟子不于精舍行律——善本具足故。

2. 诸弟子不贪饮食、衣钵、诸欲——少欲知足故。

3. 佛不为诸弟子授(制)戒——其刹无有恶者故。

4. 无有受戒事——得自在聚会，无有怨仇。

5. 诸弟子不乐共住，但行诸善。

阿閦佛国的声闻弟子，是不住精舍，依律行事的。佛没有为他们制戒，他们也没有受戒。没有和合大众，举行羯磨("不共作行")，只是独住修行。这是比对释尊制立的僧伽生活，而显出净土弟子众的特色。佛教自制立学处、受具足戒以来，渐形成寺院中心，大众过着集体生活，不免有人事的烦扰。在印度，部派就在僧团中分化起来，留下多少诤执的记录。不满此土的律仪行，所以理想净土的出家者，是没有制戒的、受戒的，聚会时没有怨仇，过着独往独来的、自由的修道生涯。阿閦佛国的菩萨与声闻弟子，与"原始般若"出于阿兰若的持修者是一致的。在现实人间，有少数的阿兰若远离行者，以释尊出家时代的生活(四清净)，及佛弟子早期的生活(八正道)方式为理想，而表现于阿閦佛的妙喜世界里。从"重法"而来的，初期的智证大乘，不满于律仪行的意境，到西元六、七世纪，已缺乏了解，所以净土中声闻弟子的生活方式，唐译本竟全部删去了！

---

① 《阿閦佛国经》卷上(大正一一·七五七下)。

第三项　东西净土的对比观察

东西二大净土的圣典,集出的时代是相近的,所以有太多的共同性。可以作比对的观察,从当时净土法门的一般性中,发见彼此间的差别。

阿閦佛国中,有菩萨与声闻,阿弥陀佛国也是这样。《阿弥陀经》说:菩萨与阿罗汉的数量,是难以计数的;并举四天下的星,大海的水,比喻阿罗汉的众多①。《阿閦佛国经》说:声闻弟子的众多,如大千世界的星宿;舍利弗称赞阿閦佛国为"阿罗汉刹"(国)②。《阿弥陀经》处处说"菩萨、阿罗汉",反而将一般联类而说的"辟支佛、阿罗汉"分开了,如说"佛、辟支佛、菩萨、阿罗汉"③。"菩萨、阿罗汉"的联合,表示了对菩萨与阿罗汉的同等尊重。二大净土法门,是不简别声闻的;声闻——求阿罗汉道的,与求菩萨道的,都应该往生净土。三乘同学、同入,与"般若法门"一样。《般若经》说到"大乘",所以有以为是比较迟出的④。其实,"大乘"是说一切有部的固有术语,不是轻视"小乘",而是称赞佛法的,如《杂阿含经》卷二八(大正二·二〇〇下)说:

"何等为正法律乘、天乘、婆罗门乘、大乘,能调伏烦恼

---

① 《阿弥陀三耶三佛萨楼佛檀过度人道经》卷上(大正一二·三〇七下——三〇八上)。

② 《阿閦佛国经》卷下(大正一一·七六二中——下)。

③ 《阿弥陀三耶三佛萨楼佛檀过度人道经》卷上(大正一二·三〇三上)。

④ 静谷正雄《初期大乘佛教之成立过程》(四二)。

军者？谓八正道。”

“下品般若”引用了大乘——摩诃衍，也是表示佛法的，如说：“摩诃衍者，胜出一切世间天、人、阿修罗。世尊！摩诃衍与虚空等。如虚空受无量阿僧祇众生，摩诃衍亦如是受无量阿僧祇众生。是摩诃衍如虚空，无来处、无去处、无住处，摩诃衍亦如是，不得前际、不得中际、不得后际。是乘三世等，是故名为摩诃衍。”①大乘，没有说胜出“小乘”，只是胜出世间法。虚空那样的含容一切，三世平等；虚空那样的大乘，是“无有量无分数”的。没有拒斥声闻，或否认声闻的果证，反而是含摄声闻。所以说：声闻、辟支佛、菩萨，同学般若波罗蜜②；声闻、辟支佛果，都不离菩萨的法忍③。三乘的同学同入（或同往生），是初期大乘初阶段的特征。然而，般若、阿閦、阿弥陀法门，虽采取通教三乘的立场，而法门的特质，到底是重在菩萨，而与声闻（传统）的经典是不同的。所以尽管含容二乘，而不能不特别赞扬佛果的究竟庄严，赞扬菩萨的行愿，赞扬菩萨的智慧，这是二乘所不及的！阿閦菩萨立愿，不起声闻、缘觉心，与《般若经》相同。菩萨求成佛道，与声闻、缘觉是不同的。求阿罗汉道的，生在阿弥陀佛土、阿閦佛国，并不能成佛，证得四果而已。二大净土法门，到底重在菩萨；经中都说“得阿惟越致”。阿惟越致，是不再退转为二乘。所以《阿弥陀经》没有说不起二乘心，只是没有说到，并不能依此而分别出思想的

① 《小品般若波罗蜜经》卷一（大正八·五三九上）。
② 《小品般若波罗蜜经》卷一（大正八·五三七中）。
③ 《小品般若波罗蜜经》卷一（大正八·五四〇下）。

迟早。

阿閦菩萨发成佛的大愿时，是比丘，并誓愿“世世出家”。在阿閦佛的净土中，《不动如来会》说：“在家者少，出家者多。”①这是推重出家的净土。阿弥陀佛的本生，法藏是一位出家的沙门（或作比丘）。在三辈往生中，第一（上）辈是“去家，舍妻子，断爱欲行作沙门”。不能出家作沙门的，是中辈与下辈②。阿弥陀佛净土的尊重出家者，与阿閦净土是一致的。这与《般若经》的推重出家、希愿出家，没有什么不同。初期大乘的初阶段，如般若、弥陀、阿閦净土法门，如解说为从声闻出家中发展出来，应该是可以成立的。但近代学者，或重视大乘与在家的关系；或设想为大乘出于非僧非俗的寺塔集团，与部派佛教无关，所以对初阶段大乘经所说，重于出家的文证，解说为：菩萨出家的，称为沙门。部派佛教的律藏，是多说比丘而不用沙门的③。将沙门限于出家菩萨，与声闻出家的比丘对立起来，在早期的译典中，实缺乏有力的证明。如《阿閦佛国经》说：发愿求成佛道的阿閦菩萨，是比丘；又说“世世作沙门”④。沙门与比丘，这里都是菩萨，没有什么不同。《阿弥陀经》一再提到沙门，如“弃国捐王，行作沙门，字昙摩迦”⑤，这当然是出家的菩萨。第一辈往生的，是“当去家，舍妻子，断爱欲行作沙门，就无为之道。当作

---

① 《大宝积经》卷二〇《不动如来会》（大正一一·一〇七中）。

② 《阿弥陀三耶三佛萨楼佛檀过度人道经》卷下（大正一二·三〇九下——三一〇下）。

③ 平川彰《初期大乘佛教之研究》（四七七）。参看静谷正雄《初期大乘佛教之成立过程》（五五）。

④ 《阿閦佛国经》卷上（大正一一·七五一下、七五二中）。

⑤ 《阿弥陀三耶三佛萨楼佛檀过度人道经》卷上（大正一二·三〇〇下）。

菩萨道,奉行六波罗蜜经者,作沙门,不亏经戒"①。这里所说的沙门,当然也是菩萨。经说"我小弟"、"我弟子"、"我子孙"——三类,是与三辈相当的。如说:"出身去家,舍妻子,绝去财色,欲作沙门,为佛作比丘者,皆是我子孙。"②与上辈相当的佛子,"欲作沙门,为佛作比丘",可见沙门与比丘,是不能区别为菩萨与声闻的。又如中辈是不能作沙门的"善男子、善女人","当饭食诸沙门"。沙门是佛教的出家者,是在家者恭敬供养的对象,不可能专指出家的菩萨。尤其是经末说:"即八百沙门,皆得阿罗汉道;即四十亿菩萨,皆得阿惟越致。"③得阿罗汉道的,是沙门,沙门正是出家的声闻弟子了。支谶译《道行般若波罗蜜经》卷六(大正八·四五四下——四五五上)说:

> "弊魔复化作其师被服,往到菩萨所诡语:若前从我所闻受者,今悉弃舍,是皆不可用也。……是皆非佛所说,余外事耳!汝今更受我所语,我所说皆佛语。"

"其师被服",《摩诃般若钞经》作"弊魔化作沙门若用被服"④;《小品经》作"若恶魔化作沙门"⑤;《道行般若经》在别处说:"正使如沙门被服,……亦复是贼也。"⑥可见"其师被服",确是沙门被服,出家沙门的服装(袈裟)。依《般若经》文,弟子

---

① 《阿弥陀三耶三佛萨楼佛檀过度人道经》卷下(大正一二·三〇九下);卷上的第七愿,大同(大正一二·三〇一中)。

② 《阿弥陀三耶三佛萨楼佛檀过度人道经》卷下(大正一二·三一二下)。

③ 《阿弥陀三耶三佛萨楼佛檀过度人道经》卷下(大正一二·三一七下)。

④ 《摩诃般若波罗蜜钞经》卷四(大正八·五二七中)。

⑤ 《小品般若波罗蜜经》卷六(大正八·五六四中)。

⑥ 《道行般若波罗蜜经》卷七(大正八·四六一下)。

信受般若法门,恶魔化作出家的师长,要他舍弃《般若经》,会授以真正的佛经。这说明了,在出家沙门中,有的传授《般若经》给弟子,有的以师长身份出来反对。这里的沙门,正是不信大乘的出家者。支谶所译《般舟三昧经》说:"比丘、比丘尼、优婆塞、优婆夷,……心念阿弥陀佛";接着又说,"若沙门、白衣",沙门即比丘、比丘尼的通称。《般舟三昧经》、《阿閦佛国经》、《阿弥陀经》、《小品般若经》的古译,与支谶、支谦有关。古译所说的沙门,决没有专指出家菩萨的意思。沙门(śramaṇa),本是一般出家者的通称;比丘(bhikṣu)也是一般的乞化者,佛教采用了印度当时的名称。佛教的出家者,最初只是比丘;比丘与沙门,可以互相通用,没有什么区别。后来出家的佛弟子分化为五众,这才沙门是出家众的通称,比丘仅是五众中的一类。但比丘仍为佛教僧团的核心、领导者,为出家者的代表,所以沙门与比丘,还是可以通用的。律藏虽少用沙门一词(不是不用),而经藏却每以沙门为通称。如《增一阿含经》说四类沙门①;《长阿含经·沙门果经》说"四沙门果"、"四种沙门",八众中立"沙门众"②。初期大乘经出于重法的系统,所以沙门与比丘通用。所以,以沙门为不属传统佛教的出家者,不过是想像的虚构而已!

《阿弥陀经》是在灵鹫山(Gṛdhrakūṭa)说的;参预问答的,是阿难、阿逸,阿阇世王子也来参加。《无量清净平等觉经》及四十八愿本,才有观世音菩萨的问答③。《阿閦佛国经》也是在灵

---

① 《增一阿含经》卷二〇(大正二·六五三下——六五四上)。

② 《长阿含经》卷四《游行经》(大正一·二五上、一八中、一六中)。

③ 《无量清净平等觉经》卷二(大正一二·二八八中)。

鹫山说的;参预问答的,是舍利弗、阿难、天帝释。《般若经》也是这样,在灵鹫山说;参预问答的,须菩提、舍利弗、阿难等大弟子以外,就是弥勒菩萨与天帝释。参预问答的,都是《阿含经》以来,部派佛教所共传的佛弟子,表示了大乘初阶段的共同性。

《阿弥陀经》末,因阿难的礼请,大众都见到了阿弥陀佛,七宝庄严的世界,与菩萨、阿罗汉们①。《阿閦佛国经》中,释迦佛为舍利弗现神足,见阿閦佛、佛国与弟子们②。经末,佛又现神力,大众遥见妙喜世界,不动如来与声闻众③。"下品般若"也在说经终了时,大众依佛的神力,见阿閦佛在大会中说法④。大乘佛法的初阶段,他方净土说传开了,但对发愿往生者来说,也许还不足以坚定信心,而非大众目睹,成为事实的传说不可。这是又一非常相同的地方。

《阿閦佛国经》与"下品般若",是有亲密关系的。"下品般若"说到了阿閦净土,如说:恒伽天女受记以后,"生阿閦佛国"⑤。"能随学阿閦佛为菩萨时所行道,……能随学宝相(即宝幢)菩萨所行道"的,虽没有达到阿毗跋致的地位,也为十方佛所称扬赞叹⑥。听闻般若波罗蜜,能信解不疑的,将来在阿閦佛及诸菩萨那里,听了也不会疑悔⑦。大众见阿閦佛在大会中

① 《阿弥陀三耶三佛萨楼佛檀过度人道经》卷下(大正一二·三一六中——下)。

②《阿閦佛国经》卷下(大正一一·七五九下)。

③ 《大宝积经》卷二〇《不动如来会》(大正一一·一一二中)。

④ 《小品般若波罗蜜经》卷九(大正八·五七八中)。

⑤ 《小品般若波罗蜜经》卷七(大正八·五六八中)。

⑥ 《小品般若波罗蜜经》卷九(大正八·五七六下)。

⑦ 《小品般若波罗蜜经》卷九(大正八·五七七上)。

说法①。"香象菩萨今在阿閦佛所行菩萨道"②。《阿閦佛国经》所说:"发无上正真道意","萨芸若意"、不起"弟子(即声闻)、缘一觉意"③;"僧那僧涅"④;"如仁者上向见空,观阿閦佛及诸弟子等,并其佛刹,当如是"⑤;"谛住于空"⑥。这些,都与《般若经》义相合。而"受是经,讽诵持说。……有是经卷,当说供养之。若不得经卷者,便当写之"⑦。《般若经》所有普及一般的方便——听闻、读诵、书写、供养,《阿閦佛国经》也采用了。所以东方净土,是与般若法门相呼应的。西方阿弥陀净土,在二十四愿本的《阿弥陀经》等,虽没有明显的文证,但在四十八愿本的《无量寿经》却一再说到:"遵普贤大士之德"⑧;"得佛华严三昧";"现前修习普贤之德"⑨。四十八愿本传出要迟一些,已受到菩萨大行及般若法门的影响。西方净土法门,在流传中,为什么与"佛华严"、"普贤菩萨"相关联?想在第十三章"华严法门"中说到。

阿閦佛净土,处处比对释迦佛土——我们这个现实世界,而表示出理想的净土。阿閦佛土有女人,但女人没有恶露不净,生产也没有苦痛⑩。佛土中有恶魔,但"诸魔教人出家学道,不复

---

① 《小品般若波罗蜜经》卷九(大正八·五七八中)。
② 《小品般若波罗蜜经》卷九(大正八·五七九中)。
③ 《阿閦佛国经》卷上(大正一一·七五二上)。
④ 《阿閦佛国经》卷上(大正一一·七五四中)。
⑤ 《阿閦佛国经》卷下(大正一一·七六〇中)。
⑥ 《阿閦佛国经》卷下(大正一一·七六一下)。
⑦ 《阿閦佛国经》卷下(大正一一·七六四上)。
⑧ 《无量寿经》卷上(大正一二·二六五下)。
⑨ 《无量寿经》卷上(大正一二·二六六中、二六八中)。
⑩ 《阿閦佛国经》卷上(大正一一·七五六中)。

娆人”①。阿閦佛国与释迦佛土一样，有三道宝阶，人与忉利天人可以互相往来。人间的享受与诸天一样，但“忉利天人乐供养于天下人民，言：如我天上所有，欲比天下人民者，天上所有，大不如天下，及复有阿閦如来无所著等正觉也”②。人间比天上更好，这是“佛出人间”，“人身难得”，“人于诸天则为善处”，原始佛教以来的，人间佛教的继承与发扬。阿閦菩萨授记时的瑞相，与释尊成佛时的瑞相一样③。这些瑞相，出于传说的佛传——“因缘”。《阿閦佛国经》说，“菩萨摩诃萨，便当讽诵八百门”；《不动如来会》作“一百八法门”④。《佛本行集经》、《方广大庄严经》、《普曜经》，都说到百八法门⑤。可见《阿閦佛国经》的集出，是参照了释迦佛传的⑥，所以阿閦佛国充满了人间净土的色彩。阿弥陀佛净土，舍宅自然，“如第六天王所居处”；相貌相同，都同一色类，“皆如第六天人”⑦。百味饭食的随意受用，“比如第六天上自然之物”⑧。第六天王的相貌，“不如阿弥陀佛国中菩萨、阿罗汉”；第六天上的音乐，也不如阿弥陀佛国的音声⑨。

---

① 《阿閦佛国经》卷下（大正一一·七五九上）。

② 《阿閦佛国经》卷上（大正一一·七五七中）。

③ 《阿閦佛国经》卷上（大正一一·七五三中——七五四中）。

④ 《阿閦佛国经》卷下（大正一一·七六一上）。《大宝积经》卷二〇《不动如来会》（大正一一·一〇九中）。

⑤ 《佛本行集经》卷六（大正三·六八〇下——六八二中）。《方广大庄严经》卷一（大正三·五四四中——五四五上）。上二书，都作“百八法门”。作“八百法门”的，是《普曜经》卷一（大正三·四八七上——下）。

⑥ 女人没有恶露不净，生产没有苦痛，也与佛传中的佛母一致。

⑦ 《阿弥陀三耶三佛萨楼佛檀过度人道经》卷上（大正一二·三〇一中、下）。

⑧ 《阿弥陀三耶三佛萨楼佛檀过度人道经》卷上（大正一二·三〇三下）。

⑨ 《阿弥陀三耶三佛萨楼佛檀过度人道经》卷上（大正一二·三〇五上、中）。

“阿弥陀佛国讲堂舍宅，都复胜第六天王所居处。”①阿弥陀佛国如第六天，而又胜过第六天。第六天是欲界的他化自在天；从佛国充满光明、香花、音乐等庄严，受用饭食等来说，这是取法欲界天，佛化（没有女人爱欲）了的第六欲天模样。一是人间的净化，一是欲天的净化，阿閦佛土与阿弥陀佛土是不相同的。

阿弥陀佛的本愿，重在往生净土的菩萨与声闻。庄严的佛国，愿十方佛国的人民，都来生在这样的净土中。阿閦佛的本愿，在《佛刹善快品》中，说到佛国庄严，总是说：“是为阿閦如来往昔行菩萨道所愿而有持。”说到佛国中的菩萨，也说：“是为阿閦佛之善快。所以者何？如昔所愿，自然得之。”②佛国庄严与菩萨的胜行，似乎都与阿閦佛的本愿有关。然经中正说阿閦菩萨的誓愿，主要是菩萨的德行。仅国中没有罪恶者，梦中不会遗失，女人没有不净——末后三愿，才有关于未来的净土。这就表示了东西二大净土，誓愿的重点不同。《阿閦佛国经》也劝人发愿往生，而主要在劝人学习阿閦佛往昔菩萨道时的愿行。净土法门，当然有佛力加持成分，但阿閦净土是以自力为主的，所以说：“不以立淫欲乱意者，得生彼佛刹，用余善行法清净行，得生彼佛刹。”③重于菩萨行、自力行的净土，与般若法门相契合，阿閦佛净土，是智证大乘的净土法门。阿弥陀佛国，重在佛土的清净庄严。往生极乐世界的，也要“慈心精进，不当嗔怒，斋戒清净，（长期或短期的）断爱欲”，但与菩萨行愿相比，只是一般人

① 《阿弥陀三耶三佛萨楼佛檀过度人道经》卷上（大正一二·三〇八中）。
② 《阿閦佛国经》卷下（大正一一·七五八下）。
③ 《阿閦佛国经》卷上（大正一一·七五六上）。

天的善行。往生阿弥陀佛土的,在乎“一心念欲往生阿弥陀佛国”。即使是疑信参半的,到了临终时,也会依佛力而起悔心,生在极乐世界的边地。这是“阿弥陀佛哀愍威神引之去尔”①。重于信愿的、佛力的,是信愿大乘的净土法门。阿閦佛净土,与智证大乘相契合,所以采用听闻、读诵、书写、供养为方便;这是“法行人”的“四预流支”中,“多闻正法,如理思惟”的方便施设。阿弥陀佛净土,显然是重信的。“信行人”的“四预流支”,是佛不坏净、法不坏净、僧不坏净、圣戒成就。《阿弥陀经》正是以戒行为基,而着重于“念欲往生阿弥陀佛国”——念阿弥陀佛。东西二大净土,有着不同的适应性。

阿閦菩萨的大愿,是世世出家,行头陀行。阿閦佛国中的出家菩萨,是不住精舍的。阿兰若比丘,远离行者,在《阿閦佛国经》中,明显地表示出来。与阿閦净土相呼应的《般若经》,原始也是从阿兰若比丘持行无受三昧而发展出来的。阿兰若行第一的须菩提,被推为般若法门的宣说者,受到一再的赞叹②。《阿弥陀经》没有阿兰若行、远离行者的痕迹,这是从寺院中心的佛教中发展出来的。阿兰若比丘、聚落(近聚落)比丘,如第四章所说。寺院中心的佛教,在六斋日,为来寺的在家信众授三归、五戒及八关斋戒。《阿弥陀经》的第一(上)辈人是出家的(少数),中辈与下辈人都是在家的。《阿弥陀三耶三佛萨楼佛檀过度人道经》卷下(大正一二·三一〇上)说:

---

① 《阿弥陀三耶三佛萨楼佛檀过度人道经》卷下(大正一二·三一〇中)。

② 《小品般若波罗蜜经》卷一(大正八·五三八中、五三九下)。

“不能去家、舍妻子、断爱欲、行作沙门者，当持经戒，无得亏失。益作分檀布施，常信受佛经语深，当作至诚中信。饭食诸沙门；作佛寺、起塔；散华、烧香、然灯、悬杂缯彩。如是法者，无所适莫，不当嗔怒，斋戒清净，慈心精进，断爱欲，念欲往生阿弥陀佛国，一日一夜不断绝。”

这是中辈人往生的信行。在家的布施作福，如饭食沙门；造寺、起塔，以散华、烧香、然灯、悬彩来供养塔寺；并在一日一夜间，斋戒清净，断爱欲而念欲往生。“一日一夜”，是佛制受持八关斋戒的期限。中辈人往生的信行，显出了寺院中心的，信众的受法形态。下辈人的“十日十夜”，是八关斋戒的延长。受持八关斋戒的时限，有以为是不限于一日一夜的①。在寺院中心的通俗教化中，在家人本以受三归、五戒、八戒为信行的。等到大乘思想的机运成熟，他方佛菩萨、净土的传说中，适应于信愿行的阿弥陀净土法门，从寺院、斋戒的通俗教化中发展出来。唱导者，当然是法藏及上辈那样的出家沙门，出家者有着崇高的地位；一般阿弥陀佛净土法门的信行者，是中、下辈的在家众，这当然是多数。这一重信愿的法门，传入中国、日本，在在家信众中特别发达，是有其原因的。二大净土法门，有不同的特性，适应不同的根性，在不同情况下传布出来。但同属于初期大乘的初阶段，所以三乘共学、尊重出家等思想，是完全一致的。

① 《成实论》卷八（大正三二·三〇三下）。

第四项　法门传出的时代与地区

论到阿弥陀与阿閦净土法门流行与集出的先后，平川彰《初期大乘佛教之研究》以为："原始般若经与阿閦佛国经"，"般舟三昧经与大阿弥陀经"，为"最古的大乘经"，约形成于西元一世纪末；并略述学者间，对阿弥陀佛国思想，或迟或早的不同意见①。静谷正雄《初期大乘佛教之成立过程》，以《小品般若经》为"初期大乘"；《小品般若经》以前的，《大阿弥陀经》与《阿閦佛国经》等，为"原始大乘"。而《大阿弥陀经》的成立，在《阿閦佛国经》以前，这就达成了《阿弥陀经》最古的愿望②。《阿弥陀经》是古老的，但不能说是"最古"的，试略述我们的看法。如上面所说，《阿閦佛国经》与《般若经》，由于重自力的、智证大乘的共同性，关系密切。智证大乘，本为少数"法行人"的深证。发展而流布起来，继承"法行人"的"四预流支"，而成为听闻、读诵、解说、书写、供养、思惟、如法行等（十法行）方便。《阿弥陀经》是重他力的信愿大乘，适应"信行人"，继承了"信行人"的"四预流支"——念佛、念法、念僧、戒成就。由于佛教界"对佛的永恒怀念"，特重念佛。般若与阿閦净土法门，虽同样的一般化，成为善男子、善女人所能学的，但到底是适合于能读诵、能书写，能多少理解的根器。阿弥陀净土的斋戒念佛，是更适应于一般人的。不同的法门，有不同的适应，不同的方便，不能依据同一标准来分别先后的！如同一讲者，对不同的听众，讲不完全相

---

① 平川彰《初期大乘佛教之研究》（九八——一一九）。

② 静谷正雄《初期大乘佛教之成立过程》（四二——四六、六〇——六六）。

同的问题,内容当然不一样,这是不能用同一标准来衡量的。该书所举的理由,都不足以证明《阿弥陀经》是最古的,如:1. 贬抑声闻:《阿閦佛国经》也是三乘同学的,声闻一定究竟入泥洹的。舍利弗说:"如我所知,当观其佛刹为阿罗汉刹"①,毫无毁斥的形迹。《阿弥陀经》主要是劝人往生极乐净土,并不想说明菩萨与阿罗汉的差别;而《阿閦佛国经》重在劝学菩萨道,所以说"不发弟子,缘一觉意",这怎能作为先后的区别? 2. 空:《阿閦佛国经》说到空,而《阿弥陀经》没有说。然"空"是《阿含经》以来固有的术语,如"诸行空"、"胜义空"等都是。《中阿含经·拘楼瘦无诤经》说"知法如真实,……此行真实空"②,与《不动如来会》的"安住真实空性"(《阿閦佛国经》作"谛住于空")③,有什么差别?《阿閦佛国经》说:菩萨得受记的,与菩萨生阿閦佛国的,"是适等耳"。在这中间,插入须菩提观佛刹如虚空一小节④,应该是受《般若经》的影响而附入的。3."僧那僧涅"(saṃnāha-saṃnaddha),见说出世部的佛传——《大事》⑤。4."一切智"(sarvājñatā),是说一切有部、化地部、法藏部等所同说的⑥。5."回向"(pariṇāma),在相当早的原始大乘经《舍利弗悔过

① 《阿閦佛国经》卷下(大正一一·七六二下)。

② 《中阿含经》卷四三《拘楼瘦无诤经》(大正一·七〇三下)。

③ 《大宝积经》卷二〇《不动如来会》(大正一一·一一〇上)。

④ 《阿閦佛国经》卷下(大正一一·七六〇中)。

⑤ 见平川彰《初期大乘佛教之研究》所引(二一九)。

⑥ 《根本说一切有部毗奈耶破僧事》卷六(大正二四·一二七上)。《弥沙塞部和醯五分律》卷一五(大正二二·一〇四上)。《四分律》卷三二(大正二二·七八七下)。

经》，已经说到了①。6.“法师”（dharma-bhāṇaka），从“呗嚯者”（bhāṇaka）演化而来。在通俗教化中，“呗嚯者”是主持（通俗）说法、赞颂的；在大乘的经典书写流行时，就负起经典的读诵、讲说、书写等任务，转化为“法师”。这些《阿弥陀经》所没有的术语，或是《阿含经》所固有的，或是部派佛教所有的，或是重智大乘（读诵经典等）所有的。《般若经》与《阿閦佛国经》多了这些术语，是不能证明为后起的。

该书论定先后的某些理由，是很难赞同的，如说“佛塔供养”是古老的，“经典供养”是新起的②。“佛塔供养”是部派佛教所固有的，当然比“经典供养”要早得多。但大乘兴起，大乘兴起以后，“佛塔供养”还是照旧地流传下来，所以大乘《阿弥陀经》说“佛塔供养”，不能证明比大乘《般若经》、《阿閦佛国经》更早。又如说，《阿弥陀经》所译的“阿罗汉道”，《阿閦佛国经》译作“弟子道”，弟子是声闻（śrāvaka）的异译。《小品般若经》也译作“声闻”，所以论断《阿弥陀经》比《阿閦佛国经》等为早③。然大乘经集出以后，在流传中，梵本是会有多少变化的。所以论究初期大乘，古译是有重要价值的。汉（或说吴）译的《阿弥陀经》，译作“阿罗汉道”。“下品般若”的汉译《道行般若经》、吴译《大明度经》，经审细的比对，知道虽偶有“声闻”一词，而多数也是“阿罗汉道”，与《阿弥陀经》没有差别。今分类举例来说：历举四果及辟支佛的，《道行般若经》作“阿罗汉、辟支佛”，如说

① 《舍利弗悔过经》译作“持好心施与”（大正二四·一〇九一上）。

② 静谷正雄《初期大乘佛教之成立过程》（四二）。

③ 静谷正雄《初期大乘佛教之成立过程》（六一——六二）。

“及行须陀洹、斯陀含、阿那含、阿罗汉、辟支佛”;《大明度经》作“及求沟港、频来、不还、应仪、缘一觉”①。“应仪”是阿罗汉的意译,缘一觉是辟支佛(缘觉、独觉)的意译。凡说超过二乘、堕于二乘、二乘所不及的,(除卷一)都作阿罗汉。如《道行般若经》说:“堕阿罗汉、辟支佛道中”;“过于阿罗汉、辟支佛道上”;“阿罗汉,诸辟支佛所不能及”②。《大明度经》与此相当的,都译作“应仪、缘一觉”③。上二类,是汉、吴二译相合的,原语都是阿罗汉。也有二译的译语相反的,如《道行般若经·觉品》,提到“声闻、辟支佛道”、“声闻法”,《大明度经》译作“应仪、缘一觉道”、“应仪法”④。反之,《道行般若经》初《道行品》说:欲学阿罗汉法、辟支佛法、菩萨法,当学般若波罗蜜,而《大明度经》译作弟子、缘一觉、佛⑤。《道行般若经》说:菩萨得不受三昧,“阿罗汉、辟支佛所不能及”,而《大明度经》却译作弟子、缘一觉⑥。上二例,是汉、吴二译相反的。原语应该是阿罗汉,在传写中,或写作声闻(弟子),写本不同,译语也就不合了。惟有弥

① 《道行般若波罗蜜经》卷二(大正八·四三二中)。《大明度经》卷二(大正八·四八四上)。

② 《道行般若波罗蜜经》卷五(大正八·四五一下),又卷六(大正八·四五四下),又卷七(大正八·四六二中)。

③ 《大明度经》卷四(大正八·四九三上、四九四上),又卷五(大正八·四九九下)。

④ 《道行般若波罗蜜经》卷四(大正八·四四七上、中)。《大明度经》卷三(大正八·四九〇下)。

⑤ 《道行般若波罗蜜经》卷一(大正八·四二六上)。《大明度经》卷一(大正八·四七九上)。

⑥ 《道行般若波罗蜜经》卷一(大正八·四二六中、下)。《大明度经》卷一(大正八·四七九中、四八〇上)。

勒所说,与易行道有关的"随喜回向"部分,二译都是"声闻"。如《道行般若经》说:"声闻作布施持戒,自守为福","及于声闻中所作功德";《大明度经》也译为:"诸弟子所作布施持戒守法","诸弟子于中所作功德"①。与易行道有关部分,用词的体例,与古译"下品般若"不合。这可能本为一独立法门,因为"离相"的意义相合,而被编入"下品般若"的。声闻与阿罗汉,含义不完全相同。阿罗汉局限于第四果,声闻是通于四果、通于因位的。声闻是说一切有部、法藏部等固有的名词,并非大乘佛教的新名词。大乘经后来不称"阿罗汉、辟支佛",而称"声闻、辟支佛",大概是词义更适宜些。终于古本的阿罗汉,如《小品般若经》,都改成声闻了。从阿罗汉与声闻的译语而论,"下品般若"是不能说比《阿弥陀经》迟出的。《初期大乘佛教之成立过程》,是以《阿闳佛国经》为"原始大乘",早于"下品般若",为什么"下品般若"原语为"阿罗汉、辟支佛",而《阿闳佛国经》反而是"弟子、缘一觉"呢?大乘经不是一地区、少数人集出的,或作"阿罗汉道",或作"声闻道",只是法门传出与集成的地区不一,各采取一般惯用的词义而已。又如说,《阿弥陀经》是菩萨六度说,六波罗蜜先成立,然后有特别强调般若波罗蜜的经典②。这与佛塔在先的理由一样,是不足以证明《阿弥陀经》在先的。从《阿弥陀经》看来,在六波罗蜜中,是相当重视般若(智慧)的。经中不断地说:菩萨,菩萨阿罗汉的"智慧勇猛";在愿文中,就

---

① 《道行般若波罗蜜经》卷三(大正八·四三八上、四三九上)。《大明度经》卷二(大正八·四八六上、下)。

② 静谷正雄《初期大乘佛教之成立过程》(四三、六二)。

说到了三次——七、二十二、二十三愿。阿弥陀佛为大众说《道智大经》(“原始般若”——《道行品》),不正是特重智慧的经典吗?《阿弥陀经》的集出者对于智慧的重视,是不能说不知道的!

经上来的检讨,《阿弥陀经》在先的论证,是没有充足的理由来证成的。《阿弥陀经》、《阿閦佛国经》、“下品般若”,我赞同《初期大乘佛教之研究》的意见,这都是早期成立的。属于早期的理由,我以为是:参与问答者,除帝释、弥勒外,都是释尊当时的大弟子。法门是三乘共学共入的,当然主要的是菩萨。推重菩萨,而不否定二乘的果证。可以说,这是“通教三乘”,“重在菩萨”。推尊出家者,而受化的通于在家、出家,普及一般的善男子、善女人。佛的寿命,不论长与短,终归是要入般涅槃的。阿弥陀、阿閦、般若法门(《舍利弗悔过经》也如此),都是这样的,表示了从传统的(声闻)佛教、出家佛教中流演出来。三乘共学,表示了大乘的初阶段尊重传统、含容声闻的特色。初期的大乘佛教,是以成佛度众生为重,愿行为中心,论到佛果与菩萨行的。对于部派佛教,虽以区域的关系,与某一部派有关,但决不受一部一派的局限。这是活用部派佛教,“取精用宏”,而阐扬趣向于佛道的法门。

般若法门渊源于南方,流传到北方而兴盛起来。般若在北方流行,是经文自身所说到的。以乌仗那为中心,向东(包括犍陀罗)西延伸的罽宾区,说一切有部、化地部、法藏部、饮光部、大众部——“五部”①,也就是大众、分别说、说一切有——三大

① 《大唐西域记》卷三(大正五一·八八二中)。

系,都在这里流行。这里,民族复杂,部派众多,所以思想比较的自由,富有宽容的特色。如说一切有部的西方师,就是这样①。《阿闳佛国经》,重愿行与净土,是般若法门以外的一流。在流传与集成中,有了相互的影响,所以《阿闳佛国经》的传出,也应该是这一区域的。阿弥陀净土法门的引发与集出,可能更西方一些。初期大乘的兴起,主要是佛教自身的开展,与适应印度神教的影响;这点,阿弥陀净土也不应例外。但《阿弥陀经》,可能为了适应西方的异教思想,而更多一些外来的气息。太阳崇拜,原是不限于波斯(Pārasya)的。但阿弥陀佛的净土在西方;"当日所没处,为弥陀佛作礼"②,确为佛在西方的具体表现。《阿弥陀经》二十四愿以下,说明国土庄严以前,广说阿弥陀佛顶的光明,结论为:"阿弥陀佛光明,名闻八方上下,无穷无极,无央数诸佛国,诸天人民,莫不闻知,闻知者莫不度脱也。"③阿弥陀佛的原始思想,显然着重在"无量光"(amitābha),以无量光明来摄化众生。在波斯的琐罗斯德(Zoroaster)教,无限光明的神,名 Ormuzd,是人类永久幸福所仰望的④。两者间,多少有点类似性。中国有一传说,如《三宝感应要略录》卷上(大正五一·八三一下)说:

> "安息国人,不识佛法,居边地,鄙质愚气。时有鹦鹉鸟,其色黄金,青白文饰,能作人语;王臣人民共爱。(鹦

① 拙作《说一切有部为主的论书与论师之研究》(三一一——三一三,本版二六九——二七一)。

② 《阿弥陀三耶三佛萨楼佛檀过度人道经》卷下(大正一二·三一六中)。

③ 《阿弥陀三耶三佛萨楼佛檀过度人道经》卷上(大正一二·三〇三上)。

④ 参照静谷正雄《初期大乘佛教之成立过程》(二五一)。

鹔)身肥气力弱,有人问曰:汝以何物为食?曰:我闻阿弥陀佛唱以为食,身肥力强,若欲养我,可唱佛名。诸人竞唱,鸟渐飞腾空中,……指西方而去。王臣叹异曰:此是阿弥陀佛化作鸟身,引摄边鄙,岂非现身往生!即于彼地立精舍,号鹦鹔寺,每斋日修念佛三昧。以其(疑'从是'之误)已来,安息国人少识佛法,往生净土者盖多矣!"

这是出于《外国记》的传说。传说不在别处,恰好传说在安息(Arsaces),也就是波斯,这就有传说的价值。安息人不识佛法,却曾有念阿弥陀佛的信仰,也许是说破了阿弥陀净土思想与波斯宗教的关系。与波斯——安息宗教的关系,不必远在现在的伊朗(Iran)。琐罗斯德教的光明崇拜,是以大夏的缚喝,今Balkh为中心而发展起来的。在大乘兴起的机运中,适应这一地区,而有阿弥陀净土法门的传出吧!

第二节　净土思想的开展

第一项　净土与誓愿

《多界经》说:"无处无位,非前非后,有二如来应正等觉出现于世;有处有位,唯一如来。"①"唯一如来"的经说,部派间有不同的意见:如说一切有部,肯定地以为,在同一时间,唯有一佛

① 《阿毗达磨俱舍论》卷一二(大正二九·六四下)引文,出《中阿含经》(一八一)《多界经》。

出世，佛的教化力是可以达到一切世界的。大众部以为，经上所说的"唯一如来"，是约一三千大千世界说的；在其他的三千大千世界里，可以有多佛同时出世的。有佛出世的他方世界，就这样的流传起来。大乘佛教的多佛多世界，他方佛世界，起初当然是大众部所说那样的。释尊教化的（三千大千）世界，名为娑婆（Sahā），是缺陷多、苦难多的世界。传说的他方世界，都是非常清净庄严的。他方也有秽土的，只是不符合人类的愿望，所以没有被传说记录下来而已。他方清净佛土，到底是比对现实世界——释迦佛土的缺陷（如《阿閦佛国经》说），而表现出佛弟子的共同愿望。"天视自我民视，天听自我民听"，我想，依佛的愿力而实现为净土，不外乎依人类的愿望，而表现为佛的本愿。

佛法的本质，是以身心的修持，达成苦痛的解脱，是不离道德的、智慧的宗教。说到人类的苦痛，有的来于自己的身心——贪嗔痴，老病死，传说佛是为此而出世的。有的来于自他的关系——社会的，或爱或恨，都不免于苦痛。有来于物我的关系——自然界的缺陷，生活资具的不合意，不能满足自己的欲求。佛要人"知苦"，在部派佛教中，"苦"已被分类为生苦，老苦，病苦，死苦；爱别离苦，怨憎会苦；所求不得苦。解脱忧悲苦恼的原则，是"心杂染故有情杂染，心清净故有情清净"。心离烦恼，不再为老病死苦所恼，实现众苦永灭的涅槃。这是圣者们的修证，与身心修证同时，对于（众生）人类的苦难——社会的、自然界的苦难，要求能一齐解除的，那就是佛教净土思想的根源。上面曾说到：净土思想的渊源，有北拘卢洲（Uttara-kura）式的自然，那是从原始山地生活的怀念而来的；有天国式的庄严，那是与人间帝王的富贵相对应的。这是印度旧有的，但经过佛化了的。北洲与天国，可惜都没有佛法！有佛出世说法的净土，以弥勒的人间净土为先声。等到他方佛世界说兴起，于是有北洲式的自然，天国式的庄严，有佛出世说法，成为一般佛弟子仰望中的乐土。

净土，是比对现实世间的缺陷，而表达出理想的世界。佛法的意见，为了维持人与人间的秩序与和平，所以世间出现了王，王是被称为"平等王"的[1]。佛法有轮王的传说，与未来弥勒成佛说法相结合，成为佛教早期的人间净土。经典编入《中阿含》或《长部》，可见传说的古老。依《说本经》说[2]，将来人寿八万岁时，阎浮提洲（我们住的世界）由于海水的减退，幅员比现在要大得多。那时，人口众多，安稳丰乐。《大毗婆沙论》所依的经本，说到"地平如掌，无有比（坎？）坑砂砾毒刺。人皆和睦，慈心相向"[3]。当时的转轮王，名"螺"。轮王是不用刀兵，统一四天下，以正法（道德的，如五戒）化世的。如有贫穷的，由王以生活资具供给他。在这德化的和平大同世界里，什么都好，只有"寒热，大小便，（淫）欲，饮食，老"的缺陷。弥勒佛在那时出世说法（佛法是与释尊所说的一致），政治与宗教（佛法），都达到了最理想的时代。这是佛教初期，从现实人间的、佛法的立场，表现出人间净土的理想。

---

① 《起世经》卷一〇（大正一·三六二下）。

② 《中阿含经》卷一三《说本经》（大正一·五〇九下——五一〇中）。《长部》（二六）《转轮圣王师子吼经》（南传八·九二——九六）。

③ 《阿毗达磨大毗婆沙论》卷一七八（大正二七·八九三下）。

净土,是理想的修道场所。在这里,修道者一定能达成崇高的理想,这是佛弟子崇仰净土的真正理由。释尊出生于印度(阎浮提),自然与社会,都不够理想,佛弟子的修行也因此而有太多的障碍。政治与佛法,都达到理想的弥勒净土,还在遥远的未来。阿育王被歌颂为轮王的时代[①],迅速地过去。现实的政治与佛教,都有"每下愈况"的情形。我以为,大乘净土的发展,是在他方佛世界的传说下,由于对现实世界的失望,而寄望于他方的理想世界。在大乘净土中,阿閦佛净土是较早的,他还保有人间净土的某些特性。阿閦佛净土中,是有女人的,只是没有女人的过失、不净(也没有男人的不净)、生育的苦痛[②]。人间的享受,与天上一样;佛出人间,所以人间比天上更好[③]。这是人间净土的情况,但为什么又引向他方净土呢?以释尊的时代来说,社会有政治的组合,佛没有厌弃王臣,而是将希望寄托于较好的轮王——王道的政治。对佛法,佛出家时,佛最初摄受弟子时,还没有律制。为了"正法久住",释尊"依法摄僧",使出家者过着集团的生活。"戒律",不只是道德的、生活的轨范,也是大众共住的制度。"僧事",是众人的事,由出家大众,依"羯磨"(会议办事)来处理一切。简单地说,佛教的出家僧众,在集体生活中,过着平等、民主、自由、法治的修道生活。这种多数的律仪生活,在佛塔、寺院中心发展起来,渐成为"近聚落比丘"、"聚落比

---

① 阿育王与轮王的理想,还有一段距离,所以有金、银、铜、铁四轮王,以阿育王为铁轮王的传说。

② 《阿閦佛国经》卷上(大正一一·七五六中)。

③ 《阿閦佛国经》卷上(大正一一·七五七中)。

丘”。重于法制的形仪，不免忽略修证，终于（佛法越兴盛）戒律越严密，僧品越低落。传说摩诃迦叶，早就提出了疑问①。僧团中，出家，受戒，说戒，犯罪的忏悔；为了衣、钵、食、住处而繁忙。特别是犯罪、说罪，或由于论议的意见不合，引起僧团的诤执与分裂。传统的“律仪行”，部派分裂，在少数专修的阿兰若、头陀行者，是不能同意的。对这“律仪行”而崇仰“阿兰若行”，于是阿闳净土中，声闻人没有律仪生活，如《阿闳佛国经》卷上（大正一一·七五七下）说：

> “其刹众弟子，终无有贡高憍慢，不如此刹诸弟子，于精舍行律。……诸弟子不贪饮食，亦不贪衣钵，亦不贪众欲，亦不贪著也。为说善事行，所以者何？用少欲知止足故。舍利弗！阿闳佛不复授诸弟子戒；……是诸弟子但以苦空非常非身以是为戒。其刹亦无有受戒事，譬如是刹正士，于我法中除须发，少欲而受我戒。所以者何？其阿闳佛刹诸弟子，得自在聚会，无有怨仇。舍利弗！阿闳佛刹诸弟子，不共作行。便独行道，不乐共行，但行诸善。”②

阿闳净土的声闻弟子，不在精舍行律，不受戒，也不用剃除须发，只是少欲知足，“独住”地精进修行。“得自在聚会，无有怨仇”，是无诤的意思。菩萨出家的，也是“不在舍止”③，过着阿

---

① 《杂阿含经》卷三二（大正二·二二六中——下）。《相应部·迦叶相应》（南传一三·三二七——三二八）。

② 《大宝积经》的《不动如来会》，缺少这一段，可能是由于大乘后期，又回复僧团生活，与初期不同的关系。

③ 《阿闳佛国经》卷下（大正一一·七五八中）。

兰若式的生活。总之,释尊在此土人间的僧制,由于净土"诸弟子,一切皆无有罪恶者"①,一切都不用了。戒律,原是为了过失罪恶而制的。净土的修行,使我们想起了释尊当时的修道(四清净),及初期弟子众的修行(八正道)情况。

社会方面,阿闳佛净土是没有政治形态的,如说:"如欝单曰天下人民无有王治,如是舍利弗!阿闳如来无所著等正觉佛刹无有王,但有阿闳如来天中天法王。"②超越政治组织,没有国王,在传说上,受到北拘卢洲自然生活的影响。对现实世界来说,自阿育王以后,印度的政局混乱已极,特别是大乘勃兴的北方。希腊(Yavana)、波斯(安息 Pahlava)、赊迦(Sakas)人,不同民族先后地侵入印度。"三恶王"入侵,使民生困苦,佛教也受到伤害。佛教的圣者,作出了"法灭"的预言③。对于现实政治,失望极了,于是北洲式的原始生活,表现于阿闳佛国中的,就是没有国王。国王,是为了维持和平与秩序,增进人民的利益而存在的,但在净土的崇高理想中,和平、秩序与利益,是当然能得到的,那也就没有"王治"的必要了。社会困苦与混乱的原因,主要是生活艰苦与掠夺。在阿闳净土中,没有"治生者","贩卖往来者",衣食都是精美而现成的,享受与天人一样。住处,是七宝所成的精舍;床与卧具,女人所用的珠玑璎珞,都自然而有,满足了人类的一切需要。一方面,女人没有女人的过失、不净与生

① 《阿闳佛国经》卷上(大正一一·七五三上)。

② 《阿闳佛国经》卷上(大正一一·七五六上)。《摩诃般若波罗蜜经》卷一七,也说"令我国土众生无有主名,……除佛法王"(大正八·三四八下)。

③ 如《阿育王传》卷三(大正五〇·一一一中)。《迦丁比丘说当来变经》(大正四九·八下)。《佛使比丘迦旃延说法没尽偈百二十章》(大正四九·一一中)。

产的苦痛。大家都“不著爱欲淫泆”，连音乐也没有淫声，这就自然消除了男女间的纠纷与苦恼。在净土中，没有一切疾病；没有恶色的（印度的种姓阶级，从肤色的差别而来，没有色的优劣，就没有种族与阶级的分别）；没有丑陋的（身体的残障在内）；没有拘闭牢狱的事；也没有外道的异端邪说。生在阿闳佛净土的，虽只是“淫怒痴薄”，却是“一切无有罪恶者”。没有罪恶的理想社会，也就没有王政与僧团的必要。这一净土形相，为一般佛净土的共同形式。还有，阿闳净土是没有三恶道的，与《阿弥陀经》所说的一样。“其地平正，生树木无有高下，无有山陵溪谷，亦无有砾石崩山。其地行，足踏其上即陷，适举足便还复如故。”有八功德水的浴池。气候不冷不热；徐风吹动，随着人的意愿，树木吹出了微妙的音乐。佛的光明，遍照三千大千世界，用七宝金色莲花来庄严①。对国土、树林、浴池、楼观、香花、光明、音声等庄严，没有《阿弥陀经》那样的七宝庄严，详细地写出。大概《阿弥陀经》为斋戒的信行人说，所以应机而说得更详细些。

净土的内容，阿弥陀净土有了进一步的东西。1.“女人往生，即化作男子”②。这与“下品般若”的恒伽天女，受记作佛，就“今转女身，得为男子，生阿闳佛土”一样③。社会上，重男轻女；佛教女性，厌恶女身的情绪很深，有转女成男的信仰。于是超越

① 以上都出于《阿闳佛国经》卷上《阿闳佛刹善快品》（大正一一·七五五上——七五六下）。

② 《阿弥陀三耶三佛萨楼佛檀过度人道经》卷上（大正一二·三〇三下）。

③ 《小品般若波罗蜜经》卷七（大正八·五六八中）。

了男女共住的净土，进而为(色界天式的)纯男无女的净土。2. 阿闳净土但说佛成佛时，即使没有天眼的，也能见到佛的光明。生在阿弥陀佛净土的，菩萨与阿罗汉，都有宿命、天眼、天耳、他心等神通①。3. 阿闳佛净土，着重于声闻的究竟解脱，菩萨的阿惟越致②。阿弥陀净土却说：阿罗汉与菩萨都是"寿命无央数劫"；而阿弥陀佛寿命的无量，更是着力写出的重点③。4. 净土没有三恶道，所以没有鸟兽。但飞鸟的美丽，鸣音的和雅，不是能增添净土的美感吗？所以后起的《观无量寿佛经》说："水鸟树林，……皆演妙法。"④这不是净土有恶道吗？小本《阿弥陀经》说："汝勿谓此鸟实是罪报所生！……是诸众鸟，皆是阿弥陀佛欲令法音宣流，变化所作。"⑤于是净土有了众鸟和鸣，宣说妙法的庄严。从净土思想发展来说，面对我们这个世界的缺陷，而愿将来佛土的庄严，是"下品般若"、《阿闳佛国经》所同的。阿闳佛净土，保有男女共住净土，及人间胜过天上的古义。《阿弥陀经》是比对种种净土，而立愿实现一没有女人的，更完善的净土。在这点上，应该比《般若》、《阿闳》的净土思想要迟一些。当然，色界天式的七宝庄严，纯男性的世界，在印度佛教是早已有之的。

大乘净土法门，与本愿(pūrva-praṇidhāna)有关。本愿，是

① 《阿闳佛国经》卷上(大正一一·七五五中)。《阿弥陀三耶三佛萨楼佛檀过度人道经》卷上(大正一二·三〇八中)。

② 《阿闳佛国经》卷上(大正一一·七五七上、七六〇上)。

③ 《阿弥陀三耶三佛萨楼佛檀过度人道经》卷上(大正一二·三〇二上、三〇八下——三〇九上)。

④ 《观无量寿佛经》(大正一二·三四四中)。

⑤ 《阿弥陀经》(大正一二·三四七上)。

菩萨在往昔生中,当初所立的誓愿。菩萨的本愿,本来是通于自利利他的一切,但一般净土行者特重净土的本愿,本愿也就渐渐地被作为净土愿了。净土所以重视本愿,是可以理解的。原始佛教所传的七佛,佛的究竟圆满当然是相同的,但佛的寿量、身量、光明,度化弟子的多少,佛与佛是不同的。这也许是不值得深究的,但释尊的时代,社会并不理想,佛教所遇的障碍也相当多,于是唤起了新的希望(愿),未来弥勒成佛时,是一个相当理想的世界。弥勒的人间净土出现了,又发生了弥勒为什么在净土成佛,释尊为什么在秽土成佛的问题,结论为菩萨当初的誓愿不同,如法藏部《佛本行集经》所说①。依菩萨的本愿不同,成就的国土也不同。传说的十方佛净土,并不完全相同,这当然也归于当初的愿力。还有,佛法是在这不理想的现实世界中流传的。修菩萨行的,为了要救度一切众生,面对当前的不理想,自然会有未来的理想愿望。在菩萨道流行后(透过北洲式的自然、天国式的庄严),庄严国土的愿望,是会发生起来的。所以说到未来的佛土,都会或多或少地说到了菩萨的本愿。

阿弥陀净土法门,汉译与吴译本,是二十四愿;赵宋译本为三十六愿;魏译与唐译本(及梵本)是四十八愿。二十四、三十六、四十八,数目是那样的层次增加!《大乘佛教思想论》,见到《小品般若经》的六愿、《大品般若经》的三十愿,于是推想为:本愿是以六为基数,经层级的增加而完成,也就是从六愿、十二愿、十八愿、二十四愿、三十愿、三十六愿、四十二愿,到四十八愿。

---

① 《佛本行集经》卷一(大正三·六五六中——下)。

该作者竟然在《阿閦佛国经》中找到了十二愿、十八愿，于是最可遗憾的，就是没有发现四十二愿说了①。不过，这一构想，与事实是有出入的！如《阿閦佛国经》的十二愿，是无关于净土的菩萨自行愿。《大乘佛教思想论》解说为十八愿的，学者的意见不同，或作二十愿，或作二十一愿②，实际上，并没有确定的数目。而且在《诸菩萨学成品》中，也有说到本愿的。所以，以六为基数的发展说，只是假想而已！从经典看来，菩萨所立的佛国清净愿，如《阿閦佛国经》，没有预存多少愿数目的意思。在净土本愿流行后，于是有整理为多少愿的，如《阿弥陀经》说："昙摩迦便一其心，即得天眼彻视，悉自见二百一十亿诸佛国中，诸天人民之善恶，国土之好丑，即选择心中所愿，便结得是二十四愿经，则奉行之。"③对不同净土的不同形态，加一番选择，然后归纳为二十四愿。结为二十四愿，正是整理成二十四愿。所以菩萨本愿的发展，是多方面的。或是自行愿，如普贤的十大愿，也是自行愿的一类。或是净佛国愿，有的说多少就多少，有的整理成一定的数目，不可一概而论。

佛国清净愿，最初集出来的，应该是《阿閦佛国经》，及"下品般若"经。《阿閦佛国经》中，菩萨发愿，是分为三大段的。起初，比丘在大目如来前立愿：于一切人不起嗔恚，不起二乘意，不念五盖，不念十不善行。从此，这位比丘被称为阿閦菩萨。从不

① 木村泰贤《大乘佛教思想论》(演培译本，见《谛观全集》一九·四二一——四二二、四三三)。

② 《望月佛教大辞典》(七〇八上)。静谷正雄《初期大乘佛教之成立过程》(一〇五)。

③ 《阿弥陀三耶三佛萨楼佛檀过度人道经》卷上(大正一二·三〇一上)。

起嗔恚得名，这是最根本的誓愿。接着，菩萨发自行愿，也就是被数为十二愿的。大目如来为阿闳菩萨保证，能这样立愿修行，一定能够成佛。然后，阿闳菩萨立愿：一、（自己因中不说四众过）将来成佛时，弟子们没有犯罪恶的。二、（自己因中不漏泄）菩萨出家者，于梦中不失精。三、妇女没有恶露不净①。于是如来为阿闳菩萨授记。菩萨经发愿、授记、修行，等到成佛时，佛刹的种种严净，经上都说是阿闳如来的本愿力。但明确说到佛国清净的，只是末后所立的三愿。"下品般若"的净佛国土愿，实际仅有五愿。从菩萨修行深法，不怖不畏，而说到对可怖畏事而立愿。1. 在恶兽中，愿未来的佛世界，没有畜生道。2. 在怨贼中，愿没有怨贼与寇恶。3. 在无水处，愿自然而有八功德水。4. 在饥馑中，愿能得随意饮食，如天上一样。5. 在疾疫处，愿众生没有三病——一切病。6. 怕佛道的久远难成，应该念时劫虽久远，但不离当前的一念②。初愿与布施度有关，第二愿与忍辱度有关，其他都没有说到六度③。"阿闳"的三愿，是面对此土的佛教而发；"般若"是修菩萨道的阿兰若行者，面对自身的处境而发的。阿兰若行者，在林野修行，有被恶兽吞啖、盗贼劫掠与

---

① 《阿闳佛国经》卷上（大正一一·七五二下——七五三上）。《大宝积经》卷一九《不动如来会》（大正一一·一〇二上——一〇三上）。

② 《道行般若波罗蜜经》卷六（大正八·四五七下——四五八上）。《大明度经》卷四（大正八·四九七上）。《摩诃般若波罗蜜钞经》卷四（大正八·五三〇下——五三一上）。《小品般若波罗蜜经》卷七（大正八·五六八上——中）。《佛母出生三法藏般若波罗蜜多经》卷一八（大正八·六四七下——六四八中）。《般若波罗蜜多经》（五分）卷五六三（大正七·九〇六上——中），又（四分）卷五五〇（大正七·八三二下——八三三中）。

③ 古译本及"唐译五分本"，都如此。"唐译四分本"，第二愿为布施、持戒、忍辱——三度。"宋译本"以前五愿配六度。

伤害的恐怖。没有水、饥荒、疫病的地方,都是出家修行人的可怖畏处。所以面对这些恐怖,愿在未来佛世界中,没有这些苦难(就容易修道)。菩萨道要经历劫生死的修行,是初学所为难的(易行的思想,由此而滋长起来)。这六则都由可怖畏而起,而前五属于净佛国土愿。与阿闳三愿的用意不同,与《阿弥陀经》本愿的意趣更远。总之,"下品般若"是五愿,并不是与六度相对的六愿。

阿弥陀的二十四愿,比阿闳佛国的三愿、"下品般若"的五愿,不但内容充实,而更有独到的意境。阿弥陀佛本愿,是选择二百一十亿国土而结成的。虽然净佛国愿,都存有超胜秽土的意识根源,但在形式上,弥陀本愿,不是比对秽土而是比对其他净土的。要创建一理想的世界,为一切净土中最殊胜的。《阿弥陀经》中,对七宝的国土、楼观、浴池、树林、衣服、饮食、香花、光明、音乐,都叙说得非常详细,可说是相当艺术化的,但二十四愿的重心,却不在这些。依愿文,这是一切国土中最理想的。所以说:(十七愿)"令我洞视(天眼通)、彻听(天耳通)、飞行(神足通),十倍胜于诸佛。"(十八愿)"令我智慧说经行道,十倍于诸佛。"(二十四愿)"令我顶中光明……绝胜诸佛。"所以阿弥陀佛是"诸佛中之王也"①!生在阿弥陀佛国的菩萨、阿罗汉,(十五愿)身相如佛;(十六愿)说经、行道如佛;(二十愿)数目非常多;(二十一愿)寿命无央数劫;(二十二愿)有种种神通;(二十三愿)顶中有光明。佛与生在阿弥陀佛国的菩萨、阿罗汉,是那

---

① 《阿弥陀三耶三佛萨楼佛檀过度人道经》卷上(大正一二·三〇三上)。

样的殊胜,所以(四愿)说:十方佛都称说阿弥陀佛,“闻我名字,……皆令来生我国”。与三辈往生相当的,是七、六、五愿。又二十四愿说,“见我光明,……皆令来生我国”。愿众生来生阿弥陀佛国的,共有五愿。这是阿弥陀佛本愿的特出处:有胜过一切佛的佛,胜过一切国土的世界,目的在让大家生到这里来。这一本愿的意趣,与《阿闳佛国经》、“下品般若”经的净土愿是完全不同的,适应不同根性而开展出来的。虽在二十四愿中,(一)没有三恶道;(九)面目同一色类;(十一)没有淫怒痴;(十四)饮食自然,与阿闳佛土一样,但这是一般的,不一定有相互参考的意义。

“中品般若”是依“下品般若”而再编集的。“下品般若”的净佛国土愿,仅有五愿(共为六事),“中品般若”充实为三十愿。前六愿是别依六度的一度,或以为大体与“下(小)品”的六愿相当①。然切实比对起来,三十愿的初愿,资生具自然;八愿,没有恶道;二十五愿,没有三毒四病;三十愿,观生死久长而实无生无解脱:这四愿,才是与“下品般若”相同的部分。“中品般若”的愿文,显然受到了《阿弥陀经》的影响,如《序品》说:“愿(摄)受无量诸佛世界,念无量国土诸佛三昧常现在前”②,与法藏选择佛土时的情形一样。又说:“我得阿耨多罗三藐三菩提时,十方如恒河沙等世界中众生,闻我名者,必得阿耨多罗三藐三菩提。”③《阿弥陀经》是闻名者必得往生,往生的还通于阿罗汉与

① 木村泰贤《大乘佛教思想论》(演培译本,见《谛观全集》一九·四二九)。
② 《摩诃般若波罗蜜经》卷一(大正八·二一七上)。
③ 《摩诃般若波罗蜜经》卷一(大正八·二二一上)。

菩萨;"中品般若"说必定成佛,显然有了进一步的发展。又如三十愿中的八愿,没有恶道;十四愿,没有色相差别;十八愿,国人都得五通;二十愿,众生都有光明;二十二愿,众生的寿命无量劫;二十三愿,具足三十二相;二十八愿,愿佛的光明无量,寿命无量,弟子数无量:这都可以说受到了阿弥陀佛本愿的影响。当然,在佛法传布流行中,是有相互影响的。如魏译的(四十八愿本)《无量寿经》,一再说到"无生法忍"。说"住空无相无愿之法,无作无起,观法如化"①;"究竟菩萨诸波罗蜜,修空无相无愿三昧,不生不灭诸三昧门"②。可见《般若经》空幻、不生不灭的思想,已成为弥陀佛土的菩萨行。如《无量寿经》所说的"道场树",是古译《阿弥陀经》所没有的,这正是《阿閦佛国经》的庄严③。

在初期大乘中,净土说有二流,《般若经》为一流。"下品般若"是确信十方佛世界的;十方清净世界,是不退转菩萨的所生处,如《小品般若波罗蜜经》卷七(大正八·五六八中)说:

> "(恒伽天女)今转女身,得为男子,生阿閦佛土。于彼佛所,常修梵行。命终之后,从一佛土至一佛土,常修梵行,乃至得阿耨多罗三藐三菩提,不离诸佛。譬如转轮圣王,从一观至一观,从生至终,足不蹈地。阿难!此女亦如是,从一佛土至一佛土,常修梵行,乃至得阿耨多罗三藐三菩提,

---

① 《无量寿经》卷上(大正一二·二六九下)。

② 《无量寿经》卷下(大正一二·二七四中)。

③ 《无量寿经》卷上(大正一二·二七一上)。《阿閦佛国经》卷上(大正一一·七五五中——下)。

常不离佛。”

恒伽天女受记以后，就转为男身，往生阿闳佛国。从此，从这一佛国到那一佛国，生生常修梵行，常不离佛。授记的不退菩萨，就是一般所说的法身大士，一直在清净佛国中，见佛修行。“下品般若”又说：不退菩萨，“常乐欲生他方清净佛国，随意自在。其所生处，常得供养诸佛”①。“我等行菩萨道，……心乐大乘，愿生他方现在佛前说法之处，于彼续复广闻说般若波罗蜜。于彼佛土，亦复以法示教利喜无量百千万众生，令住阿耨多罗三藐三菩提”②。不退菩萨是愿生他方净土的；在那里，常闻佛法，常供养佛，常利益众生：这是“下品般若”的往生净土说。恒伽天女往生的，是阿闳佛国，而专说阿闳净土的《阿闳佛国经》卷上，有同样的说明（大正一一·七五四下）：

> “譬如转轮王得天下，所从一观复至一观，足未曾蹈地。所至常以五乐自娱，得自在，至尽寿。如是舍利弗！阿闳如来行菩萨道行时，世世常自见如来无所著等正觉，常修梵行。于彼所说法时，一切皆行度无极，少有行弟子道。彼所行度无极，为说法，有立于佛道者，便劝助为现正令欢喜踊跃，皆令修无上正真道。”

阿闳菩萨授记以后的菩萨道行，与“下品般若”所说的，完全一致。可以说，这是《阿闳》与《般若》所说的原始的净土说。

---

① 《小品般若波罗蜜经》卷六（大正八·五六五中）。

② 《小品般若波罗蜜经》卷四（大正八·五五五中）。

初期的他方净土说——《阿弥陀》、《阿閦》与《般若》所说的净土，都是凡圣同居的（在那里转凡为圣），声闻与菩萨共住的。比对此土的不理想，而出现他方净土，不是专为大菩萨所住，而是凡圣、大小圣者所都可以往生的。所以，不退转菩萨所往来的净土，如阿閦佛国，学习阿閦佛本愿与六度大行的，可以往生；修出家梵行的，甚至读、诵、书写《阿閦佛国经》的，都会因向往阿閦佛国而往生的。不退菩萨在十方佛国中修行，“中品般若”有了更具体的说明。如《一念品》说：“以诸法无所得相故，得菩萨初地乃至十地，有报得五神通，布施、持戒、忍辱、精进、禅定、智慧，成就众生，净佛国土。亦以善根因缘故，能利益众生，乃至般涅槃后舍利，及弟子得供养。”①菩萨有报得的五神通，报得的六波罗蜜，所以在十方佛土中，能成就众生，净佛国土。成就众生与净佛国土，是菩萨得无生法忍（不退位）以后的主要事业②。约菩萨自行说，“应供养诸佛，种善根，亲近善知识”③，是菩萨发心以来所应该行的。但不退菩萨常生在净土中，对于见佛、听法、供养佛，更能圆满地达成。约利他说，菩萨就是应该利他的，但不退菩萨有报得的五通、六度，更能达成成就众生、净佛国土的大行。如《摩诃般若波罗蜜经·一念品》（第七十六）以下，到《净土品》（第八十二），都是说明菩萨的方便大行。以般若为导的六度修行，往生净土；在净土中，以报得的六度、（四摄、）五神通，行成就众生、净佛国土的大行，是“中品般若”（方便道）的主

---

① 《摩诃般若波罗蜜经》卷二三（大正八·三八六下）。
② 《大智度论》卷七五（大正二五·五九〇下）。
③ 《摩诃般若波罗蜜经》卷二二（大正八·三七九下）。

要意义。不过,不退菩萨不一定生在净土的,那是菩萨的悲愿。来生人间的"阿惟越致菩萨,多于欲界色界命终来生中国,……少生边地;若生边地,必在大国"①。也有"所至到处,有无佛法僧处,赞佛法僧功德,诸众生用闻佛名法名僧名故,于此命终,生诸佛前"②。总之,不退菩萨常生十方净土,为了利益众生,也会生在边地及没有佛法的地方。

净土思想的另一流,就是阿弥陀净土。阿弥陀净土,不是比对秽土而愿成净土,是比对净土而要求一更理想的地方。不重在不退菩萨所往来,而是见阿弥陀佛光明的,听见阿弥陀佛名字的,都可以发愿来生。不是菩萨往来中的一佛国,而是生在这里的,阿罗汉都在此涅槃,菩萨也在这里一直修行下去。当然,也有例外的,如第八愿说:"我国中诸菩萨,欲到他方佛国生者,皆令不更泥犁、禽兽、薜荔,皆令得佛道。"③又说:"阿惟越致菩萨……皆当作佛。随所愿,在所求,欲于他方佛国作佛,终不复更泥犁、禽兽、薜荔;随其精进求道,早晚之事同等尔。求道不休,会当得之。"④这就是第八愿的内容。从阿弥陀佛国出去,要到他方佛国的,决不会再堕三恶道。或迟或早,终归是要成佛的。在往生阿弥陀佛土的根机中,这是比较特殊的。与第八愿相当的,《无量寿经》第二十二愿说:"他方佛土诸菩萨众来生我国,究竟必至一生补处。除其本愿,自在所化,为众生故,被弘誓

① 《小品般若波罗蜜经》卷六(大正八·五六五中)。
② 《摩诃般若波罗蜜经》卷二(大正八·二二五下——二二六上)。
③ 《阿弥陀三耶三佛萨楼佛檀过度人道经》卷上(大正一二·三〇一下)。
④ 《阿弥陀三耶三佛萨楼佛檀过度人道经》卷下(大正一二·三一一上)。

铠，积累德本，度脱一切，游诸佛国，修菩萨行，供养十方诸佛如来，开化恒沙无量众生，使立无上正真之道。"①这与《般若经》所说的从一佛国至一佛国的菩萨相近，但在《阿弥陀经》中，这是特殊的。"除其本愿"，是说菩萨在没有往生阿弥陀佛国以前，立愿要"游诸佛国，修菩萨行"的。所以到了阿弥陀佛国，又要到他方佛国去。往生阿弥陀佛国的一般菩萨，一直进修到一生补处，然后到他方去成佛，这自然不会中间再生到他方佛国了。《阿弥陀经》的"来生我国"，大有得到了归宿的意味，与"佛法"及其他"大乘佛法"，有不太调和的感觉。

十方佛净土，是大乘经所共说的。理想的世界，赞叹为难得的清净，修行容易成就，成为多少人仰望的地方。《阿弥陀经》是极力赞扬阿弥陀佛与国土的，劝人往生，然《佛说阿弥陀三耶三佛萨楼佛檀过度人道经》卷下（大正一二·三一五下）又这样说：

> "若曹于是（此土），益作诸善：布恩施德，能不犯道禁忌、忍辱、精进、一心、智慧，展转复相教化，作善为德。如是经法，慈心、专一、斋戒清净一日一夜者，胜于在阿弥陀佛国作善百岁。所以者何？阿弥陀佛国皆积德众善，无为自然，在所求索，无有诸恶大如毛发。佛言：于是（土）作善十日十夜者，其德胜于他方佛国中人民作善千岁。所以者何？他方佛国皆悉作善，作善者多，为恶者少。皆有自然之物，不行求作，便自得之。是间为恶者多，作善者少，不行求作，不能令得。世人能自端制作善，至心求道，故能尔耳。"

---

① 《无量寿经》卷上（大正一二·二六八中）。

同本异译的《无量清净平等觉经》、《无量寿经》，都有这段文字①。唐译的《无量寿如来会》、宋译的《大乘无量寿庄严经》，被删略了。称扬净土的经典，为什么要人在秽土中修行？这固然有激励修行的意味，然主要是倡导十方佛净土说的，是这个缺陷多多的世界的人们。处身于不净的世界，这世界并非只是可厌恶的，也有其优越的一面——秽土修行，胜过阿弥陀佛及十方佛土中的修行。释尊大悲普济，愿意在秽土成佛，发心迟而成佛早；弥勒愿庄严净土，在净土成佛，发心早而成佛迟。所以，净土容易成就（不退堕），成佛却慢；秽土不容易成就，成佛反而快些。秽土修行，胜过在净土中修行，在初期大乘经中是相当流行的，如《维摩诘所说经》卷下（大正一四·五五三上）说：

> "此土菩萨，于诸众生大悲坚固，诚如所言。然其一世饶益众生，多于彼（众香）国百千劫行。所以者何？此娑婆世界有十事善法，诸余净土之所无有。"

《维摩诘经》所说，是对净土来游此土的菩萨说的。站在净土的立场，不免会轻视秽土及秽土的菩萨，所以特提在秽土修行的特长。这一见地，《思益梵天所问经》、《文殊支利普超三昧经》、《文殊师利授记会》、《阿惟越致遮经》②，都有同样的说明。这是对初期大乘净土思想，所应有而不可少的认识！

---

① 《无量清净平等觉经》卷四（大正一二·二九七下——二九八上）。《无量寿经》卷下（大正一二·二七七下）。

② 《思益梵天所问经》卷一（大正一五·三四下——三五上）。《文殊支利普超三昧经》卷上（大正一五·四一二上）。《大宝积经》卷五八《文殊师利授记会》（大正一一·三四〇下）。《阿惟越致遮经》卷上（大正九·一九九上）。

第二项　大乘经所见的二大净土

东方妙喜世界阿閦佛，西方极乐世界阿弥陀佛，在大乘佛教中，占有极重要的地位。二佛、二净土的信仰，对以后的大乘佛教（经典）引起的反应，是否如我国古德所说那样，"诸经所赞，尽在弥陀"？依大乘经论，一般地说，对二佛二净土，是同样重视的。如有所抑扬，那还是重智与重信的学风不同。先从经中的"本生"来考察：经中说到过去生事，而指为现在的阿閦佛与阿弥陀佛的本生，如二佛相关联，就可以看出阿閦佛与阿弥陀佛间的关系。1.《妙法莲华经》（鸠摩罗什再译，晋竺法护初译）说：大通智胜佛没有出家以前，有十六位王子。成佛以后，十六王子都来请佛说法，都以童子身出家作沙弥。他们听了《法华经》以后，各各分座为四众说法。这十六位王子，现今都在十方国土成佛。东方的阿閦佛，西方的阿弥陀佛，东北方的释迦牟尼佛，就是其中的三人①。三人的地位相等，《法华经》是以释迦佛为主的。2.《决定总持经》（竺法护译）说：过去有名为月施的国王，恭敬供养说法师辩积菩萨。月施国王，就是现今的阿弥陀佛；辩积菩萨，就是阿閦佛②。3.《贤劫经》（竺法护译）说：过去世，无限量宝音法师，受到一般比丘的摈斥，到深山去修行。那时的转轮王，名使众无忧悦音，请法师出来说法，并负起护持的责任，使佛法大为弘扬。那时的法师，就是现今的阿弥陀佛；轮

---

① 《妙法莲华经》卷三（大正九·二五中——下）。

② 《决定总持经》（大正一七·七七一中——七七二中）。

王就是阿閦佛①。阿閦佛与阿弥陀佛前生的师弟关系,《贤劫经》与《决定总持经》所说恰好相反,说明了彼此有互相为师、互相为弟子的关系。4.《护国菩萨经》(阇那崛多译)说:过去世,焰意王生子,名福焰。福焰王子一心希求佛法,往成利慧如来处听法。焰意王得到护城神的指示,见到了成利慧如来。当时的焰意王,是现今的阿弥陀佛;福焰王子是释迦佛;护城神是阿閦佛②。在这则本生中,阿閦佛前生,对阿弥陀佛,是引导见佛的善知识。5.《观察诸法行经》(阇那崛多译)说:过去世中,有一位说法的菩萨,名无边功德辩幢游戏鸣音。福德清净多人所爱鸣声自在王子,从菩萨法师听法。经上说:"无边功德辩幢游戏鸣音说法者,汝意莫作异见,何以故?喜王!彼大眼如来是也。不动如来,为记菩提。又彼王子名福报清净多人所爱鸣声自在者,彼无量寿如来即是。"③依此经,大眼就是《阿閦佛国经》的大目如来。不动(阿閦),是大目如来授记得菩提的。不动与无量寿,都是大目如来的弟子;不动与阿弥陀的地位相等,与《法华经》所说一样。从大乘经中所见到的"本生",阿閦佛与阿弥陀佛,地位是平等的,是曾经互相为师弟的。

大乘经中,说到阿弥陀佛土、阿閦佛土的,的确是非常多。可以分为四类:但说阿弥陀佛土的,但说阿閦佛土的,双举二佛二土的,含有批评意味的。经中所以提到这东西二土,或是说从

---

① 《贤劫经》卷一(大正一四·一〇中——下)。

② 《大宝积经》卷八一《护国菩萨会》(大正一一·四六五上——四七一中)。《德光太子经》(大正三·四一四上——四一八中)。

③ 《观察诸法行经》卷二(大正一五·七三四中)。

那边来的;或是说命终以后,生到那边去的;或是见到二佛二土,或以二佛二土为例的。总之,提到二土二佛的相当多,可见在当时的大乘佛教界,对二佛二土的信仰,是相当重视与流行的。现在先说双举二佛二土的经典:1. 支谦译《慧印三昧经》说:"遮迦越慧刚,王于阿闵佛;与诸夫人数,皆生于彼国。悉已护法寿,终后为男子,生须摩诃提,见阿弥陀佛。"①2. 支谦译《私呵昧经》说:"当愿生安隐国,寿无极法王前;妙乐(误作'药')王国土中,无怒佛教授处。"②3. 竺法护译《贤劫经》说:"值光明无量,复见无怒觉。"③4. 竺法护译《宝网经》说:"见阿弥陀、阿闵如来。"④5. 竺法护译《持心梵天所问经》说:"吾亦睹见妙乐世界,及复省察安乐国土。"⑤6. 竺法护译《海龙王经》说:"安乐世界,无量寿如来佛土菩萨;……妙乐世界,无怒如来佛土菩萨",都随佛入龙宫⑥。7. 竺佛念译《菩萨璎珞经》说:"或从无怒佛土来生此间,或从无量佛土。"⑦8. 竺佛念译《菩萨处胎经》说:"寿终之后,皆当生阿弥陀佛国";"今世命终,皆当生无怒佛所";"无量寿佛及阿闵佛国"⑧。9. 佛陀跋陀罗(Buddhabhadra)译《大方广佛华严经》说:"或见阿弥陀,观世音菩萨,灌顶授记者,充满

---

① 《慧印三昧经》(大正一五·四六五上)。依异译《大乘智印经》,王是阿闵佛(大正一五·四八三中)。

② 《私呵昧经》(大正一四·八一三上——中)。

③ 《贤劫经》卷一(大正一四·九下)。

④ 《宝网经》(大正一四·八六下)。

⑤ 《持心梵天所问经》卷一(大正一五·二下)。

⑥ 《海龙王经》卷三(大正一五·一四五中)。

⑦ 《菩萨璎珞经》卷一二(大正一六·一〇七下)。

⑧ 《菩萨处胎经》卷七(大正一二·一〇五一上、一〇五二下、一〇五四中)。

诸法界，或见阿闳佛，香象大菩萨，斯等悉充满，妙乐严净刹。”①10. 功德直译《菩萨念佛三昧经》说：不空菩萨所现的国土，“譬如东方不动国土，亦如西方安乐世界”②。11. 那连提耶舍译《月灯三昧经》说：“是人复为弥陀佛，为说无量胜利益；或复往诣安乐国，又欲乐见阿闳佛。”“香象菩萨东方来，从彼阿闳佛世界。……又复安乐妙世界，观音菩萨大势至。”③12. 菩提流志译《无边庄严会》说：“无量寿威光，阿闳大名称，若欲见彼者，当学此法门。”④13. 义净译《金光明最胜王经》说：“东方阿闳尊，……西方无量寿。”⑤依这十三部大乘经，东西的二土二佛，在十方净土中，平等地被提出来，可见佛教界的平等尊重。

经中但说阿闳佛土的，有：1. 支谦译的《维摩诘经》。经上说：“是族姓子（维摩诘）本从阿闳佛阿维罗提世界来。”维摩诘菩萨，接阿闳佛国，来入忍（娑婆）土，大众皆见⑥。这是与“下品般若”一样，与阿闳佛土关系很深的经典。2. 白延译《须赖经》说：“我般泥曰后，末时须赖终，生东可乐国，阿闳所山（?）方。”⑦3. 竺法护译《顺权方便经》说：转女身菩萨，“从阿闳佛所，妙乐世界没来生此”⑧。4. 竺法护译《海龙王经》说：龙女

---

① 《大方广佛华严经》卷六〇（大正九·七八六中）。
② 《菩萨念佛三昧经》卷二（大正一三·八〇〇上）。
③ 《月灯三昧经》卷三（大正一五·五六三上、五六六下）。
④ 《大宝积经》卷七（大正一一·四〇下）。
⑤ 《金光明最胜王经》卷一（大正一六·四〇四上）。
⑥ 《维摩诘经》卷下（大正一四·五三四下、五三五上）。
⑦ 《须赖经》（大正一二·五六中）。
⑧ 《顺权方便经》卷下（大正一四·九三〇上）。

“当生无怒佛国妙乐世界，转女人身，得为男子”①。5. 竺法护译《密迹金刚力士会》说：密迹金刚力士，“从是没已，生阿閦佛土，在妙乐世(界)”②。贤王菩萨，“从阿閦佛土而来，没彼生此妙乐世界”③。6. 鸠摩罗什译《不思议光菩萨所说经》说：“今者在彼阿閦佛土修菩萨行。”④7. 鸠摩罗什译《首楞严三昧经》说：“是现意天子，从阿閦佛妙喜世界来至于此。”⑤8. 鸠摩罗什译《华手经》说：“今是(选择)童子，于此灭已，即便现于阿閦佛土妙喜世界，尽彼寿命，净修梵行。”⑥在这八部大乘经中，维摩诘菩萨、转女身菩萨、贤王菩萨、现意天子菩萨——四位菩萨，都是从阿閦佛国，来生在我们这个世界的。这与西方阿弥陀佛土，都是往生而没有来生娑婆的，意义非常的不同！

经中只说到(往生)阿弥陀佛国的，数量比较多一些。1. 支谶译《般舟三昧经》说：“念西方阿弥陀佛今现在；随所闻当念，去此千亿万佛刹，其国名须摩提。一心念之，一日一夜，若七日七夜，过七日已，后见之(阿弥陀佛)。”⑦2. 支谦译《老女人经》说：“寿尽当生阿弥陀佛国。”⑧3. 支谦译《菩萨生地经》说：“寿终，悉当生于西方无量佛清净国。”⑨4. 竺法护译《太子刷护经》

① 《海龙王经》卷四(大正一五·一五三上)。
② 《大宝积经》卷一二《密迹金刚力士会》(大正一一·六八上)。
③ 《大宝积经》卷一四《密迹金刚力士会》(大正一一·七七中)。
④ 《不思议光菩萨所说经》(大正一四·六七二上)。
⑤ 《首楞严三昧经》卷上(大正一五·六三六下)。
⑥ 《华手经》卷九(大正一六·一九六上)。
⑦ 《般舟三昧经》(大正一三·八九九上)。
⑧ 《老女人经》(大正一四·九一二中)。
⑨ 《菩萨生地经》(大正一四·八一四下)。

说:“后作佛时,当如阿弥陀佛。……闻是经信喜者,皆当生阿弥陀国。”①5. 竺法护译《贤劫经》说:“普见诸佛尊,得佛阿弥陀”;“不久成正觉,得见阿弥陀”②。6. 帛尸梨蜜多罗(Śrīmitra)译《灌顶经》说:愿生阿弥陀佛国的,因药师琉璃光佛本愿功德,命终时有八大菩萨来,引导往生③。7. 聂道真译《三曼陀跋陀罗菩萨经》说:“须呵摩提阿弥陀佛刹土”;“皆令生须呵摩提阿弥陀佛刹”④。8. 佛陀跋陀罗译《文殊师利发愿经》说:“愿我命终时,除灭诸障碍,面见阿弥陀,往生安乐国。”⑤9. 智严(似两晋时译?)译《法华三昧经》说:“其国菩萨,皆如阿弥陀国中。”⑥10. 菩提流支译《无字宝箧经》说:“命终之时,则得现见阿弥陀佛,声闻菩萨大众围绕。”⑦11. 阇那崛多译《月上女经》说:“受持彼佛正法已,然后往生安乐土;既得往见阿弥陀,礼拜尊重而供养。”⑧12. 阇那崛多译《出生菩提心经》说:“于其睡梦中,得此修多罗,……斯由阿弥陀,愿力如是果。”⑨13. 那连提耶舍译《菩萨见实会》说:“人中命终已,此释种(净饭王)决定,得生安乐国,面奉无量寿。住安乐国已,无畏成菩提。”⑩14. 菩提流志

---

① 《太子刷护经》(大正一二·一五四下——一五五上)。

② 《贤劫经》卷一(大正一四·七下、八上)。

③ 《灌顶经》卷一二(大正二一·五三三下)。

④ 《三曼陀跋陀罗菩萨经》(大正一四·六六六下、六六八上)。

⑤ 《文殊师利发愿经》(大正一〇·八七九下)。本经与《普贤行愿经》颂同本异译。

⑥ 《法华三昧经》(大正九·二八九中)。

⑦ 《无字宝箧经》(大正一七·八七二中)。

⑧ 《月上女经》卷下(大正一四·六二三上)。

⑨ 《出生菩提心经》(大正一七·八九五上)。

⑩ 《大宝积经》卷七六《菩萨见实会》(大正一一·四三三下)。

译《发胜志乐会》说："汝等从彼五百岁后，是诸业障尔乃消灭，于后得生阿弥陀佛极乐世界"；"菩萨发十种心，由是心故，当得往生阿弥陀佛极乐世界"①。15. 菩提流志译《功德宝华敷菩萨会》说："所得国土功德庄严，亦如西方极乐世界。"②在这些经典中，《般舟三昧经》是依《阿弥陀经》，所作的修持方法。其他的经典，以短篇为多，可见在一般的教化中，往生西方极乐世界，见阿弥陀佛的信行，是相当普遍的。

属于第四类的，或对东西二净土，存有比较高下的意味；或针对当时佛教界部分净土行者的偏差。如《称扬诸佛功德经》，广说十方佛的名号功德，也说到阿弥陀佛③。但在说到阿闳佛时，表示了特殊的推崇。如说："十方诸佛为诸众生广说法时，皆先赞叹阿闳如来名号功德。"④阿闳如来名号，是使波旬(Pāpīyas)愁忧热恼的，所以波旬以为："宁使捉持余千佛名，亦劝他人令使学之，不使捉持阿闳佛名。其有捉持阿闳如来名号者，我(波旬)终不能毁坏其人无上道心。"捉持阿闳如来名号，及其他的诸佛名号，魔也不能破坏，因为"阿闳如来自当观视，拥护其人"⑤。这表示在一切佛中，阿闳佛有特殊的地位。又如《菩萨处胎经》卷三(大正一二·一〇二八上)说：

"菩萨摩诃萨，从忉利天，生十方刹，不因湿生、卵生、

① 《大宝积经》卷九二《发胜志乐会》(大正一一·五二〇上、五二八下)。
② 《大宝积经》卷一〇一《功德宝花敷菩萨会》(大正一一·五六五下)。
③ 《称扬诸佛功德经》卷下(大正一四·九九上)。
④ 《称扬诸佛功德经》卷上(大正一四·八八上)。
⑤ 《称扬诸佛功德经》卷上(大正一四·八七下)。

化生、胎生，教化众生；此菩萨等，成就无记根。……何者是？阿闳佛境界是。”

“或有菩萨摩诃萨，从初发意，乃至成佛，执心一向，无若干想，无嗔无怒，愿乐欲生无量寿佛国。……前后发意众生，欲生阿弥陀佛国者，皆染著懈慢国土，不能前进生阿弥陀佛国。亿千万众，时有一人，能生阿弥陀佛国。”

阿闳佛境界，相当的高。发心求生阿弥陀佛国的，很少能达成往生极乐国的目标，绝大多数是生在懈慢国土——边地疑城。这一叙述，对于念阿弥陀佛的，念佛的多而往生的少，多少有贬抑的意味。《诸法无行经》，说到某些自以为菩萨的，实际上与佛法的距离很远。其中如“是人入城邑，自说度人者，悲念于众生，常为求饶益，口虽如是说，而心好恼他。我未曾见闻，慈悲而行恼，互共相嗔恼，愿生阿弥陀”①！这是批评愿生阿弥陀，而与人“共相嗔恼”的人。这与《菩萨处胎经》一样，并非批评念阿弥陀佛，往生净土法门，而是批评那些念阿弥陀的人。念阿弥陀佛，求生极乐，为一通俗的教化。一般人总是多信而缺少智慧，不能知念阿弥陀佛的真意，夸大渲染，引起佛教界的不满。《灌顶经》卷一一（大正二一·五二九下）说：

“普广菩萨摩诃萨又白佛言：世尊！十方佛刹净妙国土，有差别不？佛言：普广！无差别也。”

“普广又白佛言：世尊何故经中赞叹阿弥陀刹？……

---

① 《诸法无行经》卷上（大正一五·七五一下）。

佛告普广：汝不解我意！娑婆世界人多贪浊，信向者少，习邪者多，不信正法，不能专一，心乱无志，实无差别。令诸众生专心有在，是故赞叹彼国土耳。诸往生者，悉随彼愿，无不获果。”

经上说十方净土，劝人往生，于是普广菩萨有疑问了：十方净土有没有差别？佛说：没有差别。没有差别，为什么称赞阿弥陀佛土，似乎比别处好呢？佛以为，这是不懂如来说法的意趣。佛所以形容西方极乐世界是怎样的庄严，那是由于人的贪浊，不能专一修持，所以说阿弥陀佛土特别庄严，使人能专心一意去愿求。其实，十方净土都是一样的，可以随人的意愿而往生。经文阐明十方净土无差别，说阿弥陀佛土的殊胜，只是引导人专心一意的方便。这反显了，那些不解佛意的，强调阿弥陀佛土，而轻视其他净土者的偏执。我想，《文殊师利佛土严净经》说：阿弥陀佛土的功德庄严，菩萨与声闻的众多，比起文殊师利成佛时的离尘垢心世界，简直不成比例①。也是针对忽略净土法门的真意义，而夸大妄执的对治法门。

东西二佛二净土，在大乘初期佛教中是平等的。但显然的，说到阿弥陀佛国的经典，时代越迟，数量也越多。凡与斋戒、忏悔、发愿有关的，也就是一般的通俗宣化法门，多数是赞说阿弥陀佛土的。因此，与后代秘密法门（“杂密”）相衔接，与阿弥陀佛有关的经咒，相当的多。传来中国的，早在吴支谦的《无量门微密持经》，已经开始传译了。一方面，说真常大我的（与《涅槃

① 《文殊师利佛土严净经》卷下（大正一一·八九九下、九〇一中）。

经》有关的），如来藏、佛性——与世俗“我”类似的经典，也都说到阿弥陀佛土。念阿弥陀佛，往生极乐国的信行，在后期大乘中的确是非常流行。大乘论师们作出了明确的解说，如龙树的《十住毗婆沙论》，指为“怯弱下劣”的“易行道”①。无著的《摄大乘论》，解说为“别时意趣”②。马鸣的《大乘起信论》，解说为“惧谓信心难可成就，意欲退者，当知如来有胜方便，摄护信心”③。对称念阿弥陀佛法门，在佛法应有的意义，给以适当的解说。印度佛法，在这点上，与中国、日本是不大一致的。东西二佛二土，在“秘密大乘”的组织中，东方阿闳佛为金刚部，西方阿弥陀佛为莲花部，还不失初期所有的平等意义。

第三节　念佛法门

第一项　念佛见佛的般舟三昧

《般舟三昧经》，为念佛法门的重要经典。现存的汉译本，共四部：一、《般舟三昧经》，一卷，汉支娄迦谶译。二、《般舟三昧经》，三卷，支娄迦谶译。三、《拔陂菩萨经》，一卷，失译。四、《大方等大集贤护经》，五卷，隋阇那崛多译。前二部，都传说为支娄迦谶译，经近代学者的研究，意见略有不同④。依《出三藏

---

① 《十住毗婆沙论》卷五（大正二六·四一中、四二下）。
② 《摄大乘论》卷中（大正三一·一四一上）。
③ 《大乘起信论》（大正三二·五八三上）。
④ 平川彰《初期大乘佛教之研究》（一〇八——一一三）。

记集》"新集经论录",有支谶所译的《般舟三昧经》一卷①。在"新集异出经录"中,《般舟三昧经》有二本:支谶译出的,二卷;竺法护译出的,二卷②。支谶所译的,一卷或作二卷,可能是传写的笔误。作为支谶与竺法护所译的二本,当时是有本可据的。隋法经《众经目录》,在"众经一译"中,"般舟三昧经,二卷,晋世竺法护译"③。"众经异译"中,"般舟三昧经,一卷,是后十品,后汉世支谶别译"④。所说的《般舟三昧经》二本,显然与《出三藏记集》相合。支谶的一卷本,注明为"是后十品",虽略有错误,但确是现存的一卷本。古代的传说,是以一卷本为支谶译,二卷(今作三卷)本为竺法护译的。《开元释教录》断定现存的三卷(或二卷)本,是支谶译,而支谶的一卷本,是缺本⑤。这样,竺法护所译的二卷本,也就成为缺本了⑥。依译语来考察,现存的三卷本,与支谶的译语相近,作为支谶所译,是近代学者所能赞同的(与《开元释教录》说相合)。现存的一卷本,部分与三卷本的文句相合,但"涅槃"、"总持"等译语及序文,都不可能是汉译的,近于晋代的译品。《摩诃般若波罗蜜钞经》(推定为竺法护译),部分引用支谶的《道行般若经》文;有古译可参考的,部分采用而译成新本,与这一卷本的译法,倒是很相近的。

《般舟三昧经》三卷本,分十六品;《大方等大集贤护经》,分

① 《出三藏记集》卷二(大正五五·六中)。
② 《出三藏记集》卷二(大正五五·一四中)。
③ 《众经目录》卷一(大正五五·一一五下)。
④ 《众经目录》卷一(大正五五·一二〇上)。
⑤ 《开元释教录》卷一(大正五五·四七八下)。
⑥ 《开元释教录》卷二(大正五五·四九五中)。

十七品。这二部的分品，虽多少、开合不同，而次第与段落都是一致的。《拔陂菩萨经》，没有分品，与三卷本的上卷——前四品相当。序起部分，与《贤护经》更相近些。一卷本，传说为三卷本的“后十品”，不完全正确，今对列如下：

三卷本	一卷本
1.《问事品》	1.《问事品》（简略）
2.《行品》	2.《行品》
3.《四事品》	3.《四事品》（缺末后偈）
4.《譬喻品》	4.《譬喻品》
5.《无著品》	
6.《四辈品》	5.《四辈品》
7.《授决品》	
8.《拥护品》	6.《拥护品》（缺偈）
9.《羼罗耶佛品》	
10.《请佛品》	
11.《无想品》	
12.《十八不共十种力品》	
13.《劝助品》	7.《劝助品》（缺偈）
14.《师子意佛品》	
15.《至诚佛品》	8.《至诚品》（缺偈）
16.《佛印品》	

《般舟三昧经》一卷本，比三卷本缺了六品，由于文字部分与三卷本相合，所以或推论为从三卷本抄出的。一卷本与三卷本（及《贤护经》）对比起来，一卷本序分，如没有八大菩萨，应该

是简略了的。否则，《拥护品》中的八大菩萨，“见佛所说，皆大欢喜”，就不免有突然而来的感觉。不过，说一卷本八品，从三卷本抄略出来，怕是不对的！因为，一卷本的法数，如《四事品》是四种四法；《四辈品》是比丘、比丘尼、优婆塞、优婆夷——四种弟子的各别修持；《拥护品》说“四事”能疾得三昧；《劝助品》是“四事助其欢喜”（仅译出二事）。所说的法数，都是以“四”为准的；这部分的四数，是三卷本所一致的。但三卷本的其他部分，《请佛品》有二种“五事”，能疾得三昧；《无想品》有“十事”，“得八事”；《十八不共十种力品》，说“获十八事”，“佛十种力”。这部分的法数，是五、八、十、十八，与“四”法都不相合。还有，一卷本的念佛三昧，以思想来说，是唯心如幻，近于唯识学的。但三卷本所增多的，如《无著品》、《羼罗耶佛品》、《请佛品》（《贤护经·甚深品》）部分，都近于般若空义。特别是，三卷本所说的“用念佛故，得空三昧”；“证是三昧，知为空定”；“用念空故，便逮得无所从生法乐，即逮得阿惟越致”；“如想空，当念佛立”①。一卷本这一部分，都没有说到“空”。所以，这是在唯心如幻的观想基础上，称念佛三昧为空三昧，与般若思想相融和。从法数说，从思想说，三卷本是依一卷本而再纂集完成的。

“般舟三昧”（pratyutpanna-buddha-saṃmukhâvasthita-samādhi），意义是“现在佛悉立在前（的）三昧”。“现在佛”，是十方现在的一切佛。三昧修习成就了，能在定中见十方现在的一切佛，所以名“般舟三昧”。见十方现在一切佛，为什么经中说念

① 《般舟三昧经》卷上（大正一三·九〇五中——下）。

西方阿弥陀佛呢？修成了，能见现在一切佛，但不能依十方一切佛起修，必须依一佛而修；修成了，才能渐渐增多，见现在的一切佛。所以，“般舟三昧”是能见现在一切佛的，修习时也是不限于念阿弥陀佛的。如《大方等大集贤护经》①说：

> 1.“若有比丘、比丘尼、优婆塞、优婆夷，清净持戒，具足诸行，独处空闲，如是思惟。于一切处，随何方所，即若西方阿弥陀如来应供等正觉，是人尔时如所闻已，……系念思惟，观察不已，了了分明，终获见彼阿弥陀如来。”
>
> 2.“有诸菩萨，若在家，若出家，闻有诸佛，随何方所，即向彼方至心顶礼，心中渴仰，欲见彼佛，……得见彼佛光明清彻，如净琉璃。”

经文明显地说：“于一切处，随何方所，即若西方阿弥陀如来”；“随何方所，即向彼方”，可见西方阿弥陀佛，只是各方中的一方一佛而已。《般舟三昧经》也说：“菩萨闻佛名字，欲得见者，常念其方，即得见之。”②学习“般舟三昧”，是可以随所听闻而念各方佛的。依《四事品》说：“般舟三昧”的修习，在三月中，不坐、不卧、经行不休息，除了饭食及大小便③，这是三月专修的“常行”三昧。《行品》说：“念西方阿弥陀佛，……其国名须摩

① 《大方等大集贤护经》1. 卷一（大正一三·八七五中——下）。2. 卷二（大正一三·八七六下）。

② 《般舟三昧经》（大正一三·八九九中）。《般舟三昧经》卷上（大正一三·九〇五下）。

③ 《般舟三昧经》（大正一三·八九九下）。

提，一心念之。一日一夜，若七日七夜，过七日已后见之。"①一日一夜，或七日七夜的念阿弥陀佛，与小本《阿弥陀经》相合②，与《四事品》的三月专修不同。《阿弥陀经》只说"于其卧止梦中见阿弥陀佛"③，与"般舟三昧"的定中见佛不同。三卷本补充为"过七日已后，见阿弥陀佛；于觉不见，于梦中见之"④，才含摄了梦中见佛。所以"般舟三昧"的三月专修，定中见佛，本来是与《阿弥陀经》所说不同的。所以举西方阿弥陀佛，当然是由于当时念阿弥陀佛的人多，举一般人熟悉的为例而已。"阿弥陀"的意义是"无量"，阿弥陀佛是无量佛。"无量佛"等于一切佛，这一名称，对修习而能见一切佛来说，可说是最适合不过的。所以开示"般舟三昧"的修习，就依念阿弥陀佛来说明。"般舟三昧"是重于定的专修；念阿弥陀佛，是重于斋戒信愿。不同的法门，在流传中结合起来。如以为"般舟三昧"就是专念阿弥陀佛的三昧，那就不免误解了！

"般舟三昧"，是念佛见佛的三昧，从十方现在佛的信仰中流传起来。在集成的《般舟三昧经》中，有值得重视的——唯心说与念佛三昧：修"般舟三昧"的，一心专念，成就时佛立在前。见到了佛，就进一步地作唯心观，如《般舟三昧经》(大正一三·八九九中——下)说：

"作是念：佛从何所来？我为到何所？自念：佛无所从

① 《般舟三昧经》(大正一三·八九九上)。
② 《阿弥陀经》(大正一二·三四七中)。
③ 《阿弥陀三耶三佛萨楼佛檀过度人道经》卷下(大正一二·三一〇上)。
④ 《般舟三昧经》卷上(大正一三·九〇五上)。

来,我亦无所至。自念:欲处、色处、无色处,是三处(三界)意所作耳。(随)我所念即见,心作佛,心自见(心),心是佛,心(是如来)佛,心是我身。(我)心见佛,心不自知心,心不自见心。心有想为痴,心无想是涅槃。是法无可乐者,(皆念所为;)设使念,为空耳,无所有也。……偈言:心者不自知,有心不见心;心起想则痴,无心是涅槃。是法无坚固,常立在于念,以解见空者,一切无想愿。"

这段经文,试参照三卷本,略为解说。在见佛以后,应这样地念[观]:佛从哪里来,自己又到了哪里?知道佛没有从他方净土来,自己也没有到净土去,只是从定心中见佛。因此,就理解到三界都是心所造作的,或者说是心所现的。随自己所念的,那一方那一佛,就在定心中见到了,所以只是以心见心,并没有见到心外的佛。这样,心就是佛,就是如来,(心也就是自身,自身也是心所作的。)自心见到了佛,但并不能知见是自心。从这"唯心所见"的道理,能解了有想的就是愚痴、生死,没有想才是涅槃。一切都是虚妄不真实的,无可乐著的,只是"念"所作的。那个"念",也是空的,无所有的。前说境不可得,这才说心不可得。如能够解见(三界、自身、佛、心)空的,就能于一切无想(无相)、无愿,依三解脱门而入于涅槃了。这一唯心观的次第,是以"唯心所作"为理由,知道所现的一切,都是没有真实的。进一步,观能念的心也是空的。这一观心的过程,与后来的瑜伽论师相近。经中为了说明"唯心所作",举了种种譬喻:梦喻——如梦中所见而没有障碍相,梦见女人而成就淫事,梦还故乡与父母等谈论;观尸骨喻——见白色、赤色、黑色等;镜、水、油、水精喻——见到自己的身形。无著成立唯识无境的理由，也就是这样，如《摄大乘论本》卷中（大正三一·一三八上——中）说：

"应知梦等为喻显示：谓如梦中都无其义，独唯有识。虽种种色、声、香、味、触，舍、林、地、山，似义显现，而于此中都无有义。"

"于定心中，随所观见诸青瘀等所知影像，一切无别青瘀等事，但见自心。"

唯识宗所依的本经——《解深密经》，成立"唯心所现"，也是以净镜等能见影像，来比喻"三摩地所行影像"的①。依念佛三昧，念佛见佛，观定境唯心无实，而悟入不生不灭（得无生忍），成为念佛三昧、引归胜义的方便。《大方广佛华严经·入法界品》，善财童子所参访的解脱（Mukta）长者，成就了"如来无碍庄严法门"。在三昧中，见十方诸佛："一切诸佛，随意即见。彼诸如来，不来至此，我不往彼。知一切佛无所从来，我无所至。知一切佛及与我心，皆悉如梦。"②《华严经》所说，与《般舟三昧经》相近。《观无量寿佛经》，是以十六观，念阿弥陀佛土依正庄严的。第八观"观佛"说："诸佛如来是法界身，遍入一切众生心想中。是故汝等心想佛时，是心即是三十二相、八十随形好。是心作佛，是心是佛，诸佛正遍知海从心想生。"③"是心作佛，是心是佛"，虽与《般舟三昧经》相同，但已经是"如来藏"说了。"般

① 《解深密经》卷三（大正一六·六九八中）。

② 《大方广佛华严经》卷四六（大正九·六九五上）。

③ 《观无量寿佛经》（大正一二·三四三上）。

舟三昧”在思想上，启发了唯心所现的唯识学；在观行上，从初期的是心作佛，发展到佛入我心、我心是佛的“如来藏”说。

另一值得重视的，如《般舟三昧经》（大正一三·八九九上——中）说：

“念阿弥陀佛，专念故得见之。即问：持何法得生此国？阿弥陀佛报言：欲来生者，当念我名莫有休息，则得来生。”

“欲见佛，即见；见即问，问即报，闻经大欢喜。”

成就“般舟三昧”的，能见阿弥陀佛。不只是见到了，而且还能与佛问答，听佛说法。这是修习三昧成就，出现于佛弟子心中的事实。这一类修验的事实，在佛教中是很普遍的。西元三——五世纪间，从北印度传来，佛弟子有什么疑问，就入定，上升兜率天去问弥勒①。西元四世纪，“无著菩萨夜升天宫，于慈氏菩萨所，受瑜伽师地论”②，也就是这一类事实。在“秘密大乘”中，修法成就了，本尊（多数是现夜叉相的金刚）现前；有什么疑问，可以请求开示，也是普遍存在的宗教事实。在定中见到了，可以有问有答，在“原始佛教”中早已存在。如《中阿含经·长寿王品》，就有好几部经，与定中见闻有关的。《长寿王本起经》中，佛为阿那律说：在没有成佛以前的修行时，修习见光明，见形色，“广知光明，亦广见色”的过程③。《天经》中说：修得光

① 拙作《说一切有部为主的论书与论师之研究》（六四〇，本版五四三——五四四）。

② 《大唐西域记》卷五（大正五一·八九六中）。

③ 《中阿含经》卷一七《长寿王本起经》（大正一·五三六下——五三九中）。《中部》一二八《随烦恼经》（南传一一下·二〇〇——二〇六）。

明,见形色;与天(神)共相聚会;与天"共相慰劳,有所论说,有所答对";知道天的名字;知天所受的苦乐;天的寿命长短;天的业报;知道自己过去生中,也曾生在天中。这样的修习,逐渐增胜的过程①。《梵天请佛经》中,佛于定中升梵天,与梵天问答②。《有胜天经》中,阿那律说:光天、净光天、遍净光天的光,有优劣差别。"彼(天)与我集,共相慰劳,有所论说,有所答对。"③在定中,到另一界,见到诸天及魔等,与他们集合在一起,与他们论说问答(与大乘的到他方净土,见他方佛与菩萨的情形相近),是存在于"原始佛教"的事实。在"原始佛教"中,佛与大弟子们往来天界的记载不少。但那时,佛与大弟子们,对于定中所见到的,是要开示他们、呵斥他们、警策他们,所以佛被称为"天人师"。佛涅槃以后,演化为在定中,见当来下生成佛、现在兜率天的弥勒菩萨。十方佛现在说兴起,"大乘"佛弟子,就在定中见他方佛。在"秘密大乘"中,佛弟子就在定中见金刚夜叉。在定中有所见,有所问答,始终是一致的。但起初,是以正法教诲者的立场,教化天神;后来是请求佛、菩萨、夜叉们的教导。这是佛法的进步升华呢?佛教精神的迷失呢?

《般舟三昧经》集出的时间,试依八大菩萨而加以论断,如《般舟三昧经》卷上(大正一三·九〇二下——九〇三上)说:

---

① 《中阿含经》卷一八《天经》(大正一·五三九中——五四〇下)。《增支部·八集》(南传二一·二四一——二四六)。

② 《中阿含经》卷一九《梵天请佛经》(大正一·五四七上——五四九上)。《中部》四九《梵天请经》(南传一〇·六二——七二)。

③ 《中阿含经》卷一九《有胜天经》(大正一·五五〇中——五五一下)。《中部》一二七《阿那律经》(南传一一下·一八八——一九〇)。

“飏陀和与五百菩萨俱。……罗怜那竭菩萨，从堕舍利大国出；桥曰兜菩萨，从占波大国出；那罗达菩萨，从波罗斯大国出；须深菩萨，从迦罗卫大国出；摩诃须萨和菩萨，……从舍卫大国出；因坻达菩萨，从鸠闪弥大国出；和轮调菩萨，从沙祇大国出：一一菩萨各与二万八千人俱。”

《拥护品》中，“是八菩萨”集在一起，称为“八大菩萨”。其中，飏陀和译为贤守，或贤护，是王舍城（Rajagṛha）的长者，《般舟三昧经》就是因贤护的启问而说的。罗怜那竭（Ratnakāra）译为宝积，是毗舍离的长者子。桥日兜（Guhyagupta），译为星藏，是占波（Campā）的长者子。那罗达（Naradatta）译为仁授，是波罗斯（Bārāṇasī），或说弥梯罗（Mithilā）的婆罗门。须深（Susīma）是迦维罗卫（Kapilavastu）人。摩诃须萨和（Mahāsusārthavāha）译为大导师，或大商主，是舍卫的优婆塞。因坻达（Indradatta）译为主天，实为主（天）授，是鸠闪弥（Kauśāmbī）人。和轮调（Varuṇadatta）译为水天，实为水神授，是沙祇（Sāketa）的优婆塞。八位菩萨的集为一组，《般舟三昧经》以外，《贤劫经》、《八吉祥神咒经》，都说到“八大正士”①。帛尸梨蜜多罗译的《灌顶经》，也多处说到这八位。这八位菩萨，是释尊的游化地区，恒河流域的在家菩萨。《般舟三昧经》是为在家菩萨（贤护）说的；并嘱累阿难等比丘，及八菩萨受持宏通②。在家菩萨在佛教中的地位，显然的重要起来。这是大乘佛教流行，早期在家菩萨的

---

① 《贤劫经》卷一（大正一四·一中）。《八吉祥神咒经》（大正一四·七三上）。

② 《般舟三昧经》卷下（大正一三·九一九中——下）。

代表人物；在传说中，多少有点事实成分的。后来，大乘经有十六菩萨，如“中品般若”①，及《持心梵天所问经》、《无量寿经》、《观察诸法行经》、《净信童女会》、《观弥勒菩萨上升兜率陀天经》等②。大体依《般舟三昧经》的八菩萨（或缺少一二位），加入其他菩萨而成。数目的倍倍增多，是印度佛教的一般情况。从《般舟三昧经》的八菩萨，进到“中品般若”、《持心经》等十六菩萨。依据这一点，《般舟三昧经》的成立，约为“下品般若”集成，“中品般若”还在成立过程中，应为西元五〇——一〇〇年顷。“中品般若”不但序列十六菩萨，“序品”中说：“念无量国土诸佛三昧常现在前”③，表示了对“现在佛悉立在前三昧”的尊重。

“般舟三昧”，是在家、出家，四众弟子所共修的法门。早期的在家菩萨，出于恒河流域，或表示“念佛见佛”法门是从佛教中国传来的。四众弟子中，出家比丘修行的条件，第一是“当清净持戒，不得缺如毛发，常当怖畏（地狱苦痛）”④。三卷本作“一切悉护禁法，出入行法悉当护，不得犯戒大如毛发，常当怖畏”⑤。可见这是比丘的“戒具足”——“安住具戒，善护别解脱

① 《摩诃般若波罗蜜经》卷一（大正八·二一七上——中），经中列名为十七，但《大智度论》卷七，作“善守等十六菩萨”（大正二五·一一一上）。

② 《持心梵天所问经》卷一（大正一五·一上）。《无量寿经》卷上（大正一二·二六五下）。《观察诸法行经》卷一（大正一五·七二七下）。《大宝积经》卷一一一《净信童女会》（大正一一·六二三中）。《观弥勒菩萨上升兜率陀天经》（大正一四·四一八中）。

③ 《摩诃般若波罗蜜经》卷一（大正八·二一七上）。

④ 《般舟三昧经》（大正一三·九〇〇下）。

⑤ 《般舟三昧经》卷中（大正一三·九〇九中）。

律仪,轨则圆满,所行圆满,于微小罪生大怖畏",是比丘在僧团中所受持的律仪生活。在家弟子而想修"般舟三昧"的,"常念欲弃家作沙门,常持八关斋,当于佛寺中";"敬事比丘、比丘尼,如是行者得三昧"①。"般舟三昧"虽通于在家修行,而是尊重传统出家僧团的,与寺院通俗教化的斋戒相应的。无论在家、出家,这是三月专修的法门(可能与出家人三月安居静修有关)。到了印度北方,念阿弥陀佛的地区,结合而流行起来,于是有了"一日一夜"、"七日七夜"(《阿弥陀经》所传)的修法。"般舟三昧"的本质,是依假想观而成三昧,属于"定"法,但依此深化而又浅化起来。深化是:在定中起唯心无实观,引入三解脱门;或融摄"般若"而说无著法门。浅化是:与"般若法门"一样,使成为普遍学习的法门。对一般人来说,如三归、五戒、布施而外,"作佛形像","持好素写是三昧"②。造佛像与写经,成为当时佛教的特色。"闻是三昧,书学诵持,守之一日一夜,其福不可计"③,与"下品般若"一样的,推重读、诵、书写的功德。《拥护品》说:八大菩萨是"人中之师,常持中正法,合会随顺教",更说"持是三昧"所得的现世功德④,与"下品般若"所说的相近。后来,"若有急(疾),皆当呼我八人名字,即得解脱。寿命欲终时,我八人便当飞往迎逆之"⑤,八大菩萨成为闻声救苦的菩萨。《般舟三昧经》,就这样的成为普遍流行的法门。三卷本说到:

---

① 《般舟三昧经》(大正一三·九〇一中)。
② 《般舟三昧经》(大正一三·八九九下)。
③ 《般舟三昧经》(大正一三·九〇〇中)。
④ 《般舟三昧经》卷中(大正一三·九一二中——九一三中)。
⑤ 《八吉祥神咒经》(大正一四·七三上)。

“却后乱世,佛经且欲断时,诸比丘不复承用佛教。然后乱世时,国国相伐,于是时是三昧当复现阎浮利。”①《贤护经》又说:“复此八士诸菩萨,当来北天授斯法。”②《般舟三昧经》在北方全部集成,约在西元一世纪末。

第二项　念佛法门的发展

念佛(buddhânusmṛti),是“六念”之一。《杂阿含经》的“如来记说”,从念佛而组合为“三念”、“四念”、“六念”;《增一阿含经》更增列为“十念”。然适应“信行人”,及“佛涅槃后,佛弟子心中的永恒怀念”而特别发展的,是念佛法门。汉译《长阿含经》,是法藏部的诵本,卷五《阇尼沙经》(大正一·三五上)说:

> “我昔为人王,为世尊弟子,以笃信心为优婆塞。一心念佛,然后命终,为毗沙门天王作子,得须陀洹,不堕恶趣,极七往返,乃尽苦际。”

频婆沙罗王,是为王子阿阇世所弑的。临终时,一心念佛而死,所以不堕三恶道,生在天上,七返生死就可以得涅槃,与“四不坏信”的“佛不坏信”(或译作“佛证净”)相合。异译《人仙经》、南传《长部》(一八)《阇尼沙经》,都没有“一心念佛”一句。但支谦译的《未生冤经》,也说瓶沙王“念佛不忘”,死后生天③。不堕三恶道、生天、决定向三菩提,是“念佛”法门的主要意义。

① 《般舟三昧经》卷中(大正一三·九一一上)。
② 《大方等大集贤护经》卷三(大正一三·八八五上)。
③ 《未生冤经》(大正一四·七七五中)。

《那先比丘经》卷下（大正三二·七〇一下）说：

> “王又问那先：卿曹沙门言：人在世间，作恶至百岁，临欲死时念佛，死后者皆生天上，我不信是语！……那先言：船中百枚大石，因船故不得没。人虽有本恶，一时念佛，用是不入泥犁中，便生天上。”

从《那先比丘经》[①]所说，可见北方的部派佛教，对恶人临终念佛，死后生天的信仰，是相当流行的。念佛能离怖畏，《杂阿含经》已一再说到。离怖畏，不但离死后的恶道怖畏，还有现生的种种困厄。念佛也有拔济苦厄的作用，如《大智度论》说：商人们在大海中航行，遇到了摩伽罗（Makara）鱼王，有没入鱼腹的危难。大众一齐称念佛名，鱼王就合了口，船上人都免脱了灾难。依《智论》说：鱼王前世是佛的弟子，所以听见佛名，就悔悟了[②]。《修行道地经》赞颂佛的功德说：“本（木？）船在巨海，向鱼摩竭口，其船（将）入鱼腹，发慈以济之。”[③]商人们得免摩竭大难，这是佛的慈悲济拔了。人的种种困厄、不如意，由于过去及现生所作的恶业，所以要免除苦厄，忏除恶业，渐重于念佛——礼佛及称佛的名字。

念佛，是原始佛教所固有的，但特别发达起来的，是大乘佛教。念佛法门的发达，与十方佛现在的信仰，及造作佛像有关。佛在世时，“念佛、念法、念比丘僧”，是依人间的佛、比丘僧，及

① 《那先比丘经》为那先比丘与弥兰陀王的问答，南传作《弥兰陀问》。

② 《大智度论》卷七（大正二五·一〇九上）。

③ 《修行道地经》卷二（大正一五·一八九中）。

佛与比丘所开示的法，作为系念内容的。"念"是忆念不忘，由于一心系念，就能得正定，如《杂阿含经》卷三三（大正二·二三七下）说：

"圣弟子念如来事……。如是念时，不起贪欲缠，不起嗔恚、愚痴心。其心正直，得如来义，得如来正法，于如来正法，于如来所得随喜心。随喜心已欢悦，欢悦已身猗息，身猗息已觉受乐，觉受乐已其心定。心定已，彼圣弟子于凶险众生中，无诸罣碍；入法流水，乃至涅槃。"

依念得定，依定发慧，依慧得解脱。"六念"法门都是这样的，这样的正念，本没有他力的意义。佛涅槃了，对佛的怀念加深。初期结集的念佛，限于念佛的（三号又）十号："如来、应、等正觉、明行足、善逝、世间解、无上士、调御丈夫、天人师、佛——世尊"①，也就是念佛的功德。上座部系的说一切有部，归依佛是归依佛所得的无学功德法——法身，不归依佛的有漏色身②；念佛也只是念佛的功德。锡兰传来的《解脱道论》，也是念佛的十号；念佛的本生功德，自拔身功德，得胜法功德，作饶益世间功德③。《成实论》以五品具足、十力、四无所畏、十号、三不护、三念处、大悲等功德来礼敬佛④。上座系的念佛，是不念色身相好的。大众部系以为佛的色身是无漏的，色身也是所归敬的。如

① 《杂阿含经》卷三三（大正二·二三七下）。《相应部》（一一）《预流相应》（南传一六下·二六一）。

② 《杂阿毗昙心论》卷一〇（大正二八·九五三上）。

③ 《解脱道论》卷六（大正三二·四二六中——四二八上）。

④ 《成实论》卷一（大正三二·二三九中——二四三中）。

《增一阿含经》说,念佛的"如来体者,金刚所成,十力具长(足?),四无所畏,在众勇健,如来颜貌端正无双,视之无厌";及佛戒、定、慧、解脱、解脱知见功德①。《分别功德论》也说,念"佛身金刚,无有诸漏。若行时,足离地四寸,千辐相文,迹现于地。……三十二相,八十种好,其有睹者,随行得度"②。佛的色身,也是念佛的内容,代表了大众部系的见解。传统的念佛,虽也有念佛色身的,但释尊已经涅槃,没有佛的相好可见。印度佛教初期,是没有(不准有)佛像的,仅有菩提树、法轮、足迹,象征佛的成佛、说法、游行。念是忆念,是忆念曾经经历的境界,重现于心中。释尊过去很久了,又没有佛像可见,所以念佛身相是不容易的,而多数念佛的戒、定等功德了。说一切有部的《十诵律》,在叙述造塔因缘后,又说:"白佛言:世尊!如佛身像不应作,愿佛听我作菩萨侍像者,善!佛言:听作。"③古代是不许造佛像的;在造佛像以前,先造在家的菩萨像。与《十诵律》文段相当的,《根本说一切有部尼陀那》摄颂说:"听为菩萨像。"长行作:"白佛言:我今欲作赡部影像,唯愿听许!佛言:应作。"④《尼陀那》的"赡部影像",就是《十诵律》的"菩萨像",可推定为画像。《般舟三昧经》说:"作佛形像,若作画。"⑤《成具光明定意经》说:"立庙,图像佛形。"⑥《摩诃迦叶会》说:"若于氎上,墙壁

① 《增一阿含经》卷二(大正二·五五四上——中)。
② 《分别功德论》卷二(大正二五·三五下)。
③ 《十诵律》卷四八(大正二三·三五二上)。
④ 《根本说一切有部尼陀那》卷五(大正二四·四三四中)。
⑤ 《般舟三昧经》卷上(大正一三·九〇六上)。
⑥ 《成具光明定意经》(大正一五·四五六中)。

之下,造如来像";"观如来画像";"于墙壁下,画如来像"①。画像,可能与书写经典同时流行;铸塑佛像也流行起来。佛像的流行,与十方佛现在的信仰相融合,于是观佛色相的,如"般舟三昧"那样的,"现在佛悉在前立"的念佛三昧,也就兴盛起来了。

念佛,进入大乘佛法时代,形成了不同修持法、不同目标的念佛。当然,可以彼此相通,也可以条贯为一条成佛的法门。现在分为"称名"、"观相"、"唯心"、"实相"——四门来叙述。

一、"称名":传说释种女被刖手足,投在深坑时,"诸释女含苦称佛"②。提婆达多生身堕地狱时,"便发悔心于如来所,正欲称南无佛,然不究竟,适得称南无,便入地狱"③。商人遇摩竭鱼难,"众人一心同声称南无佛"④。人在危急苦难中,每忆念佛而口称"南无佛"(Namo-Buddhāya),实与"人穷呼天"的心情相近,存有祈求的意义;希望凭称念佛名的音声,感召佛而得到救度。在传统佛教中,佛入涅槃后,是寂灭而不再有救济作为的,所以"南无佛"的称名,在佛灭以后,可以流行佛教界,却不可能受到佛教中心的重视。等到十方佛现在的信仰流行,怀念佛而称名的意义,就大为不同了!念阿弥陀佛,愿生极乐世界,是早期念佛的一大流。经上说:"一心念欲往生阿弥陀佛国"⑤,是一心忆念;是愿往生阿弥陀佛土,不但是念佛。然阿难"被袈裟,西向

① 《大宝积经》卷八九《摩诃迦叶会》(大正一一·五一二中),又卷九〇《摩诃迦叶会》(大正一一·五一四上)。

② 《大唐西域记》卷六(大正五一·九〇〇中)。

③ 《增一阿含经》卷四七(大正二·八〇四上)。

④ 《大智度论》卷七(大正二五·一〇九上)。

⑤ 《阿弥陀三耶三佛萨楼佛檀过度人道经》卷下(大正一二·三一〇下)。

拜，当日所没处，为弥陀佛作礼，以头脑着地言：南无阿弥陀三耶三佛檀”①，当下看到了阿弥陀佛与清净国土。称名与心中的忆念，显然有统一的可能。后来，三十六愿本说：“念吾名号”；四十八愿本说：“闻我名号，系念我国”；小本《阿弥陀经》说：“闻说阿弥陀佛，执持名号，……一心不乱”②，到了专念佛的名号了。《观无量寿佛经》所说的“下品下生”是：“若不能念彼佛者，应称归命无量寿佛。如是至心念声不绝，具足十念，称南无阿弥陀佛。”③不能专心系念佛的，可以专称阿弥陀佛名字（也要有十念的专心），这是为平时不知佛法，临终所开的方便。念阿弥陀佛，本是内心的忆念，以“一心不乱”而得三昧的；但一般人，可能与称名相结合。在中国，念阿弥陀佛，渐重于称名（人人都会），几乎以“称名”为“念佛”了。其实，“念佛”并不等于“称名”；“称名念佛”也不是阿弥陀净土法门所独有的。“称名念佛”，通于十方现在（及过去）佛。如《八吉祥神咒经》（支谦初译），诵持东方八佛名，呼八大菩萨名字，能得今世及后世功德，终成佛道④。《大乘宝月童子问法经》（《十住毗婆沙论》引用），说十方十佛名号，与《八吉祥神咒经》的德用相近⑤。《称扬诸佛功德经》说：“其有得闻（六方各）……如来名者，欢喜信乐，持讽

---

① 《阿弥陀三耶三佛萨楼佛檀过度人道经》卷下（大正一二·三一六中——下）。

② 《大乘无量寿庄严经》卷上（大正一二·三一九下）。《无量寿经》卷上（大正一二·二六八中）。《阿弥陀经》（大正一二·三四七中）。

③ 《观无量寿佛经》（大正一二·三四六上）。

④ 《八吉祥神咒经》（大正一四·七二下——七三上）。

⑤ 《大乘宝月童子问法经》（大正一四·一〇八下——一〇九上）。

诵念，却十二劫生死之罪。”[1]经中所说的功德极多，而“灭却多少劫生死之罪”，是一再说到的。《宝月童子经》的十方十佛，也受到忏悔者的礼拜供养[2]。《优波离会》，在三十五佛前忏悔，“若能称彼佛名，昼夜常行是三种法（忏悔、随喜、劝请），能灭诸罪，远离忧悔，得诸三昧”[3]。忏悔灭罪，“称佛名号”是重要的行法。如后人集出的《佛名经》、《五千五百佛名神咒除障灭罪经》，都属于这种性质。“称名念佛”的功德极大，现生的消除灾障、忏悔业障而外，《称扬诸佛功德经》每说到“得不退转”、“成佛”，这是以信心称念佛名，引入大乘的正道。《摩诃般若波罗蜜经》历举种种念佛功德，又说：“若有人一称南无佛，乃至毕苦，其福不尽。”[4]《法华经》进一层说：“若人散乱心，入于塔庙中，一称南无佛，皆已成佛道。”[5]在初期大乘法中，称名念佛是可浅可深的。浅的是散心念，深的是定心。以称名念佛而引发深定的，是梁代传来的“一行三昧”（ekavyūha-samādhi）。如《文殊师利所说摩诃般若波罗蜜经》卷下（大正八·七三一上——中）说：

“法界一相，系缘法界，是名一行三昧。”

“欲入一行三昧，应处空闲，舍诸乱意，不取相貌，系心一佛，专称名字。随佛方所，端身正向。能于一佛念念相

① 《称扬诸佛功德经》卷上（大正一四·八八中）。
② 《菩萨藏经》（大正二四·一〇八七上——中）。
③ 《大宝积经》卷九〇《优波离会》（大正一一·五一五下——五一六下）。
④ 《摩诃般若波罗蜜经》卷二一（大正八·三七五上）。
⑤ 《妙法莲华经》卷一（大正九·九上）。

续，即是念中能见过去未来现在诸佛。”

依“称名念佛”而成定的“一行三昧”，依《文殊师利问经》，是：“如是依（十号）名字，增长正念；见佛相好，正定具足。具足定已，见彼诸佛，如照水镜，自见其形。”修习的方便，是“于九十日修无我想，端坐专念，不杂思惟”①。“一行三昧”成就了，能见佛，听佛说法，与“般舟三昧”相近。但“一行三昧”是“常坐”的，“念佛名号”而“不取相貌”的。这一“一行三昧”，自从黄梅道信提倡，经弘忍而到弘忍门下，重坐的、念佛净心的禅门，曾风行于中国。不过“一行三昧”，“中品般若”也是有的，《大智度论》解说为：“是三昧常一行，毕竟空相应。”②“一行三昧”的原义，到底只是“法界一相，系缘法界”；以称念一佛名、见佛为方便，可说是“般舟三昧”的般若化。

二、“观相”：这可以分为二类：1. 念佛三十二相、八十种好（及行住坐卧等）——色身相；2. 念佛五品具足、十力、四无所畏等功德——法身相。大乘所重而极普遍的，是念佛色身相。如说：“若行者求佛道，入禅，先当系心专念十方三世诸佛生身。”③古人立“观像念”、“观想念”，其实“观像”也是观相，是初学者的前方便。《坐禅三昧经》卷上（大正一五·二七六上）说：

> “若初习行人，将至佛像所，或教令自往，谛观佛像相好，相相明了。一心取持，还至静处，心眼观佛像。……心

---

① 《文殊师利问经》卷下（大正一四·五〇六下——五〇七上）。

② 《大智度论》卷四七（大正二五·四〇一中）。

③ 《坐禅三昧经》卷下（大正一五·二八一上）。

不散乱，是时便得心眼见佛像相光明，如眼所见，无有异也。"

《观佛三昧海经》也说："如来灭后，多有众生，以不见佛，作诸恶法。如是等人，当令观像；若观像者，与观我身等无有异。"①没有见过佛的，是无法念佛相好的，所以佛像的发达与念佛色身相好有关。说到佛像，依《观佛三昧海经》，佛像是在塔里的。如说"欲观像者，先入佛塔"；"若不能见胸相分明者，入塔观之"；"不见者，如前入塔，谛观像耳"②：这都是佛像在塔中的明证。《千佛因缘经》说："入塔礼拜，见佛色像。"③《称扬诸佛功德经》说："入于庙寺，瞻覲形像。"④《华手经》说："集坚实世尊，形像在诸塔。"⑤《成具光明定意经》说："立庙，图像佛形。"⑥印度佛像的造作，起初是供在塔庙中的，后来才与舍利塔分离，而供在寺中——根本香殿。佛像供在塔里，所以念佛色身相好的，要先进塔去，审细观察佛像，然后忆持在心里，到静处去修习。依《解脱道论》，修"一切入"的初学者，是依曼陀罗起想念。在地上作曼陀罗，或"于衣，若于板，若于壁处皆作曼陀罗"⑦。曼陀罗（maṇḍala）是"轮圆"的意义，规画出圆形的地域，

① 《观佛三昧海经》卷九（大正一五·六九〇上——中）。

② 《观佛三昧海经》卷九（大正一五·六九〇下），又卷四（大正一五·六六五中），又卷三（大正一五·六五六中）。

③ 《千佛因缘经》（大正一四·六六中）。

④ 《称扬诸佛功德经》卷中（大正一四·九四中）。

⑤ 《华手经》卷七（大正一六·一八六中）。

⑥ 《成具光明定意经》（大正一五·四五六中）。

⑦ 《解脱道论》卷四（大正三二·四一二下——四一三上）。

或画一圆相(后来或作四方形、三角形),在圆形内作成形相,为修习者生起想念的所依处。《摩诃迦叶会》说:"有诸比丘,……若于氍上,墙壁之下,造如来像,因之自活。"①在墙壁下造佛像,应该是作为念佛色相的曼陀罗。如在墙壁下作佛像,对观相修习来说,是比塔中观像更方便的。念佛色相,不但是大乘行者,也成为部分声闻行者的修法。声闻的修法,主要是"二甘露门",经"三度门"而组成"五停心"——不净、慈心、因缘、持息念、界分别。但西元五世纪初,鸠摩罗什译出的《坐禅三昧经》、《禅秘要法经》、《思惟要略法》;昙摩蜜多(Dharmamitra)传出的《五门禅经要用法》,都以"念佛"替代了"界分别"。依僧睿《关中出禅经序》,除末后的"菩萨禅法",其他都出于持经的譬喻师的禅集②,可见念佛色身相,已成为一分部派佛教及大乘行者共修的法门。《观佛三昧海经》所说,观三十二相,观佛(色)心,观佛四威仪,观像佛,观七佛:大都是大小共学的。《思惟要略法》中,先说"观佛三昧法",是初学观像佛的修法;进一步是"色身观法":"既已观像,心想成就,敛意入定,即便得见",是离像的内观;再进而"法身观法",念佛十力、四无所畏、大慈大悲等功德。次第渐进,也是可通于大小乘的③。以下的"十方诸佛观法",《观无量寿佛法》是依大乘经而立的观法。《大智度论》解说"念佛",是念十号、三十二相、八十随形好,戒众……解脱知见众具足,一切智、一切见、大慈大悲、四无所畏、四无碍智、十八

---

① 《大宝积经》卷八九《摩诃迦叶会》(大正一一·五一二中)。

② 《出三藏记集》卷九(大正五五·六五上——中)。

③ "思惟要略法"(大正一五·二九九上——下)。

不共法等，概括了念名号、念色身、念功德法身——三类①。《十住毗婆沙论》（二十品——二十五品）所说的念佛三昧，是依《般舟三昧经》的，《论》卷一二（大正二六·八六上——中）说：

“新发意菩萨，应以三十二相、八十种好念佛（生身），如先说。转深入，得中势力，应以（功德）法身念佛。心转深入，得上势力，应以实相念佛而不贪著。”

“新发意菩萨，应以十号妙相念佛。……是人以缘名号，增长禅法，则能缘相。……当知得成般舟三昧，三昧成故，得见诸佛如镜中像。”②

《十住毗婆沙论》的念佛三昧，既说明了念色身、念法身、念实相——三阶，又说新发意的应念名号，进一步才能“缘相”，成就“般舟三昧”。龙树当时的念佛三昧，就是“般舟三昧”，也念佛名号。所以《文殊师利般若经》缘一佛名的“一行三昧”（一行三昧的本义，是实相观），不过是方便的少少不同，从“般舟三昧”分出的法门。

三、“唯心”：“唯心念佛”，是依《般舟三昧经》的。经上这样说（大正一三·八九九上——下）：

① 《大智度论》卷二一（大正二五·二一九中——二二一中）。

② 念佛三昧进修的三阶段，与《菩提资粮论》释相合，如说：“现在诸佛现其前住三摩提，……有三种，谓色攀缘，法攀缘，无攀缘。于中若攀缘如来形色相好庄严身而念佛者，是色攀缘三摩提。若复攀缘十名号身，十力、无畏、不共佛法等无量色类佛之功德而念佛者，是法攀缘三摩提。若复不攀缘色，不攀缘法，亦不作意，念佛亦无所得，远离诸相空三摩提，此名无攀缘三摩提。于中，初发心菩萨得色攀缘三摩提，已入行者法攀缘，得无生忍者无攀缘”（大正三二·五二八下）。

"菩萨于此间国土念阿弥陀佛，专念故得见之。……欲见佛，即见；见即问，问即报，闻经大欢喜。作是念：佛从何所来？我为到何所？自念：佛无所从来，我亦无所至。自念：欲处、色处、无色处，是三处意所作耳。我所念即见，心作佛。……心有想为痴心，无想是涅槃，是法无可乐者。设使念，为空耳，无所有也。"

初学"般舟三昧"的行法，是念"三十二相，八十种好，巨亿光明彻照，端正无比"的"观相念佛"①。依三卷本，"当想识无有能见诸佛顶上者"②，是从念"无见顶相"下手的。但到了三昧成就，佛现在前，不但光明彻照，而且能答问，能说经。然当时，佛并没有来，自己也没有去；自己没有天眼通、天耳通，却见到了佛，听佛的说法，那佛到底是怎样的？于是觉察到这是"意所作耳"，只是自心三昧所现的境界，类推到三界生死都是自心所作的。自心所现的，虚妄不实，所以心有想为愚痴（从愚痴而有生死），心无想是涅槃。不应该起心相，就是能念的心，也是空无所有的，这才入空无相无愿——三解脱门。严格地说，这是念佛三昧中，从"观相"而引入"实相"的过程。然这一"唯心所作"的悟解，引出瑜伽师的"唯心（识）论"，所以立"唯心念佛"一类。

四、"实相"："实相"或"诸法实相"，玄奘译为"实性"或"诸法实性"，是"如"、"法界"、"实际"的异名。"中品般若"的《三次第品》，说到"菩萨摩诃萨从初已来，以一切种智相应心，信解

① 《般舟三昧经》（大正一三·八九九中）。

② 《般舟三昧经》卷中（大正一三·九〇八中）。

诸法无所有性,修六念"。其中以"诸法无所有性""念佛",是分为五阴;三十二相、金色身、丈光、八十随形好;戒众、定众、慧众、解脱众、解脱知见众;十力、四无所畏、四无碍智、十八不共法、大慈大悲;十二因缘——五节[①]。三十二相、金色身、丈光、八十随形好,是佛的生身。戒等五众,十力……大慈大悲,是佛的(功德)法身。如人间的释尊,一般解说五阴为体,所以念五阴身。《中阿含经》说"见缘起便见法",见法空无我就是见佛[②],所以念十二因缘。般若法门是信解五阴身、生身、功德身、缘起等一切,自性无所有;无所有中,没有少法是可得可念的,所以说:"无忆(念)故,是为念佛。"[③]"无忆念"的念佛,是直就佛的五阴、色身、功德、缘起,而直观实相的,所以名为"实相念佛"。常啼菩萨见到一切佛,而又忽然不见了,所以问昙无竭菩萨:"大师为我说诸佛所从来,所至处,令我得知;知已,亦常不离见诸佛!"昙无竭说:"诸佛无所从来,去亦无所至。何以故?诸法如不动相,诸法如即是佛。……无生法……无灭法……实际法……空……无染……寂灭……虚空性无来无去,虚空性即是佛。善男子!离是诸法更无佛;诸佛如,诸法如,一如无分别。"接着,举热时焰、幻师所作幻事、梦中所见、大海中宝、箜篌声——五喻,而说"应当如是知诸佛来相去相"[④]。从因缘如幻如化,而深悟无所有空性为佛,名为"实相念佛"。《佛藏经》所

① 《摩诃般若波罗蜜经》卷二三(大正八·三八五中——下)。

② 《中阿含经》卷七(大正一·四六七上)。《增一阿含经》卷二八(大正二·七〇七下)。

③ 《摩诃般若波罗蜜经》卷二三(大正八·三八五中——下)。

④ 《摩诃般若波罗蜜经》卷二七(大正八·四二一中——四二二上)。

说的念佛①,与般若法门相同。念佛的,可以从"称名"、"观相"、"唯心"而入"实相",也可以直下修实相念佛。原则地说:般若的念佛,是空性观;"般舟三昧"的念佛,是假相观。在法门的流行中,总不免互相影响的。如《般舟三昧经》三卷本,受到了般若法门的影响;而《文殊般若经》的"一行三昧",受到了"般舟三昧"的影响。《千佛因缘经》说:"于诸佛所得念佛三昧,以庄严心;念佛三昧庄严心故,渐渐于空法中心得开解";"思空义功德力故,即于空中得见百千佛,于诸佛所得念佛三昧"②。念佛三昧与空解,是这样的相助相成了!《华手经》中,立"一相三昧"、"众相三昧"。缘一佛修观而成就的,是一相三昧;缘多佛、一切佛而成就的,是众相三昧。等到观心成就,能见佛在前立,能与佛问答,并了解所见的是自心所现,内容都与《般舟三昧经》相同。经上又说:"以是一缘,了达诸法,见一切法皆悉等相,是名一相三昧";"入是三昧,了达诸法一相无相,是名众相三昧"③。将观相的念佛法门、无相的般若法门,综合起来。这样的念佛三昧,充实了念佛的内容,念佛已不只是重信的法门。念佛与空慧,是这样的相助相成了!龙树的《菩提资粮论》,引用《维摩诘经》的"般若菩萨母,方便以为父",又引颂说:"诸佛现前住,牢固三摩提,此为菩萨父,大悲忍为母。"④般若,般舟三昧——诸佛现前住三摩提,大悲,成为菩萨不可或缺的行门,受

---

① 《佛藏经》卷上(大正一五·七八五上——中)。

② 《千佛因缘经》(大正一四·七〇下、七一中)。

③ 《华手经》卷一〇(大正一六·二〇三下——二〇四中)。

④ 《菩提资粮论》卷三(大正三二·五二九上)。

到了佛教界普遍的尊重!

念佛,发展为称名、观相、唯心、实相——四类念佛法门。传入中国、日本的,倾向于散心的称名念佛,然在印度,主要是观相念佛,念佛的色身相好。念佛的色身相好,是与佛像的流行相关联的,对大乘佛教的发展、演变,起着出乎意外的影响。佛弟子对佛涅槃所引起的永恒怀念,是佛法倾向于大乘佛法的原动力。起初,佛舍利塔的起造供养,及释尊本生、本行的传说,在西元前后,引发大乘佛教的兴起。佛法原是不准设立佛像的,但那时的北印度,恰好出现了佛像;佛像逐渐取代舍利塔的地位,佛教才被称为“象教”。佛像与观相的念佛三昧相呼应,大乘终于趋向“唯心”与“秘密”的大乘。念佛三昧,主要是念佛的形像。在三昧中现起的佛,不但是相好庄严、光明彻照,而且是能行动、能答问。这样的佛,出现于自己心中,瑜伽者终于悟到了“是心作佛”、“是心是佛”的道理。修习念佛的,从佛在前立,进展到佛入自己身心中。这一修验,与“如来藏”说相契合。《观无量寿佛经》说:“诸佛如来是法界身,遍入一切众生心想中,是故汝等心想佛时,是心即是三十二相、八十随形好,是心作佛,是心是佛。”①《楞伽经》引“修多罗说:如来藏自性清净,转三十二相,入于一切众生身中”②。初起的如来藏说,不说众生本具,而说“入一切众生心想中”,“入于一切众生身中”,而如来又是“三十二相”、“八十随形好”的。这是修念佛三昧的,念佛色身现前,入于自己身心中的修验,而引发出来的理论。“自心是佛”,就

① 《观无量寿佛经》(大正一二·三四三上)。

② 《楞伽阿跋多罗宝经》卷二(大正一六·四八九上)。

这样流行起来,成为后期大乘的核心论题,也是“秘密大乘”的理论基础。在修持方面,念佛三昧是以佛的端严色相为观想的,三昧成就,现起的佛是出家相的。念佛,也就可以念菩萨——观音、文殊等,多数是现在家天人相的(佛也转化为在家相的毗卢遮那)。念天,也是原始佛教以来的法门,因念佛三昧的启发而兴盛起来。现为鬼趣(如夜叉)、畜生趣(如龙王、孔雀王、毗那夜迦等)相的低级天,作为佛(菩萨)所示现,而成为佛弟子宗仰的本尊。在修习时,这些鬼天、畜生天成为观想的内容;等到三昧成就,本尊现前,也与佛一样的能行动,能问答,能入于自己身心中:自己与本尊,相摄相入,无二无别。这样,称为“修天色身”(当然不止于上面所说的修法),其实也就是修佛的色身。称为“天慢”——我是天,也等于我就是佛。自己与本尊不二,所以现为低级天的本尊,是要饮酒食肉的,佛弟子也就应该食肉饮酒。低级天是“形交成淫”的,佛弟子也要男女交合的双身法,才能究竟成就——“成佛”。大乘初兴时,与佛像相关而展开的念佛三昧,成为演进到“秘密大乘”最有力的一着!

第十二章　文殊师利法门

第一节　有关文殊菩萨的教典

第一项　文殊教典略述

文殊师利，唐译曼殊室利（Mañjuśrī），意译为溥首、濡首、软首、妙德、妙吉祥。在初期大乘佛教中，文殊师利是有最崇高威望的大菩萨！初期大乘经中，有的以文殊为主体，有的是部分与文殊有关。从文殊为主体的，或部分与文殊有关的经典，作综合的观察，就发现与文殊有关的大乘经，在一般大乘通义外，有独到的风格与倾向。现在要论究的"文殊师利法门"，就是从有关文殊的教典而理解出来的。现存汉译的初期大乘经，与文殊有关的，部类相当的多，这里先作一番内容的概略叙述。

初期大乘经中，有一类是佛为文殊说的。如：1.《内藏百宝经》，一卷，汉支娄迦谶译。佛的诞生、……说法、度众生等佛事，约有九十事。这些佛事，都是"随世间习俗而入，示现如是"①。

① 《内藏百宝经》（大正一七·七五一中——七五三下）。

这是说，出现于世间的佛事，都是随顺世间的方便示现。东山住部的《随顺颂》，以为佛说的一切，都是随"顺世间转"的①，与《内藏百宝经》的超越的佛陀观，意趣相合。

2.《菩萨行五十缘身经》，一卷，晋竺法护译②。佛的身相庄严，威仪超常，都由于过去的积功累德。这是从因果来说明，与《内藏百宝经》不同，但同是对佛（菩萨）不可思议的说明。

3.《普门品经》，一卷，晋竺法护译，全文是长行。异译的《大宝积经》卷二九《文殊师利普门会》，一卷，唐菩提流志译，改为偈颂③。晋译的"丽藏本"，文字演绎冗长；在"等游嗔恚"部分，有"忏悔三尊"的"内六事"、"外六事"④，属于伪妄邪说的羼入。"宋、元、明藏本"没有这一段，与"唐译本"一致。"普门"，是"普入不可思议法门"；色三昧、声三昧，……有为三昧、无为三昧，从一一三昧门而契入平等不思议。

4.《济诸方等学经》，一卷，晋竺法护译。异译有隋毗尼多流支（Vinītaruci）所译的《大乘方广总持经》，一卷⑤。佛为弥勒与文殊说，针对执空谤有、执大谤小，主要是偏执般若的学者。这是"般若法门"盛行，有执空谤有、执大谤小的流弊，所以要加以纠正。经文也为弥勒说，思想与宗奉弥勒的大乘瑜伽者相合——佛为文殊说的，只是一部分。

---

① 《入中论》卷二（汉藏教理院刊本三一）。

② 《菩萨行五十缘身经》（大正一七·七七三上以下）。

③ 《普门品经》（大正一一·七七〇下以下）。《大宝积经》卷二九《文殊师利普门会》（大正一一·一五八下以下）。

④ 《普门品经》（大正一一·七七四下——七七五中）。

⑤ 《济诸方等学经》（大正九·三七四下以下）。《大乘方广总持经》（大正九·三七九上以下）。

上四部,是早期译出的。迟一些译出而意义相近的,还有三部:5.《不必定入定入印经》,一卷,元魏瞿昙般若流支译。异译的《入定不定印经》,一卷,唐义净译①。佛为文殊说:羊乘行,象乘行,日月神通乘行,声闻神通乘行,如来神通乘行——五类菩萨。6.《力庄严三昧经》,三卷,隋那连提耶舍译②。文殊等到十方世界去,召集众菩萨。佛印证文殊的见解,如来智……一切种智,是一切世间众生所难信的。7.《菩萨行方便境界神通变化经》,三卷,宋求那跋陀罗译。异译《大萨遮尼乾子所说经》,一〇卷,元魏菩提流支译,内容有所增补③。佛为文殊说:发无上菩提心,勤修六波罗蜜,方便示现,胜妙的佛土。佛净土中,唯有一乘而方便说三乘;外道出家,都是住不可思议解脱的菩萨。后二部,为文殊说的,仅是全经的一部分。

初期大乘经中,以文殊师利为主体的,或文殊部分参加问答的,是"文殊师利法门"的主要依据。长行说法而早期译出的,有:1.《阿阇世王经》,二卷,汉支娄迦谶译。异译有《文殊支利普超三昧经》,三卷,晋竺法护译。《未曾有正法经》,六卷,赵宋法天译。晋失译的《放钵经》,一卷,是全经的一品④。内容为:

---

① 《不必定入定入印经》(大正一五·六九九中以下)。《入定不定印经》(大正一五·七〇六中以下)。

② 《力庄严三昧经》(大正一五·七一一上以下)。

③ 《菩萨行方便境界神通变化经》(大正九·三〇〇中以下)。《大萨遮尼乾子所说经》(大正九·三一七上以下)。

④ 《阿阇世王经》(大正一五·三八九上以下)。《文殊支利普超三昧经》(大正一五·四〇六中以下)。《未曾有正法经》(大正一五·四二八中以下)。《放钵经》(大正一五·四四九上以下)。

(一)慧首①等菩萨、天子,来见文殊师利,大家论说,菩萨应这样的被精进铠甲,趣入一切智乘。(二)波坻槃拘那(Pratibhānakūṭa 辩积)菩萨,约文殊去见佛。文殊就化作佛,对辩积说:一切如幻,菩萨应这样的学习。化佛隐去了,文殊为辩积说:一切如幻,诸所有悉入法界,所以没有作者,没有罪也没有报。(三)佛与大众,在灵山听见了文殊所说的,都称赞文殊。佛为顶中光明菩萨,说声闻与菩萨的差别。(四)文殊菩萨们都来见佛。文殊为光智菩萨说契合于佛意的说法。(五)有二百天子,想退失菩提心。佛于是化一位长者,拿满钵的饭食来供佛。佛取钵,文殊却请佛"当念故恩"。佛放钵在地,钵直入地下,过七十二恒河沙佛土,到光明王如来世界,停住在空中。舍利弗、目连、须菩提,都入三昧,却都不见钵在哪里;弥勒也推说不知道。佛命文殊去求钵,文殊身体不动,伸手直下到光明王国土,把钵拿在手中。下方无数世界,都见到文殊的神通变化,称赞娑婆世界修行的优越性;下方菩萨也来参预法会。文殊将钵交佛。佛说起前生因文殊的教导供佛,而最初发心,所以文殊是释迦佛的恩师。不可说的佛菩萨,都是由文殊教化发心的,文殊是菩萨父母,这就是文殊说"当念故恩"的意义。想退心的二百天子听了,就坚定了成佛的决心。(六)佛对舍利弗说:我见到想早取般涅槃的,还在生死中,而修菩萨道的,却已经成佛。从前有三小儿,见佛供养,二儿愿作侍佛的比丘,一儿愿作佛,这就是舍利弗、目犍连与释迦佛的本生。阿罗汉们听了,自悔修成阿罗汉,倒不如造五逆

① 晋、宋译本,作"龙吉祥"。

罪的，还能发阿耨多罗三藐三菩提心！（七）阿阇世王来了，佛为他说作罪、疑悔、圣道与谛信。阇王自悔杀父的罪重，怕不免堕地狱！佛要他请文殊师利等入宫供养。文殊就为阇王说：无作无作者，生死不增不减，道与烦恼，学道无所至、无所住，向于道。阇王欢喜回宫，预备五百人的饮食。（八）文殊师利召集他方菩萨，初夜说陀罗尼；中夜说菩萨藏——菩萨藏中有三藏；后夜说不退转金刚句。（九）明晨，大迦叶们来见文殊，论受食。文殊以神通力，变地为净土，阿罗汉让文殊菩萨等先行。阇王迎入王宫。文殊命普观、法来菩萨，化王宫为广大无比、陈设严丽的床座，然后受供。（一〇）文殊师利为阇王说法：一切法本来清净，本自解脱。如虚空那样，不为尘污所污染，也没有尘污可除却。"法身[界]无所不入诸法，亦不见法身有所入。何以故？诸法是法身，如诸法等故，法身亦等，故曰法身所入。"阇王听了，得"信（顺）忍"，欢喜地说："善哉善哉！解我狐疑！"文殊说：哪里有狐疑可说？阇王说：我再"不忧不至泥洹"了！文殊说：诸法本来涅槃，还想什么涅槃呢①！（一一）阇王拿好氎供养文殊，文殊不见了。空中有声音说：凡是有所见的，可以拿氎给他。这样，菩萨们、阿罗汉们、宫中的夫人，一个个都不见了，连自己也不见了。阇王在三昧中，不见一切，离一切的想著。等到从三昧起来，又见到一切。阇王答文殊说："我知诸法悉空故，……是故入法身[界]。法身者，亦无天上，亦无人间，亦无泥犁、禽兽、薜荔；其逆（罪）者亦不离法身。"②（一二）文殊菩萨出

① 《阿阇世王经》卷下（大正一五·四〇一中）。

② 《阿阇世王经》卷下（大正一五·四〇二中——下）。

宫来，见有自称杀母的人。文殊化作一人，杀害了父母，然后约杀母的同去见佛。佛为化人说心性本净。化人深信无作者受者，无生者灭者；出家成阿罗汉而入涅槃。杀母的也从佛听法，出家得阿罗汉。(一三)佛对舍利弗说：或作罪而能解脱，或看来能解脱而堕入地狱，这只有佛知道，所以不能轻率地说是罪人、福人。(一四)文殊与阇王等都来见佛，佛为阇王授记：受罪轻微，虽堕宾头地狱而立刻出来，未来成佛。(一五)佛为阇王的八岁幼儿——栴檀师利等，授记作佛。(一六)明持经功德，嘱累流通。

2.《魔逆经》，一卷，晋竺法护译①。(一)文殊为大光天子说：魔事；魔事依于精进，所以应该修"平等精进"——约六根、尘劳、三界、六度、三解脱门、圣智与善权方便说。说诸法平等，是佛所赞叹的。说"善哉不善哉"；文殊不行善哉不善哉，也就是不住有为无为。如来的神识，一切无所住，"如如来住，吾住亦如"。论如来无本，说到"如来之慧无能分别"。不可分别，然因方便而说教。无生死、无泥洹，是佛法寂灭的要义。(二)那时，恶魔要来娆乱，文殊就以三昧力，使魔自己见到被系缚了。文殊变魔如佛，为大家说法。为六大比丘说：修行的系缚；最众佑[福田]；三昧不乱；心得自在；说法清净；奉持戒律。魔又为大光天子，说菩萨的二十魔事。佛赞叹说：能照着这样行的，能得二十事。魔为须深天子说十二忍辱。文殊对魔说：谁系缚了你！只是"自想为缚"，实在不用更求解脱，于是文殊恢复了魔的自

① 《魔逆经》(大正一五·一一二上以下)。

由。魔对大迦叶说：我没有作佛事，那是文殊的神力。（三）文殊为须深天子说：佛事应当从众生爱欲中求……。为大光天子说比丘不怀自大。大光天子领解到：能这样，（等于出家）就不用出家了；应该看作得到了解脱。

3.《文殊师利净律经》，一卷，晋竺法护译。异译有《清净毗尼方广经》，一卷，姚秦鸠摩罗什译。《寂调音所问经》，一卷，宋法海译①。晋译本的末后一段，与异译本不合，但晋译本的后分不完全，一定是有佚失的。这部经的内容是这样的：（一）佛应寂调音天子的请求，召住在东方宝主世界、宝相佛土的文殊师利菩萨来会。文殊为寂调音天子说：不生烦恼，不灭烦恼——不生不灭，宝相佛土是这样说的。宝相佛土重于第一义谛；第一义非心非心相续，无文字行，第一义谛是没有言说可说的。无实无虚，所以如来无二相。菩萨的正行，是如等、法界等，五逆等、诸见等，凡夫法……如来法等，生死、涅槃等：如虚空那样的没有别异，所以说是"无二"。（二）菩萨也修习圣谛——平等圣谛，与声闻不同。宝相佛土声闻众的功德，与菩萨一样。要生宝相佛土作声闻，应发阿耨多罗三藐三菩提心。（三）声闻毗尼与菩萨毗尼不同。佛以牛迹水比大海水，赞叹菩萨毗尼。文殊又说：菩萨毗尼如大海一般，容纳了声闻与缘觉毗尼。调伏烦恼，知烦恼，是究竟毗尼。我与烦恼都不可得，有什么可调伏的！一切法无生，……无来无去无住，一切法无为，就是毕竟毗尼。（四）说种种法的门；普遍是法界门，一切众生界是法界。一切法是无所

① 《文殊师利净律经》（大正一四·四四八上以下）。《清净毗尼方广经》（大正二四·一〇七五下以下）。《寂调音所问经》（大正二四·一〇八一上以下）。

住的,文殊住五无间,成无上道。解空,名为得菩提;觉因缘生,名为觉菩提。菩萨不断烦恼,宁可犯戒,也不能舍一切智心。(五)佛称叹菩萨所行的殊胜。大迦叶怀疑:菩萨仅得有为功德,怎么能胜过证无为法的声闻!佛举了酥、谷、琉璃宝珠——三喻来说明。(六)宝主世界同来的菩萨,以为释迦佛的教法,“一切言说皆是戏论,是差别说,呵责结使说”。“宝相佛土无有是说,纯明菩萨不退转说,无差别说。”①约文殊菩萨回去,文殊说“不去”。一切世界平等,一切佛、一切法、一切众生平等,有什么来去!文殊以神力,使他们感觉到已回宝主世界了。佛对宝主世界的菩萨说:“一法性、一如、一实际,然诸众生种种形相,各取生处,彼自体变百千亿种形色别异。”②如器物有种种,而虚空界平等,所以文殊说“我今不去”。这部经,从东西二土的法门不同,表示出文殊师利法门的特性。

4.《宝积三昧文殊师利菩萨问法身经》,一卷。依《出三藏记集》,这是失译③。《历代三宝纪》作安世高译,依译文,可能是汉代的译品(“法身”是“法界”的古译)。异译有《入法界体性经》,一卷,隋阇那崛多译④。经文不长,但意义深长!(一)文殊师利来见佛,佛正在三昧中;从三昧起来,文殊入门相见。佛说:方才所入的,是宝积三昧,如摩尼宝的映现一切。住此三昧,能

① 《清净毗尼方广经》(大正二四·一〇八〇中)。

② 《清净毗尼方广经》(大正二四·一〇八〇下)。“自体”,宋译作“我”(大正二四·一〇八六中),与如来藏说相近。

③ 《出三藏记集》卷四(大正五五·三〇中)。

④ 《宝积三昧文殊师利菩萨问法身经》(大正一二·二三七上以下)。《入法界体性经》(大正一二·二三四上以下)。

见十方无数世界的佛,为大众说法。住此三昧,“不见一法无非法界”,也名为“实际印”。文殊师利说:知道实际就是我所际,凡夫际;业与果报,一切法都是实际。文殊说:我为初学的说法,不说灭贪欲诸患,因为本性是不生不灭的。佛说:我说法是——不坏五阴,不坏三毒,使人知道不思议法。不坏一切法,才能成佛。佛就是法界,法界是没有分数的;不见凡夫法……佛法,法界是无差别无变异的。如四河的水入海,谷入谷聚一样,法界是没有彼此、染净可说的。文殊说:我不见法界有向恶道、人天、涅槃的,这都如梦中所见那样,虽说有种种,而法界实在是无差别的。文殊答如来说:我知道法界,“法界即是我界”。知道世间但有名字,然不离法界而见于世间。法界不生灭,所以如来不会般涅槃;过去佛的涅槃,是示现的。也没有凡夫的死而更生。接着,说“金刚句”:一切法无恐怖,是金刚句;如来不思议;诸法是菩提;一切法是如来境界,是金刚句。(二)舍利弗想从文殊师利听法,寻到佛的住处来,在门外住。文殊说:法界、实际,是不在内、不在外、不在中间的。如来说法,就是法界,法界就是如来。一切不离法界,所以听或不听,都不会有喜有忧的。舍利弗进来,文殊说:他说甚深最胜法。文殊为舍利弗说,舍利弗都从一切不离法界,而能够信忍。(三)劝受持流通。

下面四部,译出的时代迟一些,传出的时代也要迟一些。5.《濡首菩萨无上清净分卫经》,二卷,传为宋翔公译。在论般若部类时,曾说到这部经,起初是没有编入“般若部”的。依译文来说,近于晋代的翻译。异译本,《大般若波罗蜜多经》第八分《那伽室利分》,为全经卷五七六——一卷,唐玄奘译。比对这两译,译文当然是唐译本通顺得多,但文字似乎有过删略。末后一段,"彼近事女所断我见,即非我见,是故如来说名我见"以下,体裁与《能断金刚分》相合。《能断金刚分》的"如星翳灯幻"一颂,也引为结论①,这都是与旧译本不相合的。"清净分卫",就是清净乞食。全经以乞食为线索,阐述如幻毕竟空寂的深义。(一)英首菩萨赞叹文殊师利(译作"濡首")的善说深法。文殊为他说:法身(法界)如幻化,没有了不了,也没有言说。法界离心意识,无言说,无同异,无二而不是一。(二)文殊要入城乞食,先化菩萨去十方世界见佛,集十方菩萨来会;诸天也来了。又现入城的瑞相,王及大臣们都来奉迎②。(三)文殊为龙首(唐译那伽师利,即龙吉祥)说:"食想",一切法空不可得,有什么可断的!菩萨不会与魔相诤,如幻化人,没有恐怯,也就没有可诤。无名姓无语言的,能证菩提。诸法无所有,无动摇,这样的没有发趣心,(文殊)未来当得菩提。龙首说:所说都是依于胜义的!这样解悟的,能解脱烦恼,破恶魔。文殊说:魔是不可破的;魔不可得,与菩提无异。菩提是遍一切处无碍,无所不在。无上菩提是不可证得的,想证菩提的,就是戏论。如以为是深义,也是戏论。(四)妙心菩萨③赞大士说甚深法,文殊说:这也是戏论。所以世尊告诫比丘说:"勿行戏论!于我所说寂灭法中……修习无得法忍。"(五)文殊答龙首说:生死本来如化,只因众生不了,所以流转生死。如了达生死如幻性空,就于

① 《大般若波罗蜜多经》卷五七六《那伽室利分》(大正七·九七九中)。
② 上二段,唐译本缺。
③ 妙心菩萨,唐译本作"无能胜菩萨"。

佛法不退而成菩提。众生于佛法无所碍,众生都本来住于佛法。佛子——信行、法行……不退菩萨,住毕竟空无所得的,都能够信解。能信解的,不离菩提场、菩提座,坚固不动。(六)文殊赞龙首,证一切法无所得忍。龙首说:一切法无所得忍,是无起无证的。如无所得忍而可以起,那么谷响忍……虚空忍,都可说有起了!只要有一些执著,就是有所得。若观一切法依缘起,空无自性,无我我所,虽行而没有行想,如梦中游行一样,才是趣菩提行。(七)龙首要"巡行"乞食,文殊说:行时,勿起举足下足想,勿生路想,城邑聚落、男女大小想!这样行,可以随意去乞食。龙首听了,入"海喻定"。妙心菩萨①想使龙首出定,尽一切神力,震动大千世界而龙首不动。龙首从定起来,对妙心说:身心有动的,才会觉到地动。佛与不退菩萨等,安住空、无相、无愿、寂灭,身心是不会动摇的。(八)文殊称赞龙首,可以随意入城"乞食"。龙首说:我得"大海喻定",不再希求段食,唯求菩萨正行,成佛度众生。这都是文殊为我作善知识,应该向文殊致敬。(九)龙首邀文殊"同行",文殊说:我于一切法无所行。妙心称赞文殊,文殊说:无缚无脱,谁能够解脱!(一〇)龙首约文殊"东行"乞食,文殊说:幻化有什么东西南北?诸法本来无,本无也无所行,能离一切想。(一一)龙首说:文殊"非我侣"。文殊说:是的。菩提无侣,不与一切法为侣;如有侣的,那就是与欲为侣。龙首问:曾与幻化人谈论、行来坐起吗?文殊说:没有。一切如幻化,幻化本无,就离一切想念。菩萨受记成佛,也是响声

① 妙心,唐译作"善思"。

那样无所住的。(一二)龙首说:入城去吧!怕要"过(食)时"了!文殊说:诸法没有过,也没有时,说什么时与非时[①]?圣者应求甘露法食,能住寿过一劫,没有想念,解空清净。这样,不再有杂食想。"无诸戏论,本性空寂",菩萨应求这样的法食。(一三)龙首说:我听法食,就已经"饱"了。文殊说:如幻化,如虚空,有什么饱足!那一切众生都不依食住吗?文殊说:一切众生如幻化,有什么食与食者,只是众生不了达罢了!(一四)龙首说:我的"饥渴永为已断"。文殊说:如幻化人本没有饥渴,也就无所谓断。(一五)龙首说:你"但说法界"。文殊说:法界无所有,不可分别戏论,如虚空的没有相可得。如有相可得,那如来般涅槃也有相可得了。一切法本性寂灭,无一法可涅槃的。凡夫不知道,以为涅槃有所灭,这才不能解脱,反而与菩萨、声闻起忿诤。这是长在臭秽中,不可能得解脱的。如以无分别心,随顺寂灭,趣向清净,就能如实知——了知如幻的寂灭清净。(一六)须菩提来了,听文殊说我都无说,就入了定。文殊对舍利弗说:须菩提入灭定,与法无诤。须菩提从定起,归向佛,称赞文殊的劝发。文殊说:一切法无劝无向,无谈论来去,一切法本空不可得。(一七)文殊说:一同去"乞食"吧!须菩提说:我不再入聚落,已离聚落等想了。那为什么有往来进止呢?须菩提说:如如来所化,有什么往来!文殊说:可以同去礼事世尊!我为大众设"清净食"——不可吞,非香味触,不属三界,也不离三界,清净食不是肉眼、天眼、慧眼所能见的。须菩提与舍利弗听了,就

---

① 九——一二,这四段,唐译缺。

入灭定。文殊对妙心说：二位吃了无漏食，入无依无杂染定。(一八)从定起来，须菩提入优婆夷家乞食，说一切法本空。“伸手”，如幻而不可见，不可伸。“取钵”，优婆夷求钵而不可得。钵又现见了，优婆夷以饭食供养。优婆夷与须菩提论深义，须菩提入定观察，知道优婆夷已得了阿那含。(一九)文殊等乞食以后，乘神通回去。长者子善思发大心，文殊以法化导，善思得了法忍。(二〇)大家回到祇园，向佛陈说一切。佛劝受持流通。

6.《文殊师利所说般若波罗蜜经》，一卷，梁僧伽婆罗译。异译有《文殊师利所说摩诃般若波罗蜜经》，二卷，梁曼陀罗仙译，编入《大宝积经》卷一一五——一一六《文殊说般若会》。唐玄奘译本，编入《大般若波罗蜜多经》第七《曼殊室利分》，二卷①。曼陀罗仙译本，与唐译本相同；僧伽婆罗译本，没有“一行三昧”，似乎是初出本。(一)文殊师利对佛说：我来，是要见如来的，而如来如如相；为了利益众生，而众生不可得。度一切众生，而众生界不增不减。众生界如佛界，是不可思议，依空而住的。(二)以不住法住般若波罗蜜中，于一切法不增不减。修般若波罗蜜，是不见一切的；如来自觉一切法空，也是这样。不见法应住不应住，不见可思议不可思议，不见三乘差别，不见佛，不住佛乘，不得无碍智，不坐道场。现见一切法住实际，身见的如相，就是实际。舍利弗、弥勒、无相优婆夷，都赞叹听深般若，而能不惊不怖的。佛说：这样的人，是住不退地，具足六度，能为人

---

① 《文殊师利所说般若波罗蜜经》(大正八·七三二下以下)。《文殊师利所说摩诃般若波罗蜜经》(大正八·七二六上以下)。《大般若波罗蜜多经》卷五七四《曼殊室利分》(大正七·九六四上以下)。

分别开示的。(三)文殊说:我不得无上菩提,也不住佛乘,不以无相法修梵行。观声闻乘是非凡非圣……非见非非见。文殊对舍利弗说:观佛乘,也不见菩提,不见修行,证菩提者。观佛但有名字,名字相空,就是菩提。"观身实相,观佛亦然。"般若波罗蜜是难以了知的,菩提实没有法可知。佛就是法界,法界就是菩提。一切法空中,是无二无别的,所以佛不证法界。逆罪,一切业缘,都住于实际,所以不堕地狱,也不入涅槃;犯重比丘与清净比丘平等。说不退法忍等密意。(四)文殊对如来说:佛不证菩提,菩提与五逆不二。我不以如来为如来,也没有怀疑如来。一切佛同一相,所以没有出世的,也没有入涅槃的。心相不可思议,所以佛与凡夫都是不思议的。如来最胜,得不思议法,说法教化,而众生与法都不可得。佛是无上福田,而福田相不可得,善根也不增不减。(五)文殊说:思议与不思议,都不可说。初学的渐习不思议三昧,久习成就了,没有心相而入定。众生都成就不思议定,因为一切心相非心,所以名不思议定。佛称赞文殊,应这样的安住般若!文殊说:般若是无住无相的,般若就是不思议、法界、无生无灭界;如来界与我界,无二无别。所以修般若波罗蜜的,不求菩提;菩提离相,就是般若。不可思议、无知无著,是佛所知的。这样的知,就是佛智,不退智。如金矿要经过冶炼,不退智也要从行境而不著不动中显现出来。能这样解的,名为正信。(六)佛为大迦叶说:凡听闻这一法门的,在来生中,听到这样法门,就会欢喜信解的。佛对文殊说:我行菩萨道时,要住不退地,成佛道,都由于修学般若。所以,要得一切功德的,应当学般若波罗蜜。文殊说:正法是无为无相无得的,怎么能学呢？佛说:这样的知一切法相,就是学般若。(七)佛说:得菩提自在三昧,能照明一切佛法,知一切佛名字,一切佛世界无障碍,应当如文殊所说的般若而学。般若是菩萨行处,是没有名相,如法界那样的没有分数。(八)如般若波罗蜜所说行,能速证佛道。修一行三昧——如法界缘,不动摇,无障碍。应该先系念一佛名字①,念念相续,能见三世一切佛。一佛功德与一切佛功德平等,所以入一行三昧的,能知诸佛法界无差别相,总持一切法门。不见法界有分别相及一相;信忍一切法都是佛法,也能速证佛道。佛道不从因得,也不从非因得;能这样的信解,就是出家,真归依处。(九)佛对文殊说:如为人说法,应该说:般若波罗蜜中,没有声闻法、佛法,也没有凡夫法。文殊说:我会这样说:般若没有诤论相,怎么可说?一切法同入实际,阿罗汉与凡夫法,不一不异。听法,应如幻人那样的没有分别。(一〇)佛赞叹说:要成就佛法,应当这样的学般若。学般若波罗蜜的,决定成佛,不堕二乘。帝释天散花供养,愿般若永久地流通在世间。

7.《法界体性无分别经》,二卷,梁曼陀罗译,编入《大宝积经》卷二六、二七《法界体性无分别会》②。(一)文殊说:法界体性因缘不可说。文殊为舍利弗说:约法界体性,论染与净、系缚与解脱(世谛第一义谛)。(二)二百比丘听了,愤然而去。文殊化一比丘,与他们谈论。求心不可得,使他们悟解无染净、无缚脱的深义,得到了无漏解脱。(三)二百比丘回来,脱衣来供养

① "一佛名字",唐译作"审取名字,善想容仪"(大正七·九七二上)。

② 《大宝积经》卷二六·二七《法界体性无分别会》(大正一一·一四三上以下)。

文殊；为舍利弗说无得无觉。（四）文殊为阿难说：一切法如化，如化的调伏，是正调伏。增上慢与无增上慢。（五）文殊为宝上天子说：菩萨如实说受记，一切智心得自在。受记，向与得，说法，佛出世，知恩报恩。菩萨初发心，久行，不退转，一生菩萨。菩萨不生，于一切得自在。（六）佛为宝上天子授记，成佛时说无尽主陀罗尼。天子为阿难说受记。（七）魔来，自说听了菩萨授记，非常的愁恼。文殊对他说："菩萨成毕竟行，善知方便，行般若波罗蜜"，魔是无法留难的。（八）文殊使魔与舍利弗化作如来相，共论"菩提"。（九）四方各有千菩萨，乘空而来，是文殊过去所教化的，发愿守护正法。诸天、文殊、如来，护持流通。

8.《大宝积经》卷一〇一《善德天子会》，一卷，唐菩提流志译。菩提流志的又一译本，名《文殊师利所说不思议佛境界经》，二卷①。（一）文殊师利答佛说：无差别、空、无为，是佛的境界。佛境界，应当于一切众生中烦恼中求。烦恼性就是佛境界性，所以说佛住平等性。烦恼不离空而有，所以离烦恼而求空，不是正行。自以为出离而见他有烦恼的，就落于二见。正修行是无所依的，无为是不堕于数的。一切如幻化，不能说证与不证。文殊对须菩提说：佛境界，与声闻的心解脱，没有证不证一样。为初学人说法，不能怕他惊疑，只说些浅义；如医生治病，不能只用些平淡药一样。（二）文殊答须菩提说：一切乘法，都是我所乘的；我也住凡夫地。一切法性平等，如虚空无差别。依一切法毕竟空中，安立种种地相，而不是空有差别可说。菩萨的智

① 《大宝积经》卷一〇一《善德天子会》（大正一一 · 五六六中以下）。《文殊师利所说不思议佛境界经》（大正一二 · 一〇八上以下）。

慧方便,证入而又还出;不堕二乘地,名为佛地。五蕴是世间,知五蕴空无我,不著世间,就是超出世间。(三)二百比丘听了,得漏尽心解脱,脱下衣服来供养文殊。比丘们答须菩提说:若有得有证,是增上慢人。(四)善德天子请文殊往兜率天说法。文殊现神通力,善德等都以为已到了兜率天上。佛对善德说:这是文殊的三昧神通,并说文殊的广大神力。(五)恶魔见文殊的神通变现,欢喜赞叹,说咒护持弘法的法师。(六)善德往兜率天集众,文殊升兜率天说法:菩萨住四法,能成就八法:持戒、多闻,禅定、般若,神通、大智,寂静、观察,每法都以八法解说。次说:依不放逸,能得三乐……得波罗蜜三伴行。依不放逸,能修三十七菩提分法,入究竟清净。(七)文殊为善德天子说:菩萨的修道,菩萨的去来之道。(八)因善德的启问,文殊放光,大众都见上方一切功德光明世界,普贤如来的庄严法会。普贤如来国土的菩萨们,来娑婆世界,与文殊及大众,一同去见释迦佛。

以上,先后译出的八部经,是文殊为主体的,文体都是长行。以下三部长行,文殊所说的,只是一部分。

1.《首楞严三昧经》,后汉支娄迦谶初译。现存姚秦鸠摩罗什译的《首楞严三昧经》,二卷[①]。经说十住地菩萨所得的首楞严三昧,坚意菩萨为当机者,多为天子们说,多说大菩萨的方便行。卷下,部分与文殊有关。(一)文殊举所见的——但有菩萨僧,但说不退转法轮的一灯明国土问佛。佛说:一灯明世界的一切功德光明佛,就是释尊自己,一灯明是自己的净土。(二)迦

---

① 《首楞严三昧经》(大正一五·六二九中以下)。

叶说:声闻自以为智慧,其实是一无所知。文殊说:十法行名为福田,声闻在有菩萨处,不得名为福田。多闻是闻一而解一切,阿难也不能称为多闻。(三)文殊知道二百菩萨天子,想退取辟支佛乘,所以说:过去,我在三百六十亿世中,都以辟支佛入涅槃。那时辟支佛有度化众生的因缘,所以示现辟支佛,入灭尽定。有以为我灭度了,不知辟支佛的涅槃不是真灭。二百天子听了,就不退无上菩提心。(四)佛对迦叶说:文殊在久远劫以前,在南方平等世界,作龙种上佛,那是住首楞严三昧的势力。

2.《诸佛要集经》,晋竺法护译,二卷①。本经的"前分",因弟子们不能专精修行,所以佛示现三月燕坐。如有来见佛的,嘱阿难代为教导:佛法难得,离邪见,依四依,十二因缘,四圣谛,三世平等,除三界,三解脱门,观阴(界)入——《阿含经》所说的要义。然后佛化身到普光世界、天王如来处,与十方浊世的诸佛,共说"诸佛要集":如真谛尊崇诸法,发菩提心,六波罗蜜,十地,字门,一乘,佛——《般若经》的要义。"后分"是以文殊菩萨为主的。(一)文殊约弥勒与辩积菩萨去见天王佛,听法,弥勒与辩积都以佛不可见,法不可闻,不愿意同去。(二)文殊去见天王佛,佛以神力,使文殊住在铁围山顶。文殊以神力,越过了无量世界,却还在铁围山顶。文殊在山顶修四意止,诸天来供养;文殊为光明幢天子,说无所行,离尘劳[烦恼]、法界、本际与无本[如],无所依如虚空。愚痴凡夫所得的神足,不是佛菩萨缘觉声闻所得的。(三)诸佛说了"诸佛要集",都回去了,天王佛才召

① 《诸佛要集经》(大正一七·七五六中以下)。

文殊来见。文殊对于自己被移往铁围山，而离意女却一直坐在佛前，深感不解。天王佛说：文殊发心来见佛闻法，三事有碍。佛反问文殊：以什么眼见佛，什么耳听法？文殊默然为答。佛说：离意女入普法离垢光三昧，没有佛想、国土想、法想、众生想，而遍在十方国土见佛、闻法、化众生。（四）天王佛对文殊说：三千世界中，充满了一切佛，但菩萨们只见我一佛，听我说法。佛法身如虚空，是五眼所不能见的。所以诸佛来会，也是如来的神力示现。（五）文殊尽一切神力，都不能使离意女出定。天王佛说：佛以外，唯有下方锦幢世界的弃诸盖菩萨，能使他出定。佛放光感召，弃诸盖与众菩萨来，隐身不现。文殊于一念间，得解了一切诸身三昧。弃诸盖现身，与文殊问答：虚空界没有入定，也没有出定。（六）佛令离意女出定。离意女答文殊说：一切法本净，般若波罗蜜除一切想，不自念入定，也不念起定。一切法如虚空，不离虚空。不礼佛，发菩提心，智慧相应，得法忍，被弘誓铠度众生，佛出世，出家受具足，信乐解脱，辩才无碍，无生，修行，成佛——答复了一连串的问题。（七）天王佛说离意女当初发心，及未来成佛。（八）天王佛赞弃诸盖菩萨。文殊不如离意女，离意女不如弃诸盖，因为文殊从离意女初发心，而离意女是从弃诸盖初发心的。（九）释迦佛以经典，付弥勒流通。

3.《等集众德三昧经》，三卷，晋竺法护译。异译名《集一切福德三昧经》，三卷，姚秦鸠摩罗什译①。本经以那罗延（或译“钩锁”）菩萨为当机者，以佛的身力为序起，说菩萨所行的集一

---

①《等集众德三昧经》（大正一二·九七三上以下）。《集一切福德三昧经》（大正一二·九八八下以下）。

切福德三昧。卷下，文殊说法。(一)文殊为那罗延说：菩萨为什么修行菩提，怎样的修行菩提！(二)离魔菩萨说菩萨行——遍行一切众生行，一切魔行，声闻、缘觉行。文殊说菩萨的正行。佛以从然灯佛授记，得无生忍，证成文殊的所说。(三)文殊为那罗延说所作已办。常精进菩萨也说所作已办。又说：菩萨为了化众生，应该精进地修集一切功德。(四)那罗延赞叹得集一切福德者的功德。文殊答那罗延说：菩萨要修集一切福德三昧的，应该修学的法门。听到三昧而没有诽谤的，"当说是人名为出家，能不失是法界体性"。这样的菩萨，住于四处——四梵行。大慈大悲，是菩萨所有的。

以下的经文体裁，是长行与偈颂(或重颂)杂出的。其中以文殊师利菩萨为主体的，有《文殊师利现宝藏经》、《如幻三昧经》、《文殊师利巡行经》——三部。

1.《文殊师利现宝藏经》，二卷，晋竺法护译。异译为宋求那跋陀罗所译的《大方广宝箧经》，三卷[1]。(一)文殊为须菩提说：声闻非佛法器；诸法虽是同等的，但随缘有差别。菩萨为一切佛法器，不增尘垢，不损佛法。在慧光中，一切尘垢都是佛法。并解说空与寂、愚与智、圣贤、解脱的意义。须菩提赞叹。(二)文殊解说佛所说的"求利义而不得义，不求利义而得义"；一切法悉是佛法。须菩提称叹，文殊所说的，新学菩萨听了，不恐不畏。文殊举师子子、鸟子的比喻。文殊说恐畏的原因；菩萨有智慧方便，所以知贪身[我见]而不得道证。(三)如来举三十二比

① 《文殊师利现宝藏经》(大正一四·四五二中以下)。《大方广宝箧经》(大正一四·四六六中以下)。

喻,赞扬菩萨智慧方便的德用。(四)佛为须菩提说本净,法界不知法界。须菩提答文殊问:法界无碍,智慧无碍,而声闻的辩才有限碍。(五)舍利弗说:文殊在无央数佛前说法,使佛的大弟子无言可答。曾与文殊东游,到喜信净世界。佛在宴坐,弟子圣智灯明为大众说法。文殊在光音天发大声,圣智灯明听了,恐怖堕地。圣智灯明以清净见佛、礼佛、亲近、问讯、请问文殊,文殊以圣谛、二谛反问他,并指圣智灯明有怖畏心,菩萨是不畏不厌,心得解脱。智慧非有为与无为。文殊说:"一切诸法是寂静门",并为法勇菩萨解说。(六)舍利弗说:曾与文殊西游,经大火充满的佛土,赖文殊的神力而过去。自己的神力,比文殊师利,如小雀与金翅鸟那样。(七)舍利弗说:曾与文殊南游,见种种佛土。文殊说:观佛国,应如虚空一般。逆罪不能污心;入法界本净,名无所受住法门。(八)阿难说:天大雨七日,佛命文殊为僧众乞食,受到魔的娆乱。文殊降伏恶魔,使魔赞叹施与文殊的功德,并使魔持钵前行。大众得到饱食,魔化四万比丘来争食,过饱而倒在地上。文殊说:佛法中没有种种毒,并开示佛法的内容。佛说:末世有这样不如法的比丘;比丘们自起魔事,不是恶魔所能破坏的。(九)大迦叶说:文殊初来此世界时,安居三月终了,才到僧中来。文殊说:三月在舍卫王宫中,淫女、小儿中。迦叶挝楗槌,想逐出文殊,却见十方界都有迦叶,想逐出文殊而不可能。佛说:文殊在三月中,教化宫中的采女;五百童子、童女,都得到不退。文殊为迦叶说教化众生的不同方便,度一切众生而无所度。菩萨被三十二功德铠,不是二乘所能及的。(一〇)富楼那说:自己在三月中说法,不能开化异道一人。后来,文殊化了五百异道,领他们去萨遮尼犍子(Satyakanirganthīputra)那里修学,受到大家的尊敬。文殊为大众说佛的功德,上中下善,使五百异道远离尘垢,八千人发菩提心。大家到祇园来见佛;文殊所化的五百人,在佛前说自证法。(一一)住增上慢的二百比丘听了,以为违反佛说,就起身走了。文殊说:心有所著的,住二相的,才以为相违反了。于是在二百比丘前,化作大火、铁网、大水,使他们无法越过。他们回祇园问佛,自己证了阿罗汉,怎么不能越过大火等?佛对富楼那说:不脱淫怒痴火的,堕在见网的,没溺在恩爱中的,怎能度过大火、铁网与大水呢?烦恼是虚妄不实的,观十二因缘起灭,身心如幻,能知一切法不生。二百比丘听了,心得解脱。(一二)萨遮尼犍子来见佛,嫌佛夺去他的徒众。会中有胜志外道,以求醍醐等譬喻,呵责萨遮尼犍子。然后,万二千异道,随尼犍子回去;其余得道得神通的,出家为比丘。佛告胜志说:万二千尼犍,在弥勒佛的初会数中。萨遮尼犍子也有信解,只是我慢而放不下成见。文殊为胜志说:没有增上慢的,心无分别,听了一切音声,都不忧不喜,不嗔不爱。(一三)佛为胜志说菩萨行——精进与不放逸。胜志听了,得无生忍;佛为他授记。胜志在佛前,说"不坏法界偈"。

2.《如幻三昧经》,二卷,晋竺法护译。异译《圣善住意天子所问经》,三卷,魏毗目智仙共般若流支译。又《善住意天子经》,四卷,隋达磨笈多译,今编入《大宝积经》卷一〇二——一〇五《善住意天子会》①。(一)文殊想弘扬深法,所以入离垢

① 《如幻三昧经》(大正一二·一三四上以下)。《圣善住意天子所问经》(大正一二·一一五中以下)。《大宝积经·善住意天子会》(大正一一·五七一上以下)。

光严净三昧，放光照十方世界，感召十方的菩萨到灵山来，雨花作乐，供养如来。(二)大迦叶见了问佛，佛说：十方菩萨来，遍入隐身三昧，是二乘所不能见的。大迦叶、舍利弗、须菩提，入二万、三万、四万三昧，求见诸菩萨，却不能得。须菩提赞叹菩萨道。(三)文殊入三昧，化无量数菩萨，为三千界诸天子，以偈说法。诸天子都来灵山，香花供养。(四)天子们到文殊的住处。文殊与善住意天子论法：无说、无听，退转与不退转，如来如虚空。(五)文殊与菩萨们来见佛，说偈赞叹。(六)文殊入降毁诸魔三昧，使魔宫失色，魔众都现衰老相，心里非常恐怖。化现的天子们，劝魔众来见救护一切众生的佛，佛安慰他们。文殊与菩萨众来见佛，自说初得降毁诸魔三昧的因缘。文殊说：有二十事，又六种四事，能得降毁诸魔三昧。佛对舍利弗说：文殊不但在这三千世界，十方界诸魔如有娆人的，都以此三昧降伏他。文殊承佛的慈命，恢复了众魔的本形；为魔说六根缘著无所有。(七)文殊与十方界的菩萨们，都显现不同的自身。(佛入佛庄严三昧，使来会的菩萨，见释迦佛土，都与自己的本土一样。文殊说："一切诸佛皆为一佛，一切诸刹皆为一刹，一切众生悉为一神，一切诸法悉为一法。"①)(八)佛为文殊说："菩萨"，"初发心"。文殊说：菩萨能发淫怒痴的，才是初发心。文殊为善住意说：凡夫不能发淫怒痴，佛、菩萨、声闻、缘觉才能发。如鸟行虚空，于一切法无依、无著、无取、无碍，才是真实发心。佛为舍利弗说发心与无生忍平等。文殊为大迦叶说，所作不难。佛为文

---

① 《如幻三昧经》卷上(大正一二·一四二下)。"魏译"与"隋译"都缺。

殊说“无生法忍”。(九)文殊为善住意天子说入十道地。出家法——发出家心,除须发,着袈裟,思量(作不作),受具戒,住戒学,净福田,知节限[头陀行],观四谛,修道品,修行[禅]——都依无法可得,从遮遣来显示深义,举舍利弗的自证为证。(一〇)文殊为善住意说:利根,字句,总持,(顽钝)无所得。(一一)五百菩萨诽谤这样的深法,现身堕地狱。由于听了深法,所以能速得解脱,胜过取相修行的。(一二)文殊为善住意说梵行:不受[取]不修;不执刀剑害众生命;等行黑法,不修白业;伤人剑击其头;离佛法僧——是行梵行。(一三)文殊为善住意说:无反复,无所住,沙门,心不刚强,不供佛植善根。(一四)文殊入如幻三昧,善住意见十方国土,文殊现种种身而说法。(一五)五百得神通菩萨,知道过去生所犯的逆罪,不能得法忍。文殊执剑迫佛,佛说“住!住!”,“勿得造逆,当以善害”!五百菩萨悟一切法如幻无我,说偈赞佛。那时,十方都震动。(一六)文殊为舍利弗说:无业无报,一切如幻。执剑向佛,如一心念佛,三毒即得解脱那样。(一七)诸菩萨请文殊去本国说法。其实,文殊遍在十方界说法,如日月临空,光明普照。(一八)赞叹这部经的功德。佛以神力护持,文殊说诚谛誓言。佛为弥勒说:文殊与善住意天子,受得这一法门,已经七百万阿僧祇劫。付嘱流通。

3.《文殊师利巡行经》,一卷,魏菩提流支译。异译《文殊尸利行经》,一卷,隋阇那崛多译①。(一)文殊巡视诸比丘房,见舍利弗(等)入禅,为他说无依、无念、无所取舍的禅法。这是一般

① 《文殊师利巡行经》(大正一四·五一〇上以下)。《文殊尸利行经》(大正一四·五一二上以下)。

声闻所不能的,如能契入的,是真声闻。(二)五百比丘以为文殊所说的,不合所修的梵行,想起身退去。文殊为舍利弗说:文殊是不可得的,法是非智所知、非识所识的。四百比丘得漏尽;一百比丘起恶心,堕大地狱。(三)佛说:堕地狱的一百比丘,由于听闻深法,所以速得生天,在弥勒法会中得解脱。(四)舍利弗赞叹文殊。文殊说:真如、法界、众生界,都不增不减。无所依就是菩提,菩提就是解脱。如来印证说偈,赞叹这甚深法门。

以下,长行与偈颂杂说,而文殊所说仅是一部分的。

1.《慧印三昧经》,一卷,吴支谦译。异译《如来智印经》,一卷,宋失译。《大乘智印经》,五卷,赵宋智吉祥等译①。(一)佛入慧印三昧,佛身、衣、座都不见了。依文殊所说,舍利子等都入三昧去推求,都不能见。再问文殊,文殊说:等一下,佛就要从三昧起来了。(二)佛命可意王[喜王]菩萨、文殊师利及六十贤者,留在世间护法。佛为文殊等说"法"的意义②。(三)佛对文殊说:要成就佛菩提的,应该学慧印三昧。我在然灯佛时,就已成就了菩提,为了三事——作佛事、度众生、不违本愿,所以还留在世间。

2.《须真天子经》,四卷,晋竺法护译③。(一)佛答须真天子所问的菩萨事——三十二事,每一事都以四法来解答。(二)文殊为须真天子重答菩萨的三十二事。又说"法"的纯淑,"心"的时与非时。(三)文殊答声闻诸大弟子所问的:八惟务禅,无

---

① 《慧印三昧经》(大正一五·四六〇下以下)。《如来智印经》(大正一五·四六八中以下)。《大乘智印经》(大正一五·四七四下以下)。

② 《慧印三昧经》(大正一五·四六六下——四六七上)。

③ 《须真天子经》(大正一五·九六下以下)。

碍慧，神足，知他法行，说法，乐禅，持法藏，天眼，诸根寂定，利根，分别经法，四无碍，净戒，多闻。弟子都称叹菩萨如大海，自己如牛迹水一样。文殊说：弟子们的确没有贡高心，但菩萨却应该贡高，赞誉大乘而轻毁弟子乘。（四）文殊答须真天子所问的菩萨发道意。一切（法皆是佛法）皆当成佛。空行，无所有。修习。意不妄信；除须发菩萨不入众，不受他教。菩萨畏与无所畏。菩萨住于道。一切世间所入的，是菩萨行。菩萨精进行。菩萨行。住于道的菩萨行，胜过声闻、辟支佛，而能入持信、持法、八人、须陀洹、斯陀含、阿那含、阿罗汉、声闻、辟支佛、佛、多陀竭［如来］、匐迦波［薄伽梵］、三耶三佛［正遍知］、世多罗［教师］、凡人法、贪淫法、嗔恚法、愚痴法、生死法、灭度［泥洹］法。（五）文殊为须真天子，颂说智慧与善权。（六）文殊为须真天子说：道类，道处，道相等，而归于菩萨道从爱欲中求。一切法无差别，法界平等清净如虚空。又答：菩萨辩才，分别诸法，菩萨为导师，菩萨于一事知无数事。现入三品。菩萨住于闲，也住于愦。文殊因须真的赞叹，说菩萨等于淫怒痴，等于解脱，所以不厌世间。（七）大众赞叹：能受持的，就是持戒清净，见佛，转法轮；是沙门、婆罗门，是除须发受大戒的。

3.《须摩提菩萨经》，一卷，晋竺法护译。异译有唐菩提流志所译的，编入《大宝积经》卷九八《妙慧童女会》①。在《大正藏》中，还有两部异译：一、唐菩提流志所译的《须摩提经》，一卷。与《妙慧童女会》对比起来，只缺少了“天雨妙花，……六种

① 《须摩提菩萨经》（大正一二·七六中以下）。《大宝积经》卷九八《妙慧童女会》（大正一一·五四七中以下）。

震动”,共三十四个字[1],这不能说是菩提流志的再译。二、姚秦鸠摩罗什译的《须摩提菩萨经》,一卷。传说的罗什译本,文字与竺法护译本相同,只是增多了一段——“女意云何?法无所住,……使立无上正真之道。”这一段,出于竺法护所译的《梵志女首意经》[2]。所以,这不是鸠摩罗什的译本,应该从大藏中删去!须摩提女,年仅八岁,问菩萨的十事;发愿成佛。经中,须摩提以甚深法,答文殊师利。佛说:文殊本从须摩提发心。文殊为须摩提作礼。

4.《大净法门经》,一卷,晋竺法护译。异译有隋那连提耶舍所译的《大庄严法门经》,二卷[3]。(一)上金光首淫女,与无畏间(异译作“上威德”)长者子,驾车去游园,很多人贪染淫女,都跟着走。(二)文殊师利化作少年,穿着光彩的衣服。上金光首见了,起贪著心。知道文殊是菩萨,菩萨是能满足他人希求的,所以就向文殊乞求美妙的衣服。文殊劝她发菩提心,为上金光首女说:自身就是菩提;自身——五阴、四大种、六入(十八界)平等,觉知平等,就是菩提。(三)上金光首发心,归依,受持五戒。自说不了平等而习淫色。知道烦恼(欲)是虚妄的,烦恼能生菩提——烦恼不动不坏,见烦恼的就是菩提。菩萨能知烦恼性,能教化众生不为烦恼所恼乱。圣慧不与烦恼合,不为烦恼

---

① 《须摩提经》(大正一二·八二下)。《大宝积经》卷九八《妙慧童女会》(大正一一·五四八中)。

② 《须摩提菩萨经》(大正一二·八〇下——八一中)。《梵志女首意经》(大正一四·九四〇上——中)。

③ 《大净法门经》(大正一七·八一七上以下)。《大庄严法门经》(大正一七·八二五上以下)。

所碍。知烦恼性空,所以不怖烦恼,在烦恼中也不为烦恼所染污。(四)文殊为上金光首说:菩萨离烦恼;菩萨最胜精进;菩萨方便。(五)佛在灵山,遥赞文殊的法门。诸天与王臣大众,都到文殊处来。大众见了上金光首,不再起贪欲。女答文殊:正见烦恼本净,于烦恼得脱,所以众生于我身不再起欲念。文殊说火喻,说明"自性清净,客尘烦恼生而不能染"。(六)上金光首承文殊的威德,为大众说法——正见、发心、六度、四无量、无诤、降魔、教化众生、法供养。(七)上金光首请求出家,文殊为她说出家法。(八)上金光首与长者子同车,如母子一样,没有欲意。临行,上金光首说偈——离三毒的本性清净。跟随者都散了。女在车上,示现死亡、变坏。长者子惊怖,文殊使树木流出法音:三界是虚妄不实的,没有可贪著的,也不用恐怖。(九)长者子生善心,将女尸弃了,来见佛归依。佛说:应放舍恐怖。一切法虚妄不实,如幻如化,菩萨应当从烦恼性求菩提。烦恼性空,心没有分别,就是菩提。菩萨应觉了自心的本净,也就觉了一切众生心。(一〇)上金光首作伎乐而来,长者子知道是无起无没,示现有生死。佛为上金光首与无畏间长者子授记作佛。

5.《弘道广显三昧经》,四卷,分十二品,晋竺法护译①。佛在灵山,阿耨达龙王来问佛法。龙王请佛,半月在龙宫中,受供养,说法。卷三第八品中,(一)濡首童子从下方宝英如来的宝饰世界,到阿耨达龙宫来。(二)濡首与大迦叶问答:宝饰世界有多远?经多少时间?论到心解脱与菩萨的大辩。(三)濡首

① 《弘道广显三昧经》(大正一五·四八八中以下)。

为智积菩萨说:如来方便说三乘。智积答大迦叶说:宝英如来从一法出无量义,但说菩萨不退转法轮。(四)濡首为阿耨达龙王说:正观如来。菩萨应修的善行——等行,无所行而行。菩萨的不起法忍。菩萨应修向脱(方便慧)。以下,须菩提与龙子论法;佛为龙王、龙子授记。然后还灵山,以经付嘱慈氏、濡首童真及阿难,流通未来。

6.《无极宝三昧经》,二卷,晋竺法护译。东晋祇多蜜(Gītamitra)再译,名《宝如来三昧经》,二卷①。本经是以宝(如)来菩萨为主的,文殊仅是参加法会的一人,但文殊参与活动及说法的地方不少。(一)文殊启问,佛说宝如来佛刹的功德庄严。(二)佛为文殊说法,文殊说颂。(三)佛为文殊说:在法会中的,都得到宝如来三昧。(四)应阿阇世王请,入宫去受供,文殊等让宝来先行。(五)文殊为宝来说:佛菩萨威神所化的乐,是不可知的。(六)文殊为宝来说:新学菩萨得到了九法宝,就能得无极法。文殊说偈:佛笑如化,本来寂灭。(七)宝来为文殊说:九法宝能得解脱慧。一切如化,化无所处——没有化本、化主。文殊说偈:一切如化,一切不可得。

7.《诸法无行经》,二卷,姚秦鸠摩罗什译。异译有《诸法本无经》,三卷,隋阇那崛多译。这两部译本,大义相符。《大乘随转宣说诸法经》,三卷,赵宋绍德等译②。宋译本的意义,有些恰

① 《无极宝三昧经》(大正一五·五〇七中以下)。《宝如来三昧经》(大正一五·五一八中以下)。

② 《诸法无行经》(大正一五·七五〇上以下)。《诸法本无经》(大正一五·七六一中以下)。《大乘随转宣说诸法经》(大正一五·七七四上以下)。

好相反，显然是经过了后人的修改。这里，依前二译。(一)师子游步菩萨请说诸法如虚空的"一相法门"。佛以颂答：贪嗔痴如虚空；明与无明不二；众生性就是菩提性。有自称菩萨的，不知道实相，只是读诵、威仪、文颂。有的说法空，却恶心诤论。有的"我慈悲一切，成佛度众生"，却忿恚而常求他人的过失。哪里有"慈悲而行恼"的！"互共相嗔恚，愿生阿弥陀"的！悭著檀越的，嫌别人多住愦闹的，都不是勤行佛法的人。真求佛道的，日夜礼佛菩萨，不说人的过失。"应当念彼人，久后亦得道，次第行业道，不可顿成佛。"如知道音声无性，能入无文字的实相法门，那贪嗔痴就是无量，佛说与邪说无别了。(二)当时，听众得法益的极多。佛说：不能契入这深法门的，虽长久修行，也还是可能断灭善根的，所以举佛的本生：有威仪法师，持戒得定得神通，诵律藏，苦行，常住在塔寺(阿兰若处)。净威仪法师持戒清净，于无所有法忍得方便，常入聚落去教化众生。有威仪不满净威仪的常入聚落，诃责为毁戒的杂行比丘，因此堕地狱，这就是释尊的前生。所以，不应该嗔恨，不应该评量人。一相法门，能灭一切业障罪。(三)佛为文殊说：见贪嗔痴际就是实际，一切众生即涅槃性的，能灭一切业障罪。(四)佛为文殊说：众生妄想分别，在佛法中出家。分别是善、是不善，应知、应断、应证、应修，舍一切有为法而修行，自以为得阿罗汉，命终堕地狱中。行者应正观四谛、正观四念处、八圣道分、五根、七菩提分。(五)佛应文殊的请求，说陀罗尼——不动相[鸡罗]、种性[种子]法门。(六)文殊说不动相。对于问佛法的，教他勿取勿舍，勿分别诸法。诸天子赞叹文殊，文殊却说：自己是贪欲尸利、嗔恚尸利、愚痴尸利，是凡夫、外道、邪行者。（七）佛为华戏慧菩萨说“入音声慧法门”。文殊说：一切音声空如响，所以一切音声平等。（八）文殊说宿缘：喜根菩萨比丘，不赞叹少欲知足，细行独处，但说诸法实相——贪嗔痴就是诸法性。胜意菩萨比丘，持戒行头陀行。胜意到喜根的在家弟子家里，说喜根的过失——淫怒痴无碍，受到喜根弟子空义的难问。胜意不得入音声法门，所以毁谤喜根。喜根在大众中，说“贪欲是涅槃，恚痴亦如是，于是三事中，无量诸佛道”等一相法门颂。胜意比丘堕地狱，然由于听闻深法，后世得智慧利根，这就是文殊的宿缘。（九）佛护念法门，于未来世流通。

8.《文殊师利佛土严净经》，二卷，晋竺法护译。异译《文殊师利授记经》，三卷，唐实叉难陀译；编入《大宝积经》卷五八——六〇《文殊师利授记会》。又《大圣文殊师利菩萨佛刹功德庄严经》，三卷，唐不空译①。（一）佛入王舍城。化菩萨说偈赞佛，劝大众发心。大众赞叹。（二）佛为弃恶菩萨说：常行大悲，发无上菩提心，能随愿庄严佛土。佛为弃恶授成佛记。（三）佛到阿阇世王宫受供，为王说离忿嗔、无智的正道。（四）佛回灵山。放光，召集十方的菩萨众，使弥勒敷座而坐。（五）佛为舍利弗说：如成就四法，能随愿庄严佛土。又说从一法到十法，能随愿严净佛土。又说净土十愿。如成就三法，速成佛道，随愿严净佛土。听众发心，佛为大众授记。（六）师子步雷音菩

①《文殊师利佛土严净经》（大正一一·八九〇下以下）。《大宝积经·文殊师利授记会》（大正一一·三三六下以下）。《大圣文殊师利菩萨佛刹功德庄严经》（大正一一·九〇二中以下）。

萨与文殊问答：文殊什么时候成无上道？发菩提心以来几久了？佛说文殊的发心因缘。(七)师子步雷音与文殊问答：文殊具备了十力、十地，为什么不成佛？得法忍以来，没有一念想成佛，那为什么劝众生发菩提心？什么是平等证得？(八)文殊为师子步雷音，说佛土庄严的本愿：1. 无碍眼所见到的，都是自己所化度的；等一切都成了佛，文殊才成佛。(佛说：文殊所见的佛土，无量无数。)2. 合恒河沙数世界，成一佛土。3. 菩提树量等十千大千世界，光明遍照。4. 菩提树下成佛，不起座，化身遍无数刹土，为众生说法。5. 没有二乘与女人。(佛说：文殊成佛，名普见佛。)6. 菩萨众以百味饮食，供养十方佛，声闻、缘觉，及贫乏、恶趣，然后还本土受食。7. 衣服，8. 受用的资具，都这样的供养。没有八难众苦，没有犯戒的。(佛说：文殊的佛土在南方，名离垢心。)9. 佛土的妙宝、妙香充满，随菩萨所愿而见。光明遍照，没有昼夜、寒热、老病死。菩萨一定成佛，没有中间入灭的。空中的乐音，流出六度，菩萨藏的法音。菩萨能随愿见佛断疑。(菩萨与诸天赞叹。)10. 愿一切佛土的庄严，合成一佛土。(九)佛说：文殊佛土的严净，胜过西方无量寿佛土，与东方的超立愿世界相等。佛入三昧，大众都见到了超立愿世界的严净。佛为大众授记。超立愿世界的四大菩萨——光英、慧上、寂根、意愿，到此土来。(一〇)文殊为慧上菩萨说：一切法幻化生灭，即不生灭，名为平等。学平等法，一定成佛。慧上菩萨们，各说“一相法门”。(一一)师子步雷音与文殊问答：文殊佛土中，有多少菩萨？佛的寿命多少？佛为师子步雷音说：菩萨比西方极乐世界更多；佛寿无量，超过无量世界的微尘数多多。(一二)

弥勒等称赞文殊的功德。佛说法门的功德，劝受持流通。

9.《维摩诘经》，现存汉译三本：一、《维摩诘经》，二卷，吴支谦译。二、《维摩诘所说经》，三卷，姚秦鸠摩罗什译。三、《说无垢称经》，六卷，唐玄奘译①。这部经以维摩诘长者为中心，与维摩对论的是文殊。(一)佛在毗舍离庵罗园。长者子宝积来，奉献宝盖；三千世界及十方佛说法，都出现于虚空的宝盖中。宝积赞叹佛的神力。(二)佛为宝积说净土行。舍利弗怀疑，释迦怎么会是秽土？螺髻梵王说：他见释迦佛土，清净庄严。佛现神力，大众都见释迦佛土的严净。(三)维摩诘长者，为众生的尊导。身体有病，有来问病的，就劝大众应求法身，发无上菩提心。(四)佛命大弟子去探病，大弟子都举出过去的事例，不能与维摩诘对论。弥勒等菩萨，也都叙述过去的本缘，不能去探问。文殊师利受佛的慈命去问病，菩萨、声闻、天人等同行。(五)维摩诘答文殊说：众生有病，所以菩萨也有病。佛土是空的；魔与外道，都是侍者。菩萨应安慰有病的菩萨。有病菩萨应该调伏自己；能调伏自己，也要调伏众生。菩萨的缚与解。菩萨不住凡夫行、声闻行，不舍菩萨道，是菩萨行。(六)舍利弗想念床座，维摩诘责他：求法的，应于一切无所求。维摩诘现神力，从东方须弥灯王佛土，借来了三万二千高广的师子座。在维摩小室中，却不觉得迫迮。新发意菩萨与大弟子，为须弥灯王佛作礼，才能升座。维摩诘从小室能容高广的师子座，说到佛菩萨有"不可思议解脱"，有说不尽的神力。大迦叶称叹，自恨对大法不能契

① 《维摩诘经》(大正一四·五一九上以下)。《维摩诘所说经》(大正一四·五三七上以下)。《说无垢称经》(大正一四·五五七下以下)。

入。维摩诘对迦叶说：十方世界作魔王的，多是住不可思议解脱的菩萨。（七）维摩诘答文殊说：菩萨观众生如幻化，能行真实慈悲喜舍。在生死怖畏中，应依如来功德力。度众生，要除灭众生的烦恼；烦恼归本于无住。（八）天女散花，弟子的结习不尽，所以花都着在弟子身上。天女答舍利弗说：一切是解脱相，淫怒痴性就是解脱。虽以三乘化众生，而但爱乐佛法。住在维摩诘室十二年，但闻大乘法。室中有八种未曾有法。求女人相不可得，有什么可转的？天女变舍利弗为天女，自己却如舍利弗，问他为什么不转女身！相是无在无不在的。没有没生，也没有无上道可得。（九）维摩诘答文殊说：菩萨行于非道，就是通达佛道。文殊答维摩诘说：烦恼是佛种。大迦叶称叹，自恨不能发大心。（一〇）维摩诘为普现色身说自己的"父母、妻子、亲戚眷属、吏民、知识、奴仆、象马车乘"。以善巧方便，普度一切众生。（一一）文殊等菩萨，各说"入不二法门"。（一二）维摩诘化一菩萨，到众香世界，从香积佛乞得满钵的香饭；众香世界的菩萨，也跟着来。饭香遍满，大众受用香饭，饱满安乐。香积佛以众香化众生，释迦佛说善恶业报。此土的菩萨，大悲坚固，以十事善法摄化众生，是其他净土所没有的。菩萨成就八法，才能在秽土中，没有过失而往生净土。（一三）文殊、维摩诘等，回到佛住的庵罗园。维摩诘说香饭的功德。适应众生的烦恼，不同佛土以不同的方便作佛事，名"入一切诸佛法门"。佛土、色身、功德、寿命、教化，好像不同，其实佛的功德是平等的。（一四）佛为众香世界的菩萨，说"有尽无尽解脱门"。（一五）维摩诘说正观如来。为舍利弗说：诸法如幻，是没有没生的。佛说：维摩诘是从阿闳佛妙喜世界来的。维摩诘现神足,接妙喜世界到此土,大众都见妙喜世界的严净,愿意生到那里去。(一六)释提桓因发愿护法。佛说持经的功德,举过去月盖王子(说"法供养")授记事。佛嘱弥勒于未来流通经典,并说新学与久行的不同。

10.《阿惟越致遮经》,三卷,晋竺法护译。异译有《不退转法轮经》,四卷,北凉失译。《广博严净不退转轮经》,六卷,宋智严译①。文殊发起了这一法会;佛说的主要意义,是依一佛乘而方便说三乘行果。大弟子们听了,自称"吾等今日圣道具足,不违大意,降弃魔怨。备究五逆,得悉五乐,成就邪见,舍离正见。吾等今日已害无数万千人命,悉成佛道,至无余界而已灭度"。这些密语,由文殊为大众解说,得到佛的称赞②。

11.《大宝积经》卷八六、八七《大神变会》,二卷,唐菩提流志译。隋阇那崛多所译的《商主天子所问经》,一卷,是《大神变会》的一部分③。文殊所说部分,(一)文殊为商主说:一切法不可说而说,不可表示而表示,是大神变。商主答舍利弗说:不可思议是大神变,神变如虚空界,有什么可怖畏的!佛说文殊往昔教化商主的因缘。(二)文殊为舍利弗说:久修梵行,多供养佛,种诸善根。(三)佛称赞商主。文殊为舍利弗说:文字安立是大神变④。(四)文殊为商主说:菩萨智,菩萨摩诃萨行,菩萨大智

① 《阿惟越致遮经》(大正九·一九八中以下)。《不退转法轮经》(大正九·二二六上以下)。《广博严净不退转轮经》(大正九·二五四中以下)。

② 《阿惟越致遮经》卷中(大正九·二一四下——二一六上)。

③ 《大宝积经·大神变会》(大正一一·四九二中以下)。《商主天子所问经》(大正一五·一一九上以下)

④ 以下,与《商主天子所问经》相同。

神通,菩萨平等行,菩萨行。

以下三部,是长行与偈颂杂出,而又有神咒的。1.《持心梵天所问经》,四卷,晋竺法护译。异译有《思益梵天所问经》,四卷,姚秦鸠摩罗什译。《胜思惟梵天所问经》,六卷,元魏菩提流支译①。本经以思益梵天为主,在经文的后半,文殊参加了说法。(一)佛命文殊说法,文殊直答不可说。次答思益所问:说法,谁听法,知法。比丘无诤讼,随佛语,随佛教,守护法。亲近佛,给侍佛,供养佛。见佛,见法,见因缘法,得真智。随如来学,正行,善人,乐人,得脱,得度,漏尽。实语,入道,见道,修道。(二)文殊答等行天子:归依佛法僧,发菩提心。(三)文殊答思益问:行处行,知见清净,得我实性。见佛,正行,慧眼无所见,无所得而得,得道,入正位。文殊为思益说:佛不是为益为损而出世;实无生死与涅槃可得;不贪著虚妄,所以说灭度与四谛。(四)文殊为等行说:一切言说,都是真实、如来说。惟如来有圣说法与圣默然。(五)文殊对佛说,有所发愿是邪愿。文殊为思益说菩提行,应如菩提而发愿,得萨婆若,如来于法无所说。(六)文殊为思益说:佛法不可灭,所以不可护;不听法才是听法。(七)文殊请佛护念未来的持经者,佛说咒护持。

2.《无希望经》,晋竺法护译,一卷。异译《象腋经》,宋昙摩密多译,一卷②。佛放光集众,顾文殊而笑,与阿难论《象喻经》

---

① 《持心梵天所问经》(大正一五·一上以下)。《思益梵天所问经》(大正一五·三三上以下)。《胜思惟梵天所问经》(大正一五·六二上以下)。

② 《无希望经》(大正一七·七七五上以下)。《象腋经》(大正一七·七八一下以下)。

的功德。佛为文殊说:菩萨行二类六法,能具足安住诸功德。菩萨要契入法门,应悟解一切法如虚空。佛答文殊:说无生法忍。信解受持的,得二十种功德。文殊赞叹,说药树喻。佛为文殊说:过去金刚幢菩萨,以神咒治病;持诵神咒的,不得再吃肉。

3.《法华经》,汉译的现存三本:一、《正法华经》,十卷,晋竺法护译。二、《妙法莲华经》,七卷,姚秦鸠摩罗什译。三、《添品妙法莲华经》,七卷,隋阇那崛多等译。还有失译的《萨昙分陀利经》,一卷,是《见宝塔品》的别译①。《法华经》与文殊菩萨有关的,只有三品:(一)《序品》中,佛入无量义处三昧,放光照东方万八千世界,世界的庄严与种种佛事,都分明地显现出来。文殊答弥勒说:据过去日月灯明佛时所见的瑞相,与现在所见的一样,所以推定为:今日如来当说《妙法莲华经》。(二)《见宝塔品》:文殊从娑竭罗龙王宫来,对智积说:在龙宫常说《法华经》,所化的众生,无量无数。有八岁的龙女,智慧利根,一发菩提心,就得不退转,能成佛道。(三)《安乐行品》:佛为文殊说:在未来恶世中,要说《法华经》的,应该安住四安乐行。

在初期大乘时代,文殊师利是一位最负盛名的大菩萨。集出了与文殊有关的多数经典,受到佛教界的歌颂。有些经典,文殊虽没有参预论议,也会意外地被提到。如1.《佛印三昧经》,一卷,《出三藏记集》编在"新集续撰失译杂经录",译者不明②。

---

① 《正法华经》(大正九·六三上以下)。《妙法莲华经》(大正九·一下以下)。《添品妙法莲华经》(大正九·一三四下以下)。《萨昙芬陀利经》(大正九·一九七上以下)。

② 《出三藏记集》卷四(大正五五·三〇中)。

自《历代三宝纪》以来，传说为汉安世高译①。这部经，说到《摩诃般若波罗蜜经》，称赞"文殊师利菩萨最高才第一"②！

2.《文殊师利问菩萨署经》，一卷，汉支娄迦谶译。经说"怛萨阿竭[如来]署"。奈吒和罗(Rāṣṭrapāla)问，"是会中乃有学怛萨阿竭署者不？曰：有文殊尸利菩萨"③。

3.《伅真陀罗所问如来三昧经》，三卷，汉支娄迦谶译。异译《大树紧那罗王问经》，四卷，姚秦鸠摩罗什译。经末说到："仁者(指阿阇世王)而得二迦罗蜜[善知识]，一者是佛，二者是文殊尸利。蒙是恩，所作非法，其狐疑悉解除。"④

4.《密迹金刚力士经》，七卷，晋竺法护译，编入《大宝积经》卷八——一四《密迹金刚力士会》。异译《如来不思议秘密大乘经》，二〇卷，赵宋法护译。经中阿阇世王也说："诸佛世尊，文殊师利慈德，乃为我等决众狐疑。"⑤上二部，都是《阿阇世王经》以后集出的(有偈颂与咒语)。

5.《惟日杂难经》，一卷，《出三藏记集》也编在"新集续撰失译杂经录"⑥。《历代三宝纪》以来，传说为吴支谦译。经中说维摩罗达达女与文殊论法，与《离垢施女经》相合⑦。又说"南

---

① 《历代三宝纪》卷四(大正四九·五二中)。

② 《佛印三昧经》(大正一五·三四三上——下)。

③ 《文殊师利问菩萨署经》(大正一四·四三七中)。

④ 《伅真陀罗所问如来三昧经》卷下(大正一五·三六四中)。

⑤ 《大宝积经》卷一四《密迹金刚力士会》(大正一一·七六下)。

⑥ 《出三藏记集》卷四(大正五五·二九上)。

⑦ 《惟日杂难经》(大正一七·六〇八下)。《离垢施女经》(大正一二·九二下)。

方……有最尊菩萨，字文殊斯利”①。

上来五部，只是提到了文殊师利；还有参与论说而只是一小节的，如：

6.《离垢施女经》，一卷，晋竺法护译（异译，略）。这部经，波斯匿王女儿——离垢施，与八大声闻、八大菩萨问答。文殊有问答一段②。

7.《超日明三昧经》，二卷，晋竺法护译出，由聂承远整理删定③。文殊为慧英菩萨说：菩萨的博闻多智，行者与成就④。

8.《菩萨璎珞经》，一四卷，姚秦竺佛念译。经中，佛为软首说：修无尽藏法的，要修五法门；具足四果报行；一一地要成就四神足行；佛为文殊师利说四种四圣谛⑤；法轮的有转与无转；道与泥洹⑥。

9.《决定毗尼经》，一卷，晋竺法护译（异译，略）。文殊说究竟毗尼——不悔毗尼，最胜、清净、不思议、净诸趣、自性远离、三世平等、永断疑惑毗尼⑦。

10.《第一义法胜经》，一卷，元魏瞿昙般若流支译（异译，略）。佛为仙人说众生无我，随业受报。嘱文殊护念流通⑧。

---

① 《惟日杂难经》（大正一七·六〇九中）。

② 《离垢施女经》（大正一二·九二下）。

③ 《出三藏记集》卷二（大正五五·九下）。

④ 《超日明三昧经》卷下（大正一五·五四二下——五四三上）。

⑤ 《菩萨璎珞经》卷三（大正一六·三一中——三三上），又卷四（大正一六·三八下——三九中）。

⑥ 《菩萨璎珞经》卷一三（大正一六·一〇八下——一〇九上）。又卷一四（大正一六·一二五上——一二六下）。

⑦ 《决定毗尼经》（大正一二·四〇下——四一上）。

⑧ 《第一义法胜经》（大正一七·八八三中——下）。

11.《大宝积经》卷八八、八九《摩诃迦叶会》,二卷,元魏月婆首那译。文殊说:一切法不生不灭,不受[取]不舍,不增不减,所以无来无去。五百比丘听了,漏尽心解脱①。

12.《月上女经》,二卷,隋阇那崛多译。文殊与月上论法:一切如化,没有舍此生彼可得②。

与文殊有关的大乘经,当然还不少。如《大方广佛华严经》,是纂集所成的大部,想另辟专章去论究。《文殊师利悔过经》,也留在《普贤行愿颂》合并说明。如《大般涅槃经》、《央掘魔罗经》、《长者女庵提遮师子吼了义经》,都提到文殊,但"文殊法门"是被呵责的。如《胜天王般若波罗蜜经》,是纂集所成的,含有明显的如来藏说。元魏昙摩流支所译的《如来庄严智慧光明入一切佛境界经》(异译,略),佛为文殊说:"不生不灭者,即是如来。"举毗琉璃地……大地——九喻,说明如来不生不灭,而现起利益众生的佛事。又说如来名为法身。如来不生,无名无色……非下非中非上。菩提无根无住……如来如是得菩提——菩提十六义。十六义,与《大集经·陀罗尼自在王菩萨品》相合③。《究竟一乘宝性论》,引述了九种譬喻与菩提十六义④,无疑为后期大乘经。《文殊师利问菩提经》,有四种译本,体裁与论典相近,与大乘瑜伽者的思想相近。《文殊师利问经》

---

① 《大宝积经》卷八八《摩诃迦叶会》(大正一一·五〇七上)。

② 《月上女经》卷下(大正一四·六二〇中)。

③ 《如来庄严智慧光明入一切佛境界经》卷上·下(大正一二·二四〇中——二四七中)。《大方等大集经》卷二《陀罗尼自在王菩萨品》(大正一三·一一下——一三中)。

④ 《究竟一乘宝性论》卷一(大正三一·八一八上——八一九下)。又卷二(大正三一·八二三上——中、八二四上)。

说:"若得食肉者,象龟经,大云经,指鬘经,楞伽经等诸经,何故悉断?"①这是比《楞伽经》集出更迟的。晋聂道真译《文殊师利般涅槃经》,说到文殊火化时,见文殊的"身内心处,有真金像,结加趺坐,正长六尺,在莲花上"②,也是如来藏说。《大方等大集经》与文殊的关系不深,仅《海慧菩萨品》,文殊说佛在菩提树下,不得一法,并说持经的十种功德③。还有赵宋天息灾所译的《大乘善见变化文殊师利问法经》,赵宋法贤所译的《妙吉祥菩萨所问大乘法螺经》,赵宋施护所译的《大乘不思议神通境界经》,译出的时代更迟;与初期的"文殊法门",思想上也有距离,所以都不在本章的论究范围以内。

第二项　论集出的先后

初期大乘经,与文殊师利有关的,部类相当的多。依上项所叙述的而加以分类,A. 佛为文殊说的,共七部。B. 以文殊为说主,或部分参加问答的,共二十八部,这是"文殊师利法门"的主要依据。C. 偶而提到的,或参预问答而只一节二节的,共十二部。三类合计,共四十七部。除去 C 类,也还有三十五部。这些经典的集出,从经典自身去论究,可见是先后不等的。不过,论定集成的先后,虽是应该的、可能的,却是并不容易的。如依某一事项来区别,那是不一定能正确的;如从几种事项来综合观察,才能不难看出法门流演的大概。这里,先分别来说:

---

① 《文殊师利问经》卷上(大正一四·四九三上)。

② 《文殊师利般涅槃经》(大正一四·四八一上)。

③ 《大方等大集经》卷九《海慧菩萨品》(大正一三·六〇上——中)。

一、依译为汉文——传译的先后来说：这对于经典集成的先后，是有相当意义的。汉代的支娄迦谶，已译出了B类的《首楞严三昧经》（已经佚失）、《阿阇世王经》；A类的《内藏百宝经》；C类的《文殊师利问菩萨署经》、《伅真陀罗所问三昧经》——五部。支谶在桓帝、灵帝时译经，约在西元一七〇年前后。从所译的《首楞严三昧经》、《阿阇世王经》来说，文殊法门已发展得相当完成，并已影响到其他（C类）部类了。特别是晋代的竺法护，从晋太始二年（西元二六六）译《须真天子经》，到永嘉二年（西元三〇八）译《普曜经》[①]，传译的工作，先后长达四十三年。竺法护是传译文殊教典最多的译师！在他的译典中，A类有二部：《菩萨行五十缘身经》、《普门品经》。B类共十九部：《首楞严三昧经》、《维摩诘经》，已经佚失了；《文殊支利普超三昧经》，是《阿阇世王经》的再译；初译而保存到现在的，还有十六部。C类也译出了《密迹金刚力士经》、《离垢施女经》、《决定毗尼经》——三部（另有《超日明三昧经》，由聂承远整治完成）。在三类四十七部经中，竺法护译出了半数——二十五部。尤其是（B类）文殊为主体的二十八经，竺法护所译的，竟占三分之二。文殊部类的译出，可分为二期：竺法护（及同时）及以前所译的，是前期。前期所译的，共三十四部。这些经典，竺法护所译的，西元三世纪初，也应该已经存在了。竺法护以后所译的，是后期，大体是三世纪以后所集出的。列表如下：

---

① 《出三藏记集》卷二（大正五五·七中）。

	A	B	C	合计
前期所译	四	二二	八	三四
后期所译	三	六	四	一三

二、依文体——长行或长行与偈颂杂说来分别：原始圣典的《杂阿含经》，就有长行与长行偈颂杂说的二类。为天（四众）人（四众）八众所作的通俗说法，都是长行与偈颂杂说的。大乘《般若经》是长行体；古老的净土经——《阿閦佛国经》、《阿弥陀三耶三佛萨楼佛檀过度人道经》（再译的《无量清净平等觉经》就有偈颂），也是长行。所以着重深义的文殊教典，可能起初传出的是长行，而后有长行与偈颂杂说的。从这一假定去观察，A类中七部是"长行"；《菩萨行方便境界神通变化经》是"杂说"，是"后期"所译的。B类中，十一部是长行，十七部是杂说。C类十二部中，仅《佛印三昧经》、《文殊师利问菩萨署经》、《惟日杂难经》——三部是长行，都是"前期"译出的。大乘经先有"长行"，后来有"杂说"，这一发展倾向，显然是初期大乘流行的实况。

三、依问答及法数解答来说：在问答中，或以四法等来解答，如《长阿含经》的《善生经》①，就已经如此了。大乘佛法的兴起，重于深义的发扬，不是叙述、分别解说的。如《般若经》，"下品般若"只说到诽谤般若的（二缘）四因缘②；到了"中品般若"，就有十八空，百八三昧；四十二字门，受持二十功德③；十住地，

① 《长阿含经》卷一一《善生经》（大正一·七〇中——七二上）。

② 《道行般若经》卷三（大正八·四四一下）。

③ 《摩诃般若波罗蜜经》卷五（大正八·二五〇中——二五三中、二五六上——中）。

一一地有多少法等①。这表示了“般若法门”,从深悟而倾于叙述说明了。“文殊师利法门”的问答,是诱导的、启发的。对于所问的,或要对方反观自己,或给予否定,与“原始般若”大体相同。或以非常的语句②,引入出格的深悟。这不是叙述的、分别解说的,也就不需要“数法”。但在“文殊法门”的开展中,适应一般的需要,也渐渐地应用了“数法”。所以在与文殊有关的经典中,每含有二重性——(文殊的)依胜义法界说,依世俗安立(“数法”)说。依此来观察:A类七部中,《内藏百宝经》、《菩萨行五十缘身经》、《普门品经》(以上是前期所译),《不定入定入印经》——四部是没有“数法”的;其他的三部有“数法”。B类二十八部中,《文殊师利净律经》、《宝积三昧文殊师利菩萨问法身经》、《濡首菩萨无上清净分卫经》、《大净法门经》(以上是前期译);《诸法无行经》、《文殊所说般若波罗蜜经》、《法界体性无分别经》、《文殊师利巡行经》——八部经是没有“数法”的。其他二十部,都有“数法”,以三十二为最高数。C类不属“文殊法门”,而是受到“文殊法门”影响的。十二部中,《佛印三昧经》、《文殊师利问菩萨署经》、《惟日杂难经》(以上是前期所译);《月上女经》、《第一义法胜经》——五部是没有“数法”的。B类二十部,C类七部——有“数法”的经典,虽数目不一,确是有众多“数法”的。然佛为文殊说的“数法”,仅《正法华经》的四安乐行③。《无希望经》的菩萨行(二种)六法,能安住一切功

① 《摩诃般若波罗蜜经》卷六(大正八·二五六下——二五九下)。

② 这是“密语”,是“正言若反”、“反常合道”的超常手法。

③ 《正法华经》卷七(大正九·一〇七中——一〇九下)。

德;说法比丘得二十功德①。《菩萨璎珞经》的四果报行,四神足行,四种四圣谛②。文殊所说的"数法",如《首楞严三昧经》,十法行名为福田(龙树所引用的,仅有这部经)③。《如幻三昧经》的成就二十事,能得破毁魔场三昧;四法能得三昧④。《文殊师利现宝藏经》,菩萨三十二功德铠;增上慢有二⑤。《等集众德三昧经》的四法无畏,四不思议,四无尽,行四法⑥。《无极宝三昧经》的九法宝⑦。《大神变会》说五十六智⑧。《善德天子会》的四法能摄一切善法——八法,都由八法而入;三种乐……波罗蜜三伴助(上二部的译出极迟)⑨。B类与C类,有"数法"的共二十七部,"数法"的确是相当多的,但极大部分,是佛为其他菩萨说的,或其他菩萨说的。佛为文殊说及文殊所说的,只是很小部分,这可以证明"文殊师利法门"的特性是不重"数法"的。这些"数法"是渐渐地增多起来,有一项是可以举例说明的,如有关菩萨事,佛都以四法来解答。西晋失译的《太子和(应该是"私"字的误写)休经》,问菩萨八事;《须摩提菩萨经》问十事;《离垢施女经》问十八事;《持心梵天所问经》问二十事;《伅真陀罗所

① 《无希望经》(大正一七·七七六下、七八〇下)。

② 《菩萨璎珞经》卷三(大正一六·三一下——三三上),又卷四(大正一六·三八下——三九中)。

③ 《首楞严三昧经》卷下(大正一五·六四一中)。

④ 《如幻三昧经》卷上(大正一二·一四一中——下)。

⑤ 《文殊师利现宝藏经》卷下(大正一四·四六一上——中、四六四中)。

⑥ 《等集众德三昧经》卷下(大正一二·九八七上——中)。

⑦ 《无极宝三昧经》卷下(大正一五·五一五下——五一六上)。

⑧ 《大宝积经》卷八七《大神变会》(大正一一·四九七下——四九八上)。

⑨ 《大宝积经》卷一〇一《善德天子会》(大正一一·五六九中——五七〇上)。

问如来三昧经》问三十二事；《须真天子经》也问三十二事①。所问的菩萨事，内容是有共同性的，都以四法来解答，很可以作为因袭与发展的说明。B 类的"数法"，以三十二为最高数；C 类有三十二数，更有六十四与八十的②，受文殊法门影响的经典，显然有了进一步的发展。

咒——明咒，在大乘深义的阐扬中，本是"文殊法门"所不会重视的。不过迟一些集出的经典，为了适应世俗，渐渐地融摄了"护咒"。如 A 类七经，是没有咒语的。B 类二十八经中，仅《持心梵天所问经》、《无希望经》、《正法华经》、《大宝积经》的《善德天子会》——四部经有护法、护人的护咒③。C 类十二经中，仅《密迹金刚力士经》、《伅真陀罗所问如来三昧经》④——二部经有护咒；这二部经，是为夜叉、紧那罗说法的。有咒法或没有，也可以作为"文殊法门"发展先后的区别。

三类四十七部，以译出等四事来综合分别，如下表：

① 《太子和（私？）休经》（大正一二·一五五上——下）。《须摩提菩萨经》（大正一二·七六中——七七下）。《离垢施女经》（大正一二·九三下——九六上）。《持心梵天所问经》卷一（大正一五·三上——下）。《伅真陀罗所问如来三昧经》卷上（大正一五·三四九下——三五一上）。《须真天子经》卷一（大正一五·九六下——一〇一中）。

② 《伅真陀罗所问如来三昧经》卷上，八十宝（大正一五·三五三上——三五四上）。《超日明三昧经》卷上，八十行（大正一五·五三二中——下）。

③ 《持心梵天所问经》卷四（大正一五·三一上——中）。《无希望经》（大正一七·七八一上）。《正法华经》卷一〇（大正九·一三〇上——中）。《大宝积经》卷一〇一《善德天子会》（大正一一·五六九上）。

④ 《大宝积经》卷一〇《密迹金刚力士会》（大正一一·五八上——下）。《伅真陀罗所问如来三昧经》卷下（大正一五·三六七上）。

			A	B	附记	C	附记
前期所译	长行	直说	3	3		3	
		数法	1	5			
	杂说	直说		1			
		数法		13	咒法 3	5	咒法 2
后期所译	长行	直说	1	2			
		数法	1	1			
	杂说	直说		2	咒法 1	2	
		数法	1	1		2	

代表文殊法门的经典，在 A · B 二类中，择取以文殊为主体，或文殊参与论答而有重要性的十八部经，约长行为先，杂说与数法为次来分别。但这是说，起初是长行，其后虽仍有长行的集出，只是杂说与数法的经典，大大增多起来。依此来分别，约可分为三期：初期与“下品般若”相当（西元五〇年前）；中期与“中品般若”相当（西元五〇——一五〇）；后期与“上品般若”相近（西元一五〇——二〇〇顷）。试列举经名如下：

初期

《内藏百宝经》[长 · 直]

《菩萨行五十缘身经》[长 · 直]

中期

《普门品经》[长 · 直]

《宝积三昧文殊师利菩萨问法身经》[长 · 直]

《阿阇世王经》[长 · 数]

《首楞严三昧经》[长·数]

《诸佛要集经》[长·数]

《如幻三昧经》[杂·数]

《文殊师利佛土严净经》[杂·数]

后期

《文殊师利净律经》[长·直]

《濡首菩萨无上清净分卫经》[长·直]

《大净法门经》[杂·直]

《须真天子经》[杂·数]

《魔逆经》[长·数]

《文殊师利现宝藏经》[杂·数]

《维摩诘经》[杂·数]

《济诸方等学经》[长·数]

《集一切福德三昧经》[长·数]

竺法护传译以后，迟到唐代的译师，对文殊法门的重要教典，也还在传译出来（可能有的早已存在，只是译出迟一些）。如《诸法无行经》，《文殊所说般若波罗蜜经》，《法界体性无分别经》，《文殊师利巡行经》，《大宝积经》的《大神变会》、《善德天子会》，都是。

第二节　文殊法门的特色

第一项　文殊及其学风

在多数的大乘经中，文殊师利（或译“尸利”，Mañjuśrī）与弥勒菩萨，为菩萨众的上首。弥勒是《阿含经》以来，部派佛教所公认的，释迦会上的唯一菩萨。而文殊，在初期大乘经中，传说是他方来的，如《文殊师利净律经》（大正一四·四四八中）说：

> “东方去此（娑婆世界）万佛国土，世界名宝氏，佛号宝英如来。……文殊在彼，为诸菩萨大士之伦，宣示不及。”①

文殊是东方世界的菩萨，是应释尊的感召而到此土来的。《文殊师利现宝藏经》也说：文殊“从宝英如来佛国而来”；异译《大方广宝箧经》，作“从宝王世界，宝相佛所来”②。赵宋译出的《大乘不思议神通境界经》，作“东方大宝世界、宝幢佛刹中，所住妙吉祥菩萨”③。“宝英”是“宝相”、“宝幢”的异译，原语应该是 Ratnaketu。“宝氏”，或译作“宝主”、“宝王”、“宝住”（“住”，疑是“主”的误写）、“大宝”，是文殊所住的，东方世界的名称。多氏《印度佛教史》说：文殊师利现比丘相，来到欧提毗舍（Oḍiviśa）旃陀罗克什达（Candrarakṣita）的家中④。据《印度佛教史》，欧提毗舍为东方三大地区的一区⑤。这也暗示着文殊师利（所传法门）是与东方有关的。支谦所译的《惟日杂难经》，说南方“有最尊菩萨，字文殊斯利”⑥。欧提毗舍即现在的奥里

---

① 异译《清净毗尼方广经》，作“宝主佛国”、“宝相如来”（大正二四·一〇七五下）。《寂调音所问经》，作“宝住世界”、“宝相如来”（大正二四·一〇八一上）。

② 《文殊师利现宝藏经》卷下（大正一四·四六〇上）。《大方广宝箧经》卷中（大正一四·四七四上）。

③ 《大乘不思议神通境界经》卷上（大正一七·九二三上）。

④ Tāranātha《印度佛教史》（寺本婉雅日译本九六）。

⑤ Tāranātha《印度佛教史》（寺本婉雅日译本三五二）。

⑥ 《惟日杂难经》（大正一七·六〇九中）。

萨(Orissa),地在印度东方与南方的中间;如《大唐西域记》,就是划属南印度的。文殊师利从东方(也可说南方)来,是初期大乘经的一致传说。迟一些,《弘道广显三昧经》说:文殊所住的宝英如来的宝饰世界,在下方①。《华严经》说:文殊师利住在东北方的清凉山②。从此,秘密大乘所传的《大方广菩萨藏文殊师利根本仪轨经》、《文殊师利法宝藏陀罗尼经》,也都说文殊在东北方了③。

从东方来的文殊师利,是现出家比丘相的。如《文殊师利现宝藏经》说:在安居期间,文殊"不现佛边,亦不见在众僧,亦不见在请会,亦不在说戒中",却在"王宫采女中,及诸淫女、小儿之中三月",所以大迦叶要"挝楗槌",将文殊驱摈出去④。这表示了文殊是出家比丘,但不守一般的律制。依经说,这是"文殊师利童子,始初至此娑婆世界"⑤。还有可以论证文殊是现出家相的,如文殊到喜信净世界光英如来处,在虚空中,作大音声。光英佛的弟子问佛:"谁为比丘色像,出大音声?"⑥《文殊支利普超三昧经》说:文殊与大迦叶,应阿阇世王宫的供养,迦叶让("着衣持钵"的)文殊先行⑦。《离垢施女经》中,"八菩萨及八

① 《弘道广显三昧经》卷三(大正一五·五〇一下)。

② 《大方广佛华严经》卷二九(大正九·五九〇上)。

③ 《大方广菩萨藏文殊师利根本仪轨经》卷一(大正二〇·八三五上)。《文殊师利法宝藏陀罗尼经》(大正二〇·七九一下)。

④ 《文殊师利现宝藏经》卷下(大正一四·四六〇上——中)。《大方广宝箧经》卷中(大正一四·四七四上)。

⑤ 《大方广宝箧经》卷中(大正一四·四七四上)。

⑥ 《文殊师利现宝藏经》卷上(大正一四·四五六上)。

⑦ 《文殊支利普超三昧经》卷中(大正一五·四一九下)。

弟子[声闻],明旦,着衣持钵,入城分卫"①,文殊是八菩萨之一。《大般若经·那伽室利分》说:"妙吉祥菩萨摩诃萨,于日初分,着衣持钵,……入此室罗筏城巡行乞食。"②《文殊师利般涅槃经》说:文殊"唯于我(佛)所出家学道,……作比丘像"③。从初期大乘经看来,东方来的文殊师利,确定是出家的比丘。

文殊师利从东方来,留着没有回去④。文殊赞助了释尊的教化,也独当一面地弘法,成为初期大乘的一大流!"文殊师利法门",与释尊的(传统的,大乘的)佛法,在应机开示、表达佛法的方式上,是有显著差别的。文殊师利是从宝氏世界、宝英佛那边来的。宝英佛那边的佛法,与此土释尊的佛法不同,如《清净毗尼方广经》(大正二四·一〇七六中、一〇八〇中)说:

"彼诸众生,重第一义谛,非重世谛。"⑤

"(此土所说)一切言说,皆是戏论,是差别说,呵责结使说。世尊!宝相佛土无有是说,纯明菩萨不退转说,无差别说。"

大乘经的文殊法门,就是宝相佛土那样的,重第一义谛,重无差别,重不退转的法门。《那伽室利分》说:"尊者所说,皆依胜义。"《濡首菩萨无上清净分卫经》说:"濡首诸所可说,彼之要

① 《离垢施女经》(大正一二·八九下)。

② 《大般若波罗蜜多经》卷五七六《那伽室利分》(大正七·九七四下)。

③ 《文殊师利般涅槃经》(大正一四·四八〇下)。

④ 《清净毗尼方广经》(大正二四·一〇八〇中——一〇八一上)。

⑤ 异译《文殊师利净律经》说:"彼土众生,了真谛义以为元首,不以缘合为第一也。"(大正一四·四四八下)

言,但说法界。"《决定毗尼经》说:"文殊师利所说之法,依于解脱。"①依胜义、依法界、依解脱,文殊法门的特色,与《清净毗尼方广经》所说的,完全符合。

"文殊师利法门",不是释尊那样的,依众生现前的身心活动——蕴、处、界、缘起,次第地引导趣入;是依自己体悟的胜义、法界、解脱,直捷地开示,使人也能当下悟入的。这可说是声闻与大乘的不同,如《文殊师利现宝藏经》说:"向者世尊说弟子[声闻]事,愿今上人说菩萨行!"②文殊所说的菩萨法,在(代表传统佛教的)比丘们听起来,是觉得与(向来所学的)佛法不合的,所以《文殊师利巡行经》(大正一四·五一一上)说:

> "五百诸比丘众……作如是言:我不用见文殊师利童子之身,我不用闻文殊师利童子名字。随何方处,若有文殊师利童子住彼处者,亦应舍离。何以故?如是文殊师利童子,异我梵行,是故应舍。"

"梵行",是释迦佛开示学众所修的。文殊所说的不同,那当然要舍离而去了。在大乘经中,释尊当然也是说大乘法的,然与文殊所说的,每有不同的情形。如佛说三种神变——"说法、教诫、神通";文殊说更殊胜的神变:"若如来于一切法不可说,无文字,无名相,乃至离心意识,一切语言道断,寂静照明,而以文字语言宣说显示,是名诸佛最大神变。""于一切法所有言说,

---

① 《大般若波罗蜜多经》卷五七六《那伽室利分》(大正七·九七五上)。《濡首菩萨无上清净分卫经》卷下(大正八·七四六上)。《决定毗尼经》(大正一二·四一上)。

② 《文殊师利现宝藏经》卷上(大正一四·四五二中)。

悉名神变。……一切言说实无所说,名大神变。”①如佛以四法,分别解答菩萨三十二事;文殊再答三十二事,却不用分别解答的方法②。如师子步雷音菩萨问文殊:“久如当成无上正真之道?”“发意久如应发道心?”文殊师利一再反诘而不作正面答复。为什么不说?佛以为,“文殊师利在深妙忍,所入深忍,不逮得道[菩提],亦不得佛,复不得心,以无所得故不说”③;还是由佛代文殊说。总之,使人感觉到的,文殊法门的表现方式,与声闻法不同,也与一般叙述、分别说明的大乘法不同。

“文殊法门”的独到风格,在语言表达上,是促使对方反观的,或反诘的、否定的。超越常情的语句,每使人震惊,如《阿阇世王经》卷下(大正一五·四〇〇中)说:

> “饭事既讫,阿阇世则取一机,坐文殊师利前。自白言:愿解我狐疑!文殊师利则言:若恒边沙等佛,不能为若说是狐疑!阿阇世应时惊怖,从机而堕。”

阿阇世王造了杀父的逆罪,想到罪恶的深重,内心非常疑悔不安,所以请文殊说法,希望能解脱内心的疑悔(也就是出罪了)。文殊却对他说:不要说我文殊,就是数等恒河沙的佛,也不可能为你说法,当然也不会解除你内心的疑悔。这不是绝望了吗?非堕不可。所以阇王惊怖,竟从座上跌下来。其实,这是说:佛觉了一切法如虚空,本来清净,不是可染污的,也没有染污

---

① 《大宝积经》卷八六《大神变会》(大正一一·四九二下——四九三下)。

② 《须真天子经》卷二(大正一五·一〇一下——一〇二中)。

③ 《文殊师利佛土严净经》卷下(大正一一·八九六下)。

而可除的。所以说:阇王的疑悔,是恒河沙数佛所不能说的。如《诸法无行经》中,诸天子赞叹文殊说:“文殊师利名为无碍尸利,……无上尸利!”而文殊却说:“我是贪欲尸利,嗔恚尸利,愚痴尸利!……我是凡夫!……我是外道,是邪行人!”①这当然不能依语句作解说,而有深一层意义的。这类语句,就是“密语”,成为“文殊法门”的特色!

文殊法门,不只是语句的突出,在行动上也是突出的。在经中,文殊常以神通来化导外,《文殊师利现宝藏经》说到:在夏安居的三个月中,文殊没有来见佛;没有住在僧团中;没有受僧中的次第推派,去应施主的请食;也没有参加说戒。直到三个月终了,文殊才出现在自恣(晋译作“常新”)的众会中。据文殊自己说:“吾在此舍卫城,于和悦[波斯匿]王宫采女中,及诸淫女、小儿之中三月。”大迦叶知道了,要把文殊摈出去,代表了传统的佛教②。文殊是现出家相的,出家比丘,每年要三月安居,这是律制而为佛教界所共同遵行的。在律制中,出家人不得无故或太早入王宫;不得邻近淫女与童女。文殊在安居期间,却在王宫采女、淫女、小儿中。这是以出家身份,而作不尊重律制的具体表现。依律制,比丘的生活谨严,说法(及授归戒)是化导众生的唯一方法。文殊法门,不拘小行,表现了大乘的风格。《文殊师利现宝藏经》卷下(大正一四·四六〇中——下)说:

“文殊师利答我言:唯迦叶!随一切人本(行)而为说

---

① 《诸法无行经》卷下(大正一五·七五七下)。

② 《文殊师利现宝藏经》卷下(大正一四·四六〇上)。

法，令得入律。又以戏乐而教授众人，或以共（疑是'苦'字）行，或以游观供养，或以钱财交通，或入贫穷悭贪中而诱立之。或现大清净［庄严］行，或以神通现变化。或以释梵色像，或以四天王色像，或以转轮圣王色像，或现如世尊色像。或以恐惧色像，或以粗犷，或以柔软，或以虚，或以实，或以诸天色像。所以者何？人之本行若干不同，亦为说若干种法而得入道。"

佛法的目的，在乎化度众生。化度众生，需要适应众生的根性好乐；适应众生的方便，不能拘泥于律制谨严的生活。文殊不拘小行，扩大了化度众生的方便，也缩短了出家与在家者的距离。如维摩诘现在家的居士身，所作的方便化度①，与文殊以出家身份所作的方便化度，是没有太大差别的。"文殊法门"所表现的大乘风格，严重地冲击了传统佛教，在佛教界引起广泛的影响！

行动最突出而戏剧化的，如《如幻三昧经》说：文殊师利为善住意天子说法，会中有五（百）菩萨，得了宿命通，知道过去曾造了逆罪——"逆害父母，杀阿罗汉，挠乱众僧，坏佛塔寺"。到现在，逆罪的余报还没有尽，内心疑悔不安，所以不能悟入深法。为了教化他们，"文殊师利即从坐起，偏出右肩，右手捉剑，走到佛所。佛告文殊：且止！且止！勿得造逆，当以善害"②！文殊做出要杀害如来的动作，由佛的制止，使大家悟解到一切如幻，

① 《维摩诘所说经》卷上（大正一四·五三九上——中）。

② 《如幻三昧经》卷下（大正一二·一五〇下）。

"彼无有罪，亦无害者；谁有杀者？何谓受殃？如是观察惟念本际[实际]，则能了知一切诸法，本悉清净，皆无所生"①；五(百)菩萨也就悟得了无生忍。这是教化的大方便！在传统佛教来说，这是难以想像的。文殊法门的特征——出格的语句、出格的行动，到了后期大乘时代，不同的大乘论师兴起，显然地衰落了！不过，在中国禅宗祖师的身上，倒多少看到一些。

在初期大乘经中，文殊为众说法，情形有点特殊。大乘初兴，参与法会、问答法义的，《般若经》是须菩提、舍利弗、阿难等大弟子，弥勒菩萨，帝释天。其他天子来参加法会的，只是歌颂赞叹，散花供养。《阿閦佛国经》是阿难、帝释，《阿弥陀经》是阿难与弥勒，这都是佛教旧传的圣者们。大乘经多起来，一向不知名的菩萨，也在经中出现。而"文殊师利法门"，除菩萨以外，都是天子，是有重要地位，参加问答法义的天子。不妨说，"文殊师利法门"，主要是为天子说的，如：

大光天子·须深天子(《魔逆经》)

寂顺律音天子(《文殊师利净律经》)

宝上天子(《法界体性无分别经》)

善住意天子(《如幻三昧经》)

商主天子(《大神变会》·《商主天子所问经》)

须真天子(《须真天子经》)

持心梵天·等行天子(不退转天子·净相天子)②(《持心梵天所问经》)

---

① 《如幻三昧经》卷下(大正一二·一五一上)。

② 在(　)内的，是参与法会，但与文殊没有直接的接触。以下例此。

善德天子(《善德天子会》)

(成慈梵王·等行梵王·持须弥顶帝释·瞿域天子·现意天子·净法藏天子)(《首楞严三昧经》)

光明幢天子(《诸佛要集经》)

普等华天子·光明华天子·天香华天子·信法行得天子(《阿阇世王经》)

(螺髻梵王·天女)(《维摩诘经》)

月净光德天子·宝光明主天子·随智勇行天子(《文殊师利问菩提经》)

千世界主那罗延(《集一切福德三昧经》)

与文殊师利问答的,有这么多的天子!其中一部分,还是专为天子说的。从这里,又发现另一特点,如《持心梵天所问经》说:"持心梵天白世尊曰:溥首童真在斯众会,默然而坐,无所言讲,亦不谈论!佛告溥首:岂能乐住说斯法乎?"①《须真天子经》、《商主天子经》、《法界体性无分别经》,都由于天子的请求而后说法的②。也有由于优波离、阿难、光智菩萨的请求③。在大乘法会中,佛或其他菩萨说了,再由文殊来说,表示出独到的悟境。这不是说明了,大乘法兴起,文殊法门在大乘基础上继起宏扬吗?文殊法门的发扬,多数是应天子的请求,为天子说法,

---

① 《持心梵天所问经》卷二(大正一五·一五下)。

② 《须真天子经》卷二(大正一五·一〇一下)。《商主天子所问经》(大正一五·一一九上)。《大宝积经》卷二六《法界体性无分别会》(大正一一·一四三上)。

③ 《决定毗尼经》(大正一二·四〇下)。《阿惟越致遮经》卷中(大正九·二一四下)。《阿阇世王经》卷上(大正一五·三九二中——下)。

这表示什么呢？文殊师利被称为“童子”（kumārabhūta），或译“童真”、“法王子”，这里有“梵童子”、舍利弗为“法王长子”的相关意义。文殊师利的出现，是释尊的胁侍——天上弟子大梵天、人间弟子舍利弗，合化而出现大智慧者的新貌。大乘初期的文殊，现出家相，还是上承传统佛教的（后来，文殊现作在家相了）。为天子（主要是欲界天神）说法，多少倾向“梵”的本体论——“文殊师利法门”，不正表示了，佛法适应印度梵教的新发展吗？这一法门，受到天子（天菩萨）们的热烈推崇。如《文殊师利净律经》说：“自舍如来，未有他尊智慧辩才，……如文殊者也！”①《文殊支利普超三昧经》说：“溥首童真所可游至，则当观之（为）其土处所，悉为（有）如来，无有空缺，诸佛世尊不复劳虑。”②这样的称叹，与佛对舍利弗的称叹一样③。至于《如幻三昧经》说：“亿百千佛所益众生，不及文殊之所开化。”④《濡首菩萨无上清净分卫经》说：“濡首童真者，古今诸佛，无数如来，及众仙圣，有道神通所共称叹。……为一切师。”⑤那简直比（三藏所传，释迦那样的）佛还伟大呢！

在初期大乘经中，“文殊法门”与“般若法门”同源（于“原始般若”），而有了独到的发展。以语句来说，“皆依胜义”，“但说法界”（近于禅者的专提向上）。着重于烦恼是菩提、淫欲是菩提、五逆罪是菩提，而忽略于善心——信、惭、愧等是菩提，善

① 《文殊师利净律经》（大正一四·四四八中）。
② 《文殊支利普超三昧经》卷下（大正一五·四二六下）。
③ 《杂阿含经》卷二四（大正三·一七七上）。
④ 《如幻三昧经》卷上（大正一二·一四一上）。
⑤ 《濡首菩萨无上清净分卫经》卷上（大正八·七四〇中）。

业、福报是菩提，六度、四无量、四摄等是菩提。以行动来说，作外道形去化外道，到宫人、淫女处去安居，执剑害佛，而对佛教固有的教化方式也不加重视。这可说是一切平等中的"偏到"！这种"偏到"的精神，在"文殊法门"中，从多方面表现出来。如大乘行者，当然认为胜于（传统的）声闻乘，希望声闻人来学习大乘。"般若法门"尊重声闻人，以为阿罗汉与具正见的（初果），一定能信受般若。已证入圣位的，如能发菩提心，那是好极了，因为上人应更求上法。这一态度与方法（与释尊对当时外道的态度相同），是尊重对方，含容对方，诱导对方来修学。对存在于印度的部派佛教，相信能减少诤论，从大小并行中导向大乘的（后代的中观与瑜伽师，都采取这一态度）。"文殊法门"却不然，着重于呵斥声闻，如《须真天子经》卷二（大正一五·一〇四中）说：

"声闻、辟支佛，为猗贡高，为离贡高！菩萨贡高，出彼辈上。"

"菩萨贡高，欲令他人称誉耶？……菩萨方便称誉佛乘，毁弟子乘，……欲令菩萨发大乘，灭弟子乘。"

"得无过耶？……菩萨称誉大乘，毁弟子乘，不增不减也！"

菩萨应该贡高，应该赞佛乘而毁斥声闻，虽然说这是符合事理，并没有过分，但这样的向声闻佛教进攻，怕只会激发声闻佛教界的毁谤大乘！"佛法"，释尊本着自觉的体验，为众生说法，不能不应机设教，由浅入深，循循善诱。"文殊法门"却表示了但说深法的立场，如《大宝积经》卷一〇一《善德天子会》（大正一一·五六七上）说：

"若有医人将护病者，不与辛酸苦涩等药，而彼医人于彼病者，为与其差、为与死耶？……其说法者，亦复如是。若将护于他，恐生惊怖，隐覆如是甚深之义，但以杂句绮饰文辞而为演说，则授众生老病死苦，不与无病安乐涅槃。"

平淡的药，治不了重病，与中国所说的"药不瞑眩，厥疾不瘳"的意义一样。在医方中，用重药，以毒攻毒，都是治病的良方，但决非唯有这样才能治病。"文殊法门"的譬喻，是说浅法不能使众生解脱，即使听众受不了，惊恐怖畏，诽毁大乘，也要说甚深法（"但说法界"）。"文殊法门"以为：即使听众受不了，起恶心，堕地狱，也没有关系，如《文殊师利巡行经》（大正一四·五一一中）说：

"（文殊）说此法时，……一百比丘起于恶心，自身将堕大地狱中。尔时，长老舍利弗语文殊师利童子言：文殊师利！仁者说法，非护众生，而失如是一百比丘！"

"舍利弗！此一百比丘，堕大叫唤地狱；受一触已，生兜率陀天同业之处。……此百比丘，弥勒如来初会之中，得作声闻，证阿罗汉。……若不得闻此法门者，则于生死不可得脱。"

经文的意思是，听见甚深法门，功德非常大！虽然起恶心而堕入大地狱，一下子就离苦生天。由于听了深法，所以能在弥勒法会究竟解脱。这样，虽然不信毁谤而堕地狱，也能因此得解脱，比听浅法而不堕地狱，要好得多了！《如幻三昧经》也说：五百比丘听了深法，诽谤经典，现身堕大地狱。文殊师利以为："其族姓子及族姓女，堕大地狱，在大地狱忽闻此经，寻便得出，辄信深经而得解脱。"①文殊在《诸法无行经》中，说自己的"本生"：胜意比丘听了甚深法偈，现生堕在大地狱中，百千亿那由他劫在大地狱受苦。从大地狱出来，一直都受人诽谤；听不到佛法；出家又反俗；"以业障余罪故，于若干百千世诸根暗钝"。受足了诽谤大乘深法的罪报，没有《文殊师利巡行经》、《如幻三昧经》所说那样，迅速地得到解脱。但文殊又说："闻是偈因缘故，在所生处，利根智慧，得深法忍，得决定忍，巧说深法。"②总之，听深法（不契机）而堕落的，比听法而渐入渐深的，要好得多。为了发扬深义，强化听闻深法的功德，对于应机说法的方便善巧，如大海那样的渐入渐深，被漠视了。

文殊师利菩萨的法门，一向都是以为说"空"的；如古代三论宗的传承，就是仰推文殊为远祖的。但在说"空"的《般若经》（前五会）中，文殊师利并没有参与问答，这是值得注意的事！"中品般若"，及"下品般若"的"汉译本"、"吴译本"，虽有文殊菩萨在会，但"下品般若"的"晋译本"、"秦译本"、"宋译本"，都没有提到文殊师利。所以文殊师利的法门，即使是说"空"的，但与"般若法门"可能只是间接关系，而不是同一系的！文殊师利所说、所代表的法门，在印度后期大乘经中，的确是看作"空"

---

① 《如幻三昧经》卷下（大正一二·一四八下）。
② 《诸法无行经》卷下（大正一五·七六一上）。

的代表，而受到批评与纠正。如文殊师利与央掘魔罗的对话中说①：

文殊："善哉央掘魔，已修殊胜业，今当修大空，诸法无所有！"

央掘："文殊法王子，汝见空第一。云何为世间，善见空寂法？空空有何义？时说决所疑！"

文殊："诸佛如虚空，虚空无有相。诸佛如虚空，虚空无生相。诸佛如虚空，虚空无色相。……如来无碍智，不执不可触。解脱如虚空，虚空无有相。解脱则如来，空寂无所有。汝央掘魔罗，云何能可知！"

央掘："文殊亦如是，修习极空寂，常作空思惟，破坏一切法。……云何极空相，而言真解脱？文殊宜谛思，莫不分别想！……出离一切过，故说解脱空。……呜呼蚊蚋行，不知真空义！外道亦修空，尼乾宜默然！"

文殊："汝央掘魔罗，……谁是蚊蚋行，出是恶音声？"

央掘："呜呼今世间，二人坏正法，谓说唯极空，或复说有我。……呜呼汝文殊，不知恶（说）非恶（说）！……呜呼汝文殊，修习蚊蚋行！"

长者女庵提遮，与文殊师利论说空义，也责文殊说："呜呼真大德，不知真空义！"②《大般涅槃经》中，文殊劝纯陀（Cunda-karmāraputra）说："汝今当观诸行性相！如是观行，具空三昧。

① 《央掘魔罗经》卷二（大正二·五二七上——五二八中）。

② 《长者女庵提遮师子吼了义经》（大正一四·九六三下——九六四上）。

欲求正法,应如是学!"①反被纯陀责难一番。在初期大乘经中,文殊是师子狂吼那样,呵斥、批评诸大弟子与菩萨们,连释尊所说的,也要诘难一番。但到了大乘后期,文殊所代表的"空"义,被作为批判的对象了!虽然,《央掘魔罗经》、《长者女庵提遮师子吼了义经》、《大般涅槃经》都解说为:文殊师利是知道的,并没有误解,但在"真常大我"的后期大乘经中,文殊所代表的法门,是被再解说,而引向"有异法是空,有异法不空"的立场②。在初期大乘经中,文殊所代表的法门,确是重要的一流!

第二项　佛·菩萨方便行

大乘佛法,是"佛涅槃后,佛弟子心中的永恒怀念"所引发出来的。怀念,倾向于理想化,成为理想的、超越的佛陀,与声闻弟子间的差距,也渐渐地大了。佛是长时期修行所成的,所以释尊过去生中的"本生",就不断地流传出来。四波罗蜜、六波罗蜜、十波罗蜜——菩萨行,就是从"本生"归纳得来的,这都是部派佛教的发展成果。在长期修行中,然灯佛为菩萨授记,是佛教界所共传的,为佛法而倾向大乘佛法的关键问题。然灯佛授记,菩萨"入决定","得不退转","得(无生)忍"③。菩萨有深智慧,才能不著生死,修行利他大业,圆成佛道。般若的甚深悟入,使波罗蜜的菩萨行进入一新的领域。"般若波罗蜜法门",从"原

---

① 《大般涅槃经》卷二(大正一二·三七三下)。

② 《央掘魔罗经》卷二(大正二·五二七中)。

③ 大众部中,安达罗派以为:菩萨在迦叶佛时"入决定"(南传五七·三六六)。《阿毗达磨大毗婆沙论》卷三说:见道入"正性离生",或解说为"正性决定"(大正二七·一三上——中)。所以入决定,就是悟入,决定不退。

始般若”以来，以般若摄导六度(万行)，趣向一切智海。“般若”是着重现实人生(及天趣一分)的向上进修，以“不退转”为重点。在“中品般若”的“后分”——“方便道”中：得不退的菩萨，游十方佛土，自利为多见佛、多闻法、多种善根；利他为严净佛土、成熟众生，但《般若经》到底是以菩萨般若行为主的。部派佛教传出的理想的佛陀观，如没有般若证入，不过是想像的信仰而已。般若深悟的修得，然后念佛、见佛，佛的超越不思议性，得到了理悟的根据。部派的想像，不再是信仰，而成为大乘法的佛陀。“文殊师利法门”，也是以般若深悟为本的，但重于不思议(如文殊)菩萨的方便大行；对于佛，也多传述不可思议的佛境界。“文殊法门”与“般若法门”，就这样的所重不同，所说也就各有特色了！

佛弟子们来见佛，这是事实，根本不成问题。有见不到佛而心情忧苦的，佛为说“念佛”(功德)法门。传说须菩提观法无常无我，为释尊所称赞，说须菩提先礼我、见我①，这是早期的见法身说。《杂藏》所说的“若以色量我，以音声寻我，欲贪所执持，彼不能知我”②，也是遮世俗所见而显法身的。这一颂，为大乘佛法所引用，如《金刚般若波罗蜜经》、《阿阇贳王女阿术达菩萨经》、《离垢施女经》③。“文殊师利法门”，继承了这一法门。怎样见佛？怎样观佛？是当时大乘佛教所重视的论题。如辩积菩

① 《增一阿含经》卷二八(大正二·七〇七下——七〇八上)。

② 《瑜伽师地论》卷一九引声闻乘颂(大正三〇·三八二中)。

③ 《金刚般若波罗蜜经》(大正八·七五二上)。《阿阇贳王女阿术达菩萨经》(大正一二·八六下)。《离垢施女经》(大正一二·九二下)。

萨想见佛问法①;文殊约弥勒、辩积去见天王佛②;《慧印三昧经》与《佛印三昧经》,说佛入三昧而不见了,舍利弗等入三昧去求见如来③;善住意天子(Suṣṭhitamati-devaputra)约文殊去见如来④;文殊一早就到佛的住处,要见如来⑤;文殊到龙宫来见如来⑥。这么多的见佛因缘,引起了怎样见佛、怎样观佛的论法。扼要地说,"文殊法门"是法身不可见的,如《诸佛要集经》⑦说:

"佛无有身,亦无形体,莫观如来有色身也!无相、无好。……莫以色像观诸如来!佛者法身,法身巨见,无闻无(可供)养;……如来至真,不可供养,本无[如]如来则无二故。……如来至真,不可得见,……如来何在而欲见耶?"

"真谛观……如来无见,不可睹佛。所以者何?一切诸法悉无所见。"

"文殊!见如来乎?文殊答曰:等观之耳。又问:以何等观?文殊答曰:无本[如]等故,以是等观。以无形像,是故等观。……如是观者,为无所见。"

法身是无相不可见的;有相可见,是不能正见如来的。在真

① 《阿阇世王经》卷上(大正一五·三九一下)。

② 《诸佛要集经》卷上(大正一七·七六二中——下)。

③ 《佛印三昧经》(大正一五·三四三上——中)。《慧印三昧经》(大正一五·四六〇下——四六一中)。

④ 《如幻三昧经》卷上(大正一二·一三九中)。

⑤ 《大宝积经》卷一一五《文殊说般若会》(大正一一·六五〇下)。

⑥ 《弘道广显三昧经》(大正一五·五〇二中——下)。

⑦ 《诸佛要集经》卷上(大正一七·七六二上——下),又卷下(大正一七·七六五上、七六八中)。

谛观中，一切法无来去，无生灭，平等平等，应这样的正见、正观如来。《维摩诘经》也是这样的，只是文句广一些①。《慧印三昧经》列举“佛身有百六十二事，难可得知”；“佛身不可以想见知”②。依《佛印三昧经》说：佛印三昧中佛不可见，是般若波罗蜜法门③。《大宝积经》卷一〇三《善住意天子会》，有关于见佛的问答（大正一一·五七七下——五七八上）说：

“天子！汝莫分别取著如来！善住意言：大士！如来何在而言莫著？文殊师利言：即在现前。……汝今若能一切不见，是则名为真见如来。善住意言：若现前者，云何诫我莫取如来？文殊师利言：天子！汝谓今者现前何有？善住意言：有虚空界。文殊师利言：如是天子！言如来者，即虚空界。何以故？诸法平等如虚空故。是故虚空即是如来，如来即是虚空；虚空、如来，无二无别。天子！以是义故，若人欲求见如来者，当作斯观：如实真际，觉了是中无有一物可分别者。”

以虚空来形容“一切不见”，“是中无有一物可分别者”，正是《阿闳佛国经》所说“如仁者上向（视）见（虚）空，观阿闳佛……当如是”④的方便。如虚空而都无所见的佛观，是上承初期佛法，及大乘“般若”与《阿闳佛国经》的法流。

继承“般若”的法流，而在说明上有特色的，如《文殊师利所

① 《维摩诘经》卷下（大正一四·五三四中——下）。

② 《慧印三昧经》（大正一五·四六一中——四六二上）。

③ 《佛印三昧经》（大正一五·三四三中）。

④ 《阿闳佛国经》卷下（大正一一·七六〇中）。

说摩诃般若波罗蜜经》卷上（大正八·七二六中、七二八上）说：

> “我观如来如如相，不异相，……非垢相，非净相：以如是等正观如来。”

> “云何名佛？云何观佛？文殊师利言：云何为我？舍利弗言：我者但有名字，名字相空。文殊师利言：如是如是！如我但有名字，佛亦但有名字；名字相空，即是菩提。……不生不灭，不来不去，非名非相，是名为佛。如自观身实相，观佛亦然，唯有智者乃能知耳，是名观佛。”

与《文殊说般若》相同的，是《思益梵天所问经》卷三（大正一五·四九中）所说：

> “我，毕竟无根本，无决定故，若能如是知者，是名得我实性。……以见我故，即是见佛。所以者何？我性即是佛性。文殊师利！谁能见佛？答言：不坏我见者。所以者何？我见即是法见，以法见能见佛。”

在都无所见、离名离相外，这二部经，都直从自“我”、自“身”的观察去见佛。“我”与自“身”的实相，与佛的实相不二，所以见我就是见佛，观身实相就是观佛。见佛、观佛，不向外去推求，而引向自身，从自我、自身中去体见。这比起泛观一切，要简要得多！“文殊法门”是与空相应的，如我，“但有名字”，“毕竟无根本、无决定”，我是但名而没有定实性的。我但名无性，就是无我，也就是我的如实性。佛也“但有名字，名字相空”，与我的无性不二，所以见我（的实性）就是见佛了。“我”，但名而没有定性，只是“我见”的执著为我。然“我见”本没有去来，本没有生灭，没有我见可断的。所以能“不坏[不异]我见”，也就是觉了我见本来空寂的，就能见佛。在“文殊法门”中，这是与般若义相应的。但“我”(ātman)是印度神教的重要术语，“见我即见佛”、“我性即是佛性”的经句，在神化的印度社会中，会不会不自觉地演化为真我说，与神教学同化呢？也许这正是引发后期大乘——如来藏我(佛性)的一个有力因素！

有关文殊的经典，传出了不少的他方世界与他方佛，但还是着重此土的释迦佛。释尊在秽土成佛，佛寿八十，与他方佛土是不能相比的。对于这，在“文殊法门”中，提出了释迦的净土说。《首楞严三昧经》说：佛的神力是不可思议的！文殊所见上方的“一灯明土……是我宿世所修净土。文殊师利！汝今当知我于无量无边百千万亿那由他土，尽有神力，一切声闻、辟支佛所不能知”①。这样，释尊是在无边佛土现身说法的；一灯明是释尊的净土，是娑婆秽土以外的。《维摩诘经》说：舍利弗见释尊的佛土不净；螺髻梵王所见的，如自在天宫那样的严净；佛以神力，显示了此土的佛土严净②。这样，同一世界，是随人心而现有杂染或清净的。释尊有净土，所以在秽土成佛说法，是适应刚强下劣众生而示现的。说到佛的寿命，《首楞严三昧经》说：东方庄严世界的照明庄严王佛，寿长七百阿僧祇劫。其实，这是释尊在不同世界，以不同名字利益众生，所以释尊说：“当知我寿七百

① 《首楞严三昧经》卷下(大正一五·六四〇下)。

② 《维摩诘经》卷上(大正一四·五二〇中——下)。

阿僧祇劫,乃当毕竟入于涅槃。”①在实际中,本来毕竟寂灭,没有佛的出现,也没有涅槃可入。然约随顺世间,示现成佛来说,不论寿命长短,终归是要入涅槃的。在初期大乘经中,如阿闳佛、阿弥陀佛,文殊未来所成普现佛,都是说到入涅槃的。释尊有净土,寿命极长,这是文殊法门的释迦佛说。一般地说,大乘经是以净土为理想的,凡说到净土,总有人发愿往生。但文殊法门,对于现实的娑婆秽土,始终给以积极的意义:赞叹释尊的大悲方便;秽土修行,比在净土修行更有效率。这是《阿阇世王经》、《持心梵天所问经》、《维摩诘经》、《文殊师利佛土严净经》所同说的②。连早期的《阿弥陀经》,也是这样说③。倾向于净土的持行者,到底还是这个秽土世间的人!

释尊是秽土成佛,寿长八十,以声教化众生,这是教界所共知的。到了大乘兴起,传出了十方世界,十方现在佛。佛与佛,土与土间的差别很大。《维摩诘所说经》作了佛佛道同、随缘差别的明确解说,如《经》卷下(大正一四·五五三下——五五四上)说:

> “或有佛土以佛光明而作佛事……。阿难!诸佛威仪进止,诸所施为,无非佛事。”
>
> “诸佛如来功德平等,为教化众生故,而现佛土不同。”

---

① 《首楞严三昧经》卷下(大正一五·六四四下——六四五上)。

② 《阿阇世王经》卷上(大正一五·三九三下)。《持心梵天所问经》卷一(大正一五·二中)。《维摩诘经》卷下(大正一四·五三二下)。《文殊师利佛土严净经》卷上(大正一一·八九三上)。

③ 《阿弥陀三耶三佛萨楼佛檀过度人道经》卷下(大正一二·三一五下)。

“诸佛色身、威相、种性，戒、定、智慧、解脱、解脱知见，力、无所畏、不共之法，大慈、大悲，威仪所行，及其寿命，说法教化，成就众生，净佛国土，具诸佛法，悉皆同等。是故名为三藐三佛陀，名为多陀阿伽度，名为佛陀。”

佛是究竟圆满者，佛与佛不可能有差别，有差别就不圆满。所以一切佛平等，没有寿长、寿促，净土、秽土的差别；差别，只是适应众生的示现不同。

佛与佛是平等的，然在佛法思想史上，“文殊师利法门”是重阿闳佛国的。如《维摩诘经》，大众见阿闳佛国；维摩诘“本从阿闳佛阿维罗提[妙乐]世界来”的。“现意天子从阿闳佛妙喜世界来至于此。”①《文殊师利佛土严净经》说到菩萨所应该行的：“当学追慕阿闳如来宿命本行菩萨道时，志愿出家，乐沙门行，世世所生，不违本誓。”②文殊自己说最初发愿：“从今日以往，假使生欲心，辄当欺诸佛，现在十方圣。若生嗔恨厌，嫉妒及贪苦[吝]，未曾犯不可，至成人中尊。常当修梵行，弃欲舍秽恶，当学于诸佛，戒禁调和性。”③文殊的誓愿，可说是阿闳佛本愿的再说。在见佛、观佛与净土中，“文殊法门”是属于阿闳净土系的。如见佛、观佛，不说梦中见佛，也不观色身相好，如《般舟三昧经》那样，而说观佛如虚空，都无所见。净土庄严，是远远超过

① 《维摩诘经》卷下（大正一四·五三四下、五三五上）。《首楞严三昧经》卷上（大正一五·六三六下）。

② 《文殊师利佛土严净经》卷上（大正一一·八九三中——下）。

③ 《文殊师利佛土严净经》卷下（大正一一·八九七中）。

阿弥陀净土的①。"我未曾见闻,慈悲而行恼,互共相嗔恼,愿生阿弥陀"②,对阿弥陀佛的信行者,还作出了不满的表示。继承阿闳佛土法统,而有了进一步的发展。理想的纯菩萨净土,是文殊当来成佛的离尘垢心净土;与文殊净土同样严净的,是现在东方的超立愿世界③。

"文殊师利法门",依胜义而开示(般若的)甚深法相,又广明菩萨的方便。"文殊师利法王子,住首楞严三昧"④;首楞严三昧,是"十地菩萨","住十地、一生补处、受佛正[职]位"所得的⑤。《维摩诘经》所说的"不思议(解脱)门",与首楞严三昧相近,都显示了菩萨的大方便。这里,姑且不说不思议菩萨的神通示现。论到菩萨的方便道,与声闻乘有显著的差别。"佛法"重在声教,重在思想的启发,以引入自觉的解脱。离世间生死,向出世解脱;由于出家比丘为主导者,所以与人世间事,有些是远远的。从《般若经》以来,"大乘佛法"一贯地说:一切法本空,一切法本不生灭,一切法本来寂灭,超越了有为与无为、生死与涅槃的对立。应该是受了菩萨"本生"的影响,菩萨不一定是出家的,多数是从事不同事业的在家人,也可能是外道。大乘菩萨正就是这样,一切道都是佛道。如说:"若能通达首楞严三昧,当知通达一切道行,于声闻乘、辟支佛乘,及佛大乘,皆悉通达。"⑥

① 《文殊师利佛土严净经》卷下(大正一一·八九九下、九〇一中)。

② 《诸法无行经》卷上(大正一五·七五一下)。

③ 《文殊师利佛土严净经》卷下(大正一一·八九九中——下)。

④ 《首楞严三昧经》卷下(大正一五·六四二下)。

⑤ 《首楞严三昧经》卷上(大正一五·六三一上),又卷下(大正一五·六四三下)。

⑥ 《首楞严三昧经》卷下(大正一五·六四三下)。

《大净法门经》(大正一七·八二〇中)说：

“取要言之：贪欲门哉！离诸爱故。嗔怒门哉！离于结恨。愚痴门哉！离于不明。尘劳[烦恼]门哉！离于秽浊。诸趣门哉！无往来故。是为菩萨善权方便。至于一切愚夫行门，所学[有学]、无学、缘觉、菩萨、如来之门，其能晓了此诸门者，是则名为善权方便。”

“门”——方便门，是贪、嗔、痴——三毒，烦恼，五趣生死；也是凡夫行，声闻的有学、无学行，缘觉行，菩萨行，如来行。这都是菩萨善巧方便的法门，所以菩萨顺应众生的一切心行而作佛事。如《文殊师利现宝藏经》说：“人之本行，若干不同，亦为说若干种法而得入道。”①《维摩诘所说经》说：“有此四魔、八万四千诸烦恼门，而诸众生为之疲劳，诸佛即以此法而作佛事，是名入一切诸佛法门。”②《须真天子经》说：“一切世间所入，则菩萨行。”③菩萨不但行于道，也要能“行于非道”④。依“大乘佛法”，世间一切，都是引入佛道的方便；如满山的草木，没有一样不是药的。这与一切法本来寂灭，恰好相合！对于烦恼、生死，《大方广宝箧经》卷上(大正一四·四六六中——下)说：

“若观法界而不舍于一切众生；不堕正位，不共结住，如是等人是佛法器。”

① 《文殊师利现宝藏经》卷下(大正一四·四六〇下)。
② 《维摩诘所说经》卷下(大正一四·五五三下——五五四上)。
③ 《须真天子经》卷三(大正一五·一〇六下)。
④ 《维摩诘所说经》卷中(大正一四·五四九上)。

“若有能尽未来际劫，发大庄严，不怖不畏。行三界行，不为三垢之所染污，于生死中起园观想。欲乐诸有，不集有行，如是等人名佛法器。”

“若无欲染，示现染欲。非为嗔恼，示现有嗔。不为痴覆，示现有痴。除断结使，现住三界。……如是等人名佛法器。”

“佛法器”，是能成佛的根器，也就是菩萨。《维摩诘经》说：“不凡夫行，不贤夫行，是菩萨行。”①菩萨是不同于凡夫，也不同(二乘)圣贤根器的。《宝箧经》所说的三则，充分说明了菩萨的方便行。一、“观法界”是般若观空，“不舍一切众生”是大悲。菩萨是观法界(如)空寂的，却不堕“正位”——“正性决定”；虽不证入正位，却不与烦恼[结]共住。这如《般若经》所说，菩萨般若观空，却告诉自己：“今是学时，非是证时。”观空离烦恼而不证实际，如证入实际，就堕落声闻道了。二、菩萨是大誓庄严，历劫在生死中行菩萨道的。“乐欲诸有”，是不怖畏生死；往来三界，如游历园观一样。这是得忍菩萨的随愿往生，所以所作所为，不会积集生死业[有行]。如在生死而积集生死业，不就是凡夫了吗？三、菩萨已经断尽了烦恼，为了化度众生，没有烦恼而示现有烦恼，这是大菩萨不可思议方便。如文殊菩萨，为了教化，在“王宫采女中，及诸淫女、小儿之中三月”②。为了化度淫女，化作穿着光采衣服的美少年③。为了除菩萨内心的疑悔，执

① 《维摩诘经》卷上(大正一四·五二六下)。

② 《文殊师利现宝藏经》卷下(大正一四·四六〇上)。

③ 《大净法门经》(大正一七·八一七上以下)。

剑去害佛[1]。为了诱化外道,投身到外道中去[2]:这些菩萨的大方便,都不是声闻弟子所能行的。

方便,梵语 upāya-kauśalya,竺法护译为善权,或善权方便。"原始般若"中,菩萨的般若——诸法无受[取]三昧,是"声闻、辟支佛所不能坏"的[3]。"不为般若波罗蜜方便所护故,则堕声闻、辟支佛地",只是为了"取相"[4]。"上品般若"说,"无所得为方便",说明了般若波罗蜜为菩萨的殊胜方便。"下品般若"说观空不证,提到了"不舍众生"的"大愿"[5]。末后说到"具足方便力"[6];"中品般若"的"后分"——方便道,由此发展而来。《大般若经》的前三分,与此相对应的,立《方便善巧品》。"中品般若"重视般若以外的行门,所以般若与方便,渐有相对别立的倾向。"文殊师利法门",般若与方便的对立情形,更为明显。如《文殊师利现宝藏经》说:菩萨的智慧与善权,是菩萨的圣性,举种种譬喻来说明[7]。《魔逆经》说:菩萨的平等精进,是智慧与善权[8]。《大净法门经》大意相同,观三解脱门而不失善权方便,并说"权方便"的内容[9]。《弘道广显三昧经》说:以空无相无愿向解脱,以"权"还生死,为众生起大悲[10]。《法界体性无分别

① 《如幻三昧经》卷下(大正一二·一五〇下)。
② 《文殊师利现宝藏经》卷下(大正一四·四六一下——四六二上)。
③ 《小品般若波罗蜜经》卷一(大正八·五三七下)。
④ 《小品般若波罗蜜经》卷六(大正八·五六三上)。
⑤ 《小品般若波罗蜜经》卷七(大正八·五六九上)。
⑥ 《小品般若波罗蜜经》卷九"大正八·五七九上)。
⑦ 《文殊师利现宝藏经》卷上(大正一四·四五四上——四五五中)。
⑧ 《魔逆经》(大正一五·一一二下——一一三上)。
⑨ 《大净法门经》(大正一七·八二〇上——中)。
⑩ 《弘道广显三昧经》卷四(大正一五·五〇三下)。

会》，举“成毕竟行，善知方便，行般若波罗蜜”三事，并分别地给以解说①。《维摩诘经》作四句分别：“无方便慧缚，有方便慧解，无慧方便缚，有慧方便解”②，更显示了般若与方便的相对性，与相助相成的重要。《须真天子经》中，文殊为天子说偈，广说智慧与善权，而以相助相成作结论：“智慧及善权慧，常相随与并行，如两牛共一辐，觉法田无有上。”③般若与方便，作相对的分别叙述，是“文殊师利法门”的特色，也可以了解对“方便”的分外尊重。

住首楞严三昧的文殊菩萨，有不可思议的神通方便。得首楞严三昧的菩萨，是不在少数的，而文殊却是其中最特出的！据《文殊支利普超三昧经》说：“往昔古世，濡首童真以膳见施，供养佛众，令发无上正真道意，则是（释尊）本身初发意（之）原。……今者如来所成圣觉，无极之慧，十种力，四无所畏，十八不共，无罣碍慧，皆是濡首所劝之恩。”④文殊的发心，比释迦佛要早得多，竟还是释迦初发心的劝发者，是释迦的师长、善知识。不但是释迦往昔的善知识，也可说是一切佛菩萨的师长，如《文殊支利普超三昧经》卷上（大正一五·四一三上）说：

> “十方世界，不可称限，不可计会。诸佛国土，今现在者诸佛世尊，同号能仁，悉是仁者濡首所劝。或（同）号盛圣，或（同）号明星，……今我一劫若过一劫，宣扬演说诸佛

① 《大宝积经》卷二七《法界体性无分别会》（大正一一·一四九中——下）。
② 《维摩诘所说经》卷中（大正一四·五四五中）。
③ 《须真天子经》卷四（大正一五·一〇九中——一一〇上）。
④ 《文殊支利普超三昧经》卷上（大正一五·四一三上）。

名号，濡首大士所开化者，于今现在转于法轮，不可称限。何况有行菩萨乘者，……或处道场成最正觉，不可限喻。其有欲说诚谛之事，审实无虚，濡首童真则诸菩萨之父母也！”①

依经说，现在无量无数的佛菩萨，都是因文殊的劝化而发心的。文殊发心以来，已“如七千阿僧祇恒河沙劫佛土满中尘”；文殊初发心时，因文殊而发大心的“二十亿人，在往古雷音响如来所发道心者，悉已逮致无上正真之道，……悉是文殊师利之所劝发”②。文殊师利劝发大心的宏愿，如《文殊师利佛土严净经》卷下(大正一一·八九八下)说：

“我之本愿，如佛所言。从如七千阿僧祇恒[江]河沙劫行菩萨业，不成道场，不致正觉。道眼彻视，光睹十方，悉见诸佛普劝化一切众生，悉成佛道；吾心坚住，咸开化之，……皆是吾身之所劝化。唯然大圣！今观十方，以无罣碍清净明眼所见诸佛，皆以劝助建立无上正真之道。斯等皆办，乃吾成无上正真之道。”

文殊菩萨的大愿，是凡所见得到的无量无数佛，都是文殊所劝助发心的，也就是没有一佛不是文殊所教化的，才满愿而成佛。为众生而作无尽期地教化，是大心菩萨应有的志业。在大乘经传说的菩萨中，文殊师利是彻底表达了这一悲愿的。成佛，

① 《如幻三昧经》卷上，也说文殊是诸菩萨之父母(大正一二·一三五中)。

② 《文殊师利佛土严净经》卷下(大正一一·八九七下)。

本来是究竟圆满的假名。菩萨达到了究竟圆满，就是成佛。成了佛，还是无尽期地为众生。所以现身为菩萨的，可能是已经成佛；成佛的，也可能方便示现菩萨身。文殊师利菩萨，就表示了这一意义。《首楞严三昧经》说：过去平等世界的龙种上佛，就是现今的文殊①。《菩萨璎珞经》也说：过去的大身如来：就是现在的文殊师利②。文殊是佛而菩萨，菩萨而又是佛的：这是怎样的不可思议！

第三项　法　界

在第十章"般若波罗蜜法门"中说到："下品般若"重于"如"的开示。"中品般若"集成，组集"如、法性、实际"为一类，都是实相的异名。"中品"集成以后到"上品"，更扩展为十名、十二名的组集。"文殊师利法门"，也是以"如、法性、实际"为一类的。这三者，"如"是 tathatā 的意译。支娄迦谶的《阿阇世王经》，译作"怛萨阿竭"或"本无"；竺法护每译为"无本"；唐译为"真如"。"法性"是 dharma-dhātu 的意译，一般是译作"法界"的。《阿阇世王经》、《宝积三昧文殊师利菩萨问法身经》中，译作"法身"或"法住"。"实际"是 bhūta-koṭi 的意译；竺法护等译作"本际"、"本原"、"真际"。这是指同一实相说的，不过名称不同，意义也多少差别了。"中品般若"初集这三名为一类，"文殊法门"而引用这三名的非常多，如《阿阇世王经》、《清净毗尼方广经》、《诸佛要集经》、《诸法无行经》、《如幻三昧经》、《大净

---

① 《首楞严三昧经》卷下(大正一五·六四四上)。

② 《菩萨璎珞经》卷四(大正一六·三九中)。

法门经》、《维摩诘所说经》、《持心梵天所问经》、《大神变会》①。也有但(连类而)说"法界"与"实际"的,如《入法界体性经》、《文殊师利佛土严净经》、《思益梵天所问经》、《集一切福德三昧经》、《文殊师利净律经》②。"文殊法门"受到了"中品般若"的影响,但在这三名的应用上,"文殊法门"有重于"法界"、"实际",尤其是重于"法界"的倾向,是不可不特加注意的!

同一实相的"如、法界、实际",在说明上有些什么不同?《大智度论》曾有所解说③。"文殊法门"特重"法界",对"界"有独到的发展,所以应略加说明。如《入法界体性经》(大正一二·二三四下)说:

"文殊师利!我不见法界有其分数。我于法界中,不见此是凡夫法,……及诸佛法。其法界无有胜[特殊]异,亦无坏乱。"

"譬如恒河……如是等大河,入于大海,其水不可别异。如是文殊师利!如是种种名字诸法,入于法界中,无有名字差别。文殊师利!譬如种种诸谷聚中,不可说别;是法

---

① 《阿阇世王经》卷上(大正一五·三九二下)。《清净毗尼方广经》(大正二四·一〇八〇下)。《诸佛要集经》卷下(大正一七·七六四上)。《诸法无行经》卷上(大正一五·七五六上)。《如幻三昧经》卷上(大正一二·一三九上)。《大净法门经》(大正一七·八二〇下)。《维摩诘所说经》卷上(大正一四·五四二中)。《持心梵天所问经》卷二(大正一五·一三下)。《大宝积经》卷八六《大神变会》(大正一一·四九六下)。各经所说的,不止一文,这都是略举一例。

② 《入法界体性经》(大正一二·二三七上)。《文殊师利佛土严净经》卷上(大正一一·八九六上)。《思益梵天所问经》卷三(大正一五·四七中)。《集一切福德三昧经》卷下(大正一二·一〇〇〇中——下)。《文殊师利净律经》(大正一四·四五〇上)。

③ 《大智度论》卷三二(大正二五·二九七中——二九九上)。

界中亦无别名:有此有彼,是染是净,凡夫圣人及诸佛法,如是名字不可示现。"

"法界"是不可说有别异的。在"法界"中,一切名字安立——染、净、凡、圣等一切法,都不可说有别异。说明这点,经中举了两个譬喻。一、河水与河水,可说有差别的,但流入大海,就是同一海水,不能再说有别异了。二、谷类,是一类一类各别的,但归入谷仓(谷聚),合而为一聚,不可再说为别异了。《须真天子经》有类似的说明,如《经》卷四(大正一五·一一一上)说:

"譬如天子!万川四流,各自有名,尽归于海,合为一味。所以者何?无有异故也。如是天子!不晓了法界者,便呼有异;晓了法界者,便见而无异也。……法界不可得见知也。所以者何?总合聚一切诸法故,于法界而不相知。"

"譬如天子!于无色像悉见诸色,是色亦无,等如虚空也。如是天子!于法界为甚清净而无瑕秽,如明镜见其面像。菩萨悉见一切诸法,如是诸法及于法界,等净如空。"

《须真天子经》的四流入海喻,与《入法界体性经》完全相同。"总合聚一切诸法",似乎也与"谷聚中不可说别"相同。《入法界体性经》,重在"法界"的没有别异可说,而《须真天子经》多一明镜见像的比喻。明镜喻的意思是:虚空是无色的,却从无色的虚空而见一切色像。这样,法界明净如虚空,菩萨从法界中见一切法。"法界"是无色可见的;"是色亦无",色也还是不可得的,所以诸法于"法界"中,是同样的清净。明镜是明净的，明镜所见的像，虽有像而实不可得，也还是明净的。镜与镜像不相离，是同样的清净。在这譬喻中，就表示出“法界”的特有意义。

“如”，是从一一法显出。经中总是说色如、受如……凡夫如、佛法如。从法推究到实相，“如”是没有别异的，却是一一法的“如”，如《大智度论》卷三二（大正二五·二九七中——下）说：

> “于各各相中分别求实不可得。……若不可得，其实皆空，空则是地之实相。一切别相（水火风等）皆亦如是，是名为如。法性［界］者，如前说。各各法空，空有差品，是为如。同为一空，是为法性［界］。”

“空有差品”，如方空、圆空那样，也就是一一法的“如”。到了“同为一空”，就是“法界”（这也就是“一如无二如”）。所以“法界”的特义，是一切皆入“法界”。《大般若经》说：“法界无二无差别，……一切法皆入法界。”①《阿阇世王经》说：“法身［界］无所不入诸法，亦不见法身有所入。何以故？诸法是法身，如诸法等故，法身亦等，故曰法身所入。”②“入法身”［界］，竺法护译为“等御诸法，则为法界”；“其法界者，等御诸法”③，不外乎“一切诸法悉归法界”④的意思。“法界”只是一切法空性，一

---

① 《大般若波罗蜜多经》（三分）卷五三二（大正七·七三三下）。

② 《阿阇世王经》卷下（大正一五·四〇一中）。

③ 《文殊支利普超三昧经》卷上（大正一五·四一〇中），又卷下（大正一五·四二二中）。

④ 《文殊支利普超三昧经》卷下（大正一五·四二三下）。

切法不离于空，毕竟是空，所以说“入法界”。如《大般若波罗蜜多经》（第二分）卷四七二（大正七·三九〇下——三九一上）说：

“何因缘故说一切法皆入法界？……如是等一切法，无不皆入无相无为性空法界。”

向上体悟，推求一一法到性空无别，是“如”；这是“般若法门”所着重的。一切法空，从空中见一切法与空性（法界），同样的“等净如（虚）空”，是“法界”；重于方便的“文殊法门”，是重于“法界”的（“中品般若”的“后分”——方便道，已有此倾向）。“文殊法门”在“如、法界、实际”上，特重“法界”，更进而对“界”作广泛的应用。如《文殊师利净律经》说：“一切众生之所界者，名曰法界。”①《集一切福德三昧经》说：“众生界、法界，无有二故。……不增（法界）不减法界；不增众生界，不减众生界。”②《文殊师利巡行经》说：“真如不减，真如不增；法界不减，法界不增；诸众生界不减不增。”③“法界”以外，特别提出“众生界”，与“法界”相对，而说明不二，说明都是不增不减的，这到底存有什么用意呢？说到“界”（dhātu），《杂阿含经》集有“界相应”；《中阿含经》集有《多界经》，说一切有部所传的，共六十二界④。汉译《杂阿含经》，说到“众生界无数无量”。与之相当的南传《相应部》，缺少这一句，然《相应部》相当的经，名 pānā，是“生类”的

---

① 《文殊师利净律经》（大正一四·四五一下）。

② 《集一切福德三昧经》卷下（大正一二·一〇〇〇上）。

③ 《文殊师利巡行经》（大正一四·五一一下）。

④ 《中阿含经》卷四七《多界经》（大正一·七二三下）。

意思①,所以"众生界"不外乎众生类。

《大方广宝箧经》,集有传闻的种种文殊故事。经上说:"众生界、法界、虚空界,等无有二,无有别异。"②经末有"不坏法界偈",如《经》卷下(大正一四·四七九下——四八〇上)说:

"己[我]界及法界,众生界同等。是界等智[般若]界,今授我记已。受(依异译,是'法'字)界烦恼界,与(虚)空界同等。诸法同是界,今我同此来。法界及欲界,及与于(恚界、害界)三界,等同如虚空,我记同于是。生死界涅槃(界),等住如法界。"③

"法界"、"众生界"(sattva-dhātu)以外,又立"虚空界"(ākāśa-dhātu)。"虚空界"是六界(地、水、火、风、空、识)之一,《般若经》多用作譬喻;但后来,"虚空界"被作为真如的异名,《宝箧经》也就是如此。"不坏法界偈"中,说种种"界"与"法界"同等不二。其中,欲、恚、害——三界,生死(有为)界、涅槃(无为)界,可说是佛法所固有的名词。偈中立"烦恼界"与"般若界";"众生界"以外,又立"我界"(ātma-dhātu),"界"是被广泛地应用了。梁译的《文殊师利所说摩诃般若波罗蜜经》说:"众生界量,如佛界量";"般若波罗蜜界即不思议界,不思议界即无生无

① 《杂阿含经》卷一六(大正二·一一三中)。《相应部·谛相应》(南传一六下·三七〇)。

② 《大方广宝箧经》卷中(大正一四·四七四下)。

③ 参阅异译《文殊师利现宝藏经》卷下(大正一四·四六五下——四六六上)。

灭界。……如来界及我界(法界),即不二相"①。又隋译的《入法界体性经》说:"法界即是我界";"舍利弗界即是法界";"法界共大德界,无二无别"②。这几句,古译的《宝积三昧文殊师利菩萨问法身经》,是没有的。在种种"界"中,引起我们注意的,是"众生界"、"我界"、"佛界"、"如来界"。"佛界"(buddha-dhātu),或译"佛性"。"如来界"(tathāgata-dhātu),或译"如来性",一向看作"如来藏"(tathāgata-garbha)的异名。"众生界"以外,别立"我界",而说"法界即是我界"。"我"是印度神学的中心论题。梵与法,在《长阿含经》中,为了适应世俗,有作为同一意义的用法,如"法轮"又称"梵轮","法网"又称"梵网"。这样,"法界即是我界",岂不是近似印度神学中"梵即我"的意义吗? 以"法界即是我界"为本,而贯通了"众生界"与"佛界"、"如来界",同归于无二无别。这一倾向,时代越迟,意义越是明显。"如来藏"说的主体思想,是如来在自身——蕴界处内的通俗说,但不久就与"法界"、"我界"、"众生界"、"佛界"、"如来界"等相融合。《大毗婆沙论》说:"种族义是界义,……如一山中有多种族"③,这是以矿藏为喻的。《大智度论》说:"法性[界]者,法名涅槃,不可坏,不可戏论。法性[界]名本分种,如黄石中有金性,白石中有银性,如是一切世间法中皆有涅槃性"④,也是约矿藏为喻的。《摄大乘论》立"金土藏"喻:以"地界"为矿藏,

---

① 《文殊师利所说摩诃般若波罗蜜经》卷上(大正八·七二六下)。又卷下(大正八·七二九下)。

② 《入法界体性经》(大正一二·二三五上、二三五下、二三六中)。

③ 《阿毗达磨大毗婆沙论》卷七一(大正二七·三六七下)。

④ 《大智度论》卷三二(大正二五·二九八中)。

而表示金质(喻圆成实性)本有的①。"界"有矿藏义,"如来藏"是胎藏义,确有类似的意义,所以"法界"、"如来界"等,与如来藏说相融合——如来藏我,成为后期大乘经的特征。

第四项　诸法是菩提

"佛法",正如经上所说的,"是差别说,呵责结使说";"此土众生刚强难化,故佛为说刚强之语以调伏之。……以若干种法制御其心,乃可调伏。……以一切苦切之言,乃可入律"②。现实的身心,是有漏有为的,是苦器;而招感生死苦的,是烦恼及烦恼所引起的业。所以佛的开示,只是要人知苦,从戒定慧——道的修习中,断烦恼(没有烦恼,就不再造业了)而证灭苦的涅槃。涅槃是圣智自觉的,寂灭离戏论,不是语言及意识所能表示的。这一"佛法"体系,在长期流传中,多少有离却现实身心——烦恼、业、苦,而求证涅槃的倾向。"大乘佛法",是一分直从无我离相而趣入的。在菩萨般若波罗蜜中,一切不可得:烦恼如,业如,苦——蕴、界、处如;凡夫如,声闻如,缘觉如,菩萨菩萨法如,如来如来法如——一如无二如。在如如平等中,无凡无圣,无染无净,无智无得:这是"般若法门"的无差别说。在这无差别说的基石上,"文殊法门"进一步地说:烦恼是菩提,业是菩提,苦——蕴、界、处是菩提,众生是菩提,在说明的方便上,有了非常的异义。这使部分的比丘听了,觉得与佛法不合,与外道说相

---

① 《摄大乘论本》卷中(大正三一·一四〇下)。

② 《清净毗尼方广经》(大正二四·一〇八〇中)。《维摩诘所说经》卷下(大正一四·五五二下——五五三上)。

类似，要不满意而退席了①。

"烦恼是菩提"：烦恼（kleśa），是无明、爱，三毒——贪、嗔、痴，四倒，五盖，六十二见等的通称，旧译作"尘劳"。菩提，译为觉，古代都译作"道"。本来，声闻得"三菩提"（正觉），佛得阿耨多罗三藐三菩提——无上正等觉、无上道或最正觉。但声闻重在涅槃，佛重在无上菩提，流传久了，"菩提"也就成为无上菩提的简称了。《思益经》说："菩提是无为，非起作相。……当知若无业，无业报，无诸行，无起诸行，是名菩提。"②这样，菩提是没有烦恼的，怎么说"烦恼是菩提"呢？经中从多方面说，如《诸法无行经》卷下（大正一五·七五九下）说：

> "菩提与贪欲（烦恼之一），是一而非二。……贪欲之实性，即是佛法（佛所觉所证法）性；佛法之实性，亦是贪欲性：是二法一相，所谓是无相。"

阐明这烦恼与菩提（佛法）不二的，如《诸法无行经》说："譬如巧幻师，幻作种种事，所见无有实，无智（者）数（为）若干。贪、嗔、痴如幻，幻（与）三毒无异，凡夫自分别，我贪我嗔恚。"③贪、嗔、痴——烦恼如幻，虽现有种种事，而并没有实性可得。凡夫不能了解如幻无实，所以为烦恼所热恼。烦恼是非有的，所以说："勿分别贪欲，贪欲性是道。烦恼先自无，未来亦无有，能作

① 《无希望经》（大正一七·七七七下）。《文殊师利巡行经》（大正一四·五一一上）。

② 《思益梵天所问经》卷二（大正一五·四五中）。

③ 《诸法无行经》卷上（大正一五·七五一中）。

是信解,便得无生忍。"①这样,"烦恼是菩提",意思是说:在如幻即空、无相的法性中,烦恼与菩提是平等不二的。《须真天子经》说:"等淫怒[贪嗔]痴,及于诸(爱)欲,亦等于道。"②《清净毗尼方广经》说:"文殊师利言:空故等,无相故等,无愿故等。何以故?空无分异故。"③这样说,烦恼性与菩提性不二,所以说"贪欲性是道[菩提]",大体与"般若法门"相通。

"文殊法门"的独到发展,应该与"菩萨不断烦恼"有关。声闻行者如断了烦恼,就不能长在生死中,也就不能成为菩萨,菩萨是要历劫在生死中度众生的。《般若经》只说"观空而不证实际"(不断烦恼,也就不入涅槃),"文殊法门"才明确地表达出来——菩萨不断烦恼。但不断烦恼,并不与烦恼共住,如《思益梵天所问经》卷二(大正一五·四四下)说:

> "今无贪、恚、痴,亦不尽灭。……善知颠倒实性故,无妄想分别,是以无贪、恚、痴。……一切法从本以来,离贪、恚、痴相。"

没有贪、嗔、痴,却又没有灭尽。这因为贪、嗔、痴本性自离、不可得,所以没有可灭尽的。"世间毕竟是灭尽相,以是义故,相不可尽。何以故?以是尽故,不复更尽。"④本来是灭,更没有可灭的,所以不断,这就是"虽行于世间,如莲花不染,亦不坏世

① 《诸法无行经》卷上(大正一五·七五二上)。
② 《须真天子经》卷三(大正一五·一〇八下)。
③ 《清净毗尼方广经》(大正二四·一〇七六下)。
④ 《胜思惟梵天所问经》卷五(大正一五·八五上)。

间,通达法性故"①。烦恼不与道[菩提]相应,却与道平等,可说烦恼是道[菩提],《文殊支利普超三昧经》有很好的说明,如《经》卷中(大正一五·四一五下——四一六上)说:

"日明适出,众冥眺灭。……如是大王!兴道慧者,尘劳[烦恼]则消,不知尘劳之所凑处,亦无有处,无有方面。以是之故,当了知之,道与尘劳而不俱合。又等尘劳,则名曰道。等于道者,尘劳亦等。尘劳与道,等无差特,一切诸法亦复平等。假使分别如斯议[义]者,尘劳则[即]道。所以者何?以尘劳故,现有道耳。尘劳无形,亦无所有,求尘劳者,则为道也。……设有所求,不越人心;亦不念言是者尘劳,是为道也。以是之故,尘劳为道。其尘劳者,亦入于道。"

经文分三个层次:一、如日光出现而黑暗消失一样,道智兴(现前)时,烦恼也消失而不知所在了。所以道与烦恼,是不俱(同时而起)的。二、菩提[道]与烦恼[尘劳]是平等的:从"等"去悟解,也就是从空("空故等,无相故等,无愿故等,何以故?空无分异故"②)去悟解,正觉烦恼性空,就是菩提。在"等观"中,烦恼、菩提、一切法,是同样的空无别异。无二无别,所以说"烦恼是菩提"。三、烦恼所以是菩提,是"以尘劳故,现有道耳"。也就是因为烦恼,推求烦恼无形,无所有空,所以是菩提。不过在等观中,是不分别这是菩提,那是烦恼的。一切无二无别,烦

① 《思益梵天所问经》卷一(大正一五·三八上)。

② 《清净毗尼方广经》(大正二四·一〇七六下)。

恼也入于菩提(如诸法入于法界),所以烦恼就是菩提了。由烦恼而有菩提,经中有充分的说明,如说①:

1.“菩萨从一切(爱)欲而起道意[菩提心]。……菩萨于爱欲中,与(爱)欲从事,尔乃成道。不随爱欲,则菩萨何缘得起一切道意?”

2.“以要言之,六十二见及一切烦恼,皆是佛种。曰:何谓也?答曰:若见无为入正位者,不能复发阿耨多罗三藐三菩提心。譬如高原陆地,不生莲花;卑湿淤泥,乃生此花。如是见无为法入正位者,终不复能生于佛法;烦恼泥中,乃有众生起佛法耳。”

3.“菩萨以善权方便,广随所入,欲救度一切。一切所求,惟因诸见、爱欲、四颠倒中求。所以者何?一切从是中生故;于此求索,一切不可得见。……当作是知!菩萨道于爱欲中求。”

4.“当于众生爱欲之中,求于佛事。……以于众生尘劳之故,受于爱欲。设无爱欲,不兴佛事,譬如无疾,则不用医。”

5.“佛境界当于何求?曰:于一切众生烦恼中求。何以故?众生烦恼性不可得。……如佛境界无有增减,烦恼本性亦无增减。”

---

① 1.《须真天子经》卷三(大正一五·一〇四下)。2.《维摩诘所说经》卷中(大正一四·五四九中)。3.《须真天子经》卷四(大正一五·一一〇下)。4.《魔逆经》(大正一五·一一六下)。5.《大宝积经》卷一〇一《善德天子会》(大正一一·五六六中)。6.《大宝积经》卷二七《法界体性无分别会》(大正一一·一五〇中)。

6.“菩提者,当何处求?……从身见根本求于菩提,无明、有爱求于菩提,颠倒、起结求于菩提,障碍、覆盖求于菩提。……如实觉知如是诸法,是名菩提。”

烦恼在“佛法”中,是生死根本,是非断不可的。在“大乘佛法”中,烦恼有了深一层的积极意义。如所引经文的1.2.,是说发菩提心,是不离世间众生的。世间依爱欲而有,所以不能离爱欲。初学者发大心,都是有为有漏的;悲心也是缘众生而起的爱见大悲。如“不随爱欲”,怎么能发心?没有初学,怎么会有久学、不退?3.4.是:众生都在爱欲中、烦恼中,菩萨要求索一切烦恼不可得(空);也要以烦恼为度众生的方便,所以说“设无爱欲,不兴佛事”。5.6.是:佛菩提是“如实觉知如是诸法”。《思益经》说:“诸法是菩提,如实见故。”①《清净毗尼方广经》也说:“一切法空,解于空故,名得菩提。”②如实见烦恼性空,不断不尽,不增不减,与佛境界平等不二。在佛境界中,烦恼可说是成就的,如《诸法无行经》说:“一切诸佛皆入贪欲平等法中故,远离诤讼,通达贪欲性故。世尊!贪欲即是菩提,何以故?知贪欲实性,说名菩提,是故一切诸佛皆成就贪欲。”③《文殊师利普门会》说:“三世一切佛,了知贪性空,住此境界中,未曾有舍离。”④这都是说:菩提是了知烦恼性空的,也就是烦恼实性的。烦恼性

---

① 《思益梵天所问经》卷二(大正一五·四五中)。

② 《清净毗尼方广经》(大正二四·一〇七九中)。

③ 《诸法无行经》卷下(大正一五·七五七上)。

④ 《大宝积经》卷二九《文殊师利普门会》(大正一一·一六〇下——一六一上)。

是不断不尽，不增不减的，与佛菩提平等不二，所以可说佛成就贪欲等烦恼①。烦恼不离“法界”，烦恼于“法界”中不可得，而烦恼不断。烦恼在菩萨道中，如《大方广宝箧经》卷上（大正一四·四六七上）说：

“佛法、结使，有何差别？文殊师利言：大德须菩提！如须弥山王光所照处，悉同一色，所谓金色。如是须菩提！般若光照一切结使，悉同一色，谓佛法色。是故须菩提！佛法、结使，以般若慧观，等无差别。”

“结使”，是烦恼的异名。“佛法”，是佛所证得法；约“分得”说，菩萨得无生忍，也可说“佛法”。佛法是菩提（含得一切功德）的别名。在众生来说，结使与佛法，是完全不同的，但在般若慧光照下，一切法空，一切如如，与佛法平等。佛法与结使的等无差别，虽然本来如此，但要般若才能照了出来。在般若的慧光下，烦恼虽还是烦恼，但失去了烦恼的作用，如《清净毗尼方广经》（大正二四·一〇七八中、一〇七七上）说：

“天子！如人知于毒蛇种性，能寂彼毒。如是若（以圣智）知结使种性（妄想为根本），能寂烦恼。”

“不断于欲，不为欲（所恼乱烦）热；不断于嗔，不为嗔热；不断于痴，不为痴热。于一切法离诸暗障，不断烦恼，勤行精进。”

蛇是有毒的，能伤人的。如能知道是什么蛇，是什么毒，加

① 这一思想，与天台宗性恶说相近。

以制伏，那蛇虽还是蛇，却没有蛇毒，不会伤人了。烦恼也是这样，是能热恼人的，如能以般若慧，了达烦恼性空无所有，那烦恼虽然不断，却没有热恼人的作用了！总之，“烦恼是菩提”，是“文殊法门”的要义，但应该理解它的意义，不能“如文取义”了事的！

烦恼是招感生死苦的根本。如烦恼断了，不会再造生死业；旧有的业，缺乏烦恼的滋润，也就失去感果的力量。只要烦恼断了，苦体就不会相续，所以解脱生死的关键就是断烦恼，这是“佛法”一致的见解。“文殊法门”说：“诸法是菩提”①，业与苦体，当然也与菩提不二，但烦恼是最重要的，所以一再地、不断地说到“烦恼是菩提”。说到业，业是有善的、恶的。最重的恶业，是五逆——杀父、杀母、杀阿罗汉、破和合僧、出佛身血。五逆也叫无间业，非堕入无间地狱不可。罪业是可畏的，但佛法有“出罪”法，罪业是可以依忏悔而减轻，或失去作用的，所以说“有罪当忏悔，忏悔则清净”。阿阇世王是杀父而登上王位的，犯了逆罪；后来，从佛听法而悔悟，《长阿含经》的《沙门果经》②，早就这样说了。在“文殊法门”中，阇王的逆罪，因文殊的教诲而得到减轻，是《阿阇世王经》的主题。阇王从文殊忏罪，《密迹金刚力士经》、《伅真陀罗所问如来三昧经》、《阿阇贳王女阿术达菩萨经》，都已说到③；这在当时，确是传说的重要教化事迹。逆罪

① 《思益梵天所问经》卷二（大正一五·四五中）。

② 《长阿含经》卷一七《沙门果经》（大正一·一〇九中——下）。

③ 《大宝积经》卷一四《密迹金刚力士会》（大正一一·七六下）。《伅真陀罗所问如来三昧经》卷下（大正一五·三六四中）。《阿阇贳王女阿术达菩萨经》（大正一二·八九中）。

由心而造作,所以文殊对阇王的教化,主要是"心性本净","诸法悉空";归结于"其逆者亦不离法身[界];其所作逆者身,悉法身之所入"①。直说"五逆是菩提"的,如《文殊师利所说摩诃般若波罗蜜经》卷上(大正八·七二八下)说:

"菩提即五逆,五逆即菩提。何以故?菩提、五逆无二相故。"

五逆即菩提,与烦恼是菩提的原理,是相同的。依"佛法"说:忏悔,不是将业消灭了,而是削弱业的作用,使恶业不致于障碍道的进修。如五逆称为"业障",那是怎么样修行,也决定不能证果的。《沙门果经》说:"若阿阇世王不杀父者,(听了佛的说法,)即当于此坐上得法眼净(证得初果),而阿阇世王今自悔过,(只能)罪咎损减,已拔重咎。"②《增一阿含经》及《律藏》,都说阿阇世王得"无根信",或"不坏信"③。逆罪因忏悔而减轻了,但还是不能证果。《阿阇世王经》说:阿阇世王听法以后,得"信忍",或作"顺忍"④,与"无根信"、"不坏信"相当。阇王虽有所悟入,还是要堕宾头地狱,不过不受苦,能很快地生天⑤。《阿

① 《阿阇世王经》卷下(大正一五·四〇〇中——四〇二下)。

② 《长阿含经》卷一七《沙门果经》(大正一·一〇九中——下)。

③ 《增一阿含经》卷三(大正二·五六〇上)。《增支部·一集》(南传一七·三六)。《摩诃僧祇律》卷三二(大正二二·四九〇中、下)。《根本说一切有部毗奈耶破僧事》卷一〇(大正二四·一四七下)。

④ 《阿阇世王经》卷下(大正一五·四〇二下、四〇六上)。《文殊支利普超三昧经》卷下,作"柔顺法忍"(大正一五·四二四上),与《阿阇世王经》意义相合。赵宋译《未曾有正法经》卷六,作"无生忍"(大正一五·四四四下、四四六中),与原义不合。

⑤ 《阿阇世王经》卷下(大正一五·四〇四上)。

阇世王经》所说，罪性本空而因果不失，悔悟也只能轻（重罪轻受）些，与原始佛法还没有太多的差别。《阿阇世王经》又说：有杀母的罪人，因文殊的诱导，见佛闻法而证得阿罗汉果①。这是与"佛法"相违，与阿阇世王悔罪说相违，可能是迟一些而附入的部分。

烦恼与业所感得的生死报体，佛说是"阴、界、入"。"文殊法门"阐述阴、界、入是菩提的，不在少数，而《大净法门经》说得最完备。文殊师利化度上金光首淫女，劝发菩提心。说到菩提时，文殊直截地说："汝则为道［菩提］。"②"汝则为道"，意思说汝身就是道。文殊分别地开示：阴——色、受、想、行、识是道；种［界］——地、水、火、风（空与识略去）是道；入——眼、耳、鼻、舌、身、意是道；身、心是道：然后以"觉了诸法一切平等，则为道矣"作结③。众生是阴、界、入、身心和合的假名，阴、界、入是道，也就等于众生是道；所以说"一切众生皆处在道，道亦处在一切众生"④，表示众生与道是不相离的。《诸法无行经》也说："众生即菩提，菩提即众生，菩提众生一，知是为世尊。"⑤《文殊师利佛土严净经》说："道是文殊，文殊是道。"⑥这里的众生，是阴、界、入和合的假名，不可解说为真我，应记着《思益经》的开示："我平等故，菩提平等；众生性无我故，如是可得菩提。"⑦

---

①《阿阇世王经》卷下（大正一五·四〇三上——下）。

②《大净法门经》（大正一七·八一七下）。

③《大净法门经》（大正一七·八一七下——八一九上）。

④《大净法门经》（大正一七·八一八中）。

⑤《诸法无行经》卷上（大正一五·七五一上）。

⑥《文殊师利佛土严净经》卷下（大正一一·九〇一中）。

⑦《思益梵天所问经》卷三（大正一五·五四下）。

总之,“文殊法门”所着意表达的是:“道乎！龙首！在于一切,一切亦道。”①

第五项　弹偏斥小

天台学者,以《维摩诘经》为例,称之为“弹偏斥小,叹大褒圆”的“方等部”。与文殊师利有关的经典,的确是有这种意义,但在佛教发展史上,是应该这样去了解的:大乘初兴,如《般若经》、《阿閦佛国经》、《阿弥陀经》,对佛教共传的(声闻)大弟子,予以相当的尊重;菩萨的般若波罗蜜,还是弟子们宣说的呢！当然,这是称叹大乘菩萨道的,胜过声闻与缘觉的,但没有呵斥声闻。惟有舍弃般若相应经,想从声闻经中求佛道的②;或劝人取涅槃,反对修菩萨道的③,才被指斥为“魔事”。这是“大乘佛法”初兴,从固有“佛法”中传出的情形。等到大乘盛行起来,与传统的部派佛教有了对立的倾向,于是大乘行者采取了贬抑声闻的立场,这就是“斥小”。大乘普遍流行,有的不免忽略了般若深悟的根本立场,而蔽于名目、事相,所以要“弹偏”。“弹偏斥小”,是“大乘佛法”相当的流行,与传统的声闻教团渐渐分离,而大乘内部也有着重事相倾向的阶段。

“文殊师利法门”,起初也还是尊重声闻弟子的,如《宝积三昧文殊师利菩萨问法身经》,舍利弗对文殊所说的,能充分的信

① 《濡首菩萨无上清净分卫经》卷上(大正八·七四一下)。
② 《小品般若波罗蜜经》卷五(大正八·五五六上——中)。
③ 《小品般若波罗蜜经》卷六(大正八·五六四中——下)。

忍①;《濡首菩萨无上清净分卫经》,舍利弗与须菩提,与文殊共论深法②。但贬抑声闻弟子的,相当的多。或是声闻弟子们,一再地自恨证入"正位",不如犯五逆罪的,还能发大菩提心③。或是声闻弟子同入无碍法界,为什么智慧有碍有量④!或弟子自认为"如牛迹中水",而菩萨"如大海"⑤。《维摩诘经》说:天女散天花,花都着在弟子们身上,神力也不能除去⑥;弟子们听了紧那罗王的琴声,竟不能自主而舞起来⑦,这多少有点戏剧化了!这一切,都不外乎达成贬抑声闻的目的。

维摩诘长者责难十大弟子,是一般所熟知的。其实,在"文殊法门"中,对一一大弟子,加以问难,是不止《维摩诘经》一部的。1.《魔逆经》:魔波旬以文殊的神力,化作佛相;六大弟子问魔,魔为说深法⑧。2.《离垢施女经》:离垢施(Vimaladatta)女问八大弟子,弟子们都不能回答⑨。3.《首楞严三昧经》:示现各各"第一"的九大弟子,但没有问答⑩。4.《维摩诘经》:十大弟子

---

① 《宝积三昧文殊师利菩萨问法身经》(大正一二·二三八上——下)。

② 《濡首菩萨无上清净分卫经》卷下(大正八·七四六下——七四七中)。

③ 《阿阇世王经》卷上(大正一五·三九五中)。《首楞严三昧经》卷下(大正一五·六四三上)。《如幻三昧经》卷上(大正一二·一三七上——中)。《维摩诘所说经》卷中(大正一四·五四九中)。

④ 《文殊师利现宝藏经》卷上(大正一四·四五五下)。《思益梵天所问经》卷二(大正一五·四二下——四三中)。

⑤ 《须真天子经》卷二(大正一五·一〇四上)。

⑥ 《维摩诘经》卷下(大正一四·五二八中)。

⑦ 《伅真陀罗所问如来三昧经》卷上(大正一五·三五一下)。

⑧ 《魔逆经》(大正一五·一一五上——下)。

⑨ 《离垢施女经》(大正一二·九一下——九二下)。

⑩ 《首楞严三昧经》卷下(大正一五·六四三下)。

都说，过去见到维摩诘长者，被难问而不能答，所以不敢去问疾①。5.《须真天子经》：十四大弟子，各以自己所长的问文殊，文殊为他们说，他们都欢喜默然②。佛的大弟子，如《增一阿含经》说，是各有“第一”的。“文殊法门”大抵从他们所擅长的（或是僧团一般事项）而加以问难，“斥小”就是“叹大”，引入大乘佛法。试列表如下：

	《魔逆经》	《离垢施女经》	《首楞严三昧经》	《维摩结经》	《须真天子经》
大迦叶	1 修行之缚	3 知足	4 头陀	3 乞食	1 八解脱
须菩提	2 福田	4 空行		4 乞食	4 知他法行
舍利弗	3 三昧	1 智慧	2 智慧	1 宴坐	2 智慧
目犍连	4 心得自在	2 神足	3 神通	2 为白衣说法	3 神足
富楼那	5 说法	5 说法	5 说法	5 说法	5 说法
优波离	6 持律		7 持律	8 持律	7 持法(律)
离婆多		6 行禅	9 坐禅		6 乐禅
阿那律		7 天眼	8 天眼	7 天眼	8 天眼
阿　难		8 多闻	1 侍佛	10 侍佛	14 多闻
罗睺罗			6 乐戒	9 出家	13 净戒
迦旃延				6 敷演法	11 分别诸法
薄拘罗					9 诸根寂定
央掘魔					10 利根
拘絺罗					12 四无碍解

① 《维摩诘所说经》卷上（大正一四·五三九下——五四二上）。
② 《须真天子经》卷二（大正一五·一〇三中——一〇四上）。

“文殊师利法门”对大弟子所论难的问题，是大弟子所有的专长，也是比丘们日常所行的，符合于律制的生活。所以对诸大弟子的论难，等于批判了传统的声闻佛教，引向大乘的深悟。我们知道，佛是菩提树下现觉正法而成佛的；佛的化度众生，只是方便引导，使学者达到与自己同样的证觉，证觉内容才是根本的佛法。然佛的方便开示教导，弟子们传诵结集而成为“经”。为了文多义杂，发展出审定、分别、抉择、条理的“阿毗达磨”，流为名目事相的学问。佛摄化弟子出家，而有僧伽的组合，并依法摄僧，制立团体生活轨范的“律”。持律者分别、抉择，与阿毗达磨者一样，使律制成为繁琐固定的制度。这是部派佛教的一般情形，尤其是上座部系的佛教。从佛法本义来说，这是值得商榷的。“文殊法门”的“斥小”，就表达了这一立场。以《维摩诘经》为例，与十大弟子的问难，不外乎“乞食”、“宴坐”、“说法”、“出家”、“持律”、“侍佛”与“天眼”。如阿难是佛的侍者，为了佛有病而去乞求牛乳，受到维摩诘的责难：“佛身无漏，诸漏已尽；佛身无为，不堕诸数：如此之身，当有何疾？当有何恼？”①这是与大众部“佛身无漏”说一致的。舍利弗在山林宴坐，维摩诘告诉他：“不起灭定而现诸威仪，是为宴坐。”②在灭尽定中，能起诸威仪——行、住、坐、卧、扬眉、瞬目、举手、说话等，应从《龙相应颂》的“那伽常在定”而来，是动静一如的禅法，与上座部系的禅法大异；大众部说：“在等引位，有发语言”③，倒有点相近。如

① 《维摩诘所说经》卷上（大正一四·五四二上）。
② 《维摩诘所说经》卷上（大正一四·五三九下）。
③ 《异部宗轮论》（大正四九·一五下）。

说法,什么是法?维摩诘与目犍连问难,直示"法"的本义——离欲寂灭法①,这就是归依的法。大众部系的多闻部说:"佛五音是出世教:一无常,二苦,三空,四无我,五涅槃寂静。"②维摩诘为大迦旃延所说的,也就是这五法,但约实相一如的深义而说③。其实,佛在人间弘法,不能不方便地说法、制律,但也重视深一层的实义。如《杂阿含经》说:"闻色(等)是生厌、离欲、灭尽寂静法,是名多闻(正法)。""于色说是生厌、离欲、灭尽寂静法者,是名法师。"④"多闻"与"法师",也就是法的听闻与演说,这都是约法的深义说。如阿兰若,指远离村落,没有喧嚣声音的地方。专住这种地方的,称为"阿兰若行"。然阿兰若行,深化为"无诤行"、(无诤三昧)"空寂行"⑤。如空闲处(śūnyatāgāra),指洞窟、冢间、露地等修行处。在这里修行,倾向于层层超越而达于最高的空住(śūnyatāvihāra)。"空住",《杂阿含经》译作"入空三昧禅住",称为"上座禅"⑥。如独住(ekavihārin),是个人独住的修行者,然《杂阿含经》说:如于境不贪、不喜、不系者,即使住在高楼重阁,也是独住。反之,如于境生贪、生喜、起系者,那即使是空闲独处,也还是第二住(与伴共住)⑦。这与《般若经》

---

① 《维摩诘所说经》卷上(大正一四·五四〇上)。

② 《异部宗轮论》(大正四九·一六上)。

③ 《维摩诘所说经》卷上(大正一四·五四一上)。

④ 《杂阿含经》卷一(大正二·五下)。

⑤ 如《中阿含经》卷四三《拘楼瘦无诤经》(大正一·七〇三上——下)。

⑥ 《杂阿含经》卷九(大正二·五七中)。《中部》(一五一)《乞食清净经》,作"空住",是"大人住"(南传一一下·四二六)。

⑦ 《杂阿含经》卷一三(大正二·八八下——八九上)。《相应部·处相应》(南传一五·五七——五九)。

所说的远离(viveka),意义完全一样①。又如沙门,是当时出家者的通称。然佛说"沙门法"、"沙门义"②,沙门要有实际的内容,否则就是假名沙门了。佛法是重视深悟的宗教,虽说种种法,立种种制度,只是为了助成这一大事,而不是拘泥于言说、制度的,这种精神,在"文殊法门"中高扬起来。如乞食,是为了修证而不得不乞食,不是为乞食而乞食的,所以维摩诘对大迦叶、须菩提说:应怎样的乞食,要怎样才可以受食③。优波离是持律者,为二犯戒比丘,依律制说灭罪法。维摩诘直捷地说:罪性本空,消除了二比丘的疑悔④。罗睺罗赞叹出家的功德,到底出家的目的何在?维摩诘说成就功德,远离烦恼的"真出家法",进一步说:"发阿耨多罗三藐三菩提心,是即出家。"⑤这都是对声闻律制,而表示大乘者的见解。

维摩诘责难诸大弟子的,如佛陀与禅法,是提示不同的信解。说法,是说法的内容问题。乞食,是要乞食的,只是乞食者要具备应有的理念。这都是内容的深化,不是全盘否定的。但持律者,依律为比丘说出罪法——"作法忏",是僧团的制度,为了大众和乐清净而成立的制度,是否一概地以大乘的"理忏"来替代?出家,是佛传下来的制度,固然要有出家的实质意义,但真的发菩提心就是出家,不再要事相的出家吗?与律制有关的

① 《小品般若波罗蜜经》卷七(大正八·五七〇下——五七一上)。

② 《杂阿含经》卷二八(大正二·二〇五中)。《相应部·道相应》(南传一六上·一八〇——一八一)。

③ 《维摩诘所说经》卷上(大正一四·五四〇上——下)。

④ 《维摩诘所说经》卷上(大正一四·五四一中——下)。

⑤ 《维摩诘所说经》卷上(大正一四·五四一下)。

出罪法与出家法，到底“文殊法门”的真意何在？这里，对出家作一番经说的考察。《如幻三昧经》(《善住意天子经》的旧译)中，善住意天子问文殊：“假使人来，欲得出家为沙门者，当何以化？何除须发？何受具戒？”文殊约沙门出家，除须发，披袈裟，思念兴造[作]，受具戒，学戒，受供养，限节[头陀]，一一地分别解说。如说：“若不发心欲得出家，我乃令卿作沙门耳。……勿得发心作沙门也！”似乎劝人不要出家，其实是要人不起妄想，无住无著，为出家……头陀行应有的实质意义①。《如幻三昧经》中，文殊曾化作菩萨说法，说到：“精习于闲居[阿兰若]；……常行而乞食；数数相调习，亲近坐树下；秽药以疗身。……此等勇猛士，必成尊佛道。”②对出家的“四依”行，是相当尊重的。《大神变会》说：“过去未来世，一切诸如来，无有不舍家，得成无上道。”③《文殊师利授记会》说：“乐阿兰若，住寂静处，独行无侣，如犀一角。……若有出家菩萨，行于七步，向阿兰若寂静之处，而此福德甚多于彼。”④《文殊师利佛土严净经》说：一法不失(菩萨)所愿，是“开士当学追慕阿闳如来宿命本行菩萨道时，志愿出家，乐沙门行，世世所生，不违本誓”⑤。文殊的本愿是：“从今日以往，假使生欲心，辄当欺诸佛，现在十方圣。……常当修梵行，弃欲舍秽恶，当学于诸佛，戒禁调和性”⑥，与阿闳佛的本

① 《如幻三昧经》卷下(大正一二·一四五下——一四七下)。
② 《如幻三昧经》卷上(大正一二·一四〇中——下)。
③ 《大宝积经》卷八六《大神变会》(大正一一·四九五下)。
④ 《大宝积经》卷五九《文殊师利授记会》(大正一一·三四三上)。
⑤ 《文殊师利佛土严净经》卷上(大正一一·八九三中——下)。
⑥ 《文殊师利佛土严净经》卷下(大正一一·八九七中)。

愿相当。依经文的明证，"文殊法门"到底是重视出家，而修住阿兰若等头陀行的。不过，一部分经典，就显得不同，如说①：

1. "有受持讽诵，广为一切解说其义者，是为持戒清净，……是为沙门，……是为除须发，是为受大戒。"

2. "若人得闻如是经法，是人名为善出家者，何况信受读诵，如所说行！"

3. "若有菩萨住是三昧，虽复在家，当说是人名为出家。"

4. "发阿耨多罗三藐三菩提心，是即出家，是即(受)具足。"

5. "菩萨不以除须发者为是出家也，……不以自被袈裟，……自奉禁戒，……自处闲居，……不以颜貌形容、威仪礼节为是出家也。……若当还复上驷马车，与畏间长者子俱，为开化说此，则是汝出家之行也。"

上面所引经文，前三则，是以受持大乘经、住大乘三昧为出家，与出家僧制是不合的。特别是4.，长者子是要出家的，维摩诘教他发菩提心，就是出家，就是受具足戒了。5. 上金光首淫女也想出家，文殊为她说出家法——菩萨利他行。末了，要她与畏间长者子一共上车，如能教化他，就是出家行了。这二则，在事相上，都是劝修菩萨行，不用出家的具体事例。所以，"文殊

① 1.《须真天子经》卷四(大正一五·一一一下)。2.《诸法无行经》卷上(大正一五·七五五上)。3.《集一切福德三昧经》卷下(大正一二·一〇〇三上)。4.《维摩诘所说经》卷上(大正一四·五四一下)。5.《大净法门经》(大正一七·八二一下——八二二中)。

师利法门”本来是继承《般若经》、《阿閦佛国经》,推重出家菩萨行的。出家行,是释尊成佛以前那样的出家行,没有制定羯磨受具以前的出家行;住阿兰若,常乞食,粪扫衣,陈腐药——“四依”时代的出家行。但在家菩萨的地位一天天重要,透露出不必出家,在家菩萨也是一样的消息。

“弹偏”,是对菩萨说的。维摩诘为弥勒说“授记”及“菩提”的实义。为光严(Prabhāvyūha)童子说“道场”。持世(Vasudhāra)是出家菩萨,维摩诘在持世前,为魔女说“法乐”。长者子善德设大施会,为他说“法施之会”。这都是约深义说的。佛教中,“成佛”、“转法轮”、“入涅槃”,是释尊当时所有的重要事项。自从“本生”流行,于是有“菩萨”、“受记”、“六波罗蜜”等术语。大乘法兴起,有“发菩提心”、“大誓庄严”、“得无生忍”、“度尽众生”、“庄严佛土”等名目,是大乘行者所重的,在大乘法流行中,有依世俗谛分别解说的必要。然没有深悟的世俗分别,是不符般若深悟真义的。特重深悟的“文殊法门”,对有关大乘的发心、修行、证果等事相,每从深悟的境地,给以破斥。如《善住意天子会》,立《破菩萨相品》,论“初发心”、“得无生忍”、“转入诸地”①。如《离垢施女经》,对八大菩萨,一一地问难,使他们默然无对②。如《文殊师利佛土严净经》,师子步雷音菩萨问文殊:“当久如成最正觉?”“发意久如应发道心?”“发道心以来为几何耶?”“用何等故不成正觉?”“不一发心吾当得

① 《大宝积经》卷一〇四《善住意天子会》(大正一一·五八二上——五八四上)。

② 《离垢施女经》(大正一二·九二下——九三下)。

道，仁者云何劝化众生使发道心？”“仁成佛时，国土何类？”①这些论题（除末后问），佛说：“文殊师利在深妙忍，所入深忍，不逮得道，亦不得佛，复不得心，以无所得，故不说之。”②文殊依深悟的境地，所以不作正面的答复。这些论题，不是全不可说，大都由佛顺俗而为之解答。这与对声闻律制的问答，虽论说相近，而立意是大有不同的。

第六项　女菩萨·四平等

“文殊师利法门”，倾向于在家出家平等、男女平等。由于特重方便，所以留下了重在家、重女人的迹象。文殊师利菩萨，是释尊往昔发心时的善知识，是十方佛菩萨的善知识，在初期大乘经的赞叹声中，是一位最卓越的大菩萨。然在“文殊法门”中，却另有一类传说，如说③：

1.“是离垢施菩萨发无上正真道，造行以来，八十百千阿僧祇劫，然后文殊师利乃发道意。”

2.“佛语文殊师利：是须摩提，……是仁本造发意时师。”

3.“是离意女，本劝文殊令发道意。”

文殊那样的卓越，而这三位女菩萨，都比文殊发心早，有的还是文殊的善知识（师）。这一传说，是值得深思的！《诸佛要

① 《文殊师利佛土严净经》卷上·下（大正一一·八九五下——八九八中）。

② 《文殊师利佛土严净经》卷下（大正一一·八九六下）。

③ 1.《离垢施女经》（大正一二·九六下）。2.《须摩提菩萨经》（大正一二·七八上）。3.《诸佛要集经》卷下（大正一七·七六九下）。

集经》说：文殊被天王佛（Devarāja）移到铁围山去。文殊尽一切的神力，不能使离意女出定①。离垢施女难问乞食的八大菩萨、八大声闻，文殊是被难的八菩萨之一②。文殊与须摩提（Sumati）问答，而被责为："仁作是问，不如不问！"③文殊与三位女菩萨的关系，显然存有贬抑文殊菩萨的意味。《诸佛要集经》所说的"诸佛要集"，是般若法门，依"中品般若"而集成的；文殊想参与法会闻法，被天王佛迁走了（暗示般若中没有文殊参与的原因）。离垢施是波斯匿王女，因八大菩萨、八大声闻的入城乞食，引起问难；并见佛问菩萨行（十八事）。须摩提是王舍城长者女，见佛问菩萨行（十事）。这二部与《诸佛要集经》性质不同，但同样表示了，女菩萨胜于文殊师利。

《离垢施女经》与乞食有关，因而联想到三部经。一、《濡首菩萨无上清净分卫经》：主体为文殊与那伽室利（Nāgaśrī）的问答，以乞食为全经的线索。末后，须菩提入城乞食，遇到一位优婆夷，以乞食为问难，使须菩提"闻优婆夷所说，即寂寞不知所言"。优婆夷"普现感动光明相像，显转无上阿惟越致法轮"④，这是一位胜过大弟子的女菩萨。二、晋竺法护译的《阿阇贳王女阿术达菩萨经》：女见诸大比丘来乞食，"不起不迎，不为作礼，亦不请令坐，亦不与分卫具"⑤。女与诸比丘论义，扬大乘而

① 《诸佛要集经》卷下（大正一七·七六五下——七六六下）。
② 《离垢施女经》（大正一二·九二下）。
③ 《须摩提菩萨经》（大正一二·七七下）。
④ 《濡首菩萨无上清净分卫经》卷下（大正八·七四七中——七四八上）。
⑤ 《阿阇贳王女阿术达菩萨经》（大正一二·八四中）。

抑声闻。然后下座礼敬比丘①。三、《顺权方便经》，竺法护译。须菩提入城乞食，遇到了转女身菩萨，女为论义。女来见佛，"须菩提从坐起，往迎其女，叉手礼之"。舍利弗责须菩提不合圣法，也就是违犯律制②。《顺权方便经》以欲乐为方便③，与《维摩诘经》的"先以欲钩牵，后令入佛智"相合。又认为不必"时食"，"恣安所审，坐自服食"④。出家可以礼在家⑤。"文殊师利法门"，主要是深悟的，为天子们说的。以在家菩萨为主体的，如《维摩诘经》，文殊只是从旁助成者。《离垢施女经》、《须摩提经》，以女菩萨为主，文殊是受贬抑的。《阿阇贳王女阿术达菩萨经》、《顺权方便经》，虽以乞食为缘起，但没有文殊；反律制的倾向，充分流露！我以为，与文殊有关的三位女菩萨，表示胜过了文殊，也许由于初期大乘的文殊菩萨，是现出家相（维持传统佛教的形式）的关系！

"心佛及众生，是三无差别"，是《华严经》说⑥。众生、菩萨、如来——三位平等，是如来藏说⑦。"文殊法门"立四种一，如《如幻三昧经》卷上（大正一二·一四二下）说：

"一切诸佛皆为一佛，一切诸刹皆为一刹，一切众生悉为一神［我］，一切诸法悉为一法。是一定（空？）故，故名曰

① 《阿阇贳王女阿术达菩萨经》（大正一二·八八下）。
② 《顺权方便经》卷下（大正一四·九二九中——下）。
③ 《顺权方便经》卷下（大正一四·九二六上）。
④ 《顺权方便经》卷下（大正一四·九二七下）。
⑤ 《顺权方便经》卷下（大正一四·九二九中——下）。
⑥ 《大方广佛华严经》卷一〇（大正九·四六五下）。
⑦ 《无上依经》卷上（大正一六·四六九下）。

一;亦非定一,亦非若干。"

一佛、一刹土、一众生、一法,是"文殊法门"所表示的平等说。《大神变会》也说:"一切诸佛唯是一佛,说无量佛,是名神变;一切佛土唯一佛土,说无量土,是名神变;无量众生即一众生,说无量众生,是名神变;一切佛法唯一佛法,说无量法,是名神变。"①为什么只说佛、土、法、众生——四者的一呢?见一切佛,游一切佛土,听一切法,也是说一切法,度一切众生,这是方便道菩萨的事。《诸佛要集经》说:离意女住三昧中,"普闻十方无央数姟、百千亿载现在佛土诸佛说法,而无所著;所可听受,为他人说。……在诸刹土,无刹土想;处于诸佛,无诸佛想;闻所说法,无经典想;无吾我想,无他人想,……度脱开化无数众生"②。佛、土、法、人——四者,在"法界"平等性中,是无分别而成一切佛事的。四种一,就是四种平等,平等的意义,如《清净毗尼方广经》(大正二四·一〇八〇中——下)说:

"文殊师利言:善男子!一切世界皆悉平等,一切佛等,一切法等,一切众生等:我住于彼。……一切刹土,如虚空故等;诸佛法界,不思议故等;一切诸法,虚伪故等;一切众生,无我故等。"

经中解说了四种平等的意义。"诸法虚伪故等",异译《寂调音所问经》,作"一切法空"③。《如幻三昧经》说:"云何晓了

① 《大宝积经》卷八六《大神变会》(大正一一·四九三中——下)。
② 《诸佛要集经》卷下(大正一七·七六五中)。
③ 《寂调音所问经》(大正二四·一〇八六中)。

一切众生？皆假号耳。若真谛观，其假号者，亦无处所，其众生者，悉一神[我]耳。"①《寂调音所问经》也说"众生自性无我"，所以"一切众生是一众生"，不是真我说，而是一切众生假名无我。又说："我观平等性如是故，作是说言：一切刹土平等，一切佛、法、众生平等。"②四一或四平等，只是一法界平等性的说明。

"文殊法门"，到这里作一结束。

---

① 《如幻三昧经》卷上（大正一二·一四三上——中）。

② 《寂调音所问经》（大正二四·一〇八六中）。

印顺法师佛学著作系列

初期大乘佛教之起源与开展

（下）

释印顺 著

中華書局

第十三章　华严法门

第一节　《华严经》的部类与集成

第一项　汉译的《华严经》部类

《大方广佛华严经》，简称《华严经》，在中国的汉译中，是一部大经，被称为“五大部”之一。《华严经》在中国，经古德的宏扬，成立了“华严宗”，在大乘教学中，有着重要的地位！大经的全部纂集完成，比“般若”、“净土”、“文殊”等法门要迟一些，但也有比较早的部分。现在以“华严法门”为题，来说明全经的形成与发展。

关于《华严经》的传译，全部译出的有二部：一、东晋佛陀跋陀罗(Buddha-bhadra)所译的六十卷本(起初分为五十卷)，分三十四品，名《大方广佛华严经》，简称为“晋译本”。译经的事迹，如《出三藏记集》卷九《华严经(后)记》(大正五五·六一上)说：

“华严经胡本，凡十万偈。昔道人支法领，从于阗得此三万六千偈。以晋义熙十四年，岁次鹑火，三月十日，于杨州司空谢石所立道场寺，请天竺禅师佛度跋陀罗，手执梵文，译胡为晋，沙门释法业亲从笔受。时吴郡内史孟颉，右卫将军褚叔度为檀越，至元熙二年六月十日出讫。凡再挍胡本，至大宋永初二年，辛丑（应是'辛酉'）之岁，十二月二十八日挍毕。"

《华严经》的梵本，号称十万偈，但"晋译本"的梵本，仅有三万六千偈。这部梵本，是支法领从于阗取回来的，如《高僧传》卷六（大正五〇·三五九中）说：

"初经流江东，多有未备；禅法无闻，律藏残阙。（慧）远慨其道缺，乃令弟子法净、法领等，远寻众经，逾越沙雪，旷岁方反，皆获梵本。"

依《高僧传》所说，支法领等去西方取经，是秉承慧远的命令。去的不止一人，弟子们分头去寻访，也各有所得，所以说"皆获梵本"；《华严经》梵本，就是支法领取回来的。僧肇答刘遗民的信，也说到："领公远举，乃千载之津梁也！于西域还，得方等新经二百余部。"①大抵慧远在江东，所以经本也到了江东。恰好禅师佛陀跋陀罗到了江东，就在杨州的道场寺将《华严经》翻译出来。从义熙十四年（西元四一八）三月，到元熙二年（西元四二〇）六月，才全部译出。

二、唐实叉难陀（Śikṣānanda）所译的，凡八十卷，分三十九

① 《肇论》（大正四五·一五五下）。

品，也名《大方广佛华严经》，简称“唐译本”。译经的情形，如《开元释教录》卷九（大正五五·五六六上）说：

“沙门实叉难陀，唐云喜学，于阗国人。……天后明扬佛日，敬重大乘。以华严旧经处会未备，远闻于阗有斯梵本，发使求访，并请译人；实叉与经，同臻帝阙。以天后证圣元年乙未，于东都大内遍空寺译华严经。天后亲临法座，焕发序文；自运仙毫，首题名品。南印度沙门菩提流志，沙门义净，同宣梵文。后付沙门复礼、法藏等，于佛授记寺译，至圣历二年己亥功毕。”

“唐译本”的梵本，也是从于阗请来；译主实叉难陀，是于阗人而与梵经同来的。译经的时间，为证圣元年（西元六九五）到圣历二年（西元六九九）。据《华严经疏》说：“于东都佛授记寺，再译旧文，兼补诸阙，计益九千颂，通旧总四万五千颂，合成唐本八十卷。”①比对两种译本，“晋译本”的《卢舍那佛品》第二，“唐译本”译为《如来出现品》第二到《毗卢遮那品》第六，分为五品。这一部分，“唐译本”要详备些。“唐译本”《十定品》第二十七，“晋译本”缺；二译的重要差别，是晋译缺了这一品。晋译的梵本三万六千颂，唐译为四万五千颂。《华严经探玄记》说“于阗国所进华严五万颂”②，可能是泛举大数而说。在唐代，大慈恩寺有《华严经》梵本，如智俨的《孔目章》说：“依大慈恩寺华严梵

① 《大方广佛华严经疏》卷三（大正三五·五二四上）。

② 《华严经探玄记》卷一（大正三五·一二三上）。

本,检有五百四十一纸叶,…… 四万一千九百八十颂,余十字。"①《华严经》虽有十万颂说,但传来中国的《华严经》梵本,都在四万颂左右。

《华严经》的部分译出,现存的有:一、《兜沙经》,一卷,汉支娄迦谶译②。《出三藏记集》说:"安公云:似支谶出也。"③后代的经录,都同意这一论定。《兜沙经》的内容,是"唐译本"《如来名号品》第七的略译,及《光明觉品》第九的序起部分。兜沙,近藤隆晃教授引古译的怛沙竭、兜沙陀、多沙陀,而断定为 tathāgata——如来的音译,这是可以采信的④。《三曼陀跋陀罗菩萨经》说到"般若波罗蜜、兜沙陀比罗经"⑤。比罗是 piṭaka(藏)的音译,《兜沙陀比罗经》就是《如来藏经》。《菩萨处胎经》立"八藏",在"摩诃衍方等藏"、"十住菩萨藏"以外,又立"佛藏",可能就是《如来藏经》⑥。这是以如来的果德——佛号、佛功德为主的经典,为《华严经》中部分内容的古称。

二、《菩萨本业经》,一卷,吴支谦译,这也是道安以来的一致传说⑦。这部经的内容,有三部分:一、(缺品名)与《兜沙经》的内容相当,可说是《兜沙经》的简化与汉化(不用音译),这是符合支谦的译风的。二、《愿行品》第二,与"唐译本"的《净行品》第十一相当。三、《十地品》第三,是"唐译本"的《升须弥山

① 《华严孔目章》卷四(续一〇二·五〇七上)。
② 《兜沙经》(大正一〇·四四五上以下)。
③ 《出三藏记集》卷二(大正五五·六中)。
④ 见石井教道《华严教学成立史》所引(五八——五九)。
⑤ 《三曼陀跋陀罗菩萨经》(大正一四·六六六下)。
⑥ 《菩萨处胎经》卷七(大正一二·一〇五八中)。
⑦ 《菩萨本业经》(大正一〇·四四六中以下)。

顶品》第十三、《须弥顶上偈赞品》第十四（这部分的译文非常简略），及《十住品》第十五的异译，但没有《十住品》的偈颂。

三、《诸菩萨求佛本业经》，一卷，西晋聂道真译①，与“唐译本”的《净行品》第十一相当。末后，“是释迦文佛刹”以下，是“唐译本”的《升须弥山顶品》，《须弥顶上偈赞品》的序起部分，极为简略。

四、《菩萨十住行道品经》，一卷，西晋竺法护译②。与“唐译本”的《十住品》第十五相当，也没有偈颂。

五、《菩萨十住经》，一卷，东晋祇多蜜译③；译文与竺法护的《十住行道品经》非常接近，但以为经是文殊师利说的。经初说：“佛说菩萨戒十二时竟。”④在大乘律部中，有《菩萨内戒经》。佛为文殊说十二时受菩萨戒，然后说“佛说菩萨戒十二时竟。文殊师利白佛言”⑤，以下的经文，与祇多蜜所译的《菩萨十住经》完全相同（祇多蜜译本，缺流通）。《菩萨内戒经》文，在第十二时终了，这样说：“飏陀和菩萨……恕轮稠菩萨等，合七万二千人，皆大踊跃欢喜，各现光明展转相照。各各起，正衣服，前以头脑着地，为佛作礼（而去）。”⑥这一段，与《菩萨十住经》的流通分也完全一致⑦。这样，《菩萨十住经》，实在是从《菩萨内戒经》分离出来的。从“宋藏”以来，《菩萨内戒经》的译者，都说

① 《诸菩萨求佛本业经》（大正一〇·四五一上以下）。
② 《菩萨十住行道品》（大正一〇·四五四中以下）。
③ 《菩萨十住经》（大正一〇·四五六下以下）。
④ 《菩萨十住经》（大正一〇·四五六下）。
⑤ 《菩萨内戒经》（大正二四·一〇三二下）。
⑥ 《菩萨内戒经》（大正二四·一〇三二下）。
⑦ 《菩萨十住经》（大正一〇·四五八上）。

是“北印度三藏求那跋摩”。在“经录”中，起初都不知《菩萨内戒经》的译者是谁。《大周刊定众经目录》开始说：“宋文帝代求那跋摩译，出达摩鬱多罗（法上）录。”[①]《开元释教录》也承袭此说，一直误传下来。其实，求那跋摩（Guṇavarman）译的是《菩萨善戒经》，不是《菩萨内戒经》。《菩萨内戒经》——《菩萨十住经》的母体，应该是祇多蜜译的。

六、《渐备一切智德经》，五卷，西晋竺法护译[②]，与“唐译本”的《十地品》第二十六相当。但在偈颂终了，多结赞流通一大段。七、《十住经》，四卷，姚秦鸠摩罗什译[③]。八、《十地经》，九卷，唐尸罗达摩（Śīladharma）译[④]。《十住经》与《十地经》，都是《华严·十地品》的异译；末后没有结赞流通，与《十地品》一致。

九、《等目菩萨所问三昧经》，三卷，西晋竺法护译[⑤]，与“唐译本”的《十定品》第二十七相当。“晋译本”没有这一品。

一〇、《显无边佛土功德经》，一卷，唐玄奘译[⑥]。一一、《较量一切佛刹功德经》，一卷，赵宋法贤译[⑦]。这两部，都是“唐译本”的《寿量品》第三十一的异译。

一二、《如来兴显经》，四卷，西晋竺法护译[⑧]。依经题，是

---

① 《大周刊定众经目录》卷六（大正五五·四〇四中）。
② 《渐备一切智德经》（大正一〇·四五八上以下）。
③ 《十住经》（大正一〇·四九七下以下）。
④ 《十地经》（大正一〇·五三五上以下）。
⑤ 《等目菩萨所问经》（大正一〇·五七四下以下）。
⑥ 《显无边佛土功德经》（大正一〇·五九一下以下）。
⑦ 《较量一切佛刹功德经》（大正一〇·五九二上以下）。
⑧ 《如来兴显经》（大正一〇·五九二下以下）。

“唐译本”的《如来出现品》第三十七(“晋译本”作《宝王如来性起品》)的异译。然卷四“尔时,普贤重告之曰”以下①,是“唐译本”的《十忍品》第二十九的异译。在次第上,与“唐译本”不合。

一三、《度世品经》,六卷,西晋竺法护译②,与“唐译本”的《离世间品》第三十八相当。在偈颂终了,比“唐译本”多普智菩萨问佛一大段③。

一四、《罗摩伽经》,三卷,西秦圣坚译。经初,是“唐译本”的《入法界品》的序起部分。从“尔时,善财童子从东方界,求善知识”以下④,所参访的善知识,与“唐译本”从无上胜长者,到普救众生妙德夜神部分相合;这是《入法界品》部分的古译。题作《罗摩伽经》,不知是什么意义!近代虽有所推测⑤,也没有满意的解说。“罗摩伽”,经中也作“毗罗摩伽”,都是形容“法门”——“解脱”、“三昧”的。还有,善知识婆沙婆陀⑥,喜目观察众生夜天,都说有咒语⑦,这是“晋译本”、“唐译本”所没有的。

一五、《大方广佛华严经续入法界品》,一卷,唐地婆诃罗(Divākara)译。这部经的内容与译出。如《大方广佛华严经疏》卷三(大正三五·五二三下——五二四上)说:

---

① 《如来兴显经》卷四(大正一〇·六一四中)。
② 《度世品经》(大正一〇·六一七中以下)。
③ 《度世品经》卷六(大正一〇·六五八下)。
④ 《罗摩伽经》卷上(大正一〇·八五三上)。
⑤ 石井教道《华严教学成立史》(九二——九三)。
⑥ 《罗摩伽经》卷中(大正一〇·八六三上——中、八六五上)。
⑦ 《罗摩伽经》卷下(大正一〇·八七五下)。

“大唐永隆元年中，天竺三藏地婆诃罗，此云日照，于西京大原寺，译出入法界品内两处脱文。一、从摩耶夫人后，至弥勒菩萨前，中间天主光等十善知识。二、从弥勒菩萨后，至三千大千世界微尘数善知识前，中间文殊申手，过一百一十由旬，按善财顶，十五行经。大德道成律师，薄尘法师，大乘基法师等同译，复礼法师润文。”

晋译的六十卷本，是有所脱落的。日照三藏有这部分的梵文，所以奉敕译出，补足了晋译的缺失。补译的第一段，现在编入“晋译本”第五十七卷①。第二段，编入“晋译本”第六十卷②。现存日照所译的《大方广佛华严经续入法界品》，却仅是前一段③。

一六、《大方广佛华严经》，四十卷，唐般若译，简称为“四十卷本”。这部经，虽题《大方广佛华严经》的通称，而内题《入不思议解脱境界普贤行愿品》，实只是“唐译本”的《入法界品》第三十九的异译。这部经的梵本，是乌荼国王奉献给唐帝的（尼泊尔现保有这部分的梵本），那是唐德宗贞元十一年（西元七九五）。次年六月，在长安崇福寺翻译，到贞元十四年（西元七九八）译成④。译出的时代迟些，也就多了些内容，如八识说⑤；病

① 《大方广佛华严经》卷五七（大正九·七六五上——七六七中）。
② 《大方广佛华严经》卷六〇（大正九·七八三下）。
③ 《大方广佛华严经续入法界品》（大正一〇·八七八下）。
④ 《大方广佛华严经》后记（大正一〇·八四八下）。
⑤ 《大方广佛华严经》卷六（大正一〇·六八八上）。

理与生理学[1];理想的国王生活[2];最后身菩萨能利自他的三种因果[3];女人多过患颂[4];十法能证无垢智光明解脱[5];十地十身[6];圆满头陀功德[7];文殊为善财说法[8]。而最重要的,是第四十卷,一般称为《普贤行愿品》而别行的,也是作为《华严经》流通分的那一卷[9]。

一七、《文殊师利发愿经》,一卷,东晋佛陀跋陀罗译[10]。一八、《普贤菩萨行愿赞》,一卷,唐不空译[11]。这二部,都与般若所译的"四十卷本",末后一卷的偈颂部分相当。

《华严经》的部分别译而现存的,就是上面所说的几部。此外,被看作《华严经》眷属的,也还有好几部。其中,《庄严菩提心经》,一卷,姚秦鸠摩罗什译[12]。《大方广菩萨十地经》,一卷,元魏吉迦夜译[13]。这二部是同本异译,佛说发菩提心与十地所有的功德。与二经相近,且同有论义色彩的,有《文殊师利问菩提经》一卷,姚秦鸠摩罗什译[14];及同本异译的,元魏菩提流支所

① 《大方广佛华严经》卷一一(大正一〇·七一〇下——七一一下)。
② 《大方广佛华严经》卷一一·一二(大正一〇·七一二下——七一八上)。
③ 《大方广佛华严经》卷二六(大正一〇·七八一下——七八二下)。
④ 《大方广佛华严经》卷二八(大正一〇·七八九下——七九一上)。
⑤ 《大方广佛华严经》卷三二(大正一〇·八〇六中——八〇七上)。
⑥ 《大方广佛华严经》卷三二(大正一〇·八〇八上——下)。
⑦ 《大方广佛华严经》卷三三(大正一〇·八一四中——八一六下)。
⑧ 《大方广佛华严经》卷三八(大正一〇·八三七上——八三八上)。
⑨ 《大方广佛华严经》卷四〇(大正一〇·八四四中——八四八下)。
⑩ 《文殊师利发愿经》(大正一〇·八七八下以下)。
⑪ 《普贤菩萨行愿赞》(大正一〇·八八〇上以下)。
⑫ 《庄严菩提心经》(大正一〇·九六一中以下)。
⑬ 《大方广菩萨十地经》(大正一〇·九六三中以下)。
⑭ 《文殊师利问菩提经》(大正一四·四八一中以下)。

译的《伽耶山顶经》①，隋毗尼多流支所译的《象头精舍经》②，唐菩提流志所译的《大乘伽耶山顶经》③。又，《大方广总持宝光明经》，五卷，赵宋法天译④。卷一与卷二的偈颂，与“唐译本”的《十住品》大体相合。从卷三“佛子谛听贤吉祥”起，到卷五“一一面前经劫住，最胜福报未为难”止⑤，与“唐译本”的《贤首品》第十二相合。这是取《十住品》、《贤首品》为主，加入“宝光明总持陀罗尼”——咒⑥等，重为纂集而成的别部。这是“秘密大乘佛法”时代所纂集的，表示了“华严法门”的蜕化。

第二项　《华严经》的编集

《华严经》的大部集成，不是一次集出的。有些部类，早已存在流行，在阐明佛菩萨行果的大方针下，将相关的编集起来。古人称为“随类收经”，的确是很有意义的！现存《华严经》的部分内容，古代是单独流行的，如《入法界品》，龙树在《大智度论》中，称为《不可思议解脱经》⑦，或简称《不思议经》。《不可思议解脱经》的单独流行，到唐代也还是这样，如乌荼国进呈的，译成四十卷的《大方广佛华严经》，其实只是《不可思议解脱境界

---

① 《伽耶山顶经》(大正一四·四八三下以下)。

② 《象头精舍经》(大正一四·四八七上以下)。

③ 《大乘伽耶山顶经》(大正一四·四八九下以下)。

④ 《大方广总持宝光明经》(大正一〇·八八四中以下)。

⑤ 《大方广总持宝光明经》卷三——五(大正一〇·八九六上——九〇四下)。

⑥ 《大方广总持宝光明经》卷二(大正一〇·八九二中——下)。

⑦ 《大智度论》卷七三(大正二五·五七六下)，又卷一〇〇(大正二五·七五四中)。

经》——《普贤行愿品》。《大智度论》所说的《十地经》①、《渐备经》②,是《华严经》的《十地品》。《大乘密严经》说:“十地华严等……皆从此经出”③,“十地”也还是独立于《华严》以外的。在大部《华严经》中,《十地品》名“集一切种一切智功德菩萨行法门”,“集一切智功德法门”④;《如来出现品》名“示现如来种性”等,“如来出现不思议法”⑤;《离世间品》名“一切菩萨功德行处……离世间法门”⑥;《入法界品》名“不思议解脱境界”。这几部,不但各有法门的名称,而且是序、正、流通,都完备一部经的组织形式。这都是大部《华严经》以前就存在的经典,其后才综合编集到大部中的。

《华严经》集成的史的过程,似乎可以从经文而得到线索。与“唐译本”的《如来名号品》、《光明觉品》相当的《兜沙经》,是译出最早的《华严经》的一部分。在这部经中,“诸菩萨辈议如是:佛爱我曹等辈”以下,是菩萨们所希望知道的法门⑦。今依《大方广佛华严经》卷一二(《如来名号品》),列举菩萨们所希望知道的法门如下(大正一〇·五八上):

一、佛刹,佛住,佛刹庄严,佛法性,佛刹清净,佛所说法,佛刹体性,佛威德,佛刹成就,佛大菩提。

二、十住,十行,十回向,十藏,十地,十愿,十定,十通,十顶。

---

① 《大智度论》卷四九(大正二五·四一一上——中)。
② 《大智度论》卷二九(大正二五·二七二上)。
③ 《大乘密严经》卷上(大正一六·七二九下)。
④ 《大方广佛华严经》卷三九(大正一〇·二〇九中、下)。
⑤ 《大方广佛华严经》卷五二(大正一〇·二七七中、二七八中)。
⑥ 《大方广佛华严经》卷五九(大正一〇·三一三下)。
⑦ 《兜沙经》(大正一〇·四四五上——中)。

三、如来地，如来境界，如来神力，如来所行，如来力，如来无畏，如来三昧，如来神通，如来自在，如来无碍，如来眼，如来耳，如来鼻，如来舌，如来身，如来意，如来辩才，如来智慧，如来最胜。

菩萨们所希望知道的，分为三大类：一是佛与佛刹：佛出现世间，一定有国土、时劫、说法等事项；二是菩萨所行的法门；三是佛的果德。菩萨们所要知道的，《如来名号品》以下，现存的大部圣典，虽次第不一定相同，也没有完备的解说这些，但可以这样说，在《华严经》初编（编集是不止一次的）时，是包含了这些，菩萨们所要知道的内容。先从第二类的菩萨行来说，"唐译本"与"晋译本"是九类十法，但古译的《兜沙经》、《菩萨本业经》，却是十类。依"华严法门"的体例，十类是极为可能的。各本的译语有出入，今对比如下①：

《兜沙经》	《菩萨本业经》	晋译本	唐译本
1. 十法住	2. 十智	1. 十住	1. 十住
2. 十法所行	3. 十行	2. 十行	2. 十行
3. 十法悔过	4. 十投	3. 十回向	3. 十回向
4. 十道地	1. 十地	5. 十地	5. 十地
5. 十镇	5. 十藏	4. 十藏	4. 十藏
6. 十居处所愿	6. 十愿	6. 十愿	6. 十愿
7. 十黠	7. 十明		

① 《兜沙经》（大正一〇·四四五上——中）。《菩萨本业经》（大正一〇·四四六下）。《大方广佛华严经》卷四（大正九·四一八中）。《大方广佛华严经》卷一二（大正一〇·五八上）。

8. 十三昧	8. 十定	7. 十定	7. 十定
9. 十飞法	9. 十现	8. 十自在	8. 十通
10 十印	10 十印	9. 十顶	9. 十顶

比对四译，支谦所译的《菩萨本业经》，差别大一些。《本业经》以十地为第一，这可能是当时的十地说风行，十地是菩萨修行的整个过程，所以提在最先吧！十智，可能是十住的误写。十投的投，是投向，也就是回向。《兜沙经》译回向为悔过，可能由于忏悔一向与回向相关联的关系。总之，次第虽略有出入，大致可说是一致的，不过"唐译本"与"晋译本"少十黠（或译十明）而已。这一菩萨行法，如十住、十行、十回向、十地、十（无尽）藏、十定、十通——七类，都自成一品而编在《华严经》中。十愿，《十地品》有无尽的十大愿①。与古译十印相当的十顶，不知是否《离世间品》的十种印②。古译多十黠一类，"唐译本"《菩萨问明品》（晋译作《菩萨明难品》），文殊师利问众菩萨，众菩萨问文殊，一共有十问，所问的称为明。十黠或十明，可能是《菩萨问明品》的内容。这些菩萨行法，在"唐译本"中，是《十住品》第十五，《十行品》第二十一，《十回向品》第二十五，《十地品》第二十六，《十无尽藏品》第二十二（十大愿，在《十地品》中），《十定品》第二十七，《十通品》第二十八。次第方面，多数是相同的，不过每品的内容，不一定与现存的完全一致。如《十住品》的初期译本，都是没有重颂的。以重颂来说，颂初住的特别

---

① 《大方广佛华严经》卷三四（大正一〇·一八一下——一八二中）。

② 《大方广佛华严经》卷五四（大正一〇·二八八上——中）。

多。从“随诸众生所安立，种种谈论语言道”，到“了知三世皆空寂，菩萨以此初发心”①，共二十二偈，是长行所没有的。以重颂的体例来说，这是后来增补的。又如《十地品》，依《十住毗婆沙论》，所解说的是偈颂，也不一定是“十”数。所以初编的菩萨行部分，大体上与现存的相近，却并不完全相同。

第三类是佛的果德：在大部《华严经》中，长行的《佛不思议法品》第三十三，说佛的三十二法。其中，5. 不思议境界；6. 智；16. 最胜；19. 自在；26. 大（那罗延幢勇健）力；31. 三昧；32. 无碍解脱②：是《如来名号品》所问果德的一分。《离世间品》第三十八，答菩萨的二百问，如十种行③；十种辩才，十种自在④；十种神通⑤；十种无碍（用）⑥；十种境界，十种力，十种无畏⑦；十种眼，十种耳，十种鼻，十种舌，十种身，十种意⑧。名目与《如来名号品》所问的相同，不过是菩萨法而不是佛功德。《离世间品》在眼、耳等以前，还说到十种首，以及十手、十足、十腹、十（胎）藏、十心等。《大方广佛华严经》卷五〇（《如来出现品》）（大正一〇·二六六下）曾这样说：

“菩萨等见此光明，一时皆得如来境界：十头，十眼，十

① 《大方广佛华严经》卷一六（大正一〇·八六上——下）。
② 《大方广佛华严经》卷四六·四七（大正一〇·二四二上——二五一中）。
③ 《大方广佛华严经》卷五三（大正一〇·二八〇中）。
④ 《大方广佛华严经》卷五三（大正一〇·二八三中）。
⑤ 《大方广佛华严经》卷五四（大正一〇·二八六上）。
⑥ 《大方广佛华严经》卷五六（大正一〇·二九三下——二九五上）。
⑦ 《大方广佛华严经》卷五六（大正一〇·二九五中——二九六中）。
⑧ 《大方广佛华严经》卷五七（大正一〇·三〇二下——三〇三中）。

耳，十鼻，十舌，十身，十手，十足，十地，十智。”

如来的十眼、十耳等功德，在初编的时代，佛教界一定有所传诵，只是现存的《华严经》，没有见到详备的说明。

再说第一类的佛与佛刹：在《世界成就品》第四中，说世界海十事。其中，世界海起具因缘，世界海体性，世界海庄严，世界海（方便）清净——四事①，与《如来名号品》中，有关佛刹的佛刹成就、佛刹体性、佛刹庄严、佛刹清净，内容是相合的。

依上来所说，佛与佛刹、菩萨行、佛功德——三类，特别是菩萨行，与《华严经》的组织次第，有相当的近似性。以现存的大部《华严经》而论，惟有《入法界品》，在三类次第中，看不出相关的迹象。所以《华严经》的初编，可推定为还没有《入法界品》（没有编入，不一定没有存在）。将不同的部类，编成佛与佛刹、菩萨行、佛功德的次第，成为《华严经》的早期形态。叙述这三类次第，众菩萨所要知道的，《兜沙经》的译出最早。《兜沙经》是支娄迦谶所译的；依《高僧传》说，支谶是光和、中平年间（西元一七八——一八九）译经的②，所以《兜沙经》的集成，不能迟于西元一五〇年。那时的《兜沙经》，已叙述三类次第，可以大略看出《华严经》的轮廓。支谦是支谶的再传，他所译的《菩萨本业经》，内容与《如来名号品》、《光明觉品》（上二品与《兜沙经》相同）、《净行品》、《升须弥山顶品》、《须弥顶上偈赞品》、

① 《大方广佛华严经》卷七（大正一〇·三五上——三七下）。

② 《高僧传》卷一（大正五〇·三二四中）。

《十住品》相当，次第与大部《华严经》相合。虽然中间缺少一品、二品，这是译者的简略，或当时还没有编入，然当时已有《华严经》的编集成部，与现存的相近，这是不容怀疑的！支谦译经，在吴黄武初（西元二二三——二二八），与建兴年间（西元二五二——二五三）。支谦所译的《明度经》、《首楞严经》、《孛本经》、《菩萨本业经》（前分），都是支谶所译而重译的。从支谦《菩萨本业经》的组织次第，似乎可以推想为，支谶那时已经如此了。

《入法界品》的成立，要迟一些，与《华严经》前六品——《世主妙严品》……《毗卢遮那品》的集成，可说是同时代的。理由是：《华藏世界品》（第五）所叙述的华藏庄严世界海，是一特殊的世界结构，为其他经典所不曾说过的。依《华藏世界品》说：华藏庄严世界海中，有（一）佛刹微尘数的香水海。中央的香水海，有名为"普照十方炽然宝光明"的世界种。这一世界种（或译为"性"）最下的世界，名"最胜光遍照"，有（一）佛刹微尘数的世界围绕着。离最下的世界极远，有第二世界；这样安立的世界，共有二十层。最高层名"妙宝焰"世界，有二十佛刹微尘数世界围绕。娑婆世界在第十三层，就是释迦牟尼，或名毗卢遮那的佛刹。以"普照十方炽然宝光明"世界种为中心，十方都有一世界种；每一世界种，也是二十层，也是有（一）佛刹微尘数世界，到二十佛刹微尘数佛刹围绕：这就共有十一世界种。十方的十世界种，又各有十世界种，分布于十方。这样安立的一百十一世界种，称为华藏庄严世界海，或简称华藏世界。依《华严经》说："如于此华藏世界海，十方尽法界、虚空界，一切世界海中，悉亦如是。”①可见一切世界海，真是多得不可思量！这一世界结构，《入法界品》也明确地说到，如《大方广佛华严经》卷七一（大正一〇·三八六下）说：

“命终生此华藏庄严世界海娑婆世界。”

“一切世界海，一切世界种。”

“华藏庄严世界海”，是一百十一世界种组成的。一百十一（除当前中心，就是一百一十）——这个数目，《入法界品》也一再说到，如说②：

“南行求善知识，经由一百一十善知识已，然后而来至于我（弥勒）所。”

“善财童子依弥勒菩萨摩诃萨教，渐次而行，经由一百一十（余）城已，到普门国。……文殊师利遥伸右手，过一百一十由旬，按善财顶。”

一百一十由旬，一百一十善知识，一百一十余城，这一数目，与华藏庄严世界海所有的一百十一世界种，恰好相合，这不会是偶然的。善财参访的善知识，哪里只是这几位！叙述的善知识，也只是代表而已。一百一十（一）善知识，等于参访了（这个华藏世界）一切世界的一切善知识。这可以说明，《华严经》的前六品，与《入法界品》是同时代集出的。龙树论一再引用《不思

① 《大方广佛华严经》卷五（大正一〇·二六上）。

② 《大方广佛华严经》卷七八（大正一〇·四二八下），又卷八〇（大正一〇·四三九中）。

议解脱经》——《入法界品》，前六品也可能知道的，如《大智度论》卷一〇（大正二五·一三四中）说：

> "是遍吉[普贤]菩萨，一一毛孔常出诸佛世界及诸佛菩萨，遍满十方，以化众生，无适住处。……遍吉菩萨不可量，不可说，住处不可知；若住，应在一切世界中住。"

《华严经·普贤三昧品》说："普贤身相如虚空，依真而住非国土，随诸众生心所欲，示现普身等一切。"①这正是普贤"无适住处"的说明。龙树知道普贤"无适住处"，也知道世界海、世界种、世界——华藏世界的组织层次，但没有说到大部的《华严经》。现存大部《华严经》，是在《入法界品》等集成以后。编集者将初编部分，作一番整编，与《入法界品》合成一部；再加些新的部类，如《如来出现品》等，成为现存《华严》的形态，那是龙树以后的事。

依早期传译的《兜沙经》、《菩萨本业经》、《诸菩萨求佛本业经》，虽译文过于简略，而初编集时的次第，如《如来名号品》、《光明觉品》、《净行品》、《升须弥山顶品》、《须弥顶上偈赞品》、《十住品》，与现存的大部《华严经》，编次相近。在说十住法门以前，有上升须弥山顶，及说偈赞叹；现存《华严经》的十行法门、十回向法门以前，也有上升与偈赞，这大概是初编的一贯形式。十地法门也是上升他化自在天说的，却没有上升与偈赞部分，多少有点不统一！可能是《十地经》传诵在人间，序起部分，

① 《大方广佛华严经》卷七（大正一〇·三四上）。

为佛教界所熟悉,所以不便改写,使与十住、十行、十回向统一吧!(十)信、十住、十行、十回向、十地——菩萨行的编集次第,即使不合每品的本义,而在初编集者的心目中,显然有着浅深、高下的意义,如:

说法处	佛放光处	所说法门
普光法堂	两足轮	(十)信
须弥山顶	两足指	十住
夜摩天	两足上指	十行
兜率天	两膝轮	十回向
他化自在天	眉间	十地

说法的地点,一次一次地向上升高。说法以前,佛一定放光,放光的处所,也从足轮而高达眉间。象征法门的由浅而深,是《华严》初编者应有的意图。经补充再编而成的大部《华严经》,在组织次第上,一部分似乎只是综集起来而已。举例来说,从《十定品》第二十七到《如来出现品》第三十七——十一品,都是在"阿兰若法菩提场"说。然十一品的文义,极不一致。有的是长行,有的是长行以后有偈颂,这是文体的不一致。有的说佛功德,有的说菩萨行,这是性质的不一致。说者也不一致。这一次第编集,古德虽有次第意义的解说,其实是杂乱的集合。《华严经》的前六品,说明佛刹与毗卢遮那佛的本生(本生也不全),对有关佛的——佛住、佛法性、佛所说法、佛威德、佛大菩提,在前六品中,也没有着落。再编者的组织意义,与初编者略有不同了!现在的大部《华严经》,可概分为四部分:一、前六品明佛刹与佛。二、从《如来名号品》到《十忍品》,明菩萨行:略举

佛与所说法，然后劝信令行，次第深入。三、从《寿量品》到《离世间品》，明如来果德，但参杂有与菩萨行有关的《诸菩萨住处品》、《普贤行品》、《离世间品》。这三部分，大抵依《如来名号品》所列举的，众菩萨所要知道的三大类。四、《入法界品》，是善财童子的参学历程，用作大心菩萨一生取办的模范。约用意说，与《般若经》常啼菩萨的求法故事一样，举修学佛法的典型，以劝学流通的。

《华严经》是不同部类的综集。集出的时间，应大分为三期：一、初编，如《兜沙经》、《菩萨本业经》等所表示的，在西元一五〇年时，一定已经集成。二、《入法界品》与《世界成就品》等，《大智度论》已加以引用，推定为龙树以前，西元一五〇——二〇〇年间所集成。三、集成现存《华严经》那样的大部，近代学者作出不同的推论①，依个人的意见，赞同西元三世纪中说。当然，在大部集成以后，补充几段，或补入一品，都是有可能的。

古代华严学者，传说的华严经本很多②，但多数是不属于人间的。存在于人间而传下来的，传说为十万颂本，三十八（或九）品。唐玄奘译《摄大乘论（世亲）释》说："如菩萨藏百千颂经序品中说清净佛土"，梁译即明白说："华严经有百千偈，故名

---

① 石井教道《华严教学成立史》所引（一五二——一五三）。

② 《华严经内章门离孔目章》（大正四五·五〇六下）。《华严经探玄记》卷一（大正三五·一二二上——下）。《大方广佛华严经疏》卷三（大正三五·五二三上）。

百千经"①;百千偈,就是十万颂。十万颂经的传说,在西域极为普遍,如隋阇那崛多所传,《历代三宝纪》卷一二(大正四九·一〇三上)说:

"于阗东南二千余里,有遮拘迦国。……王宫自有摩诃般若、大集、华严三部大经,并十万偈,王躬受持。……此国东南二十余里,有山甚险,其内安置大集、华严、方等、宝积、楞伽、方广、舍利弗陀罗尼、华聚陀罗尼、都萨罗藏、摩诃般若、八部般若、大云经等,凡十二部,皆十万偈。"

遮拘迦——斫句迦国的大乘经,玄奘也传说为:"此国中大乘经典部数尤多,佛法至处,莫斯为盛也!十万颂为部者,凡有十数。"②玄奘所说,大抵是承袭阇那崛多的传说。十万偈经的传说,最早见于《大智度论》卷一〇〇(大正二五·七五六上——中)说:

"大般若品有十万偈。……又有不可思议解脱经十万偈;诸佛本起经,……法云经,各各十万偈。"

十万颂的传说,龙树时代已相当流行了。"上品般若",确有十万颂的事实。《不可思议解脱经》,是《入法界品》的本名,不可能是十万颂的;其他的都是传说。十万颂的传说,应该与当时的学风有关。印度著名的史诗——《摩诃婆罗多》(Mahābhā-

① 《摄大乘论释》卷一〇(大正三一·三七六下)。《摄大乘论释》卷一五(大正三一·二六三上)。

② 《大唐西域记》卷一二(大正五一·九四三上)。

rata),十八篇,十万颂。以古代的战争(十八日)为基础,故事是古老的。经长期的传说,包括了更多的神话、道德、哲学、习俗等在内,成为庞大的史诗。这部史诗,渐渐地扩大;到西元四世纪,完成现存的形态,而二、三世纪间,已发展得非常大了。大乘经十万颂,正是那个时代的特色。适应这好大的学风,大乘经编集而数量相当大的,也纷纷地传说为十万颂。《华严经》传来中国的,六十卷本是三万六千颂;大慈恩寺梵本,为四万一千九百八十颂余十字;八十卷本是四万五千颂;西藏所传的《华严经》,四十五品,第十一品与三十二品,是藏译本所特有的,也不会超出六万颂①。就事论事,《华严经》虽随时代而渐渐增多,是不会有十万颂的。十万颂,是适应当时学风的传说。龙树论没有说到大部《华严经》,所以《华严经》的完成现有的组织,比龙树迟一些,约在西元三世纪中。

说到《华严经》的编集地点,《华严教学成立史》推想为斫句迦,即现在新疆的 Karghalik②。这里传说有十万颂的大经;传来中国的《华严经》梵本,都是斫句迦旁于阗传来的,所以这一推想,似乎有点近情。《华严经》是佛始成佛道,及二七日所说。依经文说:佛显现自身,使来会者体会到佛的真相。佛加持菩萨,说菩萨行与佛功德。佛自身没有说,保存了佛成道后,多少七日不说法的传统。这是初成佛道,所以来参加法会的,没有人间出家与在家弟子;来会的是无量数的他方大菩萨,天、龙、夜叉、犍闼婆等(天龙八部),主山神、主地神、主昼神、主夜神、主

① 石井教道《华严教学成立史》所引(五六)。
② 石井教道《华严教学成立史》(一五四)。

谷神等。所以“华严法门”，尽虚空、遍法界的事事无碍，缺少些现实的人间感，无法从经典自身去推定编集的地点。例外的，也可说在《华严经》中不太调和的，编入了《诸菩萨住处品》（第三十二）。《诸菩萨住处品》，首先说八方及海中的菩萨住处；摩度（偷）罗以下四处，是印度中部（或南、西）的；甘菩遮（Kamboja）以下，是印度北部及印度境外的，如①：

甘菩遮国	出生慈（菩萨住处）
震旦国	那罗延窟
疏勒国	牛头山
迦湿弥罗国	次第
增长欢喜城	尊者窟
庵浮梨摩国	见亿藏光明
乾陀罗国	苫婆罗窟

有菩萨住处的国家，震旦——中国也在内，这都是大乘佛法流行的地方。牛头山（Gośīrṣa）在于阗南境，并不在疏勒②。经中也没有说到斫句迦，所以推定《华严经》在斫句迦集成，也不容易使人接受。不过，叙述这么多有菩萨住处的北方国家，不能说是无关系的。泛说在印度北方集成，应该是没有问题的。

① 《大方广佛华严经》卷二九（大正九·五九〇上——中）。《大方广佛华严经》卷四五（大正一〇·二四一下）。

② 《大方等大集经》卷四五（大正一三·二九四中）。《大唐西域记》卷一二（大正五一·九四三下）。

第二节　毗卢遮那佛与华藏庄严世界海

毗卢遮那（Vairocana）与华藏庄严世界海（Kusuma-tala-vyūhâlaṃkāra-lokadhātu-samudra），可说代表了“华严法门”的特色。圆满的、最清净的佛与佛土，作为学佛者仰望的理想；然后发心，修菩萨行；成就不思议的佛功德。这是以佛与佛土为前提的，与“般若法门”、“文殊法门”的着重菩萨行不同。“净土法门”也是以佛与佛土为前提的，但《阿弥陀经》重在念佛往生，《阿閦佛国经》是以阿閦菩萨的愿行为典范的。所以标举佛与佛土，开示菩萨行的，成为“华严法门”的特色。着重佛与佛土的思想，应该是与大乘法门同时展开的，但成为“华严法门”那样，就不能不说是，要在“般若法门”、“净土法门”、“文殊法门”的兴盛中，才能完成而出现于佛教界。

释迦佛的教化，“心杂染故有情杂染，心清净故有情清净”①，重在离染解脱的实践。偶然提到些世界情况，也是当时印度的一般传说。《大本经》说七佛因缘，说到了佛世的时劫与寿命②。《转轮圣王修行经》，说弥勒未来成佛，国土非常清净，寿长八万岁③。《说本经》为弥勒授记，国土清净④。《阿含经》的传说，佛与佛土相关联，及佛净土说，表示了佛弟子的不满现

---

① 《成唯识论》卷四。所引契经，出《杂阿含经》卷一〇（大正二·六九下）。

② 《长阿含经》卷一《大本经》（大正一·一下——二上）。

③ 《长阿含经》卷七《转轮圣王修行经》（大正一·四一下——四二上）。

④ 《中阿含经》卷一三《说本经》（大正一·五〇九下——五一一上）。

实，注意国土，有了清净国土的理想。现前的世界——三千大千世界，是佛教界公认的世界结构。世界单位，是以须弥山为中心的。须弥山外的大海中，有四大洲；我们所住的，是山南的阎浮提洲。须弥山腰有日与月；以上是天界；大力鬼神，大抵依须弥山（或山下海中）而住。这样的"一（个）四天下"——四洲等，是世界单位。一千个四天下、日月等，名为"小千世界"。一千个小千世界，名"中千世界"。一千个中千世界，名"大千世界"，或称"三千大千世界"。大千世界，有百俱胝（koṭi）四天下、日月等。或译为"百亿"、"万亿"，其实是1,000,000,000个四天下。我们这个大千世界，叫娑婆世界，是释迦佛教化的佛土。原始佛教大概没有发现问题，但问题却紧迫而来。释迦佛在我们这个世界的阎浮提洲成佛，既以三千大千世界为教化区，那其余世界的南洲，有没有佛出世呢？如《摄大乘论（世亲）释》说："若诸异部作如是执：佛唯一处真证等觉，余方现化施作佛事。"①一般部派，大抵以为：释迦佛在这个世界成佛，是真的现证正觉，其他的四天下，是以化身示现成佛的。这是不能使人满意的！这是自我中心的看法，在其他四天下，难道不能说，只有自己这里，才是真实成佛吗？总不能说都是真实的；如都是示现的，那谁是真佛呢？这是从佛出现于这个世界的南洲，又说是娑婆教主所引起的问题。同时，释迦佛历劫修行，怎么会寿长八十，有病，食马麦，有人诽毁破坏呢②？或解说为宿业的罪报，也不能满足一般佛弟子的信仰情操。于是或说"佛身无漏"，也解说为佛的示

① 《摄大乘论释》卷一〇（大正三一·三七九上）。
② 如《大智度论》卷九说（大正二五·一二一下——一二二中）。

现。还有，如《长阿含·大本经》说"诸佛常法"：佛从右胁诞生，"地为震动，光明普照"。生下来就自行七步，遍观四方，说"天上天下，唯我为尊"①！这种希有事，不是人间所能有的。这就是佛传的一部分；部派传诵集出的"佛本行"（佛传）有更多的希有事，增加了佛的神秘与超越感。这几项思想汇集起来，迈向于理想的佛陀观，主要是大众部系，如《异部宗轮论》（大正四九·一五中——下）说：

"大众部、一说部、说出世部、鸡胤部……四部同说：诸佛世尊皆是出世，一切如来无有漏法。……如来色身实无边际，如来威力亦无边际，诸佛寿量亦无边际。……一刹那心了一切法。"

大众部本末四宗（应是后期的思想）所说的如来，是无限的圆满，无所不在，无所不能，无所不知，这就表示了释迦佛的人间局限性，是佛的示现。如大众部系的东山住部，所作的《随顺颂》②说：

"若世间导师，不顺世间转，佛及佛法性，谁亦不能知！"

《随顺颂》说：佛、法、有情、时劫、涅槃，一切都是随顺世间的。说到佛，是超越的，谁也不能知道佛是怎样的。佛为文殊所说的《内藏百宝经》说："佛所行无所著，独佛佛能相知"。众生

---

① 《长阿含经》卷一《大本经》（大正一·四中、下）。

② 《入中论》卷二所引（汉藏教理院刊本三一）。

所知道的，都是"随世间习俗而入，示现如是"①，与《随顺颂》的见解相合。被称为方广部的说大空宗，以为佛是兜率天成佛的，没有来人间，也没有说法，不过是示现色相②。人间佛是示现，佛实在兜率天成佛；"天上成佛"，对大乘"十地"所说色究竟天成佛说，是一项有力的启发。

进入"大乘佛法"时代，对佛与佛土，渐表示出不同从来的境界。"下品般若"，与从来所说相同。"中品般若"，在释迦"常身"以外，显现了"于三千大千国土中，其德特尊，光明色像，威德巍巍，遍至十方如恒河沙等诸佛国土"的尊特身。十方世界的众生，都"自念佛独为我说法，不为余人"③；释迦佛以十方如恒河沙国土为化土；恒沙国土以外的十方菩萨来会，代十方佛问候起居，那是外来的影响众了。大乘经广说他方国土的佛菩萨，然关于佛的化境，少有明确的叙述。《首楞严三昧经》卷下（大正一五·六四〇下）说：

> "诸菩萨大弟子咸作是念：释迦牟尼佛但能于此三千大千世界有是神力，于余世界亦有是力！"
>
> "于是世界上，过六十恒河沙土，……一灯明（国）土，示一切功德自在光明王佛，则是我身。……是我宿世所修净土。文殊师利！汝今当知我于无量无边百千万亿那由他土，尽有神力。"

---

① 《内藏百宝经》（大正一七·七五一中——七五三下）。

② 《论事》（南传五八·三三七——三三九）。

③ 《摩诃般若波罗蜜经》卷一（大正八·二一七下——二一八上）。

大众的疑念，正是大家所要解决的问题。依经说，释迦佛也有净土，所化是无量无边百千万亿那由他国土。当然，在其他佛土，是以不同名字而示现的。关于佛的寿命，也有同样的解说：在东方三万二千佛土外，庄严世界的明照庄严自在王如来，寿长七百阿僧祇劫。其实，这是释迦"世尊于彼庄严世界，以异名字利益众生"①。释迦所化的佛土，示现的佛身，真是多极了！到底哪一位是真实的呢？《首楞严三昧经》卷上（大正一五·六三〇下——六三一上）说：

"一切诸法皆空如幻，……随意而出，是诸如来皆是真实。云何为实？是诸如来本自不生，是故为实。……是诸如来，以过去世如故等，以未来世如故等，以现在世如故等，以如幻法故等，以如影法故等，以无所有法故等，以无所从来无所从去故等，是故如来名为平等。……如来得是诸法等已，以妙色身示现众生。"

一切法如幻，一切法皆如。如来是如的证觉，是如，所以如来是平等平等。说不生灭，那一切是不生灭；说示现色相，那一切是如幻示现。即幻即空，即现即实，能体解佛的如义，那就一切是实，一切平等了。

"华严法门"的毗卢遮那佛与华藏世界，有了进一步的表现。经初说："佛在摩竭提国，阿兰若法菩提场中，始成正觉。"②在摩竭提的菩提场成佛，是释尊的初成正觉。华藏庄严世界海中

① 《首楞严三昧经》卷下（大正一五·六四五上）。

② 《大方广佛华严经》卷一（大正一〇·一中）。

央，普照十方宝光明世界种第十三层，“至此世界，名娑婆，……其佛即是毗卢遮那如来”①。毗卢遮那是娑婆世界的佛，“此娑婆”，“其佛即是”，当然指摩竭提国始成正觉的佛。依《如来名号品》说：“如来于此四天下中，或名一切义成（即悉达多），……或名释迦牟尼，或名第七仙，或名毗卢遮那，或名瞿昙氏，或名大沙门。”②释迦牟尼是毗卢遮那的别名，是二而一、一而二的，并没有严格的分别意义，所以经中或说毗卢遮那，或说释迦尊。如《入法界品》中，善财参访的善知识，有岚毗尼林神、释种女瞿波（Gopā）、佛母摩耶（Māyā），都与释尊的诞生有关。如释女瞿波说“今释迦牟尼佛是也”，“晋译本”与“唐译本”相同，而四十卷本即译为“今世尊毗卢遮那如来是也”③。古人或定说释迦为化身，毗卢遮那为法身（或报身），倒不如说“舍那释迦，释迦舍那”④，还来得合适些。

华藏庄严世界海，是住于华台上的，与印度的神话有关。如《大智度论》卷八（大正二五·一一六上）说：

> “劫尽烧时，一切皆空。众生福德因缘力故，十方风至，相对相触，能持大水。水上有一千头人，二千手足，名为韦纽。是人脐中出千叶金色妙宝莲华，其光大明，如万日俱照。华中有人，结跏趺坐，此人复有无量光明，名曰梵天

① 《大方广佛华严经》卷八（大正一〇·四三上——中）。

② 《大方广佛华严经》卷一二（大正一〇·五八下）。

③ 《大方广佛华严经》卷五六（大正九·七五九下）。《大方广佛华严经》卷七五（大正一〇·四一一下）。《大方广佛华严经》卷二九（大正一〇·七九四下）。

④ 《华严游意》（大正三五·二下）。

王。……是梵天王坐莲华上，是故诸佛随世俗故，于宝华上结跏趺坐。”

“外道小乘涅槃论”说：“围陀论师说：从那罗延天脐中，生大莲华，从莲华生梵天祖公。”①这是同一传说，是印度教的创造神话。人类之祖大梵天王，是坐在莲花上的，佛法适应世俗的信仰，也说佛菩萨坐莲花上。《须摩提菩萨经》说：“云何不在母人腹中，常得化生千叶莲华中，立法王前？”②不从胎生而得莲花化生，就不再在生死流转中。如《大宝积经》的《阿阇世王子会》、《净信童女会》、《离垢施女经》等，都提出这同样问题③。阿弥陀佛与往生者，都是在莲花中的。莲花化生，成为大乘佛教的一般信仰。梵天王坐在莲花中，是创造神话，世界依梵天而成立。华藏世界，就是适应这世俗信仰而形成的④。

华藏庄严世界海，如上面所说，是百十一世界种的总名，所有世界的数量，是无限众多广大的。然与旧有的三千大千世界的结构，也有类似处。如娑婆世界，是以一四天下为单位，经小千、中千、大千，而成三千大千世界。华藏庄严世界海，是以娑婆世界那样的世界为单位，经一世界种、十世界种、百世界种，也经三番的组合而成，如下图：

---

① 《提婆菩萨释楞伽经中外道小乘涅槃论》(大正三二·一五七上)。

② 《须摩提菩萨经》(大正一二·七六中)。

③ 《大宝积经》卷一〇六《阿阇世王子会》(大正一一·五九三上)，又卷一一一《净信童女会》(大正一一·六二五中——下)。《离垢施女经》(大正一二·九四下——九五上)。

④ 参阅石井教道《华严教学成立史》(一九八以下)。

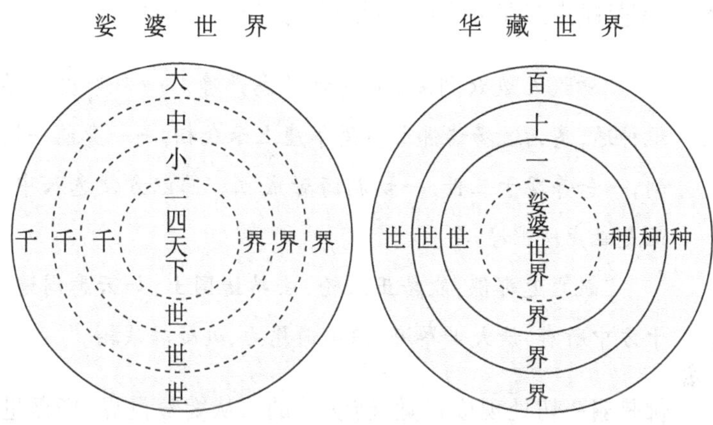

约佛所化的世界来说,也有同样的意义。一向说,释迦佛是在一四天下的南洲成佛,而以三千大千世界为化土,这才引起谁真谁化的疑问。大乘经扩展了释尊的化区,《首楞严三昧经》说:释尊的神力教化,是"无量无边百千万亿那由他土"。这三层次的佛化,表示即现即实的佛陀观。现在说,与释迦佛异名同实的毗卢遮那佛,在娑婆世界成佛,而以华藏庄严世界海为化土,如《大方广佛华严经》卷八(大正一〇·三九上)说:

"此华藏庄严世界海,是毗卢遮那如来,往昔于世界海微尘数劫修菩萨行时,一一劫中,亲近世界海微尘数佛,一一佛所净修世界海微尘数大愿之所严净。"

华藏庄严世界海,是毗卢遮那历劫修行所庄严的,所以华藏庄严世界海,是毗卢遮那的化土。其实,一切世界海的一切国土，也都是毗卢遮那历劫修行所严净的，如经上①说：

“所说无边众刹海，毗卢遮那悉严净。……等虚空界现神通，悉诣道场诸佛所。莲华座上示众相，一一身包一切刹，一念普现于三世，一切刹海皆成立。佛以方便悉入中，此是毗卢所严净。”

“毗卢遮那佛，能转正法轮，法界诸国土，如云悉周遍。十方中所有，诸大世界海，佛神通愿力，处处转法轮。”

佛是遍一切处现成正觉，转法轮的。从娑婆世界、华藏世界，到遍法界的一切土，也是三个层次。约实义说，佛是不能说在此在彼的。“普贤身相如虚空，依真而住非国土”②，何况乎究竟圆满的佛？但为众生说法，劝众生发心、修行、成就，总要说个成佛的处所。佛，都是遍一切处，佛与佛当然是平等不二。“文殊法门”曾一再说：“一切诸佛皆为一佛，一切诸刹皆为一刹，一切众生悉为一神，一切诸法悉为一法。”③“一”是平等的意思。表示这一意义，“华严法门”是互相涉入，如《大方广佛华严经》卷七七（大正一〇·四二三中）说：

“是以一劫入一切劫，以一切劫入一劫，而不坏其相者之所住处。是以一刹入一切刹，以一切刹入一刹，而不坏其相者之所住处。是以一法入一切法，以一切法入一法，而不坏其相者之所住处。是以一众生入一切众生，以一切众生

① 《大方广佛华严经》卷七（大正一〇·三五中），又卷六（大正一〇·三一上）。
② 《大方广佛华严经》卷七（大正一〇·三四上）。
③ 《如幻三昧经》卷上（大正一二·一四二下）。

入一众生，而不坏其相者之所住处。是以一佛入一切佛，以一切佛入一佛，而不坏其相者之所住处。”

《华严经》从劫、刹、法、众生、佛——五事，论一与多的相入，比“文殊法门”，多一“劫”，劫（kalpa）是时节。这五事，“一即是多多即一”，互相涉入，平等平等，而又不失是一是多的差别。“般若法门”、“文殊法门”，重于菩萨行的向上悟入平等。“华严法门”重于佛德，所以表现为平等不二中，一切的相即相入。这到底是随机所见的施设，而佛与佛土的真义，如《大方广佛华严经》卷一三（大正一〇·六八下）说：

“文殊法常尔，法王唯一法，一切无碍人，一道出生死。一切诸佛身，唯是一法身，一心一智慧，力无畏亦然。如本趣菩提，所有回向心，得如是刹土，众会及说法。一切诸佛刹，庄严悉圆满，随众生行异，如是见不同。佛刹与佛身，众会及言说，如是诸佛法，众生莫能见。”

佛刹、佛身、众会、言说，众生是不能知的；与“文殊法门”的四平等相合，也与东山住部的《随顺颂》相同。大众部系理想的佛陀观，是超越而不可知的，也是无所不在、无所不能、无所不知的。这一理想，在“华严法门”中才完满地表达出来。大众部系的思想，现存的是一鳞半爪，不可能有完整的理解。不过我以为，这是从“佛涅槃后对佛陀的永恒怀念”，经传说，推论而存在于信仰中的。但大乘佛法，着重于行者或深或浅的体验。重智证的“文殊法门”，一再说观佛、见佛，是从三昧中深入而达法界一如的。另有重信愿的学流，如《阿弥陀经》的念佛见佛，发展为《般舟三昧经》那样的念佛见佛。适应佛像的流行,观佛身相,三昧成就而见佛,达到见一切佛,如夜晚的明眼人见满天的繁星一样。由于随心所见,引发了"唯心所现"的思想。菩萨们见他方佛国,佛说法等,在大乘法会中,每有这样的叙述。"华严法门"是综合了而成为最圆满的佛与佛陀观。在华严法会中,佛没有说,而是显现于大众之前。来参加法会的菩萨,天、龙、鬼神——"世主"们,各从自己所体见的佛与佛土等,而发表为赞叹的偈颂(《入法界品》也是这样)。这表示了,大乘的佛陀观,不仅是信仰的、推论的,而也是从体验来的。这不同于大众系,却可说完成了大众部以来的佛与佛国说。

第三节　菩萨本业

第一项　在家与出家菩萨

"本业"为 adikrmika 的意译;"菩萨本业",是菩萨初学的行业。支谦所译《菩萨本业经》的《愿行品》、聂道真所译的《诸菩萨求佛本业经》,与"晋译本"的《净行品》第七、"唐译本"的《净行品》第十一,是同本异译。这里,依译出最早的支谦本为主。《华严经》所表达的,是不思议解脱境界,一般是不容易修学的。只有这一品,为初学说,意境虽非常高远,但不离日常生活。日常生活,是人间的(与天、鬼无关)在家与出家生活。在在家与出家的日常生活中,事事物物,都为普利众生而发愿,就是在家菩萨、出家菩萨的生活;在家与出家,都可以修菩萨行的。本品所说的愿，与法藏菩萨、阿闳菩萨的本愿不同，也与《十地品》中尽虚空、遍法界的十大愿不同。本品所说的，是平常的生活，见到的人与物，都触类立愿——“当愿众生”，愿众生离苦、离烦恼、离罪恶，修善以向光明的佛道。这是菩萨的“悲愿行”，随时都不离悲念；《般若经》等是菩萨的“智证行”，随事都不离无所得。智慧增上与悲愿增上，为大乘佛法的两大！

这一法门，由智首菩萨发问，敬首——文殊师利菩萨说。菩萨的三业清净，具足菩萨的功德，为一切众生所依怙，要从“以誓自要，念安世间，奉戒行愿，以立德本”①做起。支谦的译本，一三四愿——一三四偈，及结偈（其他的译本缺），共一三五偈。“晋译本”为一四〇愿偈。“唐译本”一四一愿偈。聂道真译本，作长行体（与西藏的译本相合），共一三三愿。四本的出入不大。全品的内容，可分三类：一、菩萨的在家生活，一〇偈。“孝事父母”、“顺敬妻子”，是家庭的基本要务。“受五欲”、“伎乐”、“璎珞”（庄严具）、“婇女”，是在家及富有长者的生活。“楼阁”、“房舍”，是住处。以上是自己受用，还要用来“布施”福田。支谦译本是重戒的，如初愿说：“居家奉戒”，其他译本只说“在家”。偈前说：“奉戒行愿，以立德本”，末后说：“是为菩萨戒愿俱行”②，都是支谦译本所特有的。菩萨，不论在家与出家，是不可以没有戒行的。本品所说的在家生活，极为简略，没有说奉什么戒，也没有说到职业。在家生活简略，而出家生活极详，表示了本品是继承佛教的传统，重于出家修行的。二、“厌家”

① 《菩萨本业经》（大正一〇·四四七中）。
② 《菩萨本业经》（大正一〇·四四九中）。

以下一六偈,是从在家到出家,完成出家志愿的过程。三、"开门户"以下,共一〇九愿,是菩萨的出家生活。其中,1."开门"以下八偈,是出家生活的概说。或"入室",或"入众",常在宴坐、禅观的生活中。2."早起"以下一三偈,早上起来,衣裳穿好了,就净洁身体。3."出门"以下,是上午外出乞食的事。如"出门"下七偈,在路上。"风扬尘"下三偈,是遇风雨或休息。"林泽"以下一〇偈,见到了山林河海。"汲井"下五偈,见田园等。"丘聚舍"以下七偈,在聚落(城邑)边缘,见到异教的修行者。"城郭"以下七偈,是进了城中,见宫殿与王臣等;十二偈,见到不同的人物。"持锡杖"以下,共二〇偈,是整饬自己的威仪,去乞食或应供。受供以后,为施主"讲经说法"、"咒愿达嚫",是僧众应供的轨则。4."入水"以下四偈,是回寺洗浴,大概因水的冷热,而说到天时的盛暑与严寒。"诵读经偈"以下九偈,读经、见佛、礼佛、旋塔、赞佛,是一般下午在寺中的生活。"洗足"以下三偈,是临睡的生活。"卧觉",又要开始一天的生活了。

第二段,从在家而向出家的过程,共一六偈,在意义与次第上,各译本不完全一致,所关的问题不小,有分别解说的必要。大概地说,古译的支谦本与聂道真本为一系,新译的"晋译本"与"唐译本"为一系。经文的原义,应该是属于古本的。这部分的偈颂,录《菩萨本业经》说如下①:

"若患厌家,当愿众生,疾得解脱,无所拘缀。

若弃家出,当愿众生,离诸恼罪,从正得安。

① 《菩萨本业经》(大正一〇·四四七下)。

入佛宗庙，当愿众生，近佛行法，无复罣碍。

诣师友所，当愿众生，开达入正，悉得如愿。

请求舍罪，当愿众生，得成就志，学不中悔。

脱去白衣，当愿众生，解道修德，无有懈怠。

受着袈裟，当愿众生，被服法行，心无沾污。

除剃须发，当愿众生，除捐饰好，无有众劳。

已作沙门，当愿众生，受行佛意，开导天下。

受成就戒，当愿众生，得道方便，慧度无极。

守护道禁，当愿众生，皆奉法律，不犯法教。

始受和上，当愿众生，令如禅意，思惟解脱。

受大小师，当愿众生，承佛圣教，所受不忘。

自归于佛，当愿众生，体解大道，发无上意。

自归于法，当愿众生，深入经藏，智慧如海。

自归于僧，当愿众生，依附圣众，从正得度。”

第一偈，对家庭的生活生起厌恶的情绪。“晋译本”与“唐译本”作“若在厄难”，那是在家生活而遭遇了困厄。在家遭遇困境，常常是引起厌患家庭生活的原因。第二偈，弃家庭而离去。第三偈，到寺院中来。第四偈，“诣师友所”，聂译本作“至师和上所”，晋唐二译作“诣大小师”①。这是求得出家的师长，就是和上。出家要有师长，要得到师长的允许，所以“诣师友（和上）所”。依律制，出家时受沙弥戒，要有二师——和上与阿

① 《诸菩萨求佛本业经》（大正一〇·四五一下）。《大方广佛华严经》卷六（大正九·四三〇下）。《大方广佛华严经》卷一四（大正一〇·七〇上）。

阇黎，所以晋、唐二译，写作“大小二师”。其实，这里并没有说受戒，是说求得出家的师长。第五偈，“请求舍罪”，是求师长准予忏悔、出家的意思。第六偈，脱去世俗的白衣。第七偈，穿上袈裟。第八偈，剃除须发。第九偈，“作沙门”。换了服装，剃去须发，有了出家——沙门的形仪，成为形式上的出家人。第一〇偈，“受成就戒，当愿众生，得道方便，慧度无极”。与这一偈相当的，聂译本为第八愿，“作大沙门”。唐译移在最后说：“受具足戒，当愿众生，具诸方便，得最胜法。”[①]《初期大乘佛教之研究》，以为支谦译，是以归依三宝为受戒仪式；“具足戒”，应为后来的演变[②]。然支谦所译的“受成就戒”，到底什么意义？如经说戒具足、定具足、慧具足、解脱具足、解脱知见具足，是无学戒等功德具足。“具足”的原语 saṃpadā，日译本或译“圆足”[③]。《中阿含·成就经》，与《增支部》经相当，“成就”的原语为 sampanna，日译本作“圆足”[④]。又《中部·有学经》所说“戒成就”的内容，与玄奘所译的“安住具戒，善能守护别解脱律仪，轨则圆满，所行圆满，于微小罪生大怖畏，具诸学处”相合[⑤]。所以受“成就”戒，与一般的受“具足”戒（upasaṃpadā），没有太大的差别。如译 saṃpadā 为“具足”、“圆足”或“成就”，那应译 upasaṃpadā 为“近具足”、“近圆”。先有 saṃpadā，后有 upa-

---

① 《大方广佛华严经》卷六（大正九·四三一上）。《大方广佛华严经》卷一四（大正一〇·七〇中）。

② 平川彰《初期大乘佛教之研究》（五〇〇）。

③ 《增支部·五集》（南传一九·一一一、一六四）。

④ 《中阿含经》卷五《成就戒经》（大正一·四四九下）。《增支部·五集》（南传一九·二六八）。

⑤ 《中部》（五三）《有学经》（南传一〇·一〇九）。

saṃpadā;如兄名难陀,弟名优波(Upa)难陀;父亲名提舍,生儿名优波提舍。佛教先有(saṃpadā)戒,后来律制完备,才有 upa-saṃpadā 戒。“善来”出家的,律典也名为受“具足”(近圆)戒,那是后起的名词应用到早期了。相反的,初期大乘经,重在早期的出家生活,所以说受“成就”戒。实质上,早期与后期,出家受戒的都是比丘。如愿文中,早起“着裳”、“中衣”、“上法服”——着三衣。外出分卫,不只乞食,也是僧差应供,所以“饭食已讫”,要“讲经说法”、“咒愿达嚫”。寺院比丘的集体生活,与律制完全符合。所以出家菩萨的“受成就戒”,聂译本作“作大沙门”,晋、唐译本作“受具足戒”,意义上是没有什么不合的!第一一偈,“守护道禁”,是护持所受的戒法。晋、唐二译,分别为“受持净戒”、“受行道禁”二愿。第一二偈,“受和上”,第一三偈,“受大小师”,是承受和上与二师——(羯磨)戒师与教授师的教诲。这是受比丘戒必备的三师,受戒以后,也要受和上等的教诲。晋、唐二译,以“大小师”为受沙弥戒事,移到前面去,与求出家的师长相合,所以这里只有和上,没有二师了。第一四——一六偈,归依三宝。约佛教的仪制说:在家要受三归依,受沙弥、比丘戒,也要受三归。晋、唐二译,以出家为受沙弥戒,所以将二师与三归都移到前面去。依古译,三归依在后。在出家,受戒终了而举三归依,似乎表示了,出家者的身心全部归向于三宝的意思。从上面一六偈看来,菩萨的出家生活,是进入寺院中出家,过着一般比丘的律仪生活。菩萨出家而与一般(声闻)比丘不同的,不在事行方面,而在事事发愿,时时发愿,悲念众生,而归向于佛道。《净行品》所说的出家菩萨,代表了悲愿增上的菩萨行,在传统的僧团内流传起来。

在初期大乘圣典中,叙述菩萨在家生活、出家生活的,《华严》的《净行品》以外,有《郁伽长者经》,对当时菩萨道的实际情形,可作比对的研究,所以附在这里说。这部经,现存三种译本:一、后汉光和四年(西元一八一),安玄译,名《法镜经》,一卷。二、曹魏康僧铠译,名《郁伽长者所问经》,今编入《大宝积经》卷八二《郁伽长者会》。依译文,这不可能是曹魏的古译,可能是传为佚失了的,晋白法祖或刘宋昙摩蜜多所译出。三、晋竺法护译,名《郁迦罗越问菩萨行经》,一卷。本经为郁伽(Ugra)长者说:菩萨有在家菩萨行、出家菩萨行、在家菩萨而受出家戒行——三类。在家菩萨行,先说归依三宝。在所归僧宝中,初说依声闻、辟支佛,而不求声闻、辟支佛的解脱。次说归依受记的不退转菩萨,不依声闻僧。其次,受持五戒。五戒末后说:不相谗而和合,不粗言,不绮语,不痴罔[贪],不败乱而忍[不嗔],离邪见而正见①:这是五戒而含摄了十善行。在家菩萨,要到寺院去修八关斋②;如见比丘而所行不正的,应该尊敬袈裟,对非法比丘生悲悯心。如当时没有佛,没有圣者,没有说法者,那就应该礼十方佛,忏悔、随喜、劝请、回向③。要愿度一切众生,以财施、法施利人。对于在家的生活,妻、子、财物,都深深地厌恶。时常到寺院中去,应先礼佛塔,而发居住寺院的意愿。对寺院中

① 《法镜经》(大正一二·一七上)。《郁迦罗越问菩萨行经》(大正一二·二四下)。《大宝积经》卷八二《郁伽长者会》(大正一一·四七三下——四七四上)。

② 《法镜经》所说不明。《郁迦罗越问菩萨行经》(大正一二·二六下)。

③ 《法镜经》(大正一二·一八下)。《郁迦罗越问菩萨行经》(大正一二·二六下)。《大宝积经》卷八二《郁伽长者会》(大正一一·四七五下)。

的比丘们，要理解他们各人所有的特长，从他们学习。对比丘们的布施，要平等、尽力。出家菩萨行，要下须发，受戒。住四圣种，对于衣服、乞食、树下住或冢间住、医药，都要知足。然后到山林野外，修阿兰若行——远离的、独处的专精修行。在家菩萨而受出家行，是：布施一切而不望报；净梵行；修禅而不证；勤修智慧，慈心一切众生；护法①。这是郁伽长者的特行！度人的功德，比出家菩萨还多！

这部经，在现实的部派佛教中，倾向于理想的菩萨佛教。如菩萨在家的，受三归、五戒、八戒。深厌家庭生活的秽恶，爱慕出家生活；对家庭、妻儿的秽恶，说得非常的强调。当时的寺院，是传统的比丘僧。在家菩萨对出家比丘，恭敬供养，甚至割肉来治他的病②。对不如法比丘，也尊重僧相（袈裟），不说他的罪过。在出家比丘中，有少数出家菩萨共住，出家菩萨也是受大戒的。这些，是当时佛教的事实。但法门的精神，是倾向于菩萨乘的。如说归依声闻、辟支佛，又说归依不退转菩萨，不归依声闻。经上说："居家者，谓为居于一切众劳[烦恼]，为居众恶之念，为居众恶之行，不化不自守，下愚凡人者为共居，与不谛人集会，是故谓为家也。"从在家的秽恶，说到身心的秽恶③。如阿兰若行，不只是住在空闲，而重在空无我的实践。这都与佛法重实义的精神相合。菩萨（比丘）在一般比丘中，而菩萨的出家，《法镜经》这样（大正一二·二二中）说：

---

① 《大宝积经》卷八二《郁伽长者会》（大正一一·四八〇上）。
② 《郁迦罗越问菩萨行经》（大正一二·二七中）。
③ 《法镜经》（大正一二·一七中）。

“众佑[世尊]便使慈氏开士[菩萨],及一切行净开士,听[准许]举彼理家[居士·家主]等……去家修道。”

在僧团中,特别命菩萨为他们剃发出家,虽也是受大戒的,暗示了菩萨行者有着独立的倾向。郁伽长者,在《阿含经》中,一切都布施了,过着离欲梵行的生活,称赞为得“八未曾有法”①。在本经中,代表了在家而修出家法的菩萨。在家而修出家法,比出家菩萨的功德更大。所以,虽在传统的立场,深厌在家的过患,欣慕出家生活,而在菩萨道中,表示了推重在家(而梵行)菩萨的理想。

在家菩萨到寺院中来,“视一切除馑[比丘]之众所施行”。所见的比丘中,有奉菩萨藏的,有行菩萨道的②。出家菩萨也称为比丘,是三本所共同的。《郁迦罗越问菩萨行经》说:“愿从世尊受法,欲除须发,得为比丘,敬受大戒”;“听我等下须发,受其[具]戒”。《郁伽长者会》说:“哀愍我等,愿得出家,……受出家戒。”《法镜经》说:“可得从众佑[世尊]受去[出]家之戒,就除馑[比丘]之行。”③出家菩萨,是比丘,受出家戒,这也是三本所共同的。出家戒的内容,不一定是二百五十戒;只要是菩萨比丘所行的,当然是可以称为比丘戒的,也可以称为受具足戒的。受具足,在受戒的发展史中,有种种方式的。说到比丘戒法,重于生

① 《中阿含经》卷九《郁伽长者经》(大正一·四七九下——四八二下)。《增支部·八集》(南传二一·八一——九〇)。

② 《法镜经》(大正一二·一九上——中)。《郁迦罗越问菩萨行经》(大正一二·二七上——中)。《大宝积经》卷八二《郁伽长者会》(大正一一·四七七上)。

③ 《郁迦罗越问菩萨行经》(大正一二·二七中)。《大宝积经》卷八二《郁伽长者会》(大正一一·四七七上——中)。《法镜经》(大正一二·二二上)。

活轨范的，是四圣种，在上面已经说过了。四圣种的本义，是对于衣服、饮食、住处——三事，随所能得到的而能够满足；第四是“乐断乐修”。后来适应事实的需要，改第四事为随所得的医药而能满足。衣、食、住、药知足，就是受比丘戒时所受的“四依”，是比丘对资生事物的基本态度。本经三译，都说到医药，然在以十事分别解说时，《法镜经》与《郁伽长者会》，仅有“服法衣”［袈裟］，“不（舍）行丐”，“树下坐”或“阿练儿处”，没有说到医药①。本经的原始本，大概是没有说到医药的。这是重于生活轨范的比丘戒法。还有重于道德轨范的戒法，如二百五十戒——学处。学处，是随人违犯而渐渐制定的。早期的出家弟子，随佛出家作比丘，还没有制立学处，那时的比丘戒法，是身、语、意、命——四种清净，或摄在八正道中的正见、正语、正业、正命等：这是重于道德轨范的戒法。出家菩萨的戒清净，如《法镜经》（大正一二·二一下）说：

“去家开士者，有四净戒事：一曰造圣之典［圣种］，二曰慕乐精进［头陀］德，三曰不与家居、去家者从事［独处、远离］，四曰不谀谄山泽［阿兰若］居：是为去家开士者四净戒事。”

“复有四净戒事，何谓四？以守慎身，身无罣碍；以守慎言，言无罣碍；以守慎心，心无罣碍；去离邪疑，造一切敏意［一切智心］：是为去家开士者四净戒事。”②

---

① 《法镜经》（大正一二·一九下——二〇上）。《大宝积经》卷八二《郁伽长者会》（大正一一·四七七中——下）。

② 参阅《郁迦罗越问菩萨行经》（大正一二·二九下——三〇上）。《大宝积经》卷八二《郁伽长者会》（大正一一·四七九中）。

净戒的初四事，是住四圣种、受头陀行、独处、住阿兰若，属于比丘的生活轨范。次四事，是身、语、意清净而不著，离邪疑（邪见、邪命等）而起一切智心，是属于比丘的道德轨范。这二者，就是出家菩萨的比丘戒法。声闻比丘的初期戒法，也是这样的。菩萨比丘与（初期）声闻比丘，事行上是相同的，不同的是理想不同、志愿不同、智慧方便不同。出家的菩萨比丘，住阿兰若处为主。在阿兰若处所修持的是，心不散乱，总持，大慈大悲，五通，六波罗蜜，不舍一切智心，方便，以法施众生，四摄，八正道，三解脱门，四依（这些道品，与"中品般若"所说相近）：这是出家菩萨住沙门法①。

出家菩萨的住处，是阿兰若处，但不是唯一的住处。上面曾说到：依住处而分，比丘有阿兰若比丘、近聚落处（住）比丘、聚落（住）比丘——三类。这是部派佛教的比丘住处，出家菩萨的住处，也不外乎这三类。如《法镜经》（大正一二·一九中、二〇上）说：

"若于墟聚言有及庙，若于庙言及墟聚，是以当慎守言行。"

"修道游于山泽者，若欲修治经，若用诵利经故为入庙。"

"墟聚"，是聚落（村落、城邑）。在家菩萨，对聚落比丘与寺

---

① 《法镜经》（大正一二·二〇中）。《郁迦罗越问菩萨行经》（大正一二·二八中——下）。《大宝积经》卷八二《郁伽长者会》（大正一一·四七七下——四七八上）。

庙比丘应平等对待,切勿在这里说那边,引起比丘间的不和,这是第一则的意义。《郁伽长者会》,作"寺庙"与"聚落①,与《法镜经》相合。"山泽",是阿兰若的古译。住阿兰若的比丘,为了学经、问法,到寺庙来,可见本经的"庙",不在阿兰若处,也不在聚落,一定是近聚落处了。《郁迦罗越问菩萨行经》,作"树下草蓐坐"与"精舍房处"②;《十住毗婆沙论》引《郁伽经》,作"阿练若"与"塔寺"③,都与《法镜经》相合。《郁伽长者会》却作"阿练儿"与"村聚"④,"村聚",应该是"近聚落"的误译了。《郁迦罗越问菩萨行经》第二则(树下草蓐坐与精舍),虽与《法镜经》相合,而第一则却作"佛寺精舍"与"近聚落行者"⑤,那"佛寺精舍"在聚落中了!本来,"近聚落处"与"聚落",都可以有寺庙——众多比丘所住的地方,所以《郁伽长者会》、《郁迦罗越问菩萨行经》,所说有出入。不过依本经所说,多数比丘所住的寺庙,应该是近聚落处。菩萨的出家、受戒法,是在寺庙中;在阿兰若处修行。如为了诵经、问法,也要到寺庙中来,因为这里是众多比丘住处,和尚、阿阇黎也在这里,受经、问法,到这里才有可能。所以《法镜经》说:"去家修道者,游于山泽。以修治经、诵习经故入众者,以执恭敬,亦谦逊夫师友讲授者,长中少年者,为以尊之。"⑥

---

① 《大宝积经》卷八二《郁伽长者会》(大正一一·四七七上)。
② 《郁迦罗越问菩萨行经》(大正一二·二八上)。
③ 《十住毗婆沙论》卷八(大正二六·六二下——六三上)。
④ 《大宝积经》卷八二《郁伽长者会》(大正一一·四七七下)。
⑤ 《郁迦罗越问菩萨行经》(大正一二·二七上)。
⑥ 《法镜经》(大正一二·二一中)。

《法镜经》所说的“庙”，是多数比丘所住的。在家菩萨来，见到不同的比丘而从他们学习。种种译本，多少不同，而大意是相合的，今对列如下①：

《法镜经》	《郁迦罗越问菩萨行经》	《郁伽长者会》	藏文译本
多闻者	1 多智者	1 多闻	1 多闻者
明经者	2 解法者	4 持阿含	2 说法者
奉律者	3 持律者	3 持律	3 持律者
奉使者	4 住法者	2 说法	4 持论母者
开士奉藏者	5 持菩萨品者	5 持菩萨藏	5 持菩萨藏者
山泽者	6 闲居者	6 阿练儿	6 阿兰若者
行受供者	7 分卫者	8 乞食	7 乞食者
	8 五纳衣者	9 着粪扫衣	8 粪扫衣者
		7 少欲	9 少欲者
	9 知止足者		10 知足者
思惟者	11 坐禅者	13 坐禅	13 坐禅者
道行者	10 独行者	10 独处	11 寂静者
		11 离欲	
		12 修行	12 瑜伽行者
开士道者	12 大乘者		14 菩萨乘者
佐助者	13 精进者	14 营事	15 营事者
主事者	14 典寺者	15 寺主	16 执事人
			17(不明)

① 《法镜经》(大正一二·一九上——中)。《郁迦罗越问菩萨行经》(大正一二·二七上)。《大宝积经》卷八二《郁伽长者会》(大正一一·四七七上)。“藏文译本”,依平川彰《初期大乘佛教之研究》所引(五三一)。

在这些不同的比丘中，前五类是属于受持教法的比丘。“多闻”比丘以外，“明经”、“奉律”、“奉使”，是经师、律师与论师。与“奉使”相当的，《十住毗婆沙论》与“西藏译本”作“持摩多罗迦者”，是早期的论师。上四类，是“阿含”与“律藏”所固有的。“开士奉藏”，是“持菩萨藏者”，受持传通大乘经的比丘。“山泽者”以下五类，是修行生活的不同。这部分，《郁迦罗越问菩萨行经》，共七类；《郁伽长者会》八类；“西藏本”九类；《十住毗婆沙论》引经作十六类，主要是将十二头陀支分别地增加进去。在比丘的不同修行中，《法镜经》、《郁迦罗越问菩萨行经》，“西藏译本”，有“菩萨道”——“大乘者”。在修持上，菩萨与比丘显著不同的，如礼拜十方一切佛，忏悔、回向等。后二类，是为寺院服务的。种种比丘中，“持菩萨藏”与“行菩萨道”是大乘时代所独有的。所以，《初期大乘佛教之成立过程》解说为这是大小共住的寺院①，是非常合理的。《初期大乘佛教之研究》，为了维持不僧不俗的第三集团——塔寺住者，所以解说为这一切都是大乘比丘②。有些事，本来是简易明白的，但为了达成自己的构想，就不免要迂回曲解了！

《净行品》与《郁伽长者会》，表示了大乘（部分）的早期情形。《净行品》，在寺院中出家、受戒，过着（部派佛教）寺院比丘的一般生活，而念念为众生而立愿。《郁伽长者会》，也在寺院中出家、受戒，而常在阿兰若处修行。有时短期回寺院来，从和上、阿阇黎受经问法。都厌患家庭生活而倾向出家，大乘佛教在

---

① 静谷正雄《初期大乘佛教之成立过程》（三七〇）。

② 平川彰《初期大乘佛教之研究》（五二四——五二九）。

一般寺院中发展出来。

第二项　塔寺与塔寺比丘

在汉译的经典中，寺，或“佛寺”、“寺塔”、“塔寺”、“寺庙”、“寺舍”等复合语，是大乘佛法主要的活动场所。平川彰博士《初期大乘佛教之研究》，经详密的考辨，认为寺是塔（stūpa）的对译，不是 vihāra（毗诃罗，译为僧坊、精舍）与 saṃghārāma（僧伽蓝，译为僧园）[①]。鸠摩罗什所译《妙法莲华经》，大致是相同的，只有“数数见摈出，远离于塔寺”的塔寺，与梵本 vihāra 不合，推为梵本不同[②]。总之，认为寺就是塔。这有关于初期大乘的实际情形，所以不嫌繁琐，要表示我自己的见解。

“寺”，是中国字，是中国佛教的常用字。在中国佛教界，“寺”，到底是塔，是僧坊，或兼而有之？这个中国字，有本来的意义，引申的、习惯使用的意义。寺与 stūpa、vihāra、saṃghārāma，都不是完全相合的。所以，塔可以译为寺，而寺是不止于（供奉舍利的灵）塔的。先从事实上的称呼说起：鸠摩罗什在长安逍遥园译经，姚兴分出一半园地，立“常安大寺”，大寺是僧众的住处，决不是大塔，这是西元五世纪初了。早一些，道安出家弘法的时代，约为西元三三五——三八五年。道安的时代，译出《比丘尼戒本》，编在《出三藏记集》卷一一的《比丘尼戒本本末序》（大正五五・七九下）说：

① 平川彰《初期大乘佛教之研究》（五五二——六〇一）。
② 平川彰《初期大乘佛教之研究》（五五七）。

> “拘夷[龟兹]国寺甚多……有寺名达慕蓝(百七十僧)，北山寺名致隶蓝(六十僧)，剑慕王新蓝(五十僧)，温宿王蓝(七十僧)：右四寺，佛图舌弥所统。……王新僧伽蓝(九十僧……)。阿丽蓝(百八十比丘尼)，输若干蓝(五十比丘尼)，阿丽跋蓝(二十尼道)：右三寺比丘尼，统依舌弥受法戒。”

《比丘尼戒本》，是“僧纯、昙充，拘夷国来……高德沙门佛图舌弥许，得此比丘尼大戒及授戒法”。“太岁己卯，鹑火之岁，十一月十一日，在长安出此比丘尼大戒。”①译经的时间，是西元三七九年。龟兹是西域声闻佛教的重镇；比丘与比丘尼住处，龟兹称为“蓝”——僧伽蓝，在中国就称之为“寺”——“右四寺”，“右三寺”，“拘夷国寺甚多”。在那时，僧众的住处，中国习惯上是称为寺的。《高僧传》的《道安传》说：“至邺，入中寺，遇佛图澄。”“安后于太行恒山，创立寺塔，改服从化者，中分河北。”“年四十五，复还冀部，住受都寺，徒众数百，常宣法化。”“安以(襄阳的)白马寺狭，乃改立寺，名曰檀溪。……建塔五层，起房四百。”“既至，住长安五重寺，僧众数千，大弘法化。”②道安一生所住的，都是寺——“中寺”、“受都寺”、“白马寺”、“檀溪寺”、“五重寺”。在恒山创立寺塔，襄阳建塔五层，都是百、千僧众共住的道场。支道林“晋太和元年闰四月四日，终于所住，春秋五十有三”(西元三一四——三六六)。支道林弘法的时代，在西元

① 《出三藏记集》卷一一(大正五五·八一中——下)。

② 《高僧传》卷五(大正五〇·三五一下——三五二下)。

四世纪中叶。《高僧传》说：道林"还吴，立支山寺"。王羲之"请住灵嘉寺"。"于沃州小岭，立寺行道；僧众百余，常随禀学。""晚移石城山，又立栖光寺。"①比道安早一些的支道林，所住的也都称为寺，也有僧众百余随从。再早一些，竺法护译经弘法的时代，依《出三藏记集》，有明文可考的，从太始二年（西元二六六）译《须真天子经》，到永嘉二年（西元三〇八）译《普曜经》②。竺法护译经的地点，是"长安青门内白马寺"、"天水寺"；"洛阳城西白马寺"；"长安市西寺"③等，主要在寺中译出。同时代译出的《放光经》，传到"仓垣水南寺，……仓垣水北寺"，也是在寺译出的④。《道行经后记》说："洛阳城西菩萨寺中沙门佛大写之。"⑤《般舟三昧经》是汉光和二年（西元一七九）译出的。《后记》说："建安十三年，于佛寺中挍定。……又言：建安（脱'十'字）三年，岁在戊子，八月八日，于许昌寺挍定。"⑥从汉到晋，译经多数在寺中。译经，有口授（诵出）的，传言（译语）的，笔受的，校定的，古代是集体译出的。在寺中译出、校定，不可能只是供奉舍利的塔。《正法华经后记》说："永熙元年（西元二九〇），……九月大斋十四日，于东牛寺中施檀大会，讲诵此经，竟日尽夜，无不咸欢。"⑦举行布施大会，讲经说法的东牛寺，一定是僧众住

---

① 《高僧传》卷四（大正五〇・三四八中——下、三四九下）。

② 《出三藏记集》卷七（大正五五・四八中）。

③ 《出三藏记集》卷七（大正五五・四八中、五〇中），又卷九（大正五五・六二中）。

④ 《出三藏记集》卷七（大正五五・四七下）。

⑤ 《出三藏记集》卷七（大正五五・四七下）。

⑥ 《出三藏记集》卷七（大正五五・四八下）。

⑦ 《出三藏记集》卷八（大正五五・五六下——五七上）。

处。总之,在可以考见的文献中,中国早期的寺,是供佛(佛塔或佛像)、弘法、安住僧众的道场。

寺,可以是塔,却不一定是塔,在古代译典中是有明文的,如《阿弥陀三耶三佛萨楼佛檀过度人道经》卷上(大正一二·三〇一中)说:

> "若分檀布施,绕塔烧香,散华然灯,悬杂缯彩,饭食沙门,起塔作寺。"

这是二十四愿中的第六愿。经中一再说到:"饭食诸沙门,作佛寺起塔。""作佛寺起塔,饭食诸沙门。"①同本异译的《无量清净平等觉经》也说:"饭食沙门,而作佛寺起塔。""作佛寺起塔,饭食沙门。"②但在愿文中,略去了"作寺起塔"的文句。寺与塔,佛寺与塔,在这部经中,是有不同意义的。《阿弥陀三耶三佛萨楼佛檀过度人道经》,传说为吴支谦所译。然从经题、佛名、人名都采用音译而论,与支谦的译风不合;这可能是支谶译,而《无量清净平等觉经》,才是支谦所译的。不管到底是谁译的,这是早期的译典,也是相当流行的经典。"佛寺"的称呼,与中国习惯的用法相合。寺不是塔,还有可以证明的,如支谦所译《阿难四事经》(大正一四·七五七下)说:

> "或居寺舍,或处山泽、树下、冢间。"

比丘所住的"寺舍",是房舍;假使是塔,支谦是译作"宗庙"

---

① 《阿弥陀三耶三佛萨楼佛檀过度人道经》卷下(大正一二·三一〇上、下)。
② 《无量清净平等觉经》卷三(大正一二·二九二上、下)。

或"塔"的。又传说为安世高所译的《大比丘三千威仪》卷上(大正二四·九一七中、九一八下)说:

"闲处者,谓山中、树下,亦谓私寺中不与人共。"

"法衣不具,不得入寺中止。"

《大比丘三千威仪》,说到"塔"的事情不少。这里所说的寺,是比丘住处。"闲居",是阿兰若处,应该是山中、树下住,但"私寺"也可以称为"闲居"。寺是僧众——多数人可住的,但律制容许信众为比丘作小屋,是供养个人住的。"不与人共"(住)的"私寺",独住修行,也可以称为"闲居"。这样的寺与私寺,与塔是完全不合的。又《辩意长者子经》(大正一四·八三八上)说:

"破坏佛寺尊庙。"

"佛寺"与"尊庙"对说,尊庙是塔,佛寺就是僧众的住处了。这部经,道安已经读过。《出三藏记集》的《新集安公失译经录》,也列有《辩意长者子经》一卷。经初说"闻如是",是支谦、竺法护等的古译。而现在"藏经"中,题作"后魏沙门法场译",是不可能的!《开元释教录》,对这已表示怀疑了①。寺是僧众的住处;这里,约初期的译典说。

"寺"是中国字,是什么意义?为什么用来称呼佛教的僧众住处?福井康顺博士以为:寺是"祠"与"畤"的演变②。《说文》

① 《开元释教录》卷六(大正五五·五四〇中)。

② 平川彰《初期大乘佛教之研究》(五六六——五六七)。

说:“寺,廷也。有法度者,从寸,㞢声。”这是依汉代当时流行的廷寺而说,不可能是寺的本义。“寸,法度也,亦手也。”(《说文》)寸与手,形象是相近的。这个字,从㞢(可能是“土”)从寸,像手里拿着什么。寺的本义,是古代政教领袖的近侍。甲骨文虽没有发现,但《周礼·天官》说:“寺人,掌王之内人,及女官之禁令。”《诗·秦风》说:“寺人之令。”《大雅》说:“时维妇寺。”寺——寺人(侍),是执掌传达命令的,但重在内廷。由于长在王室内廷,所以“妇寺”连称,同属王的近侍。这是“寺”的本义,起源一定很早。王的近侍,会参与机密,所以寺人勃鞮,会奉命来袭杀晋公子重耳;后又向晋文公报告变乱的机密(《国语》)。这是廷内的近侍,后来用阉者,所以宦官称为寺人。古代是祭政一致的,后来才渐渐地分离。在宗教方面,是祭五帝的“畤”,在郊外祭祀,所以加田而成为畤。可能祭礼由寺人(洁净的)筹备经理,也就称之为畤。这与“祠”一样:“司”为王管理事务,审核查察(伺)的。在祭祀方面,就加示为祠。祠是祭祀。如《后汉书·楚王英传》说:楚王英“尚浮屠之仁祠”。祠佛(依佛法,应称为供养佛)用花、果、香、灯明,不用牺牲的血祭,所以说“仁祠”。其后,才演化为祠堂的祠。(司在政治方面的发展,略。)寺在政治方面:古有三公、六卿,起初都是从王室而转治对外政务的(如尚书、中书,都是这样)。从汉以来,三公所住的称为府,六卿所住的称为寺,其实,王廷、府寺,都可以通称为寺的,如《汉书·元帝纪》注说:“凡府廷所在,皆谓之寺。”左思《吴都赋》说:“列寺七里。”寺,成为王廷、一切政治机关的通称。“畤”是天子祭五帝的,在一般人心中,并不熟悉。佛教采取畤而又简化寺的可能性,是难以想像的。我们应注意的是,中国古代,服装、建筑住处,是有等级的。人民的房屋,高度是有限制的;如飞檐、黄(彩色)墙等,人民是不能用的。王家与官寺的建筑形式,宗教是不限制的,如孔庙、佛寺。中国佛教的寺,不是印度式的,是中国廷寺式的。一般的称为寺,佛教的也是寺,是佛寺。后来道教的建筑物,称为"宫"、"观",也都是王家建筑的名目。佛教供奉佛菩萨的,称为"殿",殿是帝皇御朝论政的所在。知道中国佛寺是取法"府廷所在"的形式,那么佛寺的名称可以了解,与塔不相同的理由,也可以明白出来。

stūpa——塔,古人译为"庙"、"灵庙"、"佛庙"、"佛之宗庙"、"佛塔"、"塔庙","寺"、"佛寺"、"塔寺"、"庙寺"、"寺庙",译语非常不同,而都是 stūpa 的意译。从使用的意义来说,可分为二类:一、供奉佛舍利的(这里,专约佛塔说),叫塔,是佛教四众弟子敬礼供养的对象。如释尊涅槃后,八王分舍利,佛嘱"于四衢道起立塔庙"①。如阿育王造千二百塔②,或传说造八万四千塔。如《法华经》中,从地涌出而住于空中的多宝佛塔。如一般大乘经中,说到某佛涅槃后,舍利造塔,是那样的多,那样的高广,那样的七宝庄严!这是安置供养佛舍利的塔,为佛教著名的建筑物。塔是供奉舍利,庄严供养的,不是供人居住的;这是大小乘经律所共同的。二、以塔为主,附有住人的房舍,也称为塔。如后汉支曜所译《成具光明定意经》(大正一五·四五七下)说:

① 《长阿含经》卷三《游行经》(大正一·二〇中)。
② 《杂譬喻经》卷上(大正四·五〇三上)。

“六斋入塔，礼拜三尊。”

佛教传统的制度，一般在家弟子，多在每月的六斋日，受五戒、八关斋戒，受斋戒是要到寺院中的。“礼拜三尊”，是敬礼佛、法、僧——三宝。这里的“塔”，不止是供养佛舍利的塔。到舍利塔去，只能礼佛舍利，不能礼僧，所以“礼拜三尊”的塔，是以塔为名，而实际是附有比丘住处的。《华手经》卷一〇（大正一六·二〇六上）说：

“若在居家，受持五戒，常日一食，依于塔庙，广学多闻。”

在家的佛弟子，要受持五戒。持五戒而又日中一食，那是更精进的，与八戒相近。“依于塔庙，广学多闻”，塔庙也是有比丘住处的。《般舟三昧经》说：四辈弟子都可以修习般舟三昧。其中，“（男）居士欲学是三昧者，当持五戒令坚。……常持八关斋，当于佛寺中”①。竺法护所译《四辈经》也说：在家男子，“当受持五戒，月六斋。……朝暮烧香，然灯，稽首三尊”②。八关斋戒，一日一夜受持，要住在寺院中，名为近住（upavāsa）弟子。《成实论》说：八关斋戒是可以长期受持的③。五戒是尽形寿受持的，八戒也有长期受的。在部派佛教的发展中，五戒与八戒弟子，有长住于寺院的情形，如《无垢优婆夷问经》（大正一四·九五〇下）说：

---

① 《般舟三昧经》（大正一三·九〇一上——中）。
② 《四辈经》（大正一七·七〇五下）。
③ 《成实论》卷八（大正三二·三〇三下）。

“我常早起，扫佛塔地。扫已，涂治四厢四处。清净涂已，散华烧香。如是供养，然后入房。既入房已，次复入禅，修四梵行。不离三归，受持五戒。常恒如是，我不懈怠，不放逸行。”

《无垢优婆夷问经》，没有什么大乘意味。持五戒的无垢优婆夷，每天供养佛塔。“如是供养，然后入房”，显然是住在寺院中的。以“得阿罗汉道”为究竟的《耶祇经》说：“奉持五戒，岁三斋，月六斋，烧香然灯，供事三尊。”①“持斋七日而去”，是在寺院中持戒七天，然后回去。大乘与小乘，在这些上，是没有多大差别的。现在要归结到本题，《成具光明定意经》所说，“入塔礼拜三尊”，名为“塔”而实际是有僧众住处的。同样的情形，如《菩萨本业经》说，“入佛宗庙”，里面有“和上”与“大小二师”，出家人的住处②。《法镜经》说“入庙”，而见到了众多比丘③。这样的“塔”、“庙”、“宗庙”，名称是塔，而实际上都是住有僧众的。对于这一问题，竺法护是完全明白的，他在《法镜经》异译本《郁迦罗越问菩萨行经》(大正一二·二七上)说：

“居家菩萨入佛寺精舍，……入精舍观诸比丘僧行。”

原文是“塔”，竺法护也译这一品为“礼塔品”，而在经文中，却译作“佛寺精舍”、“精舍”。这不是误译，而是理解到这里的“塔”(佛寺)，是有精舍的，精舍中(不是塔中)住有比丘的。所

① 《耶祇经》(大正一四·八二九中)。
② 《菩萨本业经》(大正一〇·四四七下)。
③ 《法镜经》(大正一二·一九上——中)。

以增译“精舍”，以免误解。竺法护另一译典，《决定总持经》（大正一七·七七一中）说：

“佛灭度后，处于末学，为其世尊兴立功德：五百塔寺、讲堂、精舍，以若干种供养之具，而用给足诸比丘僧。一一塔寺所有精舍，百千比丘游居其中。”

立五百“塔寺”，为世尊作功德，也就是为了供佛而立塔。塔以外，还造了讲堂、精舍，这是供养僧众的。“一一塔寺所有精舍”，精舍是属于寺塔的，为百千比丘的游居处。经文虽是过去佛事，而释尊灭度以后的印度佛教，正是这样。以塔为主，含得讲堂与精舍，是大乘佛经所说的“塔”的又一意义。所以，“塔”是供奉舍利的，“寺”是取法于当时府廷建筑的，“起佛寺，立塔”，初期的译典，是有明确分别的。支谶在《般舟三昧经》中，持五戒、八关斋的地方，也是称为“佛寺”的①。康僧会《旧杂譬喻经》说：“猕猴到佛寺中，比丘僧知必有以。”②“寺”也是比丘众的住处。汉以后，“府廷所在，皆名为寺”的称呼，渐渐过去，“佛寺”的初义也淡忘了。“寺塔”的复合词，普遍地流行起来。大乘经不断传来，实际是僧众住处而称之为塔，也是重要的因素。“塔寺”结合词，被误解为寺等于供养舍利的“塔”，有的就直译 stūpa 为“寺”了！不过中国佛教界，（佛）寺始终是供佛（佛塔、佛像）、弘法、安住僧众的道场。

再说部派佛教有关塔寺的情形。大部的《阿含经》与“律

---

① 《般舟三昧经》（大正一三·九〇一中）。

② 《旧杂譬喻经》卷下（大正四·五一七上）。

藏”，从苻秦建元二十年（西元三八四）到刘宋元嘉中（西元四三〇顷）译出，比《般若》、《法华》、《华严》等大乘经要迟一些，所以译 stūpa 为“塔寺”的，也偶而有之。然大体上，声闻部派佛教的经律，与大乘经是不同的。大众部的《摩诃僧祇律》卷三三（大正二二·四九八上）说：

> “起僧伽蓝时，先规度好地作塔处。塔不得在南，不得在西，应在东，应在北。不得僧地侵佛地，佛地不得侵僧地。……应在西若南作僧房。”

依大众部的规制，僧伽蓝是全部的通称。要建僧伽蓝，应该先在东或北方，预定一块适合建塔的地，然后在西或南方，作比丘所住的僧房。僧地与佛塔地，应严格地区别。僧伽蓝，意思是僧伽园，但却划出一块塔地；在整体的形势上，佛塔是在僧伽蓝里面的。

法藏部的《四分律》卷四九（大正二二·九三〇下——九三一中）说：

> “若客比丘欲入寺内，应知有佛塔，若声闻塔，若上座。……开门（而入）时，……应右绕（佛）塔而过。彼至寺内（放下物品后）……先应礼佛塔，复礼声闻塔，四上座随次（第而）礼。”

“寺”，是寺院的全部。一进门，就经过佛塔。印度的习俗，以东为上首，门大都是向东的。佛塔在东部，所以一进寺门，就要经过佛塔。法藏部的规制，塔是在寺（僧伽蓝）内的，与大众部一样。还有可以证明的，如《四分律》卷二九（大正二二·七

六六下——七六七上)说:

> “有比丘尼,于比丘所住寺中,为起(亡比丘尼)塔。……比丘尼去后,即日往坏其塔,除弃着僧伽蓝外。”
>
> “若比丘尼入比丘僧伽蓝中,波逸提。……若比丘尼知有比丘寺,入者波逸提。……听白,然后入寺。……欲礼佛塔、声闻塔,听(不白)辄入。……若比丘尼知有比丘僧伽蓝,不白而入者,波逸提。”

从这里,可见寺内有佛塔。僧伽蓝与寺,相互通用,在《四分律》中,寺是僧伽蓝的对译。《四分律》又说:比丘尼劝在家弟子,“宜入塔寺,供养比丘僧,受斋法:八日,十四日,十五日,现变化日”①,这里的“塔寺”,是塔与寺复合词,寺内有塔,合称为“塔寺”。惟“或营僧事,或营塔寺事”;“以僧事,以塔事”②,这里的“塔寺”,与“塔”的意义一样。从《四分律》的全部译语来说,这是随“顺古”来的习惯用语。

说一切有部的《十诵律》,对于塔在寺内或寺外,没有明文,但塔与僧众住处确是相关联的,如《十诵律》卷三四(大正二三·二四九下)说:

> “知空僧坊常住比丘,应巡行僧坊。先修治塔,次作四方僧事。”

《十诵律》多说“僧坊”,是僧伽蓝的意译。也偶尔译作

---

① 《四分律》卷三〇(大正二二·七七五中)。

② 《四分律》卷一八(大正二二·六八七中、六八六下)。

“寺”，如说“听我寺中作会”①。塔与寺的关系，《十诵律》虽不太分明，但《根本说一切有部律》却说得非常明白，如说②：

“（外来的在家人）整理衣服，缓步从容，口诵伽他，旋行制底，便入寺内”。

“（居士）早起，巡礼佛塔，便入寺中。”

制底（cetiya），在《根本说一切有部律》中，与塔的意义一样。“旋行制底”，就是绕塔。外来者，先绕塔，然后入寺，塔是在寺外的。然塔与制底，也有在内的，如《根本说一切有部毗奈耶》卷二三（大正二三·七五三上）说：

“（在家信众）来入寺中，……令洗手已，悉与香花，教其右旋，供养制底，歌咏赞叹。”

到了寺里，教他“供养制底”，这制底就在寺内。《根有律》是唐义净译的，“寺”与《十诵律》的“僧坊”相合。

部派佛教，通称寺院为“僧伽蓝”——“寺”、“僧坊”，里面有精舍、讲堂、食堂、布萨堂、净厨、温室、禅房、看病堂等。也有佛塔（后来都用佛像），在里面，或者外面。初期大乘，称寺院为“塔”——“庙”、“宗庙”，里面也有精舍、讲堂等。所以这是名称不同，而不是实体的不同。佛教的住处，起初泛称为“住处”（āvāsa）。由于佛教的发达，造塔风气的兴盛，佛教的建筑隆盛

---

① 《十诵律》卷四八（大正二三·三五二中）。

② 《根本说一切有部毗奈耶》卷八（大正二三·六六六下）。《根本说一切有部苾刍尼毗奈耶》卷五（大正二三·九二九下）。

起来。塔是属于佛的,是佛的遗体(舍利),供人瞻仰礼拜,佛法要由比丘僧团为主导来弘传。僧伽中心的部派佛教,称寺院为僧伽蓝——僧伽的园地,这是可以理解的。等到大乘兴起,虽有的重菩萨道,有的重佛德的仰信,而都是以成佛为究极目的。佛塔是表征佛的,念佛、观佛、见佛,是大乘的重要项目。佛陀中心的大乘佛教,称寺院为塔(这是现实的,佛的具体存在),也是可以了解的。称为僧伽蓝,称为塔,不是塔与僧伽蓝是各别的。僧伽蓝与塔相关联,不但"律藏"的明文可证,近代发掘所见的寺院遗址,也都是有塔有僧房的,如《初期大乘佛教之成立过程》所引述①。名称的不同,是从旧传统而引发新事物,过渡期间的不统一现象。初期大乘经中,出家菩萨的住处,称为塔而不名僧伽蓝,是源于思想而来的。佛涅槃以后,"三宝别体",是各部派一致的见解。或说"佛不在僧中",代表了超越于"僧伽"以外的,信仰的、理想的佛陀观。菩萨"本生"兴起,是通于在家、出家的,不合于僧宝的定义。等到"行菩萨道而向佛果"的,从传统佛教中出来,就自觉的是不属于僧伽的。如《诸法勇王经》说:"若有诸人发大乘心,修行大乘,求一切智,信心舍家,如是之人不入僧数。"②《须真天子经》说:"除须发菩萨,不肯入众[僧],不随他教,是名曰世之最厚也!何以故?天子!所作无为,名曰众僧,菩萨不住无为,不止无为,是故名曰世之最厚。"③解说虽不完全一致,而菩萨"不入僧数",确实是初期大乘的共

① 静谷正雄《初期大乘佛教成立之过程》(三七九——三八五)。
② 《诸法勇王经》(大正一七・八四六下)。
③ 《须真天子经》卷三(大正一五・一〇五中)。

同见解。而且，起初的出家菩萨极少，也还不能成立“菩萨僧”，所以《大智度论》说：“释迦文佛无别菩萨僧故，(菩萨)入声闻僧中次第坐。”①虽在声闻僧中，而自觉是不属于僧的，所以菩萨的住处，虽还是僧伽蓝，却以佛为依而自称所住的为塔。在菩萨的立场，“不入僧数”，不可以称之为僧伽蓝的，这是初期的大乘比丘自称住处为“塔”的意义。大乘初兴，没有独立的寺院。出家的，在传统的僧伽蓝中出家、受戒。大乘主流——智证行者，多住个人独处的阿兰若，这是不需要团体组织的。等到大乘出家者多起来，为了弘扬大乘，摄化信众，要在近聚落及聚落中住。有了自己的寺院，也就不能没有多数人共住的制度(大乘律制渐渐兴起)，大乘比丘僧伽的住处，又要称为僧伽蓝了。《净行品》，起初是“佛之宗庙”——塔，而“晋译本”与“唐译本”，却是僧伽蓝。《法镜经》，起初是“庙”——塔，而《郁伽长者会》也作僧伽蓝。从塔而又称为僧伽蓝，表示了西元三、四世纪，大乘发达，出家的大乘比丘又进入僧伽律制的时代。

第四节　菩萨行位

第一项　十住与十地

十住、十行、十回向、十地，后汉所译的《兜沙经》中，已有了明确的次第②。《华严经》所说的《十住品》、《十行品》、《十回向

① 《大智度论》卷三四(大正二五·三一一下)。

② 《兜沙经》(大正一〇·四四五上)。

品》、《十地品》，是不同部类而编集成的。不管各部的原义是怎样，在《华严经》的编集者，是作为菩萨行位先后次第的。《十行品》与《十回向品》，没有单行的译出。除《华严·离世间品》说到"十种回向"外①，也没有其他的大乘经（除疑经）提到十行与十回向。所以且不说行与回向，专辨十住与十地。十住的住（vihāra），十地的地（bhūmi），现在的梵语是不同的，然古代译师，住与地一直都相互通用，或合说"十住地"，这到底为了什么？叙述菩萨行位次第的，现有文记可考见的，共有四说：一、"中品般若"（没有名称）的十地。二、《华严·十住品》的十住。三、《华严·十地品》的十地。这三说，是大乘经所说的，还有四，说出世部《大事》所说的十地。

一、"般若十地"：菩萨行位，是逐渐形成的。"般若法门"中，已说明了《般若》的十地，这里简略地说。《下品般若》有菩萨三位说及不同的四位说，如综合起来，共有五菩萨位，与"华严十住"的部分名目相当，对列如下：

三位②	四位③	四位④	华严十住
发菩提心	初发心	学菩提心	1 发心
		如说行	2 新学（治地）
	行六波罗蜜	随学般若波罗蜜	3 相应
阿鞞跋致	阿毗跋致	阿毗跋致	7 不退
疾得无上菩提	一生补处		10 灌顶

① 《大方广佛华严经》卷五八（大正一〇·三〇六中、三〇九上）。
② 《小品般若波罗蜜经》卷三（大正八·五四七中）。
③ 《小品般若波罗蜜经》卷八（大正八·五七五上）。
④ 《小品般若波罗蜜经》卷八（大正八·五七四中）。

“随学般若波罗蜜”，或译为“修习般若相应行”，与十住的相应（行）相合。一生补处（ekajātipratibaddha），古译或作阿维颜（abhiṣeka），就是灌顶。经中说“新学菩萨”、“久学菩萨”，新学与“如说行”的地位相当，就是“治地住”的别名。这样的菩萨五位，都与“华严十住”的名目相合。“中品般若”，综合了“下品般若”的内容，又在《序品》说：“欲生菩萨家，欲得鸠摩罗伽[童真]地，欲得不离诸佛者，当学般若波罗蜜。”①“菩萨家”，异译作“菩萨种姓”。生菩萨家与鸠摩罗伽地，与“华严十住”的生贵住、童真住相合。“中品般若”又说：“菩萨住法王子地，满足诸愿，常不离诸佛。”②生贵、童真、法王子，与“下品般若”的五位综合起来，已有八位的名目与“华严十住”相合了。“中品般若”在说明大乘的内容时，说到了十地，但只说一地修几法，二地修多少法，并没有十地的名称。依《十住断结经》，“般若十地”，正是发心住……灌顶住的修行地位③，然“上品般若”是以十地为“欢喜地……法云地”的。“般若十地”与“华严十地”是同是异的问题，是值得注意的！

二、“华严十住”：《华严经》的十住说，见“晋译本”《十住品》第十一，“唐译本”《十住品》第十五。早期译出的，有吴支谦所译的《菩萨本业经·十地品》；晋竺法护所译的《菩萨十住行道品经》，晋祇多罗（Gītamitra）所译的《菩萨十住经》。早期所

---

① 《摩诃般若波罗蜜经》卷一（大正八·二一九中）。说到童真地的，还有卷一（大正八·二二一中）、卷一三（大正八·三一五下）。

② 《摩诃般若波罗蜜经》卷二一（大正八·三七二中）。

③ 《十住断结经》卷一——四（大正一〇·九六六下——九九四上）。

译的三本,仅有长行,没有重颂。竺法护所译的十住名目,都采用音译;祇多罗译本,大体与竺法护译本相同。十住的名目,各译本有些不同,今取重要的各本,对列如下①:

《菩萨本业经》	《菩萨十住行道品经》	《菩萨十住经》	《十住断结经》	晋译本《十住品》	唐译本《十住品》
发意	波蓝耆兜波	波蓝质兜波	发意	初发心	初发心
治地	阿阇浮	阿阇浮	净地	治地	治地
应行	渝阿阇	喻阿阇浮	进学	修行	修行
生贵	阇摩期	阇摩期	生贵	生贵	生贵
修成	波渝三般	波俞三般	修成	方便具足	具足方便
行登	阿耆三般	阿耆三般	上位	正心	正心
不退	阿惟越致	阿惟越致	阿毗婆帝	不退	不退
童真	鸠摩罗浮	鸠摩罗浮	童真	童真	童子
了生	渝罗阇	俞罗阇	常净	法王子	王子
补处	阿惟颜	阿惟颜	补处	灌顶	灌顶

依《般若经》菩萨行位的成立过程,可以推定:"华严十住"是受到《般若》影响的。"华严十住"与"般若(没有名目的)十地",所说不相同,而也有共同处。如第六住末说,"欲令其心转复增进,得不退转无生法忍"②,第七就是不退住;《般若》也在七

① 《菩萨本业经》(大正一〇·四四九下)。《菩萨十住行道品经》(大正一〇·四五四下)。《菩萨十住经》(大正一〇·四五六下——四五八上)。《十住断结经》卷一——四(大正一〇·九六六下——九九四上)。(晋译)《大方广佛华严经》卷八(大正九·四四四下——四四五上)。(唐译)《大方广佛华严经》卷一六(大正一〇·八四上)。

② 《大方广佛华严经》卷一六(大正一〇·八五上)。

地说“无生法忍”①。《般若》第八地说：“知上下诸根，净佛国土，入如幻三昧，常入三昧，随众生所应善根受身。”②“华严第八童真住”，“随意受生”等，意义相近③。第九王子住，《大方广佛华严经》卷一六（大正一〇·八五中）说：

“云何为菩萨王子住？此菩萨善知十种法，何者为十？所谓善知诸众生受生，善知诸烦恼现起，善知习气相续，善知所行方便，善知无量法，善解诸威仪，善知世界差别，善知前际后际事，善知演说世谛，善知演说第一义谛：是为十。佛子！此菩萨应劝学十种法，何者为十？所谓法王处善巧，法王处轨度，法王处宫殿，法王处趣入，法王处观察，法王灌顶，法王力持，法王无畏，法王宴寝，法王赞叹。”

“般若十地”说第九地应具足十二法：“受无边国土所度之分，菩萨得如所愿，知诸天、龙、夜叉、揵闼婆语而为说法。”这三法，为可度众生说法，与《华严》第九住的前十法，意义相通。次说：“处胎成就，家成就，所生成就，姓成就，眷属成就，出生成就，出家成就，庄严佛树成就，一切诸善功德成满具足。”④与《华严》应劝学的十法，都是将成佛的事。大抵菩萨十住地说，在当时传述极盛，各依自己的所学，作不同的编集而流传出来。

十住，在《华严经》的各部分（品）中，是主要的菩萨行位。如《入法界品》中，海幢（Sāgaradhvaja）比丘为菩萨众说法，有

① 《摩诃般若波罗蜜经》卷六（大正八·二五七中）。
② 《摩诃般若波罗蜜经》卷六（大正八·二五七中）。
③ 《大方广佛华严经》卷一六（大正一〇·八五中）。
④ 《摩诃般若波罗蜜经》卷六（大正八·二五七中——下）。

“坐菩提道场诸菩萨”、“灌顶位”、“王子位”、“童子位”、“不退位”、“成就正心位”、“方便具足位”、“生贵位”、“修行位”、“新学”、“初发心诸菩萨”、“信解诸菩萨”，共十二位①。初发心以前，立信解菩萨，灌顶以后，立坐菩提道场菩萨，比十住说更完备，但到底是以十住说为主的。师子嚬申（Simhavijṛmbhitā）比丘尼，为菩萨众所围绕：“信乐大乘众生”、“初发心诸菩萨”、“第二地”、“第三地”、“第四地”、“第五地”、“第六地”、“第七地”、“第八地”、“第九地”、“第十地诸菩萨”、“执金刚神”②，也是十二位。与海幢比丘所教化的菩萨众一样，但以执金刚神代替了坐菩提道场菩萨。善财在弥勒楼阁所见的：“或复见为初发心，乃至一生所系已灌顶者诸菩萨众而演说法。或见赞说初地，乃至十地所有功德。”③“十住”，《入法界品》是称为十地的。妙德（Sutejomaṇḍalarastiśrī）夜神说“十种受生藏”：“初发心”，“二”，“勤修行”，“四”，“具足众行”，“生如来家”，“心无退转”，“住童真位”，“九”，“受灌顶法”④。二、四、九，虽所说不明，但与十住相合，是确然无疑的。“具足众行”与“生如来家”的次弟，与十住的“生贵”与“方便具足”，恰好相反，这是十住传说的变动。从上来所引述，《入法界品》的菩萨行位，是十住说。《大方广佛华严经》卷五九（大正一〇·三一五下——三一六上）说：

“或现初发心，利益于世间；或现久修行，广大无边

① 《大方广佛华严经》卷六三（大正一〇·三四一下——三四二上）。
② 《大方广佛华严经》卷六七（大正一〇·三六四上——中）。
③ 《大方广佛华严经》卷七九（大正一〇·四三五下）。
④ 《大方广佛华严经》卷七四（大正一〇·四〇二上——下）。

际;……或现行成满;得忍无分别;或现一生系,诸佛与灌顶。"

《离世间品》示现所见的次第中,"初发心";"修行";旧译第五住为"修(行)成"(就),所以"行成满"是方便具足住;"得(无生)忍"是不退住;"一生系"、"佛与灌顶",是灌顶住。"晋译本"与《度世品经》,一生所系与灌顶,是分为二位的①。《离世间品》又说:"初发菩提心,乃至灌顶地"②,这也是十住说。《升兜率天宫品》,也次第地说到了十住菩萨③。《如来出现品》也说到了十住的一部分。三译对照如下④:

唐译本	晋译本	《如来兴显经》
坐菩提场菩萨	坐道场一切菩萨	诣佛树道场
最后身菩萨	最后身菩萨	阿维颜(灌顶)
一生所系菩萨	一生补处菩萨	一生补处
灌顶菩萨	得记菩萨	不废
得忍菩萨	得忍菩萨	逮法忍
住向行菩萨	向行菩萨	行成
初发心菩萨	初发心菩萨	初发意

《如来出现品》的菩萨,是十住中取四位,又增列三位。"一

① 《大方广佛华严经》卷四三(大正九·六七一下——六七二上)。《度世品经》卷六(大正一〇·六五五下)。

② 《大方广佛华严经》卷五九(大正一〇·三一一中)。

③ 《大方广佛华严经》卷二二(大正一〇·一一六中——下)。

④ (唐译)《大方广佛华严经》卷五一(大正一〇·二七〇中)。(晋译)《大方广佛华严经》卷三四(大正九·六二一上)。《如来兴显经》卷二(大正一〇·六〇四上)。

生所系菩萨”，如兜率天的弥勒那样。“最后身”，如释尊诞生以后。“坐菩提场菩萨”，如释尊向菩提场，七七坐道场的阶段。《如来出现品》与《离世间品》，是不完备的十住说，与“下品般若”所说的二类四位菩萨相近。《贤首品》所说的菩萨修行次第，也符合十住的行程，如：“发起菩提心”，“勤修佛功德”，“生在如来家”，“修行巧方便”（具足），“信乐心清净”（正心），……“至于不退地”，“无生深法忍”，“诸佛所授记”……“灌顶大神通”①。“不退地”、“深法忍”、“授记”，是同一地位。从上来所引述的，可见《华严经》的《入法界品》、《离世间品》、《如来出现品》、《升兜率天宫品》、《贤首品》，都是以十住为菩萨行位的。十住说，在初期大乘时代，是重要的法门，所以吴支谦以来，就一再地译出。《自誓三昧经》、《惟日杂难经》，也传说十住的部分名目②。自从“华严十地”兴起，十住说就渐渐地衰退了！不过，在《华严经》中，《十地品》以外，很少引用“华严十地”的。“唐译本”《世主妙严品》，有欢喜等十地③，但“晋译本”没有。《如来出现品》说，“欢喜地乃至究竟无障碍地”。“晋译本”与《如来兴显经》也有相近的文句④，这可能是仅有的，引用“华严十地”的略说了。

三、“华严十地”：十地的名目与经文，各译本都大致相同。

① 《大方广佛华严经》卷一四（大正一〇·七二下——七三下）。

② 《自誓三昧经》（大正一五·三四五上）。《惟日杂难经》（大正一七·六〇五上）。

③ 《大方广佛华严经》卷五（大正一〇·二五中）。

④ （唐译）《大方广佛华严经》卷五二（大正一〇·二七四中）。（晋译）《大方广佛华严经》卷三五（大正九·六二五下）。《如来兴显经》卷三（大正一〇·六〇八下）。

"华严十地"的成立相当早,汉译《兜沙经》,在十住、十行、十悔过[回向]以下,已说到了"十道地"①。然早期的十地说,与现存的《十地品》,有多少不同。如龙树的《十住毗婆沙论》,是解说《十地经》的。论说:"具此八法已";"菩萨在初地,……多行是七事";"菩萨以是二十七法,净治初地"②。在《十地品》中,是十法,十法,三十法③。"十地"的原本,也许还没有(纳入华严体系)演进到什么都是以"十"为数的。《十地品》的偈颂,也不一定是十数,龙树论是近于颂说的。《大智度论》卷一〇(大正二五·一三二上——中)说:

> "菩萨……立七住中,得无生法忍,心行皆止,欲入涅槃。尔时,十方诸佛皆放光明,照菩萨身;以右手摩其头,语言:善男子!勿生此心!汝当念汝本愿,欲度众生!……汝今始得一无生法门,莫便大喜!是时菩萨闻诸佛教诲,还生本心,行六波罗蜜。"

《智论》卷四八也有相同的文句④,内容与《十地品》的第八地相合⑤。龙树所见的是七地,而现行本在八地。"华严十地"的原本,与"般若十地"、"华严十住"相近,而后来有了变化,时间在龙树以后。"华严十地"的名目,与"华严十住"不同,比拟

---

① 《兜沙经》(大正一〇·四四五上)。
② 《十住毗婆沙论》卷一(大正二六·二三上),又卷二(大正二六·二六上、二九上)。
③ 《大方广佛华严经》卷三四(大正一〇·一八一上——下)。
④ 《大智度论》卷四八(大正二五·四〇五下——四〇六上)。
⑤ 《大方广佛华严经》卷三八(大正一〇·一九九上——中)。

轮王的形迹不见了,而代以学术名词。但"华严十住"的影响,仍多少保留在《十地品》里,如①:

四地:"菩萨住此焰慧地,……生如来家。"

五地:"住此第五难胜地,……以大方便常行世间,……以种种方便行教化众生。"

八地:"此菩萨智地,……名为不转地,智慧无退故。……名为童真地,离一切过失故。"

十地:"尔时,十方一切诸佛,从眉间出清净光明,名增益一切智神通,无数光明以为眷属。……从大菩萨顶上而入,……诸佛智水灌其顶故,名为受职;具足如来十种力故,堕在佛数。"

"法王子住善慧地菩萨。"

"生如来家",是十住的"生贵住"。"种种方便化众生",是十住的"方便具足住"。十住中,七住名"不退",八住名"童真";十地说中,得无生忍属于第八地,所以第八名"不退地",又名"童真地"了。经中明说"法王子住善慧地"。十地的诸佛智水灌菩萨顶,正是"灌顶住"的意义。

"华严十地",与"般若十地",也有相同处,如《大方广佛华严经》卷三六(大正一〇·一九〇中、一九二中)说:

四地:"于彼诸佛法中,出家修道。"

---

① 《大方广佛华严经》卷三六(大正一〇·一八九下),又卷三六(大正一〇·一九二上——中),又卷三八(大正一〇·二〇〇下),又卷三九(大正一〇·二〇六上、二〇八上)。

五地:"于彼诸佛法中而得出家,既出家已,又更闻法。"

《华严经》的四地与五地,特别提到了出家。"般若十地"的四地是:"不舍阿兰若住处","少欲","知足","不舍头陀功德","不舍戒","秽恶诸欲","厌世间心","舍一切所有"等十法。五地是:"远离亲白衣","远离比丘尼","远离悭惜他家","远离无益谈说"等十二事①。"般若十地"的四地与五地,都是出家生活,与《华严》的四地、五地,特别说到出家,不是恰好相合的吗!所以,"华严十地"的集出,受到了"般若十地"、"华严十住"的影响。集出的时间,比较迟一些,后来又有了重大的变化。

四、"大事十地":《大事》是说出世部的佛传。"大事十地",与"般若十地"、"华严十住"、"华严十地",都有部分的共通处,兹列举其名目,如下②:

"大事十地"	"华严十住"	"华严十地"
1 durārohā(难登)	1 prathamacittôtpādika(发心)	1 pramuditā(欢喜)
2 baddhamānā(结慢)	2 ādikarmika(新学·别作治地)	2 vimalā(离垢)
3 puṣpamaṇḍita(华庄严)	3 yogâcāra(修行)	3 prabhākarī(发光)
4 rucirā(明辉)	4 janmaja(生贵)	4 arciṣmatī(焰慧)
5 cittavistarā(广心)	5 pūrvayogasaṃpanna(方便具足)	5 sudurjayā(难胜)
6 rūpavatī(妙相具足)	6 śuddhādhyāśaya(正心成就)	6 abhimukhī(现前)
7 durjayā(难胜)	7 avivartya(不退)	7 dūraṃgamā(远行)
8 janmanideśa(生诞因缘)	8 kumārabhūti(童真)	8 acala(不动)
9 yauvarājyatā(王子位)	9 yauvarājya(王子)	9 śādhumatī(善慧)
10 abhiṣeka(灌顶位)	10 abhiṣeka(灌顶)	10 dharmameghā(法云)

① 《摩诃般若波罗蜜经》卷六(大正八·二五七上)。

② 依平川彰《初期大乘佛教之研究》,而简略些(四一三)。

从《初期大乘佛教之研究》，叙述“大事十地”的概要①，及日本学者对各种十地的比较中②，了解“大事十地”的概略意义。《大事》初地“难登”，是初发心。第五地“广心”，从佛出家、修相应行（yogâcāra），与十住的“修行住”、《般若》的“久学”相当。第八地“生诞因缘”，是具备了诞生成佛的因缘，与“生贵住”相近。第七地“难胜”，住不退转，与十住的“不退住”相合。第九地“王子位”，第十地“灌顶位”，如释尊的诞生人间，到菩提树下成佛，在名义上，与十住的“王子住”、“灌顶住”相同。菩萨成佛，用王子的成轮王为譬喻，是当时盛行而各说一致的。然《大事》的“生诞因缘”在八地，而“生贵住”是四住，有点不一致。《大智度论》说：“有二种菩萨家：有退转家，不退转家。”③生菩萨家，或生在如来家，如王子的生在王家一样。菩萨家有可退的、不可退的，那可以这样说：“生贵住”约可退说，“生诞因缘”约不可退说。联想到《般若经》的一段文字，如《摩诃般若波罗蜜经》卷一（大正八·二一九中）说：

“欲生菩萨家，欲得鸠摩罗伽[童真]地，欲得不离诸佛者，当学般若波罗蜜。”

“不离诸佛”，依《般若经·方便品》，是法王子住④。所以这三句的次第，是生菩萨“不退”家；童真；不离诸佛是“法王子住”。这可能与十住的“生贵住”不合，反而近于《大事》的“生

① 平川彰《初期大乘佛教之研究》（一八七——一八九）。

② 平川彰《初期大乘佛教之研究》所述（三五九——三六三）。

③ 《大智度论》卷二九（大正二五·二七五中）。

④ 《摩诃般若波罗蜜经》卷二一（大正八·三七二中）。

诞因缘”,不过在“不退”与“王子”间,增列一“童真位”而已。“华严十地”的名称,已脱去轮王譬喻的形迹。第五“难胜地”,与《大事》第七“难胜地”,名称一致。《大事》说:难胜地菩萨,广学对世间有益的技术、学术、语言,获得金属宝石等知识①。《华严》的第五“难胜地”也说:“此菩萨摩诃萨,为利益众生故,世间技艺,靡不该习。所谓文字、算数、图书、印玺,……又善方药,疗治诸病。……国城村邑,宫宅园苑,泉流陂池,草树花药,凡所布列,咸得其宜。金银、摩尼,……悉知其处,出以示人。日月星宿,……身相休咎,咸善观察。”②“难胜”的名称相同,内容也部分相合,可见这二者间所有的关系。

大众部系的《大事》,说到了十地。近于分别说系的佛传:《修行本起经》、《太子瑞应本起经》、《过去现在因果经》,也说到了十地③。菩萨历十地行位而成佛,十地是由部派佛教所传出的吗?“下品般若”,说“新学”、“久学”;“发心”、“不退转”;三位;四位(二类),是从发心到灌顶的。有关菩萨修行的阶段,是逐渐形成的。《大事》与法藏部的《佛本行集经》,也说到菩萨“四性行”④,除第一“自性行”(菩萨种性)外,是发心、修行、不退转——三位,与“下品般若”相近。所以,我以为“下品般若”阶段,还没有十地说,十地是“中品般若”时代(西元五〇——一

---

① 平川彰《初期大乘佛教之研究》所述(一八九)。

② 《大方广佛华严经》卷三六(大正一〇·一九二中)。

③ 《修行本起经》卷上(大正三·四六三上)。《太子瑞应本起经》卷上(大正三·四七三中)。《过去现在因果经》卷一(大正三·六二三上)。

④ 《大事》(平川彰《初期大乘佛教之研究》一八五所引)。《佛本行集经》卷一(大正三·六五六下)。

五〇）流行的传说。《修行本起经》等，泛说“十地”，“中品般若”说没有名目的十地（与十住相比，《般若经》已有发心，新学，应行，生贵……不退，童真，法王子，灌顶——八位名称），应该早一些。在另一学区，有“大事十地”、“华严十住”说的成立，然后是“华严十地”说。别别的集出流通，在同一时代（略有先后）、同一学风中，当然会有共通性；住与地也相互地通用。“大事十地”与“般若十地”，是从凡夫发心，向上修行成佛的过程；不离人间成佛的形式，与佛传所说的相通。“华严十地”的成佛历程，就大大不同了！

第二项　华严十地

《华严·十地品》，竺法护所译本，名《渐备一切智德经》，是依经说“此集一切种一切智功德菩萨行法门”、“集一切智功德法门”立名的。这一法门的名称，表示了本品的内容，也就显示了佛法的特质。“阿耨多罗三藐三菩提”——无上等正觉，是《阿含经》以来，用来表示圆满究竟的佛功德。佛为“多闻圣弟子”说法，也是为了得“三菩提”。菩提，智慧的现证，是佛法的根本问题。在佛教的发展中，倾向于拘谨繁琐的律制、严密分析的阿毗达磨；佛教倾向于重仪制、重思辨，还有重仰信的，失去了佛陀时代重智证的特性。“原始般若”，为了得佛的“一切智”，而实践“般若波罗蜜”为主导的菩萨行，严肃地重振佛法的智证行。“一切智”，又演化出“一切智智”、“一切种智”，或合称“佛无上智、大智、自然［无师］智，一切智，如来智”①。佛表达自证

① 《小品般若波罗蜜经》卷八（大正八·五七二下）。

的内容,称为"达磨"——法,法是众生的归依处。在说明上,智是能证的,法是所证的。在如实正觉中,超越了世俗的能所对立,所以法就是般若(慧)。如《小品般若波罗蜜经》卷六(大正八·五六二中)说:

"般若波罗蜜甚深,难解难知!以是义故,我欲默然而不说法。作是念:我[如来]所得法,是法中无有得者,无法可得,无所用法可得,诸法相如是甚深。"

"我所得法",唐译作"我所证法,即是般若波罗蜜多"①。"中品般若","唐译本"作"深般若波罗蜜多,即是如来应正等觉所证无上正等菩提"②;鸠摩罗什译本,直说"是诸佛阿耨多罗三藐三菩提法,甚深难见难解"③。约方便安立,般若是菩萨行,一切智是佛功德,而其实,"般若波罗蜜是诸佛行处"。"诸佛依止于法,……法者则是般若波罗蜜。诸佛供养恭敬尊重赞叹般若波罗蜜,何以故?般若波罗蜜出生诸佛故。"④法的圆满体现,是佛,佛依法而住。"般若波罗蜜出生诸佛",而"佛智慧无碍故,能示是(真)如,亦能说般若波罗蜜行相"⑤。佛与法,般若与如来智慧,《般若经》是这样表示的。"中品般若"以来,有七空、十四空、十六空、十八空、二十空的类集;法(性)也有十名、十二名

① 《大般若波罗蜜多经》(第四分)卷五四八(大正七·八二三上),又(第五分)卷五六一(大正七·八九八下)。

② 《大般若波罗蜜多经》(二分)卷四四六(大正七·二五二上),又(三分)卷五一三(大正七·六一九上)。

③ 《摩诃般若波罗蜜经》卷一六(大正八·三三五上)。

④ 《小品般若波罗蜜经》卷五(大正八·五五八下)。

⑤ 《小品般若波罗蜜经》卷五(大正八·五五八下)。

称的类集，重于般若的观行（空）所证法相的异名。“文殊法门”重于“法界”，又更为“界”的类集。般若是法，是佛智慧的根本思想，却在《法华》、《华严》中显示出来。《妙法莲华经》，约与“上品般若”的时代相当。经中赞叹“诸佛智慧甚深无量，其智慧门难解难入”①。明确地说：“诸佛世尊唯以一大事因缘故，出现于世。诸佛世尊欲令众生开（示悟入）佛知见，使得清净故，出现于世。”②佛知见，就是佛智慧，所以说：“说佛智慧故，诸佛出于世”；“如来所以出，为说佛慧故”③。《法华》也是以佛慧为宗要的；“我所得智慧，微妙最第一”，也就是“妙法”的根本义。《华严·十地品》，是菩萨成佛的历程，也依于同一理念而集出。如说：“我念佛智慧，最胜难思议！世间无能受，默然而不说。”④不可说而说的，是佛智慧的少分，所以说：“诸地广智胜妙行，以佛威神分别说”；“应说诸地胜智道”⑤。这几句，《十地经论》译为：“诸地上妙行，分别智地义”；“诸地胜智道”⑥。“智地”，地是以智为体的。《十地品》有十山譬喻，十山都在大海中，如十地在一切智中。《大方广佛华严经》卷三九（大正一〇·二〇九上）说：

“此十宝山王，同在大海，差别得名。菩萨十地亦复如是，同在一切智中，差别得名。”

---

① 《妙法莲华经》卷一（大正九·五中）。
② 《妙法莲华经》卷一（大正九·七上）。
③ 《妙法莲华经》卷一（大正九·八上），又卷一（大正九·一〇上）。
④ 《大方广佛华严经》卷三四（大正一〇·一七九下）。
⑤ 《大方广佛华严经》卷三四（大正一〇·一八〇下）。
⑥ 《十地经论》卷二（大正二六·一三一中）。

十地不离佛一切智，约次第升进而向一切智海，方便地安立为十地。《十地经论》一再说"智地"。"菩萨地证智所摄"①，这就是称为"集一切智功德法门"的意义。"无有如外智，无有智外如"，在证智中，是无有二相的般若，无有二相的一切智。如作差别说，那就是《辩中边论》的十法界，《成唯识论》的十真如了②。

"华严十地"，是一部长于组织的经典，内容丰富，秩然有序，所以能成为菩萨行位的准绳。菩萨是修行成佛的，与声闻、缘觉不同，但声闻与缘觉的智断功德，不出于菩萨般若。所以《般若经》说："一切声闻、辟支佛地，皆在般若波罗蜜中。"③对于这一意义，《十地品》说：第六现前地，"入缘起理，声闻果证咸在其中"；第七远行地，"独觉果证咸在其中"④。八地所得的无生法忍，是"此忍第一，顺诸佛法。……一切二乘，亦能得此无分别法"⑤。得无生忍以上，不再是二乘所能知了。焰慧地说，"菩萨住此焰慧地，所有身见为首，……我所故，财物故，著处故，于如是等一切皆离"⑥。依《阿含经》说：离身见等三结，得须陀洹；与焰慧地的离惑相近。二乘所证所断，是菩萨十地（八地以前）功德的少分，如能回心成佛的话，那就"汝等（声闻弟子）

---

① 《十地经论》卷二（大正二六·一三三下）。

② 《辩中边论》卷上（大正三一·四六八上）。《成唯识论》卷一〇（大正三一·三四中）。

③ 《小品般若波罗蜜经》卷五（大正八·五五九下）。

④ 《大方广佛华严经》卷三九（大正一〇·二〇九上）。

⑤ 《大方广佛华严经》卷三八（大正一〇·一九九中）。

⑥ 《大方广佛华严经》卷三六（大正一〇·一九〇上）。

所行，是菩萨道”了①。

《十地品》有浓厚的阿毗达磨气息。如二地中说“十善业道”，详说十不善业道的果报。五地中说“谛”，其中“觉法自相共相故，知相谛；了诸法分位差别故，知差别谛；善分别蕴界处故，知成立谛”②，与阿毗达磨者的分别有关。六地中说“十二缘起”，每支有二种业，约三道、三世、三苦来分别。并说著名的一心缘起，如《大方广佛华严经》卷三七（大正一〇·一九四上）说：

“此菩萨摩诃萨复作是念：三界所有，唯是一心。如来于此分别演说十二有支，皆依一心，如是而立。何以故？随事贪欲，与心共生，心是识；事是行；于行迷惑是无明；与无明及心共生是名色；名色增长是六处；六处三分合为触；触共生是受；受无厌足是爱；爱摄不舍是取；彼诸有支生是有；有所起名生；生熟为老，老坏为死。”

“三界所有，唯是一心”，为后代唯心（识）论者所重视的教证。这一思想，与古代设摩达多（Śarmadatta）——寂授论师的“刹那缘起”相近。寂授是说一切有部中，与《发智论》主同时的论师。在古传四种缘起说中，寂授立“刹那缘起”，如《阿毗达磨大毗婆沙论》卷二三（大正二七·一一八下）说：

“尊者设摩达多说曰：一刹那顷有十二支，如起贪心害

① 《妙法莲华经》卷三（大正九·二〇中）。

② 《大方广佛华严经》卷三六（大正一〇·一九一下）。

众生命,此相应痴是无明;此相应思是行;此相应心是识;起有表业,必有俱时名色,诸根共相伴助,即是名色及与六处;此相应触是触;此相应受是受;贪即是爱;即此相应诸缠是取;所起身语二业是有;如是诸法起即是生;熟变是老,灭坏是死。”

“刹那缘起”与《十地品》的“一心缘起”,虽不完全一致,但非常近似的。一刹那,是极短的时间;约心说,就是一念。一念中有十二支缘起,对于一心中安立十二缘起,归结到“十二有支皆依一心”,应该是有启发性的。

《十地品》安立十地的差别,如初地“多作阎浮提王”,一地一地的向上增进,到十地“多作摩醯首罗(色究竟天的大自在)天王”。初地“得百三昧;得见百佛;知百佛神力;能动百佛世界;能过百佛世界;能照百佛世界;能教化百世界众生;能住寿百劫;能知前后各百劫事;能入百法门;能示现百身,于一一身示现百菩萨以为眷属”。这样的二地“得千三昧”等,一直到十地,“得十不可说百千亿那由他佛刹微尘数三昧,乃至示现尔所微尘数菩萨以为眷属”。这类次第增广的安立,无非表示菩萨的次第增进,智慧与能力越来越广大而已。

一地一地进修的法门,主要是:初地布施,二地持戒,三地禅定与神通:融摄了世间(共人天)的功德。四地道品,五地谛,六地缘起:这三者是慧,融摄了出世间(共二乘)的功德。施、戒、定,是世间善的要目;戒、定、慧——三增上学,是出世善的要目。前六地,融摄了世间与出世间善法,以后是大乘不共的出世间上上善。七地“修方便慧,起殊胜道”;八地“起无功用觉慧,观一切智智所行境”；九地“四无碍辩”，称机说法；十地受佛职，具足功德。依《十地品》说：从远行地入不动地，是从有功用行到无功用行；“得无生忍”，“名为超烦恼行”。七地入八地，是个极重要的关键地位。经文——长行及偈颂，举山王喻、大海喻、摩尼宝喻，以说明十地的功德，如下①：

山王喻	大海喻	摩尼宝喻
1 世间艺业	大愿	发一切智心
2 戒行	持戒	戒行明净
3 禅定神通	舍世假名	三昧圆满
4 道品智慧	专一	道行清净
5 如意神通	方便神通	方便神通
6 具众果	观甚深理	缘起智
7 方便大慧	广大慧	方便智
8 自在行	广大庄严	自在
9 集无碍智	思量微妙义	观众生行放闻持光
10 具众德	受持一切佛法	受佛智职广作佛事

《大方广佛华严经》卷三九（大正一〇·二〇六上——中）说：

“王执此瓶，灌太子顶，是时即名受王职位，堕在灌顶刹利王数。即能具足行十善道，亦得名为转轮圣王。菩萨受职，亦复如是。诸佛智水灌其顶故，名为受职；具足如来

① 《大方广佛华严经》卷三九（大正一〇·二〇八下——二〇九中、二一〇下）。

十种力故，堕在佛数。……名为安住法云地。”

第十法云地，以灌顶为王作比喻。论理，王子行了灌顶礼，就成为王，那么菩萨受佛灌顶，也就是佛。然而诸佛灌顶，菩萨“堕在佛数”，却还是菩萨，这是很可疑的！所以大家都怀疑了：“若菩萨神通境界如是，佛神通力其复云何？金刚藏言：……如来智慧无边无等，云何而与菩萨比量！……菩萨摩诃萨已能安住如是智慧，诸佛世尊复更为说三世智，……为说得一切智智。”①菩萨灌顶以后，还要进修，佛还要为他说法。“般若十地”也说：“菩萨摩诃萨具足六波罗蜜，四念处乃至十八不共法，一切种智具足满，断一切烦恼及习，是名菩萨摩诃萨住十地中，当知如佛。”②不说十地是佛，而说“如佛”，也表示了还是菩萨地。《入法界品》海幢比丘所教化的菩萨，灌顶位以后，还有坐菩提场菩萨③。《如来出现品》④、《离世间品》，都在灌顶位以上，有一生所系菩萨⑤。《入法界品》师子嚬申比丘尼说法，在第十地以后，立执金刚神⑥。这都表示了菩萨灌顶以上，还有更高胜的菩萨。依《华严经》意，就是住普贤地菩萨。

初地说：“菩萨始发如是心，即得超凡夫地，入菩萨位；生如来家，无能说其种族过失；离世间趣，入出世道；得菩萨法，住菩

---

① 《大方广佛华严经》卷三九（大正一〇·二〇八上——中）。

② 《摩诃般若波罗蜜经》卷六（大正八·二五九下）。

③ 《大方广佛华严经》卷六三（大正一〇·三四一下——三四二上）。

④ 《大方广佛华严经》卷五一（大正一〇·二七〇中）。

⑤ 《大方广佛华严经》卷四三（大正九·六七二上）。《度世品经》卷六（大正一〇·六五五下）。

⑥ 《大方广佛华严经》卷六七（大正一〇·三六四上——中）。

萨处；入三世平等；于如来种中，决定当得无上菩提。”①初地证入平等性，是得出世圣智的，这是与“般若十地”不同的。“华严十住”的本义，与“般若十地”相同：初发心；新学；修行相应；于正法中生（生贵），“永不退转，于诸佛所深生净信”；第七住才“得不退转无生法忍”。然《十地品》的意思，是结合十住的，所以说“法王子住善慧地菩萨”；第八“名为童真地”。《入法界品》引用十住而立十二位，发心住以前，立信解位菩萨，那可以说初住悟入了。晋、唐译本的《十住品》，每住末必说：“有所闻法，即自开解，不由他教”②，表示了住住是证悟的，与十地相同。但支谦、竺法护、祇多罗的古译本，都没有这几句，可见是后来增补的。《华严·十住品》以后，《梵行品》（第十六）说：初发心时，便成正觉③。《初发心功德品》（第十七）说：“应知此（初发心）人，即与三世诸佛同等，即与三世诸佛如来境界平等，即与三世诸佛如来功德平等，得如来一身无量身究竟平等真实智慧。才发心时，……即能于一切世界中示现成佛，即能令一切众生皆得欢喜，即能入一切法界性，即能持一切佛种性，即能得一切佛智慧光明。”④这样的初发心菩萨，至少是欢喜地菩萨那样的发心！《华严经》最后集成，显然是以《十地品》那样的菩萨为准绳的。在“般若法门”方面，“上品般若”是以“般若十地”为欢喜等十地的。龙树为《十地品》造论，名《十住毗婆沙论》，也有这

① 《大方广佛华严经》卷三四（大正一〇·一八一上）。
② 《大方广佛华严经》卷一六（初住）（大正一〇·八四中）。
③ 《大方广佛华严经》卷一七（大正一〇·八九上）。
④ 《大方广佛华严经》卷一七（大正一〇·九一下）。

样的意思，但解说不同，如《十住毗婆沙论》卷一（大正二六·二四下）说：

"为得是佛十力故，大心发愿，即入必定聚。问曰：凡初发心皆有如是相耶？答曰：或有人说，初发心便有如是相，而实不尔。何以故？是事应分别，不应定答。所以者何？一切菩萨初发心时，不应悉入于必定。或有初发心时，即入必定；或有渐修功德，如释迦牟尼佛，初发心时不入必定，后修集功德值燃灯佛，得入必定。是故汝说一切菩萨初发心便入必定，是为邪论。"

依龙树的意思，菩萨根性不同，不是一致的。有的菩萨，初发心住地不得证入，要到第七住地才得无生法忍。有的初发心，就得无生忍，那是顿超入第七住地了。龙树的解释，是依《般若经》的，如《摩诃般若波罗蜜经》卷二（大正八·二二六上）说：

"有菩萨摩诃萨，初发意时，行六波罗蜜，上菩萨位，得阿惟越致地。舍利弗！有菩萨摩诃萨，初发意时，便得阿耨多罗三藐三菩提，转法轮；与无量阿僧祇众生作益厚已，入无余涅槃。……舍利弗！有菩萨摩诃萨，初发意时，与般若波罗蜜相应，与无数百千亿菩萨，从一佛国至一佛国，为净佛国土故。"

《大智度论》解说为：这三类菩萨，都是利根。《论》中举乘羊、乘马、乘神通，以说明根性不同，成佛的迟速不同①。羊乘、

① 《大智度论》卷三八（大正二五·三四二下）。

象乘、神通乘——日月神通乘、声闻神通乘、如来神通乘——五类菩萨成佛的迟速不同，出于《入定不定印经》①。龙树是这样的，会通了“般若十地”与“华严十地”间的差别。

第三项　十地说的发展

《十地品》，对菩萨十地的进修过程，作了有条理的编次，成为菩萨行位的准绳。《十地品》成立以后，佛教界有以十地为主而作更充实的组集，可以分为二流。

一、传为鸠摩罗什所译的《庄严菩提心经》，一卷；及元魏吉迦夜所译的《大方广菩萨十地经》，一卷；唐菩提流志所译的，编入《大宝积经》的《无尽慧菩萨会》，一卷。这三部是同本异译，代表十地说的一流。依《庄严菩提心经》，全经的内容如下②：

（一）佛为思无量义菩萨说

1. 菩提心的意义
2. 十种发（菩提）心
3. 十种三昧护持菩提心
4. 十地瑞相
5. 十种陀罗尼
6. 十波罗蜜
7. 七波罗蜜各有十种
8. 波罗蜜的意义

（二）佛为师子奋迅光天子说忆念法门功德

---

① 《入定不定印经》（大正一五·七〇六中以下）。

② 《庄严菩提心经》（大正一〇·九六一中——九六三上）。

经义是以“菩提心”为主体的。十种发心，就是菩提心显发的十个阶段；十种菩提心，就是十地所有的一切(智)智。与十菩提心相应的，有十种“三昧”、“瑞兆”、“陀罗尼”、“波罗蜜”。这是以菩提心为体，三昧等功德所庄严的十地说。这部经，后来被编入《金光明经》。如《合部金光明经》的《陀罗尼最净地品》，是梁真谛所译的；及唐义净所译的《金光明最胜王经》的《最净地陀罗尼品》①。《金光明经》的这一品，与《庄严菩提心经》，可说是一致的。《金光明经》这一品的初段，作佛为师子相无碍光焰菩萨(就是“师子奋迅光天子”的异译)说；初段终了，多了师子相无碍光焰的赞颂。后段，改为“大自在梵天王”说。内容是十菩提心，十地瑞相，十地名义，十地所断十重(二)无明障，十波罗蜜多，十三摩地，十陀罗尼。这里面，多出了“十地名义”，“十重(二)无明障”；而重要的是：十陀罗尼改成十种咒陀罗尼，品名也着重陀罗尼了。这是受到“秘密大乘佛法”渐兴的影响。《庄严菩提心经》，集出不会太迟，竺法护所译的《菩萨十地经》(已佚)，就是这部经的初译本。竺法护所译的《文殊悔过经》(大正一四·四四一下)说：

“或问上界悔过之处，十地，十忍，十分别事，十瑞，十持，十印，十三昧定。”

这也是十数的类集，与《华严经》相通。这里面的“十瑞、十持”(陀罗尼)，确是《庄严菩提心经》的内容。晋聂承远所译

---

① 《合部金光明经》卷三(大正一六·三七二下——三七七中)。《金光明最胜王经》卷四(大正一六·四一七下——四二二中)。

(与竺法护有关①)的《超日明三昧经》说:修十种三昧,得超日明三昧。如《经》卷上(大正一五·五三六下)说:

> “何谓法宝三昧?……发无上正真道意,成就德本,如须弥山,信乐大乘,心不动移。先睹嘉瑞,三千佛土亿百千藏,皆满具足。逮成殊胜难当总持。而成就通达施度无极。”

十种三昧,是法宝三昧……勇猛伏[首楞严]三昧。每一三昧,有嘉瑞、总持、度无极[波罗蜜]。名称与内容,都与《庄严菩提心经》相合。这一类集的内容,竺法护的译品中已经存在,可推见集出的时代,约在西元三世纪初。还有,传为鸠摩罗什所译的《文殊师利问菩提经》,共有四种译本,世亲有论释。这部经,也是以菩提心为主体,立“初发心”、“行道心”、“不退转心”、“一生补处心”——四位,而加以分别。说到了“十地”,及“十智”、“十发”、“十行”等分别②。四位的分别,可能比《庄严菩提心经》的十位说要早些。这些经典,同样有阿毗达磨的特色;为后代瑜伽者,敞开了大乘法相的通道!

《庄严菩提心经》、《大方广菩萨十地经》,说到了十波罗蜜,但在解说波罗蜜各有十事时,却只解说了施、戒、忍、精进、禅、般若、方便——七波罗蜜③。罗什译本的十波罗蜜,六波罗蜜以

---

① 《出三藏记集》卷二(大正五五·九下)。

② 《文殊师利问菩提经》(大正一四·四八一下——四八三下)。

③ 《庄严菩提心经》(大正一〇·九六二中——下)。《大方广菩萨十地经》(大正一〇·九六四中——九六五上)。《大宝积经》卷一一五《无尽慧菩萨会》作十度(大正一一·六四八下——六四九上)。

外,是方便、智、成就众生满足、诸愿满足①,也与一般的十波罗蜜不合。这是值得我们注意的问题!波罗蜜,从本生谈类集而成的菩萨行,是通常的六波罗蜜。"中品般若"、"文殊法门",方便从般若中分离出来,般若与方便对立,方便的地位重要起来。六波罗蜜以外,立方便波罗蜜,部分的初期大乘经就是这样。《庄严菩提心经》约七波罗蜜来分别,就是初期大乘佛法的旧说。一般地说,《华严经》是说十波罗蜜的,如第七地所说②。然"晋译本"的《十地品》,初地说:"常行大施"③;二地说:"十波罗蜜,戒波罗蜜偏胜";三地说:"十波罗蜜,忍辱波罗蜜、精进波罗蜜偏胜。"④四地以下,没有说某波罗蜜偏胜的话。古译的《渐备一切智德经》、《十住经》,都与"晋译本"相合,特别是也说三地的忍与精进偏胜⑤。到了"唐译本"及尸罗达多所译的《十地经》,才在十地的每一地,说十波罗蜜多的某一波罗蜜多偏胜,显然与古本不同。龙树的《十住毗婆沙论》是解释《十地品》的,而在《论》(及《大智度论》)中竟没有说到十波罗蜜。所以可推定为:十波罗蜜的成立,是比龙树迟一些。现在的《华严经》虽有十波罗蜜说,但还在不确定的阶段。《华严经》采用六波罗蜜说的,不少;说六波罗蜜与方便,说六波罗蜜与四无量,说六波罗蜜、方便与四无量的,也非常多。初期大乘经,大部分都是这样

---

① 《庄严菩提心经》(大正一〇·九六二中)。

② 《大方广佛华严经》卷三七(大正一〇·一九六中——下、一九八上——中)。《大方广佛华严经》卷二五(大正九·五六一中——下、五六三上——中)。

③ 《大方广佛华严经》卷二三(大正九·五四七中)。

④ 《大方广佛华严经》卷二四(大正九·五五〇上、五五二中)。

⑤ 《渐备一切智德经》卷二(大正一〇·四七〇上)。《十住经》卷二(大正一〇·五〇八中)。

的。《华严经》的新说——十波罗蜜，还是流动而不确定的，如①：

1. 施、戒、忍、精进、禅、般若、智、愿、神通、法

2. 施、戒、忍、精进、禅、般若、大乘、愿、力、智

3. 施、戒、忍、精进、禅、智慧、方便、愿、力、神通

4. 施、戒、忍、精进、禅、般若、方便、愿、力、智

从这多少不同的十波罗蜜中，可见还在流动不确定的阶段，这是《华严经》大部集成时代的情形。确定为六度、方便、愿、力、智——十波罗蜜；说十地的每一地，一波罗蜜偏胜，那不是《十地品》的旧说。等到十波罗蜜定形，修正《十地品》，可能是西元四世纪的事。

二、十住、十行、十回向、十地的次第，后汉译出的《兜沙经》已经说到。从佛放光的处所，及说法的处所，次第向上，在编集者的心目中，应该是有先后次第的意义！《华严经》在印度，是著名的经典，但后期大乘经论，对于菩萨行位，都用"华严十地"，而对十住、十行、十回向、十地的次第，可说是没有采用的。仅有的，是梁真谛所译的，天亲所造的《摄大乘论释》卷一一（大正三一·二二九中）说：

"愿乐行人，自有四种，谓十信、十解、十行、十回向。

---

① 1.《大方广佛华严经》卷五三（大正一〇·二八二中——下）。《大方广佛华严经》卷三七（大正九·六三五中——下）。2.《大方广佛华严经》卷七二（大正一〇·三九一上）。《大方广佛华严经》卷五四，"愿"作"无着"（大正九·七四一上——中）。《大方广佛华严经》卷二二，"大乘"下加"勤修一切善巧方便"（大正一〇·七六四上）。3.《大方广佛华严经》卷七七（大正一〇·四二四上）。《大方广佛华严经》卷三四（大正一〇·八一九上）。4.《大方广佛华严经》卷三七（大正一〇·一九六中——下）。

为菩萨圣道有四种方便，故有四人。”

“愿乐行”，玄奘译为“胜解行”，是没有入十地圣道以前的菩萨。依真谛译，地前的愿乐行位，是十信、十解、十行、十回向。十解就是十住；在十住前，又立十信，这是《华严经》所没有的。真谛译又说：“菩萨有二种，谓凡夫、圣人。十信以还是凡夫，十解以上是圣人。”①又说：“从十信至十回向，是信乐正位。”②“信乐”，就是“愿乐”。真谛译本，在十地以前，立信、解、行、回向——四十位。但同本异译的，隋笈多(Dharmagupta)共行矩译的《摄大乘释论》、唐玄奘译的《摄大乘论释》，都没有以上所引的文句。真谛所译的，每将当时印度的不同论义附入所译的论中，所以愿乐行人分为四十位，可能为印度方面世亲学系以外的论义，不过也可能是中国的助译者根据中国佛教的见解而附入的。此外，唐地婆诃罗——日照三藏，在西元六八〇——六八五年间，所译的《方广大庄严经》卷一(大正三·五四〇下)说：

“自在熏修七阿僧祇，所习善根皆已回向，弘五福德，施七净财，行十善道，增长五十二种善根。已能修习正行相应四十分位，已能修习誓愿相应四十分位，已能修习意乐相应四十分位，已能修习正直解脱四十分位。……为欲证阿耨多罗三藐三菩提，乃趣一生补处。”

《方广大庄严经》，是大乘化的佛传。文义不太明显，然菩

① 《摄大乘论释》卷四(大正三一·一七七下)。
② 《摄大乘论释》卷七(大正三一·一九九中)。

萨“熏修七阿僧祇”，是“余部别执”，见梁译的《摄大乘论释》①。五十二种善根，可能是十信、十住、十行、十回向、十地、等觉、妙觉的总称（日照与贤首的时代相同；五十二善根说，与贤首说相合）。所说的“四十分位”，修习圆满了，“趣一生补处”，然后成佛；“四十分位”，极可能是十住、十行、十回向与十地。不过竺法护初译的《普曜经》，没有这一段文句。这部经，现有梵文本，可以对勘。

十住、十行、十回向、十地的菩萨行位，或十住以前立十信，在中国佛教中是众所周知的。这主要是受了《梵网经卢舍那佛说菩萨心地戒品》、《仁王护国般若波罗蜜经》、《菩萨璎珞本业经》的影响。上二部，一向有“疑伪”的传说。《菩萨璎珞本业经》，《出三藏记集》在“新集续撰失译杂经录”中，是“失译”经②。对中国佛学有莫大影响的三部经，来历都有欠明白！论到菩萨行位，《梵网经》立四十位③，《仁王经》立四十一位④，《璎珞本业经》立四十二位⑤。对列如下：

《梵网经》	《仁王经》	《璎珞本业经》
十发趣心（坚信忍）	习种性（十信心）	习种性——十住
十长养心（坚法忍）	性种性（十止心）	性种性——十行
十金刚心（坚修忍）	道种性（十坚心）	道种性——十回向

① 《摄大乘论释》卷一一（大正三一·二三〇上）。

② 《出三藏记集》卷四（大正五五·二一下）。

③ 《梵网经卢舍那佛说菩萨心地戒品》卷上（大正二四·九九七下——九九八上）。

④ 《仁王护国般若波罗蜜经》卷上（大正八·八二六中——八二八上）。

⑤ 《菩萨璎珞本业经》卷上（大正二四·一〇一二下——一〇一三上）。

十地(坚圣忍)	(十地)	圣种性——十地
体性平等地	善觉菩萨	欢喜地
体性善慧地	离达菩萨	离垢地
体性光明地	明慧菩萨	明慧地
体性尔焰地	(尔)焰慧菩萨	焰光地
体性慧照地	胜慧菩萨	难胜地
体性华光地	法现菩萨	现前地
体性满足地	远达菩萨	远行地
体性佛吼地	等观菩萨	不动地
体性华严地	慧光菩萨	善慧地
	灌顶菩萨	法云地
		等觉
体性入佛界地	萨婆若	妙觉——一切智地

《梵网经》的第十地，就是佛地。《仁王经》在第十灌顶菩萨外，别立佛的一切智(萨婆若)地。《菩萨璎珞本业经》在第十法云地与佛的一切智地间，加一等觉位。四十位、四十一位、四十二位，表示了这三部经集出的先后。这三部经，都是知道《华严经》与卢舍那佛的。《梵网经》十地的名字非常不同，但第三光明地、第四尔焰地，都与“华严十地”相同，不过以焰为“尔焰”的焰，不能不说是误解了！《梵网经》的“十发趣心”;《仁王经》的“十信心”;《璎珞本业经》所说，十住前所修的“十信心”：比对起来，差别不大，只是传说的不同，今对比如下①：

① 《梵网经卢舍那佛说菩萨心地戒品》卷上(大正二四·九九七下)。《仁王护国般若波罗蜜经》卷上(大正八·八二六中)。《菩萨璎珞本业经》卷上(大正二四·一〇一一下)。

《梵网经》:1.舍、2.戒、3.忍、4.进、 5.定、6.慧、7.愿、8.护、9.喜、10.顶
《仁王经》:6.施、7.戒、1.信、2.精进、5.定、4.慧、9.愿、8.护、3.念、10.回向
《璎珞经》:9.舍、6.戒、1.信、3.精进、4.定、5.慧、10.愿、8.护、2.念、7.回向

三经所说的,名目虽有三心的不同,而可以推定为出于一源。依《菩萨璎珞本业经》说:十住以前的名字菩萨,修十信心,如十信成就了,进入初住①。《仁王经》也有"习忍"以前的十善菩萨②。十住以前立十信位,所以中国有五十一位或五十二位说。这三部经,是在中国集出的。在十地以前,立三(贤)位——"十发趣"、"十长养"、"十金刚";"十信"、"十(意)止"、"十坚":在《梵网》与《仁王经》中,并没有引用《华严经》的术语。到《菩萨璎珞本业经》,才称之为"十住"、"十行"、"十回向",引用《华严经》说。从此,成为中国佛学界的定论。为什么立三贤位,每位是不多不少的十数,如不出于《华严》的传说,到底原始的根据何在?这一发展,虽不属于印度,但我总觉得,十地以前立三贤位,多少有西方传来的因素。

第五节　善财南参

第一项　善财与福城

"华严法门"中,以善财童子访问善知识为因缘,阐明菩萨行,一生精进而入普贤地的,是《入法界品》。西秦圣坚所译的

① 《菩萨璎珞本业经》卷上(大正二四·一〇一一下)。
② 《仁王护国般若波罗蜜经》卷下(大正八·八三一中)。

《罗摩伽经》，仅是一小部分。唐般若所译的《大方广佛华严经》四十卷，是《入法界品》的别译。般若所译的，内题“入不思议解脱境界普贤行愿品”。经后记说：“大方广佛华严经百千偈中，所说善财童子亲近承事佛刹极微尘数善知识行中，五十五圣者善知识，入不思议解脱境界，普贤行愿品。”①“入不思议解脱境界”，就是《大智度论》所说的《不思议解脱经》；也就是“入法界”。《普贤行愿品》，是这一品的品名，但一般流通的《普贤行愿品》，专指末后一卷，是“晋译本”、“唐译本”所没有的。末卷的《普贤行愿品》，留到下一节去研究。

善财童子，在部派佛教的传说中，是释尊的“本生”。《根本说一切有部毗奈耶药事》，释尊自说往昔生中的菩萨大行，说到了善财童子。善财是般遮罗(Pañcala)国北界，那布罗(Nāgapura，或意译龙阁城，或象阁城)城的王子。猎师以不空羂索(amoghapāśa)，捉到了一位美貌的紧那罗(Kiṃnara)女悦意(Sumana)，奉献给王子，受到王子非常的染爱。由于婆罗门的播弄，善财王子受命，出去征伐叛逆。国王要伤害紧那罗女悦意，悦意就逃了回去。善财平定了叛逆回来，不见了悦意，知道事情经过后，就决心出城向北去寻访悦意。善财童子向月亮、鹿、蜜蜂、蟒蛇、百舌鸟、无忧树，心里迷乱的，见到什么，就问：“见我悦意耶?”善财的到处寻访，经历了种种山、种种河流，可畏的蛇、鸟、夜叉；以无比的勇气，克服险难，终于到了紧那罗王城，会见了悦意，与悦意

---

① 《大方广佛华严经》卷四〇(大正一〇·八四八中——下)。

同回那布罗城①。依世俗的观点,善财寻悦意的故事,是真挚纯洁的爱,不惜一切的追求,终于达到了目的。《律》中说:当时是"发精进波罗蜜";"我为悦意故,精勤威力第一超越"②。善财的到处寻访,"精勤威力第一超越",不是与《入法界品》中善财童子的到处参访,非常类似的吗?善财童子的到处参访,是为了从菩萨行中,达成清净的佛道,不是访问紧那罗女悦意可比。然而访问悦意的善财童子,正是"贤劫菩萨"③。寻访悦意的是"染欲",参访善知识的是"正法欲"。经上说:"诸法欲为根本。"有欲才能引发精进,有精进才能成就一切事业。以愿欲而引发无限的精进,是善财童子故事的精髓!

《入法界品》的主体人物,是善财童子。《入法界品》说:文殊师利到南方去弘化,首先"至福城东,住庄严幢娑罗林中,往昔诸佛曾所止住,教化众生大塔庙处"④。文殊在这里说法,善财也从福城来,听法后发心,开始一生参学的历程。福城是善财参学的出发处,应该有实际的意义。福城,晋译作觉城;"四十卷本"作福城、福生城。现存的梵本,原语为 Dhanyākara-nagara;这一梵语,晋译怎么会译作觉城呢?怕是后代有过变化了。考《大品》的《药犍度》,有 Bhaddiya-nagara(幸福城),佛在这里,受

---

① 《根本说一切有部毗奈耶药事》卷一三——一四(大正二四·五九中——六四下)。

② 《根本说一切有部毗奈耶药事》卷一三(大正二四·五九中),又卷一四(大正二四·六四下)。

③ 《根本说一切有部毗奈耶药事》卷一三(大正二四·六〇下——六一下)。

④ 《大方广佛华严经》卷六二(大正一〇·三三一下——三三二上)。

大福报长者 Meṇḍaka(旻荼)的供养①。《十诵律》作修摩国(Suhma)的婆提城②,婆提与 Bhaddiya 音相合。《根本说一切有部律》作 Bhadraṃkara,与或译为跋提城相合。我以为,这就是善财所住的福城,原语 Bhaddiya,晋译所以会译作觉城。婆提城,巴利本以为在 Aṅga(央伽)境内,这是佛世摩竭陀以东的通称。《十诵律》与《四分律》,是修摩(或译苏弥)的一城。据 Bṛhat-saṃhitā 说:修摩在央伽与羯饺伽之间③。《十诵律》说:"从婆提城,持衣钵,向频阇山游行。"④频阇山(Vindhaya)是横亘于南印度与中印度间的山脉。依律本所见,Bhaddiya 或 Bhadraṃkara 的所在地,可以想见。现在奥里萨的 Jājapur 市东北,约二十里处,有地名 Bhadraka 的,与跋提——福城的语音及方位,都完全相合。所以,推定奥里萨的 Bhadraka,就是佛世的跋提城,传为善财所住的福城。在传说的故事中,也有符合处。跋提城的旻荼长者,福报非常大,如有神通威力的那样。谷子从虚空落下,谷仓永远是充满的;锅里的饮食,囊中的金子,都是用之不尽的⑤。福城的善财童子,诞生以后,财富也自然而来。七宝楼阁下,有七伏藏;说不完的宝器而外,"又雨众宝及诸财物,一切库藏悉令充满"⑥。这是《律》中跋提城、《华严经》福城所有的共

---

① 《铜鍱律·大品》(南传三·四二〇——四二八)。《弥沙塞部和醯五分律》卷二二(大正二二·一五〇下——一五一中)。

② 《十诵律》卷二六(大正二三·一九一上——一九二中)。《四分律》卷四二(大正二二·八七二中——八七三上)。

③ 冯承钧译《大孔雀经药叉名录舆地考》(一一)。

④ 《十诵律》卷二六(大正二三·一九二中)。

⑤ 《铜鍱律·大品》(南传三·四二〇——四二一)。

⑥ 《大方广佛华严经》卷六二(大正一〇·三三二中)。

同性——财富无量，大福报者的住处。这应该与此地的濒临大海，商人的往来海外有关。奥里萨的 Bhadraka，传说为善财所住的福城；这里的确是与《华严经·入法界品》有关的。

《龙树菩萨传》说：龙树入龙宫，读到无量的大乘经，“得诸经一箱”而出①。龙树从龙宫得经，传说中主要是《华严经》。如魏菩提流支说：“龙树从海宫持出（《华严》）。”②真谛说：龙树往龙宫，龙王“即授下本华严，并诸经一箱”③。波罗颇蜜多罗（Prabhākaramitra）说：“龙树从龙宫将经出已，遂造大不思议论。”④龙树从龙宫得经（《华严》）的传说，极为普遍。还有入龙宫得塔的传说，如《法苑珠林》卷三八（大正五三·五八九上）引《西域志》说：

> “波斯匿王都城东百里大海边，有大塔，塔中有小塔，高一丈二尺，装众宝饰之。夜中每有光曜，如大火聚。云：佛般泥洹五百岁后，龙树菩萨入大海化龙王，龙王以此宝塔奉献龙树。龙树受已，将施此国王，便起大塔以覆其上。自昔以来，有人求愿者，皆叩头烧香，献华盖，其华盖从地自起，徘徊渐上，当塔直上，乃止空中。”

玄奘《大唐西域记》卷一〇（大正五一·九二八中——下）说：

---

① 《龙树菩萨传》（大正五〇·一八六上）。
② 《净名玄论》卷二（大正三八·八六三中）。
③ 《法华传记》卷一（大正五一·五〇上）。
④ 《华严经传记》卷一（大正五一·一五六中）。

> “乌茶……国西南境大山中，有补涩波祇厘僧伽蓝。其石窣堵波，极多灵异。或至斋日，时烛光明，故诸净信远近咸会，持妙花盖，竞修供养。承露盘下，覆钵势上，以花盖笴，置之便住，若磁石之吸针也。此西北山伽蓝中，有窣堵波，所异同前。此二窣堵波者，神鬼所建，灵奇若斯！”

玄奘所传乌荼，即现在奥里萨的灵塔，与《西域志》所传的龙树塔，显然是同一事实的不同传说。《西域志》说：龙树塔在大海边；乌荼的确是濒临大海的。灵塔都有放光的传说。《西域志》说：供塔的华盖，在塔上空，不会落下来，《西域记》也这样说，这是同一事实的明证。《西域志》说：塔在波斯匿王都东百里大海边；波斯匿王都是舍卫城，离大海极远，所以波斯匿王是不可信的，这是乌荼的大塔。

龙树从龙宫得塔，或说入龙宫得经，是同一事实。灵塔的所在地——补涩波祇厘（Puṣpagiri），确与龙王有关。补涩波祇厘，意译是“华山”，这是印度有名的神山。在《吠陀》、《摩诃婆罗多》、《往世书》（Purāṇa）中，都说到婆楼那（Varuṇa）经常来往“华山”①。在婆罗门教中，婆楼那本为天界的大神，由于主管降雨流水，所以《阿闼婆吠陀》（Atharva-veda）与《摩诃婆罗多》说婆楼那是水神。在佛教中，就是有名的婆楼那龙王；龙是主管降雨流水的，所以密典中称之为水天。如《大集经·须弥藏分》，婆楼那是五类龙王中的鱼龙王②。婆楼那是龙王，经常往来的

---

① 高桑驹吉《〈大唐西域记〉所记东南印度诸国之研究》（二一）。

② 《大方等大集经》卷五八《须弥藏分》（大正一三·三八九上）。

补涩波山，恰好就是传说龙树入龙宫、得经得塔的地方。龙王经常往来的，龙树得经得塔处，到底在乌荼的什么地方？依《西域记》，补涩波山在国西南大山中，还有西北僧伽蓝，都有灵奇的塔。依《西域志》，塔在大海边。近代学者对补涩波山的研考，或以为：Puri 州的 Kandgiri 与 Udayagiri——二山，推定为《西域记》的补涩波祇厘，与西北山伽蓝，两处有同样的灵塔。现有耆那教的遗迹，可能为佛教的圣迹，被破坏而改造成的。或以为：Cuttack 州的 Jājapur、Subdivision 的 Assia 山脉中，也就是 Udayagiri 山脉的极东处，山中有佛教的遗迹①。《入法界品》福城大塔庙处的地位，与 Assia 山极东处相近。Udayagiri 山脉，一直延展到西南，与玄奘所传的灵塔处相连。我以为：传说，特别是宗教的传说，大抵是这样的——同一事件，会扩展到附近，甚至很远的地方。所以龙树得经得塔处，指为福城，Udayagiri 山一带，是没有什么不可以的。Udayagiri——优陀延山，优陀延是日出或出光的意思。《翻梵语》说："优陀延山，日出处也。"②还有，乌荼也有作优特伽罗(Uttkala)的。梵语(郁特)Udaka，《一切经音义》说："东天竺呼水名也。"③乌荼面临大海，被称为乌荼，可能与水有关。这里，是大海边，是日出处，是水国，是婆楼那经常来往的地方。传说龙树入龙宫、见龙王、得塔、得经，也正是这个地方。

上面说过，《入法界品》的出发处，善财童子所住的福城是

① 高桑驹吉《〈大唐西域记〉所记东南印度诸国之研究》(一八——二一)。
② 《翻梵语》卷九(大正五四·一〇四二下)。
③ 《一切经音义》卷二六(大正五四·四七三下)。

乌荼——现在奥里萨 Jājapur 市东北的 Bhadraka。此地的补涩波祇厘大塔,应该就是《入法界品》所说,福城以东,庄严幢娑罗林中的"大塔庙处"。以 Bhadraka 为福城,从善财南参的途程来看,更可以确信无疑。一、善财从福城出发,先(西南向)到胜乐国(Rāmâvarânta)的妙峰山,应该是现在 Mahānadi 南岸的 Rāmpur。二、再(东南向)到海门国(Sāgaramukha),虽不能确指,依经中"观海"及以下行程,应在现在 Chilika 湖以南的海边。三、(西南向)到楞伽道头(Laṇkāpatha),这是去锡兰的海口。四、(向西南)到达里鼻荼国(Dramiḍapaṭṭana)的自在城(Vajrapura)。达里鼻荼,《西域记》作达罗毗荼,是沿 Palar 河两岸地方。五、向(西)南到住林聚落(Vanavāsin),这是有名的婆那婆私,阿育王曾派传教师去布教。婆那婆私的所在地,学者们议论不一。依《入法界品》在达里鼻荼以南,应该在现在 Mysore 南部。六、后来到了阎浮提畔(Jambudvīpaśīrṣa)的摩利伽罗国(Milasphraṇa),这是到了印度南端,《西域记》所说的摩罗矩吒。依这一旅程来看,大致近于玄奘南下的行程。善财出发处的福城,传说与龙王有关。文殊说法时,"于大海中,有无量百千亿诸龙而来其所"①。在这里特别说到龙族,是不应该看作偶然的。这里,传说龙树入龙宫,得塔得经,主要是《华严经》的传说,所以乌荼的福城以东,补涩波祇厘大塔庙,推定是《入法界品》集出的地方。在这里集出流通,所以经上说:文殊来福城教化,善财发心参学,从此地开始。唐德宗贞元十一年(西元七九

① 《大方广佛华严经》卷六二(大正一〇·三三二上)。

五)，乌荼国王手写《华严经》的《入不思议解脱境界普贤行愿品》，呈献中国皇帝①，后来翻译出来，就是《入法界品》别译，四十卷本的《华严经》。这可见《入法界品》与乌荼，是有特别关系的！《大唐西域记》说："乌荼……僧徒万余人，并皆习学大乘法教。"②日照三藏说："南天竺国，近占波城(这是佛世央伽的首府)，有一僧伽蓝，名毗瑟奴(可能为补涩波的别传)。……有一大乘法师，持华严一帙，来至其寺。……华严一经，盛于此国。""南天竺……堀忧遮，此名雁也，见彼寺诸德并受持华严。"③在乌荼及以南一带，到西元七、八世纪，《华严经》还是盛行的经典。总之，《入法界品》是在乌荼开始流行的。这里，是早有塔庙的——古佛大塔庙处(可能是婆楼那塔庙)。龙树(?)在这里，得到国王的护持重建，在小塔外加一大塔；印度大塔的修建，大都是这样的。在婆楼那龙王的塔庙中，得到大乘经(《入法界品》等)，传说是龙树发现的。于是传说为：龙树被龙王接入龙宫中，从龙宫得经得塔了。这一传说，是有多少事实依据的，不过经过传说的神化而已④。

第二项　善财参访的善知识

《入法界品》，本来是一部独立的经典，在舍卫国祇树给孤独园说，会中有舍利弗等五百声闻，与《世主妙严品》的"始成正

---

① 《大方广佛华严经》卷四〇(大正一〇·八四八中——下)。
② 《大唐西域记》卷一〇(大正五一·九二八中)。
③ 《华严经传记》卷四(续一三四·二五八、二五四)。
④ 有关福城部分，依拙作《龙树龙宫取经考》改写的。

觉"、《十地品》的成道第二七日不同。由于有声闻在会，不能见如来境界、不思议的菩萨境界，存有贬抑声闻的意趣，与"文殊法门"相近。如舍利弗领导的六千初学比丘，离开舍利弗，而随文殊师利趣入大乘了①。如在海幢比丘的三昧中，声闻与缘觉，是从背上流出来的②。《入法界品》出发于佛陀的赞仰，阐扬契入佛法界的菩萨大行，到底是与《华严经》其他部分相应的，所以成为大部《华严》的一分。

在善财童子南参以前，首先显示了佛菩萨的甚深境界。由于菩萨、声闻、世间主的共同愿望，从如来所入师子嚬申三昧中，祇园出现了不思议的如来境界，于是十方菩萨都来了，十方菩萨各各表示自己所得佛德的一体。普贤宣说了"悉住普贤行，皆游法界海"的境界。佛放光普照，菩萨大众都深入如来功德大海。文殊师利赞叹了这一境界；菩萨众都不离当下，普遍地利益众生。（这就是下文善财童子南参所见的善知识，所习学种种菩萨行的情形。）菩萨们教化成就一切众生，如《大方广佛华严经》卷六一（大正一〇·三三〇中）说：

"此诸菩萨，或时示现无量化身云，或现其身独一无侣，所谓或现沙门身，或现婆罗门身，或现苦行身，或现充盛身，或现医王身，或现商主身，或现净命身，或现妓乐身，或现奉事诸天身，或现工巧技术身。往诣一切村营、城邑、王都、聚落、诸众生所；随其所应，以种种形相，种种威仪，种种

① 《大方广佛华严经》卷六一（大正一〇·三三〇下——三三一上）。

② 《大方广佛华严经》卷六三（大正一〇·三四〇下）。

音声，种种言论，种种住处；于一切世间，犹如帝网，行菩萨行。或说一切世间工巧事业，或说一切智慧照世明灯，或说一切众生业力所庄严，或说十方国土建立诸乘位，或说智灯所照一切法境界。教化成就一切众生，而亦不离此逝多林如来之所。”

文殊师利“辞退南行，往于人间”。首先，使声闻的初学者，回小心而行菩萨道。然后到福城去教化，善财童子在这里发心。善财到南方去参访，“愿见文殊师利，及见三千大千世界微尘数诸善知识，悉皆亲近，恭敬承事，受行其教”①。善财终于“入普贤行道场”，“见普贤菩萨”，“与普贤等，与诸佛等”②，完成了从菩萨行而入如来不思议境界的历程。文殊的到南方教化，善财的到南方去参访，暗示了大乘在南方兴起，南方大乘佛化的特色。

善财参访的善知识，（经日照三藏续译而补足了的）“晋译本”、“唐译本”及“四十卷本”，人数与次第，都是一致的。不过晚出的四十卷本，内容上增加了一些，如阿赖耶识说等③。“四十卷本”末，附有乌荼国王奉献《华严经》书，明说“五十五圣者善知识”④。一般传说为“五十三参”，那是省去了再见文殊师利的第二次，及推介善知识而没有说法的遍友（Viśvāmitra）。梵本经名 Gaṇḍavyūha，在《普贤行愿赞》末，列举五十二位善知识，那

① 《大方广佛华严经》卷八〇（大正一〇・四三九中）。
② 《大方广佛华严经》卷八〇（大正一〇・四四二中）。
③ 《大方广佛华严经》卷九（大正一〇・七〇四中——下）。
④ 《大方广佛华严经》卷四〇（大正一〇・八四八下）。

是没有第十七位普眼(Samantanetra)长者,合有德(Śrīmatī)童女与德生(Śrīsaṃbhava)童子为一,及省去文殊的第二次①。依《入法界品》说,善财"愿见文殊师利,及见三千大千世界微尘数诸善知识,悉皆亲近,恭敬承事,受行其教"②。菩萨发大心,亲近的善知识,哪里只是五十五位?《入法界品》所说,也只是略举一例而已。善财所参访的善知识,可以分为三大类:"人"、"菩萨"、"天神";从这里,可以发见一些意义。经上说:文殊师利菩萨,"辞退南行,往于人间"③,所以善财从文殊发心以后,参访的人间善知识,一直是在人间,一直是向南行,共有二十六位。以后,在南方见到了观自在、正趣(Ananyagāmin)二位"菩萨"善知识。以下,参访了大天,不再南行,而到了菩提场(Bodhimaṇḍa),迦毗罗(Kapilavastu),菩提场,岚毗尼园,迦毗罗,三十三天(Trāyastriṃśa);参访的善知识,都是称为天神的。从三十三天下来,到迦毗罗,婆咀那(Vartana),然后又向南方;所参访的善知识,又都是"人"了。末了,到南方海岸国(Samudrakaccha)见弥勒菩萨,苏摩那城(Sumana)见文殊菩萨,然后"入普贤道场",见普贤菩萨,到了成佛的道场。这是五十五位善知识的次第经历。

从上面所述,可见向南方参访的,是"人"、是"菩萨",而方向不明的,是中间部分——"天神"善知识。大天,是被称为神的。阿育王时代,有一位大众部的大德大天,曾奉命到南方去弘

① 石井教道《华严教学成立史》所引(二四四)。

② 《大方广佛华严经》卷八〇(大正一〇·四三九中)。

③ 《大方广佛华严经》卷六一(大正一〇·三三〇下)。

化；对南方佛教的大乘化，是有极深远影响的！大天，在印度语中，与大神的意义相同，所以“现广大身，为众说法”①的四臂大天神，可能为大天在传说中的神化！《分别功德论》说：“唯大天一人是大士［摩诃萨埵］，其余皆是小节”②，大天是被称为菩萨的。大天以下，称天神的共十位。中间八位主夜神，与《世主妙严品》中的主夜神相同③。

《世主妙严品》	《入法界品》
普德净光	普德净光
喜眼观世	喜目观察
护世精气	普救众生妙德
寂静海音	寂静音海
普现吉祥	守护一切城
普发树华	开敷一切树华
平等护育	大愿精进力救护一切众生
游戏快乐	
诸根常喜	婆珊婆演底
示现净福	

天神部分，与《华严经》前六品（“晋译本”作二品）是有关系的。主夜神多数相同以外，如寂静音海（Praśāntarutasāgaravatī）主夜神说：“此华藏庄严世界海东，过十世界海，有世界海名一

① 《大方广佛华严经》卷六八（大正一〇·三六八上）。

② 《分别功德论》卷一（大正二五·三二下）。

③ 《大方广佛华严经》（《世主妙严品》）卷三（大正一〇·一四中——下）。又（《入法界品》）卷六八——七三（大正一〇·三六九上——四〇一中）。

切净光宝。此世界海中，有世界种，名一切如来愿光明音。中有世界，名清净光金庄严。"①"世界海"、"世界种"、"世界"，开敷一切树华（Sarvavṛkṣapraphullanasukhasaṃvāsā）主夜神，也有说到②。这一世界结构，是《华藏世界品》所成立的。还有，二十六位人间善知识，所得的法门称为"解脱门"的，只占半数，其余的十三位，是称为"法门"、"三昧门"、"庄严门"、"行门"、"行"、"法"的。但天神以下，无论是人、是神、是菩萨，所得的都称为"解脱门"。《世主妙严品》中，列众共四十类，每类十位，每位所得的法门，也都是称为"解脱门"的。所以《入法界品》中，天神以下的善知识，一律称为"解脱门"，是与《世主妙严品》相应的。可以说，不明方向的天神部分，是在《华严经》前六品集成时，为了适应印度神教的信仰，而增编到《入法界品》中去的。第十位是岚毗尼的主林神，见到佛下生与出生时所有的瑞相与神变，所以接着说到释种女瞿波。瞿波是佛在太子时代的三妃之一；依传说，瞿波死后是生在三十三天的③。接着是佛母摩耶，摩耶生了太子，七天就去世了，生在三十三天，所以有佛上三十三天为母说法的传说④。以下的天主光（Surendrābhā），是三十三天王的女儿。这样，瞿波、摩耶、天主光，虽经说地点不同，其实都是与三十三天有关的，所以次第而成一类。前面十位与这里的三位，都是女性的天神；在经文方面，多数有本生与偈颂说法，与前

① 《大方广佛华严经》卷七一（大正一〇・三八六上）。

② 《大方广佛华严经》卷七二（大正一〇・三九二下）。

③ 《长阿含经》（卷一〇）《释提桓因问经》（大正一・六三下）。《中阿含经》（卷三三）《释问经》（大正一・六三四中）。

④ 《增一阿含经》卷二八（大正二・七〇五下）。

面的人善知识、菩萨善知识不同：这十三位女性天，是自成一类的。天主光以下，有九位“人”善知识；第四坚固解脱(Muktāsāra)起，又回复了向南游行。这九位，是“晋译本”所没有的。除善知众艺(Silpâbhijña)童子外，都是说自己得什么解脱门，几句话就过去了。这九位“人”善知识，有什么意义，离开前面的人善知识，而列在天神与菩萨的中间？从“晋译本”所没有，内容极其简略而论，这也是增补的；或是不同的传诵，而后来综合编集起来的。所以《入法界品》的原始本，应该是大天以下，南行见弥勒、文殊，而进“入普贤道场”的，一共三十三位。

善财在南方参访所遇到的“人”善知识，前后共三十五人，依“唐译本”的名称分类，是：

比丘五位　比丘尼一位　优婆夷四位

仙人一位　出家外道一位

国王二位　婆罗门二位　长者八位　居士二位

童子三位　童女二位

童子师一位　船师一位

人一位　女人一位

比丘、比丘尼、优婆夷，是佛教的信行者。仙人、出家外道，是外道的修行者。国王、婆罗门、长者、居士，约世俗的社会地位说。童子、童女，是青少年。童子师、船师，是职业。还有泛称的(男)人与女人。善财所参访的，遍及出家与在家、佛教与外道、男子与女人、成人与童年，种种不同身份的人。这些善知识，约菩萨示现说，是现身在人间，以不同的身份、不同的方便，来化导人类向佛道的。从学习者来说，这都是菩萨所应该修学的。善知识所开示的，就是善知识自己所修得的，自行与化他合一。大乘佛法的特质，是“一切法本不生”，“一切法本寂灭”，所以一切不出于法界，也就可以从一一法而入法界。从前，大智舍利弗，被称赞为“深达法界”①；现在大智文殊师利所启发引导而流出的法门，也就称为“入法界品”了。善知识所得的法门，分开来说，各得法界的一体，所以都说“我唯知此一法门”；如一切修学，综贯融通，那就深入法界而趣入佛地了。

人间善知识中，比丘、比丘尼、仙人、出家外道及苦行婆罗门，一共九人（在二十六人中，占三分之一），都是以宗教师的身份，弘扬大乘佛法。佛法应深入世间，但在印度，宗教师仍占有重要的地位。前三位善知识，都是比丘，表示了大乘三宝的意义。宗教师以外的善知识，弥伽（Megha）是教授语言的语言学者②。自在主（Indriyeśvara）童子，精通数学，“悟入一切工巧神通智法门”；治病以外，能营造建筑，及一切农商事业③。普眼长者是医师，治身病与心病，还能调合制香④。优钵罗华（Utpalabhūmi）长者，能调合一切的香⑤。婆施罗（Vairocana）是航海的船师，知道海上的情形，船只机械，风雨顺逆，引导商人出海，平安地取宝回来⑥。无上胜（Jayôttama）长者，“理断人间种

---

① 《中阿含经》（卷五）《智经》（大正一·四五二中）。《相应部·因缘相应》（南传一三·八一）。

② 《大方广佛华严经》卷六三（大正一〇·三三八上——中）。

③ 《大方广佛华严经》卷六五（大正一〇·三五〇下——三五一上）。

④ 《大方广佛华严经》卷六六（大正一〇·三五四中——三五五上）。

⑤ 《大方广佛华严经》卷六七（大正一〇·三六一上）。

⑥ 《大方广佛华严经》卷六七（大正一〇·三六一下——三六二上）。

种事务”，和解彼此间的诤执怨结，并教导一切技艺，使人向善①。无厌足(Anala)王是严刑治世的；大光(Mahāprabha)王却是慈和宽容的仁政。一严一宽，同样地达到了使人离恶行善的目的②。这些社会上的善知识，都从事世间事业，作为入法界的方便。还有婆须蜜(Vasumitra)的身份是淫女，但她以此为方便，使亲近他的人，远离贪欲。无厌足王看来是嗔恚残忍不过的，却使人因此离恶而向善道。胜热 Jayôṣmâyatana 婆罗门，登刀山，入火聚，“五热炙身”，是一位愚痴邪见的苦行外道，但他的苦行，消除了众生的罪恶，而引入佛道。这三位，是以贪欲、嗔杀、愚痴邪见为利他方便的，都曾引起人的怀疑③，而其实是不思议菩萨弘法救世的善巧。鞞瑟胝罗(Veṣṭhila)居士，家中供着栴檀座的佛塔，开塔见佛而入法界的④。有的善知识，布施供养为方便；而念佛、见佛、供养佛，是重要的修学弘扬的法门。

菩萨善知识，先后共有六(大天在内，共七)位。观自在菩萨是“大悲行门”，四摄利生外，“若念于我，若称我名，若见我身，皆得免离一切怖畏”⑤。大悲拔苦法门，与《法华经·普门品》相同。在善财参访历程中，都是前一位推介后一位，但观自在菩萨为善财说法时，却见正趣菩萨来了，观自在就推介了正趣菩萨。《阿弥陀经》中，观自在与大势至(Mahāsthāmaprāpta)菩

---

① 《大方广佛华严经》卷六七(大正一〇·三六二中——下)。

② 《大方广佛华严经》卷六六(大正一〇·三五五中——三五六上、三五七上——下)。

③ 《大方广佛华严经》卷六八(大正一〇·三六五中)，又卷六六(大正一〇·三五五中——下)，又卷六四(大正一〇·三四〇中——下)。

④ 《大方广佛华严经》卷六八(大正一〇·三六六上——中)。

⑤ 《大方广佛华严经》卷六八(大正一〇·三六七上——中)。

萨，是阿弥陀佛的胁侍。《入法界品》中，与观自在同时的正趣菩萨，可说是大势至的别名。如《观无量寿佛经》（大正一二·三四四上——中）说：

> "大势至菩萨，……举身光明照十方国，……是故号此菩萨名无边光。以智慧光普照一切，令离三涂，得无上力，是故号此菩萨名大势至。……此菩萨行时，十方世界一切震动，当地动处，各有五百亿宝华，一一宝华，庄严高显，如极乐世界。"

大势至菩萨的放光普照十方；令众生离三恶道的苦迫；行动时震动十方世界，宝华庄严，宛然是正趣菩萨的功德，如《大方广佛华严经》卷六八（大正一〇·三六七中）说：

> "有一菩萨，名曰正趣，从空中来。至娑婆世界轮围山顶，以足按地，其娑婆世界六种震动，一切皆以众宝庄严。正趣菩萨放身光明，……其光普照一切，地狱、畜生、饿鬼、阎罗王处，令诸恶趣众苦皆灭。"

极乐世界的观自在与大势至，在《入法界品》中，就是观自在与正趣。观自在的特德是大悲；正趣所表示的，是速疾的、无有休息的、一直前进的菩萨精神。大天以财物来摄受众生，以不净的、凶恶的、灾横苦难来折伏众生；摄受与折伏，是菩萨利生的两大方便。弥勒是一生补处菩萨，显现毗卢遮那藏庄严楼阁，表示了菩萨因行功德的圆满。善财再见文殊，是从前（见文殊时）所起智信的证实。末后见普贤，"入普贤道场"，达到了"得普贤菩萨诸行愿海,与普贤等,与诸佛等,一身充满一切世界。刹等,行等,正觉等,神通等,法轮等,辩才等,言辞等,音声等,力无畏等,佛所住等,大慈悲等,不思议解脱自在,悉皆同等"①。善财到达了菩萨道的顶峰,可说是佛而还不是佛,如《大方广佛华严经》卷四三(大正一〇·二二八中——下)说:

> "此菩萨摩诃萨得如是法,同诸如来,何故不名佛?……何故不能究竟法界,舍菩萨道?"
>
> "佛子!此菩萨摩诃萨,已能修习去来今世,一切菩萨种种行愿,入智境界,则名为佛;于如来所修菩萨行,无有休息,说名菩萨。……住佛所住,与佛无二,说名与佛无二住者;为佛摄受,修诸智慧,说名菩萨。……了知法界无有边际,一切诸法一相无相,是则说名究竟法界,舍菩萨道;虽知法界无有边际,而知一切种种异相,起大悲心,度诸众生,尽未来际,无有疲厌,是则说名普贤菩萨。"

普贤地菩萨,到了与佛不一不二的境地,然到底还是菩萨,还要"常勤忆念无碍见者"(佛);"为佛摄受,修诸智慧";"观察诸法实际而不证入"。普贤地,与法云地菩萨灌顶以后的境界相同,《十地品》也说,"此菩萨住如是智慧,不异如来身语意业,不舍菩萨诸三昧力,于无数劫承事供养一切诸佛,……一切诸佛神力所加,智慧光明转更增胜"②,还在进修过程中。依世间法说,灌了顶就成为国王,如说:"受王职位,堕在灌顶刹利王数,

---

① 《大方广佛华严经》卷八〇(大正一〇·四四二中)。

② 《大方广佛华严经》卷三九(大正一〇·二〇八中)。

即能具足行十善道，亦得名为转轮圣王。”①以灌顶为比喻的菩萨位，是第十住（地）。十地菩萨灌顶，“堕在佛数”，却还不是佛。灌顶为王的比喻，本意在转轮圣王。灌顶登位，如能以十善化世，可以说是转轮圣王，而真正的转轮圣王，要在布萨日（朔、望），“七宝来应”。这样，灌顶菩萨，可以说“如佛”，“是佛”，而要到究竟圆满位，才是佛呢！佛的果分不可说，惟有以菩萨因分（普贤地），多少表示佛的果德了！

第六节 普贤行愿

“普贤行”、“普贤愿”、“普贤行愿”，是《华严经》处处所说到的，而《入法界品》也称为《普贤行愿品》、“普贤（菩萨所住的）地”，是“普贤行愿”所成就的。普贤菩萨自说过去的行愿，如《大方广佛华严经》卷八〇（大正一〇·四四一中——下）说：

> “善男子！我于过去不可说不可说佛刹微尘数劫，行菩萨行，求一切智。”
>
> “善男子！我于尔所劫海中，自忆未曾于一念间不顺佛教，于一念间生嗔害心，我我所心，自他差别心，远离菩提心，于生死中起疲厌心，懒惰心，障碍心，迷惑心，唯住无上不可沮坏集一切智助道之法大菩提心。”
>
> “善男子！我庄严佛土；以大悲心救护众生，教化成就（众生）；供养诸佛；事善知识；为求正法，弘宣护持，一切内

① 《大方广佛华严经》卷三九（大正一〇·二〇六上）。

外悉皆能舍。……我所求法，皆为救护一切众生。一心思惟：愿诸众生得闻是法，愿以智光普照世间（世间智），愿为开示出世间智，愿令众生悉得安乐，愿普称赞一切诸佛所有功德。”

《华严经》的“普贤行愿”，如经文所说，是在不可说不可说劫中，所修集的菩萨无边行愿——这是“华严法门”原本的“普贤行愿”。

“四十卷本”的第四十卷，是“晋译本”与“唐译本”所没有的。这一卷的别行本，一般称之为《普贤行愿品》。经文是普贤菩萨为菩萨众说的，先长行，次偈颂。长行中，揭示了菩萨的十大行愿，如《大方广佛华严经》卷四〇（大正一〇·八四四中、八四六中）说：

“若欲成就此功德门，应修十种广大行愿。何等为十？一者礼敬诸佛，二者称赞如来，三者广修供养，四者忏悔业障，五者随喜功德，六者请转法轮，七者请佛住世，八者常随佛学，九者恒顺众生，十者普皆回向。”

“若诸菩萨于此大愿随顺趣入，……则能成满普贤菩萨诸行愿海。”

十种广大行愿，在佛教思想史上，是《舍利弗悔过经》——“忏悔法门”，及往生极乐世界的“净土法门”，在流行发展中，与“华严法门”相结合，而成“华严法门”的初门，也就称为“普贤行愿”。先从“忏悔法门”来说：《舍利弗悔过经》，说悔过，助其欢喜［随喜］，劝请——请转法轮、请佛住世——三聚（或译“三品”、

“三支”)①。这部经,是以忏悔为主的,在十方一切佛前,自说过去与现在的一切过失;以忏悔功德,“持与”[回向]众生同成佛道。原始本是忏悔回向,是一般的、重信愿的法门。“下品般若”立随喜回向,随喜一切佛功德,及二乘人天的一切功德,以随喜功德来回向佛道,是重智证的法门②。“随喜功德”被“忏悔法门”采取了,后来又加上劝请,而成为三类福德的回向佛道,如《舍利弗悔过经》所说的。《悔过经》的成立,相当的早,《法镜经》与《离垢施女经》,已说到日夜六时诵习“三品法门”了③。三品法门,在印度非常的流行,如《贤劫经》说:“念佛法,勤悔过,乐助[随喜]功德,施众生[回向]因,劝请佛转法轮。”④《思益梵天所问经》说:四法能善知方便:顺众生意,随喜功德,悔过,劝请诸佛⑤。这都是“三品法门”的修法。龙树是以“般若法门”为宗本的;《般若经》是随喜、回向相次第的,所以龙树所说,都以忏悔、劝请、随喜、回向为次第,如《十住毗婆沙论》、《菩提资粮论》、《宝行王正论》⑥。《大智度论》说:“菩萨礼佛有三品:一者悔过品,二者随喜回向品,三者劝请诸佛品。”⑦虽是四支(如分请转法轮与请佛住世为二,就含有五支),仍随顺古说,合为三品。

这一法门与“华严法门”相关联,可以考见的,是晋竺法护

---

① 《舍利弗悔过经》(大正二四·一〇九〇上——一〇九一上)。

② 《小品般若波罗蜜经》卷三(大正八·五四七下——五四九下)。

③ 《法镜经》(大正一二·一八下)。《离垢施女经》(大正一二·九五下)。

④ 《贤劫经》卷一(大正一四·二中)。

⑤ 《思益梵天所问经》卷一(大正一五·三五下)。

⑥ 《十住毗婆沙论》卷五(大正二六·四五上——四七上)。《菩提资粮论》卷四(大正三二·五三〇下——五三一上)。《宝行王正论》(大正三二·五〇四中)。

⑦ 《大智度论》卷六一(大正二五·四九五中)。

所译的《文殊悔过经》，聂道真所译的《三曼陀跋陀罗菩萨经》。三曼陀跋陀罗，是普贤梵语的音译。《文殊悔过经》，是文殊师利说的；《三曼陀跋陀罗菩萨经》，是普贤为文殊说的。文殊与普贤，与“忏悔法门”相关联，暗示了与“华严法门”的关系。《三曼陀跋陀罗菩萨经》的内容是：悔过，礼，愿乐助其欢喜，请劝诸佛——转法轮与住世，施与[回向]。末后总结说：“是善男子、善女人，昼夜各三劝乐法行：所当悔者悔之，所当忍者忍之，所当礼者礼之，所当愿乐者愿乐之，所当请劝者请劝之，所当施与者施与之。”①悔是自说罪过的意义，忍是容忍、忏摩的意义，合起来就是忏悔。经文多一些大乘术语，然比起“三品法门”的内容，只多了“礼”，礼是礼佛、菩萨、二乘，及一切功德②。“忏悔法门”，初传是为舍利弗说的。声闻中的舍利弗，菩萨中的文殊师利，有智慧特胜的共同性。加上阿阇世王的逆罪，因文殊师利而得到忏悔，在初期大乘中流传极广，所以为文殊说，或文殊说“忏悔法门”，是可以充分理解的。《文殊悔过经》的内容是：五体投地（礼佛），悔过，劝助众德，劝转法轮，诸佛住世，供养诸佛，（回向）我及众生成佛道。本经重视五体投地的礼佛③。在悔过中，不但是事相的忏悔，而且说：“一切无所行者，乃能得入于斯本际，……名曰菩萨大士自首悔过”——理忏④。回向佛道部分，与“华严法门”相通⑤。比起“三品法门”，多了礼佛与供

① 《三曼陀跋陀罗菩萨经》（大正一四·六六八下）。
② 《三曼陀跋陀罗菩萨经》（大正一四·六六七中——下）。
③ 《文殊悔过经》（大正一四·四四二上）。
④ 《文殊悔过经》（大正一四·四四三中）。
⑤ 《文殊悔过经》（大正一四·四四六上——四四七下）。

养诸佛。这两部经，与“华严法门”有关。如《三曼陀跋陀罗菩萨经》，是“佛在摩竭提国清净法处，自然金刚座，光影甚明”①，与后汉所译《兜沙经》相同。经中说到“般若波罗蜜，兜沙陀比罗经”②。《兜沙陀比罗经》，是《如来藏［箧］经》；《兜沙经》为“华严法门”最初集成时的名称。《文殊悔过经》说：“或问上界悔过之处，十地、十忍、十分别事、十瑞、十持、十印、十三昧。”③这两部经集成时，“华严法门”的原始部分，都已经成立了。

“四十卷本”末卷的偈颂部分，共六十二颂。唐不空所译的《普贤菩萨行愿赞》，是偈颂部分的异译，也是六十二偈。这二部，都是西元八世纪末所译的。东晋元熙二年（西元四二○），佛陀跋陀罗译出的《文殊师利发愿经》，四十四偈，比对起来，就是《普贤行愿赞》的古本。长行所说的菩萨十大行愿，比对三种偈颂本，只是八事而已，如④：

十大行愿	《文殊发愿经》	唐译二本
礼敬诸佛	一——三颂	一——三颂
称赞如来	四颂	四颂
广修供养	五——六颂	五——七颂
忏悔业障	七颂	八颂

① 《三曼陀跋陀罗菩萨经》（大正一四·六六六下）。《兜沙经》（大正一○·四四五上）。

② 《三曼陀跋陀罗菩萨经》（大正一四·六六六下）。

③ 《文殊悔过经》（大正一四·四四一下）。

④ 《文殊师利发愿经》（大正一○·八七八下——八七九下）。《普贤菩萨行愿赞》（大正一○·八八○上——八八一中）。《大方广佛华严经》卷四○（大正一○·八四七上——八四八中）。

随喜功德	八颂	九颂
请转法轮	九颂	一〇颂
请佛住世	一〇颂	一一颂
常随佛学		
恒顺众生		
普皆回向	一一颂以下	一二颂以下

从礼佛到回向，三本是一致的，仅唐译的二本，增加一颂而已。在十大行愿的次第中，三本都没有“常随佛学”与“恒顺众生”，可以断定的，这一偈颂本，起初只是八支。如《文殊师利发愿经》（大正一〇·八七九上——下）说：

“我所集功德，回向施众生，究竟菩萨行，逮无上菩提。”（一一偈）

“我善根回向，愿悉与彼同。”（三八偈）

“如文殊师利，普贤菩萨行，我所有善根，回向亦如是。三世诸如来，所叹回向道，我回向善根，成满普贤行。”（四〇、四一偈）

上引的偈颂，是唐译二本所同有的，所以从十一偈以下，都是回向。回向的主要意义，如十一偈所说：将礼佛……劝请所集的一切功德，回向众生，使众生与自己都能进修圆满菩萨行，成无上菩提。进修菩萨行中的大愿、大行，所得的种种功德，如《华严经》，也是《入法界品》所说的。这是以礼佛……劝请等法门，为入普贤行愿的方便。“忏悔法门”组入“华严法门”，如《文殊发愿经》那样，可能西元三世纪已经成立了。如“四十卷本”，以长行及偈颂编为《华严经》末后的一卷，在西元六九五到六九九年译出的"唐译本"还没有这一卷，可见末后一卷的集成，总是西元七、八世纪间的事。在《文殊发愿经》的八支中，加上"常随佛学"、"恒顺众生"，不过为了适合《华严经》"十"法门的体裁。长行的十大愿，所说"穷虚空"、"遍法界"、"尽未来"等，是模仿《十地品》中，初地所发起的十大愿。由于长行改为"十大行愿"，"四十卷本"的偈颂也插入"我随一切如来学"、"我愿普随三世学"、"我常随顺诸众生"等文句，但次第与长行不顺。

唐译二本偈颂的增多，主要是加入了信受持诵功德。如"四十卷本"的末后十偈；《普贤行愿赞》的四七——五四偈，及末后二偈①。信受持诵的情形，如《普贤行愿赞》说："若人于此胜愿王，一闻能生胜解心。……彼诵普贤行愿时，速疾销灭得无余。……若有持此普贤愿，读诵受持及演说。……若人诵持普贤愿。"②诵持部分，是《文殊发愿经》所没有的。《文殊发愿经》没有说到持诵，但《文殊发愿经》颂，确是供人持诵的，如《出三藏记集》卷九《文殊师利发愿经记》（大正五五·六七下）说：

> "晋元熙二年，岁在庚申，于杨州斗场寺，禅师新出。云：外国四部众礼佛时，多诵此经以发愿求佛道。"

《文殊发愿经》在印度，是礼佛时诵持的，所以后来《普贤行愿赞》就加入诵持功德（十偈）了。忏悔、随喜、劝请、回向，或加

① 《大方广佛华严经》卷四〇（大正一〇·八四八上——中）。《普贤菩萨行愿赞》（大正一〇·八八一上——中）。

② 《普贤菩萨行愿赞》（大正一〇·八八一上——中）。

上礼佛、供养，主要是“忏悔法门”。如《文殊悔过经》，称为《悔过品》①。《三曼陀跋陀罗菩萨经》说：修持这一法门，“一切诸罪盖、诸垢盖、诸法盖（即业惑苦三障）悉除也”②。这是广义的“忏悔法门”，是一切修学大乘所可以通用的，如《思惟要略法》说：“若宿罪因缘，（念佛而）不见诸佛者，当一日一夜六时：忏悔、随喜、劝请，渐自得见。”③《舍利弗悔过经》说：“持悔过经，昼夜各三过读。”④昼夜六时的修持，是昼夜各读《悔过经》三遍。《舍利弗悔过经》这样说，异译本与《文殊悔过经》也都说到受持读诵⑤。大概经文长了些，所以编为简要的偈颂，在礼佛时读诵，作为修持的范本。如《三十五佛名礼忏文》为了忏罪，诵三十五佛名。末了说偈：“一切罪忏悔，诸福皆随喜，及劝请诸佛，愿证无上智！过去及未来，现在人中尊，无量功德海，我今稽首礼。”⑥《宝行王正论》，真谛译，没有作者名字。比对西藏所传，与《宝鬘论》相合，是龙树造的。《宝行王正论》说：“为此因及果，现前佛支提，日夜各三遍，愿诵二十偈。诸佛法及僧，一切诸菩萨，我顶礼归依，余可尊亦敬。我离一切恶，摄持一切善。众生诸善行，随喜及顺行。头面礼诸佛，合掌劝请住。愿为转法

① 《文殊悔过经》（大正一四·四四七下）。

② 《三曼陀跋陀罗菩萨经》（大正一四·六六六下）。

③ 《思惟要略法》（大正一五·二九九下）。

④ 《舍利弗悔过经》（大正二四·一〇九一中）。

⑤ 《菩萨藏经》（大正二四·一〇八九中）。《大乘三聚忏悔经》（大正二四·一〇九四下）。《文殊悔过经》（大正一四·四四八上）。

⑥ 《三十五佛名礼忏文》（大正一二·四二下——四三上）。此文出《决定毗尼经》（大正一二·三九上）。《礼忏文》末附记：“五天竺国修行大乘人，常于六时礼忏不阙。”

轮，穷生死后际。从此行我德，已作及未作，因此愿众生，皆发菩提心。"①为了菩萨的因德，如来的果德，在现在佛前，或在支提（塔）前，昼夜都诵三遍，每遍诵二十偈。二十偈的内容，也是礼敬，除恶[忏悔]行善，随喜，劝请诸佛住世、转法轮，回向。在佛或塔前，日夜三次诵二十偈，显然是"忏悔法门"的发展，而为《文殊发愿经》的前声。

求生极乐世界的"净土法门"，也与"华严法门"相结合，如《文殊师利发愿经》（大正一〇·八七九下）说：

"愿我命终时，灭除诸障碍，面见阿弥陀，往生安乐国！生彼佛国已，成满诸大愿，阿弥陀如来，现前授我记。"

唐译二本，普贤行愿而归于往生极乐，所说完全相同②。"华严法门"与"净土法门"的结合，是经由"忏悔法门"而来的，如《三曼陀跋陀罗菩萨经》（大正一四·六六八上）说：

"持是功德，令一切（众生）与某[我]……生有佛处，有菩萨处，皆令生须呵摩提阿弥陀佛刹！"

行"忏悔法门"的人，将忏悔、随喜等功德，回向众生，与自己都生在有佛菩萨的国土，生在极乐世界。须呵摩提（Sukhāvatī），是极乐（或安乐）的音译。《三曼陀跋陀罗菩萨经》，传为聂道真所译，是西元三世纪后半所译出的，可见"华严法门"与

① 《宝行王正论》（大正三二·五〇四中）。

② 《大方广佛华严经》卷四〇（大正一〇·八四八上——中）。《普贤菩萨行愿赞》（大正一〇·八八一上——中）。

“净土法门”的结合,不会迟于西元三世纪初的。“忏悔法门”中,如礼佛、请佛——住世转法轮,是以佛为宗仰的;忏悔,是向一切佛自首悔过的;随喜,虽通于二乘及世间善,也是以佛——从发心、修行,到成佛、说法、入涅槃等功德为重的。所以“忏悔法门”,以深信如来功德为前提,回向佛道为目的。求生极乐的“净土法门”、“华严法门”,都是以深信如来功德为先要的,这就是与“忏悔法门”结合的根本原因。

“忏悔法门”,是对佛的,在“现前佛(及)支提”前进行的①。从传译的圣典来看,凡称扬如来名号及功德的,都与忏罪有关。如竺法护所译的《贤劫经》,列举千佛名字,说:“闻诸佛名,除一切罪,无复众患。”②传为鸠摩罗什所译的《千佛因缘经》说:“闻千佛名,欢喜敬礼,以是因缘,超越九亿那由他恒河沙劫生死之罪。”③。支谦所译《八吉祥神咒经》说:“若有持是经,八佛国土名,……亿劫阿僧祇,行恶悉消除。”④《称扬诸佛功德经》,处处说“却多少劫生死之罪”⑤。东晋帛尸梨蜜多罗所译《(灌顶)拔除过罪生死得度经》说:“闻我说是药师琉璃光佛名字之者,一切罪过自然消灭。”⑥宋施护译《大乘宝月童子问法经》,举十方十佛说:“闻已,恭敬受持、书写、读诵、广为人说,所有五逆等一

---

① 《宝行王正论》(大正三二·五〇四中)。

② 《贤劫经》卷六(大正一四·五〇上)。

③ 《千佛因缘经》(大正一四·六八中)。

④ 《八吉祥神咒经》(大正一四·七二下)。

⑤ 《称扬诸佛功德经》。依经后记,是麟嘉六年(西元三九四)昙摩跋檀译的(大正一四·一〇五上)。

⑥ 《灌顶经》卷一二(大正二一·五三四中)。

切罪业,悉皆消除。”①如《五千五百佛名神咒除障灭罪经》等,都表示了灭罪的功德:“忏悔法门”与佛,有这样的深切关系!初期的《阿弥陀经》,着重极乐世界的庄严,阿弥陀佛的悲愿威力,劝人念佛往生,没有说到忏罪。但在念佛忏罪的一般信仰生活中,往生净土的信仰者,也提到灭罪了。如《观无量寿佛经》,“亦名净除业障生诸佛前”法门②;往生净土的神咒,也称为《拔一切业障根本得生净土神咒》了。

“佛涅槃后,佛弟子对佛的永恒怀念”,是“大乘佛法”兴起的主要线索。佛涅槃了,再不见如来金色身,对佛弟子来说,真是无可弥补的憾事。虽有“念佛法门”,也只能念佛的功德。自从现在十方世界有佛的信仰流行,念佛见佛的法门,也就流行起来。“般若法门”与“文殊法门”是重于智证的,所以说到见佛,重于见佛的法身。西元一世纪以来,佛像流行,这对于念佛色身相好的见佛法门,有重大的启发性。大体是继承弥陀“净土法门”而来的《般舟三昧经》说,“作佛形像,若作画,用是三昧故”③。为了修习般舟三昧,要有(塑或雕或铸的)“佛形像”,及“画”的佛像,或安在塔中,或放在眼目前,先审谛观察相好,然后系念修习。修习成就了,能见一切(色身相好的)佛在前。进一步,知道所见的佛,唯心所现,了无所有(空)④,开展了唯心说,也会通《般若经》的“空”义。般舟三昧见一切佛在前,“华严

① 《大乘宝月童子问法经》(大正一四·一〇九中)。
② 《观无量寿佛经》(大正一二·三四六中)。
③ 《般舟三昧经》卷上(大正一三·九〇六上)。
④ 《般舟三昧经》卷上(大正一三·九〇五下——九〇六上)。

法门”也见佛色身相好，更见一切佛从发心、修行、成佛、说法、涅槃等一切佛事，及佛土的庄严，说得更广大、更精微、更无碍。“华严法门”以佛为前提，开示求成佛道的大行——十住、十行、十回向、十地等，《入法界品》诸善知识所开示的菩萨行；重于菩萨的大愿大行，精进不已，尽未来际地利乐众生。综贯佛果与菩萨行，比之但求往生的净土行，要充实得多！

依“华严法门”来说，一般初行的“忏悔法门”，也偶尔说到的。如《十回向品》的“无尽功德藏回向”，以忏悔、礼佛、劝请、随喜功德，回向庄严一切诸佛国土①。临终往生的“净土法门”，如《贤首品》说：“又放光明名见佛，此光觉悟将殁者，令随忆念见如来，命终得生其净国。”②佛与净土非常多，并不局限于往生极乐世界。然念佛见佛，“华严法门”是非常重视的，如《入法界品》中，善财参访善知识，第一位是德云（Meghaśrī）比丘，开示“忆念一切诸佛境界智慧光明普见法门”，“常见一切十方诸佛”③。解脱长者开示的“如来无碍庄严解脱门”，“见十方各微尘数如来”，如《大方广佛华严经》卷六三（大正一〇·三三九下——三四〇上）说：

> “彼诸如来不来至此，我不往彼。我若欲见安乐世界阿弥陀如来，随意即见。……然彼如来不来至此，我身亦不往诣于彼。知一切佛及与我心，悉皆如梦；知一切佛犹如影

① 《大方广佛华严经》卷三一（大正一〇·一六五中），又卷二五（大正一〇·一三三上），又卷五七（大正一〇·三〇〇中）。

② 《大方广佛华严经》卷一五（大正一〇·七六中）。

③ 《大方广佛华严经》卷六二（大正一〇·三三四中）。

像，自心如水；知一切佛所有色相及以自心，悉皆如幻；知一切佛及以己心，悉皆如响。我如是知，如是忆念，所见诸佛，皆由自心。”

见一切佛而知自心所现，与《般舟三昧经》所说，是完全一致的①。念佛见佛，在其他善知识的启示中，也非常重要。“华严法门”的念佛见佛，是通于一切佛的，并不限于阿弥陀佛。依《般舟三昧经》说，念西方阿弥陀佛，成就时能见十方一切佛在前立，所以见一切佛，要从念一佛起。这样，在念阿弥陀佛盛行声中，“华严法门”也就在《三曼陀跋陀罗菩萨经》、《文殊师利发愿经》，经“忏悔法门”的中介，而发愿往生极乐世界，面见阿弥陀佛了！“净土法门”方面，《阿弥陀经》的改编本——四十八愿本，也增补了“皆遵普贤大士之德，具诸菩萨无量行愿”；“得佛华严三昧”；“现前修习普贤之德”②。“华严法门”与“净土法门”，就这样的深深结合起来。《文殊师利发愿经》本是通俗的，以“忏悔”、“愿生净土”为方便，日常持诵的偈颂集，流传到西元七、八世纪间，被编入大部《华严经》，重于大行大愿、精进不已的华严精神，也许要被冲淡了！

文殊与普贤二大士，在“华严法门”中有崇高的重要地位。现在从佛教思想史的立场来说，本来是《文殊师利发愿经》，为什么被改称为《普贤菩萨行愿赞》？这是值得深思的！文殊师利菩萨，在初期大乘中，是多数经典所称颂的。发扬“但说法

① 《般舟三昧经》卷上（大正一三·九〇五下——九〇六上）。

② 《无量寿佛经》卷上（大正一二·二六五下、二六六中、二六八中）。

界”的向上智证，菩萨方便的下化众生，如“文殊法门”所说的。代表“华严法门”的早期圣典——《兜沙经》、《菩萨本业经》，说佛与法，在家出家菩萨的大愿，也是以文殊菩萨为主体的。以后的《华严》部类，由别的菩萨，再由普贤菩萨来主持法会。《入法界品》，虽为文殊所启导，而终极是“普贤地”的普贤菩萨。称为《不可思议解脱经》的，有二部：一是《入法界品》：在人善知识与菩萨善知识——三十三位中，文殊是末后的第二位，最后是普贤。另一部是《维摩诘所说经》：维摩诘菩萨是一经主体；在“入不二法门”的三十三菩萨中，维摩诘最后，文殊也是末后第二位，这暗示了“文殊法门”时代的推移。在初期大乘经中，普贤是佛教界所不大熟悉的。极少数几部经有普贤菩萨在场，没有说法，也没有参与问答。以普贤菩萨为主的经典，是《三曼陀跋陀罗菩萨经》，及《妙法莲华经》的《普贤菩萨劝发品》，依《法华经》而说的《观普贤菩萨行法经》。《普贤菩萨劝发品》说：普贤护持持《法华经》的，能除人的衰患，不受鬼神的恼乱①。《观普贤菩萨行法经》说“六根清净忏悔之法”②。普贤与“忏悔法门”，关系是非常密切的！普贤与忏悔、降伏鬼神有关，而出现于“华严法门”的，却是邻近佛地的大菩萨。骑六牙白象的普贤，与释尊的天上弟子——释提桓因有关，是释提桓因的菩萨化，在上面已有详细的论证。释提桓因是三十三天主，统率八部龙天，为多神王国的大王。普贤菩萨出现于华严法会，《华严经》的《世主妙严品》，列众四十类，除菩萨类外，都是天、龙、夜

① 《妙法莲华经》卷七（大正九·六一上）。

② 《观普贤菩萨行法经》（大正九·三八九下以下）。

叉、主山神、主夜神等。《入法界品》向南游行人间，而中间也加入了不明方向的主地神、主夜神、主林神，及三十三天众。多神王国的大神——释提桓因是最高的菩萨，所统率的夜叉等，也就都是菩萨了。《入法界品》中，师子嚬申比丘尼为不同的听法者所围绕：信乐大乘众生，初发心菩萨，二地菩萨，……十地菩萨，执金刚神①。十地菩萨以上的执金刚神，正与普贤地的普贤相当。执金刚是释提桓因，执金刚是普贤菩萨，是大乘佛教徒所周知的。未来的"秘密大乘佛教"，以执金刚为普贤菩萨，而宏传神秘化的佛教，是继承"华严法门"的潜流而明朗化的。"文殊法门"也多为天众说法，但这些天菩萨，属于梵天、兜率天及三十三天。等到"普贤法门"的时代到来，龙，特别是夜叉菩萨兴起。本来与忏悔、消灾障有关的"普贤法门"，揭开了神佛一体的"秘密大乘佛教"的序幕。

---

① 《大方广佛华严经》卷六七(大正一〇·三六四上——中)。

第十四章　其他法门

第一节　鬼国与龙宫

初期大乘经中，有五部经，以鬼类、畜类菩萨为主，组集的方式也相同，所以集合为一类。一、《密迹金刚力士经》，七卷，西晋太康九年（西元二八八）十月，竺法护译出①，今编入《大宝积经·密迹金刚力士会》。赵宋法护（Dharmapāla）再译，名《如来不思议秘密大乘经》，二〇卷。二、《伅真陀罗所问如来三昧经》，三卷，后汉支娄迦谶译。姚秦鸠摩罗什再译，名《大树紧那罗王所问经》，四卷。三、《海龙王经》，四卷，晋太康六年（西元二八五）二月，竺法护译出。唐实叉难陀所译的《十善业道经》一卷，赵宋施护所译的《佛为娑伽罗龙王所说大乘经》一卷，都是《海龙王经》中，有关"十善"部分的异译。四、《弘道广显三昧经》，一名《阿耨达经》，二卷，西晋竺法护译。五、《超日明三昧经》，二卷，西晋聂承远译。这部经，《出三藏记集》说："晋武帝时，沙门竺法护先译

---

① 《出三藏记集》卷二（大正五五·七中）。

梵文,而辞义烦重。优婆塞聂承远,整理文偈,删为二卷。"①这样,经是竺法护译出的,现存的是聂承远的再治本。

上述的五部经,不但与鬼、畜菩萨有关,在组织上,也有一共同的形式。每部经都分为三会,中间,佛都受请而出去受供。所去的地方,是:

《密迹金刚力士经》	旷野城密迹宫
《大树紧那罗王所问经》	香山紧那罗王宫
《海龙王经》	海中娑伽罗龙王宫
《弘道广显三昧经》	雪山阿耨达池龙王宫
《超日明三昧经》	日天王宫

从"阿含"、"律"以来,佛法受到天、龙八部的护法。八部是:天,"天、魔、梵"的天,主要是帝释与四王天;龙;夜叉;乾闼婆;阿修罗;迦楼罗;紧那罗;摩睺罗伽。八部是低级天神,也是高级的鬼与畜生。高级的鬼、畜,神力与享受,与(地居)天一样。这些高级鬼、畜,有善的,有恶的,善的信佛护法,恶的会破坏障碍,但受到了佛的感化,也就成为善神了。《密迹金刚力士经》,是以夜叉为主的。金刚手,或作执金刚,古译密迹(秘密的意思)金刚力士。广义地说,这是手执金刚杵的夜叉。夜叉的数量极多,种类也多。在这夜叉群中,传说有一位密迹金刚力士,是经常随侍、护持释尊的②。如《根本说一切有部毗奈耶药

---

① 《出三藏记集》卷二(大正五五·九下)。

② 《杂阿含经》卷五(大正二·三六上)。《中部》(三五)《萨遮迦小经》(南传九·四〇一)。《长阿含经》卷一三《阿摩昼经》(大正一·八三上)。《长部》(三)《阿摩昼经》,作帝释天,帝释也是持金刚杵的夜叉王(南传六·一四一)。

事》说：佛到北天竺去游化，由金刚手随从护持[①]。这位护法的金刚手，在《密迹金刚力士经》中，是发愿护侍千兄——贤劫千佛的大菩萨。密迹金刚力士，请佛到他住的旷野城去，受七日的供养。旷野城，是确有其地的。释尊的时代，佛曾因这里的比丘而制戒[②]；手（Hatthaka）长者就是旷野城人[③]。这里有吃人的恶鬼，为佛所感化的传说，如《法显传》说："拘舍弥……从是东行八由延，佛本于此度恶鬼处，亦尝在此住"；《西域记》在战主（Yuddhapati）国中[④]，推定为现在波奈勒斯（Benares）东方，恒河与 Son 河间[⑤]。在传说中，旷野城成为鬼神王国，密迹金刚力士就住在这里。《西域记》说："殑伽河北，有那罗延天祠。……东行三十余里，……昔于此处有旷野鬼。"[⑥]那罗延天，有种种不同的传说，也是密迹金刚力士的名称。Sāratthapakāsinī（《相应部》的注释）说：在毗沙门天王祠附近，建了一所旷野夜叉的神祠[⑦]。《密迹金刚力士经》说：佛与大众，到了旷野鬼神王国，先到毗沙门天王宫说法，然后到密迹宫[⑧]。《密迹金刚力士经》所说，与旷野城神祠的情形完全相合。密迹金刚力士，是经常护侍如来的，所以被设想为：能知一般人所不知道的佛事，一般人没有听见过

---

① 《根本说一切有部毗奈耶药事》卷九（大正二四·四〇上——四一下）。

② 自伐鬼村（树）戒，《弥沙塞部和醯五分律》卷六（大正二二·四一下）。自掘地戒，《弥沙塞部和醯五分律》卷八（大正二二·六〇下）。各部律都相同。

③ 《中阿含经》卷九《手长者经》（大正一·四八二下）。

④ 《高僧法显传》（大正五一·八六四上）。《大唐西域记》卷七（大正五一·九〇七中——下）。

⑤ 《望月佛教大辞典》（二九七六下）。

⑥ 《大唐西域记》卷七（大正五一·九〇八上）。

⑦ 赤沼智善《印度佛教固有名词辞典》所引（一七 B）。

⑧ 《大宝积经》卷一三《密迹金刚力士会》（大正一一·七一上——中）。

的佛法，如菩萨的三密；如来的三密；菩萨六年苦行，受乳糜，往菩提场，降魔，成佛，说法等事。宋宝云所译的《佛本行经》，叙述如来的一代化事，就传为密迹金刚为诸天所说而传出来的①。一向不知道的，当然是深奥秘密的佛法，由密迹金刚传出来；到“秘密大乘佛法”中，达到顶峰。

紧那罗，是帝释天的歌乐神；大树紧那罗王，是紧那罗众的王，是大菩萨。梵语 druma，音译为“伅”或“屯仑”，与法（dharma）的梵音相近，所以《法华经》译为“法紧那罗”。其实，druma 是树名，所以译作“大树”。紧那罗，有疑问的意思；传说人身而头上有角，所以或译为“疑神”②。或以为，紧那罗从风吹树木，发出美妙的声音而神格化的。从头上有角（如树有枝），王名大树紧那罗来说，这可能是合理的解说。大树紧那罗王所率领的紧那罗众是歌乐神，所以与其他的乐神有密切关系，如《大树紧那罗王经》说：“愿佛世尊屈意数来，怜愍我故。当大安乐，当大利益诸乾闼婆、紧那罗、摩睺罗伽。”③在紧那罗众以外，特地说到了乾闼婆与摩睺罗伽。原来乾闼婆也是帝释的乐神；传说紧那罗女与乾闼婆，有婚嫁的关系。摩睺罗伽，罗伽是“胸臆行”，没有手脚而以胸腹行动的。或说是大的地龙，与中国所传的“大蚓”相近；或说是大蟒神。依慧琳《音义》说：摩睺罗伽“是乐神类”④。所以《大树紧那罗王经》，是以大树紧那罗王为首，领

① 《大宝积经》卷八——一二《密迹金刚力士会》（大正一一·四四上——六七下）。《佛本行经》卷一（大正四·五五中——下）。

② 《华严经探玄记》卷二（大正三五·一三五中）。

③ 《大树紧那罗王所问经》卷三（大正一五·三八三下）。

④ 《一切经音义》卷一一（大正五四·三七四下）。

导紧那罗、乾闼婆、摩睺罗伽——音乐神。经中以琴声等乐音弘扬佛法，这对佛化音乐的发扬是有启发性的。紧那罗王宫，在香（醉）山（Gandha-mādana）。《长阿含经》说："雪山右面有城，名毗舍离。其城北有七黑山，七黑山北有香山，其山常有歌唱伎乐音乐之声。"[①]传说中的香山，或推定为现在喜马拉耶山脉中，Mānasa 湖北岸，高耸的 Kailāsa 山[②]。佛在紧那罗王宫，受紧那罗王七日的供养。

《海龙王经》以娑伽罗（Sāgara）龙王为主，娑伽罗就是"海"的意思。海龙王宫在大海底，佛受请一日。《弘道广显三昧经》以阿耨达龙王为主，阿耨达（Anavatapta）是"无热"或"无焚"的意思。阿耨达龙王宫在阿耨达池中，佛在这里，受龙王半月的供养。《大智度论》说："娑伽度龙王十住菩萨，阿那婆达多龙王七住（不退转）菩萨"[③]，正是这两部经。娑伽罗龙王在大海中，阿修罗（旧译为"无善神"）王也是住在海中的；阿修罗与帝释三十三天，时常引发战争。八部中的迦楼罗（旧译为"凤凰神"），以吞啖龙族为主食的。《海龙王经》中，佛劝阿修罗与三十天和解[④]；也感化迦楼罗，不要再伤害龙族[⑤]。阿耨达池，如《大智度论》说："北边雪山中，有阿那婆达多池。……是池四边有四水流。"[⑥]从阿耨达池流出四大河，是佛教界的一致传说。雪山中

---

① 《长阿含经》卷一八《世记经》（大正一·一一七上）。
② 《望月佛教大辞典》（一〇六三下）。
③ 《大智度论》卷四（大正二五·九二中）。
④ 《海龙王经》卷三（大正一五·一五〇下）。
⑤ 《海龙王经》卷四（大正一五·一五一上——下）。
⑥ 《大智度论》卷七（大正二五·一一四上）。

的阿耨达池，就是《西域记》所说的，波谜罗川中的大龙池[①]，是现在帕米尔高原上的 Victria 湖。龙王与佛教，传说中关系极深！阿育王取八王所分得的舍利，送到各处去建塔，就传说蓝摩分得的舍利，由龙王供养而没有取得[②]。由于龙王的长寿，传说龙宫中有大量的经典，如《大智度论》说："诸龙王、阿修罗王、诸天宫中，有千亿万偈。"[③]龙树也有入龙宫得经一箱的传说[④]。

《超日明三昧经》中，日(Sūrya)天王问生日天与生月(Candra)天的因行，因而请佛去日宫受供养。日天与全经的其他部分，没有关系，所以这是从《超日明三昧》，联想到日天(受前四部经影响)而有请佛应供的事。从全经来看，只是附带的，与前四部经不同。

密迹金刚力士们，是大菩萨，所率领的夜叉、龙等，极大多数是凡众。如来到龙宫、鬼国去应供说法，应该有对机的适应性。堕落鬼、畜的原因，是杀、盗、淫等恶业，引导鬼、畜们离鬼、畜性，使其符合人性，更净化而成圣性、佛性，如《海龙王经》说："已断恶法，奉行众善，在在所生，与佛菩萨贤善性俱。"[⑤]善性的根本是十善，"身不杀、盗、淫，口不妄言、两舌、恶口、绮语，意不(贪)嫉、恚、痴"。十善行，要以"六度"，"慈"、"哀"[悲]、"喜"、"护"[舍]，"恩"[四摄]，"意止"[念处]……"八路"[正道]，"寂然"[止]、"观"，"方便"来庄严。这是说，行十善道为根本，以六度

---

① 《大唐西域记》卷一二(大正五一·九四一中)。
② 《大唐西域记》卷六(大正五一·九〇二中——下)。
③ 《大智度论》卷一〇〇(大正二五·七五六上——中)。
④ 《龙树菩萨传》(大正五〇·一八六上)。
⑤ 《海龙王经》卷三(大正一五·一四六中——下)。

等来助成。这样,“十善之德,具足十力、四无所畏,成诸佛法”;十善的善性,净化升华而成为佛德①。一般说,持五戒生人间,行十善生天上,以为十善仅是世间的善行。其实,十善是善德根本,离三恶道,生人间、天上,成阿罗汉、辟支佛、菩萨、佛,都离不了十善。十善如大地一样,一切都依大地而才能成立,如《海龙王经》卷三(大正一五·一四七下)说:

“譬如郡国、县邑、村落、丘聚,百谷、药草、树木、华果、种殖、刈获,皆因地立。十善之德,天上、人间皆依因之;若学不学[无学],及得果证,住缘觉道,菩萨道,行诸佛道法,皆由从(十善而得)之。”

《海龙王经》所开示的,确定地指出,十善是人类离恶(趣)向善、进向佛道的正道。《华严经·十地品》的离垢地,广说十善与十不善的因果;十善为一切善法因,与《海龙王经》的见解相合。如《大方广佛华严经》卷三五(大正一〇·一八五下)说:

“十善业道,是人、天乃至有顶处受生因。又此上品十善业道,以智慧修习,……从他闻声而解了故,成声闻乘。又此上品十善业道,修治清净,……悟解甚深因缘法故,成独觉乘。又此上品十善业道,修治清净,……净修一切诸度故,成菩萨广大行。又此上上十善业道,一切种清净故,乃至证十力、四无畏故,一切佛法皆得成就。”

---

① 《海龙王经》卷三(大正一五·一四六下——一四七下)。《十善业道经》(大正一五·一五八上——一五九上)。《佛为娑伽罗龙王所说大乘经》(大正一五·一五九下——一六二上)。

佛在密迹宫中说法，内容为：信三宝，信报应[业报]，所以要“不犯十恶，身行十善”。亲近“奉戒具法”的善知识，从善知识听闻正法：六度与六蔽的果报，身口意的善恶因果；深一层，说缘起空无我。能精进修行的，正信出家，修出家的无放逸行。无放逸行，是“不犯一切诸不善法”，如实知有与无，而归结于四法印——诸行无常，诸受皆苦，诸法无我，涅槃寂静。这是声闻所行的常道，从菩萨一切法空的立场，转化为佛道，所以说：“若有菩萨能行是者，未曾违失一切诸行道品之法。以无相行，普周备悉诸佛道法三十七品。”①次说菩萨应怎样的“护于世间”。鬼、畜神是被称为“世主”的(人间君王也是世主)，世主们应怎样的护持世间，使人类得到安乐呢？应当行“十法”，就是十善业道。行“八法”：如说能行，尊重师长，顺行正道，心意质直，心常柔软，常起慈心，不作诸恶，广集善根。行“六法”，就是僧团中常行的六和敬。行“四法”：不贪、不嗔、不痴、不怖。行“二法”，惭与愧②。佛在密迹宫所说，与在海龙王宫所说，可说完全一致。化除鬼与畜生的恶性，行十善的人性；依十善为根本，才有世出世间善道，有菩萨道与佛道。有十善行，才能使世间得到安乐。佛在密迹宫与海龙王宫的说法，有应机的意义；然对人来说，这正是由人而向上，修行成佛的正道。

不犯十恶，奉行十善，是基于善恶业感的原理，所以在说明

① 《大宝积经》卷一三《密迹金刚力士会》(大正一一·七一下——七三上)。《如来不思议秘密大乘经》卷一六(大正一一·七三九下——七四一上)。

② 《大宝积经》卷一三《密迹金刚力士会》(大正一一·七三上——中)。《如来不思议秘密大乘经》卷一七(大正一一·七四一中——七四二上)。

十善以前,《海龙王经》卷三(大正一五·一四六中)这样说:

"龙王!倚世间者,作若干缘,心行不同,罪福各异,以是之故,所生殊别。龙王!且观众会及大海,若干种形,颜貌不同,是诸形貌皆心所画。又心无色而不可见,一切诸法诳诈如是,因惑兴[集起]相,都无有主,随其所作,各各自受。譬如画师,本无造像。诸法如是而不可议,自然如幻化相,皆心所作。明者见诸法因惑兴相,则当奉行(诸善德。奉行)诸善德者,其解惑相兴成诸法——阴、种、诸入,当欢喜悦,得好端正。龙王!且观如来之身,以百千福而得合成。……察诸大士,色身相好庄严具足,皆以善德挍饰其体。佛语龙王:仁所严净,皆因福成。诸释梵天……所有庄严,皆因福生。今此大海若干种身,善恶大小,广狭好丑,强羸细微,皆自从心而已获之;为若干貌,悉身口意之所作为。"

感得福报与罪报的善恶业,是由心所作的。心中起惑而造业,就得苦报。如解惑而起善业,就得人天的福报,菩萨与如来的百福庄严身。"业感缘起",就是由心所造作的缘起。如《十地品》说十二缘起——惑、业、苦等,也说"三界所有,唯是一心(作)"①。佛在日王宫说法,(及在毗耶离说,)如《超日明三昧经》卷下(大正一五·五四一中——下、五四四中)说:

"设使本无,何因而有?答曰:因行而成。……譬如画

① 《大方广佛华严经》卷三七(大正一〇·一九四上)。

师治壁、板素和合彩具，因摸作像，分布彩色，从意[心]则成。五道如是，本无处所，随行而成。譬如幻师化作，……随意则现，恍惚之间，则不知处。生死如是，本无所有，从心所行，各自得之。"

"佛告日王：一切三界所受形貌，皆从心意，心意无形而有所造，随行立身。"

善恶报由心所作，如幻如化，又举画师作画的比喻，《超日明三昧经》与《海龙王经》，是一致的。《超日明三昧经》所说的十种三昧，是与十地说相关的①。《十地品》以外，《华严经》每有明确的唯心说，如说："诸蕴业为本，诸业心为本；心法犹如幻，世间亦如是"；"心如工画师，能画诸世间，五蕴悉从生，无法而不造"②。"由心所造"，是"佛法"的根本义，如《杂阿含经》卷一〇（大正二·六九下）说：

"佛告比丘：如嗟兰那鸟种种杂色，我说彼心种种杂，亦复如是。所以者何？彼嗟兰那鸟心种种故，其色种种。是故当善观察思惟于心：长夜种种，贪欲、嗔恚、愚痴种种；心恼故众生恼[杂染]，心净故众生净。譬如画师、画师弟子，善治素地，具众彩色，随意图画种种像类。"③

"大乘佛法"，是依"佛法"而兴起的。起初，着重于大乘特义，如"般若法门"重于离执著的自悟；"忏悔法门"与"净土法

① 《超日明三昧经》卷上（大正一五·五三六上——五四〇下）。

② 《大方广佛华严经》卷一九（大正一〇·一〇一中——一〇二上）。

③ 《相应部·蕴相应》（南传一四·二三七——二三八）。

门”，重于佛菩萨的护念；“文殊法门”重于菩萨的方便善巧、法界胜义的不落思议。由心所作的业感缘起，在这几部经中，通过诸法如幻，诸法本空，而给以有力的解说。对未来唯心论的高扬起着有力的影响。

《紧那罗王所问经》与《密迹金刚力士经》，所说的各有重点，也有共同处。阿阇世王从佛与文殊师利，离去了罪恶的狐疑，二经都说到了这件事①。二经都重视方便，如《密迹经》说：“菩萨如是执权方便，所造行缘，皆至佛道。”②这是说，得方便的大菩萨，所作所为的事缘，都能用为成佛的方便。在方便中，淫、怒、痴为方便，是极重要的，《大宝积经》卷八《密迹金刚力士会》（大正一一·四五下）说：

> “菩萨奉行法身，假使众生淫怒痴盛，男女大小欲相慕乐，即共相娱，贪欲尘劳悉得休息。以得休息，于内息想，谓离热欲，因斯受化。”③

以淫欲为利益众生的方便，《密迹经》更具体地举例说：“若有众生多贪欲者，淫想情色，（菩萨）化现女像，……与共相娱。……卒便臭秽，……便示死亡，益用恶见，因为说法无常苦空。……闻之则达，便发无上正真道意。”④这与《大净法门经》

---

① 《大宝积经》卷一四《密迹金刚力士会》（大正一一·七六下）。《大树紧那罗王所问经》卷四（大正一五·三八五中）。

② 《大宝积经》卷一二《密迹金刚力士会》（大正一一·六七上）。

③ 《如来不思议秘密大乘经》卷二，所说略有不同（大正一一·七〇八下）。

④ 《大宝积经》卷八《密迹金刚力士会》（大正一一·四四上——中）。

中,文殊师利化上金光首女,上金光首化畏间长者子事相同①。《紧那罗王所问经》,在六波罗蜜外,立方便波罗蜜。方便中说:"百岁持戒,为化一人,放舍此戒,所有一切娱乐之具而共同之,摄令入法。"②《慧上菩萨问大善权经》所说的焰光故事,与此相同③。这与《维摩诘经》"先以欲钩牵,后令入佛智"的方便相同④,都受到了"文殊法门"的深刻影响!

第二节 宝积与法华

第一项 不著空见、兼通声闻的宝积

《大宝积经》,一二〇卷,是唐代(西元七〇六——七一三年)菩提流志编译所成的,分四九会。早在麟德元年(西元六五四),玄奘就想翻译这部经,由于年老力衰而停译⑤。古代称为"宝积"的经典,不在少数,印度早已有了丛书的形迹。如《无尽意经》是"宝顶经中和合佛法品"⑥;《宝积三昧文殊师利菩萨问法身经》,也以宝积——摩尼宝为名的。现在要说的,可能是最古的宝积,而被编为《大宝积经》的一会。这部"古宝积经",译本有:1. 后汉光和二年(西元一七九),支娄迦谶初译,名《(佛)

① 《大净法门经》(大正一七·八二三上——下)。
② 《大树紧那罗王所问经》卷二(大正一五·三七七下)。
③ 《慧上菩萨问大善权经》卷上(大正一二·一五七下)。
④ 《维摩诘所说经》卷中(大正一四·五五〇中)。
⑤ 《开元释教录》卷八(大正五五·五六〇下)。
⑥ 《十住毗婆沙论》卷一六(大正二六·一〇九下)。

遗日摩尼宝经》，一卷。2. 晋失译的《摩诃衍宝严经》，一卷，一名《大迦叶品》。3. 秦失译的《宝积经》，一卷，今编为《大宝积经》第四三会，名《普明菩萨会》。4. 赵宋施护译，名《大迦叶问大宝积正法经》，五卷。这部经，还有梵文本、藏文本。西元一九二六年，S. Holstein 对校梵本、藏文本，及汉译四本，出版《大宝积经迦叶品梵藏汉六种合刊》。这部经的汉译，还有梁曼陀罗仙共僧伽婆罗所译的《大乘宝云经·宝积品》①。《大乘宝云经》的异译本，都没有这一品，可见这是后来被编入《大乘宝云经》的。宋沮渠京声所译的《迦叶禁戒经》，一卷，是从本经所说的声闻正道，抽出别译所成的②。在《大宝积经》四十九会中，这是重要的一部！龙树引用了本经，特别是瑜伽学者，如《瑜伽师地论·摄决择分中菩萨地》，称为"菩萨藏中所有教授"的十六种应当了知③，是依本经而叙述的。传为世亲所造的《大宝积经论》，元魏菩提流支译成四卷，是依《瑜伽·抉择分》而解释本经的。这部经，受到大乘论师的尊重。

《宝积经》的各种译本，文段略有出入，但全经的主要部分是相同的。佛为大迦叶说。(一)辨菩萨的行相：菩萨的"正行"，是得智慧，不失菩提心，增长善法，直心，善调顺，正道，善知识，真实菩萨：共八事，一一事以四法来分别，并反说不合正行的菩萨邪行。"正行胜利"，是得大藏，过魔事，摄善根，福德庄严。"正行差别"，是名符其实的菩萨，应该具足三十二法。

---

① 《大乘宝云经》卷七(大正一六·二七六中以下)。

② 《迦叶禁戒经》(大正二四·九一二上——下)。

③ 《瑜伽师地论》卷七九·八〇(大正三〇·七三八下——七四七中)。

(二)赞菩萨的功德,共举十九种譬喻。(三)习中道正观:我空中道;法空中道,约蕴、界、缘起来阐明。更抉择空义,以免误解,及智起观息、智生结业灭的意义。(四)辨菩萨的特胜:依八种譬喻,明胜过声闻、辟支佛的菩萨功德。(五)明菩萨利济众生:“毕竟智药”,是不净、慈悲等对治门,三十七道品,对治众生的烦恼重病。“出世智药”,是从缘起空无我中,观自心的虚妄不可得,而悟入无为圣性。无为圣性是泯绝一切相的;是平等、不二、远离、寂静、清净、无我、无高下、真谛、无尽、常、乐、净、无我、真净——以上是菩萨正道。(六)比丘的应行与不应行:比丘应行戒、定、慧三学,应离八种(二法的)过失。(七)沙门的善学与不善学:形服具足而破戒的,威仪具足而破见的,多闻、独处而求名闻的,都是不善学,应学“实行沙门”。(八)持戒的善净与不善净:著有的,执我的,取众生相的,见有所得的,虽持世俗戒,不善不净,可说是破戒的。善持净戒的,是离我我所见,以净智通达圣性的。(九)五百增上慢比丘听了,不能信解而离去。佛化二比丘,与增上慢比丘共论,五百比丘心得解脱。回来见佛,依密意说自证法——以上是声闻正道。汉译的《遗日摩尼宝经》,到此为止。《普明菩萨会》——《宝积经》,以下有佛为普明菩萨说一段,明菩萨的不住相、大精进、为众生、疾成佛道——四义。《摩诃衍宝严经》,及《瑜伽师地论·摄抉择分》,没有普明菩萨问答,以下有受持胜解的功德。《大迦叶问大宝积正法经》,以下有普明问答及胜解功德;全经都有重颂。普明问答与持经功德,可能是附编的,所以各译本或有或没有,彼此都不相同。本经叙述菩萨正道与声闻正道,是从菩萨道的立场说的。广举种种譬喻，有经师的特色，而文体简要明白，全经极有条理，与论书相近。从实行的立场，说明事理，少说仰信的——佛与大菩萨的方便妙用。对人间的修学者来说，这是极其平实的宝典！

《大宝积经》卷一一二《普明菩萨会》（大正一一·六三四上）说：

> “迦叶！真实观者，不以空故令诸法空，但法性自空。……迦叶！非无人故名曰为空，但空自空。……当依于空，莫依于人！若以得空便依于空，是于佛法则为退堕。如是迦叶！宁起我见积若须弥，非以空见起增上慢。所以者何？一切诸见依空得脱，若起空见，则不可除。”

依经文所说，空见是比我见更恶劣的。空、无相、无愿、无生、无起、无我，都是本性空的，不是由于观察，破了什么而成为空的。性空，是如、法界等异名，唯有不落情见、戏论，净智所现证，是不能于空而取著的。经说“便依于空”的“依”，其他的译本，是“猗”、“著”、“执著”的意义①。这一段经文，非常的著名！《中论》引经说：“大圣说空法，为离诸见故，若复见有空，诸佛所不化。”“不能正观空，钝根则自害，如不善咒术，不善捉毒蛇。”②《瑜伽师地论》也引经说：“世尊依彼密意说言：宁如一类起我见者，不如一类恶取空者。”③后代的瑜伽学者，成立依他起性自相有，弹破依他起无自性的学者，总是引用这几句话。对于“空”

---

① 《摩诃衍宝严经》（大正一二·一九六下）。《遗日摩尼宝经》（大正一二·一九一上）。《大迦叶问大宝积正法经》卷二（大正一二·二〇七中）。

② 《中论》卷二（大正三〇·一八下），又卷四（大正三〇·三三上）。

③ 《瑜伽师地论》卷三六（大正三〇·四八八下）。

的解说，中观与瑜伽二家，是有不同方便的，这里不用叙述，但对于“空见”的取著，都是要评斥的。怎么会有“空见”呢？空、无相、无愿，《阿含经》中称为“三解脱门”、“三三昧”。“原始般若”，着重于不取不著的离相。不取不著的深悟，名为“无生法忍”，体悟一切法不生不灭，本来寂灭、涅槃。“下品般若”以空、无相、无愿、无生、无起，表示涅槃寂灭。一切法本性寂灭，当然也就是一切法本空、本无相、本无愿了。“空”在“般若法门”的发展中，大大地发展起来。“中品般若”说：“离色亦无空，离受、想、行、识亦无空。色即是空，空即是色；受、想、行、识即是空，空即是（受、想、行）识。”①“晋译本”与“秦译本”都如此，“唐译本”作“色自性空，不由空故，色空非色。色不离空，空不离色；色即是空，空即是色（受、想、行、识也这样说）”②。在“不离”、“即是”以上，更加“不由空故”的解说。“中品般若”时代，“般若法门”已着重“一切法空”了。一切法空的说明是：无因无果，无业无报，无系缚无解脱，无修无证，无凡夫，无阿罗汉、缘觉、菩萨与如来。“文殊法门”，本着“胜义”、“法界”——空，诘破一切：声闻法以外，菩萨道的发菩提心、度众生、得无生忍、授记、坐道场、成佛、转法轮，都一一难破，使对方哑口无言。所说的一切法空，当然是如实的、正确的，但由世俗语言所表示的名义，在一般听众的意解中，可能有不同的意解，引起不正确的倾向。在初期大乘时代，“一切法空”，是公认为究竟而没有异议的。本经也是阐扬空义的，却传出了“宁起我见”、“不起空见”的呼声，显

① 《摩诃般若波罗蜜经》卷一（大正八·二二一中——下）。

② 《大般若波罗蜜多经》（第二分）卷四〇二（大正七·一一下）。

然已发现了当代的大乘佛教有失却中道而流于谬误的倾向。本经为后汉支谶初译，为西元一五〇年前集出的经典，也可见西元一五〇年前，大乘空义昂扬声中，空想应经已引起副作用了！

这里要附带地说到二部经。一、《慧印三昧经》，一卷，吴支谦（西元二二二——二五三年间）译。异译本，有《如来智印经》，一卷，宋失译；《大乘智印经》，五卷，赵宋智吉祥（Jñānaśrī）等译。赵宋本译出极迟，内容小有差异。慧印三昧是如来境界。佛命弥勒护法，说七事因缘发菩萨意［菩提心］①。七种因缘，可与《瑜伽师地论·发心品》的四因四缘对读②。《慧印三昧经》（大正一五·四六四中、四六六中）说：

> "后来世人，当自说言：我所作业，是菩萨行。……住在有中，言一切空。亦不晓空，何所是空？内意不除，所行非法。口但说空，住在有中。"
>
> "我泥洹后，人当说言：一切诸法，视之若梦。……不行是法，著于有中，便自说言：我已知空。"

末世比丘，学大乘空法而著在有相中。见地不纯正，所行又不合法，意味着当时部分宣扬空教者的实况。自以为"知空"，而其实"不晓空"，不知道"何所是空"，著在有相中，当然是"恶取空"了。二、《济诸方等学经》，一卷，晋竺法护译。异译名《大乘方广总持经》，一卷，隋毗尼多流支译。从"济诸方等学"的经名，可以知道这部经是对方广——大乘学者偏谬的纠正。经作

① 《慧印三昧经》（大正一五·四六三中）。
② 《瑜伽师地论》卷三五（大正三〇·四八一上——中）。

佛在不久入涅槃时，为弥勒菩萨说。大乘学者的轻毁声闻，般若学者的轻毁其他经典，是诽毁三宝，不免要死堕地狱的，如《济诸方等学经》①说：

一、"当来末世，五浊之俗，余五十岁……。或复说言：若有经卷说声闻事，其行菩萨（道者），不当学此，亦不当听，非吾等法，非吾道义，声闻所行也。修菩萨者，慎勿学彼。辟支佛法，亦复如是，慎莫听之！……诸菩萨中，刚强难化，弊恶凶暴，妄言两舌，鲜闻智少，宣传佛道，别为两分。欲为菩萨，当学此法，不当学是。而怀是心，诽谤于佛，毁呰经典，斗乱圣众，寿终身散，便堕地狱。"

二、"惟但宣散一品法教，不知随时，观其本行，讲说经法也。不能觉了达诸法界，专以空法而开化之，言一切法空，悉无所有。所可宣讲，但论空法，言无罪福，轻蔑诸行。复称己言，如今吾说悉佛所教。"

三、"或有愚人口自宣言：菩萨惟当学般若波罗蜜，其余经者非波罗蜜，说其短乏。"

四、"世尊告文殊师利：……或有愚騃，不识义理，趣自说言：般若波罗蜜，如来所行，是诸如来无极修教，余经皆非佛语。"

学大乘者，主张但学大乘经，轻蔑声闻教法，对佛教中——（传统的）声闻道与新兴的菩萨道，是会引起严重对立的，这决

① 《济诸方等学经》：一、（大正九·三七五中——下）。二、（大正九·三七六上）。三、（大正九·三七七上）。四、（大正九·三七七下）。

非佛教之福！本经主张学菩萨道的，可以学声闻经，正如《般若经》所说，菩萨应该遍学一切法门。过分地强调空法，高推《般若波罗蜜经》，是当时佛教的实情而表现于经中的。学菩萨而轻弃声闻经的，学般若空而“轻蔑诸行”、轻弃余经的学风，对佛教会有不良的后果。上面两部经，提出了学菩萨而尊声闻，尊重空义而不废事行，都是未来大乘瑜伽者的方向。弥勒是未来佛，经常出现于大乘经中，但佛为弥勒说的，却非常的少。这两部经是为弥勒说的；西元四世纪集出的《瑜伽师地论》，是弥勒佛说的。推崇弥勒菩萨的大乘瑜伽者，在思想渊源上，应该说是相当早的。如《慧印三昧经》，为西元二五〇年前译出的；《济诸方等学经》，是西元三〇〇年前译出的。这两部经在印度的集出，约为西元二、三世纪间。

《宝积经》说菩萨道以后，又说声闻道，这在大乘经中是不多见的。在大乘兴起时，如“净土法门”的《阿弥陀经》、《阿闳佛国经》，是三乘共生的净土。在《阿弥陀经》的二十四愿中，多数是“菩萨、阿罗汉”一起说的。“般若法门”中，菩萨应学般若波罗蜜，声闻与辟支佛也应学般若波罗蜜：般若是三乘共学的①。“忏悔法门”的《舍利弗悔过经》说：“欲求阿罗汉道者，欲求辟支佛道者，欲求佛道者”，都应该六时礼十方佛，向佛忏悔②。大乘佛法的本义，不是拒绝声闻——传统佛教者，而是诱导来共同修学的。佛法有佛法的特质，大乘佛法与声闻法，有着共同的内

---

① 《小品般若波罗蜜经》卷一（大正八·五三七中）。

② 《舍利弗悔过经》（大正二四·一〇九〇上）。

容。《十地品》也说：八地菩萨所得的无分别法，是二乘所共的①。自"文殊法门"抑小扬大，彼此的距离，不觉地远了！"华严法门"，多数是专说佛菩萨事。然流行于印度的佛教，声闻佛教是事实的存在，有着深固的传统，不是轻视与漠视所能解决的！《宝积经》不忘大乘本意，从大乘的立场来说声闻道。传统的出家声闻行者，是以受持事相的戒律为基，不免形式化。《宝积经》肯认声闻道，但依三增上学的要义——智证净心说，也就是比丘出家的意义所在。如《大宝积经》卷一一二（大正一一·六三七上——中）说：

"心不著名色，不生我我所，是名为安住，真实净持戒。虽行持诸戒，其心不自高，亦不以为上，过戒求圣道，是名为真实，清净持戒相。不以戒为最，亦不贵三昧，过此二事已，修习于智慧。空寂无所有，诸圣贤之性，是清净持戒，诸佛所称赞。心解脱身见，除灭我我所，信解于诸佛，所行空寂法。如是持圣戒，则为无有比！依戒得三昧，三昧能修慧；依因所修慧，逮得于净智；已得净智者，具足清净戒。"

《宝积经》是重智证的，依空平等性而说实行沙门："于诸法无所断除，无所修行，不住生死，不著涅槃。知一切法本来寂灭，不见有缚，不求解脱，是名实行沙门。"②确认声闻法，而重视内心的修证。三乘同入一法性，这样的声闻道，是不会障碍菩萨道的。《般若经》也一再地说：阿罗汉与具足正见者（须陀洹果），

① 《大方广佛华严经》卷三八（大正一〇·一九九中）。

② 《大宝积经》卷一一二《普明菩萨会》（大正一一·六三六中）。

是能信解般若的，只是悲愿不足，不发菩提心而已。竺法护所译的《诸佛要集经》，佛教阿难为声闻众说法，也是依大乘深义说的①。诸佛共说的菩萨道，就是“中品般若”所说的大乘。这部并说声闻与菩萨道的，与“文殊法门”有关，是文殊受到贬抑，被移往铁围山的经典。《济诸方等学经》，也评斥由于轻视声闻，引起声闻与菩萨的严重对立。这样的声闻道，不障碍大乘，可以贯通大乘，有回入大乘的可能。如不是一味地寄心于理想，那么面对人间的佛教，这应该是最通情理的正确态度！原则地说，未来的论师，中观大乘与瑜伽大乘，就是秉承这一方针的。这所以中观与瑜伽，法义上有许多异说，而同被称誉为大乘正轨的空有两轮！

第二项　开权显实、开迹显本的法华

《法华经》，汉译本有三部：晋竺法护（西元二八六年）所译的《正法华经》，一〇卷。姚秦鸠摩罗什，于弘始八年（西元四〇六）译出的《妙法莲华经》，七卷。隋阇那崛多与笈多，在仁寿元年（西元六〇一）补译所成的《添品妙法莲华经》，七卷。《妙法莲华经》与《正法华经》相对比，有缺的，次第也有些不同。阇那崛多依罗什译本，加译一部分，并改正先后次第而另成一部。《添品妙法莲华经序》（大正九·一三四下）说：

> “考验二译，定非一本。（竺法）护似多罗之叶，（罗）什似龟兹之文。余捡经藏，备见二本，多罗则与正法符会，龟

① 《诸佛要集经》卷上（大正一七·七五七上）。

兹则共妙法允同。护叶尚有所遗,什文宁无其漏!而护所阙者,普门品偈也。什所阙者,药草喻品之半,富楼那及法师等二品之初,提婆达多品,普门品偈也。什又移嘱累在药王之前;二本陀罗尼,并置普门之后。其间异同,言不能极。”

“窃见提婆达多及普门品偈,先贤续出,补阙流行。余景仰遗风,宪章成范。大隋仁寿元年,辛酉之岁,因普曜寺沙门上行所请,遂共三藏崛多、笈多二法师,于大兴善寺,重勘天竺多罗叶本,富楼那及法师等二品之初,勘本犹阙。药草喻品更益其半,提婆达多通入塔品,陀罗尼次神力之后,嘱累还结其终;字句差殊,颇亦改正。”

序文,是当时参预译者写的,对《正法华》与《妙法莲华》的缺文及次第的更正,叙述得非常明白。依序文说,《正法华》与《妙法莲华》,都有缺失,次第都有倒乱,然在经典成立演变的观点来说,当时所依的梵本,怕是后代的续增与改编的吧!现在约重要的来说:一、《提婆达多品》:罗什译本是没有这一品的;竺道生的《法华经疏》,梁法云的《法华义记》,都是没有这一品的。《出三藏记集》说:“自流沙以西,妙法莲华经并有提婆达多品,而中夏所传,阙此一品。先师(法献)至高昌郡,于彼获本,仍写还京都。”①《提婆达多品》的译出,与僧祐的师长法献有关;僧祐所说,是可以信赖的史实。这一品,叙述释尊过去生中,曾从提婆达多闻法;为提婆达多菩萨授记。次说文殊师利在龙宫教化,

---

① 《出三藏记集》卷二(大正五五·一三下)。

龙女速疾成佛。这一品编在《见宝塔品》以下,《劝持品》以前。《宝塔品》末与《劝持品》初这样说①:

> 《见宝塔品》末:"以大音声普告四众:谁能于此娑婆国土,广说妙法华经,今正是时?如来不久当入涅槃,佛欲以此妙法华经,付嘱有在!"
>
> 《劝持品》初:"尔时,药王菩萨摩诃萨,及大乐说菩萨摩诃萨,与二万菩萨眷属俱,皆于佛前,作是誓言:唯愿世尊不以为虑!我等于佛灭后,……我等当起大忍力,读诵此经,持说、书写、种种供养,不惜身命!"

《见宝塔品》末,如来要付嘱,弘扬护持《法华经》;《劝持品》初,药王菩萨等就起来立愿护持,不惜身命:前后一气贯通。插入了《提婆达多品》,前后文义就隔断了。况且文殊本在法华会上,怎么忽而又从大海中来?这是《法华经》以外的,与弘传《法华经》事有关,而被编入《法华经》的。早期传入龟兹的,没有这一品,正是《法华经》古本。《大智度论》引用《法华经》说极多,几乎都说到了,但没有有关《提婆达多品》的内容。《提婆达多品》的编入,该是西元三世纪初吧!二、《嘱累品》:《妙法莲华经》中,《嘱累品》在《如来神力品》以后;《嘱累品》以下,还有《药王菩萨本事品》等六品。《嘱累品》在经中间,虽不合一般体裁,但也有《般若经》的前例可寻。"下品般若"嘱累了,圆满了,其后发展为"中品般若",一部分续编在后面,《嘱累品》就在全经中

① 《妙法莲华经》卷四(大正九·三三下),又卷四(大正九·三五下——三六上)。

间了。所以,《妙法莲华经》的《嘱累品》在中间,说明了以下的六品是属于续编的部分。关于这部经的集出、增编,略说其重要的如上。

《法华经》在中国,是非常流行的,研究的人也多。以《法华经》为"纯圆独妙"的天台宗,更是以《法华经》为宗依的中国佛教的大流。这里,直依经文,以说明《法华经》在大乘佛教史上的意义。大概地说,"开权显实"说乘权乘实,"开迹显本"说身权身实,为《法华经》的两大宗要。说乘权乘实,如《妙法莲华经》卷一(大正九·七上——中)说:

> "诸佛如来,但教化菩萨,诸有所作,常为一事,唯以佛之知见示悟众生。舍利弗!如来但以一佛乘故,为众生说法,无有余乘若二若三。……是诸众生,从诸佛闻法,究竟皆得一切种智。"

大乘佛法兴起时代,佛教界已有了声闻、辟支佛、菩萨求成佛道的三乘。声闻与辟支佛,称为"二乘"或"小乘",以入究竟涅槃为目的;菩萨是大乘,以求成佛道为理想。《法华经》起来说:声闻与辟支佛的果证,都是方便说,二乘也是要成佛的。"无二无三",名为一佛乘。从佛教思想的发展来说,释尊在世,本着自己的证觉,为弟子说法;弟子们依着去修证,"同入法性"[界],"同得无漏"。佛也是阿罗汉;佛也在僧中,为僧中上首。佛在世的时代,佛与弟子间,是亲切的而不是疏远的。但佛是创觉者,弟子们是后觉者;弟子们得"三菩提"(正觉),而佛得"阿耨多罗三藐三菩提"(无上等正觉);法是佛所说的,学处(戒)是佛所制的：在弟子们的心目中，佛自有他们所不及的地方。不过佛与弟子们在一起，不会感觉修证上的距离。佛涅槃后，在弟子们的永恒怀念中，佛与弟子间的距离被发觉出来。佛为什么能无师自悟，能安立法门，能制定戒律，弟子们为什么不能？在佛教因果法则下，公认为：声闻与缘觉，是速成的，佛是经长期修行而成的。菩萨"本生"，佛（出世）"因缘"等流传人间，佛与弟子间的距离越来越远了！等到现在有十方佛、他方有净土、六度以般若为主导的思想形成，大乘法门就兴起了。菩萨成佛，是别有修证的菩萨道，与传统佛教的声闻道（及缘觉道）不同。那时，以成阿罗汉为究竟的部派佛教，照样流行。三乘道分别在人间流行，不能不引起怀疑：佛是修菩萨而成佛的，为什么却以声闻（及缘觉）道教弟子成阿罗汉呢？大乘信徒，当然是希望大家成佛的，然也有困难，如《小品般若波罗蜜经》卷一（大正八·五四〇上）说：

"若人已入正位，则不堪任发阿耨多罗三藐三菩提心。何以故？已于生死作障隔故。是人若发阿耨多罗三藐三菩提心，我亦随喜，终不断其功德。所以者何？上人应求上法。"

声闻人如"入正位"——证入正性的，就是须陀洹果，再经七番生死，一定要入涅槃了。发菩提心，求成佛道，是要长期在生死中的，所以证入正位，就不可能发心。生死已有限止，不能发心成佛，这是一般所公认的。接着说，如能够发心，那当然随喜赞叹，因为上人是应求上上的法门。这是依大乘人的希望，诱导声闻者回心向大。但到底能不能发心呢？在大乘经中，除“华严法门”，声闻都是参预法会的。或命声闻说菩萨法，或在法会中受到贬抑。声闻的参加大乘法会，听大乘法，见佛为菩萨授记，声闻人能无所感吗！《妙法莲华经》卷二（大正九·一〇下）说：

“我昔从佛闻如是法，见诸菩萨授记作佛，而我等不预斯事，甚自感伤，失于如来无量知见。世尊！我常独处山林树下，若坐若行，每作是念：我等同入法性，云何如来以小乘法而见济度！”

这是声闻乘人应有的怀疑与感伤。经上说：“若以小乘化，乃至于一人，我则堕悭贪，此事为不可。”①自己成佛而教弟子成阿罗汉，这是不合理的！对于这些，应有满意的解说！如来初成佛道，有多少七日不说法，感觉众生难化而想入涅槃的传说。梵天请转法轮，佛才去鹿野苑转法轮②。《法华经》运用这一传说，而给以新的解说，如《妙法莲华经》卷一（大正九·九下）说：

“我所得智慧，微妙最第一！众生诸根钝，著乐痴所盲。如斯之等类，云何而可度？尔时诸梵王，……请我转法轮。我即自思惟，若但赞佛乘，众生没在苦，不能信是法。……寻念过去佛，所行方便力，我今所得道，亦应说三乘。……虽复说三乘，但为教菩萨。”

---

① 《妙法莲华经》卷一（大正九·八上）。

② 《弥沙塞部和醯五分律》卷一五（大正二二·一〇三下——一〇四上）。《铜鍱律·大品》（南传三·八——一四）。各部律都有此传说。

"我所得智慧，微妙最第一"，就是"妙法"，就是"佛乘"。佛出世间，只是为了以佛慧——佛之知见示悟众生。但众生根钝，不能信受，所以方便地说三乘——菩萨乘以外，有声闻与缘觉。说三乘，其实是"教菩萨法"。声闻与缘觉的修证，是适应众生，而作为引入佛道方便的。如"穷子喻"、"火宅喻"、"化城喻"、"系珠喻"①，都不外乎从多方面去解说这一意义。这样，声闻、缘觉行果，可说是佛乘的预修；佛不说声闻可以成佛，正是佛的悲心所在！

经上说："如是妙法，诸佛如来时乃说之"②；所说的就是"开示悟入佛之知见"。又说："说佛智慧故，诸佛出于世"；"如来所以出，为说佛慧故"③。佛慧、佛智慧，与"佛之知见"是同一内容的。为了说"一佛乘"，如来极力称叹："诸佛智慧，甚深无量；其智慧门，难解难入！""如来知见广大深远，无量、无碍、力、无所畏、禅定、解脱、三昧，深入无际，成就一切未曾有法"④，都是如来现证的"阿耨多罗三藐三菩提"——无上道的内容。《法华经》承"般若法门"，重于"佛慧"，《般若经》是称之为"一切智"、"一切智智"的。《法华经》成立于"般若法门"、"文殊法门"的基础上，如《信解品》所举的"穷子喻"，关于如来的方便教化，可有四个层次（大正九·一七中——下）：

---

① 《妙法莲华经》卷二"穷子喻"（大正九·一六中——一九上），"火宅喻"（大正九·一二中——一五上）；又卷三"化城喻"（大正九·二五下——二七上）；又卷四"系珠喻"（大正九·二九上——中）。

② 《妙法莲华经》卷一（大正九·七上）。

③ 《妙法莲华经》卷一（大正九·八上），又卷一（大正九·一〇上）。

④ 《妙法莲华经》卷一（大正九·五中——下）。

“令我等思惟，蠲除诸法戏论之粪，我等于中勤加精进，得至涅槃一日之价。”

“世尊以方便力，说如来智慧，我等……于此大乘，无有志求。”

“我等又因如来智慧，为诸菩萨开示演说，而自于此无有志愿。”

“今我等方知，世尊于佛智慧无所吝惜。……今法王大宝，自然而至，如佛子所应得者，皆已得之。”

从“合法”所见的教化层次，是：一、以小乘法教化。二、参预大乘法会，听大乘法，“于菩萨前毁呰声闻乐小法者”，为大菩萨授记作佛等。这与“文殊法门”等相当，天台宗称之为“方等时”。三、如《般若经》中，须菩提承佛力，为菩萨说般若波罗蜜。四、法华会上，开权显实，会三乘入一乘。《法华经》承“中品般若”大成以后，所以先说“方等”而后说般若，然在大乘佛教史上，“原始般若”中须菩提说法，是很早的。“文殊法门”轻呵声闻而说大乘，约兴起于“下品般若”晚期，而盛于“中品般若”时代。如约天台的化法四教说，“藏”——小乘，“通”——般若，“别”——方等，“圆”——法华，约部分意义说，与初期大乘佛教史的开展过程，倒是相当符合的。不过，《法华经》的开权显实，是为声闻人说的，也就是回小入大的大乘；大乘法中，还有直入大乘道的大乘：所以专依《法华经》来判摄一切大乘，不可能是最恰当的！

声闻阿罗汉，生死已了，临终入般涅槃，不可能长在生死中，怎么能成佛呢？依《法华经》说，声闻阿罗汉的涅槃，不是真的涅槃，只是休息一下。《妙法莲华经》卷三，举“化城喻”（大正九·二七中）说：

“诸佛方便力，分别说三乘；唯有一佛乘，息处故说二。今为汝说实，汝所得非（真）灭。……诸佛之导师，为息说涅槃，既知是息已，引入于佛慧。”

为不能精进直往佛道的，方便地说得到了涅槃，其实不是真涅槃，只是休息一下而已。声闻涅槃的安息，《法华经》没有充分的说明。竺法护所译的《无极宝三昧经》卷上（大正一五·五〇七下）说：

“想取泥洹，疑尽灭身而生死不断。罗汉得泥洹，譬如寐人，其身在床，一时休息，命不离身。罗汉得禅，故是大疑（究竟，还是没有究竟）。”

阿罗汉入涅槃，以为生死已断尽了。其实，如熟睡一样，虽心识不起而命不离身。阿罗汉所得的涅槃，其实是禅定。定力是有尽的，等到定力尽了，感觉到生死不尽，所以有大疑惑。这就是《楞伽经》所说的：“得诸三昧身，乃至劫不觉。譬如昏醉人，酒消然后觉，彼觉法亦然，得佛无上身。”①阿罗汉的涅槃，是定境，所以不是真涅槃。这与声闻佛教，批评外道的涅槃不真实，只是无所有定等定境，理由相同。法华会上的阿罗汉们，知道自己是菩萨，直向佛道，当然不用方便的涅槃安息。没有听见《法华经》的，入了涅槃，等到定力消了，感觉到生死未尽，就会

① 《楞伽阿跋多罗宝经》卷二（大正一六·四九七下）。

见佛听法而向佛道，如《妙法莲华经》卷一（大正九·七下）说：

> "比丘实得阿罗汉，若不信此法（华），无有是处。除佛灭度后，现前无佛。……若遇余佛，于此法中便得决了。"

阿罗汉入涅槃，而生死不尽，渐渐地引向"意成身"与"变易生死"说。充分表明出来，那是后期大乘的事。

"佛性"与"如来藏"说，在后期大乘时期，非常的盛行。《法华经》说声闻与缘觉，都是要成佛的，所以有的也就依《法华经》"系珠喻"，说二乘本有"佛性"了。"系珠喻"是这样说的：有人在醉卧中，亲友给他一颗无价宝珠，系在衣服里面。那人后来非常贫苦，遇见了亲友，亲友告诉他：衣服里系有无价宝珠，可以卖了而获得富裕的生活。"衣里明珠"，或解说为众生本有"佛性"，只是为无明迷醉，自己不能觉知，所以取声闻小智为满足，知道本有"佛性"，就向佛道了。"系珠喻"所比喻的意义，如《妙法莲华经》卷四（大正九·二九上）说：

> "佛亦如是，为菩萨时，教化我等，令发一切智心。而寻废忘，不知不觉，既得阿罗汉道，自谓灭度。资生艰难，得少为足，一切智愿犹在不失。"

经上分明地说，譬如无价宝珠的，是"一切智愿"——愿求佛一切智的大菩提心。释迦佛为菩萨时，教化五百罗汉等，"令发一切智心"，但在生死长夜中，废忘（退）了大心，取阿罗汉道。"菩提心"一经发起，"种佛善根"，虽然一时忘了，也是永不失坏的。所以阿罗汉们的回入大乘，成佛种子，正是过去在释迦菩萨时,受教化而劝发的“一切智愿”。依“系珠喻”,这哪里是本有“佛性”? 经上说:“诸佛两足尊,知法常无性,佛种从缘起,是故说一乘。”①佛种是从缘而起,依善知识的劝发而起的。所以从缘而起,只因为一切法是常无自性——毕竟无性空的。由于一切法无性,所以一切法从缘而起,众生也能从缘发心,修行而成佛。佛深彻地证知了无性缘起,所以说一乘,一切众生都可以成佛。《法华经》的思想,原是承《般若》毕竟空义而来的。

“开迹显本”,是《法华经》的又一重点。经是释迦佛说的,而多数大乘经,以为出现于印度的释尊是示现的。然对于佛的真实,大都语焉不详,到《法华经》,有了独到的说明。经说“一乘”,为弟子们“授记”,有多宝(Prabhūtaratna)佛塔涌现在空中。多宝佛临涅槃时,誓以神通愿力,凡十方世界有说《法华经》的,佛塔就涌现在空中,赞叹作证。所以多宝佛塔的涌现,对上文说,是赞叹作证;然望下文说,正是“开迹显本”的序起。多宝佛是已涅槃的佛,现在涌现虚空作证,释迦佛开塔进去,二佛并坐。这一情况,论事相,是与摩诃迦叶有关的。摩诃迦叶在多子(Bahuputraka)塔见佛②;佛分半坐命迦叶坐③;大迦叶在鸡足山(Gurapādagiri)入涅槃,将来弥勒下生成佛说法,与弟子们来鸡足山,摩诃迦叶也涌身虚空④。摩诃迦叶的故事,显然地被化为

---

① 《妙法莲华经》卷一(大正九·九中)。

② 《杂阿含经》卷四一(大正二·三〇三中)。《别译杂阿含经》卷六(大正二·四一八中)。《相应部·迦叶相应》(南传一三·三二一)。

③ 《杂阿含经》卷四一(大正二·三〇二上)。《别译杂阿含经》卷六(大正二·四一六下)。

④ 《大智度论》卷三(大正二五·七九上)。《阿育王传》卷四(大正五〇·一一五上)。《大唐西域记》卷九(大正五一·九一九下)。

多宝佛塔的涌现，二佛同坐，表示了深玄的意义。释尊说：“我分身诸佛，在于十方世界说法者，今应当集”；佛放光召集十方分身的诸佛，多得难以数计，“一一方四百万亿那由他国土，（分身）诸佛如来遍满其中”①。这是说，十方世界这么多的佛，都是释尊分化示现，比“文殊法门”所说的更为众多。由于释尊所教化的大菩萨来会，而说到佛的本身，如《妙法莲华经》卷五（大正九·四二中——下）说：

“善男子！我实成佛以来，无量无边百千万亿那由他劫。……自从是来，我常在此娑婆世界说法教化，亦于余处百千万亿那由他阿僧祇国，导利众生。……如是我成佛以来甚大久远，寿命无量阿僧祇劫，常住不灭。诸善男子！我本行菩萨道所成寿命，今犹未尽，复倍上数。”

《华严》与《法华》，都是着重于佛德的。《华严》以释尊为毗卢遮那，说“始成正觉”，着重于佛与一切相涉入，无尽无碍。《法华经》直说分身的众多，寿命的久远，表示在伽耶（Gayāśīrṣa）成佛及入涅槃，都是应机的方便说。从文句说，分身佛这样多，寿命这样长，总是有限量的。然僧睿的《法华经后序》说：“佛寿无量，永劫未足以明其久也；分身无数，万形不足以异其体也。然则寿量定其非数，分身明其无实，普贤显其无成，多宝昭其不灭。”②这样的取意解说，佛是超越于名数，而显不生不灭的极则！《妙法莲华经》卷五（大正九·四三中——下）说：

---

① 《妙法莲华经》卷四（大正九·三二下、三三中）。

② 《出三藏记集》卷八（大正五五·五七下）。

> “众见我灭度，广供养舍利，咸皆怀恋慕，而生渴仰心。众生既信伏，质直意柔软，一心欲见佛，不自惜身命。时我及众僧，俱出灵鹫山。我时语众生，常在此不灭。……因其心恋慕，乃出为说法。神通力如是，于阿僧祇劫，常在灵鹫山，及余诸住处。”

经文所说的，正是从“佛涅槃后，弟子心中所有的永恒怀念”，而引发佛身常在、现在说法的信仰。佛身常在，不用悲恋。只要“一心欲见佛，不自惜身命”的行道，佛是可以见到的。因不见佛而引起的怀念，《法华》与《华严》，可以使信心众生得到满足的！

《法华经》承《般若》的学风，所以《法师品》等，也说“受持、读、诵、解说、书写”；而信者的功德，诽毁者的罪报，也与《般若经·信毁品》一样。《般若经》的“般若道”（“下品般若”），智证法门是重于闻思方便的。然《法华经》所说的乘真实与身真实，阿罗汉们只能以信心去领受的。重于理想的佛（佛土及佛法），也必然地重于信仰。信仰就有信仰的方便，如《妙法莲华经》卷一（大正九·八下）说：

> “又诸大圣主，知一切世间，天人群生类，深心之所欲，更以异方便，助显第一义。”

“异方便”，是不同的特殊方便，或殊胜的方便。这是适应“天人”（有神教信仰的）的欲求，而是“佛法”本来没有的方便。异方便的内容是：（依本生而集成的）六度；（佛灭以后的）善软心①；供

---

① “善软心”，《正法华经》译作“忍辱调意”，是忍辱柔和的菩萨德性。

养舍利,造佛塔,造佛像,画佛像;以花、香、幡、盖、音乐,供养佛塔、佛像;歌赞佛功德;向佛塔、佛像,礼拜、合掌、举手、低头;称南无佛:这些是"皆已成佛道"的特殊方便。"大乘佛法",是佛涅槃后,在这一宗教化的气运中发展起来的。《法华经》在"受持、读、诵、解说、书写"以外,又重视"异方便",与"中品般若"的"方便道"相通,而更强化其作用。重"信"的倾向,在《嘱累品》以下的六品中,更强化起来。六品,叙述大菩萨的护持《法华》。《陀罗尼品》与《普贤菩萨劝发品》,说陀罗尼——咒护持。乘六牙白象的普贤菩萨来护法,正是帝释护法的大菩萨化。药王(Bhaiṣajyarāja)菩萨本事——一切众生喜见(Sarvasattvapriyadarśana),烧身供佛、燃臂供佛的苦行,意味着更深一层的,适合印度宗教的形相!

对于"声闻道",《宝积》与《法华》表示了重事实与重理想的不同立场。这一对立,在"一性皆成"、"五性各别"的未来教学中,将日见光大!

第三节　戒·定·慧

第一项　大乘戒学

"大乘佛法",是依"经藏"(《阿含经》),及传说的"本生"、"譬喻"、"因缘"等而发展起来的;有关僧制的"律藏",对于初期大乘,关系是极为轻微的。初期大乘也有出家菩萨、菩萨比丘,与声闻比丘所持的戒律,有什么差别?这是应该研究的重要问题！平川彰《初期大乘佛教之研究》，历举《般若》、《华严》及其他大乘经，论证初期大乘以“十善”为菩萨戒。中国一向所说的菩萨三聚净戒，以七众律仪为菩萨的“摄律仪戒”，出于《解深密经》、《瑜伽师地论》，是中期大乘（依本书，应称为后期大乘）的后起说①，这是很正确的！但据“十善”戒，解说初期大乘的菩萨为在家生活，在家立场的宗教生活②，还值得审慎的研究！

菩萨行，以六波罗蜜为主，是依传说的菩萨“本生”，归类而成立的。“本生”所传说的菩萨，有的是在家人，也有出家的（还有鬼神与畜生）；或生于佛世，或生于没有佛法的时代。通于在家、出家，有佛、无佛时代的菩萨，所有的戒波罗蜜，与释尊为弟子所制的戒律，意义有点不同。释尊为在家弟子，制立“五戒”与“八关斋戒”；为出家弟子，制立“比丘戒”，“比丘尼戒”，“沙弥、沙弥尼戒”，“式叉摩那戒”。这是分在家与出家的为两大类，出家中又分男众与女众、比丘与沙弥等不同。适应现实世间——在家与出家的生活方式不同，男众与女众等不同，制立不同的戒法。佛制的戒法，特别是出家戒，不但是道德的轨范，也是共同生活的轨范。传说的菩萨，或出于没有佛法的时代，所以菩萨戒法，是通于在家、出家的，有佛或无佛时代的，也无分于男女的善法。“十善”是符合这种意义的，所以“十善”成为菩萨戒波罗蜜的主要内容。《大智度论》说：“十善为总相戒”；“十善，有佛、无佛常有”③。初期大乘经以“十善”为菩萨戒，理由就在

① 平川彰《初期大乘佛教之研究》（四二二——四六七）。

② 平川彰《初期大乘佛教之研究》（四二三、四三五）。

③ 《大智度论》卷四六（大正二五·三九五中、下）。

这里。

类集菩萨“本生”所成的“六波罗蜜集”，传于中国的，有吴康僧会所译的《六度集经》八卷。卷四（大正三·一六下）说：

> “戒度无极[波罗蜜]者，厥则云何？狂愚凶虐好残生命，贪饕盗窃，淫妷秽浊，两舌，恶骂，妄言，绮语，（贪）嫉，恚，痴心[邪见]。危亲[杀父·杀母]，戮圣[杀阿罗汉]，谤佛[出佛身血]，乱贤[破和合僧]。取宗庙物，怀凶逆毁三尊。如斯尤恶，宁就脯割菹醢市朝，终而不为。”

戒波罗蜜的内容，菩萨应该远离而决不可为的，是“十恶”；“五逆”；“取宗庙物”是盗用塔物；“毁三尊”，是诽谤三宝（或破灭佛教）。菩萨通于在家、出家，有佛、无佛的时代，所以离十恶的“十善”为主。菩萨通于有佛法的时代，而“本生”也是部派佛教所传出的，所以“五逆”及佛灭以后的盗用塔物、破灭三宝，佛教界所认为罪大恶极的，也在不得违犯的戒波罗蜜中。犯戒，是应该忏悔的。原始的礼佛“忏悔法门”，如《舍利弗悔过经》，在十方佛前忏悔的，也就是“五逆”；“十恶”；“盗佛寺中神物，若比丘僧财物”；“轻称小斗短尺欺人”；不敬父母，诽谤三宝等①。“十善为总相戒”，所以初期大乘经都以十善为主要内容。

菩萨，从传说的“本生”、“譬喻”而来。到了印度佛教界，有发心修菩萨道的，菩萨不再是传说的，成为印度佛教界的事实。菩萨行人的出现，就是大乘佛法的兴起。从初期大乘经看来，有

---

① 《舍利弗悔过经》（大正二四·一〇九〇上——中）。《菩萨藏经》（大正二四·一〇八七中）。《大乘三聚忏悔经》（大正二四·一〇九一下——一〇九二上）。

的菩萨是出家的。如《阿弥陀经》上说:往生的三辈人中,“最上第一辈者,当去[出]家,舍妻子,断爱欲行,作沙门”①。《阿闳佛国经》说:阿闳菩萨立愿“世世作沙门”,“常着补纳之衣”,“常行分卫”[乞食],“常在树下坐”②。“下品般若”说,“乐佛法中而得出家”③。或以为:菩萨的戒波罗蜜,“十善”为菩萨戒。十善的“离欲邪行”(kāma-mithyâcāra),是在家的“不邪淫”。菩萨没有受具足(upasaṃpadā)二百五十戒,所以出家作沙门的,也不是比丘。这一解说,是希望大乘初期与传统的比丘无关的。然吴支谦所译的《老女人经》、《七女经》,都说到了“菩萨比丘”④,可见出家菩萨是称为比丘的。后汉安玄所译的《法镜经》,出家菩萨也是住在比丘中的⑤。我们知道,出家受具足戒,与二百五十戒没有一定的关系,如铜鍱部的《律藏》说:佛为五比丘等说:“来比丘!于我善说法中,正尽一切苦,净修梵行。”⑥佛准许五比丘等在佛法中出家修学,就是出家受具足戒。受具足,只是准予加入出家僧的意思。后来,弟子们分散到各方,度人出家,授三归依,就是出家受具足⑦。出家众已经多到千二百五十人以上了,佛才制定“白四羯磨”为受具足,成为后代受具足的正轨。“白四羯磨受具足”,是师长将弟子推介给僧众;然后十师现前,“一白”——一次报告,“三羯磨”——三次通过;经现前的十师

① 《阿弥陀三耶三佛萨楼佛檀过度人道经》卷下(大正一二·三〇九下)。
② 《阿闳佛国经》卷上(大正一一·七五二中)。
③ 《小品般若波罗蜜经》卷六(大正八·五六五中)。
④ 《老女人经》(大正一四·九一二中)。《七女经》(大正一四·九〇九中)。
⑤ 《法镜经》(大正一二·一九上——中)。
⑥ 《铜鍱律·大品》(南传三·二二)。
⑦ 《铜鍱律·大品》(南传三·四〇)。

审定认可,成为比丘僧伽的一员①。受具后,授“四依”——依乞食,依粪扫衣,依树下坐,依陈弃药,这是出家比丘的生活轨范②。从“善来受具足”,到初制“白四羯磨受具足”,当时都还没有二百五十戒,但的确是受具足的比丘了。二百五十戒的戒,梵语(śikṣāpada),应译为“学处”。由于比丘们有不如法的事,佛随犯随制,为比丘们所应该学的,所以叫“学处”。《四分律》及《根本有部律》说:释尊成道以来,十二年中是无事僧,比丘没有非法违犯的;十二年以后,才因比丘们的违犯而制立学处(戒)。《善见律毗婆沙》说:佛成道二十年以后,才制立学处③。开始结戒的时间,虽所说略有出入,但都以为:佛教早期的比丘受具足,是还没有学处的。所以初期大乘经没有提到二百五十戒,不能说菩萨出家的不是比丘。

不持二百五十戒的,不一定不是比丘,也不一定就没有戒法。本书第五章,说到“戒学的三阶段”。《长阿含经》与《中阿含经》,叙述了戒定慧的修学次第,所说的戒学,有三说不同。一、身清净,语清净,意清净,命清净。二、小戒,中戒,大戒。三、善护波罗提木叉律仪等。小戒、中戒、大戒,如《长部·梵网经》等说。三戒中的小戒,是离身三不善业,离口四不善业,及离伐

---

① 《铜鍱律·大品》(南传三·九八——一〇〇)。

② 《铜鍱律·大品》(南传三·一〇二)。

③ 《四分戒本》(大正二二·一〇三〇中)。《根本说一切有部毗奈耶》卷一(大正二三·六二八上——六二九中)。《善见律毗婆沙》卷五(大正二四·七〇八上),又卷六(大正二四·七一二中——七一三上)。依《摩诃僧祇律》卷二,成道五年初结戒(大正二二·二三八上)。

树、耕种、买卖等①，与“八正道”中的正业、正语、正命相当。身、语、意清净，就是“十善”；命清净就是正命。十善的身三善中，“离欲邪行”或译作“不邪淫”，约在家的淫戒说；也就因此，或偏执菩萨十善戒是在家的宗教生活。其实，“十善”是通于出家的。如《梵网经》作离“非梵行”（abrahmacarya），就约出家戒说。《阿毗达磨集异门足论》卷六（大正二六·三九〇上）说：

> “三清净者，一、身清净，二、语清净，三、意清净。”
>
> “身清净云何？答：离害生命，离不与取，离欲邪行。复次，离害生命，离不与取，离非梵行。”
>
> “语清净云何？答：离虚诳语，离离间语，离粗恶语，离杂秽语。”
>
> “意清净云何？答：无贪，无嗔，正见。”

《集异门足论》，是《长阿含经·众集经》的解说。三清净就是“十善”；身清净的离淫欲，有“离欲邪行”与“离非梵行”二说，可见十善是通于出家的。上面所说的三类戒法，是戒法的三个阶段。《善护波罗提木叉律仪》，与比丘二百五十戒相合，是佛成道十二年（或说二十年）以后，逐渐制立所成的。《梵网经》所说的小戒等，与八正道中的正业、正语、正命相当，是佛初转法轮、说四谛时的戒法。四种清净——十善与正命，可通于释尊出家修行以来的戒法。十善是世间——印度旧有的道德项目，佛引用为世间与出世间，在家与出家，一切善戒的根本。这三类，

① 《长部》（一）《梵网经》（南传六·四——七）。《长阿含经》卷一四《梵动经》（大正一·八八下——八九下）。

都是流传于佛教界的戒法。“七百结集”时代,集成《长阿含经》与《中阿含经》,将这三类一起结集流传,这是“持法者”(持律者专说波罗提木叉戒)的结集。对于戒法,佛教界一直存有不同的意见,如“五百结集”时,阿难提出了佛遗命的“小小戒可舍”,引起纷诤,后来服从多数,违反佛的遗命,“小小戒”全部保存下来。“七百结集”时,又为了“受取金银”,引起了大诤论。重律的,也就是不舍小小戒的,发展为上座部;重法的,律重根本的,发展为大众部。现存大众部的《摩诃僧祇律》,“波罗提木叉经”与“随顺法颂”,虽接受了二次结集所成的律制,但在应用的态度上,提出了五净法:“一、制限净,二、方[地区]法净,三、戒行净,四、长老净,五、风俗净”①,方便随宜,与上座部大为不同。方便随宜而有文证的,如《三论玄义》(大正四五·八下——九上)说:

> “灰山住部……引经偈云:随宜覆身,随宜饮食,随宜住处,疾断烦恼。随宜覆身者,有三衣佛亦许,无三衣佛亦许。随宜饮食者,时食佛亦许,非时食亦许。随宜住处者,结界住亦许,不结界亦许。疾断烦恼者,佛意但令疾断烦恼。此部甚精进,过余(部)人也。”

灰山住部,唐译鸡胤部,是大众部分出的部派。从结集而定形的律制,鸡胤部不一定反对它,认为也是可以的;但不一定严格奉行,认为不受持,也是佛所许可的。衣服与饮食,是小事,住

---

① 《摩诃僧祇律》卷三二(大正二二·四九二上)。

处的结界与不结界，关系可大了！依律制，比丘们过着共同的集体生活。比丘的住处，有一定界限；经大众同意而决定住处的范围，名为结界(sīmābandha)。在界以内的比丘，过着共同的生活。如半月半月的布萨诵戒，三月安居，处理重要的“僧事”，要界内比丘全体出席。如不结界，那律制的一切“僧事”，都无法进行了。鸡胤部，显然是重于法的修证，轻视教团繁密的律制。不重律制的学处(戒)，并不是没有戒——尸罗如四清净，如八正道的正业、正语、正命，都可能是比丘的戒法。所以，见十善而说是在家生活；见作沙门而说不是比丘，在声闻法中也是不能成立的，何况是菩萨法！大乘佛法的兴起，是根源于大众部系的。重智证的一流，主要是阿兰若行者(留在下一项说)，是源于部派中倾向菩萨行的一群，渐渐开展为大流的。不重视律制，所以取佛教早期的四清净说，以十善为戒波罗蜜。如《法镜经》的出家菩萨，奉行“十善”而不著，及“四依”的生活①，不正是佛教早期的比丘生活吗？

初期大乘的出家菩萨，有住阿兰若的，如《法镜经》所说，也可从《阿闳佛国经》，阿闳菩萨所立的愿行，了解大概的情形②。初期大乘的菩萨，有崇高的理想，表现在清净佛土中。有的净土，没有女人，无所谓出家与在家，都是菩萨。有的净土，有菩萨与声闻。如东方的阿闳佛土，有男有女，所以声闻与菩萨，都有在家与出家的二类。声闻的出家众，没有释尊所制那样的律制，如《阿闳佛国经》卷上(大正一一·七五七中——下)说：

① 《法镜经》(大正一二·二一下)。

② 《阿闳佛国经》卷上(大正一一·七五二上——下)。

“不行家家乞，时到，饭食便办。”

“不复行求衣钵也。亦不裁衣，亦不缝衣，亦不浣衣，亦不染衣，亦不作衣，亦不教人作。”

“（佛）不为诸弟子说罪事。”

“不复授诸弟子戒，……不如此刹诸弟子于精舍行律。”

“不共作行[羯磨]，便独行道；不乐共行，但行诸善。”

阿闳佛土中，衣食是自然而有的，所以没有衣食琐事。没有作恶的，所以不说罪事。没有烦恼，所以不用授戒。独自修道行善，所以不在寺院中住。这是出家的声闻；出家菩萨也只说到“不在（精）舍止”①，当然也无所谓律制。这是理想的净土生活，在我们这个世界——五浊恶世，当然是不适用的。初期大乘的菩萨们，继承传统佛教的思想。我们这个世界，在家有男女的眷属关系，有衣食等经济问题，比出家的生活更为烦杂不净，所以《法镜经》与《菩萨本业经》，从在家说到出家，都说到厌患在家生活的不净②。“下品般若”说到在家受欲，也有厌患的心境③。如以为初期大乘的菩萨，重视在家的生活，是与经说不相

---

① 《阿闳佛国经》卷下（大正一一·七五八中）。

② 《法镜经》（大正一二·一七中——下）。《菩萨本业经》（大正一〇·四四七下）。

③ 《小品般若波罗蜜经》卷六（大正八·五六五上）。《道行般若波罗蜜经》卷六（大正八·四五五中）。《大明度经》卷四（大正八·四九五中）。《摩诃般若波罗蜜钞经》卷四（大正八·五二七下——五二八上）。《大般若波罗蜜多经》（四分）卷五四九（大正七·八二七下）。《大般若波罗蜜多经》（五分）卷五六二（大正八·九〇二上）。

符的。大乘初期的出家菩萨，对传统的律制——种种教团的人事制度，虽不作明白的反对，但并不尊重，如《大宝积经》卷一九《不动如来会》（大正一一·一〇三上）说：

> "若比丘、比丘尼、优婆塞、优婆夷有诸罪衅，若说其所犯，则为违背诸佛如来。"

古译《阿閦佛国经》，译为"其刹所有比丘、比丘尼、优婆塞、优婆夷，若有罪恶者，及谗罪恶者，我为欺是诸佛世尊"①。古译约净土果说，《不动如来会》约菩萨因行说。依《不动如来会》说，见四众弟子犯罪的，菩萨决不说他们的违犯，这是初期出家菩萨的态度。说到这一问题，还有：《摩诃衍宝严经》："他犯不犯，不说其过，不求他人误失之短。"异译《普明菩萨会》："不出他人罪过虚实，不求人短。"《大迦叶问大宝积正法经》："不说他人实不实罪，亦不见他过犯。"《遗日摩尼宝经》："不说人恶。"②《须真天子经》："身所行恶，常自责悔；他人所作，见而不证。"③《持心梵天所问经》："不求他短。……终不睹见他人瑕阙。"异译《思益梵天所问经》："见他人阙，不以为过。……不说他人毁禁之罪。"《胜思惟梵天所问经》："于他阙失，不见其过。……不说他人毁禁之罪。"④《发觉净心经》："不求他过。于菩萨乘富

---

① 《阿閦佛国经》卷上（大正一一·七五二下）。

② 《摩诃衍宝严经》（大正一二·一九四中——下）。《大迦叶问大宝积正法经》卷一（大正一二·二〇一下）。《大宝积经》卷一一二《普明菩萨会》（大正一一·六三二上）。《遗日摩尼宝经》（大正一二·一八九下）。

③ 《须真天子经》卷一（大正一五·一〇〇中）。

④ 《持心梵天所问经》卷一（大正一五·三下）。《思益梵天所问经》卷一（大正一五·三六上）。《胜思惟梵天所问经》卷一（大正一五·六五下）。

伽罗所,有犯罪处而不发觉。”异译《发胜志乐会》:“于诸众生不求其过;见诸菩萨有所违犯,终不举露。”①

《遗日摩尼宝经》与《阿闳佛国经》,是后汉支娄迦谶于西元一八〇年前后所译。《须真天子经》与《持心梵天所问经》,是西晋竺法护于西元二八一——二八六年译出的。这几部经一致说到:别人的犯与不犯——所犯是实的或是不实的,都不说他们的过失。不举发,也不证实他们有罪。这一态度,与释尊的律制相反。依律制,比丘过着共同的集体生活,为了僧团的和乐清净——团结与健全,如见到共住比丘有违犯的,要出来举发,使犯者“忆罪”、“见罪”——承认过失。因为有了过失,会障碍道的进修,如能“见罪”,就可以依法忏悔,回复清净。这对于犯者及僧团,都是必要的。但菩萨比丘却不问别人的罪恶,见了也等于不见,不说别人。僧制的举罪,本意是达成僧伽成员的清净,如僧伽成员缺乏真诚为道的精神,再加上人与人的意见不和,举发别人过失,会引起僧团内部的纠纷。释尊在世时,拘舍弥比丘的大纷诤,就是为了见他过失举罪而引起的②。去佛的时间越远,僧伽的诤事越多,菩萨比丘的不见不说人罪,可能与不满部派的纷诤有关。释尊的律制,初期的菩萨比丘虽没有公然反对,却并不尊重。如每年雨季,佛制比丘作三个月的定居,名为雨安居(vārṣika)。现出家相的文殊师利,“尽夏三月初不现佛边,亦不见在众僧,亦不见在请会,亦不在说戒中。于是文殊师利竟夏

① 《发觉净心经》卷上(大正一二·四四下)。《大宝积经》卷九一(大正一一·五二〇下)。

② 《善见律毗婆沙》卷一八(大正二四·七九六中——下)。

三月已，说戒尚新[自恣]时，来在众中现"。原来文殊"在此舍卫城，于和悦王宫采女中，及诸淫女、小儿之中(住)三月"①：这是不守安居制。还有，印度的比丘，在午前饮食，名为时食；过了中午，比丘不得再进食。转女身菩萨以时间在各处没有一定，暗示比丘时食的不必拘执②。总之，初期的菩萨，有崇高的理想，达一切法不生灭，契入平等、无碍的境地。不同意僧制的拘泥事相，多数是阿兰若行，精进修证，所以说："下须发菩萨，不肯入众，不随其教。"③初期大乘菩萨的风格，有点近似老、庄，轻视社会的礼制。初期大乘菩萨，菩萨与菩萨间，仅有道义的维系，与释尊的教化不同。释尊设教，比丘与比丘间，是将道德纳入法律的轨范，成为共同生活的僧伽。

初期的菩萨比丘，多数住阿兰若，以四清净——十善及正命为戒。西晋竺法护所译的《诸佛要集经》说："出家受具足戒为比丘。"④《慧上菩萨问大善权经》说："若有闿士[摩诃萨]，学得脱戒[别解脱戒]，得脱戒者，则二百五十禁。"⑤《海龙王经》说："立于拥护，不舍所说，悔过首罪。"⑥"立于拥护"，应是"安住(波罗提木叉)律仪"。在竺法护译经中，发见菩萨比丘与"受具

---

① 《文殊师利现宝藏经》卷下(大正一四·四六〇上)。

② 《顺权方便经》卷下(大正一四·九二七中——下)。《乐璎珞庄严方便经》(大正一四·九三六上)。

③ 《须真天子经》卷三(大正一五·一〇五中)。

④ 《诸佛要集经》卷下(大正一七·七六八下)。

⑤ 《慧上菩萨问大善权经》卷上(大正一二·一五七上)。《大宝积经》卷一〇六《大乘方便会》(大正一一·五九五下)。《大方广善巧方便经》卷一(大正一二·一六七中)。

⑥ 《海龙王经》卷三(大正一五·一四七下——一四八上)。

足戒”、“波罗提木叉[别解脱]律仪”的关系。菩萨对“波罗提木叉律仪”的立场,与声闻比丘不完全一致,但到底菩萨比丘已受“具足戒”,受持“波罗提木叉律仪”了,这最迟是西元三世纪初的情形。菩萨比丘不离传统的比丘僧团,即使“不肯入众,不受其教”,过着“独自行道行善”的生活,也没有独立的菩萨僧。净土模式的菩萨僧,是不可能在这个世间实现的。在这个世间行菩萨道,不重视律制,那么虽有“菩萨比丘僧”的名目,也只是道义上的维系而已!《龙树菩萨传》(大正五〇·一八四下)说:

> “(龙树)自念言:世界法中,津涂甚多;佛经虽妙,以理推之,故有未尽。未尽之中,可推而演之以悟后学,于理不违,于事无失,斯有何咎?思此事已,即欲行之,立师教戒,更造衣服,令附佛法而有小异。欲以除众人(疑)情,示不受学。择日选时,当与谓(‘谓’,应是‘诸’字的误写)弟子受新戒,着新衣。”

龙树出家以后,读遍了声闻三藏,又读了部分大乘经,因而有了一个新的构想:离传统的比丘僧团,别立大乘教戒,使菩萨僧独立于声闻比丘僧以外。菩萨从声闻比丘中出来,不离比丘僧,而所说所行却与声闻法大有不同,这正是使人怀疑的地方。为了“除众人(疑)情,示不受(声闻)学”,所以想别立菩萨僧。但仅有这一理想,并没有成为事实。总之,大乘佛法,到龙树时代,并没有菩萨僧团的存在。龙树时,“出家菩萨,总说在比丘、比丘尼中”①,出家菩萨是不离传统僧团的。而且,《大智度论》

---

① 《大智度论》卷四(大正二五·八五上)。

所引的《诸佛要集经》、《海龙王经》,说到了菩萨比丘受具足戒,安住律仪,可见当时的菩萨比丘,有的已接受"波罗提木叉律仪"。所以干潟龙祥所作《大智度论的作者》,对《智论》说"出家菩萨总说在比丘、比丘尼中",推想为译者鸠摩罗什所增附①,是不正确的!

早期的菩萨比丘,以十善为戒,多数过着阿兰若、四圣种的精严生活,后来渐渐接受了佛制比丘的"波罗提木叉律仪"。《初期大乘佛教之研究》指出:初期为十善戒。《十地经论》依《华严·十地品》,立三净戒:"一、离戒净,二、摄善法净,三、利益众生净。""离戒净"的内容,就是离十恶的十善②。《瑜伽师地论》说"三聚净戒",与"离戒净"相当的"摄律仪戒",是在家与七众律仪:沙弥、沙弥尼的十戒,式叉摩那的六法戒,比丘、比丘尼的受具足戒。菩萨比丘受共声闻比丘的律仪,与早期大乘不同,解说为参杂有小乘佛教的教理③。指出前期与后期不同,是非常正确的,但菩萨比丘接受波罗提木叉的律仪,是否小乘教理的折衷,是值得研究的。上面说到,《诸佛要集经》、《海龙王经》、《慧上菩萨问大善权经》——竺法护所译的经典,已有菩萨比丘受具足戒,持别解脱戒的明文;在大乘佛法的发展中,菩萨比丘接受别解脱戒,渐渐形成,是由于事实所必要的。"律藏"中说:过去佛,有的"不为弟子制立学处,不立说波罗提木叉",所以佛与大弟子涅槃了,佛法就迅速地消散灭去,不能久住。有

① 《大智度论的作者》(《印度学佛教学研究》七卷一号·一页以下)。
② 平川彰《初期大乘佛教之研究》(四四六)。
③ 平川彰《初期大乘佛教之研究》(四二三——四二四)。

的“为弟子制立学处，立说波罗提木叉”，佛与大弟子涅槃了，不同族类、不同种姓的弟子们能延续下去，正法久住。由于这一意义，佛在成佛十二年（或说二十年）以后，渐渐地制立学处，立说波罗提木叉①。释尊成佛说法，起初的比丘，也是早期大乘比丘那样，住阿兰若，奉行“八圣道”的戒，过着四圣种的生活。十二年以后，制立学处，渐渐成立僧伽制度，决不是什么小乘，而是理解到流布人间的佛法，要达成正法久住，不能没有健全的组织（清净和合僧），将道德纳入律制的轨范。有清净和乐的僧团，比那仅有道义维系，没有组织的僧众，对于佛法的宏传延续，确实是有效得多②。僧制是适应世间的，由于时代及地区的不同，不可能一成不变；一成不变，就会窒碍难行。释尊的律制，由于原始结集违反佛的遗命——“小小戒可舍”，而说“若佛所不制，不应妄制，若已制不得有违”③，律制成为固定化。在佛法发展中，律制成为繁密、琐碎的事相。过分着重事相，会冲淡定慧的修证。大乘从大众部律制随宜中兴起来，菩萨比丘取制戒以前的戒法，不重波罗提木叉律仪。这固然由于大乘的理想主义、平等主义，着重于内心的修证，也由于律制繁密，多起诤论所引起的反应。菩萨比丘在不拘小节、精勤修证的风气中，在西元一、二世纪，非常兴盛，经典也大量流传出来。然在发展中，菩萨比丘没有僧制，对宏扬大乘佛法于永久来说，是不够的，终于回复

---

① 《铜鍱律·经分别》（南传一·一——一四）。《弥沙塞部和醯五分律》卷一（大正二二·一中——下）。《四分律》卷一（大正二二·五六七上——下）。

② 拙著《原始佛教圣典之集成》（一九四——二〇二，本版一六〇——一六七）。

③ 《弥沙塞部和醯五分律》卷三〇（大正二二·一九一下）。

到比丘“波罗提木叉律仪”的基础上，而在实行上加以多少通变。这是从“大乘佛法”而移向教团的“大乘佛教”，正如原始佛教，从“佛法”而移向僧伽的“佛教”一样。

十善是菩萨戒，但不一定是菩萨戒，因为十善是通于人天及二乘的。菩萨戒要有菩萨戒的意义，如《大树紧那罗王所问经》卷三（大正一五·三七八下）说：

“戒是菩提心；空无不起慢；起于大悲心，救诸毁禁者。”

菩萨戒是与菩提心相应的，如失去菩提心，起二乘心，那就不是菩萨戒，犯菩萨戒了。《思益梵天所问经》也说：“何谓菩萨能奉禁戒？佛言：常能不舍菩提之心。”①“空无”是空无所有，体达持戒、犯戒空不可得。《般若经》说：“罪不罪不可得故，应具足尸罗波罗蜜。”②《思益经》说：“持戒及毁戒，不得此二相，如是见法性，则持无漏戒。”③如见（实）有持戒与犯戒，就会见他人的毁犯，自以为持戒而心生高慢，所以要达持犯空无有性，与般若波罗蜜相应。菩萨戒是以利他为先的，所以要起大悲心，使毁犯者住清净戒法。菩提心、般若无所得心、大悲心，《大树紧那罗王经》颂，总说了菩萨戒的重要内容。大乘虽有重智证与重信愿的两大流，而智证大乘是主流，这可以说到初期大乘中，对“毗尼”的见地。“毗尼”（vinaya），意译为“调伏”，或译为“灭”、

① 《思益梵天所问经》卷一（大正一五·三七中）。
② 《摩诃般若波罗蜜经》卷一（大正八·二一八下）。
③ 《思益梵天所问经》卷三（大正一五·五三上）。

“律”，在声闻佛教中，毗尼成为戒律的通称，“律藏”就是(vinaya-piṭaka)。“毗尼”，传说有五种意义——忏悔、随顺、灭、断、舍①，多在事相上说。竺法护所译《文殊师利净律经》，鸠摩罗什译为《清净毗尼方广经》。经中约菩萨与声闻的心行，辨“声闻毗尼”与“菩萨毗尼”的差别。次说：“毗尼者，调伏烦恼；为知烦恼，故名毗尼。”调伏烦恼，是不起妄想，不起妄想就不起一切烦恼；“烦恼不起，是毕竟毗尼”。知烦恼，是“知于烦恼虚妄诈伪，是无所有，无主无我无所系属，无来处去处，无方非无方，非内非外非中可得，无聚无积无形无色”。这样的知烦恼，烦恼寂然不起，“无所住名毕竟毗尼”②。“究竟毗尼”，是菩萨毗尼，通达烦恼不起而寂灭的。这一“毗尼”的深义，与五义中的断毗尼有关，而作本来寂灭的深义说。竺法护所译的《决定毗尼经》，所说戒与毗尼部分③，与《清净毗尼方广经》大致相合。声闻与菩萨戒的差别，说得更为明确；大乘戒的特性，可以充分地理解出来。“毗尼”是这样，“戒”也是这样，如《大宝积经》卷一一二《普明菩萨会》(大正一一·六三六下——六三七上)说：

> “善持戒者，无我无我所，无作无非作，无有所作亦无作者，无行无非行，无色无名，无相无非相，无灭无非灭，无取无舍，无可取无可弃，无众生无众生名，(无身无身名、无

---

① 《毗尼母经》卷七(大正二四·八四二上)。

② 以上均见《清净毗尼方广经》(大正二四·一〇七七下——一〇七八中)。《文殊师利净律经》(大正一四·四五〇中——四五一中)。《寂调音所问经》(大正二四·一〇八三上——一〇八四上)。

③ 《决定毗尼经》(大正一二·三九下——四一上)。《大宝积经》卷九〇《优波离会》(大正一一·五一六下——五一七下)。

口无口名，）无心无心名，无世间无非世间，无依止无非依止，不以戒自高不下他戒，亦不忆想分别此戒，是名诸圣所持戒行，无漏不系，不受三界，远离一切诸依止法。”

《普明菩萨会》，是《古宝积经》、《大宝积经》的根本经。《长阿含经·游行经》，佛为周那（Cunda-karmāraputra）说四种沙门①，《宝积经》也说四种沙门，意义是相近的。《宝积经》所说的四种沙门，内容为②：

一、“形服沙门”：形服具足，被僧伽梨，剃除须发，执持应器——三业不净，破戒作恶。

二、“威仪欺诳沙门”：威仪安详，修四圣种，远离众会，言语柔软——著有畏空。

三、“名闻沙门”：持戒，读诵，独处，少欲知足——但为名闻，不求解脱。

四、“实行沙门”：不著生死，不著涅槃，本来寂灭，无缚无脱。

《宝积经》又说似乎持戒而其实破戒的四种比丘，内容为③：

一、履行戒法，四种清净——说有我论

二、诵持戒律（律师），如说而行——我见不灭

三、具足持戒，缘众生慈——怖畏本来不生

四、十二头陀——见有所得

四种破戒比丘，都是依不契合无漏净戒说的；所说的善持净

① 《长阿含经》卷三《游行经》（大正一·一八中——下）。
② 《大宝积经》卷一一二《普明菩萨会》（大正一一·六三六中）。
③ 《大宝积经》卷一一二《普明菩萨会》（大正一一·六三六下）。

戒,就是智证寂灭,不著生死,不著涅槃。约声闻比丘说,而实通于菩萨比丘。这是与律制相关的,不否定律制,而从大乘智证的立场,阐明出家比丘持戒的真实意义。菩萨比丘戒法而与律制有关的,汉译中还有五部,不过集出与译出的时代,要迟一些。如①:

一、《佛藏经》,三卷,姚秦鸠摩罗什译。

二、《大方广三戒经》,三卷,北凉昙无谶译。

三、《宝梁经》,二卷,北凉道龚译。

四、《摩诃迦叶经》,二卷,元魏月婆首那译。

五、《护国菩萨经》,二卷,隋阇那崛多译。

第二项　大乘定学

菩萨的定学,可先从禅波罗蜜的内容去了解。不过六波罗蜜中的禅波罗蜜,渊源于"本生";从"本生"而来的禅波罗蜜,是传统的,虽给以大乘的内容,还只是大乘定学的通说。《六度集经》卷七(大正三·三九上——中)说:

> "禅度无极者云何?端其心,壹其意,合会众善,内著心中,意诸秽恶,以善消之。凡有四禅。……自五通智至于世尊,皆四禅成,犹众生所作,非地不立。"

---

① 一、《佛藏经》(大正一五·七八二下以下)。二、《大方广三戒经》(大正一一·六八七上以下)。《大宝积经》卷一《三律仪会》(大正一一·二中以下)。三、《大宝积经》卷一一三《宝梁聚会》(大正一一·六三八下以下)。四、《大宝积经》卷八八《摩诃迦叶会》(大正一一·五〇一中以下)。五、《大宝积经》卷八〇《护国菩萨会》(大正一一·四五七中以下)。《护国尊者所问大乘经》(大正一二·一上以下)。

《六度集经》所说的“禅度无极”[波罗蜜]，只是四禅。在《阿含经》中，叙述戒、定、慧的修证次第，就是以四禅为定学的。四禅是得五通，得四果，得辟支佛，成佛所依止的；这是声闻佛教的成说，并不能表显菩萨禅定的特色。“中品般若”所说的禅度，或说四禅，如说“菩萨入初禅、第二、第三、第四禅”①。凡泛说“诸禅”与“禅定”的，也可以解说为四禅。或说四禅与四无量心，如说：“是菩萨入禅时、起时，诸禅、无量心及(禅)枝，共一切众生，回向萨婆若，是名菩萨摩诃萨禅那波罗蜜发趣大乘。”②或说四禅、四无量心、四无色定，如说：“有菩萨摩诃萨，入初禅乃至第四禅，入慈心乃至舍，入虚空处乃至非有想非无想处。……用方便力，不随禅生，不随无量心生，不随四无色定生，在所有佛处于中生。”③经中虽有略说与广说，都不外乎《阿含经》所说的定法——四禅、四无量心、四无色定。说得最详尽的，如《摩诃般若波罗蜜经》卷二〇(大正八·三六八上——中)说：

“菩萨住般若波罗蜜，除诸佛三昧，入余一切三昧——若声闻三昧，若辟支佛三昧，若菩萨三昧，皆行皆入。是菩萨住诸三昧，逆顺出入八背舍。……于是八背舍，逆顺出入九次第定。……依八背舍、九次第定，入师子奋迅三昧。……依师子奋迅三昧，入超越三昧。”

九次第定，是四禅、四无色定及灭尽定；八背舍就是八解脱。

① 《摩诃般若波罗蜜经》卷二〇(大正八·三六五下)。

② 《摩诃般若波罗蜜经》卷四(大正八·二四六中)。

③ 《摩诃般若波罗蜜经》卷二“大正八·二二五中)。

师子奋迅三昧、超越三昧,都是声闻佛教固有的定法。菩萨修习这些禅定,成为菩萨的禅波罗蜜,有不可或缺的内容,如《摩诃般若波罗蜜经》卷五(大正八·二五〇上)说:

> “云何名禅波罗蜜?须菩提!菩萨摩诃萨,以应萨婆若心;自以方便入诸禅,不随禅生;亦教他令入诸禅;以无所得故。”

应萨婆若[一切智]心,是菩提心相应。入禅而不为禅力所拘,生于色无色界,是方便力。教他人入禅,是大悲心。无所得,是般若相应。入禅,而与菩提心、大悲心、方便、无所得般若相应,才是菩萨的禅波罗蜜。《般若经》特重于般若相应,所以说:“不乱不味(著)故,应具足禅波罗蜜”;“菩萨摩诃萨住诸法(平)等中,不见法若乱若定。如是须菩提!菩萨摩诃萨住禅波罗蜜”①。《般若经》所说的禅波罗蜜,除去应有的菩提心、悲心、方便、般若(或更加“回向萨婆若”)外,禅法的内容,如四禅、四无量心、四无色定、八解脱、九次第定、师子奋迅三昧、超越三昧,与《阿含经》所传的禅法相同。

其他的大乘经,说到禅波罗蜜,大抵不出于《般若经》所说的。《华严经·十地品》第三发光地,明菩萨的禅定,也是四禅、四无色定、四无量心、引发五通,结论说:“菩萨于诸禅、三昧、三摩钵底,能入能出,然不随其力受生。”②鸠摩罗什所译《善臂菩

---

① 《摩诃般若波罗蜜经》卷一(大正八·二一九上),又卷五(大正八·二四八中)。

② 《大方广佛华严经》卷三五(大正一〇·一八八下)。

萨经》，编入《大宝积经》第二十六会。经上说四禅、四无量心、四无色定、八胜处、十一切处，末了说："入如是定，都无所依。是菩萨入禅，其心爱乐，为欲入于无上解脱定故；是菩萨修行禅定，愿令一切众生得度得解脱故，为得一切智、具足一切佛法故。""入如是定，都无所依"，是不依色受想行（识），不依地水火风空识，不依今世后世①。入禅而都无所依，与《杂阿含经》中，佛为诜陀迦旃延所说的"真实（良马）禅"有关②。梁僧伽婆罗所译的《大乘十法经》，是《大宝积经》第九会的异译。经上说禅思行，是离（意）欲、离（意）灭、离欲静。不依内（自身）外（他身），五蕴，三界，三三昧，世出世间，不依五度等。"如是修诸禅，然彼禅回向阿耨多罗三藐三菩提；虽思修此禅，然不起我慢等心（分别）。"③不依一切而修禅，与《善臂菩萨经》相同。竺法护所译的《宝髻菩萨经》，编入《大宝积经》第四十七会，与北凉昙无谶所译《大集经·宝髻菩萨品》，是同本异译。所说的净禅波罗蜜行，与《大乘十法经》大致相同④。《善臂菩萨经》、《大乘十法经》、《宝髻菩萨品》，都重于都无所依的禅定。

汉支娄迦谶所译《伅真陀罗所问如来三昧经》，净禅波罗蜜，有三十二事，一一事净就是禅波罗蜜⑤。以"净"来表示禅法，是大乘禅的特色。竺法护所译的《海龙王经》，说安住般若

---

① 《大宝积经》卷九四《善臂菩萨会》（大正一一·五三三下）。

② 《杂阿含经》卷三三（大正二·二三五下）。

③ 《大乘十法经》（大正一一·七六五下）。

④ 《大宝积经》卷一一七《宝髻菩萨会》（大正一一·六六〇上——下）。《大方等大集经》卷二五《宝髻菩萨品》（大正一三·一七五下）。

⑤ 《伅真陀罗所问如来三昧经》卷中（大正一五·三五七下——三五八上）。《大树紧那罗王所问经》卷二（大正一五·三七七上——中）。

的禅定:“不以禅行,等于本无[真如]而以正受[三摩钵底],于本净法而致平等,等一切人则致平等。诸法本净,本无有色,不以三昧所行如应。心而不住内,亦不起游外,识无所住,度于一切堕颠倒者,超外五通、声闻、缘觉禅定正受。”①这是说:一切是本净的,如如不二的,体悟本净而得平等,是般若相应的禅定;这是以“净”、“等”来表示菩萨的禅波罗蜜。竺法护所译的《阿差末经》,与刘宋智严等所译,编入《大集经》的《无尽意菩萨品》,是同本异译。经上说:十六事修行禅定而无有尽;通与智的差别。次说平等名定:“令此禅定住平等心,是名菩萨修行禅定。若住众生平等智中,是名为定。心行平等,性相平等,毕竟平等,发行平等,是名为定。住于施、戒、忍辱、精进、禅定、智慧及诸法等,是名为定。如定等者则众生等,众生等者则诸法等,入如是等,是名为定。如是等定,则等于空,等于空者则众生等,众生等者则诸法等,入如是等,是名为定,如空等者则无相等,无相等者则无愿等,无愿等者则无作等,无作等者则众生等,众生等者则诸法等:入如是等,是名为定。自心等故,他心亦等,是名为定。一切等者,所谓利衰(等)如地水火风;得是等心,心如虚空,无有高下,常住不动。”这是以心住空平等——众生等、法等,为菩萨的禅定。次说方便与慧②。《大宝积经》的《菩萨藏会》,唐玄奘译,梵本是纂集大乘经所成的。所说的静虑[禅]波罗蜜,内容极广。初说四禅,依四禅而起神通智业。次说通与智的差别;平等

---

① 《海龙王经》卷一(大正一五·一三六上)。

② 《大方等大集经》卷二八《无尽意菩萨品》(大正一三·一九四上——一九五上)。《阿差末经》卷三(大正一三·五九四上——五九五中)。

与定;慧与方便:出于《无尽意经》。次说成就不退神通,能建立智所作业;如实求法,能随觉通达;成就希奇未曾有法。次说静虑相,与《无尽意经》的十六事修禅而无尽相同。次说静虑的前导,与《大宝积经·无尽慧菩萨会》"行禅波罗蜜以十法为首"相合①。从《菩萨藏会》,可见《无尽意经》约平等说定,是三摩呬多、三摩半那。这几部经所说的禅波罗蜜,以本性清净,本性平等,阐明菩萨禅定的特质。释尊所传的定法,名称不一。如禅——禅那(dhyāna),意译为静虑,旧作弃、思惟修。禅是四禅,然六波罗蜜的禅波罗蜜,通菩萨的一切定法。佛说三学:戒增上学、心增上学、慧增上学。称定学为心学,有心理统一的意义。又,三昧或作三摩地(samādhi),旧译为定、定意、调直定,新译作等持;平等持心,是内心保持平衡的状态。三摩跋提或三摩钵底(samāpatti),意译为正受、等至,是从平等持心而到达定境(入定);四禅、四无色定、灭尽定,都可以称为三摩钵底。三摩呬多(samāhita),意译为等引,是平等引发,或引发平等的意思。"心"是定学的通称,《阿含经》说心本净,所以以"净"说禅定。"三摩地"、"三摩钵底"、"三摩呬多"②,都有"等"的意义,所以约本来平等、契入平等说禅定。依法性本净、本来平等说禅定,都是般若相应的菩萨禅。

《阿含经》重四禅,所以部派佛教传出的六波罗蜜,称定为禅波罗蜜。"大乘佛法"继承了部派佛教的旧说,也丰富了禅波

---

① 《大宝积经》卷四九·五〇《菩萨藏会》(大正一一·二八六下——二九四上)。

② 依《菩萨藏(经)会》,更有三摩半那(大正一一·二九二上)。

罗蜜的内容，然从初期大乘经看来，大乘定是重于三昧（及三摩钵底）的。三昧的意义为“等持”，这是禅定最一般的性质。三昧是定，然在《阿含经》中，三昧每随观慧的内容立名，如“空三昧”、“无相三昧”、“无愿三昧”——三三昧，或称三解脱门。在修证上，三三昧是极重要的定门。《杂阿含经》中，质多长者说：四种三昧——“无量心三昧”、“无相心三昧”、“无所有心三昧”、“空心三昧”，约空无我我所说，可说是同一的[①]。《大智度论》说：三三昧同缘一实相，三法印即是一实相[②]，可说就是这一解说的引申。三三昧与四种三昧，都是随观慧的内容立名的。在“大乘佛法”的开展中，显然以三昧为菩萨定法的名称。初期大乘经中，有不少以三昧为名的经典，传译来中国的有：

《首楞严（三昧）经》	汉支娄迦谶初译（佚）
《伅真陀罗所问如来三昧经》	汉支娄迦谶初译
《般舟三昧经》	汉支娄迦谶初译
《光明三昧经》	汉支娄迦谶初译（佚）
《成具光明定意［三昧］经》	汉文曜译
《慧印三昧经》	吴支谦译
《宝积三昧文殊师利问菩萨法身经》	失译
《法律三昧经》	失译
《佛印三昧经》	失译
《自誓三昧经》	失译

---

① 《杂阿含经》卷二一（大正二·一四九下——一五〇上）。《相应部·质多相应》（南传一五·四五〇——四五二）。

② 《大智度论》卷二〇（大正二五·二〇七下），又卷三二（大正二五·二九七下——二九八上）。

《金刚三昧经》	失译(佚)
《金刚三昧本性清净不坏不灭经》	失译
《如幻三昧经》	晋竺法护初译
《文殊支利普超三昧经》	晋竺法护译
《弘道广显三昧经》	晋竺法护译
《无极宝三昧经》	晋竺法护译
《贤劫三昧经》	晋竺法护译
《等目菩萨所问三昧经》	晋竺法护译
《等集众德三昧经》	晋竺法护译
《超日明三昧经》	晋聂承远译
《观佛三昧海经》	东晋佛陀跋陀罗译
《法华三昧经》	刘宋智严译
《菩萨念佛三昧经》	刘宋功德直译
《月灯三昧经》	刘宋先公译

以三昧为名的大乘经,与通泛的禅波罗蜜不同,是以某一三昧为主,或说到某一三昧的。有这么多的三昧经典,可以想见三昧在大乘经中的地位!“中品般若”中,列举了首楞严三昧等一百零八三昧,并一一地加以解说①。然在别处,列举了部分三昧,又总结地说:“有无量阿僧祇三昧门”;或说“无量三昧门现在前”②,可见三昧是多到无量数的。初期大乘经中,所说的三昧极多,《望月佛教大辞典》在“三昧”下,列举了大乘经所说的

---

① 《摩诃般若波罗蜜经》卷五(大正八·二五一上——二五三中)。

② 《摩诃般若波罗蜜经》卷三(大正八·二三七下——二三八上),又卷二七(大正八·四一七下)。

种种三昧，可以参考①。大乘法门的根本，是体达一切本不生灭，本自寂灭，所以大乘三昧是从无量法门而入的；一切法无量数，三昧当然也无数量了。如《文殊师利普门品经》，说“普入不思议法门”，列举二十八三昧——色相三昧，声相三昧，香相三昧，味相三昧，触相三昧；意界三昧；女相三昧，男相三昧，童男相三昧，童女相三昧；天相三昧，龙相三昧，夜叉相三昧，乾闼婆相三昧，阿修罗相三昧，迦楼罗相三昧，紧那罗相三昧，摩睺罗伽相三昧；地狱相三昧，畜生相三昧，阎摩罗界（鬼趣）相三昧；贪相三昧，嗔相三昧，痴相三昧；不善法三昧，善法三昧；有为三昧，无为三昧②。这一切，都可以因此而得三昧，所以三昧是无量数的。从“普入不思议法门”，想到了《华严经》的“不思议解脱”。善财童子所参访的善知识，或得三昧门，或得解脱门；在“四十卷本”中，多数是译为解脱门的。解脱（vimokṣa），是舍弃的意义，也是定法。如佛十力智中，有“知静虑、解脱、等持、等至力”。八解脱是解脱；三三昧也称三解脱门；《杂阿含经》的四种三昧，在巴利文藏中，作心解脱（cetovimutti）③。三昧与解脱，意义虽有所不同，而都是定学。大乘经的种种三昧，或依观慧说，或约定的内容或作用说，也有约譬喻说。虽所说的三昧极多，在当时大乘行者的修证中，首楞严三昧、般舟三昧、如幻三昧、一相——一行三昧，似乎更受到重视。

---

① 《望月佛教大辞典》（一六六一下——一六七四下）。

② 《大宝积经》卷二九《文殊师利普门会》（大正一一·一五八下——一六二上）。

③ 《相应部·质多相应》（南传一五·四五〇——四五二）。

大乘经所说的菩萨三昧，有的说得相当广，如《大树紧那罗王所问经》说：善修八十种宝心，得宝住三昧，于一切世间宝、出世间宝，都能得自在①。《超日明三昧经》说："行八十事"，能得超日明三昧；又说修四事、六事、十事……五事，能"疾得斯定"②。《首楞严三昧经》，以一百句说首楞严三昧的内容③。《成具光明定意[三昧]经》说："当净行百三十五事，乃得入此定。"④《慧印三昧经》，以一百六十二事，表示慧印三昧的境界⑤。隋代译出的《月灯三昧经》，梵本名《王三昧》(Samādhi-rāja)，经中名为"诸法体性平等无戏论三昧"。这一深定，能成就三百法。末后又广说具足身戒、具足口戒、具足意戒——三法，及略说其他法，结论说："是名解释三百句法门义。"⑥《观察诸法行经》，说"决定观察诸法行三摩地"的内容，有五百三十五句；又以偈颂来广说⑦。《贤劫三昧经》，说贤劫千佛事及三昧，三昧名"了诸法本三昧"，所说的内容极广(《贤劫经》卷一，可与《月灯三昧经》比观)；又说四种四事，能"疾逮斯定"⑧。以八十句到五百三十五句来说明，可见菩萨的三昧，内容深广，不是一

① 《大树紧那罗王所问经》卷二(大正一五·三七二下——三七三中)。

② 《超日明三昧经》卷上(大正一五·五三二中——五三四中)。

③ 《首楞严三昧经》卷上(大正一五·六三一上——下)。

④ 《成具光明定意经》(大正一五·四五三下——四五四上)。

⑤ 《慧印三昧经》(大正一五·四六一中——下)。

⑥ 《月灯三昧经》卷一(大正一五·五四九下——五五〇中)，又卷一〇(大正一五·六一一下——六一九中)。

⑦ 《观察诸法行经》卷一(大正一五·七二八下——七三〇下)，又卷四(大正一五·七四三下——七四七中)。

⑧ 《贤劫三昧经》卷一(大正一四·二上——四中)，又卷一(大正一四·六下——七上)。

法、一事、一时所能成就的。关于修学三昧的方便,如《首楞严三昧经》卷上(大正一五·六三三下)说:

> "菩萨欲学首楞严三昧,当云何学?佛告坚意:譬如学射,先射大准;射大准已,学射小准;射小准已,次学射的;学射的已,次学射杖;学射杖已,学射百毛;射百毛已,学射十毛;射十毛已,学射一毛;射一毛已,学射百分毛之一分。能射是已,名为善射,随意不空。是人若欲于夜暗中所闻音声,若人非人,不用心力,射之皆着。如是坚意!菩萨欲学首楞严三昧,先当学爱乐心;学爱乐心已,当学深心……"

《首楞严三昧》,是十住地菩萨所得的三昧,要渐渐学习,渐渐深入,有次第渐深的必然性,不是少少学习所能成就的。或者见经上所说,菩萨成就三昧,所有广大无碍的大用,而想直下就这样修习,这就难怪一般的学佛者虽成立玄妙的理论,而修持却不能不另求易行了!

关于三昧的修习,以念佛为修习方便的,有三月与七日的限期专修,如《般舟三昧经·行品》说:"一心念之,一日一夜,若七日七夜"①,与《阿弥陀经》说相同。《四事品》是三月专修的,如说:"一者,不得有世间思想,如弹指顷三月;二者,不得睡眠三月,如弹指顷;三者,经行不得休息三月,除其饭食左右;四者,为人说经,不得望人供养。"②三月专修,可能从安居三月的修行而来。《超日明三昧经》也说:现在诸佛目前立三昧(即般舟三

---

① 《般舟三昧经》(大正一三·八九九上)。

② 《般舟三昧经》(大正一三·八九九下)。

昧),“一心定意三月”①。《宝网经》说:“若奉最胜号,夙夜具七日,彼眼致清净,逮见无量佛”;“讽诵学斯典,数数当经行,常讲具精进,满足备三月”②:双取七日与三月专修二说。其他的三昧修行者,限期专修的不多,多数是出家者,过着独处、阿兰若、四圣种、头陀行的生活。如《贤劫三昧经》说:“修学闲居,不舍独(处)燕(坐)。……所在游居,无所蓄积,度衣限食,不贪身命。性常清净,恒行乞食,不舍止足,弃于众会,不慕家业,不乐俗居。”“在闲居,静树下。……被三衣,常乞食,亲求是,行三昧。”③《思益梵天所问经》说:“是等行远离,了达无诤定,独处无愦闹,常畏于生死,乐住于闲居,犹如犀一角,游戏诸禅定,明达诸神通”;“不畜余食,少欲知足,独处远离,不乐愦闹、身心远离。……常乐头陀经行之法”④。《大树紧那罗王所问经》说:“圣种少欲知足宝心,集持戒故。庄严一切头陀功德宝心,于诸众生无有过故。少欲知足宝心,慧无(厌)足故。独处宝心,身意寂静故。”“阿练若处,是少事务无恼乱器。乐于寂静,是诸禅定神通之器。”⑤《慧印三昧经》说:“若有行者,在于空闲。……譬若如犀,常乐独处。……常喜独处,乐于清净。……如是人者,能护尊法。”“欲成三昧,谛其行者,譬若如犀,常乐独处。”⑥

---

① 《超日明三昧经》卷上(大正一五·五三九中)。

② 《宝网经》(大正一四·八〇中、八五中)。

③ 《贤劫三昧经》卷一(大正一四·二下、四中)。

④ 《思益梵天所问经》卷三(大正一五·五三中),又卷四(大正一五·六〇中)。

⑤ 《大树紧那罗王所问经》卷二(大正一五·三七三上),又卷四(大正一五·三八五下)。

⑥ 《慧印三昧经》(大正一五·四六三下、四六七中)。

《密迹金刚力士经》说："行闲居业，所立要义，不失一心。"①《决定总持经》说："弃捐睡眠，乐处闲居，修止足德，专志经行，夙夜精进，无敢懈怠。"②《菩萨念佛三昧经》说："舍世众诤论，常修出世法。……不远阿兰若，应求胜菩提。"③隋代译出的《月灯三昧经》说："云何名不舍住阿兰若处？所谓不弃策勤，乐于边闲，及以丛林、岩穴、涧谷，爱乐于法，不与在家出家交游，不著利养，断除渴爱，受禅定喜故。"④《观察诸法行经》的决定观察诸法行三昧，重于出家头陀行，如说："清净活命常乞食，不舍头多常次第，宿住空闲未曾离，当舍徒众远复远，莫乐共住在家者，莫作杂乱出家人。"⑤依上来的经说，可见三摩提为主的修行者，多数是住阿兰若的头陀行者。本来，"原始般若"也是从定引发的，被称为菩萨的般若波罗蜜，是"菩萨（于）诸法无（所摄）受三昧"⑥。说"诸法无受三昧"为菩萨般若波罗蜜的，是须菩提，须菩提是佛所称赞的"无诤三昧人中最为第一"⑦。无诤，正是阿兰若的意译。大乘三昧，是与般若相应的，般若为主导的，不但"菩萨诸法无受三昧"是般若波罗蜜，如《佛印三昧经》（大正一五·三四三中）说：

"佛三昧名者，是摩诃般若波罗蜜经智慧印也。"

---

① 《大宝积经》卷八《密迹金刚力士会》（大正一一·四三上）。
② 《决定总持经》（大正一七·七七〇中）。
③ 《菩萨念佛三昧经》卷四（大正一三·八一六下）。
④ 《月灯三昧经》卷一〇（大正一五·六一六中）。
⑤ 《观察诸法行经》卷四（大正一五·七四四下）。
⑥ 《小品般若波罗蜜经》卷一（大正八·五三七下、五三八上）。
⑦ 《小品般若波罗蜜经》卷一（大正八·五三八中）。

"宝住三昧",或译"宝如来三昧",依此三昧而演出《宝如来三昧经》。"宝住三昧"的体用,如《大树紧那罗王所问经》卷二(大正一五·三七三中——下)说:

> "若有菩萨已逮得是宝住三昧,无世间宝、出世间宝而是菩萨不得自在。……所有一切出世间法,智慧为首,是故说言般若为众经中王。……谓般若宝,是智慧宝,即是宝住三昧之体,若菩萨得宝住三昧,一切众宝皆悉来集。"

智证大乘,本是般若与三昧不相离的,但在发展中分化了。三昧行者重阿兰若头陀行,非常精进,多数"捐弃睡眠"。修习般舟三昧,是常经行的。在行、住、坐——三威仪中修行而不睡眠的,如《贤劫三昧经》说:"修三品:一、经行,二、住立,三、坐定。化诸不调,从是超越,令其精进而无瑕秽。"①《阿閦佛国经》与《持世经》,也有常住三威仪的行法②。从这里,看到大乘三昧行者与声闻禅行的不同。声闻行者摄心入定,是以坐为主的。入定时,五识不起,没有见色、闻声等作用,唯是定中意识的内心明净。传说大目犍连入无所有处定,听见象的吼叫声而出定。入定,怎么能闻声呢?因此佛教界引起了诤论③。依说一切有部,入定是不能闻声的;有以为入定是可以闻声的,在定中也可以引发语言的。《中阿含经》的《龙相应颂》,赞佛为大龙,"龙行止俱定,坐定卧亦定,龙一切时定"。巴利藏作行、住、坐、卧都

① 《贤劫三昧经》卷一(大正一四·一下)。

② 《阿閦佛国经》卷上(大正一一·七五二中)。《持世经》卷二(大正一四·六五一下)。

③ 《根本说一切有部毗奈耶》卷一〇(大正二三·六八〇上——中)。

在定中①。这是赞佛的,佛由菩萨修行所成。菩萨三昧行的特色,不偏于静坐,而在行、住、坐中修习,这是从这一思想系中引发出来的。维摩诘长者呵责舍利弗的宴坐说:“不起灭定而现诸威仪,是为宴坐。”②一切威仪——行、住、坐、卧,都是宴坐那样的与定相应,那就往来、举止、语默、动静,无不可以修定入定。《普门品经》的二十八三昧,正说明了无一法一事而不可以修入三昧的。依此修入,等到三昧成就,菩萨的大用无方,不是声闻可比的了!

第三项 大乘慧学

“般若波罗蜜”,由部派佛教的“本生”而来。在部派所传的“本生”中,如均分大地作七分等,只是世俗智慧的少分③。《六度集经》对于般若波罗蜜,不像前五波罗蜜那样,在叙述“本生”事例以前,先叙述其概要,可能是觉得这与菩萨般若不相称吧!菩萨的般若——慧波罗蜜,是不取著一切(也不舍一切)的胜义慧。“诸法无(所摄)受三昧”的体悟,被确定为菩萨的般若波罗蜜,于是“智证大乘”从佛教界发展起来,终于成为佛法的大流!般若波罗蜜是菩萨行的主导者,布施等因般若而趣入一切智海,所以名为波罗蜜。不但是五度,在般若无所取著中,一切善法都是成佛的法门。般若不取著一切而了达一切,无著无碍,所以世

① 《中阿含经》卷二九(大正一·六〇八下)。《增支部·六集》(南传二〇·八九——九一)。

② 《维摩诘所说经》卷上(大正一四·五三九下)。

③ 《大智度论》卷四(大正二五·九二下——九三上)。

出世间一切法，都是般若所能了达的。依于这一原则，所以“中品般若”广集一切行门、一切法门。般若是重于智证的，特重般若而集成广大部类的，是“般若法门”。大乘的戒学、定学，几乎所有的大乘经，都受到了“般若法门”的影响，甚至不属智证而别有根源的“忏悔法门”，也有了“理忏”；信愿往生的“净土法门”，也与空慧相关联。在大乘法中，不能不说般若是最根本的了！般若是不取著一切的胜义慧，不是世俗的智慧，却是依世俗智而引生的，所以《摄大乘论》说“非心而是心”①。般若是世俗“心种类”，所以般若在发展中，现证无分别与世俗分别（闻思修的正分别）相连接：依分别入无分别，依文字入离文字，依世俗入胜义，成为“般若法门”的方便。这些，在这“大乘慧学”中，略为论述。

般若，不是一般心识所可以了知的，也不是一般文字——语言文字、书写文字所可以表示的，然而般若到底传出了、表示了，也可以理解了。“原始般若”所说，是反诘的、否定的，而不是叙述说明的。既然说了，传布了，就有听闻般若、修学般若的。释尊所说的“预流支”——“亲近善士，多闻正法，如理作意，法随法行”，是得预流（初）果的必备条件，也就是体悟般若所应有的条件。修学般若者，是：“若闻、受、持、亲近、读、诵、为他说，正忆念”②，《大智度论》卷五六（大正二五·四六一上）说：

“闻者，若从佛、若菩萨、若余说法人边闻。……闻已，

① 《摄大乘论》卷下（大正三一·一四七下）。

② 《摩诃般若波罗蜜经》卷八（大正八·二八〇下）。

用信力故受；念力故持。得气味故常来承奉；谘受故亲近。亲近已，或看文、或口受，故言读；为常得不忘故（背）诵。宣传未闻故言为他说；圣人经书，直说难了故解义；观诸佛法不可思议，有大悲于众生故说法。……住四念处正忆念中，但为得道故，不为戏论，名为正忆念。"

依《大智度论》的解说，经文应有"承奉"；承奉与亲近，是对善知识——说法者应有的态度。"为他说"下，"解义"与"说法"，可能是"为他说"的内容。闻、受、持、读、诵，是闻；正忆念——如理作意，是从正闻而起的正思。般若的修学者，还有书写、供养、（写经）施他三项。"下品般若"每说，"受持读诵般若波罗蜜，如所说行"①，如所说行是预流支的"法随法行"。依《般若经》所说，般若的修学次第，是听、受、持、读、诵、正忆念、如说行，也就是从闻而思，从思而修，从修而向悟入。不过般若是大乘法，在修学过程中，或写经、供养、施他，或为他说法解义。"为他说"般若，"中品般若"有了详细的说明，如说："说般若波罗蜜，教，诏，开，示，分别，显现，解释，浅易。"②《大智度论》结论说："能以十种为首说甚深义，是名清净说般若波罗蜜义。"说般若中，有分别："分别者，分别诸法是善是不善，是罪是福，是世间是涅槃。经书略说，难解难信，能广为分别解说，令得信解。"③"分别"是阿毗达磨论的主要方法，《般若经》已采用了。修学般若，也应用了"分别"，如《大智度论》卷四二（大正二五·

① 《小品般若波罗蜜经》卷二（大正八·五四二上）。

② 《摩诃般若波罗蜜经》卷一二（大正八·三一一下）。

③ 《大智度论》卷六五（大正二五·五一八上）。

三六六中——下)说:

"观、修、相应,合、入、习、住等,是皆名修行般若波罗蜜。……听闻、读、诵、书写、正忆念、说、思惟、筹量、分别、修习等,乃至阿耨多罗三藐三菩提,总名为行。是行中分别故,初者名观,如初始见物。日日渐学,是名习。与般若相可,是名合。随顺般若波罗蜜,名相应。通彻般若波罗蜜,是名为入。分别取相有是事,名为念。常行不息,令与相似,是名为学。学已巧方便观,知是非得失,名为思惟。以禅定心共行,名为修。得是般若波罗蜜道不失,是名住。"

观、修、相应等,都是《般若经》所说到的。在思惟与修习间,有筹量分别,就是分别与寻思(推度),都是观慧的作用。依文字而入离文字,依分别而入无分别,自"下品般若"以来,明确指示了慧学的修学方便,与声闻的慧学方便相同。不过大乘的兴起,在经典书写的时代,所以增多了书写、供养、施他的方便。甚深般若的慧学,浅易到人人都可以信奉了。

佛法,先有经而后有论书,论是依经而造的。在论究声闻的论书时,我曾这样说:"结集完成,佛教界的中心任务,就从结集而转移到进一步的董理与发扬。对于散说而集成的一切经,作缜密的整理、论究、抉择、阐发,完成以修证为中心的佛法的思想体系,也就是佛法的系统化。"①重于慧学的声闻论,是这样的,大乘论也是这样。慧学发展为论书,是适应佛教界的需要。论

① 拙作《说一切有部为主的论书与论师之研究》(六四,本版五五)。

书发展以前，经中已有了论的特质与倾向。以声闻经来说，“分别”，如《中阿含经》的《分别诵》，《根本分别品》。（法数的）“类集”，如《中阿含经》的《多界经》，《长阿含经》的《众集经》、《十上经》、《增一经》、《三聚经》，及《增一阿含经》。依这种倾向而发展起来，成为阿毗达磨论，而阿毗达磨的本义，当然是直观法性（“对法”）的净慧。现在说到大乘经，慧——般若的本义，当然是体悟法性的无分别慧，然在大乘经中，类集而成法数的，及分别抉择而显示“空”、“如”的，也就不少。西元二世纪集出的大乘经中，这一倾向，渐渐地显著起来，实为未来大乘论的先声。

六波罗蜜等菩萨行，经中大抵是随机散说的，为了完满的理解与忆持，有了综合类集的集出。如《海龙王经》，说建立智慧的六度行，也就是安住般若而行六度，每一度都以十事来说明①。《伅真陀罗所问如来三昧经》，说到七波罗蜜——六度与方便度，每一波罗蜜，以三十二法来说明清净②。有更为广大类集的，如：一、《诸佛要集经》，二卷，晋竺法护译。经上说：佛燕坐三月。与十方恒河沙五浊恶世的诸佛，往东方普光世界、天王佛土，共同结集大乘法要。内容为：“如真谛遵崇诸法”，“发菩萨心”，“奉行六度无极”，“菩萨十住地”，“四十二字门”，“逮无所生了真谛法”③。“诸佛要集”，是“中品般若”经义的要集，这是十方秽土大乘法的准绳。二、《善臂菩萨经》，二卷，传为姚秦

---

① 《海龙王经》卷一（大正一五·一三五中——一三六中）。

② 《伅真陀罗所问如来三昧经》卷中（大正一五·三五六上——三五九中）。《大树紧那罗王所问经》卷二（大正一五·三七六上——三七八上）。

③ 《诸佛要集经》卷上（大正一七·七五八下——七六二上）。

鸠摩罗什所译，今编入《大宝积经·善臂菩萨会》①。全经说明菩萨"具足六波罗蜜"，为六波罗蜜的类集，内容极为详备。三、《宝髻菩萨经》，二卷，晋竺法护译，今编入《大宝积经·宝髻菩萨会》。同本异译的，有《大方等大集经·宝髻菩萨品》，二卷，北凉昙无谶译。同一部经，被编入不同的大部②。依竺法护译本的序分，及经文的内容，是不适合编入《大集经》的。这也是一部综贯类集的部类，内容为四种净行："净波罗蜜行"，是六波罗蜜。"净助菩提行"，是四念处……八正道——三十七道品。"净神通行"，是五神通。"净调伏众生行"，是菩萨摄化众生的方便。"净波罗蜜行"与"净调伏众生行"，与《大树紧那罗王所问经》的净七波罗蜜相当。四、《自在王菩萨经》，二卷，姚秦鸠摩罗什译。异译本名《奋迅王问经》，二卷，北魏瞿昙般若流支译③。《大智度论》曾引到这部经——《毗那婆那王经》④。经说"菩萨摩诃萨有四自在法"："戒自在"；"神通自在"；"智自在"是阴智，性[界]智，入智；因缘智，谛智；"慧自在"是义无碍智，法无碍智，辞无碍智，乐说无碍智。并说"欲入九地，为般若波罗蜜所护"的，能得"菩萨十力"，"菩萨四无畏"，"菩萨十八不共法"。五、《阿差末经》，七卷，晋竺法护译。异译本名《无尽意菩萨经》，四卷，宋智严共宝云译，今编入《大方等大集经·无尽

---

① 《大宝积经》卷九三、九四《善臂菩萨会》（大正一一·五二八下以下）。

② 《大宝积经》卷一一七、一一八《宝髻菩萨会》（大正一一·六五七上以下）。《大方等大集经》卷二五、二六《宝髻菩萨品》（大正一三·一七三中以下）。

③ 《自在王菩萨经》（大正一三·九二四中以下）。《奋迅王问经》（大正一三·九三五中以下）。

④ 《大智度论》卷六（大正二五·一〇一上）。

意菩萨品》①。《十住毗婆沙论》引这部经说:“宝顶经中,和合佛法品中,无尽意菩萨,于佛前说六十五种尸罗波罗蜜分。”②“宝顶”是“宝积”的异译,可见这部经,古代是属于《宝积经》的。竺法护与智严的译本序分,都与《大集经》序分不同。智严译本在经末说:“此经名无尽意所说不可尽义章句之门,又名大集。”然竺法护译本,没有说“又名大集”③。所以这部经,起初是不属于《大集经》的。《无尽意经》说一切法不可尽,内容为:“菩萨心不可尽”,“六波罗蜜不可尽”,“四无量心不可尽”,“五神通不可尽”,“四摄不可尽”,“四无碍不可尽”,“四依不可尽”,“集助道[资粮]不可尽”,道品(三十七)不可尽”,“定慧不可尽”,“总持辩才不可尽”,“撰集四法不可尽”,“一乘道不可尽”,“修行方便不可尽”。总集菩萨的行门,极为详尽,比《善臂菩萨经》、《宝髻菩萨经》,类集的法门更为广大。

大乘行门的类集,有综合条理的意义,都是慧学。而在般若(慧)波罗蜜的内容中,是透过般若性空的观察,了达一切法门,也就是善巧一切法的类集。如:一、《善臂菩萨经》,说“知(种种)界”,“知五阴”,“知(内外)六入”,“知四圣谛”,“知十二因缘”,“知三世”,“知三乘”——七方便(善巧)④。二、《无尽意菩萨经》,说“诸阴方便”,“诸界方便”,“诸入方便”,“诸谛方便”,

---

① 《阿差末菩萨经》(大正一三·五八三上以下)。《大方等大集经》卷二七——三〇《无尽意菩萨品》(大正一三·一九二上以下)。

② 《十住毗婆沙论》卷一六(大正二六·一〇九下)。

③ 《大方等大集经》卷三〇《无尽意菩萨品》(大正一三·二一二下)。《阿差末菩萨经》卷七(大正一三·六一二上)。

④ 《大宝积经》卷九四《善臂菩萨会》(大正一一·五三四上——五三六上)。

“诸缘方便”,“三世方便”,“诸乘方便”,“诸法(有为无为)方便——八方便①。三、唐代所译的《大宝积经·善德天子会》,说八善巧——“蕴善巧”,“界善巧”,“处善巧”,“缘起善巧”,“谛善巧”,“三世善巧”,“一切乘善巧”,“一切佛法善巧”②。四、《持人菩萨经》,四卷,晋竺法护译。姚秦鸠摩罗什再译,名《持世经》,四卷③。全经的内容为:“善知五阴”——阴、取阴;“善知性”[界]——十八界、三界、众生界、我界、虚空界;“善知十二入”;“善知十二因缘”;“善知四念处”;“善知五根”;“善知八圣道”;“善知世间出世间”;“善知有为无为”——九善巧。五、《文殊师利问菩提经》也说:“智名善知五阴、十二入、十八界、十二因缘、是处非处。”④六、《大树紧那罗王所问经》卷二(大正一五·三七七中)说:

> “善分别阴(应脱落一句)。善分别界,趣法界故。善于诸入,知分别故。善于缘法,知因住故。善于诸谛,知解灭故。”⑤

阴、界、入、缘起、谛、道品,是原始结集的相应教法,与《杂阿含经》的原有组织相合。《持世经》的知念处、知五根、知八圣

---

① 《大方等大集经》卷二八《无尽意菩萨品》(大正一三·一九六下——一九九中)。

② 《大宝积经》卷一〇一《善德天子会》(大正一一·五六九中——下)。

③ 《持人菩萨经》卷二——四(大正一四·六三〇中以下)。《持世经》卷一——四(大正一四·六四六上以下)。

④ 《文殊师利问菩提经》(大正一四·四八三上)。

⑤ 《自在王菩萨经》卷上,“智自在”中,说阴智、性界智、入智、因缘智、谛智,与《大树紧那罗王所问经》的五善巧相合(大正一三·九二九上以下)。

道,就是道品的主要部分。《中阿含经》的《多界经》说,“知界”、“知处”、“知因缘”、“知是处非处”①;《文殊师利问菩提经》的“知是处非处”,是依《中阿含经》而来的。所以,般若是慧学,般若所知的,是一切法不可得,而在一无所得中,通达一切法门,主要还是原始佛教以来的法门。今依A.《杂阿含经》,B.《中阿含经》,C.《文殊师利问菩提经》,D.《大树紧那罗王所问经》(及《自在王菩萨经》),E.《善臂菩萨经》,F.《善德天子会》,G.《无尽意菩萨经》,H.《持世经》——八部经所说的内容与次第,列表如下:

A.	B.	C.	D.	E.	F.	G.	H.
阴		1阴	1阴	2阴	1蕴	1阴	1阴
界	1界	3界	2界	1界	2界	2界	2界
入	2入	2入	3入	3入	3处	3入	3入
缘起	3缘起	4因缘	4因缘	5因缘	4因缘	5因缘	4因缘
谛			5谛	4谛	5谛	4谛	
道品							5念处 6根 7圣道
	4是处非处	5是处非处					
				6三世	6三世	6三世	
				7诸乘	7一切乘	7诸乘	
					8一切佛法	8诸法	9有为无为
							8世间出世间

① 《中阿含经》卷四七《多界经》(大正一·七二三中——七二四中)。

“善巧”，是对一切法应有正确的理解。大乘经中，七善巧、八善巧、九善巧的成立，大乘已到了类集、条理、解说的阶段。

大乘经集出的极多，似乎彼此相通，但也有不同处，还有些反常的语句。如依文解义，会陷于自相矛盾的困境；如取此舍彼，必然会引起诤论。从前，声闻圣典也有这种情形，所以古德分别四部为四种宗趣（四悉檀依此而来），以会通一切佛说。现在，大乘经纷纷传出，对大乘经也应有正确的理解方针，这就是“五力”与“四依”。《大智度论》卷四八（大正二五·四〇九中）说：

> “知佛五种方便说法，故名为得经旨趣。一者、知作种种门说法；二者、知为何事故说；三者、知以方便故说；四者、知示理趣故说；五者、知以大悲心故说。”

《大智度论》的“五方便”说，出于《思益梵天所问经》①。佛的说法，依五种智力，所以有不同的说法。一、“知作种种门说法”，经作“言说”。佛说过去、未来、现在法，世间、出世间法（二法门、三法门、四法门）等，是依言说而安立的差别门，如幻如化，法相是不可说的。知道“诸有言说，不坏法性”，才能“于诸法无所贪著”。否则，著于文字名相，佛法成为对立的诤论门了。二、“为何事故说”，经作“随宜”所说。“如来或垢法说净，或净法说垢”，为什么这样说呢？垢法说净，是约烦恼无实性说（与圣道清净不同）；净法说垢，是约“贪著净法”说的。烦恼即

---

① 《思益梵天所问经》卷二（大正一五·四〇下——四一上）。

菩提，生死是涅槃，涅槃是生死，这一类反于常情的语句，都应这样地去了解。如不了解随机的适应性，以为垢法就是净法，净法就是垢法，那就误解佛说的意趣而成为倒解了。三、"方便"：佛说善因得善报，修道得解脱，是为了劝众生精进修行的。虽一切不可得，而能利益众生，所以说："菩萨于此方便，应勤精进，令诸众生得于法利。"四、"示理趣"，经作"法门"。如《思益梵天所问经》卷二（大正一五·四一中）说：

> "佛言：眼是解脱门，耳、鼻、舌、身、意是解脱门。所以者何？眼空，无我无我所，性自尔。耳、鼻、舌、身、意空，无我无我所，性自尔。"①

上文所说的是空门，经中共举十门："空门，无相门，无作门，无生灭门，无所从来门，无所从去门，无退门，无起门，性常清净门，离自体门。"②《阿含经》说三解脱门，本经略举十解脱门。于眼等一切法，了达一切法空，一切法不生灭，一切法性常清净等；以此为门，悟入甚深义而得解脱。五、"大悲"：经上说三十二种大悲，扼要地说，佛见众生于没有生死中生死不息，没有苦痛中苦恼无边，引起无限悲心，为众生说法，只为了利济众生。佛以五力说法，大概地说："言说"是世间悉檀，"随宜"是对治悉檀，"方便"是为人生善悉檀，"理趣"是第一义悉檀。这种种说法，都出于"大悲"——利益众生的方便。知道这，佛法是利济众生的觉

---

①　源出《杂阿含经》卷九（大正二·五六中）。

②　《思益梵天所问经》卷二（大正一五·四一中）。《胜思惟梵天所问经》卷二，作八门（大正一五·七二中）。

音，没有诤论；否则依文解义，作道理会，不免类同世学，失去佛法的真正意义。从佛五力说法来理解大乘教法，是大乘经师的立场。

“四依”，如《无尽意菩萨经》说：“依义不依语，依智不依识，依了义经不依不了义经，依法不依人。”①《维摩诘所说经》、《诸佛要集经》、《弘道广显三昧经》、《自在王菩萨经》，也都有说到②。“四依”，本是共声闻法的，是闻思修慧学进修的准绳。佛法重智证，但证入要有修学的条件——四预流支，而四依是预流支的抉择。如慧学应“亲近善士”，但亲近善知识，目的在闻法，所以应该依所说的法而不是依人——“依法不依人”。“听闻正法”，而说法有语言（文字）与语言所表示的意义，听法是应该“依义不依语”的。依义而作“如理作意”（思惟），而佛说的法义，有究竟了义的，有不彻底不了义的，所以“如理作意”，应该“依了义经不依不了义经”。进一步要“法随法行”，而行有取识的行，智慧的行，这当然要“依智不依识”。“四依”是闻思修慧的抉择，是顺俗而有次第的。大乘经所说的“四依”，名目相同，而次第与内容却改变了。“依义”，是依文字所不能宣说的实义；“依智”，是依不取相、无分别的智；“依了义”，是依平等、清净、空、无生等了义；“依法”，是依法界平等③。大乘以无生法性

---

① 《大方等大集经》卷二九《无尽意菩萨品》（大正一三·二〇五上——下）。

② 《维摩诘所说经》卷下（大正一四·五五六下）。《诸佛要集经》卷上（大正一七·七五七上）。《弘道广显三昧经》卷二（大正一五·四九五中——四九六上）。《自在王菩萨经》卷上（大正一三·九二七上——中）。

③ 《大方等大集经》卷二九《无尽意菩萨品》（大正一三·二〇五上——下）。《弘道广显三昧经》卷二（大正一五·四九五中——四九六上）。

为本，依此来理解一切法；这样的“四依”，显出了大乘智证的特质。《持世经》说：“善知不了义经，于了义经中不随他语，善知一切法相印，亦善安住一切法无相智中。”①虽语句与次第小异，而内容也与“四依”相合。

以大乘闻思慧为主的，可以提到三部经。一、《持世经》，鸠摩罗什译，四卷。晋竺法护初译，名《持人菩萨经》，也是四卷。《持世经》的主题是：“云何菩萨摩诃萨能善知诸法实相，亦善分别诸法之相；亦能得念力；亦善分别一切法章句慧；亦转身成就不断念，乃至得阿耨多罗三藐三菩提？”②“诸法实相”，是诸法实性。“善分别诸法之相”，是分别知不碍实相的假名诸法。“善分别一切法章句”，是对文句能善巧地分别。“念力”，是忆持不忘；不但现生能忆持不失，就是下一生，一直到成佛，都能忆持不忘。问题是法义与文句的分别与忆持，可见这是以闻思慧为重了。经中，说明善知法相、忆念不忘的种种功德，而要“善知诸法实相，……得阿耨多罗三藐三菩提者，当疾入如是法门，于是法门得智慧光明”。法门，就是分别阴方便，……分别有为无为法方便——九善巧。经文主体是九善巧的说明；对阴、界等法门，“分别、观察、选择”，选择是抉择的旧译。“分别、观察、选择”，是慧学，有论议的特色，但不是阿毗达磨式的，而是从分别、观察、选择中，通达一切法实相，而又了达一切假名。如《经》卷二（大正一四·六五四上）界善巧总论说：

---

① 《持世经》卷一（大正一四·六四三中）。

② 《持世经》卷一（大正一四·六四二上）。

"持世！如来以第一义故，于性[界]无所得，亦不得性相。持世！我于性无所断无所坏，得阿耨多罗三藐三菩提。何以故？第一义中无诸性。……持世！如来不说诸性相，亦不说诸法力势。何以故？若法无所有，不应更说无所有性相。持世！如来亦说无所有性相，此中实无所说性相。持世！是名善分别诸性。菩萨摩诃萨得是善分别，能知一切诸性假名，能知世俗相，能知第一义相，能知诸性决定，能知世谛能分别诸相，能知随宜，能知诸相合，能知诸相旨趣，能知诸相所入，能分别诸相，能知诸相无性，能令一切诸性同虚空性，亦于诸性不作差别，于诸性中不得差别不说差别，亦为众生善说破坏诸性。"

二、《华手经》，十卷，鸠摩罗什译。佛放光集众，十方世界的菩萨来集会，都手持莲花奉佛；佛将莲花交与五百菩萨，五百菩萨散花供养十方三世一切佛。这一大段，文长四卷多，《华手经》是依此得名的。全经（除集众）分二大类：为诸大弟子说，为诸大菩萨说。为大弟子说中，一、大迦叶自说出家、见佛、受如来衣、共坐——当时的心境，佛称赞为如空无著的真沙门行①。二、佛为舍利弗说："菩萨求法，尽能摄取一切佛法。""求法"，"当学多闻、多闻方便"——正思、正念；"法及选择法"。"乐深法故而求深法，亦为众生说是深法。"②"能舍一切所有而不望报"，"求法无所贪惜"，"不（违）逆甚深之法"；"常勤精进求法

① 《华手经》卷一（大正一六·一二七中——一二八下）。

② 《华手经》卷六（大正一六·一六七下、一六八中——一六九中、一七一中——一七二上）。

不倦”,“常随法师恭敬供养”,“闻已随顺不违”——依这二种三事,当知是“为真菩萨心”①。“正见”,“长愚痴”与“生智慧”。为菩萨说法,功德无尽。破坏菩萨心,得无边罪;发菩提心,应观心空相②。发心求菩提者,应离,应行;“世世转身不失正念,能如说行”,“能致一切最胜妙法”③。“不能信受,毁坏菩提”;“能护佛道”;“心常喜悦,修道自慰”;“终不退转无上菩提”④。三、佛为阿难说:“莲华化生”;“终不退失无上菩提”;“终不忘失无上菩提”⑤。“闻所说法,通达意趣,能得智慧,得堪受法”,“具足威仪”;“常随法师”;“广为人说,而不为法之所伤害”;“如应求法”⑥。凡佛为大弟子说的,都与闻法、求法、说法有关,极大多数是以四法来解说的。为大菩萨说的,主要是坚意菩萨。佛答坚意所问的,是“云何法?云何门?云何入”?佛并为说善知识相;能修习疾成三昧⑦。坚意是《首楞严三昧经》的上首菩萨。在本经中,解说“入法门”通于入三昧门,受到《般舟三昧经》的影响。坚意是五百菩萨之一;立愿修习法门,决不懈怠;是过去妙德太子的后身;得念王子的后身⑧:坚意在本经中,是有重要

---

① 《华手经》卷六(大正一六·一七三下)。

② 《华手经》卷七(大正一六·一八〇下——一八一上、一八一上——一八三下、一八三下——一八四下)。

③ 《华手经》卷八(大正一六·一八八上——一八九下)。

④ 《华手经》卷九(大正一六·一九二上——一九三中)。

⑤ 《华手经》卷九(大正一六·一九六中——下)。

⑥ 《华手经》卷九(大正一六·一九八中——一九九上)。

⑦ 《华手经》卷一〇(大正一六·二〇三上——二〇七中)。

⑧ 《华手经》卷一(大正一六·一三〇中——下),又卷二(大正一六·一三七下),又卷六(大正一六·一七一中),又卷七(大正一六·一七九下)。

地位的！本经有三处说到"正见"①。说到乞儿选择，选择居士，选择童子②。选择就是抉择，这三位都名为选择，表示了闻法分别抉择深义。还有，这一法门，被称为"摄一切法，断众生疑，令众欢喜，菩萨藏经"，而《持世经》也名为"断一切众生疑，喜一切众生心菩萨藏经"③。这两部经的内容不同，而重于法义的分别抉择，可说是一致的。

三、《富楼那经》，三卷，鸠摩罗什译，今编入《大宝积经·富楼那会》。这部经为三人说：为大目犍连说行菩萨道时的大悲本生。为象手（Hastakā-ḷavaka）说：答未来众生的怀疑——"众生未尽，而自灭度"？"正法灭故，……不度一切众生。"④这二大段，文字体裁，与为富楼那说的不同。专就佛为富楼那说部分，有四大主题：发心乐行菩萨道；修集多闻如大海；能于阿耨多罗三藐三菩提得不退转；具摄一切功德。第二"修集多闻犹如大海"，是"常能修集多闻宝藏，能于诸法得决定义，于诸语言善了章句"⑤。如加上"于阿耨多罗三藐三菩提不退转"，不等于《持世经》所说的"能善知诸法实相，亦善分别诸法之相；亦能得念力；亦善分别一切法章句慧；亦转身成就不断念，乃至得阿耨多

---

① 《华手经》卷二（大正一六·一三四上），又卷二（大正一六·一三六中），又卷七（大正一六·一八〇下）。

② 《华手经》卷七（大正一六·一八四下——一八六下），又卷八（大正一六·一八七中——一八八上），又卷九（大正一六·一九四下——一九六中）。

③ 《华手经》卷一（大正一六·一三〇中）。《持世经》卷一（大正一四·六四四中）。

④ 《大宝积经》卷七九《富楼那会》（大正一一·四五〇中——四五四下、四五四下——四五五下）。

⑤ 《大宝积经》卷七七《富楼那会》（大正一一·四三六上——四三七上）。

罗三藐三菩提"[①]!《富楼那经》说,"能于阿耨多罗三藐三菩提不退转",要成就四法:"菩萨闻未闻法,思量义理,不即言非";"菩萨真实精进,谓闻深经,通达其义,不违不逆";"善知五阴、十二入、十八界、十二因缘故,则能成就无依止智";"以是无分别慧能知一切事"[②]。在名称上,《富楼那经》也名《菩萨藏经》;《摄一切法大海法门经》[③],与《持世经》及《华手经》,也有部分的类同。总之,这三部经,都以空无分别的体悟为究极,而着重于闻思法义的方便。

闻思修慧学中,文字陀罗尼是大乘的要行。"忆持文义","悟入实相","善巧说法",都与文字陀罗尼有关。四十二字门,被集入"中品般若",影响大乘佛法极深!在大乘经中,可以考见的,如《观察诸法行经》,说"十六字所出陀罗尼"。文有四段:第一段"梵本亦少一字";第四段所说十六字,没有缺少[④]。这十六字,在四十二字中,是 1. 阿字(a),2. 波字(pa),3. 遮字(ca),4. 那字(na),7. 陀字(da),10. 沙字(ṣa),15 迦字(ka),16 娑字(sa),18 伽字(ga),19 他字(tha),20 阇字(ja),25 叉字(kṣa),30 车字(cha),33 蹉字(tsa),41 侘字(ṭa),42 嗏字(ḍha)。这是在四十二字中,选取十六字,次第也是前后相次的。竺法护所译《贤劫三昧经》也有十六字,是:"一曰无[阿],二曰度[波],三曰行[遮],四曰不[那],五曰持[陀],六曰碍[沙],

---

① 《持世经》卷一(大正一四·六四二上)。

② 《大宝积经》卷七七《富楼那会》(大正一一·四三七上——四四〇上)。

③ 《大宝积经》卷七八《富楼那会》(大正一一·四五〇上),又卷七七(大正一一·四三九中)。

④ 《观察诸法行经》卷二(大正一五·七三一下——七三二中)。

七曰作[迦],八曰坚,九曰势[他],十曰生[阇],十一曰摄,十二曰尽[车],十三曰盖[蹉],十四曰已,十五曰住[诧],十六曰烧[嗏]。”《贤劫经》的十六字,与《观察诸法行经》的十六字,大致相合,只是少了“娑”字,末后第三却多一“已”字。《贤劫经》说:“若解行是十六文字之教,逮得无量总持门地,解一切法而得自在”①——以上是十六字陀罗尼。吴支谦所译《无量门微密持经》,说“入八字义”,八字是“迹,敏,惟,弃,悲,调,灭,忍”②,意义不明。这部经的异译很多,依东晋佛陀跋陀罗所译《出生无量门持经》,八字是“波,罗,婆,迦,阇,陀,赊,叉”③。在四十二字中,是2. 波(pa),6. 罗(la),8. 婆(ba),15 迦(ka),20 阇(ja),22 陀(ḍha),23 赊(śa),25 叉(kṣa),次第也与四十二字相顺。鸠摩罗什所译《集一切福德三昧经》说:“有八字种子门,能成就于无尽辩才。”八字是:阿,阇(或作“蛇”),那,遮,婆,多,迦,摩。经说应略有错误,如说:“一切法阇字种子门,示第一义法故。一切法那字种子门,示字名色故。一切法遮字种子门,示现一切法调伏故。”④在《观察诸法行经》中说:“波字,最胜义故。……那字,知名色生义故。陀字,调伏义故。”⑤可见《集一切福德三昧经》的阇字,应该是波字;遮字,应该是陀字。这样,八字的次第,就合于四十二字中,1. 阿(a),3. 波(pa),5. 那(na),7. 陀(da),11 婆(va),12 多(ta),15 迦(ka),17 摩(ma)

---

① 《贤劫三昧经》卷一(大正一四·四下——五上)。

② 《无量门微密持经》(大正一九·六八一中)。

③ 《出生无量门持经》(大正一九·六八四上)。

④ 《集一切福德三昧经》卷中(大正一二·九九六中)。

⑤ 《观察诸法行经》卷二(大正一五·七三一下)。

的先后次第。——以上是二类不同的八字陀罗尼。《大集经·陀罗尼自在王品》立八陀罗尼。第一,"净声光明陀罗尼",是"于一字中说一切法。一字者,所谓为阿,阿者诸字之初。……于此一字说一切法。菩萨于此一字之中,说无量义,无有错谬,不坏法界,不失字义"①。第四,"大海陀罗尼",从"无所有印"到"颇印",共二十六字。比对四十二字,略有先后倒乱②。竺法护旧译《大哀经》,从"无印到究印",共三十八字,也与四十二字的次第不顺③。还有,《海慧菩萨品》所说的"门句",共二十九字。前十八字,与四十二字的次第相合,如 1. 阿(a),3. 波(pa),5. 那(na),7. 陀(da),10. 沙(ṣa),12 多(ta),15 迦(ka),16 娑(sa),18 伽(ga),20 阇(ja),22 昙(ḍha),23 奢(śa),24 佉(kha),25 叉(kṣa),27 若(jña),35 咃(ṭha),38 蛊(ska),42 荼(ḍha)。以下还有从"迦"到"婆"十一字④,不明。依赵宋异译《海意菩萨所问净印法门经》,前有十九字,多一"摩"字。以下与"迦"等十一字相当的,是"身寂静门"等十四门⑤。《大集经》所说的,在四十二字门次第外,别有法义附合在一起,这是比较迟一些集出的。

在闻思修慧学中,与字门陀罗尼相关联、相参杂的"句",大大发达起来,如《华手经》卷一(大正一六·一三〇上)说:

---

① 《大方等大集经》卷四《陀罗尼自在王品》(大正一三·二三上)。

② 《大方等大集经》卷四《陀罗尼自在王品》(大正一三·二三下——二四上)。

③ 《大哀经》卷七(大正一三·四四三上——中)。

④ 《大方等大集经》卷一〇《海慧菩萨品》(大正一三·六五下)。

⑤ 《海意菩萨所问净印法门经》卷一二(大正一三·五〇七上——中)。

“我欲从佛问诸法门：金刚句门，重句门，不断句门，修集一切诸法句门。若善男子、善女人学是句门，于一切法当得无碍眼智方便。”

《富楼那经》也一再说：“道句，门句，印句，本事句，金刚句，重句，不可动句，难得底句”；“四多闻本句，七种重句，十四门句”；“门句，陀罗尼句”①。《大集经·海慧菩萨品》立“门句，法句，金刚句”②。《集一切福德三昧经》立“八字种子句门，八法句门，八金刚句门”③；所说的“字种子句门”，与《大集经》的“法句”相当。然这些名目与内容，本来没有严格的区别。先从“法门”及“解脱门”说起。门(mukha)，依此而能体悟真理(正法，谛)，得解脱，所以称为门。《思益梵天所问经》卷二(大正一五·四一中——下)说：

“一切诸法，皆入是门，所谓空门，无相门，无作门，无生灭门，无所从来门，无所从去门(异译合为一门)，无退门，无起门(异译合为一门)，性常清净门，离自体门。又，梵天！如来于一切文字示是解脱门。……于一切文字中，说圣谛、说解脱门。如来所说法无有垢，一切诸法皆入解脱，令住涅槃。”

“法门”，也就是“解脱门”，依“空”等八门，能显示解脱，安

---

① 《大宝积经》卷七七《富楼那会》(大正一一·四三八下)，又卷七八(大正一一·四四六下、四四七上)。

② 《大方等大集经》卷一〇《海慧菩萨品》(大正一三·六五下)。

③ 《集一切福德三昧经》卷中(大正一二·九九六中)。

住于涅槃。《文殊支利普超三昧经》中,文殊师利说"总持(陀罗尼)门",内容为:"揽执诸法一切皆空,揽执诸法一切无相,揽执诸法一切无愿,……审住本际[实际],一切(住于)法界,一切诸法住于无本[如],是谓总持。又族姓子!一切诸法譬若如幻,……分别诸法而如此者,是谓总持。"①又说"不退转轮":"所以名曰金刚句迹,一切诸法皆悉灭寂。"别举八句——"了空","无相","无愿","法界","无本","离色欲","缘起行","察无为"者,"金刚句迹也,见诸法自然[自性]故"②。《等集众德三昧经》立八种"妙法句,觉了诸法悉为平等"。八法句是:"空印句","无相印句","无愿印句","本际印句","法界印句","无本印句","犹如(幻等)印句","灭尽印句"③。印(mudrā)是标相,是依此而显示实义的。上面所说的,或称"金刚句"、"印句"、"法门"、"陀罗尼",内容都大致相同。这是依《般若经》而来的,如《小品般若波罗蜜经》卷七(大正八·五六六上)说:

"甚深相者,即是空义,即是无相、无作、无起、无生、无灭、无所有、无染、寂灭、远离、涅槃义。"

声闻法说三解脱门,《般若》以空、无相、无作,与表示涅槃的不生灭、寂灭等相联合,所以大乘(《思益梵天所问经》)说八解脱门了。"下品般若"以空等与不生灭、寂灭相结合;多说

① 《文殊支利普超三昧经》卷中(大正一五·四一七上)。
② 《文殊支利普超三昧经》卷中(大正一五·四一八下——四一九上)。
③ 《等集众德三昧经》卷中(大正一二·九七九下——九八〇上)。

“如”；说如幻等譬喻。“中品般若”与“上品般若”，进一步地成立十四空、十六空、十八空、二十空；“如、法界、实际”三名，达到“真如”等十二异名；如幻等九喻、十喻。其他的大乘经，将甚深法相空等，与如、幻喻等相统一，表示了即幻即空、即空显如的一贯观察。“法门句”、“印句”、“金刚句”，依此而形成。“门”是能入的；“印”是显示意义的；“金刚”是不可破坏，不可动转的。“句”（pada），是“足迹”义。在印度文字学中，“文”（vyañjana）是字母，如四十二字；文（字）的结合，成为“名”（nāma）；名的结合，成为“句”，是能表示意义的。在大乘法中，四十二字门，也都表示某一意义，所以字门也可称为句了。《大宝积经·被甲庄严会》立十六印：“虚空印”，“空闲印”，“寂静印”，“无门印”，“无处印”，“性空印”，“无相印”，“无愿印”，“无贪印”，“无生印”，“寂灭印”，“尽相印”，“法界印”，“无念印”，“离性印”，“涅槃印”——“于一切法无障碍门”①。十六印的内容，与上说相同，而包罗要广一些。《持世经》略说五门：虚空是一切法门，无断是一切法门，无边是一切法门，无量是一切法门，无际是一切法门。“能入是法门者，则入一切法门，则知一切法门，则说一切法门。”②《华手经》说到了“法门”、“金刚句”、“法印”、“际门”，根本也是阿字，“如来说阿字门，入一切法”③。虽然约义不同，有多种名字，但内容可说是一致的，都是显甚深义，入一句而通达一切。《宝髻菩萨经》说，可以表达这一意义，如《大集经》

---

① 《大宝积经》卷二五《被甲庄严会》（大正一一·一四〇下——一四一上）。

② 《持世经》卷一（大正一四·六四六上）。

③ 《华手经》卷一〇（大正一六·二〇三上）。

卷二六(大正一三·一八三下)说:

> "陀罗尼金刚句者,即是一句,如是一句,即摄一切法句,无尽法句。无尽法句,一切诸佛所不能尽,是故名为无尽法句行('行',疑衍)。无尽法句摄一切字,一切字者摄一切法句。……若不分别字句、法句、作句,是名陀罗尼金刚句。"①

《大集经·海慧菩萨品》,与《集一切福德三昧经》,都说三种句。三种句中的"金刚句",《集一切福德三昧经》是"八金刚句":一切法"本净句","无漏句","离巢窟句","无门句","普遍句","无去句","无来句","三世等句"②,与上来所说的句义相同。《海慧菩萨经》的"金刚句",参照异译本,内容为:"自身是金刚句","无明是金刚句","五无间际是金刚句","贪际是金刚句","嗔际是金刚句","痴际是金刚句";"一切众生一众生是金刚句","一切众生心一众生心是金刚句","一切佛一佛是金刚句","一切刹土一刹土是金刚句","一切法一法是金刚句","一切法佛法是金刚句";"诸魔事业诸佛事业是金刚句","一切语言如来语言是金刚句";"一切法无生是金刚句","一切法无起是金刚句"——十六句③。《海慧菩萨经》的"金刚句",除末后二句外,是"文殊法门";《诸法无行经》也称之为"真正金

① 《大宝积经》卷一一八《宝髻菩萨会》(大正一一·六七二上)。

② 《集一切福德三昧经》卷中(大正一二·九九六中)。

③ 《大方等大集经》卷一〇《海慧菩萨品》(大正一三·六六上——中)。《海意菩萨所问净印法门经》卷一三(大正一三·五〇七下——五〇八上)。

刚语句"[①]。在大乘慧学的开展中，显然有了分化的倾向。如《思益梵天所问经》，说如来以五力说法。其中，四、"法门"，是一般所说的"门句"、"印句"或"金刚句"，是显示究竟法义的。二、"随宜"，如"垢法说净"，"净法说垢"；"布施（等）即是涅槃"；"贪欲是实际"，"嗔恚是实际"，"愚痴是实际"；"生死是涅槃"，"涅槃是生死"等，正与"文殊法门"所说相合。但这是"当知是为随宜所说，欲令众生舍增上慢故"[②]。"文殊法门"的出格语句，依《思益经》说，只是适应众生（或诱导他，或对治他）的随宜说法，不是了义法门。与文殊有关的经典，也是这样说的。如《大般若经·那伽室利分》说："尊者所说，皆依胜义"；异译本作"但说法界"[③]。《决定毗尼经》说："文殊师利所说之法，依于解脱。所依解脱心无去来，是故文殊师利说一切法心无去来。于心解脱生增上慢者，为除彼人增上慢故。"[④]《文殊师利佛土严净经》说："文殊师利在深妙忍，所入深忍，不逮得道，亦不得佛，复不得心，以无所得，故不说之。"[⑤]文殊依自证的胜义、法界、解脱而说，但是适应众生机宜的，意义晦昧，如不经解说，是会引起误解的，所以称为"密意说"。如《善德天子会》中，须菩提问："汝何密意作是说乎？"[⑥]《大神变会》中，舍利弗问："天子以何密意

---

① 《诸法无行经》卷下（大正一五·七五八上）。

② 《思益梵天所问经》卷二（大正一五·四〇下——四一中）。

③ 《大般若波罗蜜多经》卷五七六《那伽室利分》（大正七·九七五上）。《濡首菩萨无上清净分卫经》卷下（大正八·七四六上）。

④ 《决定毗尼经》（大正一二·四一上）。

⑤ 《文殊师利佛土严净经》卷下（大正一一·八九六下）。

⑥ 《大宝积经》卷一〇一《善德天子会》（大正一一·五六七中）。

而作是言?”“文殊师利所说密语。”①《大般若经·曼殊室利分》说:“如来不能现觉诸法”,“不能证诸佛法”,“不能证得无上正等菩提”,“不成一切功德,不能化导一切有情”:这些话,都是“秘密义趣”②。在闻思修慧的立场,这是“随宜”,是“密意”,也就是《思益经》的见地。后代的论师,是继承这一思想的。而《海慧菩萨品》,称之为“金刚句”——“名坚牢句,不坏句,不破句”,是以这一类语句为究竟的。般若学重于“遮诠”,而“文殊法门”所说,如“贪欲是实际”、“生死是涅槃”等,表现为肯定的“表诠”。表诠的肯定说,如认为“密意”,经过解说,可以会通而无碍于佛法;如倾向于表诠,作为积极的(妙有,显德)说明,一般化起来(这是“随宜”,是不应该一般化的),那就要面目一新了!“金刚”,“陀罗尼”,“字门”,“印”,“种子”,这一融合的倾向,就是“秘密大乘”的前奏。不过,在大乘经中,“字门”、“陀罗尼”,都是法义的总持,以咒语为陀罗尼,大乘经中是稀有的!

---

① 《大宝积经》卷八六《大神变会》(大正一一·四九三下),又八七(大正一一·五〇一上)。

② 《大般若波罗蜜多经》卷五七五《曼殊室利分》(大正七·九七一上——中)。

第十五章　初期大乘经之集出与持宏

第一节　从大乘经自身去探求

“大乘佛法”的出现与(初期的)开展,上来虽已作了广泛的论究,而“初期大乘”的传宏与集出者,还需要试为解答,以答复本书开端所提出的问题。大乘经的体裁,因袭了初期集成的“阿含”部类的形式,从“如是我闻,一时,佛在某处”起,是看作佛所说的。如“华严法门”,明明是菩萨们说的,也说佛在菩提场,佛在忉利天等,以表示是佛所说的;或菩萨在佛前说,是佛所印证同意了的。即使有些经中,说到佛灭五百年以后的事,也是作为佛所“悬记”(预言)的。对于初期大乘经,古人以为出于释尊的时代,这种见解,是不能为近代学者所接受的。依我从佛法所得来的理解,大乘经师的传出经典,即使是编集,也决不以为是创作的、伪造的。因为大乘法义在信仰上、修证上,都有所禀承,在不断传述中,日见具体而集录出来。在集录者的心目中,这是佛所说过的,从和尚、从前的大德传下来的佛法。正如神教的先知们,自觉得受了神的启示、感动,而将自己所说的,认为神所说的一样。初期大乘行者，超越的佛陀观，是信愿的；甚深无差别的法观，是智证的。在信仰的感觉上，智证的体验中，一切回向法界，回向菩提，回向众生，自我消融于法界、菩提、众生中，没有留下集出者的名字，也没有说到集出的时间与地区。明明是存在于现实时空中的印度佛教文化，而集出者是谁，时间与地区，却没有明确切实的说明。这就是初期大乘的特性，也是印度一般宗教文化的特性。所以研究这一论题，不能存有明确考定的想法。我以为可以采用近乎统计的方法，论证大乘佛经——时、地、人的一般情形。

解答这一问题，从大乘经自身去探求，是可以信赖的方法，因为初期大乘经所说的，到底会多少反映了当时印度大乘佛教传宏者与集出者的活动情形。不过也不能过分重视文字的记录，因为这是宗教的典籍，包含了信愿的、传说（从佛教来，从印度民俗信仰中来）的、属于自心感受的东西。所以对大乘经所说，探究大乘活动的实际情形，有些要加以了解和除去。如大乘经有他方净土的传述，除阿闳佛土以外，都是没有女人的净土。没有女性，也就无所谓男性，净土中没有男女眷属的关系；衣食是自然而来的，也就没有职业与生活问题；没有国家的权力机构。这样的净土，净土的佛教，只能是大乘行者的理想、希望，或出于禅观的内心经验，不能看作印度大乘佛教实际情况的反映。在大乘佛教中，表现为愿生他方净土；女人怎样修行，下一生才能成为男子，或女人现生就转变为男子（智证大乘不一定如此）。这是当时印度一般佛教界，面对杂乱苦恼的现实世间、社会重男轻女所引起的出离思想。如“文殊法门”，多为天菩萨说;“华严法门”多在天上说,他方来的菩萨非常多,而更多的是夜叉、龙王等天菩萨。这一类经典,充满了信仰与传说、禅观心境的内容。“原始佛教”《杂阿含》的“八众诵”,也有梵天、帝释、夜叉等说法。《长阿含》的《阇尼沙经》,《(鬼神)大会经》、《阿吒曩胝经》等,更多的鬼神来参加法会,这是“世间悉檀”,为了适应印度民俗的方便。信仰与传说的大乘化,天(神)而是大菩萨的,或表示高深的——远超过声闻的境界,或表示大菩萨的方便善巧。这是当时大乘行者的理想与信仰,而不是印度初期大乘传宏者与集出者的形象。但理想中、信仰中的大菩萨的方便化度,突破了声闻佛教,尤其是出家僧伽的谨严态度,没有不可以成为度生的方便。这种理论与信仰,在初期大乘时代,不可能有太多的现实意味,但不断地起着影响,将使未来佛教,引向一新的形态——“秘密大乘”。撇开这些理想、信仰与传说,可以反映初期大乘实况的,如说菩萨行,初心菩萨应怎样修学,以怎样的身份来修学。初期大乘经中,说到佛与菩萨的“本生”很多,说到最初是怎样发心、怎样修行。这虽表现为过去久远的,但是人间事,从“佛佛道同”的观点,应该是多少反映了印度大乘初期菩萨行的情形。如说佛灭五百年以后佛教界的情形,这虽表现为未来事,其实正反映了当时佛教界——声闻与菩萨,菩萨与菩萨间,曾经发生过的实际情形。我以为,将足以反映印度大乘初期实际情形的,分别叙述而加以对比,不但可以理解大乘佛教的实情,更明了大乘佛教内部所有的不同特性,初期大乘佛教的多样性;综合地说明了真实存在于印度大乘初期的活动情形。

第二节　初期大乘的持宏者

第一项　出家菩萨与在家菩萨

佛法的修学者，原始佛教以来，有七众弟子，有出家与在家的差别，对佛法的信解修行，是没有太多不同的。不过出家的专精修证，比起事务繁忙的在家人，总是要方便得多。释尊是出家的，弟子们“随佛出家”的很多，出家僧也就成为住持佛法、宏传佛法的主体，也就有了“信众”与“僧众”的分别。这一事实，一直延续下来。在释尊时代，如质多长者，能为出家与在家人说法，《相应部》中集为“质多相应”，共有十经①。可见在家弟子，有智慧而能为出家众说法，是从来就有的，不过佛灭以后，出家为主的佛教强化起来，质多长者那样的在家弟子也就少见了。“大乘佛法”兴起，可说在家的恢复了佛教原始的地位，不论天菩萨与鬼、畜菩萨，人间的在家菩萨，比释尊的时代，似乎还要兴盛一点。印度“大乘佛法”时代，负起宏传大乘责任的，在史传的记录上，似乎还是不多。如西元五世纪初，法显在印度所见的，华氏城“有一大乘婆罗门子，名罗沃私婆迷。……举国瞻仰，赖此一人弘宣佛法，外道不能得加陵众僧。……婆罗门子(之)师，亦名文殊师利，国内大德沙门，诸大乘比丘皆宗仰焉，亦住此僧伽蓝”②。罗沃私婆迷(Rādha-svārmin)，是在家婆罗门

---

① 《相应部·质多相应》(南传一五·四二七——四六二)。

② 《高僧法显传》(大正五一·八六二中)。

而宏大乘法的；与法显同时西行的智猛，也见到了这位“大智婆罗门”①。罗沃私婆迷的师长——文殊师利，住在僧寺内，是出家的。唐玄奘（西元六二九——六四三）遍游印度，也见到二位在家菩萨：在磔迦国林中，见到一位年老婆罗门，“明中、百诸论，善吠陀等书”。玄奘从他“学经、百论、广百论”。另一位是胜军论师，“依杖林山，养徒教授，恒讲佛经，道俗宗归，常逾数百”。玄奘从胜军学了二年的瑜伽学系的经论②。在家而弘传佛法的，这几位是可信的史实，但并不太多。“初期大乘”的情形，试分别地来叙述。

《阿弥陀三耶三佛萨楼佛檀过度人道经》：阿弥陀佛发心求菩萨道时，是国王出家作沙门的昙摩迦；往生阿弥陀净土的“最上第一辈”，是“去家、舍妻子、断爱欲行作沙门”的菩萨，中下辈往生的是在家人③。出家的不一定往生弥陀净土，而往生弥陀净土的最上第一辈人，却是出家而修菩萨道的。

《阿閦佛国经》：阿閦佛初发心时，是被称为阿閦菩萨的比丘。阿閦菩萨发愿：“世世不常作沙门，世世不常着补衲之衣，世世作沙门以三法衣不具，乃至成最正觉，我为欺是诸佛世尊。”④这是立愿世世出家的菩萨，所以阿閦佛的净土，“诸菩萨摩诃萨，于阿閦佛所下须发（出家）”。异译本说：“彼佛刹中诸

---

① 《出三藏记集》卷一五（大正五五·一一三下）。

② 《大慈恩寺三藏法师传》卷二（大正五〇·二三二上），又卷四（大正五〇·二四四上）。

③ 《阿弥陀三耶三佛萨楼佛檀过度人道经》卷上（大正一二·三〇〇下），又卷下（大正一二·三〇九下——三一一上）。

④ 《阿閦佛国经》卷上（大正一一·七五一下——七五二中）。

菩萨众,在家者少,出家者多。”①阿閦佛净土特重出家菩萨,比弥陀净土的推重出家菩萨,更进一层!

《般若波罗蜜经》:“原始般若”的说法者,是“无诤三昧人中最为第一”的须菩提;为菩萨们说的般若波罗蜜,是“诸法无受三昧”②:这表示了“原始般若”,是从阿兰若比丘专精修行的定慧中来的。“中品般若”说菩萨的十地:“四地中应受行不舍十法,何等十?一者,不舍阿兰若住处;二者,少欲;三者,知足;四者,不舍头陀功德;五者,不舍戒;六者,秽恶诸欲;七者,厌世间心;八者,舍一切所有;九者,心不没;十者,不惜一切物。……住五地中,远离十二法,何等十二?一者,远离亲白衣;二者,远离比丘尼;三者,远离悭惜他家;四者,远离无益谈处。”③四地与五地菩萨,是重于出家的。

《华严经》:《净行品》从在家菩萨行,说到出家菩萨行。广说出家行,处处“当愿众生”,比在家行多出十倍以上,这是重于出家行的④。《十地品》的四地与五地,说到从佛听法以后,“复于彼诸佛法中出家修道”⑤,与“中品般若”所说的相同。依《华严经》说,十地菩萨多作阎浮提王……摩醯首罗天王,多现国王、天王的在家身。然初地说:“是菩萨若欲舍家,于佛法中勤行精进,便能舍家、妻子、五欲,依如来教出家学道。既出家已,

---

① 《阿閦佛国经》卷下(大正一一·七五八上——中)。《大宝积经》卷二〇《不动如来会》(大正一一·一〇七中)。

② 《小品般若波罗蜜经》卷一(大正八·五三八上——中)。

③ 《摩诃般若波罗蜜经》卷六(大正八·二五七上)。

④ 《大方广佛华严经》卷一四(大正一〇·七〇上——七二上)。

⑤ 《大方广佛华严经》卷三六(大正一〇·一九〇中、一九二中)。

勤行精进,于一念顷得百三昧,得见百佛……”二地也这样说,不同的是“得千三昧,得见千佛”等①。三地以下,简略地说:“若勤行精进,于一念顷得百千三昧”等②。十地菩萨是大菩萨,是“自在示现”的;多作国王、天王,然仍表示了出家修道的优越性。初地颂说:“住此初地中,作大功德王,以法化众生,慈心无损害。统领阎浮地,化行靡不及,皆令住大舍,成就佛智慧。欲求最胜道,舍己国王位,能于佛教中,勇猛勤修习,则得百三昧,……化百土众生,入于百法门。”③在世间利济众生,王法的功德最大,然在智证中,三昧、神通等功德,还是出家的功德大。

《密迹金刚力士经》:密迹金刚力士,说菩萨与佛的“三密”。然佛在密迹宫中所说的,却是善恶业报,缘起无我,舍家为道,成无放逸,如实知有无,四法印④。依原始教法而开示菩萨道,“舍家为道”,依旧是修行者的要事。末了说“有二比丘而为法师,一名智寂,二名持至诚”,护持佛的正法,就是佛与金刚密迹力士的前生⑤。

《文殊师利佛土严净经》:经上说:“开士当学追慕阿闳如来宿命本行菩萨道时,志愿出家,乐沙门行,世世所生,不违本誓。”舍家有十种功德,所以“若有菩萨不舍大乘,慕度众生,当

---

① 《大方广佛华严经》卷三四(大正一〇·一八三下),又卷三五(大正一〇·一八六下)。

② 《大方广佛华严经》卷三五(大正一〇·一八八下——一八九上)。

③ 《大方广佛华严经》卷三四(大正一〇·一八四下)。

④ 《大宝积经》卷一三《密迹金刚力士会》(大正一一·七一下——七三上)。

⑤ 《大宝积经》卷一四《密迹金刚力士会》(大正一一·七九中——下)。

追乐出家之业"①！这是重于出家行，以阿閦菩萨的大愿为师范的。

《富楼那经》：在富楼那提出的问题中，有"云何乐出家，闲静修空智"？佛答说："菩萨摩诃萨能离五欲，常乐出家，心顺出家，趣向出家。不贪五欲得出家已，离诸愦闹，远处山林，不失善法。菩萨成就此第二法，则能具足一切功德。"②那罗延法师比丘宏法（弥勒的前生）；长者子摩诃耐摩陀从那罗延闻法出家，就是桥越兜菩萨的前生③。陀摩尸利王子出家作比丘；死后转生为得念王子，出家作比丘；再转生为长者子耶舍，出家为比丘；又转身为王子导师，出家作比丘，以后世世都出家④。佛灭后，宏传佛法的，都是法师比丘。

《法镜经》：从菩萨的在家行，说到出家行。由于在家生活的不理想，引起厌患情绪而趣向出家，经中有深切的叙述⑤。有五百理家[居士]发大心，去家为道⑥。

《幻士仁贤经》：幻士得授记，"从佛求出家"，佛命弥勒为他落发，并说出家的真意义⑦。

《须赖经》：须赖是一位在家菩萨，引导众生学佛道。末了，

---

① 《文殊师利佛土严净经》卷上（大正一一·八九三中——下），《大宝积经》卷五九《文殊师利授记会》（大正一一·三四一中——下）。

② 《大宝积经》卷七七《富楼那会》（大正一一·四三四下），又卷七八（大正一一·四四五上——中）。

③ 《大宝积经》卷七七《富楼那会》（大正一一·四三七下——四三九中）。

④ 《大宝积经》卷七八《富楼那会》（大正一一·四四五下——四四八上）。

⑤ 《法镜经》（大正一二·一七中）。《郁迦罗越问菩萨行经》（大正一二·二五上——中）。《大宝积经》卷八二《郁伽长者会》（大正一一·四七四上——中）。

⑥ 《法镜经》（大正一二·二二上——中）。

⑦ 《幻士仁贤经》（大正一二·三七上）。

国王发愿为“佛比丘僧守园给使”（作“净人”）；“坐中五百长者、居士、五百梵志、五百小臣，闻王誓愿如狮子吼，皆发无上正真道意，一切舍欲，以家之信，离家为道，欲作沙门”；须赖也现了出家相①。

《须摩提菩萨经》：须摩提是郁伽长者女，年八岁。说“法无男无女”，以谛语“便成男子，头发即堕，袈裟着身，便为沙弥”②。

《阿阇贳王女阿术达菩萨经》：阿术达［无忧愁］王女，年十二岁，难声闻大弟子，说深法。后来在佛前，“女人变为男子形，复现比丘僧”③，与《须摩提经》相同。

《遗日摩尼宝经》：佛依大乘深义，说真沙门法，并巧妙地调伏了增上慢比丘。“尔时，百二十万人，及诸天、鬼神、龙皆得须陀洹道，千三（二?）百比丘皆得阿罗汉道。”④这是菩萨道与声闻道并畅的经典。

《贤劫三昧经》：经说“了诸法本三昧”。长者子曜净广心，见佛闻三昧法，就“不贪居业，出为沙门”，是一切功德庄严如来的本生⑤。择明（普广意）轮王听了三昧，也“弃国舍城，不贪四方，除去须发，被法袈裟，行作沙门”。修学“了诸法本三昧”，是通于在家、出家的，但“佛晓了解是三昧定，如吾本学此三昧法，不可居家”。“见六十姟诸佛正觉，各从诸佛所闻是三昧，皆弃

---

① 《须赖经》（大正一二·五六下）。异译《须赖经》（大正一二·六三中）。
② 《须摩提菩萨经》（大正一二·七八上）。
③ 《阿阇贳王女阿术达菩萨经》（大正一二·八九中）。
④ 《遗日摩尼宝经》（大正一二·一九四上）。
⑤ 《贤劫三昧经》卷一（大正一四·七中——下）。

捐出家作沙门，普得斯定。"①宏传三昧的，除如来以外，如无量德辩幢英变音法师（大目如来的前生），无限量宝音法师（阿弥陀佛的前生），都是出家的法师比丘②。

《宝髻菩萨经》：极妙精进比丘，忍受长期的种种毁辱，终于感化了业首太子。极妙精进比丘，是释尊的前生③。

《宝网经》：佛为宝网童子说六方六佛，"梵天亿数，及与童子，……我等末世当为比丘，志强无畏，当以此经，在于郡国、城郭、县邑，颁宣斯经"④。

《文殊师利现宝藏经》：文殊师利教化萨遮尼键子的弟子们，与大众到祇园来见佛。萨遮尼键子来，"时万二千人与尼键子俱去，其余者皆得神通，世尊悉下须发为比丘也。……是万二千人，皆当于弥勒如来下须发作沙门。……萨遮尼键子当于弥勒如来作弟子，智慧最尊，譬如我第一弟子舍利弗"⑤。文殊师利的教化，使外道或迟或早地都趣向出家。

《持世经》：王子无量意、无量力，供养佛与比丘僧，然后"于佛法中俱共出家。……佛法末后千岁之中，其二人以本因缘故，复得出家，学问广博，其智如海"⑥。"宝光菩萨……尽其形寿，常修梵行。……五百世中，常生人间，出家学道。"⑦无量意菩萨

---

① 《贤劫三昧经》卷八（大正一四·六三下——六四上）。

② 《贤劫三昧经》卷一（大正一四·七中、一〇中）。

③ 《大宝积经》卷一一八《宝髻菩萨会》（大正一一·六七〇中——六七一上）。

④ 《宝网经》（大正一四·八二中）。

⑤ 《文殊师利现宝藏经》卷下（大正一四·四六四上——中）。

⑥ 《持世经》卷二（大正一四·六五一下）。

⑦ 《持世经》卷四（大正一四·六六三下）。

"始年十六,出家学道";值遇二十亿佛,都"常识宿命,童真出家,修行梵行,常得念力"①。《持世经》付嘱跋陀罗[贤护]等五百菩萨及弥勒菩萨,在佛灭后五百岁恶世中,护持宏通,而所说过去事缘,修学与宏传的,都是出家的菩萨。

《梵志女首意经》:首意女"寿终之后,当转女身;至八十四亿劫,不归恶趣。供养六万诸佛世尊,出家为道,志于沙门"②。

《心明经》:梵志静住,"佛即纳受以为沙门,须发则除,法衣在身"③。

《魔逆经》:文殊依胜义自证说:"吾于诸法不行善哉,亦复不行非善哉",而以"奉行禁戒未曾缺漏","常处闲静其心寂寞","修四贤圣[四圣种]止足知节"为善哉④。如不从魔教,得二十事,能"逮得经典,至佛大道"。二十事中,有"世世所生常怀道心,当得出家而为沙门,致闲不慷"⑤,也是推重出家菩萨行的。

《海龙王经》:问答菩萨四十九事中,"闻能奉行","具出家德","离居[出家]顺戒","弃于重担","常处树下","乐处闲居","而独燕处","离诸谀谄","具出家慧"——九事,都是出家菩萨行⑥。无尽福王从佛听了宝事三昧,"出家为道而作沙门。诸子亦然,皆作沙门。时国人见王弃国,六万人悉为沙

① 《持世经》卷四(大正一四·六六四下)。
② 《梵志女首意经》(大正一四·九四〇中)。
③ 《心明经》(大正一四·九四二下——九四三上)。
④ 《魔逆经》(大正一五·一一三下——一一四上)。
⑤ 《魔逆经》(大正一五·一一六中)。
⑥ 《海龙王经》卷一(大正一五·一三二下)。

门”。无尽福王是海龙王菩萨的前生①。

《慧印三昧经》:慧上轮王从如来闻法,“悕望三昧”,所以“即便弃国,剃去须发,因入深山,受行正戒”。等到佛涅槃以后,“为一切人说(慧)印三昧”:这是阿弥陀佛的前生。“尔时,(轮王的)千子,是(贤)劫得佛。今大众会于我前者,时皆弃家,悉为比丘。”经说菩萨于未来护法,而法门的传授,是以出家菩萨为主的②。

《诸法无行经》:净威仪法师比丘,是大乘行人;有威仪比丘,近于声闻行者③。菩萨比丘喜根,是重于实相无所得的;“比丘法师行菩萨道”的胜意,是重于禁戒、头陀行、禅定的④。这二则本生,是菩萨与声闻,菩萨与菩萨间的不同,反应了佛教界的实际情形。大乘法的宏传者,都是菩萨比丘法师。

《华手经》:经中所说过去及当时的事缘极多。如闻力轮王从佛闻法,将一切都施佛及僧,“既奉施已,出家为道”,无数人都跟着出家。闻力轮王,是东方转法轮菩萨的前生⑤。无忧与离忧——二位王子发心,论“真菩提心”,“于安王佛所出家修道”⑥。妙德太子厌离五欲,从安王佛出家,无量数人,及健德王

① 《海龙王经》卷二(大正一五·一四〇下——一四一上)。

② 《慧印三昧经》(大正一五·四六三下——四六四中)。《大乘智印经》卷三(大正一五·四八一上——四八二上)。《如来智印经》(大正一五·四七一上——中)。

③ 《诸法无行经》卷上(大正一五·七五二下——七五三上)。

④ 《诸法无行经》卷下(大正一五·七五九上——中)。

⑤ 《华手经》卷二(大正一六·一三五中——下)。

⑥ 《华手经》卷三(大正一六·一四〇中——一四一上)。

也发心出家，这是释尊与坚意菩萨的本生①。坚众居士从（佛灭后的守法藏人）声明法师求法。死后，值大肩佛，“于大肩佛法中出家”。其次，又值遇须弥肩佛，“于佛法中出家”：坚众居士是锭光佛的前生②。得念王子发心出家，克服魔王的诱惑破坏，而“于德王明佛法中出家”。那时，父王也出家，就是释尊的前生。魔王受得念王子的影响，也真诚出家而免了地狱的苦报③。选择居士出家，修行梵行④。选择童子出家，论“真出家”法⑤。法行王子为父王说治国不清净。王子出家，王及夫人等也于法中出家。法行王子是释尊的前生⑥。以上，都是出家的。经中虽也说：利意长者子从妙智法师比丘，闻法发大菩提心；乐法王子求法；乞人选择从佛发心；乐善长者从违须罗比丘法师闻法供养⑦，都没有出家，然利意、选择、乐善，都是从佛与菩萨比丘处听法的。

《佛升忉利天为母说法经》：月氏天子，“生兜率天弥勒菩萨所。……弥勒菩萨成正觉时，……舍家之地，离家为道，行作沙门，启受经法，尽其形寿，常持正法。佛灭度后，而以此法将济群生”⑧。

---

① 《华手经》卷六（大正一六·一七〇上——一七一中）。

② 《华手经》卷六（大正一六·一七四上——一七五上）。

③ 《华手经》卷七（大正一六·一七六中——一八〇中）。

④ 《华手经》卷八（大正一六·一八七中——下）。

⑤ 《华手经》卷九（大正一六·一九四下——一九六上）。

⑥ 《华手经》卷九（大正一六·一九七上——一九八中）。

⑦ 《华手经》卷七（大正一六·一八一下、一八三上——中、一八四下——一八六中），又卷九（大正一六·一九九上——二〇〇上）。

⑧ 《佛升忉利天为母说法经》卷中（大正一七·七九四下）。

《大树紧那罗王所问经》:宝住三昧所应修集的八十种宝心中,有"常出家宝心","圣种少欲知足宝心","庄严一切头陀功德宝心","独处宝心"①。在戒波罗蜜中,说到"调伏出家,是名为戒";"坚欲修行,是名为戒";"决定少欲及与知足,是名为戒";"乐修头陀,是名为戒"②。三十二菩萨器中,也有"出家是离缚碍之器","阿练若处是少事务无恼乱器"③。这些,都表示了出家的重要。还有大树紧那罗王的"本生":尼泯陀罗转轮王,供养宝聚如来及菩萨僧,发无上真正道心。"舍于王位,……彼佛法中,剃除须发,以信出家。……宝聚如来初中及后所说诸法,悉能受持。"千子中,除了最小王子,其他的也都次第出家④。

《维摩诘所说经》:月盖王子从药师佛出家,修菩萨行,是释尊的前生⑤。

《般舟三昧经》:过去时,"须达长者子闻是(般舟)三昧已,大欢喜,即悉讽受,得作沙门"⑥。过去"阎浮提有比丘高明,名珍宝,是时为四部弟子——比丘、比丘尼、优婆塞、优婆夷说是三昧。梵摩达太子……发意求佛道,时与千人俱,于是比丘所,剃头作沙门。即于是比丘所,从索学是三昧,……自守学,复教他人学"⑦。过去"有比丘名和轮,其佛般泥洹后,是比丘持是三

---

① 《大树紧那罗王所问经》卷二(大正一五·三七三上)。
② 《大树紧那罗王所问经》卷二(大正一五·三七六中——下)。
③ 《大树紧那罗王所问经》卷四(大正一五·三八五下)。
④ 《大树紧那罗王所问经》卷三(大正一五·三八三中——下)。
⑤ 《维摩诘所说经》卷下(大正一四·五五六下——五五七上)。
⑥ 《般舟三昧经》卷中(大正一三·九一三下)。
⑦ 《般舟三昧经》卷下(大正一三·九一八上)。

昧”①。

《阿阇世王经》：文殊与释尊的本生：慧王比丘法师，引导小儿离垢王供佛、发心。后来，小儿与“父母及五百人，悉发阿耨多罗三耶三菩心，悉于阿波罗耆陀陀佛所，皆作沙门”②。

上面所引的大乘经，或是龙树论所曾引述的，或是西晋竺法护所曾译出的，都是初期大乘的圣典。在这近三十部经中，也有泛说菩萨于末世护持，而在佛与菩萨的本生中，所说的菩萨行中，出家菩萨是宏传佛法的法师。当然，在初期大乘经中，也有推重在家菩萨，在家菩萨而宏传教法的，如：

《佛母出生三法藏般若波罗蜜多经》：经上说：“在家菩萨是名正士，亦名大丈夫，亦名可爱士夫，亦名最上士夫，亦名善相士夫，亦名士夫中仙，亦名吉祥士夫，亦名士夫中众色莲华，亦名士夫中白莲华，亦名士夫正知者，亦名人中龙，亦名人中师子，亦名调御者！菩萨虽复在家，而能成就种种功德，常乐利乐一切众生。”③对位登不退转的在家菩萨，特别给以种种的赞叹；唐译《大般若经》第四、第五分，也有类似的赞叹④。这是“下品般若”，西元七世纪以下的译本，然在汉、吴、晋及鸠摩罗什译本，“中品”与“上品般若”各译本，虽有在家而得不退转的，却缺少这一段赞叹，可见是后代增入的。

《法镜经》：从在家菩萨行，厌恶在家而说到出家菩萨行，末

---

① 《般舟三昧经》卷下（大正一三・九一八下）。

② 《阿阇世王经》卷上（大正一五・三九四上——中）。

③ 《佛母出生三法藏般若波罗蜜多经》卷一六（大正八・六四二下）。

④ 《大般若波罗蜜多经》（四分）卷五四九（大正七・八二七下），又（五分）卷五六二（大正七・九〇二上）。

后说:“甚理家[郁伽长者]报阿难曰:我不以为贪慕身乐,欲致众生乐故,我以居家耳。又如来者自明,我彼以所受坚固(戒)而居家。彼时众佑[世尊]……阿难:于是贤劫中,以所成就人,多于去家开士者。……去家修道开士者,千人之中不能有德乃尔,此理家者而有是德。”①郁伽长者在家而修出家戒,功德比出家菩萨更大!这不是泛说一般在家菩萨,而是修出家戒(离淫欲)的在家菩萨。不出家而生活如出家人一样,这是值得赞叹的。现在家身,摄化众生的方便比出家菩萨要广大得多。《中阿含经》的《鞞婆陵耆经》说:陶师难提波罗,在家而过着出家的生活,得到佛的赞叹。强迫他的好友优多罗童子去见佛、出家,优多罗就是释尊的前生②。这可见在家而出家行的,是一向受到称叹的。在家而出家行的郁伽长者值得称叹,然就全经来说,还是推重出家菩萨的。

《须赖经》:吴支谦初译③。现存曹魏白延、前凉支施仑所译的《须赖经》;唐菩提流志所译的,编入《大宝积经·善顺菩萨会》。须赖是舍卫国的贫人,人称“贫须赖”,所过的生活与出家人一样。他每日三次去见佛,“每诣佛时,无数百人常从与俱”。须赖严持五戒,过着极贫苦的生活,不以为贫,反以波斯匿王为最贫乏者。佛为须赖授记,法会中出家的极多,须赖也出家为沙门④。须赖

---

① 《法镜经》(大正一二·二二中)。《郁迦罗越问菩萨行经》(大正一二·三〇中——下)。《大宝积经》卷八二《郁伽长者会》(大正一一·四七九下——四八〇上)。

② 《中阿含经》卷一二《鞞婆陵耆经》(大正一·四九九中——五〇〇上)。

③ 《出三藏记集》卷二(大正五五·六下)。

④ 《须赖经》(大正一二·五二中——五六下)。《大宝积经》卷九五《善顺菩萨会》,缺须赖出家一段,与古译本不合。

是在家菩萨，引导大众来见佛，在传宏佛法上，仍处于从旁赞助的地位，归向于出家的佛教。

他方菩萨、天菩萨、夜叉等鬼畜菩萨以外，以在家的“人菩萨”为主体的，也有不少的经典。如《长者子制经》、《须摩提长者经》、《私呵昧经》、《菩萨生地经》：佛为在家弟子说法，听法后发大心，佛为他们授记①。这是从佛修学，没有宏传佛法的迹象。如《梵志女首意经》、《幻士仁贤经》、《阿阇贳王女阿术达菩萨经》、《龙施女经》、《须摩提菩萨经》，末后都从佛出家，也就是归向出家的佛教②。《大净法门经》，上金光首淫女与畏间长者子，因文殊的教化而悟入，佛为他们授记③，也没有弘传佛法的意义。有弘法意义的，如《顺权方便经》的转女身菩萨，难问(来乞食的)须菩提，是一位方便善巧化导的大菩萨。佛说：“转女(菩萨)从阿闳佛所，妙乐世界没来生此，欲以开化一切众生，顺权方便现女人身。”④与《顺权方便经》相同的，是《维摩诘经》。“有国名妙喜，佛号无动[阿闳]，是维摩诘于彼国没而来生此。”⑤维摩诘现长者身，方便化导，也责难声闻十大弟子。《离垢施女经》：波斯匿王女离垢施，责难来乞食的——声闻八大弟

① 《长者子制经》(大正一四·八〇〇下——八〇一下)。《须摩提长者经》(大正一四·八〇五中——八〇八上)。《私呵昧经》(大正一四·八〇九下以下)。《菩萨生地经》(大正一四·八一四上——下)。

② 《梵志女首意经》(大正一四·九三九中以下)。《幻士仁贤经》(大正一二·三一上以下)。《阿阇贳王女阿术达菩萨经》(大正一二·八三下——八九中)。《龙施女经》(大正一四·九〇九下——九一〇上)。《须摩提菩萨经》(大正一二·七六中——七八下)。

③ 《大净法门经》(大正一七·八一七上以下)。

④ 《顺权方便经》卷下(大正一四·九三〇上)。

⑤ 《维摩诘所说经》卷下(大正一四·五五五中)。

子、八大菩萨，使他们默然无言。然后与大众见佛，问菩萨行。原来离垢施女的发心，比文殊师利还早得多①。《无垢贤女经》：女在母胎中叉手听经，鸟兽虫也都在胎中听经。女生下来，生在莲花中，是“从东南方捭楼延法习佛所来”的；佛赞她“汝于胞胎，为众生作唱导”②。无垢贤女、离垢施女、转女身菩萨、维摩诘长者，有以在家菩萨身摄化众生、宏传佛法的意义，但都是乘愿再来的大菩萨。

在家菩萨而有传宏佛法意义的，如《般舟三昧经》，飏陀和(Bhadrapāla，意译为贤护)为首的八大菩萨，宏持般舟三昧。般舟三昧——观佛色身的念佛三昧，是佛为贤护说的。佛说：“是飏陀和等(八人)于五百菩萨人中之师，常持中正法，合会随顺教，莫不欢喜。”③“飏陀和……和轮调菩萨共白佛言：佛般泥洹去，却后乱世时，是经卷者，我辈自共护持，使佛道久在。其有未闻者，我辈当共为说教授。是深经世间少有信者，我曹悉受之。”④贤护等八大菩萨，受持、传宏般舟三昧，有明确的文证。《般舟三昧经》以外，说到八大菩萨的，还有《贤劫三昧经》、《阿阇贳王女阿术达菩萨经》、《八吉祥神咒经》⑤。《八吉祥神咒经》说：“若有急疾，皆当呼我八人名字，即得解脱。寿命欲终

① 《离垢施女经》(大正一二·八九中以下)。

② 《无垢贤女经》(大正一四·九一三中——九一四中)。

③ 《般舟三昧经》卷中(大正一三·九一二中)。

④ 《般舟三昧经》卷下(大正一三·九一一上)。《大方等大集经贤护分》卷三(大正一三·八八四中——下)。

⑤ 《贤劫三昧经》卷一(大正一四·一中)。《阿阇贳王女阿术达菩萨经》(大正一二·八四上)。《八吉祥神咒经》(大正一四·七三上)。

时，我八人便当飞往迎逆之。”[①]八大菩萨在传说中，已成为法身大士了。在大乘佛法的开展中，贤护等八大菩萨成为“贤护之等十六正士”[②]，如《持心梵天所问经》，《菩萨璎珞经》，《华手经》，《宝雨经》，《观察诸法行经》，《大方广如来秘密藏经》，《大宝积经》的《无量寿如来会》、《净信童女会》、《贤护长者会》。从八菩萨而为十六菩萨，暗示了经典集出的先后，在家菩萨的日渐增多。贤护等八大菩萨，依《般舟三昧经》，都是中印度六大城人[③]。大乘经中传说极盛，每说贤护菩萨等护持佛法；原始的八人说，应有多少事实成分的（不一定是八位，八与十六，都是佛教的成数）！

《般若经》与《华严经》的求法故事，都有在家菩萨持法宏法的形迹。《般若经》中，萨陀波仑是现在大雷音佛所的他方菩萨。从前，萨陀波仑以在家身勤求佛法。那时，为萨陀波仑说法的，是昙无竭[法涌]菩萨。昙无竭是众香城的城主，在高台上供养“黄金牒书”的般若波罗蜜，又为大众说般若波罗蜜[④]。“下品般若”说书写经卷与供养经卷的功德；昙无竭菩萨的“黄金牒书”，作种种供养，可见书写经卷与供养的风气非常的隆盛！这虽然传说是过去事，但应该反映了“中品般若”末期，“般若法门”在北方（众香城就是犍陀罗）宏传，有在家菩萨法师的那个事实。《华严经》的《入法界品》，叙述善财童子向南方求法的历

① 《八吉祥神咒经》（大正一四·七三上）。

② 《持心梵天所问经》卷一（大正一五·一上）。

③ 《般舟三昧经》卷上（大正一三·九〇三上）。

④ 《摩诃般若波罗蜜经》卷二七（大正八·四一六上——四二一中）。

程。首先参访的三位比丘,代表了三宝,以下多数是在家的善知识。《入法界品》受到菩萨"本生"的影响,是菩萨本生的大乘化。传说的释尊"本生",在修菩萨道时,多数是在家身。还有,大菩萨的方便善巧,在人间,是以不同身份、不同职业,遍一切阶层而从事佛法的化导。《入法界品》的善知识,都是法身大士的方便教化,充满了理想的成分。多数是在家菩萨的化导,不可能符合实际。不过这一理想,会多少反映现实的佛教,至少,在家菩萨(并不一切都是在家的)的宏传佛法,在南印度是曾经存在的。《般若》与《华严》的两大求法传说,约集成于西元一五〇年前后。

上来详细地检讨了初期大乘经,可以肯定地说:初期大乘的传宏者,多数是比丘,也有少数的在家人。现在要进一步论究的,是通于在家、出家的"法师"。《道行般若波罗蜜经》卷四(大正八·四四三下)说:

> "若善男子、善女人为法师者,月八日、十四日、十五日说法时,得功德不可复计!"

说法的"法师",是善男子、善女人。《放光般若经》与此文相当的,也说:"善男子、善女人为法师者,若月十四日、十五日说般若波罗蜜时,……所得功德不可复计。"①《法华经·法师品》也说:"若善男子、善女人,于法华经乃至一句,受持、读、诵、解说、书写、种种供养。"②善男子、善女人,一般解说为在家的善

① 《放光般若波罗蜜经》卷九(大正八·六七中)。
② 《妙法莲华经》中,类似的文句很多,引文出卷四(大正九·三〇下)。

信，所以宏传大乘的“法师”，或以为在家人多，或以为大乘出于在家人。然“原始般若”，出于阿兰若行的“诸法无受三昧”①。《阿闳佛国经》，阿闳菩萨立愿，“世世作沙门”；提到了说法的“法师比丘”②。《阿弥陀经》，最上第一辈的往生者，是“沙门”③。支谶译的《阿阇世王经》，说到“明经比丘”；异译《文殊支利普超三昧经》，作“有一比丘而为法师”④。从初期大乘而译出较早的来看，说传宏者以在家为多，或出于在家人，是难以想像的。“法师”是汉译，原语为 dharma-bhāṇaka。bhāṇaka，律典中译为“呗”、“呗匿”，是比丘的一类。上面曾说到：“呗匿”是与音声有关的，传到中国来，分化为读诵经典的“转读”、歌赞三宝的“梵呗”、宣说佛法的“唱导”。读诵、歌颂、（唱导）说法，都是“呗匿”。南传《弥兰王问经》，佛法中有种种不同的比丘，如“说法师，……本生诵者，长部诵者，中部诵者，相应部诵者，增支部诵者，小部诵者”⑤。“诵者”，就是 bhāṇaka（呗匿）。“呗匿”也可以说法，如《四分律》容许“歌咏声说法”⑥。但“呗匿”的说法，与纯正的“说法师”（dharmakathika）不同，如中国讲经的“法师”，与连唱带说的“俗讲”不同。在部派佛教的比丘中，有“呗匿”一类，读诵、歌颂或说法（有不许以歌咏音说法的）。

---

① 《小品般若波罗蜜经》卷一（大正八・五三七下——五三八中）。

② 《阿闳佛国经》卷上（大正一一・七五二中），又卷下（大正一一・七六一中）。

③ 《阿弥陀三耶三佛萨楼佛檀过度人道经》卷下（大正一二・三〇九下）。

④ 《阿阇世王经》卷上（大正一五・三九四上）。《文殊支利普超三昧经》卷上（大正一五・四一二中）。

⑤ 《弥兰王问经》（南传五九下・二〇三）。

⑥ 《四分律》卷三五（大正二二・八一七上）。

呗嚧比丘,在大乘法中就是"法师"——法的呗嚧者,"法师"是从"呗嚧比丘"演化而来的。《般若经》说"善男子、善女人为法师者",这是《般若经》的通俗化。"原始般若"是智证的"诸法无受三昧",一般人是难以信受持行的。如"下品般若"的"初品",主要是"原始般若"。"释提桓因品第二",劝大众发菩提心,修学般若。但一般听众,觉得"须菩提所说所论,难可得解";"须菩提欲令此义易解,而转深妙"①。于是"塔品第三"到"佐助品第六",提出了浅易可学的方便:一方面,说般若的现世功德、后世功德,以诱导激发听众的信仰与追求。一方面,以听闻、受持、读、诵、解说、书写、供养、(将经卷)施(与)他、正忆念、如说行,为修学般若的方便,也就是闻、思[忆念]、修的方便。当时,经典的书写流行,所以有的写经,供养经典,将经典布施他人;而听闻、受持、读、诵、解说、正忆念、如说行,是《阿含经》以来固有的方便。正忆念、如说行,是初学者所不容易修学的,所以"般若法门"的通俗化导,听闻而外,重视受持、读、诵、解说(为他说)、书写、供养了。受"般若法门"影响的《法华经》,也说受持、读、诵等,被称为"五种(或说六种)法师"。所以"般若法门"的持宏,有浅深二层:浅的重于闻——受持、读、诵、解说、书写、供养、施他,主要是一般善男子、善女人;深的重于思、修——思惟、习、相应、安住、入,经中多称之为菩萨。善男子、善女人,是一般人而引使趣向菩萨道的。"般若法门"的摄化,以善妙的音声来读诵,让大众听(中国称为"转读");或以妙音说

① 《小品般若波罗蜜经》卷一(大正八·五四〇中、下)。

法（中国称为“唱导”）；或书写经卷供养。赞诵、说法、书写者，称为“法师”——法的呗嚯者。“呗嚯”本是比丘的一类，所以“法师”而通于在家、出家，应该是从比丘“法师”而演化到在家的。“般若法门”初传，除少数的深忍悟入外，在固有的部派教团中，即使相当同情，也不容易立刻改变，所以大乘初兴，菩萨比丘是少数，在僧团中没有力量，每每受到摈斥，这是大乘经所明白说到的。般若太深，而固有教团中又不容易开展，所以般若行者在六斋日展开通俗的一般教化，摄化善男子、善女人。对于读、诵、解说——摄化一般信众的“法师”，由于菩萨比丘还少，信心恳笃、理解明彻而善于音声的善男子、善女人，就出来协助而成为“法师”①。在家众中，也可能有杰出优越的“法师”。信受“般若法门”的善男子、善女人多了，影响固有教团，等到“菩萨比丘”、“菩萨比丘法师”多起来，善男子、善女人终于又成为大乘佛教的信众（如婆汰私婆迷、胜军论师那样的在家菩萨，到底是绝少数）。

以善男子、善女人为“法师”的“般若法门”，是一般的摄化，不能说“般若法门”是重于在家的。经说受持、读、诵、解说、书写、供养时，说善男子、善女人，而深一层说到阿鞞跋致[不退转]菩萨，明显的有出家菩萨。经说阿鞞跋致相，多数可通于在家、出家，但说到“在家（不退）菩萨”，对淫欲有深切的

---

① 以音声为佛事的“转读”（也可以自己转读）、“唱导”，在中国晋、宋间，也是在六斋日进行的。如《高僧传》卷一三说：“若乃八关长夕，中宵之后，四众低昂，睡蛇交至。（智）宗则升座一转，梵响干云。”“慧远道业贞华，风才秀发！每至斋集，辄自升高座，躬为（唱）导（之）首。”（大正五〇·四一四上、四一七下）

厌患情绪①;这是倾向出家的,与《法镜经》、《净行品》一样。恶魔说菩萨"有头陀功德"②。恶魔"见菩萨有远离行",赞叹他,于"是菩萨从远离所,来至聚落,见余比丘求佛道者,心性和柔,便生轻慢"③:这是求菩萨道的,有阿兰若住与(近)聚落住比丘的明证。在论阿毗跋致菩萨时,简别了不退的在家菩萨,是厌患情欲的(与郁伽长者相同),并明确说到了阿兰若住与聚落住的菩萨比丘,表示了精勤修持的菩萨是以出家为重的。以受持、读、诵、解说、书写,为摄化善男子、善女人的方便,"般若法门"所倡导的,为多数大乘法门所采用。如《阿閦佛国经》,重于出家的菩萨。末后说:"若有善男子、善女人,讽诵阿閦佛德号法经,闻已即持讽诵,愿生阿閦佛刹。"并说到处去求访,书写。"其有受是德号法经,当持讽诵,复出家学道离罪。"④从在家受持讽诵,到出家修道,是修学的过程。又《阿阇世王经》说:"若男子、女人,……其有讽诵、读阿阇世品者,若恭(敬)、若(承)事、若讽诵、为一切(人)说。"⑤《伅真陀罗所问如来三昧经》说:"不如男子、女人,奉行菩萨事,而昼夜各三讽诵、读,若为人说是法中事,其德出彼上。"⑥《维摩诘经》说:"是贤者子、贤者女,

① 《小品般若波罗蜜经》卷六(大正八·五六五上)。《道行般若波罗蜜经》卷六(大正八·四五五中)。

② 《小品般若波罗蜜经》卷七(大正八·五七〇中)。

③ 《小品般若波罗蜜经》卷七(大正八·五七〇下——五七一上)。

④ 《阿閦佛国经》卷下(大正一一·七六三上——七六三下)。

⑤ 《阿阇世王经》卷下(大正一五·四〇五中)。《文殊支利普超三昧经》卷下(大正一五·四二七上)。

⑥ 《伅真陀罗所问如来三昧经》卷下(大正一五·三六六中)。《大树紧那罗王所问经》卷四(大正一五·三八七下——三八八上)。

受此不思议门所说法要，奉持、说者，福多于彼。”“若贤者子（贤者女）心入是辈经者，当令手得，恣所念取，若念受持如是辈经，传示同学，广说分明。”①《首楞严三昧经》说：“若求佛道善男子、善女人，……闻是首楞严三昧，即能信受，心不退没，不惊不畏，福胜于彼。……何况闻已受持、读、诵，如说修行，为人解说！”②早期传译的几部经，对于发心、听闻、受持、读、诵等，都说到了善男子、善女人。这一通俗的摄化信众方式，似乎一直流传下来。现代中国佛教的“诵经”——为信众诵，教信众自己诵，也还是这一方法的演化而来呢！

第二项　阿兰若菩萨与塔寺菩萨

“阿兰若”是远离尘嚣的静处，也有多数人共住的，但这里指“独住”、“远离行”者，个人或少数人专精修行的。“塔寺”，山林深处也有塔与寺院，但这里指“聚落”或“近聚落住”的，多数人共住而又近在人间的。“阿兰若比丘”、（近）“聚落比丘”，佛教界早已有了，“大乘佛法”兴起，出家菩萨也就有了这二类，如《法镜经》所说的那样。这二类，有不同的特性，阿兰若菩萨重于修持；塔寺菩萨重在发扬大乘，摄化信众。“大乘佛法”——求成佛道的菩萨，是多种因素的孕育成熟而开展出来的；开展出来的成佛之道，也就有了不同因素与倾向。学菩萨成佛，是要圆满一切功德的，但在学者，每因个性（界）不同，兴趣

---

① 《维摩诘经》卷下（大正一四・五三五下、五三六下）。《维摩诘所说经》卷下（大正一四・五五六上、五五七中）。

② 《首楞严三昧经》卷下（大正一五・六四五中）。

（欲）不同，烦恼不同，所受的教化不同，而在菩萨行的进修上有不同的类型。“中品般若”的《往生品》，可说将大乘经所说，综合类比而叙述出来。龙树论中，说到菩萨的不同种类，正写出了西元二世纪大乘菩萨的不同类型。一、《大智度论》卷四〇（大正二五·三五〇上）说：

“菩萨以种种门入佛道，或从悲门，或从精进智慧门入佛道，是菩萨行精进智慧门，不行悲心。”

悲与智，应该是菩萨行所不可缺的，但在实行上，有重悲的，多多利益众生；有的智慧精进，暂且不行悲心：这是悲行与智慧行二类。二、《十住毗婆沙论》卷五（大正二六·四一中）说：

“佛法有无量门，如世间道有难有易，陆道步行则苦，水道乘船则乐。菩萨道亦如是，或有勤行精进（的难行道），或有以信方便易行，疾至阿惟越致。”

菩萨修到不退转，有二道，难行是菩萨常道，易行是菩萨方便道。易行道是：“念佛”（菩萨）——称名忆念，恭敬礼拜，及“忏悔、劝请、随喜、回向”。《智度论》说：“菩萨有二种：一者，有慈悲心，多为众生；二者，多集诸佛功德。乐多集诸佛功德者，至一乘清净无量寿世界。”①《智度论》所说的二种，大体上与易行道、难行道相同，是信与悲的二类。三、《大智度论》卷四二（大正二五·三六六下——三六七上）说：

---

① 《大智度论》卷三八（大正二五·三四二中）。

> “有二种菩萨：一者习禅定，二者学读。坐禅者生神通，学读者知分别文字，……如是等种种字门。”

《智论》在别处也说：“一者坐禅，二者诵经。”①这是重修禅与重闻思的二类。重于修禅的，得种种三昧门；重于学读的，从文字而入，得种种陀罗尼门。“般若法门”重于闻思（修）慧，所以《大智度论》一再地说：“是菩萨但分别诸经，诵读、忆念思惟、分别诸法以求佛道。以是智慧光明，自利益亦能利益众生”；“菩萨先世来爱乐智慧，学一切经书，观察思惟，听采诸法，自以智力推求一切法中实相”②。专重智慧的菩萨，是“般若法门”开展以来的主流。四、《大智度论》卷五八（大正二五·四七二下）说：

> “是般若有种种门入：若闻持（读、诵、解说）乃至正忆念者，智慧精进门入；书写、供养者，信及精进门入。”

《智论》在别处说：“信根多者，憙供养（佛）舍利（塔）；慧根多者，好读诵经法。”③这也是信与智的二类。将上面所说的综合起来，不出三大类：一、悲增上菩萨；二、信增上菩萨——念佛生佛国，忏悔、随喜、劝请、回向，写经、供养，供养舍利；三、智增上菩萨——闻持、读、诵、解说、忆念，字门。信增上的念佛，深入地修习念佛三昧；智增上的深入，是（与定相应名）修习、相应、安住、契入，也就是“诸法无受三昧”，或“慧印三昧”、“宝住三昧”等。这三类菩萨行人，出家的都不出“阿兰若住”与“塔寺住”的

---

① 《大智度论》卷四一（大正二五·三五八中）。

② 《大智度论》卷三九（大正二五·三四五上——中、三四六下）。

③ 《大智度论》卷五七（大正二五·四六五下）。

两大类。

悲增上的出家菩萨，如《华严经·净行品》说。菩萨的出家生活，随时随处都在“当愿众生”，为一切众生而发愿，表现了出家菩萨的悲愿。在出家的生活中，受和上的教诲，“观塔”、“礼塔”、“旋绕于塔”①，是寺塔住的菩萨比丘生活。典型的悲增上菩萨，是释尊的菩萨本生，为了利益众生，不惜牺牲（施舍）一切。《弥勒菩萨所问经》说：“我（释尊自称）于往昔修菩萨行时，常乐摄取众生，庄严众生”；“我以十法（能舍一切）得证菩提”。经上并举见一切义太子本生、妙花太子本生、月光王本生②。释尊的悲愿，如《大宝积经》卷一一一《弥勒菩萨所问会》（大正一一·六三一中）说：

> “我于往昔行菩萨道，作如是言：愿我当于五浊恶世，贪嗔垢重诸恶众生，不孝父母，不敬师长，乃至眷属不相和睦，我于尔时当成阿耨多罗三藐三菩提。……我于今者，以本愿力，为如是等诸恶众生，起大悲心而为说法。”③

从释尊的本生来说，悲增上菩萨多数是在人间的。《大智度论》解经“有菩萨……以方便力不随禅生，还生欲界——刹利大姓，婆罗门大姓，居士大家，成就众生故”说：“是菩萨，是业因缘生身（非法身）。……以大慈大悲心，怜愍众生故生此欲界。……生刹利，为有势力；生婆罗门家，为有智慧；生居士家，

---

① 《大方广佛华严经》卷一四（大正一〇·七〇上——七二上）。

② 《大宝积经》卷一一一《弥勒菩萨所问会》（大正一一·六二九下——六三一中）。

③ 《弥勒菩萨所问本愿经》（大正一二·一八九上）。

为大富故：能利益众生。"①悲增上菩萨，是"人间胜于天上"，愿意生在人间的。菩萨多数是人间的导首，以权力、智慧、财富，利益苦难的（人间）众生。到成佛，（菩萨时也）不愿意在净土，而愿在五浊恶世度众生。不愿生天而在人间，不愿在净土而愿在秽恶世界，彻底表现了悲增上菩萨的形象！由于"出家菩萨守护戒故，不畜财物"，"出家人多应法施"②，所以印度的出家菩萨，悲心增上的，初行如《净行品》的发愿，久行就以佛法化导人间，是塔寺住的菩萨比丘。"大乘佛法"重视菩萨的悲心，然在印度佛教界，不脱原始佛教以来"信行人"、"法（重智的）行人"的两大分类，所以大乘信行与智行的法门得到充分的开展，而现实人间——"业因缘所生身"的悲增上行，不受重视。愿生天上而有菩萨的"十王大业"，愿游行清净佛国去成就众生，使悲心离开了现实的人间。"大乘佛法"说大悲救济，如《法华经·普门品》，观世音菩萨能解脱一切众生所受的苦恼③。《华严经·入法界品》，也说观世音菩萨"成就菩萨大悲行解脱门"④。大菩萨的大悲救济是伟大的！但法身大士的随类现身、随感而应，类似神力的救济。这是存在于信仰中的，不是印度人间菩萨的悲行。

信增上菩萨，是初期大乘经的一大流。大乘的兴起，信心是重要的因素，所以浅深共通的信增上大乘，发展得极普遍。说到

① 《大智度论》卷三八（大正二五·三三九下——三四〇上）。
② 《大智度论》卷二九（大正二五·二七一中）。
③ 《妙法莲华经》卷七（大正九·五六下以下）。
④ 《大方广佛华严经》卷六八（大正一〇·三六六下——三六七中）。

信,根本是信三宝,但信佛是最一般的。在初期大乘经中,就是信佛、信法、信菩萨僧。佛的圆满功德,每依法身大士而表示出来,所以说"果分不可说,因分可说";佛与大菩萨,只是程度的不等而已。如《十住毗婆沙论》说"易行道",先说"应当念是十方诸佛,称其名号",又说"复应忆念诸大菩萨"①。这样,大乘的信,不外乎信佛(与大菩萨)、信法。信佛的,是礼拜佛、赞叹佛、供养佛、忆念佛。自佛涅槃以来,佛是见不到了;即使有十方佛,在一般人也是不现见的。为了满足信心,所以佛舍利塔、佛像,或胜解所成的佛像,成为信佛的对象。佛涅槃后,为佛舍利造塔,风气日渐普遍,这是部派佛教所共同的,大乘佛教照旧延续下来,不过说得更高大、更众多、更庄严些。"下品般若"《塔品》,在佛舍利塔与《般若经》中,取《般若经》而不取舍利塔,那是特重正法(重智)的大乘,所以取经而不取塔,并没有否定舍利塔的功德。《法华经》说:"若于旷野中,积土成佛庙,乃至童子戏,聚沙为佛塔,如是诸人等,皆已成佛道。""若人散乱心,入于塔庙中,一称南无佛,皆已成佛道"②——这是推重塔的。多宝佛塔涌现在虚空中,佛塔所表征的,是"正(妙)法常住","佛(法身)寿无量"。重佛也就重塔,但并不是化身的佛舍利,如《法华经》说:"在在处处,若说、若读、若诵、若书、若经卷所住处,皆应起七宝塔,极令高广严饰,不须复安舍利。所以者何?此中已有如来全身。"③以"法塔"作"佛塔",有塔的形象作为信

① 《十住毗婆沙论》卷五(大正二六·四四下)。
② 《妙法莲华经》卷一(大正九·八下、九上)。
③ 《妙法莲华经》卷四(大正九·三一中)。

敬的对象。《法华经》重正法,重法身——法与佛不二,如以经卷与化身舍利塔相比,大概也是取经而不取塔的。《阿阇世王经》说:在菩萨得无生忍、授记的地方造塔,“如舍利无异”,福德比“满中七宝,上至三十三天,持施与佛”更大。持《阿阇世王经》的,比百劫中行布施……智慧(事六度)的功德更大①。这也是说造塔(为法身菩萨造)、持经,维持旧有的造塔,而不用佛舍利,与《法华经》的意义一样。《法华经》与《阿阇世王经》,都是重“法”的大乘经。

佛涅槃后,造佛(舍利)塔,是佛教固有的,而大乘佛教也流传下来。《智度论》说:“信根多者,喜供养舍利。”②一般地说,塔与塔寺的佛教,多少是重于事相的,诱发一般人的信心。大乘所特有的,是佛像。西元一世纪,佛像在佛教界流传起来;佛塔与佛像,为大乘信者所重视。现在约佛像说,如《须摩提菩萨经》说:须摩提女发十问,说到“作佛形像”,“人见之常欢喜”。四种“满软妙华,持是供养世尊若塔及舍利”,“常得化生千叶莲华中,立法王前”③。《离垢施女经》中,离垢施女十八问,佛答有“作佛形像坐莲华上。又以青红黄白(四种)莲华,捣末如尘,具足擎行,供养如来,若散塔寺,……则得化生尊导前”④。《净信童女会》中,佛答净信童女种种问,说到“造立佛像置莲华

① 《阿阇世王经》卷下(大正一五·四〇五上——中)。《文殊支利普超三昧经》卷下(大正一五·四二七上——中)。

② 《大智度论》卷五七(大正二五·四六五下)。

③ 《须摩提菩萨经》(大正一二·七六下)。

④ 《离垢施女经》(大正一二·九五上)。

座。……黄金严佛像，坐宝莲华座，除众生忧恼，化生诸佛前”①。《净信童女会》是唐代译出的，然意义与上二经相同。《超日明三昧经》，佛告见正居士说“有四事常不离佛”，第一事是“常念如来，立佛形像”②。佛又为解法长者说种种供佛所得的不同功德，末后说：“我灭度后，其有供养形像、舍利，德皆如是，稍稍顺法，因斯得度无为之道。”③从这几部经所说看来，当时造佛像供养的希望，是莲花化生，生在佛前，也就是往生十方净土，见佛闻法。“稍稍顺法，因斯得度无为之道”，可见造像的功德，是渐渐地随顺正法，趣向佛道的方便。《华严经》说：“见有临终劝念佛，又示尊像令瞻敬，俾于佛所深归仰”；“令随忆念见如来，命终得生其净国”④，意义也是一样的。见佛像、念佛而死后能够见佛，不会堕落，正是《净信童女会》“除众生忧恼”的意思。又说：“彼诸如来灭度已，供养舍利无厌足，悉以种种妙庄严，建立难思众塔庙。造立无等最胜形，宝藏净金为庄严，巍巍高大如山王，其数无量百千亿。”⑤这是“不坏回向”所说，于佛不坏信所起的广大供养。《入法界品》寂静音海夜神的本生说：“此妙眼女，于彼如来遗法之中，普贤菩萨劝其修补莲华座上故坏佛像，既修补已而复彩画，既彩画已复宝庄严，发阿耨多罗三藐三菩提心。”⑥《华手经》说：“菩萨若于四衢道中，多人观处，

① 《大宝积经》卷一一一《净信童女会》（大正一一·六二五中——下）。
② 《超日明三昧经》卷上（大正一五·五三六中）。
③ 《超日明三昧经》卷下（大正一五·五四五中）。
④ 《大方广佛华严经》卷一五（大正一〇·七六中——下）。
⑤ 《大方广佛华严经》卷二四（大正一〇·一二八下——一二九上）。
⑥ 《大方广佛华严经》卷七〇（大正一〇·三八二上）。

起佛塔庙,造立形像,为作念佛功德因缘。"①造佛像、念佛,是坚固对于佛的信心,成就发菩提心。初期大乘经所说的造像供养,主要是不退信心,往生净土见佛,不再忧虑退堕。经上所说,都是为了诱导在家众向菩萨道而进修。《法华经》也是佛塔与佛像并重②。塔寺的大乘佛教,塔寺住的菩萨比丘,是摄化一般信众,"异方便"的推行者。佛像的尊重供养,也是舍利塔那样的,引起了神奇感应的传说。如《华手经》说:"集坚实世尊,形像在诸塔,随众生所乐,微笑现光明。大光普照已,还入于本处。若入顶相中,自知受佛记;若光从口入,知受缘觉乘;光若从脐入,自知受声闻:彼世尊形像,有是神通力!"③佛像能放光,依光明的还入处,知道自己在佛法中的成就,这与佛的舍利随人所见的光色不定,而知自己的休咎一样。《无极宝三昧经》说:"见佛像者为作礼,佛道威神岂在像中?虽不在像中,亦不离于像"④,也确认佛像有感应的神德。摄化众生、成就信心的"异方便",对大乘佛教的开展影响力极大,引起神秘的信仰也极深!

佛像,起初是安立在佛塔中的,如说"或见塔中立佛像","形像在诸塔"⑤。佛像与佛塔,都是象征佛的,作为信仰的对象,佛像与佛塔的作用是相同的。佛像流行,引起念佛色相的观行,出现了念佛三昧的法门。"般舟三昧",通于念一切佛,而着

---

① 《华手经》卷九(大正一六·一九三中)。

② 《妙法莲华经》卷一(大正九·八下——九上)。

③ 《华手经》卷七(大正一六·一八六中)。

④ 《无极宝三昧经》卷上(大正一五·五一二上)。

⑤ 《大方广佛华严经》卷八〇(大正一〇·四四三中)。《华手经》卷七(大正一六·一八六中)。

重于念阿弥陀佛,在本书"净土法门"中,已经说过了。《般舟三昧经》卷上(大正一三·九〇六上)说:

> "菩萨复有四事,疾得是三昧,何等为四?一者,作佛形像,若作画,用是三昧故。二者,用是三昧故,持好匹素,令人写是三昧。三者,教自贡高人,内佛道中。四者,当护佛法。"①

修般舟三昧而求速疾成就的,经说有四种四法;上文所引的,是第四种四法。"用是三昧故"——为了要修成这三昧,所以要造佛像或画像,写《般舟三昧经》。般舟三昧是观佛的三昧;造佛像,是为了谛观佛像的相好。凡是观佛相不成的,可以观佛像的相,然后去修习。如《观佛三昧海经》说:"应当入塔,观像眉间,一日至三日,合掌啼泣,一心谛观。"②依《般舟三昧经》,修般舟三昧,是通于在家、出家四众的。比丘观佛像的,是塔寺比丘(可以入塔观佛)。《贤劫三昧经》说"了诸法本三昧",这是一切佛所曾经修习的,经说贤劫千佛的名字。说到"疾逮斯定"的四种四事,第四种四事是:"一曰:作佛形像坐莲华上,若模画壁、缯、氎、布上,使端正好,令众欢喜,由得道福。二曰:取是经卷,书著竹帛,若长妙素,令其文字上下齐正。"三、诵习通利,四、为人说法③。前二事,与《般舟三昧经》相合。元魏月婆首那所译的《摩诃迦叶会》说到释尊的本生:"有一比丘,

---

① 《般舟三昧经》(大正一三·八九九下)。《大方等大集经贤护分》卷二(大正一三·八七七中——下)。

② 《观佛三昧海经》卷二(大正一五·六五五中)。

③ 《贤劫三昧经》卷一(大正一四·六下——七上)。

于白氎上画如来像,众彩庄严。"大精进菩萨童子,见了佛像,发心出家,"持画氎像,入于深山寂静无人禽兽之间,开现画像,取草为坐,在画像前结跏趺坐","观此画像,不异如来"(但名空寂,无二无别),"以此智慧,悉见十方阿僧祇佛,闻佛说法",然后回到村落中,为大众说法①。这也是念佛三昧,但是重智的,在阿兰若修习。译出的时代迟一些,与初期塔寺比丘所修观佛相好的三昧,略有不同。

依佛塔、佛像——佛而称名忆念,或观想以外,信增上菩萨修忏悔、随喜、劝请——"三品法门",如本书"忏悔法门",《普贤行愿品》所说。这是依佛而修习的,所以说:"应于诸佛所,忏悔、劝请、随喜回向。"②"菩萨礼佛有三品:一者,悔过品;二者,随喜回向品;三者,劝请诸佛品。"③这是重信的"易行道",也是培养信心,引入重悲智的"难行道"的方便。如《十住毗婆沙论》说:"是菩萨以忏悔、劝请、随喜回向故,福力转增,心调柔软。……希有难事,亦能信受。""福德力转增,心亦益柔软,即信佛功德,及菩萨大行。""苦恼诸众生,无是深净法,于此生愍伤,而发深悲心";随悲心而起布施波罗蜜等④。龙树的时代,这一法门是在家、出家所共修的。《智度论》说:"菩萨法,昼三时、夜三时,常行三事"——忏悔、随喜、劝请⑤。日三时、夜三时——一天六次的修习,在家菩萨如有家室事业的,似乎不太可

① 《大宝积经》卷八九《摩诃迦叶会》(大正一一·五一二下——五一四上)。
② 《十住毗婆沙论》卷五(大正二六·四五上)。
③ 《大智度论》卷六一(大正二五·四九五中)。
④ 《十住毗婆沙论》卷六(大正二六·四九中)。
⑤ 《大智度论》卷七(大正二五·一一〇上)。

能！《华手经》说："菩萨若在居家，受持五戒，常日一食，依于塔庙，广学多闻，通达诸论，亦应亲近诸善知识善能教化是（念佛）三昧者。"①修近于出家戒行的在家菩萨，依寺院而住（在声闻佛教中，是近住弟子），是可以一日六时修行的。约出家菩萨，这是塔寺菩萨，如《宝行王正论》所说②。

智增上菩萨，如"原始般若"所说，是阿兰若比丘所修的"诸法无受三昧"。作为菩萨般若波罗蜜而发展起来，是重慧的"般若法门"。如《小品般若波罗蜜经》卷七（大正八·五六八下、五六九上）说：

> "若菩萨具足观空，本已生心——但观空而不证空，我当学空，今是学时，非是证时。不深摄心系于缘中。"
>
> "若菩萨生如是心：我不应舍一切众生，应当度之。即入空三昧解脱门，无相、无作三昧解脱门。是时，菩萨不中道证实际，何以故？是菩萨为方便所护故。"

菩萨的般若空慧，是空、无相、无作三三昧。菩萨出发于救度一切众生的悲愿，所以观空而能够不证空。也要"不深摄心系于缘中"，不能过分地摄心而入深定，因为如定力偏胜，会证入实际而退为二乘的。菩萨的深慧，要悲愿来助成，到第七"等定慧地"，悲心深切，定与慧均等，才能"得无生忍"③。无生法是涅槃异名，通达而不证入，所以称为"忍"。《般若经》所说的出

---

① 《华手经》卷一〇（大正一六·二〇六上）。

② 《宝行王正论·出家正行品》（大正三二·五〇四中）。

③ 《摩诃般若波罗蜜经》卷六（大正八·二五七中）。

家菩萨,有住阿兰若的,也有住近聚落处的。依经上的意思,住在哪里都是可以的,离二乘心及烦恼,是真远离。不离二乘心的,住在阿兰若处,还不如聚落住而能离二乘心呢①。这是"般若法门"不重阿兰若住而深修禅定的明证。初期大乘经的开展,显然的有重定与重慧的两大流。"文殊法门"也是重慧的,如《诸法无行经》所举的本生说:"有比丘法师,行菩萨道,名曰胜意。其胜意比丘,护持禁戒,得四禅、四无色定,行十二头陀,……赞叹远众乐独行者。""有菩萨比丘,名曰喜根,时为法师。质直端正,不坏威仪,不舍世法。……不称赞少欲知足、细行独处,但教众人诸法实相。"②胜意比丘是重定、重独住的,喜根是重慧而不重头陀、阿兰若行的:《诸法无行经》所推重的,正是重慧的喜根比丘。智增上的菩萨,重于慧悟,深观法性。为了摄化众生,利他的宏法方面,是读、诵、为他解说(写经与供养,适合于信心多的人),起初也有在家菩萨协助主持。在究明法义方面,有法门的类集,如《宝髻菩萨经》、《持世经》、《无尽意菩萨经》等。类集的"慧"中,有七善巧、八善巧、九善巧等。以上,都是重于闻思慧的;依闻思而趣修的,有法义的总持,如四十二字门、八字门、十六字门等。称为"句"的,有门句、印句、金刚句等。这些,都如上一章"大乘慧学"所说。大乘智增上的主流,可说是通于塔寺比丘与阿兰若比丘,而更重于寺塔住的。住阿兰若处的,不免有专修禅定的倾向,如上一章"大乘定学"所说。

---

① 《小品般若波罗蜜经》卷七(大正八·五七一上)。

② 《诸法无行经》卷下(大正一五·七五九上——中)。《诸法本无经》卷下(大正一五·七七一下——七七二上)。

定与慧,都是佛法的要行。从前,“尊者时毗罗,偏称赞慧;尊者婆沙伐摩,偏称赞灭定”,二人被毗婆沙师评论为“于文无益,于义无益”①。然而大乘“般若法门”,正是特赞般若(慧)的;得无生法忍以前,不许入灭定的。大德法救说,菩萨“欲广修般罗若故,于灭尽定心不乐入,勿令般若有断有碍”②,与“般若法门”的意趣相符。大乘智增上法门,本是以“诸法无受三昧”为“般若波罗蜜”,般若与三昧不二的,但在发展中,世间事总不免相对的分化:重定的偏于阿兰若处的专修,重慧的流为义理的论究。

第三节　初期大乘的集出者

第一项　大法的传出与声闻教团

初期大乘经,事实上是没有“集出”的。集——结集(saṃgīti)的原语,是合诵、等诵的意思。对于流传的佛法,经过大众的共同审定,公认为是佛法,称为结集。从初期大乘经所见到的,只是传出而没有集出;在流传中,受到信受者的尊重而保存下来的。可以这样说,初期大乘经,没有同时多数人的共同审定,却经过了先后无数人的探究与发展。

初期大乘经,决不是离开传统的部派佛教,由不僧不俗的第三集团所阐扬出来。起初是从部派佛教中,倾向于佛德、菩萨行的少数比丘,或重信,或重智,或重悲,多方面传出,渐渐地广大

---

①《阿毗达磨大毗婆沙论》卷一四三(大正二七·七三四下)。

②《阿毗达磨大毗婆沙论》卷一五三(大正二七·七八〇上)。

起来。表示这一意义的，是声闻比丘说大乘法。如“原始般若”，须菩提为菩萨说般若波罗蜜，可解说为：阿兰若行者以所修得的“诸法无受三昧”，作为“般若波罗蜜”而传布出来。《小品般若波罗蜜经》卷九（大正八·五七八中）说：

> “若人以是小乘法，教三千大千世界众生得阿罗汉证，……是福虽多，不如声闻人为菩萨说般若波罗蜜，乃至一日，其福甚多！”

佛劝“声闻人为菩萨说般若波罗蜜”，说破了般若波罗蜜从声闻传出的事实。与《般若经》说相同的，如《富楼那会》说：“世尊！我从今日，示教利喜诸菩萨众，令住佛法。”①《华手经》中，舍利弗也说：“世尊！我从今已（日？），有所说法，先应开演是菩萨乘”；“若声闻人，能令菩萨住深法藏诸波罗蜜，亦是菩萨善知识也，应当亲近供养恭敬”②。《富楼那会》与《华手经》，声闻弟子说大乘法，也可以解说为：大乘的诱化声闻，使声闻人学习菩萨法，但这两部经所传的“本生”，充分说明了声闻说大乘的意义。如《华手经》说：过去，普守佛灭后，“正法住世满四千岁，法欲灭时，有一比丘，名曰妙智，利根聪达，多闻智慧。……长者有子，名曰利意，……妙智比丘即时为说菩萨之法。……于后妙智往诣其舍，教化利意父母眷属，皆令志求无上菩提。……妙智比丘即于彼身而般涅槃”③。妙智比丘是以声闻身而入涅槃的阿

---

① 《大宝积经》卷七九《富楼那会》（大正一一·四五七上）。

② 《华手经》卷八（大正一六·一九〇中、一八八中）。

③ 《华手经》卷七（大正一六·一八一下）。

罗汉，自己是声闻弟子，却为长者子利意及他的眷属说菩萨法，使他们发大菩提心。这是正法将灭的时代，不正表示了佛灭五百年，正法将灭，声闻弟子说菩萨法那个事实吗？《妙法莲华经》卷四（大正九·二七中——下）说：

"佛告诸比丘：汝等见是富楼那弥多罗尼子不！我常称其于说法人中最为第一。……勿谓富楼那但能护持助宣我法，亦于过去九十亿诸佛所，护持助宣佛之正法。……具足菩萨神通之力，随其寿命，常修梵行。彼佛世人，咸皆谓之实是声闻。而富楼那以斯方便，饶益无量百千众生；又化无量阿僧祇人，令立阿耨多罗三藐三菩提。"

妙智比丘是修声闻道、证阿罗汉果的比丘，怎么能说大乘法呢？在教理上，这是很难解说的。《法华经》给予解说，如富楼那能说菩萨法，这是菩萨而方便示现为阿罗汉的。这一解说，是信仰的，但声闻传菩萨法，人间确有这样的事实。陀摩尸利比丘事，说得更具体了，如《大宝积经》卷七八《富楼那会》（大正一一·四四五下——四四七下）说：

（一）"弥楼揵驮佛灭后。……是佛出于五浊恶世，如我今也。……百岁之后，……国王唯有一子，名陀摩尸利。……即诣比丘（处），剃除须发，着袈裟，受戒。……独入山林幽远之处，精诚一心，欲求深法。……陀摩尸利比丘，于诸法中得智慧眼。……还至本国，到父母所，为说清净应空、应离诸深妙经。……八万四千人，……出家之后，皆号陀摩尸利语诸比丘众。……陀摩尸利比丘，人皆谓得阿罗汉道，非是菩萨。”

（二）“陀摩尸利比丘临命终时，愿还生此阎浮提内，即得随愿生在王家，名为得念。于弥楼揵驮佛后第三百岁法中出家，……以得陀罗尼力故，先未闻经，能为众生敷衍广说，不说前身曾所说者。富楼那！时诸陀摩尸利比丘众中，深智明利厚善根者，闻得念所说诸经，心皆随喜，信受恭敬，供养守护得念比丘。其中比丘无有威德钝根者，顽钝暗塞薄善根者，闻得念比丘所说新法，不信不受，违逆说过。……时陀摩尸利诸弟子众，别为二部：一名陀摩尸利诸比丘众，二名得念诸比丘众。……得念比丘，人皆知是菩萨，非阿罗汉。”

（三）“得念比丘临命终时，还复愿生此阎浮提，随愿得生大长者家，名为耶舍。……于弥楼揵驮佛第四百岁，始年七岁，出家为道，得诸陀罗尼。陀罗尼力故，能为人说所未闻经。于是得念诸比丘众，陀摩尸利诸比丘众，其中厚善根者，得闻耶舍所说诸法，心大欢喜，皆得法乐。……中有比丘顽钝暗塞薄善根者，……不信不受，违逆毁坏。……诸从耶舍比丘闻法欢喜心信受者，皆为陀摩尸利比丘（众）、得念比丘（众）等，憎嫉轻慢，不听住止，不共读诵讲说经法。”

（四）“耶舍比丘临命终时，还复愿生此阎浮提，……复生王家，……字为导师。至年十四，于弥楼揵驮佛法第五百岁，出家学道。是导师比丘，广诵经书，多闻深入，文辞清辩，善巧说法。……时陀摩尸利、得念、耶舍诸比丘众，皆来合集，造诣导师，欲共毁破，……不能障碍导师比丘。”

弥楼揵驮佛，生在五浊恶世；“一会说法，八十亿比丘得阿罗汉道”①，没有说到菩萨；正法五百年：这一切，都与释尊化世的情形相近。从陀摩尸利比丘到导师比丘，是同一人而乘愿再来的；所说的佛法，实际也是一样，所以“其中深智依止义者，不随语言，以依义故，心不违逆”②。经上说：到佛法第二百年，佛法仅有出家、剃须发、受戒等形仪。陀摩尸利出了家，在阿兰若处修得深法，出来为大众宣说，而成“陀摩尸利比丘众”一派。一般人以为陀摩尸利是阿罗汉，而不知他是菩萨。所说的深法，似乎是声闻法，其实是菩萨道——菩萨法还含容在声闻法中。到佛灭三百年，乘愿再来的得念比丘，所说的是菩萨法，大家也知道他是菩萨，这是从声闻深法而演化出菩萨法的最佳例证。陀摩尸利比丘与得念比丘，所说的实义相同而文句不同，所以随文释义的、依义不依语的，就分化为“陀摩尸利比丘众”、“得念比丘众”——二部。到佛灭四百年，乘愿再来的耶舍比丘，又传出“所未闻经”，因而引起了分化，形成“耶舍比丘众”。旧传的比丘众，对“耶舍比丘众”，“不听住止，不共读诵”，诤论相当的激烈！到佛灭五百年，乘愿再来的导师比丘，“多闻深入”，“善巧说法”，使旧有的陀摩尸利、得念、耶舍比丘众集合起来，想破坏导师比丘，但“不能障碍导师比丘”。如取意来加以解说：陀摩尸利所说的，是声闻形式的菩萨内容，与部派佛教的菩萨说相当。得念比丘揭示了菩萨道，虽与声闻旧说不同，但还不致严重的冲突。这如“原始般若”的三乘共学；在十方佛前忏悔的“三

---

① 《大宝积经》卷七八《富楼那会》(大正一一·四四五下)。

② 《大宝积经》卷七八《富楼那会》(大正一一·四四七中)。

品法门”；阿罗汉与菩萨，往生的弥陀净土与阿閦净土。与大众部系的声闻佛教虽有点不同，但还不致引起严重的诤执。耶舍比丘的时代，大乘者贬抑声闻，不免引起严重的对立。导师比丘时代，大乘兴盛了，要障碍也障碍不了。佛法深义是没有差别的，佛灭以后，大乘从声闻佛教中演化出来，从《富楼那经》中，可见古人是有这种明确见地的。

大乘经的传出者，起初从部派佛教中出来。在大乘的开展中，在家菩萨也有传经的，如汉支谶所译，《道行般若波罗蜜经》卷四（大正八·四四六下）说：

> “善男子、善女人，深入般若波罗蜜者，于是中自解出一一深法以为经卷。何以故？舍利弗！其有如阿耨多罗三耶三菩教者，便能教一切人，劝助之为说法，皆令欢喜学佛道。”

《道行经》的意思是：善男子、善女人能深入般若波罗蜜的，便能教一切人，为人说法。所说的法，就是“自解出一一深法以为经卷”。善男子、善女人出经，就是在家菩萨传出经法的意思。与支谶同一学系的支谦所译的《大明度经》也说：“有解明度者，诸经出之。”①《道行经》所说，与《文殊般若》所说的“能如是谛了斯义，如闻而说，为诸如来之所赞叹，不违法相，是即佛说”②，意义是相同的。在“般若法门”摄化一般信众时，善男子与善女人，有为“法师”而为人诵经说法的。所说的法，如与“法

① 《大明度经》卷三（大正八·四九〇中）。

② 《文殊师利所说摩诃般若波罗蜜经》卷下（大正八·七三〇下）。

相不相违背”，作为经的一分而流传出来，是可能的事。西元四世纪末译出的《称扬诸佛功德经》说：欢喜信受日月灯明如来名号的，“比丘僧中，终不见有。被白衣者，最后末世亦复如是，信乐斯经讽诵之者，亦复少有，百万之中若一若两”①。在大乘初兴时，在家、出家而能信仰的，比传统的部派佛教，实在是少得很！佛菩萨的信仰，在家的比出家的要多一些，所以大乘初兴时，在家弟子传出经法，读诵、解说，应该有事实根据的。等到大乘渐兴，出家菩萨多起来，出经与弘持的任务自然地落在出家菩萨手中。所以《道行般若》的那一段文，其他译本都没有；“中品般若”阶段，已没有这一段了。

大乘经传出，受到传统佛教的注意，认为不合佛法时，就要指斥为“非佛所说”了。“下品般若”说：“恶魔诡诳诸人作是言：此非真般若波罗蜜，我所有经是真般若波罗蜜。”“恶魔化作沙门至菩萨所，作是言：汝先所闻经、所读、诵者，宜应悔舍！汝若舍离不复听受，我当常至汝所。汝所闻者，非佛所说，皆是文饰庄校之辞；我所说经，真是佛语。”②诽谤《般若经》的，称之为“魔”、“魔化作沙门”，这是尊重一般比丘，而以反对《般若经》者是例外的。《异部精释》说：跋陀罗比丘是恶魔所化的，宣传“五事”，引起佛教界的诤论③。《般若经》称惑乱正法者为“魔”，正是古代佛教界的习熟语法。以大乘法为非佛说，在初

① 《称扬诸佛功德经》卷中（大正一四·九三下）。

② 《小品般若波罗蜜经》卷五（大正八·五五七中），又卷六（大正八·五六四中）。《道行般若波罗蜜经》卷四（大正八·四四八中），又卷六（大正八·四五四下——四五五上）。

③ Tāranātha《印度佛教史》（寺本婉雅日译本八七·八八所引）。

期大乘经中,如《般舟三昧经》说:"其人从持是三昧者所去,两两三三,相与语云:是语是何等说?是何从所得是语?是为自合会作是语耳,是经非佛所说。"①《超日明三昧经》说:"比丘名曰法乐,……以四阿含而求果证。……法乐比丘所在坐上,闻诵慧[般若]品,辄诽谤之,云非佛教,自共撰合,慎勿修行!"②《华手经》说:"是痴人不肯信受,破坏违逆,便作是言:此非佛语,非大师教";"是经何故先来无?但是比丘自造作"③。《富楼那会》说:"是诸人众,(闻)所未闻法,闻不能信,不乐听受。若听不解,心不随顺。闻已违逆破坏出过,而作是言:此非佛语,非大师教。所以者何?我等未曾从师和上闻如是经;又诸长老比丘,亦复不言从师和上展转所闻。"④传统的声闻比丘,发觉到大乘不合于传统的见解,会要求他舍弃异说,如坚持不舍,就要举行"恶邪(见)不除摈羯磨",不与他共住。初期大乘经也有摈斥的记录,如《贤劫三昧经》说:"有法师名无限量宝音。……其余一切诸比丘众,悉皆共摈之。时彼法师,不怀怯弱,不贪身命,故复勤精讲斯三昧。入于山中,服众果实。"⑤《华手经》说:"汝观来世有是颠倒违逆我者,是法中贼,反得尊贵。能说如来正智慧者,反被轻贱,不得住止僧坊精舍。"⑥《富楼那会》说:"憎嫉轻

---

① 《般舟三昧经》卷上(大正一三·九〇七上——中)。

② 《超日明三昧经》卷下(大正一五·五四七中)。

③ 《华手经》卷八(大正一六·一九一下),又卷一〇(大正一六·二〇八中)。

④ 《大宝积经》卷七七《富楼那会》(大正一一·四三七下)。

⑤ 《贤劫三昧经》卷一(大正一四·一〇中)。《观察诸法行经》卷三(大正一五·七三七下)。

⑥ 《华手经》卷一(大正一六·一三三上)。

慢,不听住止,不共读、诵、讲说经法。"①《佛藏经》说:"我灭度后,分为五部。……尔时,世间年少比丘多有利根。……是诸比丘喜乐问难,推求佛法第一实义。……如是人等,合集一处,共为徒侣,人众既少,势力亦弱。舍利弗!尔时我诸真子,于父种族(指佛教僧团)尚无爱语,况得供养、住止塔寺。"②《法华经》说:"恶世中比丘,邪智心谄曲,……假名阿练若,好出我等过,而作如是言:此诸比丘等,为贪利养故,说外道论义,自作此经典,诳惑世间人。……浊世恶比丘,不知佛方便,随宜所说法。恶口而颦蹙,数数见摈出,远离于塔寺(梵文本是'精舍')。"③"不听住止","不得住止僧坊精舍","不得住止塔寺","摈出远离于塔寺":不得住而被摈出的,当然是出家的菩萨比丘。菩萨比丘与声闻比丘,本来是共住的,但由于宏扬大乘,受到僧团的摈出(《初期大乘佛教之研究》以为菩萨与声闻比丘不能共住,是违反这一切经说的)。《佛藏经》是重戒的,与《大方广三戒经》、《护国菩萨会》、《摩诃迦叶会》、《宝梁会》等相同,传出的时间要迟一些。大乘比丘"合集一处,共为徒侣",虽然人众还是不多,到底已有了大乘僧团的模样。

传宏大乘的菩萨比丘,住在传统的僧团中,不一定受到破坏与摈出。如《法镜经》,菩萨比丘与律师比丘等共住;锡兰上座部的无畏山寺,容许大乘佛教的传布。但部派中排他性强的,菩萨比丘就不免要受到破坏与摈出。出家的菩萨比丘,怎样应付

① 《大宝积经》卷七八《富楼那会》(大正一一·四四七下)。
② 《佛藏经》卷中(大正一五·七九〇上——下)。
③ 《妙法莲华经》卷四(大正九·三六中——下)。

呢?《贤劫三昧经》说:“彼法师不怀怯弱,不贪身命,故复勤精讲斯三昧。入于山中,服众果实”,终于得到王族的护持而发扬①。《法华经》也说:“为说是经故,忍此诸难事。我不爱身命,但惜无上道。”②“不怀怯弱,不贪身命”,不惜一切牺牲,一心为佛法。在柔和忍辱中,精进不已。《妙法莲华经》卷五(大正九·三七上——中、三八上)说:

“又不亲近求声闻——比丘、比丘尼、优婆塞、优婆夷,亦不问讯。若于房中,若经行处,若在讲堂中,不共住止。或时来者,随宜说法,无所悕求。”

“若口宣说,若读经时,不乐说人及经典过,亦不轻慢诸余法师。不说他人好恶长短,于声闻人亦不称名说其过恶,亦不称名赞叹其美,又亦不生怨嫌之心。”

大乘菩萨对传统佛教的比丘保持距离,不与他们共住。依《妙法决定业障经》、《不必定入定入印经》,这是约初修行菩萨说的,怕“引初修行菩萨回入小乘”③。然在反对菩萨比丘的情形下,与声闻比丘保持距离,也确是减少诤论的方法。菩萨只宣说自己的见解,不说别人经典的过失;声闻比丘有什么过失,也“不说他人好恶长短”。“不说人罪”,是菩萨比丘独特的态度。传统僧团不容易信受,就多为善男子、善女人说。这样的处世、用心,专精为佛法,柔和忍辱,自然能得到人的同情。大乘法虽

① 《贤劫三昧经》卷一(大正一四·一〇中——下)。

② 《妙法莲华经》卷四(大正九·三六下)。

③ 《妙法决定业障经》(大正一七·九一二中)。《不必定入定入印经》(大正一五·七〇〇上)。

然传宏不易,在坚忍为法下,不是传统佛教所能障碍得了的!

第二项　法门传出的实况

初期大乘的出现人间,是一向没有听说过的,这些初期大乘经到底是从哪里得来,怎样传出的?对于经法的传出,经中有不同情况的叙述。

一、诸天所传授的:如《大宝积经》卷七八《富楼那会》(大正一一·四四六下)说:

> "弥楼揵驮佛所说经,名八百千门,释提桓因诵持是经。释提桓因知陀摩尸利比丘深心爱法,从忉利天上来下,至其所,为说八百千门经。"

《集一切福德三昧经》也说:"诸有菩萨敬法欲法,若有诸天曾见佛者,来至其所,从于佛所得闻诸法,具为演说。"①佛说法时,传说诸天也有来听法的。诸天的寿命长,所以在佛涅槃后,或末法中,如菩萨恳切地求法而不可得,诸天就会下来,将所听闻的佛法说给菩萨听,经典就这样地流传在人间了。从诸天传来,部派佛教中也有这样的传说,如《顺正理论》说:"尊者迦多衍尼子等,于诸法相无间思求,冥感天仙,现来授与,如天授与筏第遮经。"②依一般看法,这不过是神话、假托,但在宗教徒的心境中,可能有这种意义的。

① 《集一切福德三昧经》卷中(大正一二·九九六下)。《等集众德三昧经》卷中(大正一二·九八〇中)。

② 《阿毗达磨顺正理论》卷一五(大正二九·四一六中)。

二、从梦中得来的：梦相是虚妄的，梦中闻法，是不能证明为佛说的。但在引起梦的因缘中，有“他所引”一类：“若诸天、诸仙、神鬼、咒术、药草、亲胜所念，及诸圣贤所引故梦。”[①]由天仙圣贤力所引起的梦，就有相当事实，这是佛教界所公认的，所以梦中所听见的，就有佛说的可能。如《海龙王经》说：护天轮王在梦寐中，听到二偈。后来问光净照耀如来，如来说：这“是吾所赞”说的[②]。《持世经》说：无量意、无量力二位王子，命终生天，还生人间的大居士家。“至年十六，复梦见佛，为说是五阴、十八性菩萨方便经。”[③]《密迹金刚力士经》也说：意行王子“时卧梦中，闻是四句颂。……闻是一四句偈，化八千人，劝入道意”[④]。这是梦中得偈，又将偈传出，化导众生了。

三、从他方佛闻：《集一切福德三昧经》中，佛说过去最胜仙恭敬为法，感得他方净名王如来现身，为最胜仙说“集一切福德三昧法”。所以，“若有菩萨恭敬求法，则于其人佛不涅槃，法亦不灭。何以故？净威！若有菩萨专志成就求正法者，虽在异土，常面睹佛，得闻正法”[⑤]。十方佛现在，如菩萨专心求法，是会感得他方佛来说法的。这对于印度当时，因释尊涅槃而无所禀承，是一项有力的信仰。《菩萨藏经》说：法行王子专心求法，感得

---

① 《阿毗达磨大毗婆沙论》卷三七（大正二七·一九三下）。

② 《海龙王经》卷四（大正一五·一五四上）。

③ 《持世经》卷二（大正一四·六五一下）。《持人菩萨经》卷二（大正一四·六三〇上）。

④ 《大宝积经》卷一四《密迹金刚力士会》（大正一一·八〇上）。

⑤ 《集一切福德三昧经》卷中（大正一二·九九六上——下）。《等集众德三昧经》卷中（大正一二·九七九中——九八〇中）。

东方宝藏如来现身，“为说开示八门句法”[①]。《般若经》说：萨陀波仑求般若波罗蜜，在空林中，闻空中发声说法。萨陀波仑忧愁啼哭，“佛像在前立”，指示去东方参学，当下得种种三昧[②]：这都是从他方佛闻法的意思。

四、从三昧中见佛闻法：《般舟三昧经》说：念佛得“般舟三昧”——“现在诸佛悉在前立”。如四众弟子念阿弥陀佛，“便于是间坐（座上），见阿弥陀佛，闻所说经，悉受得。从三昧中（起），悉能具足为人说之”。“欲见佛即见，见即问，问即报，闻经大欢喜。”异译《大集经贤护分》作：“然后起此三昧；其出观已，次第思惟，如所见闻，为他广说。”[③]在定中见佛，与佛问答，从佛听来的经法，能为他广说，这就是从三昧得经而传述出来。《华手经》卷一〇（大正一六·二〇三下）说：

> “菩萨于如来相及世界相，通达无相。常如是行，常如是观，不离是缘，是时佛像即现在前而为说法。……闻已受持，从三昧起，能为四众演说是法。”

《华手经》所说的“一相三昧”，是系念一佛的三昧。一切法无相的“一相三昧”，融合了《般舟三昧经》的“念佛三昧”；对于三昧成就，见佛闻法，与《般舟三昧经》所说一致。在三昧中见佛闻法，“下品般若”的萨陀波仑求法故事，也已说到：“萨陀波

① 《大宝积经》卷四八《菩萨藏会》（大正一一·二八五上）。
② 《小品般若波罗蜜经》卷一〇（大正八·五八〇上——五八一中）。
③ 《般舟三昧经》卷上（大正一三·九〇五上、九〇五下）。《大方等大集经贤护分》卷一（大正一三·八七六上）。

仑菩萨住是诸三昧中,即见十方诸佛,为诸菩萨说般若波罗蜜。"[①]后来,如无著从弥勒闻法,而传出《瑜伽师地论》(《本地分》);秘密瑜伽师,修到悉地成就,本尊(或佛或菩萨或夜叉等)现前,也能问答说法。在初期大乘经中,应该有从三昧得来而传出的。

五、自然呈现在心中:"陀罗尼",主要的意思是"持"。念力强,能够忆持不忘;念力不断,到下一生也还能忆持。如《持世经》说:"菩萨摩诃萨能得念力,亦转身成就不断念。"[②]这是大乘行者,修学广大甚深佛法所要修得的力量。大乘陀罗尼的忆持,与世俗的闻持陀罗尼——一章一段的忆持不同,是以简持繁,豁然贯通,所以或译为"总持",如《持世经》说:"能入是法门(不可出门,不可入门,不可归门,不可说门,毕竟无生门。虚空、无断、无边、无量、无际是一切法门)者,则入一切法门,则知一切法门,则说一切法门。"[③]成就念力的,到了下一生,有从来不忘的;有以因缘引发,得宿命智,恢复了过去所知道的,这就是自然地呈现在心了。《大宝积经》卷四八《菩萨藏会》(大正一一·二八五中——下)说:

"法行童子……出家不久,以宿习故,法(大?)菩萨藏微妙法门,无上深义,自然现前。"

"法胜苾刍大念慧力之所持故,大菩萨藏微妙法门,自然现前。"

---

① 《小品般若波罗蜜经》卷一〇(大正八·五八一下)。
② 《持世经》卷一(大正一四·六四二上)。
③ 《持世经》卷一(大正一四·六四六上)。

"依法菩萨，……才出家已，宿习力故，便得成就无间断念；念力持故，大菩萨藏微妙法门，自然现前。"

《大宝积经》卷七八《富楼那会》（大正一一·四四七上——中）也说：

"得念……出家，以其本愿宿命智故，诸门句、陀罗尼句自然还得。以得陀罗尼力故，先未闻经，能为众生敷演广说。"

"耶舍以本愿故，得识宿命。……始年七岁，出家为道，得诸陀罗尼；陀罗尼力故，能为人说所未闻经。"

在上五类中，梦中得来的，是梦境，少数的一颂二颂，一般是不太重视的。诸天所传说的，如听见空中的声音，不是别人所能听见，是幻境，神教也有类似的情形。从他方佛闻，从三昧中得来（其实是唯心所现），及因念力、陀罗尼力而自然现前，都是定（境及定慧相应）境。"先未闻经"的传出，主要是最后一类。在非宗教者看来，这简直是幻觉，然在宗教领域中，是有相当内容的，与伪造不同。从念力，或体验到深法而传出经典，经中还有说到的，如吴支谦所译《阿难四事经》（大正一四·七五七下）说：

"沙门、梵志，……或居寺舍，或处山泽、树下、冢间，皆知宿命，分别真伪，制作经籍，为世桥梁。"

沙门与梵志，指佛教的出家比丘与在家弟子，都是净修梵行的。他们得宿命智，所以能"分别真伪，制作经籍"，经典是由他们"制作"而传出来的。鸠摩罗什所译《小品般若经》说:"多有善男子、善女人,精进不懈故,般若波罗蜜不求而得。……舍利弗！法应尔。若有菩萨为诸众生,示教利喜阿耨多罗三藐三菩提,亦自于中学,是人转身,应诸波罗蜜经,亦不求而得。"①大乘初兴时,大乘经的传出不多,要求得大乘经,可说是不大容易的。然依经文说,如能精进不懈怠的,般若波罗蜜法门会不求而自得的。如自己求佛道,也劝发人求无上菩提,那么到下一生,与波罗蜜相应的大乘经也会不求而得的。到底是怎样的"不求而得",虽经说不明,但大抵与《菩萨藏会》、《富楼那会》的"自然现前"相同。这是对于大乘深经传出最忠实的记录！《小品般若经》的古译,汉支娄迦谶所译《道行般若波罗蜜经》卷四(大正八·四四六下)说:

"佛言:是善男子、善女人,有行是法者,所求者必得;若所不求,会复自得。"

"舍利弗问佛:从是波罗蜜中,可出经卷耶？佛语舍利弗:是善男子、善女人,深入般若波罗蜜者,于是中自解出一一深法以为经卷。"

"舍利弗！其有如阿耨多罗三耶三菩教者,便能教一切人,劝助之为说法,皆令欢喜学佛道。是善男子、善女人,自复学是法;用是故,所生处转得六波罗蜜。"

比对二种译本,"汉译本"多了佛答舍利弗一段。这一段,

---

① 《小品般若波罗蜜经》卷四(大正八·五五五下)。

正说明了深入般若波罗蜜的，能从中传出一一深法为经卷。初期大乘经，是这样传出来的，与《阿难四事经》的“分别真伪，制作经籍”，意见完全相合。

在佛与菩萨圣德的信仰中，经修持而呈现于自心的——法法不二、不落言诠的理境，或佛像现前等事相，表现为文句而传出来的，初期的大乘教徒确信为“是佛所说”的，受到了部分传统佛教的反对。当时，经典的书写开始流行，所以“下品般若”中，在读、诵以外，提倡写经、供养，以促进法门的流通。初期大乘经是怎样传出的，经典自身本有明确的表示，但书写传出的经典多了，而这些都不是初期结集所说到的，不免引起部派佛教的责难，所以大乘教徒有了新的解说。如《龙树传》说：“雪山中深远处有佛塔，塔中有一老比丘，以摩诃衍经与之。”又说：龙树入龙宫，“得诸经一箱”①。这是说，大乘经是从藏在佛塔中、龙宫中而取得的。《大智度论》也传说：“佛灭度后，文殊尸利、弥勒诸大菩萨，亦将阿难集是摩诃衍。”②这些传说，表示了书写经典的流传以后，为了应付反对者“非佛说”的呼声，大乘教徒放弃了初期大乘经中关于“大乘经是佛说”的立场，而采取适应世俗的解说。这种见解，《般舟三昧经》卷中（大正一三·九一一中）已这样说：

> “现世于此受我教，分别供养是舍利。安谛受习佛所化，皆悉讽诵有所付，著于塔寺及山中，若付天龙乾陀罗，各

---

① 《龙树菩萨传》（大正五〇·一八五下——一八六上）。

② 《大智度论》卷一〇〇（大正二五·七五六中）。

各转授经卷已，寿命终讫生天上。”①

宋求那跋陀罗所译《菩萨行方便境界神通变化经》说：“阿阇世王取我舍利第八之分，……藏舍利箱，待阿叔迦王。于金叶上书此经已，并藏去之。……阿叔迦王……取舍利箱。……尔时，因陀舍摩法师，从于宝箱出此经已，安置北方多人住处。此经又无多人识知，……此经多隐在箱箧中。”②经是早就有了的；经与舍利相关联，藏在山中、寺塔，与《般舟三昧经》的解说相同。后起的南天铁塔说，也只是这类传说的延续。有了书写的经典，从古旧的寺塔中发现出来，是偶有可能的事实。但将一切大乘经解说为早已有之，藏在天上、龙宫、古塔，再流传到人间，不是合理的解说。大乘经怎样传出？应依初期大乘经自身所表示的意见去理解！

初期大乘经的传出情形，在中国古代，倒有过类似的。如明成祖后——大明仁孝皇后，在洪武三十一年（西元一三九九）正月朔旦，梦见观音菩萨，引入耆阇崛山菩提场，口授《第一希有大功德经》，经文有很多的咒语。醒来，把经记录下来。并在永乐元年（西元一四〇三），写了一篇经序，记述诵经免难的事实。永乐五年（西元一四〇七），皇太子高炽、汉王高煦、赵王高燧，都写了一篇后序③，这是梦中得经的事。

类似天神传授的，如僧祐《出三藏记集》卷五（大正五五·

① 《大方等大集经贤护分》卷三（大正一三·八八五上）。

② 《菩萨行方便境界神通变化经》卷下（大正九·三一五下——三一六上）。《大萨遮尼乾子受记经》卷一〇（大正九·三六五上——中）。

③ 《第一希有大功德经》（续一·三四一——三四八）。

四〇二上——中)说:

> “宝顶经一卷,……序七世经一卷。右二十一种经,凡三十五卷。……齐末,太学博士江泌处女尼子所出。初,尼子年在龆龀,有时闭目静坐,诵出此经。或说上天,或称神授。发言通利,有如宿习,令人写出,俄而还止。经历旬朔,续复如前。京都道俗,咸传其异。今上敕见,面问所以,其依事奉答,不异常人。然笃信正法,少修梵行,父母欲嫁之,誓而弗许。后遂出家,名僧法,住青园寺。……此尼以天监四年三月亡。”

齐江泌的女儿尼子,“笃信正法,少修梵行”,是一位虔诚的佛弟子。从九岁——永元元年起,尼子就会“闭目静坐诵出”,“或说上天,或称神(天)授”。等到停止了,就与常人一样,不会诵出。“今上”——梁武帝曾特地召见,当面问她诵出的情形。天监四年——十六岁,她在“台内(即宫城内)华光殿”,诵出了一卷《喻陀卫经》。这是真人真事,不可能是伪造的。我以为,这是大乘经所说“天授”的一类。僧祐以为:“推寻往古,不无此事,但义非金口(所说),又无师译,(写出者)取舍兼怀,故附之疑例。”僧祐并不否定这一事实,但依世俗的历史观点,总觉得这不是佛说的,又不是从梵文翻译过来的,所以只能说是“疑经”,不能作为真正的佛经,哪里知道初期大乘经的传出,也有这样传出的呢!

大乘在不同情况下传出来,然经典的成立,尤其是文句繁长的经典,都经过了复杂的过程而形成的。如“般若法门”,根本是“诸法无受三昧”，直示菩萨不可得、般若不可得。然在传授中，已有了两个不同的传授；又有“一切处、一切时、一切种不可得”——菩萨不可得、般若不可得的教授。法门的传授，每附以解说，后来就综合为一。如般若极深，不容易了解，为了传布，以读、诵、解说、书写等为方便。说信受持经的德，毁谤的过失。在长期流传中，这些，连般若流行到北天竺，也都集合为一。所以法门在流传中，当时的情形、解说、故事（譬喻）等，都会类集在一起，文句不断地增广起来。有人将流传中纂集成部，决不自以为创作的、作伪的。当然，纂集者刊定、编次，是必要的。所以说：“皆知宿命，分别真伪，制作经籍，为世桥梁。”①

第四节　大乘是佛说

论到初期大乘经的传出，自然要论到“大乘是否佛说”。依一般的意见，释迦佛说的，是佛说，否则即使合于佛法，也是佛法而不是佛说。这是世俗的常情，不能说他是不对的。但在佛教中，“佛说”的意义，与世俗所见，是不大相同的。“是佛说”与“非佛说”的论诤，部派佛教时代早就存在了。如《顺正理论》说：“诸部（派）经中，现见文义有差别故；由经有别，宗义不同。谓有诸部诵七有经，彼对法中建立中有；如是建立渐现观等。赞学、根本、异门等经，说一切有部中不诵。抚掌喻等众多契经，于余部中曾所未诵。虽有众经诸部同诵，然其名句互有差别。”②

---

① 《阿难四事经》（大正一四·七五七下）。

② 《阿毗达磨顺正理论》卷一（大正二九·三三〇上——中）。

由于各部的经有多少，相同的也有文句上的差别，成为分部的主要原因。自部所诵的，当然"是佛说"；如自部所不诵的经，不许可的义理，就指为"非佛说"。例如说一切有部独有的《顺别处经》，经部指为"非圣所说"①。分别说部系的《增一阿含》中，有"心本净，客尘烦恼所染"经，而说一切有部是没有的，所以说："若抱愚信，不敢非拨言此非经，应知此经违正理故，非了义说。"②这是早已有之的论诤，所以要讨论"是佛说"与"非佛说"，应该理解佛教经典的特性。释尊说法，当时并没有记录。存留于弟子内心的，只是佛说的影象教。领受佛说，忆持在心，依法修行，而再以语言表示出来，展转传诵：这是通过了弟子们内心的领解，所以多少会有些出入。佛灭后的"原始结集"，是少数长老的结集，经当时少数人的审定而成立，这是通过结集者的共同意解而认可的。如不得大众的认可，如阿难传佛"小小戒可舍"的遗命，虽是佛说，也会被否决，反而立"诃毁小小戒"的学处③。原始结集的"法"，是"蕴相应"、"界相应"、"处相应"、"因缘相应"、"谛相应"、"道品相应"，所以称为"相应修多罗"。不久，又集出"如来记说"、"弟子记说"、"诸天记说"。以上一切，大体与《杂阿含经》相当。到佛灭百年，传出的经典更多，在固有的"相应"以外，又集成"中"、"长"、"增一"，这四部是一切部派所公认的④。当时，各方面传出的经典极多，或说是

---

① 《阿毗达磨顺正理论》卷四（大正二九·三五二下）。

② 《阿毗达磨顺正理论》卷七二（大正二九·七三三中）。

③ 如《铜锞律·小品》（南传四·四三二），又《大分别》（南传二·二二六——二二七）。

④ 拙作《原始佛教圣典之集成》（七八八，本版六二八）。

从“佛”听来的，或说从“和合众僧多闻耆旧”处听来的，或说从“众多比丘”听来的，或说从“一比丘”听来的。对传来的种种教说，到底是否佛说，以什么为取舍的标准？赤铜锞部说“依经，依律”。法藏部说“依经、依律、依法”。这就是“佛语具三相”：一、修多罗相应，二、不越毗尼，三、不违法性。修多罗相应与不越毗尼，是与原始集出的经律相顺的；不违法性，重于义理（论证的、体悟的），也就是“不违法相[性]，是即佛说”①。这一勘辨“佛说”的标准，与非宗教的世俗的史实考辨不同，这是以佛弟子受持悟入的“佛法”为准绳，经多数人的共同审核而决定的。所以“佛说”，不能解说为“佛口亲说”，这么说就这么记录，而是根源于“佛说”，其实代表了当时佛弟子的公意。已结集的，并不等于“佛说”的一切，随时随地，还有新的教说传出，彼此所传及取舍不同，促成了部派的不断分化。自宗的“是佛说”，与自部大有出入的，就指为“非佛说”。《阿含经》以外，由于“佛涅槃后对佛的永恒怀念”，是佛教界所共同的，所以传出了“菩萨譬喻”、“菩萨本生”、“佛譬喻”、佛“因缘”。传说在佛教界的，虽因时因地而有多少不同，而大体上是共同承认的，也就都是“佛说”的。这里面，孕育着佛菩萨——大乘佛教的种种特性。在部派中，阿毗达磨论也认为“是佛说”的。如《发智论》是说一切有部的根本论，传说为迦旃延尼子造的，而《发智论》的广释——《大毗婆沙论》却说：“问：谁造此论？答：佛世尊。”②为了成立“阿毗达磨真是佛说”的权威性，《顺正理论》作了冗长的

---

① 拙作《原始佛教圣典之集成》（二二——二四，本版一九——二二）。

② 《阿毗达磨大毗婆沙论》卷一（大正二七·一上）。

论究①。铜锞部的七部阿毗达磨，依觉音《论事》注，除《论事》以外，是佛在忉利天上为佛母摩耶说的②。“是佛说”的经、律、论，从佛灭以来，一直是这样地不断传出。西元前后，大乘经开始传出、书写，与部派佛教圣典的写出同时。富有特色的大乘经，与传统佛教的一部分，出入相当大。部派佛教者，忽略了自部圣典“是佛说”的意义；误以自部的圣典，都是王舍城结集的，这才引起了“大乘非佛说”的诤论。其实，一切佛法，都代表了那个时代（那个地区、那个部派）佛教界的共同心声。严格地说，从非宗教的“史”的立场，论辨大乘是否佛说，是没有必要的，也是没有结论的。因为部派佛教所有的圣典，也不能以释迦佛这么说，就这么结集流传，以证明是佛说的。

“不违法相，是即佛说”，本于“佛语具三相”，是结集《阿含经》所持的准绳。如《成实论》卷一（大正三二·二四三下）说：

> “是法根本，皆从佛出。是诸声闻及天神等，皆传佛语。如比[毗]尼中说：佛法名佛所说，弟子所说，变化所说，诸天所说。取要言之，一切世间所有善语，皆是佛说。”

《成实论》是一部容忍大乘的声闻论典。从“阿含”及“毗尼”所见，有佛说的，有（声闻）弟子们说的，有诸天说的，也有化人说的。但“声闻及天神等皆传佛语”，他们只是传述佛所说的，所以概括地说，一切都是佛说。《成实论》的见解，与大乘经的见解一致，如《小品般若波罗蜜经》卷一（大正八·五三七

① 《阿毗达磨顺正理论》卷一（大正二九·三二九下——三三〇下）。
② 《论事》目次所引（南传五七·一）。

中)说:

> "佛诸弟子敢有所说,皆是佛力。所以者何?佛所说法,于中学者,能证诸法相[性];证已,有所言说,皆与法相不相违背,以法相力故。"

弟子们所说的法,不是自己说的,是依于佛力——依佛的加持而说。意思说,佛说法,弟子们照着去修证,悟到的法性,与佛没有差别,所以说是佛力(这是佛加持说的原始意义)。龙树解说为:"我等当承佛威神为众人说,譬如传语人。……我等所说,即是佛说。"①弟子们说法,不违佛说,从佛的根源而来,所以是佛说。这譬如从根发芽,长成了一株高大的树,枝叶扶疏,果实累累,当然是花、叶从枝生,果实从花生,而归根究底,一切都从根而出生。依据这一见地,《诸法无行经》说:"诸菩萨有所念,有所说,有所思惟,皆是佛之神力。所以者何?一切诸法,皆从佛出。"②《文殊师利所说摩诃般若波罗蜜经》说:"能如是谛了斯义,如闻而说,为诸如来之所赞叹;不违法相,是即佛说。"③《海龙王经》说:"是诸文字,去来今佛所说。……以是之故,一切文字诸所言教,皆名佛言。"④《发觉净心经》说:"所有一切善言,皆是如来所说。"⑤所以依大乘经"佛说"的见解,"大乘是佛说",不能说"是佛法而不是佛说"!

---

① 《大智度论》卷四一(大正二五·三五七下)。
② 《诸法无行经》卷下(大正一五·七六一上)。
③ 《文殊师利所说摩诃般若波罗蜜经》卷下(大正八·七三〇下)。
④ 《海龙王经》卷一(大正一五·一三七中)。
⑤ 《发觉净心经》卷上(大正一二·四六中)。

初期大乘经的传出者、编集者，或重信仰，或重智慧，也有重悲愿的；或重佛，或重正法，或着重世俗的适应；或重理想，或兼顾现实；更通过了传出与编集者的意境，所以内容是不完全一致的。长期流传中的"佛说"，世俗神教的适应，误解或误传也势所难免，所以说"刊定真伪，制作经籍"①。好在早期结集的圣者们，对一切佛说，知道不同的理趣：有"吉祥悦意"的"世间悉檀"，"破斥犹豫"的"对治悉檀"，"满足希求"的"为人生善悉檀"，"显扬真义"的"第一义悉檀"。对不同性质的经典，应以不同宗趣去理解。初期大乘经也说："若人能于如来所说文字语言章句，通达随顺，不违不逆，和合为一；随其义理，不随章句言辞，而善知言辞所应之相。知如来以何语说法，以何随宜说法，以何方便说法，以何法门说法，以何大悲说法。梵天！若菩萨能知如来以是五力说法，是菩萨能作佛事。"②"五力"，大体与"四悉檀"（加大悲）说相顺。如能正确地理解"四悉檀"，善知如来"五力"，就能正确理解一切"佛说"。了义或不了义，如实说或方便说，曲应世俗或显扬真义，能正确地理会，那么无边"佛说"，适应一切而彰显正法。所怕的，以方便为真实，颠倒说法，那就要掩蔽佛法的真光了！

---

① 《阿难四事经》（大正一四·七五七下）。

② 《思益梵天所问经》卷二（大正一五·四〇下）。

索　　引*

* 编者注:本版索引依据台湾正闻版索引标目重新编制,按汉语拼音排序。

B

D

G

H

K

L

M

N

O

P

T

W

中華書局

初版责编	陈　平